李连荣◎编

༄༅། བོད་རབ་སྐྱོང་ལག་བྲིས་མ་དང་ཤིང་པར་མའི་དཀར་ཆག ༼༡༩༥༨ནས་༢༠༠༠བའི་བར།༽

A CATALOGUE OF THE GESAR'S MANUSCRIPTS
AND WOOD-BLOCK PRINTS(1958-2000)

《格萨尔》
手抄本、木刻本解题目录

1958
2000

中国社会科学出版社

图书在版编目（CIP）数据

《格萨尔》手抄本、木刻本解题目录：1958-2000 /
李连荣编 . —北京：中国社会科学出版社，2017.1
ISBN 978-7-5161-9438-6

Ⅰ. ①格… Ⅱ. ①李… Ⅲ. ①藏族-英雄史诗-专题
目录-中国-1958-2000 Ⅳ. ①Z88：I222.74

中国版本图书馆 CIP 数据核字（2016）第 280318 号

出 版 人 赵剑英
责任编辑 张 林
特约编辑 李海燕
责任校对 韩海超
责任印制 戴 宽

出 版 中国社会科学出版社
社 址 北京鼓楼西大街甲 158 号
邮 编 100720
网 址 http://www.csspw.cn
发 行 部 010-84083685
门 市 部 010-84029450
经 销 新华书店及其他书店

印 刷 北京明恒达印务有限公司
装 订 廊坊市广阳区广增装订厂
版 次 2017 年 1 月第 1 版
印 次 2017 年 1 月第 1 次印刷

开 本 710×1000 1/16
印 张 51
字 数 918 千字
定 价 182.00 元

照片 1：青海《格萨尔》研究所收藏之抄本

照片 2：西藏社会科学院《格萨尔》研究中心收藏之抄本及插画

照片3：云南迪庆藏学院收藏之抄本

照片4：中国社会科学院民族文学研究所资料室保存之
中央民族大学图书馆藏之复印件

照片5：明代抄本《姜岭大战篇（下册）》概貌（翻拍于中国历史博物馆、西藏博物馆编，
《金色宝藏——西藏历史文物选萃》，中国藏学出版社2001年版）

照片6：明代抄本《姜岭大战篇（下册）》散叶（翻拍于中国历史博物馆、西藏博物馆编，
《金色宝藏——西藏历史文物选萃》，中国藏学出版社2001年版）

照片 7：《格萨尔》抄本之木夹版与贴纸说明及编码（青海）

照片 8：《格萨尔》抄本之收藏者印章（西藏）

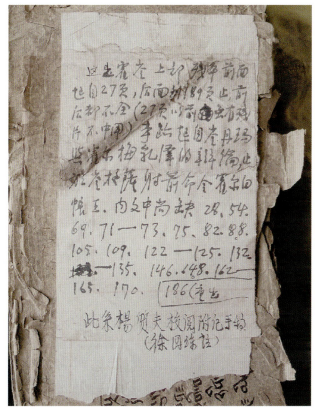

照片9：20世纪五六十年代翻译者对抄本的校阅手记（青海）

照片10：《格萨尔》抄本资料保存现状（青海）

目　录

导 言

一、小引

《格萨尔》史诗的抄本由来已久，这是学界通识。但究竟最早可以追溯到什么年代，就有多种不同看法。从目前通行的图弥桑博扎（ཐུ་མི་སམ་བྷོ་ཊ）所创藏文书写的历史来看，使用这种文字书写的《格萨尔》史诗的抄本，最早应该不会超过7世纪，这是大家公认的事实。

现在通行的藏文书写之前，藏族地区使用过（至少在祭祀与王族中）长达千年之久的象雄小王的玛尔优（སྨར་ཡིག）①文字（或称象雄文），也有说尚有更早期的文字使用过②。其中或许也能够见到这部史诗的只字片语，期待着研究象雄文本的学者们能够提供相关的新成果。关于使用象雄文字来书写《格萨尔》史诗的看法，也并非空穴来风、无稽之谈。因为我们现在仍然能从许多藏文《格萨尔》史诗抄本中，在其开头或结尾处可以看到被称做空行母符号文字（མཁའ་འགྲོ་བརྡ་ཡིག）的一种特殊文字，它与玛尔优文字（象雄文）有着非常相似的外形。尽管目前学者们认为此为掘藏密意文字③的标记，而且除了掘藏师以外大多数人无法解读此种文字，但其与象雄文之间的亲缘关系应该是不可否认的。所以，使用象雄文字书写《格萨尔》史诗的可能性是存在的。关于此时期有无《格萨尔》史诗问题，在下文中详谈。

此外，吐蕃王国兴起以前在藏族中使用过的其他文字或语言，比如托马斯（F.W.Thomas）所谓曾经在安多藏区使用过的南木语④以及现今仍在纳西族祭祀中使用的象形文字等，其中也应该记载着《格萨尔》史诗的相关内容，这也可看做是现在通行藏文书写的《格萨尔》史诗抄本的另一种形式吧。吐

---

① 拉模瓦·旦增晋美：《藏文书写理论与实践》（藏文），西藏人民出版社2001年版，第4页。

② 据说还有众多更早期的文字曾在藏族历史上使用过，比如前21—前15世纪使用过"达斯崩益"（སྐྱག་གཤིན་སྟྲུང་ལ་ཡིག）文字等，参见徐丽华《藏文古籍概览》，民族出版社2013年版，第9—11页、第383—456页。

③ Tulku Thondup Rinpoche, *Hidden Teachings of Tibet,* London: Wisdom Publications, 1986, p.126, and Illustration 15.

④ F. W. 托马斯：《东北藏古代民间文学》，李有义、王青山译，四川民族出版社1986年版，"关于地理背景的说明"，第4—6页。

蕃王国崩溃以后，藏族各地部落兴起，封建部落割据独立。期间也有一些部落比如董氏族（汉史中称做党项）后裔弥药（木雅）人建立自己的政权，创立了自己的文字，比如西夏国与西夏文。其中也应该记载有《格萨尔》史诗的内容。另外，我们也不能无视其他早期民族文字中记载《格萨尔》史诗抄本存在的事实，比如突厥语民族中使用不同文字记载的《格萨尔》史诗等。

　　总之，到目前为止，我们尚未发现现通行藏文（7 世纪开创）以外有关《格萨尔》史诗抄本的最直接的地上、地下文物资料。但我们可以确信的一点是，《格萨尔》史诗的历史有多久，其使用文字记录的时代也不会晚太久。我们期待着这方面的新成果早日面世。下面简略介绍现通行藏文中有关《格萨尔》史诗抄本的传承情况。

二、《格萨尔》史诗抄本的起源与传承

　　从目前所见较早敦煌文献（据说敦煌汉文文献最后封闭于 11 世纪初①）中的一份资料（编号为：IOL Tib J380 即《文殊师利根本续》）记载如下：ཤེ
བར་རྒྱལ་པོ་ངེད་དང་ཁྱི་ནང་གསེན་ན་གནས་པ་དང་།།སྐྱིད་པ་ལ་རྟེན་ཅིང་ཁ་བཀལ་ཞལ་ན་དབས་ན་གནས་ན་དང་།།རྟེན་འཆིན་ཞིང་ཁབ་
དང་།།མཚོ་འགྲམ་ན་གནས་ན་ནི་ཐ་སེབ་ལ་བཀལ་བས་འགྲོ་ཞིང་ཆོག②（试译：若想具有格萨尔王般权势，/将宝物（或神圣药物）放置在缝隙中，/经常向它依靠且立誓。//将它放置在家中，/若遇堡垒般依靠、立誓。//将它放置在大海岸边，/去绑缚狮子（或狗头雕鸟）也合适。//③）

　　此经据今枝由郎等人考证译于 9 世纪（自梵文译为藏文）④。尽管现在众多学者不认同此格萨尔为后来史诗中的岭·格萨尔，但我们必须承认的一点是，从此文献可知，《格萨尔》史诗或者说关于格萨尔王的故事这时已经在藏区很流行了。甚至可以说，在印度乃至中亚地区已经很流行了。因

---

　　① 奥里尔·斯坦因：《斯坦因西域考古记》，向达译，新疆人民出版社 2010 年版，第 186 页。

　　② 西藏社科院金果·次平研究员提供于 2015 年 7 月，据说原稿由西藏社科院巴桑旺堆研究员 2009 年摘抄于英国大英博物馆。

　　③ 译稿得到了西北民族大学卓玛才让教授、西藏大学平措教授指导。比如卓玛才让教授告知，古藏文中 ཤ 字与 གཤ 字可通假；平措教授告知，ཞལ 一词现今仍在使用，可能指人即将死亡时口中所灌"药物"，具有借此早登极乐世界之意。此古藏文手卷实际上为王沂暖在《格萨尔与敦煌》一文中介绍之敦煌文献《文殊师利根本续》的节抄稿。笔者未看到原稿，但从王先生的汉译稿来看，与笔者理解的意思出入较大（参看《格萨尔学集成 4》，甘肃民族出版社 1994 年版，第 2897—2899 页（在王先生文中尚提到了今枝由郎的译稿，笔者也未曾拜读）。不过，不管怎样，从所引用诗行第一行可知，在吐蕃时代"格萨尔王的权势或政权"的影响之大已经是不争的事实。也即，有关格萨尔王的史诗或故事在当时存在无疑。

　　④ 转引自王沂暖《格萨尔与敦煌》，赵秉理编《格萨尔学集成 4》，甘肃民族出版社 1994 年版，第 2898 页。此外，斯坦因引用托马斯的研究指出，敦煌的吐蕃文献大约皆为公元 8 至 9 世纪的文献。参见斯坦因上书，第 184 页。

为此文译自梵文经典，梵文佛经在当时中亚地区的影响是占绝对优势的，这一点是学界共识。反映格萨尔王权重势大、威猛强大的另一则资料是有关松赞干布迎娶文成公主的传说。这则传说记载于《五部遗教》（བཀའ་ཐང་སྡེ་ལྔ）与《柱间史》（བཀའ་ཆེམས་ཀ་ཁོལ་མ），一般认为这两部史书最早成书于 10 世纪[①]。在《莲花生传》（པདྨ་བཀའ་ཐང）中也提到了突厥（གྲུ་གུ）格萨尔被吐蕃征服和冲木（ཁྲོམ）格萨尔之女儿嫁于于阗王之事[②]，等等。这些吐蕃后期的文献均显示，格萨尔王及其故事在吐蕃时代已经非常盛行。

那么现今通行的岭·格萨尔作为主人公的史诗又是如何呢？大多学者都倾向于 11 世纪诞生于岭地的格萨尔王是史诗的主人公。这些资料的开启者将岭地的格萨尔大王与弥底（སྨྲྀ་ཏི་རྫ་ན་ཀིརྟི）尊者和阿底峡（ཨ་ཏི་ཤ）尊者——两位 10—11 世纪来自印度的佛教大师联系在了一起，认为他们是岭地格萨尔大王的根本上师[③]。另一条证据是关于这一时期或者稍早时期，朗氏家族的先祖之一绛曲哲桂为岭地格萨尔大王的上师之说[④]。

关于岭地的格萨尔大王，很明显他是一位历史人物；而且关于岭地或岭国，也在历史上真实存在过，这一点毫无疑问。8 世纪初吐蕃国王赤都松亲征河州、松州以及南诏国的敦煌出土藏文文献中，就记载有他驻跸于岭之赤孜（གླིང་གི་ཚེ）的说法，另外 8 世纪末"噶迥寺碑文"上也记载有"岭郭"（གླིང་ཀོར）之说[⑤]。汉文史料也证实了此岭地在吐蕃时代存在[⑥]。特别有说服力的，则是《贤者喜宴》中抄录吐蕃帝国"无畏三军"勇士的勇敢时，也讲

①　藏族历史上有不断续写、修改同一著作的传统，这可能与为更加精确翻译佛经以及依靠抄写本传承文化的特点有关。因此，以上著作中出现晚期历史内容是不可避免的。也即，我们目前所见此书最早抄本仅仅是其晚期复写本之一而已，更早期的抄本我们已经无缘见到了。

②　F.W. 托马斯编著：《敦煌西域古藏文社会历史文献》，刘忠译注，民族出版社 2003 年版，第 248—249 页。

③　才旦夏茸：《藏族历史年鉴》（藏文），青海民族出版社 1982 年版，第 152 页。关于阿底峡为其师的说法多见于艺人，比如果洛艺人昂仁持此说。

④　大司徒·绛曲坚赞：《朗氏家族史》（藏文），西藏藏文古籍出版社 1986 年版，第 45—50 页。

⑤　参见李连荣《安多〈格萨尔〉史诗的类型特点》，《西藏研究》2015 年 5 期。此外，巴桑旺堆等英译《巴协》影印 4a 页上也讲述了岭地的相似情况，参见 Pasang Wangdu and Hildegard Diemberger, *Dba' bzhed*, Verlag Der Österreichischen AKademie Der Wissenschaften, Wien, 2000, P.33。

⑥　在谭其骧主编《中国历史地图集第五册·隋·唐·五代十国时期》"吐蕃（820 年）"一图中将宋史中出现的专指"灵藏"的位置处填写了"灵"（地图出版社 1982 年版，第 76—77 页）。笔者以为唐史中的"灵州"一词有可能与史诗中的"岭国"有关，但其位于今宁夏灵武市，故很多人觉得与"现在位置"不符。事实上地名是随着民族移动的；再者现在的"灵武市"位于黄河岸边，旁边尚有"贾擦的银水城（银川）"，这完全符合史诗中的"地理位置"；此外建立西夏王朝的党项（藏史中称董氏族后裔弥药 མི་ཉག）也与《格萨尔》史诗中的主人公属于同族。而且大唐大历年间吐蕃曾一度占领灵州长达多年，这也符合《新·旧唐书》中所谓"破吐蕃灵州"的历史事实与西藏文献中对于"吐蕃无畏三军"在东方作战的历史。

到了下方（东方）董、东两氏族（即岭国英雄的族系）的英雄勇猛顽强，击退汉军，坚守和保卫着吐蕃边疆①。岭地是真实存在的，而且岭国英雄的勇敢在吐蕃时代也是闻名遐迩的。那么，自史料所见的 8 世纪至 11 世纪，最终在这里诞生一位伟大、勇敢、超凡的岭·格萨尔大王也是合情合理的事，并且有关他的历史逐渐演变成《格萨尔》史诗也是很自然的事情。

但是，研究者也好，一般读者也好，我想绝不会混淆《格萨尔》史诗与岭·格萨尔王的真实历史。我们很清楚地知道，《格萨尔》史诗是有关藏族兴起、形成、发展的一部宏大的史诗，它绝不是一位藏族英雄的个人历史或一个小部落的历史。但是反过来，我们也可以说，正是这样一些杰出的历史人物的英雄事迹以及部落历史汇聚成了《格萨尔》史诗，进而创造了一位光辉灿烂的岭·格萨尔大王形象。因此，我们可以说，《格萨尔》史诗的历史非常久远，它伴随着藏族的产生而产生、发展而发展，它并不仅仅是岭地格萨尔王的历史。但是，岭·格萨尔王这位真实的历史人物逐渐成为了这部史诗中的主人公，这也是值得引起关注的事情。也即，这位历史人物成为史诗主人公的同时，所展现在我们面前的，就是这部史诗在藏族社会中广泛传承并已经成熟的标志，同时也标志着这部史诗完全站在了藏传佛教文化的基石上。或者说，自 11 世纪开始，这部史诗已经成为了一部以佛教文化为基础的、以吐蕃王国历史为基础的伟大的藏族史诗。

那么，这部史诗正如一些学者所谓的最早产生于 11 世纪吗？或者 14 世纪乃至 17 世纪吗？我想随着我们对藏族早期历史研究的深入，就会发现《格萨尔》史诗是随着藏民族的兴起而兴起的。也即它至少追述到了早期藏民族兴起的时代。当然，我们绝不能简单地从史诗所反映的某种文化、历史与社会现象来断定它的产生年代②。更不能因为某一位英雄人物的真实历史比如岭地的格萨尔王来断定它的产生年代。我们在此仅举一例，以说明史诗所追述时代之久远性的特点。

在《格萨尔》史诗的多种《赛马称王篇》抄本中讲到一个共同的地方，即岭国的集会地或中心地域被称做"玛岱雅达塘"（ཨ་དེའ་ཡག་སྒྲུག་ཐང་）。"玛岱雅达塘"的汉语意思是，黄河流域美丽的"岱"地（族）的老虎滩。此地域名称中表达了三层意思：黄河流域、岱地或岱族（也可译为"狄地"或"狄

---

① 恰白·次旦平措等：《西藏通史——松石宝串》，陈庆英等译，中国藏学出版社 1999 年版，第 61—62 页。此处介绍"吐蕃无畏三军部"的资料与所引原书巴俄·祖拉陈瓦《智者喜宴》中的摘抄文（藏文，民族出版社 1986 年版，第 189—190 页）稍有出入。在此采用《松石宝串》中的说法。

② 正如季羡林在《罗摩衍那》的产生时代方面作出的推断那样，要以其反映的主要社会背景来看待此问题。而不应该简单依其局部特征做出结论。作者认为呈现在当下的《罗摩衍那》反映的是印度新兴地主阶级社会文化。参见季羡林《〈罗摩衍那〉初探》，外国文学出版社 1979 年版，第 57 页。

族")、老虎平滩。在藏族历史中对于"黄河流域"和"老虎平滩"是容易理解的，前者真实存在，后者作为地名、苯教神祇名也频见于藏族文化。但是关于"岱地"或"岱族"，理解起来就比较困难，为此在现通行藏文中出现了多种拼写方式：ལྡེའུ(lde'u)、དེའུ(de'u)、ལྡེ(lde)、དེལ(del)等。如果我们从汉文史料来看"岱族"或"岱地"的情况，大概能看到更多有趣的文化现象。

在汉文早期历史（商周时代）中，记载自山西河曲县至河南开封一带的黄河流域（古史称作"河津、河内"）的文化历史中，指出有过一个"狄""翟"或"氐"族，长期侵犯周边诸侯国，甚至几乎将卫国灭亡①。这个民族崇拜老虎，至今在山西的黎城县一带尚有广泛的"老虎"信仰遗留，近期还在此地发掘出西周墓地的"玉虎"②等。由此可见，至少在公元前7世纪前后，"狄""翟"或"氐"族在黄河流域的这一地段留下了其"光辉灿烂"的历史③。在前2世纪前后的《史记》时代，它不仅出现在北方，而且又出现在西南地区即现今白马藏族等地④；此后，在2世纪许慎《说文解字》中尚提到"天水狄部"，即天水地区的"狄邑"或"狄地"。可见，"狄"族分布之广泛。事实上，在藏族文献中也记载有ལྡེའུ(lde'u)"狄"族的文化现象，它被作为苯教的一种神祇、巫师或者家族名称经常出现在各种历史文书中（比如《弟吴宗教史》中的"弟吴"作为家族名称）。另外，藏文中de字还有鸡的意思，这与《诗经》以及其他古文献中"翟"字的古义比较一致，也可见到汉藏文化的早期渊源关系了。而在《格萨尔》史诗中，它则逐渐演变成了一种黄河流域的山神或魔鬼侵扰岭国的赛马大会，最终被代表佛教的格萨尔大王所降伏⑤。从以上历史与史诗文化的密切关系可见，藏

---

①　如《左传·闵公二年》载："（前660）冬，十二月，狄人伐卫。……卫师败绩，遂灭卫。"（清·洪亮吉撰，李解民点校：《春秋左传诂（上）》，中华书局1987年版，第265—266页）。又《诗经·鄘风·载驰》是首许穆夫人怀念故国覆亡（即卫国被狄人所灭）的诗（清·胡承珙撰，郭全芝校点：《毛诗后笺（上）》，黄山书社1999年版，第270—277页）。又比如《诗经·邶风·式微》（清·胡承珙撰，郭全芝校点：《毛诗后笺（上）》黄山书社1999年版，第188—190页）一首诗，据《毛诗序》说此诗主旨是黎侯为狄所逐，流亡于卫，其臣作此诗劝其归国。

②　张崇宁、杨林中：《山西发掘黎城西周墓地》，《中国文物报》2007年4月25日002版。

③　关于早期"翟氐"在这一段黄河流域的形象化历史，也可参考谭其骧主编《中国历史地图集第一册·原始社会·夏·商·西周·春秋·战国时期》，地图出版社1982年版，第17—18页。

④　韩兆琦编著：《史记笺证（玖）》"自冉駹以东北，君长以什数，白马最大，皆氐类也。……冉駹为汶山郡，广汉西白马为武都郡。"（江西人民出版社2004年版，第5726—5738页。）；此外从《诗经·邶风·简兮》（清·胡承珙撰，郭全芝校点：《毛诗后笺（上）》，黄山书社1999年版，第195—202页。）中"左手执仑，/右手执翟。//"可知，"翟"字含义为"野雉尾羽"。现今在白马藏族中仍流行将"野雉尾羽"装饰在帽子上的习俗。

⑤　《赛马称王》中这些"岱"山神以虎头、豹子头、熊头等山神地祇面貌出现，阻挠、干扰岭国赛马大会。它们做出这种行为的理由是，要惩罚岭国人破坏山水草地、不敬重它们。

族的早期历史与中原汉地紧密相关。或者可以说，不仅早期汉文史书中"羌、戎"与藏族相关，就是"氏族"也与藏族关系密切。当然《格萨尔》史诗的兴起也与这些历史事件密不可分。又如《格萨尔》史诗中提到汉族及其文化时，总会提到"嘉那"国与"阿斯""峨斯"国等词汇。"嘉那"一词的含义为"大黑"，有人推测可能指的是"夏朝"，首先是发音近，其次与夏朝尚黑也有关系，最重要的是夏商周时代的文化、历史与藏族早期历史与传说有许多共通之处①。如果此论成立，那么"嘉那"一词也可能是"China"一词（读音为"支那""新浪"等）最初的起源。此外，"阿斯"与"峨斯"则与夏朝的"姒"姓以及西周美女"褒姒"等人有许多共同点，因此史诗艺人凭借记忆与想象将"汉地十八部"中的"阿斯"与"峨斯"列入了一地或一国。

回到有关《格萨尔》史诗的抄本产生的年代方面，除了8—11世纪的片段文字比如《朗氏家族史》中的资料以外，我们所能见到的最早资料也只有13世纪噶玛拔希②的《格萨尔颂》文。前者中详细记载了绛曲哲桂与岭国30位英雄们的供施关系，尽管没有涉及史诗内容方面的详细描述，但从情节结构上可见此著与史诗抄本有密切关系。或者我们反过来可以认为，在11世纪前后，《格萨尔》史诗的整体文风与结构直接影响到了《朗氏家族史》的创作。

后者即噶玛拔希的《格萨尔颂》，这部抄本文献近年已由丹玛·江永慈诚附录在其所整理的《分大食财宗》之后公开发表了③。其中对于格萨尔大王的戎装描写，与现在通行本《格萨尔》史诗抄本中的表述方式几乎完全一致。但是，我们必须承认此部文献并不是纯粹的《格萨尔》史诗，而是有关格萨尔大王的"赞辞"或"祭诗"。也即，这里将格萨尔大王已经列入了战神、护法神一类了。也就是说，自岭地的格萨尔王成为史诗的主人公两个世纪后，凭借着英雄史诗的扩大影响，他从一位真实的历史人物已经成为了神话人物。

然而，目前我们所能见到的最早而且完整的一部《格萨尔》史诗的抄本，却是《格萨尔》史诗中排序比较靠后的《姜岭大战篇》。据文物研究者推断，这部手抄本抄写于明代④，也即其最早可追述到15世纪，最晚可以推到17世纪中期。由于抄本保存条件的限制，大多在此之前出现的史诗抄本，或许已经湮灭于历史的尘埃中了。特别是那些沾满了酥油污垢的民间流传的《格萨尔》抄本，尽管收藏者做出了最大的努力，也绝对逃脱不了

---

① 吴均：《论夏嘉同音与羌藏同源》，《吴均藏学文集上》，中国藏学出版社2007年版，第3—22页；《论甘青彩陶纹饰中形等符号的演变》，同上，第23—47页。

② 丹玛·江永慈诚：《历代嘎玛巴传》（藏文）甘肃民族出版社1997年版，第66页。

③ 丹玛·江永慈诚、多杰坚赞、郭晓虹：《分大食财宗》（藏、汉文），民族音像出版社2013年版。

④ 中国历史博物馆、西藏博物馆编辑：《金色宝藏——西藏历史文物选萃》，中国藏学出版社2001年版，第235页。

化为尘埃的命运（尽管一种抄本破灭了，但其内容却继续以新抄本的面貌
展现在了后人面前）。不过，我们确信有一些抄本的历史至少超过了这个时
期，这就是那些伏藏于山洞等处的《格萨尔》抄本。就像 20 世纪初开启的
敦煌洞窟文献一样，它们在很长的一段时间内不被人们"打扰"，得到了较
好的保存条件。比如据说有一部《格萨尔》的抄本《地狱救母》就是由丹
地的喇嘛曲吉旺秋于 12 世纪埋藏的，后来有人掘藏出来了①。此外，目前
收藏于各地机构或私人手中的《格萨尔》手抄本中，或许也有早于现藏于
西藏博物馆的明代时期的这部抄本。因为这些抄本大多尚未经过年代学方
面的考证与研究。总之，种种迹象表明，《格萨尔》史诗抄本存在的历史远
远早于 17 世纪，这一点是确凿无疑的。相反，事实上，17 世纪已经开始了
《格萨尔》史诗抄本的整理、校订、木刻印刷出版等工作。

　　17 世纪中后期，佐智白玛仁增编辑的《分大食财宗》得到了木刻印刷
出版发行（拉萨木如寺刊刻，也有说布达拉宫的雪刻印社），此部曾经流行
一时。之后，西藏山南沃卡的莱伦玉贝多杰（ཟླ་བར་ལུང་དབང་རྒྱལ）整理并木刻印
刷出版了江孜本②《格萨尔》史诗，其中包括了从《英雄诞生篇》到《姜岭
大战篇》的简略故事。由于五世达赖喇嘛以及之后的颇罗鼐·索南多杰等
上层人士的支持，17—18 世纪乃至 20 世纪，在拉萨贵族中一度兴起了学习、
创作、传承《格萨尔》史诗的热潮。期间，多卡瓦夏仲、多仁班智达等所
做《格萨尔》史诗的整理、编写等工作，对以后《格萨尔》抄本的广泛传
承与传播影响深远。特别是此一时期整理的《霍岭大战篇》③，为今后《格
萨尔》史诗的创作与传承奠定了基础与范型。

　　最终，19 世纪至 20 世纪初，在居·麦旁降央南杰等多康地区学者的指
导下，德格林葱的《天界卜筮篇》《英雄诞生篇》《赛马称王篇》、瓦拉寺的
《地狱救母篇》、巴邦寺的《大食财宝宗》《迦湿弥罗绿松石宗》以及波罗寺
的《分大食财宗》等七部《格萨尔》史诗经过整理、木刻、印刷和出版发
行了，这种繁荣景象迎来了《格萨尔》史诗抄本、木刻本的新时代。特别
是德格地区于 20 世纪 40 年代前后已传承有 25 部《格萨尔》手抄本④，这
成为了《格萨尔》史诗抄本的辉煌成绩。

---

　　①　曼秀·仁青道吉：《格萨尔地名研究》（藏文），中国藏学出版社 2011 年版，第 9 页。

　　②　"江孜本"《格萨尔》的称谓取自石泰安的说法。参见石泰安：《西藏史诗与艺人研究》，耿升译，
西藏人民出版社 1993 年版，第 87—91 页。

　　③　几年前笔者推定此部整理者为多卡瓦夏仲，但最近读到金果·次平等学者著作，认为整理者德
格夏仲阿旺旦增应该是僧人，或许他的观点是正确的吧。

　　④　任乃强，《蛮三国》的初步介绍，《边政公论》第四卷第四五六期合刊，边政公论社编印，中华
民国三十四年六月，第 23 页。

三、《格萨尔》抄本传统的形成与抄本资料在国内外的移动

自7世纪创制现行藏文以来，《格萨尔》史诗产生过多少册抄本，恐怕是难以计数的。仅目前所见，约有600册异文本抄本并行于当世，恐怕所计也不为过。仅在本书中，笔者做出了412册异文本《格萨尔》抄本的解题目录。就笔者所知，尚未能做出解题目录、散存于国内外各地的抄本也不会少于200册。因此，现存藏于各地的用通行藏文书写的《格萨尔》史诗的抄本，总数量大约在600册。

但是为什么会产生这么多抄本呢？这不用说，它当然反映的是民众对这部史诗的热爱程度。除此，我还要补充说明的一点是，我们不得不注意到周边民族文化思想对《格萨尔》史诗抄本传承的影响，比如抄写经典积累功德的说法等①。特别是印度史诗的抄写传统很强地影响到了《格萨尔》史诗抄本传统的形成。传统上，我们知道印度经典是口传的。学徒从老师口中学会背诵后，继续传承下去。但是正如我们现今所知，印度两大史诗也盛行抄本传承，比如《摩诃婆罗多》存在南传本与北传本②，而《罗摩衍那》共有2000多种手写本③。说到印度史诗的抄本传统影响到了《格萨尔》史诗抄本的兴旺之势，这是毫无疑问的。7世纪以来，藏族社会大量翻译佛教经典。不用说，印度经典的抄本从形制到内容毫无保留地传承到了藏族社会。当然，《格萨尔》史诗不仅从抄本的形成，就是内容方面也深刻地受到了印度文化、特别是佛教文化的影响。

在此，我们仅举《格萨尔》史诗中的《北方降魔篇》来看看这种影响。此部史诗现在通行有两种抄本。一种抄本讲述格萨尔王单枪匹马前往北方八山地界，克服种种困难，降伏魔王恰巴拉仁（遍远魔④）及其家族；另一

---

① 季羡林：《〈罗摩衍那〉初探》，外国文学出版社1979年版，第82页。《格萨尔》史诗后记中也有类似的说法。

② 黄宝生：《导读》，［印度］毗耶娑著：《摩诃婆罗多（一）》，金克木、赵国华、席必庄译，中国社会科学出版社2005年版，第14页。

③ 季羡林：《〈罗摩衍那〉初探》，外国文学出版社1979年版，第1页。

④ 藏文恰巴拉仁（ཁྱབ་པ་ལག་རིང་），按字面文义可译为"遍及长手"。但近日从新近发现的吐蕃时期古藏文中对"长手"一词的用法中得知，字面上的"长手"（ལག་རིང་）实际上是另外一个意思，即"远手"或"远离"，是指对别人的不信任、仇恨的意思。比如 ཧྲ་ངན་ཐོ་འདི་ལ་དགུན་ཆམ་མཆོག་ལ་ལ་རིངག།ཐོ་འདི་ལ་གཉན་ཆམ་ལ་ལ་རིངག། 试译为："此敌人对魔特别信任时，/就对'赞'远离。//对赞特别信任时，/就对'年'远离。//（注：赞与年均是西藏文化中山灵地祇之类别）"（巴桑旺堆、罗布次仁编：《当许噶塘蚌巴奇本古苯教文书汇编》（藏文），西藏藏文古籍出版社2007年版，"6页10-11行"，印刷字体第5页，原影印件第90页）。因此，"恰巴拉仁"的意思实际上是"对所有远离者"或"与所有为敌者"。《格萨尔》史诗中的《拉达克本》与《贵德分章本》等中的"降魔"属于此故事系统。

种抄本讲述格萨尔王去往龙魔地界，得到龙女等人帮助，降伏魔王鲁赞（多头魔、龙魔或蛇魔）①。两种抄本故事结构大体上相似，但也存在诸多不同的细节。现今较流行的"故事"，为后一种抄本。我们注意到，前一种抄本与苯教祖师敦巴辛饶弥沃且前往东方追赶魔王恰巴拉仁及马的故事②有许多相似之处，而后一种抄本则与印度史诗《罗摩衍那》中罗摩前往楞迦岛降伏"十首罗刹"具有诸多相似。不难看出，此部《格萨尔》的两种抄本具有不同的来源。但是，两者究竟孰早孰晚，却是很难判断的。因为降伏魔王鲁赞的说法，也频见于苯教早期文献。但不难理解，后者被佛教学者采用了。

　　不用说较晚期受到佛教文化影响的《格萨尔》，从抄本形式到内容受到了印度文化的影响。即便是早期（7—11 世纪以前）以苯教思想为基础建立的《格萨尔》史诗，也同样深受印度文化的影响。诸多学者注意到了藏族的苯教文化具有北方突厥等民族中盛行的萨满教的特色，但事实上却忽略了它所具有的印度婆罗门教的特征。从苯教与婆罗门教大约同时产生于同一文化地区，即围绕着冈底斯雪山而形成的"五河流域文化"，仅这一点就可以看出两者之间的密切关系③；此外，从藏族早期历史中讲述苯教师（相当于祭祀）与国王之间的关系，来比照婆罗门教师与印度国王之间的关系，就可以看到两者惊人的相似程度；特别是早期苯教师举行的重要仪轨——赞颂神祇（赞颂天神、山神、地方神乃至祖师、圣人）与火祭（煨桑烟祭），与婆罗门教师所承担的功能也是完全一致的，等等。从诸多方面可见这两种宗教文化的一致性，也可以说，印藏文化从起源上有许多共同的特质。那么，《格萨尔》史诗中出现早期婆罗门教的内容也是理所当然的事情。

　　反过来《格萨尔》史诗的抄本是否到达过印度呢？鉴于两地文化的密切程度，其答案毫无疑问是肯定的。但是，估计影响最大的恐怕却是 20 世纪 60 年代以后的事情。藏族《格萨尔》史诗及其抄本很早影响到了北方民族，这是大家公认的事实。比如说在土族（4 世纪来到青藏高原）、裕固族（8 世纪活跃于河西走廊）、蒙古族（13 世纪涉足青藏高原）与撒拉族（13

---

①　《格萨尔》史诗的《江孜本》《德格林葱本》中的"降魔"属于此故事系统。

②　夏察·扎西坚赞：《西藏本教源流》（藏文），民族出版社 1985 年版，第 44—50 页。

③　据季羡林等印度文化研究者认为，雅利安人有两次自印度西北部进入印度次大陆。一次约前 20 世纪，在印度河流域（即五河流域）发展起来；另一次约前 11 世纪进入印度东部，在恒河流域兴盛起来。按照藏族苯教文献的说法，苯教祖师辛饶弥沃且诞生于前 1917 年（曲杰·南卡诺布：《苯教与西藏神话的起源》，向红茄、才让太译，中国藏学出版社 2014 年版，第 270 页）的冈底斯雪山附近。这样看来，两种文化之间的密切程度是可以想见的。

世纪后迁徙至青海循化等地区）中可以见到一斑。在这里我们仅就 20 世纪以来《格萨尔》史诗抄本的移动约略作一介绍。

20 世纪初，德国传教士及学者弗兰克（A. H. Francke）在阿里西边的拉达克地区发现了藏文《格萨尔》史诗的抄本与说唱，并将其公诸于世，比如《下拉达克本格萨尔》[①]。从此开始，欧洲的传教士与学者们在西藏周边地区、俄罗斯、蒙古国乃至西藏腹地搜集到了众多藏文抄本，藏文《格萨尔》史诗抄本自此也踏上了前往欧洲"新大陆"的旅程。20 世纪 30 年代中国学者也开始重视搜集和介绍《格萨尔》史诗抄本。特别是从 1958 年开始，新中国政府组织专人开展了大规模的《格萨尔》史诗的搜集、翻译等工作，取得了前所未有的成绩。1959 年发生西藏事件，大批藏族流亡西藏之南的印度、尼泊尔、不丹等国，《格萨尔》史诗抄本由此开始在印度等国广泛传播。1962 年至 1990 年间印度出版了 45 部《格萨尔》史诗，1981 年左右不丹国出版了 34 部《格萨尔》；特别是得到美国国会图书馆 PL480 项目的帮助，这些印度、不丹等国搜集出版的《格萨尔》史诗抄本已经遍及欧美等西方国家，引起了世人的关注。我国自 1978 年开始重新搜集《格萨尔》史诗以来，获得了更大的成绩，截止到 2000 年总共搜集到 100 多部 400 多册异文本《格萨尔》抄本。

四、《格萨尔》抄本的篇章概念

现今，我们说《格萨尔》史诗有 100 多部、长达百万诗行，是世界上最长的[②]、"活着"的、传承传播在多个民族中的史诗。这种说法一方面令全体中国人尤其是藏族民众感到骄傲与自豪，但另一方面也引起了国内外其他民族的"嫉妒""反感"乃至"质疑"。甚至有人从各民族创造能力的灵活多样性角度提出"质疑"：藏族除了有一部《格萨尔》史诗，创作不出别的史诗（事实上当今《格萨尔》艺人还能创作演唱《水浒传》《江格尔传》以及其他多种民间文学样式）。面对众多诸如此类的"困惑"，我觉得我们有必要对《格萨尔》史诗中的一些"篇""部""章""节"等分类概念，作

---

① A.H.Francke, *A Lower Ladakhi Version Kesar Saga.* Calgutta: The Royal Asiatic Society of Bengal, 1905-1941.

② 所谓"最长史诗"的这种说法，并非是一个学术概念，而仅仅是一种通俗说法。它有合理性的成分，但并不具有客观性的特点。1998 年笔者采访早期《格萨尔》史诗的搜集者时，有学者就曾对笔者说过要澄清此说。因为我们谈到希腊史诗 15000 行、印度史诗 10 万颂时，指的是已经经过"精校"定型的文本，而《格萨尔》史诗尚未走过这个过程。因此，它与这两部史诗之间进行比较的条件是不成立的。但是从目前所见世界上所有"史诗"乃至所有"叙事诗"的"创作活力"方面来看，《格萨尔》史诗的确呈现出了"最长史诗"的特点，这是毫无疑问的。

一梳理，以陈清历史宿怨。

　　在藏族历史上，文章通行的体例只有三类：散文体、诗歌体以及诗歌与散文结合体。自从学习印度佛教经典中对于诗文的划分章句办法以来，藏族传统经典已经基本上定下了划分"文章"的规矩。首先，从书籍长度方面作为区分，设立了"卷"（དཔེ་ཆ།）或"函"（གླེགས་བམ།）①为最大，其次是"首"或"句"（ཤ་ལོ་ཀ།）②，再次是"诗行"（ཚིགས་རྐང༌།），最后是"音节"（ཚིག）。其中，平均计算方法是：一个诗行有 8 个音节；一首诗有 4 个诗行，即 32 个音节为"一首"（或者从散文体角度计算，32 个音节为一"句"）；300 首或 3200 句为一卷③。

　　之后又引入了另一种计算长度的方法，即"部"（པོད།）与"叶"（ཤོག）。"叶"最初来源于"贝叶"，是长条形的薄片，正反两面书写，藏文书卷中的一叶相当于现通行蝴蝶式装帧书籍的两页。"部"又分"大部"（大约 500 叶上下）、"中部"（大约 300—400 叶）、"小部"（大约 200 叶上下）④，也即 200 叶上下皆可称做"部"。从以上分类可见，不论是"卷""函"或者是"部"，均是从长度方面来分类书籍的，也即它是对"同一本书"或"同一主题"内部的区分办法。但是，我们已经可以隐约看到"函"或"部"中包含着"主题""类别"方面独立不同的意思，也即它们可以作为独立的"书"存在而且有各自不同的"名字"。

　　其次，从书籍"类别"方面的差异进行分类，出现了"部"（སྡེ།）⑤"篇"（ལེའུ།）"章节"（ས་བཅད།）等概念。作为"五部大论"（俱舍、中观、般若、因明、戒律）中的"部"，其概念不仅指一本书，如"中观部"中龙树的《中观根本慧论》一书，而且还包括了整个"中观"的全部著作。另外，在汉文中使用"部"字概括佛经时，同样具有类别与数序的含义。想必汉文中

---

　　①　藏文的"函"（གླེགས་བམ།）是指书籍长度达到一卷（即 300 首或 3200 句）后，用两块木板将它们夹捆在一起，就叫作一"函"或者一"箧"。这里的"卷""函"等采用了汉文传统书籍分类的相似概念，事实上藏文书写媒介（如纸张、布帛、木片、贝叶等）既受到了中原汉纸、书写方式（如卷轴），又受到了印度等地贝叶书写传统的影响，因此存在多种分类可能。但此处主要是依据印度特色设定的。

　　②　在这里译作"首"或"句"的梵文概念，读音为"输洛迦"（ཤ་ལོ་ཀ།），在汉文中一般翻译作"颂"或"偈颂"。

　　③　这种计算方法基本上是从佛经的翻译角度确立的。梵文佛经一颂（首）为两行，但一般翻译为藏文时译为四行（译为汉文也是四行）。也即 10 万颂的《摩诃婆罗多》，按照藏文诗行计算来说，不是 20 万行，而应该是 40 万行。

　　④　东噶·洛桑赤列编纂，《东噶藏学大辞典》（藏文），中国藏学出版社 2002 年版，第 584—585 页，第 1273、1386 页。

　　⑤　此藏文字的读音也为"部"，据说是从梵文 སྡེ། （藏文转写之梵文，读音为"布萨迪伽"）一词转音而来。

"部"字用作书籍的分类与数序，也与翻译梵文佛经时借用梵文词汇有密切的关系。"篇"则为独立的一个主题的分类名称，有时小到相当于章回体小说中的一"章"或一"回"。"章节"仅指"篇"下面的更小的"片段"。事实上这种概括也仅仅是一种大致情况，详细述说起来则更加复杂，比如"章节"（ས་བཅད）原本是藏文文章"五要素"之一，在此不作赘述。

　　《格萨尔》史诗采用的是"诗歌体与散文体相结合"的文体。那么现今《格萨尔》史诗中的"部""篇""章"等概念，又是怎样区分的呢？藏文中计算《格萨尔》史诗的不同数量时，采用了新创词"史诗类别"（སྒྲུང་ཁག）来计算。这样，同一"主题"的史诗，计算为同一个"类别"（部）。因此，基本上不会出现混乱。但是在汉文翻译中，由于译者采用了不同的译词表述，造成了种类、长度、数量等方面的混乱。

　　最初的汉译者（20 世纪五六十年代）大多是系统学习过藏传佛教"五部大论"的学者，因此他们采用了"部"这一概念来作"类别"区分。在同一"部"（类别）之下设立流传地或搜集地的差异作更进一步的区别，比如《赛马称王之部》（资料之二——四川康定手抄本）"等。但是我们知道，"部"在藏族文化中经历了不同时期的演变，既有长度上的含义，又有"类别"方面的含义，因此是个比较复杂的词汇。不过，仅就藏文《格萨尔》史诗来说，使用"部"作为"类别"概念也好，"长度"概念也罢，都是比较合适恰当的。从长度方面来看，《格萨尔》史诗的手抄本基本上每册在200—300 叶，属于藏文传统典籍中的"小部"或"中部"范围。从类别方面，在同一"部（故事类型）"（或者情节单元）下又存在多个"亚型"的抄本，这也比较符合事实，比如上文中提到的《北方降魔篇》的两种抄本类型等。因此，我认为最初的汉译者采用"部"作为类别概念，除了吸取任乃强等人的观点以外①，估计也是经过了一番周全考虑的。

　　但是众所周知，由于"部"存在多义性，这令后来的史诗抄本的登录者引起了困惑。他们既采用了"部"的类别概念，又采用了它的数序概念，这样造成了很大的混乱。比如在一些著作中强调说，到"七五计划"末（1990年），我国共搜集到了300 部《格萨尔》史诗。这里的"部"实际上是"册"的意思，并不具有"类别"的含义。事实上，这个时期共搜集到了80 部（类别）《格萨尔》史诗②。也有人尝试突破"部"的限制，采用过"种"（类别）"本"（册）等字来作区别，但其结果又将"种"与"本"同等看待或将其

---

① 　任乃强在其 1945 年（民国三十四年）的论文"《蛮三国》的初步介绍"中就曾使用过"部"字作为类别概念。

② 　杨恩洪：《中国少数民族英雄史诗〈格萨尔〉》，浙江教育出版社 1990/1995 年版，第 94 页。

意颠倒来用，造成了更大的困惑。关于"部"的困惑，至今仍在影响着藏文《格萨尔》史诗研究者。

　　在"篇"与"章"两个概念中，我们先来谈谈"章"的说法。"章"的概念是基于蒙文《格斯尔》史诗的传承特点与藏文《格萨尔》中存在的一种现象而提出的汉文学术概念。最早提出这种说法的是王沂暖，他在文革后汉译出版的《格萨尔王传·贵德分章本》的"译者前言"中约略介绍了"分章本"与"分部本"两种概念。"分章本是把格萨尔王一生大的事迹，集中写在一本中，分为若干章"①。事实上，这种所谓分章与分部处理史诗的现象，在 20 世纪五六十年代翻译者所写的后记中已经明确指出了，只不过名称不同而已，有称为"综合本"与"单行本"②"缩本"与"单行"③或者"一事件为中心"与"汇总起来为一书"两种编辑方式④，等等。

　　但是我们知道，"章"这个概念最初在汉文中指的是诗章，比如《诗经》中"重章叠句"，意思近于现在所谓的"诗段"或"诗节"。后来成为章回体小说中的"章"，指的是故事的一个"片段"。作为最初参加过 20 世纪五六十年代汉译、整理《格萨尔》的学者，王沂暖采用"章"的含义，很明显按近章回体小说中"章"的意思（事实上，此一时期的整理者将"诗章"或"诗节"意思采用了"组"字来表示⑤）。由"章"的后一个意思可见，它不能独立存在（或单独成立）。也即，它不具有"部"那样的"类别"概念。或者说，"章"可以是"部"中的一个"片段"，相反，"部"则不会成为"章"的"部分"。因此，使用"章"来作为划分类别的概念，笔者认为不是很合适。

　　相反，与"章"比较相似的汉文"篇"的概念中，则具有"类别"的含义，因此汉译印度史诗的学者们采用了这种用法，比如《摩诃婆罗多》中的《毗湿摩篇》⑥，指的是不同于其他"主题"的史诗故事。因此，笔者也在本书中尝试采用了"篇"的概念，但这并非作者独创，早在西北民族大学《格萨尔》研究院主编的《格萨尔文库》中已经尝试使用过这种译法。但是，《格萨尔》史诗中还存在一个"宗"的概念，它原本用作"城堡""堡

---

① 王沂暖、华甲译：《格萨尔王传·贵德分章本》，甘肃人民出版社 1981 年版，《译者前言》第 2 页。

② 吴均：《吴均藏学文集下》，中国藏学出版社 2007 年版，第 816 页。

③ 同上，第 824 页。

④ 同上，第 763 页。

⑤ "格萨尔王传"的调查、搜集、翻译、整理情况见《青海民族民间文学资料（第 6 集）》，青海文联民间文学研究会编印，1960 年 2 月，第 34 页。

⑥ 毗耶娑著，黄宝生、郭良鋆译：《摩诃婆罗多（三）》，中国社会科学出版社 2005 年版，第 447—721 页。

垒"，后来又用作"县级单位"的行政划分类别。在《格萨尔》史诗中，它也可看做具有"篇"的含义。如果再在其后加上"篇"字，显得比较繁缛。故此，笔者在本书中凡有"宗"字之后略去"篇"字。

但是，本书中笔者在许多地方仍然沿用了"部"的概念作为类别区分，并没有完全舍弃前人努力的成绩。"部"作为史诗的类别概念，具有许多优点。但是随着这部史诗，像印度史诗走过的历程那样，走过抄本时代迎来新的精校时代，我估计"篇"的概念或许更加适合其特点。

五、《格萨尔》史诗的抄本与部本数量

现在，我们来看看《格萨尔》的部本数量的问题。对于这个问题，看起来最有发言权的应该是《格萨尔》史诗的创作艺人们。艺人们从他们的角度作了一个形象化的比喻："犹如杂色马的马毛一样，数也数不清"；或者"每一位岭国人的口中就有一部《格萨尔》"。这种说法表达了艺人们创作史诗的自信、自豪与创作热情。同时，这也说明了一个问题，即在《格萨尔》史诗仍然"活着"的今天，我们想要总结出"全部"的史诗部数是不太可能的事情。但作为研究者，我们必须客观回答当前所见情形。首先，笔者列出本书中已经做出解题目录的史诗部本数目。然后，再来分析前人就此问题所做过的工作。

经笔者统计，1958—2000年间，我国总共搜集到不同部本117部（类别）419册异文本。在本书中笔者做出解题目录的共计103部412册异文本。下面列出117部名录。

1.《岭国形成篇》，2.《董氏族根本预言篇》，3.《英雄华贡娃篇》，★4.《戎岭之战篇》，5.《果岭之战篇》（或《葛岭之战篇》），★6.《拉堆篇》，7.《天界篇》（或《天岭卜筮篇》），8.《英雄诞生篇》，9.《北岭之战篇》，10.《李赤朱砂宗》，★11.《李赤马宗》，12.《东斯玛马宗》，13.《丹玛青稞宗》，14.《擦瓦戎箭宗》，15.《择婚称王篇》，16.《赛马称王篇》，17.《玛域水晶岩宗》，18.《降伏东魔夏瓦如扎篇》，19.《梅日天铁宗》，20.《世界公桑篇》，21.《征服弥药玉泽王篇》（《征服残暴七兄弟篇》），22.《降伏贡布魔王阿琼穆扎篇》，23.《降伏贡布如扎王》，24.《降伏北方古热魔王篇》，25.《霍射兵器宗》，26.《岸岭之战篇》，27.《北方降魔篇》，28.《霍岭大战篇》，29.《辛丹内讧篇》，30.《姜岭大战篇》，31.《孟岭大战篇》（或《门岭大战篇》），32.《大食财宗》，33.《分大食财宗》，34.《大食魏摩隆仁财宝宗》，35.《上粟特马宗》，36.《下粟特铠甲宗》（或《下粟特铠甲、玉宗》），37.《阿扎玛瑙宗》，38.《斯钦青白玛瑙宗》（或《攻取斯钦宝石、良马记》），39.《歇日珊瑚宗》，40.《白惹绵羊宗》，41.《白惹山羊宗》，★42.《白惹骡

子宗》，43.《白惹茶宗》（或《白岭之战篇》），44.《米努丝绸宗》，45.《日努丝绸宗》，46.《突厥兵器宗》，47.《雪山水晶宗》，48.《亭岭之战篇》（或《香香药宗》），49.《羊同珍珠宗》（或《象雄珍珠宗》），50.《迦湿弥罗绿松石宗》（或《卡切玉宗》），51.《苏毗犏牛宗》（或《松巴犏牛宗》），52.《穆古骡子宗》，53.《嘉尔岭骡子宗》（或《甲尔岭之战篇》），54.《阿里金宗》，55.《梅岭玛瑙宗》，56.《孟噶柏香宗》，57.《梅岭金宗》，58.《卡容金宗》，★59.《雪山金子宗》，60.《朗日金宗》，61.《木里金宗》，62.《阿彦黄金宗》，63.《世界金宗》，64.《恰容粮食宗》，★65.《甲木绒青稞宗》，66.《征服北方红碉礐宗》（或《北方红缨宗》），67.《阿赛铠甲宗》，68.《中华铠甲宗》（《嘉纳铠甲宗》），69.《玉绒犀牛皮铠甲宗》（《玉绒色宗》），70.《贡布山羊宗》，71.《扎噶尔水晶宗》（或《扎噶尔水晶、山羊宗》），72.《乌炎银宗》，73.《西宁银宗》（《斯岭阿宗》），★74.《亭迟药宗》（或《亭迟头盔宗》），75.《杂日药宗》，76.《玛拉雅药宗》，77.《欣喀药宗》，78.《降伏琼察五兄弟篇》，79.《羌岭之战篇》，80.《降伏崎岭铁城宗》，★81.《阿岭之战篇》，★82.《努岭之战篇》，★83.《嘎岭之战篇》，★84.《夏岭之战篇》，★85.《南岭之战篇》，86.《亭岭武器福运宗》，87.《征服边地魔宗》（或《塔堆篇》），88.《陀如玛瑙宗》，89.《卡塔青白玛瑙宗》，90.《阿达鹿宗》，91.《吉祥五祝福篇》，92.《陀岭之战篇》，93.《扎噶尔绿松石宗》，94.《中华律法宗》，95.《中华茶宗》，96.《墨日器宗》，97.《姜玉拉传篇》，98.《降伏阿琼格日国篇》，99.《丹赛玉威奔美传篇》，★100.《鬼岭大战篇》，★101.《征服克才周杰篇》，★102.《征服罗刹婆篇》，★103.《伊赛曼陀罗宗》，★104.《征服黑霍尔篇》，105.《郭拉盐宗》，106.《卫岭之战篇》，107.《降伏魔主嘉日坚赞篇》，108.《红岩大鹏宗》，109.《格萨尔佛法宗》，110.《底噶尔佛法宗》，111.《格萨尔密传篇》，112.《岭国歌舞篇》，113.《重游天堂篇》（或《英雄游天篇》），114.《地狱救妻篇》，115.《地狱救母篇》，116.《临终教诫篇》，117.《安定三界篇》（注：编号前加★号者，此部由于信息不足等原因未作题录）。

　　以上这个目录也不能说是一个绝对令人满意的目录。其中依旧存在诸多问题，比如内容相似而部名却不同（比如《拉堆篇》有可能是《天界篇》的上册，尽管早期登录者计为不同部类，但笔者未曾亲见也只好照搬于此）。此外，诸多艺人自写本（如格日尖参本）或说唱后转成文字的抄本（如桑珠本、扎巴本）未能列入，等等；国外发现的抄本也一概未列入其中，也未能做出题录。不过，总的来说，上述已做出解题目录的部本，在一定程度上代表了目前所见《格萨尔》史诗抄本的基本情况。

　　下面我们来谈谈前人对《格萨尔》史诗部数问题的认识情况。

　　我们已经知道《格萨尔》史诗与世界上其他史诗——特别是与印度史诗相似，犹如滚雪球一样是逐渐发展壮大起来的，或者犹如一粒树种一样逐渐长成参天大树的，或者犹如涓涓细流一样逐渐汇聚成一条奔腾不息的江河的。那么它到底已经变成了怎样壮大的一棵参天大树呢？从 20 世纪开始，就已经有众多学者前赴后继地做出了分析。这里仅举几个主要的成果略作介绍。

　　首先，任乃强于中华民国三十三年（1944 年）前往康区，途经甘孜县桑珠寺时，了解到当地有人熟悉"全部"的《格萨尔》史诗。进而通过甘孜县谢科员的翻译，从杂科保正（杂科即为现在石渠县一带）处知道了 19 部《格萨尔》史诗的大概。这 19 部（谢科员所谓 18 部）如下：1. 诸天会议（即《天岭卜筮》或《天界篇》），2. 降生（《英雄诞生篇》），3. 赛马（《赛马称王篇》），4. 林与中华（《中华茶宗》），5. 底纳折（《北方降魔篇》），6. 霍尔侵入（《霍岭大战篇》上册），7. 攻克霍尔（《霍岭大战篇》下册），8. 觉林（《姜岭大战篇》），9. 喜折（《孟岭大战篇》），10. 挞惹（《大食财宝宗》），11. 林与蒙古上（《上粟特马宗》），12. 林与蒙古下（《下粟特铠甲宗》），13. 昔日（《歇日珊瑚宗》），14. 卡契（《迦湿弥罗绿松石宗》），15. 祝姑（《突厥兵器宗》），16. 白热（《白惹山羊宗》或《白惹绵羊宗》），17. 日勒得通好（《日怒丝绸宗》或《米努丝稠宗》），18. 取九眼珠（《阿扎玛瑙宗》），19. 林与地狱（《地狱救母篇》）。此后他又从德格佐钦寺汉僧李鉴明处得知，《格萨尔》史诗总计有 25 部①，但遗憾的是最终没有列出这"全部" 25 部史诗的名称。不管怎样，任乃强的记述，展现了《格萨尔》史诗抄本在当时的一个传承概貌。

　　其次，1958 年青海文联开始正式搜集《格萨尔》史诗之初，向杨质夫等人了解这部史诗的概况时，杨质夫介绍了从曾在互助县北山甘禅寺当过僧人的秦宣柱处了解到的 7 部情况：1. 求子（《天界篇》），2. 十三轶事（《英雄诞生篇》），3. 降魔（《北方降魔篇》），4. 降贺（《霍岭大战篇》），5. 降绛（《姜岭大战篇》），6. 降汉（《中华律法宗》），7. 平定三界（《安定三界篇》）②。从此开始，直至 1964 年青海文联承担的《格萨尔》史诗的搜集工作被迫中断，总共搜集到了"全部" 37 部《格萨尔》史诗。此处依据徐国琼等人的

---

　　① 任乃强：《〈蛮三国〉的初步介绍》，《边政公论》第四卷第四五六期合刊，边政公论社编印，中华民国三十四年六月，第 21—27 页。相反，青海文联却在 1960 年罗列出了此 25 部的详细名录（参见"格萨尔王传"各地流传部数的传说，《青海民族民间文学资料（第 6 集）》，青海文联民间文学研究会编印，1960 年 2 月，第 55—58 页），并附上了《西宁马宗》等三部。但未提供这些资料的来源出处。

　　② 杨质夫：《关于格萨尔王传奇情况的材料》，《搜集、研究青海藏族文学的参考资料（第 1 集）》，青海省文联印，1959 年 4 月，第 8 页。

记述做一介绍：1.《拉岭格且格果》（即《天界篇》），2.《冲岭梅朵热哇》（《英雄诞生篇》），3.《达久诺布朋则》（《赛马称王篇》），4.《堆岭》（《北方降魔篇》），5.《霍尔盘底》（《霍岭大战篇》上册），6.《霍岭营迥》（《霍岭大战篇》下册），7.《姜岭营迥》（《姜岭大战篇》），8.《达色诺宗》（《大食财宝宗》），9.《门岭营迥》（《孟岭大战篇》），10.《阿札日宗》（《阿扎玛瑙宗》），11.《卡契育宗》（《迦湿弥罗绿松石宗》），12.《祝姑果宗》（《突厥兵器宗》），13.《米努达宗》（《米努丝绸宗》），14.《阿赛查宗》（《阿赛铠甲宗》），15.《贡力歇宗》（《雪山水晶宗》），16.《索波达宗》（《上粟特马宗》），17.《泊惹勒宗》（《白惹绵羊宗》），18.《丹玛乃宗》（《丹玛青稞宗》），19.《孕底穹宗》（《嘎德大鹏宗》），20.《阿达拉姆》（《地狱救妻篇》），21.《嬢岭作巴勤波》（《地狱救母篇》），22.《康松推阁》（《安定三界篇》），23.《歇日昔宗》（《歇日珊瑚宗》），24.《向雄木迪宗》（《羊同珍珠宗》），25.《木雅利赤宗》（《李赤朱砂宗》或《李赤骏马宗》），26.《松岭营迥》（《苏毗犏牛宗》），27.《加岭俄则丹吉称哇》（《中华茶宗》）①，28.《阿细热宗》（《阿细山羊宗》或《阿吉山羊宗》）②，29.《木雅玉泽宗》③或《岭与秃央玉国》④（《降伏弥药玉泽王篇》），30.《达惹诺结》（《分大食财宗》）⑤，31.《格萨尔综合分章本》（《葛岭之战篇》）⑥，32.《木岭大战》（《穆古骡宗》）⑦，33.《德（嘉尔）岭战争之部》（《嘉尔岭骡子宗》），34.《美岭战争之部》（《梅岭玛瑙宗》）⑧，35.《迎取珠牡》（《择婿称王篇》）⑨，36.《岭与下蒙古》（《下粟特铠甲宗》），37.《年老传位》（《临终教诫篇》）⑩。

　　从以上目录可见，不论是任乃强还是徐国琼，均将《霍岭大战》划分为两部或者三部（类别）。此外，杨质夫提到的《降汉》（《中华律法宗》），并没有列入徐国琼的目录中，事实上徐国琼等人是将《中华茶宗》与《中华律法宗》当作一部看待的。

---

①　徐国琼：《〈格萨尔〉考察纪实》，云南人民出版社 1993 年版，第 49 页。

②　同上，第 53 页。

③　同上，第 159 页。

④　徐国琼著：《关于史诗〈格萨尔王传〉》，《青海民族民间文学资料（第 3 集）》，青海省文联印，1959 年 10 月，第 18 页。

⑤　同上，第 163 页。

⑥　同上，第 185 页。此部中尚包括了《英雄诞生篇》等。

⑦　同上，第 204 页。

⑧　同上，第 257 页。

⑨　徐国琼．《关于史诗〈格萨尔王传〉》，《青海民族民间文学资料（第 3 集）》，青海省文联印，1959 年 10 月，第 18 页。

⑩　同上。

　　从 1978 年开始，王沂暖非常热心关注《格萨尔》史诗的部数与长度问题。他甚至逐行逐句地去细数每部《格萨尔》史诗的诗行总数①，最终得出了世界"最长史诗"的概念。正如上文中谈到的那样，这种"最长史诗"的概念就如一把双刃剑，导致了两种状态。其究竟的结果也影响到了学术研究的客观性。王沂暖经过三次统计，最终得出了 142 部之说。说到自己统计的准确性时，他说"其中可能有情节相同之部，但非史诗全部则可信。因为史诗尚在继续发掘之中，手抄本可能至接近饱和状态，艺人说唱其数较多"②。但不管怎样，王沂暖做出的 100 多部的统计一直影响到了当今《格萨尔》史诗在海内外的声誉。之后直至 20 世纪 90 年代左右，杨恩洪根据中国社会科学院少文所主持的"国家哲学社会科学项目——《格萨尔》史诗抢救项目"（即 1983 年被列入"六五计划"，之后又列入"七五计划"）而展开的十年搜集成绩，重新做出了统计，得出总共搜集到抄本为 80 部 289 册异文本的成果③。

　　暂时撇开《格萨尔》的抄本搜集的成绩不谈，那么我们来看看《格萨尔》史诗到底总共有多少部（类别）呢？正如上文中王沂暖所提到的那样，由于这部史诗仍然"活着"，而且学界尚在不断"发掘之中"，因此做出最终统计是不可能的，只能做出"不完全的统计"。继王沂暖之后，丹玛·江永慈诚尝试做了一次统计。他的统计大约在 20 世纪 90 年代中期，他说根据青海《格萨尔》研究所的要求，对国内外传承的《格萨尔》史诗部类（ཞུང་ཚན）做出统计。根据艺人说唱与史诗抄本情况，列出了 4 大降魔、18 大宗、史诗开头与结束 30 部、降伏魔类 31 部、其他各宗 139 部，共计 200 部④。到后来发表与之相关的文章时总为 201 部⑤。此目录中有重复的情况存在，但是由于那些看起来重复的部本比如《天界篇》《英雄诞生篇》《赛马称王篇》等，各自相同的部名下每一册的故事情节事实上有很大出入，或者也可以看做是另外一个新部本（类别）。因此，出现这种重复罗列是可以理解

---

　　① 王沂暖：《再做一次不完全的统计——藏族〈格萨尔王传〉的部数与诗行》，《格萨尔研究集刊》第 1 集，中国民间文艺出版社 1985 年版，第 210 页。

　　② 王沂暖：《关于藏族〈格萨尔王传〉的部数与诗行——第三次不完全的统计》，赵秉理《格萨尔学集成（二）》，甘肃人民出版社 1990 年版，第 1282 页。

　　③ 杨恩洪：《中国少数民族英雄史诗〈格萨尔〉》，浙江教育出版社 1990/1995 年版，第 94 页。杨恩洪研究员未列出详细名录，此成绩详细情况可参考本书"附录三：1958—1986 年全国搜集《格萨尔》手抄本、木刻本总目录"，部数与册数上虽有很大出入，但基本情况如此。

　　④ 丹玛·江永慈诚：《皆显明镜——〈格萨尔〉史诗 200 部之目录表》（藏文，未刊稿），笔者所见此文手稿复印件。

　　⑤ 丹玛·江永慈诚、弥德·尼玛多杰：《关于整理〈格萨尔〉规范本之我见》，载泽波、格勒主编《横断山民族文化走廊》，中国藏学出版社 2004 年版，第 429—447 页。

的。到了 1999 年，白玛龙·仁增也尝试做了"不完全的统计"工作，他总共列出了 226 部不同《格萨尔》史诗的名录①。这个名录同样整合了已经出版的各种手抄本与尚未记录乃至说出的艺人说唱目录。总之，不管做出怎样完美的统计，也不过是舀取了《格萨尔》史诗这条江河的一瓢活水而已，因为我们已经看到许多艺人已经报出了 300 多部（类别）的目录（比如治多艺人才让索南等）。但是，列举这些成绩也至少让我们看到了《格萨尔》史诗惊人的创作活力。

　　不过，在《格萨尔》史诗尚未进行"精校""规范"以前，就说它是世界上最长的史诗，恐怕这也不是一种科学概念。因为这种繁荣昌盛的创作局面，应该说那些已"精校""规范"而定型的许多史诗如希腊史诗和印度史诗，都是早已经历过的普遍现象。或者至少可以说，与《格萨尔》史诗规模相似的印度史诗《摩诃婆罗多》，肯定经历过这种"活力四射"的创作时代。我们期望着《格萨尔》史诗的这个蓬勃的创作阶段，能够持续得更久远些。但是，已经得到普遍认同的部本，也必须提上"规范"与"精校"的日程，以免那些闪耀着美丽光焰的"宝珠"由于意外的历史事件（比如文革），湮灭于落定的尘埃之中。

　　近年来，曼秀·仁青道吉和金果·次平就《格萨尔》史诗的部本问题，从不同的方面进行了尝试。曼秀·仁青道吉根据手抄本与艺人说唱呈现的一些共同特点，总结出了一个新概念"传统本"（སྲོལ་རྒྱུན་གྱི་གཤམ་སྒྲུང་པད），并且罗列出了符合这些特点的 34 部《格萨尔》史诗，将它们编织在了"一部"《格萨尔》史诗框架之中。他认为"传统本"《格萨尔》史诗的结构是：（1）前 3 部：《天界篇》《英雄诞生篇》《占领玛域篇》；（2）中间 5 部：《丹玛青稞宗》《擦瓦戎箭宗》《赛马称王篇》《玛域水晶岩宗》《世界煨桑篇》；（3）四方 4 魔部及附篇：《被方降魔篇》《霍岭大战篇》（及附篇《辛丹内讧篇》）《姜岭大战篇》《孟岭大战篇》；（4）18 大宗及附篇：《大食财宝宗》（及附篇《大食分财宗》）《上粟特骏马宗》《阿扎玛瑙宗》《歇日珊瑚宗》《羊同珍珠宗》《迦湿弥罗绿松石宗》《突厥兵器宗》《白惹山羊宗》《米努丝绸宗》《玛拉雅药物宗》《雪山水晶宗》《亭让青金石宗》《尼婆罗绵羊宗》《梅岭金宗》《苏毗犏牛宗》《穆古骡宗》《天竺佛法宗》《中华茶宗》；（5）结尾 2 部及附篇：《地狱救妻》《地狱救母》（及附篇《安定三界篇》）②。金果·次平则通过主持著名艺人桑珠说唱《格萨尔》史诗的录音、笔录、整理和出版工作，总

---

　　① 仁增：《民主改革 40 年来〈格萨尔〉抢救取得成绩》（藏文），《西藏研究》，1999 年 1 期，第 35 页；仁增：《试论〈格萨尔〉史诗的部数》（藏文），《西藏研究》，1998 年 3 期，第 123—133 页。

　　② 曼秀·仁青道吉：《格萨尔地名研究》（藏文），中国藏学出版社 2011 年版。

结出了桑珠艺人个人说唱 49 部《格萨尔》史诗顺序以及特色。其中也强调
了传统上所说的四方降魔、十八大宗，同时也总结了桑珠艺人对《格萨尔》
史诗部数的看法①。总之，两位对于《格萨尔》史诗部数问题的讨论，是近
年来就此方面取得的最新成果。

　　总之，笔者就自己浅见，大概介绍了以上情况。我们必须要重申的是，
前人"努力尝试"所取得的这些成果，对于发展中的《格萨尔》史诗这条
江河来说，只不过是"一瓢之饮"，是否解渴尚不得而知。

　　在所做出的解题目录方面，尚需说明的是，笔者所做目录初看起来基
本概括了我国搜集的总体情况，但实际上也存在挂一漏万的现象。比如国
内散存的手抄本以及已经搜集保存于一些机构中的手抄本资料，由于条件
所限，根本无缘得见，也就无法做出解题目录。此外，国外如印度、不丹、
尼泊尔等地搜集、出版的《格萨尔》手抄本与木刻本也未能列入。此外，
自 20 世纪 80 年以来我国开展的艺人录音计划与艺人自写计划，取得了丰
硕的成果，比如扎巴本、桑珠本、格日尖参本等就是最好的成果。但是由
于条件所限，大部分资料也未能列出解题目录。

六、本书编辑体例与《格萨尔》抄本、木刻本的基本特点

　　以下介绍本书的基本编辑体例与《格萨尔》史诗抄本、刻本呈现的一
些特点。

　　由于经历了特殊年代"反封建、反迷信"（1957—1960）和"文化大革
命"（1966—1976），再加上各地资料目录登记标准不一、各地保存管理条
件的限制以及多次因展览和出版而移动资料等众多原因，不用说期间有意
销毁的《格萨尔》手抄本资料不知其数，就是自 1958 年搜集到各地机构以
后，《格萨尔》史诗抄本资料也出现了毁坏、重复登录以及散佚等众多现象。
几年来，笔者通过亲自查阅各地所藏现存资料，整理得出以上 100 多部 400
多册异文本，并对其做了概要介绍。其中，不少抄本曾经登录在册现却已
散佚或者由于条件限制，笔者未能亲自阅读，即便如此，笔者通过多种方
式，尽量也在这里部分地做出了这些抄本的题录。但是，那些已经焚毁而
根本没有留下任何记录的抄本，可能已经永远消失不见了，或许也可能保
存在某些经历过那些特殊年代而执着深爱着这部史诗的老人们记忆中，也
未为可知。

　　总之，本书为国内各机构收藏《格萨尔》史诗手抄本与木刻本之解题
目录。本书概要介绍了自 1958 年至 2000 年国内搜集并保存于青海文联与

---

① 　金果·次平：《格萨尔艺人桑珠说唱本研究》（藏文），西藏藏文古籍出版社 2013 年版，第 66-172 页。

青海民族大学青海《格萨尔》研究所资料室、西藏社会科学院《格萨尔》研究中心资料室、云南社会科学院民族所资料室、云南迪庆藏学研究院资料室、中国社会科学院民族文学所资料室、中央民族大学图书馆、中国民族图书馆原民族文化宫图书馆、四川民委民族研究所《格萨尔》办公室资料室、西北民族大学图书馆等机构之 100 多部 400 多册异文本《格萨尔》史诗手抄本与木刻本的概况。

1958 年，中国学者得到新中国政府支持，开始搜集流布于藏族社会中的《格萨尔》史诗抄本与刻本。直至 2000 年，共搜集到 150 多部（类别）《格萨尔》史诗。这 150 多部史诗中，大多数（约占 2/3）为 1950 年前流传于藏族民间的手抄本与木刻本（包括国外搜集之抄本），此外少部分（约占三分之一）包括了 20 世纪 80 年代以来艺人说唱录音的笔录本（或录音的听写本）、艺人自己书写本（或自写本）以及艺人说唱的录音资料（尚未转为文字）。

除却艺人说唱录音资料与国外收藏《格萨尔》手抄本与木刻本不计在内，本书介绍了其中已经抄写成文字的《格萨尔》史诗约 103 部（类别）412（册）异义本。笔者对每册义本分 9 为面做了介绍。

1. 藏文标题。抄本的藏文标题清晰可辨，抄录全文，若不清晰则采用简称。2. 藏文拉丁转写。为便于其他研究者之需要，附上此文种。3. 汉文译名。汉译名大多采用学界惯用翻译，也附加了各地保存机构对此部的汉译名以及各出版社的汉译名，便于查找比对。4. 故事内容提要。采用各学者成果，介绍了同部史诗的大概内容。5. 版本描述。介绍了每册抄本的藏文字体、抄本长宽大小、抄写媒介、每页平均行数等。6. 保存处及编号。抄本保存机构以及该机构的编号，或者该册复印件的编号等。7. 版本说明。描述了每册抄本是否完整、收藏印章、页面污损情况、保存册数、同部异文本的汉译与藏文本出版情况等。8. 著作者、搜集者、搜集地点和搜集时间。根据每册抄本后记以及搜集者和登录者的记录，提供以上信息。9. 其他。主要介绍该册抄本的保存现状以及散佚等其他信息。此外，本书根据每个机构的保存情况进行了分类编辑，在各机构保存抄本的解题目录前面附加了"凡例·说明"，因此，在这里不再做凡例说明。

总之，这是一本有关《格萨尔》史诗手抄本与木刻本的目录手册，主要展现了中国搜集《格萨尔》史诗的成绩，同时希望为研究者查询《格萨尔》资料提供方便。下面介绍藏文手抄本的一些基本特点。

首先，从藏文书籍的形制上来看，一本书在藏文中称作一"函"或一"箧"（སྒྲོམ་བུ།），它有七个特点（在此以东嘎·洛桑赤列的总结略作介绍）：（1）"边线"或"边框线"（མཐའ་རིས།）。藏文书籍形状类似"贝叶"，在长条形纸质上书写，为了不使文字出框，一般在纸面上划定了四条边线或两条边线。（2）"字头符号"（ཡིག་མགོ）。藏文书叶两面书写，为了区分正反面，在正面叶面顶端标有字头符号。（3）"页码"（ཤོག་གྲངས）。藏文书叶的正面标有页码，背面不标页码。因此，在汉文中采用了叶子的"叶"来指这种情况（也即 1 叶等于 2 页）。（4）"篇名"（མཚན་བྱང）。为了不使各章各篇造成混乱，在每篇或每章前面或后面加上"篇名"。（5）"书板""书箧"（གླེགས་ཤིང）。在每卷（本）书的外侧用两块木板夹起来，为保护书页不失散。（6）"束带"（གླེགས་ཐག）。每卷书有了夹板后，尚需要用皮带或细绳捆扎起来，不至于各书之间造成错混。（7）"卷布"（ན་བཟའ་དཔེ་སྐོགས）。书籍是智慧的象征，为了更好地保存、珍惜和爱护书籍，在每册书板之外再包裹一块正方形布卷，以示对书籍的敬重与供养[1]。

此外，抄本书籍形制的大小，传统上据说有三种说法：（1）托岗玛（མཐོ་གང་མ）意思是标准男人"一卡（从拇指至中指的长度）或 12 指并排后长度的抄本"，大约 20—25cm 长。（2）肘岗玛（ཁྲུ་གང་མ）意思是"一肘（从中指指尖至肘部的长度）或 24 指并排后长度的抄本"，大约 40—50cm 长。（3）达岗玛（མདའ་གང་མ）意思是"一支箭长度的抄本"，大约 60—80cm 长[2]。从笔者所见《格萨尔》手抄本与木刻本来看，书籍形制大体符合上述七个特点，大小基本上属于"肘岗玛"一类。

从《格萨尔》史诗抄本的抄写媒介纸张方面来看，主要为狼毒草根制成的"藏纸"为主，此外也有少部分牛皮纸和现代纸（如笔记本纸）等。这些纸张的不同也侧面地反映了抄本形成的历史，一般情况下用藏纸抄写的抄本历史比较久远，最少也在百年以上。但是称做"牛皮纸"的纸张出现在藏族地区不会超过百年，现代纸张更是 20 世纪 80 年代以后最新的抄写媒介。此外，纸张呈现的泛黄、发黑乃至其上粘黏的酥油污垢，更能说明抄本流传的历史和使用的频率以及使用者的阶层和个人习惯。大多《格萨尔》抄本来自民间农牧民收藏，因此酥油污垢成为其"主要特色"之一。甚至有这样的记载：最初不十分懂得藏文的《格萨尔》搜集者，依靠这个特色从"破四旧"的火堆中准确地抢救出了众多《格萨尔》抄本。

藏文抄本的字体，在历史上主要有两种：一种是正楷（音译"乌金"དབུ་ཅན），一种是草体（音译"乌麦"དབུ་མེད）。正楷字体用于书写经文或者雕版印刷，在拉萨民间俗称"僧人体"（即僧人阅读之经卷字体）。在安多地区

---

① 东嘎·洛桑赤列：《东嘎藏学大辞典》（藏文），中国藏学出版社 2002 年版，第 584—585 页。

② 徐丽华认为其与后期"长开本"（ཕྱི་དར）"中开本"（འབྲིང་ཆུང）与"短开本"（ཐུང་ཐུང）三种形制相近，并分别列举了普通文献与《大藏经》刻本之间的大约尺寸，请参看徐丽华《藏文古籍概览》，民族出版社 2013 年版，第 43—47 页。

的《格萨尔》史诗抄本中，除了采用后面提到的"柏簇体"等以外，大多
采用"乌金体"抄写。

　　草体种类繁多，除了正楷以外的字体均称做草体。它除了具有不同历
史时期的差异外，还有地区、书家等的差异，形成了各式各样的风格。目
前，主要有三种。（1）柏簇体（ དབུ་ཅན། 意为"无比美丽的站立形态"）。俗称
为"康区体"，因在康区盛行此种字体而得名，《格萨尔》史诗中多采用此
种字体以及与其相近的粗让体（ ཚུགས་རིང་ 高立形态）、粗通体（ ཚུགས་ཐུང་ 矮立形
态）抄写。（2）珠擦体（ འབྲུ་ཚ། ），一般用于正式公文、通告、法律文书。《格
萨尔》史诗抄本中偶尔也有此种字体，但大多用于书名封面。（3）簇玛丘
体（ ཚུགས་མ་འབྲུག 非立非跑形态）。这种字体多用于个人笔记之类。由于地区和
传承书家的不同，因人而异，形成了各自的系统。但大体上各地书写者基
本遵循了藏文草书的一般规律。《格萨尔》史诗抄本中也有此种文字的抄写，
辨认起来比较困难。还有草体（"丘体" འབྲུག་ཡིག 跑形态，即草书）或狂草体
更不易辨认。

　　事实上，在《格萨尔》史诗抄本中辨认起来最令人头疼的，并不是抄写
字体的草书程度以及字体变换等，而是其中存在的"缩写字（ བསྐུངས་ཡིག ）或省略
字（ བསྡུས་ཡིག ）"的使用。这种书写办法是将熟悉的佛菩萨的名称、比较固定的
词组等选用几个字母符号缩写。缩写体虽有一定的规律可循，但也因专业、
地区等方面而存在差异。因此辨认此种文字，需要一定的知识储备。

　　由于史诗抄本传承久远，各地形成了许多以此为业或半职业的抄写家，
比如任乃强 20 世纪 40 年代见到的甘孜的抄写家和杨恩洪 20 世纪 80 年代
见到的玉树的嘎鲁——布特尕抄写世家[1]等。比起那些零散出现的抄写者，
这些抄写家抄写的本子形成了自己的风格，得到了广泛传承与传播。据说
玉树嘎鲁的抄本就有这样的特点，在唱词方面使用"柏簇体"，而在散文体
方面使用"簇玛丘体"。采用这种书写的办法，据说也与演唱娱乐有关。因
为"柏簇体"比较雄浑粗壮（易于辨认），而"簇玛丘体"比较细小（节省
纸张）。据丹玛·江永慈诚告知，在逢年过节时，玉树藏族有喜欢众人围聚
说唱《格萨尔》史诗的传统习惯。那时候一人诵读散文体部分，到了唱词
部分众人阅读歌词合唱。两种字体相得益彰，而演唱者们的声音雄壮浑厚，
非常震撼，众人沉浸在无比快乐的享受史诗与节日的气氛之中。

　　下面罗列电脑中使用的几种藏文字体（中国藏学研究中心开发的字体
"藏研体"），以作为各种字体的示范。

　　（1）乌金体（微软喜马拉雅字体）：

---

① 杨恩洪：《民间诗神》，中国藏学出版社 1995 年版，第 330—348 页。

 སྐྱིང་རྗེ་མི་ཉི་ག་གསར་རྣོ་བུ་དཔ་འཕྲུ་གྱི་རྣམ་ཐར་ལས་ས�་ག་གཟིགས་ནོར་རྫོང་ཕབ་པའི་དཔའ་པོའི་སྙིང་གི་དགའ་སྟོན།

（译名：《英雄心中喜宴——岭王、人中太阳、格萨尔、诺布占堆（制敌宝）的传记中之攻克大食财宝城之篇》，简称《大食财宝宗》，下同）

（2）藏研-柏篯体：

ཁྲི་དྲེ་ལྱི་ཡིའི་ལགཁ་པ་རན་པ་ཁྱ་ཧྱ་ཀྱུ་ལ་ཐྱི་ཚུལ་ཨར་ཕ་ལཁ་ལཤ་ག་ཆེ་ག་པ་ཨན་

རྲེ་ཁཕ་ལཡི་ཀྱུ་ཧ་གཁ་ག་ཁྱི་ལྱི་ཁི་ག་ཁ་ཁྲེན།

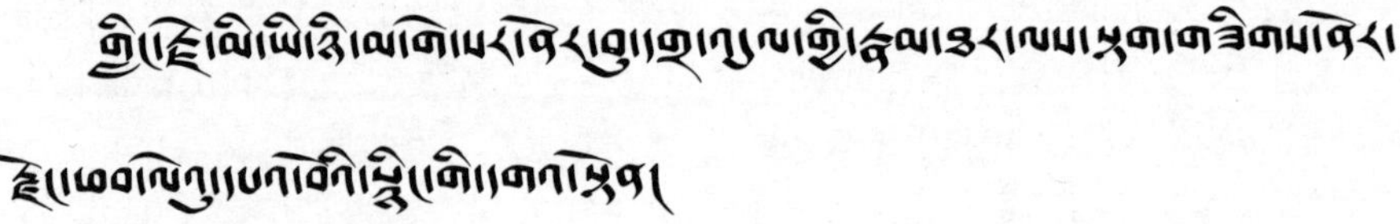

（3）藏研-珠擦体：

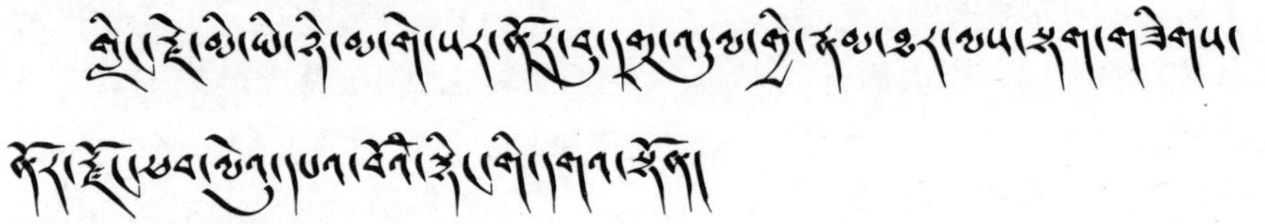

ཁྲི་དྲེ་ལྱི་ཨྱི་དྲེ་ལགཁི་པ་རན་རྲེ་ཁ་ཧྱ་ཀྱུ་ལ་ཐྱི་ཚུལ་ཨར་ཕ་ལ་ལཤ་ག་ཆེ་གཁ།

ཨར་རྲེ་ཁཕ་ན་ཆྱི་ཀྱུ་ཁ་འཕ་ཁཕ་ན་ཆི་ལཤ་ཁ་གཁ་ཆོ།

（4）藏研-篯玛丘体：

ཁྲི་དྲེ་ལ་ལགཁ་མ་ར་ཆྱ་ལ་ཆྱ་ཁ་ལ་ཁ་ཆྱ་ཁ་ག་ལ་ག་ཆྱ་ཁ་ཁ་ལ་ལ་ཆྱ་གག་ཁ་ཁ

ཆར་ཆྱ་ཆ་ཆ་ཆྱ་ཁ་ལ་ཆཁ་ག་ལ་ག་ཆྱ་ཆ་ག་ཆ་ཆ་ཆར།

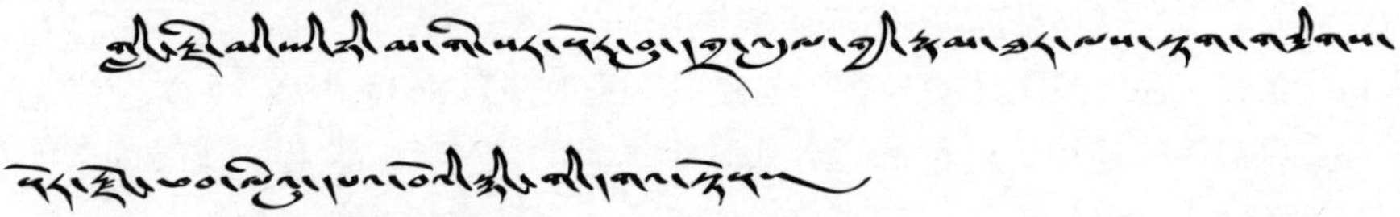

此外，《格萨尔》抄本中，字体的颜色主要以黑色为主，但其间也或杂有少量红色字体。红色字体的作用，主要用来表示"佛、菩萨、神"的名字以及"惯常用语或提示用语"，根据不同抄写家的习惯形成了这些惯例。

在《格萨尔》抄本中，除了农牧民留下的浓厚的酥油污垢以外，还有收藏者留下的印章、边饰等内容。不用说在藏族古代社会，印章并非所有人能够拥有，因此从这里也可以见到手抄本传承的广泛性。此外，有些史诗抄本与刻本中，还附带不少插画。插画除了佛、菩萨以外，还有与史诗内容相关的各种神祇与英雄人物。从目前所见较早的明代抄本《姜岭大战篇》中的插画可见，史诗插画的历史也是非常久远的。

此外，各部史诗著作者、整理者、木刻本的刊刻者、手抄本抄写者，偶尔也会在后记中提到。但大多情况下这些名字几乎是没有保留下来或者根本不提到。从保存者、搜集地以及搜集者等方面，或许也能看到些细微的特点。比如康北地区或下安多地区的史诗抄本更加重视故事内容，而在康中地区与上安多地区则开始重视"说教"特点等。

七、小结

总之，《格萨尔》史诗是伴随着藏族的兴起而兴起、发展而发展的，最终形成今天的这个模样。这一点，我们还可以将它与用《摩诃婆罗多》与《罗摩衍那》在印度历史上的形成过程进行比照。甚至还可以包括它与印度两大史诗中采用的众多"主题"与"母题"的相似性，作为参照点，比如《格萨尔》史诗中的"择婿称王"的主题。在《罗摩衍那》中专门有一章罗摩"挽弓择婿"的故事①，《摩诃婆罗多》中也有阿周那等般度族五位王子展示超凡箭艺"择婿"成功的故事②，甚至有"择婿"大会上毗湿摩抢掠公主的行为③，等等。同样《格萨尔》史诗中也有格萨尔与四位大王"择婿"以及之后"称王"的故事④。尽管"择婿"的过程因民族文化差异有别，但至少在史诗中遗留的这种远古习俗的共同性，则表达了某种民族历史发展的共同阶段或者相似的文化因素。

《格萨尔》史诗在漫长的历史发展过程中，我们已无法知道产生过多少位优秀的艺人，出现过多少册史诗抄本。但我们已经知道，这部史诗具有久远的历史，在藏族历史上曾经使用过多种藏文字体记录过它。通过今天能够见到的海内外收藏的用现通行藏文书写的众多抄本，可以推测上千年来史诗在藏族社会中盛传的模样。同时，从当下史诗艺人辈出、抄本层出不穷的现象，我们也相信，这部史诗定将会创造一个新的奇迹。

---

①　季羡林：《季羡林文集（17）罗摩衍那（一）》，江西教育出版社 1995 年版，第 363—368 页。

②　［印度］毗耶娑：《摩诃婆罗多（一）》，金克木、赵国华、席必庄译，中国社会科学出版社 2005 年版，第 397—426 页。

③　同上书，第 249 页。

④　Ts. Damdinsuren redigit, Tibetan version of Gesar saga Chapter 1-3（Corpus scriptorum mongolorum / Instituti Linguae et Litterarum Comiteti Scientiarum et Educationis Altae, Reipublicae Populi Mongoli, tom. 8, fasc. 3）Шинжлэх Ухаан, Дээд Боловсролын Хурээлэнгийн, Эрдэм шинжилгээний хэвлэл, 1961, pp.24—34.

第一章 青海《格萨尔》研究所藏本解题目录

凡例·说明

1. 此解题目录所参考原始目录为:

(1)《中国社科院少数民族文学所案卷专 34》之《青海民研会现存藏文〈格萨尔〉目录》(1983?)[左可国 1983 藏文目录]。

(2)青海文联青海《格萨尔》办公室编制《格萨尔藏文手抄本目录》(1984?)。

(3)姜佐鸿《青海地区对英雄史诗〈格萨尔王传〉搜集概括》(1984)中所附目录。

(4)青海文联青海《格萨尔》研究所编制两种《格萨尔藏文手抄本目录》(1986,1993)。

(5)全国《格》办《1958—1986 年全国搜集〈格萨尔〉手抄本、木刻本总目录》(2001)。

2. "藏文题名"大多采用了简称。由于原手稿封面字迹漫漶不清,故未能录入藏文全题名。

3. "故事内容提要"主要采用:

(1)土登尼玛主编《格萨尔词典》中提要(四川,1989)。

(2)降边嘉措主编《中国少数民族古籍总目提要·藏族卷——〈格萨尔〉》(未刊稿,2014)。

(3) ཡེ་ཤེས་དང་ཆོས་ལ་བཅུགས་སྐྱིང་བྱུང་གི་ལས་ཐུ་ན་དང་བར་མ་བའི་ནང་དོན་ལ་འོད་བཅུགས། ཆུ་ལ་གཅན་གི་ལ་ནུང་ལེ་ནང་རཉ

(4) རྒྱུ་འཕོང་ཚ་གྲུ་ལ་བཅམས་སྐྱིང་ལཔལ་ བནམ་གྱི་ལ་ལ་ལེ་སྐྱེ་ དང་ཚོགས་སྐོན་ལ་བིན་འཆག ཡིདལ་ གཟུམ་ལ་སྐོར་ཚན་ སོ་སཉེ་ལེ་གགས་ལ་དཔར་ལ་སྐུང་ལདང་ ན་དོན་ལ་བ ཀྱིར་སྐྱེ་ལ་ལ་ གཉེ་ལ་ལ་ ལ།༡༩༩༦།

(5) སྐྱེང་སོ་རེ་རིལ་གཞུ་ལ་བཅམས་སྐྱིང་ལ་སྐུན་ གི་ལ་དང་ དགི་ལ་ལ་ལོག་གུ་ ལ་དགས་ནི་ སྐོངལ་ལ་ལ་ གལ་ལ་ ན་ དཉ་ལ་ བ་ བ་ ལ།༡༩༧༥།

(6) སྐྲ་ཁུལ་རིན་ཆེན་དོ་ཤེས་ལ་བཅམས་ལ་ལ། སར་ལ་ལ་ ག་ ལ་ ཞིན་ འཆག གྱུར་ལ་ བོ་རེ་ དེ་ རིཔ།༡༩༧༦།

4. "包发荣、梁国楠、马俊德、余世忠编号",是指包发荣、梁国楠、马俊德、余世忠等四位调查搜集者于 1960 年搜集时所加编号。

5.“异文本”指的是，就一个完整的《格萨尔》部本来说，总体故事结构上相同但小情节与词句方面存在差异的其他部本，称做是这个部本的异文本。因此，“异文本汉文翻译”与“异文本藏文出版”指的是与之相关的同类部本的翻译与出版。

6.“青海《格》研〔1986〕编号”（蓝色编码标签）是根据高宁女士文章《青海省〈格萨尔〉史诗研究所〈格萨尔〉史诗资料目录索引说明》（未刊稿）设置。此文末尾题有写作时间“1986年12月”。此外尚有一种红色编码标签，此编码标签大多缺佚，故未采用。

7.“叶”指的是藏文长条双面为一叶（即一枚），“页”指现代书页（即一面）。

8.“其他”栏目内，出现“某某借与”“借用”是指当时搜集者未曾支付费用，仅借来使用。

9.“此次查阅时未见到此书”，指笔者于2013年9—10月调查时所见到的情况。此时青海《格萨尔》研究所资料室已迁至青海民族大学内。

10.“*”符号代表文革中散佚的手抄本；“#”符号代表各种目录中存在但笔者查阅时未见到的手抄本；“@”符号代表用现代稿纸抄写的手抄本。

01 《赛马称王》

1. 藏文题名：

ཏ་རྒྱུགས་གླུ་ཡི་གཞུག་ཤིང་བློ་ལྡན་རྣའི་གླིང་བུ་རབ་དགའ་དཔྱིད་ཀྱི་ཉི་མ།

2. 拉丁转写：

rta rgyugs glu yi gzhug shing blo ldan rna'i gling bu rab dga' dpyid kyi nyi ma

3. 汉译名：

《赛马称王》，或《赛马登位》《赛马七宝》《赛马称王之部》。

4. 故事内容提要：

格萨尔12岁时，遵照天神预言偷走了晁同的灵鸟，引其灵魂趣入净土，埋其尸体入尘埃。三年后，格萨尔在神鸟身上迁识入舍，给晁同授记：召集岭国臣民，举办赛马盛会；你将荣取桂冠，获得岭国宝座，成为富豪嘉洛部落财宝和王宫森周达泽宫的主人，以及娶得美丽王妃珠姆。

晁同听到神鸟的“预言”，通知岭国各部举行赛马盛会。格萨尔跟母亲果萨一起从山野找来江希卡尕骏马，珠姆给骏马备上了光耀自亮宝鞍和宝垫。格萨尔加入骑手盛队，最终荣获桂冠，登上了岭国宝座，成为岭国国王，纳珠姆为妃，以及梅日部落麦萨水西为次妃，被尊称为“南瞻部洲珠宝制敌大丈夫雄狮大王格萨尔”。岭国举国欢庆，歌舞不断。全国上下举行了盛大的庆祝会。

5. 版本描述（字体、抄本、刻本风格、版面大小、材质）：

藏文粗通体与草体，长条抄本：40cm×9cm，每页 6 行，手抄原件，旧藏纸。

6. 保存处及编号：

（1）手抄原件保存处：青海省文联青海《格萨尔》研究所资料室。

（2）青海《格》研〔1986〕编号：I291.47.1：1

7. 版本说明（页码标记、残缺污浊页、翻译、出版）：

（1）总页码：208 叶。

（2）重 57、92、146 叶，酥油污垢。

（3）异文本汉文翻译：① 王沂暖，甘肃，1987。

（4）异文本藏文出版：① 西藏，1981；② 甘肃，1981；③ 四川，1980；④ 青海，1981；⑤ 精选本，2000；⑥ 桑珠本，2002；⑦ 文库本，1996；⑧ 印度（帕兰普尔？），1969；⑨ 印度（达兰萨拉），1984；⑩ 不丹，1979。

8. 著作者、搜集者与搜集地：

（1）搜集者：不知

（2）搜集地：玉树地区

（3）搜集时间：不知

9. 其他：

（1）原题记"4 抄本，共 202 页"。

（2）原件上有乌金体（正楷）修改并附有章节目录之小纸片，估计为青海民族出版社编辑出版时所为。此件即青海民族社 1981 年出版之同名原稿，王振华、完德才让编辑。

（3）原标题漫漶不清，有旧夹板，黄布与白色带子包裹。青海文联 20 世纪五六十年代似未汉译。

02　《赛马称王》

1. 藏文题名：

ह་རྒྱུགས་གླུ་ཡི་གཞུང་ཤིང་བློ་ལྡན་རྣའི་གླིང་བུར་རབ་དགའ་དཔྱིད་ཀྱི་ཉི་མ།

2. 拉丁转写：

rta rgyugs glu yi gzhug shing blo ldan rna'i gling bur ab dga' dpyid kyi nyi ma

3. 汉译名：

《赛马称王》，或《赛马登位》《赛马七宝》《赛马称王之部》。

4. 故事内容提要：

格萨尔 12 岁时，遵照天神预言偷走了晁同的灵鸟，引其灵魂趣入净土，埋其尸体入尘埃。三年后，格萨尔在神鸟身上迁识入舍，给晁同授记：召集岭国臣民，举办赛马盛会；你将荣取桂冠，获得岭国宝座，成为富豪嘉洛部落财宝和王宫森周达泽宫的主人，以及娶得美丽王妃珠姆。

晁同听到神鸟的"预言"，通知岭国各部举行赛马盛会。格萨尔跟母亲果萨一起从山野找来江希卡尕骏马，珠姆给骏马备上了光耀自亮宝鞍和宝垫。格萨尔加入骑手盛队，最终荣获桂冠，登上了岭国宝座，成为了岭国国王，纳珠姆为妃，以及梅日部落麦萨水西为次妃，被尊称为"南瞻部洲珠宝制敌大丈夫雄狮大王格萨尔"。岭国举国欢庆，歌舞不断。全国上下举行了盛大的庆祝会。

5. 版本描述（字体、抄本、刻本风格、版面大小、材质）：

藏文乌金体（正楷），长条抄本：30cm×9cm，每页 5 行，手抄原件，藏纸。

6. 保存处及编号：

（1）手抄原件保存处：青海省文联青海《格萨尔》研究所资料室。

（2）包发荣、梁国楠、马俊德、余世忠编号：结古十号。

（3）青海《格》研〔1986〕编号：I291.47.2：1

7. 版本说明（页码标记、残缺污浊页、翻译、出版）：

（1）总页码：209 叶。

（2）残缺 4 叶：32—34、122 叶，有广本与简本之说。

（3）异文本汉文翻译：① 王沂暖，甘肃，1987。

（4）异文本藏文出版：① 西藏，1981；② 甘肃，1981；③ 四川，1980；④ 青海，1981；⑤ 精选本，2000；⑥ 桑珠本，2002；⑦ 文库本，1996；⑧ 印度（帕兰普尔？），1969；⑨ 印度（达兰萨拉），1984；⑩ 不丹，1979。

8. 著作者、搜集者与搜集地：

（1）搜集者：包发荣、梁国楠、马俊德、余世忠

（2）搜集地：玉树统战部

（3）搜集时间：1960 年 4 月 18 日

9. 其他：

（1）原搜集者标签上写有"借用"。

（2）原标题漫漶不清，有新夹板，皮带子（有狮头铜扣）与黄布包裹。

（3）青海文联 20 世纪五六十年代未做翻译。

03 《迦湿弥罗绿松石宗》

1. 藏文题名：

ཁ་ཆེ་གཡུ་རྫོང་།

2. 拉丁转写：

kha che g.yu rdzaong

3. 汉译名：

《迦湿弥罗绿松石宗》，或《征服卡契松石城》《卡契玉宗》《卡切玉宗》《岭与卡契》《卡且玉宗》。

4. 故事内容提要：

岭国西部卡契国王赤丹路贝是罗刹转世，力大无穷，狂妄不可一世。9岁继承王位，征服了尼婆罗国；18岁时降伏了威卡国；27岁时战胜了穆卡国，并强娶堆灿公主为妃。此后进一步东征西掠，周围的小邦国家均归他所属。赤丹路贝还有一兄一弟。哥哥名鲁亚如仁，弟弟叫兴堆冬玛，兄弟二人是赤丹王为非作歹的得力帮凶。此外还有内大臣74人，外大臣108个，属民42万户。由于连年征战并未遇到对手，赤丹路贝便认为天下无敌了。

赤丹路贝年满36岁，王妃堆灿洛琚玛见赤丹路贝如此得意，便怂恿他征服格萨尔，让赤丹路贝尝尝苦头以报杀父灭国之仇。由王兄鲁亚如仁、大臣多桂梅巴和托尺布赞为首的3万大军，经过一个月的准备，开始向岭国进军。格萨尔得到天神预言，降伏卡契魔妖。双方第一次交战，格萨尔用幻术大败卡契军。到岭国与卡契交战到关键时刻，晁同投靠卡契军，把岭国的情况、作战的部署统统告诉了鲁亚如仁。

卡契大军靠晁同的隐身木，绕过岭营，来到岭仲系文布氏的夏季牧场阿吉达塘扎营。晁同的叛军行为被格萨尔识破，他将计就计，大败卡契军，打开了卡契的宝物门。格萨尔王召集卡契的降臣降将以及众百姓，将部分财产留给他们。卡契王子只有5岁，所以格萨尔要老臣贞巴让协助管理国事。

5. 版本描述（字体、抄本、刻本风格、版面大小、材质）：

藏文粗通体，长条抄本：30cm×9cm，每页6行，手抄原件，藏纸。

6. 保存处及编号：

（1）手抄原件保存处：青海省文联青海《格萨尔》研究所资料室。

（2）青海《格》研〔1986〕编号：I291.47.3：1

7. 版本说明（页码标记、残缺污浊页、翻译、出版）：

（1）总页码：163叶。

（2）有补抄，酥油污垢。

（3）异文本汉文翻译：①王沂暖、上官剑壁译，甘肃，1984；②角巴东主主编，高等教育出版社，2011。

（4）异文本藏文出版：①西藏，1979；②精选本，2003；③印度（德里？），1966；④印度（德里），1971；⑤不丹，1981。

8. 著作者、搜集者与搜集地：

（1）搜集者：不知

（2）搜集地：玉树地区

（3）搜集时间：不明

9. 其他：

（1）有新夹板，黄布与白色带子包裹。

04 《迦湿弥罗绿松石宗》

1. 藏文题名：

མ་སང་སྐྱེས་བུའི་རྣམ་ཐར་ལས་ཁ་ཆེའི་གཡུ་རྫོང་ངོ་མཚར་གཏམ་གྱི་ཕྲེང་བ་བཞུགས་སོ།

2. 拉丁转写：

ma sang skyes bu'i rnam thar las kha che'i g.yu rdzong ngo mtshar gtam gyi phreng ba bzhugs so

3. 汉译名：

《迦湿弥罗绿松石宗》，或《征服卡契松石城》《卡契玉宗》《卡切玉宗》《岭与卡契》《卡且玉宗》。

4. 故事内容提要：

岭国西部卡契国王赤丹路贝是罗刹转世，力大无穷，狂妄不可一世。9 岁继承王位，征服了尼婆罗国；18 岁时降伏了威卡国；27 岁战胜了穆卡国，并强娶堆灿公主为妃。此后进一步东征西掠，周围的小邦国家均归他所属。赤丹还有一兄一弟。哥哥名鲁亚如仁，弟弟叫兴堆冬玛，兄弟二人是赤丹王为非作歹的得力帮凶。此外还有内大臣 74 人，外大臣 108 个，属民 42 万户。由于连年征战并未遇到对手，赤丹路贝便认为天下无敌了。

赤丹路贝年满 36 岁，王妃堆灿洛琚玛见赤丹如此得意，便怂恿他征服格萨尔，让赤丹尝尝苦头以报杀父灭国之仇。由王兄鲁亚如仁、大臣多桂梅巴和托尺布赞为首的 3 万大军，经过一个月的准备，开始向岭国进军。格萨尔得到天神预言，降伏卡契魔妖。双方第一次交战，格萨尔用幻术大败卡契军。到岭国与卡契交战到关键时刻，晁同投靠卡契军，把岭国的情况、作战的部署统统告诉了鲁亚如仁。

卡契大军靠晁同的隐身木，绕过岭营，来到岭仲系文布氏的夏季牧场阿吉达塘扎营。晁同的叛军行为被格萨尔识破，他将计就计，大败卡契军，打开了卡契的宝物门。格萨尔王召集卡契的降臣降将以及众百姓，将部分财产留给他们。卡契王子只有 5 岁，所以格萨尔要老臣贞巴让协助管理国事。

5. 版本描述（字体、抄本、刻本风格、版面大小、材质）：

藏文乌金体（正楷），长条木刻本：40cm×9cm，每页6行，原件，旧藏纸。

6. 保存处及编号：

（1）手抄原件保存处：青海省文联青海《格萨尔》研究所资料室。

（2）包发荣、梁国楠、马俊德、余世忠编号：结古七号？

（3）青海《格》研〔1986〕编号：I291.47.4：1

7. 版本说明（页码标记、残缺污浊页、翻译、出版）：

（1）总页码：263叶。

（2）缺尾、203叶。

（3）异文本汉文翻译：① 王沂暖、上官剑壁译，甘肃，1984；② 角巴东主主编，高等教育出版社，2011。

（4）异文本藏文出版：① 西藏，1979；② 精选本，2003；③ 印度（德里？），1966；④ 印度（德里），1971；⑤ 不丹，1981。

8. 著作者、搜集者与搜集地：

（1）著作者：班玛（པད）

（2）搜集者：包发荣、梁国楠、马俊德、余世忠

（3）搜集地：玉树红旗公社

（4）搜集时间：1960年4月17日

9. 其他：

（1）原题记"从索南拉毛（བསོད་ནམས་ལྷ་མོ། 学生）之父依果处借，拉毛的父亲名叫依果(ཡིད་དགོས།)是结古红旗公社三队队长"。

（2）有新夹板，黄布与白色带子包裹。

#05 《迦湿弥罗绿松石宗》

1. 藏文题名：

ཁ་ཆེ་གཡུ་རྫོང་།

2. 拉丁转写：

kha che g.yu rdzaong

3. 汉译名：

《迦湿弥罗绿松石宗》，或《征服卡契松石城》《卡契玉宗》《卡切玉宗》《岭与卡契》《卡且玉宗》。

4. 故事内容提要：

岭国西部卡契国王赤丹路贝是罗刹转世，力大无穷，狂妄不可一世。9岁继承王位，征服了尼婆罗国；18岁时降伏了威卡国；27岁战胜了穆卡国，

并强娶堆灿公主为妃。此后进一步东征西掠，周围的小邦国家均归他所属。赤丹还有一兄一弟。哥哥名鲁亚如仁，弟弟叫兴堆冬玛，兄弟二人是赤丹王为非作歹的得力帮凶。此外还有内大臣 74 人，外大臣 108 个，属民 42 万户。由于连年征战并未遇到对手，赤丹路贝便认为天下无敌了。

赤丹路贝年满 36 岁，王妃堆灿洛琚玛见赤丹如此得意，便怂恿他征服格萨尔，让赤丹尝尝苦头以报杀父灭国之仇。由王兄鲁亚如仁、大臣多桂梅巴和托尺布赞为首的 3 万大军，经过一个月的准备，开始向岭国进军。格萨尔得到天神预言，降伏卡契魔妖。双方第一次交战，格萨尔用幻术大败卡契军。到岭国与卡契交战到关键时刻，晁同投靠卡契军，把岭国的情况、作战的部署统统告诉了鲁亚如仁。

卡契大军靠晁同的隐身木，绕过岭营，来到岭仲系文布氏的夏季牧场阿吉达塘扎营。晁同的叛军行为被格萨尔识破，他将计就计，大败卡契军，打开了卡契的宝物门。格萨尔王召集卡契的降臣降将以及众百姓，将部分财产留给他们。卡契王子只有 5 岁，所以格萨尔要老臣贞巴让协助管理国事。

5. 版本描述（字体、抄本、刻本风格、版面大小、材质）：

藏文柏簇体？长条抄本：40cm×9cm？每页 7 行，手抄原件，藏纸。

6. 保存处及编号：

（1）手抄原件保存处：青海省文联青海《格萨尔》研究所资料室。

（2）青海《格》研〔1986〕编号：I291.47.5：1

7. 版本说明（页码标记、残缺污浊页、翻译、出版）：

（1）总页码：3—394 叶。

（2）缺 1、2 叶。

（3）异文本汉文翻译：① 王沂暖、上官剑壁译，甘肃，1984；② 角巴东主主编，高等教育出版社，2011。

（4）异文本藏文出版：① 西藏，1979；② 精选本，2003；③ 印度（德里？），1966；④ 印度（德里），1971；⑤ 不丹，1981。

8. 著作者、搜集者与搜集地：

（1）搜集者：不知

（2）搜集地：玉树昂欠相达

（3）搜集时间：不明

9. 其他：

（1）原题记"白马旦主（白马旦正）提供"。

（2）此次查阅时未见此书。

（3）1983—1986 年目录可见，不见于青海《格》研 1993 年目录。

06 《阿扎玛瑙宗》

1. 藏文题名：

ཨ་གྲགས་གཟི་རྫོང་།

2. 拉丁转写：

a grags gzi rdzaong

3. 汉译名：

《阿扎玛瑙宗》或《阿扎九眼珠宗》《征服阿扎玛瑙城》《阿与岭之战》
《阿扎色宗》《阿乍玛瑙国》。

4. 故事内容提要：

土龙年六月初十日，岭国的商队路过歇日国，达泽王毫不犹豫地命令
手下的兵将去抢岭国的财物。格萨尔出兵征讨。岭国大军晓行夜宿，不多
日，来到阿扎玛瑙国边境。格萨尔命使臣带着礼物入城向国王问候，请阿
扎王让出一条路，岭国将通过此地向歇日进军。

阿扎君臣问卜之时，侍臣禀报，岭国大军前来借路。虽然岭国人马不
是来攻打阿扎国的，但歇日紧连阿扎，歇日城破，阿扎岂能长久？看来这
条路是借不得。尼扎王一面拒绝给岭国让路，一面迅速召集国内兵马，
准备拒敌。

格萨尔大王听说阿扎王不肯借路，愤怒异常，不知该如何是好。就在
这时，天母南曼噶姆出现了，对格萨尔说：欲取歇日珊瑚城，必须先破阿
扎玛瑙城。于是格萨尔下令进攻阿扎，一路战果连连，来到罗刹大城堡。
王子扎拉下令岭国的三员大将森达、玉拉和达拉赤噶诛杀蛋生九人九马，
大破罗刹城堡，兵临阿扎王宫。经过几番论战，岭军入城，尼扎跪拜雄狮
王，献上金银珠宝等九色礼品。格萨尔君臣开启了中部阿扎与阿扎王城内
宝库，然后将所得财物分给众人。格萨尔命令阿扎王尼扎，带着王妃、公
主等眷属和侍臣到藏地去住三年，即日启程。雄狮王派大臣尼玛坚赞做了
阿扎王，管理国政。

5. 版本描述（字体、抄本、刻本风格、版面大小、材质）：

藏文柏簇体，长条抄本：35cm×9cm，每页6行，手抄原件，旧藏纸。

6. 保存处及编号：

（1）手抄原件保存处：青海省文联青海《格萨尔》研究所资料室。

（2）包发荣、梁国楠、马俊德、余世忠编号：昂欠一号。

（3）青海《格》研〔1986〕编号：I291.47.6：1

7. 版本说明（页码标记、残缺污浊页、翻译、出版）：

（1）总页码：359 叶。

（2）缺 146、201（269—270）叶，多 102 叶代替 201 叶。酥油污垢。

（3）异文本汉文翻译：① 徐国琼、和建华译《阿岭之战》，云南，2007。

（4）异文本藏文出版：① 青海，1985；② 西藏，1999；精选本，2003；
③ 桑珠本，2005；④ 印度（德里），1975；⑤ 不丹，1981。

8. 著作者、搜集者与搜集地：

（1）搜集者：包发荣、梁国楠、马俊德、余世忠

（2）搜集地：玉树昂欠县公安处

（3）搜集时间：1960 年 4 月 25 日

9. 其他：

（1）原题记"扎西完德提供，县公安处本及帮助搜集、玉树州政协登
加协同工作"（给予帮助）。"此部已译印成资料之一，但印时封面将玉树本
印成果洛本"。

（2）有旧夹板，黄布与白色带子包裹。

（3）文中第 74—77 叶提到 18 宗名称。

07　《阿扎玛瑙宗》（上册）

1. 藏文题名：

ཨ་གྲགས་གཟི་རྫོང་།

2. 拉丁转写：

a grags gzi rdzaong

3. 汉译名：

《阿扎玛瑙宗》，或《阿扎九眼珠宗》《征服阿扎玛瑙城》《阿与岭之战》
《阿扎色宗》《阿乍玛瑙国》。

4. 故事内容提要：

土龙年六月初十日，岭国的商队路过歇日国，达泽王毫不犹豫地命令
手下的兵将去抢岭国的财物。格萨尔出兵征讨。岭国大军晓行夜宿，不多
日，来到阿扎玛瑙国边境。格萨尔命使臣带着礼物入城向国王问候，请阿
扎王让出一条路，岭国将通过此地向歇日进军。

阿扎君臣问卜之时，侍臣禀报，岭国大军前来借路。虽然岭国人马不
是来攻打阿扎国的，但歇日紧连阿扎，歇日城破，阿扎岂能长久？看来这
条路是借不得的。尼扎王一面拒绝给岭国让路，一面迅速召集国内兵马，
准备拒敌。

　　格萨尔大王听说阿扎王不肯借路，愤怒异常，不知该如何是好。就在这时，天母南曼噶姆出现了，对格萨尔说：欲取歇日珊瑚城，必须先破阿扎玛瑙城。于是格萨尔下令进攻阿扎，一路战果连连，来到罗刹大城堡。王子扎拉下令岭国的三员大将森达、玉拉和达拉赤噶诛杀蛋生九人九马，大破罗刹城堡，兵临阿扎王宫。经过几番论战，岭军入城，尼扎跪拜雄狮王，献上金银珠宝等九色礼品。格萨尔君臣开启了中部阿扎与阿扎王城内宝库，然后将所得财物分给众人。格萨尔命令阿扎王尼扎，带着王妃、公主等眷属和侍臣到藏地去住三年，即日启程。雄狮王派大臣尼玛坚赞做了阿扎王，管理国政。

　　5. 版本描述（字体、抄本、刻本风格、版面大小、材质）：

藏文柏簇体，长条抄本：35cm×9cm，每页 6 行，手抄原件，藏纸。

　　6. 保存处及编号：

（1）手抄原件保存处：青海省文联青海《格萨尔》研究所资料室。

（2）青海《格》研〔1986〕编号：I291.47.7：1

　　7. 版本说明（页码标记、残缺污浊页、翻译、出版）：

（1）总页码：359 叶（末叶）。

（2）缺 79、147—225（227？）叶，现有 279 叶。

（3）异文本汉文翻译：① 徐国琼、和建华译《阿岭之战》，云南，2007。

（4）异文本藏文出版：① 青海，1985；② 西藏，1999；精选本，2003；③ 桑珠本，2005；④ 印度（德里），1975；⑤ 不丹，1981。

　　8. 著作者、搜集者与搜集地：

（1）搜集者：不知

（2）搜集地：果络久治县

（3）搜集时间：不明

　　9. 其他：

（1）原题记"此部与玉树（已译）抄本相同"。1986 年藏文目录备注"其中新叶据玉树昂欠县搜集本补"。

（3）有新夹板，黄布与白色带子包裹。

08 《梅岭金宗》

　　1. 藏文题名：

འཛམ་གླིང་གེ་སར་རྒྱལ་པོའི་རྣམ་ཐར་ལས་མེ་གླིང་གསེར་རྫོང་འབེབ་རྒྱལ་བཞུགས་སོ།

　　2. 拉丁转写：

’dzam gling ge sar rgyal po’i rnam thar las me gling gser rdzong ’beb tshul bzhugs so

3. 汉译名：

《梅岭金宗》，或《梅岭金国》《梅岭黄金宗》《美岭金城》。

4. 故事内容提要：

格萨尔征服突厥王后过了一年半，梅岭扎拉王听说岭国是一个不被任何魔国能征服的强国，于是决定征服岭国。大臣玛翁塔钦劝谏梅岭王不要做鲁莽之事，梅岭王并未听从其意见。天神给格萨尔降下预言，要从天界请来无敌英雄贾察，并依靠魔国、突厥国、门国、齐日国和岭国等五国的兵力征服梅岭。

岭国贾察和丹玛等七个勇士抵达梅岭国，初战告捷，触怒了梅岭王。双方开战，经过残酷的征战，岭国开始占据上风，梅岭王臣对花岭国产生了恐惧。最终格萨尔征服了准备逃往甲尔域的梅岭扎拉王，岭国的马军和象军雄武壮观地开进梅岭国。在梅岭创立了佛法，以教化他们，使其皈依佛法。把梅岭百姓引向安泰，并将梅岭王的小兄弟封为了梅岭王。

5. 版本描述（字体、抄本、刻本风格、版面大小、材质）：

藏文柏篯休、粗通休、草休，长条抄本，30cm×9cm，每页 6 行，于抄原件，牛皮纸。

6. 保存处及编号：

（1）手抄原件保存处：青海省文联青海《格萨尔》研究所资料室。

（2）青海《格》研〔1986〕编号：I291.47.8：1

7. 版本说明（页码标记、残缺污浊页、翻译、出版）：

（1）总页码：130 叶。

（2）未翻译

（3）藏文出版：① 青海，1983。

8. 著作者、搜集者与搜集地：

（1）搜集者：姜佐鸿

（2）搜集地：玉树地区

（3）搜集时间：1979—1980？

9. 其他：

（1）原藏书者为玉树州文化馆副馆长，经蔺成才（蔺盛才）手购买。

（2）夹板贴纸条："《美岭金城》（ མེ་ལིང་གསེར་རྫོང་ ）流传在玉树地区 65"。

（3）有新夹板，黄布与白条包裹。

09 《分大食财》

1. 藏文题名：

ষ্ঠাণাঞ্জিনা'ৰ্ম্ম'নড়ীম্|

2. 拉丁转写：

stag gzig nor 'gyed

3. 汉译名：

《分大食财》，或《分大食牛》《达惹诺结》《达色施财》。

4. 故事内容提要：

依附于《大食财宗》的结尾部分，经艺人与抄写者的偏爱，将其单独说唱，逐渐形成了一个独立分部故事。故事讲述格萨尔征服大食国后，打开大食财宝宗，将所获大食国财宝分封给岭国、霍尔国、魔国、姜国和门国，以及各有功之臣。并将大食国财宝之福禄分别埋藏于藏区各地，以利益藏族未来民众。

5. 版本描述（字体、抄本、刻本风格、版面大小、材质）：

藏文乌金体（正楷），长条木刻本：30cm×9cm，每页 6 行，原件，藏纸。

6. 保存处及编号：

（1）手抄原件保存处：青海省文联青海《格萨尔》研究所资料室。

（2）包发荣、梁国楠、马俊德、余世忠编号：结古二十六号。

（3）青海《格》研〔1986〕编号：I291.47.9：1

7. 版本说明（页码标记、残缺污浊页、翻译、出版）：

（1）总页码：40 叶。

（2）缺 11 叶。

（3）异文本汉文翻译：① 李朝群译《达色施财》，西藏人民出版社，1985；② 王沂暖、王兴先译，甘肃人民出版社，1986；③ 丹玛江永慈诚、多杰坚赞、郭晓虹译，民族音像出版社，2013。

（4）异文本藏文出版：① 西藏，1980、2010；② 四川（《取阿里金窟》合编），1981；③ 印度（德里），1967；④ 蒙古国（《格萨尔本生传》合编），1961；⑤ 丹玛江永慈诚、多杰坚赞、郭晓虹，民族音像出版社，2013。

8. 著作者、搜集者与搜集地：

（1）整理者：佐智白玛仁增（ৰ্ডাণ্ডাশ্লুম'ননা ্মিম'নেইন'শ্রীম'নঞ্জীমাম|）

（2）搜集者：包发荣、梁国楠、马俊德、余世忠

（3）搜集地：玉树结古

（4）搜集时间：1960 年 4 月 30 日

9. 其他：

（1）原题记"赠与"。

（2）有新夹板，黄布与白色带子包裹。

10 《歇日珊瑚宗》

1. 藏文题名：

ཤེར་རི་བྱུར་རྫོང་།

2. 拉丁转写：

byer ri byur rdzong

3. 汉译名：

《歇日珊瑚宗》，或《杰日珊瑚宗》《奇乳珊瑚宗》《岭与歇日珊瑚之部》《碣日珊瑚宗》《吉茹珊瑚宗》《岗岭之战》《契日珊瑚宗》《达格戎珊瑚宗》《北方珊瑚宝宗》《契日珊瑚宗》。

4. 故事内容提要：

岭军征服了阿扎玛瑙宗后不久，得知歇日国杀死了岭国茶商。于是格萨尔发兵征讨歇日。岭军兵分两路去攻打歇日。珊瑚宗有三位在箭术、枪术、剑术上武艺超群的勇士，他们都先后被岭国六大先遣勇士歼灭。岭军所向披靡，珊瑚官兵屡战屡败。岭国大军消灭了歇日国的绿铁宗、东南的白螺宗、西南的金光宗、西面的古长旦朱宗、东北的玉石宗。最终歇日国大泽王没能逃脱岭军的追杀，被玉拉托居尔和贡赞结果了性命。其余官兵及歇日王妃投诚。

格萨尔开启歇日国珊瑚宝库，分赐给属下百姓，余者全部运回岭国。格萨尔从珊瑚国的宝湖里捞出了无数珊瑚。岭国在歇日设立了 12 个万户长官，派阿达拉姆为歇日总管。随后岭军凯旋。

5. 版本描述（字体、抄本、刻本风格、版面大小、材质）：

藏文柏簌体，长条抄本：35cm×15cm，每页 7 行，手抄原件，牛皮纸。

6. 保存处及编号：

（1）手抄原件保存处：青海省文联青海《格萨尔》研究所资料室。

（2）青海《格》研〔1986〕编号：I291.47.10：1

7. 版本说明（页码标记、残缺污浊页、翻译、出版）：

（1）总页码：195 叶。

（2）异文本汉文翻译：①角巴东主主编，高等教育出版社，2011。

（3）异文本藏文出版：①青海，1983；②精选本，2003；③桑珠本，2004；④印度（岗托克），1977；⑤不丹本，1981。

8. 著作者、搜集者与搜集地：

（1）搜集者：姜佐鸿

（2）搜集地：玉树地区

（3）搜集时间：1980 年 7 月

9. 其他：

（1）原题记"从扎西格勒处购买"。

（2）棕色牛皮纸上抄写，有新夹板，黄布与白条包裹。

11 《霍岭大战》(下册)

1. 藏文题名：

ཧོར་གླིང་གཡུལ་འགྱེད་སྨད་ཆ།

2. 拉丁转写：

hor gling g.yul 'gyed，smad cha

3. 汉译名：

《霍岭大战》，或《平服霍尔》《征服霍尔》《反击霍尔》《霍尔岭之战》。

4. 故事内容提要：

故事讲述格萨尔大王从北方魔国返回岭国，惩处卖国贼晁同叔叔，安抚并召集失散于四野的勇士，然后单枪匹马前往霍尔国征讨顽敌。途中经历各种险阻，来到霍尔国投靠铁匠王噶尔瓦父女，一边侦察敌情，一边锻打攀登霍尔白帐王宫殿雅孜红城的锁链。最后，时机成熟，派神马江郭叶儿哇传递岭军攻城信息，一举歼灭霍尔国白、黑和黄三王，给白帐王备上马鞍，以示惩处。后委任霍尔大将辛巴为岭国属国霍尔国之大王。

5. 版本描述（字体、抄本、刻本风格、版面大小、材质）：

藏文柏簇体，长条抄本：35cm×10cm，每页 7 行，手抄原件，旧藏纸。

6. 保存处及编号：

（1）手抄原件保存处：青海省文联青海《格萨尔》研究所资料室。

（2）青海《格》研〔1986〕编号：I291.47.11：1

7. 版本说明（页码标记、残缺污浊页、翻译、出版）：

（1）总页码：332 叶（101 叶+231 叶）。

（2）内分两节编页：第 1 节缺 55、56 叶，重 81、83、88、101 叶；第 2 节重 54、144 叶。

（3）异文本汉文翻译：①青海民研会，1962；②吴均、金迈译，1984；③王沂暖、华甲译（《贵德分章本》），1981；④王歌行、左可国、刘宏亮整理，1986。

（4）异文本藏文出版：① 青海，1962、1979、1980；② 西藏，1980；③ 青海（《黄霍尔》），1988、1994；④ 交加本，2006；⑤ 四川（《辛丹》附录），1982；⑥ 四川，1999；⑦ 精选本，2000；⑧ 桑珠本，2006；⑨ 印度（列城）1972；⑩ 印度（锡金、岗托克），1978；⑪ 印度（德里），1979；⑫ 印度（比尔），1979；⑬ 印度（岗托克），1984 年；⑭ 不丹，1979；⑮ 不丹，1979；⑯ 不丹，1979；⑰ 蒙古国，1961；⑱ 川《格》12，2015。

8. 著作者、搜集者与搜集地：

（1）搜集者：徐国琼

（2）搜集地：四川甘孜扎呷地区

（3）搜集时间：1960 年 6 月 11 日

9. 其他：

（1）原题记"15 平服霍尔，共 332 页"。附有徐国琼搜集说明：与《平服霍尔》（资料之一）内容基本相同，但词句之间有差异。

（2）有旧夹板，黄布与白色带子包裹。

#12 《霍岭大战》（下册）

1. 藏文题名：

ཧོར་གླིང་གཡུལ་འགྱེད་སྨད་ཆ།

2. 拉丁转写：

hor gling g.yul 'gyed，smad cha

3. 汉译名：

《霍岭大战》，或《平服霍尔》《征服霍尔》《反击霍尔》《霍尔岭之战》。

4. 故事内容提要：

格萨尔得到珠姆派来的使者神鸟仙鹤的帮助，从梅萨敬献的迷魂药中苏醒过来。返回岭国惩处晁同后，单枪匹马前往霍尔国，途中降伏霍尔国各大部落及守护神。最终在霍尔铁匠女果萨曲珍的帮助下，成功打造攀城铁链，派神马引来岭国兵将，一举歼灭了霍尔国，给白帐王备上马鞍，将霍尔国大将辛巴捉回岭国。

5. 版本描述（字体、抄本、刻本风格、版面大小、材质）：

藏文乌金体（正楷）？长条抄本，40cm×9cm？每页 7 行，手抄原件，藏纸。

6. 保存处及编号：

（1）手抄原件保存处：青海省文联青海《格萨尔》研究所资料室。

（2）青海《格》研〔1986〕编号：I291.47.12：1

7. 版本说明（页码标记、残缺污浊页、翻译、出版）：

（1）总页码：253 叶。

（2）缺 44、121、127、152、190、200、201 叶。

（3）异文本汉文翻译：① 青海民研会，1962；② 吴均、金迈译，1984；③ 王沂暖、华甲译（《贵德分章本》），1981；④ 王歌行、左可国、刘宏亮整理，1986。

（4）异文本藏文出版：① 青海，1962、1979、1980；② 西藏，1980；③ 青海（《黄霍尔》），1988、1994；④ 交加本，2006；⑤ 四川（《辛丹》附录），1982；⑥ 四川，1999；⑦ 精选本，2000；⑧ 桑珠本，2006；⑨ 印度（列城），1972；⑩ 印度（锡金、岗托克），1978；⑪ 印度（德里），1979；⑫ 印度（比尔），1979；⑬ 印度（岗托克），1984；⑭ 不丹 a，1979；⑮ 不丹 b，1979；⑯ 不丹 c，1979；⑰ 蒙古国，1961；⑱ 川《格》12，2015。

8. 著作者、搜集者与搜集地：

（1）搜集者：徐国琼

（2）搜集地：果洛

（3）搜集时间：1960？

9. 其他：

（1）原题记"从古加赛借"（估计古加赛搜集自果洛，徐国琼从古加赛处借来）。

（2）此次查阅时未见此书。

（3）古加赛（དགུ་རོང་རྒྱལ་སྲས），尖扎县人，宁玛派活佛，青海民族出版社 1962年版《霍岭大战》（藏文）的整理者之一。其子金迈（འཇིགས་མེད）为青海人民出版社 1984 年版《霍岭大战》（上下）汉译者之一。

13　《霍岭大战》（下册）

1. 藏文题名：

ཧོར་གླིང་གཡུལ་འགྱེད་སྨད་ཆ

2. 拉丁转写：

hor gling g.yul 'gyed，smad cha

3. 汉译名：

《霍岭大战》，或《平服霍尔》《征服霍尔》《反击霍尔》《霍尔岭之战》。

4. 故事内容提要：

格萨尔得到珠姆派来的使者神鸟仙鹤的帮助，从梅萨敬献的迷魂药中苏醒过来。返回岭国惩处晃同后，单枪匹马前往霍尔国，途中降伏霍尔国各大部落及守护神。最终在霍尔铁匠女果萨曲珍的帮助下，成功打造攀城铁链，派神马引来岭国兵将，一举歼灭了霍尔国，给白帐王备上马鞍，将霍尔国大将辛巴捉回岭国。

5. 版本描述（字体、抄本、刻本风格、版面大小、材质）：

藏文柏簇体，长条抄本：35cm×10cm，每页 6 行，手抄原件，藏纸。

6. 保存处及编号：

（1）手抄原件保存处：青海省文联青海《格萨尔》研究所资料室。

（2）包发荣、梁国楠、马俊德、余世忠编号：结古三十号。

（3）青海《格》研〔1986〕编号：I291.47.13：1

7. 版本说明（页码标记、残缺污浊页、翻译、出版）：

（1）总页码：352 叶。

（2）第 326—237 叶内容相接。

（3）异文本汉文翻译：① 青海民研会，1962；② 吴均、金迈译，1984；③ 王沂暖、华甲译（《贵德分章本》），1981；④ 王歌行、左可国、刘宏亮整理，1986。

（4）异文本藏文出版：① 青海，1962、1979、1980；② 西藏，1980；③ 青海（《黄霍尔》），1988、1994；④ 交加本，2006；⑤ 四川（《辛丹》附录），1982；⑥ 四川，1999；⑦ 精选本，2000；⑧ 桑珠本，2006；⑨ 印度（列城），1972；⑩ 印度（锡金、岗托克），1978；⑪ 印度（德里），1979；⑫ 印度（比尔），1979；⑬ 印度（岗托克），1984；⑭ 不丹 a，1979；⑮ 不丹 b，1979；⑯ 不丹 c，1979；⑰ 蒙古国，1961；⑱ 川《格》12，2015。

8. 著作者、搜集者与搜集地：

（1）搜集者：包发荣、梁国楠、马俊德、余世忠

（2）搜集地：玉树县公安局政治训练班

（3）搜集时间：1960

9. 其他：

（1）原题记"14 抄本⑯共 352 页"、"霍岭大战（下部），玉树抄本"。

（2）书目卡片（杨质夫笔迹？）："序号：结古三十号；书名：ཧོར（下部）；藏书者：རྒྱུ（干部）；搜集者：包发荣、梁国楠、马俊德、余世忠；备注：① 抄本，有插图，分节，每节另有封面。页序极乱。② 与更登彭措的 ཧོར 是鸳鸯一对儿。"

（3）有藏书者红色印章，有新夹板，黄布与白色带子包裹。

14 《霍岭大战》（下册）

1. 藏文题名：

ཧོར་གླིང་གཡུལ་འགྱེད་སྨད་ཆ།

2. 拉丁转写：

hor gling g.yul 'gyed，smad cha

3. 汉译名：

《霍岭大战》，或《平服霍尔》《征服霍尔》《反击霍尔》《霍尔岭之战》。

4. 故事内容提要：

格萨尔得到珠姆派来的使者神鸟仙鹤的帮助，从梅萨敬献的迷魂药中苏醒过来。返回岭国惩处晁同后，单枪匹马前往霍尔国，途中降伏霍尔国各大部落及守护神。最终在霍尔铁匠女果萨曲珍的帮助下，成功打造攀城铁链，派神马引来岭国兵将，一举歼灭了霍尔国，给白帐王备上马鞍，将霍尔国大将辛巴捉回岭国。

5. 版本描述（字体、抄本、刻本风格、版面大小、材质）：

藏文柏簇体，长条抄本：35cm×10cm，每页 5 行，手抄原件，旧藏纸。

6. 保存处及编号：

（1）手抄原件保存处：青海省文联青海《格萨尔》研究所资料室。

（2）青海《格》研〔1986〕编号：I291.47.14：1

7. 版本说明（页码标记、残缺污浊页、翻译、出版）：

（1）总页码：282—414 叶（共 273 叶）。

（2）缺 377 叶。

（3）异文本汉文翻译：① 青海民研会，1962；② 吴均、金迈译，1984；③ 王沂暖、华甲译（《贵德分章本》），1981；④ 王歌行、左可国、刘宏亮整理，1986。

（4）异文本藏文出版：① 青海，1962、1979、1980；② 西藏，1980；③ 青海（《黄霍尔》），1988、1994；④ 交加本，2006；⑤ 四川（《辛丹》附录），1982；⑥ 四川，1999；⑦ 精选本，2000；⑧ 桑珠本，2006；⑨ 印度（列城），1972；⑩ 印度（锡金、岗托克），1978；⑪ 印度（德里），1979；⑫ 印度（比尔），1979；⑬ 印度（岗托克），1984；⑭ 不丹 A，1979；⑮ 不丹 b，1979；⑯ 不丹 c，1979；⑰ 蒙古国，1961；⑱ 川《格》12，2015。

8. 著作者、搜集者与搜集地：

（1）搜集者：徐国琼

（2）搜集地：德格龚哑

（3）搜集时间：1960 年 7 月

9. 其他：

（1）原题记"9 共 273 页，霍岭大战上部"。

（2）有附加页徐国琼说明此部"从吉基宫火中"抢出情状。此处附上其书写情怀之诗"金沙水急万古流，/英雄战歌传千秋，/火中抢宝喜难尽，/遗憾细查无尾首"。"火中抢宝喜难尽"一句注释："抵龚哑不数日，闻吉基宫焚毁藏书，停午餐赶至，从大火堆侧抢得此残本"。

（3）有旧夹板，黄布与白色带子包裹。

15　《霍岭大战》（上册）

1. 藏文题名：

ཧོར་གླིང་གཡུལ་འགྱེད་སྟོད་ཆ།

2. 拉丁转写：

hor gling g.yul 'gyed，stod cha

3. 汉译名：

《霍岭大战》，或《霍尔侵入》《征服霍尔》《反击霍尔》《霍尔岭之战》。

4. 故事内容提要：

格萨尔前往北方降伏鲁赞魔王之时，霍尔国拥兵百万进攻岭国。战争初期，岭国一度利用计谋和将士个人的勇猛取得优势。但由于敌众我寡，再加上岭国晁同卖国求荣，以及岭国统帅贾察个人的义气行为，最终导致战败。统帅贾察，大将斯潘，青年将士聂察、玉达、戎察等遇难，王妃珠姆被抢，茶城被毁、岭国祖先遗留之财宝被掠夺，其他众将四处散落。

5. 版本描述（字体、抄本、刻本风格、版面大小、材质）：

草体，长条抄本：35cm×10cm，每页 6 行，手抄原件，藏纸。

6. 保存处及编号：

（1）手抄原件保存处：青海省文联青海《格萨尔》研究所资料室。

（2）青海《格》研〔1986〕编号：I291.47.15.1：1

7. 版本说明（页码标记、残缺污浊页、翻译、出版）：

（1）总页码：67 叶。

（2）1 部 10—77 叶。无头尾。

（3）异文本汉文翻译：① 青海民研会，1962；② 吴均、金迈译，1984；③ 王沂暖、华甲译（《贵德分章本》），1981；④ 王歌行、左可国、刘宏亮整理，1986。

（4）异文本藏文出版：① 青海，1962、1979、1980；② 西藏，1980；

③青海（《黄霍尔》），1988、1994；④交加本，2006；⑤四川（《辛丹》附录），1982；⑥四川，1999；⑦精选本，2000；⑧桑珠本，2006；⑨印度（列城），1972；⑩印度（锡金、岗托克），1978；⑪印度（德里），1979；⑫印度（比尔），1979；⑬印度（岗托克），1984；⑭不丹a，1979；⑮不丹b，1979；⑯不丹c，1979；⑰蒙古国，1961；⑱川《格》12，2015。

8. 著作者、搜集者与搜集地：

（1）搜集者：徐国琼、华甲

（2）搜集地：四川阿坝司都

（3）搜集时间：1960年6月

9. 其他：

（1）原题记"21霍岭（上），共68页（缺）"。1986年藏文目录备注"流传地中阿坝赛于塔哇"。此部估计是1960年7月19日徐国琼搜集于甘孜的《霍岭》（上）。

（2）有新夹板，黄布与白色带子包裹。与编号为I291.47.15.1：2包裹于同一夹板。

（3）华甲未与徐国琼一同到过阿坝，估计此处搜集者应为徐国琼一人。

16　《霍岭大战》（下册）

1. 藏文题名：

ཧོར་གླིང་གཡུལ་འགྱེད་སྨད་ཆ

2. 拉丁转写：

hor gling g.yul 'gyed，smad cha

3. 汉译名：

《霍岭大战》，或《平服霍尔》《征服霍尔》《反击霍尔》《霍尔岭之战》。

4. 故事内容提要：

格萨尔得到珠姆派来的使者神鸟仙鹤的帮助，从梅萨敬献的迷魂药中苏醒过来。返回岭国惩处晁同后，单枪匹马前往霍尔国，途中降伏霍尔国各大部落及守护神。最终在霍尔铁匠女果萨曲珍的帮助下，成功打造攀城铁链，派神马引来岭国兵将，一举歼灭了霍尔国，给白帐王备上马鞍，将霍尔国大将辛巴捉回岭国。

5. 版本描述（字体、抄本、刻本风格、版面大小、材质）：

藏文草体，长条抄本：35cm×10cm，每页11行，手抄原件，藏纸。

6. 保存处及编号：

（1）手抄原件保存处：青海省文联青海《格萨尔》研究所资料室。

（2）青海《格》研〔1986〕编号：I291.47.15.1：2

7. 版本说明（页码标记、残缺污浊页、翻译、出版）：

（1）总页码：97叶。

（2）1部11—70叶，缺1、10、15、16叶；2部1—15、21—109叶，缺37、38叶。

（3）异文本汉文翻译：① 青海民研会，1962；② 吴均、金迈译，1984；③ 王沂暖、华甲译（《贵德分章本》），1981；④ 王歌行、左可国、刘宏亮整理，1986。

（4）异文本藏文出版：① 青海，1962、1979、1980；② 西藏，1980；③ 青海（《黄霍尔》），1988、1994；④ 交加本，2006；⑤ 四川（《辛丹》附录），1982；⑥ 四川，1999；⑦ 精选本，2000；⑧ 桑珠本，2006；⑨ 印度（列城），1972；⑩ 印度（锡金、岗托克），1978；⑪ 印度（德里），1979；⑫ 印度（比尔），1979；⑬ 印度（岗托克），1984；⑭ 不丹a，1979；⑮ 不丹b，1979；⑯ 不丹c，1979；⑰ 蒙古国，1961；⑱ 川《格》12，2015。

8. 著作者、搜集者与搜集地：

（1）搜集者：徐国琼、华甲

（2）搜集地：同仁双朋拉卡

（3）搜集时间：1958年9月20日

9. 其他：

（1）原题记"20抄本⑮，共97页"。1986年藏文目录备注"白帐王下册开头，参考之四"。

（2）有新夹板，黄布与白色带子包裹。与编号I291.47.15.1：1为包裹于同一夹板。

#17 《霍岭大战》（上册）

1. 藏文题名：

ཧོར་གླིང་གཡུལ་འགྱེད་སྟོད་ཆ།

2. 拉丁转写：

hor gling g.yul 'gyed，stod cha

3. 汉译名：

《霍岭大战》，或《霍尔侵入》《征服霍尔》《反击霍尔》《霍尔岭之战》。

4. 故事内容提要：

格萨尔前往北方降伏鲁赞魔王之时，霍尔国拥兵百万进攻岭国。战争初期，岭国一度利用计谋和将士个人的勇猛取得优势。但由于敌众我寡，再加上岭国晁同卖国求荣，以及岭国统帅贾察个人的义气行为，最终导致战败。统帅贾察、大将斯潘、青年将士聂察、玉达、戎察等遇难，王妃珠姆被抢，茶城被毁、岭国祖先遗留之财宝被掠夺，其他众将四处散落。

5. 版本描述（字体、抄本、刻本风格、版面大小、材质）：

藏文柏簇体，长条抄本：40cm×9cm，每页 7 行，手抄原件，藏纸。

6. 保存处及编号：

（1）手抄原件保存处：青海省文联青海《格萨尔》研究所资料室。

（2）青海《格》研〔1986〕编号：I291.47.16：1

7. 版本说明（页码标记、残缺污浊页、翻译、出版）：

（1）总页码：383 叶。

（2）第 1 叶有图，第 1—383 叶，第 1—30 叶，413 叶有疑。

（3）异文本汉文翻译：① 青海民研会，1962；② 吴均、金迈译，1984；③ 王沂暖、华甲译（《贵德分章本》），1981；④ 王歌行、左可国、刘宏亮整理，1986。

（4）异文本藏文出版：① 青海，1962、1979、1980；② 西藏，1980；③ 青海（《黄霍尔》），1988、1994；④ 交加本，2006；⑤ 四川（《辛丹》附录），1982；⑥ 四川，1999；⑦ 精选本，2000；⑧ 桑珠本，2006；⑨ 印度（列城），1972；⑩ 印度（锡金、岗托克），1978；⑪ 印度（德里），1979；⑫ 印度（比尔），1979；⑬ 印度（岗托克），1984；⑭ 不丹 a，1979；⑮ 不丹 b，1979；⑯ 不丹 c，1979；⑰ 蒙古国，1961；⑱ 川《格》12，2015。

8. 著作者、搜集者与搜集地：

（1）搜集者：徐国琼

（2）搜集地：化隆德恒隆甲加村

（3）搜集时间：1960 年 2 月 19 日

9. 其他：

（1）原题记"合尔纳提供"。

（2）此次查阅时未见此书。

18 《霍岭大战》（上册）

1. 藏文题名：

ཧོར་གླིང་གཡུལ་འགྱེད་སྟོད་ཆ།

2. 拉丁转写：

hor gling g.yul 'gyed, stod cha

3. 汉译名：

《霍岭大战》，或《霍尔侵入》《征服霍尔》《反击霍尔》《霍尔岭之战》。

4. 故事内容提要：

格萨尔前往北方降伏鲁赞魔王之时，霍尔国拥兵百万进攻岭国。战争初期，岭国一度利用计谋和将士个人的勇猛取得优势。但由于敌众我寡，再加上岭国晁同卖国求荣，以及岭国统帅贾察个人的义气行为，最终导致战败。统帅贾察、大将斯潘、青年将士聂察、玉达、戎察等遇难，王妃珠姆被抢，茶城被毁、岭国祖先遗留之财宝被掠夺，其他众将四处散落。

5. 版本描述（字体、抄本、刻本风格、版面大小、材质）：

藏文柏簌体与草体，长条抄本：35cm×10cm，每页 6 行，手抄原件，旧藏纸。

6. 保存处及编号：

（1）手抄原件保存处：青海省文联青海《格萨尔》研究所资料室。

（2）包发荣、梁国楠、马俊德、余世忠编号：不知。

（3）青海《格》研〔1986〕编号：I291.47.17：1

7. 版本说明（页码标记、残缺污浊页、翻译、出版）：

（1）总页码：303 叶。

（2）缺 127、158、242、296 叶；另 4 叶无叶码。

（3）异文本汉文翻译：① 青海民研会，1962；② 吴均、金迈译，1984；③ 王沂暖、华甲译（《贵德分章本》），1981；④ 王歌行、左可国、刘宏亮整理，1986。

（4）异文本藏文出版：① 青海，1962、1979、1980；② 西藏，1980；③ 青海（《黄霍尔》），1988、1994；④ 交加本，2006；⑤ 四川（《辛丹》附录），1982；⑥ 四川，1999；⑦ 精选本，2000；⑧ 桑珠本，2006；⑨ 印度（列城），1972；⑩ 印度（锡金、岗托克），1978；⑪ 印度（德里），1979；⑫ 印度（比尔），1979；⑬ 印度（岗托克），1984；⑭ 不丹 a，1979；⑮ 不丹 b，1979；⑯ 不丹 c，1979；⑰ 蒙古国，1961；⑱ 川《格》12，2015。

8. 著作者、搜集者与搜集地：

（1）搜集者：包发荣、梁国楠、马俊德、余世忠

（2）搜集地：玉树结古红旗公社

（3）搜集时间：1960 年 4 月 15 日

9. 其他：

（1）原题记"7 抄本，共 303 页"。1986 年藏文目录备注"更登彭措提供"。

（2）有红色收藏印章，有新夹板，黄布与白色带子包裹。与编号为

I291.47.13：1 抄本风格一致，出自同一抄写者。

19 《霍岭大战》（上册）

1. 藏文题名：

ཧོར་གླིང་གཡུལ་འགྱེད་སྟོད་ཆ།

2. 拉丁转写：

hor gling g.yul 'gyed，stod cha

3. 汉译名：

《霍岭大战》，或《霍尔侵入》《征服霍尔》《反击霍尔》《霍尔岭之战》。

4. 故事内容提要：

格萨尔前往北方降伏鲁赞魔王之时，霍尔国拥兵百万进攻岭国。战争初期，岭国一度利用计谋和将士个人的勇猛取得优势。但由于敌众我寡，再加上岭国晁同卖国求荣，以及岭国统帅贾察个人的义气行为，最终导致战败。统帅贾察、大将斯潘、青年将士聂察、玉达、戎察等遇难，王妃珠姆被抢、茶城被毁、岭国祖先遗留之财宝被掠夺，其他众将四处散落。

5. 版本描述（字体、抄本、刻本风格、版面大小、材质）：

藏文柏簇体，长条抄本：55cm×15cm，每页 7 行，手抄原件，藏纸。

6. 保存处及编号：

（1）手抄原件保存处：青海省文联青海《格萨尔》研究所资料室。

（2）包发荣、梁国楠、马俊德、余世忠编号：阿坝县一号。

（3）青海《格》研〔1986〕编号：I291.47.18：1

7. 版本说明（页码标记、残缺污浊页、翻译、出版）：

（1）总页码：28—189 叶。

（2）缺 54、69、71—73、75、82、105、115、122—125、131、132、133、135、145、146、162—164、170 叶；重 186 叶。

（3）异文本汉文翻译：① 青海民研会，1962；② 吴均、金迈译，1984；③ 王沂暖、华甲译（《贵德分章本》），1981；④ 王歌行、左可国、刘宏亮整理，1986。

（4）异文本藏文出版：① 青海，1962、1979、1980；② 西藏，1980；③ 青海（《黄霍尔》），1988、1994；④ 交加本，2006；⑤ 四川（《辛丹》附录），1982；⑥ 四川，1999；⑦ 精选本，2000；⑧ 桑珠本，2006；⑨ 印度（列城），1972；⑩ 印度（锡金、岗托克），1978；⑪ 印度（德里），1979；⑫ 印度（比尔），1979；⑬ 印度（岗托克），1984；⑭ 不丹 a，1979；⑮ 不丹 b，1979；⑯ 不丹 c，1979；⑰ 蒙古国，1961；⑱ 川《格》12，2015。

8. 著作者、搜集者与搜集地：

（1）搜集者：包发荣、梁国楠、马俊德、余世忠

（2）搜集地：四川阿坝格德寺喇嘛生产队

（3）搜集时间：1960 年 6 月 7 日

9. 其他：

（1）原题记"藏书者罗桑"（ྒ་ྭཟང་།）。有新夹板，黄色布包裹。

（2）杨质夫手记："这是霍岭上部，残本，前面起自 27 页，后面到 189 页止，前后都不全（27 页以前虽有，残片不中用），事迹起自岭丹玛与霍尔梅乳泽的辩论，止于格萨射箭命令霍尔白帐王。内文中尚缺 28、54、69、71—73、75、82、88、105、109、122—125、132—135、146、148、162—165、170、186 页（重出）"。徐国琼题记"此系杨质夫校阅附记手稿，（徐国琼注）"。

20 《霍岭大战》（下册）

1. 藏文题名：

ཧོར་གླིང་གཡུལ་འགྱེད་ྨད་ཆ།

2. 拉丁转写：

hor gling g.yul 'gyed，smad cha

3. 汉译名：

《霍岭大战》，或《平服霍尔》《征服霍尔》《反击霍尔》《霍尔岭之战》。

4. 故事内容提要：

格萨尔得到珠姆派来的使者神鸟仙鹤的帮助，从梅萨敬献的迷魂药中苏醒过来。返回岭国惩处晁同后，单枪匹马前往霍尔国，途中降伏霍尔国各大部落及守护神。最终在霍尔铁匠女果萨曲珍的帮助下，成功打造攀城铁链，派神马引来岭国兵将，一举歼灭了霍尔国，给白帐王备上马鞍，将霍尔国大将辛巴捉回岭国。

5. 版本描述（字体、抄本、刻本风格、版面大小、材质）：

藏文粗通体，长条抄本：26cm×10cm，每页 10 行，手抄原件，藏纸。

6. 保存处及编号：

（1）手抄原件保存处：青海省文联青海《格萨尔》研究所资料室。

（2）青海《格》研〔1986〕编号：I291.47.19：1

7. 版本说明（页码标记、残缺污浊页、翻译、出版）：

（1）总页码：203 叶。

（2）分两部分编叶：1 部 11—70 叶，缺 1—10、15、16 叶；2 部 1—15、

21—109 叶，缺 37、38 叶。

（3）异文本汉文翻译：① 青海民研会，1962；② 吴均、金迈译，1984；③ 王沂暖、华甲译（《贵德分章本》），1981；④ 王歌行、左可国、刘宏亮整理，1986。

（4）异文本藏文出版：① 青海，1962、1979、1980；② 西藏，1980；③ 青海（《黄霍尔》），1988、1994；④ 交加本，2006；⑤ 四川（《辛丹》附录），1982；⑥ 四川，1999；⑦ 精选本，2000；⑧ 桑珠本，2006；⑨ 印度（列城），1972；⑩ 印度（锡金、岗托克），1978；⑪ 印度（德里），1979；⑫ 印度（比尔），1979；⑬ 印度（岗托克），1984；⑭ 不丹 a，1979；⑮ 不丹 b，1979；⑯ 不丹 c，1979；⑰ 蒙古国，1961；⑱ 川《格》12，2015。

8. 著作者、搜集者与搜集地：

（1）搜集者：徐国琼、华甲

（2）搜集地：同仁麻巴乡

（3）搜集时间：1958 年 9 月 15 日

9. 其他：

（1）有新夹板，黄布与白色带子包裹。

21 《霍岭大战》（下册）

1. 藏文题名：

ཧོར་གླིང་གཡུལ་འགྱེད་སྨད་ཆ།

2. 拉丁转写：

hor gling g.yul 'gyed，smad cha

3. 汉译名：

《霍岭大战》，或《平服霍尔》《征服霍尔》《反击霍尔》《霍尔岭之战》。

4. 故事内容提要：

故事讲述格萨尔大王从北方魔国返回岭国，惩处卖国贼晁同叔叔，安抚并召集失散于四野的勇士，然后单枪匹马前往霍尔国征讨顽敌。途中经历各种险阻，来到霍尔国投靠铁匠王噶尔瓦父女，一边侦察敌情，一边锻打攀登霍尔白帐王宫殿雅孜红城的锁链。最后，时机成熟，派神马江郭叶儿哇传递岭军攻城信息，一举歼灭霍尔国白、黑和黄三王，给白帐王备上马鞍，以示惩处。后委任霍尔大将辛巴为岭国属国霍尔国之大王。

5. 版本描述（字体、抄本、刻本风格、版面大小、材质）：

藏文乌金体（正楷），长条抄本：30cm×10cm，每页 7 行，手抄原件，旧藏纸。

6. 保存处及编号：

（1）手抄原件保存处：青海省文联青海《格萨尔》研究所资料室。

（2）包发荣、梁国楠、马俊德、余世忠编号：四川阿坝八号。

（3）青海《格》研〔1986〕编号：I291.47.20.1：1

7. 版本说明（页码标记、残缺污浊页、翻译、出版）：

（1）总页码：6—68（共53叶）叶。

（2）无头尾，酥油污垢。

（3）异文本汉文翻译：① 青海民研会，1962；② 吴均、金迈译，1984；③ 王沂暖、华甲译（《贵德分章本》），1981；④ 王歌行、左可国、刘宏亮整理，1986。

（4）异文本藏文出版：① 青海，1962、1979、1980；② 西藏，1980；③ 青海（《黄霍尔》），1988、1994；④ 交加本，2006；⑤ 四川（《辛丹》附录），1982；⑥ 四川，1999；⑦ 精选本，2000；⑧ 桑珠本，2006；⑨ 印度（列城），1972；⑩ 印度（锡金、岗托克），1978；⑪ 印度（德里），1979；⑫ 印度（比尔），1979；⑬ 印度（岗托克），1984；⑭ 不丹 a，1979；⑮ 不丹 b，1979；⑯ 不丹 c，1979；⑰ 蒙古国，1961；⑱ 川《格》12，2015。

8. 著作者、搜集者与搜集地：

（1）搜集者：包发荣、梁国楠、马俊德、余世忠

（2）搜集地：四川中阿坝中塔哇

（3）搜集时间：1960 年 6 月 8 日

9. 其他：

（1）原卡片目录："本书难以辨别，དོན་འགྲུབ（东珠）提供"。

（2）有新夹板，黄布与白色带子包裹。非常古旧藏书。

22 《霍岭大战》（下册）

1. 藏文题名：

ཧོར་གླིང་གཡུལ་འགྱེད་སྨད་ཆ།

2. 拉丁转写：

hor gling g.yul 'gyed，smad cha

3. 汉译名：

《霍岭大战》，或《平服霍尔》《征服霍尔》《反击霍尔》《霍尔岭之战》。

4. 故事内容提要：

故事讲述格萨尔大王从北方魔国返回岭国，惩处卖国贼晁同叔叔，安抚并召集失散于四野的勇士，然后单枪匹马前往霍尔国征讨顽敌。途中经

历各种险阻，来到霍尔国投靠铁匠王噶尔瓦父女，一边侦察敌情，一边锻打攀登霍尔白帐王宫殿雅孜红城的锁链。最后，时机成熟，派神马江郭叶儿哇传递岭军攻城信息，一举歼灭霍尔国白、黑和黄三王，给白帐王备上马鞍，以示惩处。后委任霍尔大将辛巴为岭国属国霍尔国之大王。

5. 版本描述（字体、抄本、刻本风格、版面大小、材质）：

藏文乌金体（正楷），长条抄本：40cm×9cm，每页 7 行，手抄原件，藏纸。

6. 保存处及编号：

（1）手抄原件保存处：青海省文联青海《格萨尔》研究所资料室。

（2）包发荣、梁国楠、马俊德、余世忠编号：四川阿坝八号。

（3）青海《格》研〔1986〕编号：I291.47.20.1：2

7. 版本说明（页码标记、残缺污浊页、翻译、出版）：

（1）总页码：17—75 叶（共 58 叶）。

（2）缺 41、44 叶。

（3）异文本汉文翻译：① 青海民研会，1962；② 吴均、金迈译，1984；③ 王沂暖、华甲译（《贵德分章本》），1981；④ 王歌行、左可国、刘宏亮整理，1986。

（4）异文本藏文出版：① 青海，1962、1979、1980；② 西藏，1980；③ 青海（《黄霍尔》），1988、1994；④ 交加本，2006；⑤ 四川（《辛丹》附录），1982；⑥ 四川，1999；⑦ 精选本，2000；⑧ 桑珠本，2006；⑨ 印度（列城），1972；⑩ 印度（锡金、岗托克），1978；⑪ 印度（德里），1979；⑫ 印度（比尔），1979；⑬ 印度（岗托克），1984；⑭ 不丹 a，1979；⑮ 不丹 b，1979；⑯ 不丹 c，1979；⑰ 蒙古国，1961；⑱ 川《格》12，2015。

8. 著作者、搜集者与搜集地：

（1）搜集者：包发荣、梁国楠、马俊德、余世忠

（2）搜集地：四川中阿坝中塔哇

（3）搜集时间：1960 年 6 月 8 日

9. 其他：

（1）原题记"东珠提供，词句特别美"。

（2）与青海《格》研〔1986〕编号：I291.47.20.1：1 同一夹板。

23 《霍岭大战》（下册）

1. 藏文题名：

ཧོར་གླིང་འཐབ།

2. 拉丁转写：

hor phar 'dul

3. 汉译名：

《霍岭大战》，或《平服霍尔》《征服霍尔》《反击霍尔》《霍尔岭之战》。

4. 故事内容提要：

故事讲述格萨尔大王从北方魔国返回岭国，惩处卖国贼晁同叔叔，安抚并召集失散于四野的勇士，然后单枪匹马前往霍尔国征讨顽敌。途中经历各种险阻，来到霍尔国投靠铁匠王噶尔瓦父女，一边侦察敌情，一边锻打攀登霍尔白帐王宫殿雅孜红城的锁链。最后，时机成熟，派神马江郭叶儿哇传递岭军攻城信息，一举歼灭霍尔国白、黑和黄三王，给白帐王备上马鞍，以示惩处。后委任霍尔大将辛巴为岭国属国霍尔国之大王。

5. 版本描述（字体、抄本、刻本风格、版面大小、材质）：

藏文柏簇体，长条抄本：45cm×10cm，每页6行，手抄原件，藏纸。

6. 保存处及编号：

（1）手抄原件保存处：青海省文联青海《格萨尔》研究所资料室。

（2）包发荣、梁国楠、马俊德、余世忠编号：结古二十一号。

（3）青海《格》研〔1986〕编号：I291.47.21：1

7. 版本说明（页码标记、残缺污浊页、翻译、出版）：

（1）总页码：3—20叶，30—166叶。

（2）异文本汉文翻译：① 青海民研会，1962；② 吴均、金迈译，1984；③ 王沂暖、华甲译（《贵德分章本》），1981；④ 王歌行、左可国、刘宏亮整理，1986。

（3）异文本藏文出版：① 青海，1962、1979、1980；② 西藏，1980；③ 青海（《黄霍尔》），1988、1994；④ 交加本，2006；⑤ 四川（《辛丹》附录），1982；⑥ 四川，1999；⑦ 精选本，2000；⑧ 桑珠本，2006；⑨ 印度（列城），1972；⑩ 印度（锡金、岗托克），1978；⑪ 印度（德里），1979；⑫ 印度（比尔），1979；⑬ 印度（岗托克），1984；⑭ 不丹a，1979；⑮ 不丹b，1979；⑯ 不丹c，1979；⑰ 蒙古国，1961；⑱ 川《格》12，2015。

8. 著作者、搜集者与搜集地：

（1）搜集者：包发荣、梁国楠、马俊德、余世忠

（2）搜集地：玉树民师

（3）搜集时间：1960年4月19日

9. 其他：

（1）原题记"18抄本⑤，无头尾，共166页""平服霍尔之部，作几本原文中，较完美的一种"。卡片题记"从民师校长蔺盛才处借阅"，"蔺盛才，

原州文化服务队队长，现任民族师范校长"。

（2）附有杨质夫说明："这部是霍岭下部抄本，起自第二页，止于 166 页，前段：各缺二三页，全书故事尚完整，但内缺 21 至 29、51、82 各页，57 页因掉一大段补进一页，71 重出、88 重出。事迹起自格萨尔变化在霍尔白马冬丹扎大营，止于回岭收受欢迎，情节虽与已译本大致相仿，但出入也很大，文词除间有错别字文，都很好，歌词很长，但与已译本对不上。此本应译出作为白帐王下部正本"。此说明后附有徐国琼注释："请注意：写此注文者已故，此注文贴于此资料首页，备重阅者参考，同时留做档案妥存，徐注"。

（3）有新夹板，黄色布包裹。

24　《突厥兵器宗》（上册）

1. 藏文题名：

གྲི་གུ་གོ་རྫོང་དང་ཆ།

2. 拉丁转写：

gri gu go rdzaong, stod cha

3. 汉译名：

《突厥兵器宗》，或《祝古国宗》《祝古兵国》《祝古兵器宗》《朱孤兵器宗》《朱古之战》《竹岭之战》。

4. 故事内容提要：

突厥国王托桂穆德赞意欲武力抢夺藏王的释迦牟尼佛像。他派其所属齐堆的四个部落前去完成此项任务。齐堆射箭信恐吓藏王马上送交释迦牟尼佛像。藏王向岭国扎拉王子求救。岭王格萨尔通过侦察得知征服突厥必先要征服突厥齐堆。于是下令王子扎拉率军讨伐。两军开始交火。最后，东突厥的大军节节败北，溃不成军。突军部将个个死于岭刀之下，突王齐堆也终于成了扎拉王子的刀下鬼，岭军大获全胜。

5. 版本描述（字体、抄本、刻本风格、版面大小、材质）：

藏文粗通体，长条抄本：35cm×10cm，每页 7 行，手抄原件，旧藏纸。

6. 保存处及编号：

（1）手抄原件保存处：青海省文联青海《格萨尔》研究所资料室。

（2）包发荣、梁国楠、马俊德、余世忠编号：结古五号。

（3）青海《格》研〔1986〕编号：I291.47.22：1

7. 版本说明（页码标记、残缺污浊页、翻译、出版）：

（1）总页码：217 叶。

（2）缺 41、119、161 叶。满页抄写，酥油污垢。

（3）未翻译

（4）异文本藏文出版：① 西藏，1988、1989；② 甘肃，1984、1986；③ 精选本，2013；④ 桑珠本，2011；⑤ 印度（达兰姆萨拉），1982、1983、1984、1985；⑥ 不丹，1981；⑦ 民族，2015。

8. 著作者、搜集者与搜集地：

（1）搜集者：包发荣、梁国楠、马俊德、余世忠

（2）搜集地：玉树民师（玉树红旗公社？）

（3）搜集时间：1960 年 4 月 17 日

9. 其他：

（1）原题记"索南拉毛（学生）、依果借与"。

（2）原题记"索南拉毛的父亲名叫依果（ཡིག་དགོས།）是结古红旗公社三队社员"。

（3）有新夹板，黄布与白色带子包裹。

25　《突厥兵器宗》（上、中册）

1. 藏文题名：

གྲི་གུ་གོ་རྫོང་།སྟོད་ཆ་དང་བར་ཆ

2. 拉丁转写：

gri gu go rdzaong,stod cha dang bar cha

3. 汉译名：

《突厥兵器宗》，或《祝古国宗》《祝古兵国》《祝古兵器宗》《朱孤兵器宗》《朱古之战》《竹岭之战》。

4. 故事内容提要：

突厥国王托桂穆德赞意欲武力抢夺藏王的释迦牟尼佛像。他派其所属齐堆的四个部落前去完成此项任务。齐堆射箭信恐吓藏王马上送交释迦牟尼佛像。藏王向岭国扎拉王子求救。岭王格萨尔通过侦察得知征服突厥必先要征服突厥齐堆。于是下令王子扎拉率军讨伐。两军开始交火。最后，东突厥的大军节节败北，溃不成军。突军部将个个死于岭刀之下，突王齐堆也终于成了扎拉王子的刀下鬼，岭军大获全胜。

灭了东突还有南突。岭王认为降服南突刻不容缓。岭王重整旗鼓，率部南下，突厥大臣们慌手慌脚，向阿伦独眼鬼和青海派人求助。岭军大举进攻，南突的帮凶个个败退。阿伦独眼鬼和突厥的托桂王最终也死在英雄格萨尔的刀下。岭军大捷。

5. 版本描述（字体、抄本、刻本风格、版面大小、材质）：

藏文草体，长条抄本：40cm×9cm，每页 7 行，手抄原件，藏纸。

6. 保存处及编号：

（1）手抄原件保存处：青海省文联青海《格萨尔》研究所资料室。

（2）包发荣、梁国楠、马俊德、余世忠编号：昂欠五号。

（3）青海《格》研〔1986〕编号：I291.47.23：1

7. 版本说明（页码标记、残缺污浊页、翻译、出版）：

（1）总页码：305 叶。

（2）缺 161、184 叶。残缺。

（3）未翻译

（4）异文本藏文出版：① 西藏，1988、1989；② 甘肃，1984、1986；③ 精选本，2013；④ 桑珠本，2011；⑤ 印度（达兰姆萨拉），1982、1983、1984、1985；⑥ 不丹，1981；⑦ 民族出版社，2015。

8. 著作者、搜集者与搜集地：

（1）搜集者：包发荣、梁国楠、马俊德、余世忠

（2）搜集地：玉树昂欠县人民医院

（3）搜集时间：1960 年 4 月 25 日

9. 其他：

（1）原题记"布给借与"（布给为昂欠县人民医院工作人员）。

（2）有新夹板，黄布与白色带子包裹。

26 《孟岭大战》

1. 藏文题名：

མོན་གླིང་གཡུལ་འགྱེད།

2. 拉丁转写：

min gling g.yul 'gyed

3. 汉译名：

《孟岭大战》，或《门岭大战》《门岭之战》《洛岭之战》《征服闷城》《岭国与门国》《岭与慕域》《闷岭之战》。

4. 故事内容提要：

岭国灭了姜国萨丹王以后，格萨尔在岭国王宫狮龙宫殿修行时，天神降下预言：到了降伏门国的时机。格萨尔变为一只渡鸦给晁同降下预言：组织达戎十八大军进攻门国报先前被抢夺财产之仇，并能娶得门国公主为妻。晁同率领大军，一路消灭了辛赤王的九只魔鼠等敌国君臣的许多守护

神。接着又歼灭了以古拉土杰为首的门国 80 猛士和 1900 勇士。

辛赤王危在旦夕，他打算放弃国家攀援天梯升天逃遁。格萨尔焚烧了堆卡迥如朗宗，使他一命呜呼。门国公主梅朵拉泽投诚岭国，并用箭射开白米宗，岭国将士取得白米凯旋。格萨尔给门国臣民讲经说法，净化那里人们的邪念，使他们改变恶习，努力从善。格萨尔命冬迥拉赤嘎布为门国的国王。

5. 版本描述（字体、抄本、刻本风格、版面大小、材质）：

藏文柏簇体，长条抄本：35cm×10cm，每页 7 行，手抄原件，旧藏纸。

6. 保存处及编号：

（1）手抄原件保存处：青海省文联青海《格萨尔》研究所资料室。

（2）包发荣、梁国楠、马俊德、余世忠编号：结古四十一号。

（3）青海《格》研〔1986〕编号：I291.47.24：1

7. 版本说明（页码标记、残缺污浊页、翻译、出版）：

（1）总页码：185 叶。

（2）异文本汉文翻译：① 王沂暖、余希贤译，甘肃，1986；② 嘉措顿珠译（扎巴本），西藏，1986、2013。

（3）异文本藏文出版：① 西藏（扎巴本），1980；② 青海，1982；③ 甘肃，1983；④ 四川，1982；⑤ 精选本，2002；⑥ 扎巴本，2013；⑦ 印度（拉瓦杂尔），1964；⑧ 不丹（帕罗），1980；⑨ 不丹（廷布），1981。

8. 著作者、搜集者与搜集地：

（1）搜集者：包发荣、梁国楠、马俊德、余世忠

（2）搜集地：玉树结古民贸局

（3）搜集时间：1960 年 5 月 4 日

9. 其他：

（1）原题记"从仁青多杰（ རིན་ཆེན་རྡོ་རྗེ། 干部）处搜集"。

（2）有新夹板，黄布与白色带子包裹。

27 《孟岭大战》

1. 藏文题名：

མོན་གླིང་གཡུལ་འགྱེད།

2. 拉丁转写：

min gling g.yul 'gyed

3. 汉译名：

《孟岭大战》，或《门岭大战》《门岭之战》《洛岭之战》《征服闷城》《岭

国与门国》《岭与慕域》《闷岭之战》。

4. 故事内容提要：

岭国灭了姜国萨丹王以后，格萨尔王在岭国王宫狮龙宫殿修行时，天神降下预言：到了降伏门国的时机。格萨尔变为一只渡鸦给晁同降下预言：组织达戎十八大军进攻门国报先前被抢夺财产之仇，并能娶得门国公主为妻。晁同率领大军，一路消灭了辛赤王的九只魔鼠等敌国君臣的许多守护神。接着又歼灭了以古拉土杰为首的门国 80 猛士和 1900 勇士。

辛赤王危在旦夕，他打算放弃国家攀援天梯升天逃遁。格萨尔焚烧了堆卡迥如朗宗，使他一命呜呼。门国公主梅朵拉泽投诚岭国，并用箭射开白米宗，岭国将士取得白米凯旋。格萨尔给门国臣民讲经说法，净化那里人们的邪念，使他们改变恶习，努力从善。格萨尔命冬迥拉赤嘎布为门国的国王。

5. 版本描述（字体、抄本、刻本风格、版面大小、材质）：

藏文柏簇体，长条抄本：35cm×10cm，每页 7 行，手抄原件，藏纸。

6. 保存处及编号：

（1）手抄原件保存处：青海省文联青海《格萨尔》研究所资料室。

（2）青海《格》研〔1986〕编号：I291.47.25：1

7. 版本说明（页码标记、残缺污浊页、翻译、出版）：

（1）总页码：334 叶。

（2）异文本汉文翻译：① 王沂暖、余希贤译，甘肃，1986；② 嘉措顿珠译（扎巴本），西藏，1986、2013。

（3）异文本藏文出版：① 西藏（扎巴本），1980；② 青海，1982；③ 甘肃，1983；④ 四川，1982；⑤ 精选本，2002；⑥ 扎巴本，2013；⑦ 印度（拉瓦杂尔），1964；⑧ 不丹（帕罗），1980；⑨ 不丹（廷布），1981。

8. 著作者、搜集者与搜集地：

（1）搜集者：徐国琼

（2）搜集地：甘孜色西底扎呷寺

（3）搜集时间：1960 年 7 月 20 日

9. 其他：

（1）原题记"27 抄本，共 334 页。"，"门域之部，（译之二时已参考过）……"，1986 藏文目录备注"从火堆中抢出"。

（2）估计为青海文联 20 世纪五六十年代汉译《岭与慕域》（资料之一——西康德格抄本）之原件。

（3）有新夹板，黄布与白色带子包裹。

28 《孟岭大战》

1. 藏文题名：

མོན་གླིང་གཡུལ་འགྱེད།

2. 拉丁转写：

min gling g.yul 'gyed

3. 汉译名：

《孟岭大战》，或《门岭大战》《门岭之战》《洛岭之战》《征服闷城》《岭国与门国》《岭与慕域》《闷岭之战》。

4. 故事内容提要：

岭国灭了姜国萨丹王以后，格萨尔王在岭国王宫狮龙宫殿修行时，天神降下预言：到了降伏门国的时机。格萨尔变为一只渡鸦给晁同降下预言：组织达戎十八大军进攻门国报先前被抢夺财产之仇，并能娶得门国公主为妻。晁同率领大军，一路消灭了辛赤王的九只魔鼠等敌国君臣的许多守护神。接着又歼灭了以古拉土杰为首的门国 80 猛士和 1900 勇士。

辛赤王危在旦夕，他打算放弃国家攀援天梯升天逃遁。格萨尔焚烧了堆卡迥如朗宗，使他一命呜呼。门国公主梅朵拉泽投诚岭国，并用箭射开白米宗，岭国将士取得白米凯旋。格萨尔给门国臣民讲经说法，净化那里人们的邪念，使他们改变恶习，努力从善。格萨尔命冬迥拉赤嘎布为门国的国王。

5. 版本描述（字体、抄本、刻本风格、版面大小、材质）：

藏文柏簇体，长条抄本：40cm×10cm，每页 6 行，手抄原件，藏纸。

6. 保存处及编号：

（1）手抄原件保存处：青海省文联青海《格萨尔》研究所资料室。

（2）青海《格》研〔1986〕编号：I291.47.26：1

7. 版本说明（页码标记、残缺污浊页、翻译、出版）：

（1）总页码：264 叶。

（2）缺 243、247、250 叶，重 67 叶。

（3）异文本汉文翻译：① 王沂暖、余希贤译，甘肃，1986；② 嘉措顿珠译（扎巴本），西藏，1986、2013。

（4）异文本藏文出版：① 西藏（扎巴本），1980；② 青海，1982；③ 甘肃，1983；④ 四川，1982；⑤ 精选本，2002；⑥ 扎巴本，2013；⑦ 印度（拉瓦杂尔），1964；⑧ 不丹（帕罗），1980；⑨ 不丹（廷布），1981。

8. 著作者、搜集者与搜集地：

（1）搜集者：徐国琼

（2）搜集地：四川阿坝

（3）搜集时间：1960 年 7 月？

9. 其他：

（1）有新夹板，黄布与白色带子包裹。

（2）从徐国琼考察笔记可知，他似乎未到过阿坝。估计可能是托人搜集。

29　《地狱救妻》

1. 藏文题名：

ཨ་སྟག་ལྷ་མོ།

2. 拉丁转写：

a stag lha mo

3. 汉译名：

《地狱救妻》，或《阿达拉姆》《阿德拉毛》《阿达鲁姆》。

4. 故事内容提要：

岭·格萨尔去汉地降伏魔妃时，其最英勇善战的妃子阿达拉姆请求一同前往，格萨尔给其讲述了此次行程的因缘后，并未带其去汉地。期间阿达拉姆病死，堕入地狱。格萨尔回国后，得知此事，前去地狱与阎罗王理论。阎罗王告知格萨尔王妃阿达拉姆生前嗜杀成性，冤魂缠身而堕此地狱的道理。最后，格萨尔经阎王的指点，下至十八层地狱，终于在阿鼻地狱找到阿达拉姆，并将其搭救出来，同时还超度了 18 亿亡灵随之同登极乐世界。

5. 版本描述（字体、抄本、刻本风格、版面大小、材质）：

藏文粗通体，长条抄本：35cm×10cm，每页 6 行，手抄原件，藏纸。

6. 保存处及编号：

（1）手抄原件保存处：青海省文联青海《格萨尔》研究所资料室。

（2）青海《格》研〔1986〕编号：I291.47.27：1

7. 版本说明（页码标记、残缺污浊页、翻译、出版）：

（1）总页码：67 叶。

（2）缺 41、119、161 叶。

（3）异文本汉文翻译：①角巴东主主编，高等教育出版社，2011。

（4）异文本藏文出版：①青海，1983；②丹增智华，2009；③洛桑奥赛，2011。

8. 著作者、搜集者与搜集地：

（1）搜集者：华甲、徐国琼

（2）搜集地：同仁隆务寺

（3）搜集时间：1958 年 9 月 5 日

9. 其他：

（1）原题记"隆务寺阿卡（僧人）提供"。

（2）有新夹板，黄布与白色带子包裹。

（3）估计为青海文联 20 世纪五六十年代翻译《地狱救妻之部》（资料之一——青海同仁隆务镇抄本）之原稿。

30 《霍岭大战》（下册）

1. 藏文题名：

འཛམ་གླིང་རྒྱལ་པོའི་རྣམ་ཐར་ཧོར་འདུལ་བསྡུས་པ་གནམ་ཐོག་རལ་གྲི་བཞུགས་སོ།།

2. 拉丁转写：

'dzam gling rgyal po'i rnam thar hor 'dul bsdus pa gnam thog ral gri bzhugs so

3. 汉译名：

《霍岭大战》，或《平服霍尔》《征服霍尔》《反击霍尔》《霍尔岭之战》。

4. 故事内容提要：

故事讲述格萨尔大王从北方魔国返回岭国，惩处卖国贼晁同叔叔，安抚并召集失散于四野的勇士，然后单枪匹马前往霍尔国征讨顽敌。途中经历各种险阻，来到霍尔国投靠铁匠王噶尔瓦父女，一边侦察敌情，一边锻打攀登霍尔白帐王宫殿雅孜红城的锁链。最后，时机成熟，派神马江郭叶儿哇传递岭军攻城信息，一举歼灭霍尔国白、黑和黄三王，给白帐王备上马鞍，以示惩处。后委任霍尔大将辛巴为岭国属国霍尔国之大王。

5. 版本描述（字体、抄本、刻本风格、版面大小、材质）：

藏文粗让体，长条抄本：25cm×10cm，每页 6 行，手抄原件，旧藏纸。

6. 保存处及编号：

（1）手抄原件保存处：青海省文联青海《格萨尔》研究所资料室。

（2）青海《格》研〔1986〕编号：I291.47.28：1

7. 版本说明（页码标记、残缺污浊页、翻译、出版）：

（1）总页码：201 叶。

（2）无号码，有叶数。无边框，满页抄写，酥油污垢。

（3）异文本汉文翻译：① 青海民研会，1962；② 吴均、金迈译，1984；③ 王沂暖、华甲译（《贵德分章本》），1981；④ 王歌行、左可国、刘宏亮整理，1986。

（4）异文本藏文出版：① 青海，1962、1979、1980；② 西藏，1980；③ 青海（《黄霍尔》），1988、1994；④ 交加本，2006；⑤ 四川（《辛丹》附录），1982；⑥ 四川，1999；⑦ 精选本，2000；⑧ 桑珠本，2006；⑨ 印度（列城），1972；⑩ 印度（锡金、岗托克），1978；⑪ 印度（德里），1979；⑫ 印度（比尔），1979；⑬ 印度（岗托克），1984；⑭ 不丹 a，1979；⑮ 不丹 b，1979；⑯ 不丹 c，1979；⑰ 蒙古国，1961；⑱ 川《格》12，2015。

8. 著作者、搜集者与搜集地：

（1）著作者：达贤巴（ འབམས་རྒྱགས་ཁམས་པས་གཤུདངས་སོ）

（2）搜集者：徐国琼

（2）搜集地：青海化隆

（3）搜集时间：1960 年 2 月？

9. 其他：

（1）书页上边题记"白帐王下部（化隆本）"，下边题记"徐国琼经崔毛借来待还"。

（2）有旧夹板，黄布与白色带子包裹。

31 　《英雄诞生》

1. 藏文题名：

འཛམ་གླིང་གེ་སར་ནོར་བུ་དགྲ་འདུལ་གྱི་རྟོགས་བརྗོད་ལས་སྲིད་ལེའུ་ངོ་མཚར་བ་གཏམ་གྱི་འཕྲེང་བ་བཞུགས་སོ

2. 拉丁转写：

'dzam gling ge sar nor bu dgra 'dul gyi rtogs brjod las srid le'u ngo mthsar bag tam gyi 'phreng ba bzhugs so

3. 汉译名：

《世间形成》，或《英雄诞生》《诞生史》。

4. 故事内容提要：

莲花生大师为了拯救陷于灾难痛苦中的岭国百姓，请求天神派其子布杜噶布下凡担当岭国国王。布杜噶布听说要被派去岭国，躲藏到了龙界和念界，最后大师劝善诱导，决定下凡拯救人类。

岭国穆布董氏热查干布生有三子，形成了岭穆布董氏长仲幼三系。有一次，果部落侵犯岭地，杀害了岭地总管王绒查叉根之子，岭国起兵复仇，进攻果部落，掳获龙女麦朵娜泽，并被僧伦王纳为次妃，僧伦和果萨生了觉如（格萨尔的小名）。格萨尔诞生三天以后征服了黑鸟三兄（家那三兄弟），高僧贡巴惹杂、九百恶犊、红魔驹等魔鬼。晁同很害怕格萨尔夺去他的王位，便造谣说觉如是个鬼怪，果萨本是女妖；把格萨尔赶到黄河谷地玛麦隆多草原。格萨尔在那里降服了损耗鬼和厉鬼等。有一年，岭地遭受雪灾，岭·格萨尔诞生后，不计前嫌，分给他们放牧的草场，毅然收留了迁徙到玛麦隆多草原的包括晁同在内的岭国军民。

格萨尔给晁同降下虚假预言，要他举办赛马大会，夺得岭国王位宝座。最终通过赛马，格萨尔登上了岭国宝座。

5. 版本描述（字体、抄本、刻本风格、版面大小、材质）：

藏文柏簇体，长条抄本：40cm×9cm，每页6行，手抄原件，旧藏纸。

6. 保存处及编号：

（1）手抄原件保存处：青海省文联青海《格萨尔》研究所资料室。

（2）青海《格》研〔1986〕编号：I291.47.29：1

7. 版本说明（页码标记、残缺污浊页、翻译、出版）：

（1）总页码：261叶。

（2）缺7、17叶，酥油污垢。

（3）异文本汉文翻译：①王沂暖、何天慧，甘肃，1985。

（4）异文本藏文出版：①西藏，1982；②甘肃，1981；③四川，1980、1999；④四川《玛麦觉如王事业》，2001；⑤青海《开天辟地》，1987；⑥青海，1988；⑦扎巴本，1996；⑧文库本，1996；⑨桑珠本，2001；⑩精选本，2013；⑪竹杰沃嘎本，民族，2010；⑫印度（德里），1967？⑬印度（达拉姆萨拉），1984；⑭不丹，1979；⑮蒙古国，1961。

8. 著作者、搜集者与搜集地：

（1）搜集者：徐国琼

（2）搜集地：玉树结古

（3）搜集时间：1960年7月

9. 其他：

（1）贴纸条上题记："《英雄诞生》འཁྲུངས་གླིང་མེ་ཏོག་ར་བ། 流传在四川德格地区7"（1983年整理笔迹？）。

（2）有新夹板，黄布与白色带子包裹。

（3）估计为青海文联汉译《英雄诞生之部》（资料之二）之原件。

32 《英雄诞生》

1. 藏文题名：

འཁྲུངས་གླིང་མེ་ཏོག་ར་བ།

2. 拉丁转写：

'khrungs gling me tog ra ba

3. 汉译名：

《英雄诞生》，或《诞生史》《冲岭梅朵然哇》《诞生、占领玛域》。

4. 故事内容提要：

莲花生大师为了拯救陷于灾难痛苦中的岭国百姓，请求天神派其子布杜噶布下凡担当岭国国王。布杜噶布听说要被派去岭国，躲藏到了龙界和念界，最后大师劝善诱导，决定下凡拯救人类。

岭国穆布董氏热查干布生有三子，形成了岭穆布董氏长仲幼三系。有一次，果部落侵犯岭地，杀害了岭地总管王绒查叉根之子，岭国起兵复仇，进攻果部落，掳获龙女麦朵娜泽，并被僧伦王纳为次妃，僧伦和果萨生了觉如（格萨尔的小名）。格萨尔诞生三天以后征服了黑鸟三兄（家那三兄弟）、高僧贡巴惹杂、九百恶犿、红魔驹等魔鬼。晁同很害怕格萨尔夺去他的王位，便造谣说觉如是个鬼怪，果萨本是女妖；把格萨尔赶到黄河谷地玛麦隆多草原。格萨尔在那里降伏了损耗鬼和厉鬼等。有一年，岭地遭受雪灾，岭·格萨尔诞生后，不计前嫌，分给他们放牧的草场，毅然收留了迁徙到玛麦隆多草原的包括晁同在内的岭国军民。

格萨尔给晁同降下虚假预言，要他举办赛马大会，夺得岭国王位宝座。最终通过赛马，格萨尔登上了岭国宝座。

5. 版本描述（字体、抄本、刻本风格、版面大小、材质）：

藏文柏簌体，长条抄本，每页 7 行，40cm×9cm，手抄原件，旧藏纸。

6. 保存处及编号：

（1）手抄原件保存处：青海省文联青海《格萨尔》研究所资料室资料室。

（2）青海《格》研〔1986〕编号：I291.47.30：1

7. 版本说明（页码标记、残缺污浊页、翻译、出版）：

（1）总页码：278 叶。

（2）缺 55、56，重 95、102、136 叶，有残损页，有补抄（粗通体），酥油污垢。

（3）异文本汉文翻译：①王沂暖、何天慧，甘肃，1985。

（4）异文本藏文出版：①西藏，1982；②甘肃，1981；③四川，1980、

1999；④ 四川《玛麦觉如王事业》，2001；⑤ 青海《开天辟地》，1987；⑥ 青海，1988；⑦ 扎巴本，1996；⑧ 文库本，1996；⑨ 桑珠本，2001；⑩ 精选本，2013；⑪ 竹杰沃嘎本，民族，2010；⑫ 印度（德里），1967？⑬ 印度（达拉姆萨拉），1984；⑭ 不丹，1979；⑮ 蒙古国，1961。

8. 著作者、搜集者与搜集地：

（1）搜集者：徐国琼

（2）搜集地：四川德格

（3）搜集时间：1960 年 7 月

9. 其他：

（1）原题记"冲岭梅朵然哇"、"278 页（稍乱）"（杨质夫笔迹？）。单页卡片上题记："《英雄诞生之部》之二、之三原稿参考本）"。残损封面上贴纸题记："诞生之部（抄本），徐国琼 1960.7 收集于四川德格"（徐国琼笔迹）。

（2）夹板贴纸条上题记"《英雄诞生》 འཁྲུངས་གླིང་མི་ཏིག་ར་བ། 流传在四川德格地区 19"（1983 年整理笔迹？）。

（3）有新夹板，黄布与白色带子包裹。

（4）估计为青海文联 20 世纪五六十年代汉译《英雄诞生之部》（资料之三）之原稿。

33　《羊同珍珠宗》

1. 藏文题名：

ཞང་ཞུང་གཡུལ་འཁྲུགས་མུ་ཏིག་རྫོང་།

2. 拉丁转写：

zhang zhung g.yul 'khrugs mu tig rdzaong

3. 汉译名：

《羊同珍珠宗》，或《象雄珍珠宗》《祥岭珍珠之战》《征服象雄珍珠国》《香雄珍珠宗》《向雄珍珠宗》。

4. 故事内容提要：

羊同苯教王伦珠扎巴的 16 个商人去汉地经商途中扎营在达戎晁同的草原上，晁同派儿子们抢劫并杀死了商人。羊同国君臣通过向苯教喇嘛求教得知了事情原委。羊同王派将兵抢回所夺之物并杀掉了达戎部落不少人马。晁同向格萨尔王请求派岭军替他报仇。

此时，天神了也预言格萨尔到了征服羊同珍珠宗的时机。格萨尔下令三军追击羊同人马，自己率军出师大食。羊同王被格萨尔消灭。格萨尔打开了直插云霄的白崖狮子天宗，取出了各种珍珠等金银财宝。格萨尔将财宝运回军营分给了将士。在羊同制定了十善之法，将苯教改为佛教，把外道的恶经抛入河中。格萨尔任命曲珠大臣为羊同十八方的首领。

5. 版本描述（字体、抄本、刻本风格、版面大小、材质）：

藏文柏簇体与草体，长条抄本：35cm×9cm，每页 6 行，手抄原件，藏纸。

6. 保存处及编号：

（1）手抄原件保存处：青海省文联青海《格萨尔》研究所资料室。

（2）包发荣、梁国楠、马俊德、余世忠编号：结古二十三号。

（3）青海《格》研〔1986〕编号：I291.47.31：1

7. 版本说明（页码标记、残缺污浊页、翻译、出版）：

（1）总页码：141 叶。

（2）重 115 叶，有补抄，残损。

（3）异文本汉文翻译：① 马宏武译，甘肃，2006；② 角巴东主主编，高等教育出版社，2011。

（4）异文本藏文出版：① 西藏，1982；② 甘肃，1984；③ 青海，1984年；④ 扎巴本，2007；⑤ 桑珠本，2008；⑥ 印度（达拉姆萨拉），1984；⑦ 不丹，1981。

8. 著作者、搜集者与搜集地：

（1）搜集者：包发荣、梁国楠、马俊德、余世忠

（2）搜集地：玉树红旗人民公社

（3）搜集时间：1960 年 4 月 20 日

9. 其他：

（1）原题记"尕玛桑旦（ཀར་མ་བསང་བདན）提供，此人为副社长"。

（2）此件为青海民族出版社 1984 年出版之原稿。

（3）有新夹板，黄布与白色带子包裹。

34 《大食财宗》

1. 藏文题名：

སྟག་གཟིག་ནོར་རྫོང་

2. 拉丁转写：

stag gzig nor rdzong

3. 汉译名：

《大食财宗》，或《大食财宝城》《达惹诺宗》《大食诺宗》《大食宝宗》《大食之战》《达岭之战》《征服大食》。

4. 故事内容提要：

　　晁同用计偷走了大食宝马具鹏翅。大食国了解到盗走宝马的是晁同以后，立即派追兵把晁同帐篷里的财宝和牲畜全抢了过来。于是晁同率军讨伐大食。双方硝烟三年，胜负无期。

　　后来，天神预言格萨尔要征服大食财宗。晁同也因战事吃紧，派人到岭，请求格萨尔出师大食，攻打牛宗。格萨尔招文武群臣，商讨对敌策略，定战略战术。岭军出国，与敌交战。此刻，久堆聂王把自己的久地银宗献给了格萨尔。格萨尔收久为臣。格萨尔向阿扎桑堆米巧堆嘎这个地方派了三个撒达。三个撒达征服了大食国宝和红崖大鹏宗，夺取了如意宝贝，最终打败大食君臣，攻取了大食财宗。

5. 版本描述（字体、抄本、刻本风格、版面大小、材质）：

　　藏文柏簇体，长条抄本：35cm×10cm，每页 6 行，手抄原件，藏纸。

6. 保存处及编号：

　　（1）手抄原件保存处：青海省文联青海《格萨尔》研究所资料室。

　　（2）青海《格》研〔1986〕编号：I291.47.32：1

7. 版本说明（页码标记、残缺污浊页、翻译、出版）：

　　（1）总页码：390 叶（4—185 叶+205 枚）。

　　（2）缺开头，缺 1—3、5—14、20、33 叶；自 185 叶后，计 205 枚未编页码。

　　（3）异文本汉文翻译：① 角巴东主等编校，高等教育出版社，2011。

　　（4）异文本藏文出版：① 西藏，1979；② 甘肃，1979；③ 精选本，2002；④ 印度（大吉岭），1966；⑤ 印度（新德里），1976；⑥ 印度（岗托克），1983；⑦ 不丹，1981。

8. 著作者、搜集者与搜集地：

　　（1）搜集者：省民研会

　　（2）搜集地：玉树红旗人民公社

　　（3）搜集时间：1960 年 4 月 30 日

9. 其他：

　　（1）原题记"28 抄本，共 4……"，"多杰南旦之妻存"。

　　（2）有新夹板，黄布与白色带子包裹。

35　《分大食财》

1. 藏文题名：

ཁྲག་གཟིག་ནོར་འགྱེད།

2. 拉丁转写：

stag gzig nor 'gyed

3. 汉译名：

《分大食财》，或《分大食牛》《达惹诺结》《达色施财》。

4. 故事内容提要：

依附于《大食财宗》的结尾部分，经艺人与抄写者的偏爱，将其单独说唱，逐渐形成了一个独立分部故事。故事讲述格萨尔征服大食国后，打开大食财宝宗，将所获大食国财宝分封给岭国、霍尔国、魔国、姜国和门国，以及各有功之臣。并将大食国财宝之福禄分别埋藏于藏区各地，以利益藏族未来民众。根据白玛仁增整理、刊刻于1661年的木刻本重新刊印。

5. 版本描述（字体、抄本、刻本风格、版面大小、材质）：

藏文乌金体（正楷）体，长条木刻本：30cm×8cm，每页5行，原件，藏纸。

6. 保存处及编号：

（1）手抄原件保存处：青海省文联青海《格萨尔》研究所资料室。

（2）青海《格》研〔1986〕编号：I291.47.33：1

7. 版本说明（页码标记、残缺污浊页、翻译、出版）：

（1）总页码：39叶。

（2）缺1叶。

（3）异文本汉文翻译：① 李朝群译《达色施财》，西藏人民出版社，1985；② 王沂暖、王兴先译，甘肃人民出版社，1986；③ 丹玛江永慈诚、多杰坚赞、郭晓虹，民族音像出版社，2013。

（4）异文本藏文出版：① 西藏，1980、2010；② 四川（《取阿里金窟》合编），1981；③ 印度（德里），1967；④ 蒙古（《格萨尔本生传》合编），1961；⑤ 丹玛江永慈诚、多杰坚赞、郭晓虹，民族音像出版社，2013。

8. 著作者、搜集者与搜集地：

（1）整理者：佐智白玛仁增（ཛ་ཧྲིལ་སྤྲུལ་པདྨ་རིག་འཛིན་ཀྱིས་བསྒྲིགས།）

（2）搜集者：徐国琼

（3）搜集地：四川德格龚哑区龚哑乡央达村

（4）搜集时间：1960年6月21日

9. 其他：

（1）原题记"才昂（38岁）提供"。

（2）原题记"有图像版本"。

（3）有新夹板，黄布与白色带子包裹。

36 《分大食财》

1. 藏文题名：

སྟག་གཟིག་ནོར་འགྱེད།

2. 拉丁转写：

stag gzig nor 'gyed

3. 汉译名：

《分大食财》，或《分大食牛》《达惹诺结》《达色施财》。

4. 故事内容提要：

依附于《大食财宗》的结尾部分，经艺人与抄写者的偏爱，将其单独说唱，逐渐形成了一个独立分部故事。故事讲述格萨尔征服大食国后，打开大食财宝宗，将所获大食国财宝分封给岭国、霍尔国、魔国、姜国和门国，以及各有功之臣。并将大食国财宝之福禄分别埋藏于藏区各地，以利益藏族未来民众。根据白玛仁增整理、刊刻于 1661 年的木刻本重新刊印。

5. 版本描述（字体、抄本、刻本风格、版面大小、材质）：

藏文乌金体（正楷），长条木刻本：30cm×8cm，每页 6 行，原件，藏纸。

6. 保存处及编号：

（1）手抄原件保存处：青海省文联青海《格萨尔》研究所资料室。

（2）青海《格》研〔1986〕编号：I291.47.34：1

7. 版本说明（页码标记、残缺污浊页、翻译、出版）：

（1）总页码：56 叶。

（2）缺 2 叶。

（3）异文本汉文翻译：① 李朝群译《达色施财》，西藏人民出版社，1985；② 王沂暖、王兴先译，甘肃人民出版社，1986；③ 丹玛江永慈诚、多杰坚赞、郭晓虹，民族音像出版社，2013。

（4）异文本藏文出版：① 西藏，1980、2010；② 四川（《取阿里金窟》合编），1981；③ 印度（德里），1967；④ 蒙古（《格萨尔本生传》合编），1961；⑤ 丹玛江永慈诚、多杰坚赞、郭晓虹，民族音像出版社，2013。

8. 著作者、搜集者与搜集地：

（1）整理者：佐智白玛仁增（ཛོགས་སྨྱོན་པདྨ་རིག་འཛིན་གྱིས་བསྒྲིགས།）

（2）搜集者：徐国琼

（3）搜集地：四川德格龚哑区龚哑乡央达村

（4）搜集时间：1960 年 6 月 21 日

9. 其他：

（1）原题记"才昂提供"。

（2）原题记"有图像版本"。

（3）有新夹板，黄布与白色带子包裹。

37　《分大食财》

1. 藏文题名：

 སྟག་གཟིག་ནོར་འགྱེད།

2. 拉丁转写：

stag gzig nor 'gyed

3. 汉译名：

《分大食财》，或《分大食牛》《达惹诺结》《达色施财》。

4. 故事内容提要：

依附于《大食财宗》的结尾部分，经艺人与抄写者的偏爱，将其单独说唱，逐渐形成了一个独立分部故事。故事讲述格萨尔征服大食国后，打开大食财宝宗，将所获大食国财宝分封给岭国、霍尔国、魔国、姜国和门国，以及各有功之臣。并将大食国财宝之福禄分别埋藏于藏区各地，以利益藏族未来民众。根据白玛仁增整理、刊刻于 1661 年的木刻本重新刊印。

5. 版本描述（字体、抄本、刻本风格、版面大小、材质）：

藏文乌金体（正楷）体，长条木刻本：30cm×8cm，每页 6 行，原件，藏纸。

6. 保存处及编号：

（1）手抄原件保存处：青海省文联青海《格萨尔》研究所资料室。

（2）青海《格》研〔1986〕编号：I291.47.35：1

7. 版本说明（页码标记、残缺污浊页、**翻译**、出版）：

（1）总页码：40 叶。

（2）异文本汉文翻译：① 李朝群译《达色施财》，西藏人民出版社，1985；② 王沂暖、王兴先译，甘肃人民出版社，1986；③ 丹玛江永慈诚、多杰坚赞、郭晓虹，民族音像出版社，2013。

（3）异文本藏文出版：① 西藏，1980、2010；② 四川（《取阿里金窟》合编），1981；③ 印度（德里），1967；④ 蒙古（《格萨尔本生传》合编），1961；⑤ 丹玛江永慈诚、多杰坚赞、郭晓虹，民族音像出版社，2013。

8. 著作者、搜集者与搜集地：

（1）整理者：佐智白玛仁增（ཛོགས་སྨྲ་པདྨ་རིག་འཛིན་གྱིས་བསྒྲིགས།）

（2）搜集者：徐国琼

（3）搜集地：四川德格龚哑区龚哑乡央达村

（4）搜集时间：1960 年 6 月 19 日

9. 其他：

（1）原题记"有图像版本"。

（2）有新夹板，黄布与白色带子包裹。

38 《分大食财》

1. 藏文题名：

 སྟག་གཟིག་ནོར་འགྱེད།

2. 拉丁转写：

stag gzig nor 'gyed

3. 汉译名：

《分大食财》，或《分大食牛》《达惹诺结》《达色施财》。

4. 故事内容提要：

依附于《大食财宗》的结尾部分，经艺人与抄写者的偏爱，将其单独说唱，逐渐形成了一个独立分部故事。故事讲述格萨尔征服大食国后，打开大食财宝宗，将所获大食国财宝分封给岭国、霍尔国、魔国、姜国和门国，以及各有功之臣。并将大食国财宝之福禄分别埋藏于藏区各地，以利益藏族未来民众。根据白玛仁增整理、刊刻于 1661 年的木刻本重新刊印。

5. 版本描述（字体、抄本、刻本风格、版面大小、材质）：

藏文乌金体（正楷）体，长条木刻本：30cm×8cm，每页 6 行，原件，藏纸。

6. 保存处及编号：

（1）手抄原件保存处：青海省文联青海《格萨尔》研究所资料室。

（2）包发荣、梁国楠、马俊德、余世忠编号：结古十四号。

（3）青海《格》研〔1986〕编号：I291.47.36：1

7. 版本说明（页码标记、残缺污浊页、翻译、出版）：

（1）总页码：40 叶。

（2）缺 10、33、34 叶。

（3）异文本汉文翻译：① 李朝群译《达色施财》，西藏人民出版社，1985；② 王沂暖、王兴先译，甘肃人民出版社，1986；③ 丹玛江永慈诚、多杰坚赞、郭晓虹，民族音像出版社，2013。

（4）异文本藏文出版：① 西藏，1980、2010；② 四川（《取阿里金窟》

合编），1981；③印度（德里），1967；④蒙古（《格萨尔本生传》合编），
1961；⑤丹玛江永慈诚、多杰坚赞、郭晓虹，民族音像出版社，2013。

8. 著作者、搜集者与搜集地：

（1）整理者：佐智白玛仁增（ རྩོགས་སྨད་པདྨ་རིག་འཛིན་ཕྱུག་བསྐྱགས། ）

（2）搜集者：包发荣、梁国楠、马俊德、余世忠

（3）搜集地：玉树结古

（4）搜集时间：1960 年 4 月 19 日

9. 其他：

（1）原卡片题记"大明（回族老妇人）赠予，回族妇女（大明），子马
占彪在玉树结古畜牧兽医站工作"。

（2）有新夹板，黄布与白色带子包裹。

39 《分大食财》

1. 藏文题名：

སྟག་གཟིག་ནོར་འགྱེད།

2. 拉丁转写：

stag gzig nor 'gyed

3. 汉译名：

《分大食财》，或《分大食牛》《达惹诺结》《达色施财》。

4. 故事内容提要：

依附于《大食财宗》的结尾部分，经艺人与抄写者的偏爱，将其单独
说唱，逐渐形成了一个独立分部故事。故事讲述格萨尔征服大食国后，打
开大食财宝宗，将所获大食国财宝分封给岭国、霍尔国、魔国、姜国和门
国，以及各有功之臣。并将大食国财宝之福禄分别埋藏于藏区各地，以利
益藏族未来民众。根据白玛仁增整理、刊刻于 1661 年的木刻本重新刊印。

5. 版本描述（字体、抄本、刻本风格、版面大小、材质）：

藏文乌金体（正楷）体，长条木刻本：30cm×8cm，每页 6 行，原件，
藏纸。

6. 保存处及编号：

（1）手抄原件保存处：青海省文联青海《格萨尔》研究所资料室。

（2）青海《格》研〔1986〕编号：I291.47.37：1

7. 版本说明（页码标记、残缺污浊页、翻译、出版）：

（1）总页码：40 叶。

（2）缺 3 叶。

（3）异文本汉文翻译：① 李朝群译《达色施财》，西藏人民出版社，1985；② 王沂暖、王兴先译，甘肃人民出版社，1986；③ 丹玛江永慈诚、多杰坚赞、郭晓虹，民族音像出版社，2013。

（4）异文本藏文出版：① 西藏，1980、2010；② 四川（《取阿里金窟》合编），1981；③ 印度（德里），1967；④ 蒙古（《格萨尔本生传》合编），1961；⑤ 丹玛江永慈诚、多杰坚赞、郭晓虹，民族音像出版社，2013。

8. 著作者、搜集者与搜集地：

（1）整理者：佐智白玛仁增（ཚོགས་སྐྱ་པདྨ་རིག་འཛིན་གྱིས་བསྒྲིགས།）

（2）搜集者：包发荣、梁国楠、马俊德、余世忠

（3）搜集地：玉树结古

（4）搜集时间：1960 年 4 月 17 日

9. 其他：

（1）原题记"从玉树小学搜集"。

（2）有新夹板，黄布与白色带子包裹。

#40 《分大食财》

1. 藏文题名：

སྟག་གཟིག་ནོར་འགྱེད།

2. 拉丁转写：

stag gzig nor 'gyed

3. 汉译名：

《分大食财》，或《分大食牛》《达惹诺结》《达色施财》。

4. 故事内容提要：

依附于《大食财宗》的结尾部分，经艺人与抄写者的偏爱，将其单独说唱，逐渐形成了一个独立分部故事。故事讲述格萨尔征服大食国后，打开大食财宝宗，将所获大食国财宝分封给岭国、霍尔国、魔国、姜国和门国，以及各有功之臣。并将大食国财宝之福禄分别埋藏于藏族各地，以利益藏族未来民众。根据白玛仁增整理、刊刻于 1661 年的木刻本重新刊印。

5. 版本描述（字体、抄本、刻本风格、版面大小、材质）：

藏文乌金体（正楷），长条木刻本：30cm×8cm，每页 6 行，原件，藏纸。

6. 保存处及编号：

（1）手抄原件保存处：青海省文联青海《格萨尔》研究所资料室。

（2）包发荣、梁国楠、马俊德、余世忠编号：不知。

（3）青海《格》研〔1986〕编号：I291.47.38：1

7. 版本说明（页码标记、残缺污浊页、翻译、出版）：

（1）总页码：48叶。

（2）异文本汉文翻译：① 李朝群译《达色施财》，西藏人民出版社，1985；② 王沂暖、王兴先译，甘肃人民出版社，1986；③ 丹玛江永慈诚、多杰坚赞、郭晓虹，民族音像出版社，2013。

（3）异文本藏文出版：① 西藏，1980、2010；② 四川（《取阿里金窟》合编），1981；③ 印度（德里），1967；④ 蒙古（《格萨尔本生传》合编），1961；⑤ 丹玛江永慈诚、多杰坚赞、郭晓虹，民族音像出版社，2013。

8. 著作者、搜集者与搜集地：

（1）整理者：佐智白玛仁增（ཚོགས་སྐྱབས་པདྨ་རིག་འཛིན་གྱིས་བསྒྲིགས།）

（2）搜集者：包发荣、梁国楠、马俊德、余世忠

（3）搜集地：立峰人民公社第五小队

（4）搜集时间：1960年6月7日

9. 其他：

（1）原题记"藏书者嘉洛"（རྒྱལ་ཁོ）。

（2）由于不见于青海《格》研1993年目录，估计散佚。

41 《大食财宗》

1. 藏文题名：

སྟག་གཟིག་ནོར་རྫོང་།

2. 拉丁转写：

stag gzig nor rdzong

3. 汉译名：

《大食财宗》，或《大食财宝城》《达惹诺宗》《大食诺宗》《大食宝宗》《大食之战》《达岭之战》《征服大食》。

4. 故事内容提要：

晁同用计偷走了大食宝马具鹏翅。大食国了解到盗走宝马的是晁同以后，立即派追兵，把晁同帐篷里的财宝和牲畜全抢了过来。于是晁同率军讨伐大食。双方硝烟三年，胜负无期。

后来，天神预言格萨尔，要征服大食财宗。晁同也因战事吃紧，派人到岭，请求格萨尔出师大食，攻打牛宗。格萨尔招文武群臣，商讨对敌策略，定战略战术。岭军出国，与敌交战。此刻，久堆聂王把自己的久地银宗献给了格萨尔。格萨尔收久为臣。格萨尔向阿扎桑堆米巧堆嘎这个地方派了三个撒达。三个撒达征服了大食国宝和红崖大鹏宗，夺取了如意宝贝，

最终打败大食君臣，攻取了大食财宗。

5. 版本描述（字体、抄本、刻本风格、版面大小、材质）：

藏文柏簇体与草体，长条抄本：35cm×10cm，每页 6 行，手抄原件，藏纸。

6. 保存处及编号：

（1）手抄原件保存处：青海省文联青海《格萨尔》研究所资料室。

（2）青海《格》研〔1986〕编号：I291.47.39：1

7. 版本说明（页码标记、残缺污浊页、翻译、出版）：

（1）总页码：450 叶。

（2）缺 146、155、313、314、333、417、448 叶，重 312 叶。

（3）异文本汉文翻译：① 角巴东主等编校，高等教育出版社，2011。

（4）异文本藏文出版：① 西藏，1979；② 甘肃，1979；③ 精选本，2002；④ 印度（大吉岭），1966；⑤ 印度（新德里），1976；⑥ 印度（岗托克），1983；⑦ 不丹，1981。

8. 著作者、搜集者与搜集地：

（1）搜集者：徐国琼

（2）搜集地：四川甘孜师范附小

（3）搜集时间：1960 年 7 月 19 日

9. 其他：

（1）原题记"31 抄本，共 449 页"，1986 年藏文目录备注"旦真扎巴（丹真札巴）校长提供"。内附徐国琼给翻译组的说明："新生印刷厂翻译组：此《大食财宝城之部》比较完整的一种，（可能是，未译知）。请以此为主译出，另外，此部异文本很多，现一齐送去（过几天再送来，现先送一种抄本）种，请参看译出，如诸本情节大不同的'异本'，亦烦译出，请参阅时注意。徐国琼 1961.8.24"。

（2）泛黄纸上抄写。青海《格》研 1986 藏文目录登记为 550 叶，有误。

（3）有新夹板，花布包裹。

42 《大食财宗》

1. 藏文题名：

ཊ་ག་གཟིག་ནོར་རྫོང་༎

2. 拉丁转写：

stag gzig nor rdzong

3. 汉译名：

《大食财宗》，或《大食财宝城》《达惹诺宗》《大食诺宗》《大食宝宗》

《大食之战》《达岭之战》《征服大食》。

4. 故事内容提要：

晁同用计偷走了大食宝马具鹏翅。大食国了解到盗走宝马的是晁同以后，立即派追兵，把晁同帐篷里的财宝和牲畜全抢了过来。于是晁同率军讨伐大食。双方硝烟三年，胜负无期。

后来，天神预言格萨尔，要征服大食财宗。晁同也因战事吃紧，派人到岭，请求格萨尔出师大食，攻打牛宗。格萨尔招文武群臣，商讨对敌策略，定战略战术。岭军出国，与敌交战。此刻，久堆聂王把自己的久地银宗献给了格萨尔。格萨尔收久为臣。格萨尔向阿扎桑堆米巧堆嘎这个地方派了三个撒达。三个撒达征服了大食国宝和红崖大鹏宗，夺取了如意宝贝，最终打败大食君臣，攻取了大食财宗。

5. 版本描述（字体、抄本、刻本风格、版面大小、材质）：

藏文柏簇体，长条抄本：30cm×9cm，每页 6 行，手抄原件，旧藏纸。

6. 保存处及编号：

（1）手抄原件保存处：青海省文联青海《格萨尔》研究所资料室。

（2）包发荣、梁国楠、马俊德、余世忠编号：结古四十二号。

（3）青海《格》研〔1986〕编号：I291.47.40：1

7. 版本说明（页码标记、残缺污浊页、翻译、出版）：

（1）总页码：330 叶。

（2）重 264 叶。

（3）异文本汉文翻译：① 角巴东主等编校，高等教育出版社，2011。

（4）异文本藏文出版：① 西藏，1979；② 甘肃，1979；③ 精选本，2002；④ 印度（大吉岭），1966；⑤ 印度（新德里），1976；⑥ 印度（岗托克），1983；⑦ 不丹，1981。

8. 著作者、搜集者与搜集地：

（1）搜集者：包发荣、梁国楠、马俊德、余世忠

（2）搜集地：玉树结古民贸局

（3）搜集时间：1960 年 5 月 4 日

9. 其他：

（1）青海《格》办 1986 藏文目录中搜集者为徐国琼。笔者根据"结古四十二号"估计搜集者为包发荣、梁国楠、马俊德、余世忠。

（2）原题记"大食之部，参四本（玉树结古）"。有徐国琼题记，说明抄本的搜集情况。

（3）有新夹板，黄布与白色带子包裹。

43 《大食财宗》

1. 藏文题名:

སྟག་གཟིག་ནོར་རྫོང་།

2. 拉丁转写:

stag gzig nor rdzong

3. 汉译名:

《大食财宗》，或《大食财宝城》《达惹诺宗》《大食诺宗》《大食宝宗》《大食之战》《达岭之战》《征服大食》。

4. 故事内容提要:

晁同用计偷走了大食宝马具鹏翅。大食国了解到盗走宝马的是晁同以后，立即派追兵，把晁同帐篷里的财宝和牲畜全抢了过来。于是晁同率军讨伐大食。双方硝烟三年，胜负无期。

后来，天神预言格萨尔，要征服大食财宗。晁同也因战事吃紧，派人到岭，请求格萨尔出师大食，攻打牛宗。格萨尔招文武群臣，商讨对敌策略，定战略战术。岭军出国，与敌交战。此刻，久堆聂王把自己的久地银宗献给了格萨尔。格萨尔收久为臣。格萨尔向阿扎桑堆米巧堆嘎这个地方派了三个撒达。三个撒达征服了大食国宝和红崖大鹏宗，夺取了如意宝贝，最终打败大食君臣，攻取了大食财宗。

5. 版本描述（字体、抄本、刻本风格、版面大小、材质）:

藏文柏簇体，长条抄本：40cm×9cm，每页6行，手抄原件，旧藏纸。

6. 保存处及编号:

（1）手抄原件保存处：青海省文联青海《格萨尔》研究所资料室。

（2）包发荣、梁国楠、马俊德、余世忠编号：结古三十二号。

（3）青海《格》研〔1986〕编号：I291.47.41：1

7. 版本说明（页码标记、残缺污浊页、翻译、出版）:

（1）总页码：385叶。

（2）缺233、234叶。酥油污垢。

（3）异文本汉文翻译：①角巴东主等编校，高等教育出版社，2011。

（4）异文本藏文出版：①西藏，1979；②甘肃，1979；③精选本，2002；④印度（大吉岭），1966；⑤印度（新德里），1976；⑥印度（岗托克），1983；⑦不丹，1981。

8. 著作者、搜集者与搜集地:

（1）搜集者：包发荣、梁国楠、马俊德、余世忠

（2）搜集地：玉树结古

（3）搜集时间：1960 年 5 月 1 日

9. 其他：

（1）原题记"本册值 50 元，主人再三声明定要寄回，经马占彪担保借来"，"参三本"。

（2）有新夹板，黄布与白色带子包裹。

44 《大食财宗》

1. 藏文题名：

 སྟག་གཟིག་ནོར་རྫོང་༎

2. 拉丁转写：

stag gzig nor rdzong

3. 汉译名：

《大食财宗》，或《大食财宝城》《达惹诺宗》《大食诺宗》《大食宝宗》《大食之战》《达岭之战》《征服大食》。

4. 故事内容提要：

晁同用计偷走了大食宝马具鹏翅。大食国了解到盗走宝马的是晁同以后，立即派追兵，把晁同帐篷里的财宝和牲畜全抢了过来。于是晁同率军讨伐大食。双方硝烟三年，胜负无期。

后来，天神预言格萨尔，要征服大食财宗。晁同也因战事吃紧，派人到岭，请求格萨尔出师大食，攻打牛宗。格萨尔招文武群臣，商讨对敌策略，定战略战术。岭军出国，与敌交战。此刻，久堆聂王把自己的久地银宗献给了格萨尔。格萨尔收久为臣。格萨尔向阿扎桑堆米巧堆嘎这个地方派了三个撒达。三个撒达征服了大食国宝和红崖大鹏宗，夺取了如意宝贝，最终打败大食君臣，攻取了大食财宗。

5. 版本描述（字体、抄本、刻本风格、版面大小、材质）：

藏文柏簌体，长条抄本：25cm×9cm，每页 5 行，手抄原件，旧藏纸。

6. 保存处及编号：

（1）手抄原件保存处：青海省文联青海《格萨尔》研究所资料室。

（2）青海《格》研〔1986〕编号：I291.47.42：1

7. 版本说明（页码标记、残缺污浊页、翻译、出版）：

（1）总页码：322 叶。

（2）重 61、182、293、294 叶，缺 180 叶。酥油污垢。

（3）异文本汉文翻译：①角巴东主等编校，高等教育出版社，2011。

（4）异文本藏文出版：① 西藏，1979；② 甘肃，1979；③ 精选本，2002；④ 印度（大吉岭），1966；⑤ 印度（新德里），1976；⑥ 印度（岗托克），1983；⑦ 不丹，1981。

8. 著作者、搜集者与搜集地：

（1）搜集者：徐国琼

（2）搜集地：四川德格

（3）搜集时间：1960 年 7 月 1 日

9. 其他：

（1）原题记"29 印本，共 322 页"，"此已译的征服大食之部资料之一基本相同"（杨质夫笔迹）；1986 年藏文目录备注"从仁青大杰处搜集"。

（2）与青海文联 20 世纪五六十年代汉译《征服大食之部》资料之一基本相同。

（3）有新夹板，黄布与白色带子包裹。

45 《大食财宗》

1. 藏文题名：

 སྟག་གཟིག་ནོར་རྫོང་།

2. 拉丁转写：

stag gzig nor rdzong

3. 汉译名：

《大食财宗》，或《大食财宝城》《达惹诺宗》《大食诺宗》《大食宝宗》《大食之战》《达岭之战》《征服大食》。

4. 故事内容提要：

晁同用计盗走了大食宝马具鹏翅。大食国了解到盗走宝马的是晁同以后，立即派追兵，把晁同帐篷里的财宝和牲畜全抢了过来。于是晁同率军讨伐大食。双方硝烟三年，胜负无期。

后来，天神预言格萨尔，要征服大食财宗。晁同也因战事吃紧，派人到岭，请求格萨尔出师大食，攻打牛宗。格萨尔招文武群臣，商讨对敌策略，定战略战术。岭军出国，与敌交战。此刻，久堆聂王把自己的久地银宗献给了格萨尔。格萨尔收久为臣。格萨尔向阿扎桑堆米巧堆嘎这个地方派了三个撒达。三个撒达征服了大食国宝和红崖大鹏宗，夺取了如意宝贝，最终打败大食君臣，攻取了大食财宗。

5. 版本描述（字体、抄本、刻本风格、版面大小、材质）：

藏文乌金体（正楷），长条木刻本：50cm×10cm，每页 6 行，原件，藏纸。

6. 保存处及编号：

（1）手抄原件保存处：青海省文联青海《格萨尔》研究所资料室。

（2）青海《格》研〔1986〕编号：I291.47.43：1

7. 版本说明（页码标记、残缺污浊页、翻译、出版）：

（1）总页码：298 叶。

（2）重 203 叶、206 叶。

（3）异文本汉文翻译：① 角巴东主等编校，高等教育出版社，2011。

（4）异文本藏文出版：① 西藏，1979；② 甘肃，1979；③ 精选本，2002；④ 印度（大吉岭），1966；⑤ 印度（新德里），1976；⑥ 印度（岗托克），1983；⑦ 不丹，1981。

8. 著作者、搜集者与搜集地：

（1）搜集者：姜佐鸿

（2）搜集地：玉树地区

（3）搜集时间：1979 年 8 月

9. 其他：

（1）原题记"经玉树文化馆蔺盛才购买"。

（2）有新夹板，黄布与白色带子包裹。

46 《大食财宗》

1. 藏文题名：

སྟག་གཟིག་ནོར་རྫོང་།

2. 拉丁转写：

stag gzig nor rdzong

3. 汉译名：

《大食财宗》，或《大食财宝城》《达惹诺宗》《大食诺宗》《大食宝宗》《大食之战》《达岭之战》《征服大食》。

4. 故事内容提要：

晁同用计盗走了大食宝马具鹏翅。大食国了解到盗走宝马的是晁同以后，立即派追兵，把晁同帐篷里的财宝和牲畜全抢了过来。于是晁同率军讨伐大食。双方硝烟三年，胜负无期。

后来，天神预言格萨尔，要征服大食财宗。晁同也因战事吃紧，派人到岭，请求格萨尔出师大食，攻打牛宗。格萨尔招文武群臣，商讨对敌策略，定战略战术。岭军出国，与敌交战。此刻，久堆聂王把自己的久地银宗献给了格萨尔。格萨尔收久为臣。格萨尔向阿扎桑堆米巧堆嘎这个地方派了三个撒达。三个撒达征服了大食国宝和红崖大鹏宗，夺取了如意宝贝，最终打败大食君臣，攻取了大食财宗。

5. 版本描述（字体、抄本、刻本风格、版面大小、材质）：

藏文乌金体（正楷），长条木刻本：50cm×10cm，每页6行，原件，藏纸。

6. 保存处及编号：

（1）手抄原件保存处：青海省文联青海《格萨尔》研究所资料室。

（2）包发荣、梁国楠、马俊德、余世忠编号：结古二十二。

（3）青海《格》研〔1986〕编号：I291.47.44：1

7. 版本说明（页码标记、残缺污浊页、翻译、出版）：

（1）总页码：300叶。

（2）重203叶，缺299、198叶。补写了开头部分（草体字）。

（3）异文本汉文翻译：①角巴东主等编校，高等教育出版社，2011。

（4）异文本藏文出版：①西藏，1979；②甘肃，1979；③精选本，2002；④印度（大吉岭），1966；⑤印度（新德里），1976；⑥印度（岗托克），1983；⑦不丹，1981。

8. 著作者、搜集者与搜集地：

（1）搜集者：包发荣、梁国楠、马俊德、余世忠

（2）搜集地：玉树地区

（3）搜集时间：1960年7月1日

9. 其他：

（1）原题记"22大惹（食）诺宗（印本，残），征服大食之部 སྟག་གཟིག་ནོར་རྫོང་ཁ་ཅན།"1986年藏文目录备注"从蔺盛才处搜集"。

（2）原题记"道林纸版本，据蔺说1958年统战部委托他收集，这两本是州委的"。

（3）有新夹板，黄布与白色带子包裹。

47 《大食财宗》

1. 藏文题名：

 སྟག་གཟིག་ནོར་རྫོང་།

2. 拉丁转写：

stag gzig nor rdzong

3. 汉译名：

《大食财宗》，或《大食财宝城》《达惹诺宗》《大食诺宗》《大食宝宗》

《大食之战》《达岭之战》《征服大食》。

4. 故事内容提要：

晁同用计盗走了大食宝马具鹏翅。大食国了解到盗走宝马的是晁同以后，立即派追兵，把晁同帐篷里的财宝和牲畜全抢了过来。于是晁同率军讨伐大食。双方硝烟三年，胜负无期。

后来，天神预言格萨尔，要征服大食财宗。晁同也因战事吃紧，派人到岭，请求格萨尔出师大食，攻打牛宗。格萨尔招文武群臣，商讨对敌策略，定战略战术。岭军出国，与敌交战。此刻，久堆聂王把自己的久地银宗献给了格萨尔。格萨尔收久为臣。格萨尔向阿扎桑堆米巧堆嘎这个地方派了三个撒达。三个撒达征服了大食国宝和红崖大鹏宗，夺取了如意宝贝，最终打败大食君臣，攻取了大食财宗。

5. 版本描述（字体、抄本、刻本风格、版面大小、材质）：

藏文乌金体，长条木刻本：50cm×10cm，每页6行，原件，藏纸。

6. 保存处及编号：

（1）手抄原件保存处：青海省文联青海《格萨尔》研究所资料室。

（2）青海《格》研〔1986〕编号：I291.47.45：1

7. 版本说明（页码标记、残缺污浊页、翻译、出版）：

（1）总页码：105叶（80—185叶）。

（2）残缺本。

（3）异文本汉文翻译：① 角巴东主等编校，高等教育出版社，2011。

（4）异文本藏文出版：① 西藏，1979；② 甘肃，1979；③ 精选本，2002；④ 印度（大吉岭），1966；⑤ 印度（新德里），1976；⑥ 印度（岗托克），1983；⑦ 不丹，1981。

8. 著作者、搜集者与搜集地：

（1）搜集者：青海民研会

（2）搜集地：玉树地区

（3）搜集时间：1960年7月1日

9. 其他：

（1）原题记"53抄本，共98页"，"2） སྐུ་ག་གཉིས་རེར་ངོག་ཤེས་གངས་གྱི་གཉིས་ནས་དར་འདར་ཡོད"已知抄本全……三百（95、96、299）"，"此部暂定名《大食财宝城之部》，1960年7月本会搜集于青海玉树地区（注：此木刻本昌都江达地区也流传）"。

（2）有新夹板，黄布与白色带子包裹。

48 《姜岭大战》

1. 藏文题名：

འཇང་གླིང་གཡུལ་འགྱེད།

2. 拉丁转写：

'jang gling g.yul 'gyed

3. 汉译名：

《姜岭大战》，或《姜岭之战》《降岭之战》《保卫盐海》《征服姜国》《岭八十大将传》。

4. 故事内容提要：

莲花生大师派天神玛乃乃假扮姜国天神，给姜国国王萨丹王降下假预言，致使他遵照假预言派王子玉拉托居尔前往岭国方向去迎接贵宾，结果被辛巴设计降伏被擒。萨丹王召集群臣出师岭国解救王子。双方经过多年战争，各有损伤，但未分出胜负。

岭国设计延误姜军进攻岭国计划。岭国派以丹玛为首的六大将帅突捣姜营，致使姜军人仰马翻，溃不成军。萨丹王丧失理智，悲愤之际欲饮尽江河，格萨尔变成一条小鱼钻进姜王肚中，救出被吞的男女20人。格萨尔站在萨丹心顶祈求三宝保佑。萨丹恼羞成怒，向自己的心口扎了一刀，结束了自己的生命。格萨尔收回盐矿岭国，任命玉拉为姜地十二地的首领。架起了藏汉友谊之桥。岭军凯旋。

5. 版本描述（字体、抄本、刻本风格、版面大小、材质）：

藏文粗琼体，长条抄本：40cm×9cm，每页6行，手抄原件，藏纸。

6. 保存处及编号：

（1）手抄原件保存处：青海省文联青海《格萨尔》研究所资料室。

（2）青海《格》研〔1986〕编号：I291.47.46.2：1

7. 版本说明（页码标记、残缺污浊页、翻译、出版）：

（1）总页码：140叶。

（2）1—27叶有叶码，后无叶码。

（3）异文本汉文翻译：①徐国琼、王晓松译，中国藏学，1991。

（4）异文本藏文出版：①西藏，1981；②罗哲嘉措本，甘肃，1989；③甘肃，1993；④精选本，2002；⑤桑珠本，2003；⑥交加本，甘肃，2006；⑦格日尖参本，甘肃，2007；⑧印度（德里），1965；⑨印度（岗托克），1977；⑩印度（岗托克），1983；⑪不丹，1981；⑫蒙古国，1959；⑬川《格》丛书11，2014。

8. 著作者、搜集者与搜集地：

（1）搜集者：徐国琼

（2）搜集地：甘孜色西底扎呷寺

（3）搜集时间：1960 年 7 月 20 日

9. 其他：

（1）有新夹板，黄布与白色带子包裹。

（2）与编号为 I291.47.46.2：2 同一夹板。

49 《姜岭大战》

1. 藏文题名：

འཇང་གླིང་གཡུལ་འགྱེད།

2. 拉丁转写：

'jang gling g.yul 'gyed

3. 汉译名：

《姜岭大战》，或《姜岭之战》《降岭之战》《保卫盐海》《征服姜国》《岭八十大将传》。

4. 故事内容提要：

莲花生大师派天神玛乃乃假扮姜国天神，给姜国国王萨丹王降下假预言，致使他遵照假预言派王子玉拉托居尔前往岭国方向去迎接贵宾，结果被辛巴设计降伏被擒。萨丹王召集群臣出师岭国解救王子。双方经过多年战争，各有损伤，但未分出胜负。

岭国设计延误姜军进攻岭国计划。岭国派以丹玛为首的六大将帅突捣姜营，致使姜军人仰马翻，溃不成军。萨丹王丧失理智，悲愤之际欲饮尽江河，格萨尔变成一条小鱼钻进姜王肚中，救出被吞的男女 20 人。格萨尔站在萨丹心顶祈求三宝保佑。萨丹恼羞成怒，向自己的心口扎了一刀，结束了自己的生命。格萨尔收回盐矿岭国，任命玉拉为姜地十二地的首领。架起了藏汉友谊之桥。岭军凯旋。

5. 版本描述（字体、抄本、刻本风格、版面大小、材质）：

藏文柏簇体，长条抄本：40cm×9cm，每页 9 行，手抄原件，旧藏纸。

6. 保存处及编号：

（1）手抄原件保存处：青海省文联青海《格萨尔》研究所资料室。

（2）包发荣、梁国楠、马俊德、余世忠编号：结古三号。

（3）青海《格》研〔1986〕编号：I291.47.46.2：2

7. 版本说明（页码标记、残缺污浊页、翻译、出版）：

（1）总页码：2—56 叶，61—112 叶。

（2）无叶码，叶数不全。

（3）异文本汉文翻译：① 徐国琼、王晓松译，中国藏学，1991。

（4）异文本藏文出版：① 西藏，1981；② 罗哲嘉措本，甘肃，1989；③ 甘肃，1993；④ 精选本，2002；⑤ 桑珠本，2003；⑥ 交加本，甘肃，2006；⑦ 格日尖参本，甘肃，2007；⑧ 印度（德里），1965；⑨ 印度（岗托克），1977；⑩ 印度（岗托克），1983；⑪ 不丹，1981；⑫ 蒙古国，1959；⑬ 川《格》丛书11，2014。

8. 著作者、搜集者与搜集地：

（1）搜集者：包发荣、梁国楠、马俊德、余世忠

（2）搜集地：玉树州文化服务队

（3）搜集时间：1960 年 7 月

9. 其他：

（1）原题记"从卓玛才措处借来"。

（2）有新夹板，黄布与白色带子包裹。与编号为 I291.47.46.2：1 同一夹板。

50 《霍岭大战》（下册）

1. 藏文题名：

ཧོར་གླིང་གཡུལ་འགྱེད་སྨད་ཆ།

2. 拉丁转写：

hor gling g.yul 'gyed，smad cha

3. 汉译名：

《霍岭大战》，或《平服霍尔》《征服霍尔》《反击霍尔》《霍尔岭之战》。

4. 故事内容提要：

故事讲述格萨尔大王从北方魔国返回岭国，惩处卖国贼晁同叔叔，安抚并召集失散于四野的勇士，然后单枪匹马前往霍尔国征讨顽敌。途中经历各种险阻，来到霍尔国投靠铁匠王噶尔瓦父女，一边侦察敌情，一边锻打攀登霍尔白帐王宫殿雅孜红城的锁链。最后，时机成熟，派神马江郭叶儿哇传递岭军攻城信息，一举歼灭霍尔国白、黑和黄三王，给白帐王备上马鞍，以示惩处。后委任霍尔大将辛巴为岭国属国霍尔之大王。

5. 版本描述（字体、抄本、刻本风格、版面大小、材质）：

藏文柏簇体与草体，长条抄本：45cm×9cm，每页 7 行，手抄原件，藏纸。

6. 保存处及编号：

（1）手抄原件保存处：青海省文联青海《格萨尔》研究所资料室。

（2）青海《格》研〔1986〕编号：I291.47.47：1

7. 版本说明（页码标记、残缺污浊页、翻译、出版）：

（1）总页码：139 叶。

（2）异文本汉文翻译：① 青海民研会，1962；② 吴均、金迈译，1984；③ 王沂暖、华甲译（《贵德分章本》），1981；④ 王歌行、左可国、刘宏亮整理，1986。

（3）异文本藏文出版：① 青海，1962、1979、1980；② 西藏，1980；③ 青海（《黄霍尔》），1988、1994；④ 交加本，2006；⑤ 四川（《辛丹》附录），1982；⑥ 四川，1999；⑦ 精选本，2000；⑧ 桑珠本，2006；⑨ 印度（列城），1972；⑩ 印度（锡金、岗托克），1978；⑪ 印度（德里），1979；⑫ 印度（比尔），1979；⑬ 印度（岗托克），1984；⑭ 不丹 a，1979；⑮ 不丹 b，1979；⑯ 不丹 c，1979；⑰ 蒙古国，1961；⑱ 川《格》12，2015。

8. 著作者、搜集者与搜集地：

（1）搜集者：徐国琼

（2）搜集地：玉树地区流传

（3）搜集时间：1960？

9. 其他：

（1）原题记"17 抄本⑮，共 139 页"，"平服霍尔资料之一的原稿，上下两部分。（玉树地区流传本）"（杨质夫或吴均笔迹？）。

（2）有新夹板，黄布与白色带子包裹。

（33）从徐国琼考察笔记可知，他从未到过玉树，估计从玉树托人搜集。

#51 《大食财宗》

1. 藏文题名：

སྟག་གཟིག་ནོར་རྫོང་།

2. 拉丁转写：

stag gzig nor rdzong

3. 汉译名：

《大食财宗》，或《大食财宝城》《达惹诺宗》《大食诺宗》《大食宝宗》《大食之战》《达岭之战》《征服大食》。

4. 故事内容提要：

晁同用计偷走了大食宝马具鹏翅。大食国了解到盗走宝马的是晁同以后，立即派追兵，把晁同帐篷里的财宝和牲畜全抢了过来。于是晁同率军讨伐大食。双方硝烟三年，胜负无期。

后来，天神预言格萨尔，要征服大食财宗。晁同也因战事吃紧，派人到岭，请求格萨尔出师大食，攻打牛宗。格萨尔招文武群臣，商讨对敌策略，定战略战术。岭军出国，与敌交战。此刻，久堆聂王把自己的久地银宗献给了格萨尔。格萨尔收久为臣。格萨尔向阿扎桑堆米巧堆嘎这个地方派了三个撒达。三个撒达征服了大食国宝和红崖大鹏宗，夺取了如意宝贝，最终打败大食君臣，攻取了大食财宗。

5. 版本描述（字体、抄本、刻本风格、版面大小、材质）：

藏文草体？长条抄本，40cm×9cm？每页 7 行，手抄原件，藏纸。

6. 保存处及编号：

（1）手抄原件保存处：青海省文联青海《格萨尔》研究所资料室。

（2）青海《格》研〔1986〕编号：I291.47.48：1

7. 版本说明（页码标记、残缺污浊页、翻译、出版）：

（1）总页码：57 叶。

（2）1—43 有叶码，缺 32 叶和尾。

（3）异文本汉文翻译：① 角巴东主等编校，高等教育出版社，2011。

（4）异文本藏文出版：① 西藏，1979；② 甘肃，1979；③ 精选本，2002；④ 印度（大吉岭），1966；⑤ 印度（新德里），1976；⑥ 印度（岗托克），1983；⑦ 不丹，1981。

8. 著作者、搜集者与搜集地：

（1）搜集者：徐国琼、华甲

（2）搜集地：青海化隆

（3）搜集时间：1958 年

9. 其他：

（1）此次查阅（2013 年 9—10 月）中未见此书。

#52　《赛马称王》

1. 藏文题名：

རྟ་རྒྱུགས་དཔྱིད་ཀྱི་ཉི་མ།

2. 拉丁转写：

rta rg.yugs dpyid kyi nyi ma

3. 汉译名：

《赛马称王》，或《赛马登位》《赛马七宝》《赛马称王之部》。

4. 故事内容提要：

格萨尔 8 岁时，遵照天神预言变成晁同的灵鸟，给晁同授记：召集岭国臣民，举办赛马盛会；你将荣取桂冠，获得岭国宝座，成为富豪嘉洛部落财宝和王宫森周达泽宫的主人，以及娶得美丽王妃珠姆。于是，晁同通知岭国各部举行赛马盛会。格萨尔通过种种神通除掉了前来通知他去参加比赛的珠姆身上的"煞气"，珠姆与果萨一起从山野找来江郭耶尔瓦神驹，珠姆给骏马备上了光耀自亮宝鞍和宝垫。格萨尔加入骑手盛队，最终荣获桂冠，登上了岭国宝座，成为了岭国国王，纳珠姆为妃，被尊称为"南瞻部洲珠宝制敌大丈夫雄狮大王格萨尔"。岭国举国欢庆，歌舞不断。全国上下举行了盛大的庆祝会。

5. 版本描述（字体、抄本、刻本风格、版面大小、材质）：

藏文乌金体？长条抄本，30cm×9cm？每页 6 行，手抄原件，藏纸。

6. 保存处及编号：

（1）手抄原件保存处：青海省文联青海《格萨尔》研究所资料室。

（3）青海《格》研〔1986〕编号：I291.47.49：1

7. 版本说明（页码标记、残缺污浊页、翻译、出版）：

（1）总页码：122 叶。

（2）残缺，无叶码、古本。

（3）异文本汉文翻译：① 王沂暖，甘肃，1987。

（4）异文本藏文出版：① 西藏，1981；② 甘肃，1981；③ 四川，1980；④ 青海，1981；⑤ 精选本，2000；⑥ 桑珠本，2002；⑦ 文库本，1996；⑧ 印度（帕兰普尔？），1969；⑨ 印度（达兰萨拉），1984；⑩ 不丹，1979。

8. 著作者、搜集者与搜集地：

（2）搜集者：不知

（3）搜集地：果洛地区

（4）搜集时间：1960 年 7 月

9. 其他：

（1）此次查阅时未见此书。

（2）青海文联 20 世纪五六十年代未做翻译。

53 《霍岭大战》

1. 藏文题名：

ཧོར་གླིང་གཡུལ་འགྱེད།

2. 拉丁转写：

hor gling g.yul 'gyed

3. 汉译名：

《霍岭大战》，或《霍尔侵入》《平服霍尔》《征服霍尔》《反击霍尔》《霍尔岭之战》。

4. 故事内容提要：

格萨尔前往北方降伏鲁赞魔王之时，霍尔国拥兵百万进攻岭国。战争初期，岭国一度利用计谋和将士个人的勇猛取得优势。但由于敌众我寡，再加上岭国晁同卖国求荣，以及岭国统帅贾察个人的义气行为，最终导致战败。统帅贾察，大将斯潘，青年将士聂察、玉达、戎察等遇难，王妃珠姆被抢，茶城被毁、岭国祖先遗留之财宝被掠夺，其他众将四处散落。

格萨尔得到珠姆派来的使者神鸟仙鹤的帮助，从梅萨敬献的迷魂药中苏醒过来。返回岭国惩处晁同后，单枪匹马前往霍尔国，途中降伏霍尔国各大部落及守护神。最终在霍尔铁匠女果萨曲珍的帮助下，成功打造攀城铁链，派神马引来岭国兵将，一举歼灭了霍尔国，给白帐王备上马鞍，将霍尔国大将辛巴捉回岭国。

5. 版本描述（字体、抄本、刻本风格、版面大小、材质）：

藏文粗通体，长条抄本：30cm×5cm，每页9行，手抄原件，旧藏纸。

6. 保存处及编号：

（1）手抄原件保存处：青海省文联青海《格萨尔》研究所资料室。

（2）青海《格》研〔1986〕编号：I291.47.50：1

7. 版本说明（页码标记、残缺污浊页、翻译、出版）：

（1）总页码：69叶。

（2）无头尾，残缺，残损严重。

（3）异文本汉文翻译：① 青海民研会，1962；② 吴均、金迈译，1984；③ 王沂暖、华甲译（《贵德分章本》），1981；④ 王歌行、左可国、刘宏亮整理，1986。

（4）异文本藏文出版：① 青海，1962、1979、1980；② 西藏，1980；③ 青海（《黄霍尔》），1988、1994；④ 交加本，2006；⑤ 四川（《辛丹》附录），1982；⑥ 四川，1999；⑦ 精选本，2000；⑧ 桑珠本，2006；⑨ 印度（列城），1972；⑩ 印度（锡金、岗托克），1978；⑪ 印度（德里），1979；⑫ 印度（比尔），1979；⑬ 印度（岗托克），1984；⑭ 不丹a，1979；⑮ 不丹b，1979；⑯ 不丹c，1979；⑰ 蒙古国，1961；⑱ 川《格》12，2015。

8. 著作者、搜集者与搜集地：

（1）搜集者：不知

（2）搜集地：流传地不详

（3）搜集时间：不明

9. 其他：

（1）原题记"46 抄本，共 69 页。"［青海民研会 1983《格》目录］登记为"书名不详，抄本，69 页，无头尾，残缺，流传地区不详"。以后各目录题记为"书名不详，页码混乱"。

（2）有新夹板，黄布与白色带子包裹。夹板上贴标为《霍岭大战》，首页提到降伏霍尔魔。

54　《辛丹内讧》

1. 藏文题名：

འ﹂ང་གླིང་གཡུལ་འགྱེད་ནང་གི་ཤན་འདན་ནང་འཁྲུགས།

2. 拉丁转写：

'jang gling g.yul 'gyed nang gi shan 'dan nang 'khrugs

3. 汉译名：

《辛丹内讧》，或《辛巴与丹玛》《辛丹之争》《姜岭之战》。

4. 故事内容提要：

格萨尔征服霍尔国以后，将霍尔国大将辛巴捉回岭国，并未处死，而是令其忏悔所造的恶业。但是以丹玛为首的一些大将强烈要求惩处霍岭战争中杀死了岭国统帅贾察、青年小将戎察等英雄的辛巴。辛巴表白了自己对岭国一如既往的忠心和无意间杀死了岭国英雄的悲心。根据天神旨意，格萨尔奉劝丹玛等人要以大局为重，放过辛巴。丹玛因格萨尔不愿处死辛巴，带领丹玛三大部落离去。天神要求格萨尔前去追回丹玛，因为他和辛巴是今后格萨尔降伏各个魔国时的左膀右臂。格萨尔追上丹玛，丹玛依然如故不愿返回岭国，最终格萨尔请来天国的贾察。过去的君臣生死两界相见，丹玛泪如雨下，合掌顶礼。最终在贾察的劝说下返回了岭国。

5. 版本描述（字体、抄本、刻本风格、版面大小、材质）：

藏文柏簇体，长条抄本：40cm×9cm，每页 7 行，手抄原件，旧藏纸。

6. 保存处及编号：

（1）手抄原件保存处：青海省文联青海《格萨尔》研究所资料室。

（2）包发荣、梁国楠、马俊德、余世忠编号：结古二十七号。

（3）青海《格》研〔1986〕编号：I291.47.51：1

7. 版本说明（页码标记、残缺污浊页、翻译、出版）：

（1）总页码：97 叶。

（2）4—27、41—73、76—95 叶（共 97 叶），薄纸，酥油污垢。

（3）异文本汉文翻译：① 马岱川、扎西东珠译，民族音像出版社，2009；② 角巴东主主编，高等教育出版社，2011。

（4）异文本藏文出版：① 四川，1982；② 西藏，1985；③ 桑珠本，2003。

8. 著作者、搜集者与搜集地：

（1）搜集者：包发荣、梁国楠、马俊德、余世忠

（2）搜集地：玉树结古

（3）搜集时间：1960 年 4 月 30 日

9. 其他：

（1）原题记"43 抄本，共 95 页。"

（2）青海《格》研 1986 年目录中列为《姜岭之战》，并认为"与结古二十六号内容相同"（实际上结古二十六号为《分大食财》）。估计有误。应为《辛丹内讧》。

（3）有新夹板，有原卡片目录，黄布与白色带子包裹。

55　《霍岭大战上册之乌鸦寻妃》

1. 藏文题名：

ཧོར་གླིང་གཡུལ་འགྱེད་སྡོད་ཆ་ཁ་ཏས་བཙུན་མོ་འཚོལ་བ།

2. 拉丁转写：

hor gling g.yul 'gyed, sdod cha, kha tas btsun mo 'thsol ba

3. 汉译名：

《霍岭大战上册之乌鸦寻妃》，或《霍岭大战》《征服霍尔》《反击霍尔》《霍尔岭之战》。

4. 故事内容提要：

此部为霍岭大战上册之部分内容，主要讲述霍尔白帐王丧妃后，派霍尔国豢养的四只神鸟前往世界四方为大王寻找合适的王妃，其他三只鸟觉得这会引起战争，各自飞回了自己的故乡，只有黑乌鸦四处寻访，找到了岭国的珠姆。

5. 版本描述（字体、抄本、刻本风格、版面大小、材质）：

藏文粗通体，长条抄本：30cm×10cm，每页 6 行，手抄原件，藏纸。

6. 保存处及编号：

（1）手抄原件保存处：青海省文联青海《格萨尔》研究所资料室。

（2）包发荣、梁国楠、马俊德、余世忠编号：结古一号。

（3）青海《格》研〔1986〕编号：I291.47.52：1

7. 版本说明（页码标记、残缺污浊页、翻译、出版）：

（1）总页码：1—24 叶。

（2）异文本汉文翻译：① 青海民研会，1962；② 吴均、金迈译，1984；③ 王沂暖、华甲译（《贵德分章本》），1981；④ 王歌行、左可国、刘宏亮整理，1986。

（3）异文本藏文出版：① 青海，1962、1979、1980；② 西藏，1980；③ 青海（《黄霍尔》），1988、1994；④ 交加本，2006；⑤ 四川（《辛丹》附录），1982；⑥ 四川，1999；⑦ 精选本，2000；⑧ 桑珠本，2006；⑨ 印度（列城），1972；⑩ 印度（锡金、岗托克），1978；⑪ 印度（德里），1979；⑫ 印度（比尔），1979；⑬ 印度（岗托克），1984；⑭ 不丹 a，1979；⑮ 不丹 b，1979；⑯ 不丹 c，1979；⑰ 蒙古国，1961；⑱ 川《格》12，2015。

8. 著作者、搜集者与搜集地：

（1）搜集者：包发荣、梁国楠、马俊德、余世忠

（2）搜集地：玉树结古红旗公社第一大队

（3）搜集时间：1960 年 4 月 15 日

9. 其他：

（1）原题记"更登朋措提供"。

（2）原题记"据说是玉树州文化馆布太尕之父所抄，玉树民族师范学校的小学生拿来，我们通过冯建忠老师收得，经访问原主时，主人说这是上册，下册被玉树县张龙尚保（藏语 ཧྲ་ཚ་གས་དན）借走了，原主答应把下册都送给我们"。

（3）有夹板，黄布与白色带子包裹。

56 《英雄诞生》

1. 藏文题名：

འཛམ་གླིང་སེང་ཆེན་རྒྱལ་པོའི་གསེར་གྱི་ལོ་རྒྱས་བཞུགས་སོ།

2. 拉丁转写：

'dzam gling seng chen rgyal po'i gser gyi lo rgyas bzhugs so

3. 汉译名：

《英雄诞生》，或《诞生史》《化隆分章本》。

4. 故事内容提要：

天神协商决定派白梵天王之第三子神子顿珠下凡拯救处于恶魔欺凌的

岭国。顿珠化为神奇小鸟下凡人间寻找投生父母，最终找到僧伦夫妇作为人间父母后，从其天界父母处求得宝物、伴侣后下凡。

僧伦之妻果萨拉姆老年怀孕被驱逐之边地生下觉如，加萨与晁同联合迫害幼年觉如，均被觉如一一化解。觉如通过机智聪明取得应有财产，并获得美丽珠姆为妻，同时一夜间显示神通成为岭国之格萨尔大王。岭国举行煨桑仪式，宣告新国王的诞生。

北方妖魔抢走格萨尔王一妃梅萨，格萨尔单枪匹马前往北方拯救王妃。格萨尔大王征服北魔后，喝了梅萨迷魂药酒忘返岭国。期间，黄霍尔白帐王出兵侵犯岭国，抢走王妃珠姆。珠姆派三仙鹤向格萨尔大王通报岭国消息，格萨尔大王返回岭国，惩处叛臣，前往霍尔国拯救王妃珠姆。经过种种困难，得到霍尔噶尔瓦部落的果萨曲珍帮助，与岭国军队里应外合，征服了白帐王，救回了珠姆。

5. 版本描述（字体、抄本、刻本风格、版面大小、材质）：

藏文乌金体（正楷），长条抄本：30cm×9cm，每页 6 行，手抄原件，旧藏纸。

6. 保存处及编号：

（1）手抄原件保存处：青海省文联青海《格萨尔》研究所资料室。

（2）青海《格》研〔1986〕编号：I291.47.53：1

7. 版本说明（页码标记、残缺污浊页、翻译、出版）：

（1）总页码：279 叶。

（2）重 57、92、146 叶。

（3）异文本汉文翻译：① 王沂暖、何天慧，甘肃，1985。

（4）异文本藏文出版：① 西藏，1982；② 甘肃，1981；③ 四川，1980、1999；④ 四川《玛麦觉如王事业》，2001；⑤ 青海《开天辟地》，1987；⑥ 青海，1988；⑦ 扎巴本，1996；⑧ 文库本，1996；⑨ 桑珠本，2001；⑩ 精选本，2013；⑪ 竹杰沃嘎本，民族音像出版社，2010；⑫ 印度（德里），1967？⑬ 印度（达拉姆萨拉），1984；⑭ 不丹，1979；⑮ 蒙古国，1961。

8. 著作者、搜集者与搜集地：

（1）搜集者：徐国琼

（2）搜集地：青海化隆

（3）搜集时间：1960 年 7 月

9. 其他：

（1）1986 年藏文目录登记藏文标题"(ŋ)"，汉文标题"英雄诞生之部（1）"。

（2）有两个旧夹板。其中之一夹板贴纸题记"霍尔侵入资料之……的残本，缺……老鸹回霍尔……军撤军回守城防（笔迹）。徐国琼 1960.7.17 收于甘孜"（徐国琼笔迹），有红色编码签：I291.47.24：1；此夹板内侧书写于木板上题记"霍尔侵入，徐国琼 1960.7.17 于甘孜"（徐国琼笔迹）。估计此夹板为编号 I291.47.15.1：1 的原夹板。

（2）另一夹板贴纸标记"40 抄本，共 300 页"。书页边上有题记"徐国琼借来，经借者崔毛（民），待还"（徐国琼笔迹）。此夹板应为此书原夹板。书中附加有"青海民族出版社翻译稿纸"（B5）上的说明（共 2 页，藏文草体）："天界、诞生、迎娶珠姆、称王、去往北方魔地等"（各部分内容简介，在此略去不录）。

（3）此《英雄诞生》之名估计为 1983 年前后姜佐鸿等重新整理时所取。此部在 20 世纪五六十年代汉译目录中不见，似未曾翻译。此部与《贵德分章本》《民和本》属同一抄本故事体系，可简称为"化隆本"。此部有 1960 年余希贤整理铅印本。

#57 《地狱救母》

1. 藏文题名：

དམྱལ་གླིང་རྫོགས་པ་ཆེན་མོ།

2. 拉丁转写：

dmyal gling rdzaogs pa chen po

3. 汉译名：

《地狱救母》，或《地狱大圆满》《岭国地狱大圆满》《娘岭》《地狱元胜大全》。

4. 故事内容提要：

莲花生大师预言格萨尔，印度香河对岸边上有永生金刚杵，要求格萨尔赴该地修行佛法一百天。格萨尔按大师的旨意单枪匹马去那里静修，可是自己的母亲就在这时度完了一生。岭国群臣迎请大喇嘛，为果萨的灵魂升天念经，举办了非常隆重的丧事。

就在果萨去世几天后的某夜，珠姆梦到果萨堕入了地狱。她将此事派人带信告诉了远在印度的格萨尔王。格萨尔闻讯后进入地狱去质问阎王：我母亲向来苦修佛法，上供下施，从不怠慢，为何也掉进地狱？

阎罗法王说：你母亲做的是善业，但因你所杀汉、姜、霍尔、魔等灵魂都进入了地狱。因此给你的母亲带来了灾难，你快去营救吧！听完法王的话，格萨尔就去见母亲。正如法王所言，汉、姜、霍尔、魔等国的人把母亲东拉西扯折磨得皮开肉绽，实在目不忍睹。格萨尔大呼一声打散了人群，救出了慈母。母子相见，悲喜交加。格萨尔将母亲带进能活几亿年的乐土，然后回到了岭国。岭国臣民成千上万前来夹道迎接。格萨尔给大家详述了地狱的苦难，行善之好处，行凶之恶果。从此，岭国臣民更加虔信佛法，修行善业。

5. 版本描述（字体、抄本、刻本风格、版面大小、材质）：

藏文草体，长条抄本：40cm×9cm？每页 7 行？手抄原件，藏纸。

6. 保存处及编号：

（1）手抄原件保存处：青海省文联青海《格萨尔》研究所资料室。

（2）青海《格》研〔1986〕编号：I291.47.54：1

7. 版本说明（页码标记、残缺污浊页、翻译、出版）：

（1）总页码：174 叶。

（2）未翻译

（3）异文本藏文出版：① 四川，1986；② 精选本，2013；③ 印度（纽托加），1973；④ 印度（《迦湿弥罗绿松石宗》合编，德里），1971；⑤ 印度（噶岭堡），1979；⑥ 不丹，1984。

8. 著作者、搜集者与搜集地：

（1）搜集者：不知

（2）搜集地：玉树地区

（3）搜集时间：不明

9. 其他：

（1）此次查阅（2013 年 9—10 月）中未见此书。

（2）1993 及以前目录中均有。原题记"系汉译资料之原本"。

58 《上粟特马宗》

1. 藏文题名：

འཛམ་གླིང་གེ་སར་རྒྱལ་པོའི་རྟོགས་བརྗོད་ལས་སོག་སྟོད་ཅང་ཤེས་རྟ་རྫོང་ཕབ་ཏེ་མུ་སྟེགས་ཀྱི་བསྟན་པ་བསྣབས་ཤིང་རྒྱལ་བློན་ཆོས་ལ་བཀོད་པའི་ལེའུ་དང་པོ་བཞུགས་སོ།

2. 拉丁转写：

'dzam gling ge sar rgyal po'i rtogs brjod las sog stod cang shes rta rdzong phab te mu stegs kyi bstan pa bsnabs shing rgyal blon chos la bkod pa'i le'u dang po bzhugs so

3. 汉译名：

《上粟特马宗》，或《蒙古马城》《蒙古马国》《上蒙古马宗》《索波马宗》《索多马城》。

4. 故事内容提要：

雪山狮子国国王的化身嘎玛扎巴去粟特的鲁赤经商时被杀，国王派人向岭国扎拉求救。扎拉王子认为嘎玛扎巴是自己的孩子，一定要替他报仇。此时，岭国女英雄阿达拉姆梦中得到天神预言：征服粟特马宗必须先由自己出兵。阿达拉姆率领的三万大军驻扎在阿格达娃大平原。此时粟特王也得到预示自己被杀的梦境，派人立岗放哨。结果此人被阿达拉姆降伏，获得了粟特王的信息。

格萨尔和扎拉王子率军出师。粟特国的将士们在与岭军作战中先后身亡。最后格萨尔降伏了粟特鲁赤王，任命比推·永朱其美为粟特国国王，并在粟特国制定十善佛法。粟特百姓过上了幸福的生活。格萨尔等岭国众英雄获得了粟特的诸多良马。

5. 版本描述（字体、抄本、刻本风格、版面大小、材质）：

藏文柏簇体，长条抄本：35cm×10cm，每页 7 行，手抄原件，旧藏纸。

6. 保存处及编号：

（1）手抄原件保存处：青海省文联青海《格萨尔》研究所资料室。

（2）青海《格》研〔1986〕编号：I291.47.55：1

7. 版本说明（页码标记、残缺污浊页、翻译、出版）：

（1）总页码：203 叶。

（2）缺 193 叶，重 117 叶（3 枚）、140、151 叶。酥油污垢。

（3）未翻译。

（4）异文本藏文出版：① 西藏，1992；② 扎巴本，1999；③ 精选本，2013；④ 印度（德拉敦），1978；⑤ 印度（达兰姆萨拉），1982；⑥ 不丹，1981。

8. 著作者、搜集者与搜集地：

（1）搜集者：华甲、徐国琼

（2）搜集地：黄南同仁、泽库

（3）搜集时间：1958 年

9. 其他：

（1）原题记"此已译的索多马城之部资料之一内容相同，无甚差别"（杨质夫笔迹）。

（2）有新旧夹板，黄布与白色带子包裹。

59 《上粟特马宗》

1. 藏文题名：

 སོག་ཤོད་རྟ་རྫོང་༎

2. 拉丁转写：

sog stod rta rdzong

3. 汉译名：

《上粟特马宗》，或《蒙古马城》《蒙古马国》《上蒙古马宗》《索波马宗》《索多马城》。

4. 故事内容提要：

雪山狮子国国王的化身嘎玛扎巴去粟特的鲁赤经商时被杀，国王派人向岭国扎拉求救。扎拉王子认为嘎玛扎巴是自己的孩子，一定要替他报仇。此时，岭国女英雄阿达拉姆梦中得到天神预言：征服粟特马宗必须先由自己出兵。阿达拉姆率领的三万大军驻扎在阿格达娃大平原。此时粟特王也得到预示自己被杀的梦境，派人立岗放哨。结果此人被阿达拉姆降伏，获得了粟特王的信息。

格萨尔和扎拉王子率军出师。粟特国的将士们在与岭军作战中先后身亡。最后格萨尔降伏了粟特鲁赤王，任命比推·永朱其美为粟特国国王，并在粟特国制定十善佛法。粟特百姓过上了幸福的生活。格萨尔等岭国众英雄获得了粟特的诸多良马。

5. 版本描述（字体、抄本、刻本风格、版面大小、材质）：

藏文粗玛琼体，长条抄本：30cm×9cm，每页 7 行，手抄原件，旧藏纸。

6. 保存处及编号：

（1）手抄原件保存处：青海省文联青海《格萨尔》研究所资料室。

（2）包发荣、梁国楠、马俊德、余世忠编号：昂欠六号。

（3）青海《格》研〔1986〕编号：I291.47.55.2：1

7. 版本说明（页码标记、残缺污浊页、翻译、出版）：

（1）总页码：225 叶。

（2）末叶有补抄，酥油污垢。

（3）未翻译

（4）异文本藏文出版：① 西藏，1992；② 扎巴本，1999；③ 精选本，2013；④ 印度（德拉敦），1978；⑤ 印度（达兰姆萨拉），1982；⑥ 不丹，1981。

8. 著作者、搜集者与搜集地：

（1）搜集者：包发荣、梁国楠、马俊德、余世忠

（2）搜集地：昂欠县扎吉公社扎俱大队

（3）搜集时间：1960 年 4 月 26 日

9. 其他：

（1）此件未登录入青海《格》研 1986、1993 目录。根据［左可国 1983

藏文目录］［姜佐鸿 1984 藏文目录］补编。

（2）原搜集者标签题记"藏书者尖加（大队队长），借，玉树州政协登加先生协同工作"。夹板贴纸书写："6 索多达宗，蒙古马国（上）（褪色黑字）"，"34 抄本 214 页（蓝色字体）"，"玉树抄本（红色字体，部分纸片残缺）"，以及"49（圆珠笔体）"。

（3）估计青海文联 20 世纪五六十年代汉译《索多马城》（资料之一——青海昂欠手抄本）之原文。

（4）有旧夹板，黄布与白色带子包裹。

60　《英雄诞生》

1. 藏文题名：

འཛམ་གླིང་གེ་སར་རྒྱལ་པོའི་རྣམ་ཐར་ལས་ལྷ་གླིང་ཀླུ་གླིང་གཉེན་གླིང་འགོགས་གླིང་སྐྱེས་གླིང་རྟ་རྒྱུགས་བཅས་ཚང་བ་བཞུགས་སོ

2. 拉丁转写：

'dzam gling ge sar rgyal po'i rnam thar las lha gling klu gling gnyen gling 'gogs gling skyes gling rta rgyugs bcas tshang ba bzhugs so

3. 汉译名：

《英雄诞生》，或《天界篇、龙界篇、念界篇、果岭篇、诞生篇、赛马篇》《格萨尔综合本》。

4. 故事内容提要：

莲花生大师为了拯救陷于灾难痛苦中的岭国百姓，请求天神派其子布杜噶布下凡担当岭国国王。布杜噶布听说要被派去岭国，躲藏到了龙界和念界，最后大师劝善诱导，决定下凡拯救人类。岭国穆布董氏热查干布生有三子，形成了岭穆布董氏长仲幼三系。果部落侵犯岭地，杀害总管王之子，岭国起兵复仇，进攻果部落，掳获龙女麦朵娜泽，并被僧伦王纳为次妃，僧伦和果萨生了觉如（格萨尔的小名）。格萨尔诞生三天以后征服了黑鸟三兄（家那三兄弟），高僧贡巴惹杂、九百恶犊、红魔驹等魔鬼。

晁同借故将格萨尔与其母驱逐去黄河谷地玛麦隆多草原。格萨尔在那里降服了损耗鬼和厉鬼等。有一年，岭地遭受雪灾，岭·格萨尔诞生后，不计前嫌，分给他们放牧的草场，毅然收留了迁徙到玛麦隆多草原的包括晁同在内的岭国军民。格萨尔给晁同降下虚假预言，要他举办赛马大会，夺得岭国王位宝座。最终通过赛马，格萨尔登上了岭国宝座。

5. 版本描述（字体、抄本、刻本风格、版面大小、材质）：

藏文柏簌体，长条抄本：40cm×9cm，每页 6 行，手抄原件，旧藏纸。

6. 保存处及编号：

（1）手抄原件保存处：青海省文联青海《格萨尔》研究所资料室。

（2）青海《格》研〔1986〕编号：I291.47.56：1

7. 版本说明（页码标记、残缺污浊页、翻译、出版）：

（1）总页码：199 叶。

（2）缺 159 叶，原藏文标题漫漶不清，酥油污垢。

（3）异文本异文本汉文翻译：① 王沂暖、何天慧，甘肃，1985。

（4）异文本藏文出版：① 西藏，1982；② 甘肃，1981；③ 四川，1980、1999；④ 四川《玛麦觉如王事业》，2001；⑤ 青海《开天辟地》，1987；⑥ 青海，1988；⑦ 扎巴本，1996；⑧ 文库本，1996；⑨ 桑珠本，2001；⑩ 精选本，2013；⑪ 竹杰沃嘎本，民族音像出版社，2010；⑫ 印度（德里），1967？⑬ 印度（达拉姆萨拉），1984；⑭ 不丹，1979；⑮ 蒙古国，1961。

8. 著作者、搜集者与搜集地：

（1）著作者：丹增华桑与洛赛东周噶委喜年二人整理

（2）搜集者：徐国琼

（3）搜集地：四川康定（或玉树地区）

（4）搜集时间：1960 年 6 月

9. 其他：

（1）1983—1993 年目录中无藏文标题，汉文标题为"格萨尔综合本"。有旧夹板，黄布与白色带子包裹。

（2）原题记"葛岭大战，共 199 页"（杨质夫笔迹？）；书页边上题记："《格萨尔》（综合本），徐国琼收集于四川康定 1960.6.（原签已失，收集地不确）（也许是玉树地区）"（徐国琼笔迹）。

（3）现藏文标题，根据中国社会科学院民族文学研究所资料室藏 2001 年编号 I291.47/GH/5 复印件补。此件与汉译《英雄诞生之部》（资料之四——果洛地区抄本）内容较一致，著作者之名据此补填。

61　《分大食财》

1. 藏文题名：

སྟག་གཟིག་ནོར་འགྱེད།

2. 拉丁转写：

stag gzig nor 'gyed

3. 汉译名：

《分大食财》，或《分大食牛》《达惹诺结》《达色施财》。

4. 故事内容提要：

依附于《大食财宗》的结尾部分，经艺人与抄写者的偏爱，将其单独说唱，逐渐形成了一个独立分部故事。故事讲述格萨尔征服大食国后，打开大食财宝宗，将所获大食国财宝分封给岭国、霍尔国、魔国、姜国和门国，以及各有功之臣。并将大食国财宝之福禄分别埋藏于藏族各地，以利益藏族未来民众。根据白玛仁增整理、刊刻于 1661 年的木刻本重新刊印。

5. 版本描述（字体、抄本、刻本风格、版面大小、材质）：

藏文乌金体（正楷）体，长条木刻本：30cm×8cm，每页 7 行，原件，藏纸。

6. 保存处及编号：

（1）手抄原件保存处：青海省文联青海《格萨尔》研究所资料室。

（2）青海《格》研〔1986〕编号：I291.47.57：1

7. 版本说明（页码标记、残缺污浊页、翻译、出版）：

（1）总页码：37 叶。

（2）重 1、8、11 叶。

（3）异文本汉文翻译：① 李朝群译《达色施财》，西藏人民出版社，1985；② 王沂暖、王兴先译，甘肃人民出版社，1986；③ 丹玛江永慈诚、多杰坚赞、郭晓虹，民族音像出版社，2013。

（4）异文本藏文出版：① 西藏，1980、2010；② 四川（《取阿里金窟》合编），1981；③ 印度（德里），1967；④ 蒙古（《格萨尔本生传》合编），1961；⑤ 丹玛江永慈诚、多杰坚赞、郭晓虹，民族音像出版社，2013。

8. 著作者、搜集者与搜集地：

（1）整理者：佐智白玛仁增（ཚོགས་སྤྲུལ་པད་དཀར་འཛིན་ཆེན་ཀྱི་བརྩིགས་）

（2）搜集者：包发荣、梁国楠、马俊德、余世忠？

（3）搜集地：玉树

（4）搜集时间：1960？

9. 其他：

（1）青海《格》研 1993 藏文目录中编号为：I291.47.57.8：1。

（2）有旧夹板，黄布与白色带子包裹。与编号 I291.47.57.8：1—8 页在同一夹板内。

62　《霍岭大战》（下册）

1. 藏文题名：

ཧོར་གླིང་གཡུལ་འགྱེད་དབང་ཁ།

2. 拉丁转写：

hor gling g.yul 'gyed，smad cha

3. 汉译名：

《霍岭大战》，或《平服霍尔》《征服霍尔》《反击霍尔》《霍尔岭之战》。

4. 故事内容提要：

格萨尔得到珠姆派来的使者神鸟仙鹤的帮助，从梅萨敬献的迷魂药中苏醒过来。返回岭国惩处晁同后，单枪匹马前往霍尔国，途中降伏霍尔国各大部落及守护神。最终在霍尔铁匠女果萨曲珍的帮助下，成功打造攀城铁链，派神马引来岭国兵将，一举歼灭了霍尔国，给白帐王备上马鞍，将霍尔国大将辛巴捉回岭国。

5. 版本描述（字体、抄本、刻本风格、版面大小、材质）：

藏文柏簌体，长条抄本：35cm×10cm，每页 6 行，手抄原件，旧藏纸。

6. 保存处及编号：

（1）手抄原件保存处：青海省文联青海《格萨尔》研究所资料室。

（2）青海《格》研〔1986〕编号：I291.47.58：1

7. 版本说明（页码标记、残缺污浊页、翻译、出版）：

（1）总页码：171 叶。

（2）分两部：第 1 部 45 叶，第 2 部 78 叶。缺 14、17 叶。有残页，酥油污垢。

（3）异文本汉文翻译：① 青海民研会，1962；② 吴均、金迈译，1984；③ 王沂暖、华甲译（《贵德分章本》），1981；④ 王歌行、左可国、刘宏亮整理，1986。

（4）异文本藏文出版：① 青海，1962、1979、1980；② 西藏，1980；③ 青海（《黄霍尔》），1988、1994；④ 交加本，2006；⑤ 四川（《辛丹》附录），1982；⑥ 四川，1999；⑦ 精选本，2000；⑧ 桑珠本，2006；⑨ 印度（列城），1972；⑩ 印度（锡金、岗托克），1978；⑪ 印度（德里），1979；⑫ 印度（比尔），1979；⑬ 印度（岗托克），1984；⑭ 不丹 a，1979；⑮ 不丹 b，1979；⑯ 不丹 c，1979；⑰ 蒙古国，1961；⑱ 川《格》12，2015。

8. 著作者、搜集者与搜集地：

（1）搜集者：不知

（2）搜集地：玉树结古

（3）搜集时间：不明

9. 其他：

（1）青海《格》研 1986 藏文目录中登录页码为 123 叶。

（2）原题记为 "11 抄本，171 页（乱）"、"ཐུང་ཆུང་སྒྲུན་གསུམ་བདག་ཕྱུ་ད་བ་དང་ནས་རྩོ་ཕྲེ

ཐོན་ཀྱིས་རྒྱལ་པོ་ཁམས་ མི་གསལ་ བ་ཤད་དོར་ དཀམ་ སྐྱེ་ ལ་ འོངས་ འབབ་ ཚྱུ་ལ ༼རྩ་ཀ༽ ཕྱོག་ ཚན་ ༼ཀ༽ ཚན་ ༼ཕྱོགན་ མེ་༽ མར་ བདུ་ མེད

 རིག་འཕྲུལ་མོ་འཆིད （三仙鹤兄弟派往魔地，大臣向宛说：大王头脑不清醒，霍尔军前来入侵情状。14、16 上、17、36 上以及 77 之后 7 叶缺，珠姆被抢）霍尔侵入之部（下）（珠姆抢走没有了）"（即到此处结束）。

（3）有新夹板，黄布与白色带子包裹。

63 《分大食财》

1. 藏文题名：

སྟག་གཟིག་ནོར་འཆྱེད

2. 拉丁转写：

stag gzig nor 'gyed

3. 汉译名：

《分大食财》，或《分大食牛》《达惹诺结》《达色施财》。

4. 故事内容提要：

依附于《大食财宗》的结尾部分，经艺人与抄写者的偏爱，将其单独说唱，逐渐形成了一个独立分部故事。故事讲述格萨尔征服大食国后，打开大食财宝宗，将所获大食国财宝分封给岭国、霍尔国、魔国、姜国和门国，以及各有功之臣。并将大食国财宝之福禄分别埋藏于藏区各地，以利益藏族未来民众。根据白玛仁增整理、刊刻于 1661 年的木刻本重新刊印。

5. 版本描述（字体、抄本、刻本风格、版面大小、材质）：

藏文乌金体（正楷），长条木刻本：30cm×8cm，每页 6 行，原件，藏纸。

6. 保存处及编号：

（1）手抄原件保存处：青海省文联青海《格萨尔》研究所资料室。

（2）包发荣、梁国楠、马俊德、余世忠编号：阿坝县六号。

（3）青海《格》研〔1986〕编号：I291.47.57.15：2

7. 版本说明（页码标记、残缺污浊页、翻译、出版）：

（1）总页码：38 叶。

（2）异文本汉文翻译：① 李朝群译《达色施财》，西藏人民出版社，1985；② 王沂暖、王兴先译，甘肃人民出版社，1986；③ 丹玛江永慈诚、多杰坚赞、郭晓虹，民族音像出版社，2013。

（3）异文本藏文出版：① 西藏，1980、2010；② 四川（《取阿里金窟》合编），1981；③ 印度（德里），1967；④ 蒙古（《格萨尔本生传》合编），1961；⑤ 丹玛江永慈诚、多杰坚赞、郭晓虹，民族音像出版社，2013。

8. 著作者、搜集者与搜集地：

（1）整理者：佐智白玛仁增（ཛོགས་སྨན་པདྨ་རིག་འཛིན་གྱིས་བསྒྲིགས）

（2）搜集者：包发荣、梁国楠、马俊德、余世忠

（3）搜集地：四川中阿坝塔哇西巷 141 号。

（4）搜集时间：1960 年 6 月 7 日

9. 其他：

（1）原题记"罗拔（ཉོ་དཔལ）提供"。

（2）青海《格》研 1993 藏文目录中编号为：I291.47.57.8：2。

（3）有旧夹板，黄布与白色带子包裹。与编号 I291.47.57.8：1—8 页在同一夹板内。

64 《分大食财》

1. 藏文题名：

སྟག་གཟིག་ནོར་འགྱེད

2. 拉丁转写：

stag gzig nor 'gyed

3. 汉译名：

《分大食财》，或《分大食牛》《达惹诺结》《达色施财》。

4. 故事内容提要：

依附于《大食财宗》的结尾部分，经艺人与抄写者的偏爱，将其单独说唱，逐渐形成了一个独立分部故事。故事讲述格萨尔征服大食国后，打开大食财宝宗，将所获大食国财宝分封给岭国、霍尔国、魔国、姜国和门国，以及各有功之臣。并将大食国财宝之福禄分别埋藏于藏区各地，以利益藏族未来民众。根据白玛仁增整理、刊刻于 1661 年的木刻本重新刊印。

5. 版本描述（字体、抄本、刻本风格、版面大小、材质）：

藏文乌金体（正楷）体，长条木刻本：30cm×8cm，每页 6 行，原件，藏纸。

6. 保存处及编号：

（1）手抄原件保存处：青海省文联青海《格萨尔》研究所资料室。

（2）包发荣、梁国楠、马俊德、余世忠编号：结古八号。

（3）青海《格》研〔1986〕编号：I291.47.57.15：3

7. 版本说明（页码标记、残缺污浊页、翻译、出版）：

（1）总页码：38 叶。

（2）异文本汉文翻译：① 李朝群译《达色施财》，西藏人民出版社，1985；② 王沂暖、王兴先译，甘肃人民出版社，1986；③ 丹玛江永慈诚、多杰坚赞、郭晓虹，民族音像出版社，2013。

（3）异文本藏文出版：① 西藏，1980、2010；② 四川（《取阿里金窟》

合编），1981；③ 印度（德里），1967；④ 蒙古（《格萨尔本生传》合编），1961；⑤ 丹玛江永慈诚、多杰坚赞、郭晓虹，民族音像出版社，2013。

8. 著作者、搜集者与搜集地：

（1）整理者：佐智白玛仁增（ཙོག་སྨྱུལ་པདྨ་རིག་འཛིན་ཀྱིས་བསྒྲིགས།）

（2）搜集者：包发荣、梁国楠、马俊德、余世忠

（3）搜集地：玉树结古

（4）搜集时间：1960 年 4 月 17 日

9. 其他：

（1）原题记"玉树小学赠与"。

（2）青海《格》研 1993 藏文目录中编号为：I291.47.57.8：3。

（3）有旧夹板，黄布与白色带子包裹。与编号 I291.47.57.8：1—8 页在同一夹板内。

65　《分大食财》

1. 藏文题名：

སྟག་གཟིག་ནོར་འགྱེད

2. 拉丁转写：

stag gzig nor 'gyed

3. 汉译名：

《分大食财》，或《分大食牛》《达惹诺结》《达色施财》。

4. 故事内容提要：

依附于《大食财宗》的结尾部分，经艺人与抄写者的偏爱，将其单独说唱，逐渐形成了一个独立分部故事。故事讲述格萨尔征服大食国后，打开大食财宝宗，将所获大食国财宝分封给岭国、霍尔国、魔国、姜国和门国，以及各有功之臣。并将大食国财宝之福禄分别埋藏于藏区各地，以利益藏族未来民众。根据白玛仁增整理、刊刻于 1661 年的木刻本重新刊印。

5. 版本描述（字体、抄本、刻本风格、版面大小、材质）：

藏文乌金体（正楷）体，长条木刻本：30cm×8cm，每页 6 行，原件，藏纸。

6. 保存处及编号：

（1）手抄原件保存处：青海省文联青海《格萨尔》研究所资料室。

（2）包发荣、梁国楠、马俊德、余世忠编号：结古二号。

（3）青海《格》研〔1986〕编号：I291.47.57.15：4

7. 版本说明（页码标记、残缺污浊页、翻译、出版）：

（1）总页码：40 叶。

（2）略本。

（3）异文本汉文翻译：① 李朝群译《达色施财》，西藏人民出版社，1985；② 王沂暖、王兴先译，甘肃人民出版社，1986；③ 丹玛江永慈诚、多杰坚赞、郭晓虹，民族音像出版社，2013。

（4）异文本藏文出版：① 西藏，1980、2010；② 四川（《取阿里金窟》合编），1981；③ 印度（德里），1967；④ 蒙古（《格萨尔本生传》合编），1961；⑤ 丹玛江永慈诚、多杰坚赞、郭晓虹，民族音像出版社，2013。

8. 著作者、搜集者与搜集地：

（1）整理者：佐智白玛仁增（ཙོགས་སྨྱུང་པདྨ་རིག་འཛིན་གྱིས་བསྒྲིགས།）

（2）搜集者：包发荣、梁国楠、马俊德、余世忠

（3）搜集地：玉树州文化服务队

（4）搜集时间：1960 年 4 月 16 日

9. 其他：

（1）原题记"格噶（དགེ་དགའ།）赠与"。

（2）青海《格》研 1993 藏文目录中编号为：I291.47.57.8：4。

（3）有旧夹板，黄布与白色带子包裹。与编号 I291.47.57.8：1—8 页在同一夹板内。

66 《分大食财》

1. 藏文题名：

སྟག་གཟིག་ནོར་འགྱེད

2. 拉丁转写：

stag gzig nor 'gyed

3. 汉译名：

《分大食财》，或《分大食牛》《达惹诺结》《达色施财》。

4. 故事内容提要：

依附于《大食财宗》的结尾部分，经艺人与抄写者的偏爱，将其单独说唱，逐渐形成了一个独立分部故事。故事讲述格萨尔征服大食国后，打开大食财宝宗，将所获大食国财宝分封给岭国、霍尔国、魔国、姜国和门国，以及各有功之臣。并将大食国财宝之福禄分别埋藏于藏区各地，以利益藏族未来民众。根据白玛仁增整理、刊刻于 1661 年的木刻本重新刊印。

5. 版本描述（字体、抄本、刻本风格、版面大小、材质）：

藏文乌金体（正楷）体，长条木刻本：30cm×8cm，每页 6 行，原件，藏纸。

6. 保存处及编号：

（1）手抄原件保存处：青海省文联青海《格萨尔》研究所资料室。

（2）青海《格》研〔1986〕编号：I291.47.57.8：5

7. 版本说明（页码标记、残缺污浊页、翻译、出版）：

（1）总页码：30 叶。

（2）缺 3、17、23、30 叶，自 31 叶后缺失，重 6、7、9、10、20 叶。

（3）异文本汉文翻译：① 李朝群译《达色施财》，西藏人民出版社，1985；② 王沂暖、王兴先译，甘肃人民出版社，1986；③ 丹玛江永慈诚、多杰坚赞、郭晓虹，民族音像出版社，2013。

（4）异文本藏文出版：① 西藏，1980、2010；② 四川（《取阿里金窟》合编），1981；③ 印度（德里），1967；④ 蒙古（《格萨尔本生传》合编），1961；⑤ 丹玛江永慈诚、多杰坚赞、郭晓虹，民族音像出版社，2013。

8. 著作者、搜集者与搜集地：

（1）整理者：佐智白玛仁增（ཚོགས་སྨྱུལ་པདྨ་རིག་འཛིན་གྱིས་བསྒྲིགས）

（2）搜集者：徐国琼？

（3）搜集地：德格龚哑区白哑乡

（4）搜集时间：1960 年 6 月 22 日

9. 其他：

（1）有旧夹板，黄布与白色带子包裹。与编号 I291.47.57.8：1—8 页在同一夹板内。

67 《分大食财》

1. 藏文题名：

སྟག་གཟིག་ནོར་འགྱེད

2. 拉丁转写：

stag gzig nor 'gyed

3. 汉译名：

《分大食财》，或《分大食牛》《达惹诺结》《达色施财》。

4. 故事内容提要：

依附于《大食财宗》的结尾部分，经艺人与抄写者的偏爱，将其单独说唱，逐渐形成了一个独立分部故事。故事讲述格萨尔征服大食国后，打开大食财宝宗，将所获大食国财宝分封给岭国、霍尔国、魔国、姜国和门国，以及各有功之臣。并将大食国财宝之福禄分别埋藏于藏区各地，以利益藏族未来民众。根据白玛仁增整理、刊刻于 1661 年的木刻本重新刊印。

5. 版本描述（字体、抄本、刻本风格、版面大小、材质）：

藏文乌金体（正楷）体，长条木刻本：30cm×8cm，每页 6 行，原件，藏纸。

6. 保存处及编号：

（1）手抄原件保存处：青海省文联青海《格萨尔》研究所资料室。

（2）包发荣、梁国楠、马俊德、余世忠编号：结古六号。

（3）青海《格》研〔1986〕编号：I291.47.57.8：6

7. 版本说明（页码标记、残缺污浊页、翻译、出版）：

（1）总页码：38 叶。

（2）异文本汉文翻译：① 李朝群译《达色施财》，西藏人民出版社，1985；② 王沂暖、王兴先译，甘肃人民出版社，1986；③ 丹玛江永慈诚、多杰坚赞、郭晓虹，民族音像出版社，2013。

（3）异文本藏文出版：① 西藏，1980、2010；② 四川（《取阿里金窟》合编），1981；③ 印度（德里），1967；④ 蒙古（《格萨尔本生传》合编），1961；⑤ 丹玛江永慈诚、多杰坚赞、郭晓虹，民族音像出版社，2013。

8. 著作者、搜集者与搜集地：

（1）整理者：佐智白玛仁增（རྫོགས་སྤྲུལ་པདྨ་རིག་འཛིན་ཀྱིས་བསྒྲིགས།）

（2）搜集者：包发荣、梁国楠、马俊德、余世忠

（3）搜集地：玉树民师

（4）搜集时间：1960 年 4 月 17 日

9. 其他：

（1）原题记"给羊赠与"（给羊为玉树民师工作人员）。

（2）有旧夹板，黄布与白色带子包裹。与编号 I291.47.57.8：1—8 页在同一夹板内。

68 《分大食财》

1. 藏文题名：

སྟག་གཟིག་ནོར་འགྱེད།

2. 拉丁转写：

stag gzig nor 'gyed

3. 汉译名：

《分大食财》，或《分大食牛》《达惹诺结》《达色施财》。

4. 故事内容提要：

依附于《大食财宗》的结尾部分，经艺人与抄写者的偏爱，将其单独

说唱，逐渐形成了一个独立分部故事。故事讲述格萨尔征服大食国后，打开大食财宝宗，将所获大食国财宝分封给岭国、霍尔国、魔国、姜国和门国，以及各有功之臣。并将大食国财宝之福禄分别埋藏于藏区各地，以利益藏族未来民众。根据白玛仁增整理、刊刻于 1661 年的木刻本重新刊印。

5. 版本描述（字体、抄本、刻本风格、版面大小、材质）：

藏文乌金体（正楷）体，长条木刻本：30cm×8cm，每页 6 行，原件，藏纸。

6. 保存处及编号：

（1）手抄原件保存处：青海省文联青海《格萨尔》研究所资料室。

（2）包发荣、梁国楠、马俊德、余世忠编号：结古十二号。

（3）青海《格》研〔1986〕编号：I291.47.57.8：7

7. 版本说明（页码标记、残缺污浊页、翻译、出版）：

（1）总页码：40 叶。

（2）缺 10、33、34 叶。

（3）异文本汉文翻译：① 李朝群译《达色施财》，西藏人民出版社，1985；② 王沂暖、王兴先译，甘肃人民出版社，1986；③ 丹玛江永慈诚、多杰坚赞、郭晓虹，民族音像出版社，2013。

（4）异文本藏文出版：① 西藏，1980、2010；② 四川（《取阿里金窟》合编），1981；③ 印度（德里），1967；④ 蒙古（《格萨尔本生传》合编），1961；⑤ 丹玛江永慈诚、多杰坚赞、郭晓虹，民族音像出版社，2013。

8. 著作者、搜集者与搜集地：

（1）整理者：佐智白玛仁增（ རྫོགས་སྨྱུལ་པདྨ་རིག་འཛིན་གྱིས་བསྒྲིགས། ）

（2）搜集者：包发荣、梁国楠、马俊德、余世忠

（3）搜集地：玉树州统战部

（4）搜集时间：1960 年 4 月 18 日

9. 其他：

（1）原题记为"借"（借与）。

（2）有旧夹板，黄布与白色带子包裹。与编号 I291.47.57.8：1—8 页在同一夹板内。

69 《分大食财》

1. 藏文题名：

སྟག་གཟིག་ནོར་འགྱེད།

2. 拉丁转写：

stag gzig nor 'gyed

3. 汉译名：

《分大食财》，或《分大食牛》《达惹诺结》《达色施财》。

4. 故事内容提要：

依附于《大食财宗》的结尾部分，经艺人与抄写者的偏爱，将其单独说唱，逐渐形成了一个独立分部故事。故事讲述格萨尔征服大食国后，打开大食财宝宗，将所获大食国财宝分封给岭国、霍尔国、魔国、姜国和门国，以及各有功之臣。并将大食国财宝之福禄分别埋藏于藏区各地，以利益藏族未来民众。根据白玛仁增整理、刊刻于 1661 年的木刻本重新刊印。

5. 版本描述（字体、抄本、刻本风格、版面大小、材质）：

藏文乌金体（正楷）体，长条木刻本：30cm×8cm，每页 6 行，原件，藏纸。

6. 保存处及编号：

（1）手抄原件保存处：青海省文联青海《格萨尔》研究所资料室。

（2）包发荣、梁国楠、马俊德、余世忠编号：结古三十一号。

（3）青海《格》研〔1986〕编号：I291.47.57.8：8

7. 版本说明（页码标记、残缺污浊页、翻译、出版）：

（1）总页码：40 叶。

（2）缺 1、2 叶。

（3）异文本汉文翻译：① 李朝群译《达色施财》，西藏人民出版社，1985；② 王沂暖、王兴先译，甘肃人民出版社，1986；③ 丹玛江永慈诚、多杰坚赞、郭晓虹，民族音像出版社，2013。

（4）异文本藏文出版：① 西藏，1980、2010；② 四川（《取阿里金窟》合编），1981；③ 印度（德里），1967；④ 蒙古（《格萨尔本生传》合编），1961；⑤ 丹玛江永慈诚、多杰坚赞、郭晓虹，民族音像出版社，2013。

8. 著作者、搜集者与搜集地：

（1）整理者：佐智白玛仁增（ཙོགས་སྤྲུལ་པད་མ་རིག་འཛིན་གྱིས་བསྒྲིགས།）

（2）搜集者：包发荣、梁国楠、马俊德、余世忠

（3）搜集地：玉树师范

（4）搜集时间：1960 年 5 月 1 日

9. 其他：

（1）有旧夹板，黄布与白色带子包裹。与编号 I291.47.57.8：1—8 页在同一夹板内。

70　《孟岭大战》

1. 藏文题名：

ལྷོ་གླིང་གཡུལ་འགྱེད་བདུད་དཔུང་ཚར་གཅོད་དཔའ་བོ་སྙིང་གི་དགའ་སྟོན་ཅེས་བྱ་བ་བཞུགས་སོ།

2. 拉丁转写：

Lho gling g.yul 'gyed bdud dpung tshar gcod,dpa' bo snying gi dga' ston
ces by aba bzhugs so

3. 汉译名：

《孟岭大战》，或《门岭大战》《门岭之战》《洛岭之战》《征服闷城》《岭国与门国》《岭与慕域》《闷岭之战》。

4. 故事内容提要：

岭国灭了姜国萨丹王以后，格萨尔王在岭国王宫狮龙宫殿修行时，天神降下预言：到了降伏门国的时机。格萨尔变为一只渡鸦给晁同降下预言：组织达戎十八大军进攻门国报先前被抢夺财产之仇，并能娶得门国公主为妻。晁同率领大军，一路消灭了辛赤王的 9 只魔鼠等敌国君臣的许多守护神。接着又歼灭了以古拉土杰为首的门国 80 猛士和 1900 勇士。

辛赤王危在旦夕，他打算放弃国家攀援天梯升天逃遁。格萨尔焚烧了堆卡迥如朗宗，使他一命呜呼。门国公主梅朵拉泽投诚岭国，并用箭射开白米宗，岭国将士取得白米凯旋。格萨尔给门国臣民讲经说法，净化那里人们的邪念，使他们改变恶习，努力从善。格萨尔命冬迥拉赤嘎布为门国的国王。

5. 版本描述（字体、抄本、刻本风格、版面大小、材质）：

藏文乌金体（正楷），长条抄本：30cm×11cm，每页 6 行，手抄原件，藏纸。

6. 保存处及编号：

（1）手抄原件保存处：青海省文联青海《格萨尔》研究所资料室。

（2）青海《格》研〔1986〕编号：I291.47.59：1

7. 版本说明（页码标记、残缺污浊页、翻译、出版）：

（1）总页码：288 叶。

（2）缺末尾，有残损，酥油污垢。

异文本汉文翻译：① 王沂暖、余希贤译，甘肃，1986；② 嘉措顿珠译（扎巴本），西藏，1986、2013。

（3）异文本藏文出版：① 西藏（扎巴本），1980；② 青海，1982；③ 甘肃，1983；④ 四川，1982；⑤ 精选本，2002；⑥ 扎巴本，2013；⑦ 印度（拉瓦杂尔），1964；⑧ 不丹（帕罗），1980；⑨ 不丹（廷布），1981。

8. 著作者、搜集者与搜集地：

（1）搜集者：昂欠多杰（即昂亲多杰）

（2）搜集地：果洛地区

（3）搜集时间：1980？

9. 其他：

（1）原题记"由雷延祥转来，昂欠多杰带下"（昂亲多杰从果洛带到西宁）。

（2）有新夹板，黄布与白条包裹。

（3）昂亲多杰（1932—1997），新中国成立前果洛哇塞部落头人，《格萨尔》艺人，著有《杂日药宗》《卡塔青白玛瑙宗》等部。

71 《霍岭大战》

1. 藏文题名：

ཧོར་གླིང་གཡུལ་འགྱེད།

2. 拉丁转写：

hor gling g.yul 'gyed

3. 汉译名：

《霍岭大战》，或《征服霍尔》《反击霍尔》《霍尔岭之战》。

4. 故事内容提要：

格萨尔前往北方降伏鲁赞魔王之时，霍尔国拥兵百万进攻岭国。战争初期，岭国一度利用计谋和将士个人的勇猛取得优势。但由于敌众我寡，再加上岭国晁同卖国求荣，以及岭国统帅贾察个人的义气行为，最终导致战败。统帅贾察，大将斯潘，青年将士聂察、玉达、戎察等遇难，王妃珠姆被抢，茶城被毁、岭国祖先遗留之财宝被掠夺，其他众将四处散落。

格萨尔得到珠姆派来的使者神鸟仙鹤的帮助，从梅萨敬献的迷魂药中苏醒过来。返回岭国惩处晁同后，单枪匹马前往霍尔国，途中降伏霍尔国各大部落及守护神。最终在霍尔铁匠女果萨曲珍的帮助下，成功打造攀城铁链，派神马引来岭国兵将，一举歼灭了霍尔国，给白帐王备上马鞍，将霍尔国大将辛巴捉回岭国。

5. 版本描述（字体、抄本、刻本风格、版面大小、材质）：

藏文乌金体（正楷），长条抄本：35cm×10cm，每页6行，手抄原件，旧藏纸。

6. 保存处及编号：

（1）手抄原件保存处：青海省文联青海《格萨尔》研究所资料室。

（2）青海《格》研〔1986〕编号：I291.47.60：1

7. 版本说明（页码标记、残缺污浊页、翻译、出版）：

（1）总页码：300 叶。

（2）缺 1—14、17、69、237 叶。缺首尾，有残页，酥油污垢。

（3）异文本汉文翻译：① 青海民研会，1962；② 吴均、金迈译，1984；③ 王沂暖、华甲译（《贵德分章本》），1981；④ 王歌行、左可国、刘宏亮整理，1986。

（4）异文本藏文出版：① 青海，1962、1979、1980；② 西藏，1980；③ 青海（《黄霍尔》），1988、1994；④ 交加本，2006；⑤ 四川（《辛丹》附录），1982；⑥ 四川，1999；⑦ 精选本，2000；⑧ 桑珠本，2006；⑨ 印度（列城），1972；⑩ 印度（锡金、岗托克），1978；⑪ 印度（德里），1979；⑫ 印度（比尔），1979；⑬ 印度（岗托克），1984；⑭ 不丹 a，1979；⑮ 不丹 b，1979；⑯ 不丹 c，1979；⑰ 蒙古国，1961；⑱ 川《格》12，2015。

8. 著作者、搜集者与搜集地：

（1）搜集者：不知

（2）搜集地：果洛地区

（3）搜集时间：不明

9. 其他：

（1）有新夹板，黄布与白条包裹。非常秀美的正楷字体。

72 《朗日金宗》

1. 藏文题名：

གེ་སར་དམག་གི་རྒྱལ་པོའི་ཚོ་གླང་རི་རྒྱལ་པོ་བཏུལ་ནས་ཆོས་སྡེ་ལ་བརྒྱུར་བ་བཞུགས་སོ།

2. 拉丁转写：

Ge sar dmag gi rgyal po'I lho glang ri rgyal po btul nas chos sde la brgyur ba bzhugs so

3. 汉译名：

《朗日金宗》，或《浪日》。

4. 故事内容提要：

铁蛇年莲花生大师给格萨尔大王降下预言，浪日国国王是吐蕃末代灭佛国王朗达玛转世，其手下有不少英勇猛将，若不在今年降伏信仰外道的浪日国王，将会对佛法不利。遵照天神命令，格萨尔大王带领总管王、贾察、聂嚓、晁同等大将前往征讨浪日国。最后取得了胜利，降伏了浪日国王。

5. 版本描述（字体、抄本、刻本风格、版面大小、材质）：

藏文粗通体，长条抄本：35cm×11cm，每页 9 行，手抄原件，牛皮纸。

6. 保存处及编号：

（1）手抄原件保存处：青海省文联青海《格萨尔》研究所资料室。

（2）青海《格》研〔1986〕编号：I291.47.61：1

7. 版本说明（页码标记、残缺污浊页、翻译、出版）：

（1）总页码：53 叶。

（2）未翻译

（3）异文本藏文出版：① 青海，1985；② 西藏，1998、2001；③ 桑珠本，2009。

8. 著作者、搜集者与搜集地：

（1）搜集者：姜佐鸿

（2）搜集地：玉树歇武

（3）搜集时间：1979—1980

9. 其他：

（1）原题记"原藏书者为李江"。

（2）棕色牛皮纸上抄写，有新夹板，黄布与白条包裹。

73　《征服琼察五兄弟》

1. 藏文题名：

གེ་སར་རྒྱལ་པོའི་རྣམ་ཐར་ལས་ཕྱུང་ཚ་སྤུན་ལྔ་དབང་དུ་བསྡས་པའི་གཡུལ་འཁྲུག་བཞུགས་སོ།

2. 拉丁转写：

ge sar rgyal po'i rnam thar las phyung tsha spun lnga dbang du bsdas pa'i g.yul 'khrug bzhugs so.

3. 汉译名：

《征服琼察五兄弟》，或《降伏琼察五兄弟》。

4. 故事内容提要：

莲花生大师降下预言，尚有五兄弟魔鬼没有降伏，如果他们变化成"铁命"，就对佛法危害很大。因此，格萨尔王遵照天母的预言，从白岩山间取出制服妖魔的宝藏，如修行成就者的长寿丸、空行母的头发、水晶扑刀等，将这些宝藏分发给岭国英雄。

格萨尔首先降伏了魔鬼五兄的守护神魔女"血眼长矛"，以及魔鸟鸥枭。引起了琼察王的愤恨，他率军进攻岭国。岭国英雄嘎德等人奋力抗击。最后格萨尔王用水晶扑刀降伏了正要逃走的琼察王鲁丑。

5. 版本描述（字体、抄本、刻本风格、版面大小、材质）：

藏文柏篍体，长条抄本：35cm×10cm，每页 6 行，复印件，现代纸。

6. 保存处及编号：

（1）手抄原件保存处：青海省文联青海《格萨尔》研究所资料室。

（2）青海《格》研〔1993〕编号：I291.47.78.1：1

7. 版本说明（页码标记、残缺污浊页、翻译、出版）：

（1）总页码：136 叶。

（2）未翻译

（3）异文本藏文出版：① 青海，1990。

8. 著作者、搜集者与搜集地：

（1）搜集者：杨恩洪

（2）搜集地：昌都江达

（3）搜集时间：1986

（4）青海收藏时间：1991

9. 其他：

（1）此件系全国《格》办藏本之复印件。全国《格》办藏本由杨恩洪搜集。

（2）青海《格》办 1986 年以前目录中未收录，收录于 1993 年目录，估计借于全国《格》办。可能与 1987 年全国《格萨尔》出版审稿会上布置出版的任务有关。

（3）有新夹板，黄布与白条包裹。

#74 《英雄诞生》

1. 藏文题名：

འཁྲུངས་གླིང་མེ་ཏོག་ར་བ།

2. 拉丁转写：

'khrungs gling me tog ra ba

3. 汉译名：

《英雄诞生》，或《诞生史》《冲岭梅朵然哇》《诞生、占领玛域》。

4. 故事内容提要：

莲花生大师为了拯救陷于灾难痛苦中的岭国百姓，请求天神派其子布杜噶布下凡担当岭国国王。布杜噶布听说要被派去岭国，躲藏到了龙界和念界，最后大师劝善诱导，决定下凡拯救人类。

岭国穆布董氏热查干布生有三子，形成了岭穆布董氏长仲幼三系。有一次，果部落侵犯岭地，杀害了岭地总管王绒查叉根之子，岭国起兵复仇，进攻果部落，掳获龙女麦朵娜泽，并被僧伦王纳为次妃，僧伦和果萨生了觉如（格萨尔的小名）。格萨尔诞生三天以后征服了黑鸟三兄（家那三兄弟），高僧贡巴惹杂、九百恶犊、红魔驹等魔鬼。晁同很害怕格萨尔夺去他的王位，便造谣说觉如是个鬼怪，果萨本是女妖；把格萨尔赶到黄河谷地玛麦隆多草原。格萨尔在那里降服了损耗鬼和厉鬼等。有一年，岭地遭受雪灾，岭·格萨尔诞生后，不计前嫌，分给他们放牧的草场，毅然收留了迁徙到玛麦隆多草原的包括晁同在内的岭国军民。

　　格萨尔给晁同降下虚假预言，要他举办赛马大会，夺得岭国王位宝座。最终通过赛马，格萨尔登上了岭国宝座。

　　5. 版本描述（字体、抄本、刻本风格、版面大小、材质）：

　　柏簇体，长条抄本，每页 7 行，40cm×9cm，手抄原件，藏纸。

　　6. 保存处及编号：

　　（1）手抄原件保存处：青海省文联青海《格萨尔》研究所资料室资料室。

　　（2）青海《格》研〔1993〕编号：I291.47.79.1：1

　　7. 版本说明（页码标记、残缺污浊页、翻译、出版）：

　　（1）总页码：278 叶？

　　（2）异文本汉文翻译：① 王沂暖、何天慧，甘肃，1985。

　　（3）异文本藏文出版：① 西藏，1982；② 甘肃，1981；③ 四川，1980、1999；④ 四川《玛麦觉如王事业》，2001；⑤ 青海《开天辟地》，1987；⑥ 青海，1988；⑦ 扎巴本，1996；⑧ 文库本，1996；⑨ 桑珠本，2001；⑩ 精选本，2013；⑪ 竹杰沃嘎本，民族，2010；⑫ 印度（德里），1967？⑬ 印度（达拉姆萨拉），1984；⑭ 不丹，1979；⑮ 蒙古国，1961。

　　8. 著作者、搜集者与搜集地：

　　（1）搜集者：青海《格》研

　　（2）搜集地：不知

　　（3）搜集时间：不知

　　9. 其他：

　　（1）根据青海《格》研 1993 年藏文目录编制。

　　（2）原题记"长条藏书，抄本"。

　　（3）此次查阅时未见此部。

#75 《安定三界》

1. 藏文题名：

ཁམས་གསུམ་བདེ་བཀོད།

2. 拉丁转写：

Khams gsum bde bkod

3. 汉译名：

《安定三界》，或《安置三界》。

4. 故事内容提要：

格萨尔降伏了四方妖魔，安定天下，拯救了百姓并将其王位传给扎拉泽加，安排了岭国后事，功德圆满，与珠姆、神马、弓箭等返回天界。

5. 版本描述（字体、抄本、刻本风格、版面大小、材质）：

藏文草体？长条抄本：40cm×9cm？每页 7 行？手抄原件，藏纸。

6. 保存处及编号：

（1）手抄原件保存处：青海省文联青海《格萨尔》研究所资料室。

（2）青海《格》研〔1993〕编号：I291.47.80.1：1

7. 版本说明（页码标记、残缺污浊页、翻译、出版）：

（1）总页码：30 叶。

（2）异文本汉文翻译：① 王沂暖等《分大食牛、安定三界》，甘肃人民版，1986。

（3）异文本藏文出版：① 金迈、角巴东主《岭国歌舞》，青海，1993。

8. 著作者、搜集者与搜集地：

（1）搜集者：青海《格》研

（2）搜集地：青海省电台

（3）搜集时间：1987

9. 其他：

（1）根据青海《格》研 1993 年藏文目录编制。

（2）此次查阅时未见此部。

#76 《突厥兵器宗》（上册）

1. 藏文全题名：

འཇམས་སྐྱེ་གོ་སར་ནོར་བུ་དགྲ་འདུལ་རྩོགས་བརྗོད་ལས་དུ་ཕོབ་ནོད་རྒྱལ་པོ་ཆམས་པཆབས་ཤིང་གོ་མཚོན་གྱི་གཏེར་ཁ་སྣང་ཆུལ་དངོས་གྲུབ་

འདྒགས་པའི་ལྷགས་ཀྱུ་ཞེས་བྱ་བ་བཞུགས་སོ། ཞེས་པའི་སྙིང་ཁ།

2. 拉丁转写：

'dzam gling ge sar nor bu dgra 'dul rtogs brjod las dru gu thog rgod rgyal po cham la phabs shing go mtshon gyi gter kha blang tshul dngos grub 'gugs pa'i lcags kyu zhes bya ba bzhugs so. zhes pa'i stod cha

3. 汉译名：

《突厥兵器宗》，或《祝古国宗》《祝古兵国》《祝古兵器宗》《朱孤兵器宗》《朱古之战》《竹岭之战》。

4. 故事内容提要：

突厥国王托桂穆德赞意欲武力抢夺藏王的释迦牟尼佛像。他派其所属齐堆的四个部落前去完成此项任务。齐堆射箭信恐吓藏王马上送交释迦牟尼佛像。藏王向岭国扎拉王子求救。岭王格萨尔通过侦察得知征服突厥，必先要征服突厥齐堆。于是下令王子扎拉率军讨伐。两军开始交火。最后，东突厥的大军节节败北，溃不成军。突军部将个个死于岭刀之下，突王齐堆也终于成了扎拉王子的刀下鬼，岭军大获全胜。

5. 版本描述（字体、抄本、刻本风格、版心大小、材质）：

藏文草体，长条抄本，每页 5 行，36.5cm×7.2cm，影印本。

6. 保存处及编号：

（1）原件保存处：印度西藏著作与档案馆。

（2）手抄原件保存处：青海省文联青海《格萨尔》研究所资料室。

（3）青海《格》研〔1993〕编号：I291.47.81.3：1

7. 版本说明（页码标记、残缺污浊页、翻译、出版）：

（1）总页码：418+413 页。

（2）缺 365、367、368 页。

（3）1984 年由印度西藏著作与档案馆出版。

（4）未翻译

（5）异文本藏文出版：① 西藏，1988、1989；② 甘肃，1984、1986；③ 精选本，2013；④ 桑珠本，2011；⑤ 印度（达兰姆萨拉），1982、1983、1984、1985；⑥ 不丹，1981；⑦ 民族，2015。

8. 著作者、搜集者与搜集地：

（1）著作者：未知

（2）搜集者：阿旺丹琼

（3）搜集地：印度（原件来自 བཀའ་ཤིས་འཇུང་གི་སྲུང་དགོན）

（4）搜集时间：1987？

9. 其他：

（1）此件根据青海《格》研 1993 年藏文目录以及中国社会科学院民文

所藏编号为：I291.47/1/30.1//000060 与 I291.47/1/30.2//000060《突厥兵器宗》上册之一、之二编制。

（2）此次查阅时未见此部。

#77 《突厥兵器宗》（中册）

1. 藏文全题名：

གླིང་རྗེ་གེ་སར་ནོར་བུ་དགྲ་འདུལ་རྟོགས་བརྗོད་ལས་དྲུ་གུ་ཐོག་རྒོད་རྒྱལ་པོ་ཆམ་ལ་ཕབས་ཤིང་གོ་མཚོན་གྱི་གཏེར་ཁ་བླང་ཚུལ་དངོས་

འགྲུབ་པའི་ལྕགས་ཀྱུ་ཞེས་བྱ་བ་བཞུགས་སོ། ཞེས་པའི་བར་ཆ།

2. 拉丁转写：

gling rje ge sar nor bu dgra 'dul rtogs brjod las dru gu thog rgod rgyal po cham la phabs shing go mtshon gyi gter kha blang tshul dngos grub 'gugs pa'i lcags kyu zhes bya ba bzhugs so. zhes pa'i bar cha

3. 汉译名：

《突厥兵器宗》，或《祝古国宗》《祝古兵国》《祝古兵器宗》《朱孤兵器宗》《朱古之战》《竹岭之战》。

4. 故事内容提要：

灭了东突还有南突。岭王认为降服南突刻不容缓。岭王重整旗鼓，率部南下，突厥大臣们慌手慌脚，向阿伦独眼鬼和青海派人求助。岭军大举进攻，南突的帮凶个个败退。阿伦独眼鬼和突厥的托桂王最终也死在英雄格萨尔的刀下。岭军大捷。

5. 版本描述（字体、抄本、刻本风格、版心大小、材质）：

藏文草体，长条抄本，每页 5 行，36.5cm×7.2cm，影印本。

6. 保存处及编号：

（1）原件保存处：印度西藏著作与档案馆。

（2）手抄原件保存处：青海省文联青海《格萨尔》研究所资料室。

（3）青海《格》研〔1993〕编号：I291.47.81.3：2

7. 版本说明（页码标记、残缺污浊页、翻译、出版）：

（1）总页码：723 页。

（2）1983 年由印度西藏著作与档案馆出版。

（3）未翻译

（4）异文本藏文出版：① 西藏，1988、1989；② 甘肃，1984、1986；③ 精选本，2013；④ 桑珠本，2011；⑤ 印度（达兰姆萨拉），1982、1983、1984、1985；⑥ 不丹，1981；⑦ 民族，2015。

8. 著作者、搜集者与搜集地：

（1）著作者：未知

（2）搜集者：阿旺丹琼

（3）搜集地：印度（原件来自 བཀའ་ཤེས་འཕྲུང་གི་པ་སྐར་དགོན།）

（4）搜集时间：1987？

9. 其他：

（1）此件根据青海《格》研 1993 年藏文目录以及中国社会科学院民文所藏编号为：I291.47/1/30.2//000060《突厥兵器宗》中册编制。

（2）此次查阅时未见此部。

#78 《突厥兵器宗》（下册）

1. 藏文全题名：

འཛམ་གླིང་གེ་སར་ནོར་བུ་དགྲ་འདུལ་རྟོགས་བརྗོད་ལས་དྲུ་གུ་ཐོག་རྒོད་རྒྱལ་པོ་ཆམ་ལ་ཕབས་ཤིང་གོ་མཚོན་གྱི་གཏེར་ཁ་བླང་ཚུལ་དངོས་གྲུབ་འགུགས་པའི་ལྕགས་ཀྱུ་ཞེས་བྱ་བ་བཞུགས་སོ། ཞེས་པའི་སྨད་ཆ།

2. 拉丁转写：

'dzam gling ge sar nor bu dgra 'dul rtogs brjod las dru gu thog rgod rgyal po cham la phabs shing go mtshon gyi gter kha blang tshul dngos grub 'gugs pa'i lcags kyu zhes bya ba bzhugs so. zhes pa'i smad cha

3. 汉译名：

《突厥兵器宗》，或《祝古国宗》《祝古兵国》《祝古兵器宗》《朱孤兵器宗》《朱古之战》《竹岭之战》。

4. 故事内容提要：

格萨尔遵照神灵之旨，派四位大臣带去哈达礼品前往青海，赏赐了青海王。让青海王管辖突厥都城，执掌朝政，治理国家，修缮突厥塔里寺，宏扬佛法，造福突厥众生。青海王达娃冬赛遵照岭国命令，前往突都，如令行事。他同岭国大臣一起，商量治国大策。格萨尔到突厥讲经说法，教育人们弃恶从善。青海王感激岭王的大恩，打开突厥宝库，献上了兵器等宝物。

5. 版本描述（字体、抄本、刻本风格、版心大小、材质）：

藏文草体，长条抄本，每页 5 行，36.5cm×7.2cm，影印本。

6. 保存处及编号：

（1）原件保存处：印度西藏著作与档案馆。

（2）手抄原件保存处：青海省文联青海《格萨尔》研究所资料室。

（3）青海《格》研〔1993〕编号：I291.47.81.3：3

7. 版本说明（页码标记、残缺污浊页、翻译、出版）：

（1）总页码：353 页。

（2）1982 年由印度西藏著作与档案馆出版。

（3）未翻译。

（4）异文本藏文出版：① 西藏，1988、1989；② 甘肃，1984、1986；③ 精选本，2013；④ 桑珠本，2011；⑤ 印度（达兰姆萨拉），1982、1983、1984、1985；⑥ 不丹，1981；⑦ 民族出版社，2015。

8. 著作者、搜集者与搜集地：

（1）著作者：未知

（2）搜集者：阿旺丹琼

（3）搜集地：印度（原件来自 བཀྲ་ཤིས་འབྱུང་གི་པ་ཤ་ར་དགོན།）

（4）搜集时间：1987？

9. 其他：

（1）此件根据青海《格》研 1993 年藏文目录以及中国社会科学院民文所藏编号为：I291.47/1/30.3//000060《突厥兵器宗》下册编制。

（2）此次查阅时未见此部。

79　《分大食财》

1. 藏文题名：

སྟག་གཟིག་ནོར་འགྱེད།

2. 拉丁转写：

stag gzig nor 'gyed

3. 汉译名：

《分大食财》，或《分大食牛》《达惹诺结》《达色施财》。

4. 故事内容提要：

依附于《大食财宗》的结尾部分，经艺人与抄写者的偏爱，将其单独说唱，逐渐形成了一个独立分部故事。故事讲述格萨尔征服大食国后，打开大食财宝宗，将所获大食国财宝分封给岭国、霍尔国、魔国、姜国和门国，以及各有功之臣。并将大食国财宝之福禄分别埋藏于藏族各地，以利益藏族未来民众。根据白玛仁增整理、刊刻于 1661 年的木刻本重新刊印。

5. 版本描述（字体、抄本、刻本风格、版面大小、材质）：

藏文乌金体（正楷）体，长条木刻本：30cm×8cm，每页 6 行，原件，藏纸。

6. 保存处及编号：

（1）手抄原件保存处：青海省文联青海《格萨尔》研究所资料室。

（2）青海《格》研〔1993〕编号：I291.47.83.1：1

7. 版本说明（页码标记、残缺污浊页、翻译、出版）：

（1）总页码：40叶。

（2）异文本汉文翻译：① 李朝群译《达色施财》，西藏人民出版社，1985；② 王沂暖、王兴先译，甘肃人民出版社，1986；③ 丹玛江永慈诚、多杰坚赞、郭晓虹，民族音像出版社，2013。

（3）异文本藏文出版：① 西藏，1980、2010；② 四川（《取阿里金窟》合编），1981；③ 印度（德里），1967；④ 蒙古（《格萨尔本生传》合编），1961；⑤ 丹玛江永慈诚、多杰坚赞、郭晓虹，民族音像出版社，2013。

8. 著作者、搜集者与搜集地：

（1）整理者：佐智白玛仁增（ཚོགས་སྤྲུལ་པདྨ་རིག་འཛིན་ཕྱིས་བརྒྱགས།）

（2）搜集者：智华

（3）搜集地：青海省循化县

（4）搜集时间：1991？

9. 其他：

（1）原题记"智华（གྲགས་པ）提供"。

（2）智华（智华嘉措），循化道纬人，学者，藏文书法家，在青海民族出版社工作，现青海《格萨尔》研究所旺姆措之舅父。

（3）有旧夹板，黄布与白色带子包裹（现书内所附编签为笔者1997年1月10日补写）。

#80 《扎噶尔绿松石宗》

1. 藏文题名：

བྲག་དཀར་གཡུ་རྫོང་།

2. 拉丁转写：

Brag dkar g.yu rdzong

3. 汉译名：

《扎噶尔绿松石宗》，或《周尕玉宗》《智尕玉宗》。

4. 故事内容提要：

紧邻霍尔国的扎噶尔国王桑格与霍尔白帐王持有相同信仰，信仰外道泰让神，而且两国关系友好。格萨尔大王降伏霍尔国后，扎噶尔王桑格想要为霍尔王报仇雪恨，打算侵犯岭国。尤其是扎噶尔王的叔叔信仰外道的阿瓦惹郭，得知霍尔王手下大英雄琼拉即自己的弟弟被格萨尔王杀害，前往深山修大自在天法。修成后念咒准备报复岭国时，格萨尔得到天神预言，让晁同幻化为扎嘎尔王的妹妹泰莱纳琼给阿瓦惹郭送上毒食，在白梵天王的帮助下将其消灭。但是晁同在返回岭国路上，被扎嘎尔猛将木江拉让活捉献给了扎嘎尔王。晁同通过骗术得以逃脱返回岭国，将一切情况汇报给格萨尔大王。于是两国之间发生战争，木江拉让法术威力无穷，就连丹玛与辛巴也昏厥过去。最后在格萨尔大王和丹玛之子的奋勇战斗下，降伏了扎嘎尔王与木江拉让魔将，打开了绿松石宝库。

5. 版本描述（字体、抄本、刻本风格、版面大小、材质）：

藏文草体？长条抄本，30cm×5cm？每页9行？手抄原件，藏纸。

6. 保存处及编号：

（1）手抄原件保存处：青海省文联青海《格萨尔》研究所资料室。

（2）青海《格》研〔1993〕编号：I291.47.84.1：1

7. 版本说明（页码标记、残缺污浊页、翻译、出版）：

（1）总页码：392 叶（藏文出版本 178 页）。

（2）异文本汉文未翻译。

（3）异文本藏文出版：① 甘肃，1998。

8. 著作者、搜集者与搜集地：

（1）搜集者：多杰才旦（ཛ་རྗེ་ཚེ་བརྟན།）

（2）搜集地：黄南州河南县

（3）搜集时间：1988 年 7 月

9. 其他：

（1）此件根据青海《格》研 1993 年藏文目录与甘肃民族出版社 1998 年版《周尕玉宗》编制。据 1998 年笔者查阅时告知，此件通过邮局寄来，搜集者在河南县委工作。

（2）据其书编辑红旗先生介绍，搜集者多杰才旦为黄南州河南县人。另搜集出版有《霍岭大战》中册（即《霍国悔泪》青海民族出版社，1988）。

（3）此次查阅时未见此部。

#81 《霍岭大战》（上册）

1. 藏文题名：

ཧོར་གླིང་གཡུལ་འགྱེད་སྟོད་ཆ།

2. 拉丁转写：

hor gling g.yul 'gyed，stod cha

3. 汉译名：

《霍岭大战》，或《霍尔侵入》《征服霍尔》《反击霍尔》《霍尔岭之战》。

4. 故事内容提要：

格萨尔前往北方降伏鲁赞魔王之时，霍尔国拥兵百万进攻岭国。战争初期，岭国一度利用计谋和将士个人的勇猛取得优势。但由于敌众我寡，再加上岭国晁同卖国求荣，以及岭国统帅贾察个人的义气行为，最终导致战败。统帅贾察、大将斯潘、青年将士聂察、玉达、戎察等遇难，王妃珠姆被抢，茶城被毁、岭国祖先遗留之财宝被掠夺，其他众将四处散落。

5. 版本描述（字体、抄本、刻本风格、版面大小、材质）：

柏簇体与草体，长条抄本：40cm×9cm，每页 7 行，手抄原件，藏纸。

6. 保存处及编号：

（1）手抄原件保存处：青海省文联青海《格萨尔》研究所资料室。

（2）青海《格》研〔1986〕编号：未见此目

7. 版本说明（页码标记、残缺污浊页、翻译、出版）：

（1）总页码：310—325 叶。

（2）1—279 叶残缺。

（3）异文本汉文翻译：① 青海民研会，1962；② 吴均、金迈译，1984；③ 王沂暖、华甲译（《贵德分章本》），1981；④ 王歌行、左可国、刘宏亮整理，1986。

（4）异文本藏文出版：① 青海，1962、1979、1980；② 西藏，1980；③ 青海（《黄霍尔》），1988、1994；④ 交加本，2006；⑤ 四川（《辛丹》附录），1982；⑥ 四川，1999；⑦ 精选本，2000；⑧ 桑珠本，2006；⑨ 印度（列城），1972；⑩ 印度（锡金、岗托克），1978；⑪ 印度（德里），1979；⑫ 印度（比尔），1979；⑬ 印度（岗托克），1984；⑭ 不丹 a，1979；⑮ 不丹 b，1979；⑯ 不丹 c，1979；⑰ 蒙古国，1961；⑱ 川《格》12，2015。

8. 著作者、搜集者与搜集地：

（1）搜集者：徐国琼？

（2）搜集地：四川甘孜

（3）搜集时间：1960 年 4 月 15 日

9. 其他：

（1）此次查阅时未见此书。

#82 《霍岭大战》

1. 藏文题名：

ཧོར་གླིང་གཡུལ་འགྱེད།

2. 拉丁转写：

hor gling g.yul 'gye

3. 汉译名：

《霍岭大战》，或《霍尔侵入》《平服霍尔》《征服霍尔》《反击霍尔》《霍尔岭之战》。

4. 故事内容提要：

格萨尔前往北方降伏鲁赞魔王之时，霍尔国拥兵百万进攻岭国。战争初期，岭国一度利用计谋和将士个人的勇猛取得优势。但由于敌众我寡，再加上岭国晁同卖国求荣，以及岭国统帅贾察个人的义气行为，最终导致战败。统帅贾察，大将斯潘，青年将士聂察、玉达、戎察等遇难，王妃珠姆被抢，茶城被毁、岭国祖先遗留之财宝被掠夺，其他众将四处散落。

格萨尔得到珠姆派来的使者神鸟仙鹤的帮助，从梅萨敬献的迷魂药中苏醒过来。返回岭国惩处晁同后，单枪匹马前往霍尔国，途中降伏霍尔国各大部落及守护神。最终在霍尔铁匠女果萨曲珍的帮助下，成功打造攀城铁链，派神马引来岭国兵将，一举歼灭了霍尔国，给白帐王备上马鞍，将霍尔国大将辛巴捉回岭国。

5. 版本描述（字体、抄本、刻本风格、版面大小、材质）：

藏文草体，长条抄本：40cm×9cm，每页 7 行，手抄原件，藏纸。

6. 保存处及编号：

（1）手抄原件保存处：青海省文联青海《格萨尔》研究所资料室。

（2）青海《格》研〔1986〕编号：未见此目

7. 版本说明（页码标记、残缺污浊页、翻译、出版）：

（1）总页码：21—40、42—71 叶。

（2）残缺。

（3）异文本汉文翻译：① 青海民研会，1962；② 吴均、金迈译，1984；③ 王沂暖、华甲译（《贵德分章本》），1981；④ 王歌行、左可国、刘宏亮整理，1986。

（4）异文本藏文出版：① 青海，1962、1979、1980；② 西藏，1980；③ 青海（《黄霍尔》），1988、1994；④ 交加本，2006；⑤ 四川（《辛丹》附录），1982；⑥ 四川，1999；⑦ 精选本，2000；⑧ 桑珠本，2006；⑨ 印度（列城），1972；⑩ 印度（锡金、岗托克），1978；⑪ 印度（德里），1979；⑫ 印度（比尔），1979；⑬ 印度（岗托克），1984；⑭ 不丹 a，1979；⑮ 不丹 b，1979；⑯ 不丹 c，1979；⑰ 蒙古国，1961；⑱ 川《格》12，2015。

8. 著作者、搜集者与搜集地：

（1）搜集者：不知

（2）搜集地：流传地不详

（3）搜集时间：不明

9. 其他：

（1）此次查阅（2013）中未见此书。

#83 《上粟特马宗》

1. 藏文全题名：

འཛམ་གླིང་གེ་སར་རྒྱལ་པོའི་རྟོགས་བརྗོད་ལས་སོག་སྟོད་ཅང་ཤེས་ཊ་རྫོང་ཕབ་ཏེ་མུ་སྟེགས་ཀྱི་བསྟན་པ་བསྣབས་ཤིང་རྒྱལ་བློན་ཆོས་ལ་བཀོད་པའི་ལེའུ་དང་པོ་བཞུགས་སོ།

2. 拉丁转写：

'dzam gling ge sar rgyal po'i rtogs brjod las sog stod cang shes rta rdzong phab te mu stegs kyi bstan pa bsnabs shing rgyal blon chos la bkod pa'i le'u dang po bzhugs so

3. 汉译名：

《上粟特马宗》，或《蒙古马城》《蒙古马国》《上蒙古马宗》《索波马宗》《索多马城》。

4. 故事内容提要：

雪山狮子国国王的化身嘎玛扎巴去粟特的鲁赤经商时被杀，国王派人向岭国扎拉求救。扎拉王子认为嘎玛扎巴是自己的孩子，一定要替他报仇。此时，岭国女英雄阿达拉姆梦中得到天神预言：征服粟特马宗必须先由自己出兵。阿达拉姆率领的三万大军驻扎在阿格达娃大平原。此时粟特王也得到预示自己被杀的梦境，派人立岗放哨。结果此人被阿达拉姆降伏，获得了粟特王的信息。

格萨尔和扎拉王子率军出师。粟特国的将士们在与岭军作战中先后身亡。最后格萨尔降伏了粟特鲁赤王，任命比推·永朱其美为粟特国国王，并在粟特国制定十善佛法。粟特百姓过上了幸福的生活。格萨尔等岭国众英雄获得了粟特的诸多良马。

5. 版本描述（字体、抄本、刻本风格、版心大小、材质）：

柏簇体与草体？长条抄本：35cm×10cm？每页 7 行？手抄原件，藏纸。

6. 保存处及编号：

（1）原件保存处：不知（或青海省文联青海《格萨尔》研究所资料室）。

（2）青海《格》研〔1986〕编号：无

7. 版本说明（页码标记、残缺污浊页、翻译、出版）：

（1）总页码：203 叶？

（2）未翻译。

（3）异文本藏文出版：① 西藏，1992；② 扎巴本，1999；③ 精选本，2013；④ 印度（德拉敦），1978；⑤ 印度（达兰姆萨拉），1982；⑥ 不丹，1981。

8. 著作者、搜集者与搜集地：

（1）著作者：觉宛嘛呢

（2）搜集者：不知

（3）搜集地：玉树结古

（4）搜集时间：1960 年 4 月？

9. 其他：

（1）此件未登录入青海《格》研 1986、1993 目录。根据［左可国 1983 藏文目录］［姜佐鸿 1984 藏文目录］补编。1984 年目录中登记为"藏书者陈显科，搜集地点玉树结古"。

（2）据吴均介绍，此件与青海昂欠流传本属同一抄本，856 页。

（3）此次查阅时未见此部。

84 《岭国歌舞》

1. 藏文题名：

ཨོཾ་ཨ་ཧཱུྃ་བཛྲ་གུ་རུ་པདྨ་སུདྡྷི་ཧཱུྃ། ངོ་མཚར་བརྡ་ཡི་ལེགས་བཞད། ཁྲ་མོ་གླིང་གི་སྐྱེ་རབ། ཆོས་སྒྲོན་ཉི་མའི་ཤིང་རྟ། རིག་འཛིན་མཁའ་འགྲོའི་དྭ་ཧ། བྲོ་གར་དཀར་མོའི་རྒྱང་སྙན་བཞུགས་སོ།།

2. 拉丁转写：

om a h'um badzra gu ru pad ma sudhi h'um，ngo mtshar brda yi legs bzhad，khra mo gling gi skye rab，chos sgrong nyi ma'i shing rta，rig 'dzin mkha 'gro'i dwa ha，bro gar dkar mo'i rgyang snyan bzhugs so

3. 汉译名：

《岭国歌舞》，或《岭地史传》。

4. 故事内容提要：

格萨尔登上岭国王位后的某一天，阿尼玛卿雪山顶上放射出五彩金光，岭国上空出现种种吉兆。格萨尔大王想，这样善好的缘起，应该让岭国人民唱歌跳舞庆祝一番。于是岭国众英雄各自运用自己熟悉的歌调唱了吉祥赞颂之歌，然后跳了各种娱神之舞，岭国人民沉浸在一片祥和幸福的气氛中。

5. 版本描述（字体、抄本、刻本风格、版面大小、材质）：

藏文柏簇体，长条抄本：45cm×10cm，每页 6 行，手抄原件，旧藏纸。

6. 保存处及编号：

（1）手抄原件保存处：青海省文联青海《格萨尔》研究所资料室。

（2）青海《格》研〔1986〕编号：I291.47.79：1：1

7. 版本说明（页码标记、残缺污浊页、翻译、出版）：

（1）总页码：45 叶。

（2）酥油污垢。

（3）未翻译

（4）出版：① 金迈、角巴东主整理，青海民族出版社，1993。

8. 著作者、搜集者与搜集地：

（1）著作者：白玛茹贝巴杂地（པད་མ་རོལ་པའི་རྟ་རྫ་དེས་མཛད）

（2）搜集者：不知

（3）搜集地：玉树地区

（4）搜集时间：不知

9. 其他：

（1）［左可国 1983 藏文目录］起青海《格》目录登记为《岭地史传？》。
［姜佐鸿 1984 藏文目录］中登记为包发荣、梁国楠、马俊德、余世忠搜集
自玉树地区。

（2）此次（2013）翻检内容后确定为此部名称为《岭国歌舞》。

（3）有新夹板，黄布与白色带子包裹。

#85 《地狱救母》

1. 藏文题名：

དམྱལ་གླིང་རྫོགས་པ་ཆེན་མོ

2. 拉丁转写：

dmyal gling rdzaogs pa chen po

3. 汉译名：

《地狱救母》，或《地狱大圆满》《岭国地狱大圆满》《娘岭》《地狱元胜
大全》。

4. 故事内容提要：

莲花生大师预言格萨尔，印度香河对岸边上有永生金刚杵，要求格萨
尔赴该地修行佛法一百天。格萨尔按大师的旨意单枪匹马去那里静修，可
是自己的母亲就在这时度完了一生。岭国群臣迎请大喇嘛，为果萨的灵魂
升天念经，举办了非常隆重的丧事。

就在果萨去世几天后的某夜，珠姆梦到果萨堕入了地狱。她将此事派

人带信告诉了远在印度的格萨尔王。格萨尔闻讯后进入地狱去质问阎王：我母亲向来苦修佛法，上供下施，从不怠慢，为何也掉进地狱？

阎罗法王说：你母亲做的是善业，但因你所杀汉、姜、霍尔、魔等灵魂都进入了地狱。因此给你的母亲带来了灾难，你快去营救吧！听完法王的话，格萨尔就去见母亲。正如法王所言，汉、姜、霍尔、魔等国的人把母亲东拉西扯折磨得皮开肉绽，实在目不忍睹。格萨尔大呼一声打散了人群，救出了慈母。母子相见，悲喜交加。格萨尔将母亲带进能活几亿年的乐土，然后回到了岭国。岭国臣民成千上万前来夹道迎接。格萨尔给大家详述了地狱的苦难，行善之好处，行凶之恶果。从此，岭国臣民更加虔信佛法，修行善业。

5. 版本描述（字体、抄本、刻本风格、版面大小、材质）：

藏文乌金体（正楷），木刻印本，每页 7 行，40cm×9cm，手抄原件，藏纸。

6. 保存处及编号：

（1）手抄原件保存处：青海省文联青海《格萨尔》研究所资料室。

（2）青海《格》研〔1986〕编号：未见此目

7. 版本说明（页码标记、残缺污浊页、翻译、出版）：

（1）总页码：2—228 叶。

（2）缺 1 叶、无尾。

（3）未翻译

（4）异文本藏文出版：① 四川，1986；② 精选本，2013；③ 印度（纽托加），1973；④ 印度（《迦湿弥罗绿松石宗》合编，德里），1971；⑤ 印度（噶岭堡），1979；⑥ 不丹，1984。

8. 著作者、搜集者与搜集地：

（1）搜集者：不知

（2）搜集地：德格龚哑地区

（3）搜集时间：1960？

9. 其他：

（1）此地调查（2013）时未见到此书。

（2）估计为青海文联 20 世纪五六十年代汉译《地狱救母之部》（资料之一——西康德格印本）之原藏文本。

#86 《安定三界》

1. 藏文题名：

ཁམས་གསུམ་བདེ་བཀོད།

2. 拉丁转写：

Khams gsum bde bkod

3. 汉译名：

《安定三界》，或《安置三界》。

4. 故事内容提要：

格萨尔降伏了四方妖魔，安定天下，拯救了百姓并将其王位传给扎拉泽加，安排了岭国后事，功德圆满，与珠姆、神马、弓箭等返回天界。

5. 版本描述（字体、抄本、刻本风格、版面大小、材质）：

藏文草体？长条抄本：40cm×9cm？每页 7 行？手抄原件，藏纸。

6. 保存处及编号：

（1）手抄原件保存处：青海省文联青海《格萨尔》研究所资料室。

（2）青海《格》研〔1986〕编号：未见此目

7. 版本说明（页码标记、残缺污浊页、翻译、出版）：

（1）总页码：30 叶。

（2）异文本汉文翻译：① 王沂暖等《分大食牛、安定三界》，甘肃，1986。

（3）异文本藏文出版：① 金迈、角巴东主《岭国歌舞》，青海，1993。

8. 著作者、搜集者与搜集地：

（1）搜集者：徐国琼

（2）搜集地：化隆德恒隆甲加村

（3）搜集时间：1960 年 2 月 19 日

9. 其他：

（1）原题记"俄索寺活佛合尔纳提供"。

（2）见于［左可国 1983 藏文目录］，青海《格》研 1986 年目录不见，此次查阅中未见此书。

（3）此部与《临终教诫》内容有重复，但结构上有区别，因此单独列出。

87 《霍岭大战》（中册）

1. 藏文题名：

ཧོར་སེར་འགྱོད་པའི་མིག་ཆུ།

2. 拉丁转写：

hor ser 'gyod pa'i mig chu

3. 汉译名：

《霍岭大战》或《霍国悔泪》《黄霍尔悔恨之泪》《征服霍尔》《反击霍

尔》《霍尔岭之战》。

4. 故事内容提要：

王妃珠姆被抢到霍尔国后，痛苦难当。一天，借煨桑之际派出岭国神鸟三仙鹤去往北方叶尔羌魔国，给格萨尔大王传信。得到大梵天王所化神鸟帮助，格萨尔大王从梅萨敬献的迷魂药中苏醒过来。首先向霍尔国射出神箭，摧毁了霍尔王的寄魂石。接着又派大臣向宛向霍尔王发布格萨尔大王已在魔国死亡的假消息。格萨尔大王带领魔国军队战胜霍尔边军，劫走财宝，霍尔国大将辛巴、冬图与唐泽等得知情形后流下了悔恨之泪。黄霍尔国王不知格萨尔大王是否存活，就派神鸟孔雀与喜尸鸟前往魔国侦探虚实。格萨尔大王幻化出可怖魔国都城，令两只鸟未探知真情。但是，辛巴均已知道格萨尔大王将要前来霍尔国报仇，只是无可奈何地等待着。

5. 版本描述（字体、抄本、刻本风格、版面大小、材质）：

藏文草体？长条抄本，30cm×5cm？每页9行？手抄原件，藏纸。

6. 保存处及编号：

（1）手抄原件保存处：不知（或多杰才旦处）。

7. 版本说明（页码标记、残缺污浊页、翻译、出版）：

（1）总页码：218页（藏文出版本）。

（2）异文本汉文翻译：① 青海民研会，1962；② 吴均、金迈译，1984；③ 王沂暖、华甲译（《贵德分章本》），1981；④ 王歌行、左可国、刘宏亮整理，1986。

（3）异文本藏文出版：① 青海，1962、1979、1980；② 西藏，1980；③ 青海（《黄霍尔》），1988、1994；④ 交加本，2006；⑤ 四川（《辛丹》附录），1982；⑥ 四川，1999；⑦ 精选本，2000；⑧ 桑珠本，2006；⑨ 印度（列城），1972；⑩ 印度（锡金、岗托克），1978；⑪ 印度（德里），1979；⑫ 印度（比尔），1979；⑬ 印度（岗托克），1984；⑭ 不丹 a，1979；⑮ 不丹 b，1979；⑯ 不丹 c，1979；⑰ 蒙古国，1961；⑱ 川《格》12，2015。

8. 著作者、搜集者与搜集地：

（1）搜集者：多杰才旦（ རྡོ་རྗེ་ཚེ་བརྟན། ）

（2）搜集地：黄南州河南县

（3）搜集时间：1987

9. 其他：

（1）原件保存处不知，根据青海民族出版社1988年版《霍国悔泪》编制。

（2）据其书编辑红旗先生介绍，搜集者多杰才旦为黄南州河南县人，另搜集出版有《扎噶尔绿松石宗》（即《周尕玉宗》甘肃，1998）。

88 《杂日药宗》

1. 藏文全题名：

ཁྲོ་རྫ་རི་སྨན་རྫོང་།

2. 拉丁转写：

lho rdza ri sman rdzong

3. 汉译名：

《杂日药宗》，或《南杂日药宗》《扎日药宗》《匝日药宗》。

4. 故事内容提要：

当晁同正在闭关修行时，药师仙女幻化为一位美丽动人的姑娘，扰乱晁同心神，半夜时分，姑娘突然消失，晁同顿觉六神无主，如患大病一般。通过占卜显示：只有用南方杂日圣山的药物才能根治此病。与此同时，天界姑母南曼噶姆给格萨尔降下预言：降伏南方杂日药物圣山。

岭军浩浩荡荡向南方进军，双方发生激烈战斗，南孟域国的小王子达威奇洛被达戎兵马活捉，送到格萨尔王帐前邀功。在格萨尔王威严而慈悲的精神感召下，达威奇洛表示降服，将孟域杂日地方所有的密情均毫无保留地禀报了格萨尔。达戎部落的兵马用幻化的大炮将杂日山口的关隘全部轰毁，大败杂日兵。杂日大将玉珠崩仁单人独骑去闯岭营，无人能敌，达绒部落的拉吾尼玛扎巴和达色扎拉两员小将也被他打落马下。卓噶德•曲炯柏纳带着幻化的大炮，打击南方兵马，取得重大胜利。

南方部队内部，玉珠崩仁和洛珠饶色之间发生内讧，部队分为两部分，岭军利用机会，严重损伤南方兵马。另一员大将协噶色力图促成双方和解，共同对付岭军。但是，洛珠饶色表面上表示愿意和解，暗地里带着自己的人马，去投靠岭军，协噶色知道后立即带兵追赶，不料遭到岭军阻击，被丹玛一箭射死。岭军派人去接应洛珠饶色。在征战的关键时刻，格萨尔王亲自出征，降伏了玉珠崩仁，射杀了孟域国王息堆杰布，开启南方药物宝藏，从此雪域藏地有了能够治病救人、延年益寿的珍贵药物。同时委派达戎玉拉贡赞做南方杂日孟域国的代理国王，在那里弘扬白色善业，消除黑色恶业。

5. 版本描述（字体、抄本、刻本风格、版心大小、材质）：

藏文乌金体（正楷），长条抄本，每页 8 行，36.8cm×7.6cm，原件，藏纸。

6. 保存处及编号：

（1）原件保存处：果洛《格萨尔》办公室。

7. 版本说明（页码标记、残缺污浊页、翻译、出版）：

（1）总页码：824 页　（藏文出版本，408 页）。

（2）未翻译

（3）异文本藏文出版：① 青海，1990

8. 著作者、搜集者与搜集地：

（1）著作者：昂亲多杰撰写（ དབང་ཆེན་རྡོ་བ་རྒྱལ་གྱིས་ཡི་གེར་བཀོད། 果洛哇塞艺人，1932—1997）

（2）搜集者：不知

（3）搜集地：果洛

（4）撰写时间：1987

9. 其他：

（1）此次查阅时未见，根据中国社会科学院民文所资料室藏复印件与青海民族版 1990 年本《匝日药宗》编制。

89　《阿赛铠甲宗》

1. 藏文题名：

ཀྲོ་ལ་བསེ་ཁྲབ་རྫོང་།

2. 拉丁转写：

Lho a bse khrab rdzong

3. 汉译名：

《阿赛铠甲宗》，或《阿赛甲宗》。

4. 故事内容提要：

北方马头金刚给达戎晁同降下预言，今年火羊年到了降伏南方阿赛国、获取铠甲宗的时机。于是晁同根据天神旨意，召集岭国英雄大众商议出兵阿赛国之事。乃琼吉根据梦中神通，在大会上告诉岭国此次出兵征服阿赛国；降伏的铠甲之主罗刹、石山魔森波拉让、雪山魔弥散罗增、森林魔森博乌棱之时需要引起注意的事情。与此同时，阿赛国大将罗刹冬纳郭苟根据自己的噩梦飞快前往公主达乐处汇报情况。达乐公主将此事报告阿赛国王玉舟，玉舟王召集群臣商议对敌之策。

岭国方面派出格萨尔大王的弟弟戎察玛莱前往侦察敌情。格萨尔大王通过神通变化降伏了阿赛国公主达珍，在达珍公主的帮助下，岭王掌握了阿赛的详细情况。于是双方展开战争，岭军英勇顽强，阿赛节节败退。贾察英姿勃发，显示精湛武艺，降伏了阿赛众多好汉。晁同施展咒术，攻下了阿赛的绿松石城。最后，阿赛王臣派公主前来和谈。岭军进入阿赛城堡，打开了铠甲宝库。

5. 版本描述（字体、抄本、刻本风格、版面大小、材质）：

藏文柏簇体？长条抄本，33cm×6cm？每页 6 行？手抄原件，藏纸。

6. 保存处及编号：

（1）手抄原件保存处：果洛《格萨尔》抢救办公室。

7. 版本说明（页码标记、残缺污浊页、翻译、出版）：

（2）总页码：82—187（藏文出版页）。

（3）未翻译

（4）异文本藏文出版：① 青海（《岭国歌舞》），1993；② 格日尖参本，
2008。

8. 著作者、搜集者与搜集地：

（1）著作者：不知

（2）搜集者：金迈

（3）搜集地：果洛

（4）搜集时间：1983？

9. 其他：

（1）此次查阅时未见，根据青海民族版 1993 年出版本《岭国歌舞》中
的《阿赛铠甲宗》编制。

（2）原件估计为果洛《格》表中的 18 号《阿赛甲宗》。

90 《英雄华贡娃》

1. 藏文题名：

དཔའ་གོང་བ་དགྲ་བཙན་ཐར་ཡག

2. 拉丁转写：

Dpa' gong ba dgra btsan thar yag

3. 汉译名：

《英雄华贡娃》，或《华贡娃·扎赞塔雅》。

4. 故事内容提要：

岭国上中下部落形成不久，姜国的部落长官擦玛克杰带领部队抢劫了
岭国牛羊财产。岭国部落正在商议如何对付之时，岭国曲潘纳布王的最小
的儿子华贡娃·扎赞塔雅听到此事后，敲大法鼓，极力要求自己前往追讨
财产。岭国各部落长官觉得华贡娃年岁幼小，尚不能出战迎敌。但是华贡
娃带领自己的猛将玉舟托嘉前往姜国，两人来到岭姜边境，杀得姜军死的
死、伤的伤，最后赶回了姜国的五百匹骏马、五百只绵羊。姜国大将南嘉

郭布请命前来追赶，于是双方展开殊死搏斗。华贡娃尽管身负重伤，但刀劈姜国大将，赢得了胜利。华贡娃派鸽子传信给总管王与贾察，总管王急速赶到，派自己的神马自天界取回不死甘露药，救活了华贡娃。然后，全军赶着马羊返回岭国，岭国大摆宴席庆祝。

5. 版本描述（字体、抄本、刻本风格、版面大小、材质）：

藏文柏簇体？长条抄本，45cm×10cm？每页 6 行？手抄原件，藏纸。

6. 保存处及编号：

（1）手抄原件保存处：不知。

7. 版本说明（页码标记、残缺污浊页、翻译、出版）：

（1）总页码：52—81（藏文出版页）。

（2）未翻译

（3）异文本藏文出版：① 青海（《岭国歌舞》），1993。

8. 著作者、搜集者与搜集地：

（1）著作者：不知

（2）搜集者：金迈、角巴东主？

（3）搜集地：果洛？

（4）搜集时间：1987？

9. 其他：

（1）此次查阅时未见，根据青海民族版 1993 年出版本《岭国歌舞》中的《华贡娃·扎赞塔雅》编制。

91 《董氏族根本预言》

1. 藏文题名：

ལྡོང་གི་མ་ཡིག་ལུང་བསྟན།

2. 拉丁转写：

Ldong gi ma yig lung bstan

3. 汉译名：

《董氏族根本预言》，或《敦氏预言授记》。

4. 故事内容提要：

土兔年，岭国曲潘纳布王得到阿尼玛沁神山预言，获得了《董氏族根本预言》。从此预言书得知，岭国将分为上中下三部落，即上岭色瓦八部落、中岭文部六部落、下岭穆江四部落。此后，北方嘉洛部落与中华国因一女子发生战争，最后北方嘉洛部落获胜，签订了合约。不久，嘉洛·敦巴坚赞诞生于北方嘉洛部落。中岭文布六部落中诞生了阿奴华桑王。在下岭穆瓦·达杰本与南方部落的丹增多杰之间发生冲突。穆瓦·达杰本战胜了南方孟部落，获得了大米等财物，并让嘎·弥居曲旺代理南方孟部落。此后，僧伦梦见自己床前有一只金翅鸟蛋大小的海螺，不久，僧达阿董大将诞生。萨霍尔地方的国王久麦琼赞与姜萨拉珍的王子丹玛出生，征服了西方穆蒙外道国家。此后，岭国诸多英雄依此诞生。

5. 版本描述（字体、抄本、刻本风格、版面大小、材质）：

藏文柏簌体？长条抄本，45cm×10cm？每页6行？手抄原件，藏纸。

6. 保存处及编号：

（1）手抄原件保存处：果洛《格萨尔》抢救办公室。

7. 版本说明（页码标记、残缺污浊页、翻译、出版）：

（1）总页码：396（藏文出版页）。

（2）未翻译

（3）异文本藏文出版：① 青海，1991。

8. 著作者、搜集者与搜集地：

（1）著作者：格日尖参（ གུ་ར་རྒྱལ་མཚན 1968 生，果洛德尔文部落掘藏艺人）

（2）搜集者：果洛《格萨尔》抢救办

（3）搜集地：果洛

（4）撰写时间：1988

9. 其他：

（1）此次查阅时未见，根据青海民族版 1991 年出版本《敦氏预言授记》编制。

（2）此书已由作家龙仁青翻译完成，正在出版之中。

92 《降伏北方古热魔王》

1. 藏文题名：

འཛམ་གླིང་གེ་སར་རྒྱལ་པོའི་རྟོགས་བརྗོད་ལས། བྱང་བདུད་ཀུ་ར་རྒྱལ་པོ་བཏུལ་བའི་སྒྲུང་ཡིག་མི་བསྲུན་གཡུལ་ལས་རྣམ་པར་རྒྱལ་བའི་རྔ་བོ་ཆེའི་སྒྲ་དབྱངས་ཞེས་བྱ་བ་བཞུགས་སོ།

2. 拉丁转写：

'dzam gling ge sar rgyal po'i rtogs brjod las, byang bdud ku ra rgyal po btul ba'i sgrung yig mi bsrun g.yul las rnam par rgyal ba'i rnga bo che'i sgra dbyangs zhes bya ba bzhugs so

3. 汉译名：

《降伏北方古热魔王》，或《征服北方古热魔王》。

4. 故事内容提要：

岭国色巴部落的尼崩达雅、文布部落的阿奴华桑和穆瓦部落的达香沃勒三位带领一批岭国人马，前往北方岸仁地方的琼雪郭果的附近、小石山阿蒙克斗的山路上，去猎杀野牦牛。此时北方古热王与大臣达畴查郭、神箭手阿潘陀伽、青年勇士亚麦冬舟等众人前来给石山多杰丹颂煨桑。两军遭遇，互相谴责，发生小规模战斗。

此时，格萨尔大王得到天母预言，到了降伏北方古热魔王的时机。于是大王派米琼卡德刺探敌情反而被俘后遭到羞辱遣返。岭军通过召开部落大会，派遣贾察、晁同王、丹玛、森达、扎拉、丹赛华沃玉达等勇士带领岭军北伐。两军展开殊死搏斗，各自使用法宝、展示武艺，岭国英雄克敌制胜，战胜了各自对战的敌将，攻破了北方古热王的城堡四门。最后，格萨尔大王出面降伏了古热王，香萨达维斯珍一一介绍了北方宝库中的珍宝。

5. 版本描述（字体、抄本、刻本风格、版面大小、材质）：

藏文柏簇体？长条抄本，33cm×6cm？每页 6 行？手抄原件，藏纸。

6. 保存处及编号：

（1）手抄原件保存处：果洛《格萨尔》抢救办公室。

7. 版本说明（页码标记、残缺污浊页、翻译、出版）：

（2）总页码：248 页（藏文出版页）。

（3）未翻译

（4）藏文出版：① 四川，1994

8. 著作者、搜集者与搜集地：

（1）著作者：唐维喇嘛噶热（ཐང་པའི་བླ་མ་དགའ་རབ།）

（2）搜集者：果洛《格》办

（3）搜集地：果洛甘德

（4）搜集时间：1983 年 9 月

9. 其他：

（1）此次未能查阅，根据四川民族 1994 年版《征服北方古热魔王》编制。

（2）原件为果洛《格》表中的 17 号《征服北王》。

（3）从报道中得知，1993 年 9 月由唐维喇嘛噶热之女 58 岁的伊格提供抄本。

93 《大食魏摩隆仁财宝宗》

1. 藏文题名：

འཛམ་གླིང་གེ་སར་རྒྱལ་པོའི་རྟོགས་བརྗོད་ལས་སྟག་གཟིག་ནོར་རྫོང་ལས་ནང་འོལ་མོ་ལུང་ནས་གཡང་ནོར་བླངས་ཤིང་གཡང་བསྟོད་བཅས་ཨོ་

རྒྱན་མཁའི་འགྲོ་ནོར་ལྷའི་གཡང་འབོད་སྣུན་མོ་འགུགས་པའི་ཆོས་སྒྲུང་ནོར་བུ་ཕྲེང་བ་ཞེས་བྱ་བ་བཞུགས་སོ

2. 拉丁转写：

'dzam gling ge sar rgyal po'i rtogs brjod las，stag gzig nor rdzong las nang 'ol mo lung nas g.yang nor blangs shing g.yang bstod bcas o rgyan mkha'i 'gro nor lha'i g.yang 'bod snuan mo 'gugs pa'i chos sgrung nor bu phreng ba bya ba bzhugs so

3. 汉译名：

《大食魏摩隆仁财宝宗》，或《大食沃茂隆让》。

4. 故事内容提要：

因晁同盗大食国宝马缘起，岭国最终征服大食国后，打开了红岩宝库，将其财宝运回岭国。此时，天神拉姆央金玛给格萨尔大王降下预言，到了降伏大食内部的魏摩隆仁财宝神宗、打开五财宝神管理的宝库的时机到了。大食内部的魏摩隆仁有东西南北四座大城围绕，大力士朵赤璜纳与董堆米纳璜让守卫东城多日燮卡城，玛堆董赤玛拉以及 13 支力士军队守卫南城玛茹色卡城，西城美丽的玛琴桑卡城由大力士达拉东珠与 10 万军队守护，北城穆巴洛智玉卡城由大臣雍仲惹丹以及 10 万多军队把守。其中其军事统帅大臣散丹弥仁更是武艺高强、智慧超群，苯教上师辛喇沃噶法术惊人。

格萨尔依据天神预言，请来了东方汉地的阿更卓玛，这样东西南北中五位空行母化身的五位公主齐聚到了岭国。达戎晁同王运用法术请来黄财神，凭借空行母之一的大食公主诺布卓玛的帮助，黄财神皈依了格萨尔大王。之后，遵照格萨尔大王的命令，辛巴与丹玛征服了东城、巴拉与玉拉征服了南城、噶德与尼崩征服了西城、董炯与阿达鲁姆征服了北城，格萨尔大王亲自将苯教上师辛喇送往了香巴拉清净佛土，岭国勇士们冲进魏摩隆仁都城，格萨尔大王运用神通最终降伏了统帅散丹弥仁以及国王。最后，五位空行母打开了大食魏摩隆仁财神宝库，格萨尔大王将各种财宝以及马、牛、羊等分赠了岭国及属国各个部落，又将各财宝的福运埋藏在了世界各地。

5. 版本描述（字体、抄本、刻本风格、版面大小、材质）：

藏文柏簇体？长条抄本，33cm×6cm？每页 6 行？手抄原件，藏纸。

6. 保存处及编号：

（1）手抄原件保存处：不知（或降央沃赛与格桑尼玛处）。

7. 版本说明（页码标记、残缺污浊页、翻译、出版）：

（1）总页码：495 页（藏文出版）。

（2）未翻译

（3）藏文出版：① 青海《格》办，2011。

8. 著作者、搜集者与搜集地：

（1）著作者：不知

（2）搜集者：降央沃赛与格桑尼玛

（3）搜集地：玉树

（4）搜集时间：1990？

9. 其他：

（1）旧抄本，根据青海民族 2011 年版《大食沃茂隆让》编制。

（2）青海《格》办出版本由洛桑仁青与嘎玛拉姆整理。

94 《郭拉盐宗》

1. 藏文题名：

གླིང་གེ་སར་རྒྱལ་པོའི་སྒྲུང་ལས། བྱང་གོ་རའི་ཚྭ་གཏེར་བླངས་པའི་དཔའ་བོ་སྙིང་གི་དགའ་སྟོན་རྣ་བའི་ཞེས་བྱ་བ་བཞུགས་སོ

2. 拉丁转写：

gling ge sar rgyal po' i sgrung las，byang go ra'i tshwa gter blangs pa'i dpa'
bo snying gi dga' ston rna ba'i zhes bya ba bzhugs so

3. 汉译名：

《郭拉盐宗》，或《廓拉察宗》《廓热察宗》。

4. 故事内容提要：

格萨尔王在降伏南方木里国之后，在狮龙宫殿闭关修行，天界姑母南曼噶姆出现给他降下预言授记，降伏北方郭拉盐宗的时候到了。格萨尔立即吩咐各部落、各邦国首领前来查姆岭议事，讲述了天神的旨意，命令各国英雄迅速做好准备，出征北方郭拉国夺取盐城。

此前，北方郭拉地方的商人到外地经商时，遭岭地强盗抢窃，国王托杰赤赞得到禀报后十分气愤，下令派兵查询得知，抢劫郭拉商队的是岭国的达绒晁同长官。托杰赤赞国王召集群臣和大将商议，大家一致认为应该占卜结果，派兵攻打岭国。于是郭拉大军浩浩荡荡向岭国进兵。另一方面，按照格萨尔王的命令，岭国及各国联军立即出征郭拉国，来到黄河上游的玛堆纳玛大草原扎营。

北方郭拉兵马昼夜兼程，来到已经归属岭国的大食地界，两军发生战争。岭国兵马日夜兼程，前来援助，先锋霍尔兵、姜国兵、孟域兵在北方歇玛拉山口与郭拉兵相遇。双方展开了一次次激战。郭拉国老臣们看到岭军势力强大，本国很多勇将先后战死，十分悲痛，失去了作战勇气。此时，格萨尔大王亲自前来杀死郭拉王的寄魂野牛，降伏了郭拉王及危害善业的妖魔。郭拉大臣和大将们表示愿意投降。格萨尔打开食盐宝库，黑发藏民最需要的盐巴，如同洁白的雪，源源不断地从宝库里流淌，人们欢呼歌唱，庆祝胜利。

5. 版本描述（字体、抄本、刻本风格、版面大小、材质）：

藏文柏簇体，长条抄本，36.5cm×7.3cm，每页 6 行，手抄原件，藏纸。

6. 保存处及编号：

（1）手抄原件保存处：不知（或多果·阿文格来处）。

7. 版本说明（页码标记、残缺污浊页、翻译、出版）：

（1）总页码：1439 页（683+281+475 页，藏文出版）。

（2）未翻译

（3）同部异文本藏文出版：① 印度（达兰姆萨拉），1985；② 精选本，2010。

8. 著作者、搜集者与搜集地：

（1）著作者：钟巴·拉格（འབྲོང་པ་ལྷ་དག 又名杜堆南嘉 བདུད་འདུལ་རྣམ་རྒྱལ）

（2）搜集者：多果·阿文格来

（3）搜集地：玉树

（4）搜集时间：2000—2002

9. 其他：

（1）艺人钟巴·拉格撰写本，根据多果·阿文格来搜集整理本（青海西宁民族印刷厂，2006）与印度 1985 年出版本编制。

（2）钟巴·拉格为囊谦之钟多地区艺人，1958 年去往印度，20 世纪 80 年代改革开放后，艺人由于年事已高与健康等原因，未能返回故乡。1982 年他将自己保存多年的这部抄本交给乡人带回故乡。不久病逝于尼泊尔。2000 年多果·阿文格来（ཨོ་རྒྱན་དབང་དགེ་ལེགས）于当云的拉藏寺院（འདན་མ་ཆོས་དགོན་）中搜集到此部抄本，由于保存者保存不善，上册遗失。后来通过多方寻求，得到多人帮助，最终于 2002 年从尼泊尔找到此部抄本全部。此艺人尚撰写有《木里金宗》等多部《格萨尔》史诗。

（3）笔者藏有印度 1985 年版此部上中下三册，由西藏文联德庆卓嘎老师 2003 年赠与。

@01 《丹玛青稞宗》

1. 藏文全题名：

འདན་མ་ནས་རྫོང་།

2. 拉丁转写：

'dan ma nas rdzong

3. 汉译名：

《丹玛青稞宗》。

4. 故事内容提要：

岭国的总管戎查叉根知道了在岭国共有财产文书中所预言的要格萨尔征服丹玛青稞宗的时机已来临。他想，格萨尔诞生之前，世界的总体状况是：雨雪无季节，连年闹灾荒，这在雪域更为突出，尤其是岭国的土地，不按季下雨，举国旱情重重，再加上霜灾、雹灾和虫灾的袭击，连年饥荒连年灾。他想，格萨尔的诞生是岭国吉瑞幸福的祥兆。因此，必须把用法术征服丹玛赤尕王，攻取青稞宗，造福岭国的事告诉格萨尔，这样格萨尔就会大发慈悲，拯救挣扎在水深火热之中的岭民。

格萨尔接受了总管的建议，同晁同一道来到了丹玛，征服了丹玛赤尕王，与梅朵鲁古措公主建立了友好关系，接收了青稞宝库，让君臣们信奉佛法。他们征服了山神。从此雪域摆脱了饥荒，人们过上了幸福的生活。岭人把青稞宗的青稞宝藏运到了岭国。

5. 版本描述（字体、抄本、刻本风格、版心大小、材质）：

藏文柏簇体，B5 稿纸本，每页 15 行。

6. 保存处及编号：

（1）原件保存处：青海省文联青海《格萨尔》研究所资料室。

（2）青海《格》研〔1986〕编号：I291.47.62：1

7. 版本说明（页码标记、残缺污浊页、翻译、出版）：

（1）总页码：153 页。

（2）异文本汉文翻译：① 角巴东主主编，高等教育出版社，2011。

（3）异文本藏文出版：① 青海，1989；② 精选本，2013；③ 川《格》丛书10，2014。

8. 著作者、搜集者与搜集地：

（1）抄写者：布特尕

（2）搜集者：姜佐鸿

（3）搜集地：玉树结古

（4）搜集时间：1980 年 1 月

9. 其他：

（1）此件系文革结束后，青海文联民研会请人依据原长条手抄本重新抄写之稿件。

@02　《辛丹内讧》

1. 藏文全题名：

གཤན་འདན་ནང་འཁྲུགས།

2. 拉丁转写：

shan 'dan nang 'khrugs

3. 汉译名：

《辛丹内讧》，或《辛巴与丹玛》《辛丹之争》。

4. 故事内容提要：

格萨尔征服霍尔国以后，将霍尔国大将辛巴捉回岭国，并未处死，而是令其忏悔所造的恶业。但是以丹玛为首的一些大将强烈要求惩处霍岭战争中杀死了岭国统帅贾察、青年小将戎察等英雄的辛巴。辛巴表白了自己对岭国一如既往的忠心和无意间杀死了岭国英雄的悲心。根据天神旨意，格萨尔奉劝丹玛等人要以大局为重，放过辛巴。丹玛因格萨尔不愿处死辛巴，带领丹玛三大部落离去。天神要求格萨尔前去追回丹玛，因为他和辛巴是今后格萨尔降伏各个魔国时的左膀右臂。格萨尔追上丹玛，丹玛依然如故不愿返回岭国，最终格萨尔请来天国的贾察。过去的君臣生死两界相见，丹玛泪如雨下，合掌顶礼。最终在贾察的劝说下返回了岭国。

5. 版本描述（字体、抄本、刻本风格、版心大小、材质）：

藏文柏簇体，B5 稿纸本，每页 15 行。

6. 保存处及编号：

（1）原件保存处：青海省文联青海《格萨尔》研究所资料室。

（2）青海《格》研〔1986〕编号：I291.47.63.2：1

7. 版本说明（页码标记、残缺污浊页、翻译、出版）：

（1）总页码：117 页。

（2）异文本汉文翻译：① 马岱川、扎西东珠译，民族音像出版社，2009；② 角巴东主主编，高等教育出版社，2011。

（3）异文本藏文出版：① 四川，1982；② 西藏，1985；③ 桑珠本，2003。

8. 著作者、搜集者与搜集地：

（1）抄写者：不知

（2）搜集者：姜佐鸿

（3）搜集地：玉树结古

（4）搜集时间：1980 年 8 月

9. 其他：

（1）据【左可国 1983 藏文目录】补编。

@03 《辛丹内讧》

1. 藏文全题名：

ཤན་འདན་ནང་འཁྲུགས།

2. 拉丁转写：

shan 'dan nang 'khrugs

3. 汉译名：

《辛丹内讧》，或《辛巴与丹玛》《辛丹之争》。

4. 故事内容提要：

格萨尔征服霍尔国以后，将霍尔国大将辛巴捉回岭国，并未处死，而是令其忏悔所造的恶业。但是以丹玛为首的一些大将强烈要求惩处霍岭战争中杀死了岭国统帅贾察、青年小将戎察等英雄的辛巴。辛巴表白了自己对岭国一如既往的忠心和无意间杀死了岭国英雄的悲心。根据天神旨意，格萨尔奉劝丹玛等人要以大局为重，放过辛巴。丹玛因格萨尔不愿处死辛巴，带领丹玛三大部落离去。天神要求格萨尔前去追回丹玛，因为他和辛巴是今后格萨尔降伏各个魔国时的左膀右臂。格萨尔追上丹玛，丹玛依然如故不愿返回岭国，最终格萨尔请来天国的贾察。过去的君臣生死两界相见，丹玛泪如雨下，合掌顶礼。最终在贾察的劝说下返回了岭国。

5. 版本描述（字体、抄本、刻本风格、版心大小、材质）：

藏文柏簇体，B5 稿纸本，每页 15 行。

6. 保存处及编号：

（1）原件保存处：青海省文联青海《格萨尔》研究所资料室。

（2）青海《格》研〔1986〕编号：I291.47.63.2：2

7. 版本说明（页码标记、残缺污浊页、翻译、出版）：

（1）总页码：113 页。

（2）异文本汉文翻译：① 马岱川、扎西东珠译，民族音像出版社，2009；② 角巴东主主编，高等教育出版社，2011。

（3）异文本藏文出版：①四川，1982；②西藏，1985；③桑珠本，2003。

8. 著作者、搜集者与搜集地：

（1）抄写者：布特尕

（2）搜集者：姜佐鸿

（3）搜集地：玉树结古

（4）搜集时间：1979 年 10 月

9. 其他：

（1）此件系"文革"结束后，青海文联民研会请人依据原长条手抄本重新抄写之稿件。

（2）手抄本之一种。

@04 《英雄诞生》

1. 藏文题名：

འཁྲུངས་གླིང་མེ་ཏོག་ར་བ།

2. 拉丁转写：

'khrungs gling me tog ra ba

3. 汉译名：

《英雄诞生》，或《诞生史》《冲岭梅朵然哇》《诞生、占领玛域》。

4. 故事内容提要：

岭国穆布董氏热查干布生有三子，形成了岭穆布董氏长仲幼三系。有一次，果部落侵犯岭地，杀害了岭地总管王绒查叉根之子，岭国起兵复仇，进攻果部落，掳获龙女麦朵娜泽，并被僧伦王纳为次妃，僧伦和果萨生了觉如（格萨尔的小名）。格萨尔诞生三天以后征服了黑鸟三兄（家那三兄弟）、高僧贡巴惹杂、九百恶犊、红魔驹等魔鬼。

晁同很害怕格萨尔夺走他的王位，便造谣说觉如是个鬼怪，果萨本是女妖；把格萨尔赶到黄河谷地玛麦隆多草原。格萨尔在那里降服了损耗鬼和厉鬼等。有一年，岭地遭受雪灾，岭·格萨尔诞生后，不计前嫌，分给他们放牧的草场，毅然收留了迁徙到玛麦隆多草原的包括晁同在内的岭国军民。

5. 版本描述（字体、抄本、刻本风格、版面大小、材质）：

藏文柏籍体，B5 稿纸本，每页 15 行。

6. 保存处及编号：

（1）原件保存处：青海省文联青海《格萨尔》研究所资料室。

（2）青海《格》研〔1986〕编号：I291.47.64：1

7. 版本说明（页码标记、残缺污浊页、翻译、出版）：

（1）总页码：175 页。

（2）重 82、112 页。

（3）异文本汉文翻译：① 王沂暖、何天慧，甘肃，1985。

（4）异文本藏文出版：① 西藏，1982；② 甘肃，1981；③ 四川，1980、1999；④ 四川《玛麦觉如王事业》，2001；⑤ 青海《开天辟地》，1987；⑥ 青海，1988；⑦ 扎巴本，1996；⑧ 文库本，1996；⑨ 桑珠本，2001；⑩ 精选本，2013；⑪ 竹杰沃嘎本，民族，2010；⑫ 印度（德里），1967？⑬ 印度（达拉姆萨拉），1984；⑭ 不丹，1979；⑮ 蒙古国，1961。

8. 著作者、搜集者与搜集地：

（1）抄写者：不知

（2）搜集者：姜佐鸿、蔺成才

（3）搜集地：玉树结古

（4）搜集时间：1979 年 8 月

9. 其他：

（1）此件系文革结束后，青海文联民研会请人依据原长条手抄本重新抄写之稿件。

（2）重 82、112 页。

@05 《分大食财》

1. 藏文题名：

སྟག་གཟིག་ནོར་འགྱེད།

2. 拉丁转写：

stag gzig nor 'gyed

3. 汉译名：

《分大食财》，或《分大食牛》《达惹诺结》《达色施财》。

4. 故事内容提要：

依附于《大食财宗》的结尾部分，经艺人与抄写者的偏爱，将其单独说唱，逐渐形成了一个独立分部故事。故事讲述格萨尔征服大食国后，打开大食财宝宗，将所获大食国财宝分封给岭国、霍尔国、魔国、姜国和门国，以及各有功之臣。并将大食国财宝之福禄分别埋藏于藏族各地，以利益藏族未来民众。根据白玛仁增整理、刊刻于 1661 年的木刻本重新刊印。

5. 版本描述（字体、抄本、刻本风格、版面大小、材质）：

藏文柏簌体，B5 稿纸本，每页 15 行。

6. 保存处及编号：

（1）原件保存处：青海省文联青海《格萨尔》研究所资料室。

（2）青海《格》研〔1986〕编号：I291.47.65：1

7. 版本说明（页码标记、残缺污浊页、翻译、出版）：

（1）总页码：57 页。

（2）异文本汉文翻译：① 李朝群译《达色施财》，西藏人民出版社，1985；② 王沂暖、王兴先译，甘肃人民出版社，1986；③ 丹玛江永慈诚、多杰坚赞、郭晓虹，民族音像出版社，2013。

（3）异文本藏文出版：① 西藏，1980、2010；② 四川（《取阿里金窟》合编），1981；③ 印度（德里），1967；④ 蒙古（《格萨尔本生传》合编），1961；⑤ 丹玛江永慈诚、多杰坚赞、郭晓虹，民族音像出版社，2013。

8. 著作者、搜集者与搜集地：

（1）抄写者：不知

（2）搜集者：姜佐鸿

（3）搜集地：玉树结古

（4）搜集时间：1980

9. 其他：

（1）此件系文革结束后，青海文联民研会请人依据原长条手抄本重新抄写之稿件。

（2）原题记："经布特尕手借抄"。

@06 《地狱救妻》

1. 藏文题名：

དམྱལ་གླིང་མུན་པ་རང་གསལ།

2. 拉丁转写：

Dmyal gling mun pa rang gsal

3. 汉译名：

《地狱救妻》，或《阿达拉姆》《阿德拉毛》《阿达鲁姆》。

4. 故事内容提要：

岭·格萨尔去汉地降伏魔妃时，其最英勇善战的妃子阿达拉姆请求一同前往，格萨尔给其讲述了此次行程的因缘后，并未带其去汉地。期间阿达拉姆病死，堕入地狱。格萨尔回国后，得知此事，前去地狱与阎罗王理论。阎罗王告知格萨尔王妃阿达拉姆生前嗜杀成性，冤魂缠身而堕此地狱的道理。最后，格萨尔经阎王的指点，下至十八层地狱，终于在阿鼻地狱找到阿达拉姆，并将其搭救出来，同时还超度了 18 亿亡灵随之同登极乐世界。

5. 版本描述（字体、抄本、刻本风格、版面大小、材质）：

藏文柏簇体，B5 稿纸本，每页 15 行。

6. 保存处及编号：

（1）原件保存处：青海省文联青海《格萨尔》研究所资料室。

（2）青海《格》研〔1986〕编号：I291.47.66.2：1

7. 版本说明（页码标记、残缺污浊页、翻译、出版）：

（1）总页码：112 页。

（2）异文本汉文翻译：① 角巴东主主编，高等教育出版社，2011。

（3）异文本藏文出版：① 青海，1983；② 丹增智华，2009；③ 洛桑奥赛，2011。

8. 著作者、搜集者与搜集地：

（1）原藏书者：扎西嘉木措

（2）搜集者：《青海湖》杂志社

（3）搜集地：果洛玛沁拉加公社一队

（4）搜集时间：1980？

9. 其他：

（1）青海《格》研 1993 年目录题记："由《青海湖》代言公转来"。

（2）在［左可国 1983 藏文目录］中列为《地狱救母》，此次修订为《地狱救妻》。

@07 《地狱救妻》

1. 藏文题名：

ཨ་སྟག་ལྷ་མོ།

2. 拉丁转写：

a stag lha mo

3. 汉译名：

《地狱救妻》，或《阿达拉姆》《阿德拉毛》《阿达鲁姆》。

4. 故事内容提要：

岭·格萨尔去汉地降伏魔妃时，其最英勇善战的妃子阿达拉姆请求一同前往，格萨尔给其讲述了此次行程的因缘后，并未带其去汉地。其间阿达拉姆病死，堕入地狱。格萨尔回国后，得知此事，前去地狱与阎罗王理论。阎罗王告知格萨尔王妃阿达拉姆生前嗜杀成性，冤魂缠身而堕此地狱的道理。最后，格萨尔经阎王的指点，下至十八层地狱，终于在阿鼻地狱找到阿达拉姆，并将其搭救出来，同时还超度了 18 亿亡灵随之同登极乐世界。

5. 版本描述（字体、抄本、刻本风格、版面大小、材质）：

藏文乌金体（正楷），B5 稿纸本，每页 15 行。

6. 保存处及编号：

（1）手抄原件保存处：青海省文联青海《格萨尔》研究所资料室。

（2）青海《格》研〔1986〕编号：I291.47.66.2：2

7. 版本说明（页码标记、残缺污浊页、翻译、出版）：

（1）总页码：130 页。

（2）异文本汉文翻译：① 角巴东主主编，高等教育出版社，2011。

（3）异文本藏文出版：① 青海，1983；② 丹增智华，2009；③ 洛桑奥赛，2011。

8. 著作者、搜集者与搜集地：

（1）搜集者：完么嘉措

（2）搜集地：同仁隆务

（3）搜集时间：1980？

9. 其他：

（1）原题记"万马加措提供"。

（2）原题记"已出版"（即青海民族 1983 年版为依据此书出版）。

@08 《姜岭大战》（上册）

1. 藏文全题名：

འཇང་གླིང་གཡུལ་འགྱེད།

2. 拉丁转写：

'jang gling g.yul 'gyed

3. 汉译名：

《姜岭大战》，或《姜岭之战》《降岭之战》《保卫盐海》《征服姜国》《岭八十大将传》。

4. 故事内容提要：

莲花生大师派天神玛乃乃假扮姜国天神，给姜国国王萨丹王降下假预言，致使他遵照假预言派王子玉拉托居尔前往岭国方向去迎接贵宾，结果被辛巴设计降伏被擒。萨丹王召集群臣出师岭国解救王子。双方经过多年战争，各有损伤，但未分出胜负。

岭国设计延误姜军进攻岭国计划。岭国派以丹玛为首的六大将帅突捣姜营，致使姜军人仰马翻，溃不成军。萨丹王丧失理智，悲愤之际欲饮尽江河，格萨尔变成一条小鱼钻进姜王肚中，救出被吞的男女 20 人。格萨尔站在萨丹心顶祈求三宝保佑。萨丹恼羞成怒，向自己的心口扎了一刀，结束了自己的生命。格萨尔收回盐矿岭国，任命玉拉为姜地十二地的首领。架起了藏汉友谊之桥。岭军凯旋。

5. 版本描述（字体、抄本、刻本风格、版心大小、材质）：

藏文柏簇体，稿纸抄本，每页 7 行，40cm×9cm

6. 保存处及编号：

（1）手抄原件保存处：青海省文联青海《格萨尔》研究所资料室。

（2）青海《格》研〔1986〕编号：I291.47.67：1

7. 版本说明（页码标记、残缺污浊页、翻译、出版）：

（1）总页码：83 页。

（2）异文本汉文翻译：① 徐国琼、王晓松译，中国藏学，1991。

（3）异文本藏文出版：① 西藏，1981；② 罗哲嘉措本，甘肃，1989；③ 甘肃，1993；④ 精选本，2002；⑤ 桑珠本，2003；⑥ 交加本，甘肃，2006；⑦ 格日尖参本，甘肃，2007；⑧ 印度（德里），1965；⑨ 印度（岗托克），1977；⑩ 印度（岗托克），1983；⑪ 不丹，1981；⑫ 蒙古国，1959；⑬ 川《格》丛书 11，2014。

8. 著作者、搜集者与搜集地：

（1）藏书者：尕桑罗锥

（2）搜集者：海南州翻译室

（3）搜集地：海南州

（4）搜集时间：1980 年？

9. 其他：

（1）原题记"残缺"。

@09 《雪山水晶宗》

1. 藏文全题名：

གངས་རི་ཤེལ་རྫོང་ཐབ་པའི་རྣམ་ཐར་བཞུགས་སོ།།

2. 拉丁转写：

'dzam gling seng chen rgyal po'i rtogs brjod las gangs ri shel rdzong bzhugs so

3. 汉译名：

《雪山水晶宗》，或《征服拉达克水晶国》《贡日水晶宗》。

4. 故事内容提要：

岗底斯拉达克旭奴嘎伍王向已被岭国降伏的白惹等国征税，白惹等国向岭国求救。此时，莲花生大师给格萨尔预言：通往雪山水晶宗的大道将要打开，要出兵征服雪山水晶国。格萨尔招集九国大军，联伐水晶国。联军兵分三路攻打：第一路由格萨尔率领，第二路由扎拉王子率领，第三路由玉拉托居尔率领。两军交火，战斗十分激烈。岭军消灭了雪山国五大将，80 勇士。格萨尔先后征服了雪山国的君臣守护神，扎拉王子征服了北方扎木宗。格萨尔征服了西方扎铁宗；东方日扎那宗由玉拉征服。

最后，岭君臣来到雪山国都城，扔掉了城头上的魔幡旗，挂上了佛法胜利幡旗。格萨尔带领勇士们来到美丽白岩前，开启了水晶宝藏。在运水晶的途中，亭容赤旭王挡住岭军道路。亭岭之战因此发生，岭军征服了亭王。亭容的山神以珊瑚太后为主的许多宝矿，献给国王，并附绸缎七匹。

5. 版本描述（字体、抄本、刻本风格、版心大小、材质）：

藏文柏簇体，B5 稿纸本，每页 15 行。

6. 保存处及编号：

（1）原件保存处：青海省文联青海《格萨尔》研究所资料室。

（2）青海《格》研〔1986〕编号：I291.47.68：1

7. 版本说明（页码标记、残缺污浊页、翻译、出版）：

（1）总页码：211 页。

（2）异文本汉文翻译：①意西泽珠、许珍妮译，四川，1988；②角巴东主主编，高等教育出版社，2011。

（3）异文本藏文出版：①四川，1982；②扎巴本，2011；③精选本，2013；④印度（多兰吉），1983；⑤不丹，1981。

8. 著作者、搜集者与搜集地：

（1）抄写者：未知

（2）搜集者：姜佐鸿

（3）搜集地：玉树结古

（4）搜集时间：1980 年 8 月

9. 其他：

（1）原题记"经玉树州文化馆借来""全一册"，原目录页码为 198 页。

（2）封面有汉文手书"玉树小组"字样。

@10　《突厥兵器宗》（上中册）

1. 藏文全题名：

གྲི་གུའི་གོ་རྫོང་།

2. 拉丁转写：

gri gu'i go rdzaong

3. 汉译名：

《突厥兵器宗》，或《祝古国宗》《祝古兵国》《祝古兵器宗》《朱孤兵器宗》《朱古之战》《竹岭之战》。

4. 故事内容提要：

突厥国王托桂穆德赞意欲武力抢夺藏王的释迦牟尼佛像。他派其所属齐堆的四个部落前去完成此项任务。齐堆射箭信恐吓藏王马上送交释迦牟尼佛像。藏王向岭国扎拉王子求救。岭土格萨尔通过侦察得知征服突厥，必先要征服突厥齐堆。于是下令王子扎拉率军讨伐。两军开始交火。最后，东突厥的大军节节败北，溃不成军。突军部将个个死于岭刀之下，突王齐堆也终于成了扎拉王子的刀下鬼，岭军大获全胜。

灭了东突还有南突。岭王认为降服南突刻不容缓。岭王重整旗鼓，率部南下，突厥大臣们慌手慌脚，向阿伦独眼鬼和青海派人求助。岭军大举进攻，南突的帮凶个个败退。阿伦独眼鬼和突厥的托桂王最终也死在英雄格萨尔的刀下。岭军大捷。

5. 版本描述（字体、抄本、刻本风格、版心大小、材质）：

藏文柏簇体，B5 稿纸本，每页 15 行。

6. 保存处及编号：

（1）原件保存处：青海省文联青海《格萨尔》研究所资料室。

（2）青海《格》研〔1986〕编号：I291.47.69：4

7. 版本说明（页码标记、残缺污浊页、翻译、出版）：

（1）总页码：821 页。

（2）未翻译

（3）异文本藏文出版：① 西藏，1988、1989；② 甘肃，1984、1986；③ 精选本，2013；④ 桑珠本，2011；⑤ 印度（达兰姆萨拉），1982、1983、1984、1985；⑥ 不丹，1981；⑦ 民族出版社，2015。

8. 著作者、搜集者与搜集地：

（1）著作者：不知

（2）搜集者：姜佐鸿

（3）搜集地：玉树结古

（4）搜集时间：1980 年 8 月

9. 其他：

（1）原题记"经玉树州文化馆借来。手抄共四本，缺 491 页"。

（2）封面有汉文手书"玉树小组"字样。

@11 《突厥兵器宗》（下册）

1. 藏文全题名：

གྲི་གུའི་གོ་རྫོང་།

2. 拉丁转写：

gri gu'i go rdzaong

3. 汉译名：

《突厥兵器宗》，或《祝古国宗》《祝古兵国》《祝古兵器宗》《朱孤兵器宗》《朱古之战》《竹岭之战》。

4. 故事内容提要：

格萨尔遵照神灵之旨，派四位大臣带去哈达礼品前往青海，赏赐了青海王。让青海王管辖突厥都城，执掌朝政，治理国家，修缮突厥塔里寺；宏扬佛法，造福突厥众生。青海王达娃冬赛遵照岭国命令，前往突都，如令行事。他同岭国大臣一起，商量治国大策。格萨尔到突厥讲经说法，教育人们弃恶从善。青海王感激岭王的大恩，打开突厥宝库，献上了兵器等宝物。

5. 版本描述（字体、抄本、刻本风格、版心大小、材质）：

藏文柏簇体，B5 稿纸本，每页 15 行。

6. 保存处及编号：

（1）原件保存处：青海省文联青海《格萨尔》研究所资料室。

（2）青海《格》研〔1986〕编号：I291.47.69：1

7. 版本说明（页码标记、残缺污浊页、翻译、出版）：

（1）总页码：91 页。

（2）未翻译

（3）异文本藏文出版：① 西藏，1988、1989；② 甘肃，1984、1986；③ 精选本，2013；④ 桑珠本，2011；⑤ 印度（达兰姆萨拉），1982、1983、1984、1985；⑥ 不丹，1981；⑦ 民族出版社，2015。

8. 著作者、搜集者与搜集地：

（1）抄写者：布特尕

（2）搜集者：姜佐鸿

（3）搜集地：玉树结古

（4）搜集时间：1979 年 10 月

9. 其他：

（1）原题记"经玉树州文化馆借来。缺 63 页"。

（2）封面有汉文手书"玉树小组"字样。

@12 《突厥兵器宗》(上册)

1. 藏文全题名：

གྲི་གུའི་གོ་རྫོང་།

2. 拉丁转写：

gri gu'i go rdzaong

3. 汉译名：

《突厥兵器宗》，或《祝古国宗》《祝古兵国》《祝古兵器宗》《朱孤兵器宗》《朱古之战》《竹岭之战》。

4. 故事内容提要：

突厥国王托桂穆德赞意欲武力抢夺藏王的释迦牟尼佛像。他派其所属齐堆的四个部落前去完成此项任务。齐堆射箭信恐吓藏王马上送交释迦牟尼佛像。藏王向岭国扎拉王子求救。岭王格萨尔通过侦察得知征服突厥必先要征服突厥齐堆。于是下令王子扎拉率军讨伐。两军开始交火。最后，东突厥的大军节节败北，溃不成军。突军部将个个死于岭刀之下，突王齐堆也终于成了扎拉王子的刀下鬼，岭军大获全胜。

5. 版本描述（字体、抄本、刻本风格、版心大小、材质）：

藏文柏簇体？32 稿纸本，每页 15 行？

6. 保存处及编号：

（1）原件保存处：青海省文联青海《格萨尔》研究所资料室。

（2）青海《格》研〔1986〕编号：无

7. 版本说明（页码标记、残缺污浊页、翻译、出版）：

（1）总页码：200 页？

（2）未翻译

（3）异文本藏文出版：① 西藏，1988、1989；② 甘肃，1984、1986；③ 精选本，2013；④ 桑珠本，2011；⑤ 印度（达兰姆萨拉），1982、1983、1984、1985；⑥ 不丹，1981；⑦ 民族出版社，2015。

8. 著作者、搜集者与搜集地：

（1）藏书者：索南泽毛

（2）搜集者：姜佐鸿

（3）搜集地：玉树结古

（4）搜集时间：1979 年 8 月

9. 其他：

（1）原题记"索南泽毛借与"。

（2）32 开白纸抄本一本。

（3）据【左可国 1983 藏文目录】补编。

@13 《米努丝绸宗》（上册）

1. 藏文全题名：

འཛམ་གླིང་སེང་ཆེན་རྒྱལ་པོའི་མི་ནུབ་རྨ་བྱ་རྒྱལ་པོ་འདུལ་བའི་དར་རྫོང་འབེབས་པའི་གཏམ་བརྗོད་ཅེས་བྱ་བ་བཞུགས་སོ།།

2. 拉丁转写：

'dzam gling seng chen rgyal po'i mi nub rma bya rgyal po 'dul ba'i dar rdzong 'bebs pa'i gtam brjod zhes bya ba bzhugs so.

3. 汉译名：

《米努丝绸宗》，或《米努绸缎宗》《米努绸缎城》《美努绸缎宗》《措米努丝绸宗》《征服孔雀国王》。

4. 故事内容提要：

米努孔雀国王忌恨岭国森达勇士盗去了其国良马 37 匹，决定准备出兵突袭岭国。此时，格萨尔遵照天神预言也已出师米努。于是一场激战便开始了。结果岭军大胜。格萨尔从米努大红岩山取出了白螺大慈悲佛像、玉石白度母、释迦牟尼金像；又从达堆扎西山取出了无数绸缎，让米努黎民百姓信奉佛法佛教，任命拉布达娃为米努国国王，红辛巴为米努国军队总首领，多谋的旦增扎巴为谋臣。然后岭军带着大量绸缎凯旋。回国后格萨尔王不分地位高低将所有绸缎等量赏赐于岭国臣民。

5. 版本描述（字体、抄本、刻本风格、版心大小、材质）：

藏文柏簇体，B5 稿纸本，每页 15 行。

6. 保存处及编号：

（1）原件保存处：青海省文联青海《格萨尔》研究所资料室。

（2）青海《格》研〔1986〕编号：I291.47.70.2：1

7. 版本说明（页码标记、残缺污浊页、翻译、出版）：

（1）总页码：181 页。

（2）未翻译

（3）异文本藏文出版：① 西藏，1988；② 四川，1987；③ 精选本，2005；④ 不丹（《百热》合编），1981。

8. 著作者、搜集者与搜集地：

（1）抄写者：尕玛昂江

（2）搜集者：姜佐鸿

（3）搜集地：玉树结古

（4）搜集时间：1980 年 8 月

9. 其他：

（1）四川甘孜流传本。

@14 《米努丝绸宗》（下册）

1. 藏文全题名：

འཛམ་གླིང་སེང་ཆེན་རྒྱལ་པོའི་མི་ནུབ་རྨ་བྱ་རྒྱལ་པོ་འདུལ་བའི་དར་རྫོང་འབེབས་པའི་གཏམ་བརྗོད་ཞེས་བྱ་བ་བཞུགས་སོ།།

2. 拉丁转写：

'dzam gling seng chen rgyal po'i mi nub rma bya rgyal po 'dul ba'i dar rdzong 'bebs pa'i gtam brjod zhes bya ba bzhugs so.

3. 汉译名：

《米努丝绸宗》，或《米努绸缎宗》《米努绸缎城》《美努绸缎宗》《措米努丝绸宗》《征服孔雀国王》。

4. 故事内容提要：

米努孔雀国王忌恨岭国森达勇士盗去了其国良马 37 匹，决定准备出兵突袭岭国。此时，格萨尔遵照天神预言也已出师米努。于是一场激战便开始了。结果岭军大胜。格萨尔从米努大红岩山取出了白螺大慈悲佛像、玉石白度母、释迦牟尼金像；又从达堆扎西山取出了无数绸缎，让米努黎民百姓信奉佛法佛教，任命拉布达娃为米努国国王，红辛巴为米努国军队总首领，多谋的旦增扎巴为谋臣。然后岭军带着大量绸缎凯旋。回国后格萨尔王不分地位高低将所有绸缎等量赏赐于岭国臣民。

5. 版本描述（字体、抄本、刻本风格、版心大小、材质）：

藏文柏簌体，B5 稿纸本，每页 15 行。

6. 保存处及编号：

（1）原件保存处：青海省文联青海《格萨尔》研究所资料室。

（2）青海《格》研〔1986〕编号：I291.47.70.2：2

7. 版本说明（页码标记、残缺污浊页、翻译、出版）：

（1）总页码：190 页。

（2）未翻译

（3）异文本藏文出版：① 西藏，1988；② 四川，1987；③ 精选本，2005；④ 不丹（《百热》合编），1981。

8. 著作者、搜集者与搜集地：

（1）抄写者：尕玛昂江

（2）搜集者：姜佐鸿

（3）搜集地：玉树结古

（4）搜集时间：1980 年 8 月

9. 其他：

（1）四川甘孜流传本。

@15 《朗日金宗》

1. 藏文全题名：

ﾗﾝ་རི།

2. 拉丁转写：

glang ri

3. 汉译名：

《朗日金宗》，或《浪日》。

4. 故事内容提要：

铁蛇年莲花生大师给格萨尔大王降下预言，浪日国国王是吐蕃末代灭佛国王朗达玛转世，其手下有不少英勇猛将，若不在今年降伏信仰外道的浪日国王，将会对佛法不利。遵照天神命令，格萨尔大王带领总管王、贾察、聂察、晁同等大将前往征讨浪日国。最后取得了胜利，降伏了浪日国王。

5. 版本描述（字体、抄本、刻本风格、版心大小、材质）：

藏文柏簇体，B5 稿纸本，每页 15 行。

6. 保存处及编号：

（1）原件保存处：青海省文联青海《格萨尔》研究所资料室。

（2）青海《格》研〔1986〕编号：I291.47.71：1

7. 版本说明（页码标记、残缺污浊页、翻译、出版）：

（1）总页码：130 页。

（2）未翻译

（3）异文本藏文出版：① 青海，1985；② 西藏，1998、2001；③ 桑珠

本，2009。

8. 著作者、搜集者与搜集地：

（1）抄写者：不知

（2）搜集者：姜佐鸿

（3）搜集地：玉树结古

（4）搜集时间：1979 年 10 月

9. 其他：

（1）原题记"借文化馆藏书，请人抄写"。

（2）封面有汉文手书"玉树小组"字样。

@16 《中华茶宗》

1. 藏文全题名：

འཛམ་གླིང་གེ་སར་རྒྱལ་པོའི་རྟོགས་བརྗོད་ལས་རྒྱ་ནག །ཇ་རྫོང་འབེབས་པ་བཞུགས་སོ

2. 拉丁转写：

'dzam gling ge sar rgyal po'i rtogs brjod las rgya nag ja rdzong 'bebs pa bzhugs so

3. 汉译名：

《中华茶宗》，或《汉地茶宗》《加岭传奇》《岭与中华》《汉岭》。

4. 故事内容提要：

汉地让布曲宗城内国王葛拉耿贡，娶了下界国王堆瓦纳布的美貌女儿尼玛赤姬。三世之神看出此妃是妖魔所变，于是化作三个瘸、瞎、聋的残障人，为妃子演戏，令属民看见美貌妃子。妃子因此得了大病，无法治愈。妃子临死告诉国王只要将其尸体裹在绸缎里放到库中，不让发凉，并把百姓属民压于无衣食住行之权的严法之下，断除藏汉之间的金桥，不让外地人进来，也不让内部人出去，那么她将有一天复活。

公主听见妖妃的遗嘱，听从大臣女儿央金措主意，借口去五台山为母亲斋戒，将密信及信物一起托三只鸽子寄给格萨尔大王。格萨尔大王也接到天神预言，到汉地去火化妖妃的尸体，解除汉地国王与百姓的痛苦。于是格萨尔按照天神的预言，从弥药国、青海、阿赛国取回在汉地必需的宝物，然后与 12 位将士来到汉地，征服了各种关口上的妖怪，用各种神通降伏了汉地国王，用计谋烧毁了妖妃的尸体。讲授了佛法，使汉地众生畅享安乐的生活。

5. 版本描述（字体、抄本、刻本风格、版心大小、材质）：

藏文柏簇体，B5 稿纸本，每页 15 行。

6. 保存处及编号：

（1）原件保存处：青海省文联青海《格萨尔》研究所资料室。

（2）青海《格》研〔1986〕编号：I291.47.72：3

7. 版本说明（页码标记、残缺污浊页、翻译、出版）：

（1）总页码：393 页。

（2）页码：第一册 1—54；第二册第三册为 1—393。

（3）异文本汉文翻译：① 阿图、徐国琼、解世毅译，中国民间文艺，1984。

（4）异文本藏文出版：① 中国民间文艺，1981；② 西藏，1984；③ 扎巴本，民族，1999；④ 桑珠本，2005；⑤ 印度（岗托克），1977；⑥ 不丹，1981；⑦ 不丹（《下拉达克本》），1981；⑧ 民族出版社，2014。

8. 著作者、搜集者与搜集地：

（1）著作者：不知

（2）搜集者：姜佐鸿

（3）搜集地：玉树结古

（4）搜集时间：1980 年 8 月

9. 其他：

（1）原题记"残缺，共三本，缺末尾"。

@17 《日努丝绸宗》

1. 藏文全题名：

རི་ནུབ།

2. 拉丁转写：

Ri nub

3. 汉译名：

《日努丝绸宗》，或《日努》《日努达宗》。

4. 故事内容提要：

日努森格杰布的母亲名为达拥杰姆，是一个令人心生恐惧的女魔，达拥杰姆的一个乳房挎在肩头，一个乳头拖在地上，她头生铜角，铜角上闪着火花，上身长达十八男人弓，下身长达十八女人弓，伸脚可达上方印度地方，伸手可及下方汉族地方。

大梵认定现在已是降伏女魔达拥杰姆的时候，传授记给王子扎拉泽杰。接到授记后，扎拉泽杰召集各地军队前往日努。

在激战之中，日努杜图赞杰被扎拉泽杰杀死，杜堆纳布被申达阿董杀死，日努森格杰布被岭格萨尔王射中头部，脑血四溅，当即毙命。

女魔达拥杰姆被格萨尔王制伏，收为好友，她立下重誓，生生世世不再作恶，要积德行善，信奉佛法。

格萨尔王及岭国众勇士降伏了日努丝绸宗，获取色彩与质地各不相同的千万匹丝绸。

5. 版本描述（字体、抄本、刻本风格、版心大小、材质）：

藏文柏簇体，B5 稿纸本，每页 15 行。

6. 保存处及编号：

（1）原件保存处：青海省文联青海《格萨尔》研究所资料室。

（2）青海《格》研〔1986〕编号：I291.47.73：1

7. 版本说明（页码标记、残缺污浊页、翻译、出版）：

（1）总页码：106 页。

（2）未翻译

（3）异文本藏文出版：① 青海，1985；② 不丹（《百热》合编），1981。

8. 著作者、搜集者与搜集地：

（1）著作者：不知

（2）搜集者：姜佐鸿

（3）搜集地：玉树结古

（4）搜集时间：1980 年 8 月

9. 其他：

（1）原题记"已出版"（青海民族 1985 版即依据此书出版）。

（2）此部西藏也收集有多种抄本。

@18 《岭国形成》

1. 藏文题名：

ཐུད་པ་ཆགས་གླིང་།

2. 拉丁转写：

Srid pa chags gling

3. 汉译名：

《岭国形成》或《英雄诞生》《岭国起源》。

4. 故事内容提要：

岭国穆布董氏热查干布生有三子，形成了岭穆布董氏长仲幼三系。有一次，果部落侵犯岭地，杀害了岭地总管王绒查叉根之子，岭国起兵复仇，进攻果部落，掳获龙女麦朵娜泽，并被僧伦王纳为次妃，僧伦和果萨生了觉如。格萨尔诞生三天以后征服了黑鸟三兄（家那三兄弟），高僧贡巴惹杂、九百恶犊、红魔驹等魔鬼。

晁同很害怕格萨尔夺走他的王位，便造谣说觉如是个鬼怪，果萨本是女妖；把格萨尔赶到黄河谷地玛麦隆多草原。格萨尔在那里降服了损耗鬼和厉鬼等。有一年，岭地遭受雪灾，岭·格萨尔诞生后，不计前嫌，分给他们放牧的草场，毅然收留了迁徙到玛麦隆多草原的包括晁同在内的岭国军民。此后格萨尔通过赛马登上了岭国王位，之后征服了北方魔鲁赞，格萨尔前往北方之际，霍尔入侵岭国，抢走了格萨尔之王妃珠姆。

5. 版本描述（字体、抄本、刻本风格、版面大小、材质）：
藏文柏簇体，B5 稿纸本，每页 15 行。

6. 保存处及编号：
（1）原件保存处：青海省文联青海《格萨尔》研究所资料室。
（2）青海《格》研〔1986〕编号：I291.47.74：1

7. 版本说明（页码标记、残缺污浊页、翻译、出版）：
（1）总页码：291 页。
（2）异文本汉文翻译：① 王沂暖、何天慧，甘肃，1985。
（3）异文本藏文出版：① 西藏，1982；② 甘肃，1981；③ 四川，1980、1999；④ 四川《玛麦觉如王事业》，2001；⑤ 青海《开天辟地》，1987；⑥ 青海，1988；⑦ 扎巴本，1996；⑧ 文库本，1996；⑨ 桑珠本，2001；⑩ 精选本，2013；⑪ 竹杰沃嘎本，民族，2010；⑫ 印度（德里），1967？⑬ 印度（达拉姆萨拉），1984；⑭ 不丹，1979；⑮ 蒙古国，1961。

8. 著作者、搜集者与搜集地：
（1）藏书者：仲却活佛
（2）搜集者：姜佐鸿
（3）搜集地：玉树结古
（4）搜集时间：1980 年 8 月

9. 其他：
（1）原题记"缺 85—88 页"。
（2）青海民族 1987 年出版之《开天辟地》即依据此抄本。

@19　《姜岭大战》

1. 藏文全题名：

འ་ང་བྲེ་གཡུལ་འགྱེད།

2. 拉丁转写：

'jang gling g.yul 'gyed

3. 汉译名：

《姜岭大战》，或《姜岭之战》《降岭之战》《保卫盐海》《征服姜国》《岭八十大将传》。

4. 故事内容提要：

莲花生大师派天神玛乃乃假扮姜国天神，给姜国国王萨丹王降下假预言，致使他遵照假预言派王子玉拉托居尔前往岭国方向去迎接贵宾，结果被辛巴设计降伏被擒。萨丹王召集群臣出师岭国解救王子。双方经过多年战争，各有损伤，但未分出胜负。

岭国设计延误姜军进攻岭国计划。岭国派以丹玛为首的六大将帅突捣姜营，致使姜军人仰马翻，溃不成军。萨丹王丧失理智，悲愤之际欲饮尽江河，格萨尔变成一条小鱼钻进姜王肚中，救出被吞的男女 20 人。格萨尔站在萨丹心顶祈求三宝保佑。萨丹恼羞成怒，向自己的心口扎了一刀，结束了自己的生命。格萨尔收回盐矿岭国，任命玉拉为姜地 12 地的首领。架起了藏汉友谊之桥。岭军凯旋。

5. 版本描述（字体、抄本、刻本风格、版心大小、材质）：

藏文柏簇体，B5 稿纸本，每页 15 行。

6. 保存处及编号：

（1）手抄原件保存处：青海省文联青海《格萨尔》研究所资料室。

（2）青海《格》研〔1986〕编号：I291.47.75：1

7. 版本说明（页码标记、残缺污浊页、翻译、出版）：

（1）总页码：257 页。

（2）异文本汉文翻译：① 徐国琼、王晓松译，中国藏学，1991。

（3）异文本藏文出版：① 西藏，1981；② 罗哲嘉措本，甘肃，1989；③ 甘肃，1993；④ 精选本，2002；⑤ 桑珠本，2003；⑥ 交加本，甘肃，2006；⑦ 格日尖参本，甘肃，2007；⑧ 印度（德里），1965；⑨ 印度（岗托克），1977；⑩ 印度（岗托克），1983；⑪ 不丹，1981；⑫ 蒙古国，1959；⑬ 川《格》丛书 11，2014。

8. 著作者、搜集者与搜集地：

（1）藏书者：不知

（2）搜集者：姜佐鸿、蔺成才

（3）搜集地：玉树结古

（4）搜集时间：1980 年

9. 其他：

（1）封面有汉文手书"玉树小组"字样。

@20 《孟岭大战》

1. 藏文全题名：

མོན་གླིང་གཡུལ་འགྱེད།

2. 拉丁转写：

Mon gling g.yul 'gyed

3. 汉译名：

《孟岭大战》，或《门岭大战》《门岭之战》《洛岭之战》《征服闷城》《岭国与门国》《岭与慕域》《闷岭之战》。

4. 故事内容提要：

岭国灭了姜国萨丹王以后，格萨尔王在岭国王宫狮龙宫殿修行时，天神降下预言：到了降伏门国的时机。格萨尔变为一只渡鸦给晁同降下预言：组织达戎18大军进攻门国报先前被抢夺财产之仇，并能娶得门国公主为妻。晁同率领大军，一路消灭了辛赤王的九只魔鼠等敌国君臣的许多守护神。接着又歼灭了以古拉土杰为首的门国80猛士和1900勇士。

辛赤王危在旦夕，他打算放弃国家攀援天梯升天逃遁。格萨尔焚烧了堆卡迥如朗宗，使他一命呜呼。门国公主梅朵拉泽投诚岭国，并用箭射开白米宗，岭国将士取得白米凯旋。格萨尔给门国臣民讲经说法，净化那里人们的邪念，使他们改变恶习，努力从善。格萨尔命冬迥拉赤嘎布为门国的国王。

5. 版本描述（字体、抄本、刻本风格、版心大小、材质）：

藏文柏簇体，B5稿纸本，每页15行。

6. 保存处及编号：

（1）手抄原件保存处：青海省文联青海《格萨尔》研究所资料室。

（2）青海《格》研〔1986〕编号：I291.47.76：3

7. 版本说明（页码标记、残缺污浊页、翻译、出版）：

（1）总页码：482页。

（2）异文本汉文翻译：① 王沂暖、余希贤译，甘肃人民出版社，1986；② 嘉措顿珠译（扎巴本），西藏，1986、2013。

（3）异文本藏文出版：① 西藏（扎巴本），1980；② 青海，1982；③ 甘肃，1983；④ 四川，1982；⑤ 精选本，2002；⑥ 扎巴本，2013；⑦ 印度（拉瓦杂尔），1964；⑧ 不丹（帕罗），1980；⑨ 不丹（廷布），1981。

8. 著作者、搜集者与搜集地：

（1）抄写者：万玛加

（2）搜集者：不知

（3）搜集地：黄南隆务

（4）搜集时间：1980 年 8 月

9. 其他：

（1）原题记"共三本，缺 158、166 页"。原登录页码为 478 页。

（2）原题记"已整理出版"，即指青海民族 1982 版依据此抄本出版。

@21 《香香药宗》（上册）

1. 藏文全题名：

ཤང་ཤང་སྨན་རྫོང་གི་སྟོད་ཆ་མཐིང་གླིང་གཡུལ་འགྱེད་ངོ་མཚར་འོད་བརྒྱའི་སྣང་བ་ཞེས་བྱ་བ་བཞུགས་སོ།

2. 拉丁转写：

Shang shang sman rdzong gi stod cha mthing gling g.yul 'gyed ngo mtshar 'od brgya'i snang ba zhe bya ba bzhugs so

3. 汉译名：

《香香药宗》，或《亭岭之战》《向象药城》。

4. 故事内容提要：

岭军降服雪山水晶国，返回岭国途中得到天神授记降服亭国时机成熟。岭军即刻重新调整，由神子扎拉泽嘉做先锋前往降服亭国。亭国王达嘎朗杰素来作恶多端，手下勇士众多。其中佼佼者如鲁查崩然、鲁查杜董纳布、鲁查哈拉梅巴、鲁查达玛杜等。虽说对岭·格萨尔王及其属下众勇士的英勇骁战早有听闻，但还是不自量力要与岭国军队交战。战争中，鲁查达玛杜等被查香丹玛所杀、鲁查杜董纳布被嘎德所杀、鲁查哈拉梅巴被森达阿董所杀，见几位骁将均被岭国勇士所杀，亭国军队军心涣散、斗志全消，全军溃败纷纷投降。亭国王达嘎朗杰见大势已去，最终向岭·格萨尔王投降并承诺今后弃暗投明，不再作恶，真心归顺岭国，虔心向佛施善业。

5. 版本描述（字体、抄本、刻本风格、版心大小、材质）：

藏文柏簇体，B5 稿纸本，每页 15 行。

6. 保存处及编号：

（1）原件保存处：青海省文联青海《格萨尔》研究所资料室。

（2）青海《格》研〔1986〕编号：I291.47.77.2：1

7. 版本说明（页码标记、残缺污浊页、翻译、出版）：

（1）总页码：389 页。

（2）异文本汉文翻译：① 王沂暖、何天慧译（《香香药物宗》），甘肃人民出版社，1989。

（3）异文本藏文出版：① 西藏，1985；② 精选本，2010。

8. 著作者、搜集者与搜集地：

（1）藏书者：仲却活佛

（2）搜集者：姜佐鸿

（3）搜集地：玉树结古

（4）搜集时间：1980 年 8 月

9. 其他：

（1）原题记"仲却活佛借与"，上册分为上下两分册。

（2）封面有汉文手书"玉树小组"字样。

（3）据杨恩洪"青海省玉树藏族自治州《格萨尔》流传及抢救工作概要"（《集成 1》1990，397 页）此部由囊谦千户家的阿庆活佛讲述，仲却活佛记录、整理。

@22 《香香药宗》（下册）

1. 藏文全题名：

གང་གན་སྨན་རྫོང་གི་སྨད་ཆ།

2. 拉丁转写：

Shang shang sman rdzong gi smad cha

3. 汉译名：

《香香药宗》，或《亭岭之战》《向象药城》。

4. 故事内容提要：

岭军降服雪山水晶国，返回岭国途中得到天神授记降服亭国时机成熟。岭军即刻重新调整，由神子扎拉泽嘉做先锋前往降服亭国。亭国王达嘎朗杰素来作恶多端，手下勇士众多。其中佼佼者如鲁查崩然、鲁查杜董纳布、鲁查哈拉梅巴、鲁查达玛杜等。虽说对岭·格萨尔王及其属下众勇士的英勇骁战早有听闻，但还是不自量力要与岭国军队交战。战争中，鲁查达玛杜等被查香丹玛所杀、鲁查杜董纳布被嘎德所杀、鲁查哈拉梅巴被森达阿董所杀，见几位骁将均被岭国勇士所杀，亭国军队军心涣散、斗志全消，全军溃败纷纷投降。亭国王达嘎朗杰见大势已去，最终向岭·格萨尔王投降并承诺今后弃暗投明，不再作恶，真心归顺岭国，虔心向佛施善业。

5. 版本描述（字体、抄本、刻本风格、版心大小、材质）：

藏文柏簇体，B5 稿纸本，每页 15 行。

6. 保存处及编号：

（1）原件保存处：青海省文联青海《格萨尔》研究所资料室。

（2）青海《格》研〔1986〕编号：I291.47.77.2：2

7. 版本说明（页码标记、残缺污浊页、翻译、出版）：

（1）总页码：203 页。

（2）异文本汉文翻译：① 王沂暖、何天慧译（《香香药物宗》），甘肃人民出版社，1989。

（3）异文本藏文出版：① 西藏，1985；② 精选本，2010。

8. 著作者、搜集者与搜集地：

（1）藏书者：仲却活佛

（2）搜集者：姜佐鸿

（3）搜集地：玉树结古

（4）搜集时间：1980 年 8 月

9. 其他：

（1）原题记"仲却活佛借与"。

（2）封面有汉文手书"玉树小组"字样。

（3）据杨恩洪"青海省玉树藏族自治州《格萨尔》流传及抢救工作概要"（《集成 1》1990，397 页）此部由囊谦千户家的阿庆活佛讲述，仲却活佛记录、整理。

@23 《英雄诞生》

1. 藏文题名：

འཁྲུངས་སྐོར།

2. 拉丁转写：

'khrungs skor

3. 汉译名：

《英雄诞生》，或《诞生史》《化隆分章本》。

4. 故事内容提要：

天神协商决定派白梵天王之第三子神子顿珠下凡拯救处于恶魔欺凌的岭国。顿珠化为神奇小鸟下凡人间寻找投生父母，最终找到僧伦夫妇作为人间父母后，从其天界父母处求得宝物、伴侣后下凡。

僧伦之妻果萨拉姆老年怀孕被驱逐至边地生下觉如，加萨与晁同联合迫害幼年觉如，均被觉如一一化解。觉如通过机智聪明取得应有财产，并获得美丽珠姆为妻，同时一夜间显示神通成为岭国之格萨尔大王。岭国举行煨桑仪式，宣告新国王的诞生。

北方妖魔抢走格萨尔王一妃子梅萨，格萨尔单枪匹马前往北方拯救王妃。格萨尔大王征服北魔后，喝了梅萨迷魂药酒忘返岭国。期间，黄霍尔白帐王出兵侵犯岭国，抢走王妃珠姆。珠姆派三仙鹤向格萨尔大王通报岭国消息，格萨尔大王返回岭国，惩处叛臣，前往霍尔国拯救王妃珠姆。经过种种困难，得到霍尔噶尔瓦部落的果萨曲珍帮助，与岭国军队里应外合，征服了白帐王，救回了珠姆。

5. 版本描述（字体、抄本、刻本风格、版面大小、材质）：

藏文乌金体（正楷），铅印本，12.3cm×17.7cm（小 32 开），现代纸。

6. 保存处及编号：

（1）原件保存处：青海省文联青海《格萨尔》研究所资料室。

（2）青海《格》研〔1993〕编号：：I291.47.82.1：1

7. 版本说明（页码标记、残缺污浊页、翻译、出版）：

（1）总页码：212 页。

（2）余希贤整理，西北民院 1960（1957？）年铅印本。

（3）异文本汉文翻译：① 王沂暖、何天慧，甘肃人民出版社，1985。

（4）异文本藏文出版：① 西藏，1982；② 甘肃，1981；③ 四川，1980、1999；④ 四川《玛麦觉如王事业》，2001；⑤ 青海《开天辟地》，1987；⑥ 青海，1988；⑦ 扎巴本，1996；⑧ 文库本，1996；⑨ 桑珠本，2001；⑩ 精选本，2013；⑪ 竹杰沃嘎本，民族，2010；⑫ 印度（德里），1967？⑬ 印度（达拉姆萨拉），1984；⑭ 不丹，1979；⑮ 蒙古国，1961。

8. 著作者、搜集者与搜集地：

（1）整理者：余希贤

（2）搜集者：高宁

（2）搜集地：不知

（3）搜集时间：1987？

9. 其他：

（1）根据青海《格》研所 1993 年目录与才让卓玛（2012 藏文）"《英雄诞生》的版本及其内容简介"编制。

（2）此部即为青海《格》研 1986 年目录编号 I291.47.53：1 的整理本。可见此抄本搜集到了两册（即徐国琼搜集本与桑热嘉措搜集本）。

（3）根据余希贤（1987）"《格萨尔》版本初析"文章，此册手抄本由桑热嘉措赠与。此部与《贵德分章本》《民和本》属同一抄本，可简称为"化降本"。

@24 《梅岭金宗》

1. 藏文题名：

འཛམ་གླིང་གེ་སར་རྒྱལ་པོའི་རྣམ་ཐར་ལས་མེ་གླིང་གསེར་རྫོང་འབེབ་ཚུལ་བཞུགས་སོ།

2. 拉丁转写：

'dzam gling ge sar rgyal po'i rnam thar las me gling gser rdzong 'beb tshul bzhugs so

3. 汉译名：

《梅岭金宗》，或《梅岭金国》《梅岭黄金宗》《美岭金城》。

4. 故事内容提要：

格萨尔征服突厥王后过了一年半，梅岭扎拉王听说岭国是一个不被任何魔国能征服的强国，于是决定征服岭国。大臣玛翁塔钦劝谏梅岭扎拉王不要做鲁莽之事，梅岭扎拉王并未听从其意见。天神给格萨尔降下预言，要从天界请来无敌英雄贾察，并依靠魔国、突厥国、门国、齐日国和岭国等五国的兵力征服梅岭。

岭国贾察和丹玛等七个勇士抵达梅岭国，初战告捷，触怒了梅岭扎拉王。双方开战，经过残酷的征战，岭国开始占据上风，梅岭扎拉王臣对花岭国产生了恐惧。最终格萨尔征服了准备逃往甲尔域的梅岭扎拉王，岭国的马军和象军雄武壮观地开进梅岭国。在梅岭创立了佛法，以教化他们，使其皈依佛法。把梅岭百姓引向安泰，并将梅岭扎拉王的小兄弟封为了梅岭王。

5. 版本描述（字体、抄本、刻本风格、版面大小、材质）：

藏文柏簇体，B5 稿纸本，每页 15 行。

6. 保存处及编号：

（1）原件保存处：青海省文联青海《格萨尔》研究所资料室。

（2）青海《格》研〔1986〕编号：无

7. 版本说明（页码标记、残缺污浊页、翻译、出版）：

（1）总页码：257 页。

（2）异文本汉文未翻译。

（3）异文本藏文出版：① 青海，1983。

8. 著作者、搜集者与搜集地：

（1）搜集者：姜佐鸿

（2）搜集地：玉树地区

（3）搜集时间：1980 年 8 月

9. 其他：

（1）缺头。

（2）据【左可国 1983 藏文目录】补编。

@25 《地狱救母》

1. 藏文题名：

དམྱལ་གླིང་རྫོགས་པ་ཆེན་མོ།

2. 拉丁转写：

dmyal gling rdzaogs pa chen po

3. 汉译名：

《地狱救母》，或《地狱大圆满》《岭国地狱大圆满》《娘岭》《地狱元胜大全》。

4. 故事内容提要：

莲花生大师预言格萨尔，印度香河对岸边上有永生金刚杵，要求格萨尔赴该地修行佛法一百天。格萨尔按大师的旨意单枪匹马去那里静修，可是自己的母亲就在这时度完了一生。岭国群臣迎请大喇嘛，为果萨的灵魂升天念经，举办了非常隆重的丧事。

就在果萨去世几天后的某夜，珠姆梦到果萨堕入了地狱。她将此事派人带信告诉了远在印度的格萨尔王。格萨尔闻讯后进入地狱去质问阎王：我母亲向来苦修佛法，上供下施，从不怠慢，为何也掉进地狱？

阎罗法王说：你母亲做的是善业，但因你所杀汉、姜、霍尔、魔等灵魂都入了进地狱。因此给你的母亲带来了灾难，你快去营救吧！听完法王的话，格萨尔就去见母亲。正如法王所言，汉、姜、霍尔、魔等国的人把母亲东拉西扯折磨得皮开肉绽，实在目不忍睹。格萨尔大呼一声打散了人群，救出了慈母。母子相见，悲喜交加。格萨尔将母亲带进能活几亿年的乐土，然后回到了岭国。岭国臣民成千上万前来夹道迎接。格萨尔给大家详述了地狱的苦难，行善之好处，行凶之恶果。从此，岭国臣民更加虔信佛法，修行善业。

5. 版本描述（字体、抄本、刻本风格、版面大小、材质）：

藏文柏簇体，B5 稿纸本，每页 15 行。

6. 保存处及编号：

（1）原件保存处：青海省文联青海《格萨尔》研究所资料室。

（2）青海《格》研〔1986〕编号：无

7. 版本说明（页码标记、残缺污浊页、翻译、出版）：

（1）总页码：321 页。

（2）未翻译

（3）异文本藏文出版：① 四川，1986；② 精选本，2013；③ 印度（纽托加），1973；④ 印度（《迦湿弥罗绿松石宗》合编，德里），1971；⑤ 印度（噶岭堡），1979；⑥ 不丹，1984。

8. 著作者、搜集者与搜集地：

（1）搜集者：姜佐鸿

（2）搜集地：玉树地区

（3）搜集时间：1980 年 8 月

9. 其他：

（1）据［左可国 1983 藏文目录］补编。

@26 《中华茶宗》

1. 藏文全题名：

 རྒྱ་ནག་ཇ་རྫོང་།

2. 拉丁转写：

rgya nag ja rdzong

3. 汉译名：

《中华茶宗》，或《汉地茶宗》《加岭传奇》《岭与中华》《汉岭》。

4. 故事内容提要：

汉地让布曲宗城内国王葛拉耿贡，娶了下界国王堆瓦纳布的美貌女儿尼玛赤姬。三世之神看出此妃是妖魔所变，于是化作三个瘸、瞎、聋的残障人，为妃子演戏，令属民看见美貌妃子。妃子因此得了大病，无法治愈。妃子临死告诉国王只要将其尸体裹在绸缎里放到库中，不让发凉，并把百姓属民压于无衣食住行之权的严法之下，断除藏汉之间的金桥，不让外地人进来，也不让内部人出去，那么她将有一天复活。

公主听见妖妃的遗嘱，听从大臣女儿央金措主意，借口去五台山为母亲斋戒，将密信及信物一起托三只鸽子寄给格萨尔大王。格萨尔大王也接到天神预言，到汉地去火化妖妃的尸体，解除汉地国王与百姓的痛苦。于是格萨尔按照天神的预言，从弥药国、青海、阿赛国取回在汉地必需的宝物，然后与 12 位将士来到汉地，征服了各种关口上的妖怪，用各种神通降伏了汉地国王，用计谋烧毁了妖妃的尸体。讲授了佛法，使汉地众生畅享安乐的生活。

5. 版本描述（字体、抄本、刻本风格、版心大小、材质）：

藏文柏簇体，B5 稿纸本，每页 15 行。

6. 保存处及编号：

（1）原件保存处：青海省文联青海《格萨尔》研究所资料室。

（2）青海《格》研〔1986〕编号：无

7. 版本说明（页码标记、残缺污浊页、翻译、出版）：

（1）总页码：544 页。

（2）异文本汉文翻译：① 阿图、徐国琼、解世毅译，中国民间文艺，1984。

（3）异文本藏文出版：① 中国民间文艺，1981；② 西藏，1984；③ 扎巴本，民族，1999；④ 桑珠本，2005；⑤ 印度（岗托克），1977；⑥ 不丹，1981；⑦ 不丹（《下拉达克本》），1981；⑧ 民族出版社，2014。

8. 著作者、搜集者与搜集地：

（1）著作者：丹玛·江永慈诚整理

（2）搜集者：不知

（3）搜集地：玉树结古

（4）搜集时间：1987？

9. 其他：

（1）青海各目录中不见，无编号，根据 1998 年笔者查阅青海资料时所见编制。

@27 《梅日天铁宗》

1. 藏文题名：

འཛམ་གླིང་གེ་སར་རྒྱལ་པོའི་རྣམ་ཐར་ལས་མེ་རི་ཐོག་རྫོང་གནམ་ལྕགས་སྤྲིན་གྱི་ང་རོ་ཞེས་བྱ་བ་བཞུགས་སོ།

2. 拉丁转写：

'dzam gling ge sar rgyal po'i rnam thar las me ri thog rdzong gnam lcags sprin gyi nga ro zhes bya ba bzhugs so

3. 汉译名：

《梅日天铁宗》或《梅日霹雳宗》。

4. 故事内容提要：

格萨尔 13 岁通过赛马登上岭国王位那一年,得到天母贡曼嘉姆的预言,西方梅日王有三子、老大叫达日占堆、老二叫达嘉阿雅、老三叫色查梅巴,他们三位信仰外道、诋毁佛教、凶猛顽强、残暴成性。其属下大臣、猛将个个勇猛难挡、兵马无数,现在到了要征服西方梅日三王的时候。

岭国通过协商会议,在总管王的安排下,安排岭国三路大军攻打梅日国。就在岭军抵达梅日国边疆之时,梅日大将达郭如扎梦中得见岭国军队侵略梅日国，就派军队阻防岭军，并血洗了岭军。并将此事报告梅日王，梅日王达嘉阿雅异常气愤，集结梅日国各部落军队反攻岭国。于是两军交锋，岭国大将尼崩杀死了梅日达郭如扎，贾察追逐梅日王色查梅巴。最后格萨尔王亲赴梅日，征服了梅日国，打开了红岩天铁（霹雳）宗，为梅日国宣讲佛法，使其转变为了信仰佛教的国家。

5. 版本描述（字体、抄本、刻本风格、版面大小、材质）：

藏文柏簇体，B5 稿纸本，每页 15 行。

6. 保存处及编号：

（1）原件保存处：不知（或布特尕家）。

7. 版本说明（页码标记、残缺污浊页、翻译、出版）：

（1）总页码：107 页（藏文出版页）。

（2）异文本汉文未翻译。

（3）异文本藏文出版：① 青海，1991。

8. 著作者、搜集者与搜集地：

（1）搜集者：布特尕

（2）搜集地：玉树地区

（3）搜集时间：1980

9. 其他：

（1）原件保存处不知，据青海民族出版社 1991 年出版《梅日霹雳宗》编制。

（2）不见于［左可国 1983 藏文目录］。

（3）据 1991 年出版《梅日霹雳宗》后记，此件是增达家传（འཛིན་མདའ་ཚང་）的手抄本。由布特尕（བུ་ཐུབ་དགའ།）与其子秋君扎西（ཚལ་སྐྱོང་བཀྲ་ཤིས།）二人整理。

@28 《玛域水晶岩宗》

1. 藏文题名：

འཛམ་གླིང་གེ་སར་རྒྱལ་པོའི་སྒྲུང་། རྨ་ཤེལ་བྲག

2. 拉丁转写：

'dzam gling ge sar rgyal po'i sgrung, rma shel brag

3. 汉译名：

《玛域水晶岩宗》，或《玛燮扎石窟》。

4. 故事内容提要：

格萨尔通过赛马荣登岭国国王宝座后，各种技艺也随之完备，四身五智的善果都得以报现。此时，天界姑母阿尼贡曼嘉姆降下预言，要岭国上下共同举办一次大型庆典。格萨尔运用神通将上、中、下岭所有高山深谷充满无法估量的宝藏福分，使岭国大地广布珍宝。随后格萨尔王幻化为一个普通人，向岭国众属民传达举行庆典的喜讯。

此时，岭国达戎部落长官晁同因不满觉如和贾察等后起之秀，不愿和大家一起共同欢庆，嘴中絮絮叨叨，独自一人去找个僻静山谷蒙头大睡。晁同酣睡之际，未曾料到魔国幻化的狼群围过来开始啃食他，格萨尔通过神变知道这一紧急情况，立即将这群幻化之狼歼灭无余，保住了晁同的性命。

为庆贺杀死魔狼，嘉洛森姜珠姆手端甘露酒壶，为格萨尔王献酒，岭国众英雄兄弟跳起欢乐的舞，唱起幸福的歌，庆宴上各种美食佳肴堆积如须弥大山，饮品甘露汇集如无量大海，岭国上下沉浸在欢歌笑语之中。随后大王前赴龙宫，龙王献上了各种宝物。他心智汇聚一念开启玛央德郭宝藏之门之时德达古茹杰布显示许多恐怖容态，格萨尔王运用祥和方法收伏德达古茹杰布开启宝藏之门。森姜珠姆接受水牛神奶敬奉给神、鲁、年，祈愿藏地无病无灾。开启宝藏之门获得各种殊胜宝藏后，岭国分发了战神的各种利器以及竹鞭心想事成、利矛自升太阳，金、银、璁玉、珊瑚等众多珍宝，人人欢心。

5. 版本描述（字体、抄本、刻本风格、版面大小、材质）：

藏文柏簌体，B5 稿纸本，每页 15 行。

6. 保存处及编号：

（1）原件保存处：不知（或仲却活佛处）。

7. 版本说明（页码标记、残缺污浊页、翻译、出版）：

（1）总页码：202 页（藏文出版页）。

（2）异文本汉文未翻译。

（3）藏文出版：① 青海，1982。

8. 著作者、搜集者与搜集地：

（1）著作者：不知

（2）搜集者：仲却活佛（珠木却 གྲུབ་མཆོག）

（2）搜集地：玉树地区

（3）搜集时间：1980

9. 其他：

（1）原件保存处不知，据青海民族出版社 1982 年出版《玛燮扎石窟》编制。

@29 《陀如玛瑙宗》

1. 藏文题名：

འཛམ་གླིང་གེ་སར་རྒྱལ་པོའི་སྒྲུང་། ཐོག་གླིང་གཡུལ་འགྱེད།

2. 拉丁转写：

'dzam gling ge sar rgyal po'i sgrung, thog gling g.yul 'gyed

3. 汉译名：

《陀如玛瑙宗》，或《陀岭之战》。

4. 故事内容提要：

格萨尔大王征服了四方四魔以后，正在勤修佛法、教化百姓之际，陀如国国王南卡坚赞为报父仇，骑着风袋漫游天空，侦察了岭国情况。格萨尔大王得到天神预言，到了降伏陀如国的时候。陀如与岭国展开战争，最后格萨尔大王斧劈陀如大王，岭国取得胜利，打开了陀如玛瑙财宝库，并且将陀如国转变为信仰佛教的国家。

5. 版本描述（字体、抄本、刻本风格、版面大小、材质）：

藏文柏簇体，B5 稿纸本，每页 15 行。

6. 保存处及编号：

（1）原件保存处：青海《格萨尔》研究所。

7. 版本说明（页码标记、残缺污浊页、翻译、出版）：

（1）总页码：513 页（藏文出版页）。

（2）异文本汉文未翻译。

（3）藏文出版：① 青海，1991。

8. 著作者、搜集者与搜集地：

（1）著作者：才让旺堆（ཚེ་རིང་དབང་འདུས། 1936—2014，那曲上安多艺人）

（2）笔录、整理者：增达·布特尕与秋君扎西笔录、整理

（3）搜集地：西宁

（4）笔录时间：1990

9. 其他：

（1）据青海民族出版社 1991 年出版《陀岭之战》编制。

（2）西藏那曲地区安多县出生，后流浪定居于青海省格尔木市唐古拉乡，1987 年在青海《格萨尔》艺人比赛中获得一等奖，1990 年成为国家干部（角巴东主，《陀岭之战》"前言"）。

（3）才让旺堆共说唱 12 部：《阿达夏宗》《吉祥五祝福》《犀岭之战》《梅毛水晶宗》《狮虎海螺宗》《陀岭之战》《嘎德智慧宗》《扎拉盉甲宗》《南铁

宝藏宗》《征服南魔王》《香日王》《达姆赛宗》等 12 部，共录制了 979 盘磁带，约 58740 分钟（恰噶·觉如，2014）。

@30 《吉祥五祝福》

1. 藏文题名：

འཛམ་གླིང་གེ་སར་རྒྱལ་པོའི་སྒྲུང་། །བཀྲ་ཤིས་སྨོན་ལམ་ལྔ།

2. 拉丁转写：

'dzam gling ge sar rgyal po'i sgrung, bkra shis smon lam lnga

3. 汉译名：

《吉祥五祝福》。

4. 故事内容提要：

格萨尔大王带领岭国以及附属国军队征服了四方四魔和十八大宗以后，向阿尼玛卿神山煨桑、敬神，并且举行向取得功绩的英雄们分赠财宝之事。晁同由于一些小事恶言讽刺，僧达阿董气愤不过，也以唱词还以颜色。最后，经扎拉泽嘉王子调停和好。

大王下令丹玛准备煨桑事宜，一切准备就绪，格萨尔大王主持煨桑仪式，招请天神、年神、鲁神享用桑烟、神馔。然后给各位英雄论功行赏，英雄们也各自展示了自己精湛的武艺。比如，晁同王展示了在刀口上赛马、针尖上跳舞的绝技；僧达阿董显示了在雪山上擒虎的技艺；等等。最后，珠姆献上了美酒，总管王分赠了珠宝。然后 39 国的勇士们各自返回了自己的国家。

5. 版本描述（字体、抄本、刻本风格、版面大小、材质）：

藏文柏簇体，B5 稿纸本，每页 15 行。

6. 保存处及编号：

（1）原件保存处：青海《格萨尔》研究所。

7. 版本说明（页码标记、残缺污浊页、翻译、出版）：

（1）总页码：173 页（藏文出版页）。

（2）异文本汉文未翻译。

（3）藏文出版：① 甘肃，1997。

8. 著作者、搜集者与搜集地：

（1）著作者：才让旺堆（ཚེ་རིང་དབང་འདུས།1936—2014，那曲上安多艺人）

（2）笔录者：尕藏

（3）整理者：恰噶·多杰才让、角巴东主

（4）搜集地：西宁

（5）笔录时间：1990

9. 其他：

（1）据青海民族出版社 1997 年出版《吉祥五祝福》编制。

（2）西藏那曲地区安多县出生，后流浪定居于青海省格尔木市唐古拉乡，1987 年在青海《格萨尔》艺人比赛中获得一等奖，1990 年成为国家干部（角巴东主，《陀岭之战》"前言"）。

（3）才让旺堆共说唱 12 部：《阿达夏宗》《吉祥五祝福》《犀岭之战》《梅毛水晶宗》《狮虎海螺宗》《陀岭之战》《嘎德智慧宗》《扎拉盔甲宗》《南铁宝藏宗》《征服南魔王》《香日王》《达姆赛宗》等 12 部，共录制了 979 盘磁带，约 58740 分钟（恰嘎·觉如，2014）。

@31 《李赤朱砂宗》

1. 藏文题名：

འཛམ་གླིང་གེ་སར་རྒྱལ་པོའི་སྒྲུང་། ལི་ཁྲི་མཚལ་རྫོང་།

2. 拉丁转写：

'dzam gling ge sar rgyal po'i sgrung, li khrimtshal rdzong

3. 汉译名：

《李赤朱砂宗》，或《勒赤朱砂宗》。

4. 故事内容提要：

格萨尔大王童年住在玛麦玉隆松多之际，晁同以武力抢夺了岭国大权。天神白梵天王给晁同降下预言，要他降伏南方李赤国，获取朱砂宝库，并且弘扬佛法。晁同想到这与自己牢固掌握岭国的大权目标一致，就召集岭国大会。总管王根据自己保存的《根本预言》书与阿尼玛卿山神预言，知道到了降伏李赤国的时间。于是，岭国派出贾察、丹玛等为主的大将前往南方李赤国。两国战争异常惨烈，最后，格萨尔大王幻化前来助战，岭国将领降伏了李赤国达郭王、其兄玉舟黄让、王子达玛本葛以及其他猛将，打开了朱砂宝库，转化了信仰。

5. 版本描述（字体、抄本、刻本风格、版面大小、材质）：

藏文柏簌体，B5 稿纸本，每页 15 行。

6. 保存处及编号：

（1）原件保存处：玉树群众艺术馆。

7. 版本说明（页码标记、残缺污浊页、翻译、出版）：

（1）总页码：298 页（藏文出版页）。

（2）异文本汉文未翻译。

（3）藏文出版：① 青海，1999。

8. 著作者、搜集者与搜集地：

（1）著作者：达瓦扎巴（ཟླ་བ་གྲགས་པ་1978 年出生，玉树杂多艺人）

（2）笔录、整理者：增达·布特尕与秋君扎西笔录、整理

（3）搜集地：结古

（4）笔录时间：1996

9. 其他：

（1）据青海民族出版社 1999 年出版《勒赤朱砂宗》编制。

（2）达瓦扎巴 13 岁（铁马年，1990 年）在杂嘉多杰潘秀神山脚下放牧时，梦中得授《格萨尔》史诗，1996 年吸收为玉树群艺馆工作人员（布特尕，《勒赤朱砂宗》"前言"）。

@32　《卡塔青白玛瑙宗》

1. 藏文全题名：

ཁ་ཐའི་མཆོང་རྫོང་།

2. 拉丁转写：

kha tha'i　mchong rdzong

3. 汉译名：

《卡塔青白玛瑙宗》，或《乌鸦青白玛瑙宗》《卡提琼宗》。

4. 故事内容提要：

格萨尔大王得到天界姑母的预言，需要降伏卡塔国、打开青白玛瑙宗宝库的时间。于是，岭国召开部落大会，商议征讨信仰外道的西方卡塔国。岭国派丹玛、葛德等大将带领岭军浩浩荡荡向西方进军，双方发生激烈战斗，最后格萨尔大王亲赴卡塔魔国，降伏了魔王，取得重大胜利。打开了青白玛瑙宗宝库，给卡塔民众宣讲佛法，卡塔国变成了信仰佛法的国家。

5. 版本描述（字体、抄本、刻本风格、版心大小、材质）：

藏文柏簇体，64 开稿纸本（17cm×11cm），每页 15 行。

6. 保存处及编号：

（1）原件保存处：果洛《格萨尔》办公室。

7. 版本说明（页码标记、残缺污浊页、翻译、出版）：

（1）总页码：400 页？

（2）未翻译

（3）异文本藏文未出版。

8. 著作者、搜集者与搜集地：

（1）著作者：昂亲多杰撰写（ དབང་ཆེན་སྟོབས་རྒྱལ་ཀྱིས་ཡི་གེར་བཀོད། 果洛哇塞艺人，1932—1997）

（2）搜集者：昂亲多杰

（3）搜集地：果洛久治

（4）搜集时间：1985

（5）撰写时间：1951（铁兔年）

9. 其他：

（1）此次查阅时未见，根据杨恩洪《民间诗神》（321—329 页）、与"史诗《格萨尔》抄本、刻本溯源"（《民间文学论坛》1987 年 6 期）以及昂保、昂亲拉姆"格萨尔艺人——昂亲多杰"（玛域格萨尔网）编制。

（2）此部为艺人昂亲多杰 15 岁撰写的史诗，文革中原长条抄本被毁，由其用人班单抄在笔记本上保存（杨恩洪）。现仅存第一章，已收入《昂亲多杰文集》出版（昂亲多杰之子昂保先生告知）。

@33 《阿达鹿宗》

1. 藏文题名：

ཨ་སྟག་ཤ་རྫོང་།

2. 拉丁转写：

A stag sha rdzong

3. 汉译名：

《阿达鹿宗》，或《阿达夏宗》。

4. 故事内容提要：

岭国曲潘纳布王的时候，北方达尔玉之王达赤赞布领兵侵入岭国玛域地区劫掠，打开了玛域的鹿宗城堡。天母贡曼嘉姆给阿达拉姆降下预言，到了降伏北方达尔玉国王、打开阿达鹿宗的时候。阿达拉姆将此预言告知了格萨尔大王，大王召开部落大会，决定了战略方针。

岭军分三路进攻北方达尔玉国，上关口由尼崩攻打，中关口由丹玛与辛巴攻打，下关口由阿董与姜王子玉赤攻打。上中关口攻破，唯有下关口无法攻破。后来在昂同与格萨尔大王协助下，最终攻破下关口，岭军顺利开进达尔玉国境。

达尔玉王得知此情后，派出猛将阻挡与还击岭军。双方展开了激烈的战斗，阿达拉姆杀死敌将桑珠，辛巴与丹玛杀死了达尔玉军官达纳查沃、萨郭亚麦等敌将，最后格萨尔大王降伏了达尔玉王达赤赞布，取得了胜利，打开了神鹿宝库。

5. 版本描述（字体、抄本、刻本风格、版面大小、材质）：

藏文柏簇体，B5 稿纸本，每页 15 行。

6. 保存处及编号：

（1）原件保存处：青海《格萨尔》研究所。

7. 版本说明（页码标记、残缺污浊页、翻译、出版）：

（1）总页码：500 页？

（2）异文本汉文未翻译。

（3）藏文出版：① 青海，2005；② 精选本，2010。

8. 著作者、搜集者与搜集地：

（1）著作者：才让旺堆（ཚེ་རིང་དབང་འདུས།1936—2014，那曲上安多艺人）

（2）笔录者：增达·布特尕与秋君扎西

（3）搜集地：西宁

（4）笔录时间：1990

9. 其他：

（1）据民族出版社 2010 年版精选本《阿达鹿宗》与娘吾才让《格萨尔初论》编制。

（2）那曲上安多出生，后流浪定居于青海省格尔木市唐古拉乡，1987年在青海《格萨尔》艺人比赛中获得一等奖，1990 年成为国家干部（角巴东主，《陀岭之战》"前言"）。

（3）才让旺堆共说唱 12 部：《阿达夏宗》《吉祥五祝福》《犀岭之战》《梅毛水晶宗》《狮虎海螺宗》《陀岭之战》《嘎德智慧宗》《扎拉盔甲宗》《南铁宝藏宗》《征服南魔王》《香日王》《达姆赛宗》等 12 部，共录制了 979 盘磁带，约 58740 分钟（恰噶·觉如，2014）。

@34 《北岭之战》

1. 藏文题名：

བྱང་གླིང་གཡུལ་འགྱེད།

2. 拉丁转写：

byang gling g.yul 'gyed

3. 汉译名：

《北岭之战》，或《征服日西八王》。

4. 故事内容提要：

火虎年，觉如尚在玛麦玉隆松多居住时，岭国达戎部落的斯潘、森察沃勒、拉鲁等英雄，根据达戎长官晁同的命令前往北方羌国与岭国边境狩猎。达戎部落兵将来到岭国与羌国边境的 13 座雅朵泽拉山峰，在此地境内猎杀野兽，以至于血流成河、尸积如山，引起羌国日西四部落的强烈不满。日西四部派兵前来与达戎部落讲理，双方发生战争，达戎部落无法取胜。岭国得知此情后，联合各部落力量，群策群力攻打羌日西四部落，最后，觉如自玛麦前来，帮助丹玛降伏托图王的寄魂狼，眼看岭国逐一消灭了羌国日西部落的托图王及王子华萨达娃以及大臣宇杰托郭，为了不造成更多的伤害，岭国提出和谈，羌国王后以及王子前来，双方达成合约。羌国归属岭国，百姓信仰佛教。

5. 版本描述（字体、抄本、刻本风格、版面大小、材质）：

藏文乌金体（正楷），B5 稿纸本，每页 15 行。

6. 保存处及编号：

（1）原件保存处：果洛《格萨尔》办公室。

7. 版本说明（页码标记、残缺污浊页、翻译、出版）：

（1）总页码：312 页（藏文出版本 204 页）。

（2）异文本汉文未翻译。

（3）异文本藏文未出版。

8. 著作者、搜集者与搜集地：

（1）著作者：昂旺仁增（ངག་དབང་རིག་འཛིན1939—2012，果洛德尔文艺人）

（2）笔录者：红格尔多杰活佛（ཧུང་སྒོ་སྒར་རྡོ་རྗེ）、喇嘛曲杰（བླ་མ་ཆོས་རྗེ）

（3）笔录地：果洛甘德县龙恩寺

（4）笔录时间：1987

9. 其他：

（1）据西藏古籍出版社 2012 年出版《北岭之战 托岭之战》编制。

（2）此部原件由果洛《格萨尔》抢救办公室诺尔德老师提供，2011 年列入西藏社会科学院"《格萨尔》民间艺人独家说唱本丛书"出版。

（3）昂旺仁增（简称昂仁）艺人共说唱 11 部：《董氏预言授记》（མ་ཆིག་ལ་ཕྱི་སྒྲུབ་ཀྱི་ལུང་བསྟན་གྱི་སྐོར་གྱི་ལམ་ཡིག་ལ་བརྩོན་ཞེས་བྱ་བ་བཞུགས་སོ）、《北岭之战》（བྱང་དགོན་རོང་གི་ཆ་རྒྱུད་ལུང་བའི་ཆོས་ཕྱུང་རྒྱལ་གྱི་རྣམ་ཐར་རབ་ཏུ་གཡོ་བའི་རྡོ་རྗེ་ཞེས་བྱ་བ་བཞུགས་སོ）、《噶岭之战》（དགའ་གླིང་གཡུལ་འགྱེད་ཞེས་བྱ་བ་བཞུགས་སོ）、《英雄诞生》（འཛམ་གླིང་ཏོག་དར་ཞེས་བྱ་བ་བཞུགས་སོ）、《赛马称王》（རྟ་རྒྱུག་རྒྱལ་འཛིན་ཞེས་བྱ་བ་བཞུགས་སོ）、《世界公桑》（འཛམ་གླིང་སྤྱི་བསང་ཞེས་བྱ་བ་བཞུགས་སོ）、《戎岭之战》（རང་གླིང་གཡུལ་འགྱེད་ཞེས་བྱ་བ་བཞུགས་སོ）、《辛丹内讧》（ཟིང་གི་ནང་རྒྱལ་བའི་རྣམ་པར་ཐར་པ་ཆེན་འདས་འགྲོལ་གྱི་ཞེས་བྱ་བ་བཞུགས་སོ）、《陀岭之战》（མེ་ཆེན་ལི་བར་རྒྱལ་པས་རང་ཉི་ཐོག་གི་ཤར་གྱགས་མི་ཚ་འདས་པའི་རྣམ་ཐར་ལུགས་དབང་ཡ་ཞེས་བྱ་བ་བཞུགས་སོ）、《安定三界》（ཁམས་གསུམ་ཞི་བདེ་འཁོད་ཞེས་བྱ་བ་བཞུགས་སོ）等 11 部，现正在整理中。

@35 《陀岭之战》

1. 藏文题名：

ཐོག་གླིང་གཡུལ་འགྱེད།

2. 拉丁转写：

thog gling g.yul 'gyed

3. 汉译名：

《陀岭之战》，或《拓岭之战》。

4. 故事内容提要：

格萨尔降伏四方四魔以及无数大小邦国，在狮龙宫殿坐禅修行之时，过去在降伏歇日珊瑚宗、大食财宗中已经降伏以及在亭岭之战中尚未降伏的王臣结集在一起，打算侵犯岭国。歇日达泽国王的王子托赤米玛、大食国王的公主白姆玉珍、大食国的大臣赞啦多杰巴瓦的儿子赞色雅梅、亭国国王多丹尼黎之王子翁堆纳布等人为首的勇士们聚集在一起，怀着强烈的复仇心理，袭扰岭国边境。随着势力增强，占据了阿尼玛卿圣山左侧的大片土地，残害百姓、抢夺财物。他们正在企图打开圣山的神鹿、杜鹃鸟、八峰莹雪宝库时，天界姑母贡曼嘉姆给格萨尔大王降下预言，到了降伏这些魔类的时机。

格萨尔大王迅速召集部落大会，集结岭国和各附属邦国军队降伏这些恶人，并收服了被这些妖魔占据的雪山周边的土地。但是托赤米玛等四将逃往汉地，格萨尔大王带领丹玛、阿董、玉拉和董炯追剿。在汉地桥口追上恶敌，消灭了他们，然后返回岭国，向阿尼玛卿雪山煨桑招福，百姓过上了幸福的日子。

5. 版本描述（字体、抄本、刻本风格、版面大小、材质）：

藏文乌金体（正楷），B5稿纸本，每页15行。

6. 保存处及编号：

（1）原件保存处：西藏社会科学院《格萨尔》研究中心、中国社会科学院民文所资料室。

7. 版本说明（页码标记、残缺污浊页、翻译、出版）：

（1）总页码：114页（藏文出版本）。

（2）异文本汉文未翻译。

（3）异文本藏文未出版。

8. 著作者、搜集者与搜集地：

（1）著作者：昂旺仁增（ངག་དབང་རིག་འཛིན། 1939—2012，果洛德尔文艺人）

（2）笔录者：格日·班玛多吉（ཀྱུ་ད་པད་ར་རྗ། 青海都兰）

（3）笔录地：拉萨

（4）笔录时间：2011

9. 其他：

（1）据西藏古籍出版社 2012 年出版《北岭之战 托岭之战》编制。

（2）此部初为 1991 年青海昆仑音像出版社录制发行的《陀岭之战》磁带（3 小时），2011 年列入西藏社会科学院"《格萨尔》民间艺人独家说唱本丛书"出版。

（3）昂旺仁增（简称昂仁）艺人共说唱 11 部：《董氏预言授记》（ཨ་ཆེ་ཏ་ཾ་ཀུ་སྐོན་གྱི་དཔབ་པའི་ལོང་ག་ལེག་ལུང་བསྟན་ཞེས་བྱ་བ་བཞུགས་སོ།）、《北岭之战》（ཀྱུ་དཔེད་རོང་ཚ་ཁ་ལག་གུ་ལུང་ར་ཞི་ཐོག་ཐུབ་རྒྱལ་པབ་པའི་ནས་པར་རས་ལེི་ལེང་ཞེས་བྱ་བ་བཞུགས་སོ།）、《噶岭之战》（ཤག་ལྕིང་གཡུལ་འཁྲུག་ཞེས་བྱ་བ་བཞུགས་སོ།）、《英雄诞生》（འཕོང་སྐྱེས་མེ་ཏོག་ར་ཞེས་བྱ་བ་བཞུགས་སོ།）、《赛马称王》（ར་རྒྱུག་རྒྱལ་འཁོ་ཞེས་བྱ་བ་བཞུགས་སོ།）、《世界公桑》（འཛམ་སྐྱེ་སྤུ་བསང་ཞེས་བྱ་བ་བཞུགས་སོ།）、《戎岭之战》（ར་ཞེ་གཡུལ་འཁྲུ་ཞེས་བྱ་བ་བཞུགས་སོ།）、《辛丹内讧》（སྲིང་ག་སར་རྒྱལ་པབ་རྣམ་པར་ཐར་བ་ལས་མ་འདས་ནང་འཐབ་སྔོ་ སེམ་ལ་སྐོན་ཞེས་བྱ་བ་བཞུགས་སོ།）、《陀岭之战》（ནེང་ཆེན་ཏ་ཐ་སར་རྒྱལ་ཡབ་ཾང་ཏ་ཐོ་ལི་གག་མར་འཐོས་མ་ཏ་ཅ་ཞའི་ཏོ་པའི་རྣམ་པར་ཐོག་སྔོ་དཔའ་བ་ཞེས་བྱ་བ་བཞུགས་སོ།）、《安定三界》（ཁམས་གསུམ་བདེ་འཁོད་ཞེས་བྱ་བ་བཞུགས་སོ།）等 11 部，现正在整理中。

@36 《白惹茶宗》

1. 藏文题名：

གེ་སར་རྒྱལ་པའི་སྒྲུང་ཏེ་གིང་གཡུལ་འཁྲུགས་དཔའ་བོའི་སྙིང་ལ་དགའ་བའི་དཔལ་སྟེར་བདུད་ནག་ཕྱེ་མར་འཐག་པའི་མཚོན་རྣོན་བཞུགས་སོ།

2. 拉丁转写：

Ge sar rgyal po'i sgrung bhe gling g.yul 'khrugs dpa' bo'i snying la dga' ba' i dpal ster bdud nag phye mar 'thag pa'i mtshon rnon bzhugs so

3. 汉译名：

《白惹茶宗》，或《白岭之战》《白哈日茶宗》。

4. 故事内容提要：

在杂日国南面，靠近大海的地方有一个白哈日国或称做白惹国。此国所领属部落众多，军队强大，都城玛霞江宗城堡雄伟高大。其四方有四座城堡，东方玉狮城，南方威虎城，西方共命鸟幻化城，北方碧玉蟾蜍城。此外，大小城堡围绕此城，无计其数。国王赤赞信仰外道，性格残暴，不可一世。其大臣、猛将勇猛无敌。

一次，达戎部落小将去往白惹国，由于恃才自傲，被白惹国将所杀。引起了岭国与白惹国战争。此时，天母南曼嘉姆给格萨尔大王降下预言，到了降伏白惹国，打开茶宗的时候。于是格萨尔大王派女英雄阿达鲁姆与丹玛大将带领岭国军队讨伐。白惹国猛将顽强抵抗，最后格萨尔大王领兵亲征，摧毁了白惹王的寄魂石、寄魂虎等，最后降伏了白惹赤赞王，打开了茶宗为主的众多宝藏。

5. 版本描述（字体、抄本、刻本风格、版面大小、材质）：

藏文乌金体与草体，乌金体 10 行，草体 14 行，B5 稿纸本，手抄原件。

6. 保存处及编号：

（1）原件保存处：果洛《格萨尔》办公室。

7. 版本说明（页码标记、残缺污浊页、翻译、出版）：

（1）总页码：211+79 页（藏文出版 386 页）。

（2）青百 1983.1 稿纸 1—137 页；果洛藏族自治州人民政府翻译科翻译稿纸 138—211 页。正楷 1—23 页，草书 23—211 页（上册之上）。果洛藏族自治州人民政府翻译科翻译稿纸。正楷 1—5，9—35，67—70，112 页；草书 7—8，36—66，71—79 页（上册之下）。

（3）未翻译。

（4）藏文出版：① 青海，1989。

8. 著作者、搜集者与搜集地：

（1）著作者：喇嘛洛保（ རྡོ་བྱང་བྷ་ལོ་བཱགསྐ 甘德县夏日乎寺寺主 ར་ཚོ་དགོན།）

（2）搜集者：果洛《格》办

（3）搜集地：果洛

（4）搜集时间：1987

9. 其他：

（1）根据中国社会科学院民文所藏文室所藏稿纸原件（上册之上下）与青海民族 1989 年出版本《白岭之战》编制。

（2）其他信息可参见附录果洛《格萨尔》办公室收藏本目录 07。

*01 《天岭卜筮》

1. 藏文题名：

ལྷ་གླིང་གབ་ཚེ་དགུ་སྐོར།

2. 拉丁转写：

lha gling gab tse dgu skor

3. 汉译名：

《天岭卜筮》，或《天界篇》《天岭占卜九藏》《仙界遣使》。

4. 故事内容提要：

由菩提猕猴与岩罗刹女衍生的藏民祖先遂派分出噶、卓、扎、董等各大姓氏，董氏先族然查格布生有三子，兄弟三人从东方玛沁雪山附近各娶一妻，遂发展形成了董氏长仲幼三大岭国部落。岭国四面四大魔国即霍、魔、门、姜以及各大宗等众邻国时常入侵欺凌岭国。

　　莲花生大师前往上方天界，请求白梵天王赐予岭国一位神子。最后，白梵天王的小儿子图巴葛允诺前往降服众魔怪，但提出需要殊胜武器与工具的要求。莲花生依其意愿，分别从龙界等处取得各殊胜工具并安排好图巴葛投身处所。但在此时，神子图巴葛心念动摇不愿前往尘世而进行躲藏。图巴葛先后九次躲藏于不动护法佛近前以及文殊的钵盂、骑羊护法的大铁锤等九处，均被一一识破，最后答应前往人间。

　　5. 版本描述（字体、抄本、刻本风格、版面大小、材质）：

　　藏文乌金体（正楷），古旧藏纸？每页 7 行？36.8cm×7.6cm？林葱木刻印刷本，原件。

　　6. 保存处及编号：

　　（1）手抄原件保存处：不知。

　　（2）青海《格》研〔1986〕编号：无

　　7. 版本说明（页码标记、残缺污浊页、翻译、出版）：

　　（1）总页码：64 叶。

　　（2）根据青海文联汉译《英雄诞生之部》（资料之五）补编。

　　（3）封面有梵、乌尔都、藏三体文，书中有文殊、金刚菩萨等插像

　　（4）异文本汉文翻译：① 王沂暖、华甲译（《贵德分章》），甘肃，1981；② 刘立千译，西藏，1986；③ 文库本（一），1996。

　　（5）异文本藏文出版：① 四川，1980；② 甘肃，1982；③ 西藏，1981；④ 民族，1984；⑤ 文库本（一），1996；⑥ 扎巴本，1998；⑦ 桑珠本，2001；⑧ 印度（岗托克），1983；⑨ 不丹，1979；⑩ 蒙古国，1961。

　　8. 著作者、搜集者与搜集地：

　　（1）搜集者：不知

　　（2）搜集地：四川

　　（3）搜集时间：1959？

　　9. 其他：

　　（1）原件文革中散佚，藏文总书叶据《青海民族民间文学资料（第 6集）》p.33 页补填。

　　（2）青海文联 20 世纪五六十年代翻译《天岭卜筮之部》（资料之一）之原稿。

*02　《英雄诞生》

1. 藏文题名：

གླིང་གེ་སར་སྐྱེས་བུ་དོན་གྲུབ་སེང་ཆེན་རྒྱལ་པོ་དགྲ་འདུལ་གྱི་རྣམ་ཐར་བཞུགས་སོ།

2. 拉丁转写：

gling ge sar skyes bu don grub seng chen rgyal po dgra 'dul gyi rnam thar bzhugs so

3. 汉译名：

《英雄诞生》，或《岭格萨尔大丈夫敦珠雄狮降敌王传》（《贵德分章本》）

4. 故事内容提要：

天神决定派白梵天王第三子敦珠下凡岭国降伏妖魔。敦珠化为神鸟下界寻找降生之父母，返回天界索要下界必备之武器、珍宝、王妃等，然后在天界死去。岭国王僧伦之妻老年怀孕被逐，产下觉如，僧伦之王妃纳提孟与小叔晁同王迫害觉如母子。觉如诞生三天以后征服了黑鸟三兄弟，外道贡巴惹杂等。

觉如设计赢得美丽珠姆为妻，并通过神通成为岭国国王格萨尔。此后单骑去往北方征服了北方魔王恰巴拉仁，得到阿达拉姆、向宛帮助，搭救了王妃梅萨，饮了迷魂酒往返故乡。期间，霍尔入侵岭国，抢走了王妃珠姆。后格萨尔与梅萨、阿达拉姆两位王妃返回岭国，惩处了晁同王，单骑闯关前往黄霍尔国解救珠姆，得到果萨曲珍帮助，杀死了黄霍尔王以及他与珠姆所生的魔子，最后杀死了霍尔大将辛巴，带领珠姆与果萨曲珍返回了岭国。

5. 版本描述（字体、抄本、刻本风格、版面大小、材质）：

藏文乌金体（正楷），长条抄本：30cm×9cm？每页 6 行？手抄原件，藏纸。

6. 保存处及编号：

（1）手抄原件保存处：不知。

（2）青海《格》研〔1986〕编号：无

7. 版本说明（页码标记、残缺污浊页、翻译、出版）：

（1）总页码：279 叶？

（2）根据青海文联汉译《格萨尔王传》（草本之一至四）补编。

（3）异文本汉文翻译：① 王沂暖、何天慧，甘肃，1985。

（4）异文本藏文出版：① 西藏，1982；② 甘肃，1981；③ 四川，1980、1999；④ 四川《玛麦觉如王事业》，2001；⑤ 青海《开天辟地》，1987；⑥ 青海，1988；⑦ 扎巴本，1996；⑧ 文库本，1996；⑨ 桑珠本，2001；⑩ 精选本，2013；⑪ 竹杰沃嘎本，民族，2010；⑫ 印度（德里），1967？⑬ 印度（达拉姆萨拉），1984；⑭ 不丹，1979；⑮ 蒙古国，1961。

8. 著作者、搜集者与搜集地：

（1）搜集者：华甲

（2）搜集地：青海贵德县下排村琅克加家

（3）搜集时间：1956？

9. 其他：

（1）原件文革中散佚。

（2）藏文书名据吴均所译汉文书名《岭格萨尔大丈夫敦珠雄狮降敌王传》再译，747 页。

*03 《英雄诞生》

1. 藏文题名：

འཁྲུངས་གླིང་མེ་ཏོག་ར་བ།

2. 拉丁转写：

'khrungs gling me tog ra ba

3. 汉译名：

《英雄诞生》，或《诞生史》《冲岭梅朵然哇》《诞生、占领玛域》。

4. 故事内容提要：

岭国穆布董氏热查干布生有三子，形成了岭穆布董氏长仲幼三系。有一次，果部落侵犯岭地，杀害了岭地总管王绒查叉根之子，岭国起兵复仇，进攻果部落，掳获龙女麦朵娜泽，并被僧伦王纳为次妃，僧伦和果萨生了觉如（格萨尔的小名）。格萨尔诞生三天以后征服了黑鸟三兄（家那三兄弟）、高僧贡巴惹杂、九百恶犊、红魔驹等魔鬼。

晁同很害怕格萨尔夺走他的王位，便造谣说觉如是个鬼怪，果萨本是女妖；把格萨尔赶到黄河谷地玛麦隆多草原。格萨尔在那里降服了损耗鬼和厉鬼等。有一年，岭地遭受雪灾，岭·格萨尔诞生后，不计前嫌，分给他们放牧的草场，毅然收留了迁徙到玛麦隆多草原的包括晁同在内的岭国军民。

5. 版本描述（字体、抄本、刻本风格、版面大小、材质）：

藏文乌金体（正楷），古旧藏纸？每页 5 行？32cm×6cm？林葱木刻印刷本？原件。

6. 保存处及编号：

（1）手抄原件保存处：不知。

（2）青海《格》研〔1986〕编号：无

7. 版本说明（页码标记、残缺污浊页、翻译、出版）：

（1）总页码：79 叶？

（2）林葱木刻本，根据青海文联汉译《英雄诞生之部》（资料之一）补编。

（3）异文本汉文翻译：① 王沂暖、何天慧，甘肃，1985。

（4）异文本藏文出版：① 西藏，1982；② 甘肃，1981；③ 四川，1980、1999；④ 四川《玛麦觉如王事业》，2001；⑤ 青海《开天辟地》，1987；⑥ 青海，1988；⑦ 扎巴本，1996；⑧ 文库本，1996；⑨ 桑珠本，2001；⑩ 精选本，2013；⑪ 竹杰沃嘎本，民族，2010；⑫ 印度（德里），1967？⑬ 印度（达拉姆萨拉），1984；⑭ 不丹，1979；⑮ 蒙古国，1961。

8. 著作者、搜集者与搜集地：

（1）搜集者：不知

（2）搜集地：德格？

（3）搜集时间：1960？

9. 其他：

（1）原件文革中散佚

（2）估计与西藏社会科学院《格》中心藏编号为第 16 号的抄本相似。

*04　《英雄诞生》

1. 藏文题名：

འཁྲུངས་གླིང་མེ་ཏོག་ར་བ།

2. 拉丁转写：

'khrungs gling me tog ra ba

3. 汉译名：

《英雄诞生》，或《诞生史》《冲岭梅朵然哇》《诞生、占领玛域》。

4. 故事内容提要：

岭国穆布董氏热查干布生有三子，形成了岭穆布董氏长仲幼三系。有一次，果部落侵犯岭地，杀害了岭地总管王绒查叉根之子，岭国起兵复仇，进攻果部落，掳获龙女麦朵娜泽，并被僧伦王纳为次妃，僧伦和果萨生了觉如。格萨尔诞生三天以后征服了黑鸟三兄（家那三兄弟）、高僧贡巴惹杂、九百恶犊、红魔驹等魔鬼。

晁同很害怕格萨尔夺走他的王位，便造谣说觉如是个鬼怪，果萨本是女妖；把格萨尔赶到黄河谷地玛麦隆多草原。格萨尔在那里降服了损耗鬼和厉鬼等。有一年，岭地遭受雪灾，岭·格萨尔诞生后，不计前嫌，分给他们放牧的草场，毅然收留了迁徙到玛麦隆多草原的包括晁同在内的岭国军民。此后格萨尔通过赛马登上了岭国王位，之后征服了北方魔鲁赞，格萨尔前往北方之际，霍尔入侵岭国，抢走了格萨尔之王妃珠姆。

5. 版本描述（字体、抄本、刻本风格、版面大小、材质）：

藏文乌金体（正楷），古旧藏纸？每页 5 行？32cm×6cm？林葱木刻印刷本？原件。

6. 保存处及编号：

（1）手抄原件保存处：不知。

（2）青海《格》研〔1986〕编号：无

7. 版本说明（页码标记、残缺污浊页、翻译、出版）：

（1）总页码：800 叶？

（2）根据青海文联汉译《英雄诞生之部》（资料之五）补编。

（3）异文本汉文翻译：① 王沂暖、何天慧，甘肃，1985。

（4）异文本藏文出版：① 西藏，1982；② 甘肃，1981；③ 四川，1980、1999；④ 四川《玛麦觉如王事业》，2001；⑤ 青海《开天辟地》，1987；⑥ 青海，1988；⑦ 扎巴本，1996；⑧ 文库本，1996；⑨ 桑珠本，2001；⑩ 精选本，2013；⑪ 竹杰沃嘎本，民族，2010；⑫ 印度（德里），1967？⑬ 印度（达拉姆萨拉），1984；⑭ 不丹，1979；⑮ 蒙古国，1961。

8. 著作者、搜集者与搜集地：

（1）搜集者：徐国琼

（2）搜集地：四川甘孜扎呷寺

（3）搜集时间：1960 年 7 月

9. 其他：

（1）原件文革中散佚。

（2）估计为徐国琼《〈格萨尔〉考察纪实》中提到的《格萨尔综合分章本》（p.185）。

*05 《赛马称王》

1. 藏文题名：

གླིང་དཀར་ཏ་རྒྱུག་རྟོགས་བརྗོད་ལས་སྐྱེས་མཆོག་གེ་སར་ནོར་བུ་དགྲ་འདུལ་གྱི་རྣམ་ཐར་སྙན་པའི་བ་དན་ངོ་མཚར་ཆ་བདུན་ཕྱེ་སྟེ་ནོར་བུའི་མེ་ལོང་།

2. 拉丁转写：

gling dkar rta rgyug rtogs brjod las skyes mchog ge sar nor bu dgra 'dul gyi rnam thar snyan pa'i ba dan ngo mtshar cha bdun phye ste nor bu'i me long

3. 汉译名：

《赛马称王》，或《赛马登位》《赛马七宝》《赛马称王之部》。

4. 故事内容提要：

格萨尔 12 岁时，遵照天神预言预言偷走了晁同的灵鸟，引其灵魂趣入净土，埋其尸体入尘埃。三年后，格萨尔在神鸟身上迁识入舍，给晁同授记：召集岭国臣民，举办赛马盛会；你将荣取桂冠，获得岭国宝座，成为富豪嘉洛部落财宝和王宫森周达泽宫的主人，以及娶得美丽王妃珠姆。

晁同听到神鸟的"预言"，通知岭国各部举行赛马盛会。格萨尔跟母亲果萨一起从山野找来江希卡尕骏马，珠姆给骏马备上了光耀自亮宝鞍和宝垫。格萨尔加入骑手盛队，最终荣获桂冠，登上了岭国宝座，成为了岭国国王，纳珠姆为妃，以及梅日部落麦萨水西为次妃，被尊称为"南瞻部洲珠宝制敌大丈夫雄狮大王格萨尔"。岭国举国欢庆，歌舞不断。全国上下举行了盛大的庆祝会。

5. 版本描述（字体、抄本、刻本风格、版面大小、材质）：

藏文乌金体（正楷），古旧藏纸？每页 5 行？32cm×6cm？林葱木刻印刷本？原件。

6. 保存处及编号：

（1）手抄原件保存处：不知。

（2）青海《格》研〔1986〕编号：无

7. 版本说明（页码标记、残缺污浊页、翻译、出版）：

（1）总页码：222 叶。

（2）根据青海文联汉译《赛马称王之部》（资料之一）补编。

（3）异文本异文本汉文翻译：① 王沂暖，甘肃，1987。

（4）异文本藏文出版：① 西藏，1981；② 甘肃，1981；③ 四川，1980；④ 青海，1981；⑤ 精选本，2000；⑥ 桑珠本，2002；⑦ 文库本，1996；⑧ 印度（帕兰普尔？），1969；⑨ 印度（达兰萨拉），1984；⑩ 不丹，1979。

8. 著作者、搜集者与搜集地：

（1）搜集者：四川民族出版社

（2）搜集地：四川

（3）搜集时间：1958？

9. 其他：

（1）原件文革中散佚，藏文总书叶据《青海民族民间文学资料（第 6 集）》33 页补填。

（2）青海文联 20 世纪五六十年代翻译《赛马称王之部》（资料之一）之原稿。

*06 《赛马称王》

1. 藏文题名：

གླིང་དཀར་རྟ་རྒྱུག་རྟོགས་བརྗོད་ལས་སྐྱེས་མཆོག་གེ་སར་ནོར་བུ་དག་འདུལ་གྱི་རྣམ་ཐར་སྙན་པའི་བ་དན་ངོ་མཚར་ཆ་བདུན་ཕྱེ་སྟེ་ནོར་བུའི་མེ་ལོང།

2. 拉丁转写：

gling dkar rta rgyug rtogs brjod las skyes mchog ge sar nor bu dgra 'dul gyi rnam thar snyan pa'i ba dan ngo mtshar cha bdun phye ste nor bu'i me long

3. 汉译名：

《赛马称王》，或《赛马登位》《赛马七宝》《赛马称王之部》。

4. 故事内容提要：

格萨尔 12 岁时，遵照天神预言预言偷走了晁同的灵鸟，引其灵魂趣入净土，埋其尸体入尘埃。三年后，格萨尔在神鸟身上迁识入舍，给晁同授记：召集岭国臣民，举办赛马盛会；你将荣取桂冠，获得岭国宝座，成为富豪嘉洛部落财宝和王宫森周达泽宫的主人，以及娶得美丽王妃珠姆。

晁同听到神鸟的"预言"，通知岭国各部举行赛马盛会。格萨尔跟母亲果萨一起从山野找来江希卡尕骏马，珠姆给骏马备上了光耀自亮宝鞍和宝垫。格萨尔加入骑手盛队，最终荣获桂冠，登上了岭国宝座，成为了岭国国王，纳珠姆为妃，以及梅日部落麦萨水西为次妃，被尊称为"南瞻部洲珠宝制敌大丈夫雄狮大王格萨尔"。岭国举国欢庆，歌舞不断。全国上下举行了盛大的庆祝会。

5. 版本描述（字体、抄本、刻本风格、版面大小、材质）：

藏文粗通体？古旧藏纸？每页 6 行？32cm×6cm？手抄本？原件。

6. 保存处及编号：

（1）手抄原件保存处：不知。

（2）青海《格》研〔1986〕编号：无

7. 版本说明（页码标记、残缺污浊页、翻译、出版）：

（1）总页码：111 叶。

（2）根据青海文联汉译《赛马称王之部》（资料之二）补编。

（3）异文本异文本汉文翻译：① 王沂暖，甘肃，1987。

（4）异文本藏文出版：① 西藏，1981；② 甘肃，1981；③ 四川，1980；④ 青海，1981；⑤ 精选本，2000；⑥ 桑珠本，2002；⑦ 文库本，1996；⑧ 印度（帕兰普尔？），1969；⑨ 印度（达兰萨拉），1984；⑩ 不丹，1979。

8. 著作者、搜集者与搜集地：

（1）搜集者：四川民族出版社扎西才仁

（2）搜集地：康定

（3）搜集时间：1958？

9. 其他：

（1）原件文革中散佚，总页码据《青海民族民间文学资料（第 6 集）》p.33 页补填。

（2）青海文联 20 世纪五六十年代翻译《赛马称王之部》（资料之二）之原稿。

*07 《赛马称王》

1. 藏文题名：

ཏ་རྒྱུག་རྟོགས་བརྗོད།

2. 拉丁转写：

rta rgyug rtogs brjod

3. 汉译名：

《赛马称王》，或《赛马登位》《赛马七宝》《赛马称王之部》。

4. 故事内容提要：

格萨尔 12 岁时，遵照天神预言预言偷走了晁同的灵鸟，引其灵魂趣入净土，埋其尸体入尘埃。三年后，格萨尔在神鸟身上迁识入舍，给晁同授记：召集岭国臣民，举办赛马盛会；你将荣取桂冠，获得岭国宝座，成为富豪嘉洛部落财宝和王宫森周达泽宫的主人，以及娶得美丽王妃珠姆。

晁同听到神鸟的"预言"，通知岭国各部举行赛马盛会。格萨尔跟母亲果萨一起从山野找来江希卡尕骏马，珠姆给骏马备上了光耀自亮宝鞍和宝垫。格萨尔加入骑手盛队，最终荣获桂冠，登上了岭国宝座，成为了岭国国王，纳珠姆为妃，以及梅日部落麦萨水西为次妃，被尊称为"南瞻部洲珠宝制敌大丈夫雄狮大王格萨尔"。岭国举国欢庆，歌舞不断。全国上下举行了盛大的庆祝会。

5. 版本描述（字体、抄本、刻本风格、版面大小、材质）：

藏文乌金体（正楷），古旧藏纸？每页 5 行？32cm×6cm？林葱木刻印刷本？原件。

6. 保存处及编号：

（1）手抄原件保存处：不知。

（2）青海《格》研〔1986〕编号：无

7. 版本说明（页码标记、残缺污浊页、翻译、出版）：

（1）总页码：49 叶。

（2）根据青海文联汉译《赛马称王之部》（资料之三）补编。

（3）异文本异文本汉文翻译：① 王沂暖，甘肃，1987。

（4）异文本藏文出版：① 西藏，1981；② 甘肃，1981；③ 四川，1980；④ 青海，1981；⑤ 精选本，2000；⑥ 桑珠本，2002；⑦ 文库本，1996；⑧ 印度（帕兰普尔？），1969；⑨ 印度（达兰萨拉），1984；⑩ 不丹，1979。

8. 著作者、搜集者与搜集地：

（1）搜集者：华甲、徐国琼？

（2）搜集地：贵德德热村

（3）搜集时间：1958？

9. 其他：

（1）原件文革中散佚，总页码据《青海民族民间文学资料（第 6 集）》p.33 页补填。

（2）青海文联 20 世纪五六十年代翻译《赛马称王之部》（资料之三）之原稿。

*08　《赛马称王》

1. 藏文题名：

ཏ་རྒྱུག་རྟོགས་པ་ཨོད

2. 拉丁转写：

rta rgyug rtogs

3. 汉译名：

《赛马称王》，或《赛马登位》《赛马七宝》《赛马称王之部》。

4. 故事内容提要：

格萨尔 12 岁时，遵照天神预言预言偷走了晁同的灵鸟，引其灵魂趣入净土，埋其尸体入尘埃。三年后，格萨尔在神鸟身上迁识入舍，给晁同授记：召集岭国臣民，举办赛马盛会；你将荣取桂冠，获得岭国宝座，成为富豪嘉洛部落财宝和王宫森周达泽宫的主人，以及娶得美丽王妃珠姆。

晁同听到神鸟的"预言"，通知岭国各部举行赛马盛会。格萨尔跟母亲果萨一起从山野找来江希卡尕骏马，珠姆给骏马备上了光耀自亮宝鞍和宝垫。格萨尔加入骑手盛队，最终荣获桂冠，登上了岭国宝座，成为了岭国国王，纳珠姆为妃，以及梅日部落麦萨水西为次妃，被尊称为"南瞻部洲珠宝制敌大丈夫雄狮大王格萨尔"。岭国举国欢庆，歌舞不断。全国上下举行了盛大的庆祝会。

5. 版本描述（字体、抄本、刻本风格、版面大小、材质）：

藏文乌金体（正楷），古旧藏纸？每页 5 行？32cm×6cm？林葱木刻印刷本？原件。

6. 保存处及编号：

（1）手抄原件保存处：不知。

（2）青海《格》研〔1986〕编号：无

7. 版本说明（页码标记、残缺污浊页、翻译、出版）：

（1）总页码：86 叶。

（2）根据青海文联汉译《赛马称王之部》（资料之四）补编。

（3）异文本异文本汉文翻译：① 王沂暖，甘肃，1987。

（4）异文本藏文出版：① 西藏，1981；② 甘肃，1981；③ 四川，1980；④ 青海，1981；⑤ 精选本，2000；⑥ 桑珠本，2002；⑦ 文库本，1996；⑧ 印度（帕兰普尔？），1969；⑨ 印度（达兰萨拉），1984；⑩ 不丹，1979。

8. 著作者、搜集者与搜集地：

（1）搜集者：华甲、徐国琼？

（2）搜集地：同仁隆务镇

（3）搜集时间：1958？

9. 其他：

（1）原件文革中散佚，总页码据《青海民族民间文学资料（第6集）》33 页补填。

（2）青海文联 20 世纪五六十年代翻译《赛马称王之部》（资料之四）之原稿。

*09 《北方降魔》

1. 藏文全题名：

བདུད་འདུལ།

2. 拉丁转写：

bdud 'dul

3. 汉译名：

《北方降魔》，或《北地降魔》《征服鲁赞魔》《降服妖魔》《降妖部》。

4. 故事内容提要：

格萨尔登上岭国王位时，四方魔王横行无忌，边地妖魔来到中心地作乱。尤其是北方魔王鲁赞十分嚣张，毁坏上方印度佛法地，捣毁下方中华律法场，将中部卫藏四茹搅得天昏地暗。一次，乘格萨尔大王闭关修行之际，抢走了格萨尔大王 13 王妃之一的梅萨及大批百姓和财富，使岭国陷入苦海之中。遵照天界姑母贡曼嘉姆的旨意，格萨尔 15 岁第一次出征北方亚尔康魔国。

　　格萨尔单人独骑来到北方，闯过道道关隘。在匝曲河畔与魔国的军队相遇，在神佛护佑下，格萨尔打败了魔敌，魔臣晋格等人向格萨尔投诚。之后，前往魔国都城途中降伏魔女阿达鲁姆和魔臣向宛，在他们帮助下，摧毁了魔王鲁赞的寄魂野牛和寄魂羊。格萨尔来到魔城九层宫殿，在梅萨帮助下，用时 9 个月零 10 天，终于箭射鲁赞魔王的额头，将他杀死。

　　降伏鲁赞魔之后，格萨尔王饮用了梅萨的迷魂酒，忘记了过去的一切。成天与梅萨在九层魔宫中寻欢作乐，一住 9 年多。这期间，霍尔白帐王侵犯了岭国。

　　5. 版本描述（字体、抄本、刻本风格、版心大小、材质）：

　　藏文乌金体（正楷），现代铅印木，24cm×13.1cm。

　　6. 保存处及编号：

　　（1）手抄本原件保存处：不知。

　　（2）青海《格》研〔1986〕编号：无

　　7. 版本说明（页码标记、残缺污浊页、翻译、出版）：

　　（1）总页码：201 页.（2）甘肃，贡去乎才旦整理出版，1980。

　　（3）异文本汉文翻译：① 王沂暖译，甘肃，1980；② 王沂暖、华甲译《贵德分章本》，甘肃，1981。

　　（4）异文本藏文出版：① 甘肃，1980；② 西藏，1991；③ 四川（华旦《觉日的故事》），2000；④ 精选本，2000；⑤ 扎巴本，1997；⑥ 桑珠本，2002；⑦ 川《格》（《降妖部》），2008；⑧ 川《格》（《竹杰沃嘎《格萨尔》故事集》），2010；⑨ 格日尖参本，2007；⑩ 印度（德里），1979；⑪ 印度（岗托克 1），1983；⑫ 印度（岗托克 2），1983；⑬ 印度（加尔各答《下拉达克本》），1905；⑭ 不丹，1979；⑮ 不丹（《下拉达克本》），1981；⑯ 蒙古（《格萨尔本生传》合编），1961。

　　8. 著作者、搜集者与搜集地：

　　（1）著作者：不知

　　（2）搜集者：青海省文联

　　（3）搜集地：不知

　　（4）搜集时间：1959？

　　9. 其他：

　　（1）此铅印本作为1960 年5 月青海文联派出民族民间文学调查团所必备参考资料。

　　（2）青海文联 20 世纪五六十年代未做翻译。此铅印本原手抄本搜集情况不明。

*10 《北方降魔》

1. 藏文全题名：

དདད་འདུལ།

2. 拉丁转写：

bdud 'dul

3. 汉译名：

《北方降魔》，或《北地降魔》《征服鲁赞魔》《降服妖魔》《降妖部》。

4. 故事内容提要：

格萨尔登上岭国王位时，四方魔王横行无忌，边地妖魔来到中心地作乱。尤其是北方魔王鲁赞十分嚣张，毁坏上方印度佛法地，捣毁下方中华律法场，将中部卫藏四茹搅得天昏地暗。一次，乘格萨尔大王闭关修行之际，抢走了格萨尔大王十三王妃之一的梅萨及大批百姓和财富，使岭国陷入苦海之中。遵照天界姑母贡曼嘉姆的旨意，格萨尔 15 岁第一次出征北方亚尔康魔国。

格萨尔单人独骑来到北方，闯过道道关隘。在匝曲河畔与魔国的军队相遇，在神佛护佑下，格萨尔打败了魔敌，魔臣晋格等人向格萨尔投诚。之后，前往魔国都城途中降伏魔女阿达鲁姆和魔臣向宛，在他们帮助下，摧毁了魔王鲁赞的寄魂野牛和寄魂羊。格萨尔来到魔城九层宫殿，在梅萨帮助下，用时 9 个月零 10 天，终于箭射鲁赞魔王的额头，将他杀死。

降伏鲁赞魔之后，格萨尔王饮用了梅萨的迷魂酒，忘记了过去的一切。成天与梅萨在九层魔宫中寻欢作乐，一住 9 年多。这期间，霍尔白帐王侵犯了岭国。

5. 版本描述（字体、抄本、刻本风格、版心大小、材质）：

藏文粗让体、草体？长条抄本，每页 6 行，37cm×8.3cm？原件，藏纸。

6. 保存处及编号：

（1）原件保存处：不知。

（2）青海《格》研〔1986〕编号：无

7. 版本说明（页码标记、残缺污浊页、翻译、出版）：

（1）总页码：428 叶。

（2）根据汉译《北地降魔之部》（资料之一）补编。

（3）异文本汉文翻译：① 王沂暖译，甘肃，1980；② 王沂暖、华甲译《贵德分章本》，甘肃，1981。

（4）异文本藏文出版：① 甘肃，1980；② 西藏，1991；③ 四川（华旦

《觉日的故事》），2000；④ 精选本，2000；⑤ 扎巴本，1997；⑥ 桑珠本，2002；⑦ 川《格》（《降妖部》），2008；⑧ 川《格》（《竹杰沃嘎《格萨尔》故事集》），2010；⑨ 格日尖参本，2007；⑩ 印度（德里），1979；⑪ 印度（岗托克 1），1983；⑫ 印度（岗托克 2），1983；⑬ 印度（加尔各答《下拉达克本》），1905；⑭ 不丹，1979；⑮ 不丹（《下拉达克本》），1981；⑯ 蒙古（《格萨尔本生传》合编），1961。

8. 著作者、搜集者与搜集地：

（1）著作者：白马

（2）搜集者：青海文联

（3）搜集地：玉树？

（4）搜集时间：1958？

9. 其他：

（1）原件文革中散佚，总页码据《青海民族民间文学资料（第 6 集）》33 页补填。

（2）青海文联 20 世纪五六十年代翻译《北地降魔之部》（资料之一——西康作庆寺抄本）之原稿。

*11　《姜岭大战》

1. 藏文全题名：

འཇང་གླིང་གཡུལ་འགྱེད།

2. 拉丁转写：

'jang gling g.yul 'gyed

3. 汉译名：

《姜岭大战》，或《姜岭之战》《降岭之战》《保卫盐海》《征服姜国》《岭八十大将传》。

4. 故事内容提要：

莲花生大师派天神玛乃乃假扮姜国天神，给姜国国王萨丹王降下假预言，致使他遵照假预言派王子玉拉托居尔前往岭国方向去迎接贵宾，结果被辛巴设计降伏被擒。萨丹王召集群臣出师岭国解救王子。双方经过多年战争，各有损伤，但未分出胜负。

岭国设计延误姜军进攻岭国计划。岭国派以丹玛为首的六大将帅突捣姜营，致使姜军人仰马翻，溃不成军。萨丹王丧失理智，悲愤之际欲饮尽江河，格萨尔变成一条小鱼钻进姜王肚中，救出被吞的男女 20 人。格萨尔站在萨丹心顶祈求三宝保佑。萨丹恼羞成怒，向自己的心口扎了一刀，结束了自己的生命。格萨尔收回盐矿岭国，任命玉拉为姜地 12 地的首领。架起了藏汉友谊之桥。岭军凯旋。

5. 版本描述（字体、抄本、刻本风格、版心大小、材质）：

草体？长条抄本：40cm×9cm？每页 6 行？手抄原件，藏纸。

6. 保存处及编号：

（1）原件保存处：不知。

（2）青海《格》研〔1986〕编号：无

7. 版本说明（页码标记、残缺污浊页、翻译、出版）：

（1）总页码：800 叶？ （2）根据汉译《姜岭之战》（资料之一）补编。

（3）异文本汉文翻译：① 徐国琼、王晓松译，中国藏学，1991。

（4）异文本藏文出版：① 西藏，1981；② 罗哲嘉措本，甘肃，1989；③ 甘肃，1993；④ 精选本，2002；⑤ 桑珠本，2003；⑥ 交加本，甘肃，2006；⑦ 格日尖参本，甘肃，2007；⑧ 印度（德里），1965；⑨ 印度（岗托克），1977；⑩ 印度（岗托克），1983；⑪ 不丹，1981；⑫ 蒙古国，1959；⑬ 川《格》丛书 11，2014。

8. 著作者、搜集者与搜集地：

（1）著作者：不知

（2）搜集者：徐国琼？

（3）搜集地：西藏昌都

（4）搜集时间：1960？

9. 其他：

（1）原件文革中散佚，总页码据青海汉译《姜岭之战》（上下）（资料之一——西藏昌都本）推定。

（2）青海文联 20 世纪五六十年代翻译《姜岭之战》（上下）（资料之一——西藏昌都本）之原稿。

*12 《姜岭大战》

1. 藏文全题名：

འཇང་གླིང་གཡུལ་འགྱེད།

2. 拉丁转写：

'jang gling g.yul 'gyed

3. 汉译名：

《姜岭大战》，或《姜岭之战》《降岭之战》《保卫盐海》《征服姜国》《岭八十大将传》。

4. 故事内容提要：

莲花生大师派天神玛乃乃假扮姜国天神，给姜国国王萨丹王降下假预言，致使他遵照假预言派王子玉拉托居尔前往岭国方向去迎接贵宾，结果被辛巴设计降伏被擒。萨丹王召集群臣出师岭国解救王子。双方经过多年战争，各有损伤，但未分出胜负。

岭国设计延误姜军进攻岭国计划。岭国派以丹玛为首的六大将帅突捣姜营，致使姜军人仰马翻，溃不成军。萨丹王丧失理智，悲愤之际欲饮尽江河，格萨尔变成一条小鱼钻进姜王肚中，救出被吞的男女 20 人。格萨尔站在萨丹心顶祈求三宝保佑。萨丹恼羞成怒，向自己的心口扎了一刀，结束了自己的生命。格萨尔收回盐矿岭国，任命玉拉为姜地 12 地的首领。架起了藏汉友谊之桥。岭军凯旋。

5. 版本描述（字体、抄本、刻本风格、版心大小、材质）：

草体？长条抄本：40cm×9cm？每页 6 行？手抄原件，藏纸。

6. 保存处及编号：

（1）原件保存处：不知。

（2）青海《格》研〔1986〕编号：无

7. 版本说明（页码标记、残缺污浊页、翻译、出版）：

（1）总页码：251 叶。

（2）根据汉译《姜岭之战》（资料之二）补编。

（3）异文本汉文翻译：① 徐国琼、王晓松译，中国藏学，1991。

（4）异文本藏文出版：① 西藏，1981；② 罗哲嘉措本，甘肃，1989；③ 甘肃，1993；④ 精选本，2002；⑤ 桑珠本，2003；⑥ 交加本，甘肃，2006；⑦ 格日尖参本，甘肃，2007；⑧ 印度（德里），1965；⑨ 印度（岗托克），1977；⑩ 印度（岗托克），1983；⑪ 不丹，1981；⑫ 蒙古国，1959；⑬ 川《格》丛书 11，2014。

8. 著作者、搜集者与搜集地：

（1）著作者：不知

（2）搜集者：徐国琼？

（3）搜集地：四川德格

（4）搜集时间：1960 年？

9. 其他：

（1）原件文革中散佚，总页码据青海文联 20 世纪五六十年代翻译《姜岭之战》（资料之二——德格地区流传抄本）之后记补填。

（2）青海文联 20 世纪五六十年代翻译《姜岭之战》（资料之二——德格地区流传抄本）之原稿。

*13　《姜岭大战》

1. 藏文全题名：

འཇང་གླིང་འདུལ།

2. 拉丁转写：

'jangs 'dul

3. 汉译名：

《姜岭大战》，或《姜岭之战》《降岭之战》《保卫盐海》《征服姜国》《岭八十大将传》。

4. 故事内容提要：

莲花生大师派天神玛乃乃假扮姜国天神，给姜国国王萨丹王降下假预言，致使他遵照假预言派王子玉拉托居尔前往岭国方向去迎接贵宾，结果被辛巴设计降伏被擒。萨丹王召集群臣出师岭国解救王子。双方经过多年战争，各有损伤，但未分出胜负。

岭国设计延误姜军进攻岭国计划。岭国派以丹玛为首的六大将帅突捣姜营，致使姜军人仰马翻，溃不成军。萨丹王丧失理智，悲愤之际欲饮尽江河，格萨尔变成一条小鱼钻进姜王肚中，救出被吞的男女20人。格萨尔站在萨丹心顶祈求三宝保佑。萨丹恼羞成怒，向自己的心口扎了一刀，结束了自己的生命。格萨尔收回盐矿岭国，任命玉拉为姜地12地的首领。架起了藏汉友谊之桥。岭军凯旋。

5. 版本描述（字体、抄本、刻本风格、版心大小、材质）：

草体？长条抄本：40cm×9cm？每页6行？手抄原件，藏纸。

6. 保存处及编号：

（1）原件保存处：不知。

（2）青海《格》研〔1986〕编号：无

7. 版本说明（页码标记、残缺污浊页、翻译、出版）：

（1）总页码：350叶？

（2）异文本汉文翻译：① 徐国琼、王晓松译，中国藏学，1991。

（3）异文本藏文出版：① 西藏，1981；② 罗哲嘉措本，甘肃，1989；③ 甘肃，1993；④ 精选本，2002；⑤ 桑珠本，2003；⑥ 交加本，甘肃，2006；⑦ 格日尖参本，甘肃，2007；⑧ 印度（德里），1965；⑨ 印度（岗托克），1977；⑩ 印度（岗托克），1983；⑪ 不丹，1981；⑫ 蒙古国，1959年；⑬ 川《格》丛书11，2014。

8. 著作者、搜集者与搜集地：

（1）原件保存者：热丹

（2）搜集者：华甲、徐国琼

（3）搜集地：贵德县龙羊乡

（4）搜集时间：1958

9. 其他：

（1）原件文革中散佚，总页码据青海文联翻译、整理之《保卫盐海之部》推定。

（2）此件根据青海文联翻译、整理之《保卫盐海之部》补编。

（3）据吴均介绍，此件与西藏昌都流传本属同一故事系统，837—838。

*14　《姜岭大战》

1. 藏文全题名：

གླིང་དཔའི་བཏུལ་བརྒྱད་ཅུའི་རྣམ་ཐར།

2. 拉丁转写：

gling dpa'i brtul brgyad cu'i rnam thar

3. 汉译名：

《姜岭大战》，或《姜岭之战》《降岭之战》《保卫盐海》《征服姜国》《岭八十大将传》。

4. 故事内容提要：

莲花生大师派天神玛乃乃假扮姜国天神，给姜国国王萨丹王降下假预言，致使他遵照假预言派王子玉拉托居尔前往岭国方向去迎接贵宾，结果被辛巴设计降伏被擒。萨丹王召集群臣出师岭国解救王子。双方经过多年战争，各有损伤，但未分出胜负。

岭国设计延误姜军进攻岭国计划。岭国派以丹玛为首的六大将帅突捣姜营，致使姜军人仰马翻，溃不成军。萨丹王丧失理智，悲愤之际欲饮尽江河，格萨尔变成一条小鱼钻进姜王肚中，救出被吞的男女20人。格萨尔站在萨丹心顶祈求三宝保佑。萨丹恼羞成怒，向自己的心口扎了一刀，结束了自己的生命。格萨尔收回盐矿岭国，任命玉拉为姜地12地的首领。架起了藏汉友谊之桥。岭军凯旋。

5. 版本描述（字体、抄本、刻本风格、版心大小、材质）：

藏文草体，长条抄本：27cm×5cm，每页6行，手抄原件，藏纸。

6. 保存处及编号：

（1）原件保存处：西北民族大学图书馆。

（2）青海《格》研〔1986〕编号：无

7. 版本说明（页码标记、残缺污浊页、翻译、出版）：

（1）总页码：250 叶。

（2）红、黑两种墨色书写。

（3）异文本汉文翻译：① 徐国琼、王晓松译，中国藏学，1991。

（4）异文本藏文出版：① 西藏，1981；② 罗哲嘉措本，甘肃，1989；③ 甘肃，1993；④ 精选本，2002；⑤ 桑珠本，2003；⑥ 交加本，甘肃，2006；⑦ 格日尖参本，甘肃，2007；⑧ 印度（德里），1965；⑨ 印度（岗托克），1977；⑩ 印度（岗托克），1983；⑪ 不丹，1981；⑫ 蒙古国，1959；⑬ 川《格》丛书 11，2014。

8. 著作者、搜集者与搜集地：

（1）原件保存者：那木庆嘉（那木先加）

（2）搜集者：华甲、徐国琼

（3）搜集地：同仁县曲库乎乡曲歌庄色龙哇村

（4）搜集时间：1958 年 9 月 27 日

9. 其他：

（1）原件文革中散佚，总页码据青海文联翻译、整理之《保卫盐海之部》推定。

（2）此件根据青海文联翻译、整理之《保卫盐海之部》补编，参考了才让卓玛（2011）"西北民族大学图书馆《格萨尔》古籍"一文。

（3）据吴均介绍，此件与西藏昌都流传本属同一故事系统，837—838 页。

*15 《孟岭大战》

1. 藏文全题名：

མོན་གླིང་གཡུལ་འགྱེད།

2. 拉丁转写：

Mon gling g.yul 'gyed

3. 汉译名：

《孟岭大战》，或《门岭大战》《门岭之战》《洛岭之战》《征服闷城》《岭国与门国》《岭与慕域》《闷岭之战》。

4. 故事内容提要：

岭国灭了姜国萨丹王以后，在岭国王宫狮龙宫殿修行时，天神降下预言：到了降伏门国的时机。格萨尔变为一只渡鸦给晁同降下预言：组织达戎十八大军进攻门国报先前被抢夺财产之仇，并能娶得门国公主为妻。晁同率领大军，一路消灭了辛赤王的九只魔鼠等敌国君臣的许多守护神。接着又歼灭了以古拉土杰为首的门国 80 猛士和 1900 勇士。

辛赤王危在旦夕，他打算放弃国家攀援天梯升天逃遁。格萨尔焚烧了堆卡迥如朗宗，使他一命呜呼。门国公主梅朵拉泽投诚岭国，并用箭射开白米宗，岭国将士取得白米凯旋。格萨尔给门国臣民讲经说法，净化那里人们的邪念，使他们改变恶习，努力从善。格萨尔命冬迥拉赤嘎布为门国的国王。

5. 版本描述（字体、抄本、刻本风格、版心大小、材质）：

柏簇体？长条抄本：35cm×10cm？每页 7 行？手抄原件，藏纸。

6. 保存处及编号：

（1）原件保存处：不知。

（2）青海《格》研〔1986〕编号：无

7. 版本说明（页码标记、残缺污浊页、翻译、出版）：

（1）总页码：334 叶？

（2）异文本汉文翻译：① 王沂暖、余希贤译，甘肃，1986；② 嘉措顿珠译（扎巴本），西藏，1986、2013。

（3）异文本藏文出版：① 西藏（扎巴本），1980；② 青海，1982；③ 甘肃，1983；④ 四川，1982；⑤ 精选本，2002；⑥ 扎巴本，2013；⑦ 印度（拉瓦杂尔），1964；⑧ 不丹（帕罗），1980；⑨ 不丹（廷布），1981。

8. 著作者、搜集者与搜集地：

（1）著作者：觉文拉伍瑙布

（2）搜集者：徐国琼

（3）搜集地：西藏昌都

（4）搜集时间：1960 年 7 月

9. 其他：

（1）原件文革中散佚，总页码据青海文联 20 世纪五六十年代汉译《门岭之战之部》（资料之二——西藏昌都地区流传本）推定。

（2）此件根据青海文联汉译《门岭之战之部》（资料之二——西藏昌都地区流传本）补编。

（3）据吴均介绍，此件与德格流传本属同一抄本（吴均，《文集》840 页）。

*16 《上粟特马宗》《下粟特铠甲、玉宗》

1. 藏文全题名：

འཛིན་སྐྱོང་སྐྱོང་བའི་དགུ་ལ་གི་མར་ནོར་ན་དགུ་འདུལ་གྱི་རྟོགས་པ་བརྗོད་རྒྱ་མཚོ་དུ་ལས་སོག་ད་གཡང་ཐབ་ཆུ་ར་ཚེ་མཆར་གཏེམ་གྱི་རྒྱན་འཛིན

ཡིད་འཕྲོག་སྒྲ་དབྱངས་ཞེས་བྱ་བ་བཞུགས་པའི་དབུ་ཕྱོགས་ལགས།

2. 拉丁转写：

'dzam gling skyong ba'i dgra lha ge sar nor bu dgra 'dul gyi rtogs brjod rgya mtsho lta bu las sog rta g.yang phab tshul ngo mtshar gtam gyi rgyan 'phreng yid 'phrog sgra dbyangs zhes by aba bzhugs ba'i dbu phyogs lags

3. 汉译名：

《上粟特马宗》《下粟特铠甲、玉宗》，或《蒙古马城》《蒙古马国》《上蒙古马宗》《索波马宗》《索多马城》《下索波铠玉宗》《索麦铠、玉宗》。

4. 故事内容提要：

索波国受到大灾难，通过占卜以为是岭国所为，施咒报复岭国，于是两国开战。

精通幻术的晁同施法，放出神箭飞向索波国。索波国王诚心投降，但两个王子却坚决要与格萨尔一决雌雄，于是施展幻术与岭军交战，没想到幻术被识破，索波国的大王子拉吾被玉拉杀死，二王子仁钦灰溜溜地躲到了下索波铠甲城。

格萨尔王传信如果仁钦回到索波马宗，自己会宽恕他，仁钦在家臣的劝说下回到了索波马宗，在他的父王娘赤陪同下，向格萨尔王请罪，格萨尔依言宽恕了他。

格萨尔降伏了索波马宗，准备回国。此时天神启示去降伏下索波铠甲城，但格萨尔懒惰了，厌倦征战，想要回到天界无忧无虑的生活，众位天神劝诫他，并且告诉他所有天神与他同在，会帮助他，他还应继续解救生活在水深火热中的百姓们。格萨尔十分惭愧，于是依言去降伏索波铠甲城，解救一方百姓，并且将得到的财宝分给众人，人们的生活更加富足了。

5. 版本描述（字体、抄本、刻本风格、版心大小、材质）：

柏簇体？长条抄本：35cm×10cm？每页7行？手抄原件，藏纸。

6. 保存处及编号：

（1）原件保存处：不知。

（2）青海《格》研〔1986〕编号：无

7. 版本说明（页码标记、残缺污浊页、翻译、出版）：

（1）总页码：1—188叶，188—369叶。

（2）未翻译

（3）异文本藏文出版：《上粟特马宗》① 西藏，1992；② 扎巴本，1999；③ 精选本，2013；④ 印度（德拉敦），1978；⑤ 印度（达兰姆萨拉），1982；⑥ 不丹，1981。《下粟特铠玉宗》① 印度（达拉姆萨拉），1984；② 不丹，1981。

8. 著作者、搜集者与搜集地：

（1）著作者：不知

（2）搜集者：徐国琼

（3）搜集地：西藏昌都

（4）搜集时间：1960 年 7 月

9. 其他：

（1）原件文革中散佚，总页码据青海文联 20 世纪五六十年代汉译《索多马城之部》（资料之一——青海昂欠流传本）补填。

（2）此件根据青海文联汉译《索多马城之部》（资料之一——青海昂欠流传本）补编。

（3）据吴均介绍，此件与流玉树结古、昂欠流传本属不同抄本，856 页。

*17 《雪山水晶宗》

1. 藏文全题名：

གངས་རི་ཤེལ་རྫོང་པར་བཞི་རྣམ་ཐར་བཞུགས་སོ།།

2. 拉丁转写：

'dzam gling seng chen rgyal po'i rtogs brjod las gangs ri shel rdzong bzhugs so

3. 汉译名：

《雪山水晶宗》，或《征服拉达克水晶国》《贡日水晶宗》。

4. 故事内容提要：

岗底斯拉达克旭奴嘎伍王向已被岭国降伏的白惹等国征税，白惹等国向岭国求救。此时，莲花生大师给格萨尔预言：通往雪山水晶宗的大道将要打开，要出兵征服雪山水晶国。格萨尔招集九国大军，联伐水晶国。联军兵分三路攻打：第一路由格萨尔率领，第二路由扎拉王子率领，第三路由玉拉托居尔率领。两军交火，战斗十分激烈。岭军消灭了雪山国五大将，80 勇士。格萨尔先后征服了雪山国的君臣守护神，扎拉王子征服了北方扎木宗；格萨尔征服了西方扎铁宗；东方日扎那宗由玉拉征服。

最后，岭国君臣来到雪山国都城，扔掉了城头上的魔幡旗，挂上了佛法胜利幡旗。格萨尔带领勇士们来到美丽白岩前，开启了水晶宝藏。在运水晶的途中，亭容赤旭王挡住岭军道路。亭岭之战因此发生，岭军征服了亭王。亭容的山神以珊瑚太后为主的许多宝矿，献给国王，并附绸缎七匹。

5. 版本描述（字体、抄本、刻本风格、版心大小、材质）：

藏文草体，长条抄本，每页 8 行，36.8cm×7.6cm，复印件，复印于现代纸。

6. 保存处及编号：

（1）原件保存处：不知。

（2）青海《格》研〔1986〕编号：无

7. 版本说明（页码标记、残缺污浊页、翻译、出版）：

（1）总页码：324 叶？

（2）异文本汉文翻译：① 意西泽珠、许珍妮译，四川，1988；② 角巴东主主编，高等教育出版社，2011。

（3）异文本藏文出版：① 四川，1982；② 扎巴本，2011；③ 精选本，2013；④ 印度（多兰吉），1983；⑤ 不丹，1981。

8. 著作者、搜集者与搜集地：

（1）著作者：未知

（2）搜集者：徐国琼

（3）搜集地：德格

（4）搜集时间：1960 年 7 月

9. 其他：

（1）原件文革中散佚，总页码据青海文联 20 世纪五六十年代汉译《岭与雪山水晶城之部》（资料之一——德格地区抄本）推定。

（2）此件根据青海文联汉译《岭与雪山水晶城之部》（资料之一——德格地区抄本）补编。

*18　《歇日珊瑚宗》

1. 藏文题名：

ཞེ་ན་བྱུར་རྫོང་།

2. 拉丁转写：

byer ri byur rdzong

3. 汉译名：

《歇日珊瑚宗》，或《杰日珊瑚宗》《奇乳珊瑚宗》《岭与歇日珊瑚之部》《碣日珊瑚宗》《吉茹珊瑚宗》《岗岭之战》《契日珊瑚宗》《达格戎珊瑚宗》《北方珊瑚宝宗》《契日珊瑚宗》。

4. 故事内容提要：

岭军征服了阿扎玛瑙宗后不久，得知歇日国杀死了岭国茶商。于是格萨尔发兵征讨歇日。岭军兵分两路去攻打歇日。珊瑚宗有三位在箭术、枪术、剑术上武艺超群的勇士，他们都先后被岭国六大先遣勇士歼灭。岭军所向披靡，珊瑚官兵屡战屡败。岭国大军消灭了歇日国的绿铁宗、东南的白螺宗、西南的金光宗、西面的古长旦朱宗、东北的玉石宗。最终歇日国大泽王没能逃脱岭军的追杀，被玉拉托居尔和贡赞结果了性命。其余官兵及歇日王妃投诚。

格萨尔开启歇日国珊瑚宝库，分赐给属下百姓，余者全部运回岭国。格萨尔从珊瑚国的宝湖里捞出了无数珊瑚。岭国在歇日设立了 12 个万户长官，派阿达拉姆为歇日总管。随后，岭军凯旋。

5. 版本描述（字体、抄本、刻本风格、版面大小、材质）：

柏簇体？长条抄本：35cm×15cm？每页 7 行？手抄原件，藏纸？

6. 保存处及编号：

（1）手抄原件保存处：不知。

（2）青海《格》研〔1986〕编号：无

7. 版本说明（页码标记、残缺污浊页、翻译、出版）：

（1）总页码：400 叶？

（2）书法潦草、错误多。

（3）异文本汉文翻译：① 角巴东主主编，高等教育出版社，2011。

（4）异文本藏文出版：① 青海，1983；② 精选本，2003；③ 桑珠本，2004；④ 印度（岗托克），1977；⑤ 不丹本，1981。

8. 著作者、搜集者与搜集地：

（1）搜集者：徐国琼？

（2）搜集地：德格巴邦寺

（3）搜集时间：1960？

9. 其他：

（1）原书名：歇日珊瑚城英雄开颜妙音语鬟

（2）原件文革中散佚，根据青海文联 20 世纪五六十年代汉译《岭与歇日珊瑚城之部》（资料之一——德格巴邦寺抄本）补编。

*19 《梅岭玛瑙宗》

1. 藏文题名：

གླིང་གི་སེར་རྒྱལ་པོའི་རྣམ་ཐར་ལས་བྱང་མེ་གླིང་ཤ་བ་གཡུང་གི་གཟི་རྫོང་ཕབ་པའི་དཔའི་གཡུལ་འཁྲུག་ཀུན་ཁྱབ་སྙན་པའི་ཞེས་བྱ་བ་བཞུགས་སོ།

2. 拉丁转写：

gling ge sar rgyal po'i rnam thar las byang me gling sha ba g.yu lung gi gzi rdzong phab pa'i dpa'i g.yul 'kun khyab snyan pa'i zhes bya ba bzhugs so

3. 汉译名：

《梅岭玛瑙宗》，或《美岭之战》《梅岭之战》《梅陵之战》。

4. 故事内容提要：

北方的梅岭国老国王原本信仰佛教，但其膝下三子中，长子名朗如赤赞与次子达赤拉堆，笃信外教，心狠手毒；幼子达噶尼玛虽武艺高强，却心地善良，对两位哥哥的恶行时有不满。老王死后，长子朗如赤赞继承王位，兄弟二人的恶行常常受到幼弟达噶尼玛的劝阻，二人非但不听，反而意欲除掉弟弟。达噶尼玛内心感到十分痛苦，动身前往岭地，投靠格萨尔。

梅岭国王朗如赤赞有战将 90 人，勇士 70 人，属民 43 万户，更有那无敌英雄嘉拉兄弟三人辅佐他。朗如王因此日益骄横。格萨尔得到天母预言进攻梅岭国。

一个月后，各国各部人马到齐，雄狮大王的宝帐内，设有日月相对的金座，格萨尔大王和王子扎拉已经坐定。格萨尔亲见达噶的箭术却比丹玛的还要厉害，大喜，立即封达噶尼玛为"古拉箭王"。达噶从此名声大震，丹玛将自己的幼女嫁与箭王为妻，并封他为 310500 户的总长官。

岭国大军来到杂曲惹梅河边，两军展开激战。在格萨尔率领的岭军面前，梅岭军队大败，岭军乘胜追击，包围了梅岭王城。朗如赤赞王觉得胜败尚难确定，执意亲自出城迎战岭军，为朱拉等几位大将报仇。经过多次激烈交战，朗如赤赞父子终被降伏。朗如赤赞父子被降伏后，王妃东噶仓央和大臣班玛扎巴率残余兵将和全城百姓烧香扬幡，迎接格萨尔大王入城。在梅岭夏娃玉隆地方，藏有一种比阿扎玛瑙国的玛瑙还要珍贵的玛瑙。格萨尔亲自主持，将梅岭的这些珍宝分给岭国各部和各属国以及梅岭的臣民百姓，整整分了 18 天。分罢珍宝，格萨尔委任大臣古热托杰掌管梅岭国政，然后率军班师回岭。

5. 版本描述（字体、抄本、刻本风格、版面大小、材质）：

藏文柏簇体？藏纸，每页 5—6 行？30cm×9cm？长条手抄本，原件。

6. 保存处及编号：

（1）手抄原件保存处：不知。

（2）青海《格》研〔1986〕编号：无

7. 版本说明（页码标记、残缺污浊页、翻译、出版）：

（1）总页码：328 页（西藏出版本）。

（2）昌都小学教师罗加藏本。

（3）未翻译

（4）异文本藏文出版：①西藏，1982；②精选本，2013；③印度（多兰吉），1983；④不丹，1984。

8. 著作者、搜集者与搜集地：

（1）搜集者：徐国琼

（2）搜集地：昌都小学

（3）搜集时间：1960 年 7 月

9. 其他：

（1）原件文革中散佚，据青海文联 20 世纪五六十年代汉译《美岭战争之部》（资料之一——（一）西藏昌都抄本）与西藏人民 1982 年版《梅岭之战》编制。

*20　《中华茶宗》

1. 藏文全题名：

འཛམ་གླིང་གེ་སར་རྒྱལ་པོའི་རྟོགས་བརྗོད་ལས་རྒྱ་ནག །ཇ་རྫོང་འབེབས་པ་བཞུགས་སོ།

2. 拉丁转写：

'dzam gling ge sar rgyal po'i rtogs brjod las rgya nag ja rdzong 'bebs pa bzhugs so

3. 汉译名：

《中华茶宗》，或《汉地茶宗》《加岭传奇》《岭与中华》《汉岭》。

4. 故事内容提要：

汉地让布曲宗城内国王葛拉耿贡，娶了下界国王堆瓦纳布的美貌女儿尼玛赤姬。三世之神看出此妃是妖魔所变，于是化作三个瘸、瞎、聋的残障人，为妃子演戏，令属民看见美貌妃子。妃子因此得了大病，无法治愈。妃子临死告诉国王只要将其尸体裹在绸缎里放到库中，不让发凉，并把百姓属民压于无衣食住行之权的严法之下，断除藏汉之间的金桥，不让外地人进来，也不让内部人出去，那么她将有一天复活。

公主听见妖妃的遗嘱，听从大臣女儿央金措主意，借口去五台山为母亲斋戒，将密信及信物一起托三只鸽子寄给格萨尔大王。格萨尔大王也接到天神预言，到汉地去火化妖妃的尸体，解除汉地国王与百姓的痛苦。于是格萨尔按照天神的预言，从弥药国、青海、阿赛国取回在汉地必需的宝物，然后与 12 位将士来到汉地，征服了各种关口上的妖怪，用各种神变降伏了汉地国王，用计谋烧毁了妖妃的尸体。讲授了佛法，使汉地众生畅享安乐的生活。

5. 版本描述（字体、抄本、刻本风格、版心大小、材质）：

藏文草体？长条抄本，每页 8 行？31.5cm×7.2cm？手抄原件，藏纸。

6. 保存处及编号：

（1）原件保存处：无。

（2）青海《格》研〔1986〕编号：无

7. 版本说明（页码标记、残缺污浊页、翻译、出版）：

（1）总页码：302 叶？

（2）异文本汉文翻译：① 阿图、徐国琼、解世毅译，中国民间文艺，1984。

（3）异文本藏文出版：① 中国民间文艺，1981；② 西藏，1984；③ 扎巴本，民族，1999；④ 桑珠本，2005；⑤ 印度（岗托克），1977；⑥ 不丹，1981；⑦ 不丹（《下拉达克本》），1981；⑧ 民族出版社，2014。

8. 著作者、搜集者与搜集地：

（1）著作者：不知

（2）搜集者：徐国琼

（3）搜集地：西藏昌都

（4）搜集时间：1960 年 7 月

9. 其他：

（1）原件文革中散佚，总页码据青海文联 20 世纪五六十年代汉译《岭与中华之部》（资料之一——昌都地区流传本）推定。

（2）此件根据青海文联汉译《岭与中华之部》（资料之一——昌都地区流传本）补编。

*21 《中华律法宗》

1. 藏文全题名：

རྒྱ་གླིང་གཡུལ་འགྱེད།

2. 拉丁转写：

rga gling g.yul 'gyed

3. 汉译名：

《中华律法宗》，或《调伏汉王》《岭与中华》。

4. 故事内容提要：

格萨尔君臣前往汉地交纳进贡马匹。期间奚落汉地臧萨皇帝，汉地（中华）皇帝将格萨尔投入猛兽、毒虫牢狱，格萨尔通过神通变化，使身体完好无损。中华皇帝群臣将格萨尔吊在中华刑法之柱上，格萨尔派乌鸦带回岭国斧钺砍倒中华刑法之柱。中华皇帝只好将格萨尔招为驸马，后来又将王位禅让给了格萨尔大王。格萨尔继承王位后，想办法将中华皇帝与群臣消灭。最后，给汉地民众传法令其变为了佛法之地，讲授了佛法，使汉地众生畅享安乐的生活。

5. 版本描述（字体、抄本、刻本风格、版心大小、材质）：

藏文草体？长条抄本，每页 8 行？31.5cm×7.2cm？手抄原件，藏纸。

6. 保存处及编号：

（1）原件保存处：无。

（2）青海《格》研〔1986〕编号：无

7. 版本说明（页码标记、残缺污浊页、翻译、出版）：

（1）总页码：130 叶？

（2）异文本汉文翻译：①阿图、徐国琼、解世毅译，中国民间文艺，1984。

（3）异文本藏文出版：①中国民间文艺，1981；②西藏，1984；③扎巴本，民族，1999；④桑珠本，2005；⑤印度（岗托克），1977；⑥不丹，1981；⑦不丹（《下拉达克本》），1981；⑧民族出版社，2014。

8. 著作者、搜集者与搜集地：

（1）著作者：贺尔仓柔赛咒师

（2）搜集者：华甲 徐国琼？

（3）搜集地：贵德

（4）搜集时间：1958？

9. 其他：

（1）原件文革中散佚，总页码据青海文联 20 世纪五六十年代汉译《岭与中华之部》（资料之二——青海贵德抄本）推定。

（2）此件根据青海文联汉译《岭与中华之部》（资料之二——青海贵德抄本）补编。

*22 《突厥兵器宗》（上册）

1. 藏文全题名：

འཛམ་གླིང་རྒྱལ་པོ་གེ་སར་ནོར་བུ་དགྲ་འདུལ་གྱི་རྟོགས་བརྗོད་ལས། གྲི་གུའི་གོ་རྫོང་འབེབས་ཚུལ་དཔའ་བོ་སྙིང་གི་དགའ་སྟོན་ཡིད་འཕྲོག་དྲི་ཟའི་གླུ་དབྱངས་ཞེས་བྱ་བ་བཞུགས་སོ།།

2. 拉丁转写：

'dzam gling rgyal po ge sar nor bu dgra 'dul gyi rdogs brjod las, gri gu'i go rdzaong 'bebs tshul dpa' bo snying gi dga' ston yid 'phrog dri za'i glu dbyangs zhes by aba bzhugs so

3. 汉译名：

《突厥兵器宗》上册，或《祝古国宗》上册，《朱孤兵器宗》上册。

4. 故事内容提要：

突厥国王托桂穆德赞意欲武力抢夺藏王的释迦牟尼佛像。他派其所属齐堆的四个部落前去完成此项任务。齐堆射箭恐吓藏王马上送交释迦牟尼佛像。藏王向岭国扎拉王子求救。岭王格萨尔通过侦察得知征服突厥必先要征服突厥齐堆。于是下令王子扎拉率军讨伐。两军开始交火。最后，东突厥的大军节节败北，溃不成军。突军部将个个死于岭刀之下，突王齐堆也终于成了扎拉王子的刀下鬼，岭军大获全胜。

5. 版本描述（字体、抄本、刻本风格、版心大小、材质）：

草体？长条抄本：40cm×9cm？每页 7 行？手抄原件，藏纸。

6. 保存处及编号：

（1）原件保存处：无。

（2）青海《格》研〔1986〕编号：无

7. 版本说明（页码标记、残缺污浊页、翻译、出版）：

（1）总页码：900 叶？

（2）未翻译。

（3）异文本藏文出版：① 西藏，1988、1989；② 甘肃，1984、1986；③ 精选本，2013；④ 桑珠本，2011；⑤ 印度（达兰姆萨拉），1982、1983、1984、1985；⑥ 不丹，1981；⑦ 民族出版社，2015。

8. 著作者、搜集者与搜集地：

（1）著作者：东孔活佛

（2）搜集者：西北民族学院

（3）搜集地：西藏昌都

（4）搜集时间：1960？

9. 其他：

（1）原件文革中散佚，总页码据青海文联 20 世纪五六十年代汉译《岭与祝古之部》（上卷一、二）（资料之一——昌都区流传本与东孔与四川巴邦寺抄本）推定。

（2）此件根据青海文联汉译《岭与祝古之部》（上卷一、二）（资料之一——昌都区流传本与东孔与四川巴邦寺抄本）补编。

*23　《突厥兵器宗》（中册）

1. 藏文全题名：

ཀྱུ་སྟིང་སྲུང་ཡིག་ཏོ་མཚར་དཔའ་བོའི་དགའ་སྟོན་ལས་འབར་པོད་སྲུག་མོ་ངར་འཐབ་ཀྱི་སྐོར་བཞུགས་སོ།།

2. 拉丁转写：

gru gling sgrung yig ngo mtshar dpa' bo'i dga' ston las，bar pod stag mon gar 'thab kyi skor bzhugs so

3. 汉译名：

《突厥兵器宗》中册，或《祝古国宗》中册

4. 故事内容提要：

灭了东突还有南突。岭王认为降服南突刻不容缓。岭王重整旗鼓，率部南下，突厥大臣们慌手慌脚，向阿伦独眼鬼和青海派人求助。岭军大举进攻，南突的帮凶个个败退。阿伦独眼鬼和突厥的托桂王最终也死在英雄格萨尔的刀下。岭军大捷。

5. 版本描述（字体、抄本、刻本风格、版心大小、材质）：

草体？长条抄本：40cm×9cm？每页 7 行？手抄原件，藏纸。

6. 保存处及编号：

（1）原件保存处：无。

（2）青海《格》研〔1986〕编号：无

7. 版本说明（页码标记、残缺污浊页、翻译、出版）：

（1）总页码：500 叶？

（2）未翻译。

（3）异文本藏文出版：① 西藏，1988、1989；② 甘肃，1984、1986；③ 精选本，2013；④ 桑珠本，2011；⑤ 印度（达兰姆萨拉），1982、1983、1984、1985；⑥ 不丹，1981；⑦ 民族出版社，2015。

8. 著作者、搜集者与搜集地：

（1）著作者：东孔活佛

（2）搜集者：西北民族学院

（3）搜集地：西藏昌都

（4）搜集时间：1960？

9. 其他：

（1）原件文革中散佚,总页码据青海文联 20 世纪五六十年代汉译《岭与祝古之部》（下卷）（资料之一——昌都区流传本与东孔与四川巴邦寺抄本）推定。

（2）此件根据青海文联汉译《岭与祝古之部》（下卷）（资料之一——昌都区流传本与东孔与四川巴邦寺抄本）补编。

*24 《突厥兵器宗》(下册)

1. 藏文全题名:

འཛམ་གླིང་གེ་སར་རྒྱལ་པོའི་རྣམ་ཐར་གྲི་གུའི་གོ་རྫོང་འབེབས་ཚུལ་ལས་སྨད་པོད་སྙན་ར་བའི་བདུད་རྩི་ཞེས་བྱ་བ་བཞུགས་སོ།།

2. 拉丁转写:

'dzam gling ge sar rgyal po'i rnam thar gri gu'i go rdzaong 'bebs tshul las, smad pod snyan rna ba'i bdud rtsi zhes by aba bzhugs so

3. 汉译名:

《突厥兵器宗》下册,或《祝古国宗》下册

4. 故事内容提要:

格萨尔遵照神灵之旨,派四位大臣带去哈达礼品前往青海,赏赐了青海王。让青海王管辖突厥都城,执掌朝政,治理国家,修缮突厥塔里寺;宏扬佛法,造福突厥众生。青海王达娃冬赛遵照岭国命令,前往突都,如令行事。他同岭国大臣一起,商量治国大策。格萨尔到突厥讲经说法,教育人们弃恶从善。青海王感激岭王的大恩,打开突厥宝库,献上了兵器等宝物。

5. 版本描述(字体、抄本、刻本风格、版心大小、材质):

草体?长条抄本:40cm×9cm?每页7行?手抄原件,藏纸。

6. 保存处及编号:

(1)原件保存处:无。

(2)青海《格》研〔1986〕编号:无

7. 版本说明(页码标记、残缺污浊页、翻译、出版):

(1)总页码:500叶?

(2)未翻译

(3)异文本藏文出版:①西藏,1988、1989;②甘肃,1984、1986;③精选本,2013;④桑珠本,2011;⑤印度(达兰姆萨拉),1982、1983、1984、1985;⑥不丹,1981;⑦民族出版社,2015。

8. 著作者、搜集者与搜集地:

(1)著作者:东孔活佛

(2)搜集者:西北民族学院

(3)搜集地:西藏昌都

(4)搜集时间:1960?

9. 其他:

(1)原件文革中散佚,总页码据青海文联20世纪五六十年代汉译《岭与祝古之部》（下卷）（资料之一——昌都区流传本与东孔与四川巴邦寺抄本）推定。

（2）此件根据青海文联汉译《岭与祝古之部》（下卷）（资料之一——昌都区流传本与东孔与四川巴邦寺抄本）补编。

*25 《突厥兵器宗》（上册）

1. 藏文全题名：

འཛམ་གླིང་སྐྱོང་བའི་ཕོ་ལྷ་གེ་སར་དམག་གི་རྒྱལ་པོའི་རྟོགས་བརྗོད་ལས།བྱང་བདུད་གྲི་གུའི་གཡུལ་རྒྱལ་སྟོབས་ཆེན་ཐོག་རྒོད་རྒྱལ་པོའི་མངའ་འབངས་དབང་དུ་བསྡུས་ཤིང་གོ་མཚོན་གཡང་དུ་བླངས་པའི་རྣམ་ཐར་ཡིད་འཕྲོག་སྙིང་གི་དགའ་སྟོན་ཞེས་བྱ་བ་བཞུགས་སོ།།

2. 拉丁转写：

‘dzam gling skyong ba’i pho lha ge sar dmag gi rgyal po’i rdogs brjod las，byang bdud gri gu’i g.yul rgyal stobs chen thog rgod rgyal po’i mnga’ ‘bangs dbang du bsdus shing go mtshon g.yang du blangs pa’i rnam thar yid ‘phrog snying gi dga’ ston zhes by aba bzhugs so

3. 汉译名：

《突厥兵器宗》上册，或《祝古国宗》上册，《朱孤兵器宗》上册。

4. 故事内容提要：

突厥国王托桂穆德赞意欲武力抢夺藏王的释迦牟尼佛像。他派其所属齐堆的四个部落前去完成此项任务。齐堆射箭信恐吓藏王马上送交释迦牟尼佛像。藏王向岭国扎拉王子求救。岭王格萨尔通过侦察得知征服突厥必先要征服突厥齐堆。于是下令王子扎拉率军讨伐。两军开始交火。最后，东突厥的大军节节败北，溃不成军。突军部将个个死于岭刀之下，突王齐堆也终于成了扎拉王子的刀下鬼，岭军大获全胜。

5. 版本描述（字体、抄本、刻本风格、版心大小、材质）：

草体？长条抄本：40cm×9cm？每页 7 行？手抄原件，藏纸。

6. 保存处及编号：

（1）原件保存处：无。

（2）青海《格》研〔1986〕编号：无

7. 版本说明（页码标记、残缺污浊页、翻译、出版）：

（1）总页码：900 叶？

（2）未翻译。

（3）异文本藏文出版：① 西藏，1988、1989；② 甘肃，1984、1986；③ 精选本，2013；④ 桑珠本，2011；⑤ 印度（达兰姆萨拉），1982、1983、1984、1985；⑥ 不丹，1981；⑦ 民族出版社，2015。

8. 著作者、搜集者与搜集地：

（1）著作者：不知

（2）搜集者：中央民族学院

（3）搜集地：巴邦寺

（4）搜集时间：1960？

9. 其他：

（1）原件文革中散佚，总页码据青海文联 20 世纪五六十年代汉译《岭与祝古之部》（上卷一、二）（资料之一——昌都区流传本与东孔与四川巴邦寺抄本）推定。

（2）此件根据青海文联汉译《岭与祝古之部》（上卷一、二）（资料之一——昌都区流传本与东孔与四川巴邦寺抄本）补编。

*26 《突厥兵器宗》(中册)

1. 藏文全题名：

བོད་གླིང་སྟག་གཟིག་ཁ་འཐབ་ཀྱིས་གྲུ་གུ་ཐོག་རྒོད་རྒྱལ་པོའི་གོ་རྫོང་གཡང་དུ་ལེན་པའི་རྣམ་ཐར་ལས་བར་འཁྲུགས་དཔའ་བོའི་དགའ་སྟོན་ཞེས་བྱ་བ་བཞུགས་སོ།།

2. 拉丁转写：

bod gling stag gzig kha 'thab kyis gru gu thog rgod rgyal po'i go rdzong g.yang du len pa'i rnam thar las bar 'khrugs dpa' bo'i dga' ston zhes bya ba bzhugs so

3. 汉译名：

《突厥兵器宗》中册，或《祝古国宗》中册

4. 故事内容提要：

灭了东突还有南突。岭王认为降服南突刻不容缓。岭王重整旗鼓，率部南下，突厥大臣们慌手慌脚，向阿伦独眼鬼和青海派人求助。岭军大举进攻，南突的帮凶个个败退。阿伦独眼鬼和突厥的托桂王最终也死在英雄格萨尔的刀下。岭军大捷。

5. 版本描述（字体、抄本、刻本风格、版心大小、材质）：

草体？长条抄本：40cm×9cm？每页 7 行？手抄原件，藏纸。

6. 保存处及编号：

（1）原件保存处：无。

（2）青海《格》研〔1986〕编号：无

7. 版本说明（页码标记、残缺污浊页、翻译、出版）：

（1）总页码：500 叶？

（2）未翻译

（3）异文本藏文出版：① 西藏，1988、1989；② 甘肃，1984、1986；③ 精选本，2013；④ 桑珠本，2011；⑤ 印度（达兰姆萨拉），1982、1983、1984、1985；⑥ 不丹，1981；⑦ 民族出版社，2015。

8. 著作者、搜集者与搜集地：

（1）著作者：不知

（2）搜集者：中央民族学院

（3）搜集地：巴邦寺

（4）搜集时间：1960 年？

9. 其他：

（1）原件文革中散佚，总页码据青海文联 20 世纪五六十年代汉译《岭与祝古之部》（下卷）（资料之一——昌都区流传本与东孔与四川巴邦寺抄本）推定。

（2）此件根据青海文联汉译《岭与祝古之部》（下卷）（资料之一——昌都区流传本与东孔与四川巴邦寺抄本）补编。

*27 《突厥兵器宗》（下册）

1. 藏文全题名：

གྲི་གུའི་གོ་རྫོང་གཡུལ་འཁྲུགས་ཀྱི་སྨད་ཆ་བཞུགས་སོ།།

2. 拉丁转写：

gri gu'i go rdzaong g.yul 'khrugs kyi smad cha bzhugs so

3. 汉译名：

《突厥兵器宗》下册，或《祝古国宗》下册

4. 故事内容提要：

格萨尔遵照神灵之旨，派四位大臣带去哈达礼品前往青海，赏赐了青海王。让青海王管辖突厥都城，执掌朝政，治理国家，修缮突厥塔里寺；宏扬佛法，造福突厥众生。青海王达娃冬赛遵照岭国命令，前往突都，如令行事。他同岭国大臣一起，商量治国大策。格萨尔到突厥讲经说法，教育人们弃恶从善。青海王感激岭王的大恩，打开突厥宝库，献上了兵器等宝物。

5. 版本描述（字体、抄本、刻本风格、版心大小、材质）：

草体？长条抄本：40cm×9cm？每页 7 行？手抄原件，藏纸。

6. 保存处及编号：

（1）原件保存处：无。

（2）青海《格》研〔1986〕编号：无

7. 版本说明（页码标记、残缺污浊页、翻译、出版）：

（1）总页码：500 叶？

（2）未翻译

（3）异文本藏文出版：① 西藏，1988、1989；② 甘肃，1984、1986；③ 精选本，2013；④ 桑珠本，2011；⑤ 印度（达兰姆萨拉），1982、1983、1984、1985；⑥ 不丹，1981；⑦ 民族出版社，2015。

8. 著作者、搜集者与搜集地：

（1）著作者：不知

（2）搜集者：中央民族学院

（3）搜集地：巴邦寺

（4）搜集时间：1960？

9. 其他：

（1）原件文革中散佚，总页码据青海文联20世纪五六十年代汉译《岭与祝古之部》（下卷）（资料之一——昌都区流传本与东孔与四川巴邦寺抄本）推定。

（2）此件根据青海文联汉译《岭与祝古之部》（下卷）（资料之一——昌都区流传本与东孔与四川巴邦寺抄本）补编。

*28 《丹玛青稞宗》

1. 藏文全题名：

ཆོས་ཀྱི་རྒྱལ་པོ་སེང་ཆེན་ནོར་བུ་དགྲ་འདུལ་གྱི་རྣམ་ཐར་ནོར་བུའི་དྲ་བ་ལས་འདན་གྱི་ནས་རྫོང་ཕབས་པའི་གཏམ་རྒྱུད་བཻཌཱུརྱ་རླུང་མར་ཅེས་བྱ་བ་བཞུགས་སོ།།

2. 拉丁转写：

chos kyi rgyal po seng chen nor bu dgra 'dul gyi rnam thar nor bu'i drwa b las 'dan gyi nas rdzong phabs pa'i gtam rgyud bēd'urya rlung mar ces bya ba bzhugs so

3. 汉译名：

《丹玛青稞宗》。

4. 故事内容提要：

岭国的总管戎查叉根知道了在岭国共有财产文书中所预言的要格萨尔征服丹玛青稞宗的时机已来临。他想，格萨尔诞生之前，世界的总体状况是：雨雪无季节，连年闹灾荒，这在雪域更为突出，尤其是岭国的土地，不按季下雨，举国旱情严重，再加上霜灾，雹灾和虫灾的袭击，连年饥荒连年灾。他想，格萨尔的诞生是岭国吉瑞幸福的祥兆。因此，必须把用法术征服丹玛赤尕王，攻取青稞宗，造福岭国的事告诉格萨尔，这样格萨尔就会大发慈悲，拯救挣扎在水深火热之中的岭民。

格萨尔接受了总管的建议，同晁同一道来到了丹玛，征服了丹玛赤尕王，与梅朵鲁古措公主建立了友好关系，接收了青稞宝库，让君臣们信奉佛法。他们征服了山神。从此雪域摆脱了饥荒，人们过上了幸福的生活。岭人把青稞宗的青稞宝藏运到了岭国。

5. 版本描述（字体、抄本、刻本风格、版心大小、材质）：

藏文草体（乌米百措体）？长条抄本，每页 8 行？36.8cm×7.6cm？原件，藏纸。

6. 保存处及编号：

（1）原件保存处：无。

（2）青海《格》研〔1986〕编号：无

7. 版本说明（页码标记、残缺污浊页、翻译、出版）：

（1）总页码：513 叶？

（2）异文本汉文翻译：① 角巴东主主编，高等教育出版社，2011。

（3）异文本藏文出版：① 青海，1989；② 精选本，2013；③ 川《格》丛书 10，2014。

8. 著作者、搜集者与搜集地：

（1）著作者：阿玉道泽

（2）搜集者：徐国琼？

（3）搜集地：德格巴邦寺

（4）搜集时间：1960？

9. 其他：

（1）原件文革中散佚，总页码据青海文联 20 世纪五六十年代汉译《丹玛青稞之部》（资料之一——德格巴邦寺抄本）推定。

（2）此件根据青海文联汉译《丹玛青稞之部》（资料之一——德格巴邦寺抄本）补编。

*29 《迦湿弥罗绿松石宗》

1. 藏文全题名：

ཁ་ཆེ་གཡུ་རྫོང་།

2. 拉丁转写：

kha che g.yu rdzaong

3. 汉译名：

《迦湿弥罗绿松石宗》，或《征服卡契松石城》《卡契玉宗》《卡切玉宗》《岭与卡契》《卡且玉宗》。

4. 故事内容提要：

岭国西部卡契国王赤丹路贝是罗刹转世，力大无穷，狂妄不可一世。9岁继承王位，征服了尼婆罗国；18岁时降伏了威卡国；27岁，战胜了穆卡国，并强娶堆灿公主为妃。此后进一步东征西掠，周围的小邦国家均归他所属。赤丹还有一兄一弟。哥哥名鲁亚如仁，弟弟叫兴堆冬玛，兄弟二人是赤丹王为非作歹的得力帮凶。此外还有内大臣 74 人，外大臣 108 个，属民 42 万户。由于连年征战并未遇到对手，赤丹路贝便认为天下无敌了。

赤丹路贝年满 36 岁，王妃堆灿洛琚玛见赤丹如此得意，便怂恿他征服格萨尔，让赤丹尝尝苦头以报杀父灭国之仇。由王兄鲁亚如仁、大臣多桂梅巴和托尺布赞为首的 3 万大军，经过一个月的准备，开始向岭国进军。格萨尔得到天神预言，降伏卡契魔妖。双方第一次交战，格萨尔用幻术大败卡契军。到岭国与卡契交战到关键时刻，晁同投靠卡契军，把岭国的情况、作战的部署统统告诉了鲁亚如仁。

卡契大军靠晁同的隐身木，绕过岭营，来到岭仲系文布氏的夏季牧场阿吉达塘扎营。晁同的叛军行为被格萨尔识破，他将计就计，大败卡契军，打开了卡契的宝物门。格萨尔王召集卡契的降臣降将以及众百姓，将部分财产留给他们。卡契王子只有 5 岁，所以格萨尔要老臣贞巴让协助管理国事。

5. 版本描述（字体、抄本、刻本风格、版心大小、材质）：

柏簇体？长条抄本：40cm×9cm？每页 7 行？手抄原件，藏纸。

6. 保存处及编号：

（1）原件保存处：无。

（2）青海《格》研〔1986〕编号：无

7. 版本说明（页码标记、残缺污浊页、翻译、出版）：

（1）总页码：394 叶？

（2）异文本汉文翻译：① 王沂暖、上官剑壁译，甘肃，1984；② 角巴东主主编，高等教育出版社，2011。

（3）异文本藏文出版：① 西藏，1979；② 精选本，2003；③ 印度（德里？）1966；④ 印度（德里），1971；⑤ 不丹，1981。

8. 著作者、搜集者与搜集地：

（1）著作者：不知

（2）搜集者：徐国琼？

（3）搜集地：德格

（4）搜集时间：1960？

9. 其他：

（1）原件文革中散佚，总页码据青海文联 20 世纪五六十年代汉译《岭与卡契之部》（资料之一——原西康德格抄本）推定。

（2）根据青海文联汉译《岭与卡契之部》（资料之一——原西康德格抄本）补编。

*30 《羊同珍珠宗》

1. 藏文全题名：

ཞང་ཞུང་གཡུལ་འཁྲུགས་མུ་ཏིག་རྫོང་།

2. 拉丁转写：

zhang zhung g.yul 'khrugs mu tig rdzaong

3. 汉译名：

《羊同珍珠宗》，或《象雄珍珠宗》《祥岭珍珠之战》《征服象雄珍珠国》《香雄珍珠宗》《向雄珍珠宗》。

4. 故事内容提要：

羊同苯教王伦珠扎巴的 16 个商人去汉地经商途中扎营在达戎晁同的草原上，晁同派儿子们抢劫并杀死了商人。羊同国君臣通过向苯教喇嘛求教得知了事情原委。羊同王派将兵抢回所夺之物并杀掉了达戎部落不少人马。晁同向格萨尔王请求派岭军替他报仇。

此时，天神了也预言格萨尔到了征服羊同珍珠宗的时机。格萨尔下令三军追击羊同人马，自己率军出师大食。羊同王被格萨尔消灭。格萨尔打开了直插云霄的白崖狮子天宗，取出了各种珍珠等金银财宝。格萨尔将财宝运回军营分给了将士。在羊同制定了十善之法，将苯教改为佛教，把外道的恶经抛入河中。格萨尔任命曲珠大臣为羊同十八部的首领。

5. 版本描述（字体、抄本、刻本风格、版心大小、材质）：

柏簇体与草体？长条抄本：35cm×9cm？每页 6 行？手抄原件，藏纸。

6. 保存处及编号：

（1）原件保存处：无。

（2）青海《格》研〔1986〕编号：无

7. 版本说明（页码标记、残缺污浊页、翻译、出版）：

（1）总页码：300 叶？

（2）异文本汉文翻译：①马宏武译，甘肃，2006；②角巴东主主编，高等教育出版社，2011。

（3）异文本藏文出版：① 西藏，1982；② 甘肃，1984；③ 青海，1984年；④ 扎巴本，2007；⑤ 桑珠本，2008；⑥ 印度（达拉姆萨拉），1984；⑦ 不丹，1981。

8. 著作者、搜集者与搜集地：

（1）著作者：不知

（2）搜集者：中央民院

（3）搜集地：德格

（4）搜集时间：1960？

9. 其他：

（1）原件文革中散佚，总页码据青海文联 20 世纪五六十年代汉译《向雄珍珠之部》（资料之一——原西康德格抄本）推定。

（2）此件根据青海文联汉译《向雄珍珠之部》（资料之一——原西康德格抄本）补编。此件由中央民院借来翻译。

*31 《米努丝绸宗》

1. 藏文全题名：

འཛམ་གླིང་སེང་ཆེན་རྒྱལ་པོའི་མི་ནུབ་རྨ་བྱ་རྒྱལ་པོ་འདུལ་བའི་དར་རྫོང་འབེབས་པའི་གཏམ་བརྗོད་ཅེས་བྱ་བ་བཞུགས་སོ།།

2. 拉丁转写：

'dzam gling seng chen rgyal po'i mi nub rma bya rgyal po 'dul ba'i dar rdzong 'bebs pa'i gtam brjod zhes bya ba bzhugs so.

3. 汉译名：

《米努丝绸宗》，或《米努绸缎宗》《米努绸缎城》《美努绸缎宗》《措米努丝绸宗》《征服孔雀国王》。

4. 故事内容提要：

米努孔雀国王忌恨岭国森达勇士盗去了其国良马 37 匹，决定准备出兵突袭岭国。此时，格萨尔遵照天神预言也已出师米努。于是一场激战便开始了。其结果岭军大胜。格萨尔从米努大红岩山取出了白螺大慈悲佛像、玉石白度母、释迦牟尼金像；又从达堆扎西山取出了无数绸缎，让米努黎民百姓信奉佛法佛教，任命拉布达娃为米努国国王，红辛巴为米努国军队总首领，多谋的旦增扎巴为谋臣。然后岭军带着大量绸缎凯旋。回国后格萨尔王不分地位高低将所有绸缎等量赏赐予岭国臣民。

5. 版本描述（字体、抄本、刻本风格、版心大小、材质）：

藏文草体？长条抄本，每页 7 行？36.5cm×7.2cm？手抄原件，藏纸。

6. 保存处及编号：

（1）原件保存处：无。

（2）青海《格》研〔1986〕编号：无

7. 版本说明（页码标记、残缺污浊页、翻译、出版）：

（1）总页码：445 叶？

（2）未翻译

（3）异文本藏文出版：① 西藏，1988；② 四川，1987；③ 精选本，2005；⑥ 不丹（《百热》合编），1981。

8. 著作者、搜集者与搜集地：

（1）著作者：不知

（2）搜集者：不知

（3）搜集地：不知

（4）搜集时间：1960？

9. 其他：

（1）原件文革中散佚，总页码据青海文联 20 世纪五六十年代汉译《米努绸缎城之部》（上、下部）（资料之一）推定。

（2）此件根据青海文联汉译《米努绸缎城之部》（上、下部）（资料之一）补编。

*32　《苏毗犏牛宗》

1. 藏文全题名：

གླིང་རྗེ་གེ་སར་རྒྱལ་པོའི་རྟོགས་བརྗོད་ལས་སུམ་གླིང་གཡུལ་འགྱེད་དཔའ་བོ་སྙིང་གི་དགའ་སྟོན་མཛོ་གཡང་ཕབས་ཚུལ་བཞུགས་སོ།

2. 拉丁转写：

gling rje ge sar rgyal po'i rtogs brjod las sum gling g.yul 'gyed dpa' bo snying gi dga'ston mdzo g.yang phabs tshul bzhugs so.

3. 汉译名：

《苏毗犏牛宗》，或《松巴犏牛宗》《松岭之战》。

4. 故事内容提要：

松巴国国王松巴贡赞赤杰与王妃朗萨梅朵措生有两位公主，大公主东达威噶已经出嫁。二公主梅朵措姆，年方一十三岁，如花似玉，已有许多国王前来求亲。达戎长官晁同派人求亲不允，骗来女孩。松巴王聚兵讨伐晁同王，松巴军队用计智擒晁同，让他老老实实交出公主。晁同不认，将其关押。

松巴军抢劫岭国色巴部落商队。格萨尔王下令立即征服松巴。格萨尔率领岭国大军，很快到达松巴边境。松巴国王贡赞赤杰下令调集松巴所有的军队，坚决抵抗。岭军与松巴军几经交战，双方都死伤了不少将士，仍然没有分出胜负。

岭国四路人马就向松巴王城四门同时发起进攻。松巴王城被岭军攻破，贡赞赤杰王身穿飞鸟翼衣，向空中逃去，逃离王城。格萨尔变化为白须白发的老者，用计将躲在山洞里的松巴王抓获。格萨尔携松巴王共同返回岭军营地，岭国众英雄立即煨桑相迎。雄狮大王带领王子扎拉、尼奔达雅、玉拉托琚尔、老将丹玛等君臣来到已被扎拉攻破的松巴达察上面的宝马王宫，煨桑祭神，然后打开宝库，获得了犏牛"央"，将它带回岭国，从此雪域藏地有了犏牛，成为藏民生活中不可分离的一个部分。

5. 版本描述（字体、抄本、刻本风格、版心大小、材质）：

藏文柏簇体？长条抄本，每页 6 行？25cm×8cm？原件，藏纸。

6. 保存处及编号：

（1）原件保存处：未知。

（2）青海《格》研〔1986〕编目：无

7. 版本说明（页码标记、残缺污浊页、翻译、出版）：

（1）总页码：166 叶？

（2）异文本汉文翻译：①张积诚译，西藏，1988。

（3）异文本藏文版：①西藏，1981；②扎巴本，民族，1982、2013；③精选本，2010。

8. 著作者、搜集者与搜集地：

（1）著作（抄写、收藏）者：不知

（2）搜集者：西北民院翻译科

（3）搜集地：西康地区

（4）搜集时间：1961 年 3 月

9. 其他：

（1）原件文革中散佚，总页码据青海文联 20 世纪五六十年代汉译《松岭大战》（资料之一——原西康地区抄本）推定。

（2）此件根据青海文联汉译《松岭大战》（资料之一——原西康地区抄本）补编。

*33 《世界公桑》

1. 藏文全题名：

འཛམ་གླིང་སྤྱི་བསང་།

2. 拉丁转写：

'dzam gling spyi bsang

3. 汉译名：

《世界公桑》，或《三十英雄赞》《世界公祭》《煨桑》。

4. 故事内容提要：

讲述格萨尔王为开始其戎马生涯，举行祭祀战神的煨桑故事。格萨尔赛马称王后，纳珠姆为妃，为降伏各地各种妖魔，岭国举行煨桑祭神仪式，祈祷保佑岭国，煨桑前后射杀了来犯的魔国红铜角野牛和反击了入侵抢马的多位霍尔王臣。煨桑祭神是其中的主要内容，但其中不乏对当时青藏高原历史文化现象的艺术描写，场面庄严壮阔，文笔绮丽。

5. 版本描述（字体、抄本、刻本风格、版心大小、材质）：

藏文乌金体（正楷）？长条抄本，每页 6 行？25cm×8cm？原件，藏纸。

6. 保存处及编号：

（1）原件保存处：无。

（2）青海《格》研〔1986〕编目：无

7. 版本说明（页码标记、残缺污浊页、翻译、出版）：

（1）总页码：70 叶？

（2）异文本汉文翻译：① 王沂暖译，甘肃，1983。

（3）异文本藏文出版：① 甘肃（贡去乎才旦校订），1980。

8. 著作者、搜集者与搜集地：

（1）搜集者：包发荣、梁国楠、马俊德、余世忠？

（2）搜集地：果洛

（3）登记时间：1960 年 6 月

9. 其他：

（1）原件文革中散佚，总页码据青海文联 20 世纪五六十年代汉译《三十英雄赞》（资料之一——青海果洛抄本）推定。

（2）此件根据青海文联汉译《三十英雄赞》（资料之一——青海果洛抄本）补编。

*34 《辛丹内讧》

1. 藏文全题名：

འ༄ང་སྐྱིད་གཡུལ་འགྱེད་ནང་གི་ཤན་འདན་ནང་འཁྲུགས།

2. 拉丁转写：

'jang gling g.yul 'gyed nang gi shan 'dan nang 'khrugs

3. 汉译名：

《辛丹内讧》，或《辛巴与丹玛》《辛丹之争》。

4. 故事内容提要：

格萨尔征服霍尔国以后，将霍尔国大将辛巴捉回岭国，并未处死，而是令其忏悔所造的恶业。但是以丹玛为首的一些大将强烈要求惩处霍岭战争中杀死了岭国统帅贾察、青年小将戎察等英雄的辛巴。辛巴表白了自己对岭国一如既往的忠心和无意间杀死了岭国英雄的悲心。根据天神旨意，格萨尔奉劝丹玛等人要以大局为重，放过辛巴。丹玛因格萨尔不愿处死辛巴，带领丹玛三大部落离去。天神要求格萨尔前去追回丹玛，因为他和辛巴是今后格萨尔降伏各个魔国时的左膀右臂。格萨尔追上丹玛，丹玛依然如故不愿返回岭国，最终格萨尔请来天国的贾察。过去的君臣生死两界相见，丹玛泪如雨下，合掌顶礼。最终在贾察的劝说下返回了岭国。

5. 版本描述（字体、抄本、刻本风格、版心大小、材质）：

乌金体（正楷）？长条抄本：40cm×9cm？每页7行？手抄原件，藏纸。

6. 保存处及编号：

（1）原件保存处：无。

（2）青海《格》研〔1986〕编目：无

7. 版本说明（页码标记、残缺污浊页、翻译、出版）：

（1）总页码：200叶？

（2）异文本汉文翻译：① 马岱川、扎西东珠译，民族音像出版社，2009；② 角巴东主主编，高等教育出版社，2011。

（3）异文本藏文出版：① 四川，1982；② 西藏，1985；③ 桑珠本，2003。

8. 著作者、搜集者与搜集地：

（1）搜集者：包发荣、梁国楠、马俊德、余世忠？

（2）搜集地：海南

（3）登记时间：1960？

9. 其他：

（1）原件文革中散佚，总页码据青海文联20世纪五六十年代汉译《辛巴与丹玛之部》（资料之一——青海海南地区抄本）推定。

（2）此件根据青海文联汉译《辛巴与丹玛之部》（资料之一——青海海南地区抄本）补编。

*35 《歇日珊瑚宗》

1. 藏文全题名：

ཞེ་ཅ་ཐུར་རྫོང་།

2. 拉丁转写：

byer ri byur rdzong

3. 汉译名：

《歇日珊瑚宗》，或《杰日珊瑚宗》《奇乳珊瑚宗》《岭与歇日珊瑚之部》
《碣日珊瑚宗》《吉茹珊瑚宗》《岗岭之战》《契日珊瑚宗》《达格戎珊瑚宗》
《北方珊瑚宝宗》《契日珊瑚宗》。

4. 故事内容提要：

岭军征服了阿扎玛瑙宗后不久，得知歇日国杀死了岭国茶商。于是格
萨尔发兵征讨歇日。岭军兵分两路去攻打歇日。珊瑚宗有三位在箭术、枪
术、剑术上武艺超群的勇士，他们都先后被岭国六大先遣勇士歼灭。岭军
所向披靡，珊瑚官兵屡战屡败。岭国大军消灭了歇日国的绿铁宗、东南的
白螺宗、西南的金光宗、西面的古长旦朱宗、东北的玉石宗。最终歇日国
大泽王没能逃脱岭军的追杀，被玉拉托居尔和贡赞结果了性命。其余官兵
及歇日王妃投诚。

格萨尔开启歇日国珊瑚宝库，分赐给属下百姓，余者全部运回岭国。
格萨尔从珊瑚国的宝湖里捞出了无数珊瑚。岭国在歇日设立了 12 个万户长
官，派阿达拉姆为歇日总管。随后岭军凯旋。

5. 版本描述（字体、抄本、刻本风格、版心大小、材质）：

柏簇体？长条抄本：35cm×15cm？每页 7 行？手抄原件，藏纸。

6. 保存处及编号：

（1）原件保存处：无。

（2）青海《格》研〔1986〕编目：无

7. 版本说明（页码标记、残缺污浊页、翻译、出版）：

（1）总页码：500 叶？

（2）异文本汉文翻译：① 角巴东主主编，高教社，2011。

（3）异文本藏文出版：① 青海，1983；② 精选本，2003；③ 桑珠本，
2004；④ 印度（岗托克），1977；⑤ 不丹本，1981。

8. 著作者、搜集者与搜集地：

（1）搜集者：徐国琼？

（2）搜集地：德格巴邦寺

（3）登记时间：1960？

9. 其他：

（1）原件文革中散佚，总页码据青海文联20世纪五六十年代汉译《岭与歇日珊瑚之部》（资料之一——德格巴邦寺抄本）推定。

（2）此件根据青海文联汉译《岭与歇日珊瑚之部》（资料之一——德格巴邦寺抄本）补编。

*36 《嘉尔岭骡子宗》

1. 藏文全题名：

འ[ཛ]མ་གླིང་གེ་སར་རྒྱལ་པོའི་རྟོགས་བརྗོད་ལས་ཕྱི་གླིང་འ[ཇ]ར་གྱི་རྒྱལ་ཁམས་བཏུལ་བའི་གཡུལ་འགྱེད་དཔའ་བོ་སྙིང་གི་དགའ་སྟོན་ངོ་མཚར་གཏམ་གྱི་ལེའུ་དང་འབྲེལ་བའི་ད[རེལ་]རྫོང་དང་གོ་རྫོང་དང་གཙོར་རྒྱུད་པའི་གཡང་ [གཏེ]ར་གྱི་སྒོ་མོ་ཕྱེས་པའི་གཏམ་ངོ་མཚར་དགོས་འབྱུང་བསམ་འཕེལ་ནོར་བུའི་མཛོད་ཁང་བཞུགས་སོ།

2. 拉丁转写：

'dzam gling ge sar rgyal po'i rtogs brjod las phyi gling 'jar gyi rgyal khams btul ba'i g.yul 'gyed dpa' bo snying gi dga' ston ngo mtshar gtam gyi le'u dang 'brel ba'i drel rdzong dang go rdzong dang gtsor rgyud pa'i g.yang gter gyi sgo mo phyes pa'i gtam ngo mtshar dgos 'byung bsam 'phel nor bu'i mdzod khang bzhugs so.

3. 汉译名：

《嘉尔岭骡子宗》，或《甲岭之战》《嘉尔岭之战》。

4. 故事内容提要：

嘉尔国位于无边大海的西面，国王名叫朗萨托赞，本性残暴，残害本国百姓，侵扰邻国，他不仅给周边小国横征暴税，还经常无故入侵他国。天界贡曼嘉姆给格萨尔王降下授记，告诉他降伏嘉尔国的时候到了。

格萨尔王率领千军万马进军嘉尔国，历时近六个月到达嘉尔国地界，岭与嘉尔国开始激烈的战争。嘉尔国大臣贾奔衮嘎勇猛无比，给岭军造成较大伤害。大臣托米觉弥垂协擅长神变之术，他与格萨尔王之间展开了长达三个月的神变之争，最后格萨尔王将他降伏，并收为朋友。大将嘎罗董达嘎钦被嘉查杀死，贾奔衮嘎也被申阿董杀死。

经过多次交锋，嘉尔国战将死的死，伤的伤，降的降，嘉尔国国王朗萨托赞最后臣服于格萨尔王，嘉尔国转信佛法，全国上下幸福和谐。

5. 版本描述（字体、抄本、刻本风格、版心大小、材质）：

藏文草体，长条抄本，每页6—7行？36.5cm×10.5cm？原件，藏纸。

6. 保存处及编号：

（1）原件保存处：不知。

7. 版本说明（页码标记、残缺污浊页、翻译、出版）：

（1）总页码：258 叶（汉译本 378 页）。

（2）残缺

（3）未翻译

（4）异文本藏文出版：① 西藏，1983；② 印度（德里），1965；③ 印度（噶岭堡），1962；精选本，2005。

8. 著作者、搜集者与搜集地：

（1）著作者：菩提萨埵达玛玛德（ བྱང་ཆུབ་སེམས་དཔ 强秋僧巴曲吉罗哲）

（2）搜集者：徐国琼

（3）搜集地：西藏昌都

（4）搜集时间：1960

9. 其他：

（1）原件文革中散佚，根据《嘉尔岭战争之部》（资料之一——西藏昌都抄本）编制。

（2）参考了西藏人民出版社 1983 年出版《甲岭之战》编制。

（3）石泰安认为著者为第八世康珠活佛顿居尼玛 1931 年著（石泰安《不丹本〈格萨尔〉·前言》）。

小　结

（一）搜集情况

青海搜集《格萨尔》史诗手抄本与木刻本资料的机构主要由青海文联承担。搜集工作可分为三个时期：第一时期集中在 1958—1963 年；第二时期集中在 1979—1983 年；第三时期为 1984 年至今。第一时期的搜集者先期（1958）由青海文联的华甲、徐国琼等承担，后期（1960）则由青海文联青海民研会组织的青海各大学、文化事业机构的学生、工作人员等构成的"青海民族民间文学调查团"担当，此外还通过其他渠道借调全国各地保存的相关资料；这一时期主要搜集了民间保存的手抄本，即徐国琼所谓的"仲艺"（藏文为 སྒྲུང་ཡིག 意为"故事文本"）。

第二时期的搜集者主要由青海文联青海民研会的姜佐鸿、金迈以及玉树州的布特尕等承担；此一时期，除了搜集民间保存的手抄本以外，附带请人用现代纸张抄写了旧抄本作为收藏。从抄写者可知，除了少部分出自黄南等地外，大部分均出自玉树州结古镇布特尕抄写艺人之手。布特尕的抄本大多为流传上百年的手抄本，来自其祖父嘎鲁抄写艺人或者玉树乃至整个康区地区流传的旧抄本，是非常宝贵的资料。第三时期的主要搜集者为青海文联青海《格萨尔》办公室（研究所）承担，在继承青海文联青海民研会搜集的成果基础上，继续前往民间搜集或征集《格萨尔》史诗手抄本以及相关资料，并且做好了编目、保存工作，也开始参与整理、出版工作。

（二）关于部数

从青海《格萨尔》史诗研究所编辑"《格萨尔》图书登录册·原始长条藏文书与原始稿纸藏文书（1993）"等目录，以及依据 20 世纪五六十年代青海文联汉译《格萨尔》资料目录核对原藏文手抄本后可见，青海文联自1958—2000 年间总共搜集到了《格萨尔》史诗 57 部 166（册）异文本。青海文联及其他机构共搜集到手抄长条抄本共计 25 部 93（册）异文本，手抄稿纸抄本共计 26 部 36（册）异文本。文革期间散佚共计 23 部 36（册）异文本。总共搜集的 57 部篇目为：

1.《岭国形成篇》，2.《董氏族根本预言》，3.《英雄华贡娃》，4.《天界篇》，5.《葛岭之战》（或《果岭之战》），6.《英雄诞生篇》，7.《北岭之战》，8.《李赤朱砂宗》，9.《丹玛青稞宗》，10.《择婿称王篇》，11.《赛马称王篇》，12.《玛域水晶岩宗》，13.《梅日天铁宗》，14.《世界公桑篇》，15.《降伏北方古热魔王》，16.《北方降魔篇》，17.《霍岭大战篇》，18.《辛丹内讧篇》，19.《姜岭大战篇》，20.《孟岭大战篇》，21.《大食财宗》，22.《分大食财宗》，23.《大食魏摩隆仁财宝宗》，24.《上粟特马宗》，25.《下粟特铠甲宗》（或《下粟特铠、玉宗》），26.《歇日珊瑚宗》，27.《阿扎玛瑙宗》，28.《迦湿弥罗绿松石宗》，29.《雪山水晶宗》，30.《突厥兵器宗》，31.《白惹绵羊宗》，32.《白惹茶宗》，33.《日怒绸缎宗》，34.《米努丝绸宗》，35.《苏毗犏牛宗》，36.《香香药宗》（或《亭岭之战》），37.《羊同珍珠宗》，38.《梅岭金宗》，39.《梅岭玛瑙宗》，40.《嘉尔岭骡子宗》，41.《琼察五兄弟》，42.《朗日金宗》，43.《中华律法宗》，44.《中华茶宗》，45.《杂日药宗》，46.《阿赛铠甲宗》，47.《陀如玛瑙宗》，48.《卡塔青白玛瑙宗》，49.《阿达鹿宗》，50.《吉祥五祝福》，51.《陀岭之战》，52.《扎噶尔绿松石宗》，53.《郭拉盐宗》，54.《地狱救妻篇》，55.《地狱救母篇》，56.《岭国歌舞篇》，57.《安定三界篇》。

以上为1958—2000 年间搜集、收藏、编目、保存于青海《格萨尔》研究所的《格萨尔》手抄本、木刻本的目录。这个目录虽然大体上记录了这个时期的搜集成果，但是仍然存在诸多遗漏和没有收录的资料。首先最重要的就是果洛州和玉树州《格萨尔》抢救办的资料基本上没有收录，尽管两州的个别资料通过几次搜集收藏于青海省《格萨尔》研究所资料室。其中最最明显的例子就是果洛州《格萨尔》办公室的收藏情况，我在本书的附录中列出了 21 部 24（册）异文本，除了其中的《白哈日茶宗》（洛保本）《董氏族根本预言》（格日尖参本）、《阿赛甲宗》（旧手抄本）、《札日药宗》（昂亲多杰本）、《乌鸦青白玛瑙宗》（昂亲多杰本）、《征服日西八王》（昂仁本）、《陀岭之战》（昂仁本）、《降伏北方古热魔王》（唐维喇嘛噶热撰写本）等 8 部以外，由于条件所限，皆没有作成解题目录。玉树州搜集、收藏《格萨尔》资料的情况，据说有 50 多部流传（杨恩洪，1987），笔者更是所知无几，期待着以后能够弥补这一缺憾。

另外，以上目录中列出之《择婿称王篇》《中华律法宗》两部，可否成立单独部篇，有待进一步考证。前者（即《择婿称王篇》）作为一个篇章见于《贵德分章本》与"拉达克本"等故事系统中，尚未见过独立的一部抄本。后者（即《中华律法宗》）虽有独立的抄本存在，但与《中华茶宗》之间有许多共用的情节；而且与此部相对应的部本应该为《天竺佛法宗》（或《印度佛法宗》），此部（即《天竺佛法宗》）在国内尚未见到手抄本，仅有格日尖参撰写本，好在不丹本中有此部篇目存在，希望今后作国外收藏《格萨尔》解题目录时做一介绍。再者，《葛岭之战》（或《果岭之战》）存在独立的部篇以及抄本，已经是毫无疑问的事。但早期搜集抄本中尚未见到独立成册的抄本，仅有依附于《英雄诞生》（如编号为 I291.47.56：1）等部的个别篇章发现。

此外，艺人才让旺堆尚有《犀岭之战》（ཐྱི་ཟླི་གཡུལ་འགྱེད།）、《梅毛水晶宗》（མེ་ཤེལ་རྫོང་།）、《南铁宝藏宗》（གནས་ཐེན་གཏེར་རྫོང་།）、《狮虎海螺宗》（སེང་སྟག་དུང་དཀར་རྫོང་།）、《嘎德智慧宗》（སྐུ་བཞི་ཤེས་རབ་རྫོང་།）、《扎拉盔甲宗》（དག་རུའི་ཁྲབ་རྫོང་།）、《征服南魔王》《香日王》《达姆赛宗》（དྲུག་ལ་གནམ་རྫོང་།）等部已经完成录音或出版（参见附录出版本），也未作题录。艺人格日尖参在 2000 年前也已完成撰写、出版《珍巴琵琶宗》（འཕྱ་ལ་པ་ཕ་ཕྱང་།）长条本每叶 5 行 222 页，1987 年）、《穆蒙银宗》（མེ་མེན་དངུལ་རྫོང་།）长条本每叶 5 行 1242 页，1987 年）、《沃喀仙绳宗》（འོལ་ཁའི་འཕྲང་ཐག་རྫོང་།）长条本每叶 5 行 326 页，1987 年）、《姜岭之战》（འཇང་གླིང་གཡུལ་འགྱེད།）稿纸本每页 17 行 439 页，1990 年）、《泥婆罗绵羊宗》（བལ་པོའི་ལུག་རྫོང་།）稿纸本每页 10 行 1079 页，1998）等部（以上资料以及 2000 年后完成撰写之 28 部史诗（2013 年为止）的复印件，笔者已于 2013 年收集并保存于中国社会科学院民文所藏文室）。在此均未作出题录，详细内容可参考附录中的出版情况。近年来，果洛昂仁艺人说唱 11 部《格萨尔》也已录音并转字，除了上面提到的个别部本外，大部分资料均没有作出题录，期望着以后能够做出专门的艺人说唱本题录。

最后，从增达·布特尕家族 20 世纪 80 年代以来新抄写目录中，可见《吉荣绵羊宗》（ཆི་རོང་ལུག་རྫོང་）、《斯荣铁宗》（སེ་རོང་ལྕགས་རྫོང་）《乃琼预言》（ནེ་ཆུང་ལ་འོངས་མཛོ་མཛོ་）《三十美女》（དང་སྨན་སུམ་ཅུ་）等部已经存在手抄本，但是条件所限，估计这些传承百年以上的抄本，笔者也未能作出题录。此外，增达·布特尕列出了自己曾经见到过的《格萨尔》抄本目录（杨恩洪，1995），其中《阿吉绵羊宗》（ཨ་སྐྱེ་ལུག་རྫོང་）、《阿赛绿松石宗》（ཨ་བསེ་གཡུ་རྫོང་）、《弥药绿松石宗》（མི་ཉག་གཡུ་རྫོང་）、《下粟特狗宗》（སོག་སྨད་ཁྱི་རྫོང་）、《噶德大鹏宗》（དགའ་བདེ་ཁྱུང་རྫོང་）、《萨达金宗》（ས་བདག་གསེར་རྫོང་）、《孟域大米宗》（རྨོང་ཡུལ་འབྲས་རྫོང་）等部，在早期青海地区搜集和编辑的目录中均未见到这些抄本。但是以上抄本存在是不争的事实，比如《阿吉绵羊宗》有扎巴本出版以及可见之于那曲艺人说唱目录；《噶德大鹏宗》可见之于第八世司徒仁波切曲吉迥乃（1700—1774）的笔记（西南民大噶玛江村，"第七届国际《格萨尔》论文集"）和四川博物院藏《格萨尔》11 幅唐卡绘画中；《弥药绿松石宗》《下粟特狗宗》可见于玉梅女艺人的说唱目录；《萨达金宗》（《土地神金宗》）有扎巴艺人说唱本；《孟域大米宗》已有果洛艺人门韦保的出版本等，可作为参考。

（三）部本、异文本的说明

关于《格萨尔》史诗部数的计算方法，在学界一直以来存在差异。如同史诗艺人计算部数时存在各自的标准一样，每位资料搜集者、登录者也会出现些细微的不同。到目前为止，存在这种现象是比较正常的。比如《贵德分章本》是综合了《天界》《诞生》《择婿称王》《北地降魔》《霍岭大战》等部的一个抄本，从总部数上有人将其单列为一部，但我们计算时则分为了五部。再比如《三十英雄赞》实际上是《赛马称王》或者《世界公桑》中的一个情节单元，这里我们依据搜集者的标记将其单独列为了一部《世界公桑》。

还有一种情况，即搜集者根据《格萨尔》艺人或流传区人们的观念，将一部史诗分为两部，比如《霍岭大战》也有分为《霍尔入侵》与《平服霍尔》两部。也有将两部史诗列为一部，比如《上粟特马宗》与《下粟特铠、玉宗》，称为《索波马宗》（上下）。不管怎样，随着我们对这部史诗整体轮廓认识的清晰化，对其分部概念的判断也会更加科学。

（四）资料保存、管理状况

除了文革期间由于特殊原因大约 23 部 37（册）异文本散佚以外，青海文联的《格萨尔》资料保存与管理工作是非常完善的。尽管 20 世纪 80 年代与青海民族出版社合作，开展了出版工作，但所借出的原始资料基本上收回且完好保存起来了，尽管也有部分资料上留下了被整理者添加的修改笔记。此外，1986—1991 年被全国《格》办借出去用作了成果展资料或出版座谈会资料，但所有资料最后也基本毫发无损地返回来了。

其中，其资料管理者对工作的认真负责态度，决定了这种结果。不管经过多少时间，也不论改换多少管理人员与资料保存地方，其原始资料依旧保存完好如初，前来查阅者无不称道。笔者自 1998 年开始，多次前往查阅，对此深有感触。

第二章　西藏社会科学院藏本解题目录

凡例·说明

1. 此解题目录所参考原始目录为：

（1）西藏社会科学院《格萨尔》研究中心编制"《格萨尔》旧抄本登记表（1998）"；

（2）西藏自治区《格萨尔王传》抢救办公室编制"西藏格萨尔书面资料·出版图书·录音资料·派生成果·1986—1990 年录音整理计划·七五期间藏汉文出版·七五期间翻译计划统计表（1986 年 3 月 24—25 日）"；

（3）西藏社会科学院《格》办编制"《格萨尔王传》手抄本、木刻本登记表（1986 年 10 月 10 日）"；

（4）西藏自治区《格萨尔王传》抢救办公室编印《西藏〈格萨尔〉工作通讯》（第一期）中的抄本目录（1986）；

（5）西藏自治区《格萨尔王传》抢救办公室"我区抢救《格萨尔王传》工作情况汇报"（1982）；

（6）全国《格》办《1958—1986 年全国搜集〈格萨尔〉手抄本、木刻本总目录》（2001）。

2. "故事内容提要"主要采用：

（1）土登尼玛主编《格萨尔词典》中提要（四川，1989）。

（2）降边嘉措主编《中国少数民族古籍总目提要·藏族卷——〈格萨尔〉》（未刊稿，2014）。

（3）ཡེ་ཤེས་དབང་རྒྱལ་ཉམས་བཟུང་གི་ཡིག་ཆ། ...（2010）

（4）རྒྱ་འཕྲིན་ཚ་ཕྱུག་གི་ཉམས་བཟུང་ཡིག་ཆ། ...（2010）

（5）སྐྱེ་བོ་རིག་གནས་བཅུ་རྣམས་ཀྱི་... （2010）

（6）ཚན་ཁུལ་རིག་ཆེན་རྟོ་རྗེས་བཟུང་བའི་ ...（2010）

3. 手抄本：指的是长条本，即传统社会中用藏纸抄写类似经文的文本，这种抄本，目前最早可以追溯到16—17世纪。

4. 自写本：新中国成立后特别是 1979 年后，识字艺人自己在现代的16开页面纸上抄写下来的文本。

5. 木刻本：指的是18—19世纪藏区寺院内木刻的文本。长条印刷本：指 1959 年以后在印度、锡金等地用现代印刷手段印刷的传统长条文本。

6. 次仁顿珠、强巴班宗、洛丹、索南格勒等人员皆为西藏自治区《格萨尔》抢救办工作人员。旺秋：中国社会科学院少数民族文学所藏族文学研究室暨全国《格》办工作人员；洛桑顿旦，为西藏大学《格萨尔》抢救工作人员；唐本次多，西藏人民出版社编辑；年新：西藏文化厅摄影记者。

7. 藏文题名中大多采用了简称。由于原手稿封面大多字迹漫漶不清，故未能录入藏文全题名。

8. "#"符号代表各种目录中存在但笔者查阅时未见到的手抄本；"@"符号代表用现代稿纸抄写的抄本。

9. "异文本"，指就一个完整的《格萨尔》部本来说，总体故事结构上相同但小情节与词句方面存在差异的其他部本，是这个部本的异文本。因此，"异文本汉文翻译"与"异文本藏文出版"指的是与之相关的同类部本的翻译与出版。

10. "未见到此书"，是指此次查阅时间（2014 年 11 月）。

01 《丹玛青稞宗》

1. 藏文题名：

འདན་མ་ནས་རྫོང་།

2. 拉丁转写：

'dan ma nas rdzong

3. 汉译名：

《丹玛青稞宗》。

4. 故事内容提要：

岭国的总管戎查叉根知道了在岭国共有财产文书中所预言的要格萨尔征服丹玛青稞宗的时机已来临。他想，格萨尔诞生之前，世界的总体状况是：雨雪无季节，连年闹灾荒，这在雪域更为突出，尤其是岭国的土地，不按季下雨，举国旱情重重，再加上霜灾、雹灾和虫灾的袭击，连年饥荒连年灾。他想，格萨尔的诞生是岭国吉瑞幸福的祥兆。因此，必须把用法术征服丹玛赤尕王、攻取青稞宗、造福岭国的事告诉格萨尔，这样格萨尔就会大发慈悲，拯救挣扎在水深火热之中的岭民。

格萨尔接受了总管的建议，同晁同一道来到了丹玛，征服了丹玛赤尕王，与梅朵鲁古措公主建立了友好关系，接收了青稞宝库，让君臣们信奉佛法。他们征服了山神。从此雪域摆脱了饥荒，人们过上了幸福的生活。岭人把青稞宗的青稞宝藏运到了岭国。

5. 版本描述（字体、抄本、刻本风格、版面大小、材质）：

藏文柏簇体（俗称康智），古旧藏纸（20 世纪以前），每页 5 行，38cm×7cm，长条手抄本，原件。

6. 保存处及编号：

（1）手抄原件保存处：西藏社会科学院《格》中心。

（2）西藏社会科学院《格》中心编号：第 59 号。

7. 版本说明（页码标记、残缺污浊页、翻译、出版）：

（1）总页码：268 叶。

（2）无藏文封面标题、内容完整、字体工整，手指翻页磨损，存 1 卷，页面残损，有补抄。

（3）异文本汉文翻译：① 角巴东主主编，高等教育出版社，2011。

（4）异文本藏文出版：① 青海，1989；② 精选本，2013；③ 川《格》丛书 10，2014。

8. 著作者、搜集者与搜集地：

（1）著作者：未知

（2）搜集者：洛丹（ཀློ་ལྡན）、旺秋（དབང་ཕྱུག）

（3）搜集地：江达

（4）搜集时间：1984

9. 其他：

（1）比较特别的竹制夹板。

02　《英雄诞生》

1. 藏文题名：

འཁྲུངས་སྐོར

2. 拉丁转写：

'khrungs skor

3. 汉译名：

《英雄诞生》，或《诞生》《格萨尔诞生》《楚岭》。

4. 故事内容提要：

莲花生大师为了拯救陷于灾难痛苦中的岭国百姓，请求天神派其子布杜噶布下凡担当岭国国王。布杜噶布听说要被派去岭国，躲藏到了龙界和念界，最后经大师劝善诱导，决定下凡拯救人类。

岭国穆布董氏热查干布生有三子，形成了岭国穆布董氏长、仲、幼三系。有一次，果部落侵犯岭地，杀害了岭地总管王戎查叉根之子，岭国起兵复仇，进攻果部落，掳获龙女麦朵娜泽，并被僧伦王纳为次妃，僧伦和果萨生了觉如（格萨尔的小名）。格萨尔诞生三天以后征服了黑鸟三兄、高僧贡巴惹杂、九百恶犊、红魔驹等魔鬼。

晁同担心格萨尔夺走他的王位，便造谣说觉如是个鬼怪，果萨本是女妖，把格萨尔赶到黄河谷地玛麦隆多草原。格萨尔在那里降伏了损耗鬼和厉鬼等。有一年，岭地遭受雪灾，岭·格萨尔诞生后，不计前嫌，分给他们放牧的草场，毅然收留了迁徙到玛麦隆多草原包括晁同在内的岭国军民。

格萨尔给晁同降下虚假预言，要他举办赛马大会，夺得岭国王位宝座。最终通过赛马，格萨尔登上了岭国宝座。

5. 版本描述（字体、抄本、刻本风格、版面大小、材质）：

藏文柏簇体，古旧藏纸，每页 9 行，30cm×10.8cm，长条手抄本，原件。

6. 保存处及编号：

（1）手抄原件保存处：西藏社会科学院《格》中心。

（2）西藏社会科学院《格》中心编号：无。

7. 版本说明（页码标记、残缺污浊页、翻译、出版）：

（1）总页码：598 叶。

（2）无封面标题、内容较完整、字体工整，手指翻页磨损，存 1 卷，有原收藏者印。

（3）异文本汉文翻译：王沂暖、何天慧，甘肃，1985。

（4）异文本藏文出版：① 西藏，1982；② 甘肃，1981；③ 四川，1980、1999；④ 四川《玛麦觉如王事业》，2001；⑤ 青海《开天辟地》，1987；⑥ 青海，1988；⑦ 扎巴本，1996；⑧ 文库本，1996；⑨ 桑珠本，2001；⑩ 精选本，2013；⑪ 竹杰沃嘎本，民族音像出版社，2010；⑫ 印度（德里），1967？⑬ 印度（达拉姆萨拉），1984；⑭ 不丹，1979；⑮ 蒙古国，1961。

8. 著作者、搜集者与搜集地：

（1）著作者：未知

（2）搜集者：洛丹

（3）搜集地：昌都

（4）搜集时间：1986 年年底

9. 其他：

（1）棕色木夹板，有黄色书标。根据西藏《格》通讯第 1 期第 39 页内容，推测为江达县人民医院驾驶员索朗多吉赠送之《楚岭》（600 页）。

03　《英雄诞生》

1. 藏文题名：

འཁྲུངས་གླིང་མེ་ཏོག་ར་བ།

2. 拉丁转写：

'khrungs gling me tog ra ba

3. 汉译名：

《英雄诞生》，或《诞生史》《冲岭梅朵然哇》《诞生、占领玛域、赛马》。

4. 故事内容提要：

莲花生大师为了拯救陷于灾难痛苦中的岭国百姓，请求天神派其子布杜噶布下凡担当岭国国王。布杜噶布听说要被派去岭国，躲藏到了龙界和念界，最后经大师劝善诱导，决定下凡拯救人类。

岭国穆布董氏热查干布生有三子，形成了岭国穆布董氏长、仲、幼三系。有一次，果部落侵犯岭地，杀害了岭地总管王戎查叉根之子，岭国起兵复仇，进攻果部落，掳获龙女麦朵娜泽，并被僧伦王纳为次妃，僧伦和果萨生了觉如（格萨尔的小名）。格萨尔诞生三天以后征服了黑鸟三兄（家那三兄弟）、高僧贡巴惹杂、九百恶犊、红魔驹等魔鬼。

晁同很害怕格萨尔夺走他的王位，便造谣说觉如是个鬼怪，果萨本是女妖，把格萨尔赶到黄河谷地玛麦隆多草原。格萨尔在那里降伏了损耗鬼和厉鬼等。有一年，岭地遭受雪灾，岭·格萨尔诞生后，不计前嫌，分给他们放牧的草场，毅然收留了迁徙到玛麦隆多草原包括晁同在内的岭国军民。

格萨尔给晁同降下虚假预言，要他举办赛马大会，夺得岭国王位宝座。最终通过赛马，格萨尔登上了岭国宝座。

5. 版本描述（字体、抄本、刻本风格、版面大小、材质）：

藏文乌金体（正楷），古旧藏纸，每页 5 行，32cm×6cm，长条手抄本（林葱木刻印刷本？），原件。

6. 保存处及编号：

（1）手抄原件保存处：西藏社会科学院《格》中心。

（2）西藏社会科学院《格》中心编号：第 16 号。

7. 版本说明（页码标记、残缺污浊页、翻译、出版）：

（1）总页码：161 叶。

（2）后添加封面标题清晰（拼写有误）、内容完整、字体工整。存 1 卷，手指翻页磨损，扉页有觉如插图，有补抄。德格林葱版之抄本 1985。目录认为是木刻。

（3）异文本汉文翻译：王沂暖、何天慧，甘肃，1985。

（4）异文本藏文出版：① 西藏，1982；② 甘肃，1981；③ 四川，1980、1999；④ 四川《玛麦觉如王事业》，2001；⑤ 青海《开天辟地》，1987；⑥ 青海，1988；⑦ 扎巴本，1996；⑧ 文库本，1996；⑨ 桑珠本，2001；⑩ 精选本，2013；⑪ 竹杰沃嘎本，民族音像出版社，2010；⑫ 印度（德里），1967？⑬ 印度（达拉姆萨拉），1984；⑭ 不丹，1979；⑮ 蒙古国，1961。

8. 著作者、搜集者与搜集地：

（1）搜集者：洛丹、旺秋

（2）搜集地：昌都

（3）搜集时间：1984

9. 其他：

（1）有花布包裹。

04 《突厥兵器宗》（中册）

1. 藏文题名：

ཕོ་ལྷ་གེ་སར་དམག་གི་རྒྱལ་པོའི་རྟོགས་བརྗོད་ལས་བྱང་བདུད་དྲུ་གུ་གཡུལ་རྒྱལ་སྟོབས་ཆེན་ཐོག་རྒོད་རྒྱལ་པོ་མཐའ་འབའ་བཙས་དྭང་དུ་བསྟུས་ཤིང་ཀོ་མཚོན་གཡང་དུ་བླང་བའི་རྣམ་ཐར་ཡིད་འཕྲོག་སྙིང་གི་དགའ་སྟོན་ཞེས་བྱ་བ་བཞུགས།

2. 拉丁转写：

pho lha ge sar dmag gi rgyal po'i rtogs brjod las byang bdud gru gu g.yul rgyal stobs chen thog rgod rgyal po'i yang' 'bad dbang du bstus shing ko mtshon g.yang su blang ba'i rnam thar yid 'phrog snying gi dga' ston zhes bya ba bzhugs so，bar cha

3. 汉译名：

《突厥兵器宗》，或《祝古兵器宗》《朱孤兵器宗》。

4. 故事内容提要：

灭了东突还有南突。岭王认为降服南突刻不容缓。岭王重整旗鼓，率部南下，突厥大臣们慌手慌脚，向阿伦独眼鬼和青海派人求助。岭军大举进攻，南突的帮凶个个败退。阿伦独眼鬼和突厥的托桂王最终也死在英雄格萨尔的刀下。岭军大捷。

5. 版本描述（字体、抄本、刻本风格、版面大小、材质）：

藏文柏簇体，古旧藏纸，每页 6 行，38cm×7cm，长条手抄本，原件。

6. 保存处及编号：

（1）手抄原件保存处：西藏社会科学院《格》中心。

（2）西藏社会科学院《格》中心编号：无。

7. 版本说明（页码标记、残缺污浊页、翻译、出版）：

（1）总页码：207 叶。

（2）藏文标题清晰、内容完整、字体工整优美。手指翻页磨损。存 1 卷。缺结尾一页。原题《英雄心中喜筵》。内容与不丹 1981 年版本《突厥兵器宗》后半相同。

（3）未翻译。

（4）异文本藏文出版：① 西藏，1988、1989；② 甘肃，1984、1986；③ 精选本，2013；④ 桑珠本，2011；⑤ 印度（达拉姆萨拉），1982、1983、1984、1985；⑥ 不丹，1981；⑦ 民族出版社，2015。

8. 著作者、搜集者与搜集地：

（1）著作者：未知

（2）搜集者：索朗格列（བསོད་ནམས་དགེ་ལེགས།）

（3）搜集地：昌都

（4）搜集时间：1992

9. 其他：

（1）黄布包裹，无黄布书标，有纸卡片书名。

05　《霍岭大战》（下册之上）

1. 藏文题名：

ཧོར་རྗེ་གུར་དཀར་བཏུལ་བའི་ལེའུ་སྡང་དགྲ་ཆམས་འབེབས་གཡུལ་ལས་རྣམ་རྒྱལ་སྟོད་ཆ།

2. 拉丁转写：

hor rje gur dkar btul ba'i le'u sdang dgra chams 'bebs g yul las rnam rgyal, stod cha

3. 汉译名：

《霍岭大战》，或《平服霍尔》《征服霍尔》《反击霍尔》《霍尔岭之战》。

4. 故事内容提要：

格萨尔得到珠姆派来的使者神鸟仙鹤的帮助，从梅萨敬献的迷魂药中苏醒过来。返回岭国惩处晁同后，单枪匹马前往霍尔国，途中降伏霍尔国各大部落及守护神。最终在霍尔铁匠女果萨曲珍的帮助下，成功打造攀城铁链，派神马引来岭国兵将，一举歼灭了霍尔国，给白帐王备上马鞍，将霍尔国大将辛巴捉回岭国。

5. 版本描述（字体、抄本、刻本风格、版面大小、材质）：

藏文柏簇体，现代纸张，每页 6 行，36cm×7cm，长条印刷本。

6. 保存处及编号：

（1）手抄原件保存处：西藏社会科学院《格》中心。

（2）西藏社会科学院《格》中心编号：无。

7. 版本说明（页码标记、残缺污浊页、翻译、出版）：

（1）总页码：450 页。

（2）有封面标题、内容完整、字体工整，印度印刷本，存有 3 套。

（3）异文本汉文翻译：① 青海民研会，1962；② 吴均、金迈译，1984；③ 王沂暖、华甲译（《贵德分章本》），1981；④ 王歌行、左可国、刘宏亮整理，1986。

（4）异文本藏文出版：① 青海，1980；② 西藏，1980；③ 青海（《黄霍尔》），1988、1994；④ 交加本，2006；⑤ 四川（《辛丹》附录），1982；⑥ 四川（《征服霍尔》），2001；⑦ 精选本，2000；⑧ 桑珠本，2006；⑨ 印度（列城），1972；⑩ 印度（锡金、岗托克），1978；⑪ 印度（德里），1979；⑫ 印度（比尔），1979；⑬ 印度（岗托克），1984；⑭ 不丹，1979；⑮ 不丹，1979；⑯ 不丹，1979；⑰ 蒙古国，1961；⑱ 川《格》12，2015。

8. 著作者、搜集者与搜集地：

（1）著作者：未知

（2）搜集者：次仁顿珠、强巴班宗、洛丹

（3）搜集地：阿里

（4）搜集时间：1983

9. 其他：

（1）有花布包裹及封面贴纸。

（2）印度出版本。

06 《霍岭大战》（下册之下）

1. 藏文题名：

ཧོར་རྗེ་གུར་དཀར་བཏུལ་བའི་ལེའུ་སྡང་དགྲ་ཆམས་འབེབས་གཡུལ་ལས་རྣམ་རྒྱལ། སྲུང་ཁ།

2. 拉丁转写：

hor rje gur dkar btul ba'i le'u sdang dgra chams 'bebs g yul las rnam rgyal, smad cha

3. 汉译名：

《霍岭大战》，或《平服霍尔》《征服霍尔》《反击霍尔》《霍尔岭之战》。

4. 故事内容提要：

格萨尔得到珠姆派来的使者神鸟仙鹤的帮助，从梅萨敬献的迷魂药中苏醒过来。返回岭国惩处晁同后，单枪匹马前往霍尔国，途中降伏霍尔国各大部落及守护神。最终在霍尔铁匠女果萨曲珍的帮助下，成功打造攀城铁链，派神马引来岭国兵将，一举歼灭了霍尔国，给白帐王备上马鞍，将霍尔国大将辛巴捉回岭国。

5. 版本描述（字体、抄本、刻本风格、版面大小、材质）：

藏文柏簇体，现代纸张，每页 6 行，36cm×7cm，长条印刷本。

6. 保存处及编号：

（1）手抄原件保存处：西藏社会科学院《格》中心。

（2）西藏社会科学院《格》中心编号：无。

7. 版本说明（页码标记、残缺污浊页、翻译、出版）：

（1）总页码：510 页。

（2）有封面标题、内容完整、字体工整，印度印刷本，存有 3 套。

（3）异文本汉文翻译：① 青海民研会，1962；② 吴均、金迈译，1984；③ 王沂暖、华甲译（《贵德分章本》），1981；④ 王歌行、左可国、刘宏亮整理，1986。

（4）异文本藏文出版：① 青海，1980；② 西藏，1980；③ 青海（《黄霍尔》），1988、1994；④ 交加本，2006；⑤ 四川（《辛丹》附录），1982；⑥ 四川（《征服霍尔》），2001；⑦ 精选本，2000；⑧ 桑珠本，2006；⑨ 印度（列城），1972；⑩ 印度（锡金、岗托克），1978；⑪ 印度（德里），1979；⑫ 印度（比尔），1979；⑬ 印度（岗托克），1984；⑭ 不丹，1979；⑮ 不丹，1979；⑯ 不丹，1979；⑰ 蒙古国，1961；⑱ 川《格》12，2015。

8. 著作者、搜集者与搜集地：

（1）著作者：未知

（2）搜集者：次仁顿珠、强巴班宗、洛丹

（3）搜集地：阿里

（4）搜集时间：1983

9. 其他：

（1）有花布包裹及封面贴纸。

（2）印度出版本。

07 《霍岭大战》（上册）

1. 藏文题名：

ཧོར་གླིང་འཁྲུག་ལོང་ཆ།

2. 拉丁转写：

Hor gling g.yul 'gyed，stod cha

3. 汉译名：

《霍岭大战》，或《霍尔侵入》《征服霍尔》《反击霍尔》《霍尔岭之战》。

4. 故事内容提要：

格萨尔前往北方降伏鲁赞魔王之时，霍尔国拥兵百万进攻岭国。战争初期，岭国一度利用计谋和将士个人的勇猛取得优势。但由于敌众我寡，再加上岭国晁同卖国求荣，以及岭国统帅贾察个人的义气行为，最终导致战败。统帅贾察、大将斯潘、青年将士聂察、玉达、戎察等遇难，王妃珠姆被抢，茶城被毁、岭国祖先遗留之财宝被掠夺，其他众将四处散落。

5. 版本描述（字体、抄本、刻本风格、版面大小、材质）：

藏文柏簇体，古旧藏纸，每页 7 行，32cm×7cm，长条手抄本，原件。

6. 保存处及编号：

（1）手抄原件保存处：西藏社会科学院《格》中心。

（2）西藏社会科学院《格》中心编号：无。

7. 版本说明（页码标记、残缺污浊页、翻译、出版）：

（1）总页码：116—217 叶。

（2）无封面标题、内容不完整、字体工整。手指翻页磨损。存 1 卷。内容与青海版 1979 版《霍岭大战》上册第 9—15 章同。

（3）异文本汉文翻译：① 青海民研会，1962；② 吴均、金迈译，1984；③ 王沂暖、华甲译（《贵德分章本》），1981；④ 王歌行、左可国、刘宏亮整理，1986。

（4）异文本藏文出版：① 青海，1962、1979、1980；② 西藏，1980；③ 青海（《黄霍尔》），1988、1994；④ 交加本，2006；⑤ 四川（《辛丹》附录），1982；⑥ 四川，1999；⑦ 精选本，2000；⑧ 桑珠本，2006；⑨ 印度（列城），1972；⑩ 印度（锡金、岗托克），1978；⑪ 印度（德里），1979；⑫ 印度（比尔），1979；⑬ 印度（岗托克），1984；⑭ 不丹，1979；⑮ 不丹，1979；⑯ 不丹，1979；⑰ 蒙古国，1961；⑱ 川《格》12，2015。

8. 著作者、搜集者与搜集地：

（1）著作者：未知

（2）搜集者：西藏《格》

（3）搜集地：昌都

（4）搜集时间：1982

9. 其他：

（1）由报纸包裹。

（2）有"西藏昌都地区文化市场管理委员会"印章。

08 《辛丹内讧》

1. 藏文题名：

གཤན་འདན་ནང་འཁྲུག

2. 拉丁转写：

shan 'dan nang 'khrug

3. 汉译名：

《辛丹内讧》，或《辛巴与丹玛》《辛丹之争》。

4. 故事内容提要：

格萨尔征服霍尔国以后，将霍尔国大将辛巴捉回岭国，并未处死，而是令其忏悔所造的恶业。但是以丹玛为首的一些大将强烈要求惩处霍岭战争中杀死了岭国统帅贾察、青年小将戎察等英雄的辛巴。辛巴表明了自己对岭国一如既往的忠心和无意间杀死了岭国英雄的悲心。根据天神旨意，格萨尔奉劝丹玛等人要以大局为重，放过辛巴。丹玛因格萨尔不愿处死辛巴，带领丹玛三大部落离去。天神要求格萨尔前去追回丹玛，因为他和辛巴是今后格萨尔降伏各个魔国时的左膀右臂。格萨尔追上丹玛，丹玛依然如故，不愿返回岭国，最终格萨尔请来天国的贾察。过去的君臣，生死两界相见，丹玛泪如雨下，合掌顶礼、最终在贾察的劝说下返回了岭国。

5. 版本描述（字体、抄本、刻本风格、版面大小、材质）：

藏文柏簌体，古旧藏纸，每页6行，26cm×6cm，长条手抄本，原件。

6. 保存处及编号：

（1）手抄原件保存处：西藏社会科学院《格》中心。

（2）西藏社会科学院《格》中心编号：无。

7. 版本说明（页码标记、残缺污浊页、翻译、出版）：

（1）总页码：109叶。

（2）无封面标题、内容完整、字体工整。存1卷，有保存者所加标题，前后有补抄。手指翻页磨损。

（3）异文本汉文翻译：① 马岱川、扎西东珠译，民族音像出版社，2009；

② 角巴东主主编，高等教育出版社，2011。

（4）异文本藏文出版：① 四川，1982；② 西藏，1985；③ 桑珠本，2003。

8. 著作者、搜集者与搜集地：

（1）著作者：未知

（2）搜集者：洛丹、旺秋

（3）搜集地：昌都

（4）搜集时间：1984

9. 其他：

（1）有黄色包裹与书标，有"西藏昌都地区文化市场管理委员会"印章。

09 《姜岭大战》

1. 藏文题名：

འཇང་གླིང་གཡུལ་འགྱེད།

2. 拉丁转写：

'jang gling g.yul 'gyed

3. 汉译名：

《姜岭大战》，或《姜岭之战》《降岭之战》《保卫盐海》《征服姜国》《岭八十大将传》。

4. 故事内容提要：

莲花生大师派天神玛乃乃假扮姜国天神，给姜国国王萨丹王降下假预言，致使他遵照假预言派王子玉拉托居尔前往岭国方向去迎接贵宾，结果被辛巴设计降伏被擒。萨丹王召集群臣出师岭国解救王子。双方经过多年战争，各有损伤，但未分出胜负。

岭国设计延误姜军进攻岭国计划。岭国派以丹玛为首的六大将帅突捣姜营，致使姜军人仰马翻，溃不成军。萨丹王丧失理智，悲愤之际欲饮尽江河，格萨尔变成一条小鱼钻进姜王肚中，救出被吞的男女20人。格萨尔站在萨丹心顶祈求三宝保佑。萨丹恼羞成怒，向自己的心口扎了一刀，结束了自己的生命。格萨尔收回盐矿岭国，任命玉拉为姜地12地的首领。架起了藏汉友谊之桥。岭军凯旋。

5. 版本描述（字体、抄本、刻本风格、版面大小、材质）：

藏文柏簌体，古旧藏纸，每页7行，36cm×7cm，长条手抄本，原件。

6. 保存处及编号：

（1）手抄原件保存处：西藏社会科学院《格》中心。

（2）西藏社会科学院《格》中心编号：无。

7. 版本说明（页码标记、残缺污浊页、翻译、出版）：

（1）总页码：260 叶。

（2）藏文封面标题漫漶不清、内容完整、抄写字体工整优美，手指翻页磨损。存 1 卷。

（3）封二中间彩绘格萨尔大王骑征像。第二叶左侧绘像处空白，右侧绘像为贾察？或丹玛？有保存者所加标题。

（4）异文本汉文翻译：徐国琼、王晓松译，中国藏学，1991。

（5）异文本藏文出版：① 西藏，1981；② 罗哲嘉措本，甘肃，1989；③ 甘肃，1993；④ 精选本，2002；⑤ 桑珠本，2003；⑥ 交加本，甘肃，2006；⑦ 格日尖参本，甘肃，2007；⑧ 印度（德里），1965；⑨ 印度（岗托克），1977；⑩ 印度（岗托克），1983；⑪ 不丹，1981；⑫ 蒙古国，1959；⑬ 川《格》丛书 11，2014。

8. 著作者、搜集者与搜集地：

（1）著作者：未知

（2）搜集者：西藏《格》办

（3）搜集地：昌都

（4）搜集时间：1985

9. 其他：

（1）棕色夹板、黄色布制书标，夹板内侧贴纸书写："次仁拉达交来，阿扎司宗，此书系 1983 年购买，付款 150 元，经李彬手交次仁拉达，又交回我室存档。李朝群，1985.10.15"。可知此夹板为《阿扎玛瑙宗》夹板。

10　《姜岭大战》

1. 藏文题名：

འཇང་གླིང་གཡུལ་འགྱེད།

2. 拉丁转写：

'jang gling g.yul 'gyed

3. 汉译名：

《姜岭大战》，或《姜岭之战》《降岭之战》《保卫盐海》《征服姜国》《岭八十大将传》。

4. 故事内容提要：

莲花生大师派天神玛乃乃假扮姜国天神，给姜国国王萨丹王降下假预言，致使他遵照假预言派王子玉拉托居尔前往岭国方向去迎接贵宾，结果被辛巴设计降伏被擒。萨丹王召集群臣出师岭国解救王子。双方经过多年战争，各有损伤，但未分出胜负。

岭国设计延误姜军进攻岭国计划。岭国派以丹玛为首的六大将帅突捣姜营，致使姜军人仰马翻，溃不成军。萨丹王丧失理智，悲愤之际欲饮尽江河，格萨尔变成一条小鱼钻进姜王肚中，救出被吞的男女 20 人。格萨尔站在萨丹心顶祈求三宝保佑。萨丹恼羞成怒，向自己的心口扎了一刀，结束了自己的生命。格萨尔收回盐矿岭国，任命玉拉为姜地 12 地的首领。架起了藏汉友谊之桥。岭军凯旋。

5. 版本描述（字体、抄本、刻本风格、版面大小、材质）：

藏文柏簇体，古旧藏纸，每页 6 行，37cm×8cm，长条手抄本，原件。

6. 保存处及编号：

（1）手抄原件保存处：西藏社会科学院《格》中心。

（2）西藏社会科学院《格》中心编号：无。

7. 版本说明（页码标记、残缺污浊页、翻译、出版）：

（1）总页码：205 叶。

（2）无藏文封面、内容不完整、抄写字体工整优美，手指翻页磨损。存 1 卷。

（3）异文本汉文翻译：徐国琼、王晓松译，中国藏学，1991。

（4）异文本藏文出版：① 西藏，1981；② 罗哲嘉措本，甘肃，1989；③ 甘肃，1993；④ 精选本，2002；⑤ 桑珠本，2003；⑥ 交加本，甘肃，2006；⑦ 格日尖参本，甘肃，2007；⑧ 印度（德里），1965；⑨ 印度（岗托克），1977；⑩ 印度（岗托克），1983；⑪ 不丹，1981；⑫ 蒙古国，1959；⑬ 川《格》丛书 11，2014。

8. 著作者、搜集者与搜集地：

（1）著作者：未知

（2）搜集者：洛丹、旺秋

（3）搜集地：贡觉

（4）搜集时间：1984

9. 其他：

（1）与《日怒》同包裹，前有补抄。

11 《中华茶宗》

1. 藏文题名：

རྒྱ་གླིང་།

2. 拉丁转写：

Rgya gling

3. 汉译名：

《中华茶宗》，或《汉地茶宗》《加岭传奇》《岭与中华》《汉岭》。

4. 故事内容提要：

在汉地让布曲宗，有个天使国王葛拉耿贡。他统治着汉地众生，娶了一位名叫尼玛赤姬的下界国王堆瓦纳布的美貌女儿。三世之神看出这个妃子是妖魔所变，知道若不灭掉她，将为害众生。于是化作瘸、瞎、聋三个残障人，为妃子演戏，令属民看见美貌妃子。妃子因此得了大病，无法治愈。妃子临死告诉国王只要将其尸体裹在绸缎里放到库中，不让发凉，并把百姓属民压于无衣食住行之权的严法之下，断除藏汉之间的金桥，不让外地人进来，也不让内部人出去，那么她将有一天复活。

公主听见妖妃的遗嘱，听从大臣女儿央金措主意，借口去五台山为母亲斋戒，将密信及信物一起托三只鸽子寄给格萨尔大王。格萨尔大王也接到天神预言，到汉地去火化妖妃的尸体，解除汉地国王与百姓的痛苦。于是格萨尔按照天神的预言，从弥药国、赤秀甲毛海、阿赛国取回在汉地必需的宝物，然后与 12 位将士来到汉地，征服了各种关口上的妖怪，用各种神变降伏了汉地国王，用计谋烧毁了妖妃的尸体。对汉地众生讲授了止恶行善的法典，使汉地众生自愿接受十善，畅享安乐的生活。

5. 版本描述（字体、抄本、刻本风格、版面大小、材质）：

藏文柏簇体，古旧藏纸，每页 9 行，25cm×9cm，长条手抄本，原件。

6. 保存处及编号：

（1）手抄原件保存处：西藏社会科学院《格》中心。

（2）西藏社会科学院《格》中心编号：无。

7. 版本说明（页码标记、残缺污浊页、翻译、出版）：

（1）总页码：198 叶。

（2）无藏文封面标题、内容完整、抄写字体工整优美，手指翻页磨损。存 1 卷。有保存者所加标题。

（3）异文本汉文翻译：阿图、徐国琼、解世毅译，中国民间文艺出版社，1984。

（4）异文本藏文出版：① 中国民间文艺，1981；② 西藏，1984；③ 扎巴本，民族音像出版社，1999；④ 桑珠本，2005；⑤ 印度（岗托克），1977；⑥ 不丹，1981；⑦ 不丹（《下拉达克本》），1981；⑧ 民族音像出版社，2014。

8. 著作者、搜集者与搜集地：

（1）著作者：未知

（2）搜集者：西藏《格》办

（3）搜集地：昌都

（4）搜集时间：1982

9. 其他：

（1）有脱漆红色夹板与黄色长布书标。

12 《孟岭大战》

1. 藏文题名：

མོན་གླིང་དཀར་ཆག

2. 拉丁转写：

mon gling dkar chag

3. 汉译名：

《孟岭大战》或《门岭大战》《门岭之战》《洛岭之战》《征服闷城》《岭国与门国》。

4. 故事内容提要：

岭国灭了姜国萨丹王以后，在岭国王宫狮龙宫殿修行时，天神降下预言：到了降伏门国的时机。格萨尔变为一只渡鸦给晁同降下预言：组织达戎十八大军进攻门国报先前被抢夺财产之仇，并能娶得门国公主为妻。晁同率领大军，一路消灭了辛赤王的九只魔鼠等敌国君臣的许多守护神。接着又歼灭了以古拉土杰为首的门国 80 位猛士和 1900 位勇士。

辛赤王危在旦夕，他打算放弃国家攀援天梯升天逃遁。格萨尔焚烧了堆卡迥如朗宗，使他一命呜呼。门国公主梅朵拉泽投诚岭国，并用箭射开白米宗，岭国将士取得白米凯旋。格萨尔给门国臣民讲经说法，净化那里人们的邪念，使他们改变恶习，努力从善。格萨尔命冬迥拉赤嘎布为门国的国王。

5. 版本描述（字体、抄本、刻本风格、版面大小、材质）：

藏文柏簇体，新牛皮纸，每页 5 行，37cm×7cm，长条手抄本，原件。

6. 保存处及编号：

（1）手抄原件保存处：西藏社会科学院《格》中心。

（2）西藏社会科学院《格》中心编号：无。

7. 版本说明（页码标记、残缺污浊页、翻译、出版）：

（1）总页码：173—223 叶。

（2）无藏文封面标题、内容不完整、抄写字体工整优美，无手指翻页磨损。存 1 卷。无页面残损，无开头。第 223 叶为"结束"，可推知为《门岭》后半。有"昌都地区文化广播电视局文化科"印章。

（3）异文本汉文翻译：① 王沂暖、余希贤译，甘肃，1986；② 嘉措顿珠译（扎巴本），西藏，1986、2013。

（4）异文本藏文出版：① 西藏（扎巴本），1980；② 青海，1982；③ 甘肃，1983；④ 四川，1982；⑤ 精选本，2002；⑥ 扎巴本，2013；⑦ 印度（拉瓦杂尔），1964；⑧ 不丹（帕罗），1980；⑨ 不丹（廷布），1981。

8. 著作者、搜集者与搜集地：

（1）著作者：未知

（2）搜集者：西藏《格》办

（3）搜集地：昌都

（4）搜集时间：1985

9. 其他：

（1）无夹板、无布包裹，只有花布条捆绑。

（2）根据 175 叶 B 面梅朵拉泽唱词判断为《门岭》。

13　《大食财宗》

1. 藏文题名：

རིག་གསུམ་རྣམ་འཕྲུལ་སེང་ཆེན་ནོར་བུ་དགྲ་འདུལ་གྱིས་ནག་ཕྱོགས་བདུད་དཔུང་འདུལ་བའི་སྟག་གཟིགས་ནོར་རྫོང་ཕབ་པའི་དབའ་བོའི་ང་རོ་དཀར་ཕྱོགས་དགྱེས་པའི་ཟིམ་མངར་བཞུགས།

2. 拉丁转写：

Rig gsum rnam 'phrul seng chen nor bu dgra 'dul gyis nag phyogs bdud dpung 'dul ba'i stag gzigs nor rdzong phab pa'i dba' bo'i nga ro dkar phyogs dgyes pa'i zim mngar bzhugs

3. 汉译名：

《大食财宗》，或《大食财宝城》《达惹诺宗》《大食诺宗》《大食宝宗》《大食之战》《达岭之战》《征服大食》。

4. 故事内容提要：

大食财宝王富如龙王，有着像毗沙门一样大的权势。拥有一匹具备所有优点的宝马，被誉为具鹏翅宝马。晁同装扮成的董图弥郭杰等三人去大食国用计盗走了具鹏翅宝马。

　　大食国立即派兵追讨，抢夺了晁同帐篷中的所有财宝以及牲畜。晁同率军讨伐，双方硝烟三年，胜负无期。后来，天神预言格萨尔要征服大食财宗。晁同也派人去岭王处请求出兵大食。格萨尔大王召集群臣，商讨对敌策略，定战略战术。格萨尔领兵击败了大食军队的进攻，并乘胜追击，降伏了大食国，取回大食国的宝藏，凯旋。

　　5. 版本描述（字体、抄本、刻本风格、版面大小、材质）：

藏文乌金体（正楷），旧藏纸，每页 6 行，43cm×7cm，木刻本。

　　6. 保存处及编号：

　　（1）原件保存处：西藏社会科学院《格》中心。

　　（2）西藏社会科学院《格》中心编号：第 51 号。

　　7. 版本说明（页码标记、残缺污浊页、翻译、出版）：

　　（1）总页码：284 叶。

　　（2）藏文封面标题清晰、内容完整、字体工整优美。存 2 套。有"昌都地区文化广播电视局文化科"印章。

　　（3）异文本汉文翻译：角巴东主等编校，高等教育出版社，2011。

　　（4）异文本藏文出版：① 西藏，1979；② 甘肃，1979；③ 精选本，2002；④ 印度（大吉岭），1966；⑤ 印度（新德里），1976；⑥ 印度（岗托克），1983；⑦ 不丹，1981。

　　8. 著作者、搜集者与搜集地：

　　（1）著作者：未知

　　（2）搜集者：索朗格列

　　（3）搜集地：昌都文化局

　　（4）搜集时间：1992

　　9. 其他：

　　（1）有漆红色夹板与黄色长布书标。

14　《大食财宗》

　　1. 藏文题名：

རིག་གསུམ་རྣམ་འཕྲུལ་སེང་ཆེན་ནོར་བུ་དགྲ་འདུལ་གྱིས་ནག་ཕྱོགས་བདུད་དཔུང་འདུལ་བའི་སྟག་གཟིགས་ནོར་རྫོང་ཕབ་པའི་དབའ་བོའི་ང་རོ་དཀར་ཕྱོགས་དགྱེས་པའི་ཟིམ་མཆར་བཞུགས།

　　2. 拉丁转写：

Rig gsum rnam 'phrul seng chen nor bu dgra 'dul gyis nag phyogs bdud dpung 'dul ba'i stag gzigs nor rdzong phab pa'i dba' bo'i nga ro dkar phyogs dgyes pa'i zim mngar bzhugs

3. 汉译名：

《大食财宗》，或《大食财宝城》《达惹诺宗》《大食诺宗》《大食宝宗》《大食之战》《达岭之战》《征服大食》。

4. 故事内容提要：

大食财宝王富如龙王，有着像毗沙门一样大的权势。拥有一匹具备所有优点的宝马，被誉为具鹏翅宝马。晁同装扮成的董图弥郭杰等三人去大食国用计盗走了具鹏翅宝马。

大食国立即派兵追讨，抢夺了晁同帐篷中的所有财宝以及牲畜。晁同率军讨伐，双方硝烟三年，胜负无期。后来，天神预言格萨尔要征服大食财宗。晁同也派人去岭王处请求出兵大食。格萨尔大王召集群臣，商讨对敌策略，定战略战术。格萨尔领兵击败了大食军队的进攻，并乘胜追击，降伏了大食国，取回大食国的宝藏，凯旋。

5. 版本描述（字体、抄本、刻本风格、版面大小、材质）：

藏文乌金体，旧藏纸，每页 6 行，43cm×7cm，木刻印刷本。

6. 保存处及编号：

（1）原件保存处：西藏社会科学院《格》中心。

（2）西藏社会科学院《格》中心编号：无。

7. 版本说明（页码标记、残缺污浊页、翻译、出版）：

（1）总页码：298 叶。

（2）藏文封面标题清晰、内容完整、字体工整优美。存 1 卷。有"昌都地区文化广播电视局文化科"印章。有保存者所加标题。

（3）异文本汉文翻译：角巴东主等编校，高等教育出版社，2011。

（4）异文本藏文出版：① 西藏，1979；② 甘肃，1979；③ 精选本，2002；④ 印度（大吉岭），1966；⑤ 印度（新德里），1976；⑥ 印度（岗托克），1983；⑦ 不丹，1981。

8. 著作者、搜集者与搜集地：

（1）著作者：未知

（2）搜集者：索朗格列

（3）搜集地：昌都文化局

（4）搜集时间：1992

9. 其他：

（1）有棕色夹板与黄色长布书标。

（2）藏文封面有彩色渲染，第 135 叶 B 面有贴花。

15 《大食财宗》

1. 藏文题名：

རིག་གསུམ་རྣམ་འཕྲུལ་སེང་ཆེན་ནོར་བུ་དགྲ་འདུལ་གྱིས་ནག་ཕྱོགས་བདུད་དཔུང་འདུལ་བའི་སྟག་གཟིག་ནོར་རྫོང་ཕབ་པའི་དཔའ་བོའི་ང་རོ་དཀར་ཕྱོགས་དགྱེས་པའི་ཟིམ་མངར་བཞུགས།

2. 拉丁转写：

Rig gsum rnam 'phrul seng chen nor bu dgra 'dul gyis nag phyogs bdud dpung 'dul ba'i stag gzigs nor rdzong phab pa'i dba' bo'i nga ro dkar phyogs dgyes pa'i zim mngar bzhugs

3. 汉译名：

《大食财宗》，或《大食财宝城》《达惹诺宗》《大食诺宗》《大食宝宗》《大食之战》《达岭之战》《征服大食》。

4. 故事内容提要：

大食财宝王富如龙王，有着像毗沙门一样大的权势。拥有一匹具备所有优点的宝马，被誉为具鹏翅宝马。晁同装扮成的董图弥郭杰等三人去大食国用计盗走了具鹏翅宝马。

大食国立即派兵追讨，抢夺了晁同帐篷中的所有财宝以及牲畜。晁同率军讨伐，双方硝烟三年，胜负无期。后来，天神预言格萨尔要征服大食财宗。晁同也派人去岭王处请求出兵大食。格萨尔大王召集群臣，商讨对敌策略，定战略战术。格萨尔领兵击败了大食军队的进攻，并乘胜追击，降伏了大食国，取回大食国的宝藏，凯旋。

5. 版本描述（字体、抄本、刻本风格、版面大小、材质）：

藏文乌金体，新藏纸，每页 6 行，47cm×9cm，木刻印刷本。

6. 保存处及编号：

（1）原件保存处：西藏社会科学院《格》中心。

（2）西藏社会科学院《格》中心编号：无。

7. 版本说明（页码标记、残缺污浊页、翻译、出版）：

（1）总页码：298 叶。

（2）藏文封面标题残缺、内容完整、字体工整优美。缺末叶。存 1 卷。

（3）异文本汉文翻译：角巴东主等编校，高等教育出版社，2011。

（4）异文本藏文出版：① 西藏，1979；② 甘肃，1979；③ 精选本，2002；④ 印度（大吉岭），1966；⑤ 印度（新德里），1976；⑥ 印度（岗托克），1983；⑦ 不丹，1981。

8. 著作者、搜集者与搜集地：

（1）著作者：未知

（2）搜集者：索朗格列

（3）搜集地：昌都文化局

（4）搜集时间：1992

9. 其他：

（1）无夹板与无黄色长布书标。

（2）有黄布包裹、纸质书标卡片。

16　《大食财宗》

1. 藏文题名：

རིག་གསུམ་རྣམ་འཕྲུལ་སེང་ཆེན་ནོར་བུ་དགྲ་འདུལ་གྱིས་ནག་ཕྱོགས་བདུད་དཔུང་འདུལ་བའི་སྟག་གཟིགས་ནོར་རྫོང་ཕབ་པའི་དབའ་བོའི་ང་རོ་དཀར་ཕྱོགས་དགྱེས་པའི་ཟིམ་མངར་བཞུགས།

2. 拉丁转写：

Rig gsum rnam 'phrul seng chen nor bu dgra 'dul gyis nag phyogs bdud dpung 'dul ba'i stag gzigs nor rdzong phab pa'i dba' bo'i nga ro dkar phyogs dgyes pa'i zim mngar bzhugs

3. 汉译名：

《大食财宗》，或《大食财宝城》《达惹诺宗》《大食诺宗》《大食宝宗》《大食之战》《达岭之战》《征服大食》。

4. 故事内容提要：

大食财宝王富如龙王，有着像毗沙门一样大的权势。拥有一匹具备所有优点的宝马，被誉为具鹏翅宝马。晁同装扮成的董图弥郭杰等三人去大食国用计盗走了具鹏翅宝马。

大食国立即派兵追讨，抢夺了晁同帐篷中的所有财宝以及牲畜。晁同率军讨伐，双方硝烟三年，胜负无期。后来，天神预言格萨尔要征服大食财宗。晁同也派人去岭王处请求出兵大食。格萨尔大王召集群臣，商讨对敌策略，定战略战术。格萨尔领兵击败了大食军队的进攻，并乘胜追击，降伏了大食国，取回大食国的宝藏，凯旋。

5. 版本描述（字体、抄本、刻本风格、版面大小、材质）：

藏文乌金体，特别薄藏纸（即单层纸），每页6行，47cm×9cm，木刻印刷本。

6. 保存处及编号：

（1）原件保存处：西藏社会科学院《格》中心。

（2）西藏社会科学院《格》中心编号：无。

7. 版本说明（页码标记、残缺污浊页、翻译、出版）：

（1）总页码：298 叶。

（2）藏文封面标题清晰、内容完整、字体工整优美。存 1 卷。

（3）异文本汉文翻译：角巴东主等编校，高等教育出版社，2011。

（4）异文本藏文出版：① 西藏，1979；② 甘肃，1979；③ 精选本，2002；④ 印度（大吉岭），1966；⑤ 印度（新德里），1976；⑥ 印度（岗托克），1983；⑦ 不丹，1981。

8. 著作者、搜集者与搜集地：

（1）著作者：未知

（2）搜集者：索朗格列

（3）搜集地：昌都文化局

（4）搜集时间：1992

9. 其他：

（1）无夹板与无黄色长布书标。

（2）有黄布包裹，布包裹上写有书名。

17 《大食财宗》

1. 藏文题名：

རིག་གསུམ་རྣམ་འཕྲུལ་སེང་ཆེན་ནོར་བུ་དགྲ་འདུལ་གྱིས་ནག་ཕྱོགས་བདུད་དཔུང་འདུལ་བའི་སྟག་གཟིག་ནོར་རྫོང་ཕབ་པའི་དབའ་བོའི་ང་རོ་དཀར་ཕྱོགས་དགྱེས་པའི་ཟིམ་མངར་བཞུགས།

2. 拉丁转写：

Rig gsum rnam 'phrul seng chen nor bu dgra 'dul gyis nag phyogs bdud dpung 'dul ba'i stag gzigs nor rdzong phab pa'i dba' bo'i nga ro dkar phyogs dgyes pa'i zim mngar bzhugs

3. 汉译名：

《大食财宗》，或《大食财宝城》《达惹诺宗》《大食诺宗》《大食宝宗》《大食之战》《达岭之战》《征服大食》。

4. 故事内容提要：

大食财宝王富如龙王，有着像毗沙门一样大的权势。拥有一匹具备所有优点的宝马，被誉为具鹏翅宝马。晁同装扮成的董图弥郭杰等三人去大食国用计盗走了具鹏翅宝马。

大食国立即派兵追讨，抢夺了晁同帐篷中的所有财宝以及牲畜。晁同率军讨伐，双方硝烟三年，胜负无期。后来，天神预言格萨尔要征服大食财宗。晁同也派人去岭王处请求出兵大食。格萨尔大王召集群臣，商讨对敌策略，定战略战术。格萨尔领兵击败了大食军队的进攻，并乘胜追击，降伏了大食国，取回大食国的宝藏，凯旋。

5. 版本描述（字体、抄本、刻本风格、版面大小、材质）：

藏文乌金体，新藏纸，每页 6 行，47cm×9cm，木刻印刷本。

6. 保存处及编号：

（1）手抄原件保存处：西藏社会科学院《格》中心。

（2）西藏社会科学院《格》中心编号：第 4 号。

7. 版本说明（页码标记、残缺污浊页、翻译、出版）：

（1）总页码：291 叶。

（2）无藏文封标、内容不完整、字体工整优美。页面残缺，缺页。有添加手写封面标题，存 1 卷。

（3）异文本汉文翻译：角巴东主等编校，高等教育出版社，2011。

（4）异文本藏文出版：① 西藏，1979；② 甘肃，1979；③ 精选本，2002；④ 印度（大吉岭），1966；⑤ 印度（新德里），1976；⑥ 印度（岗托克），1983；⑦ 不丹，1981。

8. 著作者、搜集者与搜集地：

（1）著作者：未知

（2）搜集者：索朗格列

（3）搜集地：昌都文化局

（4）搜集时间：1992

9. 其他：

（1）无夹板与无黄色长布书标。

（2）有花布包裹，布包裹上贴有纸片书名"达色财宗"。

18 《大食财宗》

1. 藏文题名：

རིག་གསུམ་རྣམ་འཕྲུལ་སེང་ཆེན་ནོར་བུ་དགྲ་འདུལ་གྱིས་ནག་ཕྱོགས་བདུད་དཔུང་འདུལ་བའི་སྟག་གཟིགས་ནོར་རྫོང་ཕབ་པའི་དབའ་བོའི་ང་རོ་དཀར་ཕྱོགས་དགྱེས་པའི་ཟིམ་མངར་བཞུགས།

2. 拉丁转写：

Rig gsum rnam 'phrul seng chen nor bu dgra 'dul gyis nag phyogs bdud dpung 'dul ba'i stag gzigs nor rdzong phab pa'i dba' bo'i nga ro dkar phyogs dgyes pa'i zim mngar bzhugs

3. 汉译名：

《大食财宗》，或《大食财宝城》《达惹诺宗》《大食诺宗》《大食宝宗》

《大食之战》《达岭之战》《征服大食》。

4. 故事内容提要：

大食财宝王富如龙王，有着像毗沙门一样大的权势。拥有一匹具备所有优点的宝马，被誉为具鹏翅宝马。晁同装扮成的董图弥郭杰等三人去大食国用计盗走了具鹏翅宝马。

大食国立即派兵追讨，抢夺了晁同帐篷中的所有财宝以及牲畜。晁同率军讨伐，双方硝烟三年，胜负无期。后来，天神预言格萨尔要征服大食财宗。晁同也派人去岭王处请求出兵大食。格萨尔大王召集群臣，商讨对敌策略，定战略战术。格萨尔领兵击败了大食军队的进攻，并乘胜追击，降伏了大食国，取回大食国的宝藏，凯旋。

5. 版本描述（字体、抄本、刻本风格、版面大小、材质）：

藏文乌金体，牛皮纸，每页 6 行，47cm×9cm，木刻印刷本。

6. 保存处及编号：

（1）手抄原件保存处：西藏社会科学院《格》中。

（2）西藏社会科学院《格》中编号：无。

7. 版本说明（页码标记、残缺污浊页、翻译、出版）：

（1）总页码：298 叶。

（2）藏文封面标题清晰、内容完整、抄写字体工整优美。存 1 卷。

（3）异文本汉文翻译：角巴东主等编校，高等教育出版社，2011。

（4）异文本藏文出版：① 西藏，1979；② 甘肃，1979；③ 精选本，2002；④ 印度（大吉岭），1966；⑤ 印度（新德里），1976；⑥ 印度（岗托克），1983；⑦ 不丹，1981。

8. 著作者、搜集者与搜集地：

（1）著作者：未知

（2）搜集者：索朗格列

（3）搜集地：昌都文化局

（4）搜集时间：1992

9. 其他：

（1）无夹板，有黄色长布书标。

（2）有黄布包裹。

19 《大食财宗》

1. 藏文题名：

འཇའ་སྐྲིང་གི་སར་རྒྱལ་པོའི་ཚོགས་བཟེང་ལས་ཕྱག་སྟིང་གཡུང་འགྱེད་སྐབས་ལས་ནོར་ཟོངས་ཕབས་པའི་སྐྲད་ཀྱི་ལེའུ་བཞུགས་སོ།།

2. 拉丁转写：

'dzam gling ge sar rgyal po'i rtogs brjod las stag gling g.yul 'gyed skabs las nor rdzongs phabs pa'i smad kyi le'u bzhugs so

3. 汉译名：

《大食财宗》，或《大食财宝城》《达惹诺宗》《大食诺宗》《大食宝宗》《大食之战》《达岭之战》《征服大食》。

4. 故事内容提要：

大食财宝王富如龙王，有着像毗沙门一样大的权势。拥有一匹具备所有优点的宝马，被誉为具鹏翅宝马。晁同装扮成的董图弥郭杰等三人去大食国用计盗走了具鹏翅宝马。

大食国立即派兵追讨，抢夺了晁同帐篷中的所有财宝以及牲畜。晁同率军讨伐，双方硝烟三年，胜负无期。后来，天神预言格萨尔要征服大食财宗。晁同也派人去岭王处请求出兵大食。格萨尔大王召集群臣，商讨对敌策略，定战略战术。格萨尔领兵击败了大食军队的进攻，并乘胜追击，降伏了大食国，取回大食国的宝藏，凯旋。

5. 版本描述（字体、抄本、刻本风格、版面大小、材质）：

藏文柏簇体，古旧藏纸，每页 8 行，47cm×9.2cm，长条手抄本，原件。

6. 保存处及编号：

（1）手抄原件保存处：西藏社会科学院《格》中心。

（2）西藏社会科学院《格》中心编号：无。

7. 版本说明（页码标记、残缺污浊页、翻译、出版）：

（1）总页码：197 叶。

（2）藏文封面标题清晰、内容完整、抄写字体工整优美，手指翻页磨损。存 1 卷。有彩色插画：莲花生、天姑南曼噶姆、白度母、绿度母等。

（3）异文本汉文翻译：角巴东主等编校，高等教育出版社，2011。

（4）异文本藏文出版：① 西藏，1979；② 甘肃，1979；③ 精选本，2002；④ 印度（大吉岭），1966；⑤ 印度（新德里），1976；⑥ 印度（岗托克），1983；⑦ 不丹，1981。

8. 著作者、搜集者与搜集地：

（1）著作者：未知

（2）搜集者：洛丹

（3）搜集地：德格

（4）搜集时间：1986

9. 其他：

（1）无夹板，无黄色长布书标。

（2）无黄包裹。

20 《大食财宗》

1. 藏文题名：

རིག་གསུམ་རྣམ་འཕྲུལ་སེང་ཆེན་ནོར་བུ་དགྲ་འདུལ་གྱིས་ནག་ཕྱོགས་བདུད་དཔུང་འདུལ་བའི་སྟག་གཟིགས་ནོར་རྫོང་ཕབ་པའི་དབའ་བོའི་ང་རོ་དཀར་ཕྱོགས་དགྱེས་པའི་ཟིམ་མངར་བཞུགས་སོ།

2. 拉丁转写：

Rig gsum rnam 'phrul seng chen nor bu dgra 'dul gyis nag phyogs bdud dpung 'dul ba'i stag gzigs nor rdzong phab pa'i dba' bo'i nga ro dkar phyogs dgyes pa'i zim mngar bzhugs so

3. 汉译名：

《大食财宗》，或《大食财宝城》《达惹诺宗》《大食诺宗》《大食宝宗》《大食之战》《达岭之战》《征服大食》。

4. 故事内容提要：

大食财宝王富如龙王，有着像毗沙门一样大的权势。拥有一匹具备所有优点的宝马，被誉为具鹏翅宝马。晁同装扮成的董图弥郭杰等三人去大食国用计盗走了具鹏翅宝马。

大食国立即派兵追讨，抢夺了晁同帐篷中的所有财宝以及牲畜。晁同率军讨伐，双方硝烟三年，胜负无期。后来，天神预言格萨尔要征服大食财宗。晁同也派人去岭王处请求出兵大食。格萨尔大王召集群臣，商讨对敌策略，定战略战术。格萨尔领兵击败了大食军队的进攻，并乘胜追击，降伏了大食国，取回大食国的宝藏，凯旋。

5. 版本描述（字体、抄本、刻本风格、版面大小、材质）：

藏文柏簇体，古旧藏纸，每页 7 行，32.2cm×7cm，长条手抄本，原件。

6. 保存处及编号：

（1）手抄原件保存处：西藏社会科学院《格》中心。

（2）西藏社会科学院《格》中心编号：无。

7. 版本说明（页码标记、残缺污浊页、翻译、出版）：

（1）总页码：309 叶。

（2）藏文封面标题清晰、内容完整、抄写字体工整优美，无手指翻页磨损。存 1 卷。有收藏者印章。末几页有水浸渍。

（3）异文本汉文翻译：角巴东主等编校，高等教育出版社，2011。

（4）异文本藏文出版：① 西藏，1979；② 甘肃，1979；③ 精选本，2002；④ 印度（大吉岭），1966；⑤ 印度（新德里），1976；⑥ 印度（岗托克），1983；⑦ 不丹，1981。

8. 著作者、搜集者与搜集地：

（1）著作者：未知

（2）搜集者：洛丹

（3）搜集地：德格

（4）搜集时间：1986

9. 其他：

（1）棕色夹板。

（2）黄色长布书标。

21 《大食财宗》

1. 藏文题名：

སྟག་གཟིག་ནོར་རྫོང་།

2. 拉丁转写：

Stag gzig nor rdzong

3. 汉译名：

《大食财宗》，或《大食财宝城》《达惹诺宗》《大食诺宗》《大食宝宗》《大食之战》《达岭之战》《征服大食》。

4. 故事内容提要：

大食财宝王富如龙王，有着像毗沙门一样大的权势。拥有一匹具备所有优点的宝马，被誉为具鹏翅宝马。晁同装扮成的董图弥郭杰等三人去大食国用计盗走了具鹏翅宝马。

大食国立即派兵追讨，抢夺了晁同帐篷中的所有财宝以及牲畜。晁同率军讨伐，双方硝烟三年，胜负无期。后来，天神预言格萨尔要征服大食财宗。晁同也派人去岭王处请求出兵大食。格萨尔大王召集群臣，商讨对敌策略，定战略战术。格萨尔领兵击败了大食军队的进攻，并乘胜追击，降伏了大食国，取回大食国的宝藏，凯旋。

5. 版本描述（字体、抄本、刻本风格、版面大小、材质）：

藏文柏簇体，古旧藏纸，每页 6 行，28cm×7cm，长条手抄本，原件。

6. 保存处及编号：

（1）手抄原件保存处：西藏社会科学院《格》中心。

（2）西藏社会科学院《格》中心编号：无。

7. 版本说明（页码标记、残缺污浊页、翻译、出版）：

（1）总页码：2—110 叶。

（2）无藏文封面、内容不完整、抄写字体工整优美，手指翻页磨损。缺页、页面残损。存 1 卷。

（3）异文本汉文翻译：角巴东主等编校，高等教育出版社，2011。

（4）异文本藏文出版：① 西藏，1979；② 甘肃，1979；③ 精选本，2002；④ 印度（大吉岭），1966；⑤ 印度（新德里），1976；⑥ 印度（岗托克），1983；⑦ 不丹，1981。

8. 著作者、搜集者与搜集地：

（1）著作者：未知

（2）搜集者：洛丹

（3）搜集地：德格

（4）搜集时间：1986

9. 其他：

（1）无夹板，无黄色长布书标。

（2）用《西藏日报》（藏文版）包裹。

22　《大食财宗》

1. 藏文题名：

སྟག་གཟིག་ནོར་རྫོང་།

2. 拉丁转写：

Stag gzig nor rdzong

3. 汉译名：

《大食财宗》，或《大食财宝城》《达惹诺宗》《大食诺宗》《大食宝宗》《大食之战》《达岭之战》《征服大食》。

4. 故事内容提要：

大食财宝王富如龙王，有着像毗沙门一样大的权势。拥有一匹具备所有优点的宝马，被誉为具鹏翅宝马。晁同装扮成的董图弥郭杰等三人去大食国用计盗走了具鹏翅宝马。

大食国立即派兵追讨，抢夺了晁同帐篷中的所有财宝以及牲畜。晁同率军讨伐，双方硝烟三年，胜负无期。后来，天神预言格萨尔要征服大食财宗。晁同也派人去岭王处请求出兵大食。格萨尔大王召集群臣，商讨对敌策略，定战略战术。格萨尔领兵击败了大食军队的进攻，并乘胜追击，降伏了大食国，取回大食国的宝藏，凯旋。

5. 版本描述（字体、抄本、刻本风格、版面大小、材质）：

藏文柏簇体，古旧藏纸，每页 6 行，30cm×7cm，长条手抄本，原件。

6. 保存处及编号：

（1）手抄原件保存处：西藏社会科学院《格》中心。

（2）西藏社会科学院《格》中心编号：无。

7. 版本说明（页码标记、残缺污浊页、翻译、出版）：

（1）总页码：127 叶。

（2）无原藏文封面、内容完整、抄写字体工整优美，手指翻页磨损。缺页，前有笔记本纸补抄 9 页。有补抄者添加藏文封面。存 1 卷。

（3）异文本汉文翻译：角巴东主等编校，高等教育出版社，2011。

（4）异文本藏文出版：① 西藏，1979；② 甘肃，1979；③ 精选本，2002；④ 印度（大吉岭），1966；⑤ 印度（新德里），1976；⑥ 印度（岗托克），1983；⑦ 不丹，1981。

8. 著作者、搜集者与搜集地：

（1）著作者：未知

（2）搜集者：洛丹

（3）搜集地：类乌齐

（4）搜集时间：1986 年年底

9. 其他：

（1）无夹板，无黄色长布书标。

（2）有花布包裹。

23 《分大食财》

1. 藏文题名：

འཛམ་གླིང་གེ་སར་རྒྱལ་པོའི་རྟོགས་བརྗོད་ལས་སྟག་གཟིག་རྫོང་ཕབ་པའི་ནོར་འགྱེད་བཏང་སྒོར་བཞུགས་སོ།

2. 拉丁转写：

'dzam gling ge sar rgya po'i rtogs brjod las stag gzig rdzong phab pa'i nor 'gyed btang sgor bzhugs so

3. 汉译名：

《分大食财》，或《分大食牛》《达惹诺结》《达色施财》。

4. 故事内容提要：

根据白玛仁增整理、刊刻于 1661 年的木刻本抄写。故事讲述格萨尔征服大食国后，打开大食财宝宗，将所获大食国财宝分封给岭国、霍尔国、魔国、姜国和门国，以及各有功之臣。并将大食国财宝之福禄分别埋藏于藏区各地，以利益藏族未来民众。

5. 版本描述（字体、抄本、刻本风格、版面大小、材质）：

藏文乌金体，古旧藏纸，每页 6 行，27cm×6.9cm，木刻印刷本。

6. 保存处及编号：

（1）原件保存处：西藏社会科学院《格》中心。

（2）西藏社会科学院《格》中心编号：第 64 号。

7. 版本说明（页码标记、残缺污浊页、翻译、出版）：

（1）总页码：39 叶。

（2）藏文封面标题清晰、内容完整、字体工整，手指翻页磨损。存 1 卷。有"昌都地区文化广播电视局文化科"印章，首叶、扉叶绘有红黄色边框。

（3）异文本汉文翻译：① 李朝群译《达色施财》，西藏人民出版社，1985；② 王沂暖、王兴先译，甘肃人民出版社，1986；③ 丹玛江永慈诚、多杰坚赞、郭晓虹，民族音像出版社，2013。

（4）异文本藏文出版：① 西藏，1980、2010；② 四川（《取阿里金窟》合编），1981；③ 印度（德里），1967；④ 蒙古（《格萨尔本生传》合编），1961；⑤ 丹玛江永慈诚、多杰坚赞、郭晓虹，民族音像出版社，2013。

8. 著作者、搜集者与搜集地：

（1）整理者：佐智白玛仁增（རྫོགས་སྨྱུལ་པདྨ་རིག་འཛིན་གྱིས་བསྒྲིགས།）

（2）搜集者：索朗格列

（3）搜集地：昌都文化局

（4）搜集时间：1992

9. 其他：

（1）有棕色夹板，黄色长布书标。

（2）木板表面贴有纸质题名与编号。

24 《分大食财》

1. 藏文题名：

འཛམ་གླིང་གེ་སར་རྒྱལ་པོའི་རྟོགས་བརྗོད་ལས་སྟག་གཟིག་ནོར་རྫོང་ཕབ་པའི་ནོར་འགྱེད་བཏང་སྒོར་བཞུགས་སོ།

2. 拉丁转写：

'dzam gling ge sar rgya po'i rtogs brjod las stag gzig nor rdzong phab pa'i nor 'gyed btang sgor bzhugs so

3. 汉译名：

《分大食财》，或《分大食牛》《达惹诺结》《达色施财》。

4. 故事内容提要：

根据白玛仁增整理、刊刻于 1661 年的木刻本抄写。故事讲述格萨尔征服大食国后，打开大食财宝宗，将所获大食国财宝分封给岭国、霍尔国、魔国、姜国和门国，以及各有功之臣。并将大食国财宝之福禄分别埋藏于藏区各地，以利益藏族未来民众。

5. 版本描述（字体、抄本、刻本风格、版面大小、材质）：

藏文柏簇体，新藏纸，每页 6 行，17cm×6cm，长条手抄本，原件。

6. 保存处及编号：

（1）手抄原件保存处：西藏社会科学院《格》中心。

（2）西藏社会科学院《格》中心编号：无。

7. 版本说明（页码标记、残缺污浊页、翻译、出版）：

（1）总页码：39 叶。

（2）藏文封面标题清晰、内容完整、抄写字体工整优美，无手指翻页磨损。存 1 卷。有"昌都地区文化广播电视局文化科"印章。

（3）异文本汉文翻译：① 李朝群译《达色施财》，西藏人民出版社，1985；② 王沂暖、王兴先译，甘肃人民出版社，1986；③ 丹玛江永慈诚、多杰坚赞、郭晓虹，民族音像出版社，2013。

（4）异文本藏文出版：① 西藏，1980、2010；② 四川（《取阿里金窟》合编），1981；③ 印度（德里），1967；④ 蒙古（《格萨尔本生传》合编），1961；⑤ 丹玛江永慈诚、多杰坚赞、郭晓虹，民族音像出版社，2013。

8. 著作者、搜集者与搜集地：

（1）著作者：未知

（2）搜集者：西藏《格》办

（3）搜集地：昌都

（4）搜集时间：1985

9. 其他：

（1）无夹板，有黄色长布书标。

25 《分大食财》

1. 藏文题名：

འཛམ་གླིང་གེ་སར་རྒྱལ་པོའི་རྟོགས་བརྗོད་ལས་སྟག་གཟིག་ནོར་རྫོང་ཕབ་པའི་ནོར་འགྱེད་བཏང་སྒོར་བཞུགས་སོ

2. 拉丁转写：

'dzam gling ge sar rgya po'i rtogs brjod las stag gzig nor rdzong phab pa'i nor 'gyed btang sgor bzhugs so

3. 汉译名：

《分大食财》，或《分大食牛》《达惹诺结》《达色施财》。

4. 故事内容提要：

根据白玛仁增整理、刊刻于 1661 年的木刻本抄写。故事讲述格萨尔征服大食国后，打开大食财宝宗，将所获大食国财宝分封给岭国、霍尔国、魔国、姜国和门国，以及各有功之臣。并将大食国财宝之福禄分别埋藏于藏区各地，以利益藏族未来民众。

5. 版本描述（字体、抄本、刻本风格、版面大小、材质）：

藏文乌金体，新藏纸，每页 6 行，30cm×7cm，木刻印刷本。

6. 保存处及编号：

（1）原件保存处：西藏社会科学院《格》中心。

（2）西藏社会科学院《格》中心编号：无。

7. 版本说明（页码标记、残缺污浊页、翻译、出版）：

（1）总页码：38 叶。

（2）藏文封面标题清晰、内容完整、字体工整优美，无手指翻页磨损。存 1 卷。

（3）异文本汉文翻译：① 李朝群译《达色施财》，西藏人民出版社，1985；② 王沂暖、王兴先译，甘肃人民出版社，1986；③ 丹玛江永慈诚、多杰坚赞、郭晓虹，民族音像出版社，2013。

（4）异文本藏文出版：① 西藏，1980、2010；② 四川（《取阿里金窟》合编），1981；③ 印度（德里），1967；④ 蒙古（《格萨尔本生传》合编），1961；⑤ 丹玛江永慈诚、多杰坚赞、郭晓虹，民族音像出版社，2013。

8. 著作者、搜集者与搜集地：

（1）整理者：佐智白玛仁增（ཙོགས་སྨྱུལ་པདྨ་རིག་འཛིན་གྱིས་བསྒྲིགས།）

（2）搜集者：西藏《格》

（3）搜集地：昌都

（4）搜集时间：1985

9. 其他：

（1）无夹板，无黄色长布书标。

（2）根据笔者收藏本对照确定为木如寺木刻印刷本。

26 《上粟特马宗》

1. 藏文题名：

སོག་པོ་ཪྟ་རྫོང་།

2. 拉丁转写：

Sog po rta rdzong

3. 汉译名：

《上粟特马宗》，或《蒙古马城》《蒙古马国》《上蒙古马宗》《索波马宗》《索多马城》。

4. 故事内容提要：

雪山狮子国王的化身嘎玛扎巴去粟特的鲁赤经商时被杀，国王派人向岭国扎拉求救。扎拉王子认为嘎玛扎巴是自己的孩子，一定要替他报仇。此时，岭国女英雄阿达拉姆梦中得到天神预言：征服粟特马宗必须先由自己出兵。阿达拉姆率领的三万大军驻扎在阿格达娃大平原。此时粟特王也得到预示自己被杀的梦境，派人立岗放哨。结果此人被阿达拉姆降伏，获得了粟特王的信息。

格萨尔和扎拉王子率军出师。粟特国的将士们在与岭军作战中先后身亡。最后格萨尔降伏了粟特鲁赤王，任命比推·永朱其美为粟特国国王，并在粟特国制定十善佛法。粟特百姓过上了幸福的生活。格萨尔等岭国众英雄获得了粟特的诸多良马。

5. 版本描述（字体、抄本、刻本风格、版面大小、材质）：

藏文柏簇体，牛皮纸，每页 6 行，36cm×7cm，长条手抄本，原件。

6. 保存处及编号：

（1）手抄原件保存处：1998 年时不知存何处。

（2）西藏社会科学院《格》中心编号：无。

7. 版本说明（页码标记、残缺污浊页、翻译、出版）：

（1）总页码：2—161 叶。

（2）无藏文封面、内容不完整、抄写字体工整优美，无手指翻页磨损。存 1 卷。

（3）未翻译。

（4）异文本藏文出版：① 西藏，1992；② 扎巴本，1999；③ 精选本，2013；④ 印度（德拉敦），1978；⑤ 印度（达拉姆萨拉），1982；⑥ 不丹，1981。

8. 著作者、搜集者与搜集地：

（1）著作者：未知

（2）搜集者：西藏《格》

（3）搜集地：昌都

（4）搜集时间：1985

9. 其他：

（1）花布包裹。

（2）黄色长条书标。

27 《下粟特铠甲宗》

1. 藏文题名：

མོག་སྲིད་ཁྲབ་རྫོང་།

2. 拉丁转写：

Sog smad khrab rdzong

3. 汉译名：

《下粟特铠甲宗》，或《索麦铠、玉宗》《下索波铠、玉宗》《下蒙古铠甲宗》《索岭之战》（下册）。

4. 故事内容提要：

常年征战，格萨尔感到厌倦，于是整日与众位妃子享乐。天神降给他旨意，让他去降伏索波马宗，他却不执行。众神们商讨后，便决定向索波国施放恶咒，索波国受到巨大灾难，通过占卜以为是岭国所为，于是报复施咒导致岭国受难，于是两国开战。

精通幻术的晁同施法，放出神箭飞向索波国。索波国国王诚心投降，但两个王子却坚决要与格萨尔一决雌雄，于是施展幻术与岭军交战，没想到幻术被识破，索波国的大王子拉吾被玉拉杀死，二王子仁钦灰溜溜地躲到了下索波铠甲城。

格萨尔王传信如果仁钦回到索波马宗，自己会宽恕他，仁钦在家臣的劝说下回到了索波马宗，在他的父王娘赤陪同下，向格萨尔王请罪，格萨尔依言宽恕了他。

格萨尔降伏了索波马宗，准备班师回国。此时天神启示他应该去降伏下索波铠甲城，但格萨尔懒惰了，厌倦征战，想要回到天界无忧无虑地生活，众位天神劝诫他，并且告诉他所有天神与他同在，会帮助他，他还应继续解救生活在水深火热中的百姓们。格萨尔十分惭愧，于是依言去降伏下索波铠甲城，解救一方百姓，并且将得到的财宝分给众人，人们的生活更加富足了。

5. 版本描述（字体、抄本、刻本风格、版面大小、材质）：

藏文柏簇体，古旧藏纸，每页 6 行，30.2cm×7cm，长条手抄本，原件。

6. 保存处及编号：

（1）手抄原件保存处：西藏社会科学院《格》中心。

（2）西藏社会科学院《格》中心编号：43 号。

7. 版本说明（页码标记、残缺污浊页、翻译、出版）：

（1）总页码：109 叶。

（2）藏文封面标题漫漶不清、内容不完整、抄写字体工整优美，手指翻页磨损。页面残损。存 1 卷。

（3）未翻译。

（4）异文本藏文出版：①印度（达拉姆萨拉），1984；②不丹，1981。

8. 著作者、搜集者与搜集地：

（1）著作者：未知

（2）搜集者：索朗格列

（3）搜集地：昌都

（4）搜集时间：1992

9. 其他：

（1）油渍棕黄色包裹。

（2）黄色长条书标。

28　《突厥兵器宗》（上册）

1. 藏文题名：

གནམ་ཆོས་ཐུགས་ཀྱི་གཏེར་ཁ་གི་ཁ་སྐོང་། གཏེར་བསྔ་བདུད་བརྩི་ཀུན་ཁྱབ་བཞུགས་སོ།

2. 拉丁转写：

Gnam chos thugs kyi gter kha gi kha skong, gter bsnga bdud brtsi kun khyab bzhugs so

3. 汉译名：

《突厥兵器宗》，或《祝古国宗》《祝古兵国》《祝古兵器宗》《朱孤兵器宗》《朱古之战》《竹岭之战》。

4. 故事内容提要：

突厥国国王托桂穆德赞意欲武力抢夺藏王的释迦牟尼佛像。他派其所属齐堆的四个部落前去完成此项任务。齐堆射箭信恐吓藏王马上送交释迦牟尼佛像。藏王向岭国扎拉王子求救。岭王格萨尔通过侦察得知征服突厥，必先要征服突厥齐堆，于是下令王子扎拉率军讨伐。两军开始交火。最后，东突厥的大军节节败北，溃不成军。突军部将个个死于岭刀之下，突王齐堆也终于成了扎拉王子的刀下鬼，岭军大获全胜。

5. 版本描述（字体、抄本、刻本风格、版面大小、材质）：

藏文柏簇体，古旧藏纸，每页 6 行，32cm×5cm，长条手抄本，原件。

6. 保存处及编号：

（1）手抄原件保存处：西藏社会科学院《格》中心。

（2）西藏社会科学院《格》中心编号：无。

7. 版本说明（页码标记、残缺污浊页、翻译、出版）：

（1）总页码：320 叶。

（2）藏文封面标题清晰、内容不完整、抄写字体工整优美、手指翻页磨损。页面残损，末尾有补抄，有原收藏者之印章。存 1 卷。

（3）未翻译。

（4）异文本藏文出版：①西藏，1988、1989；②甘肃，1984、1986；

③ 精选本，2013；④ 桑珠本，2011；⑤ 印度（达拉姆萨拉），1982、1983、1984、1985；⑥ 不丹，1981；⑦ 民族出版社，2015。

8. 著作者、搜集者与搜集地：

（1）著作者：未知

（2）搜集者：西藏《格》

（3）搜集地：昌都

（4）搜集时间：1985

9. 其他：

（1）有黄色包裹，有棕色夹板，有黄色长条书标。

29 《突厥兵器宗》（上册）

1. 藏文题名：

གྲུ་གུ་གོ་རྫོང་།བར་ཆ།

2. 拉丁转写：

Gru gu go rdzong，bar cha

3. 汉译名：

《突厥兵器宗》，或《祝古国宗》《祝古兵国》《祝古兵器宗》《朱孤兵器宗》《朱古之战》《竹岭之战》。

4. 故事内容提要：

上方印度南部，有一信奉外道教国度。国中有一称作班智达雅霞的大修士，多年闭关苦修大自在天，感动了大神，允许赐予其最高成就。班智达雅霞得到大神真言，获得成就，骄狂起来。其临死前发下毒愿，愿投生为藏区赡部洲的生命之主，用武力征服世界。如班智达雅霞所发毒愿，他转世投生在突厥国，取名宇杰托桂扎巴。到了 13 岁，突厥王辞谢人世，祝古开始赛艺比武选王。经过 18 天的激烈比赛，宇杰托桂战胜所有对手，被拥立为突厥国国王。宇杰托桂自从称王以后，权势大得无人能抗衡，属民日益增多，声威大震。己亥年，雄狮王率领岭国军马征服了北方歇国的珊瑚城之后的第三年，格萨尔修完了大乘正见禅定和自我解脱禅定，功德及法术获得了不可思议的增长。就在格萨尔解除坐禅、终止修行的第二天黎明时分，天空中忽然出现一个火焰般的红人，告诉他："格萨尔呵，今年你们一定要打到突厥，岭地和突厥要在战争中分高低，今年正是打开兵器库的佳期。"格萨尔王决定要征服突厥国。

5. 版本描述（字体、抄本、刻本风格、版面大小、材质）：

藏文柏簇体，古旧藏纸，每页 6 行，34cm×7cm，长条手抄本，原件。

6. 保存处及编号：

（1）手抄原件保存处：西藏社会科学院《格》中心。

（2）西藏社会科学院《格》中心编号：无。

7. 版本说明（页码标记、残缺污浊页、翻译、出版）：

（1）总页码：4—262 叶。

（2）无藏文封面标题、内容不完整、抄写字体工整优美，手指翻页磨损。页面残损，有"昌都地区文化广播电视局文化科"印章。存 1 卷。

（3）未翻译。

（4）异文本藏文出版：① 西藏，1988、1989；② 甘肃，1984、1986；③ 精选本，2013；④ 桑珠本，2011；⑤ 印度（达拉姆萨拉），1982、1983、1984、1985；⑥ 不丹，1981；⑦ 民族出版社，2015。

8. 著作者、搜集者与搜集地：

（1）著作者：未知

（2）搜集者：西藏《格》

（3）搜集地：昌都

（4）搜集时间：1982

9. 其他：

（1）有黄色布包裹，无夹板，无黄色长条书标。第 7 叶 གནས་སྐབས་གུང་གི་རྒྱལ་ཚ 唱词断定为上册，末叶（残页）48—18？ གཙང་སྨད་གཡགས་པ་སྤུན་གྱུང་གཉིས་ད་དར་ནག་པོ་སྟིང་ཁར་བྱ་ཁྱུང་ཐིབ་པ་དང་ （电子版不丹本《祝古上》95 页同）。

30　《突厥兵器宗》（中册）

1. 藏文题名：

གྲུ་གུ་གོ་རྫོང་། ｜སྨད་ཆ｜

2. 拉丁转写：

Gru gu go rdzong，bar cha

3. 汉译名：

《突厥兵器宗》，或《祝古国宗》《祝古兵国》《祝古兵器宗》《朱孤兵器宗》《朱古之战》《竹岭之战》。

4. 故事内容提要：

为了帮助格萨尔降伏祝古王宇杰托桂，天母南曼噶姆决定派一个空行母下凡，去做宇杰王的妃子，在格萨尔北征祝古时，作为内应。

葛姆森姜措嫁给祝古王宇杰托桂为妃，已近三载。献言出兵拿下悉补野地方，等到岭国和悉补野地方联合起来，就非但报不成仇，反要被仇人所杀。宇杰王决定派王兄朗拉赞布带领祝古军出征。

祝古军奋力拼杀，悉补野兵马很快被击败了，一口气攻下了森姆城。攻下森姆宗的祝古军，兴高采烈地欢庆自己的胜利。王兄朗拉赞布命令部队休息几日，准备攻打查姆宗。

悉补野地方君臣们聚在一起，紧张地商议着对策。最后一致决定，第一，再派援军到查姆宗，死守此城。第二，速派人到岭地，向格萨尔大王告急，恳请派兵救援。

5. 版本描述（字体、抄本、刻本风格、版面大小、材质）：

藏文柏簇体，古旧藏纸，每页 6 行，39.2cm×8.8cm，长条手抄本，原件。

6. 保存处及编号：

（1）手抄原件保存处：西藏社会科学院《格》中心。

（2）西藏社会科学院《格》中心编号：无。

7. 版本说明（页码标记、残缺污浊页、翻译、出版）：

（1）总页码：115—152 叶。

（2）无藏文封面标题、内容完整、抄写字体工整优美，手指翻页磨损。存 1 卷。

（3）未翻译。

（4）异文本藏文出版：① 西藏，1988、1989；② 甘肃，1984、1986；③ 精选本，2013；④ 桑珠本，2011；⑤ 印度（达拉姆萨拉），1982、1983、1984、1985；⑥ 不丹，1981；⑦ 民族出版社，2015。

8. 著作者、搜集者与搜集地：

（1）著作者：未知

（2）搜集者：西藏《格》

（3）搜集地：昌都

（4）搜集时间：1982

9. 其他：

（1）有黄色布包裹，无夹板，无黄色长条书标。根据 115 叶上的 འདུག་སྲུང་བསམ་ གྲུབ་ 唱词断定。

（2）与 31《突厥兵器宗》（下册）同包裹。

31 《突厥兵器宗》（下册）

1. 藏文题名：

གྲུ་གུ་གོ་མཚོན་རྫོང་སྨད་ཆ།

2. 拉丁转写：

Gru gu go rdzong，smad cha

3. 汉译名：

《突厥兵器宗》，或《祝古国宗》《祝古兵国》《祝古兵器宗》《朱孤兵器宗》《朱古之战》《竹岭之战》。

4. 故事内容提要：

雄狮王自从得到天母的预言，决定征服祝古之后，岭地的兵马纷纷聚集到王宫的周围。岭军先到悉补野地方，打败祝古兵，解救了悉补野之围。

祝古王决计向邻国绒穆塔赞王和葛域阿达王求援。粮草齐备，兵马聚集，祝古大军再次进攻悉补野地方。经过数月苦战，岭国和悉补野联军攻占了王城以外的所有城堡。王子扎拉吩咐诸军，将祝古的王城紧紧围住。此时，空行母所变化的葛姆森姜措三姐妹深情地劝大王向格萨尔投诚，还能够保得性命无虞。但是，祝古王不愿投诚，宁可战死，也绝不投降。王城被攻陷，祝古王被格萨尔射杀。祝古君臣已除，所剩残兵败将全部投降。王妃葛姆森姜措带着众王妃、侍女等前来拜见王子扎拉，献上城内的各种奇珍异宝，并唱了祝愿曲。

遵照天母的预言，格萨尔到祝古，大做善事，超度祝古君臣的亡魂到净地，拯救活着的百姓出苦海，开启珍宝库和兵器库，把祝古的兵器及珍宝运回岭地。

5. 版本描述（字体、抄本、刻本风格、版面大小、材质）：

藏文柏簇体，古旧藏纸，每页7行，34cm×7cm，长条手抄本，原件。

6. 保存处及编号：

（1）手抄原件保存处：西藏社会科学院《格》中心。

（2）西藏社会科学院《格》中心编号：无。

7. 版本说明（页码标记、残缺污浊页、翻译、出版）：

（1）总页码：141—492叶。

（2）无藏文封面标题、内容完整、抄写字体工整优美，手指翻页磨损。存1卷。

（3）未翻译。

（4）异文本藏文出版：①西藏，1988、1989；②甘肃，1984、1986；③精选本，2013；④桑珠本，2011；⑤印度（达拉姆萨拉），1982、1983、1984、1985；⑥不丹，1981；⑦民族出版社，2015。

8. 著作者、搜集者与搜集地：

（1）著作者：未知

（2）搜集者：西藏《格》

（3）搜集地：昌都

（4）搜集时间：1982

9. 其他：

（1）黄色布包裹，无夹板，无黄色长条书标。

（2）与30《突厥兵器宗》（中册）同包裹。

32 《突厥兵器宗》（下册）

1. 藏文题名：

གྲུ་གུ་གོ་རྫོང་། སྨད་ཆ།

2. 拉丁转写：

Gru gu go rdzong，smad cha

3. 汉译名：

《突厥兵器宗》，或《祝古国宗》《祝古兵国》《祝古兵器宗》《朱孤兵器宗》《朱古之战》《竹岭之战》。

4. 故事内容提要：

雄狮王自从得到天母的预言，决定征服祝古之后，岭地的兵马纷纷聚集到王宫的周围。岭军先到悉补野地方，打败祝古兵，解救了悉补野之围。

祝古王决计向邻国绒穆塔赞王和葛域阿达王求援。粮草齐备，兵马聚集，祝古大军再次进攻悉补野地方。经过数月苦战，岭国和悉补野联军攻占了王城以外的所有城堡。王子扎拉吩咐诸军，将祝古的王城紧紧围住。此时，空行母所变化的葛姆森姜措三姐妹深情地劝大王向格萨尔投诚，还能够保得性命无虞。但是，祝古王不愿投诚，宁可战死，也绝不投降。王城被攻陷，祝古王被格萨尔射杀。祝古君臣已除，所剩残兵败将全部投降。王妃葛姆森姜措带着众王妃、侍女等前来拜见王子扎拉，献上城内的各种奇珍异宝，并唱了祝愿曲。

遵照天母的预言，格萨尔到祝古，大做善事，超度祝古君臣的亡魂到净地，拯救活着的百姓出苦海，开启珍宝库和兵器库，把祝古的兵器及珍宝运回岭地。

5. 版本描述（字体、抄本、刻本风格、版面大小、材质）：

藏文柏簇体，古旧藏纸，每页6行，36cm×7cm，手抄原件。

6. 保存处及编号：

（1）手抄原件保存处：西藏社会科学院《格》中心。

（2）西藏社会科学院《格》研中心编号：无。

7. 版本说明（页码标记、残缺污浊页、翻译、出版）:

（1）总页码：284—418 叶。

（2）无藏文封面标题、内容完整、抄写字体华丽优美，手指翻页磨损。存 1 卷。

（3）未翻译。

（4）异文本藏文出版：① 西藏，1988、1989；② 甘肃，1984、1986；③ 精选本，2013；④ 桑珠本，2011；⑤ 印度（达拉姆萨拉），1982、1983、1984、1985；⑥ 不丹，1981；⑦ 民族出版社，2015。

8. 著作者、搜集者与搜集地:

（1）著作者：未知

（2）搜集者：西藏《格》

（3）搜集地：昌都

（4）搜集时间：1982

9. 其他:

（1）有黄色布包裹，无夹板。

（2）有黄色长条书标，为"诞生篇"书标。纸质卡片为 གྲུ་གུ་མིལ་མ། （突厥部部分）

33 《突厥兵器宗》（上册）

1. 藏文题名:

འཛམ་གླིང་གེ་སར་རྒྱལ་པོའི་རྟོགས་བརྗོད་ལས་གྲུ་གླིང་གཡུལ་འགྱེད་སྟག་མོའི་ངར་སྒྲ་ཞེས་བྱ་བ་བཞུགས་སོ།

2. 拉丁转写:

'dzam gling ge sar rgyal po'i rtogs brjod las gru gling g.yul 'gyed stag mo'i ngar sgra zhes bya ba bzhugs so

3. 汉译名:

《突厥兵器宗》，或《祝古国宗》《祝古兵国》《祝古兵器宗》《朱孤兵器宗》《朱古之战》《竹岭之战》。

4. 故事内容提要:

上方嘉噶地方南部，有一个信奉外道教门的国度。国中有一个叫班智达雅霞的大修士，多年来闭关坐禅，苦修大自在天大法，感动了大神，允许赐给他所需要的最高成就。班智达雅霞得到大神的真言，又有了能够战胜一切的成就，便骄狂起来，不把任何人放在眼里。

班智达雅霞临死之前发下一毒愿，愿投生为藏区赡部洲的生命之主，经咒教义的刽子手，让我能用武力征服世界。如班智达雅霞所发毒愿，他转世投生在祝古国，取名宇杰托桂扎巴，到了 13 岁，祝古王辞谢人世，祝古开始赛艺比武选王。经过 18 天的激烈比赛，宇杰托桂战胜所有对手，被拥立为祝古国王。宇杰托桂自从称王以后，权势大得无人能抗衡，属民日益增多，声威大震。

己亥年，雄狮王率领岭国军马征服了北方歇日国的珊瑚城之后的第三年，格萨尔修完了大乘正见禅定和自我解脱禅定，功德及法术获得了不可思议的增长。就在格萨尔解除坐禅、终止修行的第二天黎明时分，太空中忽然出现一个火焰般的红人，告诉他："格萨尔呵，今年你们一定要打到祝古去，岭地和祝古要在战争中分高低，今年正是打开兵器库的佳期。"

格萨尔仍然觉得要征服祝古，绝非易事，但是，既然天神下了授记，再难也要去攻打。

5. 版本描述（字体、抄本、刻本风格、版面大小、材质）：
藏文柏簇体，现代纸，5 行，36cm×7cm，手抄复印件。

6. 保存处及编号：
（1）手抄原件保存处：西藏社会科学院《格》中心。
（2）西藏社会科学院《格》中心编号：无。

7. 版本说明（页码标记、残缺污浊页、翻译、出版）：
（1）总页码：551 叶。
（2）藏文封面标题清晰、内容完整、字体工整优美，无手指翻页磨损。存 1 卷。
（3）未翻译。
（4）异文本藏文出版：① 西藏，1988、1989；② 甘肃，1984、1986；③ 精选本，2013；④ 桑珠本，2011；⑤ 印度（达拉姆萨拉），1982、1983、1984、1985；⑥ 不丹，1981；⑦ 民族出版社，2015。

8. 著作者、搜集者与搜集地：
（1）著作者：未知
（2）搜集者：索朗格列
（3）搜集地：昌都文化局
（4）搜集时间：1992

9. 其他：
（1）新制作夹板，有黄色长布书标。
（2）与 34《突厥兵器宗》（下册）同夹板内。

34 《突厥兵器宗》（下册）

1. 藏文题名：

གྲུ་གླིང་སྨད་ཆ་དཔའ་བོའི་གད་རྒྱངས་ཞེས་བྱ་བ་བཞུགས་སོ

2. 拉丁转写：

gru gling smad cha dpa' bo'i gad rgyangs zhes bya ba bzhugs so

3. 汉译名：

《突厥兵器宗》，或《祝古国宗》《祝古兵国》《祝古兵器宗》《朱孤兵器宗》《朱古之战》《竹岭之战》。

4. 故事内容提要：

雄狮王自从得到天母的预言，决定征服祝古之后，岭地的兵马纷纷聚集到王宫的周围。岭军先到悉补野地方，打败祝古兵，解救了悉补野之围。

祝古王决计向邻国绒穆塔赞王和葛域阿达王求援。粮草齐备，兵马聚集，祝古大军再次进攻悉补野地方。经过数月苦战，岭国和悉补野联军攻占了王城以外的所有城堡。王子扎拉吩咐诸军，将祝古的王城紧紧围住。此时，空行母所变化的葛姆森姜措三姐妹深情地劝大王向格萨尔投诚，还能够保得性命无虞。但是，祝古王不愿投诚，宁可战死，也绝不投降。王城被攻陷，祝古王被格萨尔射杀。祝古君臣已除，所剩残兵败将全部投降。王妃葛姆森姜措带着众王妃、侍女等前来拜见王子扎拉，献上城内的各种奇珍异宝，并唱了祝愿曲。

遵照天母的预言，格萨尔到祝古，大做善事，超度祝古君臣的亡魂到净地，拯救活着的百姓出苦海，开启珍宝库和兵器库，把祝古的兵器及珍宝运回岭地。

5. 版本描述（字体、抄本、刻本风格、版面大小、材质）：

藏文柏蕠体，现代纸，每页 5 行，36cm×7cm，手抄复印件。

6. 保存处及编号：

（1）手抄原件保存处：西藏社会科学院《格》中心。

（2）西藏社会科学院《格》中心编号：无。

7. 版本说明（页码标记、残缺污浊页、翻译、出版）：

（1）总页码：162 叶。

（2）藏文封面标题清晰、内容完整、字体工整优美，无手指翻页磨损。存 1 卷。

（3）未翻译。

（4）异文本藏文出版：① 西藏，1988、1989；② 甘肃，1984、1986；

③ 精选本，2013；④ 桑珠本，2011；⑤ 印度（达拉姆萨拉），1982、1983、1984、1985；⑥ 不丹，1981；⑦ 民族出版社，2015。

8. 著作者、搜集者与搜集地：

（1）著作者：未知

（2）搜集者：索朗格列

（3）搜集地：昌都文化局

（4）搜集时间：1992

9. 其他：

（1）新制作夹板，有黄色长布书标。

（2）与 33《突厥兵器宗》（上册）同夹板内。

35 《突厥兵器宗》（下册）

1. 藏文题名：

མ་སེང་གེ་སར་རྒྱལ་པོའི་རྟོགས་བརྗོད་ལས་གྲུ་གུ་གོ་རྫོང་གི་སྨད་ཆ་བཞུགས་སོ།

2. 拉丁转写：

Ma seng ge sar rgyal po'i rtogs brjod las Gru gu go rdzong gi smad cha bzhugs so

3. 汉译名：

·《突厥兵器宗》，或《祝古国宗》《祝古兵国》《祝古兵器宗》《朱孤兵器宗》《朱古之战》《竹岭之战》。

4. 故事内容提要：

雄狮王自从得到天母的预言，决定征服祝古之后，岭地的兵马纷纷聚集到王宫的周围。岭军先到悉补野地方，打败祝古兵，解救了悉补野之围。

祝古王决计向邻国绒穆塔赞王和葛域阿达王求援。粮草齐备，兵马聚集，祝古大军再次进攻悉补野地方。经过数月苦战，岭国和悉补野联军攻占了王城以外的所有城堡。王子扎拉吩咐诸军，将祝古的王城紧紧围住。此时，空行母所变化的葛姆森姜措三姐妹深情地劝大王向格萨尔投诚，还能够保得性命无虞。但是，祝古王不愿投诚，宁可战死，也绝不投降。王城被攻陷，祝古王被格萨尔射杀。祝古君臣已除，所剩残兵败将全部投降。王妃葛姆森姜措带着众王妃、侍女等前来拜见王子扎拉，献上城内的各种奇珍异宝，并唱了祝愿曲。

遵照天母的预言，格萨尔到祝古，大做善事，超度祝古君臣的亡魂到净地，拯救活着的百姓出苦海，开启珍宝库和兵器库，把祝古的兵器及珍宝运回岭地。

5. 版本描述（字体、抄本、刻本风格、版面大小、材质）：

藏文柏簇体，民国新纸，每页 5 行，30cm×7cm，手抄原件。

6. 保存处及编号：

（1）手抄原件保存处：西藏社会科学院《格》中心。

（2）西藏社会科学院《格》中心编号：无。

7. 版本说明（页码标记、残缺污浊页、翻译、出版）：

（1）总页码：78 叶。

（2）藏文封面标题清晰、内容完整、字体工整优美，手指翻页磨损。墨迹浓厚。存 1 卷。

（3）未翻译。

（4）异文本藏文出版：① 西藏，1988、1989；② 甘肃，1984、1986；③ 精选本，2013；④ 桑珠本，2011；⑤ 印度（达拉姆萨拉），1982、1983、1984、1985；⑥ 不丹，1981；⑦ 民族出版社，2015。

8. 著作者、搜集者与搜集地：

（1）著作者：未知

（2）搜集者：索朗格列

（3）搜集地：昌都文化局

（4）搜集时间：1992

9. 其他：

（1）无布包裹，无书标。

（2）有纸箱所制夹板，夹板上贴有纸片"突厥下册"书标。

36 《梅岭金宗》

1. 藏文题名：

འཛམ་གླིང་གེ་སར་རྟོགས་པ་བརྗོད་ལས་མེ་གླིང་གསེར་གྱི་རྫོང་ཆེན་ཕབ་ཚུལ་བདེ་གཤེགས་སྤྲིན་གྱི་སྙིང་པོ་བཞུགས་སོ།

2. 拉丁转写：

'dzam gling ge sar rgyal po'i rtogs brjod las，me gling gser gyi rdzong chen phab tshul bde gshegs sprin gyi snying po bzhugs so

3. 汉译名：

《梅岭金宗》，或《梅岭金国》《梅岭黄金宗》《美岭金城》。

4. 故事内容提要：

格萨尔征服突厥王后过了一年半，梅岭扎拉王听说岭国是一个不被任何魔国能征服的强国，于是决定征服岭国。大臣玛翁塔钦劝谏梅岭王不要做鲁莽之事，梅岭王并未听从其意见。天神给格萨尔降下预言，要从天界请来无敌英雄贾察，并依靠魔国、突厥国、门国、齐日国和岭国等五国的兵力征服梅岭。

　　岭国贾察和丹玛等七个勇士抵达梅岭国，初战告捷，触怒了梅岭王。双方开战，经过残酷的征战，岭国开始占据上风，梅岭王臣对花岭国产生了恐惧。最终格萨尔征服了准备逃往甲尔域的梅岭扎拉王，岭国的马军和象军雄武壮观地开进梅岭国。在梅岭创立了佛法，以教化他们，使其皈依佛法。把梅岭百姓引向安泰，并将梅岭王的小兄弟封为了梅岭王。

　　5. 版本描述（字体、抄本、刻本风格、版面大小、材质）：

藏文柏簇体，牛皮纸，每页 5—6 行，30cm×9cm，长条手抄本，原件。

　　6. 保存处及编号：

（1）手抄原件保存处：西藏社会科学院《格》中心。

（2）西藏社会科学院《格》中心编号：无。

　　7. 版本说明（页码标记、残缺污浊页、翻译、出版）：

（1）总页码：155 叶。

（2）藏文封面标题清晰、内容完整、字体工整优美，无手指翻页磨损。存 1 卷。

（3）未翻译。

（4）异文本藏文出版：① 青海，1983。

　　8. 著作者、搜集者与搜集地：

（1）著作者：未知

（2）搜集者：洛丹

（3）搜集地：昌都

（4）搜集时间：1986

　　9. 其他：

（1）有旧灰布包裹，有黄色长条书标。

37　《阿扎玛瑙宗》

　　1. 藏文题名：

ཨ་གྲགས་གཟི་རྫོང་།

　　2. 拉丁转写：

A grags gzi rdzong

　　3. 汉译名：

《阿扎玛瑙宗》，或《阿扎九眼珠宗》《征服阿扎玛瑙城》《阿与岭之战》《阿扎色宗》《阿乍玛瑙国》。

4. 故事内容提要:

土龙年六月初十日，岭国的商队路过歇日国，达泽王毫不犹豫地命令手下的兵将去抢岭国的财物。格萨尔出兵征讨。岭国大军晓行夜宿，不多日，来到阿扎玛瑙国边境。格萨尔命使臣带着礼物入城向国王问候，请阿扎王让出一条路，岭国将通过此地向歇日进军。

阿扎君臣问卜之时，侍臣禀报，岭国大军前来借路。虽然岭国人马不是来攻打阿扎国的，但歇日紧连阿扎，歇日城破，阿扎岂能长久？看来这条路是借不得的。尼扎王一面拒绝给岭国让路，一面迅速召集国内兵马，准备拒敌。

格萨尔大王听说阿扎王不肯借路，愤怒异常，不知该如何是好。就在这时，天母南曼噶姆出现了，对格萨尔说：欲取歇日珊瑚城，必须先破阿扎玛瑙城。于是格萨尔下令进攻阿扎，一路战果连连，来到罗刹大城堡。王子扎拉下令岭国的三员大将森达、玉拉和达拉赤噶诛杀蛋生九人九马，大破罗刹城堡，兵临阿扎王宫。经过几番论战，岭军入城，尼扎跪拜雄狮王，献上金银珠宝等九色礼品。格萨尔君臣开启了中部阿扎与阿扎王城内宝库，然后将所得财物分给众人。格萨尔命令阿扎王尼扎，带着王妃、公主等眷属和侍臣到藏地去住三年，即日启程。雄狮王派大臣尼玛坚赞做了阿扎王，管理国政。

5. 版本描述（字体、抄本、刻本风格、版面大小、材质）：
藏文柏簇体，旧藏纸，每页 7 行，34cm×7cm，长条手抄本，原件。

6. 保存处及编号：
（1）手抄原件保存处：西藏社会科学院《格》中心。
（2）西藏社会科学院《格》中心编号：无。

7. 版本说明（页码标记、残缺污浊页、翻译、出版）：
（1）总页码：142—276 叶（末叶）。
（2）无藏文封面标题、内容不完整、字体工整优美，手指翻页磨损。有尾叶，缺前面部分。存 1 卷。
（3）异文本汉文翻译：徐国琼、和建华译《阿岭之战》，云南，2007。
（4）异文本藏文出版：①青海，1985；②西藏，1999；精选本，2003；③桑珠本，2005；④印度（德里），1975；⑤不丹，1981。

8. 著作者、搜集者与搜集地：
（1）著作者：未知
（2）搜集者：西藏《格》
（3）搜集地：昌都
（4）搜集时间：1985

9. 其他：

（1）有黄布包裹，有黄色书标。

38 《阿扎玛瑙宗》

1. 藏文题名：

ཨ་གྲགས་གཟི་རྫོང་།

2. 拉丁转写：

A grags gzi rdzong

3. 汉译名：

《阿扎玛瑙宗》，或《阿扎九眼珠宗》《征服阿扎玛瑙城》《阿与岭之战》《阿扎色宗》《阿乍玛瑙国》。

4. 故事内容提要：

土龙年六月初十日，岭国的商队路过歇日国，达泽王毫不犹豫地命令手下的兵将去抢岭国的财物。格萨尔出兵征讨。岭国大军晓行夜宿，不多日，来到阿扎玛瑙国边境。格萨尔命使臣带着礼物入城向国王问候，请阿扎王让出一条路，岭国将通过此地向歇日进军。

阿扎君臣问卜之时，侍臣禀报，岭国大军前来借路。虽然岭国人马不是来攻打阿扎国的，但歇日紧连阿扎，歇日城破，阿扎岂能长久？看来这条路是借不得的。尼扎王一面拒绝给岭国让路，一面迅速召集国内兵马，准备拒敌。

格萨尔大王听说阿扎王不肯借路，愤怒异常，不知该如何是好。就在这时，天母南曼噶姆出现了，对格萨尔说：欲取歇日珊瑚城，必须先破阿扎玛瑙城。于是格萨尔下令进攻阿扎，一路战果连连，来到罗刹大城堡。王子扎拉下令岭国的三员大将森达、玉拉和达拉赤噶诛杀蛋生九人九马，大破罗刹城堡，兵临阿扎王宫。经过几番论战，岭军入城，尼扎跪拜雄狮王，献上金银珠宝等九色礼品。格萨尔君臣开启了中部阿扎与阿扎王城内宝库，然后将所得财物分给众人。格萨尔命令阿扎王尼扎，带着王妃、公主等眷属和侍臣到藏地去住三年，即日启程。雄狮王派大臣尼玛坚赞做了阿扎王，管理国政。

5. 版本描述（字体、抄本、刻本风格、版面大小、材质）：

藏文柏籤体，旧藏纸，7行，34cm×7cm，长条手抄本，原件。

6. 保存处及编号：

（1）手抄原件保存处：西藏社会科学院《格》中心。

（2）西藏社会科学院《格》中心编号：无。

7. 版本说明（页码标记、残缺污浊页、翻译、出版）：

（1）总页码：279 叶。

（2）无藏文封面标题、内容不完整、字体工整优美，手指翻页磨损。开头几页页面残损，存 1 卷。

（3）异文本汉文翻译：徐国琼、和建华译《阿岭之战》，云南，2007。

（4）异文本藏文出版：① 青海，1985；② 西藏，1999；精选本，2003；③ 桑珠本，2005；④ 印度（德里），1975；⑤ 不丹，1981。

8. 著作者、搜集者与搜集地：

（1）著作者：未知

（2）搜集者：索朗格列

（3）搜集地：昌都

（4）搜集时间：1992

9. 其他：

（1）有花布包裹。

（2）此抄本为西藏人民出版社 1999 年版《阿扎玛瑙宗》之原件。

39　《米努丝绸宗》

1. 藏文题名：

མི་ནུབ་དར་རྫོང་།

2. 拉丁转写：

Mi nub dar rdzaong

3. 汉译名：

《米努丝绸宗》，或《米努绸缎宗》《米努绸缎城》《美努绸缎宗》《措米努丝绸宗》《征服孔雀国王》。

4. 故事内容提要：

米努绸缎国是个岛国，由姊妹二人治理国政，女王达鲁珍管辖中、下米努，王妹娜鲁珍管辖上米努。女王的威望极高，王属下 180 万户百姓过着和平安宁的生活。平素与白惹王交往甚密的冬赤阿珠一听说白惹王及其王国被格萨尔降伏了，就决定为白惹王报仇。女王达鲁珍听说此事，命卦师占卜，命运注定岭国要来进攻，米努现在就聚兵，较量一下会取胜。王妹娜鲁珍向女王进言与岭国和好。女王的丈夫、大臣杰泽奔巴要为白惹国报仇雪恨。

此时，居住于白惹国王宫的格萨尔得到天母预言，要格萨尔在本月初九日将岭军召集在一起，准备与米努交战。格萨尔立即命众将来宫中议事，岭军浩浩荡荡地出征了，大军在天神和上师的帮助下跨过毒水越过毒树，在前面的滩中扎下营帐。

米努国上师聂布带领五百弟子在一座红色城堡中修炼施食，准备向岭国抛打却被反击而死。出战前的凶兆使得王宫之中两种主张相持不下；女王与王妹之间也产生了分歧。岭军到达上米努，娜鲁珍归附了格萨尔。达鲁珍一听，怒火中烧，亲自披挂上阵，直取格萨尔。

格萨尔神箭呼啸着飞过去，要了达鲁珍的命。消灭了达鲁珍及其手下大臣，下米努收归雄狮大王格萨尔管辖。君臣回到上米努，王妹娜鲁珍和扎拉王子为雄狮大王摆宴庆贺，君臣百姓祈祷祝福，一片欢腾。至此，上、中、下米努均已收伏，格萨尔率众英雄兵将，将金城中的宝物一一运回下米努王宫，除了分给臣民百姓的外，余者全部运回岭国。从此以后，消除了战乱之祸，米努百姓过上了吉祥快乐的太平日子。

5. 版本描述（字体、抄本、刻本风格、版面大小、材质）：

藏文柏簇体，古旧藏纸，每页 6 行，32cm×7cm，长条手抄本，原件。

6. 保存处及编号：

（1）手抄原件保存处：西藏社会科学院《格》中心。

（2）西藏社会科学院《格》中心编号：第 39 号。

7. 版本说明（页码标记、残缺污浊页、翻译、出版）：

（1）总页码：409 叶。

（2）无藏文封面标题、内容完整、字体华美，手指翻页磨损。添加书名，存 1 卷。

（3）未翻译。

（4）异文本藏文出版：① 西藏，1988；② 四川，1987；③ 精选本，2005；④ 不丹（《百热》合编），1981。

8. 著作者、搜集者与搜集地：

（1）著作者：未知

（2）搜集者：西藏《格》办

（3）搜集地：昌都

（4）搜集时间：1985

9. 其他：

（1）有橙色夹板，有原书标题，有红边。

40 《米努丝绸宗》

1. 藏文题名:

མི་ནུབ་དར་རྫོང་།

2. 拉丁转写:

Mi nub dar rdzaong

3. 汉译名:

《米努丝绸宗》,或《米努绸缎宗》《米努绸缎城》《美努绸缎宗》《措米努丝绸宗》《征服孔雀国王》。

4. 故事内容提要:

米努绸缎国是个岛国,由姊妹二人治理国政,女王达鲁珍管辖中、下米努,王妹娜鲁珍管辖上米努。女王的威望极高,王属下 180 万户百姓过着和平安宁的生活。平素与白惹王交往甚密的冬赤阿珠一听说白惹王及其王国被格萨尔降伏了,就决定为白惹王报仇。女王达鲁珍听说此事,命卦师占卜,命运注定岭国要来进攻,米努现在就聚兵,较量一下会取胜。王妹娜鲁珍向女王进言与岭国和好。女王的丈夫、大臣杰泽奔巴要为白惹国报仇雪恨。

居住于白惹国王宫的格萨尔得到天母预言,要格萨尔在本月初九日将岭军召集在一起,准备与米努交战。岭军浩浩荡荡地出征,大军在天神和上师的帮助下跨过毒水越过毒树,在前面的滩中扎下营帐。

米努国上师聂布带领五百弟子在一座红色城堡中修炼施食,准备向岭国抛打却被反击而死。出战前的凶兆使得王宫之中两种主张相持不下;女王与王妹之间也产生了分歧。岭军到达上米努,娜鲁珍归附了格萨尔。达鲁珍一听,怒火中烧,亲自披挂上阵,直取格萨尔。

格萨尔神箭呼啸着飞过去,要了达鲁珍的命。消灭了达鲁珍及其手下大臣,下米努收归雄狮大王格萨尔管辖。君臣回到上米努,王妹娜鲁珍和扎拉王子为雄狮大王摆宴庆贺,君臣百姓祈祷祝福,一片欢腾。至此,上、中、下米努均已收伏,格萨尔率众英雄兵将,将金城中的宝物一一运回下米努王宫,除了分给臣民百姓的外,余者全部运回岭国。从此以后,消除了战乱之祸,米努百姓过上了吉祥快乐的太平日子。

5. 版本描述(字体、抄本、刻本风格、版面大小、材质):

藏文柏簇体,古旧藏纸,每页 6 行,32cm×7cm,长条手抄本,原件。

6. 保存处及编号:

(1)手抄原件保存处:西藏社会科学院《格》中心。

（2）西藏社会科学院《格》中心编号：无。

7. 版本说明（页码标记、残缺污浊页、翻译、出版）：

（1）总页码：470 叶。

（2）无藏文封面标题、内容完整、字体华美，手指翻页磨损。存 1 卷。

（3）包布上贴有"唐本·才多还来 1986.11.26"字样的纸片。整理者标页。

（4）未翻译。

（5）异文本藏文出版：① 西藏，1988；② 四川，1987；③ 精选本，2005；④ 不丹（《百热》合编），1981。

8. 著作者、搜集者与搜集地：

（1）著作者：未知

（2）搜集者：洛丹

（3）搜集地：昌都

（4）搜集时间：1986 年年底

9. 其他：

（1）有花色包布，有原书标题，有红边。

41 《迦湿弥罗绿松石宗》

1. 藏文题名：

ཁ་ཆེ་གཡུ་རྫོང་།

2. 拉丁转写：

Kha che g.yu rdzaong

3. 汉译名：

《迦湿弥罗绿松石宗》，或《征服卡契松石城》《卡契玉宗》《卡切玉宗》《岭与卡契》《卡且玉宗》。

4. 故事内容提要：

岭国西部卡契国国王赤丹路贝是罗刹转世，力大无穷，狂妄不可一世。9 岁继承王位，征服了尼婆罗国；18 岁时降伏了威卡国；27 岁战胜了穆卡国，并强娶堆灿公主为妃。此后进一步东征西掠，周围的小邦国家均归他所属。赤丹还有一兄一弟。哥哥名鲁亚如仁，弟弟叫兴堆冬玛，兄弟二人是赤丹王为非作歹的得力帮凶。此外还有内大臣 74 人，外大臣 108 人，属民 42 万户。由于连年征战并未遇到对手，赤丹路贝便认为天下无敌了。

　　赤丹路贝年满 36 岁，王妃堆灿洛琚玛见赤丹如此得意，便怂恿他征服格萨尔，让赤丹尝尝苦头以报杀父灭国之仇。由王兄鲁亚如仁、大臣多桂梅巴和托尺布赞为首的 3 万大军，经过一个月的准备，开始向岭国进军。

格萨尔得到天神预言，降伏卡契魔妖。双方第一次交战，格萨尔用幻术大败卡契军。到岭国与卡契交战到关键时刻，晁同投靠卡契军，把岭国的情况、作战的部署统统告诉了鲁亚如仁。

卡契大军靠晁同的隐身术，绕过岭营，来到岭仲系文布氏的夏季牧场阿吉达塘扎营。晁同的叛军行为被格萨尔识破，他将计就计，大败卡契军，打开了卡契的宝物门。格萨尔王召集卡契的降臣降将以及众百姓，将部分财产留给他们。卡契王子只有 5 岁，所以格萨尔要老臣贞巴让协管理国事。

5. 版本描述（字体、抄本、刻本风格、版面大小、材质）：

藏文柏簇体，古旧藏纸，每页 6 行，34cm×6cm，长条手抄本，原件。

6. 保存处及编号：

（1）手抄原件保存处：西藏社会科学院《格》中心。

（2）西藏社会科学院《格》中心编号：无。

7. 版本说明（页码标记、残缺污浊页、翻译、出版）：

（1）总页码：200 叶。

（2）藏文封面标题漫漶、内容完整、字体工整优美，手指翻页磨损。存 1 卷。

（3）异文本汉文翻译：① 王沂暖、上官剑壁译，甘肃，1984；② 角巴东主主编，高等教育出版社，2011。

（4）异文本藏文出版：① 西藏，1979；② 精选本，2003；③ 印度（德里？）1966；④ 印度（德里），1971；⑤ 不丹，1981。

8. 著作者、搜集者与搜集地：

（1）著作者：未知

（2）搜集者：洛丹

（3）搜集地：昌都

（4）搜集时间：1986

9. 其他：

（1）有棕色夹板，有黄色布标题。

42　《迦湿弥罗绿松石宗》

1. 藏文全题名：

ཁ་ཆེ་གཡུ་རྫོང་།

2. 拉丁转写：

Kha che g.yu rdzaong.

3. 汉译名：

《迦湿弥罗绿松石宗》，或《征服卡契松石城》《卡契玉宗》《卡切玉宗》
《岭与卡契》《卡且玉宗》。

4. 故事内容提要：

岭国西部卡契国国王赤丹路贝是罗刹转世，力大无穷，狂妄不可一世。
9 岁继承王位，征服了尼婆罗国；18 岁时降伏了威卡国；27 岁战胜了穆卡
国，并强娶堆灿公主为妃。此后进一步东征西掠，周围的小邦国家均归他
所属。赤丹还有一兄一弟。哥哥名鲁亚如仁，弟弟叫兴堆冬玛，兄弟二人
是赤丹王为非作歹的得力帮凶。此外还有内大臣 74 人，外大臣 108 人，属
民 42 万户。由于连年征战并未遇到对手，赤丹路贝便认为天下无敌了。

赤丹路贝年满 36 岁，王妃堆灿洛琚玛见赤丹如此得意，便怂恿他征服
格萨尔，让赤丹尝尝苦头以报杀父灭国之仇。由王兄鲁亚如仁、大臣多桂
梅巴和托尺布赞为首的 3 万大军，经过一个月的准备，开始向岭国进军。
格萨尔得到天神预言，降伏卡契魔妖。双方第一次交战，格萨尔用幻术大
败卡契军。到岭国与卡契交战到关键时刻，晁同投靠卡契军，把岭国的情
况、作战的部署统统告诉了鲁亚如仁。

卡契大军靠晁同的隐身木，绕过岭营，来到岭仲系文布氏的夏季牧场
阿吉达塘扎营。晁同的叛军行为被格萨尔识破，他将计就计，大败卡契
军，打开了卡契的宝物门。格萨尔王召集卡契的降臣降将以及众百姓，
将部分财产留给他们。卡契王子只有 5 岁，所以格萨尔要老臣贞巴让协
助管理国事。

5. 版本描述（字体、抄本、刻本风格、版心大小、材质）：

藏文柏簇体，古旧藏纸，每页 6 行，34cm×6cm，长条手抄本，原件。

6. 保存处及编号：

（1）原件保存处：西藏社会科学院《格》中心。

（4）西藏社会科学院《格》中心编号：无。

7. 版本说明（页码标记、残缺污浊页、翻译、出版）：

（1）总页码：200 页。

（2）藏文封面标题漫漶、内容完整、抄写字体工整优美，手指翻页磨
损。书籍两端无字处页面残损严重。存 1 卷。

（3）异文本汉文翻译：① 王沂暖、上官剑壁译，甘肃，1984；② 角巴
东主主编，高等教育出版社，2011。

（4）异文本藏文出版：① 西藏，1979；② 精选本，2003；③ 印度（德
里？）1966；④ 印度（德里），1971；⑤ 不丹，1981。

8. 著作者、搜集者与搜集地:

(1) 著作者: 未知

(2) 搜集者: 洛丹

(3) 搜集地: 昌都

(4) 搜集时间: 1986

9. 其他:

(1) 有较古旧夹板, 有黄色布书标。

43 《迦湿弥罗绿松石宗》

1. 藏文全题名:

ཁ་ཆེ་གཡུ་རྫོང་། །

2. 拉丁转写:

Kha che g.yu rdzaong

3. 汉译名:

《迦湿弥罗绿松石宗》, 或《征服卡契松石城》《卡契玉宗》《卡切玉宗》《岭与卡契》《卡且玉宗》。

4. 故事内容提要:

岭国西部卡契国国王赤丹路贝是罗刹转世, 力大无穷, 狂妄不可一世。9 岁继承王位, 征服了尼婆罗国; 18 岁时降伏了威卡国; 27 岁战胜了穆卡国, 并强娶堆灿公主为妃。此后进一步东征西掠, 周围的小邦国家均归他所属。赤丹还有一兄一弟。哥哥名鲁亚如仁, 弟弟叫兴堆冬玛, 兄弟二人是赤丹王为非作歹的得力帮凶。此外还有内大臣 74 人, 外大臣 108 人, 属民 42 万户。由于连年征战并未遇到对手, 赤丹路贝便认为天下无敌了。

赤丹路贝年满 36 岁, 王妃堆灿洛琚玛见赤丹如此得意, 便怂恿他征服格萨尔, 让赤丹尝尝苦头以报杀父灭国之仇。由王兄鲁亚如仁、大臣多桂梅巴和托尺布赞为首的 3 万大军, 经过一个月的准备, 开始向岭国进军。格萨尔得到天神预言, 降伏卡契魔妖。双方第一次交战, 格萨尔用幻术大败卡契军。到岭国与卡契交战到关键时刻, 晁同投靠卡契军, 把岭国的情况、作战的部署统统告诉了鲁亚如仁。

卡契大军靠晁同的隐身木, 绕过岭营, 来到岭仲系文布氏的夏季牧场阿吉达塘扎营。晁同的叛军行为被格萨尔识破, 他将计就计, 大败卡契军, 打开了卡契的宝物门。格萨尔王召集卡契的降臣降将以及众百姓, 将部分财产留给他们。卡契王子只有 5 岁, 所以格萨尔要老臣贞巴让协助管理国事。

5. 版本描述（字体、抄本、刻本风格、版心大小、材质）：

藏文柏簇体，民国纸，每页 7 行，34cm×7cm，长条手抄本，原件。

6. 保存处及编号：

（1）原件保存处：西藏社会科学院《格》中心。

（2）西藏社会科学院《格》中心：无。

7. 版本说明（页码标记、残缺污浊页、翻译、出版）：

（1）总页码：146 页。

（2）藏文封面标题清晰、内容完整、抄写字体工整优美，手指翻页磨损。存 1 卷。缩写体多，与不丹版本同。

（3）异文本汉文翻译：① 王沂暖、上官剑壁译，甘肃，1984；② 角巴东主主编，高等教育出版社，2011。

（4）异文本藏文出版：① 西藏，1979；② 精选本，2003；③ 印度（德里？）1966；④ 印度（德里），1971；⑤ 不丹，1981。

8. 著作者、搜集者与搜集地：

（1）著作者：未知

（2）搜集者：洛丹

（3）搜集地：昌都

（4）搜集时间：1986 年年底

9. 其他：

（1）有花布包裹，有黄色长布条书标。

44　《羊同珍珠宗》

1. 藏文全题名：

༄༅། །དེ་ཡང་གླིང་རྗེ་གེ་སར་རྒྱལ་པོའི་རྟོགས་བརྗོད་ཞང་ཞུང་གཡུལ་འཁྲུགས་བཞུགས་སོ།

2. 拉丁转写：

De yang gling rje ge sar rgyal po'i rtogs brjod zhang zhung g.yul 'khrugs bzhugs so

3. 汉译名：

《羊同珍珠宗》，或《象雄珍珠宗》《祥岭珍珠之战》《征服象雄珍珠国》《香雄珍珠宗》《向雄珍珠宗》。

4. 故事内容提要：

羊同苯教王伦珠扎巴的 16 个商人去汉地经商途中扎营在达戎晁同的草原上，晁同派儿子们抢劫并杀死了商人。羊同国君臣通过向苯教喇嘛求教得知了事情原委。羊同王派将兵抢回所夺之物并杀掉了达戎部落不少人马。

晁同向格萨尔王请求派岭军替他报仇。

此时，天神了也预言格萨尔到了征服羊同珍珠宗的时机。格萨尔下令三军追击羊同人马，自己率军出师大食。羊同王被格萨尔消灭。格萨尔打开了直插云霄的白崖狮子天宗，取出了各种金银财宝。格萨尔将财宝运回军营分给了将士。在羊同制定了十善之法，将苯教改为佛教，把外道的恶经抛入河中。格萨尔任命曲珠大臣为羊同十八方的首领。

5. 版本描述（字体、抄本、刻本风格、版心大小、材质）：

藏文柏簇体，黄色藏纸，补抄牛皮纸，每页原件 6 行、补抄件 5 行，34cm×7cm，长条手抄本，原件。

6. 保存处及编号：

（1）原件保存处：西藏社会科学院《格》中心。

（2）西藏社会科学院《格》中心编号：无。

7. 版本说明（页码标记、残缺污浊页、翻译、出版）：

（1）总页码：146 叶（末叶）。

（2）藏文封面标题清晰、内容不完整、抄写字体工整清楚，手指翻页磨损。存 1 卷。有"昌都地区文化广播电视局文化科"印章。

（3）异文本汉文翻译：① 马宏武译，甘肃，2006；② 角巴东主主编，高等教育出版社，2011。

（4）异文本藏文出版：① 西藏，1982；② 甘肃，1984；③ 青海，1984；④ 扎巴本，2007；⑤ 桑珠本，2008；⑥ 印度（达拉姆萨拉），1984；⑦ 不丹，1981。

8. 著作者、搜集者与搜集地：

（1）著作者：未知

（2）搜集者：索朗格列

（3）搜集地：昌都

（4）搜集时间：1992

9. 其他：

（1）有红色包布，有黄色长条布书标。

45 《雪山水晶宗》

1. 藏文全题名：

འཛམ་གླིང་གི་སར་རྒྱལ་པོའི་ཧྲོགས་བརྗོད་ལས་གངས་རི་ཤེལ་རྫོང་དབང་དུ་པའི་གཏམ་ལས་ཚན་སྐྱེ་དགུ་དགྱེས་པའི་ར་བོའི་མེའི་སྒྲ་དབྱངས་ཞེས་བ་བཞུགས་སོ།

2. 拉丁转写：

'dzam gling ge sar rgyal po'i rtdogs brjod las gang ri shel rdzong phab pa'i gtam las can skye dgu dgyes pa'i rnga bo'i me'i sgra dbyangs zhes bya ba bzhugs so

3. 汉译名：

《雪山水晶宗》，或《征服拉达克水晶国》《贡日水晶宗》。

4. 故事内容提要：

岗底斯拉达克旭奴嘎伍王向已被岭国降伏的白惹等国征税，白惹等国向岭国求救。此时，莲花生大师给格萨尔预言：通往雪山水晶宗的大道将要打开，要出兵征服雪山水晶国。格萨尔召集九国大军，联伐水晶国。联军兵分三路攻打：第一路由格萨尔率领，第二路由扎拉王子率领，第三路由玉拉托居尔率领。两军交火，战斗十分激烈。岭军消灭了雪山国五大汉，80 名勇士。格萨尔先后征服了雪山国的君臣守护神。扎拉王子征服了北方扎木宗；格萨尔征服了西方扎铁宗；东方日扎那宗由玉拉征服。

最后，岭君臣来到雪山国都城，扔掉了城头上的魔幡旗，挂上了佛法胜利幡旗。格萨尔带领勇士们来到美丽白岩前，开启了水晶宝藏。在运水晶的途中，亭容赤旭王挡住岭军道路。亭岭之战因此发生，岭军征服了亭王。亭容的山神以珊瑚宝石为主的许多宝矿，献给国王，并附绸缎 7 匹。

5. 版本描述（字体、抄本、刻本风格、版心大小、材质）：

藏文柏簇体，旧藏纸，每页 8 行，34cm×9cm，长条手抄本，原件。

6. 保存处及编号：

（1）原件保存处：西藏社会科学院《格》中心。

（2）西藏社会科学院《格》中心编号：无。

7. 版本说明（页码标记、残缺污浊页、翻译、出版）：

（1）总页码：173 页。

（2）藏文封面标题清晰、内容完整、抄写字体工整清楚，手指翻页磨损。存 1 卷。有"昌都地区文化广播电视局文化科"印章。

（3）异文本汉文翻译：① 意西泽珠、许珍妮译，四川，1988；② 角巴东主主编，高等教育出版社，2011。

（4）异文本藏文出版：① 四川，1982；② 扎巴本，2011；③ 精选本，2013；④ 印度（多兰吉），1983；⑤ 不丹，1981。

8. 著作者、搜集者与搜集地：

（1）著作者：未知

（2）搜集者：洛丹

（3）搜集地：昌都

（4）搜集时间：1986

（5）复印时间：1986

9. 其他：

（1）有黄色布包裹，有黄色长条布书标。

46 《歇日珊瑚宗》

1. 藏文全题名：

ཉེ་རི་བྱུར་རྫོང་།

2. 拉丁转写：

Bye ri byur rdzong

3. 汉译名：

《歇日珊瑚宗》，或《杰日珊瑚宗》《奇乳珊瑚宗》《岭与歇日珊瑚之部》《碣日珊瑚宗》《吉茹珊瑚宗》《岗岭之战》《契日珊瑚宗》《达格戎珊瑚宗》《北方珊瑚宝宗》。

4. 故事内容提要：

岭军征服了阿扎玛瑙宗后不久，得知歇日国杀死了岭国茶商。于是格萨尔发兵征讨歇日。岭军兵分两路去攻打歇日。珊瑚宗有三位在箭术、枪术、剑术上武艺超群的勇士，他们先后被岭国六大先遣勇士歼灭。岭军所向披靡，珊瑚官兵屡战屡败。岭国大军消灭了歇日国的绿铁宗、东南的白螺宗、西南的金光宗、西面的古长旦朱宗、东北的玉石宗。最终歇日国大泽王没能逃脱岭军的追杀，被玉拉托居尔和贡赞结果了性命。其余官兵及歇日王妃投诚。

格萨尔开启歇日国珊瑚宝库，分赐给属下百姓，余者全部运回岭国。格萨尔从珊瑚国的宝湖里捞出了无数珊瑚。岭国在歇日设立了12个万户长官，派阿达拉姆为歇日总管。随后，岭军凯旋。

5. 版本描述（字体、抄本、刻本风格、版心大小、材质）：

藏文柏簇体，古旧藏纸，每页6行，34cm×6cm，长条手抄本，原件。

6. 保存处及编号：

（1）原件保存处：西藏社会科学院《格》中心。

（2）西藏社会科学院《格》中心编号：第43号。

7. 版本说明（页码标记、残缺污浊页、翻译、出版）：

（1）总页码：103叶。

（2）无藏文封面标题、内容不完整、抄写字体工整清楚、手指翻页磨损严重。页面残损。存1卷。

（3）异文本汉文翻译：① 角巴东主主编，高等教育出版社，2011。

（4）异文本藏文出版：① 青海，1983；② 精选本，2003；③ 桑珠本，2004；④ 印度（岗托克），1977；⑤ 不丹本，1981。

8. 著作者、搜集者与搜集地：

（1）著作者：未知

（2）搜集者：洛丹

（3）搜集地：类乌齐

（4）搜集时间：1986

（5）复印时间：1986

9. 其他：

（1）有油渍夹板，夹板封面贴有纸片题记"切日，43 号"。

47 《羌岭之战》（下册）

1. 藏文全题名：

བྱང་སྨད་གཡུལ་འཁྲུགས་འོམ་འཇང་མོན་གསུམ་གྱི་རྒྱལ་ཁ།

2. 拉丁转写：

Byang smad g.yul 'khrugs 'om 'jang mon gsum gyi rgyal kha

3. 汉译名：

《羌岭之战》，或《征服沃、姜、门三国》。

4. 故事内容提要：

本部讲述格萨尔登上岭国王位后闭关修行，北方的鲁赞王装扮成强盗侵扰岭国边境，并且用计劫走格萨尔王的妃子。格萨尔受天神预言，前往征服了北方鲁赞王，迎回妃子。之后，沃国、姜国、门国也相继劫夺岭国的盐湖、大米等宝物，格萨尔再次用兵征服三国，夺回宝物。最后，总管王演唱了招请宝物"央"之歌，岭国从此昌盛起来。

5. 版本描述（字体、抄本、刻本风格、版心大小、材质）：

藏文柏簌体，牛皮纸和账本纸，每页 6 行，34cm×7cm，长条手抄本，原件。

6. 保存处及编号：

（1）原件保存处：西藏社会科学院《格》中心。

（2）西藏社会科学院《格》中心编号：无。

7. 版本说明（页码标记、残缺污浊页、翻译、出版）：

（1）总页码：120 页。

（2）藏文封面标题清晰、内容完整、抄写字体工整清楚，无手指翻页磨损。存 1 卷。

（3）藏文封面书写有"藏书者：嘎玛江村（昌都县嘎玛区岳巴公社通卡生产队 1983 年 8 月 7 日交）"。

（4）未翻译。

（5）异文本藏文出版：未出版。

8. 著作者、搜集者与搜集地：

（1）著作者：未知

（2）搜集者：索朗格列

（3）搜集地：昌都

（4）搜集时间：1992

（5）复印时间：1992

9. 其他：

（1）有花布包裹，有黄色长条布书标。

48 《北方红缨宗》

1. 藏文全题名：

བྱང་འཕྲུ་དམར་རྫོང་།

2. 拉丁转写：

Byang 'phru dmar rdzong

3. 汉译名：

《北方红缨宗》，或《征服北方红毹毹宗》《绛楚玛波》。

4. 故事内容提要：

格萨尔 82 岁时，北方绸玛尔国王鲁森沃纳向岭国进犯。格萨尔遵照天神预言，派遣丹玛等勇士带领军队前去征服。两军经过多次战役，最终丹玛用箭射死了北方绸玛尔国国王鲁森沃纳。格萨尔拥立绸玛尔国南吉赤赞为新国王，打开了北方缨宝库，将红缨宝带回了岭国。

5. 版本描述（字体、抄本、刻本风格、版心大小、材质）：

藏文柏簇体，古旧藏纸，每页 7 行，36cm×6cm，长条手抄本，原件。

6. 保存处及编号：

（1）原件保存处：西藏社会科学院《格》中心。

（2）西藏社会科学院《格》中心编号：无。

7. 版本说明（页码标记、残缺污浊页、翻译、出版）：

（1）总页码：250 叶。

（2）藏文封面标题清晰、内容不完整、抄写字体工整清楚，手指翻页磨损。缺末尾。伏藏文献标点。存 1 卷。

（3）未翻译。

（4）异文本藏文出版：未出版。

8. 著作者、搜集者与搜集地：

（1）著作者：未知

（2）搜集者：洛丹

（3）搜集地：昌都

（4）搜集时间：1986 年年底

9. 其他：

（1）有油渍夹板，有黄色长条布书标。

（2）江达县卡贡区麻达公社扎西群培赠送。

49　《北方红缨宗》

1. 藏文全题名：

བྱང་འཕྲུ་དམར་རྫོང་།

2. 拉丁转写：

Byang 'phru dmar rdzong

3. 汉译名：

《北方红缨宗》，或《征服北方红氆氇宗》《绛楚玛波》。

4. 故事内容提要：

格萨尔 82 岁时，北方绸玛尔国王鲁森沃纳向岭国进犯。格萨尔遵照天神预言，派遣丹玛等勇士带领军队前去征服。两军经过多次战役，最终丹玛用箭射死了北方绸玛尔国国王鲁森沃纳。格萨尔拥立绸玛尔国南吉赤赞为新国王，打开了北方缨宝库，将红缨宝带回了岭国。

5. 版本描述（字体、抄本、刻本风格、版心大小、材质）：

藏文柏簌体，古旧藏纸，每页 8 行，32cm×9cm，长条手抄本，原件。

6. 保存处及编号：

（1）原件保存处：西藏社会科学院《格》中心。

（2）西藏社会科学院《格》中心编号：无。

7. 版本说明（页码标记、残缺污浊页、翻译、出版）：

（1）总页码：348 页。

（2）无藏文封面标题、内容不完整、抄写字体工整清楚、手指翻页磨损。页面残损，有"昌都地区文化广播电视局文化科"印章。存 1 卷。

（3）未翻译。

（4）异文本藏文出版：未出版。

8. 著作者、搜集者与搜集地：

（1）著作者：未知

（2）搜集者：索朗格列

（3）搜集地：昌都

（4）搜集时间：1992

（5）复印时间：1992

9. 其他：

（1）有油渍夹板，有藏文黄色长条书标。

50 《朗日金宗》

1. 藏文全题名：

གླང་རི་གསེར་རྫོང་།

2. 拉丁转写：

Glang ri gser rdzong

3. 汉译名：

《朗日金宗》，或《浪日》。

4. 故事内容提要：

铁蛇年莲花生大师给格萨尔大王降下预言，朗日国国王珠拉托杰是吐蕃末代灭佛国国王朗达玛转世，敢于同天神斗法，是一个胆量非凡的魔王，其手下有不少英勇猛将，若不在今年降伏信仰外道的朗日国国王，将会对佛法不利。并要夺取朗日的宝藏金库，为众生造福。

董氏热查干布到阿里去的时候，所携带的财宝全部被朗日人抢夺，现在岭国的勇士们认为，夺回宝藏的时机到了，他们斗志昂扬。按照天神的旨意，格萨尔大王带领总管王、贾察、聂察、晁同等大将前往征讨朗日国。岭国兵马到朗日国，先后降伏了国王柏推杰布、大臣赞士鲁堆雅梅、喜堆辛吉崩玛、昂钦珍纳罗威、贡伦僧拉昂雅、琼推贵布等人，将魔法横行的地方变为佛法昌盛的地方。将朗日的宝藏海螺、水晶、金子等各种珍贵物品送给空行母；宝藏的核心如意宝和玉石宝瓶、金灯、宝剑等宝物分别送给东方阿尼玛沁，南方班日白扎，西方雅拉香布，汉地的峨眉山，察瓦绒的古拉昂雅，葛堆地方的觉卧葛、上方玛域的阿麦玉泽等山神收藏。让21位修行者和长寿王兄弟看守这些宝物，其余宝物全部带回岭国。

5. 版本描述（字体、抄本、刻本风格、版心大小、材质）：

藏文柏簇体，牛皮纸，每页 6 行，36cm×9cm，长条手抄本，原件。

6. 保存处及编号：

（1）原件保存处：西藏社会科学院《格》中心。

（2）西藏社会科学院《格》中心编号：无。

7. 版本说明（页码标记、残缺污浊页、翻译、出版）：

（1）总页码：94 叶。

（2）无封面、内容完整、抄写字体工整清楚，手指翻页磨损。存 1 卷。有"昌都地区文化广播电视局文化科"印。

（3）未翻译。

（4）异文本藏文出版：① 青海，1985；② 西藏，1998、2001；③ 桑珠本，2009。

8. 著作者、搜集者与搜集地：

（1）著作者：班丹（ དཔལ་ལྡན། 1940 出生，昌都江达县艺人）

（2）搜集者：洛丹

（3）搜集地：江达

（4）搜集时间：1988

9. 其他：

（1）无夹板，无藏文书标，牛皮纸封面题有"来日（即书名《朗日》），94 页"。

（2）此艺人尚著有《天岭绵羊宗》（此部已收入"精选本"）、《征服霍尔黑帐王》《杂日神宗》《觉如王利益门国百姓》《征服北方突厥国》《征服魔国寄魂牛》《征服察瓦戎之妖魔盗贼》《征服汉地商人》《征服乾达婆国之起尸鬼》《利益泥婆罗国之百姓》《利益达国之百姓》《征服阿扎国王子南拉赤嘎》等部，已由四川民族出版社于 1999—2000 年以《天岭绵羊宗》《杂日神宗》《觉如的故事》三册书名出版。

51 《日努丝绸宗》

1. 藏文全题名：

རི་ནུབ་དར་རྫོང་།

2. 拉丁转写：

Ri nub dar rdzong

3. 汉译名：

《日努丝绸宗》或《日努达宗》《日努》。

4. 故事内容提要：

日努森格杰布的母亲名为达拥杰姆，是一个令人心生恐惧的女魔，达拥杰姆的一个乳房挎在肩头，一个乳头拖在地上，她头生铜角，铜角上闪着火花，上身长达十八男人弓，下身长达十八女人弓，伸脚可达上方印度地方，伸手可及下方汉族地方。

大梵认定现在已是降伏女魔达拥杰姆的时候，传授记给王子扎拉泽杰。接到授记后，扎拉泽杰召集各地军队前往日努。

在激战之中，日努杜图赞杰被扎拉泽杰杀死，杜堆纳布被申达阿董杀死，日努森格杰布被岭国格萨尔王射中头部，脑血四溅，当即毙命。

女魔达拥杰姆被格萨尔王制伏，收为好友，她立下重誓，生生世世不再作恶，要积德行善，信奉佛法。

格萨尔王及岭国众勇士降伏了日努丝绸宗，获取色彩与质地各不相同的千万匹丝绸。

5. 版本描述（字体、抄本、刻本风格、版心大小、材质）：

藏文柏篯体，古旧藏纸，每页 7 行，41cm×7cm，长条手抄本，原件。

6. 保存处及编号：

（1）原件保存处：西藏社会科学院《格》中心。

（2）西藏社会科学院《格》中心编号：无。

7. 版本说明（页码标记、残缺污浊页、翻译、出版）：

（1）总页码：297 页。

（2）藏文封面标题清晰、内容完整、抄写字体工整清楚，手指翻页磨损。存 1 卷。

（3）藏文标题前有"伏藏文献符号"，书名处有收藏者之黄蓝色边框装饰，有"昌都地区文化广播电视局文化科"印章。

（4）未翻译。

（5）异文本藏文出版：①青海，1985；②不丹（《百热》合编），1981。

8. 著作者、搜集者与搜集地：

（1）著作者：未知

（2）搜集者：洛丹、旺秋

（3）搜集地：昌都

（4）搜集时间：1984

9. 其他：

（1）有蓝色小碎花布包裹。

52 《日努丝绸宗》

1. 藏文全题名：

རི་ནུབ་དར་རྫོང་།

2. 拉丁转写：

Ri nub dar rdzong

3. 汉译名：

《日努丝绸宗》或《日努达宗》《日努》。

4. 故事内容提要：

日努森格杰布的母亲名为达拥杰姆，是一个令人心生恐惧的女魔，达拥杰姆的一个乳房挎在肩头，一个乳头拖在地上，她头生铜角，铜角上闪着火花，上身长达十八男人弓，下身长达十八女人弓，伸脚可达上方印度地方，伸手可及下方汉族地方。

大梵认定现在已是降伏女魔达拥杰姆的时候，传授记给王子扎拉泽杰。接到授记后，扎拉泽杰召集各地军队前往日努。

在激战之中，日努杜图赞杰被扎拉泽杰杀死，杜堆纳布被申达阿董杀死，日努森格杰布被岭国格萨尔王射中头部，脑血四溅，当即毙命。

女魔达拥杰姆被格萨尔王制伏，收为好友，她立下重誓，生生世世不再作恶，要积德行善，信奉佛法。

格萨尔王及岭国众勇士降伏了日努丝绸宗，获取色彩与质地各不相同的千万匹丝绸。

5. 版本描述（字体、抄本、刻本风格、版心大小、材质）：

藏文柏簇体，古旧藏纸，每页 7 行，32.2cm×7cm，长条手抄本，原件。

6. 保存处及编号：

（1）原件保存处：西藏社会科学院《格》中心。

（2）西藏社会科学院《格》中心编号：无。

7. 版本说明（页码标记、残缺污浊页、翻译、出版）：

（1）总页码：5263 页。

（2）无藏文封面书名、内容不完整、抄写字体工整清楚，手指翻页磨损。存 1 卷。

（3）根据第 264 叶结尾处"征服日努"字样所做判断。每页首行有伏藏文符号。

（4）未翻译。

（5）异文本藏文出版：①青海，1985；②不丹（《百热》合编），1981。

8. 著作者、搜集者与搜集地：

（1）著作者：未知

（2）搜集者：洛丹、旺秋

（3）搜集地：昌都

（4）搜集时间：1984

9. 其他：

（1）有黄布包裹，无藏文长条书标。

53 《日努丝绸宗》

1. 藏文全题名：

རི་ནུབ་དར་རྫོང་།

2. 拉丁转写：

Ri nub dar rdzong

3. 汉译名：

《日努丝绸宗》或《日努达宗》《日努》。

4. 故事内容提要：

日努森格杰布的母亲名为达拥杰姆，是一个令人心生恐惧的女魔，达拥杰姆的一个乳房挎在肩头，一个乳头拖在地上，她头生铜角，铜角上闪着火花，上身长达十八男人弓，下身长达十八女人弓，伸脚可达上方印度地方，伸手可及下方汉族地方。

大梵认定现在已是降伏女魔达拥杰姆的时候，传授记给王子扎拉泽杰。接到授记后，扎拉泽杰召集各地军队前往日努。

在激战之中，日努杜图赞杰被扎拉泽杰杀死，杜堆纳布被申达阿董杀死，日努森格杰布被岭国格萨尔王射中头部，脑血四溅，当即毙命。

女魔达拥杰姆被格萨尔王制伏，收为好友，她立下重誓，生生世世不再作恶，要积德行善，信奉佛法。

格萨尔王及岭国众勇士降伏了日努丝绸宗，获取色彩与质地各不相同的千万匹丝绸。

5. 版本描述（字体、抄本、刻本风格、版心大小、材质）：

藏文柏簇体，古旧藏纸，每页 7 行，41cm×7cm，长条手抄本，原件。

6. 保存处及编号：

（1）原件保存处：西藏社会科学院《格》中心。

（2）西藏社会科学院《格》中心编号：无。

7. 版本说明（页码标记、残缺污浊页、翻译、出版）：

（1）总页码：5245 页。

（2）无藏文封面标题、内容不完整、抄写字体工整优美，手指翻页磨损。存 1 卷。

（3）未翻译。

（4）异文本藏文出版：① 青海，1985；② 不丹（《百热》合编），1981。

8. 著作者、搜集者与搜集地：

（1）著作（抄写）：未知

（2）搜集者：洛丹、旺秋

（3）搜集地：昌都

（4）搜集时间：1984

9. 其他：

（1）有黄布包裹，无藏文长条书标。

54 《日努丝绸宗》

1. 藏文全题名：

 རི་ནུབ་དར་རྫོང་།

2. 拉丁转写：

Ri nub dar rdzong

3. 汉译名：

《日努丝绸宗》或《日努达宗》《日努》。

4. 故事内容提要：

日努森格杰布的母亲名为达拥杰姆，是一个令人心生恐惧的女魔，达拥杰姆的一个乳房拷在肩头，一个乳头拖在地上，她头生铜角，铜角上闪着火花，上身长达十八男人弓，下身长达十八女人弓，伸脚可达上方印度地方，伸手可及下方汉族地方。

大梵认定现在已是降伏女魔达拥杰姆的时候，传授记给王子扎拉泽杰。接到授记后，扎拉泽杰召集各地军队前往日努。

在激战之中，日努杜图赞杰被扎拉泽杰杀死，杜堆纳布被申达阿董杀死，日努森格杰布被岭国格萨尔王射中头部，脑血四溅，当即毙命。

女魔达拥杰姆被格萨尔王制伏，收为好友，她立下重誓，生生世世不再作恶，要积德行善，信奉佛法。

格萨尔王及岭国众勇士降伏了日努丝绸宗，获取色彩与质地各不相同的千万匹丝绸。

5. 版本描述（字体、抄本、刻本风格、版心大小、材质）：

藏文柏簇体，古旧藏纸与牛皮纸，每页 6 行（长），7 行（短），45cm×6.5cm
（长），32.2cm×6.5cm（短），长条手抄本，原件。

6. 保存处及编号：

（1）原件保存处：西藏社会科学院《格》中心。

（2）西藏社会科学院《格》中心编号：第 63 号。

7. 版本说明（页码标记、残缺污浊页、翻译、出版）：

（1）总页码：107 142（长），9 81（短）页。

（2）无藏文封面、内容不完整、抄写字体工整清楚，手指翻页磨损。存
1 卷。

（3）有大小两种，灰白布包，上书："昌都收，1989.6，750 页"。另有
牛皮纸包装。藏文书写："交与昌都文化科　土呷"。

（4）未翻译。

（5）异文本藏文出版：① 青海，1985；② 不丹（《百热》合编），1981。

8. 著作者、搜集者与搜集地：

（1）著作者：未知

（2）搜集者：洛丹、旺秋

（3）搜集地：昌都

（4）搜集时间：1984

9. 其他：

（1）有大小两种抄写页面，有灰白布包裹，无藏文书标。

55 《底葛尔佛法宗》（上册）

1. 藏文全题名：

འཛམ་གླིང་ཡོངས་སྐྱི་རྒྱལ་པོ་སྐུ་བརྗེ་སེང་ཆེན་གྱིས་མཐའ་གྲུའི་དབང་བསྒྱུར་མུ་སྟེགས་ཏི་ཀར་རྒྱལ་པོ་བཏུལ་ནས་རིན་ཆེན་འདོད་དགུའི་གཡང་
ནོར་འཕབས་ཚུལ་སྐལ་ངན་མུན་འཛོམས་བདེ་སྐྱིད་རྫོགས་ལྡན་ཉི་འོད་རབ་གསལ་ཟླ་འོད་ངོ་མཚར་ཀུན་དགའི་མིག་ཞེས་བྱ་བ་བཞུགས་སོ།

2. 拉丁转写：

'dzam gling yongs skyi rgyal po sku brje sing chen gyis mtha' gru'i dbang
bsgyur mu stegs ti kar rgyal po btul nas rin chen 'dod dgu'i g.yang nor phabs
tshul skal ngan mun 'dzoms bde skyid rdzogs ldan nyi 'od rab gsal zla 'od ngo
mtshar kun dga'i mig zhes bya ba bzhugs so

3. 汉译名：

《底葛尔佛法宗》，或《底葛尔》《地葛尔》《地葛尔珍珠宗》。

4. 故事内容提要：

北方有一处名为酿昂格巴嘉仁的地方，这里居住着一个食人肉、饮人

血，被称为门玛尼沃迦的部落，国王名叫底嘎垂吉杰布，他属下有食肉女妖的七个儿子担当重臣，他们利用自己所掌握的神变之术危害四方生灵。

阿尼贡曼嘉姆给岭国降下授记，要他们去降伏外道门玛尼沃迦部落。岭国军队接受授记后，立即进军外道之地，两国之间发生战争，门玛尼沃迦人精通神变之术，十分难以对付，双方交战长达数年之久。

5. 版本描述（字体、抄本、刻本风格、版心大小、材质）：

藏文柏簇体，新藏纸，每页 7 行，28cm×8.8cm（大），21cm×7cm（小），原件自写本。

6. 保存处及编号：

（1）原件保存处：西藏社会科学院《格》中心。

（2）西藏社会科学院《格》中心编号：第 10 号。

7. 版本说明（页码标记、残缺污浊页、翻译、出版）：

（1）总页码：581 页。

（2）藏文封面标题清晰、内容完整、抄写字体工整清楚。夹板封面贴有藏文书写 ཏི་དཀར་རྣམ། （一）（《底葛尔》上一）与汉文《底嘎》上册纸片。存 1 卷。

（3）未翻译。

（4）异文本藏文出版：① 西藏，1987，1989；② 精选本，2013。

8. 著作者、搜集者与搜集地：

（1）著作者：卡擦扎巴·阿旺嘉措

（2）搜集者：邮寄

（3）搜集地：类乌齐

（4）搜集时间：1987?

9. 其他：

（1）有橙色木夹板，有黄色藏文布条书标。

56 《底葛尔佛法宗》（中册）

1. 藏文全题名：

ཏི་དཀར་བར་ཆ།

2. 拉丁转写：

Ti dkar, bar cha

3. 汉译名：

《底葛尔佛法宗》，或《底葛尔》《地葛尔》《地葛尔珍珠宗》。

4. 故事内容提要：

　　阿尼贡曼嘉姆给岭国降下授记，要他们去降伏无道门玛尼沃迦部落。岭国军队接受授记后，立即进军外道之地，两国之间发生战争，门玛尼沃迦人精通神变之术，十分难以对付，双方交战长达数年之久。

　　擅长神变之术的妖魔七兄弟杀死不少岭国勇士，还将一些勇士活捉后，将他们变为畸形生灵活活受罪。晁同心生悲悯，使用神变之术将这些被变为非人非畜的勇士转变为人。岭国勇士贡巴达雅也精通神变之术，他降下利器冰雹，用雷击死妖魔七兄弟中的三名，但对其他四个妖魔却无法应对，他们依旧用法术残杀着岭国军士。

5. 版本描述（字体、抄本、刻本风格、版心大小、材质）：

　　藏文柏簇体，新藏纸，每页 7 行，21cm×7cm，原件自写本。

6. 保存处及编号：

　　（1）原件保存处：西藏社会科学院《格》中心。

　　（2）西藏社会科学院《格》中心编号：无。

7. 版本说明（页码标记、残缺污浊页、翻译、出版）：

　　（1）总页码：332582 页。

　　（2）无藏文封面标题、内容完整、抄写字体工整优美。夹板封面贴有藏文书写 ཏི་དཀར་སྨད (二)（《底葛尔》上二）存 1 卷。已出版。

　　（3）未翻译。

　　（4）异文本藏文出版：① 西藏，1987，1989；② 精选本，2013。

8. 著作者、搜集者与搜集地：

　　（1）著作者：卡擦扎巴·阿旺嘉措

　　（2）搜集者：邮寄

　　（3）搜集地：类乌齐

　　（4）搜集时间：1987？

9. 其他：

　　（1）有橙色木夹板，有黄色藏文布条书标。

57 《底葛尔佛法宗》（下册）

1. 藏文全题名：

ཀློ་ཉིག་ཏི་དཀར་བཏུལ་བའི་གཡུལ་འགྱེད་ཀྱི་སྨད་ལེའུ་དངོ་པོ་བསྒྲུབ་པའི་སྙིང་ཐིག་དྲི་བྲལ་གསང་བའི་མེ་ལོང་བཞུགས་སོ

2. 拉丁转写：

Mu tig Ti dkar btul ba'i g.yul 'gyed gyi smad le'u dngo po bsgrub pa'i snying thig dri bral gsang ba'i me long bzhugs so

3. 汉译名：

《底葛尔佛法宗》，或《底葛尔》《地葛尔》《地葛尔珍珠宗》。

4. 故事内容提要：

就在这关键时刻，格萨尔王心生一计，在眉宇间展示神、龙、念三种境界，在手心展示十八层地狱及三千世界的情景，使得妖魔四兄弟顿生敬仰之心，立即遁入佛门，在降伏外道底纳和底玛之时，他们做出了重大贡献。格萨尔王降伏底葛神变王，获得各种伏藏宝物。阿尼贡曼嘉姆给岭国降下授记，要他们去降伏无道门玛尼沃迦部落。岭国军队接受授记后，立即进军外道之地，两国之间发生战争，门玛尼沃迦人精通神变之术，十分难以对付，双方交战长达数年之久。

5. 版本描述（字体、抄本、刻本风格、版心大小、材质）：

藏文柏篌体，新藏纸，每页 6 行，34cm×7cm 体，原件自写本。

6. 保存处及编号：

（1）原件保存处：西藏社会科学院《格》中心。

（2）西藏社会科学院《格》中心编号：无。

7. 版本说明（页码标记、残缺污浊页、翻译、出版）：

（1）总页码：379 页。

（2）藏文封面标题清晰、内容完整、抄写字体工整优美。已出版。整理者编页。存 1 卷。

（3）未翻译。

（4）异文本藏文出版：① 西藏，1987，1989；② 精选本，2013。

8. 著作者、搜集者与搜集地：

（1）著作者：卡擦扎巴·阿旺嘉措

（2）搜集者：邮寄

（3）搜集地：类乌齐

（4）搜集时间：1987？

9. 其他：

（1）有油渍白木夹板，有黄色藏文布条书标。

58 《底葛尔佛法宗》（上册之一）

1. 藏文全题名：

འཛིན་སྐྱོང་ཡོངས་སུ་རྒྱལ་པོ་བརྗེ་སེང་ཆེན་གྱི་མཛད་པའི་དབང་བསྐུར་སྩ་ཕྲེང་ཏེ་གར་རྒྱལ་པོ་བཏུལ་ནས་རིན་ཆེན་འདོད་དགུའི་ཡང་ནོ

ར་ཕབས་རྒྱལ་སྲས་ནང་སྩན་འཚོམས་བའི་སྐྱིད་ཆོག་སྙན་ཉེ་ཕོ་རབ་གསལ་ཟླ་འོད་ཌོ་མཆར་གུན་དགའི་མིག་ཞེས་བུ་བ་བཞུགས་སོ

2. 拉丁转写：

'dzam gling yongs skyi rgyal po sku brje sing chen gyis mtha' gru'i dbang bsgyur mu stegs ti kar rgyal po btul nas rin chen 'dod dgu'i g.yang nor phabs tshul skal ngan mun 'dzoms bde skyid rdzogs ldan nyi 'od rab gsal zla 'od ngo mtshar kun dga'i mig zhes bya ba bzhugs so

3. 汉译名：

《底葛尔佛法宗》，或《底葛尔》《地葛尔》《地葛尔珍珠宗》。

4. 故事内容提要：

北方有一处名为酿昂格巴嘉仁的地方，这里居住着一个食人肉、饮人血，被称为门玛尼沃迦的部落，国王名叫底嘎垂吉杰布，他属下有食肉女妖的七个儿子担当重臣，他们利用自己所掌握的神变之术危害四方生灵。

阿尼贡曼嘉姆给岭国降下授记，要他们去降伏外道门玛尼沃迦部落。岭国军队接受授记后，立即进军外道之地，两国之间发生战争，门玛尼沃迦人精通神变之术，十分难以对付，双方交战长达数年之久。

5. 版本描述（字体、抄本、刻本风格、版心大小、材质）：

藏文柏簇体，新藏纸，每页 7 行，30cm×9cm，原件自写本。

6. 保存处及编号：

（1）原件保存处：西藏社会科学院《格》中心。

（2）西藏社会科学院《格》中心编号：无。

7. 版本说明（页码标记、残缺污浊页、翻译、出版）：

（1）总页码：232 页。

（2）藏文封面标题清晰、内容完整、抄写字体工整优美。存 1 卷。已出版。

（3）未翻译。

（4）异文本藏文出版：① 西藏，1987，1989；② 精选本，2013。

8. 著作者、搜集者与搜集地：

（1）著作者：卡擦扎巴·阿旺嘉措

（2）搜集者：洛东、次多、年新

（3）搜集地：类乌齐

（4）搜集时间：1981

（5）复印时间：1981

9. 其他：

（1）有白木夹板，有藏文纸质书标：ཇེ་དཀར་སྐུ་ཆ་བོད་དང་པོ་གཤིན།

59 《降伏边地魔宗》

1. 藏文全题名：

སེང་ཆེན་ཡིད་བཞིན་ནོར་བུའི་རྣམ་ཐར་མཐའ་སྡུད་འཛམ་གླིང་སྐྱེ་འགྲོའི་ཕན་ཡོན་དགོས་འདོད་ནོར་བུའི་བང་མཛོད་ངོ་མཚར་མུ་ཏིག་ཕྲེང་བ་

ར་ཞེས་བྱ་བ་བཞུགས་སོ།

2. 拉丁转写：

Seng chen yid bzhin nor bu'i rnam thar Mtha' sdud 'dzam gling skye 'gro'i
phan yon dgos 'dod nor bu'i bang mdzod ngo mtshar mu tig phreng pa zhes bya
ba bzhugs so.

3. 汉译名：

《降伏边地魔宗》，或《塔堆》。

4. 故事内容提要：

格萨尔大王征服北方、霍尔、姜国、门国四大魔王和一切大大小小的
妖魔国家后，天神降下预言，到了最后收服边境各种妖魔、救护 43 地百姓
的时刻。

格萨尔大王带领晁同、扎拉孜嘉、丹玛、噶德、尼奔和巴拉六位大臣，
前往南方门地杂日神山的莲花岗，收服了各种妖魔。然后去谒见莲花生大
师以及吉祥铜色山的众神。格萨尔大王及其大臣们按照预言，在地方神、
天女等各界神祇的邀请下前往上至阿里古格、中至卫藏四茹和北方强盗山
峦的藏族地区以及藏地边疆的白波地区、巴日山、珠穆朗玛山、金香冬青
湖、金山乐湖和外国边疆等地，运用神通力量，修习大橛成就法以及变化
成凶暴的金刚手菩萨或者慈祥的释迦牟尼大佛，降伏了藏王时代破坏佛法
的各种妖魔、长手魔王、独脚罗刹女、青蛙妖魔等。格萨尔大王或彻底摧
毁妖魔魔城；或将妖魔永远压服于山岩之下，令其发誓信奉佛法，维护和
平，护卫当地百姓；或将其彻底解脱、送上西天。

最后，大神白梵天王降下预言，天界工匠神岗庆措嘉给予洗礼加持，
格萨尔大王征服了给人间和龙界带来疾病灾难的罗睺罗曜，使人间和龙界
过上幸福平安生活。然后，天界工匠神岗庆措嘉赐予祝福，格萨尔大王及
大臣受邀前往天界、念界和龙界享用盛宴，得到了无数珍宝，将这些珍宝
埋藏于各地。于是，世间处处升起了吉祥的太阳。

5. 版本描述（字体、抄本、刻本风格、版心大小、材质）：

藏文柏簇体，牛皮纸，每页 6 行，30cm×7cm，原件自写本。

6. 保存处及编号：

（1）原件保存处：西藏社会科学院《格》中心。

（2）西藏社会科学院《格》中心编号：无。

7. 版本说明（页码标记、残缺污浊页、翻译、出版）：

（1）总页码：330 页。

（2）藏文封面标题清晰、内容完整、抄写字体工整优美。存 1 卷。已出版。

（3）未翻译。

（4）异文本藏文出版：① 优秀艺人本（卡擦扎巴），中国藏学，2012。

8. 著作者、搜集者与搜集地：

（1）著作者：卡擦扎巴·阿旺嘉措

（2）搜集者：索朗格列

（3）搜集地：类乌齐

（4）搜集时间：1993

9. 其他：

（1）有黄布包裹，有白色布条藏文书标。

60 《降伏东魔夏瓦如扎》

1. 藏文全题名：

ཤར་གླིང་རྣམ་ཐར་བསམ་དོན་ལྷུན་གྲུབ་བཞུགས་སོ།

2. 拉丁转写：

Shar gling rnam thar bsam don lhun grub bzhugs so

3. 汉译名：

《降伏东魔夏瓦如扎》，或《东岭传》《东魔长角鹿》《降伏东妖鹿角如扎》《东魔鹿角如扎》。

4. 故事内容提要：

格萨尔降伏玛燮扎宗之后，闭关修行。天界的姑母托梦告诉他，在岭国、霍尔和北方魔国三国交界之处，有一个叫东魔长角鹿的女魔，12 个魔王的魂魄寄托在她身上，假若 3 年之内不能降伏她，那么，北方鲁赞、霍尔白帐王、姜国萨当、孟域辛赤等 12 大魔王就会有铁铸的生命，无论谁也无法战胜他们。

格萨尔立即停止闭关修行，召集岭国六部落的 1 万精兵，进攻女魔东魔长角鹿。女魔和魔臣哈罗梅巴率领妖魔鬼怪与岭军多次进行激烈交战，最终哈罗梅巴被射死，女魔企图逃亡时被格萨尔发现，将她活捉，然后将她和哈罗梅巴埋在一座巨大的宝塔之下，让他们永世得不到解脱。女魔部属也全都被降伏，守护宝库的异教徒大修行者哈如纳布和迪巴然扎等 4 人被杀，所有财宝都运到了岭国。

此战耗时一年，妖魔的寄魂物全部被摧毁，将魔道盛行的地方变为佛法昌盛的地方，格萨尔王委托智巴布伊查弥和贾察仁巴意珍做魔地的首领，并让岭国勇士东珠和索朗坚赞率领色巴部落的 200 精兵驻守魔地，其余岭军班师回国。

5. 版本描述（字体、抄本、刻本风格、版心大小、材质）：

藏文柏簌体，古旧藏纸，每页 6 行，32cm×6cm 体，长条手抄本，原件。

6. 保存处及编号：

（1）原件保存处：西藏社会科学院《格》中心。

（2）西藏社会科学院《格》中心编号：无。

7. 版本说明（页码标记、残缺污浊页、翻译、出版）：

（1）总页码：159 页。

（2）藏文封面标题清晰、内容完整、抄写字体工整优美。手指翻页磨损。存 1 卷。

（3）未翻译。

（4）异文本藏文出版：① 桑珠本，2003。

8. 著作者、搜集者与搜集地：

（1）著作者：未知

（2）搜集者：洛丹

（3）搜集地：昌都

（4）搜集时间：1986 年年底

9. 其他：

（1）有黄色布包裹。

61 《中华铠甲宗》

1. 藏文全题名：

ལྕགས་ནག་ཁྲབ་རྫོང་།

2. 拉丁转写：

Lcags nag khrab rdzong

3. 汉译名：

《中华铠甲宗》，或《嘉纳铠甲宗》。

4. 故事内容提要：

格萨尔受莲花生大师预言，征服了阿扎玛瑙宗、歇日珊瑚宗、迦湿弥罗绿松石宗以及雪山水晶宗等之后，取得了这些国家的各种宝石福运。之后，雪山国附近有一个加纳国，此国国王信仰外道，依仗四位杜赞、鲁赞、达赞、珠赞魔臣，横行霸道，欺凌周围小国。格萨尔得到天神预言，到了征服此魔国，获取其国铠甲福运的时机。于是格萨尔带领岭国及附属国之扎拉、丹玛、巴拉、玉拉等大将及大军，前往攻打加纳国，消灭了四员魔将，降伏了加纳国王，获得了铠甲福运，使该国变成了佛法国都，民众过上了幸福生活。

5. 版本描述（字体、抄本、刻本风格、版心大小、材质）：

藏文柏簇体，旧黄色藏纸，每页 6 行，36cm×7cm，长条手抄本，原件。

6. 保存处及编号：

（1）原件保存处：西藏社会科学院《格》中心。

（2）西藏社会科学院《格》中心编号：第 35 号。

7. 版本说明（页码标记、残缺污浊页、翻译、出版）：

（1）总页码：4—182 页。

（2）无藏文封面、内容不完整、抄写字体工整优美。手指翻页磨损。存1 卷。

（3）页面残损，附有收集者手记"由昌都县嘎玛区嘎玛江村处购买……1983 年 8 月"等字样（藏文）。

（3）未翻译。

（4）异文本藏文出版：未出版。

8. 著作者、搜集者与搜集地：

（1）著作者：未知

（2）搜集者：洛丹、旺秋

（3）搜集地：昌都

（4）搜集时间：1984

（5）复印时间：1984

9. 其他：

（1）有花布包裹：包裹上贴有"嘉那铠甲宗，35 号"藏文纸片。

（2）有黄色布条藏文书标。

62 《格萨尔大王密传》

1. 藏文全题名：

སྐྱེས་མཆོག་གེ་སར་རྒྱལ་པོའི་ཕྱི་ནག་གསང་གསུམ་གྱི་རྣམ་ཐར་ཡང་སྙིང་གསེར་ཞུན་མ་ཡོན་ཏན་ནོར་བུའི་མཛོད་བཞུགས་སོ།

2. 拉丁转写：

skyes mchog ge sar rgyal po'i phyi nag gsang gsum gyi rnam thar yang snying gser gyi zhun ma yon tan nor bu'i mdzod bzhugs so

3. 汉译名：

《格萨尔大王密传》，或《格萨尔密传》《格萨尔大王内外密三种传记》《格萨尔大王三时传》。

4. 故事内容提要：

格萨尔降伏了四方四魔和十八大宗以及诸多小宗后，集中岭国、魔国、霍尔国、门国、姜国、大食、粟特、白惹、突厥、米努、阿扎、斯钦、地嘎、阿赛、汉地等众多国家的部将和百姓七千多人，宣讲了自己一生征战的历史和佛法事宜，令人们增进了信心，感到了喜悦。

5. 版本描述（字体、抄本、刻本风格、版心大小、材质）：

藏文柏簇体，新纸，每页 5 行，27cm×6cm，长条手抄本（似为复印件）。

6. 保存处及编号：

（1）原件保存处：西藏社会科学院《格》中心。

（2）西藏社会科学院《格》中心编号：无。

7. 版本说明（页码标记、残缺污浊页、翻译、出版）：

（1）总页码：76 叶。

（2）藏文封面标题清晰、内容完整、抄写字体工整优美。存 1 卷。

（3）未翻译。

（4）异文本藏文出版：① 西藏，1989。

8. 著作者、搜集者与搜集地：

（1）著作者：未知

（2）搜集者：西藏《格》办

（3）搜集地：昌都

（4）搜集时间：1982

9. 其他：

（1）有花布包裹：包裹上贴有汉文"格萨尔内外密传"纸片，有黄色长条藏文书标。

63 《地狱救母》

1. 藏文全题名：

གེ་སར་སྐྱེས་བུའི་རྣམ་ཐར་ལས་མ་འགོག་མོ་དམྱལ་བར་ལྟུང་བ་འདྲེན་པའི་ལོ་རྒྱུས་ནོར་བུའི་འཕྲེང་བ་རང་གྲོལ།

2. 拉丁转写：

ge sar skyes bu'i rnam thar las ma 'gog mo dmyal bar ltung ba 'dren pa'i lo rgyus bar do'i 'khrul snang rang grol

3. 汉译名：

《地狱救母》，或《地狱大圆满》《岭国地狱大圆满》《娘岭》《地狱元胜大全》。

4. 故事内容提要：

莲花生大师预言格萨尔，印度香河对岸边上有永生金刚杵，要求格萨尔赴该地修行佛法一百天。格萨尔按大师的旨意单枪匹马去那里静修，可是自己的母亲就在这时度完了一生。岭国群臣迎请大喇嘛，为果萨的灵魂升天念经，举办了非常隆重的丧事。

就在果萨去世几天后的某夜，珠姆梦到果萨堕入了地狱。她将此事派人带信告诉了远在印度的格萨尔王。格萨尔闻讯后进入地狱去质问阎王：我母亲向来苦修佛法，上供下施，从不怠慢，为何也掉进地狱？

阎罗法王说：你母亲做的是善业，但因你所杀汉、姜、霍尔、魔等灵魂都进入了地狱。因此给你的母亲带来了灾难，你快去营救吧！听完法王的话，格萨尔就去见母亲。正如法王所言，汉、姜、霍尔、魔等国的人把母亲东拉西扯折磨得皮开肉绽，实在目不忍睹。格萨尔大呼一声打散了人群，救出了慈母。母子相见，悲喜交加。格萨尔将母亲带进能活几亿年的乐土，然后回到了岭国。岭国臣民成千上万前来夹道迎接。格萨尔给大家详述了地狱的苦难，行善之好处，行凶之恶果。从此，岭国臣民更加虔信佛法，修行善业。

5. 版本描述（字体、抄本、刻本风格、版心大小、材质）：
藏文柏簇体，牛皮纸，每页 6 行，45cm×8.8cm，长条手抄本。

6. 保存处及编号：

（1）原件保存处：西藏社会科学院《格》中心。

（2）西藏社会科学院《格》中心编号：无。

7. 版本说明（页码标记、残缺污浊页、翻译、出版）：

（1）总页码：159 叶。

（2）藏文封面标题清晰、内容完整、抄写字体工整优美。存 1 卷。

（3）未翻译。

（4）异文本藏文出版：① 四川，1986；② 精选本，2013；③ 印度（纽托加），1973；④ 印度（《迦湿弥罗绿松石宗》合编，德里），1971；⑤ 印度（噶岭堡），1979；⑥ 不丹，1984。

8. 著作者、搜集者与搜集地：

（1）著作者：未知

（2）搜集者：洛丹

（3）搜集地：昌都

（4）搜集时间：1986年年底

9. 其他：

（1）有黄布包裹，有黄色布长条藏文书标。

64 《地狱救母》

1. 藏文全题名：

གླིང་རྗེ་གེ་སར་གྱི་རྣམ་ཐར་དམྱལ་གླིང་རྫོགས་པ་ཆེན་མོ་མཐོང་བ་རང་གྲོལ་ངན་སོང་ཆོས་ཀྱི་བསྐུལ་གླུ་ཞེས་བྱ་བ་བཞུགས་སོ

2. 拉丁转写：

gling rje ge sar gyi rnam thar dmyal gling rdzogs pa chen po mthong ba rang grol ngan song chos kyi bskul glu zhes bya ba bzhugs so

3. 汉译名：

《地狱救母》，或《地狱大圆满》《岭国地狱大圆满》《娘岭》《地狱元胜大全》。

4. 故事内容提要：

莲花生大师预言格萨尔，印度香河对岸边上有永生金刚杵，要求格萨尔赴该地修行佛法一百天。格萨尔按大师的旨意单枪匹马去那里静修，可是自己的母亲就在这时度完了一生。岭国群臣迎请大喇嘛，为果萨的灵魂升天念经，举办了非常隆重的丧事。

就在果萨去世几天后的某夜，珠姆梦到果萨堕入了地狱。她将此事派人带信告诉了远在印度的格萨尔王。格萨尔闻讯后进入地狱去质问阎王：我母亲向来苦修佛法，上供下施，从不怠慢，为何也掉进地狱？

阎罗法王说：你母亲做的是善业，但因你所杀汉、姜、霍尔、魔等灵魂都进入了地狱。因此给你的母亲带来了灾难，你快去营救吧！听完法王的话，格萨尔就去见母亲。正如法王所言，汉、姜、霍尔、魔等国的人把母亲东拉西扯折磨得皮开肉绽，实在目不忍睹。格萨尔大呼一声打散了人群，救出了慈母。母子相见，悲喜交加。格萨尔将母亲带进能活几亿年的乐土，然后回到了岭国。岭国臣民成千上万前来夹道迎接。格萨尔给大家详述了地狱的苦难，行善之好处，行凶之恶果。从此，岭国臣民更加虔信佛法，修行善业。

5. 版本描述（字体、抄本、刻本风格、版心大小、材质）：

藏文乌金体，古旧薄藏纸，每页6行，34cm×7cm，长条木刻本。

6. 保存处及编号：

（1）原件保存处：西藏社会科学院《格》中心。

（2）西藏社会科学院《格》中心编号：无。

7. 版本说明（页码标记、残缺污浊页、翻译、出版）：

（1）总页码：229 叶。

（2）藏文封面残缺、内容完整、字体工整优美。存 1 卷。

（3）有"昌都地区文化广播电视局文化科"印章。购于喇嘛手中，已出版。

（4）未翻译。

（5）异文本藏文出版：① 四川，1986；② 精选本，2013；③ 印度（纽托加），1973；④ 印度（《迦湿弥罗绿松石宗》合编，德里），1971；⑤ 印度（噶岭堡），1979；⑥ 不丹，1984。

8. 著作者、搜集者与搜集地：

（1）著作者：未知

（2）搜集者：洛丹

（3）搜集地：江达

（4）搜集时间：1986

9. 其他：

（1）有黄布包裹，有黄色长条藏文书标。

65　《地狱救母》

1. 藏文全题名：

ༀ། །རྒྱལ་མཆོག་ཡིད་བཞིན་ནོར་བུ་གླིང་རྗེ་གེ་སར་གྱི་རྣམ་ཐར་དམྱལ་གླིང་རྫོགས་པ་ཆེན་པོ་མཐོང་བ་རང་གྲོལ་ངན་སོང་ཆོས་ཀྱི་བསྐུལ་གླུ་ཞེས་བྱ་བ་བཞུགས་སོ།

2. 拉丁转写：

Rgyal mchog yid bzhin nor bu gling rje ge sar gyi rnam thar dmyal gling rdzogs pa chen po mthong ba rang grol ngan song chos kyi bskul glu zhes bya ba bzhugs so

3. 汉译名：

《地狱救母》，或《地狱大圆满》《岭国地狱大圆满》《娘岭》《地狱元胜大全》。

4. 故事内容提要：

莲花生大师预言格萨尔，印度香河对岸边上有永生金刚杵，要求格萨尔赴该地修行佛法一百天。格萨尔按大师的旨意单枪匹马去那里静修，可是自己的母亲就在这时度完了一生。岭国群臣迎请大喇嘛，为果萨的灵魂升天念经，举办了非常隆重的丧事。

就在果萨去世几天后的某夜，珠姆梦到果萨堕入了地狱。她将此事派人带信告诉了远在印度的格萨尔王。格萨尔闻讯后进入地狱去质问阎王：

我母亲向来苦修佛法，上供下施，从不怠慢，为何也掉进地狱？

阎罗法王说：你母亲做的是善业，但因你所杀汉、姜、霍尔、魔等灵魂都进入了地狱。因此给你的母亲带来了灾难，你快去营救吧！听完法王的话，格萨尔就去见母亲。正如法王所言，汉、姜、霍尔、魔等国的人把母亲东拉西扯折磨得皮开肉绽，实在目不忍睹。格萨尔大呼一声打散了人群，救出了慈母。母子相见，悲喜交加。格萨尔将母亲带进能活几亿年的乐土，然后回到了岭国。岭国臣民成千上万前来夹道迎接。格萨尔给大家详述了地狱的苦难，行善之好处，行凶之恶果。从此，岭国臣民更加虔信佛法，修行善业。

5. 版本描述（字体、抄本、刻本风格、版心大小、材质）：

藏文柏篯体，淡蓝色藏纸，每页 6 行，36cm×7cm，长条手抄本（似乎为复印件）。

6. 保存处及编号：

（1）原件保存处：西藏社会科学院《格》中心。

（2）西藏社会科学院《格》中心编号：无。

7. 版本说明（页码标记、残缺污浊页、翻译、出版）：

（1）总页码：154 叶。

（2）藏文封面标题清晰、内容完整、字体工整优美。无手指翻页磨损。存 1 卷。

（3）未翻译。

（4）异文本藏文出版：① 四川，1986；② 精选本，2013；③ 印度（纽托加），1973；④ 印度（《迦湿弥罗绿松石宗》合编，德里），1971；⑤ 印度（噶岭堡），1979；⑥ 不丹，1984。

8. 著作者、搜集者与搜集地：

（1）著作者：未知

（2）搜集者：索朗格列

（3）搜集地：昌都

（4）搜集时间：1992

9. 其他：

（1）有花布包裹，有黄色长条藏文书标。

#66 《梅岭玛瑙宗》

1. 藏文题名：

གླིང་གི་སེར་རྒྱལ་པོའི་རྣམ་ཐར་ལས་བྱུང་ཟིང་མེ་གླིང་ག་ག་ཁྱུང་གི་ག་ཟེ་རྫོང་པ་པོ་དང་པོའི་ལེའུ་འཇུག་ཀུན་ཁྱབ་སྣ་ཚོགས་པ་ར་རྒྱ་ཞེས་བ

བ་བཞུགས་སོ།

2. 拉丁转写：

gling ge sar rgyal po'i rnam thar las byang me gling sha ba g.yu lung gi gzi rdzong phab pa'i dpa'i g.yul 'kun khyab snyan pa'i zhes bya ba bzhugs so

3. 汉译名：

《梅岭玛瑙宗》，或《美岭之战》《梅岭之战》《梅陵之战》。

4. 故事内容提要：

北方的梅岭国老国王原本信仰佛教，但其膝下三子中，长子名朗如赤赞与次子达赤拉堆，笃信外教，心狠手毒；幼子达噶尼玛虽武艺高强，却心地善良，对两位哥哥的恶行时有不满。老国王死后，长子朗如赤赞继承王位，兄弟二人的恶行常常受到幼弟达噶尼玛的劝阻，二人非但不听，反而认为弟弟是有意与他二人为敌，遂下决心要除掉这碍手碍脚的小弟弟。看到这种情形，达噶尼玛内心感到十分痛苦，动身前往岭地，投靠格萨尔。

梅岭国国王朗如赤赞有战将 90 人，勇士 70 人，属民 43 万户，更有那无敌英雄嘉拉兄弟三人辅佐他。朗如王因此日益骄横。格萨尔得到天母预言进攻梅岭国。

一个月后，达噶尼玛装扮成一个乞丐，来到了岭地。各国各部人马到齐，雄狮大王的宝帐内，设有日月相对的金座，格萨尔大王和王子扎拉已经坐定。格萨尔亲见达噶的箭术比丹玛的还要厉害，大喜，立即封达噶尼玛为"古拉箭王"。达噶从此名声大震，丹玛将自己的幼女嫁与箭王为妻，并封他为 310500 户的总长官。

岭国大军来到杂曲惹梅河边，两军展开激战。在格萨尔率领的岭军面前，梅岭军队大败，岭军乘胜追击，包围了梅岭王城。朗如赤赞王觉得胜败尚难确定，执意亲自出城迎战岭军，为朱拉等几位大将报仇。朗如王父子率军猛烈冲杀，岭军伤亡不计其数。经过多次激烈交战，朗如赤赞父子终被降伏。朗如赤赞父子被降伏后，王妃东噶仓央和大臣班玛扎巴率残余兵将和全城百姓烧香扬幡，迎接格萨尔大王入城。在梅岭夏娃玉隆地方，藏有一种比阿扎玛瑙国的玛瑙还要珍贵的玛瑙。格萨尔亲自主持，将梅岭的这些珍宝分给岭国各部和各属国以及梅岭的臣民百姓，整整分了 18 天。分罢珍宝，格萨尔委任大臣古热托杰掌管梅岭国政，然后率军班师回岭。

5. 版本描述（字体、抄本、刻本风格、版面大小、材质）：

藏文柏簇体？藏纸，每页 5—6 行？30cm×9cm？长条手抄本，原件。

6. 保存处及编号：

（1）手抄原件保存处：不知。

7. 版本说明（页码标记、残缺污浊页、翻译、出版）：

（1）总页码：328 页（西藏出版本）。

（2）未翻译。

（4）异文本藏文出版：① 西藏，1982；② 精选本，2013；③ 印度（多兰吉），1983；④ 不丹，1984。

8. 著作者、搜集者与搜集地：

（1）著作者：无

（2）搜集者：唐本次多、洛桑顿旦、年新？

（3）搜集地：昌都

（4）搜集时间：1981？

9. 其他：

（1）根据西藏人民出版社 1982 年出版之《梅岭之战》编制。

#67 《降伏弥药玉泽王》

1. 藏文全题名：

གླིང་རྗེ་གེ་སར་རྒྱལ་པོའི་རྣམ་ཐར་སྲིད་ལེའུ་སྨད་ཆ་སྐོར་མུན་པ་དར་ཞིང་རྒྱལ་ཚུལ་ཤར་བདུད་གདུག་པ་སྤུན་བདུན་དང་གཡུ་རྩེ་རྒྱལ་པོ་བཏུལ་ནས་ཆེ་ནོར་རིན་ཆེན་གཡང་ཀུན་ཕབ་ཚུལ་རྣམ་པར་རྒྱལ་བའི་སྒྱུ་མ་མཚོན་ནོ་ཞེས་བྱ་བ་བཞུགས་སོ།།

2. 拉丁转写：

gling rje ge sar rgyal po'i rnam thar srid le'u smad cha skor mun pa dar zhing rgyal tshul shar bdud gdug pa spun bdun dang g.yu rtse rgyal po btul nas che nor rin chen g.yang kun phab tshul rnam par rgyal ba'i sgyu ma mtshon no(tu mtsh？) shes bya ba bzhugs so.

3. 汉译名：

《降伏弥药玉泽王》，或《征服残暴七兄弟》，或《斗巴本顿》。

4. 故事内容提要：

觉如通过赛马登上岭国王位。晁同心中不服，带上如意宝贝偷偷投奔弥药国王玉泽（果洛的年保玉泽山同名）和东方七魔兄弟，希望通过借助他们的势力夺回岭国王位。晁同带领女魔旺歇玛前来侵犯岭国，不料却被格萨尔征服。天神乃乃南曼变化成旺歇玛返回弥药国，搅乱国王和妖魔的神志，令其发兵进攻岭国。格萨尔早已做好准备，进攻弥药国和魔鬼兄弟，最终降伏了弥药国国王玉泽和其他魔鬼兄弟，振兴了当地佛法。这时，贾察之子扎拉也诞生了，岭国沉浸在一片喜悦祥和的气氛中。

5. 版本描述（字体、抄本、刻本风格、版心大小、材质）：

藏文草体，长条抄本，每页 8 行，36.5cm×10.5cm，复印件，复印于现代纸。

6. 保存处及编号：

（1）原件保存处：西藏《格》办。

7. 版本说明（页码标记、残缺污浊页、翻译、出版）：

（1）总页码：482 叶。

（2）残缺、存 2 卷。

（3）未翻译。

（4）异文本藏文出版：① 西藏，1993。

8. 著作者、搜集者与搜集地：

（1）著作者：未知

（2）搜集者：不知

（3）搜集地：西藏

（4）搜集时间：1986

（5）复印时间：1986

9. 其他：

（1）散佚，根据中国社会科学院民族文学所资料室藏复印件编制。

#68　《亭岭之战》

1. 藏文全题名：

མཐིང་གླིང་གཡུལ་འགྱེད།

2. 拉丁转写：

mthing gling g.yul 'gyed

3. 汉译名：

《亭岭之战》，或《香香药宗》《向象药城》。

4. 故事内容提要：

岭军降服雪山水晶国，返回岭国途中得到天神授记降伏亭国时机成熟。岭军即刻重新调整，由神子扎拉泽嘉做先锋前往降伏亭国。亭国国王达嘎朗杰素来作恶多端，手下勇士众多。其中佼佼者如鲁查崩然、鲁查杜董纳布、鲁查哈拉梅巴、鲁查达玛杜等。虽说对岭国格萨尔王及其属下众勇士的英勇骁战早有听闻，但还是不自量力要与岭国军队交战。战争中，鲁查达玛杜等被查香丹玛所杀、鲁查杜董纳布被嘎德所杀、鲁查哈拉梅巴被森达阿董所杀，见几位骁将均被岭国勇士所杀，亭国军队军心涣散、斗志全消，全军溃败纷纷投降。亭国国王达嘎朗杰见大势已去，最终向岭国格萨尔王投降并承诺今后弃暗投明，不再作恶，真心归顺岭国，虔心向佛施善业。

5. 版本描述（字体、抄本、刻本风格、版心大小、材质）：

藏文草体，长条抄本，每页 8 行？26cm×7.5cm？手抄本原件。

6. 保存处及编号：

（1）原件保存处：不知。

7. 版本说明（页码标记、残缺污浊页、翻译、出版）：

（1）总页码：241 页（西藏出版本）。

（2）异文本汉文翻译：① 王沂暖、何天慧译（《香香药物宗》），甘肃，1989。

（3）异文本藏文出版：① 西藏，1985；② 精选本，2010。

8. 著作者、搜集者与搜集地：

（1）著作者：不知

（2）搜集者：西藏《格》办

（3）搜集地：昌都？

（4）搜集时间：1984？

9. 其他：

（1）根据西藏人民出版社 1985 年出版《亭岭之战》编制。

#69 《苏毗犏牛宗》

1. 藏文全题名：

གླིང་རྗེ་གེ་སར་རྒྱལ་པོའི་རྟོགས་བརྗོད་ལས་སུམ་གླིང་གཡུལ་འགྱེད་དཔའ་བོ་སྙིང་གི་དགའ་སྟོན་མཛོ་གཡང་ཕབས་ཚུལ་བཞུགས་སོ།

2. 拉丁转写：

gling rje ge sar rgyal po'i rtogs brjod las sum gling g.yul 'gyed dpa' bo snying gi dga'ston mdzo g.yang phabs tshul bzhugs so.

3. 汉译名：

《苏毗犏牛宗》，或《松巴犏牛宗》《松岭之战》。

4. 故事内容提要：

松巴国国王松巴贡赞赤杰与王妃朗萨梅朵措生有两位公主，大公主东达威葛已经出嫁。二公主梅朵措姆，年方一十三岁，如花似玉，已有许多国王前来求亲。达绒长官晁同派人求亲不允，骗来女孩。松巴王聚兵讨伐晁同王，松巴军队用计智擒晁同，让他老老实实交出公主。晁同不认，将其关押。

松巴军抢劫岭国色巴部落商队。格萨尔王下令立即征服松巴。格萨尔率领岭国大军，很快到达松巴边境。松巴国王贡赞赤杰下令调集松巴所有的军队，坚决抵抗。岭军与松巴军几经交战，双方都死伤了不少将士，仍然没有分出胜负。

岭国四路人马向松巴王城四门同时发起进攻。松巴王城被岭军攻破，贡赞赤杰王身穿飞鸟翼衣，向空中逃去，逃离王城。格萨尔变化为白须白发的老者，用计将躲在山洞里的松巴王抓获。格萨尔携松巴王共同返回岭军营地，岭国众英雄立即煨桑相迎。雄狮大王带领王子扎拉、尼奔达雅、玉拉托琚、老将丹玛等君臣来到已被扎拉攻破的松巴达察上面的宝马王宫，煨桑祭神，然后打开宝库，获得了犏牛"央"，将它带回岭国，从此雪域藏地有了犏牛，成为藏民生活中不可分离的一个部分。

5. 版本描述（字体、抄本、刻本风格、版心大小、材质）：

藏文柏簇体，长条抄本，每页 6 行？25cm×8cm？原件，藏纸。

6. 保存处及编号：

（1）原件保存处：未知。

7. 版本说明（页码标记、残缺污浊页、翻译、出版）：

（1）总页码：135 页（西藏出版本）。

（2）异文本汉文翻译：张积诚译，西藏，1988。

（3）异文本藏文版：① 西藏，1981；② 扎巴本，民族音像出版社，1982、2013；③ 精选本，2010。

8. 著作者、搜集者与搜集地：

（1）著作者：不知

（2）搜集者：西藏《格》办登真等

（3）搜集地：昌都

（4）搜集时间：1982

9. 其他：

（1）散佚，根据西藏《格》办目录与西藏人民出版社 1981 年出版《松岭之战》编制。

#70 《穆古骡宗》

1. 藏文全题名：

གླིང་རྗེ་སྐྱེས་བུའི་རྣམ་ཐར་རྨུག་ཆུང་དྲེལ་གཡང་རྫོང་འབེབ་སྐོར་ལེའུ་གསུམ་པ་དཔའ་བོ་སྙིང་གི་འཛུམ་རོལ་ཞེས་བྱ་བ་བཞུགས་སོ།

2. 拉丁转写：

Gling rje skyes bu'i rnam thar rmug chung drel g.yang rdzong 'beb skor le'u gsum pa dpa' bo snying gi 'dzum rol zhes by aba bzhugs so.

3. 汉译名：

《穆古骡宗》，或《木琼骡央宗》《穆古骡子宗》。

4. 故事内容提要：

格萨尔大王得到天母南曼噶姆预言，降伏穆古骡子城，降伏魔王，开启宝库，将宝贝骡子"央"带回岭地。于是，命各国急速调集 10 万人马，于吉年吉月的二十八日这一天，在王子扎拉的率领下，几十万大军走了七天，来到德拉查茂滩扎营。辛巴梅乳泽献计派使者去穆古，说岭国几十万大军要到东方嘉地去迎亲，路经此地，想借穆古的城堡休息七天。

尼玛赞杰王愤怒异常，认为岭国是故意挑衅。尼玛赞杰王允英雄章岭扎堆自荐，带 10 万穆古军出城查探虚实。扎拉知道尼玛赞杰王绝不会轻易答应让路，于是双方起了争斗。穆古兵将死伤无数，大将其梅白桑被活捉，岭军得胜回营。穆古骡子宗的君臣听到败阵消息十分吃惊，国王尼玛赞杰将败将森格扎堆和岗察巴瓦发配到边远的日努曼杰荒滩，以示惩罚，并命鲁杰康松锁达、堆杰巧巴腊松、赞杰帕瓦岗纳三员猛将和各路首领，各率本部人马，前去抵挡岭军。大臣们也纷纷为森格扎堆等人求情。森格扎堆和岗察巴瓦二人觉得尼玛赞杰无情，带着手下的两万人马朝到岭营向扎拉王子投诚。

两军相持不下之际，雄狮大王格萨尔骑着江噶佩布飞到了森格劲宗王宫顶上，将宝剑挥去，穆古王的人头离了体。穆古王尼玛赞杰一死，残余将士纷纷投降，开城迎接岭军。王妃协赛卓玛和公主央珍曲措也向格萨尔投降。格萨尔带着晁同和穆古公主央珍曲措来到云隆德扎岩山，一起取穆古骡子宝藏。得到了骡子宝藏，格萨尔命辛巴去达茂宗城将穆古王子其梅接回王宫，并为王子举行登基典礼。公主央珍曲措将带回岭国，配与梅乳泽外甥隆拉觉德。

5. 版本描述（字体、抄本、刻本风格、版心大小、材质）：

藏文柏簇体，长条抄本，每页 8 行，38.3cm×6.6cm，复印件，复印于现代纸。

6. 保存处及编号：

（1）原件保存处：不知。

7. 版本说明（页码标记、残缺污浊页、翻译、出版）：

（1）总页码：662 页（西藏出版本）。

（2）存 1 卷，缺页。有"少数民族文学所藏书"印章。

（3）异文本汉文翻译：① 王沂暖译，甘肃，1988。

（4）异文本藏文出版：① 西藏，1982；② 扎巴本，2008；③ 精选本，2010；④ 印度，（甘托克），1983；⑤ 不丹，1984。

8. 著作者、搜集者与搜集地：

（1）著作者：未知

（2）搜集者：西藏《格》办

（3）搜集地：昌都？

（4）搜集时间：1981？

9. 其他：

（1）散佚，根据西藏人民出版社 1982 年出版《木岭之战》编制。

#71 《嘉尔岭骡子宗》

1. 藏文全题名：

འཛམ་གླིང་གེ་སར་རྒྱལ་པོའི་རྟོགས་བརྗོད་ལས་ཕྱི་གླིང་འཇར་གྱི་རྒྱལ་ཁམས་བཏུལ་བའི་གཡུལ་འགྱེད་དཔའ་བོ་སྙིང་གི་དགའ་སྟོན་ངོ་མཚར་གཏམ་

གྱི་ལེའུ་དང་འབྲེལ་བའི་དྲེལ་རྫོང་དང་གོ་རྫོང་དང་གཙོར་རྒྱུད་པའི་གཡང་གཏེར་གྱི་སྒོ་མོ་ཕྱེས་པའི་གཏམ་ངོ་མཚར་དགོས་འབྱུང་བསམ་འཕེལ་ནོར་བུའི་

མཛོད་ཁང་བཞུགས་སོ།

2. 拉丁转写：

'dzam gling ge sar rgyal po'i rtogs brjod las phyi gling 'jar gyi rgyal khams btul ba'i g.yul 'gyed dpa' bo snying gi dga' ston ngo mtshar gtam gyi le'u dang 'brel ba'i drel rdzong dang go rdzong dang gtsor rgyud pa'i g.yang gter gyi sgo mo phyes pa'i gtam ngo mtshar dgos 'byung bsam 'phel nor bu'i mdzod khang bzhugs so.

3. 汉译名：

《嘉尔岭骡子宗》，或《甲岭之战》《嘉尔岭之战》。

4. 故事内容提要：

嘉尔国位于无边大海的西面，国王名叫朗萨托赞，本性残暴，残害本国百姓，侵扰邻国，他不仅给周边小国横征暴税，还经常无故入侵他国。天界贡曼嘉姆给格萨尔王降下授记，告诉他降伏嘉尔国的时候到了。

格萨尔王率领千军万马进军嘉尔国，历时近六个月到达嘉尔国地界，岭国与嘉尔国开始激烈的战争。嘉尔国大臣贾奔衮嘎勇猛无比，给岭军造成较大伤害。大臣托米觉弥垂协擅长神变之术，他与格萨尔王之间展开了长达三个月的神变之争，最后格萨尔王将他降伏，并收为朋友。大将嘎罗董达嘎钦被嘉查杀死，贾奔衮嘎也被申阿董杀死。

经过多次交锋，嘉尔国战将死的死，伤的伤，降的降，嘉尔国国王朗萨托赞最后臣服于格萨尔王，嘉尔国转信佛法，全国上下幸福和谐。

5. 版本描述（字体、抄本、刻本风格、版心大小、材质）：

藏文草体，长条抄本，每页 6—7 行？36.5cm×10.5cm？原件，藏纸。

6. 保存处及编号：

（1）原件保存处：不知。

7. 版本说明（页码标记、残缺污浊页、翻译、出版）：

（1）总页码：258 叶（藏文出版本 448 页）。

（2）残缺。

（3）未翻译。

（4）异文本藏文出版：① 西藏，1983；② 印度（德里），1965；③ 印度（噶岭堡），1962；精选本，2005。

8. 著作者、搜集者与搜集地：

（1）著作者：菩提萨埵达玛玛德（ བྱང་ཆུབ་སེམས་དཔའ 强秋僧巴曲吉罗哲）

（2）搜集者：唐本次多、洛桑顿旦、年新等

（3）搜集地：西藏昌都

（4）搜集时间：1981

9. 其他：

（1）散佚，根据西藏人民出版社 1983 年出版《甲岭之战》编制。

#72 《恰戎粮食宗》

1. 藏文全题名：

འཛམ་གླིང་གེ་སར་རྒྱལ་པོའི་རྣམ་ཐར་ལས་ལྷོ་ཇ་རོང་སྟོབས་ལྡན་རྒྱལ་པོ་ཆམ་ལ་ཕབ་སྟེ་འབྲུ་རིགས་སྣ་ལྔའི་གཏེར་ཁ་འགྱེད་པའི་རྟོགས་བརྗོད་ལྷོ་
གླིང་སྟག་སེང་ངར་འཐབ་ཀྱི་གཡུལ་འརྒྱེད་དཔའ་བོ་སྙིང་གི་དགའ་སྟོན་ཞེས་བྱ་བ་བཞུགས་སོ

2. 拉丁转写：

'dzam gling ge sar rgyal po'i rnam thar las lho ja rong stobs ldan rgyal po cham la phab ste 'bru rigs sna lnga'i gter kha 'gyed pa'i rtogs brjod lho gling stag seng ngar 'thab kyi g.yul 'rgyed dpa' bo snying gi dga' ston zhes bya ba bzhugs so

3. 汉译名：

《恰戎粮食宗》或《恰容粮宗》《嘉绒粮食宗》《迦绒粮宗》。

4. 故事内容提要：

天界姑母贡曼嘉姆给格萨尔大王降下预言，要他前去降伏南部嘉戎地方魔王、打开粮食宝库。格萨尔大王召开部落大会，派出勇士森达阿董、达潘、葛德曲迥贝纳、晁同等为首的岭国军马前往嘉戎国。岭军经过察瓦嘉姆戎上部，来到南部蛮荒之地，茹恰达海洋的边地嘉戎地方，与嘉戎兵马相遇交战。无敌勇士森达阿董如利镰割草般将达香布巾手下近 40 名士兵顷刻间杀死，并将魔臣托桂赞玛慈诚砍成两半。魔将充琳达规卡玛上阵被达潘长矛刺穿。岭军乘胜追击，葛德曲迥贝纳杀入敌阵，三门大炮齐发，不少魔军丧命。贾察降伏魔王之兄鲁察。

魔王多丹嘉布亲自上阵，岭军刀箭不能伤及魔王体肤。格萨尔大王跃马上前，与魔王相斗，格萨尔王用宝剑砍死魔王坐骑，噶德和贝日杰村两位勇士即刻冲上前从左右死死抱住魔王，魔王突然变为一头野牦牛狂奔，用尖角刺伤贝日杰村。格萨尔大王变身为一头雪山白牦牛，与魔王变身野牦牛对角。十八次角斗，野牦牛落败而逃。魔王幻变人身，企图乘木鸟飞逃，被达绒长官晁同活捉。格萨尔大王降伏魔王，将其灵魂度向极乐世界，立其王子为国君。打开粮食宝库，分赠当地百姓，并宣讲了佛法。

5. 版本描述（字体、抄本、刻本风格、版心大小、材质）：

藏文草体，长条抄本，每页 6—7 行？36.5cm×10.5cm？原件，藏纸。

6. 保存处及编号：

（1）原件保存处：不知。

7. 版本说明（页码标记、残缺污浊页、翻译、出版）：

（1）总页码：493 叶（藏文出版本 522 页）。

（2）未翻译。

（3）异文本藏文出版：① 西藏，1987；② 精选本，2010。

8. 著作者、搜集者与搜集地：

（1）著作者：囊素·罗旦（ནང་སོ་བློ་བཟང་ཀྱི་ཕྲིས།）

（2）搜集者：洛丹

（3）搜集地：西藏昌都

（4）搜集时间：1986

9. 其他：

（1）散佚，根据西藏人民出版社 1987 年出版《恰容粮宗》编制。

（2）此部与桑珠本《年曲木绒粮食宗》（2001）结构相似。

#73 《岸岭之战》

1. 藏文全题名：

འཛམ་གླིང་སེང་ཆེན་ནོར་བུ་དགྲ་འདུལ་གྱི་རྣམ་ཐར་དཔའ་བོ་སྙིང་གི་དགའ་སྟོན་བཞུགས་སོ

2. 拉丁转写：

'dzam gling seng chen nor bu dgra 'dul gyi rnam thar dpa' bo snying gi dga' ston bzhugs so

3. 汉译名：

《岸岭之战》或《昂岭之战》《降伏叶尔羌鲁赞魔王之岸仁国》《诺布扎堆》。

4. 故事内容提要：

莲花生大师为赤松德赞王讲述了未来朗达玛王变成鲁赞妖魔危害西藏之事，赤松德赞王请求莲花生大师护佑藏地众生。于是梵天王之子永努董童听从莲花生大师的旨意，下凡成为格萨尔军王，将降伏七大妖魔：叶尔羌鲁赞魔、霍尔白帐王、姜萨丹王、大食王、粟特王、孟域王、汉地王。梵天王派天界姑母南曼嘉姆给格萨尔大王降下预言，首先要降伏叶尔羌国的鲁赞魔王，他劫走了丹卡惹国的公主梅萨和戎国的向宛，今年是降伏此魔的时刻。

于是，岭国召开部落大会商议出兵之事，然后举行赛马演武盛会，决定先由英雄贾察、丹玛统领军队北伐叶尔羌魔国所属之岸仁国，摧毁岸仁国以后再去降伏叶尔羌国魔王鲁赞。岭军来到岸仁国边境，岸仁国迅速集结军队，由大将米玛带领军队前来与岭军对抗，于是两国之间发生了多次战争。最终在贾察、丹玛、达潘、森达、总管王、晁同、斯潘、噶德一一消灭岸仁国猛将，取得了战争胜利。此时，贾察接到格萨尔大王的信件，带领军队经过卫地拉萨返回岭国休整。

5. 版本描述（字体、抄本、刻本风格、版心大小、材质）：

藏文草体，长条抄本，每页 6—7 行？36.5cm×10.5cm？原件，藏纸。

6. 保存处及编号：

（1）原件保存处：不知。

7. 版本说明（页码标记、残缺污浊页、翻译、出版）：

（1）总页码：490 页（藏文出版本）。

（2）未翻译。

（3）此部据益西旺姆的"出版说明"，实际上是《北方降魔》之上册。

（4）藏文出版：① 西藏，1992。

8. 著作者、搜集者与搜集地：

（1）著作者：不知

（2）搜集者：旺秋、洛丹

（3）搜集地：贡觉县、昌都

（4）搜集时间：1984、1985

9. 其他：

（1）散佚，根据西藏人民出版社 1992 年出版《昂岭之战》编制。

（2）估计旺秋报告中的《诺布扎堆》即为此部，其中记有"贡觉县波罗区波罗公社顿珠卖给"（旺秋，昌都报告，1984）。另据西藏《格萨尔》目录，尚有 1985 年搜集于昌都之《昂岭之战》一部。

#74 《白惹绵羊宗》

1. 藏文全题名：

སེང་ཆེན་ནོར་བུ་དགྲ་འདུལ་གྱི་ཆོས་བྱུང་བྷེ་གླིང་གཡུལ་འགྱེད།

2. 拉丁转写：

Seng chen nor bu dgra 'dul gyi chos byung bhe gling g.yul 'gyed

3. 汉译名：

《白惹绵羊宗》，或《百拉羊宗》《比热山羊宗》。

4. 故事内容提要：

格萨尔王得到天界姑母南曼嘉姆预言，到了降伏日努绸缎宗与白惹绵羊宗的时机。岭军在去往日努国的路上经过白惹国，受到白惹国阻拦。于是岭军决定先降伏白惹国。

拉桂和辛巴熟悉地势，被任命为先锋，为岭军带路。岭军势不可挡，打败白惹守军。将他们统统消灭。岭国保护神装扮成白惹的保护神，给托桂国王降假预言，告诉他有外道的保护神保佑，可以通过天梯逃往噶饶旺秋仙界，能够得到解脱。

托桂国王轻信中计，依言跟着保护神逃往天空。格萨尔单人独骑半空中正等着他，一箭将托桂国王射死。岭军趁机分四路攻克白惹四方的四座大城堡，余下不投降的白惹大臣和将领均已消灭，将白惹地方纳入岭国的管辖范围。

最终以白惹国国王朗拉托桂为首的魔将 60 多人，在这场战争中全部被消灭干净，岭军夺取白惹地方的绵羊"央"，不分高低贵贱每人发给 15 只绵羊，在白惹地方弘扬佛业。委托亭域国国王托桂扎巴在两年内担任白惹国的代理国王。

5. 版本描述（字体、抄本、刻本风格、版心大小、材质）：

藏文草体，长条抄本，每页 8 行？36.6cm×8.1cm？原件，藏纸。

6. 保存处及编号：

（1）原件保存处：不知。

7. 版本说明（页码标记、残缺污浊页、翻译、出版）：

（1）总页码：204 页（藏文出版）。

（2）未翻译。

（3）异文本藏文出版：① 桑珠本，2011；② 不丹，1981。

8. 著作者、搜集者与搜集地：

（1）著作者：未知

（2）搜集者：西藏《格》办

（3）搜集地：昌都

（4）搜集时间：1985

9. 其他：

（1）散佚，根据不丹 1981 年出版《白惹绵羊宗》编制。

（2）此部与《日努丝绸宗》合编在一起，故事讲述去降伏日努国路上先降伏了白惹国。

#@75 《卡容金宗》

1. 藏文全题名：

སྒྲུང་གི་སར་རྒྱལ་པོའི་སྒྲུང་ལས་ཟླ་གླིང་གཡུལ་འགྱེད་ཁ་རོང་ཁྲི་རྒྱལ་པོ་གསེར་རྫོང་བོད་དུ་ཕབ་པའི་གཏམ་སྟོད་ཆ།

2. 拉丁转写：

Gling ge sar rgyal po'i sgrung las zla gling g.yul 'gyed kha rong rgyal po gser rdzong bod du phab pa'i gtam，stod cha

3. 汉译名：

《卡容金宗》，或《达岭之战之降伏达赤王》。

4. 故事内容提要：

卡容国盛产金子，国王是位法力高强的魔头，性格残暴，百姓在暴政之下受苦受难。

土蛇年三月，天神托梦格萨尔。卡容国的国王敢于同天神斗法，是个胆量非凡的魔王，现在是降伏卡容魔王的时候了，首先要夺取卡容的宝藏库，为众生造福。

按照神的旨意，岭国兵马到卡容国。岭国勇士们斗志昂扬，先后降伏了卡容魔臣和国王等人，将魔法横行的地方变为佛法昌盛的地方。将卡容的宝藏海螺、水晶、金子等各种珍贵物品送给空行母；宝藏的核心如意宝和玉石宝瓶、金灯、宝剑等宝物分别送给东方阿尼玛沁，南方班日白扎，西方雅拉香布，汉地的峨眉山，察瓦绒的古拉昂雅，葛堆地方的觉卧葛、上部玛域的阿麦玉泽等山神收藏。让 21 位修行者和长寿王兄弟看守这些宝物，其余宝物全部带回岭国。

5. 版本描述（字体、抄本、刻本风格、版心大小、材质）：

藏文草体，B5 稿纸本，每页 12 行，原件，现代纸。

6. 保存处及编号：

（1）原件保存处：不知。

7. 版本说明（页码标记、残缺污浊页、翻译、出版）：

（1）总页码：659 页。

（2）未翻译。

（3）异文本藏文未出版。

8. 著作者、搜集者与搜集地：

（1）著作者：艺人曲扎自写（ཚེས་གྲགས་ཀྱིས་བྲིས），1986 年 6 月 27 日

（2）搜集者：不知

（3）搜集地：西藏

（4）搜集时间：1987

9. 其他：

（1）不知藏处，艺人曲扎自写本。根据全国《格》办所藏编号为 I291.47/1：74.1//000091 的《卡容金宗》复印件编制。

#76　《阿赛铠甲宗》

1. 藏文题名：

ཨ་བསེ་ཁྲབ་རྫོང

2. 拉丁转写：

a bse khrab rdzong

3. 汉译名：

《阿赛铠甲宗》，或《阿赛甲宗》。

4. 故事内容提要：

北方马头金刚给达戎晁同降下预言，今年是火羊年，到了降伏南方阿赛国、获取铠甲宗的时机。于是晁同根据天神旨意，召集岭国英雄大众商议出兵阿赛国之事。乃琼吉根据梦中神通，在大会上告诉岭国此次出兵征服阿赛国，降伏的铠甲之主罗刹、石山魔森波拉让、雪山魔弥散罗增、森林魔森博乌棱之时需要引起注意的事情。与此同时，阿赛国大将罗刹冬纳郭苟根据自己的噩梦飞快前往公主达乐处汇报情况。达乐公主将此事报告阿赛国国王玉舟，玉舟王召集群臣商议对敌之策。

岭国方面派出格萨尔大王的弟弟戎察玛莱前往侦察敌情。格萨尔大王通过神通变化降伏了阿赛国公主达珍，在达珍公主的帮助下，岭王掌握了阿赛的详细情况。于是双方展开战争，岭军英勇顽强，阿赛节节败退。贾察英姿勃发，显示精湛武艺，降伏了阿赛众多好汉。晁同施展咒术，攻下了阿赛的绿松石城。最后，阿赛王臣派公主前来和谈。岭军进入阿赛城堡，打开了铠甲宝库。

5. 版本描述（字体、抄本、刻本风格、版面大小、材质）：

藏文柏簇体？长条抄本，33cm×6cm？每页 6 行？手抄原件，藏纸。

6. 保存处及编号：

（1）手抄原件保存处：不知。

7. 版本说明（页码标记、残缺污浊页、翻译、出版）：

（2）总页码：105 页（藏文出版页）。

（3）未翻译。

（4）异文本藏文出版：① 青海（《岭国歌舞》），1993；② 格日尖参本，2008。

8. 著作者、搜集者与搜集地：

（1）著作者：不知

（2）搜集者：西藏《格》办

（3）搜集地：昌都

（4）搜集时间：1985

9. 其他：

（1）散佚，根据青海民族版 1993 年出版本《岭国歌舞》中的《阿赛铠甲宗》与西藏《格》办目录编制。

#@77 《西宁银宗》

1. 藏文全题名：

ཟི་གླང་དངུལ་ལྔ་རྫོང་།

2. 拉丁转写：

Zi Glang dngul(lnga) rdzong

3. 汉译名：

《西宁银宗》，或《色日阿宗》。

4. 故事内容提要：

汉西宁地方盛产银子，国王是位法力高强的魔头，性格残暴，百姓在暴政之下受苦受难。天神给格萨尔王降下预言，要征服西宁魔王，获取西宁银宗宝库，众生造福。

岭国派出了丹玛等英雄降伏了西宁魔臣，最后格萨尔大王亲自降伏西宁魔王，将魔法横行的地方变为佛法昌盛的地方。打开了西宁银宗宝藏，将宝物福运分送藏地各地神山伏藏，让 21 位修行者和长寿王兄弟看守这些宝物，其余宝物全部带回岭国。

5. 版本描述（字体、抄本、刻本风格、版心大小、材质）：

藏文草体，B5 白纸本，21 行，原件，现代纸。

6. 保存处及编号：

（1）原件保存处：不知。

7. 版本说明（页码标记、残缺污浊页、翻译、出版）：

（1）总页码：172 页。

（2）有"全国《格》办藏书"印章。抄写字行歪斜，共 4 册。

（3）未翻译。

（4）异文本藏文未出版。

8. 著作者、搜集者与搜集地：

（1）著作者：艺人曲扎自写（ཆོས་གྲགས་ཀྱིས་བྲིས།）

（2）搜集者：不知

（3）搜集地：西藏

（4）搜集时间：1985

9. 其他：

（1）不知藏处，艺人曲扎自写本。根据全国《格》办所藏编号为 I291.47/
1：91//000090《西宁银宗》复印件与西藏《格》办目录编制。

#78 《斯钦青白玛瑙和良马宗》

1. 藏文全题名：

ཟི་ཆིམ་ཡུལ་ནས་རིན་ཆེན་མཆོང་དང་ཅང་ཤེས་ཏ་གཡང་འབེབས་ཚུལ།

2. 拉丁转写：

Si chim yul nas rin chen mchong dang cang shes rta g.yang 'babs tshul.

3. 汉译名：

《斯钦青白玛瑙和良马宗》，或者《司钦青白玛瑙、马宗》。

4. 故事内容提要：

斯钦国魔王旺秋扎巴有外臣 325 名，内臣 160 名，统治着愚民 33 万。该国信仰黑法恶教，食肉饮血，令人恐怖。该国由 8 个附属小国环围八方，即东门守卫比日王、南门守卫穆乃协堆王、西门护卫红马首、北门护卫查久王、东南守卫赞杰王、西南守卫罗叉女求吉、西北守卫夏杂如乃、东北守卫王桂动杰。

斯钦王得知南穆堆王因挑衅岭国而被岭消灭的情况之后，报复岭国的恶念立即产生。斯钦即将袭岭。格萨尔遵照天神征服斯钦、攻取宝石、骏马的预言，率领三军讨魔。7 个门卫王征服于攻途中，岭军浩浩荡荡直捣斯钦王宫，最终征服斯钦国，打开了宝石和良马宝库。

5. 版本描述（字体、抄本、刻本风格、版心大小、材质）：

藏文草体，长条抄本，每页 8 行，36.5cm×7.1cm，复印件，复印于现代纸。

6. 保存处及编号：

（1）原件保存处：不知。

7. 版本说明（页码标记、残缺污浊页、翻译、出版）：

（1）总页码：254 叶。

（2）缺页。

（3）汉文未翻译。

（4）藏文未出版。

8. 著作者、搜集者与搜集地：

（1）著作者：不知

（2）搜集者：洛旦、旺秋

（3）搜集地：江达

（4）搜集时间：1984

9. 其他：

（1）散佚，根据中国社会科学院民族文学所资料室编号为 I291.47/1/1：91// 000050《斯钦青白玛瑙和良马宗》与西藏《格》办目录编制。

#79 《乌炎银宗》（上册）

1. 藏文全题名：

འཛིན་སྐྱོང་གི་ཤར་རྒྱལ་པོས་ཧར་ཕྱོགས་ཀྱུ་ཡན་རྒྱལ་ཁམས་ཚམ་ལ་ཕབ་ཅིང་དངུལ་གཡང་སོགས་ནོར་གཏེར་སྣ་ཚོགས་བཞེས་པའི་རྟོགས་པ་བ་ཛ་ད་པ་ལས་སྟོད་འཁུགས་གཡུལ་འགྱེད་ང་རོ་བཞུགས་སོ་སྟོད་ཆ།

2. 拉丁转写：

shar phyogs au yan rgyal khams cham la phab cing dngul gyang sogs nor gter sna tshogs bzhes p'i rtogs pa las stod 'khugs gyul 'gyed nga ro bzhugs so, stod cha

3. 汉译名：

《乌炎银宗》，或《欧燕银宗》。

4. 故事内容提要：

格萨尔降伏穆古骡子宗，获得骡子"宝央"，胜利回到岭国才三个多月，在岭国的东方，发生了一件重大事情，东方有一个叫阿郎乌炎的地方，由于先辈们积德行善，恩及后代，那里盛产银子，人们过着十分富裕且平安祥和的生活。乌炎的银子，引起周边一些地方的羡慕，由羡慕产生嫉妒之心，总想获取那里的"银子福运"，据为己有。

一个叫"当司米古"的罗刹转世的女魔王，她率领 360 个女臣，像天上的星星那样多的女兵，来到上部乌炎银山，控制了那里的银子。一个叫"四头毒蛇"的男魔王，率领 360 个男臣，男兵像云雾一样占据满山遍野，占领了中部乌炎银山，霸占了那里的银子。魔王噶饶旺秋的王子，黑色魔国的核心噶然旺秋率领大军，像一片黑乌鸦一样，侵占了整个下部乌炎银山。魔王、罗刹和乌炎的内奸，三方面勾结起来，无恶不作，他们吃人肉，喝人血，用血淋淋的人头砌"拉泽"（山神宫），用人骨头做城堡，整个乌炎地方，成了罗刹和魔王的屠宰场，一片恐怖，上至乌炎国王大臣、王妃王子，下至黎民百姓，都陷入苦海之中。

5. 版本描述（字体、抄本、刻本风格、版心大小、材质）：

藏文草体，长条抄本，每页 5 行？36.5cm×7.2cm？影印出版本。

6. 保存处及编号：

（1）原件保存处：印度西藏著作与档案馆。

（2）影印出版件保存处：不知

7. 版本说明（页码标记、残缺污浊页、翻译、出版）：

（1）总页码：599 页（藏文出版）。

（2）未翻译。

（3）异文本藏文出版：① 印度（帕兰普耳），1973；② 不丹，1981；③ 青海《格》办，2011。

8. 著作者、搜集者与搜集地：

（1）著作者：南卡雍仲（མི་འགྱུར་ནས་མཁའ་གསུང་རྡུང་）

（2）搜集者：强巴班宗、次仁顿珠、洛旦

（3）搜集地：阿里

（4）搜集时间：1983

9. 其他：

（1）此次不见，根据不丹 1981 年出版《乌炎银宗》上册、青海《格》办 2011 年《欧燕银宗》与西藏《格》办目录编制。

#80　《乌炎银宗》（下册）

1. 藏文全题名：

ཧར་ཆོགས་ཀྱི་ཡུས་རྒྱལ་ཁབས་ཆགས་ལ་དཔའ་ཅིག་དཔལ་གསལ་ནོར་གཏེར་རྒྱ་ཚོགས་བཞིན་དཔེ་རྫོགས་པ་བརྗོད་པ་ལས་སྐོར་འཁྲུལས་གསུང་

འཁྱུང་ང་རྫོ་བཞུགས་སོ། སྲུད་ཀཿ॥

2. 拉丁转写：

shar phyogs au yan rgyal khams cham la phab cing dngul gyang sogs nor gter sna tshogs bzhes p'i rtogs pa las stod 'khugs gyul 'gyed nga ro bzhugs so，smad cha

3. 汉译名：

《乌炎银宗》，或《欧燕银宗》。

4. 故事内容提要：

噶饶旺秋召集罗刹"当司米古"和魔王"四头毒蛇"到乌炎王宫，自己威严地坐在国王宝座上，宣称从今天起，我就是乌炎银宗的国王，你们都要听从我的号令，还举行了隆重的坐床大典。当司米古和四头毒蛇自知噶饶旺秋势力强大，而又极其残忍，便表示愿意臣服。

守护乌炎银山的护法神，看到这种情形，大为不忍，顿生慈悲之心，自己又无能为力，仅凭自己的力量战胜不了这些罗刹和魔王，于是向天神祈祷，恳请天神派神兵降伏这些罗刹和魔王，拯救苦难中的百姓。在天界的姑母南曼噶姆立即给格萨尔降下授记。

与此同时，乌炎国的玉珍玛等茶主三姐妹，她们是空行母的化身，虽然年轻，但十分懂事。她们不辞辛劳，翻山越岭，来到岭国，请格萨尔前来征讨罗刹和魔王，拯救苦难中的百姓，夺回珍贵的"银子福运"。

5. 版本描述（字体、抄本、刻本风格、版心大小、材质）：

藏文草体，长条抄本，每页5行？36.5cm×7.2cm？影印出版本。

6. 保存处及编号：

（1）原件保存处：印度西藏著作与档案馆。

（2）影印出版件保存处：不知。

7. 版本说明（页码标记、残缺污浊页、翻译、出版）：

（1）总页码：595页（藏文出版）。

（2）未翻译。

（3）异文本藏文出版：① 印度（帕兰普耳），1973；② 不丹，1981；③ 青海《格》办，2011。

8. 著作者、搜集者与搜集地：

（1）著作者：南卡雍仲（ནམ་མཁའ་རྣམ་སྣ་གཤིང་དུང་།）

（2）搜集者：强巴班宗、次仁顿珠、洛旦

（3）搜集地：阿里

（4）搜集时间：1983

9. 其他：

（1）此次不见，根据不丹1981年出版的《乌炎银宗》上册、青海《格》

办 2011 年《欧燕银宗》与西藏《格》办目录编制。

#81 《赛马称王》

1. 藏文全题名：

གེ་སར་རྒྱལ་པོའི་སྒྲུང༌། རྟ་རྒྱུག་ནོར་བུ་ཆ་བདུན།

2. 拉丁转写：

Ge sar rgyal po'i sgrung，rta rgyug nor bu cha bdun

3. 汉译名：

《赛马称王》，或《赛马登位》《赛马七宝》《赛马称王之部》。

4. 故事内容提要：

格萨尔 12 岁时，遵照天神预言偷走了晁同的灵鸟，将灵鸟灵魂引入净土，埋其尸体入尘埃。三年后，格萨尔在神鸟身上迁识入舍，给晁同授记：召集岭国臣民，举办赛马盛会；你将荣取桂冠，获得岭国宝座，成为富豪嘉洛部落财宝和王宫森周达泽宫的主人，以及娶得美丽的珠姆为王妃。

晁同听到神鸟的"预言"，通知岭国各部举行赛马盛会。格萨尔跟母亲果萨一起从山野找来江希卡尕骏马，珠姆给骏马备上了光耀自照宝鞍和宝垫。格萨尔加入骑手盛队，最终荣获桂冠，登上了岭国宝座，成为了岭国国王，纳珠姆为妃，以及梅日部落麦萨水西为次妃，被尊称为"南瞻部洲珠宝制敌大丈夫雄狮大王格萨尔"。岭国举国欢庆，歌舞不断。全国上下举行了盛大的庆祝会。

5. 版本描述（字体、抄本、刻本风格、版心大小、材质）：

藏文草体，长条抄本，每页 7 行，36.5cm×8.1cm，复印件，复印于现代纸。

6. 保存处及编号：

（1）原件保存处：不知。

7. 版本说明（页码标记、残缺污浊页、翻译、出版）：

（1）总页码：401 叶。

（2）德格林葱木刻本。

（3）异文本汉文翻译：① 王沂暖，甘肃，1987。

（4）异文本藏文出版：① 西藏，1981；② 甘肃，1981；③ 四川，1980；④ 青海，1981；⑤ 精选本，2000；⑥ 桑珠本，2002；⑦ 文库本，1996；⑧ 印度（帕兰普尔？），1969；⑨ 印度（达兰萨拉），1984；⑩ 不丹，1979。

8. 著作者、搜集者与搜集地：

（1）著作者：未知

（2）搜集者：西藏《格》办

（3）搜集地：阿坝

（4）搜集时间：1981

9. 其他：

（1）散佚，根据西藏人民出版社 1981 年出版《赛马称王》与西藏《格》办目录编制。

#82 《中华茶宗》

1. 藏文题名：

 རྒྱ་ལེའུ།

2. 拉丁转写：

Rgya le'u

3. 汉译名：

《中华茶宗》，或《汉地茶宗》《加岭传奇》《岭与中华》《汉岭》。

4. 故事内容提要：

在汉地让布曲宗，有个天使国王葛拉耿贡。他统治着汉地众生，娶了一位名叫尼玛赤姬的下界国王堆瓦纳布的美貌女儿。三世之神看出这个妃子是妖魔所变，知道若不灭掉她，将为害众生。于是化作瘸、瞎、聋三个残障人，为妃子演戏，令属民看见美貌妃子。妃子因此得了大病，无法治愈。妃子临死前告诉国王只要将其尸体裹在绸缎里放到库中，不让其发凉，并把百姓属民压于无衣食住行之权的严法之下，断除藏汉之间的金桥，不让外地人进来，也不让内部人出去，那么她将有一天复活。

公主听见妖妃的遗嘱，听从大臣女儿央金措的主意，借口去五台山为母亲斋戒，将密信及信物一起托三只鸽子寄给格萨尔大王。格萨尔大王也接到天神预言，到汉地去火化妖妃的尸体，解除汉地国王与百姓的痛苦。于是格萨尔按照天神的预言，从弥药国、赤秀甲毛海、阿赛国取回在汉地必需的宝物，然后与 12 位将士来到汉地，征服了各种关口上的妖怪，用各种神变降伏了汉地国王，用计谋烧毁了妖妃的尸体。对汉地众生讲授了止恶行善的法典，使汉地众生自愿接受十善，畅享安乐的生活。

4. 版本描述（字体、抄本、刻本风格、版面大小、材质）：

藏文柏簇体，古旧藏纸，每页 9 行？25cm×9cm？长条手抄本，原件。

5. 保存处及编号：

（1）手抄原件保存处：不知。

7. 版本说明（页码标记、残缺污浊页、翻译、出版）：

（1）总页码：403 页（藏文出版）。

（2）异本汉文翻译：阿图、徐国琼、解世毅译，中国民间文艺出版社，1984。

（3）异文本藏文出版：① 中国民间文艺，1981；② 西藏，1984；③ 扎巴本，民族音像出版社，1999；④ 桑珠本，2005；⑤ 印度（岗托克），1977；⑥ 不丹，1981；⑦ 不丹（《下拉达克本》），1981；⑧ 民族音像出版社，2014。

8. 著作者、搜集者与搜集地：

（1）著作者：未知

（2）搜集者：唐本次多、洛桑顿旦、年信

（3）搜集地：昌都

（4）搜集时间：1981

9. 其他：

（1）散佚，根据西藏人民出版社 1984 年《汉与岭》与西藏《格》办目录编制。

#83 《迦湿弥罗绿松石宗》

1. 藏文题名：

མ་སང་སྐྱེས་བུའི་རྣམ་ཐར་ལས་ཁ་ཆེའི་གཡུ་རྫོང་ངོ་མཚར་གཏམ་གྱི་ཕྲེང་བ་བཞུགས་སོ།

2. 拉丁转写：

ma sang skyes bu'i rnam thar las kha che'i g.yu rdzong   ngo mtshar gtam gyi phreng ba bzhugs so

3. 汉译名：

《迦湿弥罗绿松石宗》，或《征服卡契松石城》《卡契玉宗》《卡切玉宗》《岭与卡契》《卡且玉宗》。

4. 故事内容提要：

岭国西部卡契国王赤丹路贝是罗刹转世，力大无穷，狂妄不可一世。9 岁继承王位，征服了尼婆罗国；18 岁时降伏了威卡国；27 岁战胜了穆卡国，并强娶堆灿公主为妃。此后进一步东征西掠，周围的小邦国家均归他所属。赤丹还有一兄一弟。哥哥名鲁亚如仁，弟弟叫兴堆冬玛，兄弟二人是赤丹王为非作歹的得力帮凶。此外还有内大臣 74 人，外大臣 108 人，属民 42 万户。由于连年征战并未遇到对手，赤丹路贝便认为天下无敌了。

赤丹路贝年满 36 岁，王妃堆灿洛琚玛见赤丹如此得意，便怂恿他征服格萨尔，让赤丹尝尝苦头以报杀父灭国之仇。由王兄鲁亚如仁、大臣多桂梅巴和托尺布赞为首的 3 万大军，经过一个月的准备，开始向岭国进军。格萨尔得到天神预言，降伏卡契魔妖。双方第一次交战，格萨尔用幻术大败卡契军。到岭国与卡契交战到关键时刻，晁同投靠卡契军，把岭国的情况、作战的部署统统告诉了鲁亚如仁。

卡契大军靠晁同的隐身木，绕过岭营，来到岭仲系文布氏的夏季牧场阿吉达塘扎营。晁同的叛军行为被格萨尔识破，他将计就计，大败卡契军，打开了卡契的宝物门。格萨尔王召集卡契的降臣降将以及众百姓，将部分财产留给他们。卡契王子只有 5 岁，所以格萨尔要老臣贞巴让协助管理国事。

5. 版本描述（字体、抄本、刻本风格、版面大小、材质）：

正楷体，长条木刻本：40cm×9cm，每页 6 行，原件，藏纸。

6. 保存处及编号：

（1）手抄原件保存处：不知（或西藏档案局）。

7. 版本说明（页码标记、残缺污浊页、翻译、出版）：

（1）总页码：263 叶（藏文出版 236 页）。

（2）德格巴邦寺木刻本。

（3）异文本汉文翻译：① 王沂暖、上官剑壁译，甘肃，1984；② 角巴东主主编，高等教育出版社，2011。

（4）异文本藏文出版：① 西藏，1979；② 精选本，2003；③ 印度（德里？）1966；④ 印度（德里），1971；⑤ 不丹，1981。

8. 著作者、搜集者与搜集地：

（1）著作者：班玛（ པདྨ ）

（2）搜集者：西藏《格》办

（3）搜集地：布达拉宫？

（4）搜集时间：1980？

9. 其他：

（1）原件不知藏于何处，根据西藏人民出版社 1979 年版《征服卡契绿松石国》编制。

#84　《大食财宗》

1. 藏文题名：

རིག་གསུམ་རྣམ་འཕྲུལ་སེང་ཆེན་ནོར་བུ་དགྲ་འདུལ་གྱིས་ནག་ཚོགས་འདུང་དགུང་འདུལ་བའི་ཤྭག་གཞིས་ནོར་རྫོང་ཕབ་པའི་དབང་པོ་ང་ར་
དགར་ཚོགས་དགྱེས་པའི་ཉིན་མཛད་བཞུགས།

2. 拉丁转写：

Rig gsum rnam 'phrul seng chen nor bu dgra 'dul gyis nag phyogs bdud dpung 'dul ba'i stag gzigs nor rdzong phab pa'i dba' bo'i nga ro dkar phyogs dgyes pa'i zim mngar bzhugs

3. 汉译名：

《大食财宗》，或《大食财宝城》《达惹诺宗》《大食诺宗》《大食宝宗》《大食之战》《达岭之战》《征服大食》。

4. 故事内容提要：

大食财宝王富如龙王，有着像毗沙门一样大的权势。拥有一匹具备所有优点的宝马，被誉为具鹏翅宝马。晁同装扮成的董图弥郭杰以及其随从三人去大食国用计盗走了具鹏翅宝马。

大食国立即派兵追讨，抢夺了晁同帐篷中的所有财宝以及牲畜。晁同率军讨伐，双方硝烟三年，胜负无期。后来，天神预言格萨尔要征服大食财宗。晁同也派人去岭王处请求出兵大食。格萨尔大王召集群臣，商讨对敌策略，定战略战术。格萨尔领兵击败了大食军队的进攻，并乘胜追击，降伏了大食国，取回大食国的宝藏凯旋。

5. 版本描述（字体、抄本、刻本风格、版面大小、材质）：

藏文乌金体（正楷），旧藏纸，每页 6 行，43cm×7cm，木刻本。

6. 保存处及编号：

（1）原件保存处：不知（或西藏档案局）。

7. 版本说明（页码标记、残缺污浊页、翻译、出版）：

（1）总页码：284 叶。

（2）异文本汉文翻译：角巴东主等编校，高等教育出版社，2011。

（3）异文本藏文出版：① 西藏，1979；② 甘肃，1979；③ 精选本，2002；④ 印度（大吉岭），1966；⑤ 印度（新德里），1976；⑥ 印度（岗托克），1983；⑦ 不丹，1981。

8. 著作者、搜集者与搜集地：

（1）著作者：未知

（2）搜集者：西藏《格》办

（3）搜集地：布达拉宫？

（4）搜集时间：1980

9. 其他：

（1）原件保存处不知，根据西藏人民出版社 1979 年版《达岭之战》编制。

#85 《分大食财》

1. 藏文题名：

འཛམ་གླིང་གེ་སར་རྒྱལ་པོའི་རྟོགས་བརྗོད་ལས་སྟག་གཟིག་ནོར་རྫོང་ཕབ་པའི་ནོར་འགྱེད་བཏང་སྒོར་བཞུགས་སོ

2. 拉丁转写：

'dzam gling ge sar rgya po'i rtogs brjod las stag gzig nor rdzong phab pa'i
nor 'gyed btang sgor bzhugs so

3. 汉译名：

《分大食财》，或《分大食牛》《达惹诺结》《达色施财》。

4. 故事内容提要：

根据白玛仁增整理、刊刻于 1661 年的木刻本抄写。故事讲述格萨尔征服大食国后，打开大食财宝宗，将所获大食国财宝分封给岭国、霍尔国、魔国、姜国和门国，以及各有功之臣。并将大食国财宝之福禄分别埋藏于藏区各地，以利益藏族未来民众。

5. 版本描述（字体、抄本、刻本风格、版面大小、材质）：

藏文乌金体，藏纸，每页 6 行，30cm×7cm，木刻印刷本。

6. 保存处及编号：

（1）原件保存处：不知（或西藏档案局）。

7. 版本说明（页码标记、残缺污浊页、翻译、出版）：

（1）总页码：38 叶。

（2）藏文封面标题清晰、内容完整、字体工整优美，无手指翻页磨损。

（3）异文本汉文翻译：① 李朝群译《达色施财》，西藏人民出版社，1985；② 王沂暖、王兴先译，甘肃人民出版社，1986；③ 丹玛江永慈诚、多杰坚赞、郭晓虹，民族音像出版社，2013。

（4）异文本藏文出版：① 西藏，1980、2010；② 四川（《取阿里金窟》合编），1981；③ 印度（德里），1967；④ 蒙古国（《格萨尔本生传》合编），1961；⑤ 丹玛江永慈诚、多杰坚赞、郭晓虹，民族音像出版社，2013。

8. 著作者、搜集者与搜集地：

（1）整理者：佐智白玛仁增（རྟོགས་སྐྲུན་པ་རྩ་རིག་འཛིན་གྱི་བསྒྲིགས）

（2）搜集者：西藏《格》

（3）搜集地：布达拉宫或木如寺？

（4）搜集时间：1980

9. 其他：

（1）原件不知藏何处，根据西藏人民出版社 1980 年版《达色施财》编制。

#86 《霍岭大战》（上册）

1. 藏文题名：

ཧོར་གླིང་ཡུལ་འགྱེད་སྟོད་ཆ།

2. 拉丁转写：

Hor gling g.yul 'gyed，stod cha

3. 汉译名：

《霍岭大战》，或《霍尔侵入》《征服霍尔》《反击霍尔》《霍尔岭之战》。

4. 故事内容提要：

岭国东北方黄霍尔国，到吉乃亥托杜王的三个儿子之时，个个武艺高强，根据所住帐篷的颜色，分别称为黑帐王、白帐王和黄帐王，其中白帐王权势最大。格萨尔到北地降魔的第三年，白帐王的王妃即中华王之公主阿斯噶斯突然病逝。白帐王便召集群臣商议寻找天下最美的女人做新王妃。派出神鸟黑乌鸦，终于在岭国发现了美丽的珠姆，白帐王决意把珠姆抢来，不听从辛巴、唐泽劝告，出兵 12 万侵略岭国。

嘉察和总管王为首的岭国 30 名英雄，先派英雄丹玛侦察霍尔兵马动向。得知霍尔兵的真正用意，两国之间发生战争。起初岭国勇士英勇顽强，迫使霍尔国节节败退，霍尔军心动摇。但是在岭国贪生怕死、私心杂念很重的晁同王的帮助下，霍尔国重振旗鼓，一举攻下岭国茶城，掳走珠姆。珠姆在霍尔国心系格萨尔大王，坚贞不屈，多次派仙鹤、狐狸等前往北方魔国向大王通告岭国与自己的情况，无奈大王因喝了梅萨送上的迷魂酒忘返故里。

5. 版本描述（字体、抄本、刻本风格、版面大小、材质）：

藏文柏簌体，古旧藏纸？每页 7 行？　32cm×7cm？长条手抄本，原件。

6. 保存处及编号：

（1）手抄原件保存处：不知（或西藏档案局）。

7. 版本说明（页码标记、残缺污浊页、翻译、出版）：

（1）总页码：441 页（藏文出版）。

（2）异文本汉文翻译：① 青海民研会，1962；② 吴均、金迈译，1984；③ 王沂暖、华甲译（《贵德分章本》），1981；④ 王歌行、左可国、刘宏亮整理，1986。

（3）异文本藏文出版：① 青海，1962、1979；② 西藏，1980；③ 青海（《黄霍尔》），1988、1994；④ 交加本，2006；⑤ 四川（《辛丹》附录），1982；⑥ 四川（《征服霍尔》），2001；⑦ 精选本，2000；⑧ 桑珠本，2006；⑨ 印

度（列城），1972；⑩印度（锡金、岗托克），1978；⑪印度（德里），1979；⑫印度（比尔），1979；⑬印度（岗托克），1984；⑭不丹，1979；⑮不丹，1979；⑯不丹，1979；⑰蒙古国，1961；⑱川《格》12，2015。

8. 著作者、搜集者与搜集地：

（1）著作者：未知

（2）搜集者：西藏《格》

（3）搜集地：布达拉宫？

（4）搜集时间：1980

9. 其他：

（1）原件保存处不知，根据西藏人民出版社 1980 年版《霍岭大战》（上册）编制。

（2）དེན་འདི་བོད་ལྗོངས་ཡིག་ཆགས་ཅུང་དུ་ཕོང་པའི་ལག་བྲིས་མ་གཞིར་བཟུང་པར་དུ་བདབ་པ་ཡིན། （据西藏档案局抄本出版）。

#87 《霍岭大战》（下册）

1. 藏文题名：

ཧོར་གླིང་གཡུལ་འགྱེད་སྨད་ཆ།

2. 拉丁转写：

hor gling g.yul 'gyed，smad cha

3. 汉译名：

《霍岭大战》，或《平服霍尔》《征服霍尔》《反击霍尔》《霍尔岭之战》。

4. 故事内容提要：

梅萨给格萨尔大王献上迷魂酒，喝完后他忘记一切，转眼九年过去。白梵天王幻化神鸟引导大王吐出迷魂药，神驹江噶佩布唱起悲歌，格萨尔大王清醒过来。在返回岭国路上，格萨尔假扮牧人，看到父亲悲惨模样，心酸不已。返回岭国，惩处晁同。

格萨尔单人独骑，越过霍尔王的九道关口，遵天母旨意，变成乞儿唐聂，得到霍尔噶尔瓦王之女吉尊益西的帮助，砍掉霍尔三王寄魂牛的牛角，让三王得了病。之后，格萨尔变化成耍猴宗巴（流浪艺人），探得珠姆对自己真心，感动万分。然后想方设法一一铲除霍尔猛将琼拉、冬图，令辛巴发下效忠大王誓言。开始锻造铁链，再次在霍尔王的寄魂牛头上钉上大铁钉，让三王得了重病。在十五月明之夜，用铁链登上霍尔王城，跳进宫中，与白帐王展开激烈厮杀，将他杀死。此时，与如约而来的岭国英雄们里应外合，又将黄帐王和黑帐王也杀死。饶恕了梅乳孜，并封他为霍尔的首领。

后杀死珠姆与霍尔王所生魔子，取回霍尔大量财物，班师回国。

5. 版本描述（字体、抄本、刻本风格、版面大小、材质）：

藏文草体，长条抄本，35cm×10cm？每页 6 行？手抄原件，藏纸。

6. 保存处及编号：

（1）手抄原件保存处：不知（或西藏档案局）。

7. 版本说明（页码标记、残缺污浊页、翻译、出版）：

（1）总页码：594 页（藏文出版）。

（2）异文本汉文翻译：① 青海民研会，1962；② 吴均、金迈译，1984；③ 王沂暖、华甲译（《贵德分章本》），1981；④ 王歌行、左可国、刘宏亮整理，1986。

（3）异文本藏文出版：① 青海，1980；② 西藏，1980；③ 青海（《黄霍尔》），1988、1994；④ 交加本，2006；⑤ 四川（《辛丹》附录），1982；⑥ 四川（《征服霍尔》），2001；⑦ 精选本，2000；⑧ 桑珠本，2006；⑨ 印度（列城），1972；⑩ 印度（锡金、岗托克），1978；⑪ 印度（德里），1979；⑫ 印度（比尔），1979；⑬ 印度（岗托克），1984；⑭ 不丹，1979；⑮ 不丹，1979；⑯ 不丹，1979；⑰ 蒙古国，1961；⑱ 川《格》12，2015。

8. 著作者、搜集者与搜集地：

（1）著作者：未知

（2）搜集者：西藏《格》

（3）搜集地：布达拉宫？

（4）搜集时间：1980

9. 其他：

（1）原件保存处不知，根据西藏人民出版社 1980 年版《霍尔岭之战》（下册）编制。

（2）དེབ་འདི་བོད་ལྗོངས་ཡིག་ཚགས་ཅུང་དུ་ཡོད་པའི་ལག་བྲིས་མ་གཞིར་བཟུང་བར་དུ་བཏབ་པ་ལ་ཡིན།（据西藏档案局抄本出版）。

#@88　《孟岭大战》

1. 藏文全题名：

མོན་གླིང་གཡུལ་འགྱེད།

2. 拉丁转写：

Mon Gling g.yul 'gyed

3. 汉译名：

《孟岭大战》，或《门岭大战》《门岭之战》《洛岭之战》《征服闷城》《岭国与门国》《岭与慕域》《闷岭之战》。

4. 故事内容提要：

格萨尔大王降伏姜国后过了六个月，一天夜里，白梵天王降下旨意，该是降伏门国辛赤王的时候了，因辛赤王已54岁，他的魔马米森玛布7岁，大臣古拉托杰已37岁，再过一年，将天下无敌，无法降伏；并让格萨尔托梦给晁同，由他兴兵，因为许多年前，门国大将曾抢劫达绒部落，还将岭地的珍宝六褶云锦宝衣抢走。

晁同得到先知鸟预言，认为可以为自己的儿子拉郭迎娶年轻漂亮的孟国公主梅朵卓玛，立刻着手准备，劝说大王发兵复仇。格萨尔传令召集岭国180万兵马，又令白鹤三兄弟分别去召唤北方叶尔羌魔国的大臣向宛、霍尔辛巴梅乳孜和姜国的玉拉托居尔前来听命。大军浩浩荡荡地开向了孟域。在岭孟边界河畔，姜国王子玉拉告知孟国大臣古拉，岭国前来结亲。古拉回宫向辛赤王禀报，辛赤王不愿将公主嫁给仇敌。立即调动军队，古拉首先拥护，六十勇士（阿乍）、大小战将响应，准备与岭国一决雌雄。

岭军与门军在娘玛金桥桥头相遇，两军厮杀，战斗非常激烈。最后玉拉携手梅乳孜打败达娃。格萨尔重赏两员大将，却不知应该如何顺利降服孟域。梦中天母降下旨意，格萨尔遵从天母旨意，除掉了辛赤和古拉的寄魂物，孟域立即出现各种灾象，举国上下人心惶惶，惊恐万状。公主梅朵卓玛也做了个噩梦，希望父亲能允许自己和亲以结束战争，被辛赤拒绝。

古拉托杰因为寄魂物九头乍瓦被射死，失去了灵性和魔性，被丹玛、梅乳孜等五位英雄捉住，格萨尔见他生得一表人才，又英勇无比，想收他为岭国大将，但他誓死不从。格萨尔无奈将他处死。古拉一死，辛赤更失了臂膀，祭出天梯企图逃跑，被格萨尔射落。

5. 版本描述（字体、抄本、刻本风格、版心大小、材质）：
藏文草体，B5白纸本，21行，原件，现代纸。

6. 保存处及编号：
（1）原件保存处：不知（或西藏大学《格萨尔》研究所）。

7. 版本说明（页码标记、残缺污浊页、翻译、出版）：
（1）总页码：470页（藏文出版）。
（2）异文本汉文翻译：①王沂暖、余希贤译，甘肃，1986；②嘉措顿珠译（扎巴本），西藏，1986、2013。
（3）异文本藏文出版：①西藏（扎巴本），1980；②青海，1982；③甘肃，1983；④四川，1982；⑤精选本，2002；⑥扎巴本，2013；⑦印度（拉瓦杂尔），1964；⑧不丹（帕罗），1980；⑨不丹（廷布），1981。

8. 著作者、搜集者与搜集地：

（1）著作者：扎巴艺人（གྲགས་པ་ 1906—1986，昌都边坝艺人）

（2）搜集者：西藏师院《格萨尔》抢救小组

（3）搜集地：西藏师院

（4）搜集时间：1978

9. 其他：

（1）不知藏处，根据西藏人民出版社 1980 年版《门岭之战》编制。

（2）扎巴艺人，20 世纪发现的《格萨尔》史诗最伟大艺人之一。1906 年（属马）出生于昌都地区边巴县的阿拉嘉贡，9 岁梦中得授《格萨尔》史诗，同时由边坝寺活佛为其"沐浴净身"、开启"智慧之门""加冕"，从此开始说唱《格萨尔》史诗。1978 年迎请至西藏师院（现西藏大学）试说唱《门岭之战》，1979 年 3 月开始正式录音，1986 年 11 月 3 日在拉萨去世。

（3）能够说唱 33 部史诗。共计完成录音 25 部：1.《天岭占卜九藏》，2.《降生史》（上、下）（其中包括 3.《征服土地神》，4.《野兽敌宗》，5.《丹玛青稞宗》，6.《东斯门马宗》，7.《西宁弹药宗》，8.《木雅金子宗》），9.《征服北魔王》，10.《霍岭大战》（上、下）（其中包括 11.《霍齐巴山羊宗》），12.《姜岭大战》，13.《汉岭传奇》（其中包括 14.《木雅药宗》，15.《阿塞盔甲宗》），16.《乌斯茶宗》，17.《莫古骡宗》，18.《松岭之战》，19.《门岭之战》，20.《大食财宗》，21.《索波马宗》，22.《齐日珊瑚宗》，23.《雪山水晶宗》，24.《象雄珍珠宗》，25.《霸嘎拉神奇王》。尚未录音的有 8 部：26.《卡且玉宗》，27.《祝古兵器宗》，28.《措米努丝绸宗》，29.《白热山羊宗》，30.《白波绵羊宗》，31.《阿扎天珠宗》，32.《果岭之战》，33.《岭国与地狱》。其著作出版情况请参考附录。

#89　《姜岭大战》

1. 藏文题名：

འཇང་གླིང་གཡུལ་འགྱེད།

2. 拉丁转写：

'jang gling g.yul 'gyed

3. 汉译名：

《姜岭大战》，或《姜岭之战》《降岭之战》《保卫盐海》《征服姜国》《岭八十大将传》。

4. 故事内容提要：

莲花生大师派天神玛乃乃假扮姜国天神，给姜国国王萨丹王降下假预言，致使他遵照假预言派王子玉拉托居尔前往岭国方向去迎接贵宾，结果被辛巴设计降伏。萨丹王召集群臣出师岭国解救王子。双方经过多年战争，各有损伤，但未分出胜负。

岭国设计延误姜军进攻岭国计划。岭国派以丹玛为首的六大将帅突捣姜营，致使姜军人仰马翻，溃不成军。萨丹王丧失理智，悲愤之际欲饮尽江河，格萨尔变成一条小鱼钻进姜王肚中，救出被吞的男女 20 人。格萨尔站在萨丹心顶祈求三宝保佑。萨丹恼羞成怒，向自己的心口扎了一刀，结束了自己的生命。格萨尔收回盐矿岭国，任命玉拉为姜地 12 地的首领。架起了藏汉友谊之桥。岭军凯旋。

5. 版本描述（字体、抄本、刻本风格、版面大小、材质）：

藏文柏簇体，古旧藏纸，每页 7 行？36cm×7cm？长条手抄本，原件。

6. 保存处及编号：

（1）手抄原件保存处：不知（或西藏档案局）。

7. 版本说明（页码标记、残缺污浊页、翻译、出版）：

（1）总页码：537 页。

（2）异文本汉文翻译：徐国琼、王晓松译，中国藏学，1991。

（3）异文本藏文出版：① 西藏，1981；② 罗哲嘉措本，甘肃，1989；③ 甘肃，1993；④ 精选本，2002；⑤ 桑珠本，2003；⑥ 交加本，甘肃，2006；⑦ 格日尖参本，甘肃，2007；⑧ 印度（德里），1965；⑨ 印度（岗托克），1977；⑩ 印度（岗托克），1983；⑪ 不丹，1981；⑫ 蒙古国，1959；⑬ 川《格》丛书 11，2014。

8. 著作者、搜集者与搜集地：

（1）著作者：未知

（2）搜集者：西藏《格》办

（3）搜集地：布达拉宫？

（4）搜集时间：1980？

9. 其他：

（1）不知藏处，根据西藏人民出版社 1981 年版《降岭之战》编制。

#90 《苏毗犏牛宗》

1. 藏文全题名：

སུམ་གླིང་གཡུལ་འགྱེད།

2. 拉丁转写：

sum gling g.yul 'gyed

3. 汉译名：

《苏毗犏牛宗》，或《松巴犏牛宗》《松岭之战》。

4. 故事内容提要：

松巴国国王松巴贡赞赤杰与王妃朗萨梅朵措生有两位公主，大公主东达威葛已经出嫁。二公主梅朵措姆，年方一十三岁，如花似玉，已有许多国王前来求亲。达绒长官晁同派人求亲不允，骗来女孩。松巴王聚兵讨伐晁同王，松巴军队用计智擒晁同，让他老老实实交出公主。晁同不认，将其关押。

松巴军抢劫岭国色巴部落商队。格萨尔王下令立即征服松巴。格萨尔率领岭国大军，很快到达松巴边境。松巴国国王贡赞赤杰下令调集松巴所有的军队，坚决抵抗。岭军与松巴军几经交战，双方都死伤了不少将士，仍然没有分出胜负。

岭国四路人马就向松巴王城四门同时发起进攻。松巴王城被岭军攻破，贡赞赤杰王身穿飞鸟翼衣，向空中逃去，逃离王城。格萨尔变化为白须白发的老者，用计将躲在山洞里的松巴王抓获。格萨尔携松巴王共同返回岭军营地，岭国众英雄立即煨桑相迎。雄狮大王带领王子扎拉，尼奔达雅、玉拉托琚、老将丹玛等来到已被扎拉攻破的松巴达察上面的宝马王宫，煨桑祭神，然后打开宝库，获得了犏牛"央"，将它带回岭国，从此雪域藏地有了犏牛，并成为藏民生活中不可分离的一个部分。

5. 版本描述（字体、抄本、刻本风格、版心大小、材质）：

藏文柏簇体，长条抄本，每页6行？25cm×8cm？原件，藏纸。

6. 保存处及编号：

（1）原件保存处：未知（或西藏档案局）。

7. 版本说明（页码标记、残缺污浊页、翻译、出版）：

（1）总页码：135页（西藏出版本）。

（2）异文本汉文翻译：张积诚译，西藏，1988。

（3）异文本藏文版：① 西藏，1981；② 扎巴本，民族音像出版社，1982、2013；③ 精选本，2010。

8. 著作者、搜集者与搜集地：

（1）著作者：不知

（2）搜集者：西藏《格》办

（3）搜集地：布达拉宫？

（4）搜集时间：1980？

9. 其他：

（1）不知保存处，根据西藏人民出版社1981年出版《松岭之战》编制。

#91 《羊同珍珠宗》

1. 藏文全题名：

འཛམ་གླིང་གེ་སར་དགྲ་འདུལ་གྱི་མཛད་ཚུལ་ལས་བྱང་ཞང་ཞུང་མུ་ཏིག་རྫོང་ཕབ་པའི་དཔའ་བོ་དགྲ་རྒྱལ་གླུ་དབྱངས་ཞེས་བྱ་བ་བཞུགས་སོ།

2. 拉丁转写：

'dzam gling ge sar dgra 'dul gyi mdzad tshul las byang zhang zhung mu tig rdzong phab pa'i dpa' bo dgra rgyal glu dbyang zhes bya ba bzhugs so

3. 汉译名：

《羊同珍珠宗》，或《象雄珍珠宗》《祥岭珍珠之战》《征服象雄珍珠国》《香雄珍珠宗》《向雄珍珠宗》。

4. 故事内容提要：

羊同苯教王伦珠扎巴的 16 个商人去汉地经商途中扎营在达戎晁同的草原上，晁同派儿子们抢劫并杀死了商人。羊同国君臣通过向苯教喇嘛求教得知了事情原委。羊同王派将兵抢回所夺之物并杀掉了达戎部落不少人马。晁同向格萨尔王请求派岭军替他报仇。

此时，天神也预言格萨尔到了征服羊同珍珠宗的时机。格萨尔下令三军追击羊同人马，自己率军出师大食。羊同王被格萨尔消灭。格萨尔打开了直插云霄的白崖狮子天宗，取出了各种金银财宝。格萨尔将财宝运回军营分给了将士。在羊同制定了十善之法，将苯教改为佛教，把外道的恶经抛入河中。格萨尔任命曲珠大臣为羊同十八方的首领。

5. 版本描述（字体、抄本、刻本风格、版心大小、材质）：

藏文柏簇体，每页 6 行？34cm×7cm？长条手抄本，原件，藏纸。

6. 保存处及编号：

（1）原件保存处：不知。

7. 版本说明（页码标记、残缺污浊页、翻译、出版）：

（1）总页码：148 页（藏文出版）。

（2）异文本汉文翻译：① 马宏武译，甘肃，2006；② 角巴东主主编，高等教育出版社，2011。

（3）异文本藏文出版：① 西藏，1982；② 甘肃，1984；③ 青海，1984；④ 扎巴本，2007；⑤ 桑珠本，2008；⑥ 印度（达拉姆萨拉），1984；⑦ 不丹，1981。

8. 著作者、搜集者与搜集地：

（1）著作者：未知

（2）搜集者：西藏《格》办

（3）搜集地：昌都

（4）搜集时间：1982？

9. 其他：

（1）不知保存处，根据西藏人民出版社 1982 年出版《征服象雄珍珠宗》
编制。

#92 《英雄诞生》

1. 藏文题名：

འཛམ་གླིང་སེང་ཆེན་ནོར་བུ་དགྲ་འདུལ་གྱི་རྟོགས་བརྗོད་མུ་ཏིག་ཕྲེང་བ་སྒྲ་འཛིན་བཅུད་ཀྱི་ཐིག་ལེའི་སྟོད་ཆ་བཞུགས་སོ།

2. 拉丁转写：

'dzam gling seng chen nor bu dgra 'dul gyi rtogs brjod mu tig phreng ba
sgra 'dzin bcud kyi thig le'i stod cha bzhugs so

3. 汉译名：

《英雄诞生》，或《诞生》《格萨尔诞生》《楚岭》。

4. 故事内容提要：

释迦牟尼诞生、出家、苦行、觉悟、转法轮，菩萨猴子与岩罗刹女婚
媾诞生藏族六氏族，聂赤赞布成为第一位藏王，陀日年赞王时期佛教传来，
松赞干布王时期佛教传统形成，赤松德赞王与静命、莲花生大师建立起佛
教国家，朗达玛王毁灭佛法。依据莲花生大师的祈愿，诸佛心子岭王格萨
尔最初成为天神之子；推巴噶瓦在神界建立佛法，后成为龙神之子；萨瓦
沃丹在龙界建立佛法事业，后转生于年界成为格萨尔大王。果萨生下了哥
哥董炯嘎布，被天神迎走，生下弟弟鲁珠沃琼，被龙神迎走，生下妹妹特
莱沃噶被空行母迎走，最后生下了觉如（格萨尔幼年名）。格萨尔诞生后，
向母亲果萨唱了一首报恩歌，表达了要降伏北魔鲁赞王、霍尔白帐王、姜
萨丹王以及 18 大宗的目标。不久嘉萨进毒，觉如降伏了叔叔晁同、黑鸟三
兄、高僧贡巴惹杂、九百恶犊、红魔驹等魔鬼。

晁同担心格萨尔夺走他的王位，便造谣说觉如是个鬼怪，果萨本是女
妖；把格萨尔赶到黄河谷地玛麦隆多草原。格萨尔在那里降伏了损耗鬼和
厉鬼等。有一年，岭地遭受雪灾，岭·格萨尔诞生后，不计前嫌，分给他
们放牧的草场，毅然收留了迁徙到玛麦隆多草原的包括晁同在内的岭国
军民。

格萨尔给晁同降下虚假预言，要他举办赛马大会，夺得岭国王位宝座。
最终通过赛马，格萨尔登上了岭国宝座，打开了玛域水晶岩宝库，取出了

众多宝物。

5. 版本描述（字体、抄本、刻本风格、版面大小、材质）：

藏文柏簇体，古旧藏纸，每页 9 行？30cm×10.8cm？长条手抄本，原件。

6. 保存处及编号：

（1）手抄原件保存处：不知。

7. 版本说明（页码标记、残缺污浊页、翻译、出版）：

（1）总页码：209 页（藏文出版）。

（2）无封面标题、内容较完整、字体工整，手指翻页磨损，存 1 卷，有原收藏者印。

（3）异文本汉文翻译：① 王沂暖、何天慧，甘肃，1985。

（4）异文本藏文出版：① 西藏，1982；② 甘肃，1981；③ 四川，1980、1999；④ 四川《玛麦觉如王事业》，2001；⑤ 青海《开天辟地》，1987；⑥ 青海，1988；⑦ 扎巴本，1996；⑧ 文库本，1996；⑨ 桑珠本，2001；⑩ 精选本，2013；⑪ 竹杰沃嘎本，民族音像出版社，2010；⑫ 印度（德里），1967？⑬ 印度（达拉姆萨拉），1984；⑭ 不丹，1979；⑮ 蒙古国，1961。

8. 著作者、搜集者与搜集地：

（1）著作者：未知

（2）搜集者：西藏《格》办

（3）搜集地：昌都？

（4）搜集时间：1982？

9. 其他：

（1）原件保存处不知，根据西藏人民出版社 1982 年出版《格萨尔诞生》编制。

（2）此部另名 གླིང་རྗེ་གེ་སར་རྒྱལ་འབྱུངས་ཚུལ་གླིང་ཕྲེ་རྩེ་ཤ་རྒྱུགས་ཀ་གཡང་གཏེར་གྱི་བར་མཚོ་ཞེས་འབྱུང་། （即《岭王格萨尔诞生情况、岭部落赛马、玛域伏藏之福运宝藏篇》中篇）。

（3）后附有居弥庞的《格萨尔颂》，似乎与青海民研会 20 世纪 60 年代在玉树搜集之《诞生》同。

#93 《察瓦戎箭宗》

1. 藏文全题名：

ཚ་བ་མདའ་རྫོང་།

2. 拉丁转写：

tsha ba mda' rdzong

3. 汉译名：

《察瓦戎箭宗》，或《取察瓦龙竹宗》《察瓦箭宗》。

4. 故事内容提要：

藏历土龙年四月十五日半夜时分，天神托梦给格萨尔，降伏察瓦戎箭宗的时刻到了。遵照天神旨意，总管王召集岭六部落的长官商议，决定让达绒晁同率领自己部落的人马，去抢劫察瓦戎的商队，以此挑起岭国与察瓦戎的战争。察瓦戎的国王朗拉杰布派白登朗杰扎巴和赞拉多杰雅梅两位大将率四千勇士去进攻达绒部落。戎查叉根立即召集领国兵马，打败了察瓦戎的军队，并向察瓦戎进发。

郎拉杰布国王亦召集察瓦戎的兵马，下令迎头痛击来犯岭军。经多次交战，察瓦戎不敌岭国大军，将士死伤众多，大片领土也被岭军占领。察瓦戎取名为火神、水神、风神和猛士的四员大将，分别守卫四方四个城堡，岭军难以攻克。察瓦戎国王朗拉杰布不听王妃和将领们的劝阻，亲自披挂出征，如同恶狼扑向羊群，冲向丹玛部落的兵马，丹玛一箭将他射死，岭军趁机强攻城堡，杀死了火神、水神、风神和猛士四员大将。见大势已去，大臣阿迈乌葛和王妃拉吉措率领残部向岭国投诚，并献上察瓦戎特有的弓箭宝库和牛羊。战争结束。

5. 版本描述（字体、抄本、刻本风格、版心大小、材质）：

藏文柏簇体，长条抄本，每页 6 行？25cm×6cm？原件，藏纸。

6. 保存处及编号：

（1）原件保存处：不知。

7. 版本说明（页码标记、残缺污浊页、翻译、出版）：

（1）总页码：213 页（藏文出版）。

（2）异文本汉文翻译：李朝群、顿珠译，西藏，1987。

（3）异文本藏文出版：① 西藏，1982；② 桑珠本，2002。

8. 著作者、搜集者与搜集地：

（1）著作者：无

（2）搜集者：西藏《格》办

（3）搜集地：昌都

（4）搜集时间：1981？

9. 其他：

（1）原件保存处不知，根据西藏人民出版社 1982 年出版《察瓦箭宗》编制。

（2）原书题有"昌都政协委员白玛多杰与洛桑曲丹提供手抄本"。

#94 《北方降魔》

1. 藏文全题名：

བདུད་ལེའུ།

2. 拉丁转写：

Bdud 'leu

3. 汉译名：

《北方降魔》，或《北地降魔》《征服鲁赞魔》《降服妖魔》《降妖部》。

4. 故事内容提要：

格萨尔登上岭国王位之时，四方魔王横行无忌，边地妖魔来到中心地作乱，尤其是北方魔王鲁赞十分嚣张，毁坏上方印度的佛法，捣毁下方汉地的法场，把中部卫藏四周搅得天昏地暗。与美丽的岭国为敌，抢走王妃梅萨和阿努森成等大批百姓和财富，使整个世界尤其是雪域之邦陷入苦海之中。遵照姑母南曼噶姆的旨意，格萨尔 15 岁第一次出征北部亚康魔国。米琼、珠姆和晁同三人怀着不同的目的来为格萨尔送行，但因没有缘分，他们三人都走错了路，没能到格萨尔王身边。

格萨尔单人独骑来到北方，闯过道道关隘，来到匝曲河畔，与魔国的军队相遇，在神佛的护佑下，格萨尔打败了所有敌人，魔臣晋格等人向格萨尔投诚。格萨尔来到北方亚康魔国，途中遇到阿达拉姆和魔臣秦恩，他们对格萨尔王仰慕已久，在他们的帮助下，摧毁了魔王鲁赞的寄魂野牛和寄魂羊，格萨尔来到魔城九层宫殿，在梅萨帮助下，用 9 个月零 10 天的功夫，箭射鲁赞王的额头，将他杀死。

但是，在降伏鲁赞之后，梅萨却让格萨尔饮了迷魂酒，使他忘记过去的一切，成天与梅萨寻欢作乐，在九层宫殿里。一住就是 9 年多。这期间，晁同投靠霍尔白帐王，帮助霍尔入侵岭国，大英雄贾察壮烈牺牲，珠姆被白帐王抢掳到霍尔国，岭国百姓陷入深重的灾难之中。

5. 版本描述（字体、抄本、刻本风格、版心大小、材质）：

藏文柏簇体？长条抄本，每页 7 行？19cm×8cm？原件，藏纸。

6. 保存处及编号：

（1）原件保存处：不知（或西藏社会科学院《格萨尔》研究中心）。

7. 版本说明（页码标记、残缺污浊页、翻译、出版）：

（1）总页码：420 页（藏文出版）。

（2）异文本汉文翻译：①王沂暖译，甘肃，1980；②王沂暖、华甲译《贵德分章本》，甘肃，1981。

（3）异文本藏文出版：① 甘肃，1980；② 西藏，1991；③ 四川（华旦《觉日的故事》），2000；④ 精选本，2000；⑤ 扎巴本，1997；⑥ 桑珠本，2002；⑦ 川《格》（《降妖部》），2008；⑧ 川《格》（《竹杰沃嘎《格萨尔》故事集》），2010；⑨ 格日尖参本，2007；⑩ 印度（德里），1979；⑪ 印度（岗托克 1），1983；⑫ 印度（岗托克 2），1983；⑬ 印度（加尔各答《下拉达克本》），1905；⑭ 不丹，1979；⑮ 不丹（《下拉达克本》），1981；⑯ 蒙古国（《格萨尔本生传》合编），1961。

8. 著作者、搜集者与搜集地：

（1）著作者：不知

（2）搜集者：唐本次多、洛桑顿旦、年信等

（3）搜集地：昌都

（4）搜集时间：1981

9. 其他：

（1）原件保存处不知，根据西藏人民出版社 1991 年出版《征服魔国》编制。

#95 《白惹山羊宗》

1. 藏文全题名：

ཚེ་རར་རྫོང་༎

2. 拉丁转写：

bhe ra ra rdzong

3. 汉译名：

《白惹山羊宗》，或《培惹》《比热山羊宗》。

4. 故事内容提要：

岭国降伏祝古兵器宗三年后，得到姑母南曼噶姆预言，派兵去降伏米努丝绸宗。岭军途经白惹边境时，受到前来岭营谈判的白惹大臣噶吾班觉等人挑衅，进而两国爆发了战争。

格萨尔千方百计射杀了热赞三兄弟的寄魂牛和寄魂虎，减少了他们的魔力。白惹君臣们竭尽全力与岭军拼杀，打死了仁钦达鲁等岭军很多将士，但终因寡不敌众，退回到王宫里死守。白惹赞巴瓦托杰和热魔玉珠扎巴二人多次闯进岭营，杀伤不少岭军，但最后被岭军乱箭射杀。热扎喜达玉梅请苯教上师阿琼来助阵，但被岭军砍死，热扎喜达自己也无路逃生，被姜国王子玉拉等岭军俘获，押送到岭地作为人质。白惹国王的王宫卡顶琼宗被岭军攻占，许多极其宝贵的珍宝被岭军抢夺，作为这场战争的代价。格

萨尔将卡顶琼宗王宫改宗为供奉佛祖的庙宇，消灭异教，弘扬佛法，百姓们享受幸福安宁的日子。

5. 版本描述（字体、抄本、刻本风格、版心大小、材质）：

藏文柏簇体，长条抄本，每页 6 行？36.6cm×8.1cm？原件，藏纸。

6. 保存处及编号：

（1）原件保存处：不知（或西藏社会科学院《格萨尔》研究中心）。

7. 版本说明（页码标记、残缺污浊页、翻译、出版）：

（1）总页码：427 页（2003 年藏文出版本）。

（2）未翻译。

（3）异文本藏文出版：① 西藏，1993/2003；② 精选本，2006；③ 桑珠本，2003；④ 不丹，1981。

8. 著作者、搜集者与搜集地：

（1）著作者：不知

（2）搜集者：索朗格列

（3）搜集地：昌都

（4）搜集时间：1992

9. 其他：

（1）原件保存处不知，根据西藏《格》办目录与西藏人民出版社 1991 年出版《比热山羊宗》编制。

小　结

（一）搜集情况

西藏自治区搜集《格萨尔》史诗资料的机构主要由西藏文联与西藏《格萨尔》办公室承担。搜集时间范围是 1980—1999 年，搜集地点主要位于西藏自治区境内，部分资料来自印度、尼泊尔出版本。

1980 年在西藏宣传部的领导下成立了"《格萨尔》领导班子与办公室"，由西藏人民出版社、西藏师院、西藏文化厅等机构人员组成抢救小组，1981 年前往昌都、林芝等地区进行搜集资料，收集到 23 部（种）手抄本和木刻本。后来自 1982 年开始由西藏文联《格萨尔》办公室派人前往阿里、那曲、昌都等地开始新一轮的调查搜集资料。1984 年西藏《格萨尔》办公室迁入西藏社会科学院与西藏大学。西藏社会科学院主要负责散存于民间的手抄本的继续搜集、保存、管理以及那曲、昌都艺人说唱本的录音工作，西藏大学则主要负责扎巴艺人说唱本的笔录、整理、出版等工作。后分为两家机构，各自更换名称。前者称作西藏社会科学院《格萨尔》研究中心，后者称西藏大学《格萨尔》研究所。

　　直至 20 世纪 90 年代末，西藏社会科学院《格萨尔》研究中心共搜集到手抄本与木刻本 58 部 121（册）异文本。2008 年，笔者在拙著《格萨尔学刍论》第三章第四节公开了此表。但近年来，比对西藏出版本与此表，发现 1979—1982 年间西藏出版的《格萨尔》抄本并未藏于西藏《格》办，而应该是还回了原收藏机构，比如《达岭之战》《霍尔岭之战》等来自西藏档案局。即大约有 11 册异文本并未列入其中，因此，西藏《格》办至 2000 年，约搜集到 58 部 131（册）异文本。在此，笔者仅列出 47 部 95（册）异文本的解题目录。其他未列入部本，可比对拙著《格萨尔刍论》第 192—203 页中所附 "西藏搜集《格萨尔》抄本目录（2003）"。这些民间保存的手抄本与木刻本资料大多搜集于昌都、那曲与阿里地区，其中也包括了艺人自写本与其他出版、油印版本。

　　（二）关于部数

　　西藏社会科学院《格萨尔》研究中心 "《格萨尔》旧抄本登记表"（1998）中表明：直至 1998 年，发现并搜集到 58 部 121（册）异文本（据李朝群《一个老西藏的故事》第 216 页介绍，"六五" 期间共搜集到 56 部 85 册异文本）。其中手抄本共有 40 部 90（册）异文本，木刻本 5 部 16（册）异文本，艺人自写本 7 部 10（册）异文本，长条印刷本（印度出版本）2 部 5（册）异文本，油印本 1 部 1（册）异文本。笔者 2014 年查阅收藏资料时，仅查阅到了 29 部 65（册）藏式长条形制异文本。不少文本可能因种种原因散佚，其中也不能排除存在重复登录的情况，或者有些资料由于抄写媒介不同，收藏于别处。在此根据其他文献资料，共编辑出了 47 部 95（册）异文本的题录，尚有 36 册异文本，由于上面提到的原因，笔者未能作出题录。

　　以下列出西藏《格》办所搜集 58 部史诗抄本名录（其中后附藏文书名者为此次未见）。

　　1.《天界篇》，2.《英雄诞生篇》，3.《东斯玛马宗》（ཤར་རྩེ་མའི་ཧུ་ཡང་།），4.《丹玛青稞宗》，5.《察瓦戎箭宗》，6.《赛马称王篇》，7.《降伏弥药玉泽王篇》（或《征服残暴七兄弟》），8.《北方降魔篇》，9.《霍岭大战篇》，10.《辛丹内讧篇》，11.《姜岭大战篇》，12.《孟岭大战篇》，13.《大食财宗》，14.《分大食财宗》，15.《上粟特马宗》，16.《下粟特铠甲宗》，17.《阿扎玛瑙宗》，18.《歇日珊瑚宗》，19.《白惹山羊宗》，20.《米努丝绸宗》，21.《日怒绸缎宗》，22.《突厥兵器宗》，23.《雪山水晶宗》，24.《亭岭之战》，25.《羊同珍珠宗》，26.《迦湿弥罗绿松石宗》，27.《苏毗犏牛宗》，28.《穆古骡子宗》，29.《梅岭金宗》，30.《梅岭玛瑙宗》，31.《嘉尔岭骡子宗》，32.《中华茶宗》，33.《恰容粮食宗》，34.《昂岭之战》，35.《朗日金宗》，36.《羌岭之战》，

37.《征服北方红氆氇宗》（或《北方红缨宗》），38.《底葛尔佛法宗》，39.《降伏东魔夏瓦如扎》，40.《中华铠甲宗》，41.《白惹绵羊宗》，42.《白惹骡子宗》（ཧུར་རྡེལ་ཆུང་།），43.《卡容金子宗》，44.《雪山金子宗》（གངས་རི་གསེར་ཆུང་།），45.《阿赛铠甲宗》，46.《西宁银宗》），47.《阿岭》（ཨ་གླིང་།），48.《努岭》（ནུབ་གླིང་།），49.《亭迟药宗》（ཤེལ་ཏིག་སྨན་ཆུང་།或《亭迟头盔宗》ཤེལ་ཏིག་རྨོག་ཆུང་།），50.《拉堆》（估计原藏文为 གླང་སྟོད་རོར་བའི་གཏེར་ཐོ།），51.《斯钦青白玛瑙宗》，52.《甲木绒青稞宗》（估计原藏文为 འཇམ་རོང་ནས་ཆུང་།），53.《嘎岭》（ཀླུ་གླིང་།），54.《夏岭》（ཤར་གླིང་།），55.《乌炎银宗》，56.《征服边地魔宗》（或《塔堆》），57.《格萨尔密传》，58.《地狱救母篇》。

其中，以下各部由于条件所限，未作题录。《东斯玛马宗》（ནར་རྗེ་མའི་རྟ་གཡང་།）最早见于旺秋报告，即其报告中的《司马》部搜集于贡觉波罗区波罗公社桑巴顿珠处的抄本，其他信息不知（旺秋，昌都报告，1984），此部有扎巴本《诞生》中的《斯玛马宗》可做参考。此外《白惹骡子宗》（手抄本，202叶，1984 年由旺秋、洛旦搜集于昌都），《雪山金子宗》（手抄本，1984 年由旺秋、洛旦搜集于昌都），《阿岭》（赤列尼玛撰写），《努岭》（赤列尼玛撰写），《亭迟药宗》（或《亭迟头盔宗》，曲扎撰写本，仁增 1999：45 页），《拉堆》（手抄本，1984 年由旺秋、洛旦搜集于昌都），《甲木绒青稞宗》（手抄本，1985 年搜集于昌都），《嘎岭之战》（手抄本，1985 年搜集于昌都，仁增认为是赤列尼玛撰写本），《夏岭之战》（手抄本，1992 年搜集于昌都），更多信息不知，故此次未能作出题录。另有《珠堆玛》一部笔者估计为《突厥兵器宗》上册，故也未作题录。但《楚岭》（或《楚尘》）一部，笔者认为是《诞生》，《英雄心中喜筵》即《突厥兵器宗》作出了题录。

尚有《南岭》（ལྷ་གླིང་།也有目录中意为《雷岭》），《色锦》（笔者认为可能是《斯钦青白玛瑙宗》的异文本），《旭岭》（གུ་གླིང་།仁增认为是赤列尼玛撰写本）等部在不同目录中出现过，由于所知信息很少，未列入西藏搜集《格萨尔》抄本目录（2003）中，故也未作题录。

此外，这些部本中包括了少量的艺人说唱笔录本如扎巴《门岭之战》以及艺人自写本如阿旺嘉措《地葛尔》等。到 2000 年为止，诸多艺人如扎巴、桑珠、玉梅、曲扎等说唱或自写本《格萨尔》已录音并笔录了多部，由于条件所限，在此笔者均没有收入此解题目录中，期望今后有条件时再作专门的艺人本解题目录。

另外，就艺人说唱本方面来看，近年来西藏昌都江达县字嘎乡格色村的一位艺人华旦（འབའ་ཐང་རྫོང་ལྕོགས་འདོར་ཤར་ང་གྱི་སྤྱ་སོ་དགའ་བའི་ཐུན།或班旦，即《朗日金宗》作者）撰写并在四川民族出版社自 1999—2000 年出版了三册《格萨尔》史诗，其中包括了《天岭绵羊宗》（此部已收入"精选本"称为《南岭绵羊宗》），

《征服霍尔黑帐王》《杂日神宗》《觉如王利益门国百姓》《征服北方突厥国》《征服魔国寄魂牛》《征服察瓦戎之妖魔盗贼》《征服汉地商人》《征服乾达婆国之起尸鬼》《利益泥婆罗国之百姓》《利益达国之百姓》《征服阿扎国王子南拉赤嘎》等 12 部。在此处也未作出题录。

（三）部本、异文本的说明

关于《格萨尔》史诗部数的计算方法，在学界一直以来存在差异。如同史诗艺人计算部数时存在各自的标准一样，每位资料搜集者、登录者也会出现些微的不同。到目前为止，存在这种现象是比较正常的。西藏《格萨尔》资料的登录者也有各自的计算方法，在此暂且不论。

西藏搜集的 58 部《格萨尔》资料中，有些部本由于散佚，其内容讲什么不得而知，或许只是一种本子的另一种叫法，这也不是没有可能。比如《拉堆》，或许是《天界篇》的上册。同时，这里也存在一种情况，即随着资料管理者的变换与资料登录工作的不断更新，其间可能出现同一种资料重复登录，而且加上了新名称的情况。比如《甲木绒青稞宗》也可能是《恰容粮食宗》的另一种说法。此外，一些当代艺人（1959 年后）的自写本也列入其中，这就意味着要面对"手抄本的范围到底是什么"这样严肃的学术问题。在此，笔者不想讨论这个问题，仅从搜集、保存《格萨尔》资料的方面出发，将所搜集的书、写在纸张上的《格萨尔》内容统统列入其中了。

另外，西藏《格》办从最初搜集资料开始，由于未给资料加上编号，只想着扩大搜集成果，这就造成后来出现的混乱情形。尽管后来者意欲努力改正前面的错误，但由于未解决根本问题，只能越忙越乱了。对于这种情形，在 1998 年、1999 年仁增的两篇重要论文 སྒྲུང་སྐྱབ་དཔེ་ཆེ་རྣམ་གྲངས་སྐོར་གླེང་བ། （尊珠朗吉、仁增"试析《格萨尔》的部名"，《西藏研究》1998.2 期）དམངས་གཙོའི་བཅོས་ བསྒྱུར་ནས་ནས་བ་བཞི་བཞིའི་རིང་གི་བོད་ཀྱི་གླིང་སྒྲུང་སྐྱོར་ཞིབ་པའི་ལས་དོན་ལ་ཐོབ་པའི་གྲུབ་འབྲས་སྐོར། （仁增"民主改革 40 年来西藏《格萨尔》史诗抢救工作取得的成就"，《西藏研究》1999.1 期）中，尽了最大努力尝试纠正与总结，而且从 1998 年西藏《格》办的索朗格列、仁增、洛旦的整理目录中可以看到这种尝试，但其结果只能是对他们亲眼所见抄本重新登录了一遍，因此得出的结论即为 58 部 121 册异文本。

（四）资料保存、管理状况

从 1986 年李朝群、顿珠关于"西藏搜集、保护、管理《格萨尔》资料"的文章可见，西藏《格萨尔》办公室不仅在搜集资料方面付出了辛勤的努力且取得了有目共睹的成绩。而且在保存与管理资料方面也卓有成效。但是从笔者检阅、核对目录以及实地调查来看，许多资料似乎不知所踪。但我认为从新时期（1978 年）以来全国《格萨尔》资料的几次大移动情况来看，西藏所搜集资料的数量前后不可能有太大的出入。

　　首先，1986 年与 1991 年在北京举办的两次全国《格萨尔》工作成果展中，所借用资料不可能出现散佚；其次，1987 年在成都举办的全国《格萨尔》出版会议上，借用的资料也几乎不可能出现散佚情况；最后，1979 年在各地《格萨尔》搜集机构与当地出版社合作出版的手抄本《格萨尔》资料中，西藏《格》办的资料在借用途中或许会出现散佚的可能。因为对于出版本与原始抄本的价值，将两者等同起来了，甚至认为出版本更好，但对研究者来说，不应该局限于此。此外，尚有一种可能，就是编目与登录方面出现了重复登录的错误。

　　事实上，仅就笔者的实地调查所见，西藏社会科学院《格萨尔》研究中心非常重视保存与管理资料，笔者所查阅的每部《格萨尔》资料保存完好如初，保管条件也越来越完善。

第三章　云南迪庆藏学研究院藏本解题目录

凡例·说明

1. 此解题目录所参考原始目录为：

（1）全国《格萨尔》办公室藏《云南省社科院迪庆州《格萨尔》研究室现存资料目录》（1985.12.18）；

（2）全国《格》办《1958—1986 年全国搜集〈格萨尔〉手抄本、木刻本总目录》（2001）。

2."藏文题名"大多采用了简称。由于原手稿封面字迹漫漶不清，故未能录入藏文全题名。

3."故事内容提要"主要采用：

（1）土登尼玛主编《格萨尔词典》中提要（四川，1989）。

（2）降边嘉措主编《中国少数民族古籍总目提要·藏族卷——〈格萨尔〉》（未刊稿，2014）。

（3）ཡེ་ཤེས་དབང་མོ་བཅས་བསྒྲིགས། སྲུང་། །ལགགཱ ཐིམ་མ་དང་པར་མ་འཕའི་ནང་དོན་མདོར་བསྡུས། །རྒྱལ་ཡོངས་གི་མར་ཁུ་ཁ་ལེན་ལམ་ལེན་ཁ །ལ་འཕ།

（4）རྒྱང་འཕོར་ཆོ་ཕྱུག་གྱིས་བཅསབསྒྲིགས། མ་གནང་ལསགུ ཀྱི་ཝ་ཝ་པའི་སྒྲེ་སྐྱང་དང་ཆོགས་མ་སྲོར་པ ཞིག་འཇུགལ །ཡེའུ་གསུམ་པ་བསོར་ཆན་ཆོ་ཝའི་ལེགགས་ལེ་ཕེ་ལ་དགུན་ཉ །ཕི་རྩོ་དང་ནང་ཚན་ཝ་གནང་ལས། །ཕི་རྩ་དའི་སྐྱེ། ༢༠༡༣

（5）སྐྲེ་བོ་ཆོ་རིང་གིས་བཅསབསྒྲིགས་སྒྲིང་། །པར་སྐུ་དེང་ལ་དྲིང་པ་ཉྲོ་གནལས་ཡིད་ཉ་དགཱ་པའི་སྲོ་གྲུམ་པ་ཕེ་ཝ་ཕ་ཐ ཝི་ནན་དོན་ཝ་དི་པ །ཁིངལ་མི་ རིགགས་༢༠༡༠

（6）སྨན་ཕུལ་རིན་ཆེན་རོ་རྲེས་བཅསབསྒྲིགས་གི་མར་ཁུ་ན་མོང་བིན་འཇུག །ཁྱུང་ཕོ་བོ་རིག་པ༢༠༡༦

4."原件保存处：中央民族学院图书馆"，根据复印件上的"中央民族学院图书馆印章"推定。

5."异文本"，指就一个完整的《格萨尔》部本来说，总体故事结构上相同但小情节与词句方面存在差异的其他部本，称作这个部本的异文本。因此，"异文本汉文翻译"与"异文本藏文出版"指的是与之相关的同类部本的翻译与出版。

6."迪庆藏学研究院编号"为原抄本封面所附编号，估计为 1985 年前后编制。

7. "叶"指的是藏文长条双面为一叶（即一枚），"页"指现代书页（即一面）。

8. 用"#"符号代表目录中存在，但此次（2014）查阅时未见到的手抄本。

01　《阿扎玛瑙宗》

1. 藏文全题名：

ཨ་གྲགས་གཟི་རྫོང་།

2. 拉丁转写：

a grags gzi rdzong.

3. 汉译名：

《阿扎玛瑙宗》，或《阿扎九眼珠宗》《征服阿扎玛瑙城》《阿与岭之战》《阿扎色宗》《阿乍玛瑙国》。

4. 故事内容提要：

土龙年六月初十日，岭国的商队路过歇日国，达泽王毫不犹豫地命令手下的兵将去抢岭国的财物。格萨尔出兵征讨。岭国大军晓行夜宿，不多日，来到阿扎玛瑙国边境。格萨尔命使臣带着礼物入城向国王问候，请阿扎王让出一条路，岭国将通过此地向歇日进军。

阿扎君臣问卜之时，侍臣禀报，岭国大军前来借路。虽然岭国人马不是来攻打阿扎国的，但歇日紧连阿扎，歇日城破，阿扎岂能长久？看来这条路是借不得的。尼扎王一面拒绝给岭国让路，一面迅速召集国内兵马，准备拒敌。

格萨尔大王听说阿扎王不肯借路，愤怒异常，不知该如何是好。就在这时，天母南曼噶姆出现了，对格萨尔说：欲取歇日珊瑚城，必须先破阿扎玛瑙城。于是格萨尔下令进攻阿扎，一路战果连连，来到罗刹大城堡。王子扎拉下令岭国的三员大将森达、玉拉和达拉赤噶诛杀蛋生九人九马，大破罗刹城堡，兵临阿扎王宫。经过几番论战，岭军入城，尼扎跪拜雄狮王，献上金银珠宝等九色礼品。格萨尔君臣开启了中部阿扎与阿扎王城内宝库，然后将所得财物分给众人。格萨尔命令阿扎王尼扎，带着王妃、公主等眷属和侍臣到藏地去住三年，即日启程。雄狮王派大臣尼玛坚赞做了阿扎王，管理国政。

5. 版本描述（字体、抄本、刻本风格、版心大小、材质）：

藏文粗让体接近草体，长条手抄本，每页8行，34cm×8cm，复印件，复印于现代纸。

6. 保存处及编号：

（1）原件保存处：不知（估计保存于收藏者）

（2）复印件保存处：迪庆藏学研究院

（3）迪庆藏学研究院编号：00732、00742

7. 版本说明（页码标记、残缺污浊页、翻译、出版）：

（1）总页码：264 叶（即 528 页）。

（2）原附记："《格·阿扎色宗》较残缺，现 248 张。复制四份，社会科学院、文学所、阿图、州《格》研室各留一份。搜集地点，西藏芒康县甲告乡甲告村。麦隆·土登存书。付租借费　　元"。

（3）无藏文封面、页面残缺、内容不完整。存 2 套。

（4）异文本汉文翻译：徐国琼、和建华译《阿岭之战》，云南，2007。

（5）异文本藏文出版：① 青海，1985；② 西藏，1999；精选本，2003；③ 桑珠本，2005；④ 印度（德里），1975；⑤ 不丹，1981。

8. 著作者、搜集者与搜集地：

（1）著作（抄写、收藏）者：麦隆·土登（收藏者）

（2）搜集者：阿图？

（3）搜集地：西藏芒康县甲告乡甲告村

（4）搜集时间：1979？

（5）复印、登记时间：1985

9. 其他：

（1）有红色夹板。

02 《阿扎玛瑙宗》

1. 藏文全题名：

ཨ་གྲག་གཟི་རྫོང་འབེབས་པའི་རྣམ་ཐར་དཔའ་བོ་གཡུལ་འགྱེད་ཀྱི་དགའ་སྟོན་གོ་ཤེས་ལྷ་བའི་བུའི་ཞེས་བྱ་བ་རིན་ཆེན་གཏེར་མཛོད་བཞུགས་སོ།

2. 拉丁转写：

a grag gzi rdzong 'bebs pa'i rnam thar dpa'i bo g.yul 'gyed gyi dga'i ston go shes lha ba'i bu'i zhes bya ba rin chen gter mdzod bzhugs so.

3. 汉译名：

《阿扎玛瑙宗》，或《阿扎九眼珠宗》《征服阿扎玛瑙城》《阿与岭之战》《阿扎色宗》《阿乍玛瑙国》。

4. 故事内容提要：

土龙年六月初十日，岭国的商队路过歇日国，达泽王毫不犹豫地命令手下的兵将去抢岭国的财物。格萨尔出兵征讨。岭国大军晓行夜宿，不多日，来到阿扎玛瑙国边境。格萨尔命使臣带着礼物入城向国王问候，请阿扎王让出一条路，岭国将通过此地向歇日进军。

阿扎君臣问卜之时，侍臣禀报，岭国大军前来借路。虽然岭国人马不是来攻打阿扎国的，但歇日紧连阿扎，歇日城破，阿扎岂能长久？看来这条路是借不得的。尼扎王一面拒绝给岭国让路，一面迅速召集国内兵马，准备拒敌。

格萨尔大王听说阿扎王不肯借路，愤怒异常，不知该如何是好。就在这时，天母南曼噶姆出现了，对格萨尔说：欲取歇日珊瑚城，必须先破阿扎玛瑙城。于是格萨尔下令进攻阿扎，一路战果连连，来到罗刹大城堡。王子扎拉下令岭国的三员大将森达、玉拉和达拉赤噶诛杀蛋生九人九马，大破罗刹城堡，兵临阿扎王宫。经过几番论战，岭军入城，尼扎跪拜雄狮王，献上金银珠宝等九色礼品。格萨尔君臣开启了中部阿扎与阿扎王城内宝库，然后将所得财物分给众人。格萨尔命令阿扎王尼扎，带着王妃、公主等眷属和侍臣到藏地去住三年，即日启程。雄狮王派大臣尼玛坚赞做了阿扎王，管理国政。

5. 版本描述（字体、抄本、刻本风格、版心大小、材质）：

藏文柏簌体，长条手抄本，每页 6 行，34cm×6cm，复印件，复印于现代纸。

6. 保存处及编号：

（1）原件保存处：不知

（2）复印件保存处：迪庆藏学研究院

（3）迪庆藏学研究院编号：00737

7. 版本说明（页码标记、残缺污浊页、翻译、出版）：

（1）总页码：412 叶。

（2）藏文封面、内容完整、抄写字体工整优美。

（4）异文本汉文翻译：徐国琼、和建华译《阿岭之战》，云南民族出版社，2007 年 11 月。

（5）异文本藏文出版：① 青海民族出版社，1985 年 5 月；② 不丹，1981。

8. 著作者、搜集者与搜集地：

（1）著作（抄写、收藏）者：无

（2）搜集者：阿图？

（3）搜集地：不知

（4）搜集时间：1981？

（5）复印、登记时间：1985

9. 其他：

（1）有红色夹板。

03 《大食财宗》

1. 藏文全题名：

འཛམ་གླིང་སེང་ཆེན་རྒྱལ་པོའི་རྟོགས་བརྗོད་ལས་སྟག་གཟི་ནོར་རྫོང་བབ་པའི་ལོ་རྒྱུས་མ་ནུབ་པའི་སྒྲ་བྱངས་མ་སྲིད་གསུམ་རིན་ཆེན་བང་མཛོད་བཀྲ་ཤིས་སྙན་གྲགས་ཀུན་ཁྱབ་བཞུགས་སོ།

2. 拉丁转写：

'dzam gling seng chen rgyal po'i rtogs brjod las stag gzi nor rdzong bab pa'i lo rgyus ma nub pa'i sgra byangs ma srid gsum rin chen bang mdzod bkra shis snyan grags kun khyab bzhugs so

3. 汉译名：

《大食财宗》，或《大食财宝城》《达惹诺宗》《大食诺宗》《大食宝宗》《大食之战》《达岭之战》《征服大食》。

4. 故事内容提要：

大食财宝王富如龙王，有着像毗沙门一样大的权势。拥有一匹具备所有优点的宝马，被誉为具鹏翅宝马。晁同装扮成的董图弥郭杰等三人去大食国用计盗走了具鹏翅宝马。

大食国立即派兵追讨，抢夺了晁同帐篷中的所有财宝以及牲畜。晁同率军讨伐，双方硝烟三年，胜负无期。后来，天神预言格萨尔要征服大食财宗。晁同也派人去岭王处请求出兵大食。格萨尔大王召集群臣，商讨对敌策略，定战略战术。格萨尔领兵击败了大食军队的进攻，并乘胜追击，降伏了大食国，取回大食国的宝藏凯旋。

5. 版本描述（字体、抄本、刻本风格、版心大小、材质）：

藏文柏簇体，长条抄本，每页 5 行，23cm×6cm，复印件，复印于现代纸。

6. 保存处及编号：

（1）原件保存处：不知

（2）复印件保存处：迪庆藏学研究院

（3）迪庆藏学研究院编号：00769

7. 版本说明（页码标记、残缺污浊页、翻译、出版）：

（1）总页码：331 叶。

（2）藏文封面、内容完整、抄写字体工整优美。

（3）原说明中有 662 叶。

（4）异文本汉文翻译：角巴东主等编校，高等教育出版社，2011。

（5）异文本藏文出版：① 西藏，1979；② 甘肃，1979；③ 精选本，2002；④ 印度（大吉岭），1966；⑤ 印度（新德里），1976；⑥ 印度（岗托克），1983；⑦ 不丹，1981。

8. 著作者、搜集者与搜集地：

（1）著作（抄写、收藏）者：无

（2）搜集者：阿图？

（3）搜集地：不知

（4）搜集时间：1981？

（5）复印、登记时间：1985

9. 其他：

（1）有红色夹板。

04 《大食财宗》

1. 藏文全题名：

འཛམ་གླིང་སེང་ཆེན་རྒྱལ་པོའི་རྟོགས་བརྗོད་ལས་སྟག་གཟི་ནོར་རྫོང་།

འཛམ་གླིང་སེང་ཆེན་རྒྱལ་པོའི་རྟོགས་བརྗོད་ལས་སྟག་གླིང་གཡོལ་འཁྲུག་གྱི་ལེའུ་རིམ་པའི་བཞུགས་སོ།

2. 拉丁转写：

'dzam gling seng chen rgyal po'i rtogs brjod las stag gzi nor rdzong. 'dzam gling seng chen rgyal po'i rtogs brjod las stag gling g.yol 'khrug gyi le'u rim pa'i bzhugs so.

3. 汉译名：

《大食财宗》，或《大食财宝城》《达惹诺宗》《大食诺宗》《大食宝宗》《大食之战》《达岭之战》《征服大食》。

4. 故事内容提要：

大食财宝王富如龙王，有着像毗沙门一样大的权势。拥有一匹具备所有优点的宝马，被誉为具鹏翅宝马。晁同装扮成的董图弥郭杰等三人去大食国用计盗走了具鹏翅宝马。

大食国立即派兵追讨，抢夺了晁同帐篷中的所有财宝以及牲畜。晁同率军讨伐，双方硝烟三年，胜负无期。后来，天神预言格萨尔要征服大食财宗。晁同也派人去岭王处请求出兵大食。格萨尔大王召集群臣，商讨对敌策略，定战略战术。格萨尔领兵击败了大食军队的进攻，并乘胜追击，降伏了大食国，取回大食国的宝藏凯旋。

5. 版本描述（字体、抄本、刻本风格、版心大小、材质）：

藏文柏簇体，长条抄本，每页 6 行，32cm×7cm，原件、复印件（复印于现代纸）。

6. 保存处及编号：

（1）原件保存处：迪庆藏学研究院

（2）复印件保存处：迪庆藏学研究院

（3）迪庆藏学研究院编号：00716

7. 版本说明（页码标记、残缺污浊页、翻译、出版）：

（1）总页码：132 叶（上册 199 叶，下册 188 叶？）。

（2）藏文封面、内容不完整、抄写字体工整优美。

（3）藏有原件和复印件（复印件未剪裁，无编号）。云南社会科学院藏"下册"复印件装订于编号为 000015《大食财宗》之后。

（4）异文本汉文翻译：角巴东主等编校，高等教育出版社，2011。

（5）异文本藏文出版：① 西藏，1979；② 甘肃，1979；③ 精选本，2002；④ 印度（大吉岭），1966；⑤ 印度（新德里），1976；⑥ 印度（岗托克），1983；⑦ 不丹，1981。

8. 著作者、搜集者与搜集地：

（1）著作（抄写、收藏）者：无

（2）搜集者：阿图？

（3）搜集地：不知

（4）搜集时间：1981？

（5）复印、登记时间：1985

9. 其他：

（1）原件有红色夹板。

05 《大食财宗》

1. 藏文全题名：

འཛམ་གླིང་སེང་ཆེན་རྒྱལ་པོའི་རྟོགས་བརྗོད་ལས་སྟག་གཟི་ནོར་རྫོང་ཕབ་པ་ཞེས་བྱ་བ་བཞུགས་སོ།

2. 拉丁转写：

'dzam gling seng chen rgyal po'i rtogs brjod las stag gzi nor rdzong phab pa zhes by aba bzhugs so.

3. 汉译名：

《大食财宗》，或《大食财宝城》《达惹诺宗》《大食诺宗》《大食宝宗》《大食之战》《达岭之战》《征服大食》。

4. 故事内容提要：

大食财宝王富如龙王，有着像毗沙门一样大的权势。拥有一匹具备所有优点的宝马，被誉为具鹏翅宝马。晁同装扮成的董图弥郭杰等三人去大食国用计盗走了具鹏翅宝马。

大食国立即派兵追讨，抢夺了晁同帐篷中的所有财宝以及牲畜。晁同率军讨伐，双方硝烟三年，胜负无期。后来，天神预言格萨尔要征服大食财宗。晁同也派人去岭王处请求出兵大食。格萨尔大王召集群臣，商讨对敌策略，定战略战术。格萨尔领兵击败了大食军队的进攻，并乘胜追击，降伏了大食国，取回大食国的宝藏凯旋。

5. 版本描述（字体、抄本、刻本风格、版心大小、材质）：

藏文柏籨体，长条抄本，每页 7 行，30cm×6cm，复印件（复印于现代纸）。

6. 保存处及编号：

（1）原件保存处：中央民族学院图书馆

（2）复印件保存处：迪庆藏学研究院

（3）迪庆藏学研究院编号：00735

7. 版本说明（页码标记、残缺污浊页、翻译、出版）：

（1）总页码：196 叶。

（2）藏文封面、内容完整、抄写字体工整优美。

（3）原说明中说 10 叶、176 叶重复，77 叶缺失是编页错误。封面有 0629 编号，封面及 196 叶 A 面上有"中央民族学院图书馆印章"。

（4）异文本汉文翻译：角巴东主等编校，高等教育出版社，2011。

（5）异文本藏文出版：① 西藏，1979；② 甘肃，1979；③ 精选本，2002；④ 印度（大吉岭），1966；⑤ 印度（新德里），1976；⑥ 印度（岗托克），1983；⑦ 不丹，1981。

8. 著作者、搜集者与搜集地：

（1）著作（抄写、收藏）者：无

（2）搜集者：阿图？

（3）搜集地：不知

（4）搜集时间：1981？

（5）复印、登记时间：1985

9. 其他：

（1）有红色夹板。

06 《中华茶宗》

1. 藏文全题名：

གེ་སར་སྐྱེས་བུའི་རྣམ་ཐར་རྒྱ་ཡིས་ལེའུ་ལས་བྱུང་བའི་ངོ་མཐར་གཏཾ་གྱི་ཕྲེང་བ་བཞུགས་སོ།

2. 拉丁转写：

ge sar skyes bu'i rnam thar rgya yis le'u las byung ba'i ngo mthar gtam gyi
phreng ba bzhugs so.

3. 汉译名：

《中华茶宗》，或《汉地茶宗》《加岭传奇》《岭与中华》《汉岭》。

4. 故事内容提要：

在汉地让布曲宗，有个天使国王葛拉耿贡。他统治着汉地众生，娶了一位名叫尼玛赤姬的下界国王堆瓦纳布的美貌女儿。三世之神看出这个妃子是妖魔所变，知道若不灭掉她，将为害众生。于是化作瘸、瞎、聋三个残障人，为妃子演戏，令属民看见美貌妃子。妃子因此得了大病，无法治愈。妃子临死前告诉国王只要将其尸体裹在绸缎里放到库中，不让其发凉，并把百姓属民压于无衣食住行之权的严法之下，断除藏汉之间的金桥，不让外地人进来，也不让内部人出去，那么她将有一天复活。

公主听见妖妃的遗嘱，听从大臣女儿央金措主意，借口去五台山为母亲斋戒，将密信及信物一起托三只鸽子寄给格萨尔大王。格萨尔大王也接到天神预言，到汉地去火化妖妃的尸体，解除汉地国王与百姓的痛苦。于是格萨尔按照天神的预言，从弥药国、赤秀甲毛海、阿赛国取回在汉地必需的宝物，然后与 12 位将士来到汉地，征服了各种关口上的妖怪，用各种神变降伏了汉地国王，用计谋烧毁了妖妃的尸体。对汉地众生讲授了止恶行善的法典，使汉地众生自愿接受十善，畅享安乐的生活。

5. 版本描述（字体、抄本、刻本风格、版心大小、材质）：

藏文粗通体与草体，长条抄本，每页 6 行，32cm×7cm，复印件，复印于现代纸。

6. 保存处及编号：

（1）原件保存处：未知

（2）复印件保存处：迪庆藏学研究院

（3）迪庆藏学研究院编号：00736

7. 版本说明（页码标记、残缺污浊页、翻译、出版）：

（1）总页码：372 叶。

（2）藏文封面、内容完整、抄写字体工整优美。

（3）异文本汉文翻译：阿图、徐国琼、解世毅译，中国民间文艺出版社，1984。

（4）异文本藏文出版：① 中国民间文艺，1981；② 西藏，1984；③ 扎巴本，民族音像出版社，1999；④ 桑珠本，2005；⑤ 印度（岗托克），1977；⑥ 不丹，1981；⑦ 不丹（《下拉达克本》），1981；⑧ 民族音像出版社，2014。

8. 著作者、搜集者与搜集地：

（1）著作（抄写、收藏）者：无

（2）搜集者：阿图？

（3）搜集地：不知

（4）搜集时间：1981？

（5）复印、登记时间：1985

9. 其他：

（1）有红色夹板。

07 《中华茶宗》

1. 藏文全题名：

གེ་སར་སྐྱེས་བུའི་རྣམ་ཐར་རྒྱ་ཡིས་ལེའུ་ལས་བྱུང་བའི་ངོ་མཚར་གཏམ་གྱི་ཕྲེང་བ་བཞུགས་སོ།

2. 拉丁转写：

ge sar skyes bu'i rnam thar rgya yis le'u las byung ba'i ngo mthar gtam gyi phreng ba bzhugs so.

3. 汉译名：

《中华茶宗》，或《汉地茶宗》《加岭传奇》《岭与中华》《汉岭》。

4. 故事内容提要：

在汉地让布曲宗，有个天使国王葛拉耿贡。他统治着汉地众生，娶了一位名叫尼玛赤姬的下界国王堆瓦纳布的美貌女儿。三世之神看出这个妃子是妖魔所变，知道若不灭掉她，将为害众生。于是化作瘸、瞎、聋三个残障人，为妃子演戏，令属民看见美貌妃子。妃子因此得了大病，无法治愈。妃子临死前告诉国王只要将其尸体裹在绸缎里放到库中，不让其发凉，并把百姓属民压于无衣食住行之权的严法之下，断除藏汉之间的金桥，不让外地人进来，也不让内部人出去，那么她将有一天复活。

公主听见妖妃的遗嘱，听从大臣女儿央金措主意，借口去五台山为母亲斋戒，将密信及信物一起托三只鸽子寄给格萨尔大王。格萨尔大王也接到天神预言，到汉地去火化妖妃的尸体，解除汉地国王与百姓的痛苦。于是格萨尔按照天神的预言，从弥药国、赤秀甲毛海、阿赛国取回在汉地必需的宝物，然后与12位将士来到汉地，征服了各种关口上的妖怪，用各种神变降伏了汉地国王，用计谋烧毁了妖妃的尸体。对汉地众生讲授了止恶行善的法典，使汉地众生自愿接受十善，畅享安乐的生活。

5. 版本描述（字体、抄本、刻本风格、版心大小、材质）：

藏文柏簇体，长条抄本，每页 5 行，25cm×6cm，原件，复印件（复印于现代纸）。

6. 保存处及编号：

（1）原件保存处：迪庆藏学研究院

（2）复印件保存处：迪庆藏学研究院

（3）迪庆藏学研究院编号：00728

7. 版本说明（页码标记、残缺污浊页、翻译、出版）：

（1）总页码：315 叶。

（2）藏文封面、内容完整、抄写字体工整优美。

（3）异文本汉文翻译：阿图、徐国琼、解世毅译，中国民间文艺出版社，1984。

（4）异文本藏文出版：① 中国民间文艺，1981；② 西藏，1984；③ 扎巴本，民族音像出版社，1999；④ 桑珠本，2005；⑤ 印度（岗托克），1977；⑥ 不丹，1981；⑦ 不丹（《下拉达克本》），1981；⑧ 民族音像出版社，2014。

8. 著作者、搜集者与搜集地：

（1）著作（抄写、收藏）者：无

（2）搜集者：阿图？

（3）搜集地：不知

（4）搜集时间：1981？

（5）复印、登记时间：1985

9. 其他：

（1）有棕色、红色夹板。

08 《霍岭大战》（下册）

1. 藏文全题名：

ཧོར་གླིང་གཡུལ་འགྱེད་སྨད་ཆ།

2. 拉丁转写：

hor gling g.yul 'gyed, smad cha.

3. 汉译名：

《霍岭大战》，或《平服霍尔》《征服霍尔》《反击霍尔》《霍尔岭之战》《白帐王下册》。

4. 故事内容提要：

故事讲述格萨尔大王从北方魔国返回岭国，惩处卖国贼晁同叔叔，安抚并召集失散于四野的勇士，然后单枪匹马前往霍尔国征讨顽敌。途中经历各种险阻，来到霍尔国投靠铁匠王葛尔瓦父女，一边侦察敌情，一边锻打攀登霍尔王宫殿雅孜红城的锁链。最后，时机成熟，派神马江郭叶儿哇传递岭军攻城信息，一举歼灭霍尔国白、黑和黄三王，给白帐王备上马鞍，以示惩处。后委任霍尔大将唐泽为岭国属国霍尔国之大王。

5. 版本描述（字体、抄本、刻本风格、版心大小、材质）：

藏文柏簇体，长条抄本，每页 6 行，36cm×8cm，复印件（复印于现代纸）。

6. 保存处及编号：

（1）原件保存处：未知

（2）复印件保存处：迪庆藏学研究院

（3）迪庆藏学研究院编号：00733

7. 版本说明（页码标记、残缺污浊页、翻译、出版）：

（1）总页码：235 叶。

（2）无封面，内容完整，抄写字体工整优美。

（3）原说明："43cm×10.2cm，霍岭下册，复制本 236 页，州《格研室》资料"。

（4）异文本汉文翻译：① 青海民研会，1962；② 吴均、金迈译，1984；③ 王沂暖、华甲译《贵德分章本》，1981；④ 王歌行、左可国、刘宏亮整理，1986。

（5）异文本藏文出版：① 青海，1962、1979、1980；② 西藏，1980；③ 青海（《黄霍尔》），1988、1994；④ 交加本，2006；⑤ 四川（《辛丹》附录），1982；⑥ 四川，1999；⑦ 精选本，2000；⑧ 桑珠本，2006；⑨ 印度（列城），1972；⑩ 印度（锡金、岗托克），1978；⑪ 印度（德里），1979；⑫ 印度（比尔），1979；⑬ 印度（岗托克），1984；⑭ 不丹，1979；⑮ 不丹，1979；⑯ 不丹，1979；⑰ 蒙古国，1961；⑱ 川《格》12，2015。

8. 著作者、搜集者与搜集地：

（1）著作（抄写、收藏）者：无

（2）搜集者：阿图？

（3）搜集地：不知

（4）搜集时间：1981？

（5）复印、登记时间：1985

9. 其他：

（1）有红色夹板。

09　《姜岭大战》

1. 藏文全题名：

གླིང་རྗེ་སེང་ཆེན་རྒྱལ་པོའི་རྟོགས་བརྗོད་ལས་འཇང་གླིང་གཡུལ་འགྱེད་...བཞུགས་སོ།

2. 拉丁转写：

gling rje seng chen rgyal po'i rtogs brjod las 'jang gling g.yul 'gyed... bzhugs so.

3. 汉译名：

《姜岭大战》，或《姜岭之战》《降岭之战》《保卫盐海》《征服姜国》《岭八十大将传》。

4. 故事内容提要：

莲花生大师派天神玛乃乃假扮姜国天神，给姜国国王萨丹王降下假预言，致使他遵照假预言派王子玉拉托居尔前往岭国方向去迎接贵宾，结果被辛巴设计降伏被擒。萨丹王召集群臣出师岭国解救王子。双方经过多年战争，各有损伤，但未分出胜负。

岭国设计延误姜军进攻岭国计划。岭国派以丹玛为首的六大将帅突捣姜营，致使姜军人仰马翻，溃不成军。萨丹王丧失理智，悲愤之际欲饮尽江河，格萨尔变成一条小鱼钻进姜王肚中，救出被吞的男女20人。格萨尔站在萨丹心顶祈求三宝保佑。萨丹恼羞成怒，向自己的心口扎了一刀，结束了自己的生命。格萨尔收回盐矿岭国，任命玉拉为姜地12地的首领。架起了藏汉友谊之桥。岭军凯旋。

5. 版本描述（字体、抄本、刻本风格、版心大小、材质）：

藏文柏簇体，长条抄本，每页6行，38cm×8cm，复印件（复印于现代纸）。

6. 保存处及编号：

（1）原件保存处：未知

（2）复印件保存处：迪庆藏学研究院

（3）迪庆藏学研究院编号：无

7. 版本说明（页码标记、残缺污浊页、翻译、出版）：

（1）总页码：264叶。

（2）封面漫漶不清、内容不完整、抄写字体工整优美。

（3）存复印件 2 套，未剪裁。

（4）异文本汉文翻译：徐国琼、王晓松译，中国藏学，1991。

（5）异文本藏文出版：① 西藏，1981；② 罗哲嘉措本，甘肃，1989；③ 甘肃，1993；④ 精选本，2002；⑤ 桑珠本，2003；⑥ 交加本，甘肃，2006；⑦ 格日尖参本，甘肃，2007；⑧ 印度（德里），1965；⑨ 印度（岗托克），1977；⑩ 印度（岗托克），1983；⑪ 不丹，1981；⑫ 蒙古国，1959；⑬ 川《格》丛书 11，2014。

8. 著作者、搜集者与搜集地：

（1）著作（抄写、收藏）者：无

（2）搜集者：阿图？

（3）搜集地：不知

（4）搜集时间：1981？

（5）复印、登记时间：1985

9. 其他：

（1）未剪裁 A3 复印纸捆卷。

10 《姜岭大战》

1. 藏文全题名：

འཛམ་གླིང་སེང་ཆེན་རྒྱལ་པོའི་རྟོགས་བརྗོད་ལས་འཇང་གླིང་དམག་འཁྲུག།

2. 拉丁转写：

'dzam gling seng chen rgyal po'i rtogs brjod las 'jang gling g.yul 'khrug.

3. 汉译名：

《姜岭大战》，或《姜岭之战》《降岭之战》《保卫盐海》《征服姜国》《岭八十大将传》。

4. 故事内容提要：

莲花生大师派天神玛乃乃假扮姜国天神，给姜国国王萨丹王降下假预言，致使他遵照假预言派王子玉拉托居尔前往岭国方向去迎接贵宾，结果被辛巴设计降伏被擒。萨丹王召集群臣出师岭国解救王子。双方经过多年战争，各有损伤，但未分出胜负。

岭国设计延误姜军进攻岭国计划。岭国派以丹玛为首的六大将帅突捣姜营，致使姜军人仰马翻，溃不成军。萨丹王丧失理智，悲愤之际欲饮尽江河，格萨尔变成一条小鱼钻进姜王肚中，救出被吞的男女 20 人。格萨尔站在萨丹心顶祈求三宝保佑。萨丹恼羞成怒，向自己的心口扎了一刀，结束了自己的生命。格萨尔收回盐矿岭国，任命玉拉为姜地 12 地的首领。架起了藏汉友谊之桥。岭军凯旋。

5. 版本描述（字体、抄本、刻本风格、版心大小、材质）：

藏文柏簇体，长条抄本，每页 7 行，21cm×7cm，复印件（复印于现代纸）。

6. 保存处及编号：

（1）原件保存处：未知

（2）复印件保存处：迪庆藏学研究院

（3）迪庆藏学研究院编号：0717、0741

7. 版本说明（页码标记、残缺污浊页、翻译、出版）：

（1）总页码：326 叶

（2）无封面、内容不完整、抄写字体工整优美。

（3）存复印件 2 套，有徐国琼写于 1983 年说明此书从青海流转至昆明的情况。

（4）异文本汉文翻译：徐国琼、王晓松译，中国藏学，1991。

（5）异文本藏文出版：① 西藏，1981；② 罗哲嘉措本，甘肃，1989；③ 甘肃，1993；④ 精选本，2002；⑤ 桑珠本，2003；⑥ 交加本，甘肃，2006；⑦ 格日尖参本，甘肃，2007；⑧ 印度（德里），1965；⑨ 印度（岗托克），1977；⑩ 印度（岗托克），1983；⑪ 不丹，1981；⑫ 蒙古国，1959；⑬ 川《格》丛书 11，2014。

8. 著作者、搜集者与搜集地：

（1）著作（抄写、收藏）者：无

（2）搜集者：徐国琼

（3）搜集地：青海同仁

（4）搜集时间：1958

（5）复印、登记时间：1985

9. 其他：

（1）有红色夹板。

11 《姜岭大战》

1. 藏文全题名：

 སྐྱིད་སྨུག་རྗེ་གི་སར་རྒྱལ་པོའི་རྟོགས་པ་བརྗོད་ལས་འཇིང་ས་ཐམ་རྗེ་བཅུད་བདུལ་བའི་ལེའུ་བཞུགས་སོ།།འཇིང་སྐྱིང་གི་སར་རྒྱལ་པོའི་སྒྲུང་སྐྱིང་གཡུལ་འབྱེད་ཀྱི་སྐོར་བཞུགས་སོ།།

2. 拉丁转写：

gling sku ge sar rgyal po'i rtogs brjod las 'jing sat ham rje btsun brtul ba'i le'u bzhugs so.'dzam gling ge sar rgyal po'i ljang gling g.yul 'gyed kyi skor bzhugs so.

3. 汉译名：

《姜岭大战》，或《姜岭之战》《降岭之战》《保卫盐海》《征服姜国》《岭八十大将传》。

4. 故事内容提要：

莲花生大师派天神玛乃乃假扮姜国天神，给姜国国王萨丹王降下假预言，致使他遵照假预言派王子玉拉托居尔前往岭国方向去迎接贵宾，结果被辛巴设计降伏被擒。萨丹王召集群臣出师岭国解救王子。双方经过多年战争，各有损伤，但未分出胜负。

岭国设计延误姜军进攻岭国计划。岭国派以丹玛为首的六大将帅突捣姜营，致使姜军人仰马翻，溃不成军。萨丹王丧失理智，悲愤之际欲饮尽江河，格萨尔变成一条小鱼钻进姜王肚中，救出被吞的男女20人。格萨尔站在萨丹心顶祈求三宝保佑。萨丹恼羞成怒，向自己的心口扎了一刀，结束了自己的生命。格萨尔收回盐矿岭国，任命玉拉为姜地12地的首领。架起了藏汉友谊之桥。岭军凯旋。

5. 版本描述（字体、抄本、刻本风格、版心大小、材质）：

藏文乌金体（正楷）（乌金体），手抄印刷出版本，A4 幅面，每页 23 行，29.5cm×21cm，原件。

6. 保存处及编号：

（1）原件（手抄本）保存处：哈里哈·杰尊丹巴的私人图书馆

（2）印刷本保存处：迪庆藏学研究院

（4）迪庆藏学研究院编号：无

7. 版本说明（页码标记、残缺污浊页、翻译、出版）：

（1）总页码：227 页。

（2）蒙古国乌兰巴托出版本，1959。

（3）云南社会科学院复印件说明：复印于 1988。

（4）异文本汉文翻译：徐国琼、王晓松译，中国藏学，1991。

（5）异文本藏文出版：① 西藏，1981；② 罗哲嘉措本，甘肃，1989；③ 甘肃，1993；④ 精选本，2002；⑤ 桑珠本，2003；⑥ 交加本，甘肃，2006；⑦ 格日尖参本，甘肃，2007；⑧ 印度（德里），1965；⑨ 印度（岗托克），1977；⑩ 印度（岗托克），1983；⑪ 不丹，1981；⑫ 蒙古国，1959；⑬ 川《格》丛书11，2014。

8. 著作者、搜集者与搜集地：

（1）著作（抄写、收藏）者：无

（2）搜集者：不知

（3）搜集地：不知

（4）搜集时间：1958

（5）复印、登记时间：1985

9. 其他：

（1）根据蒙古国哈里哈·杰尊丹巴活佛收藏手抄本重抄出版。

12　《迦湿弥罗绿松石宗》

1. 藏文全题名：

མ་སངས་སྐྱེས་བུའི་རྣམ་ཐར་ལས་ཁ་ཆེའི་གཡུ་རྫོང་ངོ་མཚར་གཏམ་གྱི་ཕྲེང་བ་བཞུགས་སོ

2. 拉丁转写：

ma sang skyes bu'i rnam thar las kha che'i g.yu rdzong　ngo mtshar gtam gyi phreng ba bzhugs so

3. 汉译名：

《迦湿弥罗绿松石宗》，或《征服卡契松石城》《卡契玉宗》《卡切玉宗》《岭与卡契》《卡且玉宗》。

4. 故事内容提要：

岭国西部卡契国王赤丹路贝是罗刹转世，力大无穷，狂妄不可一世。9岁继承王位，征服了尼婆罗国；18岁时降伏了威卡国；27岁战胜了穆卡国，并强娶堆灿公主为妃。此后进一步东征西掠，周围的小邦国家均归他所属。赤丹还有一兄一弟。哥哥名鲁亚如仁，弟弟叫兴堆冬玛，兄弟二人是赤丹王为非作歹的得力帮凶。此外还有内大臣 74 人，外大臣 108 人，属民 42 万户。由于连年征战并未遇到对手，赤丹路贝便认为天下无敌了。

赤丹路贝年满 36 岁，王妃堆灿洛琚玛见赤丹如此得意，便怂恿他征服格萨尔，让赤丹尝尝苦头以报杀父灭国之仇。由王兄鲁亚如仁、大臣多桂梅巴和托尺布赞为首的 3 万大军，经过一个月的准备，开始向岭国进军。格萨尔得到天神预言，降伏卡契魔妖。双方第一次交战，格萨尔用幻术大败卡契军。到岭国与卡契交战到关键时刻，晁同投靠卡契军，把岭国的情况、作战的部署统统告诉了鲁亚如仁。

卡契大军靠晁同的隐身术，绕过岭营，来到岭仲系文布氏的夏季牧场阿吉达塘扎营。晁同的叛军行为被格萨尔识破，他将计就计，大败卡契军，打开了卡契的宝物门。格萨尔王召集卡契的降臣降将以及众百姓，将部分财产留给他们。卡契王子只有 5 岁，所以格萨尔要老臣贞巴让协助管理国事。

5. 版本描述（字体、抄本、刻本风格、版心大小、材质）：

藏文乌金体（正楷）（乌金体），长条木刻，每页 6 行，32cm×7cm，复印件，复印于现代纸。

6. 保存处及编号：

（1）原件保存处：未知

（2）复印件保存处：迪庆藏学研究院

（3）迪庆藏学研究院编号：0718(或 0709)

7. 版本说明（页码标记、残缺污浊页、翻译、出版）：

（1）总页码：240 叶。

（2）封面、内容完整、刻印字体工整优美。

（3）存复印件 1 套，扉页左为莲师像、右为格萨尔像。

（4）异文本汉文翻译：① 王沂暖、上官剑壁译，甘肃，1984；② 角巴东主主编，高等教育出版社，2011。

（5）异文本藏文出版：① 西藏，1979；② 精选本，2003；③ 印度（德里？）1966；④ 印度（德里），1971；⑤ 不丹，1981。

8. 著作者、搜集者与搜集地：

（1）著作者：班玛（པདྨ）

（2）搜集者：阿图？

（3）搜集地：迪庆？

（4）搜集时间：1981？

（5）复印、登记时间：1985

9. 其他：

（1）有红色夹板。

13 《察瓦戎箭宗》

1. 藏文全题名：

སྐུ་འཛམ་གླིང་གེ་སར་རྒྱལ་པོའི་རྟོགས་བརྗོད་ལས་ཚ་བ་རོང་གི་སྨྱུག་རྫོང་འབེབ་པའི་ལེའུ་བཞུགས་སོ།

2. 拉丁转写：

Sku 'dzam gling ge sar rgyal po'i rtogs brjod las tsha ba rong gi smyug rdzong 'beb pa'i le'u bzhugs so.

3. 汉译名：

《察瓦戎箭宗》，或《取察瓦龙竹宗》《察瓦箭宗》。

4. 故事内容提要：

藏历土龙年四月十五日半夜时分，天神托梦给格萨尔，降伏察瓦戎箭宗的时刻到了。遵照天神旨意，总管王召集岭六部落的长官商议，决定让达绒晁同率领自己部落的人马，去抢劫察瓦戎的商队，以此挑起岭国与察瓦戎的战争。察瓦戎的国王朗拉杰布派白登朗杰扎巴和赞拉多杰雅梅两位大将率 4 000 勇士去进攻达绒部落。戎查叉根立即召集领国兵马，打败了察瓦戎的军队，并向察瓦戎进发。

郎拉杰布国王亦召集察瓦戎的兵马，下令迎头痛击来犯岭军。经多次交战，察瓦戎不敌岭国大军，将士死伤众多，大片领土也被岭军占领。察瓦戎取名为火神、水神、风神和猛士的四员大将，分别守卫四方四个城堡，岭军难以攻克。察瓦戎国王朗拉杰布不听王妃和将领们的劝阻，亲自披挂出征，如同恶狼扑向羊群，冲向丹玛部落的兵马，丹玛一箭将他射死，岭军趁机强攻城堡，杀死了火神、水神、风神和猛士四员大将。见大势已去，大臣阿迈乌葛和王妃拉吉措率领残部向岭国投诚，并献上察瓦戎特有的弓箭宝库和牛羊。战争结束。

5. 版本描述（字体、抄本、刻本风格、版心大小、材质）：

藏文柏簇体，长条抄本，每页 6 行，25cm×6cm，原件，复印件（复印于现代纸）。

6. 保存处及编号：

（1）原件保存处：未知

（2）复印件保存处：迪庆藏学研究院

（3）迪庆藏学研究院编号：0770、0740

7. 版本说明（页码标记、残缺污浊页、翻译、出版）：

（1）总页码：78 叶。

（2）后添加藏文标题、内容不完整、抄写字体工整、复印漫漶不清。

（3）原说明说有 155 叶。

（4）异文本汉文翻译：李朝群、顿珠译，西藏，1987。

（5）异文本藏文出版：① 西藏，1982；② 桑珠本，2002。

8. 著作者、搜集者与搜集地：

（1）著作（抄写、收藏）者：无

（2）搜集者：阿图？

（3）搜集地：不知

（4）搜集时间：1981？

（5）复印、登记时间：1985

9. 其他：

（1）有红色夹板。

（2）此部有原件与复印件 2 册。

14 《苏毗犏牛宗》

1. 藏文全题名：

བྱིང་རྗེ་གེ་སར་རྒྱལ་པོའི་རྟོགས་བརྗོད་ལས་སུམ་གྱིང་གཡུལ་འགྱེད་དཔའ་བོ་སྙིང་གི་དགའ་སྟོན་མཛོ་གཡང་ཕབས་ཚུལ་བཞུགས་སོ༎

2. 拉丁转写：

gling rje ge sar rgyal po'i rtogs brjod las sum gling g.yul 'gyed dpa' bo snying gi dga'ston mdzo g.yang phabs tshul bzhugs so.

3. 汉译名：

《苏毗犏牛宗》，或《松巴犏牛宗》《松岭之战》。

4. 故事内容提要：

松巴国国王松巴贡赞赤杰与王妃朗萨梅朵措生有两位公主，大公主东达威葛已经出嫁。二公主梅朵措姆，年方一十三岁，如花似玉，已有许多国王前来求亲。达绒长官晁同派人求亲不允，骗来女孩。松巴王聚兵讨伐晁同王，松巴军队用计智擒晁同，让他老老实实交出公主。晁同不认，将其关押。

松巴军抢劫岭国色巴部落商队。格萨尔王下令立即征服松巴。格萨尔率领岭国大军，很快到达松巴边境。松巴国国王贡赞赤杰下令调集松巴所有的军队，坚决抵抗。岭军与松巴军几经交战，双方都死伤了不少将士，仍然没有分出胜负。

岭国四路人马就向松巴王城四门同时发起进攻。松巴王城被岭军攻破，贡赞赤杰王身穿飞鸟翼衣，向空中逃去，逃离王城。格萨尔变化为白须白发的老者，用计将躲在山洞里的松巴王抓获。格萨尔携松巴王共同返回岭军营地，岭国众英雄立即煨桑相迎。雄狮大王带领王子扎拉，尼奔达雅、玉拉托琚、老将丹玛等君臣来到已被扎拉攻破的松巴达察上面的宝马王宫，煨桑祭神，然后打开宝库，获得了犏牛"央"，将它带回岭国，从此雪域藏地有了犏牛，并成为藏民生活中不可分离的一个部分。

5. 版本描述（字体、抄本、刻本风格、版心大小、材质）：

藏文柏簇体，长条抄本，每页 6 行，25cm×8cm，原件，复印件（复印于现代纸）。

6. 保存处及编号：

（1）原件保存处：未知

（2）复印件保存处：迪庆藏学研究院

（3）迪庆藏学研究院编号：0727

7. 版本说明（页码标记、残缺污浊页、翻译、出版）：

（1）总页码：166 叶（339 页）。

（2）藏文标题、内容完整、抄写字体工整优美。

（3）存原件、复印件各一部，原说明："第八部：取松巴牛宗，178 页"

（4）异文本汉文翻译：张积诚译，西藏，1988。

（5）异文本藏文版：① 西藏，1981；② 扎巴本，民族音像出版社，1982、
2013；③ 精选本，2010。

8. 著作者、搜集者与搜集地：

（1）著作（抄写、收藏）者：无

（2）搜集者：阿图？

（3）搜集地：不知

（4）搜集时间：1981？

（5）复印、登记时间：1985

9. 其他：

（1）有红色夹板。

15 《天岭卜筮》

1. 藏文全题名：

འཛམ་གླིང་སྐྱེས་བུ་དོན་འགྲུབ་རྟོགས་བརྗོད་ལྷ་གླིང་གབ་ཙེ་དགུ་སྐོར་བཞུགས་སོ།

2. 拉丁转写：

'dzam gling skyes bu don 'grub rtogs brjod lha gling gab tse dgu skor
bzhugs so.

3. 汉译名：

《天岭卜筮》，或《天界篇》《天岭占卜九藏》《仙界遣使》。

4. 故事内容提要：

由菩提猕猴与岩罗刹女衍生的藏民祖先遂派分出噶、卓、札、董等各
大姓氏，董氏先族然查格布生有三子，兄弟三人从东方玛沁雪山附近各娶
一妻，遂发展形成了董氏长、仲、幼三大岭国部落。岭国四面四大魔国即
霍、魔、门、姜以及各大宗等众邻国时常入侵欺凌岭国。

莲花生大师前往上方天界，请求白梵天王赐予岭国一位神子。最后，
白梵天王的小儿子图巴葛允诺前往降服众魔怪，但提出需要殊胜武器与工
具的要求。莲花生依其意愿，分别从龙界等处取得各殊胜工具并安排好图
巴葛投身处所。但在此时，神子图巴葛心念动摇不愿前往尘世而躲藏。图
巴葛先后九次躲藏于不动护法佛近前以及文殊的钵盂、骑羊护法的大铁锤

等九处，均被一一识破，最后答应前往人间。

5. 版本描述（字体、抄本、刻本风格、版心大小、材质）：

藏文枯簇体，长条手抄本，每页 6 行，23cm×6cm，复印件。

6. 保存处及编号：

（1）原件保存处：未知

（2）复印件保存处：迪庆藏学研究院

（3）迪庆藏学研究院编号：0731

7. 版本说明（页码标记、残缺污浊页、翻译、出版）：

（1）总页码：158 叶。

（2）后添加藏文标题、内容不完整、抄写字体工整优美、复印件漫漶不清。

（3）存复印件一部，迪庆与云南社会科学院原说明、添加标题一致。

（4）异文本汉文翻译：① 王沂暖、华甲译（《贵德分章》），甘肃，1981；② 刘立千译，西藏，1986；③ 文库本（一），1996。

（5）异文本藏文出版：① 四川，1980；② 甘肃，1982；③ 西藏，1981年；④ 民族音像出版社，1984；⑤ 文库本（一），1996；⑥ 扎巴本，1998；⑦ 桑珠本，2001；⑧ 印度（岗托克），1983；⑨ 不丹，1979；⑩ 蒙古国，1961。

8. 著作者、搜集者与搜集地：

（1）著作（抄写、收藏）者：无

（2）搜集者：阿图？

（3）搜集地：不知

（4）搜集时间：1981？

（5）复印、登记时间：1985

9. 其他：

（1）有红色夹板。

16 《羊同珍珠宗》

1. 藏文全题名：

སྐུ་འཛམ་གླིང་སེང་ཆེན་རྒྱལ་པོའི་རྟོགས་བརྗོད་ལས་གཏམ་གྱི་ངོ་མཚར་ཞང་ཞུང་བོན་གྱི་རྒྱལ་པོ་དེའི་མུ་ཏིག་རིན་ཆེན་གྱི་རྫོང་འབེབ་པའི་ལེའུ་བཞུགས་སོ།

2. 拉丁转写：

Sku 'dzam gling seng chen rgyal po'i rtogs brjod las gtam gyi ngo mtshar zhing zhung bon gyi rgyal po de'i mu tig rin chen rdzong 'beb pa'i le'u bzhugs so.

3. 汉译名：

《羊同珍珠宗》，或《象雄珍珠宗》《祥岭珍珠之战》《征服象雄珍珠国》《香雄珍珠宗》《向雄珍珠宗》。

4. 故事内容提要：

羊同苯教王伦珠扎巴的 16 个商人去汉地经商途中扎营在达戎晁同的草原上，晁同派儿子们抢劫并杀死了商人。羊同国君臣通过向苯教喇嘛求教得知了事情原委。羊同王派将兵抢回所夺之物并杀掉了达戎部落不少人马。晁同向格萨尔王请求派岭军替他报仇。

此时，天神也预言格萨尔到了征服羊同珍珠宗的时机。格萨尔下令三军追击羊同人马，自己率军出师大食。羊同王被格萨尔消灭。格萨尔打开了直插云霄的白崖狮子天宗，取出了各种金银财宝。格萨尔将财宝运回军营分给了将士。在羊同制定了十善之法，将苯教改为佛教，把外道的恶经抛入河中。格萨尔任命曲珠大臣为羊同十八方的首领。

5. 版本描述（字体、抄本、刻本风格、版心大小、材质）：

藏文柏簇体，长条手抄本，每页 6 行，30cm×6cm，复印件。

6. 保存处及编号：

（1）原件保存处：未知

（2）复印件保存处：迪庆藏学研究院

（3）迪庆藏学研究院编号：0734

7. 版本说明（页码标记、残缺污浊页、翻译、出版）：

（1）总页码：179 叶。

（2）后添加藏文标题、内容不完整、抄写字体工整优美。

（3）存复印件一部，迪庆与云南社会科学院标题一致，迪庆 358 叶，云南社会科学院 340 叶。

（4）异文本汉文翻译：① 马宏武译，甘肃，2006；② 角巴东主主编，高等教育出版社，2011。

（5）异文本藏文出版：① 西藏，1982；② 甘肃，1984；③ 青海，1984；④ 扎巴本，2007；⑤ 桑珠本，2008；⑥ 印度（达拉姆萨拉），1984；⑦ 不丹，1981。

8. 著作者、搜集者与搜集地：

（1）著作（抄写、收藏）者：无

（2）搜集者：阿图？

（3）搜集地：不知

（4）搜集时间：1981？

（5）复印、登记时间：1985

9. 其他：

（1）有红色夹板。

17 《辛丹内讧》

1. 藏文题名：

གླིང་རྗེ་སེང་ཆེན་རྒྱལ་པོའི་རྟོགས་བརྗོད་ལས་དཔའ་བོ་ཤན་འདན་ངར་འཐབ་དང་རྒྱ་ཚ་ཞ་ལུ་ལྷ་བབ་སྐོར་བཞུགས་སོ།

2. 拉丁转写：

gling rje seng chen rgyal po'i rtogs brjod las dpa' bo shan 'dan ngar 'thab dang rgya tsha zha lu lha bab skor bzhugs so.

3. 汉译名：

《辛丹内讧》，或《辛巴与丹玛》《辛丹恶斗与贾察现灵》《辛丹怒争和贾察现身》。

4. 故事内容提要：

格萨尔征服霍尔国以后，将霍尔国大将辛巴捉回岭国，并未处死，而是令其忏悔所造的恶业。但是以丹玛为首的一些大将强烈要求惩处霍岭战争中杀死了岭国统帅贾察、青年小将戎察等英雄的辛巴。辛巴表明了自己对岭国一如既往的忠心和无意间杀死了岭国英雄的悲心。根据天神旨意，格萨尔奉劝丹玛等人要以大局为重，放过辛巴。丹玛因格萨尔不愿处死辛巴，带领丹玛三大部落离去。天神要求格萨尔前去追回丹玛，因为他和辛巴是今后格萨尔降伏各个魔国时的左膀右臂。格萨尔追上丹玛，丹玛依然不愿返回岭国，最终格萨尔请来天国的贾察。过去的君臣，生死两界相见，丹玛泪如雨下，合掌顶礼。最终在贾察的劝说下返回了岭国。

5. 版本描述（字体、抄本、刻本风格、版心大小、材质）：

藏文柏簇体，长条手抄本，每页6行，34cm×7cm，原件。

6. 保存处及编号：

（1）原件保存处：迪庆藏学研究院

（2）复印件保存处：迪庆藏学研究院

（3）迪庆藏学研究院编号：无

7. 版本说明（页码标记、残缺污浊页、翻译、出版）：

（1）总页码：74叶（末页）。

（2）藏文标题、内容不完整、抄写字体工整优美。

（3）存原件一部，云南社会科学院村复印件封面有"辛丹舌战"，144叶。

（4）异文本汉文翻译：① 马岱川、扎西东珠译，民族音像出版社，2009；② 角巴东主主编，高等教育出版社，2011。

（5）异文本藏文出版：① 四川，1982；② 西藏，1985；③ 桑珠本，2003。

8. 著作者、搜集者与搜集地：

（1）著作（抄写、收藏）者：无

（2）搜集者：阿图？

（3）搜集地：不知

（4）搜集时间：1981？

（5）复印、登记时间：1985

9. 其他：

（1）有红色夹板。

18 《辛丹内讧》

1. 藏文题名：

སྐྱིད་སེང་ཆེན་རྒྱལ་པོའི་རྟོགས་བརྗོད་ལས་ཤན་འདན་སྟག་མོ་ངར་འཐབ་དང་རྒྱ་ཚ་ལྷ་འབབ་བཞུགས་སོ།

2. 拉丁转写：

gling rje seng chen rgyal po'i rtogs brjod las shan 'dan stag mo ngar 'thab dang rgya tsha lha 'bab bzhugs so.

3. 汉译名：

《辛丹内讧》，或《辛巴与丹玛》《辛丹恶斗与贾察现灵》《辛丹怒争和贾察现身》。

4. 故事内容提要：

格萨尔征服霍尔国以后，将霍尔国大将辛巴捉回岭国，并未处死，而是令其忏悔所造的恶业。但是以丹玛为首的一些大将强烈要求惩处霍岭战争中杀死了岭国统帅贾察、青年小将戎察等英雄的辛巴。辛巴表明了自己对岭国一如既往的忠心和无意间杀死了岭国英雄的悲心。根据天神旨意，格萨尔奉劝丹玛等人要以大局为重，放过辛巴。丹玛因格萨尔不愿处死辛巴，带领丹玛三大部落离去。天神要求格萨尔前去追回丹玛，因为他和辛巴是今后格萨尔降伏各个魔国时的左膀右臂。格萨尔追上丹玛，丹玛依然不愿返回岭国，最终格萨尔请来天国的贾察。过去的君臣，生死两界相见，丹玛泪如雨下，合掌顶礼。最终在贾察的劝说下返回了岭国。

5. 版本描述（字体、抄本、刻本风格、版心大小、材质）：

藏文柏簌体，长条手抄本，每页 6 行，34cm×7cm，复印件。

6. 保存处及编号：

（1）原件保存处：未知

（2）复印件保存处：迪庆藏学研究院

（3）迪庆藏学研究院编号：无

7. 版本说明（页码标记、残缺污浊页、翻译、出版）：

（1）总页码：125 叶（末页）。

（2）藏文标题、内容不完整、抄写字体工整优美。

（3）存复印件一部，与编号 17 的原件抄本一致，但从复印件的残损可见复印自另一原件；云南社会科学院村复印件封面有"辛丹舌战（辛丹母虎格斗）"，148 叶。

（4）异文本汉文翻译：① 马岱川、扎西东珠译，民族音像出版社，2009；② 角巴东主主编，高等教育出版社，2011。

（5）异文本藏文出版：① 四川，1982；② 西藏，1985；③ 桑珠本，2003。

8. 著作者、搜集者与搜集地：

（1）著作（抄写、收藏）者：无

（2）搜集者：阿图？

（3）搜集地：不知

（4）搜集时间：1981？

（5）复印、登记时间：1985

9. 其他：

（1）有红色夹板。

19 《雪山水晶宗》

1. 藏文全题名：

འཛམ་གླིང་གི་སར་རྒྱལ་པོའི་རྟོགས་བརྗོད་ལས་གངས་རི་ཤེལ་རྫོང་བཞུགས་སོ།།

2. 拉丁转写：

'dzam gling seng chen rgyal po'i rtogs brjod las gangs ri shel rdzong bzhugs so

3. 汉译名：

《雪山水晶宗》，或《征服拉达克水晶国》《贡日水晶宗》。

4. 故事内容提要：

岗底斯拉达克旭奴嘎伍王向已被岭国降伏的白惹等国征税，白惹等国向岭国求救。此时，莲花生大师给格萨尔预言：通往雪山水晶宗的大道将要打开，要出兵征服雪山水晶国。格萨尔召集九国大军，联伐水晶国。联军兵分三路攻打：第一路由格萨尔率领，第二路由扎拉王子率领，第三路由玉拉托居尔率领。两军交火，战斗十分激烈。岭军消灭了雪山国五大汉，八十勇士。格萨尔先后征服了雪山国的君臣守护神。扎拉王子征服了北方扎木宗；格萨尔征服了西方扎铁宗；东方日扎那宗由玉拉征服。

最后，岭君臣来到雪山国都城，扔掉了城头上的魔幡旗，挂上了佛法胜利幡旗。格萨尔带领勇士们来到美丽白岩前，开启了水晶宝藏。在运水晶的途中，亭容赤旭王挡住岭军道路。亭岭之战因此发生，岭军征服了亭王。亭容的山神以珊瑚宝石为主的许多宝矿，献给国王，并附绸缎 7 匹。

5. 版本描述（字体、抄本、刻本风格、版心大小、材质）：
藏文柏簇体，笔记本手抄，每页 10 行，30cm×19cm，复印件。

6. 保存处及编号：
（1）原件保存处：未知
（2）复印件保存处：此次不见
（3）迪庆藏学研究院编号：无

7. 版本说明（页码标记、残缺污浊页、翻译、出版）：
（1）总页码：229 叶。
（2）此次不见，据和建华研究员说，原资料都带回了迪庆，有些私藏换回去了。
（4）异文本汉文翻译：① 意西泽珠、许珍妮译，四川，1988；② 角巴东主主编，高等教育出版社，2011。
（5）异文本藏文出版：① 四川，1982；② 扎巴本，2011；③ 精选本，2013；④ 印度（多兰吉），1983；⑤ 不丹，1981。

8. 著作者、搜集者与搜集地：
（1）著作（抄写、收藏）者：无
（2）搜集者：阿图？
（3）搜集地：不知
（4）搜集时间：1981？
（5）复印、登记时间：1985

9. 其他：
（1）有红色夹板。

#20 《雪山水晶宗》

1. 藏文全题名：

གངས་རི་ཤེལ་རྫོང་ཁབ་པའི་རྣམ་ཐར།

2. 拉丁转写：

gangs ri shel rdzong phab pa'rnam thar.

3. 汉译名：

《雪山水晶宗》，或《征服拉达克水晶国》《贡日水晶宗》。

4. 故事内容提要：

岗底斯拉达克旭奴嘎伍王向已被岭国降伏的白惹等国征税，白惹等国向岭国求救。此时，莲花生大师给格萨尔预言：通往雪山水晶宗的大道将要打开，要出兵征服雪山水晶国。格萨尔召集九国大军，联伐水晶国。联军兵分三路攻打：第一路由格萨尔率领，第二路由扎拉王子率领，第三路由玉拉托居尔率领。两军交火，战斗十分激烈。岭军消灭了雪山国五大汉，80 名勇士。格萨尔先后征服了雪山国的君臣守护神。扎拉王子征服了北方扎木宗；格萨尔征服了西方扎铁宗；东方日扎那宗由玉拉征服。

最后，岭君臣来到雪山国都城，扔掉了城头上的魔幡旗，挂上了佛法胜利幡旗。格萨尔带领勇士们来到美丽白岩前，开启了水晶宝藏。在运水晶的途中，亭容赤旭王挡住岭军道路。亭岭之战因此发生，岭军征服了亭王。亭容的山神以珊瑚宝石为主的许多宝矿，献给国王，并附绸缎 7 匹。

5. 版本描述（字体、抄本、刻本风格、版心大小、材质）：

藏文？体，长条手抄？每页？行，？cm×？cm，原件？复印件？

6. 保存处及编号：

（1）原件保存处：未知

（2）复印件保存处：未知

（3）迪庆藏学研究院编号：无

7. 版本说明（页码标记、残缺污浊页、翻译、出版）：

（1）总页码：229 叶

（2）标题？内容完整？抄写字体工整？

（3）存件？部。编有页码？页面特点？

（4）异文本汉文翻译：① 意西泽珠、许珍妮译，四川，1988；② 角巴东主主编，高等教育出版社，2011。

（5）异文本藏文出版：① 四川，1982；② 扎巴本，2011；③ 印度（多兰吉），1983；④ 不丹，1981。

8. 著作者、搜集者与搜集地：

（1）著作（抄写、收藏）者：无

（2）搜集者：阿图？

（3）搜集地：不知

（4）搜集时间：1981？

（5）复印、登记时间：1985

#21 《孟岭大战》

1. 藏文全题名：

མོན་གླིང་གཡུལ་འགྱེད་དཔའ་བོའི་སྙིང་གི་དགའ་སྟོན་མཐོང་བ་དོན་ལྡན།

2. 拉丁转写：

mon gling g.yul 'gyed dpa' bo'i snying gi dga' ston mthong ba don ldan.

3. 汉译名：

《孟岭大战》，或《门岭大战》《门岭之战》《洛岭之战》《征服闷城》《岭国与门国》《岭与慕域》《闷岭之战》。

4. 故事内容提要：

岭国灭了姜国萨丹王以后，格萨尔王在岭国王宫狮龙宫殿修行时，天神降下预言：到了降伏门国的时机。格萨尔变为一只渡鸦给晁同降下预言：组织达戎十八大军进攻门国，报先前被抢夺财产之仇，并娶得门国公主为妻。晁同率领大军，一路消灭了辛赤王的九只魔鼠等敌国君臣的许多守护神。接着又歼灭了以古拉土杰为首的门国 80 位猛士和 1900 位勇士。

辛赤王危在旦夕，他打算放弃国家，攀援天梯升天逃遁。格萨尔焚烧了堆卡迴如朗宗，使他一命呜呼。门国公主梅朵拉泽投诚岭国，并用箭射开白米宗，岭国将士取得白米凯旋。格萨尔给门国臣民讲经说法，祛除了那里人们的邪念，使他们改变恶习，努力从善。格萨尔命冬迴拉赤嘎布为门国的国王。

5. 版本描述（字体、抄本、刻本风格、版心大小、材质）：

藏文？体，长条手抄？每页？行，？cm×？cm，原件？复印件？

6. 保存处及编号：

（1）原件保存处：未知

（2）复印件保存处：未知

（3）迪庆藏学研究院编号：无

7. 版本说明（页码标记、残缺污浊页、翻译、出版）：

（1）总页码：？

（2）标题？内容完整？抄写字体工整？

（3）存件？部。编有页码？页面特点？

（4）异文本汉文翻译：① 王沂暖、余希贤译，甘肃，1986；② 嘉措顿珠译（扎巴本），西藏，1986、2013。

（5）异文本藏文出版：① 西藏（扎巴本），1980；② 青海，1982；③ 甘肃，1983；④ 四川，1982；⑤ 精选本，2002；⑥ 扎巴本，2013；⑦ 印度（拉瓦杂尔），1964；⑧ 不丹（帕罗），1980；⑨ 不丹（廷布），1981。

8. 著作者、搜集者与搜集地：

（1）著作（抄写、收藏）者：无

（2）搜集者：阿图？

（3）搜集地：不知

（4）搜集时间：1981？

（5）复印、登记时间：1985

22 《突厥兵器宗》（上册）

1. 藏文全题名：

གྲུ་གུ་གླིང་།

2. 拉丁转写：

gru gu gling

3. 汉译名：

《突厥兵器宗》，或《祝古国宗》《祝古兵国》《祝古兵器宗》《朱孤兵器宗》《朱古之战》《竹岭之战》。

4. 故事内容提要：

突厥国王托桂穆德赞意欲武力抢夺藏王的释迦牟尼佛像。他派其所属齐堆的四个部落前去完成此项任务。齐堆射箭信恐吓藏王马上送交释迦牟尼佛像。藏王向岭国扎拉王子求救。岭王格萨尔通过侦察得知征服突厥，必先要征服突厥齐堆。于是下令王子扎拉率军讨伐。两军开始交火。最后，东突厥的大军节节败北，溃不成军。突军部将个个死于岭刀之下，突王齐堆也终于成了扎拉王子的刀下鬼，岭军大获全胜。

5. 版本描述（字体、抄本、刻本风格、版心大小、材质）：

藏文柏簌体，长条手抄本，每页 7 行，25cm×8cm，复印件。

6. 保存处及编号：

（1）原件保存处：未知

（2）复印件保存处：迪庆藏学研究院

（3）迪庆藏学研究院编号：0739

7. 版本说明（页码标记、残缺污浊页、翻译、出版）：

（1）总页码：137 叶。

（2）藏文标题漫漶不清、内容不完整、抄写字体工整优美。

（3）存复印件一部，有"中央民族学院图书馆"印鉴与编号 1431。

（4）未翻译。

（5）异文本藏文出版：① 西藏，1988、1989；② 甘肃，1984、1986；③ 精选本，2013；④ 桑珠本，2011；⑤ 印度（达拉姆萨拉），1982、1983、1984、1985；⑥ 不丹，1981；⑦ 民族出版社，2015。

8. 著作者、搜集者与搜集地：

（1）著作（抄写、收藏）者：无

（2）搜集者：佟锦华？

（3）搜集地：不知

（4）搜集时间：1981？

（5）复印、登记时间：1985

9. 其他：

（1）有红色夹板。

23　《分大食财》

1. 藏文全题名：

འཛམ་གླིང་སེང་ཆེན་རྒྱ་པོའི་ནོར་འགྱེད་གཏོང་སྒོར་བཞུགས་སོ

2. 拉丁转写：

'dzam gling seng chen rgya po'i nor 'gyed gtong sgor bzhugs so

3. 汉译名：

《分大食财》，或《分大食牛》《达惹诺结》《达色施财》。

4. 故事内容提要：

根据白玛仁增整理、刊刻于 1661 年的木刻本抄写。

故事讲述格萨尔征服大食国后，打开大食财宝宗，将所获大食国财宝分封给岭国、霍尔国、魔国、姜国和门国，以及各有功之臣。并将大食国财宝之福禄分别埋藏于藏区各地，以利益藏族未来民众。

5. 版本描述（字体、抄本、刻本风格、版心大小、材质）：

藏文柏簇体，长条抄本，每页 7 行，19cm×8cm，复印件，复印于现代纸。

6. 保存处及编号：

（1）原件保存处：不知

（2）复印件保存处：迪庆藏学研究院

（3）迪庆藏学研究院编号：未编号

7. 版本说明（页码标记、残缺污浊页、翻译、出版）：

（1）总页码：74 叶。

（2）存 1 卷，字体漫漶不清楚。

（3）异文本汉文翻译：① 李朝群译《达色施财》，西藏人民出版社，1985；② 王沂暖、王兴先译，甘肃人民出版社，1986；③ 丹玛江永慈诚、多杰坚赞、郭晓虹，民族音像出版社，2013。

（4）异文本藏文出版：① 西藏，1980、2010；② 四川（《取阿里金窟》合编），1981；③ 印度（德里），1967；④ 蒙古（《格萨尔本生传》合编），1961；⑤ 丹玛江永慈诚、多杰坚赞、郭晓虹，民族音像出版社，2013。

8. 著作者、搜集者与搜集地：

（1）著作者：无

（2）搜集者：阿图（李兆吉）

（3）搜集地：不知

（4）搜集时间：1981？

（5）复印时间：1985

9. 其他：

（1）有红色夹板。

#24 《北方降魔》

1. 藏文全题名：

བདུད་འདུལ།

2. 拉丁转写：

Bdud 'dul

3. 汉译名：

《北方降魔》，或《北地降魔》《征服鲁赞魔》《降服妖魔》《降妖部》。

4. 故事内容提要：

格萨尔登上岭国王位之时，四方魔王横行无忌，边地妖魔来到中心地作乱，尤其是北方魔王鲁赞十分嚣张，毁坏上方印度的佛法，捣毁下方汉地的法场，把中部卫藏四周搅得天昏地暗。与美丽的岭国为敌，抢走王妃梅萨和阿努森成等大批百姓和财富，使整个世界尤其是雪域之邦陷入苦海之中。遵照姑母南曼噶姆的旨意，格萨尔 15 岁第一次出征，北部亚康魔国。米琼、珠姆和晁同三人怀着不同的目的来为格萨尔送行，但因没有缘分，他们三人都走错了路，没能到达格萨尔王身边。

格萨尔单人独骑来到北方，闯过道道关隘，来到匝曲河畔，与魔国的军队相遇，在神佛的护佑下，格萨尔打败了所有敌人，魔臣晋格等人向格萨尔投诚。格萨尔来到北方亚康魔国，途中遇到阿达拉姆和魔臣秦恩，他们对格萨尔王仰慕已久，在他们的帮助下，摧毁了魔王鲁赞的寄魂野牛和寄魂羊，格萨尔来到魔城九层宫殿，在梅萨帮助下，用 9 个月零 10 天的功夫，箭射鲁赞王的额头，将他杀死。

但是，在降伏鲁赞之后，梅萨却让格萨尔饮了迷魂酒，使他忘记过去的一切，成天与梅萨寻欢作乐，在九层宫殿里。一住就是 9 年多。这期间，晁同投靠霍尔白帐王，帮助霍尔入侵岭国，大英雄贾察壮烈牺牲，珠姆被白帐王抢掳到霍尔国，岭国百姓陷入深重的灾难之中。

5. 版本描述（字体、抄本、刻本风格、版心大小、材质）：

藏文柏簇体？长条抄本，每页 7 行？19cm×8cm？原件，藏纸。

6. 保存处及编号：

（1）原件保存处：迪庆？

（2）复印件保存处：无

7. 版本说明（页码标记、残缺污浊页、翻译、出版）：

（1）总页码：不知。

（2）抄本保存状况不知。

（3）异文本汉文翻译：① 王沂暖译，甘肃，1980；② 王沂暖、华甲译《贵德分章本》，甘肃，1981。

（4）异文本藏文出版：① 甘肃，1980；② 西藏，1991；③ 四川（华旦《觉日的故事》），2000；④ 精选本，2000；⑤ 扎巴本，1997；⑥ 桑珠本，2002；⑦ 川《格》（《降妖部》），2008；⑧ 川《格》（《竹杰沃嘎《格萨尔》故事集》），2010；⑨ 格日尖参本，2007；⑩ 印度（德里），1979；⑪ 印度（岗托克 1），1983；⑫ 印度（岗托克 2），1983；⑬ 印度（加尔各答《下拉达克本》），1905；⑭ 不丹，1979；⑮ 不丹（《下拉达克本》），1981；⑯ 蒙古（《格萨尔本生传》合编），1961。

8. 著作者、搜集者与搜集地：

（1）著作者：不知

（2）搜集者：阿图（李兆吉）

（3）搜集地：迪庆

（4）发现时间：1981？

9. 其他：

（1）根据和建华研究员介绍，此部由于收藏者不愿借出，故未能复印。

25 《上粟特马宗》

1. 藏文全题名：

སོག་ཁྱུང་དངུལ་པོ་དངུལ་གཞིས་པ།

2. 拉丁转写：

sog stod dang po dang gnyis pa.

3. 汉译名：

《上粟特马宗》，或《蒙古马城》《蒙古马国》《上蒙古马宗》《索波马宗》《索多马城》。

4. 故事内容提要：

雪山狮子国王的化身嘎玛扎巴去粟特的鲁赤经商时被杀，国王派人向岭国扎拉求救。扎拉王子认为嘎玛扎巴是自己的孩子，一定要替他报仇。此时，岭国女英雄阿达拉姆梦中得到天神预言：征服粟特马宗必须先由自己出兵。阿达拉姆率领的三万大军驻扎在阿格达娃大平原。此时粟特王也得到预示自己被杀的梦境，派人立岗放哨。结果此人被阿达拉姆降伏，获得了粟特王的信息。

格萨尔和扎拉王子率军出师。粟特国的将士们在与岭军作战中先后身亡。最后格萨尔降伏了粟特鲁赤王，任命比推·永朱其美为粟特国国王，并在粟特国制定十善佛法。粟特百姓过上了幸福的生活。格萨尔等岭国众英雄获得了粟特的诸多良马。

5. 版本描述（字体、抄本、刻本风格、版心大小、材质）：

藏文柏簇与草体，长条抄本，每页 9 行，27cm×12cm，复印件，复印于现代纸。

6. 保存处及编号：

（1）原件保存处：中央民族学院图书馆

（2）复印件保存处：迪庆藏学研究院

（3）迪庆藏学研究院编号：未编号

7. 版本说明（页码标记、残缺污浊页、翻译、出版）：

（1）总页码：142 叶。

（2）无封面，内容不完整，似乎是 20 世纪 80 年代新抄写本的复印件。

（3）存复印件一部，复印于 A3 幅面之上。有"中央民族学院（现中央民族大学）图书馆"印章与编号 1436、1437。此卷包裹在 1987 年 2 月版《西藏科技报》（藏文）报纸中，封面尚有"今年复印的《格萨尔》资料目录"，其中有此部。

（4）未翻译。

（5）异文本藏文出版：① 西藏，1992；② 扎巴本，1999；③ 精选本，2013；④ 印度（德拉敦），1978；⑤ 印度（达拉姆萨拉），1982；⑥ 不丹，1981。

8. 著作者、搜集者与搜集地：

（1）著作者：无

（2）搜集者：佟锦华？

（3）搜集地：德格？

（4）搜集时间：1981？

（5）复印登记时间：1987

9. 其他：

（1）用《西藏科技报》（藏文）报纸包裹。

26 《上粟特马宗》

1. 藏文全题名：

 སོག་སྟོད་རྟ་རྫོང་།།

2. 拉丁转写：

sog stod rta rdzong

3. 汉译名：

《上粟特马宗》，或《蒙古马城》《蒙古马国》《上蒙古马宗》《索波马宗》《索多马城》。

4. 故事内容提要：

雪山狮子国王的化身嘎玛扎巴去粟特的鲁赤经商时被杀，国王派人向岭国扎拉求救。扎拉王子认为嘎玛扎巴是自己的孩子，一定要替他报仇。此时，岭国女英雄阿达拉姆梦中得到天神预言：征服粟特马宗必须先由自己出兵。阿达拉姆率领的三万大军驻扎在阿格达娃大平原。此时粟特王也得到预示自己被杀的梦境，派人立岗放哨。结果此人被阿达拉姆降伏，获得了粟特王的信息。

格萨尔和扎拉王子率军出师。粟特国的将士们在与岭军作战中先后身亡。最后格萨尔降伏了粟特鲁赤王，任命比推·永朱其美为粟特国国王，并在粟特国制定十善佛法。粟特百姓过上了幸福的生活。格萨尔等岭国众英雄获得了粟特的诸多良马。

5. 版本描述（字体、抄本、刻本风格、版心大小、材质）：

藏文柏篆体，长条抄本，每页 6 行，34cm×8cm，复印件，复印于现代纸。

6. 保存处及编号：

（1）原件保存处：中央民族学院图书馆

（2）复印件保存处：迪庆藏学研究院

（3）迪庆藏学研究院编号：未编号

7. 版本说明（页码标记、残缺污浊页、翻译、出版）：

（1）总页码：265 叶。

（2）无封面，内容完整，字体公正优美。

（3）存复印件一部，"今年复印的《格萨尔》资料目录"中有此部。

（4）未翻译。

（5）异文本藏文出版：① 西藏，1992；② 扎巴本，1999；③ 精选本，2013；④ 印度（德拉敦），1978；⑤ 印度（达拉姆萨拉），1982；⑥ 不丹，1981。

8. 著作者、搜集者与搜集地：

（1）著作者：无

（2）搜集者：佟锦华？

（3）搜集地：德格？

（4）搜集时间：1981？

（5）复印登记时间：1987

9. 其他：

（1）有红色夹板。

27 《格萨尔佛法宗》

1. 藏文全题名：

འཛམ་གླིང་སྐྱེས་བུའི་ཆོས་སྒྲུང་སིལ་མ་ལས་གསེར་ཆོས་འོག་མིན་བགྲོད་པའི་ཐེམ་སྐས་གསང་བའི་རྒྱ་ཅན།སྒྲུང་རྫོ་རུའི་ཆོས་སྒྲུང་སིལ་མ་ལས་གསེར་པོ་ཡིན་ཆོས་བསྐྱེད་པའི་རྫོ་རུའི་རྒྱལ་མགོ་ཆོས་བརྩོན་པར་རོ༎

2. 拉丁转写：

'dzam gling skyes bu'i chos sgrung sil ma las gser chos 'og min bgrod ba'i them skas gsang ba'i rgya can.

3. 汉译名：

《格萨尔佛法宗》，或《金法密网》。

4. 故事内容提要：

主要讲述格萨尔为众生宣讲佛法的故事。其中也谈到了总管王叙述岭国先祖的情况，以及岭国及众多附属国英雄和百姓听法获得信心等事。

5. 版本描述（字体、抄本、刻本风格、版心大小、材质）：

藏文草体与正楷结合，长条抄本，每页 5 行，18cm×5.4cm，复印件，复印于现代纸。

6. 保存处及编号：

（1）原件保存处：不知

（2）复印件保存处：迪庆藏学研究院

（3）迪庆藏学研究院编号：0738

7. 版本说明（页码标记、残缺污浊页、翻译、出版）：

（1）总页码：214 页。

（2）四川省《格》办手抄印刷本，存 1 卷，内容完整。

（4）未翻译。

（5）异文本藏文出版：①《法宗、七赞、重游天堂》，四川，1990。

8. 著作者、搜集者与搜集地：

（1）著作者：朵钦泽益西多吉

（2）搜集者：土登尼玛活佛（གཏན་དགར་ཉིན་པོ་ཆེ།）

（3）搜集地：摩诃寺

（4）搜集时间：1986？

（5）复印登记时间：1992

9. 其他：

（1）有红色夹板。

小　结

1. 云南《格萨尔》搜集机构正式成立于 1983 年 3 月，机构设于云南省社会科学院和迪庆州两地。在迪庆州，其机构设在云南藏学研究所（后改名迪庆藏学研究院）内，其名称为云南省社会科学院迪庆藏族自治州《格萨尔》史诗研究室，由迪庆州州长李玉芳兼研究室主任，云南社会科学院徐国琼担任兼职副主任。主要工作人员有李兆吉（阿图）、和强、谢世毅、王晓松等。在云南省社会科学院，其研究机构设于民族研究所内，称为云南省民族所《格萨尔》研究室，其中工作人员 2 名，为徐国琼和和建华。

2. 根据徐国琼、王晓松、和建华等人的论文与介绍，云南《格萨尔》手抄本资料基本上搜集于迪庆地区。其中，有一位叫李兆吉（阿图）的闻知艺人，在搜集工作中做出了突出贡献。

3. 云南省迪庆藏学院共搜集到 18 部 27（册）异文本《格萨尔》。罗列如下。

（1）《阿扎玛瑙宗》，（2）《大食财宗》，（3）《中华茶宗》，（4）《霍岭大战》，（5）《姜岭大战》，（6）《迦湿弥罗绿松石宗》，（7）《察瓦戎箭宗》，（8）《苏毗犏牛宗》，（9）《天界篇》，（10）《羊同珍珠宗》，（11）《辛丹内讧》，（12）《雪山水晶宗》，（13）《孟岭大战》，（14）《突厥兵器宗》，（15）《分大食财宗》，（16）《北方降魔》，（17）《上粟特马宗》，（18）《格萨尔佛法宗》。

4. 迪庆藏学院与云南社会科学院《格萨尔》研究室的资料是共享的。基本资料来自迪庆州搜集的资料，然后复印两份保存于两地（迪庆与昆明）；

此外，从全国各地复印了部分资料收藏。虽然两地资料共享，但保存情况互有差异，因此两者同时列出，可以看到各自差别。

　　5. 笔者 2014 年 9 月前往迪庆藏学院查阅资料时，得到了郝敏老师的大力帮助，看到该院设有专门的资料室，而且还设有贵重资料保存室，《格萨尔》手抄本完好无损地保存于此。

第四章　云南社会科学院民族文学研究所藏本解题目录

凡例·说明

1. 此解题目录所参考原始目录为：

（1）全国《格萨尔》办公室藏《云南省社科院迪庆州〈格萨尔〉研究室现存资料目录》（1985.12.18）。

（2）全国《格》办《1958—1986 年全国搜集〈格萨尔〉手抄本、木刻本总目录》（2001）。

2. "藏文题名"大多采用了简称。由于原手稿封面大多字迹漫漶不清，故未能录入藏文全题名。

3. "故事内容提要"主要采用：

（1）土登尼玛主编《格萨尔词典》中提要（四川，1989）。

（2）降边嘉措主编《中国少数民族古籍总目提要·藏族卷——〈格萨尔〉》（未刊稿，2014）。

（3）ཡེ་ཤེས་དཔལ་འབྱོར་ཚོགས་པ་བརྒྱད་ཕྲིན་རྒྱུན་གྱི་ཨག་ཕྲེས་ད་དཔར་མ་འགའ་ཞིག་ནང་དོན་ཤོགས་ང་བསྒྲགས། རྒྱལ་ཡོངས་གསོ་བར་གསུང་ལས་ཀྱ༡

（4）རྒྱང་འཕྱོན་ལྗོ་ཕྲུན་གྱིས་བསྐམ་བམས་ཏེ་ཨབད་བསལ་གྱུ་རྒྱལ་དབྱང་ད་རྒྱང་ད་དཔེ་ཤོག་སྐྱོང་ཞེང་ཞེན་དུག དཔེ་གསུང་པ་སྐྲོད་ཀྲན སོ་མཚན་ལེག་སྐྱི རྒྱང་ད་གི་ད་ནང་དོན་ད་བསྒྲགས། ཤོག་ང་ད་བ་ད་རྩེ༡༩༡༧

（5）སྐྱང་བོ་ཚེ་རིང་གི་བསྐམ་བམས་བྲིང་གི་ང་པར་ས་དུང་ད་ཐོ་རྒྱང་ལིང་གི་དགའ་བའི་རྒྱལ་པ་བསྒྲང་པ་ཞེང་ཞོ་ད། གའི་ནང་རྒྱང་ད་ད་ན སོག་ཤི་ཤི་ཐང་༡༩༨༡

（6）སྨན་གྲུབ་རིན་ཆེན་རྟོ་རྗེས་བསྐམ་བསགས་པ བར་རྒྱང་གི་ང་ཨིང་ཞིན་འཛང། སྐྱོང་གའི་ནང་ང་རིག༡༩༨༡

4. "原件保存处：中央民族学院图书馆"，根据复印件上的"中央民族学院图书馆印章"推定。

5. "异文本"，指就一个完整的《格萨尔》部本来说，总体故事结构上相同但小情节与词句方面存在差异的其他部本，称作这个部本的异文本。因此，"异文本汉文翻译"与"异文本藏文出版"指的是与之相关的同类部本的翻译与出版。

6. "云南社会科学院民族文学所编号"为原抄本封面所附编号，估计为1985年左右编制。

7. "叶"指的是藏文长条双面为一叶（即一枚），"页"指现代书页（即一面）。

8. 用"#"符号代表目录中存在，但此次（2014）查阅时未见到的手抄本。

9. 其中附加了"迪庆藏学研究院编号"，以便核对两地保存资料情况。

01 《阿扎玛瑙宗》

1. 藏文全题名：

ཨ་གྲགས་གཟི་རྫོང་།

2. 拉丁转写：

a grags gzi rdzong.

3. 汉译名：

《阿扎玛瑙宗》，或《阿扎九眼珠宗》《征服阿扎玛瑙城》《阿与岭之战》《阿扎色宗》《阿乍玛瑙国》。

4. 故事内容提要：

土龙年六月初十日，岭国的商队路过歇日国，达泽王毫不犹豫地命令手下的兵将去抢岭国的财物。格萨尔出兵征讨。岭国大军晓行夜宿，不多日，来到阿扎玛瑙国边境。格萨尔命使臣带着礼物入城向国王问候，请阿扎王让出一条路，岭国将通过此地向歇日进军。

阿扎君臣问卜之时，侍臣禀报，岭国大军前来借路。虽然岭国人马不是来攻打阿扎国的，但歇日紧连阿扎，歇日城破，阿扎岂能长久？看来这条路是借不得的。尼扎王一面拒绝给岭国让路，一面迅速召集国内兵马，准备拒敌。

格萨尔大王听说阿扎王不肯借路，愤怒异常，不知该如何是好。就在这时，天母南曼噶姆出现了，对格萨尔说：欲取歇日珊瑚城，必须先破阿扎玛瑙城。于是格萨尔下令进攻阿扎，一路战果连连，来到罗刹大城堡。王子扎拉下令岭国的三员大将森达、玉拉和达拉赤噶诛杀蛋生九人九马，大破罗刹城堡，兵临阿扎王宫。经过几番论战，岭军入城，尼扎跪拜雄狮王，献上金银珠宝等九色礼品。格萨尔君臣开启了中部阿扎与阿扎王城内宝库，然后将所得财物分给众人。格萨尔命令阿扎王尼扎，带着王妃、公主等眷属和侍臣到藏地去住三年，即日启程。雄狮王派大臣尼玛坚赞做了阿扎王，管理国政。

5. 版本描述（字体、抄本、刻本风格、版心大小、材质）：

藏文粗让体接近草体，长条手抄本，每页 8 行，34cm×8cm，复印件，复印于现代纸。

6. 保存处及编号：

（1）原件保存处：不知（估计保存于收藏者）

（2）复印件保存处：云南社会科学院民族文学所

（3）云南社会科学院民族文学所编号：000012

（4）迪庆藏学研究院编号：00732、00742

7. 版本说明（页码标记、残缺污浊页、翻译、出版）：

（1）总页码：264 叶（即 528 页）。

（2）原附记："《格·阿扎色宗》较残缺，现二佰四拾捌张。复制四份，社会科学院、文学所、阿图、迪庆州《格》研室各留一份。搜集地点，西藏芒康县甲告乡甲告村。麦隆·土登存书。付租借费　　元"。

（3）无藏文封面、页面残缺、内容不完整。存 2 套。封面上红字记有"我杰赞结卡玛尔之歌（起始处）"

（4）异文本汉文翻译：徐国琼、和建华译《阿岭之战》，云南，2007。

（5）异文本藏文出版：① 青海，1985；② 西藏，1999；精选本，2003；③ 桑珠本，2005；④ 印度（德里），1975；⑤ 不丹，1981。

8. 著作者、搜集者与搜集地：

（1）著作（抄写、收藏）者：麦隆·土登（收藏者）

（2）搜集者：阿图？

（3）搜集地：西藏芒康县甲告乡甲告村

（4）搜集时间：1979？

（5）复印、登记时间：1985

9. 其他：

（1）有红色夹板。

02 《阿扎玛瑙宗》

1. 藏文全题名：

ཨ་གྲག་གཟི་རྫོང་འབེབས་པའི་རྣམ་ཐར་དཔའི་བོ་གཡུལ་འགྱེད་ཀྱི་དགའི་སྟོན་གོ་ཤེས་ལྷ་བའི་བུའི་ཞེས་བྱ་བ་རིན་ཆེན་གཏེར་མཛོད་བཞུགས་སོ།

2. 拉丁转写：

a grag gzi rdzong 'bebs pa'i rnam thar dpa'i bo g.yul 'gyed gyi dga'i ston go shes lha ba'i bu'i zhes bya ba rin chen gter mdzod bzhugs so.

3. 汉译名：

《阿扎玛瑙宗》，或《阿扎九眼珠宗》《征服阿扎玛瑙城》《阿与岭之战》《阿扎色宗》《阿乍玛瑙国》。

4. 故事内容提要：

土龙年六月初十日，岭国的商队路过歇日国，达泽王毫不犹豫地命令手下的兵将去抢岭国的财物。格萨尔出兵征讨。岭国大军晓行夜宿，不多日，来到阿扎玛瑙国边境。格萨尔命使臣带着礼物入城向国王问候，请阿扎王让出一条路，岭国将通过此地向歇日进军。

阿扎君臣问卜之时，侍臣禀报，岭国大军前来借路。虽然岭国人马不是来攻打阿扎国的，但歇日紧连阿扎，歇日城破，阿扎岂能长久？看来这条路是借不得的。尼扎王一面拒绝给岭国让路，一面迅速召集国内兵马，准备拒敌。

格萨尔大王听说阿扎王不肯借路，愤怒异常，不知该如何是好。就在这时，天母南曼噶姆出现了，对格萨尔说：欲取歇日珊瑚城，必须先破阿扎玛瑙城。于是格萨尔下令进攻阿扎，一路战果连连，来到罗刹大城堡。王子扎拉下令岭国的三员大将森达、玉拉和达拉赤噶诛杀蛋生九人九马，大破罗刹城堡，兵临阿扎王宫。经过几番论战，岭军入城，尼扎跪拜雄狮王，献上金银珠宝等九色礼品。格萨尔君臣开启了中部阿扎与阿扎王城内宝库，然后将所得财物分给众人。格萨尔命令阿扎王尼扎，带着王妃、公主等眷属和侍臣到藏地去住三年，即日启程。雄狮王派大臣尼玛坚赞做了阿扎王，管理国政。

5. 版本描述（字体、抄本、刻本风格、版心大小、材质）：

藏文柏簇体体，长条手抄本，每页 6 行，34cm×6cm，复印件，复印于现代纸。

6. 保存处及编号：

（1）原件保存处：不知。

（2）复印件保存处：云南社会科学院民族文学所

（3）云南社会科学院民族文学所编号：000017、000013

（4）迪庆藏学研究院编号：00737

7. 版本说明（页码标记、残缺污浊页、翻译、出版）：

（1）总页码：412 叶。

（2）藏文封面、内容完整、抄写字体工整优美。

（4）异文本汉文翻译：徐国琼、和建华译《阿岭之战》，云南，2007。

（5）异文本藏文出版：①青海，1985；②西藏，1999；精选本，2003；

③ 桑珠本，2005；④ 印度（德里），1975；⑤ 不丹，1981。

8. 著作者、搜集者与搜集地：

（1）著作（抄写、收藏）者：无

（2）搜集者：阿图？

（3）搜集地：不知

（4）搜集时间：1981？

（5）复印、登记时间：1985

9. 其他：

（1）有红色夹板。

03 《大食财宗》

1. 藏文全题名：

འཛམ་གླིང་སེང་ཆེན་རྒྱལ་པོའི་རྟོགས་བརྗོད་ལས་སྟག་གཟི་ནོར་རྫོང་བབ་པའི་ལོ་རྒྱུས་མ་ནུབ་པའི་སྒྲ་བྱངས་མ་སྲིད་གསུམ་རིན་ཆེན་བང་མཛོད་

བཀྲ་ཤིས་སྙན་གྲགས་ཀུན་ཁྱབ་ཞུགས་སོ

2. 拉丁转写：

'dzam gling seng chen rgyal po'i rtogs brjod las stag gzi nor rdzong bab pa'i lo rgyus ma nub pa'i sgra byangs ma srid gsum rin chen bang mdzod bkra shis snyan grags kun khyab bzhugs so

3. 汉译名：

《大食财宗》，或《大食财宝城》《达惹诺宗》《大食诺宗》《大食宝宗》《大食之战》《达岭之战》《征服大食》。

4. 故事内容提要：

大食财宝王富如龙王，有着像毗沙门一样大的权势。拥有一匹具备所有优点的宝马，被誉为具鹏翅宝马。晁同装扮成的董图弥郭杰以及与其三人去大食国用计盗走了具鹏翅宝马。

大食国立即派兵追讨，抢夺了晁同帐篷中的所有财宝以及牲畜。晁同率军讨伐，双方硝烟三年，胜负无期。后来，天神预言格萨尔要征服大食财宗。晁同也派人去岭王处请求出兵大食。格萨尔大王召集群臣，商讨对敌策略，定战略战术。格萨尔领兵击败了大食军队的进攻，并乘胜追击，降伏了大食国，取回大食国的宝藏凯旋。

5. 版本描述（字体、抄本、刻本风格、版心大小、材质）：

藏文柏簇体，长条抄本，每页 5 行，23cm×6cm，复印件，复印于现代纸。

6. 保存处及编号：

（1）原件保存处：不知

（2）复印件保存处：云南社会科学院民族文学所

（3）云南社会科学院民族文学所编号：000008《大食之战》（一）

（4）迪庆藏学研究院编号：00769

7. 版本说明（页码标记、残缺污浊页、翻译、出版）：

（1）总页码：331 叶。

（2）藏文封面、内容完整、抄写字体工整优美。

（3）原说明中说有 662 叶。另有散装于"中国社科院"字样的大信封中一套，与之同，未拍摄。信封上记有"《格萨尔》资料（藏文）1992 年 2 月 28 日李交来"，估计李是李兆吉（阿图）。

（4）异文本汉文翻译：角巴东主等编校，高等教育出版社，2011。

（5）异文本藏文出版：① 西藏，1979；② 甘肃，1979；③ 精选本，2002；④ 印度（大吉岭），1966；⑤ 印度（新德里），1976；⑥ 印度（岗托克），1983；⑦ 不丹，1981。

8. 著作者、搜集者与搜集地：

（1）著作（抄写、收藏）者：无

（2）搜集者：阿图？

（3）搜集地：不知

（4）搜集时间：1981？

（5）复印、登记时间：1985

9. 其他：

（1）有红色夹板。

04 《大食财宗》

1. 藏文全题名：

འཛམ་གླིང་སེང་ཆེན་རྒྱལ་པོའི་རྟོགས་བརྗོད་ལས་སྟག་གཟི་ནོར་རྫོང་།

འཛམ་གླིང་སེང་ཆེན་རྒྱལ་པོའི་རྟོགས་བརྗོད་ལས་སྟག་གླིང་གཡོལ་འཁྲུག་གི་ལེའུ་རིམ་པའི་བཞུགས་སོ།

2. 拉丁转写：

'dzam gling seng chen rgyal po'i rtogs brjod las stag gzi nor rdzong. 'dzam gling seng chen rgyal po'i rtogs brjod las stag gling g.yol 'khrug gyi le'u rim pa'i bzhugs so.

3. 汉译名：

《大食财宗》，或《大食财宝城》《达惹诺宗》《大食诺宗》《大食宝宗》

《大食之战》《达岭之战》《征服大食》。

4. 故事内容提要：

大食财宝王富如龙王，有着像毗沙门一样大的权势。拥有一匹具备所有优点的宝马，被誉为具鹏翅宝马。晁同装扮成的董图弥郭杰以及与其随从三人去大食国用计盗走了具鹏翅宝马。

大食国立即派兵追讨，抢夺了晁同帐篷中的所有财宝以及牲畜。晁同率军讨伐，双方硝烟三年，胜负无期。后来，天神预言格萨尔要征服大食财宗。晁同也派人去岭王处请求出兵大食。格萨尔大王召集群臣，商讨对敌策略，定战略战术。格萨尔领兵击败了大食军队的进攻，并乘胜追击，降伏了大食国，取回大食国的宝藏凯旋。

5. 版本描述（字体、抄本、刻本风格、版心大小、材质）：

藏文柏簇体，长条抄本，每页 6 行，32cm×7cm，原件、复印件（复印于现代纸）。

6. 保存处及编号：

（1）原件保存处：迪庆藏学研究院

（2）复印件保存处：云南社会科学院民族文学所

（3）云南社会科学院民族文学所编号：000020

（4）迪庆藏学研究院编号：00716

7. 版本说明（页码标记、残缺污浊页、翻译、出版）：

（1）总页码：132 叶（上册 1 99 叶，下册 1 88 叶？）。

（2）藏文封面、内容不完整、抄写字体工整优美。其中插有 འཛིན་སྐྱེ་སེང་ཆེན་ རྒྱལ་པོའི་རྟོགས་བརྗོད་ལས་སྐྱེ་སྒྲེང་བོས་འབུལ་བྱེད་རེ་རེའི་བཞུགས་སོ། 的字迹不同的部分。在尾页上标记有"阿岭之战 88 片"。

（3）藏有原件和复印件（复印件未剪裁，无编号）。云南社会科学院藏"下册"复印件装订于编号为 000015《大食财宗》之后。

（4）异文本汉文翻译：角巴东主等编校，高等教育出版社，2011。

（5）异文本藏文出版：① 西藏，1979；② 甘肃，1979；③ 精选本，2002；④ 印度（大吉岭），1966；⑤ 印度（新德里），1976；⑥ 印度（岗托克），1983；⑦ 不丹，1981。

8. 著作者、搜集者与搜集地：

（1）著作（抄写、收藏）者：无

（2）搜集者：阿图？

（3）搜集地：不知

（4）搜集时间：1981？

（5）复印、登记时间：1985

9. 其他：

（1）原件有红色夹板。

05 《大食财宗》

1. 藏文全题名：

འཛམ་གླིང་སེང་ཆེན་རྒྱལ་པོའི་རྟོགས་བརྗོད་ལས་སྟག་གཟི་ནོར་རྫོང་ཕབ་པ་ཞེས་བྱ་བ་བཞུགས་སོ།

2. 拉丁转写：

'dzam gling seng chen rgyal po'i rtogs brjod las stag gzi nor rdzong phab pa zhes by aba bzhugs so.

3. 汉译名：

《大食财宗》，或《大食财宝城》《达惹诺宗》《大食诺宗》《大食宝宗》《大食之战》《达岭之战》《征服大食》。

4. 故事内容提要：

大食财宝王富如龙王，有着像毗沙门一样大的权势。拥有一匹具备所有优点的宝马，被誉为具鹏翅宝马。晁同装扮成的董图弥郭杰以及与其随从三人去大食国用计盗走了具鹏翅宝马。

大食国立即派兵追讨，抢夺了晁同帐篷中的所有财宝以及牲畜。晁同率军讨伐，双方硝烟三年，胜负无期。后来，天神预言格萨尔要征服大食财宗。晁同也派人去岭王处请求出兵大食。格萨尔大王召集群臣，商讨对敌策略，定战略战术。格萨尔领兵击败了大食军队的进攻，并乘胜追击，降伏了大食国，取回大食国的宝藏凯旋。

5. 版本描述（字体、抄本、刻本风格、版心大小、材质）：

藏文柏簌体，长条抄本，每页 7 行，30cm×6cm，复印件（复印于现代纸）。

6. 保存处及编号：

（1）原件保存处：中央民族学院图书馆

（2）复印件保存处：云南社会科学院民族文学所

（3）云南社会科学院民族文学所编号：000015

（4）迪庆藏学研究院编号：00735

7. 版本说明（页码标记、残缺污浊页、翻译、出版）：

（1）总页码：196 叶。

（2）藏文封面、内容完整、抄写字体工整优美。

（3）原说明中说 10 叶、176 叶重复，77 叶缺失是编页错误。封面有 0629 编号，封面及 196 叶 A 面上有"中央民族学院图书馆"印章。

（4）异文本汉文翻译：角巴东主等编校，高等教育出版社，2011。

（5）异文本藏文出版：① 西藏，1979；② 甘肃，1979；③ 精选本，2002；
④ 印度（大吉岭），1966；⑤ 印度（新德里），1976；⑥ 印度（岗托克），
1983；⑦ 不丹，1981。

8. 著作者、搜集者与搜集地：

（1）著作（抄写、收藏）者：无

（2）搜集者：阿图？

（3）搜集地：不知

（4）搜集时间：1981？

（5）复印、登记时间：1985

9. 其他：

（1）有红色夹板。

06 《中华茶宗》

1. 藏文全题名：

གེ་སར་སྐྱེས་བུའི་རྣམ་ཐར་རྒྱ་ཡིས་ལེའུ་ལས་བྱུང་བའི་ངོ་མཚར་གཏམ་གྱི་ཕྲེང་བ་བཞུགས་སོ།

2. 拉丁转写：

ge sar skyes bu'i rnam thar rgya yis le'u las byung ba'i ngo mthar gtam gyi
phreng ba bzhugs so.

3. 汉译名：

《中华茶宗》，或《汉地茶宗》《加岭传奇》《岭与中华》《汉岭》。

4. 故事内容提要：

汉地让布曲宗城内国王葛拉耿贡，娶了下界国王堆瓦纳布的美貌女儿
尼玛赤姬。三世之神看出此妃是妖魔所变，于是化作瘸、瞎、聋三个残障
人，为妃子演戏，令属民看见美貌妃子。妃子因此得了大病，无法治愈。
妃子临死前告诉国王只要将其尸体裹在绸缎里放到库中，不让其发凉，并
把百姓属民压于无衣食住行之权的严法之下，断除藏汉之间的金桥，不让
外地人进来，也不让内部人出去，那么她将有一天复活。

公主听见妖妃的遗嘱，听从大臣女儿央金措的主意，借口去五台山为
母亲斋戒，将密信及信物一起托三只鸽子寄给格萨尔大王。格萨尔大王也
接到天神预言，到汉地去火化妖妃的尸体，解除汉地国王与百姓的痛苦。
于是格萨尔按照天神的预言，从弥药国、青海、阿赛国取回在汉地必需的
宝物，然后与12位将士来到汉地，征服了各种关口上的妖怪，用各种神变
降伏了汉地国王，用计谋烧毁了妖妃的尸体。讲授了佛法，使汉地众生畅

享安乐的生活。

5. 版本描述（字体、抄本、刻本风格、版心大小、材质）：

藏文粗通体与草体，长条抄本，每页 6 行，32cm×7cm，复印件，复印于现代纸。

6. 保存处及编号：

（1）原件保存处：未知

（2）复印件保存处：云南社会科学院民族文学所

（3）云南社会科学院民族文学所编号：000007、000019

（4）迪庆藏学研究院编号：00736

7. 版本说明（页码标记、残缺污浊页、翻译、出版）：

（1）总页码：372 叶。

（2）藏文封面、内容完整、抄写字体工整优美。07 封面记有"共三本，计 139776 字。" 19 封面记有"共二本，计 132256 字。"

（3）异本汉文翻译：阿图、徐国琼、解世毅译，中国民间文艺出版社，1984。

（4）异文本藏文出版：① 中国民间文艺，1981；② 西藏，1984；③ 扎巴本，民族音像出版社，1999；④ 桑珠本，2005；⑤ 印度（岗托克），1977；⑥ 不丹，1981；⑦ 不丹（《下拉达克本》），1981；⑧ 民族音像出版社，2014。

8. 著作者、搜集者与搜集地：

（1）著作（抄写、收藏）者：无

（2）搜集者：阿图？

（3）搜集地：不知

（4）搜集时间：1981？

（5）复印、登记时间：1985

9. 其他：

（1）有红色夹板。

07 《中华茶宗》

1. 藏文全题名：

གེ་སར་སྐྱེས་བུའི་རྣམ་ཐར་རྒྱ་ཡིས་ལེའུ་ལས་བྱུང་བའི་ངོ་མཐར་གཏམ་གྱི་ཕྲེང་བ་བཞུགས་སོ།

2. 拉丁转写：

ge sar skyes bu'i rnam thar rgya yis le'u las byung ba'i ngo mthar gtam gyi phreng ba bzhugs so.

3. 汉译名：

《中华茶宗》，或《汉地茶宗》《加岭传奇》《岭与中华》《汉岭》。

4. 故事内容提要：

汉地让布曲宗城内国王葛拉耿贡，娶了下界国王堆瓦纳布的美貌女儿尼玛赤姬。三世之神看出此妃是妖魔所变，于是化作瘸、瞎、聋三个残障人，为妃子演戏，令属民看见美貌妃子。妃子因此得了大病，无法治愈。妃子临死前告诉国王只要将其尸体裹在绸缎里放于库中，不让其发凉，并把百姓属民压于无衣食住行之权的严法之下，断除藏汉之间的金桥，不让外地人进来，也不让内部人出去，那么她将有一天复活。

公主听见妖妃的遗嘱，听从大臣女儿央金措的主意，借口去五台山为母亲斋戒，将密信及信物一起托三只鸽子寄给格萨尔大王。格萨尔大王也接到天神预言，到汉地去火化妖妃的尸体，解除汉地国王与百姓的痛苦。于是格萨尔按照天神的预言，从弥药国、青海、阿赛国取回在汉地必需的宝物，然后与12位将士来到汉地，征服了各种关口上的妖怪，用各种神变降伏了汉地国王，用计谋烧毁了妖妃的尸体。讲授了佛法，使汉地众生畅享安乐的生活。

5. 版本描述（字体、抄本、刻本风格、版心大小、材质）：

藏文柏簇体，长条抄本，每页 5 行，25cm×6cm，原件，复印件（复印于现代纸）。

6. 保存处及编号：

（1）原件保存处：迪庆藏学研究院

（2）复印件保存处：云南社会科学院民族文学所

（3）云南社会科学院民族文学所编号：000001

（4）迪庆藏学研究院编号：00728

7. 版本说明（页码标记、残缺污浊页、翻译、出版）：

（1）总页码：315 叶。

（2）藏文封面，内容完整，抄写字体工整优美。封面记有"共（一）、（二）两本，计8806 字。"

（3）异本汉文翻译：阿图、徐国琼、解世毅译，中国民间文艺出版社，1984。

（4）异文本藏文出版：① 中国民间文艺，1981；② 西藏，1984；③ 扎巴本，民族音像出版社，1999；④ 桑珠本，2005；⑤ 印度（岗托克），1977；⑥ 不丹，1981；⑦ 不丹（《下拉达克本》），1981；⑧ 民族音像出版社，2014。

8. 著作者、搜集者与搜集地：

（1）著作（抄写、收藏）者：无

（2）搜集者：阿图？

（3）搜集地：不知

（4）搜集时间：1981？

（5）复印、登记时间：1985

9. 其他：

（1）有棕色、红色夹板。

08 《霍岭大战》(下册）

1. 藏文全题名：

ཧོར་གླིང་གཡུལ་འགྱེད་སྨད་ཆ།

2. 拉丁转写：

hor gling g.yul 'gyed，smad cha.

3. 汉译名：

《霍岭大战》，或《平服霍尔》《征服霍尔》《反击霍尔》《霍尔岭之战》《白帐王下册》。

4. 故事内容提要：

故事讲述格萨尔大王从北方魔国返回岭国，惩处卖国贼晁同叔叔，安抚并召集失散于四野的勇士，然后单枪匹马前往霍尔国征讨顽敌。途中经历各种险阻，来到霍尔国投靠铁匠王葛尔瓦父女，一边侦察敌情，一边锻打攀登霍尔白帐王宫殿雅孜红城的锁链。最后，时机成熟，派神马江郭叶儿哇传递岭军攻城信息，一举歼灭霍尔国白、黑和黄三王，给白帐王备上马鞍，以示惩处。后委任霍尔大将唐泽为岭国属国霍尔国之大王。

5. 版本描述（字体、抄本、刻本风格、版心大小、材质）：

藏文柏簌体，长条抄本，每页 6 行，36cm×8cm，复印件（复印于现代纸）。

6. 保存处及编号：

（1）原件保存处：未知

（2）复印件保存处：云南社会科学院民族文学所

（3）云南社会科学院民族文学所编号：000018、000009

（4）迪庆藏学研究院编号：00733

7. 版本说明（页码标记、残缺污浊页、翻译、出版）：

（1）总页码：235 叶。

（2）无封面，内容完整，抄写字体工整优美。000018 封面有"共二本，计 84060 字"。000009 封面有"共二本，计 89472 字。与 000018 同"。

（3）原说明："43×10.2，霍岭下册，复制本236页，州《格研室》资料"。

（4）异文本汉文翻译：① 青海民研会，1962；② 吴均、金迈译，1984；③ 王沂暖、华甲译（《贵德分章本》），1981；④ 王歌行、左可国、刘宏亮整理，1986。

（5）异文本藏文出版：① 青海，1962、1979、1980；② 西藏，1980；③ 青海（《黄霍尔》），1988、1994；④ 交加本，2006；⑤ 四川（《辛丹》附录），1982；⑥ 四川，1999；⑦ 精选本，2000；⑧ 桑珠本，2006；⑨ 印度（列城），1972；⑩ 印度（锡金、岗托克），1978；⑪ 印度（德里），1979；⑫ 印度（比尔），1979；⑬ 印度（岗托克），1984；⑭ 不丹，1979；⑮ 不丹，1979；⑯ 不丹，1979；⑰ 蒙古国，1961；⑱ 川《格》12，2015。

8. 著作者、搜集者与搜集地：

（1）著作（抄写、收藏）者：无

（2）搜集者：阿图？

（3）搜集地：不知

（4）搜集时间：1981？

（5）复印、登记时间：1985

9. 其他：

（1）有红色夹板。

09　《姜岭大战》

1. 藏文全题名：

གླིང་རྗེ་སེང་ཆེན་རྒྱལ་པོའི་རྟོགས་བརྗོད་ལས་འཇང་གླིང་གཡུལ་འགྱེད་...བཞུགས་སོ།

2. 拉丁转写：

gling rje seng chen rgyal po'i rtogs brjod las 'jang gling g.yul 'gyed... bzhugs so.

3. 汉译名：

《姜岭大战》，或《姜岭之战》《降岭之战》《保卫盐海》《征服姜国》《岭八十大将传》。

4. 故事内容提要：

莲花生大师派天神玛乃乃假扮姜国天神，给姜国国王萨丹王降下假预言，致使他遵照假预言派王子玉拉托居尔前往岭国方向去迎接贵宾，结果被辛巴设计降伏。萨丹王召集群臣出师岭国解救王子。双方经过多年战争，各有损伤，但未分出胜负。

岭国设计延误姜军进攻岭国计划。岭国派以丹玛为首的六大将帅突捣姜营，致使姜军人仰马翻，溃不成军。萨丹王丧失理智，悲愤之际欲饮尽江河，格萨尔变成一条小鱼钻进姜王肚中，救出被吞的男女 20 人。格萨尔站在萨丹心顶祈求三宝保佑。萨丹恼羞成怒，向自己的心口扎了一刀，结束了自己的生命。格萨尔收回盐矿岭国，任命玉拉为姜地 12 地的首领。架起了藏汉友谊之桥。岭军凯旋。

5. 版本描述（字体、抄本、刻本风格、版心大小、材质）：

藏文柏簇体，长条抄本，每页 6 行，38cm×8cm，复印件（复印于现代纸）。

6. 保存处及编号：

（1）原件保存处：未知

（2）复印件保存处：云南社会科学院民族文学所

（3）云南社会科学院民族文学所编号：000022

（4）迪庆藏学研究院编号：无

7. 版本说明（页码标记、残缺污浊页、翻译、出版）：

（1）总页码：264 叶。

（2）封面漫漶不清、内容不完整、抄写字体工整优美。

（3）存复印件 2 套，未剪裁。封面上记有"（之二），姜岭大战，云南社会科学院民族文学所《格萨尔》研究室存书"；扉页标记有"姜岭大战 196 张"。

（4）异文本汉文翻译：徐国琼、王晓松译，中国藏学，1991。

（5）异文本藏文出版：① 西藏，1981；② 罗哲嘉措本，甘肃，1989；③ 甘肃，1993；④ 精选本，2002；⑤ 桑珠本，2003；⑥ 交加本，甘肃，2006；⑦ 格日尖参本，甘肃，2007；⑧ 印度（德里），1965；⑨ 印度（岗托克），1977；⑩ 印度（岗托克），1983；⑪ 不丹，1981；⑫ 蒙古国，1959；⑬ 川《格》丛书 11，2014。

8. 著作者、搜集者与搜集地：

（1）著作（抄写、收藏）者：无

（2）搜集者：阿图？

（3）搜集地：不知

（4）搜集时间：1981？

（5）复印、登记时间：1985

9. 其他：

（1）未剪裁 A3 复印纸捆卷。

#10 《姜岭大战》

1. 藏文全题名:

འཛམ་གླིང་སེང་ཆེན་རྒྱལ་པོའི་རྟོགས་བརྗོད་ལས་འཇང་གླིང་དམག་འཁྲུག

2. 拉丁转写:

'dzam gling seng chen rgyal po'i rtogs brjod las 'jang gling g.yul 'khrug.

3. 汉译名:

《姜岭大战》，或《姜岭之战》《降岭之战》《保卫盐海》《征服姜国》《岭八十大将传》。

4. 故事内容提要:

莲花生大师派天神玛乃乃假扮姜国天神，给姜国国王萨丹王降下假预言，致使他遵照假预言派王子玉拉托居尔前往岭国方向去迎接贵宾，结果被辛巴设计降伏。萨丹王召集群臣出师岭国解救王子。双方经过多年战争，各有损伤，但未分出胜负。

岭国设计延误姜军进攻岭国计划。岭国派以丹玛为首的六大将帅突捣姜营，致使姜军人仰马翻，溃不成军。萨丹王丧失理智，悲愤之际欲饮尽江河，格萨尔变成一条小鱼钻进姜王肚中，救出被吞的男女 20 人。格萨尔站在萨丹心顶祈求三宝保佑。萨丹恼羞成怒，向自己的心口扎了一刀，结束了自己的生命。格萨尔收回盐矿岭国，任命玉拉为姜地 12 地的首领。架起了藏汉友谊之桥。岭军凯旋。

5. 版本描述（字体、抄本、刻本风格、版心大小、材质）:

藏文柏簇体，长条抄本，每页 7 行，21cm×7cm，复印件（复印于现代纸）。

6. 保存处及编号:

（1）原件保存处：未知

（2）复印件保存处：未知

（3）云南社会科学院民族文学所编号：无

（4）迪庆藏学研究院编号：0717、0741

7. 版本说明（页码标记、残缺污浊页、翻译、出版）:

（1）总页码：326 叶。

（2）无封面、内容不完整、抄写字体工整优美。

（3）存复印件 2 套，有徐国琼写于 1983 年的说明：此书从青海流转至昆明情况。

（4）异文本汉文翻译：徐国琼、王晓松译，中国藏学，1991。

（5）异文本藏文出版：① 西藏，1981；② 罗哲嘉措本，甘肃，1989；③ 甘肃，1993；④ 精选本，2002；⑤ 桑珠本，2003；⑥ 交加本，甘肃，2006；⑦ 格日尖参本，甘肃，2007；⑧ 印度（德里），1965；⑨ 印度（岗托克），1977；⑩ 印度（岗托克），1983；⑪ 不丹，1981；⑫ 蒙古国，1959；⑬ 川《格》丛书 11，2014。

8. 著作者、搜集者与搜集地：

（1）著作（抄写、收藏）者：无

（2）搜集者：徐国琼

（3）搜集地：青海同仁

（4）搜集时间：1958

（5）复印、登记时间：1985

11 《姜岭大战》

1. 藏文全题名：

འཇང་གླིང་གཡུལ་འབྱེད།

2. 拉丁转写：

'jang gling g.yul 'byed.

3. 汉译名：

《姜岭大战》，或《姜岭之战》《降岭之战》《保卫盐海》《征服姜国》《岭八十大将传》。

4. 故事内容提要：

莲花生大师派天神玛乃乃假扮姜国天神，给姜国国王萨丹王降下假预言，致使他遵照假预言派王子玉拉托居尔前往岭国方向去迎接贵宾，结果被辛巴设计降伏。萨丹王召集群臣出师岭国解救王子。双方经过多年战争，各有损伤，但未分出胜负。

岭国设计延误姜军进攻岭国计划。岭国派以丹玛为首的六大将帅突捣姜营，致使姜军人仰马翻，溃不成军。萨丹王丧失理智，悲愤之际欲饮尽江河，格萨尔变成一条小鱼钻进姜王肚中，救出被吞的男女 20 人。格萨尔站在萨丹心顶祈求三宝保佑。萨丹恼羞成怒，向自己的心口扎了一刀，结束了自己的生命。格萨尔收回盐矿岭国，任命玉拉为姜地 12 地的首领。架起了藏汉友谊之桥。岭军凯旋。

5. 版本描述（字体、抄本、刻本风格、版心大小、材质）：

藏文柏簌体，长条抄本，每页 8 行，36cm×7cm，复印件（复印于现代纸）。

6. 保存处及编号：

（1）原件保存处：未知

（2）复印件保存处：云南社会科学院民族文学所

（3）云南社会科学院民族文学所编号：000023、000011

7. 版本说明（页码标记、残缺污浊页、翻译、出版）：

（1）总页码：49 叶。

（2）封面漫漶不清、内容不完整、抄写字体工整优美。

（3）存复印件 2 套，扉页标记有："共一本，计 26496 字，姜岭战争共有 46 页，头缺一页"。

（4）异文本汉文翻译：徐国琼、王晓松译，中国藏学，1991。

（5）异文本藏文出版：① 西藏，1981；② 罗哲嘉措本，甘肃，1989；③ 甘肃，1993；④ 精选本，2002；⑤ 桑珠本，2003；⑥ 交加本，甘肃，2006；⑦ 格日尖参本，甘肃，2007；⑧ 印度（德里），1965；⑨ 印度（岗托克），1977；⑩ 印度（岗托克），1983；⑪ 不丹，1981；⑫ 蒙古国，1959；⑬ 川《格》丛书 11，2014。

8. 著作者、搜集者与搜集地：

（1）著作（抄写、收藏）者：无

（2）搜集者：阿图？

（3）搜集地：不知

（4）搜集时间：1981？

（5）复印、登记时间：1985

9. 其他：

（1）有红色夹板。

12 《姜岭大战》

1. 藏文全题名：

འཛམ་གླིང་སེང་ཆེན་རྒྱལ་པོའི་རྟོགས་བརྗོད་ལས་འཇང་གླིང་གཡུལ་འཁྲུག

2. 拉丁转写：

'dzam gling seng chen rgyal po'i rtogs brjod las 'jang gling g.yul 'khrug.

3. 汉译名：

《姜岭大战》，或《姜岭之战》《降岭之战》《保卫盐海》《征服姜国》《岭八十大将传》。

4. 故事内容提要：

莲花生大师派天神玛乃乃假扮姜国天神，给姜国国王萨丹王降下假预言，致使他遵照假预言派王子玉拉托居尔前往岭国方向去迎接贵宾，结果被辛巴设计降伏。萨丹王召集群臣出师岭国解救王子。双方经过多年战争，各有损伤，但未分出胜负。

岭国设计延误姜军进攻岭国计划。岭国派以丹玛为首的六大将帅突捣姜营，致使姜军人仰马翻，溃不成军。萨丹王丧失理智，悲愤之际欲饮尽江河，格萨尔变成一条小鱼钻进姜王肚中，救出被吞的男女 20 人。格萨尔站在萨丹心顶祈求三宝保佑。萨丹恼羞成怒，向自己的心口扎了一刀，结束了自己的生命。格萨尔收回盐矿岭国，任命玉拉为姜地 12 地的首领。架起了藏汉友谊之桥。岭军凯旋。

5. 版本描述（字体、抄本、刻本风格、版心大小、材质）：

藏文柏簇体，长条抄本，每页 5 行，30cm×7cm，复印件（复印于现代纸）。

6. 保存处及编号：

（1）原件保存处：未知

（2）复印件保存处：云南社会科学院民族文学所

（3）云南社会科学院民族文学所编号：000002

7. 版本说明（页码标记、残缺污浊页、翻译、出版）：

（1）总页码：135 叶。

（2）封面漫漶不清、内容不完整、抄写字体工整优美。

（3）存复印件 2 套，封面标记有："共一本，计 43400 字"。

（4）异文本汉文翻译：徐国琼、王晓松译，中国藏学，1991。

（5）异文本藏文出版：① 西藏，1981；② 罗哲嘉措本，甘肃，1989；③ 甘肃，1993；④ 精选本，2002；⑤ 桑珠本，2003；⑥ 交加本，甘肃，2006；⑦ 格日尖参本，甘肃，2007；⑧ 印度（德里），1965；⑨ 印度（岗托克），1977；⑩ 印度（岗托克），1983；⑪ 不丹，1981；⑫ 蒙古国，1959；⑬ 川《格》丛书11，2014。

8. 著作者、搜集者与搜集地：

（1）著作（抄写、收藏）者：无

（2）搜集者：阿图？

（3）搜集地：不知

（4）搜集时间：1981？

（5）复印、登记时间：1985

9. 其他：

（1）有红色夹板。

13 《姜岭大战》

1. 藏文全题名：

གླིང་སྐུ་གེ་སར་རྒྱལ་པོའི་རྟོགས་བརྗོད་ལས་འཇིང་ས་ཐམ་རྗེ་བཙུན་བརྟུལ་བའི་ལེའུ་བཞུགས་སོ།།འཛམ་གླིང་གེ་སར་རྒྱལ་པོའི་ལྗང་གླིང་གཡུལ་འགྱེད་ཀྱི་སྐོར་བཞུགས་སོ།།

2. 拉丁转写：

gling sku ge sar rgyal po'i rtogs brjod las 'jing sat ham rje btsun brtul ba'i le'u bzhugs so.'dzam gling ge sar rgyal po'i ljang gling g.yul 'gyed kyi skor bzhugs so.

3. 汉译名：

《姜岭大战》，或《姜岭之战》《降岭之战》《保卫盐海》《征服姜国》《岭八十大将传》。

4. 故事内容提要：

莲花生大师派天神玛乃乃假扮姜国天神，给姜国国王萨丹王降下假预言，致使他遵照假预言派王子玉拉托居尔前往岭国方向去迎接贵宾，结果被辛巴设计降伏被擒。萨丹王召集群臣出师岭国解救王子。双方经过多年战争，各有损伤，但未分出胜负。

岭国设计延误姜军进攻岭国计划。岭国派以丹玛为首的六大将帅突捣姜营，致使姜军人仰马翻，溃不成军。萨丹王丧失理智，悲愤之际欲饮尽江河，格萨尔变成一条小鱼钻进姜王肚中，救出被吞的男女20人。格萨尔站在萨丹心顶祈求三宝保佑。萨丹恼羞成怒，向自己的心口扎了一刀，结束了自己的生命。格萨尔收回盐矿岭国，任命玉拉为姜地12地的首领。架起了藏汉友谊之桥。岭军凯旋。

5. 版本描述（字体、抄本、刻本风格、版心大小、材质）：

藏文乌金体（正楷）（乌金体），手抄印刷出版本，A4 幅面，每页 23 行，29.5cm×21cm，原件。

6. 保存处及编号：

（1）原件（手抄本）保存处：哈里哈·杰尊丹巴的私人图书馆

（2）印刷本保存处：迪庆藏学研究院

（3）云南社会科学院民族文学所编号：无

（4）迪庆藏学研究院编号：无

7. 版本说明（页码标记、残缺污浊页、翻译、出版）：

（1）总页码：227 页。

（2）蒙古国乌兰巴托出版本，1959。

（3）云南社会科学院复印件说明：复印于 1988。

（4）异文本汉文翻译：徐国琼、王晓松译，中国藏学，1991。

（5）异文本藏文出版：① 西藏，1981；② 罗哲嘉措本，甘肃，1989；③ 甘肃，1993；④ 精选本，2002；⑤ 桑珠本，2003；⑥ 交加本，甘肃，2006；⑦ 格日尖参本，甘肃，2007；⑧ 印度（德里），1965；⑨ 印度（岗托克），1977；⑩ 印度（岗托克），1983；⑪ 不丹，1981；⑫ 蒙古国，1959；⑬ 川《格》丛书 11，2014。

8. 著作者、搜集者与搜集地：

（1）著作（抄写、收藏）者：无

（2）搜集者：不知

（3）搜集地：不知

（4）搜集时间：1985？

（5）复印、登记时间：1985

9. 其他：

（1）根据蒙古国哈里哈·杰尊丹巴活佛收藏手抄本重抄出版。

14 《迦湿弥罗绿松石宗》

1. 藏文全题名：

 མ་སང་སྐྱེས་བུའི་རྣམ་ཐར་ལས་ཁ་ཆེའི་གཡུ་རྫོང་དབང་པོའི་རྟོགས་པ་བརྫོད་དངོ་མཚར་གཏམ་གྱི་ཕྲེང་བ་བཞུགས་སོ།

2. 拉丁转写：

ma sang skyes bu'i rnam thar las kha che'i g.yu rdzong ngo mtshar gtam gyi phreng ba bzhugs so

3. 汉译名：

《迦湿弥罗绿松石宗》，或《征服卡契松石城》《卡契玉宗》《卡切玉宗》《岭与卡契》《卡且玉宗》。

4. 故事内容提要：

岭国西部卡契国王赤丹路贝是罗刹转世，力大无穷，狂妄不可一世。9 岁继承王位，征服了尼婆罗国；18 岁时降伏了威卡国；27 岁战胜了穆卡国，并强娶堆灿公主为妃。此后进一步东征西掠，周围的小邦国家均归他所属。赤丹还有一兄一弟。哥哥名鲁亚如仁，弟弟叫兴堆冬玛，兄弟二人是赤丹王为非作歹的得力帮凶。此外还有内大臣 74 人，外大臣 108 人，属民 42

万户。由于连年征战并未遇到对手，赤丹路贝便认为天下无敌了。

赤丹路贝年满 36 岁，王妃堆灿洛琚玛见赤丹如此得意，便怂恿他征服格萨尔，让赤丹尝尝苦头以报杀父灭国之仇。由王兄鲁亚如仁、大臣多桂梅巴和托尺布赞为首的 3 万大军，经过一个月的准备，开始向岭国进军。格萨尔得到天神预言，降伏卡契魔妖。双方第一次交战，格萨尔用幻术大败卡契军。到岭国与卡契交战到关键时刻，晁同投靠卡契军，把岭国的情况、作战的部署统统告诉了鲁亚如仁。

卡契大军靠晁同的隐身木，绕过岭营，来到岭仲系文布氏的夏季牧场阿吉达塘扎营。晁同的叛军行为被格萨尔识破，他将计就计，大败卡契军，打开了卡契的宝物门。格萨尔王召集卡契的降臣降将以及众百姓，将部分财产留给他们。卡契王子只有 5 岁，所以格萨尔要老臣贞巴让协助管理国事。

5. 版本描述（字体、抄本、刻本风格、版心大小、材质）：

藏文乌金体（正楷）（乌金体），长条木刻，每页 6 行，32cm×7cm，复印件，复印于现代纸。

6. 保存处及编号：

（1）原件保存处：未知

（2）复印件保存处：云南社会科学院民族文学所

（3）云南社会科学院民族文学所编号：000014

（4）迪庆藏学研究院编号：0718(或 0709)

7. 版本说明（页码标记、残缺污浊页、翻译、出版）：

（1）总页码：240 叶。

（2）封面、内容完整、刻印字体工整优美。封面有"共二本，计 50400 字。"

（3）存复印件 1 套，扉页左为莲师像、右为格萨尔像。

（4）异文本汉文翻译：① 王沂暖、上官剑壁译，甘肃，1984；② 角巴东主主编，高等教育出版社，2011。

（5）异文本藏文出版：① 西藏，1979；② 精选本，2003；③ 印度（德里？）1966；④ 印度（德里），1971；⑤ 不丹，1981。

8. 著作者、搜集者与搜集地：

（1）著作者：班玛（པད྄）

（2）搜集者：阿图？

（3）搜集地：迪庆？

（4）搜集时间：1981？

（5）复印、登记时间：1985

9. 其他：

（1）有红色夹板。

15 《察瓦戎箭宗》

1. 藏文全题名：

སྐུ་འཛམ་གླིང་གེ་སར་རྒྱལ་པོའི་རྟོགས་བརྗོད་ལས་ཚ་བ་རོང་གི་སྨྱུག་རྫོང་འབེབ་པའི་ལེའུ་བཞུགས་སོ།

2. 拉丁转写：

Sku 'dzam gling ge sar rgyal po'i rtogs brjod las tsha ba rong gi smyug rdzong 'beb pa'i le'u bzhugs so.

3. 汉译名：

《察瓦戎箭宗》，或《取察瓦龙竹宗》《察瓦箭宗》。

4. 故事内容提要：

藏历土龙年四月十五日半夜时分，天神托梦给格萨尔，降伏察瓦戎箭宗的时刻到了。遵照天神旨意，总管王召集岭国六部落的长官商议，决定让达绒晁同率领自己部落的人马，去抢窃察瓦戎的商队，以此挑起岭国与察瓦戎的战争。察瓦戎的国王朗拉布派白登朗杰扎巴和赞拉多杰雅梅两位大将率四千勇士去进攻达绒部落。戎查叉根立即召集领国兵马，打败了察瓦戎的军队，并向察瓦戎进发。

郎拉杰布国王亦召集察瓦戎的兵马，下令迎头痛击来犯岭军。经多次交战，察瓦戎不敌岭国大军，将士死伤众多，大片领土也被岭军占领。察瓦戎取名为火神、水神、风神和猛士的四员大将，分别守卫四方四个城堡，岭军难以攻克。察瓦戎国王朗拉布不听王妃和将领们的劝阻，亲自披挂出征，如同恶狼扑向羊群，冲向丹玛部落的兵马，丹玛一箭将他射死，岭军趁机强攻城堡，杀死了火神、水神、风神和猛士四员大将。见大势已去，大臣阿迈乌葛和王妃拉吉措率领残部向岭国投诚，并献上察瓦戎特有的弓箭宝库和牛羊。战争结束。

5. 版本描述（字体、抄本、刻本风格、版心大小、材质）：

藏文柏簇体，长条抄本，每页 6 行，25cm×6cm，复印件（复印于现代纸）。

6. 保存处及编号：

（1）原件保存处：未知

（2）复印件保存处：云南社会科学院民族文学所

（3）云南社会科学院民族文学所编号：000004

（4）迪庆藏学研究院编号：0770、0740

7. 版本说明（页码标记、残缺污浊页、翻译、出版）：

（1）总页码：78 叶。

（2）后添加藏文标题、内容不完整、抄写字体工整、复印漫漶不清。

（3）封面有"共一本，计40300字"。扉页标记有"取察瓦龙竹宗155叶"。

（4）异文本汉文翻译：李朝群、顿珠译，西藏，1987。

（5）异文本藏文出版：① 西藏，1982；② 桑珠本，2002。

8. 著作者、搜集者与搜集地：

（1）著作（抄写、收藏）者：无

（2）搜集者：阿图？

（3）搜集地：不知

（4）搜集时间：1981？

（5）复印、登记时间：1985

9. 其他：

（1）有红色夹板。

16　《苏毗犏牛宗》

1. 藏文全题名：

གླིང་རྗེ་གེ་སར་རྒྱལ་པོའི་རྟོགས་བརྗོད་ལས་སུམ་གླིང་གཡུལ་འགྱེད་དཔའ་བོ་སྙིང་གི་དགའ་སྟོན་མཛོ་གཡང་ཕབས་ཚུལ་བཞུགས་སོ།

2. 拉丁转写：

gling rje ge sar rgyal po'i rtogs brjod las sum gling g.yul 'gyed dpa' bo snying gi dga'ston mdzo g.yang phabs tshul bzhugs so.

3. 汉译名：

《苏毗犏牛宗》，或《松巴犏牛宗》《松岭之战》。

4. 故事内容提要：

松巴国国王松巴贡赞赤杰与王妃朗萨梅朵措生有两位公主，大公主东达威葛已经出嫁。二公主梅朵措姆，年方一十三岁，如花似玉，已有许多国王前来求亲。达绒长官晁同派人求亲不允，骗来女孩。松巴王聚兵讨伐晁同王，松巴军队用计智擒晁同，让他老老实实交出公主。晁同不认，将其关押。

松巴军抢劫岭国色巴部落商队。格萨尔王下令立即征服松巴。格萨尔率领岭国大军，很快到达松巴边境。松巴国王贡赞赤杰下令调集松巴所有的军队，坚决抵抗。岭军与松巴军几经交战，双方都死伤了不少将士，仍然没有分出胜负。岭国四路人马就向松巴王城四门同时发起进攻。松巴王城被岭军攻破，贡赞赤杰王身穿飞鸟翼衣，向空中逃去，逃离王城。格萨尔变化为白须白发的老者，用计将躲在山洞里的松巴王抓获。格萨尔携松巴王共同返回岭军营地，岭国众英雄立即煨桑相迎。雄狮大王带领王子扎拉，尼奔达雅、玉拉托琚、老将丹玛等君臣来到已被扎拉攻破的松巴达察上面的宝马王宫，煨桑祭神，然后打开宝库，获得了犏牛"央"，将它带回岭国，从此雪域藏地有了犏牛，并成为藏民生活中不可分离的一个部分。

5. 版本描述（字体、抄本、刻本风格、版心大小、材质）：

藏文柏簇体，长条抄本，每页 6 行，25cm×8cm，复印件（复印于现代纸）。

6. 保存处及编号：

（1）原件保存处：未知

（2）复印件保存处：云南社会科学院民族文学所

（3）云南社会科学院民族文学所编号：000000

（4）迪庆藏学研究院编号：0727

7. 版本说明（页码标记、残缺污浊页、翻译、出版）：

（1）总页码：166 叶（339 页）。

（2）藏文标题、内容完整、抄写字体工整优美。

（3）存原件、复印件各一部。结尾残缺，第 5 页后有重复两页。

（4）异文本汉文翻译：张积诚译，西藏，1988。

（5）异文本藏文出版：① 西藏，1981；② 扎巴本，民族音像出版社，1982、2013；③ 精选本，2010。

8. 著作者、搜集者与搜集地：

（1）著作（抄写、收藏）者：无

（2）搜集者：阿图？

（3）搜集地：不知

（4）搜集时间：1981？

（5）复印、登记时间：1985

9. 其他：

（1）有红色夹板。

17 《天岭卜筮》

1. 藏文全题名：

འཛམ་གླིང་སྐྱེས་བུ་དོན་འགྲུབ་རྟོགས་བརྗོད་ལྷ་གླིང་གབ་ཙེ་དགུ་སྐོར་བཞུགས་སོ།

2. 拉丁转写：

'dzam gling skyes bu don 'grub rtogs brjod lha gling gab tse dgu skor bzhugs so.

3. 汉译名：

《天岭卜筮》，或《天界篇》《天岭占卜九藏》《仙界遣使》。

4. 故事内容提要：

由菩提猕猴与岩罗刹女衍生的藏民祖先遂派分出葛、卓、札、董等各大姓氏，董氏先族然查格布生有三子，兄弟三人从东方玛沁雪山附近各娶一妻，遂发展形成了董氏长、仲、幼三大岭国部落。岭国四面四大魔国即霍、魔、门、姜以及各大宗等众邻国时常入侵欺凌岭国。

莲花生大师前往上方天界，请求白梵天王赐予岭国一位神子。最后，白梵天王的小儿子图巴葛允诺前往降伏众魔怪，但提出需要殊胜武器与工具的要求。莲花生依其意愿，分别从龙界等处取得各殊胜工具并安排好图巴葛投身处所。但在此时，神子图巴葛心念动摇不愿前往尘世而躲藏。图巴葛先后九次躲藏于不动护法佛近前以及文殊的钵盂、骑羊护法的大铁锤等处，均被一一识破，最后答应前往人间。

5. 版本描述（字体、抄本、刻本风格、版心大小、材质）：

藏文柏簇体，长条手抄本，每页 6 行，23cm×6cm，复印件。

6. 保存处及编号：

（1）原件保存处：未知

（2）复印件保存处：云南社会科学院民族文学所

（3）云南社会科学院民族文学所编号：000003

（4）迪庆藏学研究院编号：0731

7. 版本说明（页码标记、残缺污浊页、翻译、出版）：

（1）总页码：158 叶。

（2）后添加藏文标题、内容不完整、抄写字体工整优美、复印件漫漶不清。

（3）存复印件一部，迪庆与云南社会科学院原说明、添加标题一致。有补抄。封面有"一本，共 26376 字。"

（4）异文本汉文翻译：① 刘立千译，西藏，1986；② 文库本，甘肃，1996。

（5）异文本藏文出版：① 四川，1980；② 甘肃，1982；③ 西藏，1981年；④ 民族音像出版社，1984；⑤ 扎巴本，1998；⑥ 桑珠本，2001；⑦ 印度（岗托克），1983；⑧ 不丹，1979；蒙古国，1961。

8. 著作者、搜集者与搜集地：

（1）著作（抄写、收藏）者：无

（2）搜集者：阿图？

（3）搜集地：不知

（4）搜集时间：1981？

（5）复印、登记时间：1985

9. 其他：

（1）有红色夹板。

18　《羊同珍珠宗》

1. 藏文全题名：

སྐུ་འཛམ་གླིང་སེང་ཆེན་རྒྱལ་པོའི་རྟོགས་བརྗོད་ལས་གཏམ་གྱི་ངོ་མཚར་ཞིང་ཞུང་བོན་གྱི་རྒྱལ་པོ་དེའི་མུ་ཏིག་རིན་ཆེན་གྱི་རྫོང་འབེབ་པའི་ལེའུ་བཞུགས་སོ།

2. 拉丁转写：

Sku 'dzam gling seng chen rgyal po'i rtogs brjod las gtam gyi ngo mtshar zhing zhung bon gyi rgyal po de'i mu tig rin chen rdzong 'beb pa'i le'u bzhugs so.

3. 汉译名：

《羊同珍珠宗》，或《象雄珍珠宗》《祥岭珍珠之战》《征服象雄珍珠国》《香雄珍珠宗》《向雄珍珠宗》。

4. 故事内容提要：

羊同苯教王伦珠扎巴的 16 个商人去汉地经商途中扎营在达戎晁同的草原上，晁同派儿子们抢劫并杀死了商人。羊同国君臣通过向苯教喇嘛求教得知了事情原委。羊同王派将兵抢回所夺之物并杀掉了达戎部落不少人马。晁同向格萨尔王请求派岭军替他报仇。

此时，天神了也预言格萨尔到了征服羊同珍珠宗的时机。格萨尔下令三军追击羊同人马，自己率军出师大食。羊同王被格萨尔消灭。格萨尔打开了直插云霄的白崖狮子天宗，取出了各种金银财宝。格萨尔将财宝运回军营分给了将士。在羊同制定了十善之法，将苯教改为佛教，把外道的恶经抛入河中。格萨尔任命曲珠大臣为羊同十八方的首领。

5. 版本描述（字体、抄本、刻本风格、版心大小、材质）：

藏文柏簌体，长条手抄本，每页 6 行，30cm×6cm，复印件。

6. 保存处及编号：

（1）原件保存处：未知

（2）复印件保存处：云南社会科学院民族文学所

（3）云南社会科学院民族文学所编号：000028

（4）迪庆藏学研究院编号：0734

7. 版本说明（页码标记、残缺污浊页、翻译、出版）：

（1）总页码：179 叶。

（2）后添加藏文标题、内容不完整、抄写字体工整优美。

（3）存复印件一部，迪庆与云南社会科学院标题一致，迪庆 358 叶，云南社会科学院 340 叶。封面有"共一本，计 136752 字。"

（4）异文本汉文翻译：① 马宏武译，甘肃，2006；② 角巴东主主编，高等教育出版社，2011。

（5）异文本藏文出版：① 西藏，1982；② 甘肃，1984；③ 青海，1984；④ 扎巴本，2007；⑤ 桑珠本，2008；⑥ 印度（达拉姆萨拉），1984；⑦ 不丹，1981。

8. 著作者、搜集者与搜集地：

（1）著作（抄写、收藏）者：无

（2）搜集者：阿图？

（3）搜集地：不知

（4）搜集时间：1981？

（5）复印、登记时间：1985

9. 其他：

（1）有红色夹板。

19　《辛丹内讧》

1. 藏文题名：

གླིང་རྗེ་སེང་ཆེན་རྒྱལ་པོའི་རྟོགས་བརྗོད་ལས་དཔའ་བོ་ཤན་འདན་ངར་འཐབ་དང་རྒྱ་ཚ་ཞ་ལུ་ལྷ་བབ་སྐོར་བཞུགས་སོ།

2. 拉丁转写：

gling rje seng chen rgyal po'i rtogs brjod las dpa' bo shan 'dan ngar 'thab dang rgya tsha zha lu lha bab skor bzhugs so.

3. 汉译名：

《辛丹内讧》，或《辛巴与丹玛》《辛丹恶斗与贾察现灵》《辛丹怒争和贾察现身》。

4. 故事内容提要：

格萨尔征服霍尔国以后，将霍尔国大将辛巴捉回岭国，并未处死，而是令其忏悔所造的恶业。但是以丹玛为首的一些大将强烈要求惩处霍岭战争中杀死了岭国统帅贾察、青年小将戎察等英雄的辛巴。辛巴表明了自己对岭国一如既往的忠心和无意间杀死了岭国英雄的悲心。根据天神旨意，格萨尔奉劝丹玛等人要以大局为重，放过辛巴。丹玛因格萨尔不愿处死辛巴，带领丹玛三大部落离去。天神要求格萨尔前去追回丹玛，因为他和辛巴是今后格萨尔降伏各个魔国时的左膀右臂。格萨尔追上丹玛，丹玛依然不愿返回岭国，最终格萨尔请来天国的贾察。过去的君臣，生死两界相见，丹玛泪如雨下，合掌顶礼。最终在贾察的劝说下返回了岭国。

5. 版本描述（字体、抄本、刻本风格、版心大小、材质）：

藏文柏簇体，长条手抄本，每页 6 行，34cm×7cm，复印件。

6. 保存处及编号：

（1）原件保存处：迪庆藏学研究院

（2）复印件保存处：云南社会科学院民族文学所

（3）云南社会科学院民族文学所编号：000010

（4）迪庆藏学研究院编号：无

7. 版本说明（页码标记、残缺污浊页、翻译、出版）：

（1）总页码：74 叶（末页）。

（2）藏文标题、内容不完整、抄写字体工整优美。

（3）存原件一部，云南社会科学院村复印件封面有"辛丹舌战"，144 叶。封面有"共一本，计 25342 字。"

（4）异文本汉文翻译：① 马岱川、扎西东珠译，民族音像出版社，2009；② 角巴东主主编，高等教育出版社，2011。

（5）异文本藏文出版：① 四川，1982；② 西藏，1985；③ 桑珠本，2003。

8. 著作者、搜集者与搜集地：

（1）著作（抄写、收藏）者：无

（2）搜集者：阿图？

（3）搜集地：不知

（4）搜集时间：1981？

（5）复印、登记时间：1985

9. 其他：

（1）有红色夹板。

20 《辛丹内讧》

1. 藏文题名：

གླིང་རྗེ་སེང་ཆེན་རྒྱལ་པོའི་རྟོགས་བརྗོད་ལས་ཤན་འདན་སྟག་མོ་ངར་འཐབ་དང་རྒྱ་ཚེ་ལྟ་འབལ་བཞུགས་སོ།

2. 拉丁转写：

gling rje seng chen rgyal po'i rtogs brjod las shan 'dan stag mo ngar 'thab dang rgya tsha lha 'bab bzhugs so.

3. 汉译名：

《辛丹内讧》，或《辛巴与丹玛》《辛丹恶斗与贾察现灵》《辛丹怒争和贾察现身》。

4. 故事内容提要：

格萨尔征服霍尔国以后，将霍尔国大将辛巴捉回岭国，并未处死，而是令其忏悔所造的恶业。但是以丹玛为首的一些大将强烈要求惩处霍岭战争中杀死了岭国统帅贾察、青年小将戎察等英雄的辛巴。辛巴表明了自己对岭国一如既往的忠心和无意间杀死了岭国英雄的悲心。根据天神旨意，格萨尔奉劝丹玛等人要以大局为重，放过辛巴。丹玛因格萨尔不愿处死辛巴，带领丹玛三大部落离去。天神要求格萨尔前去追回丹玛，因为他和辛巴是今后格萨尔降伏各个魔国时的左膀右臂。格萨尔追上丹玛，丹玛依然不愿返回岭国，最终格萨尔请来天国的贾察。过去的君臣，生死两界相见，丹玛泪如雨下，合掌顶礼。最终在贾察的劝说下返回了岭国。

5. 版本描述（字体、抄本、刻本风格、版心大小、材质）：

藏文柏簇体，长条手抄本，每页 6 行，34cm×7cm，复印件。

6. 保存处及编号：

（1）原件保存处：未知

（2）复印件保存处：云南社会科学院民族文学所

（3）云南社会科学院民族文学所编号：000016

（4）迪庆藏学研究院编号：无

7. 版本说明（页码标记、残缺污浊页、翻译、出版）：

（1）总页码：125 叶（末页）

（2）藏文标题、内容不完整、抄写字体工整优美。

（3）存复印件一部，云南社会科学院存复印件封面有"辛丹舌战（辛丹母虎格斗），共一本，计 26908 字，148 叶"。

（4）异文本汉文翻译：① 马岱川、扎西东珠译，民族音像出版社，2009；② 角巴东主主编，高等教育出版社，2011。

（5）异文本藏文出版：① 四川，1982；② 西藏，1985；③ 桑珠本，2003。

8. 著作者、搜集者与搜集地：

（1）著作（抄写、收藏）者：无

（2）搜集者：阿图？

（3）搜集地：不知

（4）搜集时间：1981？

（5）复印、登记时间：1985

9. 其他：

（1）有红色夹板。

#21 《雪山水晶宗》

1. 藏文全题名：

འཛམ་གླིང་གི་སར་རྒྱལ་པོའི་རྟོགས་བརྗོད་ལས་གངས་རི་ཤེལ་རྫོང་བཞུགས་སོ།།

2. 拉丁转写：

'dzam gling seng chen rgyal po'i rtogs brjod las gangs ri shel rdzong bzhugs so

3. 汉译名：

《雪山水晶宗》，或《征服拉达克水晶国》《贡日水晶宗》。

4. 故事内容提要：

岗底斯拉达克旭奴嘎伍王向已被岭国降伏的白惹等国征税，白惹等国向岭国求救。此时，莲花生大师给格萨尔预言：通往雪山水晶宗的大道将要打开，要出兵征服雪山水晶国。格萨尔召集九国大军，联伐水晶国。联军兵分三路攻打。第一路由格萨尔率领，第二路由扎拉王子率领，第三路由玉拉托居尔率领。两军交火，战斗十分激烈。岭军消灭了雪山国五大汉，80 名勇士。格萨尔先后征服了雪山国的君臣守护神。扎拉王子征服了北方扎木宗；格萨尔征服了西方扎铁宗；东方日扎那宗由玉拉征服。

最后，岭君臣来到雪山国都城，扔掉了城头上的魔幡旗，挂上了佛法胜利幡旗。格萨尔带领勇士们来到美丽白岩前，开启了水晶宝藏。在运水晶的途中，亭容赤旭王挡住岭军道路。亭岭之战因此发生，岭军征服了亭王。亭容的山神以珊瑚宝石为主的许多宝矿，献给国王，并附绸缎 7 匹。

5. 版本描述（字体、抄本、刻本风格、版心大小、材质）：

藏文柏簌体，笔记本手抄，每页 10 行，30cm×19cm，复印件。

6. 保存处及编号：

（1）原件保存处：未知

（2）复印件保存处：此次不见

（3）云南社会科学院民族文学所编号：无

（4）迪庆藏学研究院编号：无

7. 版本说明（页码标记、残缺污浊页、翻译、出版）：

（1）总页码：229 叶。

（2）据和建华研究员说，原资料都带回了迪庆，有些私藏还回去了。

（4）异文本汉文翻译：① 意西泽珠、许珍妮译，四川，1988；② 角巴东主主编，高等教育出版社，2011。

（5）异文本藏文出版：① 四川，1982；② 扎巴本，2011；③ 精选本，2013；④ 印度（多兰吉），1983；⑤ 不丹，1981。

8. 著作者、搜集者与搜集地：

（1）著作（抄写、收藏）者：无

（2）搜集者：阿图？

（3）搜集地：不知

（4）搜集时间：1981？

（5）复印、登记时间：1985

#22 《雪山水晶宗》

1. 藏文全题名：

གངས་རི་ཤེལ་རྫོང་ཕབ་པའི་རྣམ་ཐར།

2. 拉丁转写：

gangs ri shel rdzong phab pa'rnam thar.

3. 汉译名：

《雪山水晶宗》，或《征服拉达克水晶国》《贡日水晶宗》。

4. 故事内容提要：

岗底斯拉达克旭奴嘎伍王向已被岭国降伏的白惹等国征税，白惹等国向岭国求救。此时，莲花生大师给格萨尔预言：通往雪山水晶宗的大道将要打开，要出兵征服雪山水晶国。格萨尔召集九国大军，联伐水晶国。联军兵分三路攻打：第一路由格萨尔率领，第二路由扎拉王子率领，第三路由玉拉托居尔率领。两军交火，战斗十分激烈。岭军消灭了雪山国五大汉，80 名勇士。格萨尔先后征服了雪山国的君臣守护神。扎拉王子征服了北方扎木宗；格萨尔征服了西方扎铁宗；东方日扎那宗由玉拉征服。

最后，岭君臣来到雪山国都城，扔掉了城头上的魔幡旗，挂上了佛法胜利幡旗。格萨尔带领勇士们来到美丽白岩前，开启了水晶宝藏。在运水晶的途中，亭容赤旭王挡住岭军道路。亭岭之战因此发生，岭军征服了亭王。亭容的山神以珊瑚宝石为主的许多宝矿，献给国王，并附绸缎 7 匹。

5. 版本描述（字体、抄本、刻本风格、版心大小、材质）：

藏文？体，长条手抄？每页？行，？ cm×1？ cm，原件？复印件？

6. 保存处及编号：

（1）原件保存处：未知

（2）复印件保存处：未知

（3）迪庆藏学研究院编号：无

7. 版本说明（页码标记、残缺污浊页、翻译、出版）：

（1）总页码：229 叶。

（2）标题？内容完整？抄写字体工整？

（3）存件？部。编有页码？页面特点？

（4）异文本汉文翻译：① 意西泽珠、许珍妮译，四川，1988；② 角巴东主主编，高等教育出版社，2011。

（5）异文本藏文出版：① 四川，1982；② 扎巴本，2011；③ 精选本，2013；④ 印度（多兰吉），1983；⑤ 不丹，1981。

8. 著作者、搜集者与搜集地：

（1）著作（抄写、收藏）者：无

（2）搜集者：阿图？

（3）搜集地：不知

（4）搜集时间：1981？

（5）复印、登记时间：1985

#23 《孟岭大战》

1. 藏文全题名：

མོན་གླིང་གཡུལ་འགྱེད་དཔའ་བོའི་སྙིང་གི་དགའ་སྟོན་མཐོང་བ་དོན་ལྡན།

2. 拉丁转写：

mon gling g.yul 'gyed dpa' bo'i snying gi dga' ston mthong ba don ldan.

3. 汉译名：

《孟岭大战》，或《门岭大战》《门岭之战》《洛岭之战》《征服闷城》《岭国与门国》《岭与慕域》《闷岭之战》。

4. 故事内容提要：

岭国灭了姜国萨丹王以后，格萨尔王在岭国王宫狮龙宫殿修行时，天神降下预言：到了降伏门国的时机。格萨尔变为一只渡鸦给晁同降下预言：组织达戎十八大军进攻门国报先前被抢夺财产之仇，并娶得门国公主为妻。晁同率领大军，一路消灭了辛赤王的九只魔鼠等敌国君臣的许多守护神。接着又歼灭了以古拉土杰为首的门国 80 位猛士和 1900 位勇士。

辛赤王危在旦夕，他打算放弃国家攀援天梯升天逃遁。格萨尔焚烧了堆卡迥如朗宗，使他一命呜呼。门国公主梅朵拉泽投诚岭国，并用箭射开白米宗，岭国将士取得白米凯旋。格萨尔给门国臣民讲经说法，祛除了那里人们的邪念，使他们改变恶习，努力从善。格萨尔命冬迴拉赤嘎布为门国的国王。

5. 版本描述（字体、抄本、刻本风格、版心大小、材质）：

藏文？体，长条手抄？每页？行，？cm×1？cm，原件？复印件？

6. 保存处及编号：

（1）原件保存处：未知

（2）复印件保存处：未知

（3）迪庆藏学研究院编号：无

7. 版本说明（页码标记、残缺污浊页、翻译、出版）：

（1）总页码：？

（2）标题？内容完整？抄写字体工整？

（3）存件？部。编有页码？页面特点？

（4）异文本汉文翻译：① 王沂暖、余希贤译，甘肃，1986；② 嘉措顿珠译（扎巴本），西藏，1986、2013。

（5）异文本藏文出版：① 西藏（扎巴本），1980；② 青海，1982；③ 甘肃，1983；④ 四川，1982；⑤ 精选本，2002；⑥ 扎巴本，2013；⑦ 印度（拉瓦杂尔），1964；⑧ 不丹（帕罗），1980；⑨ 不丹（廷布），1981。

8. 著作者、搜集者与搜集地：

（1）著作（抄写、收藏）者：无

（2）搜集者：阿图？

（3）搜集地：不知

（4）搜集时间：1981？

（5）复印、登记时间：1985

24 《突厥兵器宗》（上册）

1. 藏文全题名：

གྲུ་གུ་གླིང་།

2. 拉丁转写：

gru gu gling

3. 汉译名：

《突厥兵器宗》，或《祝古国宗》《祝古兵国》《祝古兵器宗》《朱孤兵器宗》《朱古之战》《竹岭之战》。

4. 故事内容提要：

突厥国王托桂穆德赞意欲武力抢夺藏王的释迦牟尼佛像。他派其所属齐堆的四个部落前去完成此项任务。齐堆射箭信恐吓藏王马上送交释迦牟尼佛像。藏王向岭国扎拉王子求救。岭王格萨尔通过侦察得知征服突厥，必先要征服突厥齐堆。于是下令王子扎拉率军讨伐。两军开始交火。最后，东突厥的大军节节败北，溃不成军。突军部将个个死于岭刀之下，突王齐堆也终于成了扎拉王子的刀下鬼，岭军大获全胜。

5. 版本描述（字体、抄本、刻本风格、版心大小、材质）：

藏文柏簇体，长条手抄本，每页 7 行，25cm×8cm，复印件。

6. 保存处及编号：

（1）原件保存处：未知

（2）复印件保存处：云南社会科学院民族文学所

（3）云南社会科学院民族文学所编号：000021

（4）迪庆藏学研究院编号：0739

7. 版本说明（页码标记、残缺污浊页、翻译、出版）：

（1）总页码：137 叶。

（2）藏文标题漫漶不清、内容不完整、抄写字体工整优美。封面有"共一本，计 48300 字。"

（3）存复印件一部，有"中央民族学院图书馆"印鉴与编号 1431。

（4）未翻译。

（5）异文本藏文出版：① 西藏，1988、1989；② 甘肃，1984、1986；③ 精选本，2013；④ 印度（达拉姆萨拉），1982、1983、1984、1985；⑤ 不丹，1981。

8. 著作者、搜集者与搜集地：

（1）著作（抄写、收藏）者：无

（2）搜集者：佟锦华？

（3）搜集地：不知

（4）搜集时间：1981？

（5）复印、登记时间：1985

9. 其他：

（1）有红色夹板。

25 《分大食财》

1. 藏文全题名：

འཛམ་གླིང་སེང་ཆེན་རྒྱལ་པོའི་ནོར་འགྱེད་གཏོང་སྒོར་བཞུགས་སོ།

2. 拉丁转写：

'dzam gling seng chen rgya po'i nor 'gyed gtong sgor bzhugs so

3. 汉译名：

《分大食财》，或《分大食牛》《达惹诺结》《达色施财》。

4. 故事内容提要：

根据白玛仁增整理、刊刻于 1661 年的木刻本抄写。

故事讲述格萨尔征服大食国后，打开大食财宝宗，将所获大食国财宝分封给岭国、霍尔国、魔国、姜国和门国，以及各有功之臣。并将大食国财宝之福禄分别埋藏于藏区各地，以利益藏族未来民众。

5. 版本描述（字体、抄本、刻本风格、版心大小、材质）：

藏文柏簇体，长条抄本，每页 7 行，19cm×8cm，复印件，复印于现代纸。

6. 保存处及编号：

（1）原件保存处：不知

（2）复印件保存处：云南社会科学院民族文学所

（3）云南社会科学院民族文学所编号：000005

（4）迪庆藏学研究院编号：未编号

7. 版本说明（页码标记、残缺污浊页、翻译、出版）：

（1）总页码：74 叶。

（2）存 1 卷，内容完整，字体漫漶不清楚。封面有"共一本，计 12776 字。"

（3）异文本汉文翻译：① 李朝群译《达色施财》，西藏人民出版社，1985；② 王沂暖、王兴先译，甘肃人民出版社，1986；③ 丹玛江永慈诚、多杰坚赞、郭晓虹，民族音像出版社，2013。

（4）异文本藏文出版：① 西藏，1980、2010；② 四川（《取阿里金窟》合编），1981；③ 印度（德里），1967；④ 蒙古（《格萨尔本生传》合编），1961；⑤ 丹玛江永慈诚、多杰坚赞、郭晓虹，民族音像出版社，2013。

8. 著作者、搜集者与搜集地：

（1）著作者：无

（2）搜集者：阿图（李兆吉）

（3）搜集地：不知

（4）搜集时间：1981？

（5）复印时间：1985

9. 其他：

（1）有红色夹板。

#26 《北方降魔》

1. 藏文全题名：

བདུད་འདུལ།

2. 拉丁转写：

Bdud 'dul

3. 汉译名：

《北方降魔》，或《北地降魔》《征服鲁赞魔》《降服妖魔》《降妖部》。

4. 故事内容提要：

格萨尔登上岭国王位之时，四方魔王横行无忌，边地妖魔来到中心地作乱，尤其是北方魔王鲁赞十分嚣张，毁坏上方印度的佛法，捣毁下方汉地的法场，把中部卫藏四周搅得天昏地暗。与美丽的岭国为敌，抢走王妃梅萨和阿努森成等大批百姓和财富，使整个世界尤其是雪域之邦陷入苦海之中。遵照姑母南曼噶姆的旨意，格萨尔15岁第一次出征北部亚康魔国。米琼、珠姆和晁同三人怀着不同的目的都来为格萨尔送行，但因没有缘分，他们三人都走错了路，没能到达格萨尔王身边。

格萨尔单人独骑来到北方，闯过道道关隘，来到匝曲河畔，与魔国的军队相遇，在神佛的护佑下，格萨尔打败了所有敌人，魔臣晋格等人向格萨尔投诚。格萨尔来到北方亚康魔国，途中遇到阿达拉姆和魔臣秦恩，他们对格萨尔王仰慕已久，在他们的帮助下，捣毁了魔王鲁赞的寄魂野牛和寄魂羊，格萨尔来到魔城九层宫殿，在梅萨帮助下，用9个月零10天的功夫，箭射鲁赞王的额头，将他杀死。

但是，在降伏鲁赞之后，梅萨却让格萨尔饮了迷魂酒，使他忘记过去的一切，成天与梅萨寻欢作乐，在九层宫殿里。一住就是9年多。这期间，晁同投靠霍尔白帐王，帮助霍尔入侵岭国，大英雄贾察壮烈牺牲，珠姆被白帐王抢掳到霍尔国，岭国百姓陷入深重的灾难之中。

5. 版本描述（字体、抄本、刻本风格、版心大小、材质）：

藏文柏簇体？长条抄本，每页7行？19cm×8cm？原件，藏纸。

6. 保存处及编号：

（1）原件保存处：迪庆？

（2）复印件保存处：无

7. 版本说明（页码标记、残缺污浊页、翻译、出版）：

（1）总页码：不知。

（2）抄本保存状况不知。

（3）异文本汉文翻译：① 王沂暖译，甘肃，1980；② 王沂暖、华甲译《贵德分章本》，甘肃，1981。

（4）异文本藏文出版：① 甘肃，1980；② 西藏，1991；③ 四川（华旦《觉日的故事》），2000；④ 精选本，2000；⑤ 扎巴本，1997；⑥ 桑珠本，2002；⑦ 川《格》（《降妖部》），2008；⑧ 川《格》（《竹杰沃嘎《格萨尔》故事集》），2010；⑨ 格日尖参本，2007；⑩ 印度（德里），1979；⑪ 印度（岗托克1），1983；⑫ 印度（岗托克2），1983；⑬ 印度（加尔各答《下拉达克本》），1905；⑭ 不丹，1979；⑮ 不丹（《下拉达克本》），1981；⑯ 蒙古国（《格萨尔本生传》合编），1961。

8. 著作者、搜集者与搜集地：

（1）著作者：不知

（2）搜集者：阿图（李兆吉）

（3）搜集地：迪庆

（4）发现时间：1981？

9. 其他：

（1）根据和建华研究员介绍，此部由于收藏者不愿借出，故未能复印。

#27 《上粟特马宗》

1. 藏文全题名：

སོག་སྟོད་དང་པོ་དང་གཉིས་པ།

2. 拉丁转写：

sog stod dang po dang gnyis pa.

3. 汉译名：

《上粟特马宗》，或《蒙古马城》《蒙古马国》《上蒙古马宗》《索波马宗》《索多马城》。

4. 故事内容提要：

雪山狮子国王的化身嘎玛扎巴去粟特的鲁赤经商时被杀，国王派人向岭国扎拉求救。扎拉王子认为嘎玛扎巴是自己的孩子，一定要替他报仇。此时，岭国女英雄阿达拉姆梦中得到天神预言：征服粟特马宗必须先由自己出兵。阿达拉姆率领的三万大军驻扎在阿格达娃大平原。此时粟特王也得到预示自己被杀的梦境，派人立岗放哨。结果此人被阿达拉姆降伏，获得了粟特王的信息。

格萨尔和扎拉王子率军出师。粟特国的将士们在与岭军作战中先后身亡。最后格萨尔降伏了粟特鲁赤王，任命比推·永朱其美为粟特国国王，并在粟特国制定十善佛法。粟特百姓过上了幸福的生活。格萨尔等岭国众英雄获得了粟特的诸多良马。

5. 版本描述（字体、抄本、刻本风格、版心大小、材质）：

藏文柏簇与草体，长条抄本，每页 9 行，27cm×12cm，复印件，复印于现代纸。

6. 保存处及编号：

（1）原件保存处：中央民族学院图书馆

（2）复印件保存处：云南社会科学院民族文学所

（3）迪庆藏学研究院编号：未编号

7. 版本说明（页码标记、残缺污浊页、翻译、出版）：

（1）总页码：142 叶。

（2）无封面、内容不完整、似乎是 20 世纪 80 年代新抄写本的复印件。

（3）存复印件一部，复印于 A3 幅面之上。有"中央民族学院（现中央民族大学）图书馆"印章与编号 1436、1437。此卷包裹在 1987 年 2 月版《西藏科技报》（藏文）报纸中，封面尚有"今年复印的《格萨尔》资料目录"，其中有此部。

（4）未翻译。

（5）异文本藏文出版：① 西藏，1992；② 扎巴本，1999；③ 精选本，2013；④ 印度（德拉敦），1978；⑤ 印度（达拉姆萨拉），1982；⑥ 不丹，1981。

8. 著作者、搜集者与搜集地：

（1）著作者：无

（2）搜集者：佟锦华？

（3）搜集地：德格？

（4）搜集时间：1981？

（5）复印登记时间：1987

#28 《上粟特马宗》

1. 藏文全题名：

སོག་སྟོད་རྟ་རྫོང་།།

2. 拉丁转写：

sog stod rta rdzong

3. 汉译名：

《上粟特马宗》，或《蒙古马城》《蒙古马国》《上蒙古马宗》《索波马宗》《索多马城》。

4. 故事内容提要：

雪山狮子国王的化身嘎玛扎巴去粟特的鲁赤经商时被杀，国王派人向岭国扎拉求救。扎拉王子认为嘎玛扎巴是自己的孩子，一定要替他报仇。此时，岭国女英雄阿达拉姆梦中得到天神预言：征服粟特马宗必须先由自己出兵。阿达拉姆率领的三万大军驻扎在阿格达娃大平原。此时粟特王也得到预示自己被杀的梦境，派人立岗放哨。结果此人被阿达拉姆降伏，获得了粟特王的信息。

格萨尔和扎拉王子率军出师。粟特国的将士们在与岭军作战中先后身亡。最后格萨尔降伏了粟特鲁赤王，任命比推·永朱其美为粟特国国王，并在粟特国制定十善佛法。粟特百姓过上了幸福的生活。格萨尔等岭国众英雄获得了粟特的诸多良马。

5. 版本描述（字体、抄本、刻本风格、版心大小、材质）：

藏文柏簇体，长条抄本，每页 6 行，34cm×8cm，复印件，复印于现代纸。

6. 保存处及编号：

（1）原件保存处：中央民族学院图书馆

（2）复印件保存处：云南社会科学院民族文学所

（3）迪庆藏学研究院编号：未编号

7. 版本说明（页码标记、残缺污浊页、翻译、出版）：

（1）总页码：265 叶。

（2）无封面、内容完整、字体公正优美。

（3）存复印件一部，"今年复印的《格萨尔》资料目录"中有此部。

（4）未翻译。

（5）异文本藏文出版：① 西藏，1992；② 扎巴本，1999；③ 精选本，2013；④ 印度（德拉敦），1978；⑤ 印度（达拉姆萨拉），1982；⑥ 不丹，1981。

8. 著作者、搜集者与搜集地：

（1）著作者：无

（2）搜集者：佟锦华？

（3）搜集地：德格？

（4）搜集时间：1981？

（5）复印登记时间：1987

#29 《格萨尔佛法宗》

1. 藏文全题名：

འཛམ་གླིང་སྐྱེས་བུའི་ཆོས་སྒྲུང་སིལ་མ་ལས་གསེར་ཆོས་འོག་མིན་བགྲོད་པའི་ཐེམ་སྐས་གསང་བའི་རྒྱ་ཅན་སྐྱིང་རྡོ་རྗེའི་ཆོས་སྒྲུང་སིལ་མ་ལས་འདང་
དོ་ཡོད་ཆེས་བསྐྱེད་པའི་ཕྱིར་ཕྱོགས་རྒྱས་མདོ་ཆོས་བརྫོད་པར་བྱུ༔

2. 拉丁转写：

'dzam gling skyes bu'i chos sgrung sil ma las gser chos 'og min bgrod ba'i
them skas gsang ba'i rgya can.

3. 汉译名：

《格萨尔佛法宗》，或《金法密网》。

4. 故事内容提要：

主要讲述格萨尔为众生宣讲佛法的故事。其中也谈到了总管王叙述岭国的先祖的情况，以及岭国及众多附属国英雄和百姓听法获得信心等事。

5. 版本描述（字体、抄本、刻本风格、版心大小、材质）：

藏文草体与正楷结合，长条抄本，每页 5 行，18cm×5.4cm，复印件，复印于现代纸。

6. 保存处及编号：

（1）原件保存处：不知。

（2）复印件保存处：云南社会科学院民族文学所

（3）迪庆藏学研究院编号：0738

7. 版本说明（页码标记、残缺污浊页、翻译、出版）：

（1）总页码：214 页。

（2）四川省《格》办手抄印刷本，存 1 卷，内容完整。

（4）未翻译。

（5）异文本藏文出版：① 《法宗、七赞、重游天堂》，四川，1990。

8. 著作者、搜集者与搜集地：

（1）著作者：朵钦泽益西多吉

（2）搜集者：土登尼玛活佛（གཞན་དགར་ཉིན་པོ་ཆེ）

（3）搜集地：摩诃寺

（4）搜集时间：1986？

（5）复印登记时间：1992

小 结

1. 云南《格萨尔》搜集机构正式成立于 1983 年 3 月，机构设于云南省社会科学院和迪庆州两地。在迪庆州，其机构设在云南藏学研究所（后改名迪庆藏学研究院）内，其名称为云南省社会科学院迪庆藏族自治州《格萨尔》史诗研究室，由迪庆州州长李玉芳兼研究室主任，云南社会科学院徐国琼担任兼职副主任。主要工作人员有李兆吉（阿图）、和强、谢世毅、王晓松等。在云南省社会科学院，其研究机构设于民族研究所内，称为云南省民族所《格萨尔》研究室，其中工作人员 2 名，徐国琼和和建华。

2. 根据徐国琼、王晓松、和建华等人的论文与介绍，云南《格萨尔》手抄本资料基本上搜集于迪庆地区。其中，有一位叫李兆吉（阿图）的闻知艺人，在搜集工作中做出了突出贡献。

3. 云南省社会科学院共搜集到 18 部 29（册）异文本《格萨尔》。罗列如下。

（1）《阿扎玛瑙宗》，（2）《大食财宗》，（3）《中华茶宗》，（4）《霍岭大战》，（5）《姜岭大战》，（6）《迦湿弥罗绿松石宗》，（7）《察瓦戎箭宗》，（8）《苏毗犏牛宗》，（9）《天界篇》，（10）《羊同珍珠宗》，（11）《辛丹内讧》，（12）《雪山水晶宗》，（13）《孟岭大战》，（14）《突厥兵器宗》，（15）《分大食财宗》，（16）《北方降魔》，（17）《上粟特马宗》，（18）《格萨尔佛法宗》。

4. 迪庆藏学院与云南社会科学院《格萨尔》研究室的资料是共享的。基本资料来自迪庆州搜集的资料，然后复印两份保存于两地（迪庆与昆明）；此外，从全国各地复印了部分资料收藏。

5. 笔者 2014 年 9 月前往云南社会科学院民族所资料室查阅资料时，得到了和建华老师的大力帮助，看到该室保存《格萨尔》手抄本完好无损。

第五章 中国社会科学院民族文学研究所
藏本解题目录

凡例·说明

1. 此解题目录所参考原始目录为：

（1）中国社会科学院少文所编制"中国社会科学院少数民族文学所图书登录簿（《格萨尔》手抄本与木刻本）"（1986 年 11 月 21 日—12 月 17 日）。

（2）中国社会科学院民族文学研究所"中国少数民族文学研究资料库"课题组编制"中国少数民族文学研究资料库登记表分类册之古代文献（一）：格萨尔（2006 年 3 月）"

（3）全国《格》办《1958—1986 年全国搜集〈格萨尔〉手抄本、木刻本总目录》（2001）。

2. "故事内容提要"主要采用：

（1）土登尼玛主编《格萨尔词典》中提要（四川，1989）。

（2）降边嘉措主编《中国少数民族古籍总目提要·藏族卷——〈格萨尔〉》（未刊稿，2014）。

（3）ཡེ་ཤེས་དང་ཆོས་འཕགས་ཀྱིས་བཀོད་པ་ཡི་ལག་ལེན་མ་དང་ད་ལྟ་ར་ཉེར་ནོན་མཚོ་བཀས། རྒྱལ་ཡོངས་ཀྱི་གར་གཞུང་ལས་ཁུངས་ཀུ༽

（4）རྒྱ་ནོར་བུ་ཚེ་ཕྱུན་བ་བཀས་བསྐྲུང་ལགས་ནས་བསྒྲུབ་ཀྱིས་ཟབ་ང་ཞིང་སྣང་བ་དཔེ་གསོས་ནོར་གྱི་ཞིན་འཛུན། ཝེ་གནས་ལས་བཀོར་ཚས་སོ་སྐོའི་ལེགས་ས་སྒྲིག་དང་བ་བཀས་ད་ནོན་གནང་བ་བྱུང་སོང་བ་སེད།༡༠༧༨།

（5）སྐྲུ་ནར་ནོ་རེ་གཞས་བཀས་བཀོད་བཀྲིང་བ་ར་ང་བ་ང་བ་སྐ་རིང་བ་ཡོད་ཀྱི་ད་གས་ས་སྒྲུ་འ་ི་ང་བ་ལ་བཀས་སམ་ལགས་འ་ནོད་ར་ནོ་ད་གནའ་ད་ནོན་བཀད་ཀ༽ཁ་སུ༣་མེ་རིགས༢༠༡༠།

（6）སྒུན་ཕྱུ་རེ་ཆེ་ཟེ་ཟེ་བཀས་བཀོད་བཀས་ང་ར་སྒྲུང་ཀྱི་ན་མེད་ཞིན་འཛུན།སྒྱུང་བའི་གོན་རིགས་ན་བ༢༠༡༠།

3. 有扉页是指抄本登记者打印添加的一页。扉页所记内容包括：部的顺序名，藏文部名（多为缩写），著者，搜集者，搜集地，总页码（按长条书编页规律，正反为一叶。另有其他编法。）价格等列表呈现。

4. 页码是指一部手抄本正反页的总合。若藏有两卷，也仅标记一部的页码数。有印章是指有"全国《格萨尔》资料中心"印章。

5. "异文本"，指就一个完整的《格萨尔》部本来说，总体故事结构上相同但小情节与词句方面存在差异的其他部本，称做是这个部本的异文本。因此，"异文本汉文翻译"与"异文本藏文出版"指的是与之相关的同类部本的翻译与出版。

6. 登录时间及编号中1986年指，1986—1987年全国《格萨尔》工作领导小组办公室工作人员及聘请中央民族大学藏文系学生日嘎等人登录的时间。

7. 2001年编号是指，2001年5月杨恩洪研究员主持，李连荣、才让道吉等重新整理藏文室所藏资料后登录的编号。

8. 著作者中包括了抄写者、整理者，无明确说明的，皆为著作者。搜集时间、复印时间一般指该资料的收藏时间。

9. "#"符号代表各种目录中存在但笔者查阅时未见到的手抄本；"@"符号代表用现代稿纸抄写的抄本。

01 《扎噶尔水晶宗》

1. 藏文全题名：

བྲག་དཀར་ཤེལ་རྫོང་ལུག་རྫོང་ཕབ་པ།

2. 拉丁转写：

brag dkar shel rdzong lug rdzong phab pa

3. 汉译名：

《扎噶尔水晶宗》或《扎噶尔水晶宗和绵羊宗》。

4. 故事内容提要：

扎噶尔王桑盖加的弟弟外道阿瓦热郭，三年修炼成大自在天王法，打算为格萨尔所降伏的魔鬼太让三兄弟、霍尔琼拉和白帐王等报仇。格萨尔得到天神预言，准备降伏扎噶尔国王与其弟弟。晁同变化为国王的妹妹给阿瓦热郭敬上毒食，此妖魔最终被白梵天王降伏。最后，格萨尔降伏了扎噶尔王桑盖加，打开了水晶和绵羊宝库。

5. 版本描述（字体、抄本、刻本风格、版心大小、材质）：

藏文草体，长条抄本，每页8行，36.8cm×7.6cm，复印件，复印于现代纸。

6. 保存处及编号：

（1）原件保存处：四川省《格》办

（2）复印件保存处：中国社会科学院民族文学所资料室

（3）1986年编号：I291.47/1/1：107//000001，I291.47/1/2：100//000002

（4）2001 年编号：I291.47/GH/4

7. 版本说明（页码标记、残缺污浊页、翻译、出版）：

（1）总页码：414 页（194 叶）

（2）部名中还提到"水晶宗"残缺，存 2 卷。

（3）未翻译

（4）藏文异文本未出版。

8. 著作者、搜集者与搜集地：

（1）著作者：未知

（2）搜集者：阿勇活佛（ འོན་གྱི་སྤྲུལ་སྐུ་ཨ་གཡུང་། ）

（3）搜集地：甘孜（ དཀར་མཛེས། ）

（4）搜集时间：1986

（5）复印时间：1986

9. 其他：

（1）有印章，黄布与白色带子包裹。

02 《英雄诞生》

1. 藏文全题名：

སེང་ཆེན་ནོར་བུ་དགྲ་འདུལ་སྐུ་ཚེའི་སྟོད་ཀྱི་རྣམ་ཐར་ཉི་མའི་དཀྱིལ་འཁོར་སྐལ་ལྡན་ཡིད་ཀྱི་མུན་སེལ་བཞུགས་སོ།།

2. 拉丁转写：

seng chen nor bu dgra 'dul sku tshe'i stod kyi rnam thar nyi ma'i dkyil 'khor skal ldan yid kyi mun sel bzhugs so

3. 汉译名：

《英雄诞生》或《格萨尔前身传》《格萨尔上半生传》。

4. 故事内容提要：

讲述了格萨尔从天界下凡、诞生、降伏黑鸟三兄弟、外道贡巴惹杂、晁同、被驱逐之玛麦玉隆松多，最后赛马称王的故事。

5. 版本描述（字体、抄本、刻本风格、版心大小、材质）：

藏文乌金体（正楷），长条抄本，每页 7 行，36.5cm×8.1cm，原件？藏纸。

6. 保存处及编号：

（1）原件保存处：四川省《格》办

（2）复印件保存处：中国社会科学院民族文学所资料室

（3）1986 年编号：I291.47/1/1：1//000003，I291.47/1/2：1//000004

（4）2001 年编号：I291.47/GH/13

7. 版本说明（页码标记、残缺污浊页、翻译、出版）：

（1）总页码：785 页

（2）存 2 卷。

（3）抄于 20 世纪 80 年代（？），次页中间为莲花生像，三页左右侧为如意宝画。

（4）异文本汉文翻译：王沂暖、何天慧，甘肃，1985。

（5）异文本藏文出版：① 西藏，1982；② 甘肃，1981；③ 四川，1980、1999；④ 四川《玛麦觉如王事业》，2001；⑤ 青海《开天辟地》，1987；⑥ 青海，1988；⑦ 扎巴本，1996；⑧ 文库本，1996；⑨ 桑珠本，2001；⑩ 精选本，2013；⑪ 竹杰沃嘎本，民族出版社，2010；⑫ 印度（德里），1967？⑬ 印度（达拉姆萨拉），1984；⑭ 不丹，1979；⑮ 蒙古国，1961。

8. 著作者、搜集者与搜集地：

（1）著作者：日桑（ རིག་བཟང་གོས་མཛད ）

（2）搜集者：西热沃瑟（ ཤེས་རབ་འོད་ཟེར ）

（3）搜集地：玉廓（ གཡུ་ཁོག ）

（4）搜集时间：1986

（5）复印时间：1986

9. 其他：

（1）有印章，黄布与白色带子包裹。

（2）四川《格》办丛书 5，《少年格萨尔王》（民族出版社，2008）为其出版本。

03 《格萨尔佛法宗》

1. 藏文全题名：

འཛམ་གླིང་སྐྱེས་བུའི་ཆོས་སྒྲུང་སིལ་མ་ལས་གསེར་ཆོས་འོག་མིན་བགྲོད་པའི་ཐེམ་སྐས་གསང་བའི་རྒྱ་ཅན་བཞུགས་སོ།།

2. 拉丁转写：

'dzam gling skyes bu'i chos sgrung sil ma las gser chos 'og min bsgrod ba'i them skas gsang ba'i rgya can bzhugs so.

3. 汉译名：

《格萨尔佛法宗》或《金法密网》。

4. 故事内容提要：

主要讲述格萨尔为众生宣讲佛法的故事。其中也谈到了总管王叙述岭国的先祖的情况，以及岭国及众多附属国英雄和百姓听法获得信心等事。

5. 版本描述（字体、抄本、刻本风格、版心大小、材质）：

藏文草体与正楷结合，长条抄本，每页 5 行，18cm×5.4cm，复印件，复印于现代纸。

6. 保存处及编号：

（1）原件保存处：四川省《格》办

（2）复印件保存处：中国社会科学院民族文学所资料室

（3）1986 年编号：I291.47/1/1:7//000005，I291.47/1/2:7//000006

（4）2001 年编号：I291.47/GH/6

7. 版本说明（页码标记、残缺污浊页、翻译、出版）：

（1）总页码：114 叶

（2）残缺，存 2 卷。

（3）未翻译

（4）异文本藏文出版：① 《法宗、七赞、重游天堂》，四川，1990。

8. 著作者、搜集者与搜集地：

（1）著作者：朵钦泽益西多吉（1800—1866，果洛阿什姜部落人）

（2）搜集者：土登尼玛活佛（གཏན་དགར་རེན་པོ་ཆེ）

（3）搜集地：摩诃寺（མ་ད་དགོན）

（4）搜集时间：1986

（5）复印时间：1986

9. 其他：

（1）有印章，黄布与白色带子包裹。

04 《丹玛青稞宗》

1. 藏文全题名：

མ་སེངས་སྐྱེས་བུ་ཆེན་པོའི་འདན་མའི་ནས་རྫོང་འབེབས་པའི་རྟོགས་བརྗོད་བཞུགས་སོ༎

2. 拉丁转写：

ma seng skyes bu chen po'i 'dan ma'i nas rdzong 'bebs pa'i rtogs brjod bzhugs so

3. 汉译名：

《丹玛青稞宗》。

4. 故事内容提要：

丹玛是隶属岭国的一个部落，其部落首领名叫萨霍尔，他十分惧怕部落中的英雄少年丹玛，便在去拉萨诵经忏罪之时，将丹玛及其母亲驱逐出境。后萨霍尔死于拉萨，丹玛要求返回自己的部落，但被太子萨仁诺布所拒，丹玛请岭·格萨尔派兵进攻青稞城。

太子萨仁诺布率军抵抗，被岭国大将射死，不仅为丹玛报了仇，还打开青稞宝库，分给下属百姓。

5. 版本描述（字体、抄本、刻本风格、版心大小、材质）：

藏文草体，长条抄本，每页 8 行，36.5cm×8.1cm，复印件，复印于现代纸。

6. 保存处及编号：

（1）原件保存处：四川省《格》办

（2）复印件保存处：中国社会科学院民族文学所资料室

（3）1986 年编号：I291.47/1/1：7//000007

（4）2001 年编号：I291.47/GH/3

7. 版本说明（页码标记、残缺污浊页、翻译、出版）：

（1）总页码：94 页（46 叶）

（2）存 2 卷。

（3）异文本汉文翻译：角巴东主主编，高等教育出版社，2011。

（4）异文本藏文出版：① 青海，1989；② 精选本，2013；③ 川《格》丛书 10，2014。

8. 著作者、搜集者与搜集地：

（1）著作者：仁钦扎巴（ རིན་ཆེན་གྲགས་པ་མཛད། ）

（2）搜集者：阿勇活佛（ ཕོན་གྱི་སྤྲུལ་སྐུ་ཨ་གཡུང་། ）

（3）搜集地：瑟尔浒（ སེར་ཤུལ་ 色须）

（4）搜集时间：1986

（5）复印时间：1986

9. 其他：

（1）有印章，黄布与白色带子包裹。

（2）与《地狱救母》包裹在同一布包内。

#05 《姜岭大战》

1. 藏文全题名：

འཛམ་གླིང་སེང་ཆེན་རྒྱལ་པོའི་རྟོགས་བརྗོད་ལས་འཇང་གླིང་གཡུལ་འགྱེད་ད་དཔའ་བོའི་ངར་སྒྲ་དང་མདོ་བསྡུས་བཀོད་པའི་གླེང་བཤད་བཞུགས་

སོ།།

2. 拉丁转写：

'dzam gling seng chen rgyal po'i rtogs brjod las 'jang gling g.yul 'gyed sha za dpa' bo'i ngar sgra dang mdo bsdus bkod pa'i gleng bshad bzhugs so.

3. 汉译名：

《姜岭大战》或《姜岭之战》《降岭之战》《保卫盐海》《征服姜国》《岭八十大将传》。

4. 故事内容提要：

莲花生大师派天神玛乃乃假扮姜国天神，给姜国国王萨丹王降下假预言，致使他遵照假预言派王子玉拉托居尔前往岭国方向去迎接贵宾，结果被辛巴设计降伏被擒。萨丹王召集群臣出师岭国解救王子。双方经过多年战争，各有损伤，但未分出胜负。

岭国设计延误姜军进攻岭国计划。岭国派以丹玛为首的六大将帅突捣姜营，致使姜军人仰马翻，溃不成军。萨丹王丧失理智，悲愤之际欲饮尽江河，格萨尔变成一条小鱼钻进姜王肚中，救出被吞的男女 20 人。格萨尔站在萨丹心顶祈求三宝保佑。萨丹恼羞成怒，向自己的心口扎了一刀，结束了自己的生命。格萨尔收回盐矿岭国，任命玉拉为姜地 12 地的首领。架起了藏汉友谊之桥。岭军凯旋。

5. 版本描述（字体、抄本、刻本风格、版心大小、材质）：

藏文草体，长条抄本，每页 8 行，36.8cm×7.6cm，复印件，复印于现代纸。

6. 保存处及编号：

（1）原件保存处：四川《格萨尔》办公室

（2）复印件保存处：中国社会科学院民族文学所资料室

（3）1986 年编号：I291.47/1/1：13//000009

7. 版本说明（页码标记、残缺污浊页、翻译、出版）：

（1）总页码：181 页（90 叶）

（2）著者为仲肯，存 2 卷。

（3）异文本汉文翻译：徐国琼、王晓松译，中国藏学，1991。

（4）异文本藏文出版：①西藏，1981；②罗哲嘉措本，甘肃，1989；③甘肃，1993；④精选本，2002；⑤桑珠本，2003；⑥交加本，甘肃，2006；⑦格日尖参本，甘肃，2007；⑧印度（德里），1965；⑨印度（岗托克），1977；⑩印度（岗托克），1983；⑪不丹，1981；⑫蒙古国，1959；⑬川《格》丛书 11，2014。

8. 著作者、搜集者与搜集地：

（1）著作者：贡嘎曲培（ཀུན་དགའ་ཆོས་འཕེལ་གྱིས་མཛད།）

（2）搜集者：阿勇活佛（ཨོན་གྱི་སྤྲུལ་སྐུ་གཡུང་།）

（3）搜集地：瑟尔浒（སེར་ཤུལ། 色须）

（4）搜集时间：1986

（5）复印时间：1986

9. 其他：

此次查阅时不见，也不见于 2001 年编目中。

06 《地狱救母》

1. 藏文全题名：

གེ་སར་སྐྱེས་བུའི་རྣམ་ཐར་ལས་མ་འགོག་མོ་དམྱལ་བར་ལྟུང་བ་འདྲེན་པའི་ལོ་རྒྱུས་བར་དོའི་འཁྲུལ་སྣང་རང་གྲོལ།

2. 拉丁转写：

ge sar skyes bu'i rnam thar las ma 'gog mo dmyal bar ltung ba 'dren pa'i lo rgyus bar do'i 'khrul snang rang grol

3. 汉译名：

《地狱救母》或《地狱大圆满》《岭国地狱大圆满》《娘岭》《地狱元胜大全》。

4. 故事内容提要：

莲花生大师预言格萨尔，印度香河对岸边上有永生金刚杵，要求格萨尔赴该地修行佛法一百天。格萨尔按大师的旨意单枪匹马去那里静修，可是自己的母亲就在这时度完了一生。岭国群臣迎请大喇嘛，为果萨的灵魂升天念经，举办了非常隆重的丧事。

就在果萨去世几天后的某夜，珠姆梦到果萨堕入了地狱。她将此事派人带信告诉了远在印度的格萨尔王。格萨尔闻讯后进入地狱去质问阎王：我母亲向来苦修佛法，上供下施，从不怠慢，为何也掉进地狱？

阎罗法王说：你母亲做的是善业，但因你所杀汉、姜、霍尔、魔等灵魂都进入了地狱。因此给你的母亲带来了灾难，你快去营救吧！听完法王的话，格萨尔就去见母亲。正如法王所言，汉、姜、霍尔、魔等国的人把母亲折磨得皮开肉绽，实在目不忍睹。格萨尔大呼一声打散了人群，救出了慈母。母子相见，悲喜交加。格萨尔将母亲带进能活几亿年的乐土，然后回到了岭国。岭国臣民成千上万前来夹道迎接。格萨尔给大家详述了地狱的苦难，行善之好处，行凶之恶果。从此，岭国臣民更加虔信佛法，修行善业。

5. 版本描述（字体、抄本、刻本风格、版心大小、材质）：

藏文草体，长条抄本，每页 8 行，36.5cm×8.1cm，复印件，复印于现代纸。

6. 保存处及编号：

（1）原件保存处：四川省《格》办

（2）复印件保存处：中国社会科学院民族文学所资料室

（3）1986 年编号：I291.47/1/1：106//000011

（4）2001 年编号：I291.47/GH/3

7. 版本说明（页码标记、残缺污浊页、翻译、出版）：

（1）总页码：163 页（82 叶）

（2）掘藏者为堆朵强穷，存 2 卷。

（3）未翻译

（4）异文本藏文出版：① 四川，1986；② 精选本，2013；③ 印度（纽托加），1973；④ 印度（《迦湿弥罗绿松石宗》合编，德里），1971；⑤ 印度（噶岭堡），1979；⑥ 不丹，1984。

8. 著作者、搜集者与搜集地：

（1）著作者：堆朵强穷（བདུད་འདུལ་བྱང་ཆུབ་ཀྱི་མཛོད།）

（2）搜集者：阿勇活佛（ཕོན་གྱི་སྤྲུལ་སྐུ་ཨ་གཡུང་།）

（3）搜集地：酿格荣（ཉག་རོང་ 新龙县）

（4）搜集时间：1986

（5）复印时间：1986

9. 其他：

有印章，黄布与白色带子包裹。

07 《贡布山羊宗》

1. 藏文全题名：

འདོལ་ཉམས་ཀྱི་བརྡ་སྒྲོམ་ལས་ཀོང་ཐེའུ་རང་གི་ར་རྫོང་བབ་པ་འཛམ་གླིང་ཆོས་ཀྱི་རྒྱལ་པོའི་རྟོགས་བརྗོད་དཔལ་གྱི་བེའུ།

2. 拉丁转写：

'dol nyams kyi brda sgrom las kong the'u rang gi ra rdzong bab pa 'dzam gling chos kyi rgyal po'i rtogs brjod dpal gyi be'u

3. 汉译名：

《贡布山羊宗》或《取山羊宗》《攻取贡布山羊宗之战》。

4. 故事内容提要：

天神给晁同降下预言，要岭国征服贡布的饿鬼王、打开贡布的山羊库。晁同设宴将此预言转告岭国将士，岭将无人信其所说。于是，扎拉派人请示雄狮大王。雄狮大王告诉使者，晁同叔叔的讲述有理，并说当年饿鬼王的奸细彭纳伍和卡切的三土匪抢劫岭国商人的 13 匹骏马和 13 头驮犏牛的耻辱尚未清算，时机已到，告诉岭国将士准备出征。

接到雄狮大王之命令，岭国将帅踏上征途。途中攻下贡布饿鬼王的种种关隘，最终格萨尔大王降伏了饿鬼王，打开了贡布山羊宗，天界的白山羊群，妖界的蓝山羊群，水饿鬼的红山羊群，木饿鬼的黄山羊群，岩饿鬼的黑山羊群，土饿鬼的紫山羊群等山羊宝物，将饿鬼王的女儿贡萨梅朵拉赐封为饿鬼国的女王，使百姓享受安乐太平。

5. 版本描述（字体、抄本、刻本风格、版心大小、材质）：

藏文草体，长条抄本，每页 8 行，36.5cm×8.1cm，复印件，复印于现代纸。

6. 保存处及编号：

（1）原件保存处：四川省《格》办

（2）复印件保存处：中国社会科学院民族文学所资料室

（3）1986 年编号：I291.47/1/1：41//000013，I291.47/1/2：41//000014

（4）2001 年编号：I291.47/GH/10

7. 版本说明（页码标记、残缺污浊页、翻译、出版）：

（1）总页码：207 页

（2）存 2 卷。

（3）著者为 chos dbyings nam mkha'i dbyings phyug glong gsal rdo rje gzi brjid rtsal gis mdzad

（4）未翻译

（5）异文本藏文出版：四川，2001。

8. 著作者、搜集者与搜集地：

（1）著作者：多杰斯吉策（རྡོ་རྗེ་གཟི་བརྗིད་རྩལ་གྱིས་མཛད།）

（2）搜集者：土登尼玛活佛（གཞན་དགའ་རིན་པོ་ཆེ）

（3）搜集地：色塔尔（གསེར་ཐར། 色达）

（4）搜集时间：1986

（5）复印时间：1986

9. 其他：

（1）有印章，黄布与白色带子包裹。

（2）据四川《格》办丛书 6《降妖部》，著作者多杰斯吉策（རྡོ་རྗེ་གཟི་བརྗིད་རྩལ་གྱིས་མཛད།1940—1998 另名更桑尼玛 ཀུན་བཟང་ཉི་མ）尚著有《外道铠甲宗》《尼婆罗绵羊宗》《嘉姆母牦牛宗》《中华茶宗》等。现色达格萨尔藏戏创世人塔洛活佛之父。

08 《雪山水晶宗》

1. 藏文全题名：

འཛམ་གླིང་སར་རྒྱལ་པོའི་རྟོགས་བརྗོད་ལས་གངས་རི་ཤེལ་རྫོང་བཞུགས་སོ།།

2. 拉丁转写：

'dzam gling seng chen rgyal po'i rtogs brjod las gangs ri shel rdzong bzhugs so

3. 汉译名：

《雪山水晶宗》，或《征服拉达克水晶国》《贡日水晶宗》。

4. 故事内容提要：

岗底斯拉达克旭奴嘎伍王向已被岭国降伏的白惹等国征税，白惹等国向岭国求救。此时，莲花生大师给格萨尔预言：通往雪山水晶宗的大道将要打开，要出兵征服雪山水晶国。格萨尔召集九国大军，联伐水晶国。联军兵分三路攻打：第一路由格萨尔率领，第二路由扎拉王子率领，第三路由玉拉托居尔率领。两军交火，战斗十分激烈。岭军消灭了雪山国五大汉，八十勇士。格萨尔先后征服了雪山国的君臣守护神。扎拉王子征服了北方扎木宗；格萨尔征服了西方扎铁宗；东方日扎那宗由玉拉征服。

最后，岭君臣来到雪山国都城，扔掉了城头上的魔幡旗，挂上了佛法胜利幡旗。格萨尔带领勇士们来到美丽白岩前，开启了水晶宝藏。在运水晶的途中，亭容赤旭王挡住岭军道路。亭岭之战因此发生，岭军征服了亭王。亭容的山神以珊瑚宝为主的许多宝矿，献给国王，并附绸缎7匹。

5. 版本描述（字体、抄本、刻本风格、版心大小、材质）：

藏文草体，长条抄本，每页7行，36.5cm×8.1cm，复印件，复印于现代纸。

6. 保存处及编号：

（1）原件保存处：四川省《格》办

（2）复印件保存处：中国社会科学院民族文学所资料室

（3）1986年编号：I291.47/1/1:32//000017，I291.47/1/1:32//000018

（4）2001年编号：I291.47/GH/10

7. 版本说明（页码标记、残缺污浊页、翻译、出版）：

（1）总页码：306页（153叶）

（2）残缺，存2卷。

（3）异文本汉文翻译：① 意西泽珠、许珍妮译，四川，1988；② 角巴东主主编，高等教育出版社，2011。

（4）异文本藏文出版：① 四川，1982；② 扎巴本，2011；③ 精选本，2013；④ 印度（多兰吉），1983；⑤ 不丹，1981。

8. 著作者、搜集者与搜集地：

（1）著作者：未知

（2）搜集者：西热沃瑟（ཤེས་རབ་འོད་ཟེར་）

（3）搜集地：瑟尔浒（ﾁﾄﾟﾞ 色须）

（4）搜集时间：1986

（5）复印时间：1986

9. 其他：

有印章，黄布与白色带子包裹。

09　《红岩大鹏宗》

1. 藏文全题名：

ཏ་ཟིག་ནོར་རྫོང་ལས་བྲག་དམར་ཁྱུང་རྫོང་ཕབ་ཚུལ་གྱི་ལོ་རྒྱུས་ཁོལ་ཕྱུང་བ་ཞེས་བྱ་བ་བཞུགས་སོ།།

2. 拉丁转写：

t'a zig nor rdzong las brag dmar khyung rdzong phab tshul gyi lo rgyus khol phyung ba zhes bya ba bzhugs so.

3. 汉译名：

《红岩大鹏宗》或《征服大食财宗之红岩大鹏鸟宗》。

4. 故事内容提要：

格萨尔王天界的妹妹替丽悦嘎给格萨尔大王降下预言，到了降服赞拉多吉扎泽的时机。此时，赞拉多吉扎泽在玛扎琼宗变成大鹏鸟。格萨尔按天神的预言带领十四位将士，直捣红岩大鹏宗。为了彻底消除邪气，每人咏歌一首。然后对着妖魔射箭，结果妖鹏被射死于箭下，其灵魂升入天空。勇士们从赞拉多吉扎泽的脑袋里掏出了如意宝贝，又从他的心中挖取了雍仲等物品。接着勇士们带着那些东西凯旋。到岭国以后，格萨尔把这些财宝分给了大家。

5. 版本描述（字体、抄本、刻本风格、版心大小、材质）：

藏文草体，长条抄本，每页 8 行，36.8cm×7.6cm，复印件，复印于现代纸。

6. 保存处及编号：

（1）原件保存处：四川省《格》办

（2）复印件保存处：中国社会科学院民族文学所资料室

（3）1986 年编号：I291.47/1/1:85//000015，I291.47/1/2:85//000016

（4）2001 年编号：I291.47/GH/10

7. 版本说明（页码标记、残缺污浊页、翻译、出版）：

（1）总页码：41 叶

（2）部名中提到此部出自"大食财宗"，著者为仲德，残缺，存 2 卷。

（3）异文本汉文翻译：角巴东主等编校，高等教育出版社，2011。

（4）异文本藏文出版：① 西藏，1979 年；② 甘肃，1979；③ 精选本，2002；④ 印度（大吉岭），1966；⑤ 印度（新德里），1976；⑥ 印度（岗托克），1983；⑦ 不丹，1981。

8. 著作者、搜集者与搜集地：

（1）著作者：尼玛让夏（ཀྱུང་གཉིས་ཅེ་མ་རང་ཝར་གྱིས་བྲིས།）

（2）搜集者：土登尼玛活佛（གཟན་དགར་ཉིད་པོ་ཆེ།）

（3）搜集地：色塔尔（གསེར་ཐར། 色达）

（4）搜集时间：1986

（5）复印时间：1986

9. 其他：

（1）有印章，黄布与白色带子包裹。

（2）此部为《大食财宗》之情节单元之一。

10 《歇日珊瑚宗》

1. 藏文全题名：

འཛམ་གླིང་གེ་སར་རྒྱལ་པོའི་རྣམ་ཐར་ལས་བྱེ་རུའི་བྱེར་རྫོང་དཔའ་པོ་བཞད་པའི་གླུ་དབྱངས་ངོ་མཚར་གཏམ་གྱི་ཕྲེང་བ།

2. 拉丁转写：

'dzam gling ge sar rgyal po'i rnam thar bye ru'i byer rdzong dpa' po bzhad pa'i glu dbyangs ngo mtshar gtam gyi phreng ba

3. 汉译名：

《歇日珊瑚宗》或《杰日珊瑚宗》《奇乳珊瑚宗》《岭与歇日珊瑚之部》《碣日珊瑚宗》《吉茹珊瑚宗》《岗岭之战》《契日珊瑚宗》《达格戎珊瑚宗》《北方珊瑚宝宗》《契日珊瑚宗》。

4. 故事内容提要：

岭军征服了阿扎玛瑙宗后不久，得知歇日国杀死了岭国茶商。于是格萨尔发兵征讨歇日。岭军兵分两路去攻打歇日。珊瑚宗有三位在箭术、枪术、剑术上武艺超群的勇士，他们都先后被岭国六大先遣勇士歼灭。岭军所向披靡，珊瑚官兵屡战屡败。岭国大军消灭了歇日国的绿铁宗、东南的白螺宗、西南的金光宗、西面的古长旦朱宗、东北的玉石宗。最终歇日国大泽王没能逃脱岭军的追杀，被玉拉托居尔和贡赞结果了性命。其余官兵及歇日王妃投诚。

格萨尔开启歇日国珊瑚宝库，分赐给属下百姓，余者全部运回岭国。格萨尔从珊瑚国的宝湖里捞出了无数珊瑚。岭国在歇日设立了 12 个万户长官，派阿达拉姆为歇日总管。随后岭军凯旋。

5. 版本描述（字体、抄本、刻本风格、版心大小、材质）：

藏文草体，长条抄本，每页 8 行，36.8cm×7.6cm，复印件，复印于现代纸。

6. 保存处及编号：

（1）原件保存处：四川省《格》办

（2）复印件保存处：中国社会科学院民族文学所资料室

（3）1986 年编号：I291.47/1/1∶31//000021，I291.47/1/2∶31//000022

（4）2001 年编号：I291.47/GH/1

7. 版本说明（页码标记、残缺污浊页、翻译、出版）：

（1）总页码：538 页（270 叶）

（2）存 2 卷。

（3）异文本汉文翻译：角巴东主主编，高等教育出版社，2011。

（4）异文本藏文出版：① 青海，1983；② 精选本，2003；③ 桑珠本，2004；④ 印度（岗托克），1977；⑤ 不丹本，1981。

8. 著作者、搜集者与搜集地：

（1）著作者：未知

（2）搜集者：铁穷别钦（ཕྱི་དགེ་དེན་རྒྱུང་དཔལ་ཆེན།）

（3）搜集地：四川德格

（4）搜集时间：1986

（5）复印时间：1986

9. 其他：

有印章，黄布与白色带子包裹。

11 《赛马称王》

1. 藏文全题名：

འཛམ་གླིང་སེང་ཆེན་རྒྱལ་པོའི་རྣམ་ཐར་ཡང་ཞུན་འོ་མའི་རྒྱ་མཚོ་ལས་སྙིང་པོ་མར་གྱི་ཡང་ཞུན་འདྲ་བ་ལས་རྟ་རྒྱུག་ལེའུ་མདོར་བསྡུས་མཐོང་བ་སྐལ་བཟང་དོན་ལྡན་ཞེས་བྱ་བ་བཞུགས་སོ༎

2. 拉丁转写：

'dzam gling seng chen rgyal po'i rnam thar yang zhun 'o ma'i rgya mtsho las snying po mar gyi yang zhun 'dra ba las rta rgyug le'u mdor bsdus mthong ba skal bzang don ldan zhes bya ba bzhugs so.

3. 汉译名：

《赛马称王》或《赛马登位》《赛马七宝》《赛马称王之部》。

4. 故事内容提要：

格萨尔 12 岁时，遵照天神预言偷走了晁同的灵鸟，将灵鸟灵魂引入净土，埋其尸体入尘埃。三年后，格萨尔在神鸟身上迁识入舍，给晁同授记：召集岭国臣民，举办赛马盛会；你将荣取桂冠，获得岭国宝座，成为富豪嘉洛部落财宝和王宫森周达泽宫的主人，以及娶得美丽的珠姆为王妃。

晁同听到神鸟的"预言"，通知岭国各部举行赛马盛会。格萨尔跟母亲果萨一起从山野找来江希卡尕骏马，珠姆给骏马备上了光耀自照宝鞍和宝垫。格萨尔加入骑手盛队，最终荣获桂冠，登上了岭国宝座，成为了岭国国王，纳珠姆为妃，以及梅日部落麦萨水西为次妃，被尊称为"南瞻部洲珠宝制敌大丈夫雄狮大王格萨尔"。岭国举国欢庆，歌舞不断。全国上下举行了盛大的庆祝会。

5. 版本描述（字体、抄本、刻本风格、版心大小、材质）：

藏文草体，长条抄本，每页 7 行，36.5cm×8.1cm，复印件，复印于现代纸。

6. 保存处及编号：

（1）原件保存处：四川省《格》办

（2）复印件保存处：中国社会科学院民族文学所资料室

（3）1986 年编号：I291.47/1/1∶8//000019，I291.47/1/1∶8//000020

（4）2001 年编号：I291.47/GH/9

7. 版本说明（页码标记、残缺污浊页、翻译、出版）：

（1）总页码：401 叶

（2）残缺，存 2 卷。

（3）异文本汉文翻译：王沂暖，甘肃，1987。

（4）异文本藏文出版：① 西藏，1981；② 甘肃，1981；③ 四川，1980；④ 青海，1981；⑤ 精选本，2000；⑥ 桑珠本，2002；⑦ 文库本，1996；⑧ 印度（帕兰普尔？），1969；⑨ 印度（达兰萨拉），1984；⑩ 不丹，1979。

8. 著作者、搜集者与搜集地：

（1）著作者：未知

（2）搜集者：土登尼玛活佛（གཟན་དཀར་རིན་པོ་ཆེ།）

（3）搜集地：阿坝

（4）搜集时间：1986

（5）复印时间：1986

9. 其他：

有印章，黄布与白色带子包裹。编号与//000041 同。

12 《霍岭大战》（下册）

1. 藏文全题名：

འཛམ་གླིང་གེ་སར་རྒྱལ་པོའི་རྣམ་ཐར་ལས་ཧོར་འདུལ་གྱི་རྟོགས་པ་བརྗོད་པ་གཡུལ་རྒྱལ་ལྷའི་རྔ་སྒྲ་ཤེས་བྱ་བ་བཞུགས་སོ།

2. 拉丁转写：

dzam gling ge sar rgyal po'i rnam thar las hor 'dul gyi rtogs pa brjod pa g.yul rgyal lha'i rnga sgra shes bya ba bzhugs so

3. 汉译名：

《霍岭大战》或《平服霍尔》《征服霍尔》《反击霍尔》《霍尔岭之战》《凯旋天神之鼓音——世界格萨尔大王传记中平服霍尔的故事》。

4. 故事内容提要：

岭格萨尔王用各种办法和幻术，降服了霍尔国的巴图尔和白帐王。霍尔国归入岭国，并为其制定了以十善为主的法律和以十六条为主的道德规范条例。霍尔国从此佛光普照。此时，格萨尔王收到岭国急信，要他立即回师。格萨尔大王派遣船夫桑杰加先返回岭国报信，然后任命霍尔国的噶尔确达为霍尔国国王。唐泽玉珠、米琼、珠姆跟随格萨尔大王返回岭国。霍尔辛巴被披上狗服，牵回岭国受刑。霍尔国辛辛苦苦四十九代积累起来的巨产，被岭人用五千只驴和无数头牦牛运回了岭国。

5. 版本描述（字体、抄本、刻本风格、版心大小、材质）：

草体，长条抄本，每页 8 行，36.5cm×7.8cm，复印件，复印于现代纸

6. 保存处及编号：

（1）原件保存处：四川民委民族研究所四川《格萨尔》工作领导小组

（2）复印件保存处：中国社会科学院民族文学所资料室

（3）1986 年编号：I291.47/1/1:11//000023，I291.47/1/2:11//000024

（4）2001 年编号：I291.47/GH/34，I291.47/GH/19

7. 版本说明（页码标记、残缺污浊页、翻译、出版）：

（1）总页码：185 页（93 叶）

（2）第 33 页、163 页有污迹，第 37 页空白，第 158 页缺、印有 162 页，故第 162 页有重印，第 59 页有"全国《格萨尔》资料中心藏书"图章印。存 2 卷。

（3）异文本汉文翻译：① 青海民研会，1962；② 吴均、金迈译，1984；③ 王沂暖、华甲译（《贵德分章本》），1981；④ 王歌行、左可国、刘宏亮整理，1986。

（4）异文本藏文出版：① 青海，1962、1979、1980；② 西藏，1980；

③ 青海（《黄霍尔》），1988、1994；④ 交加本，2006；⑤ 四川（《辛丹》附录），1982；⑥ 四川，1999；⑦ 精选本，2000；⑧ 桑珠本，2006；⑨ 印度（列城），1972；⑩ 印度（锡金、岗托克），1978；⑪ 印度（德里），1979；⑫ 印度（比尔），1979；⑬ 印度（岗托克），1984；⑭ 不丹，1979；⑮ 不丹，1979；⑯ 不丹，1979；⑰ 蒙古国，1961；⑱ 川《格》12，2015。

8. 搜集者与搜集地：

（1）搜集者：土登尼玛（གཏན་དགར་ཉིན་པོ་ཆེ།）

（2）搜集地点：四川省阿坝州

（3）搜集时间：1986 前

（4）复印时间：1986

9. 其他：

（1）页面左侧记有藏文单叶页码，右侧有阿拉伯数字页码。

（2）有印章，黄布与白色带子包裹。

13 《歇日珊瑚宗》

1. 藏文全题名：

བྱང་ཕྱོགས་སྟོབས་ཀྱི་རྒྱལ་པོ་སྟག་རོང་བཙན་པོའི་སྙིང་ནོར་བྱེ་རུའི་གཡང་རྫོང་ཕབས་པའི་ལོ་རྒྱུས་ཁམས་གསུམ་འགུགས་པའི་ལྕགས་ཀྱུ།

2. 拉丁转写：

byang phyogs stobs kyi rgyal po stag rong btsan po'i snying nor bye ru'i g.yang rdzong phabs pa'i lo rgyus khams gsum 'gugs pa'i lcags kyu

3. 汉译名：

《歇日珊瑚宗》或者《杰日珊瑚宗》《歇日珊瑚宗》《奇乳珊瑚宗》。

4. 故事内容提要：

岭军征服了阿扎玛瑙宗后不久，得知歇日国杀死了岭国茶商。于是格萨尔发兵征讨歇日。岭军兵分两路去攻打歇日。珊瑚宗有三位在箭术、枪术、剑术上武艺超群的勇士，他们都先后被岭国六大先遣勇士歼灭。岭军所向披靡，珊瑚官兵屡战屡败。岭国大军消灭了歇日国的绿铁宗、东南的白螺宗、西南的金光宗、西面的古长旦朱宗、东北的玉石宗。最终歇日国大泽王没能逃脱岭军的追杀，被玉拉托居尔和贡赞结果了性命。其余官兵及歇日王妃投诚。

格萨尔开启歇日国珊瑚宝库，分赐给属下百姓，余者全部运回岭国。格萨尔从珊瑚国的宝湖里捞出了无数珊瑚。岭国在歇日设立了 12 个万户长官，派阿达拉姆为歇日总管。随后岭军凯旋。

5. 版本描述（字体、抄本、刻本风格、版心大小、材质）：

藏文草体，长条抄本，每页 8 行，36.5cm×7.2cm，复印件，复印于现代纸。

6. 保存处及编号：

（1）原件保存处：四川省《格》办

（2）复印件保存处：中国社会科学院民族文学所资料室

（3）1986 年编号：I291.47/1/1∶108//000025，I291.47/1/2∶108//000026

（4）2001 年编号：I291.47/GH/14

7. 版本说明（页码标记、残缺污浊页、翻译、出版）：

（1）总页码：245 叶

（2）存 2 卷，有扉页，有印章。

（3）异文本汉文翻译：角巴东主主编，高等教育出版社，2011。

（4）异文本藏文出版：① 青海，1983；② 精选本，2003；③ 桑珠本，2004；④ 印度（岗托克），1977；⑤ 不丹本，1981。

8. 著作者、搜集者与搜集地：

（1）著作者：珠贝尼玛杰参（སྤྲུལ་པའི་ཉི་མ་རྒྱལ་མཚན་གྲིས་མཛད།）

（2）搜集者：多尔罗（ རྟ་ར་ལོ）

（3）搜集地：酿格荣（ ཉག་རོང 新龙县）

（4）搜集时间：1986

（5）复印时间：1986

9. 其他：

有印章，黄布与白色带子包裹。

14 《上粟特马宗》

1. 藏文全题名：

སྐུ་རྗེ་རྒྱལ་པོ་དང་དཔའ་བཏུལ་རྣམས་ཁ་དྲི་མ་མེད་པ་གླིང་བསྟན་པ་ཕྱི་དར་ལྟར་སོག་ལྷུ་ཁྲི་རྒྱལ་པོའི་ཏ་གཡང་བོད་དུ་ཕབ་ཚུལ་མཐའ་བཞིའི་དམགས་དང་རྒྱལ་འདྲེ་འབྱུང་པོའི་ཁ་གཤོག་དགའ་བའི་ཡིད་ཀྱི་ཤིང་ཏ་ཞེས་བྱ་བ་བཞུགས་སོ།

2. 拉丁转写：

sku rje rgyal po dang dpa' btul rnams kyi rnam thar dri ma med pa gling bstan pa phyi dar ltar sog lhu khri rgyal po'i rta g.yang bod du phab tshul mtha' bzhi'i dmags dang rgyal 'dre 'byung po'i kha gshog dga' ba'i yid kyi shing rta zhes bya ba bzhugs so.

3. 汉译名：

《上粟特马宗》或《蒙古马城》《蒙古马国》《上蒙古马宗》《索波马宗》

《索多马城》。

4. 故事内容提要：

雪山狮子国王的化身嘎玛扎巴去粟特的鲁赤经商时被杀，国王派人向岭国扎拉求救。扎拉王子认为嘎玛扎巴是自己的孩子，一定要替他报仇。此时，岭国女英雄阿达拉姆梦中得到天神预言：征服粟特马宗必须先由自己出兵。阿达拉姆率领的三万大军驻扎在阿格达娃大平原。此时粟特王也得到预示自己被杀的梦境，派人站岗放哨。结果此人被阿达拉姆降伏，获得了粟特王的信息。

格萨尔和扎拉王子率军出师。粟特国的将士们在与岭军作战中先后身亡。最后格萨尔降伏了粟特鲁赤王，任命比推·永朱其美为粟特国国王，并在粟特国制定十善佛法。粟特百姓过上了幸福的生活。格萨尔等岭国众英雄获得了粟特的诸多良马。

5. 版本描述（字体、抄本、刻本风格、版心大小、材质）：

藏文草体，长条抄本，每页 7 行，36.5cm×8.1cm，复印件，复印于现代纸。

6. 保存处及编号：

（1）原件保存处：四川省《格》办

（2）复印件保存处：中国社会科学院民族文学所资料室

（3）1986 年编号：I291.47/1/1:20//000027，I291.47/1/2:20//000028

（4）2001 年编号：I291.47/GH/11

7. 版本说明（页码标记、残缺污浊页、翻译、出版）：

（1）总页码：202 页（213 页？）

（2）著者为仲德，存 2 卷，残缺。

（3）未翻译

（4）异文本藏文出版：① 西藏，1992；② 扎巴本，1999；③ 精选本，2013；④ 印度（德拉敦），1978；⑤ 印度（达兰姆萨拉），1982；⑥ 不丹，1981。

8. 著作者、搜集者与搜集地：

（1）著作者：尼玛让夏 （ཉི་མ་རེ་ཤ་མ་རང་ཤར་གྱིས་བྲིས།）

（2）搜集者：土登尼玛活佛 （ཐུབ་བསྟན་ཉི་མ་རིན་པོ་ཆེ།）

（3）搜集地：色塔尔 （གསེར་ཐར། 色达）

（4）搜集时间：1986

（5）复印时间：1986

9. 其他：

有印章，黄布与白色带子包裹。

15 《阿里金宗》

1. 藏文全题名：

འཛམ་གླིང་སེང་ཆེན་རྒྱལ་པོའི་རྟོགས་བརྗོད་གསེར་གླིང་མངའ་རིས་གསེར་རྫོང་དངོས་གྲུབ་ནོར་བུའི་ཆར་འབེབས་ཞེས་བྱ་བ་བཞུགས་སོ།

2. 拉丁转写：

'dzam gling seng chen rgyal po'i rtogs brjod gser gling mnga' ris gser rdzong dngos grub nor bu'i char 'bebs zhes bya ba bzhugs so..

3. 汉译名：

《阿里金宗》或《取阿里金窟》。

4. 故事内容提要：

阿里七魔臣夺朝政，弃佛法，立魔教，弄得民不聊生，国不安宁。赞拉多杰大臣之子玉杰托桂，年仅 13 岁，却心地善良，笃信佛法，武艺超群。他对七魔臣的非法统治和他们所采取的禁佛之行极为愤慨。他历经千辛万苦，终于来到了岭国。请求岭王格萨尔出兵惩处七魔臣。格萨尔深表同情，将其收为岭国国民，留在扎拉王子身边，辅佐王子治理国家。

岭王遵照天神旨意，以玉杰托桂为向导，以辛巴大将为先锋，雄兵挺进阿里。岭军一路所向披靡。魔神桑日冬泽被格萨尔消灭，七魔的保护神身死于岭将唐泽玉珠宝刀之下，最后，七魔臣一个不剩地被赶进了阎王殿，岭军大胜。阿里王达娃顿珠感激涕零，打开金城宝藏。格萨尔将黄金分给了阿里和岭国百姓，使两国百姓都过上和平、富裕的生活。

5. 版本描述（字体、抄本、刻本风格、版心大小、材质）：

藏文草体，长条抄本，每页 8 行，36.8cm×7.6cm，复印件，复印于现代纸。

6. 保存处及编号：

（1）原件保存处：四川省《格》办

（2）复印件保存处：中国社会科学院民族文学所资料室

（3）1986 年编号：I291.47/1/1:31//000029，I291.47/1/2:31//000030

（4）2001 年编号：I291.47/GH/2

7. 版本说明（页码标记、残缺污浊页、翻译、出版）：

（1）总页码：116 页（58 叶）

（2）存 2 卷，有扉页，有印章。

（3）异文本汉文翻译：① 罗润仓译，四川，1986。

（4）异文本藏文出版：① 四川，1981；② 精选本，2005。

8. 著作者、搜集者与搜集地：

（1）著作者：未知

（2）搜集者：土登尼玛活佛（གཞན་དཀར་རིན་པོ་ཆེ）

（3）搜集地：色塔尔（གཤར་ཐར 色达）

（4）搜集时间：1986 前

（5）复印时间：1986

9. 其他：

（1）有印章，黄布与白色带子包裹。

（2）与《孟岭大战》包裹在同一布包内。

16　《羊同珍珠宗》

1. 藏文全题名：

འཛམ་གླིང་གེ་སར་རྒྱལ་པོའི་གཏམ་བརྗོད་ལས་ཞིང་གླིང་གཡུལ་འཁྲུགས་མུ་ཏིག་རྫོང་ཆེན་ཕབ་ཚུལ་བཞུགས་སོ།།

2. 拉丁转写：

'dzam gling ge sar rgyal po'i gtam brjod las zhing gling g.yul 'khrugs mu tig rdzong chen phab tshul bzhugs so

3. 汉译名：

《羊同珍珠宗》，或《象雄珍珠宗》《祥岭珍珠之战》《征服象雄珍珠国》《香雄珍珠宗》《向雄珍珠宗》。

4. 故事内容提要：

羊同苯教王伦珠扎巴的 16 个商人去汉地经商途中扎营在达戎晁同的草原上，晁同派儿子们抢劫并杀死了商人。羊同国君臣通过向苯教喇嘛求教得知了事情原委。羊同王派将兵抢回所夺之物并杀掉了达戎部落不少人马。晁同向格萨尔王请求派岭军替他报仇。

此时，天神了也预言格萨尔到了征服羊同珍珠宗的时机。格萨尔下令三军追击羊同人马，自己率军出师大食。羊同王被格萨尔消灭。格萨尔打开了直插云霄的白崖狮子天宗，取出了各种珍珠等金银财宝。格萨尔将财宝运回军营分给了将士。在羊同制定了十善之法，将苯教改为佛教，把外道的恶经抛入河中。格萨尔任命曲珠大臣为羊同十八方的首领。

5. 版本描述（字体、抄本、刻本风格、版心大小、材质）：

藏文草体，长条抄本，每页 7 行，36.5cm×7.2cm，复印件，复印于现代纸。

6. 保存处及编号：

（1）原件保存处：四川省《格》办

（2）复印件保存处：中国社会科学院民族文学所资料室

（3）1986 年编号：I291.47/1/1：109//000031， I291.47/1/2：109//000032

（4）2001 年编号：I291.47/GH/32

7. 版本说明（页码标记、残缺污浊页、翻译、出版）：

（1）总页码：292 页（146 叶）

（2）存 2 卷。

（3）异文本汉文翻译：① 马宏武译，甘肃，2006 年；② 角巴东主主编，高等教育出版社，2011。

（4）异文本藏文出版：① 西藏，1982；② 甘肃，1984；③ 青海，1984年；④ 扎巴本，2007；⑤ 桑珠本，2008；⑥ 印度（达拉姆萨拉），1984；⑦ 不丹，1981。

8. 著作者、搜集者与搜集地：

（1）著作者：未知

（2）搜集者：多尔罗（ཏོར་ལོ།）

（3）搜集地：酿格荣（ཉག་རོང་ 新龙县）

（4）搜集时间：1986

（5）复印时间：1986

9. 其他：

（1）有印章，黄布与白色带子包裹。

（2）第 2 页有格萨尔骑征象，封底有雪狮像。

17 《孟岭大战》

1. 藏文全题名：

མོན་གླིང་གཡུལ་འགྱེད་དཔའ་བོའི་སྙིང་གི་དགའ་སྟོན་མཐོང་བ་དོན་ལྡན།

2. 拉丁转写：

mon gling g.yul 'gyed dpa' bo'i snying gi dga' ston mthong ba don ldan.

3. 汉译名：

《孟岭大战》，或《门岭大战》《门岭之战》《洛岭之战》《征服闷城》《岭国与门国》《岭与慕域》《闷岭之战》。

4. 故事内容提要：

岭国灭了姜国萨丹王以后，在岭国王宫狮龙宫殿修行时，天神降下预言：到了降伏门国的时机。格萨尔变为一只渡鸦给晁同降下预言：组织达戎十八大军进攻门国报先前被抢夺财产之仇，并娶得门国公主为妻。晁同率领大军，一路消灭了辛赤王的九只魔鼠等敌国君臣的许多守护神。接着又歼灭了以古拉土杰为首的门国 80 个猛士和 1900 个勇士。

辛赤王危在旦夕，他打算放弃国家攀援天梯升天逃遁。格萨尔焚烧了堆卡迥如朗宗，使他一命呜呼。门国公主梅朵拉泽投诚岭国，并用箭射开白米宗，岭国将士取得白米凯旋。格萨尔给门国臣民讲经说法，净化那里人们的邪念，使他们改变恶习，努力从善。格萨尔命冬迥拉赤嘎布为门国的国王。

5. 版本描述（字体、抄本、刻本风格、版心大小、材质）：

藏文草体，长条抄本，每页 8 行，36.8cm×7.6cm，复印件，复印于现代纸。

6. 保存处及编号：

（1）原件保存处：四川省《格》办

（2）复印件保存处：中国社会科学院民族文学所资料室

（3）1986 年编号：I291.47/1/1∶14//000033，I291.47/1/2∶14//000034

（4）2001 年编号：I291.47/GH/2

7. 版本说明（页码标记、残缺污浊页、翻译、出版）：

（1）总页码：304 页（152 叶）

（2）残缺，存 2 卷。

（3）异文本汉文翻译：① 王沂暖、余希贤译，甘肃，1986；② 嘉措顿珠译（扎巴本），西藏，1986、2013。

（4）异文本藏文出版：① 西藏（扎巴本），1980；② 青海，1982；③ 甘肃，1983；④ 四川，1982；⑤ 精选本，2002；⑥ 扎巴本，2013；⑦ 印度（拉瓦杂尔），1964；⑧ 不丹（帕罗），1980；⑨ 不丹（廷布），1981。

8. 著作者、搜集者与搜集地：

（1）著作者：未知

（2）搜集者：土登尼玛活佛（གཞན་དགར་རིན་པོ་ཆེ）

（3）搜集地：色塔尔（གསེར་ཐར 色达）

（4）搜集时间：1986

（5）复印时间：1986

9. 其他：

（1）有印章，黄布与白色带子包裹。

（2）与《阿里金宗》包裹在同一布包内。

18 《大食财宗》

1. 藏文全题名：

གྲོ་བའི་དབུལ་ཕོངས་སེལ་ཞིང་བདེ་སྐྱིད་ཀྱི་དཔལ་ལ་སྤྱོད་ཕྱིར་ནོར་བུ་དབང་གི་གཏེར་མཛོད་ཟད་མེད་སྤྲིན་གྱི་ཕུང་པོ་བཞུགས་སོ།།

2. 拉丁转写：

'gro ba'i dbul phong sel zhing bde skyid kyi dpal la spyod phyir nor bu dbang gi gter mdzod zad med sprin gyi phung po bzhugs so

3. 汉译名：

《大食财宗》或《大食财宝城》《达惹诺宗》《大食诺宗》《大食宝宗》《大食之战》《达岭之战》《征服大食》。

4. 故事内容提要：

东大食财宗王在玉伟齐瓦宫里过着神仙般的生活。这座有十三层高的王宫是用各种金银珠宝盖成的。大食财宗王富如龙王，有着像毗沙门一样大的权势。拥有一匹宝马被誉为具鹏翅宝马；它身上具备了马的所有优点，是一匹好得不能用言语所能形容的好马。晁同装扮成董图米桂杰，与黎白布益卡秀、米桂合巴拉去大食用计偷走了大食宝马具鹏翅。

大食国得知盗走宝马的是晁同后，立即派追兵抢夺晁同财宝和牲畜。于是晁同率军讨伐大食。双方交战三年，胜负无期。后来，天神预言格萨尔征服大食财宗。晁同也派人请求格萨尔出师大食。格萨尔招文武群臣，商讨对敌策略，定战略战术。岭军出国，与敌交战。此刻，久堆聂王把自己的久地银宗献给了格萨尔。格萨尔收久为臣。格萨尔向阿扎桑堆米巧堆嘎这个地方派了三个撒达。三个撒达征服了大食国宝和红崖大鹏宗，夺取了如意宝贝，最终打败大食君臣，攻取了大食财宗。

5. 版本描述（字体、抄本、刻本风格、版心大小、材质）：

藏文草体，长条抄本，每页 7 行，36.5cm×8.1cm，复印件，复印于现代纸。

6. 保存处及编号：

（1）原件保存处：四川省《格》办

（2）复印件保存处：中国社会科学院民族文学所资料室

（3）1986 年编号：I291.47/1/1∶110//000037，I291.47/1/2∶110//000038

（4）2001 年编号：I291.47/GH/12

7. 版本说明（页码标记、残缺污浊页、翻译、出版）：

（1）总页码：846 页（423 叶）

（2）著者为仲德，存 2 卷。

（3）异文本汉文翻译：角巴东主等编校，高等教育出版社，2011。

（4）异文本藏文出版：① 西藏，1979 年；② 甘肃，1979；③ 精选本，2002；④ 印度（大吉岭），1966；⑤ 印度（新德里），1976；⑥ 印度（岗托克），1983；⑦ 不丹，1981。

8. 著作者、搜集者与搜集地：

（1）著作者：尼玛让夏（ཉིང་གཏེར་ཉི་མ་རང་འར་གྲུལ་ཤེས།）

（2）搜集者：土登尼玛活佛（གཏན་དཀར་རིན་པོ་ཆེ།）

（3）搜集地：色塔尔（གསེར་ཐར། 色达）

（4）搜集时间：1986

（5）复印时间：1986

9. 其他：

有印章，黄布与白色带子包裹。

#19 《突厥兵器宗》

1. 藏文全题名：

སྐུ་རྗེ་སེང་ཆེན་རྒྱལ་བློན་གྲུབ་ཆེན་སྟོང་དང་དགུ་བརྒྱའི་རྣམ་ཐར་དྲི་མ་མེད་པ་གླིང་བསྟན་པ་ཕྱི་དར་ལྟར་ལས་བསྐལ་ངན་བཞི་པོ་སེལ་ཕྱིར་དགོས་
འདོད་དཔལ་གྱི་གཡང་བཅུད་གྲུ་གའི་དཀོར་མཛོད་བརྒྱད་ཅུ་བོད་དུ་ཕབ་ཚུལ་དགའ་བའི་ཡིད་ཀྱི་ཤིང་རྟ།

2. 拉丁转写：

sku rje seng chen rgyal blon grub chen stong dang dgu brgy'i rnam thar dri ma med pa gling bstan pa phyi dar ltar las bskal ngan bzhi po sel phyir dgos 'dod dpal gyi g.yang bcud gru ga'i dkor mzod brgyad cu bod du phab tshul dga' ba'i yid kyi shing rta.

3. 汉译名：

《突厥兵器宗》或《祝古兵器宗》。

4. 故事内容提要：

突厥国王托桂穆德赞意欲武力抢夺藏王的释迦牟尼佛像。他派其所属齐堆的四个部落前去完成此项任务。齐堆射箭信恐吓藏王马上送交释迦牟尼佛像。藏王向岭国扎拉王子求救。岭王格萨尔通过侦察得知征服突厥，必先要征服突厥齐堆。于是下令王子扎拉率军讨伐。东突厥大军节节败北，溃不成军。突军部将个个死于岭刀之下，突王齐堆也终于成了扎拉王子的刀下鬼，岭军大获全胜。灭了东突还有南突。岭王率部南下，突厥大臣派人向阿伦独眼鬼和青海求助。岭军大举进攻，南突败退。阿伦独眼鬼和突厥托桂王最终也被格萨尔王征服。

格萨尔遵照天神预言，派四位大臣前往青海，让青海王管辖突厥都城，治理国家，宏扬佛法，造福突厥众生。格萨尔到突厥讲经说法，教育人们弃恶从善。青海王感激岭王的大恩，打开突厥宝库，献上了兵器等宝物。

5. 版本描述（字体、抄本、刻本风格、版心大小、材质）：

藏文草体，长条抄本，每页 8 行，36.8cm×7.6cm，复印件，复印于现代纸。

6. 保存处及编号：

（1）原件保存处：四川省《格》办

（2）复印件保存处：中国社会科学院民族文学所资料室

（3）1986 年编号：I291.47/1/1：30//000035，I291.47/1/2：30//000036

（4）2001 年编号：无

7. 版本说明（页码标记、残缺污浊页、翻译、出版）：

（1）总页码：293 叶

（2）著者为仲德、残缺、存 2 卷。

（3）未翻译

（4）异文本藏文出版：① 西藏，1988、1989；② 甘肃，1984、1986；③ 精选本，2013；④ 桑珠本，2011；⑤ 印度（达兰姆萨拉），1982、1983、1984、1985；⑥ 不丹，1981；⑦ 民族出版社，2015。

8. 著作者、搜集者与搜集地：

（1）著作者：尼玛让夏（ཉྀ་མ་ཁེར་ཤ་མ་རང་ཤར་ཕྱུག་ཐིས།）

（2）搜集者：土登尼玛活佛（གཏན་དཀར་ཉིན་པོ་ཆེ།）

（3）搜集地：色塔尔（གཤེར་ཐར། 色达）

（4）搜集、复印时间：1986

9. 其他：

有印章，黄布与白色带子包裹。

20 《英雄诞生》

1. 藏文全题名：

ལྷ་ཕྲུག་ནོར་བུ་དགྲ་འདུལ་གྱི་སྐྱེ་རབ་རྣམ་པར་ཐར་རྒྱས་པར་བཀོད་པ་ཞེས་བྱ་བ་བཞུགས་སོ།།

2. 拉丁转写：

lha phrug nor bu dgra 'dul kyi skye rab rnam par thar rgyas par bkod pa zhes bya ba bzhugs so.

3. 汉译名：

《英雄诞生》，或《赛马称王》《赛马登位》。

4. 故事内容提要：

讲述格萨尔从天界下凡，岭国从果部落获得格萨尔的生母，格萨尔在岭国诞生，降伏魔鬼三鸟和外道，然后格萨尔母子被驱逐至玛麦玉隆松多，参加赛马登上王位的故事。

5. 版本描述（字体、抄本、刻本风格、版心大小、材质）：

藏文草体，长条抄本，每页 8 行，36.5cm×8.1cm，复印件，复印于现代纸。

6. 保存处及编号：

（1）原件保存处：四川省《格》办

（2）复印件保存处：中国社会科学院民族文学所资料室

（3）1986 年编号：I291.47/1/1：8//000041，I291.47/1/2：8//000042

（4）2001 年编号：I291.47/GH/5

7. 版本说明（页码标记、残缺污浊页、翻译、出版）：

（1）总页码：302 页

（2）存 2 卷

（3）异文本汉文翻译：王沂暖，甘肃，1987。

（4）异文本藏文出版：① 西藏，1981；② 甘肃，1981；③ 四川，1980；④ 青海，1981；⑤ 精选本，2000；⑥ 桑珠本，2002；⑦ 文库本，1996；⑧ 印度（帕兰普尔？），1969；⑨ 印度（达兰萨拉），1984；⑩ 不丹，1979。

8. 著作者、搜集者与搜集地：

（1）著作者：未知

（2）搜集者：土登尼玛活佛（གཙན་དགར་ཉི་མ་ཆེ）

（3）搜集地：色塔尔（གཤེར་ཐར། 色达）

（4）搜集时间：1986

（5）复印时间：1986

9. 其他：

（1）有印章，黄布与白色带子包裹。编号与//000019 同。

（2）此部有人称做《英雄诞生》，有人称做《赛马称王》。两名皆可。

21 《阿扎玛瑙宗》

1. 藏文全题名：

འཛམ་གླིང་གེ་སར་རྒྱལ་པོའི་རྣམ་ཐར་ལས་བྱང་གླིང་གཡུལ་འགྱེད་ཟློས་གར་ཆེ་དང་ལ་དྭགས་གཉིས་འགྱེད་རིན་པ་བཙལ་བཞུགས་སོ

2. 拉丁转写：

'dzam gling ge sar rgyal po'i rnam thar las byang gling g.yul 'gyed zlos bzhi stod cha dang a drag gzi 'gyed rim pa bcas bzhugs so.

3. 汉译名：

《阿扎玛瑙宗》，或《阿扎九眼珠宗》《征服阿扎玛瑙城》《阿与岭之战》《阿扎色宗》《阿乍玛瑙国》。

4. 故事内容提要：

土龙年六月初十日，岭国的商队路过歇日国，达泽王毫不犹豫地命令手下的兵将去抢岭国的财物。格萨尔出兵征讨。岭国大军晓行夜宿，不多日，来到阿扎玛瑙国边境。格萨尔命使臣带着礼物入城向国王问候，请阿扎王让出一条路，岭国将通过此地向歇日进军。

阿扎君臣问卜之时，侍臣禀报，岭国大军前来借路。虽然岭国人马不是来攻打阿扎国的，但歇日紧连阿扎，歇日城破，阿扎岂能长久?看来这条路是借不得的。尼扎王一面拒绝给岭国让路，一面迅速召集国内兵马，准备拒敌。

格萨尔大王听说阿扎王不肯借路，愤怒异常，不知该如何是好。就在这时，天母南曼噶姆出现了，对格萨尔说：欲取歇日珊瑚城，必须先破阿扎玛瑙城。于是格萨尔下令进攻阿扎，一路战果连连，来到罗刹大城堡。王子扎拉下令岭国的三员大将森达、玉拉和达拉赤噶诛杀蛋生九人九马，大破罗刹城堡，兵临阿扎王宫。经过几番论战，岭军入城，尼扎跪拜雄狮王，献上金银珠宝等九色礼品。格萨尔君臣开启了中阿扎与王城内宝库，然后将所得财物分给众人。格萨尔命令阿扎王尼扎，带着王妃、公主等眷属和侍臣到藏地去住三年，即日启程。雄狮王派大臣尼玛坚赞做了阿扎王，管理国政。

5. 版本描述（字体、抄本、刻本风格、版心大小、材质）：

藏文草体，长条抄本，每页 8 行，36.6cm×8.1cm，复印件，复印于现代纸。

6. 保存处及编号：

（1）原件保存处：四川省《格》办

（2）复印件保存处：中国社会科学院民族文学所资料室

（3）1986 年编号：I291.47/1/1∶22//000039，I291.47/1/2∶22//000040

（4）2001 年编号：I291.47/GH/7

7. 版本说明（页码标记、残缺污浊页、翻译、出版）：

（1）总页码：375 页

（2）部名中还提到"羌岭之战上册"，残缺，存 2 卷，有扉页，有印章。

（3）异文本汉文翻译：徐国琼、和建华译《阿岭之战》，云南，2007。

（4）异文本藏文出版：①青海，1985；②西藏，1999；精选本，2003；

③ 桑珠本，2005；④ 印度（德里），1975；⑤ 不丹，1981。

8. 著作者、搜集者与搜集地：

（1）著作者：未知

（2）搜集者：铁穷别钦（ཁྱི་དགེ་དེས་ཆུང་དཔལ་ཆེན།）

（3）搜集地：四川德格

（4）搜集时间：1986 前

（5）复印时间：1986

9. 其他：

有印章，黄布与白色带子包裹。

22 《降伏弥药玉泽王》

1. 藏文全题名：

གླིང་རྗེ་གེ་སར་རྒྱལ་པོའི་རྣམ་ཐར་སྲིད་ལེའུ་སྨད་ཆ་སྐོར་མུན་པ་དར་ཞིང་རྒྱལ་ཚུལ་ཤར་བདུད་གདུག་པ་སྤུན་བདུན་དང་གཡུ་རྩེ་རྒྱལ་པོ་བཏུལ་ནས་ཆེས་ནོར་རིན་ཆེན་གཡང་ཀུན་ཕབ་ཚུལ་རྣམ་པར་རྒྱལ་བའི་སྒྱུ་མ་མཚོན་ནོ་ཞེས་བྱ་བ་བཞུགས་སོ།།

2. 拉丁转写：

gling rje ge sar rgyal po'i rnam thar srid le'u smad cha skor mun pa dar zhing rgyal tshul shar bdud gdug pa spun bdun dang g.yu rtse rgyal po btul nas che nor rin chen g.yang kun phab tshul rnam par rgyal ba'i sgyu ma mtshon no(tu mtsh?) shes bya ba bzhugs so.

3. 汉译名：

《降伏弥药玉泽王》，或《征服残暴七兄弟》，或《斗巴本顿》。

4. 故事内容提要：

觉如通过赛马登上岭国王位。晁同心中不服，带上如意宝贝偷偷投奔弥药国王玉泽（果洛年保玉则山同名）和东方七魔兄弟，希望通过借用他们的势力夺回岭国王位。晁同带领女魔旺歇玛前来侵犯岭国，不料却被格萨尔征服。天神乃乃南曼变化成旺歇玛返回弥药国，搅乱国王和妖魔的神志，令其发兵进攻岭国。格萨尔早已做好准备，进攻弥药国和魔鬼兄弟，最终降伏了弥药国国王玉泽和其他魔鬼兄弟，振兴了当地佛法。这时，贾察之子扎拉也诞生了，岭国沉浸在一片喜悦祥和的气氛中。

5. 版本描述（字体、抄本、刻本风格、版心大小、材质）：

藏文草体，长条抄本，每页 8 行，36.5cm×10.5cm，复印件，复印于现代纸。

6. 保存处及编号：

（1）原件保存处：西藏《格》办

（2）复印件保存处：中国社会科学院民族文学所资料室

（3）1986 年编号：I291.47/1/1：112/000046，I291.47/1/2：112/000047

（4）2001 年编号：I291.47/GH/27：1—2

7. 版本说明（页码标记、残缺污浊页、翻译、出版）：

（1）总页码：482 叶

（2）残缺，存 2 卷。

（3）未翻译

（4）异文本藏文出版：① 西藏，1993。

8. 著作者、搜集者与搜集地：

（1）著作者：未知

（2）搜集者：不知

（3）搜集地：西藏

（4）搜集时间：1986

（5）复印时间：1986

9. 其他：

有印章，黄布与白色带子包裹。

#23 《格萨尔佛法宗》

1. 藏文全题名：

འཛམ་གླིང་སྐྱེས་བུའི་ཆོས་སྒྲུང་སིལ་མ་ལས་གསེར་ཆོས་འོག་མིན་བསྒྲོད་པའི་ཐེམ་སྐས་གསང་བའི་རྒྱ་ཅན་བཞུགས་སོ།།

2. 拉丁转写：

'dzam gling skyes bu'i chos sgrung sil ma las gser chos 'og min bsgrod ba'i them skas gsang ba'i rgya can bzhugs so.

3. 汉译名：

《格萨尔佛法宗》，或《金法密网》。

4. 故事内容提要：

主要讲述格萨尔为众生宣讲佛法的故事。其中也谈到了总管王叙述岭国先祖的情况，以及岭国及众多附属国英雄和百姓听法获得信心等事。

5. 版本描述（字体、抄本、刻本风格、版心大小、材质）：

藏文草体与正楷结合？长条抄本，每页 5 行？18cm×5.4cm？复印件，复印于现代纸。

6. 保存处及编号：

（1）原件保存处：四川省《格》办

（2）复印件保存处：中国社会科学院民族文学所资料室

（3）1986 年编号：I291.47/1/1：111//000043，000044，000045，000075

（4）2001 年编号：I291.47/GH/6

7. 版本说明（页码标记、残缺污浊页、翻译、出版）：

（1）总页码：107 叶

（2）残缺，存 4 卷。

（3）未翻译

（4）异文本藏文出版：《法宗、七赞、重游天堂》，四川，1990。

8. 著作者、搜集者与搜集地：

（1）著作者：朵钦泽益西多吉（1800—1866，果洛阿什姜部落人）

（2）搜集者：未知

（3）搜集地：四川

（4）搜集时间：1986

（5）复印时间：1986

9. 其他：

此次查阅时未见。

24 《底葛尔佛法宗》（下册）

1. 藏文全题名：

ཤུ་ཏིག་ཏེ་གར་བཏུལ་བའི་གཡུལ་འགྱེད་ཀྱི་སྨད་ལེའུ་དུང་པོ་ནོར་བུའི་སྙིང་ཐིག་དྲི་བྲལ་གསལ་བའི་མེ་ལོང་བཞུགས་སོ།

2. 拉丁转写：

mu tig te kar btul ba'i g.yul 'gyed kyi smad le'u dung bo nor bu'i snying thig dri bral gsal ba'i me long bzhugs so

3. 汉译名：

《底葛尔佛法宗》，或《底嘎尔》《地嘎尔》《地嘎尔珍珠宗》。

4. 故事内容提要：

格萨尔征服了四方四魔和十八大宗，这时候地处北方愚昧边疆大海边的底葛尔神变王，看到东方岭国国王格萨尔昌兴佛法非常憎恨和嫉妒。底葛尔神变王是魔王转世，他曾发下邪愿要毁坏佛法，开始兴兵侵犯岭国。格萨尔依据天神的预言派兵降伏底葛尔国。

起初双方施展法术相互攻击。格萨尔王曾前往汉地区，得到了汉地魔法师的帮助，岭兵又前往粟特国，从那里进攻底葛尔。底葛尔神变王手下有七位魔法非常强大的魔臣，晁同和贡巴热杂降伏了三位。格萨尔显示神通，降伏了地纳王、地玛尔王和四位魔臣。最后，征服了底葛尔魔王，获得了妙玉宝贝，将底葛尔国变成了佛法之地。

5. 版本描述（字体、抄本、刻本风格、版心大小、材质）：

藏文草体，长条抄本，每页 8 行，36.4cm×7.9cm，复印件，复印于现代纸。

6. 保存处及编号：

（1）原件保存处：西藏《格》办

（2）复印件保存处：中国社会科学院民族文学所资料室

（3）1986 年编号：I291.47/1/1：67//000048，I291.47/1/2：67//000049

（4）2001 年编号：I291.47/GH/23：1—2

7. 版本说明（页码标记、残缺污浊页、翻译、出版）：

（1）总页码：756 页

（2）残缺，存 2 卷，皆为下册。

（3）未翻译

（4）异文本藏文出版：① 西藏，1987，1989；② 精选本，2013。

8. 著作者、搜集者与搜集地：

（1）著作者：札巴阿旺杰参（བྲག་པ་ངག་དབང་རྒྱལ་མཚན་གྲིས་མཛད།）

（2）搜集者：未知

（3）搜集地：西藏

（4）搜集时间：1986

（5）复印时间：1986

9. 其他：

有印章，黄布与白色带子包裹。

25 《斯钦青白玛瑙和良马宗》

1. 藏文全题名：

ཟི་ཆིམས་ཡུལ་ནས་རིན་ཆེན་མཆོང་དང་ཅང་ཤེས་ཏ་གཡང་འབེབས་ཚུལ།

2. 拉丁转写：

Si chim yul nas rin chen mchong dang cang shes rta g.yang 'babs tshul.

3. 汉译名：

《斯钦青白玛瑙和良马宗》，或者《司钦青白玛瑙、马宗》。

4. 故事内容提要：

斯钦国魔王旺秋扎巴有外臣 325 名，内臣 160 名，统治着愚民 33 万。该国信仰黑法恶教，食肉饮血，令人恐怖。该国由八个附属小国环围八方，即东门守卫比日王、南门守卫穆乃协堆王、西门护卫红马首、北门护卫查久王、东南守卫赞杰王、西南守卫罗叉女求吉、西北守卫夏杂如乃、东北守卫王桂动杰。

　　斯钦王得知南穆堆王因挑衅岭国而被岭消灭的情况之后，报复岭国的恶念立即产生。斯钦即将袭岭。格萨尔遵照天神征服斯钦、攻取宝石、骏马的预言，率领三军讨魔。七个门卫王征服于攻途中，岭军浩浩荡荡直捣斯钦王宫，最终征服斯钦国，打开了宝石和良马宝库。

　　5. 版本描述（字体、抄本、刻本风格、版心大小、材质）：

　　藏文草体，长条抄本，每页 8 行，36.5cm×7.1cm，复印件，复印于现代纸。

　　6. 保存处及编号：

　　（1）原件保存处：西藏《格》办

　　（2）复印件保存处：中国社会科学院民族文学所资料室

　　（3）1986 年编号：I291.47/1/1∶91//000050，I291.47/1/2∶91//000051

　　（4）2001 年编号：I291.47/GH/15，I291.47/GH/22

　　7. 版本说明（页码标记、残缺污浊页、翻译、出版）：

　　（1）总页码：513 页（255 叶）

　　（2）存 2 卷，缺页。

　　（3）未翻译

　　（4）未出版

　　8. 著作者、搜集者与搜集地：

　　（1）著作者：未知

　　（2）搜集者：不知

　　（3）搜集地：西藏

　　（4）搜集时间：1986

　　（5）复印时间：1986

　　9. 其他：

　　有印章，黄布与白色带子包裹。

26 《米努丝绸宗》（上册）

　　1. 藏文全题名：

　　འཛམ་གླིང་གེ་སར་ཆེན་རྒྱལ་པོའི་རྣམ་ཐར་ལས་མི་ནུབ་དར་རྫོང་འབེབས་པ་བཞུགས་སོ།།

　　2. 拉丁转写：

　　'dzam gling ge sar rgyal po'i rnam thar las mi nub dar rdzong 'bebs pa bzhugs so.

3. 汉译名：

《米努丝绸宗》，或《米努绸缎宗》《米努绸缎城》《美努绸缎宗》《措米努丝绸宗》《征服孔雀国王》。

4. 故事内容提要：

有个叫米努孔雀的国王，梵天王转化了他的思想。他想，先前岭南之战时，森达盗去了我北魔之国的像神马一样的良马 37 匹，如果不派追兵就无法心安理得。他正想着准备出兵突袭岭国时，格萨尔按天神的预言已出师米努。天母给格萨尔预言，让他降伏米努绸缎国。于是一场激战便开始了。

5. 版本描述（字体、抄本、刻本风格、版心大小、材质）：

藏文柏簇体，长条抄本，每页 7 行，36.5cm×7.2cm，复印件，复印于现代纸。

6. 保存处及编号：

（1）原件保存处：丹玛江永慈诚

（2）复印件保存处：中国社会科学院民族文学所资料室

（3）1986 年编号：I291.47/1/1：103.1//000052，I291.47/1/2：103.1/000054

（4）2001 年编号：I291.47/GH/33：（1—2）

7. 版本说明（页码标记、残缺污浊页、翻译、出版）：

（1）总页码：122 叶

（2）存 2 卷。

（3）第 59 页有"全国《格萨尔》资料中心藏书"图章印。

（3）未翻译

（4）异文本藏文出版：① 西藏，1988；② 四川，1987；③ 精选本，2005；⑥ 不丹（《百热》合编），1981。

8. 著作者、搜集者与搜集地：

（1）著作者：丹玛江永慈诚

（2）搜集者：丹玛江永慈诚

（3）搜集地：青海

（4）搜集时间：1986

（5）复印时间：1986

9. 其他：

（1）此部为作者根据不同抄本整理而成。

（2）有印章，黄布与白色带子包裹。

27 《米努丝绸宗》（下册）

1. 藏文全题名：

འཛམ་གླིང་གེ་སར་ཆེན་རྒྱལ་པོའི་རྣམ་ཐར་ལས་མི་ནུབ་དར་རྫོང་འབེབས་པ་བཞུགས་སོ།།

2. 拉丁转写：

'dzam gling ge sar rgyal po'i rnam thar las mi nub dar rdzong 'bebs pa bzhugs so.

3. 汉译名：

《米努丝绸宗》，或《米努绸缎宗》《米努绸缎城》《美努绸缎宗》《措米努丝绸宗》《征服孔雀国王》。

4. 故事内容提要：

经过上方持久地战争，最后岭军大胜。格萨尔从米努大红岩山取出了白螺大慈悲佛像、玉石白度母、释迦牟尼金像；又从达堆扎西山取出了无数绸缎，让米努黎民百姓信奉白法佛教，任命拉布达娃为米努国国王，红辛巴为米努国军队总首领，多谋的且增扎巴为谋臣。然后岭军带着大量绸缎凯旋。回国后格萨尔王不分地位高低将所有绸缎等量赏赐于岭国臣民。

5. 版本描述（字体、抄本、刻本风格、版心大小、材质）：

藏文柏簌体，长条抄本，每页 7 行，36.5cm×7.2cm，复印件，复印于现代纸。

6. 保存处及编号：

（1）原件保存处：丹玛江永慈诚

（2）复印件保存处：中国社会科学院民族文学所资料室

（3）1986 年编号：I291.47/1/1：103.1//000053，I291.47/1/2：103.1//000055

（4）2001 年编号：I291.47/GH/33：（1—2）

7. 版本说明（页码标记、残缺污浊页、翻译、出版）：

（1）总页码：109 叶

（2）存 2 卷

（3）未翻译

（4）异文本藏文出版：① 西藏，1988；② 四川，1987；③ 精选本，2005；⑥ 不丹（《百热》合编），1981。

8. 著作者、搜集者与搜集地：

（1）著作者：丹玛江永慈诚

（2）搜集者：丹玛江永慈诚

（3）搜集地：青海

（4）搜集时间：1986

（5）复印时间：1986

9. 其他：

（1）此部为作者根据不同抄本整理而成。

（2）有印章，黄布与白色带子包裹。

28 《中华茶宗》

1. 藏文全题名：

འཛམ་གླིང་གེ་སར་རྒྱལ་པོའི་རྟོགས་བརྗོད་ལས་རྒྱ་ནག་ཇ་རྫོང་འབེབས་པ་བཞུགས་སོ།

2. 拉丁转写：

'dzam gling ge sar rgyal po'i rtogs brjod las rgya nag ja rdzong 'bebs pa bzhugs so

3. 汉译名：

《中华茶宗》，或《汉地茶宗》《加岭传奇》《岭与中华》《汉岭》。

4. 故事内容提要：

汉地让布曲宗城内国王噶拉耿贡，娶了下界国王堆瓦纳布的美貌女儿尼玛赤姬。三世之神看出此妃是妖魔所变，于是化作瘸、瞎、聋的三个残障人，为妃子演戏，令属民看见美貌妃子。妃子因此得了大病，无法治愈。妃子临死告诉国王只要将其尸体裹在绸缎里放到库中，不让其发凉，并把百姓属民压于无衣食住行之权的严法之下，断除藏汉之间的金桥，不让外地人进来，也不让内部人出去，那么她将有一天复活。

公主听见妖妃的遗嘱，听从大臣女儿央金措的主意，借口去五台山为母亲斋戒，将密信及信物一起托三只鸽子寄给格萨尔大王。格萨尔大王也接到天神预言，到汉地去火化妖妃的尸体，解除汉地国王与百姓的痛苦。于是格萨尔按照天神的预言，从弥药国、青海、阿赛国取回在汉地必需的宝物，然后与12位将士来到汉地，征服了各种关口上的妖怪，用各种神变降伏了汉地国王，用计谋烧毁了妖妃的尸体。讲授了佛法，使汉地众生畅享安乐的生活。

5. 版本描述（字体、抄本、刻本风格、版心大小、材质）：

藏文草体，长条抄本，每页8行，31.5cm×7.2cm，复印件，复印于现代纸。

6. 保存处及编号：

（1）原件保存处：丹玛江永慈诚

（2）复印件保存处：中国社会科学院民族文学所资料室

（3）1986 年编号：I291.47/1/18//000056

（4）2001 年编号：I291.47/GH/16

7. 版本说明（页码标记、残缺污浊页、翻译、出版）：

（1）总页码：302 叶，存 1 卷。

（2）异文本汉文翻译：阿图、徐国琼、解世毅译，中国民间文艺出版社，1984。

（3）异文本藏文出版：① 中国民间文艺，1981；② 西藏，1984；③ 扎巴本，民族出版社，1999；④ 桑珠本，2005；⑤ 印度（岗托克），1977；⑥ 不丹，1981；⑦ 不丹（《下拉达克本》），1981；⑧ 民族出版社，2014。

8. 著作者、搜集者与搜集地：

（1）著作者：丹玛江永慈诚

（2）搜集者：未知

（3）搜集地：青海

（4）搜集时间：1986

（5）复印时间：1986

9. 其他：

（1）页面左侧记有藏文单叶页码，右侧有阿拉伯数字页码。

（2）有印章，黄布与白色带子包裹。

29 《上粟特马宗》

1. 藏文全题名：

འཛམ་གླིང་གེ་སར་རྒྱལ་པོའི་རྟོགས་བརྗོད་ལས་སོག་སྟོད་ཅང་ཤེས་རྟ་རྫོང་ཕབ་ཏེ་མུ་སྟེགས་ཀྱི་བསྟན་པ་བསྣབས་ཤིང་རྒྱལ་བློན་ཆོས་ལ་བཀོད་པའི་ལེའུ་དང་པོ་བཞུགས་སོ།

2. 拉丁转写：

'dzam gling ge sar rgyal po'i rtogs brjod las sog stod cang shes rta rdzong phab te mu stegs kyi bstan pa bsnabs shing rgyal blon chos la bkod pa'i le'u dang po bzhugs so.

3. 汉译名：

《上粟特马宗》，或《蒙古马城》《蒙古马国》《上蒙古马宗》《索波马宗》《索多马城》。

4. 故事内容提要：

雪山狮子国王的化身嘎玛扎巴去粟特的鲁赤经商时被杀，国王派人向岭国扎拉求救。扎拉王子认为嘎玛扎巴是自己的孩子，一定要替他报仇。

此时，岭国女英雄阿达拉姆梦中得到天神预言：征服粟特马宗必须先由自己出兵。阿达拉姆率领的三万大军驻扎在阿格达娃大平原。此时粟特王也得到预示自己被杀的梦境，派人站岗放哨。结果此人被阿达拉姆降伏，获得了粟特王的信息。

格萨尔和扎拉王子率军出师。粟特国的将士们在与岭军作战中先后身亡。最后格萨尔降伏了粟特鲁赤王，任命比推·永朱其美为粟特国国王，并在粟特国制定十善佛法。粟特百姓过上了幸福的生活。格萨尔等岭国众英雄获得了粟特的诸多良马。

5. 版本描述（字体、抄本、刻本风格、版心大小、材质）：

藏文草体，长条抄本，每页 8 行，36.5cm×7.2cm，复印件，复印于现代纸。

6. 保存处及编号：

（1）原件保存处：印度西藏著作与档案馆？

（2）复印件保存处：中国社会科学院民族文学所资料室

（3）1986 年编号：I291.47/1/20//000057

（4）2001 年编号：I291.47/GH/37

7. 版本说明（页码标记、残缺污浊页、翻译、出版）：

（1）总页码：409 页

（2）存 1 卷

（3）未翻译

（4）异文本藏文出版：① 西藏，1992；② 扎巴本，1999；③ 精选本，2013；④ 印度（德拉敦），1978；⑤ 印度（达兰姆萨拉），1982；⑥ 不丹，1981。

8. 著作者、搜集者与搜集地：

（1）著作者：未知

（2）搜集者：不知

（3）搜集地：不知

（4）搜集时间：1986

（5）复印时间：1986

9. 其他：

（1）有印章，黄布与白色带子包裹。

（2）与《底噶尔佛法宗》包裹在同一布包内。

30 《突厥兵器宗》（上册）（1）

1. 藏文全题名：

འཛམ་གླིང་གེ་སར་ནོར་བུ་དགྲ་འདུལ་རྟོགས་བརྗོད་ལས་དྲུ་གུ་ཐོག་རྒོད་རྒྱལ་པོ་ཆམ་ལ་ཕབས་ཤིང་གོ་མཚོན་གྱི་གཏེར་ཁ་བླང་ཚུལ་དངོས་གྲུབ་
འགུགས་པའི་ལྕགས་ཀྱུ་ཞེས་བྱ་བ་བཞུགས་སོ། ཞེས་པའི་སྟོད་ཆ་པོད་དང་པོ།

2. 拉丁转写：

'dzam gling ge sar nor bu dgra 'dul rtogs brjod las dru gu thog rgod
rgyal po cham la phabs shing go mtshon gyi gter kha blang tshul dngos
grub 'gugs pa'i lcags kyu zhes bya ba bzhugs so. zhes pa'i stod cha pod dang
po

3. 汉译名：

《突厥兵器宗》，或《祝古国宗》《祝古兵国》《祝古兵器宗》《朱孤兵器
宗》《朱古之战》《竹岭之战》。

4. 故事内容提要：

突厥国王托桂穆德赞意欲武力抢夺藏王的释迦牟尼佛像。他派其所属
齐堆的四个部落前去完成此项任务。齐堆射箭信恐吓藏王马上送交释迦牟
尼佛像。藏王向岭国扎拉王子求救。岭王格萨尔通过侦察得知征服突厥，
必先要征服突厥齐堆。于是下令王子扎拉率军讨伐。两军开始交火。最后，
东突厥的大军节节败北，溃不成军。突军部将个个死于岭刀之下，突王齐
堆也成了扎拉王子的刀下鬼，岭军大获全胜。

5. 版本描述（字体、抄本、刻本风格、版心大小、材质）：

藏文草体，长条抄本，每页 5 行，36.5cm×7.2cm，影印本。

6. 保存处及编号：

（1）原件保存处：印度西藏著作与档案馆

（2）复印件保存处：中国社会科学院民族文学所资料室

（3）1986 年编号：I291.47/1/30.1（1）//000058

（4）2001 年编号：I291.47/GP2/3

7. 版本说明（页码标记、残缺污浊页、翻译、出版）：

（1）总页码：418 页

（2）存 1 卷，乌米体，缺 365、367、368 页。

（3）1984 年由印度西藏著作与档案馆出版。

（4）未翻译

（5）异文本藏文出版：① 西藏，1988、1989；② 甘肃，1984、1986；
③ 精选本，2013；④ 桑珠本，2011；⑤ 印度（达兰姆萨拉），1982、1983、

1984、1985；⑥ 不丹，1981；⑦ 民族出版社，2015。

8. 著作者、搜集者与搜集地：

（1）著作者：未知

（2）搜集者：阿旺丹琼

（3）搜集地：印度（原件来自 བཀའ་ཤེས་འབྱུང་གི་པ་སྐྲར་དགོན། ）

（4）搜集时间：1986

（5）复印时间：1986

9. 其他：

有印章，黄布与白色带子包裹。

31 《突厥兵器宗》（上册）（2）

1. 藏文全题名：

འཛམ་གླིང་གེ་སར་ནོར་བུ་དགྲ་འདུལ་རྟོགས་བརྗོད་ལས་དྲུ་གུ་ཐོག་རྒོད་རྒྱལ་པོ་ཆམ་ལ་ཕབས་ཤིང་གོ་མཚོན་གྱི་གཏེར་ཁ་བླང་ཚུལ་དངོས་གྲུབ་

འགུགས་པའི་ལྕགས་ཀྱུ་ཞེས་བྱ་བ་བཞུགས་སོ། ཞེས་པའི་སྟོད་ཆ་པོད་གཉིས་པ།

2. 拉丁转写：

'dzam gling ge sar nor bu dgra 'dul rtogs brjod las dru gu thog rgod rgyal po cham la phabs shing go mtshon gyi gter kha blang tshul dngos grub 'gugs pa'i lcags kyu zhes bya ba bzhugs so. zhes pa'i stod cha pod gnyis pa

3. 汉译名：

《突厥兵器宗》，或《祝古国宗》《祝古兵国》《祝古兵器宗》《朱孤兵器宗》《朱古之战》《竹岭之战》。

4. 故事内容提要：

突厥国王托桂穆德赞意欲武力抢夺藏王的释迦牟尼佛像。他派其所属齐堆的四个部落前去完成此项任务。齐堆射箭信恐吓藏王马上送交释迦牟尼佛像。藏王向岭国扎拉王子求救。岭王格萨尔通过侦察得知征服突厥，必先要征服突厥齐堆。于是下令王子扎拉率军讨伐。两军开始交火。最后，东突厥的大军节节败北，溃不成军。突军部将个个死于岭刀之下，突王齐堆也成了扎拉王子的刀下鬼，岭军大获全胜。

5. 版本描述（字体、抄本、刻本风格、版心大小、材质）：

藏文草体，长条抄本，每页 5 行，36.5cm×7.2cm，影印本。

6. 保存处及编号：

（1）原件保存处：印度西藏著作与档案馆

（2）复印件保存处：中国社会科学院民族文学所资料室

（3）1986 年编号：I291.47/1/30.1（2）//000059

（4）2001 年编号：I291.47/GP2/3

7. 版本说明（页码标记、残缺污浊页、翻译、出版）：

（1）总页码：413 页

（2）残缺，存 2 卷。

（3）1984 年由印度西藏著作与档案馆出版

（4）未翻译

（5）异文本藏文出版：① 西藏，1988、1989；② 甘肃，1984、1986；③ 精选本，2013；④ 桑珠本，2011；⑤ 印度（达兰姆萨拉），1982、1983、1984、1985；⑥ 不丹，1981；⑦ 民族出版社，2015。

8. 著作者、搜集者与搜集地：

（1）著作者：未知

（2）搜集者：阿旺丹琼

（3）搜集地：印度（原件来自 འབྲག་ཤེས་འཕྱུང་གི་པ་སྐར་དགོན།）

（4）搜集时间：1986

（5）复印时间：1986

9. 其他：

有印章，黄布与白色带子包裹。

32 《突厥兵器宗》（中册）

1. 藏文全题名：

གླིང་རྗེ་གེ་སར་ནོར་བུ་དགྲ་འདུལ་རྟོགས་བརྗོད་ལས་དྲུ་གུ་ཐོག་རྒོད་རྒྱལ་པོ་ཆམ་ལ་ཕབས་ཤིང་གོ་མཚོན་གྱི་གཏེར་ཁ་བླང་ཚུལ་དངོས་གྲུབ་འགུགས་པའི་ལྕགས་ཀྱུ་ཞེས་བྱ་བ་བཞུགས་སོ། ཞེས་པའི་བར་ཆ།

2. 拉丁转写：

gling rje ge sar nor bu dgra 'dul rtogs brjod las dru gu thog rgod rgyal po cham la phabs shing go mtshon gyi gter kha blang tshul dngos grub 'gugs pa'i lcags kyu zhes bya ba bzhugs so. zhes pa'i bar cha

3. 汉译名：

《突厥兵器宗》，或《祝古国宗》《祝古兵国》《祝古兵器宗》《朱孤兵器宗》《朱古之战》《竹岭之战》。

4. 故事内容提要：

灭了东突还有南突。岭王认为降服南突刻不容缓。岭王重整旗鼓，率部南下，突厥大臣们慌手慌脚，向阿伦独眼鬼和青海求助。岭军大举进攻，南突的帮凶个个败退。阿伦独眼鬼和突厥的托桂王最终也死在英雄格萨尔的刀下。岭军大捷。

5. 版本描述（字体、抄本、刻本风格、版心大小、材质）：

藏文草体，长条抄本，每页 5 行，36.5cm×7.2cm，影印本。

6. 保存处及编号：

（1）原件保存处：印度西藏著作与档案馆

（2）复印件保存处：中国社会科学院民族文学所资料室

（3）1986 年编号：I291.47/1/30.2//000060

（4）2001 年编号：I291.47/GP2/2

7. 版本说明（页码标记、残缺污浊页、翻译、出版）：

（1）总页码：723 页

（2）存 1 卷，乌米体。

（3）1983 年由印度西藏著作与档案馆出版。

（4）未翻译

（5）异文本藏文出版：① 西藏，1988、1989；② 甘肃，1984、1986；③ 精选本，2013；④ 桑珠本，2011；⑤ 印度（达兰姆萨拉），1982、1983、1984、1985；⑥ 不丹，1981；⑦ 民族出版社，2015。

8. 著作者、搜集者与搜集地：

（1）著作者：未知

（2）搜集者：阿旺丹琼

（3）搜集地：印度（原件来自 བཀྲ་ཤིས་འབྱུང་གི་པ་སྐྲ་དགོན།）

（4）搜集时间：1986

（5）复印时间：1986

9. 其他：

有印章，黄布与白色带子包裹。

33 《突厥兵器宗》（下册）

1. 藏文全题名：

འཛམ་གླིང་གེ་སར་ནོར་བུ་དགྲ་འདུལ་རྟོགས་བརྗོད་ལས་དྲུ་གུ་ཐོག་རྒོད་རྒྱལ་པོ་ཆམ་ལ་ཕབས་ཤིང་གོ་མཚོན་གྱི་གཏེར་ཁ་བླང་ཚུལ་དངོས་གྲུབ་འགུགས་པའི་ལྕགས་ཀྱུ་ཞེས་བྱ་བ་བཞུགས་སོ། ཞེས་པའི་སྨད་ཆ།

2. 拉丁转写：

'dzam gling ge sar nor bu dgra 'dul rtogs brjod las dru gu thog rgod rgyal po cham la phabs shing go mtshon gyi gter kha blang tshul dngos grub 'gugs pa'i lcags kyu zhes bya ba bzhugs so. zhes pa'i smad cha

3. 汉译名：

《突厥兵器宗》或《祝古国宗》《祝古兵国》《祝古兵器宗》《朱孤兵器宗》《朱古之战》《竹岭之战》。

4. 故事内容提要：

格萨尔遵照神灵之旨，派四位大臣带去哈达礼品前往青海，赏赐了青海王。让青海王管辖突厥都城，执掌朝政，治理国家，修缮突厥塔里寺；宏扬佛法，造福突厥众生。青海王达娃冬赛遵照岭国命令，前往突都，如令行事。他同岭国大臣一起，商量治国大策。格萨尔到突厥讲经说法，教育人们弃恶从善。青海王感激岭王的大恩，打开突厥宝库，献上了兵器等宝物。

5. 版本描述（字体、抄本、刻本风格、版心大小、材质）：

藏文草体，长条抄本，每页5行，36.5cm×7.2cm，影印本。

6. 保存处及编号：

（1）原件保存处：印度西藏著作与档案馆

（2）复印件保存处：中国社会科学院民族文学所资料室

（3）1986年编号：I291.47/1/30.3//000061

（4）2001年编号：I291.47/GH/4

7. 版本说明（页码标记、残缺污浊页、翻译、出版）：

（1）总页码：353页

（2）存1卷

（3）1982年由印度西藏著作与档案馆出版。

（4）未翻译

（5）异文本藏文出版：① 西藏，1988、1989；② 甘肃，1984、1986；③ 精选本，2013；④ 桑珠本，2011；⑤ 印度（达兰姆萨拉），1982、1983、1984、1985；⑥ 不丹，1981；⑦ 民族出版社，2015。

8. 著作者、搜集者与搜集地：

（1）著作者：未知

（2）搜集者：阿旺丹琼

（3）搜集地：印度（原件来自 བཀྲ་ཤིས་འཁྱིང་གི་པ་སྐྱར་དགོན།）

（4）搜集时间：1986

（5）复印时间：1986

9. 其他：

有印章，黄布与白色带子包裹。

34 《霍岭大战》(下册)

1. 藏文全题名:

འཛམ་གླིང་རྒྱལ་པོའི་རྣམ་ཐར་ཧོར་འདུལ་བསྡུས་པ་གནམ་ལྕགས་རལ་གྲི་བཞུགས་སོ།།

2. 拉丁转写:

'dzam gling rgyal po'i rnam thar hor 'dul bsdus pa gnam lcags ral gri bzhugs so

3. 汉译名:

《霍岭大战》,或《平服霍尔》《征服霍尔》《反击霍尔》《霍尔岭之战》《白帐王下部》。

4. 故事内容提要:

故事讲述格萨尔大王从北方魔国返回岭国,惩处卖国贼晁同叔叔,安抚并召集失散于四野的勇士,然后单枪匹马前往霍尔国征讨顽敌。途中经历各种险阻,来到霍尔国投靠铁匠王噶尔瓦父女,一边侦察敌情,一边锻打攀登霍尔白帐王宫殿雅孜红城的锁链。最后,时机成熟,派神马江郭叶儿哇传递岭军攻城信息,一举歼灭霍尔国白、黑和黄三王,给白帐王备上马鞍,以示惩处。后委任霍尔大将辛巴为岭国属国霍尔国之大王。

5. 版本描述(字体、抄本、刻本风格、版心大小、材质):

藏文草体,长条抄本,每页 8 行,26cm×7.6cm,复印件,复印于现代纸。

6. 保存处及编号:

(1) 原件保存处:青海《格》办

(2) 复印件保存处:中国社会科学院民族文学所资料室

(3) 1986 年编号:I291.47/1/11/000062

(4) 2001 年编号:I291.47/GH/29

7. 版本说明(页码标记、残缺污浊页、翻译、出版):

(1) 总页码:400 页

(2) 存 1 卷,徐国琼从措毛处借来。

(3) 异文本汉文翻译:① 青海民研会,1962;② 吴均、金迈译,1984;③ 王沂暖、华甲译(《贵德分章本》),1981;④ 王歌行、左可国、刘宏亮整理,1986。

(4) 异文本藏文出版:① 青海,1962、1979、1980;② 西藏,1980;③ 青海(《黄霍尔》),1988、1994;④ 交加本,2006;⑤ 四川(《辛丹》附录),1982;⑥ 四川,1999;⑦ 精选本,2000;⑧ 桑珠本,2006;⑨ 印度(列城),1972;⑩ 印度(锡金、岗托克),1978;⑪ 印度(德里),1979;

⑫ 印度（比尔），1979；⑬ 印度（岗托克），1984；⑭ 不丹，1979；⑮ 不丹，1979；⑯ 不丹，1979；⑰ 蒙古国，1961；⑱ 川《格》12，2015。

8. 著作者、搜集者与搜集地：

（1）著作者：达格夏木（ཀྲུ་གགས་ཤ་མུལ）

（2）搜集者：徐国琼

（3）搜集地：青海省化隆县

（4）搜集时间：1960

（5）复印时间：1986

9. 其他：

有印章，黄布与白色带子包裹。

#35 《格萨尔大王密传》

1. 藏文全题名：

སྐྱེས་མཆོག་གེ་སར་རྒྱལ་པོའི་ཕྱི་ནང་གསང་གསུམ་གྱི་རྣམ་ཐར་ཡང་སྙིང་གསེར་ཞུན་མ་ཡོན་ཏན་ནོར་བུའི་མཛོད་བཞུགས་སོ།།

2. 拉丁转写：

skyes mchog ge sar rgyal po'i phyi nang gsang gsum gyi rnam thar yang snying gser gyi zhun ma yon tan nor bu'i mdzod bzhugs so

3. 汉译名：

《格萨尔大王密传》或《格萨尔密传》《格萨尔大王内外密三种传记》《格萨尔大王三时传》。

4. 故事内容提要：

格萨尔降伏了四方四魔和十八大宗以及诸多小宗后，集中岭国、魔国、霍尔国、门国、姜国、大食、粟特、白惹、突厥、米努、阿扎、斯钦、地嘎、阿赛、汉地等众多国家的部将和百姓七千多人，宣讲了自己一生征战的历史和佛法事宜，令人们增进了信心，感到了喜悦。

5. 版本描述（字体、抄本、刻本风格、版心大小、材质）：

藏文草体，长条抄本，每页 8 行，36.8cm×7.6cm，复印件，复印于现代纸。

6. 保存处及编号：

（1）原件保存处：不知

（2）复印件保存处：中国社会科学院民族文学所资料室

（3）1986 年编号：I291.47/1/113//000063

（4）2001 年编号：无

7. 版本说明（页码标记、残缺污浊页、翻译、出版）：

（1）总页码：152 页

（2）存 1 卷

（4）未翻译

（5）出版：《格萨尔密传》，西藏人民出版社，1989。

8. 著作者、搜集者与搜集地：

（1）著作者：朵嘎尔（ མདོ་དཀར་གྱིས་མཛད ）

（2）搜集者：不知

（3）搜集地：青海（西藏？）

（4）搜集时间：1986

（5）复印时间：1986

9. 其他：

有印章，黄布与白色带子包裹。

#36　《岭国歌舞》

1. 藏文全题名：

ཨོཾ་ཨཱ་ཧཱུྃ་བཛྲ་གུ་རུ་པདྨ་སུངྷི་ཧཱུྃ། ངོ་མཚར་བརྡ་ཡི་ལེགས་བཞད། ཁྲ་མོ་གླིང་གི་སྐྱེ་རབ་ཆོས་སྒྲོན་ཉི་མའི་ཤིང་རྟ་རིག་འཛིན་མཁའ་འགྲོའི་དྭ་ཧ་གར་དཀར་མོའི་རྒྱང་སྙན་བཞུགས་སོ།།

2. 拉丁转写：

om a h'um badzra gu ru pad ma sudhi h'um, ngo mtshar brda yi legs bzhad, khra mo gling gi skye rab, chos sgrong nyi ma'i shing rta, rig 'dzin mkha 'gro'i dwa ha, bro gar dkar mo'i rgyang snyan bzhugs so

3. 汉译名：

《岭国歌舞》，或《岭地史传》。

4. 故事内容提要：

格萨尔登上岭国王位后的某一天，阿尼玛卿雪山顶上放射出五彩金光，岭国上空出现种种吉兆。格萨尔大王想，这样善好的缘起，应该让岭国人民唱歌跳舞庆祝一番。于是岭国众英雄各自运用自己熟悉的歌调唱了吉祥赞颂之歌，然后跳了各种娱神之舞，岭国人民沉浸在一片祥和幸福的气氛中。

5. 版本描述（字体、抄本、刻本风格、版心大小、材质）：

藏文草体，长条抄本，每页 6 行，31.5cm×5.5cm，复印件，复印于现代纸。

6. 保存处及编号：

（1）原件保存处：果洛《格萨尔》抢救办公室

（2）复印件保存处：中国社会科学院民族文学所资料室

（3）1986 年编号：I291.47/1/114/000064

（4）2001 年编号：无

7. 版本说明（页码标记、残缺污浊页、翻译、出版）：

（1）总页码：89 页

（2）存 1 卷，原题为《岭地（岭国源流）》，应该有误。

（3）未翻译

（4）异文本藏文出版：金迈、角巴东主整理，青海民族出版社，1993。

8. 著作者、搜集者与搜集地：

（1）著作者：白玛茹贝巴杂地（པད་མ་རོལ་པའི་རྒྱ་ར་དེས་མཛད།）

（2）搜集者：果洛《格》抢救办公室

（3）搜集地：果洛

（4）搜集时间：1986

（5）复印时间：1986

9. 其他：

（1）有印章，黄布与白色带子包裹。

（2）杨恩洪先生 2007 年赠与笔者复印件。

#37 《梅岭金宗》

1. 藏文全题名：

འཛམ་གླིང་གེ་སར་རྒྱལ་པོའི་རྣམ་ཐར་ལས་མེ་གླིང་གསེར་རྫོང་འབེབ་ཚུལ་བཞུགས་སོ།།

2. 拉丁转写：

'dzam gling ge sar rgyal po'i rnam thar las me gling gser rdzong 'beb tshul bzhugs so.

3. 汉译名：

《梅岭金宗》或《梅岭金国》《梅岭黄金宗》《美岭金城》。

4. 故事内容提要：

格萨尔征服突厥王以后过了一年半，梅岭扎拉王听说岭国是一个不被任何魔国能征服的强国，于是决定征服岭国。大臣玛翁塔钦劝谏梅岭王不要做鲁莽之事，梅岭王并未听从其意见。天神给格萨尔降下预言，要从天界请来无敌英雄贾察，并依靠魔国、突厥国、门国、齐日国和岭国等五国的兵力征服梅岭。

岭国贾察和丹玛等七个勇士抵达梅岭国，初战告捷，触怒了梅岭王。双方开战，经过残酷的征战，岭国开始占据上风，梅岭王臣对岭国产生了恐惧。最终格萨尔征服了准备逃往甲尔域的梅岭扎拉王，岭国的马军和象军威武壮观地开进梅岭国。在梅岭创立了佛法，以教化他们，使其皈依佛法。把梅岭百姓引向安泰，并将梅岭王的小兄弟封为了梅岭王（俄日才让）。

5. 版本描述（字体、抄本、刻本风格、版心大小、材质）：

藏文草体，长条抄本，每页 8 行，36.8cm×7.6cm，复印件，复印于现代纸。

6. 保存处及编号：

（1）原件保存处：青海《格萨尔》研究所

（2）复印件保存处：中国社会科学院民族文学所资料室

（3）1986 年编号：I291.47/1/1:36/000065

（4）2001 年编号：无

7. 版本说明（页码标记、残缺污浊页、翻译、出版）：

（1）总页码：164 叶

（2）残缺，存 1 卷。

（3）未翻译

（4）异文本藏文出版：青海，1983。

8. 著作者、搜集者与搜集地：

（1）著作者：未知

（2）搜集者：不知

（3）搜集地：青海

（4）搜集时间：1986

（5）复印时间：1986

9. 其他：

有印章，黄布与白色带子包裹。

38 《分大食财》

1. 藏文全题名：

འཛམ་གླིང་གེ་སར་རྒྱལ་པོའི་རྟོགས་བརྗོད་ལས་སྟག་གཟིག་རྫོང་ཕབ་པའི་ནོར་འགྱེད་བཏང་བསྐོར་བཞུགས་སོ།

2. 拉丁转写：

'dzam gling ge sar rgyal po'i rtogs brjod las stag gzig rdzong phab ba'i nor 'gyed btang bskor bzhugs so.

3. 汉译名：

《分大食财》，或《分大食牛》《达惹诺结》《达色施财》。

4. 故事内容提要：

依附于《大食财宗》的结尾部分，经艺人与抄写者的偏爱，将其单独说唱，逐渐形成了一个独立分部故事。故事讲述格萨尔征服大食国后，打开大食财宝宗，将所获大食国财宝分封给岭国、霍尔国、魔国、姜国和门国，以及各有功之臣。并将大食国财宝之福禄分别埋藏于藏区各地，以利益藏族未来民众。

5. 版本描述（字体、抄本、刻本风格、版心大小、材质）：

藏文乌金体（正楷），长条木刻，每页 6 行，26cm×7.6cm，复印件，复印于现代纸。

6. 保存处及编号：

（1）原件保存处：未知

（2）复印件保存处：中国社会科学院民族文学所资料室

（3）1986 年编号：I291.47/1/17//000066

（4）2001 年编号：I291.47/GH/30

7. 版本说明（页码标记、残缺污浊页、翻译、出版）：

（1）总页码：80 页

（2）残缺，存 1 卷。

（3）有扉页、有印章。

（4）异文本汉文翻译：① 李朝群译《达色施财》，西藏人民出版社，1985；② 王沂暖、王兴先译，甘肃人民出版社，1986；③ 丹玛江永慈诚、多杰坚赞、郭晓虹，民族音像出版社，2013。

（5）异文本藏文出版：① 西藏，1980、2010；② 四川（《取阿里金窟》合编），1981；③ 印度（德里），1967；④ 蒙古国（《格萨尔本生传》合编），1961；⑤ 丹玛江永慈诚、多杰坚赞、郭晓虹，民族音像出版社，2013。

8. 著作者、搜集者与搜集地：

（1）整理者：白玛仁增（ཚེ་གས་སྒྱུལ་པད་མ་རིག་འཛིན།）

（2）搜集者：未知

（3）搜集地：青海

（4）搜集时间：1986

（5）复印时间：1986

9. 其他：

有印章，黄布与白色带子包裹。

39 《底葛尔佛法宗》

1. 藏文全题名：

འཛམ་གླིང་ཡོངས་སྐྱི་རྒྱལ་པོ་སྐུ་བརྗེ་སེང་ཆེན་གྱིས་མཐའ་གྲུ་ཡི་ཕང་བསྒྱུར་མུ་སྟེགས་ཏི་ཀར་རྒྱལ་པོ་བཏུལ་ནས་རིན་ཆེན་འདོད་དགུའི་གཡང་ནོར་ཕབས་ཚུལ་སྐལ་ངན་འཛོམས་བདེ་སྐྱིད་རྫོགས་ལྡན་ཉི་འོད་རབ་གསལ་ཟླ་འོད་དངོ་མཚར་ཀུན་དགའི་མིག་ཞེས་བྱ་བ་བཞུགས་སོ།།

2. 拉丁转写：

'dzam gling yongs skyi rgyal po sku brje sing chen gyis mtha' gru'i phang bsgyur mu stegs ti kar rgyal po btul nas rin chen 'dod dgu'i g.yang nor phabs tshul skal ngan mun 'dzoms bde skyid rdzogs ldan nyi 'od rab gsal zla 'od ngo mtshar kun dga'i mig zhes bya ba bzhugs so.

3. 汉译名：

《底葛尔佛法宗》或《底嘎尔》《地嘎尔》《地嘎尔珍珠宗》。

4. 故事内容提要：

格萨尔征服了四方四魔和十八大宗，这时候地处愚昧边疆大海边的底葛尔国王看到东方岭国国王格萨尔昌兴佛法非常憎恨和嫉妒。底葛尔国王是魔王转世，他曾发下邪愿要毁坏佛法，开始兴兵侵犯岭国。格萨尔依据天神的预言派兵降伏底葛尔国王，起初双方施展法术，格萨尔王曾前往汉地区，得到了汉地魔法师的帮助，岭兵又前往粟特国，从那里进攻底葛尔。最终格萨尔征服了底葛尔魔王，获得了妙玉宝贝，将底葛尔国变成了佛法之地。

5. 版本描述（字体、抄本、刻本风格、版心大小、材质）：

藏文草体，长条抄本，每页 7 行，36.4cm×7.9cm，复印件，复印于现代纸。

6. 保存处及编号：

（1）原件保存处：青海《格》办

（2）复印件保存处：中国社会科学院民族文学所资料室

（3）1986 年编号：I291.47/1/67//000067

（4）2001 年编号：I291.47/GH/37

7. 版本说明（页码标记、残缺污浊页、翻译、出版）：

（1）总页码：164 叶

（2）残缺，存 1 卷。

（3）2001 年登记时遇到困难没有区别清楚,以为还可能是"蒙古马宗"。

（4）未翻译

（5）异文本藏文出版：① 西藏，1987，1989；② 精选本，2013。

8. 著作者、搜集者与搜集地：

（1）著作者：未知

（2）搜集者：未知

（3）搜集地：青海（西藏？）

（4）搜集时间：1986

（5）复印时间：1986

9. 其他：

（1）有印章，黄布与白色带子包裹。

（2）与《上粟特马宗》包裹在同一布包内。

#40　《降伏琼察五兄弟》

1. 藏文全题名：

གེ་སར་རྒྱལ་པོའི་རྣམ་ཐར་ལས་ཕྱུང་ཚ་སྤུན་ལྔ་དབང་དུ་བསྡས་པའི་གཡུལ་འཁྲུག་བཞུགས་སོ།།

2. 拉丁转写：

ge sar rgyal po'i rnam thar las phyung tsha spun lnga dbang du bsdas pa'i g.yul 'khrug bzhugs so.

3. 汉译名：

《降伏琼察五兄弟》或《征服琼察五兄弟》。

4. 故事内容提要：

莲花生大师降下预言，尚有五兄弟魔鬼没有降伏，如果他们变化成"铁命"，就对佛法危害很大。首先，格萨尔王遵照天界姑母的预言，从白岩山间取出制服妖魔的宝藏，如修行成就者的长寿丸、空行母的头发、水晶扑刀等，将这些宝藏分发给岭国英雄。

格萨尔首先降伏了魔鬼五兄的守护神魔女"血眼长辫"，以及魔鸟鸥枭。引起了琼察王的愤恨，他率军进攻岭国。岭国英雄嘎德等人奋力抗击。最后格萨尔王用水晶扑刀降伏了正要逃走的琼察王鲁丑。

5. 版本描述（字体、抄本、刻本风格、版心大小、材质）：

藏文草体，长条抄本，每页 8 行，36.8cm×7.6cm，复印件，复印于现代纸。

6. 保存处及编号：

（1）原件保存处：不知

（2）复印件保存处：中国社会科学院民族文学所资料室

（3）1986 年编号：I291.47/1/115//000068

（4）2001 年编号：无

7. 版本说明（页码标记、残缺污浊页、翻译、出版）：

（1）总页码：272 页

（2）残缺、存 1 卷。

（3）杨恩洪购于江达

（4）未翻译

（5）异文本藏文出版：① 青海，1990。

8. 著作者、搜集者与搜集地：

（1）著作者：未知

（2）搜集者：杨恩洪

（3）搜集地：昌都江达

（4）搜集时间：1986

（5）复印时间：1986

9. 其他：

（1）笔者在青海《格萨尔》研究所看到了盖有"全国《格萨尔》资料中心藏书"图章的此部长条本复印件（可参考青海地区藏本）。

（2）有印章，黄布与白色带子包裹。

41　《米努丝绸宗》

1. 藏文全题名：

འཛམ་གླིང་སེང་ཆེན་རྒྱལ་པོའི་མི་ནུབ་རྨ་བྱ་རྒྱལ་པོ་འདུལ་བའི་དར་རྫོང་འབེབས་པའི་གཏམ་བརྗོད་ཞེས་བྱ་བ་བཞུགས་སོ།།

2. 拉丁转写：

'dzam gling seng chen rgyal po'i mi nub rma bya rgyal po 'dul ba'i dar rdzong 'bebs pa'i gtam brjod zhes bya ba bzhugs so.

3. 汉译名：

《米努丝绸宗》，或《米努绸缎宗》《米努绸缎城》《美努绸缎宗》《措米努丝绸宗》《征服孔雀国国王》。

4. 故事内容提要：

米努孔雀国国王忌恨岭国森达勇士盗去了其国良马 37 匹，决定准备出兵突袭岭国。此时，格萨尔遵照天神预言也已出师米努。于是一场激战便开始了。其结果岭军大胜。格萨尔从米努大红岩山取出了白螺大慈悲佛像、玉石白度母、释迦牟尼金像；又从达堆扎西山取出了无数绸缎，让米努黎民百姓信奉白法佛教，任命拉布达娃为米努国国王，红辛巴为米努国军队总首领，多谋的旦增扎巴为谋臣。然后岭军带着大量绸缎凯旋。回国后格萨尔王不分地位高低将所有绸缎等量赏赐于岭国臣民。

5. 版本描述（字体、抄本、刻本风格、版心大小、材质）：

藏文草体，长条抄本，每页 7 行，36.5cm×7.2cm，复印件，复印于现代纸。

6. 保存处及编号：

（1）原件保存处：甘孜州群艺馆

（2）复印件保存处：中国社会科学院民族文学所资料室

（3）1986 年编号：I291.47/1/103/000069

（4）2001 年编号：I291.47/GH/21

7. 版本说明（页码标记、残缺污浊页、翻译、出版）：

（1）总页码：445 页（223 叶）

（2）残缺，存 1 卷，有后记。

（3）未翻译

（4）异文本藏文出版：① 西藏，1988；② 四川，1987；③ 精选本，2005；⑥ 不丹（《百热》合编），1981。

8. 著作者、搜集者与搜集地：

（1）著作者：噶玛辛潘（གར་མ་གཞན་ཕན་གྱིས།）

（2）搜集者：杨恩洪购于江达

（3）搜集地：甘孜州群艺馆

（4）搜集时间：1986

（5）复印时间：1986

9. 其他：

有印章，黄布与白色带子包裹。

42 《霍岭大战》

1. 藏文全题名：

གླིང་རྗེ་གེ་སར་རྒྱལ་པོའི་རྣམ་ཐར་ལས་ཧོར་གླིང་གཡུལ་འགྱེད་ཀྱི……

2. 拉丁转写：

gling rje ge sar rgyal po'i rnam thar las hor gling g.yul 'gyed kyi …

3. 汉译名：

《霍岭大战》，或《霍尔侵入》《平服霍尔》《征服霍尔》《反击霍尔》《霍尔岭之战》。

4. 故事内容提要：

格萨尔前往北方降伏鲁赞魔王之时，霍尔国拥兵百万进攻岭国。战争初期，岭国一度利用计谋和将士个人的勇猛取得优势。但由于敌众我寡，再加上岭国晁同卖国求荣，以及岭国统帅贾察个人的义气行为，最终导致战败，统帅贾察、大将斯潘、青年将士聂察、玉达、戎察等遇难，王妃珠姆被抢，茶城被毁、岭国祖先遗留之财宝被掠夺，其他众将四处散落。

格萨尔得到珠姆派来的使者神鸟仙鹤的帮助，从梅萨敬献的迷魂药中苏醒过来。返回岭国惩处晁同后，单枪匹马前往霍尔国，途中降伏霍尔国各大部落及守护神。最终在霍尔铁匠女果萨曲珍的帮助下，成功打造攀城铁链，派神马引来岭国兵将，一举歼灭了霍尔国，给白帐王备上马鞍，将霍尔国大将辛巴捉回岭国。

5. 版本描述（字体、抄本、刻本风格、版心大小、材质）：

藏文草体，长条抄本，每页 7 行，36.5cm×7.2cm，复印件，复印于现代纸。

6. 保存处及编号：

（1）原件保存处：青海《格萨尔》研究所？

（2）复印件保存处：中国社会科学院民族文学所资料室

（3）1986 年编号：I291.47/1/11//000070

（4）2001 年编号：I291.47/GH/36

7. 版本说明（页码标记、残缺污浊页、翻译、出版）：

（1）总页码：151 页

（2）残缺，存 1 卷。

（3）异文本汉文翻译：① 青海民研会，1962；② 吴均、金迈译，1984；③ 王沂暖、华甲译（《贵德分章本》），1981；④ 王歌行、左可国、刘宏亮整理，1986。

（4）异文本藏文出版：① 青海，1962、1979、1980；② 西藏，1980；③ 青海（《黄霍尔》），1988、1994；④ 交加本，2006；⑤ 四川（《辛丹》附录），1982；⑥ 四川，1999；⑦ 精选本，2000；⑧ 桑珠本，2006；⑨ 印度（列城），1972；⑩ 印度（锡金、岗托克），1978；⑪ 印度（德里），1979；⑫ 印度（比尔），1979；⑬ 印度（岗托克），1984；⑭ 不丹，1979；⑮ 不丹，1979；⑯ 不丹，1979；⑰ 蒙古国，1961；⑱ 川《格》12，2015。

8. 著作者、搜集者与搜集地：

（1）著作者：未知

（2）搜集者：不知

（3）搜集地：青海？

（4）搜集时间：1986

（5）复印时间：1986

9. 其他：

有印章，黄布与白色带子包裹。

43 《英雄诞生》

1. 藏文全题名：

འཛམ་གླིང་གེ་སར་རྒྱལ་པོའི་རྣམ་ཐར་ལས་ལྷ་གླིང་ཀླུ་གླིང་གཉེན་གླིང་འགོགས་གླིང་སྐྱེས་གླིང་རྟ་རྒྱུགས་བཅས་ཚང་བ་བཞུགས་སོ།།

2. 拉丁转写：

'dzam gling ge sar rgyal po'i rnam thar las lha gling klu gling gnyen gling 'gogs gling skyes gling rta rgyugs bcas tshang ba bzhugs so

3. 汉译名：

《英雄诞生》，或《天界篇、龙界篇、念界篇、果界篇、诞生篇、赛马篇》《格萨尔综合篇》。

4. 故事内容提要：

莲花生大师为了拯救陷于灾难痛苦中的岭国百姓，请求天神派其子布杜噶布下凡担当岭国国王。布杜噶布听说要被派去岭国，躲藏到了龙界和念界，最后大师劝善诱导，决定下凡拯救人类。岭国穆布董氏热查干布生有三子，形成了岭穆布董氏长、仲、幼三系。果部落侵犯岭地，杀害总管王之子，岭国起兵复仇，进攻果部落，掳获龙女麦朵娜泽，并被僧伦王纳为次妃，僧伦和果萨生了觉如（格萨尔的小名）。格萨尔诞生三天以后征服了黑鸟三兄弟（家那三兄弟），高僧贡巴惹杂、九百恶犊、红魔驹等魔鬼。

晁同借故将格萨尔与其母驱逐去黄河谷地玛麦隆多草原。格萨尔在那里降服了损耗鬼和厉鬼等。有一年，岭地遭受雪灾，岭·格萨尔诞生后，不计前嫌，分给他们放牧的草场，毅然收留了迁徙到玛麦隆多草原的包括晁同在内的岭国军民。格萨尔给晁同降下虚假预言，要他举办赛马大会，夺得岭国王位宝座。最终通过赛马，格萨尔登上了岭国宝座。

5. 版本描述（字体、抄本、刻本风格、版心大小、材质）：

藏文草体，长条抄本，每页 8 行，36.5cm×8.1cm，复印件，复印于现代纸。

6. 保存处及编号：

（1）原件保存处：青海《格》办

（2）复印件保存处：中国社会科学院民族文学所资料室

（3）1986 年编号：I291.47/1/1—8//000071

（4）2001 年编号：I291.47/GH/5

7. 版本说明（页码标记、残缺污浊页、翻译、出版）：

（1）总页码：397 页

（2）从"天界"到"赛马"综合本、存 1 卷。

（3）异文本汉文翻译：王沂暖、何天慧译，甘肃，1985。

（4）异文本藏文出版：① 西藏，1982；② 甘肃，1981；③ 四川，1980、1999；④ 四川《玛麦觉如王事业》，2001；⑤ 青海《开天辟地》，1987；⑥ 青海，1988；⑦ 扎巴本，1996；⑧ 文库本，1996；⑨ 桑珠本，2001；⑩ 精选本，2013；⑪ 竹杰沃嘎本，民族出版社，2010；⑫ 印度（德里），1967？⑬ 印度（达拉姆萨拉），1984；⑭ 不丹，1979；⑮ 蒙古国，1961。

8. 著作者、搜集者与搜集地：

（1）著作者：丹增贝桑（བསྟན་འཛིན་དཔལ་བཟང་གིས།）

（2）搜集者：徐国琼

（3）搜集地：甘孜色西底乡扎雅寺

（4）搜集时间：1960 年 6 月

（5）复印时间：1986

9. 其他：

有印章，黄布与白色带子包裹。

44 《赛马称王》

1. 藏文全题名：

གི་སར་རྒྱལ་པོའི་རྣམ་ཐར་ལས་ཏ་རྒྱུགས་ནོར་བུ་ཆ་བདུན།

2. 拉丁转写：

'dzam gling ge sar rgyal po'i rnam thar las rta rgyugs nor bu cha bdun（yin nam）

3. 汉译名：

《赛马称王》，或《赛马登位》《赛马七宝》《赛马称王之部》。

4. 故事内容提要：

格萨尔 8 岁时，遵照天神预言变成晁同的灵鸟，给晁同授记：召集岭国臣民，举办赛马盛会；你将荣取桂冠，获得岭国宝座，成为富豪嘉洛部落财宝和王宫森周达泽宫的主人，以及娶得美丽的珠姆为王妃。于是，晁同通知岭国各部举行赛马盛会。格萨尔通过种种神通除掉了前来通知他去参加比赛的珠姆身上的"煞气"，珠姆与果萨一起从山野找来江郭耶尔瓦神驹，珠姆给骏马备上了光耀自照宝鞍和宝垫。格萨尔加入骑手盛队，最终荣获桂冠，登上了岭国宝座，成为岭国国王，纳珠姆为妃，被尊称为"南瞻部洲珠宝制敌大丈夫雄狮大王格萨尔"。岭国举国欢庆，歌舞不断。全国上下举行了盛大的庆祝会。

5. 版本描述（字体、抄本、刻本风格、版心大小、材质）：

藏文草体，长条抄本，每页 8 行，36.8cm×7.6cm，复印件，复印于现代纸。

6. 保存处及编号：

（1）原件保存处：甘肃《格萨尔》办公室？

（2）复印件保存处：中国社会科学院民族文学所资料室

（3）1986 年编号：I291.47/1/8//000072

（4）2001 年编号：I291.47/GH/18

7. 版本说明（页码标记、残缺污浊页、翻译、出版）：

（1）总页码：206 页（103 叶）

（2）字迹不清、存 1 卷，有部分伏藏标记字体。

（3）异文本汉文翻译：王沂暖译，甘肃，1987。

（4）异文本藏文出版：① 西藏，1981；② 甘肃，1981；③ 四川，1980；④ 青海，1981；⑤ 精选本，2000；⑥ 桑珠本，2002；⑦ 文库本，1996；⑧ 印度（帕兰普尔？），1969；⑨ 印度（达兰萨拉），1984；⑩ 不丹，1979。

8. 著作者、搜集者与搜集地：

（1）著作者：未知

（2）搜集者：余希贤？

（3）搜集地：甘南夏河

（4）搜集时间：1986

（5）复印时间：1986

9. 其他：

有印章，黄布与白色带子包裹。

#45 《格萨尔大王密传》

1. 藏文全题名：

འཛམ་གླིང་གེ་སར་རྒྱལ་པོའི་དུས་གསུམ་རྟོགས་བརྗོད་གསལ་བའི་མེ་ལོང་བཞུགས་སོ།།

2. 拉丁转写：

'dzam gling ge sar rgyal po'i dus gsum rtogs brjod gsal ba'i me long bzhugs so

3. 汉译名：

《格萨尔大王密传》，或《格萨尔密传》《格萨尔大王内外密三种传记》《格萨尔大王三时传》。

4. 故事内容提要：

格萨尔降伏了四方四魔和十八大宗以及诸多小宗后，集中岭国、魔国、霍尔国、门国、姜国、大食、粟特、白惹、突厥、米努、阿扎、斯钦、地嘎、阿赛、汉地等众多国家的部将和百姓七千多人，宣讲了自己一生征战的历史和佛法事宜，令人们增进了信心，感到了喜悦。

5. 版本描述（字体、抄本、刻本风格、版心大小、材质）：

藏文草体，长条油印本，每页 8 行，36.8cm×7.6cm，复印件，复印于现代纸。

6. 保存处及编号：

（1）原件保存处：不知

（2）复印件保存处：中国社会科学院民族文学所资料室

（3）1986 年编号：I291.47/1/1:116//000073 I291.47/1/2:116//000074

（4）2001 年编号：无

7. 版本说明（页码标记、残缺污浊页、翻译、出版）：

（1）总页码：28 叶

（2）油印本、存 2 卷。

（3）未翻译

（4）异文本藏文出版：① 《格萨尔密传》，西藏，1989。

8. 著作者、搜集者与搜集地：

（1）著作者：仓央嘉措（ཚངས་དབྱངས་རྒྱ་མཚོ་མཛད།）

（2）搜集者：杨恩洪

（3）搜集地：昌都类乌齐

（4）搜集时间：1986

（5）复印时间：1986

9. 其他：

（1）此部事实上属于《格萨尔佛法宗》故事。

（2）有印章，黄布与白色带子包裹。

46 《歇日珊瑚宗》

1. 藏文全题名：

འཛམ་གླིང་གེ་སར་རྒྱལ་པོའི་རྣམ་ཐར་བྱེ་རུའི་བྱེར་རྫོང་དཔའ་པོ་བཞད་པའི་གླུ་དབྱངས་ངོ་མཚར་གཏམ་གྱི་ཕྲེང་བ།

2. 拉丁转写：

'dzam gling ge sar rgyal po'i rnam thar bye ru'i byer rdzong dpa' po bzhad pa'i glu dbyangs ngo mtshar gtam gyi phreng ba bzhugs so

3. 汉译名：

《歇日珊瑚宗》，或《杰日珊瑚宗》《奇乳珊瑚宗》《岭与歇日珊瑚之部》《碣日珊瑚宗》《吉茹珊瑚宗》《岗岭之战》《契日珊瑚宗》《达格戎珊瑚宗》《北方珊瑚宝宗》。

4. 故事内容提要：

从前，晁同、巴拉、丹玛三人到北方歇日狩猎。在返回途中他们打死了一些歇日宗的牲畜，因而双方发生了冲突。

岭国三位商人带着 30 马匹宝物到北方朝佛贡献金银，途中被吉日宗的人抢杀，大商人达扎的几个随从侥幸得以逃脱，他们回到岭国后把商队遇难一事详细地汇报给了格萨尔。岭王按天神的预言，召集三军，从赞庆米笋岗出发。岭国人马到达阿扎时，阿扎长官尼扎不让岭军通过，并且出兵阻挡。为此，双方发生了长达三年的战争。岭军歼灭了阿扎的一半人马。这时藏王出面调停双方争端，把太后和太子遣送到藏雪山国，任命东亚推尼玛坚赞为阿扎玛瑙宗的首领。岭军继续前进，到北方征服了歇日王，消灭了黑法苯教和外道，宏扬佛法。格萨尔将歇日珊瑚宗的珊瑚全部运回岭国，不分贵贱，不分等级地分给了岭国臣民。

5. 版本描述（字体、抄本、刻本风格、版心大小、材质）：

藏文草体，长条抄本，每页 8 行，36.9cm×7.8cm，复印件，复印于现代纸。

6. 保存处及编号：

（1）原件保存处：中央民族大学

（2）复印件保存处：中国社会科学院民族文学所资料室

（3）1986 年编号：I291.47/1/1:23//000076，I291.47/1/1:23//000076

（4）2001 年编号：I291.47/GH/25，I291.47/GH/28

7. 版本说明（页码标记、残缺污浊页、翻译、出版）：

（1）总页码：473 页（489 页 492 页？）

（2）残缺，存 2 卷。

（3）异文本汉文翻译：角巴东主主编，高等教育出版社，2011。

（4）异文本藏文出版：① 青海，1983；② 精选本，2003；③ 桑珠本，2004；④ 印度（岗托克），1977；⑤ 不丹本，1981。

8. 著作者、搜集者与搜集地：

（1）著作者：未知

（2）搜集者：央金卓嘎

（3）搜集地：不知

（4）搜集时间：1986

（5）复印时间：1986

9. 其他：

（1）有印章，黄布与白色带子包裹。

（2）2001 年 5 月 10 日重新编目时笔者根据藏文书名译为《取北方达戎王珊瑚"央"宗》。

47 《天岭卜筮》

1. 藏文全题名：

དགྲ་ལྷའི་རྒྱལ་པོ་གེ་སར་ནོར་བུ་དགའ་འདུལ་གྱི། རྟོགས་པ་བརྗོད་པ་ལྷ་གླིང་གབ་ཚེ་དགུ་སྐོར་ཞེས་བྱ་བ་བཞུགས་སོ།

2. 拉丁转写：

dgra lha'i rgyal po ge sar nor bu dga bdul gi rtogs pa brjod pa lha gling gab tse dgu skor zhes bya ba bzhugs so.

3. 汉译名：

《天岭卜筮》或《天界篇》《天岭占卜九藏》《仙界遣使》。

4. 故事内容提要：

由菩提猕猴与岩罗刹女衍生的藏民祖先遂派分出噶、卓、札、董等各大姓氏，董氏先族然查格布生有三子，兄弟三人从东方玛沁雪山附近各娶一妻，遂发展形成了董氏长仲幼三大岭国部落。岭国四面四大魔国即霍、魔、门、姜以及各大宗等众邻国时常入侵欺凌岭国。

莲花生大师前往上方天界，请求白梵天王赐予岭国一位神子。最后，白梵天王的小儿子图巴噶允诺前往降服众魔怪，但提出需要殊胜武器与工具的要求。莲花生依其意愿，分别从龙界等处取得各殊胜工具并安排好图巴噶投身处所。但在此时，神子图巴噶心念动摇不愿前往尘世而进行躲藏。图巴噶先后九次躲藏于不动护法佛近前以及文殊的钵盂、骑羊护法的大铁锤等九处，均被一一识破，最后答应前往人间。

5. 版本描述（字体、抄本、刻本风格、版心大小、材质）：

藏文乌金体（正楷），长条木刻，每页 7 行，36.8cm×7.6cm，复印件，复印于现代纸。

6. 保存处及编号：

（1）原件保存处：藏于中央民院

（2）复印件保存处：中国社会科学院民族文学所资料室

（3）1986 年编号：I291.47/1/17/000077

（4）2001 年编号：I291.47/GW/1

7. 版本说明（页码标记、残缺污浊页、翻译、出版）：

（1）总页码：127 叶

（2）存 1 卷，佟锦华提供。

（3）封面有梵、乌尔都、藏三体文，书中有文殊、金刚菩萨等插像。

（4）异文本汉文翻译：① 王沂暖、华甲译（《贵德分章》），甘肃，1981；② 刘立千译，西藏，1986 年；③ 文库本（一），1996。

（5）异文本藏文出版：① 四川，1980；② 甘肃，1982；③ 西藏，1981；④ 民族出版社，1984；⑤ 文库本（一），1996；⑥ 扎巴本，1998；⑦ 桑珠本，2001；⑧ 印度（岗托克），1983；⑨ 不丹，1979；⑩ 蒙古国，1961。

8. 著作者、搜集者与搜集地：

（1）著作者：不知

（2）搜集者：佟锦华

（3）搜集地：四川省德格县

（4）搜集时间：1986

（5）复印时间：1986

9. 其他：

（1）有印章，黄布与白色带子包裹。

（2）后记："如不少学者所说，在岭国出版了。祈愿吉祥。"

#48 《大食财宗》

1. 藏文题名：

རིགས་གསུམ་རྣམ་འཕྲུལ་སེང་ཆེན་ནོར་བུ་དགྲ་འདུལ་གྱིས་ནག་ཕྱོགས་བདུད་དཔུང་འདུལ་བའི་སྟག་གཟིགས་ནོར་རྫོང་ཕབས་པའི་དབའ་བོའི་ང་རོ་དཀར་ཕྱོགས་དགྱེས་པའི་ཟིམ་མངར།

2. 拉丁转写：

Rigs gsum rnam 'phrul seng chen nor bu dgra 'dul gyis nag phyogs bdud dpung 'dul ba'i stag gzigs nor rdzong phabs pa'i dba' bo'i nga ro dkar phyogs dgyes pa'i zim mngar

3. 汉译名：

《大食财宗》，或《大食财宝城》《达惹诺宗》《大食诺宗》《大食宝宗》《大食之战》《达岭之战》《征服大食》。

4. 故事内容提要：

大食财宝王富如龙王，有着像毗沙门一样大的权势。拥有一匹具备所有优点的宝马，被誉为"具鹏翅宝马"。晁同装扮成的董图弥郭杰等三人去大食国用计盗走了具鹏翅宝马。

大食国立即派兵追讨，抢夺了晁同帐篷中的所有财宝以及牲畜。晁同率军讨伐，双方硝烟三年，胜负无期。后来，天神预言格萨尔，要征服大食财宗。晁同也派人去岭王处请求出兵大食。格萨尔大王召集群臣，商讨对敌策略，定战略战术。格萨尔领兵击败了大食军队的进攻，并乘胜追击，降伏了大食国，取回大食国的宝藏凯旋。

5. 版本描述（字体、抄本、刻本风格、版面大小、材质）：

藏文乌金体（正楷），旧藏纸，每页 6 行，38cm×6cm，木刻本复印件，复印于现代纸。

6. 保存处及编号：

（1）原件保存处：国家图书馆

（2）复印件保存处：中国社会科学院民族文学所资料室

（3）1986 年编号：//000078

（4）2001 年编号：无

7. 版本说明（页码标记、残缺污浊页、翻译、出版）：

（1）总页码：300 叶

（2）八蚌寺木刻本。胶卷。国家图书馆编号：3075

（3）异文本汉文翻译：① 角巴东主等编校，高等教育出版社，2011。

（4）异文本藏文出版：① 西藏，1979 年；② 甘肃，1979；③ 精选本，2002；④ 印度（大吉岭），1966；⑤ 印度（新德里），1976；⑥ 印度（岗托克），1983；⑦ 不丹，1981。

8. 著作者、搜集者与搜集地：

（1）著作者：不知

（2）搜集者：不知

（3）搜集地：德格？

（4）搜集时间：1986

（5）复印时间：1986

9. 其他：

此次查阅时未见。

#49 《分大食财》

1. 藏文题名：

འཛམ་གླིང་གེ་སར་རྒྱལ་པོའི་རྟོགས་བརྗོད་ལས་སྟག་གཟིག་རྫོང་ཕབ་པའི་ཉེར་འཁྱེད་བཏང་སྐོར།

2. 拉丁转写：

'dzam gling ge sar rgya po'i rtogs brjod las stag gzig rdzong phab pa'i nor 'gyed btang skor

3. 汉译名：

《分大食财》，或《分大食牛》《达惹诺结》《达色施财》。

4. 故事内容提要：

根据白玛仁增整理、刊刻于 1661 年的木刻本抄写。故事讲述格萨尔征服大食国后，打开大食财宝宗，将所获大食国财宝分封给岭国、霍尔国、魔国、姜国和门国，以及各有功之臣。并将大食国财宝之福禄分别埋藏于藏区各地，以利益藏族未来民众。

5. 版本描述（字体、抄本、刻本风格、版面大小、材质）：

藏文乌金体，古旧藏纸，每页 6 行，26cm×5cm，木刻本复印件，复印于现代纸。

6. 保存处及编号：

（1）原件保存处：国家图书馆

（2）复印件保存处：中国社会科学院民族文学所资料室

（3）1986 年编号：//000079

（4）2001 年编号：无

7. 版本说明（页码标记、残缺污浊页、翻译、出版）：

（1）总页码：38 叶

（2）德格木刻本。胶卷。国家图书馆编号：3025

异文本汉文翻译：① 李朝群译《达色施财》，西藏人民出版社，1985；② 王沂暖、王兴先译，甘肃人民出版社，1986；③ 丹玛江永慈诚、多杰坚赞、郭晓虹，民族音像出版社，2013。

（3）异文本藏文出版：① 西藏，1980、2010；② 四川（《取阿里金窟》合编），1981；③ 印度（德里），1967；④ 蒙古国（《格萨尔本生传》合编），1961；⑤ 丹玛江永慈诚、多杰坚赞、郭晓虹，民族音像出版社，2013。

8. 著作者、搜集者与搜集地：

（1）整理者：佐智白玛仁增（ཇོ་ནང་རྒྱལ་བའི་དབང་རིག་འཛིན་གྱིས་བསྐྲུགས།）

（2）搜集者：不知

（2）搜集地：德格？

（4）搜集时间：1986

（5）复印时间：1986

9. 其他：

此次查阅时未见。

50 《地狱救母》

1. 藏文全题名：

འཛམ་གླིང་སྐྱེས་མཆོག་ནོར་བུ་དགྲ་འདུལ་གྱི་རྣམ་ཐར་ལས་དམྱལ་གླིང་རྫོགས་པ་ཆེན་པོ་བཞུགས་སོ

2. 拉丁转写：

'dzam gling skyes mchog nor bu dgra 'dul gyi rnam thar las dmyal gling rdzogs pa chen po bzhugs so

3. 汉译名：

《地狱救母》或《地狱大圆满》《岭国地狱大圆满》《娘岭》《地狱元胜大全》。

4. 故事内容提要：

莲花生大师预言格萨尔，印度香河对岸边上有永生金刚杵，要求格萨尔赴该地修行佛法一百天。格萨尔按大师的旨意单枪匹马去那里静修，可是自己的母亲就在这时度完了一生。岭国群臣迎请大喇嘛，为果萨的灵魂升天念经，举办了非常隆重的丧事。

就在果萨去世几天后的某夜，珠姆梦到果萨堕入了地狱。她将此事派人带信告诉了远在印度的格萨尔王。格萨尔闻讯后进入地狱去质问阎王：我母亲向来苦修佛法，上供下施，从不怠慢，为何也掉进地狱？

阎罗法王说：你母亲做的是善业，但因你所杀汉、姜、霍尔、魔等灵魂都进入了地狱。因此给你的母亲带来了灾难，你快去营救吧！听完法王的话，格萨尔就去见母亲。正如法王所言，汉、姜、霍尔、魔等国的人把母亲折磨得皮开肉绽，实在目不忍睹。格萨尔大呼一声打散了人群，救出了慈母。母子相见，悲喜交加。格萨尔将母亲带进能活几亿年的乐土，然后回到了岭国。岭国臣民成千上万前来夹道迎接。格萨尔给大家详述了地狱的苦难，行善之好处，行凶之恶果。从此，岭国臣民更加虔信佛法，修行善业。

5. 版本描述（字体、抄本、刻本风格、版心大小、材质）：

藏文草体与粗让体？长条抄本，每页 8 行？40cm×10cm？复印件。

6. 保存处及编号：

（1）原件保存处：中央民院

（2）复印件保存处：中国社会科学院民族文学所资料室

（3）1986 年编号：I291.47/1/106/000080

（4）2001 年编号：I291.47/GH/3

7. 版本说明（页码标记、残缺污浊页、翻译、出版）：

（1）总页码：489 页

（2）残缺一页。

（3）未翻译

（4）异文本藏文出版：① 四川，1986；② 精选本，2013；③ 印度（纽托加），1973；④ 印度（《迦湿弥罗绿松石宗》合编，德里），1971；⑤ 印度（噶岭堡），1979；⑥ 不丹，1984。

8. 著作者、搜集者与搜集地：

（1）著作者：果洛纳穷手抄本（འགྲུ་འོག་ན་ན་ཆུང་གི་བྲིས་མ།）

（2）搜集者：不知

（3）搜集地：不知

（4）搜集、复印时间：1986

9. 其他：

有印章，黄布与白色带子包裹。与《丹玛青稞宗》包裹在同一布包内。

51 《霍岭大战》

1. 藏文全题名：

ཧོར་གླིང་ཁྲིགས་པ་གཡུ་བྱུར་ལ་འཕྲུལ་གྱི་ལྟེ་མིག་གི་དབུས་ཕྱོགས་བཞུགས་སོ།།

2. 拉丁转写：

hor gling khrigs pa g.yu byur la 'phrul gyi lte mig gi dbus phyogs bzhugs so.

3. 汉译名：

《霍岭大战》，或《霍尔侵入》《平服霍尔》《征服霍尔》《反击霍尔》《霍尔岭之战》。

4. 故事内容提要：

岭·格萨尔在北方魔国迷恋梅萨和阿达拉姆二妃的时候，霍尔国白帐王暗中勾结岭·格萨尔叔父晁同，趁岭·格萨尔不在国内，兴兵大举进犯岭国，岭·格萨尔的哥哥贾察霞尕尔和弟弟绒察玛尔勒均战死沙场，王妃珠姆被掳，总管王戎察又根败退到深山躲藏，晁同窃取了岭国王位。由于珠姆求仙鹤送信，岭·格萨尔得知消息后方才恍然大悟，于是领兵回国，惩罚了内奸晁同，只身前往霍尔国。

岭王用各种办法和幻术，降伏了霍尔国的白帐王、黄帐王和黑帐王三兄弟，霍尔国归入岭国，并制定了以十善为主的法律和以十六条为主的道德规范条例。噶尔确达被任命为霍尔地道领。霍尔国因此佛光普照。霍尔辛巴梅乳泽被披上狗服，牵到了岭国。霍国辛辛苦苦四十九代积累起来的巨产，用五千只驴和无数头牦牛被岭人运到了岭国。格萨尔大王偕同珠姆返回岭国。

5. 版本描述（字体、抄本、刻本风格、版心大小、材质）：

藏文草体，长条抄本，每页 8 行，36cm×8cm，复印件，复印于现代纸。

6. 保存处及编号：

（1）原件保存处：中央民族学院（现中央民族大学）图书馆

（2）复印件保存处：中国社会科学院民族文学所资料室

（3）1986 年编号：I291.47/1/11//000081

（4）2001 年编号：I291.47/GH/24

7. 版本说明（页码标记、残缺污浊页、翻译、出版）：

（1）总页码：683 页

（2）存 1 卷。

（3）异文本汉文翻译：① 青海民研会，1962；② 吴均、金迈译，1984；③ 王沂暖、华甲译（《贵德分章本》），1981；④ 王歌行、左可国、刘宏亮整理，1986。

（4）异文本藏文出版：① 青海，1962、1979、1980；② 西藏，1980；③ 青海（《黄霍尔》），1988、1994；④ 交加本，2006；⑤ 四川（《辛丹》附录），1982；⑥ 四川，1999；⑦ 精选本，2000；⑧ 桑珠本，2006；⑨ 印度（列城），1972；⑩ 印度（锡金、岗托克），1978；⑪ 印度（德里），1979；⑫ 印度（比尔），1979；⑬ 印度（岗托克），1984；⑭ 不丹，1979；⑮ 不丹，1979；⑯ 不丹，1979；⑰ 蒙古国，1961；⑱ 川《格》12，2015。

8. 著作者、搜集者与搜集地：

（1）著作者：未知

（2）搜集者：佟锦华

（3）搜集地：四川德格

（4）搜集、复印时间：1986

9. 其他：

有印章，黄布与白色带子包裹。

52 《雪山水晶宗》

1. 藏文全题名：

འཛམ་གླིང་གི་སར་རྒྱལ་པོའི་རྟོགས་བརྗོད་ལས་གངས་རི་ཤེལ་རྫོང་བཞུགས་སོ༎

2. 拉丁转写：

'dzam gling seng chen rgyal po'i rtogs brjod las gangs ri shel rdzong bzhugs so

3. 汉译名：

《雪山水晶宗》，或《征服拉达克水晶国》《贡日水晶宗》。

4. 故事内容提要：

岗底斯拉达克旭奴嘎伍王向已被岭国降伏的白惹等国征税，白惹等国向岭国求救。此时，莲花生大师给格萨尔预言：通往雪山水晶宗的大道将要打开，要出兵征服雪山水晶国。格萨尔召集九国大军，联伐水晶国。联军兵分三路攻打：第一路由格萨尔率领，第二路由扎拉王子率领，第三路由玉拉托居尔率领。两军交火，战斗十分激烈。岭军消灭了雪山国五大汉，八十勇士。格萨尔先后征服了雪山国的君臣守护神。扎拉王子征服了北方扎木宗；格萨尔征服了西方扎铁宗；东方日扎那宗由玉拉征服。

最后，岭君臣来到雪山国都城，扔掉了城头上的魔幡旗，挂上了佛法胜利幡旗。格萨尔带领勇士们来到美丽白岩前，开启了水晶宝藏。在运水晶的途中，亭容赤旭王挡住岭军道路。亭岭之战因此发生，岭军征服了亭王。亭容的山神以珊瑚宝为主的许多宝矿，献给国王，并附绸缎 7 匹。

5. 版本描述（字体、抄本、刻本风格、版心大小、材质）：

藏文草体，长条抄本，每页 6 行，36.8cm×7.6cm，复印件，复印于现代纸。

6. 保存处及编号：

（1）原件保存处：藏于中央民院

（2）复印件保存处：中国社会科学院民族文学所资料室

（3）1986 年编号：I291.47/1/32//000082

（4）2001 年编号：I291.47/GH/20

7. 版本说明（页码标记、残缺污浊页、翻译、出版）：

（1）总页码：502 页

（2）佟锦华提供，缺封面一页。

（3）异文本汉文翻译：① 意西泽珠、许珍妮译，四川，1988；② 角巴东主主编，高等教育出版社，2011。

（4）异文本藏文出版：① 四川，1982；② 扎巴本，2011；③ 精选本，2013；④ 印度（多兰吉），1983；⑤ 不丹，1981。

8. 著作者、搜集者与搜集地：

（1）著作者：未知

（2）搜集者：佟锦华

（3）搜集地：德格？

（4）搜集时间：1986

（5）复印时间：1986

9. 其他：

有印章，黄布与白色带子包裹。

53 《中华茶宗》

1. 藏文全题名：

འཛམ་གླིང་གེ་སར་རྒྱལ་པོའི་རྟོགས་བརྗོད་ལས་རྒྱ་ནག་ཇ་རྫོང་འབེབས་པ་བཞུགས་སོ།།

2. 拉丁转写：

'dzam gling ge sar rgyal po'i rtogs brjod las rgya nag ja rdzong 'bebs pa bzhugs so

3. 汉译名：

《中华茶宗》，或《汉地茶宗》《加岭传奇》《岭与中华》《汉岭》。

4. 故事内容提要：

在汉地让布曲宗，有个天使国国王噶拉耿贡。他统治着汉地众生，娶了一位名叫尼玛赤姬的下界国国王堆瓦纳布的美貌女儿。三世之神看出这个妃子是妖魔所变，知道若不灭掉她，将为害众生。于是化作瘸、瞎、聋三个残障人，为妃子演戏，令属民看见美貌妃子。妃子因此得了大病，无法治愈。妃子临死前告诉国王只要将其尸体裹在绸缎里放到库中，不让其发凉，并把百姓属民压于无衣食住行之权的严法之下，断除藏汉之间的金桥，不让外地人进来，也不让内部人出去，那么她将有一天复活。

公主听见妖妃的遗嘱，听从大臣女儿央金措的主意，借口去五台山为母亲斋戒，将密信及信物一起托三只鸽子寄给格萨尔大王。格萨尔大王也接到天神预言，到汉地去火化妖妃的尸体，解除汉地国王与百姓的痛苦。于是格萨尔按照天神的预言，从弥药国、赤秀甲毛海、阿赛国取回在汉地必需的宝物，然后与 12 位将士来到汉地，征服了各种关口上的妖怪，用各种神变降伏了汉地国王，用计谋烧毁了妖妃的尸体。对汉地众生讲授了止恶行善的法典，使汉地众生自愿接受十善，畅享安乐的生活。

5. 版本描述（字体、抄本、刻本风格、版心大小、材质）：

藏文柏簌体，长条抄本，每页 8 行，36.5cm×8cm，复印件，复印于现代纸。

6. 保存处及编号：

（1）原件保存处：降央村成（丹玛江永慈诚）

（2）复印件保存处：中国社会科学院民族文学所资料室

（3）1986 年编号：I291.47/1/18//000083

（4）2001 年编号：I291.47/GH/26

7. 版本说明（页码标记、残缺污浊页、翻译、出版）：

（1）总页码：307 页，存 1 卷。

（2）异文本汉文翻译：阿图、徐国琼、解世毅译，中国民间文艺出版社，1984。

（3）异文本藏文出版：① 中国民间文艺，1981；② 西藏，1984；③ 扎巴本，民族出版社，1999；④ 桑珠本，2005；⑤ 印度（岗托克），1977；⑥ 不丹，1981；⑦ 不丹（《下拉达克本》），1981；⑧ 民族出版社，2014。

8. 著作者、搜集者与搜集地：

（1）著作者：丹玛江永慈诚

（2）搜集者：央金卓嘎

（3）搜集地：玉树结古

（4）搜集时间：1985 年 2 月 5 日

（5）复印时间：1986

9. 其他：

有印章，黄布与白色带子包裹。

54 《杂日药宗》

1. 藏文全题名：

ཤོ་རྫ་རི་སྨན་རྫོང་།

2. 拉丁转写：

lho rdza ri sman rdzong

3. 汉译名：

《杂日药宗》，或《南杂日药宗》《扎日药宗》《匝日药宗》。

4. 故事内容提要：

当晁同正在闭关修行时，走火入魔患上大病。占卜显示：只有用南方杂日圣山的药物，才能根治此病。与此此时，天界姑母南曼噶姆给格萨尔降下预言：降伏南方杂日药物圣山。

岭军浩浩荡荡向南方进军，双方发生激烈战斗，南孟域国的小王子达威奇洛被达绒兵马活捉，送到格萨尔王帐前邀功。在格萨尔王威严而慈悲的精神感召下，达威奇洛表示降服，将孟域杂日地方所有的密情均毫无保留地禀报了格萨尔。达绒部落的兵马用幻化的大炮将杂日山口的关隘全部轰毁，大败杂日兵。杂日大将玉珠崩仁单人独骑去闯岭营，无人能敌，达绒部落的拉吾尼玛扎巴和达色扎拉两员小将也被他打落马下。卓噶德·曲炯柏纳带着幻化的大炮，打击南方兵马，取得重大胜利。

南方部队内部，玉珠崩仁和洛珠饶色之间发生内讧，部队分为两部分，岭军趁机严重损伤南方兵马。另一员大将协噶色力图促成双方和解，共同对付岭军。但是，洛珠饶色表面上表示愿意和解，暗地里带着自己的人马，去投靠岭军，协噶色知道后，立即带兵追赶，不料遭到岭军阻击，被丹玛一箭射死。岭军派人去接应洛珠饶色。在征战的关键时刻，格萨尔王亲自出征，降伏了玉珠崩仁，射杀了孟域国国王息堆杰布，开启南方药物宝藏，从此雪域藏地有了能够治病救人、延年益寿的珍贵药物。同时委派达绒玉拉贡赞做南方杂日孟域国的代理国王，在那里弘扬白色善业，消除黑色恶业。

5. 版本描述（字体、抄本、刻本风格、版心大小、材质）：

藏文乌金体（正楷），长条抄本，每页 8 行，36.8cm×7.6cm，复印件，复印于现代纸。

6. 保存处及编号：

（1）原件保存处：果洛《格萨尔》办公室

（2）复印件保存处：中国社会科学院民族文学所资料室

（3）1987 年编号：//000084

（4）2001 年编号：I291.47/GH/8

7. 版本说明（页码标记、残缺污浊页、翻译、出版）：

（1）总页码：824 页

（2）存 1 卷（为 1987 年审稿会提供）

（3）未翻译

（4）异文本藏文出版：① 青海，1990。

8. 著作者、搜集者与搜集地：

（1）著作者：昂亲多杰撰写（ དབང་ཆེན་རྡོ་རྗེས་རྩོམ་པ་ ）

（2）搜集者：不知

（3）搜集地：果洛

（4）搜集时间：1987

（5）复印时间：1987

9. 其他：

有印章，黄布与白色带子包裹。

@55 《丹玛青稞宗》

1. 藏文全题名：

ཆོས་ཀྱི་རྒྱལ་པོ་གེསང་ཆེན་ནོར་བུ་དགྲ་འདུལ་གྱིས་རྣམ་ཐར་རྟོ་རྗེའི་དཔའ་བ་འདན་གྱི་ནས་ཆང་ཕབས་པའི་གཏམ་རྒྱུད་བེཉུའི་རྩ་མར་ཆེས།

ཆ་བ་བཞུགས་སོ།།

2. 拉丁转写：

chos kyi rgyal po seng chen nor bu dgra 'dul gyi rnam thar nor bu'i drwa b las 'dan gyi nas rdzong phabs pa'i gtam rgyud bēd'urya rlung mar ces bya ba bzhugs so.

3. 汉译名：

《丹玛青稞宗》。

4. 故事内容提要：

丹玛是隶属岭国的一个部落，其部落首领名叫萨霍尔，他十分惧怕部落中的英雄少年丹玛，便在去拉萨诵经忏罪之时，将丹玛及其母亲驱逐出境。后萨霍尔死于拉萨，丹玛要求返回自己的部落，但被太子萨仁诺布所拒，丹玛请岭·格萨尔派兵进攻青稞城。太子萨仁诺布率军抵抗，被岭国大将射死，不仅为丹玛报了仇，还打开青稞宝库，将财宝分给下属百姓。

5. 版本描述（字体、抄本、刻本风格、版心大小、材质）：

藏文柏簇体，B5 稿纸本，每页 15 行，复印件。

6. 保存处及编号：

（1）原件保存处：青海《格萨尔》研究所

（2）复印件保存处：中国社会科学院民族文学所资料室

（3）1987 年编号：291.47/1:7//000086

（4）2001 年编号：无

7. 版本说明（页码标记、残缺污浊页、翻译、出版）：

（1）总页码：153 页

（2）1987 年审稿会提供（青海）。

（3）异文本汉文翻译：角巴东主主编，高等教育出版社，2011。

（4）异文本藏文出版：①青海，1989；②精选本，2013；③川《格》丛书 10，2014。

8. 著作者、搜集者与搜集地：

（1）抄写者：布特嘎

（2）搜集者：姜佐鸿

（3）搜集地：玉树抄本

（4）搜集时间：1987

（5）复印时间：1987

9. 其他：

（1）1980 年青海民研会搜集。

（2）稿纸抄本一册，封面有"65.丹玛青稞"字样。

@56 《香香药宗》(上册)

1. 藏文全题名：

ཤང་ཤང་སྨན་རྫོང་གི་སྟོད་ཆ་མཐིང་གླིང་གཡུལ་འགྱེད་ངོ་མཚར་འོད་བརྒྱའི་སྣང་བ་ཞེ་བྱ་བ་བཞུགས་སོ།

2. 拉丁转写：

Shang shang sman rdzong gi stod cha mthing gling g.yul 'gyed ngo mtshar 'od brgya'i snang ba zhe bya ba bzhugs so

3. 汉译名：

《香香药宗》，或《亭岭之战》《向象药城》。

4. 故事内容提要：

岭军降服雪山水晶国，返回岭国途中得到天神授记降服亭国时机成熟。岭军即刻重新调整，由神子扎拉泽嘉做先锋前往降服亭国。亭国国王达嘎朗杰素来作恶多端，手下勇士众多。其中佼佼者如鲁查崩然、鲁查杜董纳布、鲁查哈拉梅巴、鲁查达玛杜等。虽说对岭·格萨尔王及其属下众勇士的英勇骁战早有听闻，但还是不自量力要与岭国军队交战。战争中，鲁查达玛杜等被查香丹玛所杀、鲁查杜董纳布被嘎德所杀、鲁查哈拉梅巴被森达阿董所杀，见几位骁将均被岭国勇士所杀，亭国军队军心涣散、斗志全消，全军溃败纷纷投降。亭国国王达嘎朗杰见大势已去，最终向岭·格萨尔王投降并承诺今后弃暗投明，不再作恶，真心归顺岭国，虔心向佛施善业。

5. 版本描述（字体、抄本、刻本风格、版心大小、材质）：

藏文柏簇体，B5 稿纸本，每页 15 行，复印件。

6. 保存处及编号：

（1）原件保存处：青海省文联青海《格萨尔》研究所资料室

（3）1987 年编号：291.47/1/1:27.1//000087

（4）2001 年编号：无

7. 版本说明（页码标记、残缺污浊页、翻译、出版）：

（1）总页码：389 页

（2）异文本汉文翻译：王沂暖、何天慧译《香香药物宗》），甘肃，1989。

（3）异文本藏文出版：① 西藏，1985；② 精选本，2010。

8. 著作者、搜集者与搜集地：

（1）藏书者：仲却活佛

（2）搜集者：姜佐鸿

（3）搜集地：玉树结古

（4）搜集时间：1980 年 8 月

（5）复印时间：1987

9. 其他：

（1）仲却活佛借与，上册分为上、下两分册。

（1）布特尕抄写。

（2）封面有汉文手书"70向象药城，玉树小组（手写）"字样。

@57 《香香药宗》（下册）

1. 藏文全题名：

ཤང་ཤང་སྨན་རྫོང་གི་སྨད་ཆ།

2. 拉丁转写：

Shang shang sman rdzong gi smad cha

3. 汉译名：

《香香药宗》，或《亭岭之战》《向象药城》。

4. 故事内容提要：

岭军降伏雪山水晶国，返回岭国途中得到天神授记降服亭国时机成熟。岭军即刻重新调整，由神子扎拉泽嘉做先锋前往降服亭国。亭国国王达嘎朗杰素来作恶多端，手下勇士众多。其中佼佼者如鲁查崩然、鲁查杜董纳布、鲁查哈拉梅巴、鲁查达玛杜等。虽说对岭·格萨尔王及其属下众勇士的英勇骁战早有听闻，但还是不自量力要与岭国军队交战。战争中，鲁查达玛杜等被查香丹玛所杀、鲁查杜董纳布被嘎德所杀、鲁查哈拉梅巴被森达阿董所杀，见几位骁将均被岭国勇士所杀，亭国军队军心涣散、斗志全消，全军溃败纷纷投降。亭国国王达嘎朗杰见大势已去，最终向岭·格萨尔王投降并承诺今后弃暗投明，不再作恶，真心归顺岭国，虔心向佛施善业。

5. 版本描述（字体、抄本、刻本风格、版心大小、材质）：

藏文柏簇体，B5稿纸本，每页15行，复印件。

6. 保存处及编号：

（1）原件保存处：青海省文联青海《格萨尔》研究所资料室

（3）1987年编号：291.47/1/1:27.2//000088

（4）2001年编号：无

7. 版本说明（页码标记、残缺污浊页、翻译、出版）：

（1）总页码：203页

（2）异文本汉文翻译：王沂暖、何天慧译（《香香药物宗》），甘肃，1989。

（3）异文本藏文出版：①西藏，1985；②精选本，2010。

8. 著作者、搜集者与搜集地：

（1）藏书者：仲却活佛

（2）搜集者：姜佐鸿

（3）搜集地：玉树结古

（4）搜集时间：1980 年 8 月

（5）复印时间：1987

9. 其他：

（1）布特尕抄写。

（2）封面有汉文手书"71 向象药城，玉树小组（手写）"字样。

@58 《岭国形成》

1. 藏文题名：

ষ্ক্রিদ্'ঘ'ཆགས་གླིང༌།

2. 拉丁转写：

Srid pa chags gling

3. 汉译名：

《岭国形成》，或《英雄诞生》。

4. 故事内容提要：

岭国穆布董氏热查干布生有三子，形成了岭穆布董氏长、仲、幼三系。有一次，果部落侵犯岭地，杀害了岭地总管王戎查叉根之子，岭国起兵复仇，进攻果部落，掳获龙女麦朵娜泽，并被僧伦王纳为次妃。僧伦和果萨生了觉如。格萨尔诞生三天以后征服了黑鸟三兄弟（家那三兄弟），高僧贡巴惹杂、九百恶犊、红魔驹等魔鬼。

晁同很害怕格萨尔夺走他的王位，便造谣说觉如是个鬼怪，果萨本是女妖；把格萨尔赶到黄河谷地玛麦隆多草原。格萨尔在那里降服了损耗鬼和厉鬼等。有一年，岭地遭受雪灾，岭·格萨尔诞生后，不计前嫌，分给他们放牧的草场，毅然收留了迁徙到玛麦隆多草原的包括晁同在内的岭国军民。此后格萨尔通过赛马登上了岭国王位，之后征服了北方魔鲁赞。格萨尔前往北方之际，霍尔入侵岭国，抢走了格萨尔之王妃珠姆。

5. 版本描述（字体、抄本、刻本风格、版面大小、材质）：

藏文柏簇体，B5 稿纸本，每页 15 行，复印件。

6. 保存处及编号：

（1）原件保存处：青海省文联青海《格萨尔》研究所资料室

（3）1987 年编号：000089

（4）2001 年编号：无

7. 版本说明（页码标记、残缺污浊页、翻译、出版）：

（1）总页码：291 页。

（2）缺 85—88 页。

（3）异文本汉文翻译：王沂暖、何天慧，甘肃，1985。

（4）异文本藏文出版：① 西藏，1982；② 甘肃，1981；③ 四川，1980、1999；④ 四川《玛麦觉如王事业》，2001；⑤ 青海《开天辟地》，1987；⑥ 青海，1988；⑦ 扎巴本，1996；⑧ 文库本，1996；⑨ 桑珠本，2001；⑩ 精选本，2013；⑪ 竹杰沃嘎本，民族出版社，2010；⑫ 印度（德里），1967？⑬ 印度（达拉姆萨拉），1984；⑭ 不丹，1979；⑮ 蒙古国，1961。

8. 著作者、搜集者与搜集地：

（1）藏书者：仲却活佛

（2）搜集者：姜佐鸿

（3）搜集地：玉树结古

（4）搜集时间：1980 年 8 月

9. 其他：

稿纸抄写复印件一册。

@59 《西宁银宗》

1. 藏文全题名：

ཟི་གླང་དངུལ་ཞྭ་རྫོང་།

2. 拉丁转写：

Zi Glang dngul(lnga) rdzong

3. 汉译名：

《西宁银宗》，或《色日阿宗》。

4. 故事内容提要：

汉西宁地方盛产银子，国王是位法力高强的魔头，性格残暴，百姓在暴政之下受苦受难。天神给格萨尔王降下预言，要征服西宁魔王，获取西宁银宗宝库，造福众生。

岭国派出了丹玛等英雄降伏了西宁魔臣，最后格萨尔大王亲自降伏西宁魔王，将魔法横行的地方变为佛法昌盛的地方。打开了西宁银宗宝藏，将宝物福运分送藏地各地神山伏藏，让 21 位修行者和长寿王兄弟看守这些宝物，其余宝物全部带回岭国。

5. 版本描述（字体、抄本、刻本风格、版心大小、材质）：

藏文草体，B5 白纸本，21 行，复印件。

6. 保存处及编号：

（1）原件保存处：西藏《格萨尔》抢救办公室

（2）1987 年编号：I291.47/1:91//000090

（3）2001 年编号：无

7. 版本说明（页码标记、残缺污浊页、翻译、出版）：

（1）总页码：172 页

（2）有全国《格》办藏书印章。抄写字行歪斜，共 4 册。

（3）未翻译

（4）异文本藏文未出版。

8. 著作者、搜集者与搜集地：

（1）著作者：曲扎艺人自写（ཚེས་བྱགས་ཀྱིས་བྲིས།）

（2）搜集者：不知

（3）搜集地：西藏

（4）搜集时间：1987

（5）复印时间：1987

9. 其他：

艺人曲扎自写本。估计为 1987 年全国《格》出版规划会提供，或 1992 年"优秀艺人本出版项目"提供。

@60　《卡容金宗》（上册）

1. 藏文全题名：

གླིང་གེ་སར་རྒྱལ་པོའི་སྒྲུང་ལས་ཟླ་གླིང་གཡུལ་འགྱེད་ཁ་རོང་ཟླ་ཁྲ་རྒྱལ་པོ་གསེར་རྫོང་བོད་དུ་ཕབ་པའི་གཏམ་སྟོད་ཆ།

2. 拉丁转写：

Gling ge sar rgyal po'i sgrung las zla gling g.yul 'gyed kha rong rgyal po gser rdzong bod du phab pa'i gtam, stod cha

3. 汉译名：

《卡容金宗》或《达岭之战之降伏达赤王》。

4. 故事内容提要：

卡容国盛产金子，国王是位法力高强的魔头，性格残暴，百姓在暴政之下受苦受难。

土蛇年三月，天神托梦格萨尔：卡容国的国王敢于同天神斗法，是个胆量非凡的魔王，现在是降伏卡容魔王的时候了，首先要夺取卡容的宝藏库，为众生造福。

5. 版本描述（字体、抄本、刻本风格、版心大小、材质）：

藏文草体，B5 稿纸本，每页 12 行。西藏《格萨尔》抢救办公室（稿纸）复印件。

6. 保存处及编号：

（1）原件保存处：西藏《格萨尔》抢救办公室

（2）1987 年编号：I291.47/1:74.1//000091

（3）2001 年编号：无

7. 版本说明（页码标记、残缺污浊页、翻译、出版）：

（1）总页码：289 页

（2）有全国《格》办藏书印章。

（3）未翻译

（4）异文本藏文未出版。

8. 著作者、搜集者与搜集地：

（1）著作者：曲扎艺人自写（ཆོས་གྲགས་ཀྱིས་བྲིས），1986 年 6 月 27 日。

（2）搜集者：不知

（3）搜集地：西藏

（4）搜集时间：1987

（5）复印时间：1987

9. 其他：

艺人曲扎自写本。估计为 1987 年全国《格》出版规划会提供，或 1992 年"优秀艺人本出版项目"提供。

@61 《卡容金宗》（下册）

1. 藏文全题名：

གླིང་གེ་སར་རྒྱལ་པོའི་སྒྲུང་ལས་ཟླ་གླིང་གཡུལ་འཉེད་ཁ་རོང་རྒྱལ་པོ་གསེར་རྫོང་བོད་དུ་ཕབ་པའི་གཏམ་སྨད་ཆ།

2. 拉丁转写：

Gling ge sar rgyal po'i sgrung las zla gling g.yul 'gyed kha rong rgyal po gser rdzong bod du phab pa'i gtam，smad cha

3. 汉译名：

《卡容金宗》，或《达岭之战之降伏达赤王》。

4. 故事内容提要：

按照神的旨意，岭国兵马到朗日国。岭国勇士们斗志昂扬，先后降伏了卡容魔臣和国王等人，将魔法横行的地方变为佛法昌盛的地方。将卡容的宝藏海螺、水晶、金子等各种珍贵物品送给空行母；宝藏的核心如意宝和玉石宝瓶、金灯、宝剑等宝物分别送给东方阿尼玛沁, 南方班日白扎, 西方雅拉香布, 汉地的峨眉山, 察瓦绒的古拉昂雅, 噶堆地方的觉卧噶, 上部玛域的阿麦玉泽等山神收藏。让 21 位修行者和长寿王兄弟看守这些宝物, 其余宝物全部带回岭国。

5. 版本描述（字体、抄本、刻本风格、版心大小、材质）：

藏文草体, B5 稿纸本, 每页 12 行。西藏社会科学院西藏《格萨尔》抢救办公室（稿纸）复印件。

6. 保存处及编号：

（1）原件保存处: 西藏《格萨尔》抢救办公室。

（2）1987 年编号: I291.47/1:74.2//000092

（3）2001 年编号: 无

7. 版本说明（页码标记、残缺污浊页、翻译、出版）：

（1）总页码: 290—659 页。

（2）有全国《格》办藏书印章。

（3）未翻译

（4）异文本藏文未出版。

8. 著作者、搜集者与搜集地：

（1）著作者: 曲扎艺人自写（ཚོས་གྲགས་རང་བྲིས།）, 1986 年 6 月 29 日。

（2）搜集者: 不知

（3）搜集地: 西藏

（4）搜集时间: 1987

（5）复印时间: 1987

9. 其他：

艺人曲扎自写本。估计为 1987 年全国《格》出版规划会提供, 或 1992 年"优秀艺人本出版项目"提供。

@62 《白惹山羊宗》

1. 藏文全题名：

སྦས་ར་ར་རྫོང་།།

2. 拉丁转写：

Sbas ra ra rdzong

3. 汉译名：

《白惹山羊宗》, 或《培惹》《比热山羊宗》。

4. 故事内容提要：

岭国降伏祝古兵器宗三年后，得到姑母南曼噶姆预言，派兵去降伏米努丝绸宗。岭军途径白惹边境时，受到前来岭营谈判的白惹大臣噶吾班觉等人挑衅，进而两国爆发了战争。

格萨尔千方百计首先射杀了热赞三兄弟的寄魂牛和寄魂虎，减少了他们的魔力。白惹君臣们竭尽全力与岭军拼杀，打死了仁钦达鲁等岭军很多将士，但终因寡不敌众，退回到王宫里死守。白惹赞巴瓦托杰和热魔玉珠扎巴二人多次闯进岭营，杀伤不少岭军，但最后被岭军乱箭射杀。热扎喜达玉梅请苯教上师阿琼来助阵，但被岭军砍死，热扎喜达自己也无路逃生，被姜国王子玉拉等岭军俘获，押送到岭地作为人质。白惹国王的王宫卡顶琼宗被岭军攻占，许多极其宝贵的珍宝被岭军抢夺，作为这场战争的代价。将卡顶琼宗王宫改宗为供奉佛祖的庙宇，消灭异教，弘扬佛法，百姓们享受幸福安宁的日子。

5. 版本描述（字体、抄本、刻本风格、版心大小、材质）：

藏文草体，B5 稿纸本，每页 9 行。西藏《格萨尔》抢救办公室（稿纸）复印件

6. 保存处及编号：

（1）原件保存处：西藏《格萨尔》抢救办公室

（3）1987 年编号：I291.47/1:41//000093

（4）2001 年编号：无

7. 版本说明（页码标记、残缺污浊页、翻译、出版）：

（1）总页码：966 页（第 22 册末页）

（2）共 28 册，缺 23—28 册。共 22 盘磁带（22 小时）。

（3）未翻译

（4）异文本藏文出版：① 西藏，1993/2003；② 精选本，2006；③ 桑珠本，2003；④ 不丹，1981。

8. 著作者、搜集者与搜集地：

（1）著作者：桑珠艺人说唱

（2）笔录者：次旺抄录

（3）搜集地：西藏

（4）搜集时间：1987

（5）复印时间：1987

9. 其他：

艺人桑珠说唱本。估计为 1987 年全国《格》出版规划会提供，或 1992 年"优秀艺人本出版项目"提供。

@63 《欣喀药宗》

1. 藏文全题名：

གླིང་གེ་སར་རྒྱལ་པོའི་སྒྲུང་ཁ་ཁའི་སྨན་རྫོང་།

2. 拉丁转写：

Gling ge sar rgyal po'i sgrung，shing kha'i sman rdzong

3. 汉译名：

《欣喀药宗》。

4. 故事内容提要：

岭王降伏十八大宗后，白梵天王、玛乃乃、莲花生大师给格萨尔降下预言，要他征服欣喀国，取回欣喀国的吉祥药物福运。岭国军队与欣喀国之间交战六年，最终岭国战胜了欣喀国，征服了欣喀国王，欣喀国王妃和几名大将投降，另一些敌将战败后逃跑，格萨尔取回了药物福运，使黑暗的欣喀国受到了佛法的沐浴。

5. 版本描述（字体、抄本、刻本风格、版心大小、材质）：

藏文草体，B5 稿纸本，每页 9 行。西藏《格萨尔》抢救办公室（稿纸）复印件。

6. 保存处及编号：

（1）原件保存处：西藏《格萨尔》抢救办公室

（3）1987 年编号：I291.47/1:118//000094

（4）2001 年编号：无

7. 版本说明（页码标记、残缺污浊页、翻译、出版）：

（1）总页码：1734 页（第 19 册末页）

（2）共 23 册，缺 20—23 册，共 23 个磁带（23 小时）。

（3）未翻译

（4）异文本藏文未出版。

8. 著作者、搜集者与搜集地：

（1）著作者：玉梅艺人说唱（གཡུ་སྒྲོལ། 1959 年出生，那曲索县艺人）

（2）笔录者：次旺抄录

（3）搜集地：西藏

（4）搜集时间：1987

（5）复印时间：1987

9. 其他：

（1）艺人玉梅说唱本。估计为 1987 年全国《格》出版规划会提供，或

1992 年"优秀艺人本出版项目"提供。

（2）有"1985 年 11 月 6 日交来"字样。

（3）玉梅，十五六岁时梦中得授《格萨尔》史诗，拥有父亲的艺人帽（其父洛达为著名艺人，曾为热振活佛说唱过《格萨尔》史诗），1981 年被聘为西藏《格》办说唱艺人，受过扎巴艺人的教导。扎巴艺人去世后（1986年），由于个人生活不幸经历、身体病痛以及城市生活的影响等，其说唱史诗出现衰微、混乱等现象。

（4）能够说唱 84 部，已录音 34 部（2003 年为止），其中《诞生》（འཁྲུངས་གླིང་）、《加擦诞生》（རྒྱ་ཚ་འཁྲུངས་རབས་）、《戎察诞生》（རོང་ཚ་འཁྲུངས་རབས་）、《魔岭》（བདུད་གླིང་）、《亭岭》（མཐིང་གླིང་མཚོན་གཡང་）、《塔岭之战》（མཐའ་གླིང་གཡུལ་འབྱེད་）、《且岭武器（机器）宗》（ཕྱི་གླིང་མཚོན་གཡང་འཕྲེང་རོང་）、《郭尔卡药（羊羔）宗》（གོར་ཁ་སྨན་གྱི་རྫོང་）、《扭喀木材宗》（སྨྱུག་ཤིང་རྫོང་）、《欣喀药宗》（ཤིང་ཁའི་སྨན་རྫོང་）、《曲拉生铁（粮食）宗》（ཆུ་ར་ཟོང་）、《达则珍珠宗》（སྟག་ཚེ་མུ་ཏིག་རྫོང་）、《当戎水晶宗》（སྨུག་རོང་ཤེལ་རྫོང་）、《雪神神变王鱼宗（鱼宗?）》（གངས་ལྷ་འཕྲུལ་གྱི་ཉ་རྫོང་）、《穆卡玉宗》（སྨུག་ཁ་གཡུ་རྫོང་）、《西南罗刹花宗》（ཕྱུ་རུ་སྲིན་པོའི་མེ་ཏོག་རྫོང་）、《聂荣水晶宗》（ཉག་རོང་ཤེལ་རྫོང་）等部已做过录音转字或笔录。出版有《牛卡木材宗》（སྨྱུག་ཤིང་རྫོང་）（西藏社会科学院独家本，西藏古籍社，2011）；《亭岭武器福运宗》（མཐིང་གླིང་མཚོན་གཡང་）正在整理中。

@64　《白惹茶宗》（上册之上）

1. 藏文题名：

གེ་སར་རྒྱལ་པོའི་སྒྲུང་བྷེ་གླིང་གཡུལ་འཁྲུགས་དཔའ་བོའི་སྙིང་ལ་དགའ་བའི་དཔལ་སྟེར་བདུད་ནག་ཕྱེ་མར་འཐག་པའི་མཚོན་རྣོན་བཞུགས་སོ། བྷེ་གླིང་སྟོད་ཆ་ཕྱེད་ཀའི་འགོ་མ།

2. 拉丁转写：

Ge sar rgyal po'i sgrung bhe gling g.yul 'khrugs dpa' bo'i snying la dga' ba'i dpal ster bdud nag phye mar 'thag pa'i mtshon rnon bzhugs so，bhe gling stod cha，phyed ka'i 'go ma

3. 汉译名：

《白惹茶宗》，或《白岭之战》《白哈日茶宗》。

4. 故事内容提要：

在杂日国南面，靠近大海的地方有一个白哈日国或称做白惹国。此国所领属部落众多，军队强大，都城玛霞江宗城堡雄伟高大。其四方有四座城堡，东方玉狮城，南方威虎城，西方共命鸟幻化城，北方碧玉蟾蜍城。此外，大小城堡围绕此城，不计其数。国王赤赞信仰外道，性格残暴，不可一世。其大臣、猛将勇猛无敌。

5. 版本描述（字体、抄本、刻本风格、版面大小、材质）：

藏文乌金体与草体，乌金体 10 行，草体 14 行，B5 稿纸本，手抄原件。

6. 保存处及编号：

（1）原件保存处：全国《格萨尔》办公室

（3）1987 年编号：无

（4）2001 年编号：无

7. 版本说明（页码标记、残缺污浊页、翻译、出版）：

（1）总页码：211 页。

（2）青百 1983.1 稿纸 1—137 页；果洛藏族自治州人民政府翻译科翻译
稿纸 138—211 页。正楷 1—23 页，草书 23—211 页。

（3）未翻译。

（4）异文本藏文出版：青海，1989。

8. 著作者、搜集者与搜集地：

（1）著作者：喇嘛洛保（ཀློ་བཟང་ཐབས་མཁས། 甘德县夏日乎寺 ཧར་ཞོད་དགོན།）

（2）搜集者：果洛《格》办

（3）搜集地：果洛

（4）搜集时间：1987

9. 其他：

（1）稿纸原件一册。

（2）估计为 1987 年全国《格》出版规划会提供。

（3）其他信息可参见附录果洛《格萨尔》办公室收藏本目录 07。

@65 《白惹茶宗》（上册之下）

1. 藏文题名：

གེ་སར་རྒྱལ་པོའི་སྒྲུང་བྷེ་གླིང་གཡུལ་འཁྲུགས་དཔའ་བོའི་སྙིང་ལ་དགའ་བའི་དཔལ་སྟེར་བདུད་ནག་ཕྱེ་མར་འཐག་པའི་མཚོན་རྣོན་བཞུགས་སོ། །བྷེ་གླིང་སྟོད་ཆ་ཕྱེད་ཀའི་མཇུག་མ།

2. 拉丁转写：

Ge sar rgyal po'i sgrung bhe gling g.yul 'khrugs dpa' bo'i snying la dga'
ba'i dpal ster bdud nag phye mar 'thag pa'i mtshon rnon bzhugs so，bhe gling
stod cha，phyed ka'i mjug ma

3. 汉译名：

《白惹茶宗》，或《白岭之战》《白哈日茶宗》。

4. 故事内容提要：

一次，达戎部落小将去往白惹国，由于恃才自傲，被白惹国将所杀。

引起了岭国与白惹国战争。此时，天母南曼嘉姆给格萨尔大王降下预言：到了降伏白惹国，打开茶宗的时候。于是格萨尔大王派女英雄阿达鲁姆与丹玛大将带领岭国军队讨伐。白惹国猛将顽强抵抗，最后格萨尔大王领兵亲征，摧毁了白惹王的寄魂石、寄魂虎等，最后降伏了白惹赤赞王，打开了茶宗为主的众多宝藏。

5. 版本描述（字体、抄本、刻本风格、版面大小、材质）：

藏文乌金体与草体，乌金体 14 行，草体 14 行，B5 稿纸本，手抄原件。

6. 保存处及编号：

（1）原件保存处：全国《格萨尔》办公室

（3）1987 年编号：无

（4）2001 年编号：无

7. 版本说明（页码标记、残缺污浊页、翻译、出版）：

（1）总页码：79 页。

（2）果洛藏族自治州人民政府翻译科翻译稿纸。正楷 1—5 页，9—35 页，67—70 页，112 页；草书 7—8 页，36—66 页，71—79 页。

（3）未翻译。

（4）异文本藏文出版：青海，1989。

8. 著作者、搜集者与搜集地：

（1）著作者：喇嘛洛保（ᨅᨌᨅᨋᨅᨌᨌᨌᨌ 甘德县夏日乎寺 ᨌᨌᨌᨌᨌ）

（2）搜集者：果洛《格》办

（3）搜集地：果洛

（4）搜集时间：1987

9. 其他：

（1）稿纸原件一册。

（2）估计为 1987 年全国《格》出版规划会提供。

（3）其他信息可参见附录果洛《格萨尔》办公室收藏本目录 07。

66　《北方红缨宗》

1. 藏文全题名：

ᨄᨌᨌᨌᨌᨌᨌᨌ

2. 拉丁转写：

Byang 'phru dmar rdzong

3. 汉译名：

《北方红缨宗》，或《征服北方红缨宗》《绛楚玛波》。

4. 故事内容提要：

格萨尔 82 岁时，北方绸玛尔国王鲁森沃纳向岭国进犯。格萨尔遵照天神预言，派遣丹玛等勇士带领军队前去征服。两军经过多次战役，最终丹玛用箭射死了北方绸玛尔国国王鲁森沃纳。格萨尔拥立了绸玛尔国南吉赤赞为新国王，打开了北方缨缨宝库，将红缨宝带回了岭国。

5. 版本描述（字体、抄本、刻本风格、版心大小、材质）：

藏文草体，长条抄本，每页 7 行，44cm×7.6cm，复印件，复印于现代纸。

6. 保存处及编号：

（1）原件保存处：西藏《格》办

（2）复印件保存处：中国社会科学院民族文学所资料室

（3）1987 年编号：I291.47/1/1//000095

（4）2001 年编号：I291.47/GH/31

7. 版本说明（页码标记、残缺污浊页、翻译、出版）：

（1）总页码：252 页

（2）存 1 卷，标点符号为伏藏文标点。

（3）借于 1985 年 11 月 6 日（为 1987 年史诗审稿会用）

（4）未翻译

（5）未出版

8. 著作者、搜集者与搜集地：

（1）著作者：未知

（2）搜集者：不知

（3）搜集地：不知

（4）搜集时间：1985

（5）复印时间：1987

9. 其他：

有印章，黄布与白色带子包裹。

#67 《突厥兵器宗》

1. 藏文全题名：

གྲུ་གུའི་གོ་རྩོང་།

2. 拉丁转写：

gru gu go rtshong

3. 汉译名：

《突厥兵器宗》，或《祝古国宗》《祝古兵国》《祝古兵器宗》《朱孤兵器宗》《朱古之战》《竹岭之战》。

4. 故事内容提要：

突厥国王托桂穆德赞意欲武力抢夺藏王的释迦牟尼佛像。他派其所属齐堆的四个部落前去完成此项任务。齐堆射箭信恐吓藏王马上送交释迦牟尼佛像。藏王向岭国扎拉王子求救。岭王格萨尔通过侦察得知征服突厥，必先要征服突厥齐堆。于是下令王子扎拉率军讨伐。东突厥大军节节败北，溃不成军。突军部将个个死于岭刀之下，突王齐堆也成了扎拉王子的刀下鬼，岭军大获全胜。灭了东突还有南突。岭王率部南下，突厥大臣向阿伦独眼鬼和青海求助。岭军大举进攻，南突败退。阿伦独眼鬼和突厥托桂王最终也被格萨尔王征服。

格萨尔遵照天神预言，派四位大臣前往青海，让青海王管辖突厥都城，治理国家，宏扬佛法，造福突厥众生。格萨尔到突厥讲经说法，教育人们弃恶从善。青海王感激岭王的大恩，打开突厥宝库，献上了兵器等宝物。

5. 版本描述（字体、抄本、刻本风格、版心大小、材质）：

藏文草体，长条抄本，每页 5 行，外沿尺寸 9.5cm×28.5cm，字迹尺寸7cm×23.1cm，复印件，复印于现代纸。

6. 保存处及编号：

（1）原件保存处：中央民族学院（现中央民族大学）图书馆

（2）复印件保存处：中国社会科学院民族文学所资料室

（3）1987 年编号：I291.47/1/30//000097

（4）2001 年编号：无

7. 版本说明（页码标记、残缺污浊页、翻译、出版）：

（1）总页码：274 页

（2）存 1 卷，缺结尾。

（3）未翻译

（4）异文本藏文出版：① 西藏，1988、1989；② 甘肃，1984、1986；③ 精选本，2013；④ 桑珠本，2011；⑤ 印度（达兰姆萨拉），1982、1983、1984、1985；⑥ 不丹，1981；⑦ 民族出版社，2015。

8. 著作者、搜集者与搜集地：

（1）著作者：未知

（2）搜集者：不知

（3）搜集地：不知

（4）搜集时间：1987

（5）复印时间：1987

9. 其他：

有印章，黄布与白色带子包裹。

#68 《羊同珍珠宗》

1. 藏文全题名：

འཛམ་གླིང་གེ་སར་ཆེན་རྒྱལ་པོའི་ངོ་མཚར་རྟོགས་པ་བརྗོད་ལས་ཞིང་གླིང་གཡུལ་འཁྲུགས་མུ་ཏིག་རྫོང་ཆེན་ཕབ་ཚུལ་བཞུགས་སོ།།

2. 拉丁转写：

'dzam gling ge sar rgyal po'i gtam brjod las zhing gling g.yul 'khrugs mu tig rdzong chen phab tshul bzhugs so

3. 汉译名：

《羊同珍珠宗》，或《象雄珍珠宗》《祥岭珍珠之战》《征服象雄珍珠国》《香雄珍珠宗》《向雄珍珠宗》。

4. 故事内容提要：

羊同苯教王伦珠扎巴的 16 个商人去汉地经商途中扎营在达戎晁同的草原上，晁同派儿子们抢劫并杀死了商人。羊同国君臣通过向苯教喇嘛求教得知了事情原委。羊同王派将兵抢回所夺之物并杀掉了达戎部落不少人马。晁同向格萨尔王请求派岭军替他报仇。

此时，天神了也预言格萨尔到了征服羊同珍珠宗的时机。格萨尔下令三军追击羊同人马，自己率军出师大食。羊同王被格萨尔消灭。格萨尔打开了直插云霄的白崖狮子天宗，取出了各种金银财宝。格萨尔将财宝运回军营分给了将士。在羊同制定了十善之法，将苯教改为佛教，把外道的恶经抛入河中。格萨尔任命曲珠大臣为羊同十八方的首领。

5. 版本描述（字体、抄本、刻本风格、版心大小、材质）：

藏文草体，长条抄本，每页 8 行，36.8cm×7.6cm，复印件，复印于现代纸。

6. 保存处及编号：

（1）原件保存处：中央民族学院（现中央民族大学）图书馆

（2）复印件保存处：中国社会科学院民族文学所资料室

（3）1987 年编号：000099

（4）2001 年编号：无

7. 版本说明（页码标记、残缺污浊页、翻译、出版）：

（1）总页码：211 页

（2）存 2 卷，137 叶。

（3）异文本汉文翻译：① 马宏武译，甘肃，2006；② 角巴东主主编，高等教育出版社，2011。

（4）异文本藏文出版：① 西藏，1982；② 甘肃，1984；③ 青海，1984；④ 扎巴本，2007；⑤ 桑珠本，2008；⑥ 印度（达拉姆萨拉），1984；⑦ 不丹，1981。

8. 著作者、搜集者与搜集地：

（1）著作者：未知

（2）搜集者：不知

（3）搜集地：不知

（4）搜集时间：1987

（5）复印时间：1987

9. 其他：

有印章，黄布与白色带子包裹。

#69 《大食财宗》

1. 藏文全题名：

སྟག་གཟིག་ནོར་བུའི་གཡང་རྫོང་འབེབས་པའི་ཕྱོགས་བཞུགས་སོ།།

2. 拉丁转写：

stag gzig nor bu'i g.yang rdzong　phab pa'i phyogs bzhugs so.

3. 汉译名：

《大食财宗》，或《大食财宝城》《达惹诺宗》《大食诺宗》《大食宝宗》《大食之战》《达岭之战》《征服大食》。

4. 故事内容提要：

晁同盗走大食国宝马，大食国派兵进攻达戎部落。达戎部落不敌大食国，请求格萨尔大王出兵援助。天神预言格萨尔，到了征服大食财宗的时机。格萨尔与群臣商讨对敌策略，岭军出国，与敌交战。格萨尔向阿扎桑堆米巧堆嘎派了三个撒达。三个撒达征服了大食国宝和红崖大鹏宗，夺取了如意宝贝，最终打败大食君臣，攻取了大食财宗。

5. 版本描述（字体、抄本、刻本风格、版心大小、材质）：

藏文草体，长条抄本 ，每页 7 行，36.8cm×7.6cm，复印件，复印于现代纸。

6. 保存处及编号：

（1）原件保存处：中央民族学院（现中央民族大学）图书馆

（2）复印件保存处：中国社会科学院民族文学所资料室

（3）1987 年编号：I291.47/1/17//98

（4）2001 年编号：无

7. 版本说明（页码标记、残缺污浊页、翻译、出版）：

（1）总页码：392 页

（2）存 1 卷，缺 77 叶，中央民族学院图书馆收藏印 0629

（3）异文本汉文翻译：角巴东主等编校，高等教育出版社，2011。

（4）异文本藏文出版：① 西藏，1979 年；② 甘肃，1979；③ 精选本，2002；④ 印度（大吉岭），1966；⑤ 印度（新德里），1976；⑥ 印度（岗托克），1983；⑦ 不丹，1981。

8. 著作者、搜集者与搜集地：

（1）著作者：未知

（2）搜集者：未知

（3）搜集地：未知

（4）搜集时间：1987

（5）复印时间：1987

9. 其他：

有印章，黄布与白色带子包裹。

#70 《丹玛青稞宗》

1. 藏文全题名：

ཆོས་ཀྱི་རྒྱལ་པོ་སེང་ཆེན་ནོར་བུ་དགྲ་འདུལ་གྱི་རྣམ་ཐར་ནོར་བུའི་དྲ་བ་ལས་འདན་གྱི་ནས་རྫོང་ཕབས་པའི་གཏམ་རྒྱུད་བཻ་ཌཱུརྱ་རླུང་མར་ཅེས་བྱ་བ་བཞུགས་སོ།།

2. 拉丁转写：

chos kyi rgyal po seng chen nor bu dgra 'dul gyi rnam thar nor bu'i drwa b las 'dan gyi nas rdzong phabs pa'i gtam rgyud bēd'urya rlung mar ces bya ba bzhugs so.

3. 汉译名：

《丹玛青稞宗》。

4. 故事内容提要：

岭国的总管荣蔡叉根知道了在岭国共有财产文书中所预言的要格萨尔征服丹玛青稞宗的时机已来临。他想，格萨尔诞生之前，世界的总体状况是：雨雪无季节，连年闹灾荒，这在雪域更为突出，尤其是岭国的土地，不按季下雨，举国旱情重重，再加上霜灾、雹灾和虫灾的袭击，连年饥荒连年灾。他想，格萨尔的诞生是岭国吉瑞幸福的祥兆。因此，必须把用法术征服丹玛赤尕王、攻取青稞宗、造福岭国的事告诉格萨尔，这样格萨尔就会大发慈悲，拯救挣扎在水深火热之中的岭民。

格萨尔接受了总管的建议，同晁同一道来到了丹玛，征服了丹玛赤尕王，与梅朵鲁古措公主建立了友好关系，接收了青稞宝库，让君臣们信奉佛法。他们征服了山神。从此雪域摆脱了饥荒，人们过上了幸福的生活。岭人把青稞宗的青稞宝藏运到了岭国。

5. 版本描述（字体、抄本、刻本风格、版心大小、材质）：

藏文草体（乌米百措体），长条抄本，每页 8 行，32cm×8cm，复印件，复印于现代纸。

6. 保存处及编号：

（1）原件保存处：中央民族学院（现中央民族大学）图书馆

（2）复印件保存处：中国社会科学院民族文学所资料室

（3）1987 年编号：I291.47/1/7/000100

（4）2001 年编号：无

7. 版本说明（页码标记、残缺污浊页、翻译、出版）：

（1）总页码：513 页（258 叶）

（2）存 1 卷，缺 55、149、150 页。

（3）异文本汉文翻译：角巴东主主编，高等教育出版社，2011。

（4）异文本藏文出版：①青海，1989； ②精选本，2013；③川《格》丛书 10，2014。

8. 著作者、搜集者与搜集地：

（1）著作者：阿玉达杂 （ཨ་ཡུ་ད་ཛ་མཛད）

（2）搜集者：未知

（3）搜集地：未知

（4）搜集时间：1987

（5）复印时间：1987

9. 其他：

有印章，黄布与白色带子包裹。

71 《下粟特铠甲宗》

1. 藏文全题名：

སོག་སེར་པོའི་ཏ་རྫོང་།སོག་སྨད། /སོག་སེར་པོའི་ཏ་རྫོང་ཕབ་པའི་ལེའུ་བཞུགས་སོ།

2. 拉丁转写：

sog ser po'i rta rdzong(sog smad)，or(sog ser po'i rta rdzong phab pa'i le'u bzhugs so)

3. 汉译名：

《下粟特铠甲宗》，或《索麦铠、玉宗》《下索波铠、玉宗》《下蒙古铠甲宗》《上粟特马宗》。

4. 故事内容提要：

常年征战，格萨尔感到厌倦，于是整日与众位妃子享乐。天神降给他旨意，让他去降伏索波马宗，他却不执行。众神们商讨后，便决定向索波国施放恶咒，索波国受到巨大灾难，通过占卜以为是岭国所为，报复施咒，导致岭国受难，于是两国开战。

精通幻术的晁同施法，放出神箭飞向索波国。索波国国王诚心投降，但两个王子却坚决要与格萨尔一决雌雄，于是施展幻术与岭军交战，没想到幻术被识破，索波国的大王子拉吾被玉拉杀死，二王子仁钦灰溜溜地躲到了下索波铠甲城。

格萨尔王传信如果仁钦回到索波马宗，自己会宽恕他，仁钦在家臣的劝说下回到了索波马宗，在他的父王娘赤陪同下，向格萨尔王请罪，格萨尔依言宽恕了他。

格萨尔降伏了索波马宗，准备班师回国。此时天神启示他应该去降伏下索波铠甲城，但格萨尔懒惰了，厌倦征战，想要回到天界无忧无虑地生活，众位天神劝诫他，并且告诉他所有天神与他同在，会帮助他，他还应继续解救生活在水深火热中的百姓们。格萨尔十分惭愧，于是依言去降伏下索波铠甲城，解救一方百姓，并且将得到的财宝分给众人，人们的生活更加富足了。

5. 版本描述（字体、抄本、刻本风格、版心大小、材质）：

藏文草体，长条抄本，每页 8 行，36.8cm×7.6cm，复印件，复印于现代纸。

6. 保存处及编号：

（1）原件保存处：中央民族学院（现中央民族大学）图书馆

（2）复印件保存处：中国社会科学院民族文学所资料室

（3）1987 年编号：//000101

（4）2001 年编号：I291.47/GH/35

7. 版本说明（页码标记、残缺污浊页、翻译、出版）：

（1）总页码：527 页（265 叶）

（2）存 1 卷、残缺。开篇说格萨尔征服了 སྨད་ག་ཞེའི་རྒྱང་ 后把 ཨ་ཀར་ 变成了佛法地。

（3）未翻译

（4）异文本藏文出版：①印度（达拉姆萨拉），1984；②不丹，1981。

8. 著作者、搜集者与搜集地：

（1）著作者：觉翁玛尼（རྒྱུད་དབོན་མ་ཎི）

（2）搜集者：不知

（3）搜集地：不知

（4）搜集时间：1987

（5）复印时间：1987

9. 其他：

（1）有印章，黄布与白色带子包裹。此次根据开篇提到已征服了上粟特，然后准备征服下粟特，判定为《下粟特铠甲宗》。

（2）2001 年重新编目时误译为《果多马宗》（འགོག་དོ་ད་རོང་）。

#72 《孟岭大战》

1. 藏文全题名：

འཛམ་གླིང་གེ་སར་རྒྱལ་པོའི་རྟོགས་བརྗོད་ལས་ལྷོ་གླིང་གཡུལ་འགྱེད་དཔའ་བོའི་སྙིང་གི་དགའ་སྟོན་ཞེས་བྱ་བ་བཞུགས་སོ།།

2. 拉丁转写：

'dzam gling ge sar rgyal po'i rtogs brjod las lho gling g.yul 'gyed dpa' bo'i snying gi dga' ston zhes bya ba bzhugs so.

3. 汉译名：

《孟岭大战》，或《门岭大战》《门岭之战》《洛岭之战》《征服闷城》《岭国与门国》《岭与慕域》《闷岭之战》。

4. 故事内容提要：

岭国灭了姜国萨丹王以后，在岭国王宫狮龙宫殿修行时，天神降下预言：到了降伏门国的时机。格萨尔变为一只渡鸦给晁同降下预言：组织达戎十八大军进攻门国报先前被抢夺财产之仇，并娶得门国公主为妻。晁同率领大军，一路消灭了辛赤王的九只魔鼠等敌国君臣的许多守护神。接着又歼灭了以古拉土杰为首的门国 80 个猛士和 1900 个勇士。

辛赤王危在旦夕，他打算放弃国家攀援天梯升天逃遁。格萨尔焚烧了堆卡迥如朗宗，使他一命鸣呼。门国公主梅朵拉泽投诚岭国，并用箭射开白米宗，岭国将士取得白米凯旋。格萨尔给门国臣民讲经说法，祛除了那里人们的邪念，使他们改变恶习，努力从善。格萨尔命冬迥拉赤嘎布为门国的国王。

5. 版本描述（字体、抄本、刻本风格、版心大小、材质）：

藏文草体，长条抄本，每页 8 行，36.8cm×7.6cm，复印件，复印于现代纸。

6. 保存处及编号：

（1）原件保存处：中央民族学院（现中央民族大学）图书馆

（2）复印件保存处：中国社会科学院民族文学所资料室

（3）1987 年编号：0000102

（4）2001 年编号：无

7. 版本说明（页码标记、残缺污浊页、翻译、出版）：

（1）总页码：753 页（377 叶）

（2）残缺，存 2 卷。

（3）异文本汉文翻译：① 王沂暖、余希贤译，甘肃，1986；② 嘉措顿珠译（扎巴本），西藏，1986、2013。

（4）异文本藏文出版：① 西藏（扎巴本），1980；② 青海，1982；③ 甘肃，1983；④ 四川，1982；⑤ 精选本，2002；⑥ 扎巴本，2013；⑦ 印度（拉瓦杂尔），1964；⑧ 不丹（帕罗），1980；⑨ 不丹（廷布），1981。

8. 著作者、搜集者与搜集地：

（1）著作者：觉翁布拉罗布

（2）搜集者：不知

（3）搜集地：不知

（4）搜集时间：1987

（5）复印时间：1987

9. 其他：

有印章，黄布与白色带子包裹。

#73 《雪山水晶宗》

1. 藏文全题名：

གངས་རི་ཤེལ་རྫོང་ཁབ་པའི་རྟོགས་བརྗོད་བཞུགས་སོ།།

2. 拉丁转写：

'dzam gling seng chen rgyal po'i rtogs brjod las gangs ri shel rdzong bzhugs so

3. 汉译名：

《雪山水晶宗》或《征服拉达克水晶国》《贡日水晶宗》。

4. 故事内容提要：

岗底斯拉达克旭奴嘎伍王向已被岭国降伏的白惹等国征税，白惹等国向岭国求救。此时，莲花生大师给格萨尔预言：通往雪山水晶宗的大道将要打开，要出兵征服雪山水晶国。格萨尔召集九国大军，联伐水晶国。联军兵分三路攻打：第一路由格萨尔率领，第二路由扎拉王子率领，第三路由玉拉托居尔率领。两军交火，战斗十分激烈。岭军消灭了雪山国五大汉，八十勇士。格萨尔先后征服了雪山国的君臣守护神。扎拉王子征服了北方扎木宗；格萨尔征服了西方扎铁宗；东方日扎那宗由玉拉征服。

最后，岭君臣来到雪山国都城，扔掉了城头上的魔幡旗，挂上了佛法胜利幡旗。格萨尔带领勇士们来到美丽的白岩前，开启了水晶宝藏。在运水晶的途中，亭容赤旭王挡住岭军道路。亭岭之战因此发生，岭军征服了亭王。亭容的山神以珊瑚宝为主的许多宝矿，献给国王，并附绸缎 7 匹。

5. 版本描述（字体、抄本、刻本风格、版心大小、材质）：

藏文草体，长条抄本，每页 8 行，36.8cm×7.6cm，复印件，复印于现代纸。

6. 保存处及编号：

（1）原件保存处：中央民族学院（现中央民族大学）图书馆

（2）复印件保存处：中国社会科学院民族文学所资料室

（3）1987 年编号：000103

（4）2001 年编号：无

7. 版本说明（页码标记、残缺污浊页、翻译、出版）：

（1）总页码：324 页（162 叶）

（2）未完

（3）异文本汉文翻译：① 意西泽珠、许珍妮译，四川，1988；② 角巴东主主编，高等教育出版社，2011。

（4）异文本藏文出版：① 四川，1982；② 扎巴本，2011；③ 精选本，2013；④ 印度（多兰吉），1983；⑤ 不丹，1981。

8. 著作者、搜集者与搜集地：

（1）著作者：未知

（2）搜集者：不知

（3）搜集地：不知

（4）搜集时间：1987

（5）复印时间：1987

9. 其他：

有印章，黄布与白色带子包裹。

#74 《迦湿弥罗绿松石宗》

1. 藏文全题名：

ཁ་ཆེ་གཡུལ་འཛིན།

2. 拉丁转写：

kha che g.yul rdzong

3. 汉译名：

《迦湿弥罗绿松石宗》或《征服卡契松石城》《卡契玉宗》《卡切玉宗》《岭与卡契》《卡且玉宗》。

4. 故事内容提要：

岭国西部卡契国国王赤丹路贝是罗刹转世，力大无穷，狂妄不可一世。9 岁继承王位，征服了尼婆罗国；18 岁时降伏了威卡国；27 岁，战胜了穆卡国，并强娶堆灿公主为妃。此后进一步东征西掠，周围的小邦国家均归他所属。赤丹还有一兄一弟。哥哥名鲁亚如仁，弟弟叫兴堆冬玛，兄弟二人是赤丹王为非作歹的得力帮凶。此外还有内大臣 74 人，外大臣 108 个，属民 42 万户。由于连年征战并未遇到对手，赤丹路贝便认为天下无敌了。

赤丹路贝年满 36 岁，王妃堆灿洛琚玛见赤丹如此得意，便怂恿他征服格萨尔，让赤丹尝尝苦头以报杀父灭国之仇。由王兄鲁亚如仁、大臣多桂梅巴和托尺布赞为首的三万大军，经过一个月的准备，开始向岭国进军。格萨尔得到天神预言，降伏卡契魔妖。双方第一次交战，格萨尔用幻术大败卡契军。到岭国与卡契交战到关键时刻，晁同投靠卡契军，把岭国的情况、作战的部署统统告诉了鲁亚如仁。

卡契大军靠晁同的隐身木，绕过岭营，来到岭仲系文布氏的夏季牧场阿吉达塘扎营。晁同的叛变行为被格萨尔识破，他将计就计，大败卡契军，打开了卡契的宝物门。格萨尔王召集卡契的降臣降将以及众百姓，将部分财产留给他们。卡契王子只有 5 岁，所以格萨尔要老臣贞巴让协管国事。

5. 版本描述（字体、抄本、刻本风格、版心大小、材质）：

藏文草体，长条抄本，每页 8 行，36.8cm×7.6cm，复印件，复印于现代纸。

6. 保存处及编号：

（1）原件保存处：中央民族学院（现中央民族大学）图书馆

（2）复印件保存处：中国社会科学院民族文学所资料室

（3）1987 年编号：000104

（4）2001 年编号：无

7. 版本说明（页码标记、残缺污浊页、翻译、出版）：

（1）总页码：284 页

（2）存 1 卷，缺封面。

（4）异文本汉文翻译：① 王沂暖、上官剑壁译，甘肃，1984；② 角巴东主主编，高等教育出版社，2011。

（5）异文本藏文出版：① 西藏，1979；② 精选本，2003；③ 印度（德里？）1966；④ 印度（德里），1971；⑤ 不丹，1981。

8. 著作者、搜集者与搜集地：

（1）著作者：未知

（2）搜集者：不知

（3）搜集地：不知

（4）搜集时间：1987

（5）复印时间：1987

9. 其他：

有印章，黄布与白色带子包裹。

#75 《突厥兵器宗》（上册）

1. 藏文全题名：

འཛམ་གླིང་སྐྱོང་བའི་ཕོ་ལྷ་དམག་གི་རྒྱལ་པོའི་རྟོགས་བརྗོད་ལས་བྱང་བདུད་གྲུ་གུ་གཡུལ་རྒྱལ་སྟོབས་ཆེན་ཐོག་རྒོད་རྒྱལ་པོའི་ཡང་འབད་དབང་དུ་བསྟུས་ཤིང་ཀོ་མཚོན་གཡང་སུ་བླང་བའི་རྣམ་ཐར་ཡིད་འཕྲོག་སྙིང་གི་དགའ་སྟོན་ཞེས་བྱ་བ་བཞུགས་སོ།།

2. 拉丁转写：

'dzam gling skyong ba'i　pho lha ge sar dmag gi rgyal po'i rtogs brjod las byang bdud gru gu g.yul rgyal stobs chen thog rgod rgyal po'i yang ' bad dbang du bstus shing ko mtshon g.yang su blang ba'i rnam thar yid 'phrog snying gi dga' ston zhes bya ba bzhugs so.

3. 汉译名：

《突厥兵器宗》，或《祝古国宗》《祝古兵国》《祝古兵器宗》《朱孤兵器宗》《朱古之战》《竹岭之战》。

4. 故事内容提要：

突厥国王托桂穆德赞意欲武力抢夺藏王的释迦牟尼佛像。他派其所属齐堆的四个部落前去完成此项任务。齐堆射箭信恐吓藏王马上送交释迦牟尼佛像。藏王向岭国扎拉王子求救。岭王格萨尔通过侦察得知征服突厥，必先要征服突厥齐堆。于是下令王子扎拉率军讨伐。两军开始交火。最后，东突厥的大军节节败北，溃不成军。突军部将个个死于岭刀之下，突王齐堆也成了扎拉王子的刀下鬼，岭军大获全胜。

5. 版本描述（字体、抄本、刻本风格、版心大小、材质）：

藏文草体，长条抄本，每页 5 行，外沿尺寸 9.5cm×28.5cm，字迹尺寸 7cm×23.1cm，复印件，复印于现代纸。

6. 保存处及编号：

（1）原件保存处：中央民族学院（现中央民族大学）图书馆

（2）复印件保存处：中国社会科学院民族文学所资料室

（3）1987 年编号：I291.47/1/31.1//000105

（4）2001 年编号：无

7. 版本说明（页码标记、残缺污浊页、翻译、出版）：

（1）总页码：351 叶

（2）残缺，缺 323 页，存 1 卷。

（3）未翻译

（4）异文本藏文出版：① 西藏，1988、1989；② 甘肃，1984、1986；③ 精选本，2013；④ 桑珠本，2011；⑤ 印度（达兰姆萨拉），1982、1983、1984、1985；⑥ 不丹，1981；⑦ 民族出版社，2015。

8. 著作者、搜集者与搜集地：

（1）著作者：未知

（2）搜集者：不知

（3）搜集地：不知

（4）搜集时间：1987

（5）复印时间：1987

9. 其他：

有印章，黄布与白色带子包裹。

#76 《突厥兵器宗》（中册）

1. 藏文全题名：

བོད་གླིང་སྟག་གཟིགས་ཁ་འཐབ་ཀྱི་ཀྲུ་གུ་ཐོག་རྒོད་རྒྱལ་པོའི་གོ་རྫོང་གཡང་དུ་ལེན་པའི་རྣམ་ཐར་ལས་བར་འཁྲུགས་དཔའ་བོའི་དགའ་སྟོན་ཞེས་བྱ་བ་བཞུགས་སོ།།

2. 拉丁转写：

'bod gling stag gzigs kha 'thab kyi kru gu thog rgod rgyal po'i go rdzong g.yang du len pa'i rnam thar las bar 'khrugs dpa' bo'i dga' ston zhes bya ba bzhugs so.

3. 汉译名：

《突厥兵器宗》，或《祝古国宗》《祝古兵国》《祝古兵器宗》《朱孤兵器宗》《朱古之战》《竹岭之战》《岭与祝孤》。

4. 故事内容提要：

灭了东突还有南突。岭王认为降服南突刻不容缓。岭王重整旗鼓，率部南下，突厥大臣们慌手慌脚，向阿伦独眼鬼和青海求助。岭军大举进攻，南突的帮凶个个败退。阿伦独眼鬼和突厥的托桂王最终也死在英雄格萨尔的刀下。岭军大捷。

5. 版本描述（字体、抄本、刻本风格、版心大小、材质）：

藏文草体，长条抄本，每页 5 行，外沿尺寸 9.5cm×28.5cm，字迹尺寸 7cm×23.1cm，复印件，复印于现代纸。

6. 保存处及编号：

（1）原件保存处：中央民族学院（现中央民族大学）图书馆

（2）复印件保存处：中国社会科学院民族文学所资料室

（3）1987 年编号：I291.47/1/31.2//000106

（4）2001 年编号：无

7. 版本说明（页码标记、残缺污浊页、翻译、出版）：

（1）总页码：856 页

（2）残缺，存 1 卷。

（3）未翻译

（4）异文本藏文出版：① 西藏，1988、1989；② 甘肃，1984、1986；③ 精选本，2013；④ 桑珠本，2011；⑤ 印度（达兰姆萨拉），1982、1983、1984、1985；⑥ 不丹，1981；⑦ 民族出版社，2015。

8. 著作者、搜集者与搜集地：

（1）著作者：未知

（2）搜集者：不知

（3）搜集地：不知

（4）搜集时间：1987

（5）复印时间：1987

9. 其他：

有印章，黄布与白色带子包裹。

#77 《突厥兵器宗》（下册）

1. 藏文全题名：

གྲུ་གུ་གོ་རྫོང་གཡུལ་འཁྲུགས་ཀྱི་སྨད་ཆ་བཞུགས་སོ།།

2. 拉丁转写：

'gru gu go rdzong g.yul 'khrugs kyi smad cha bzhugs so

3. 汉译名：

《突厥兵器宗》，或《祝古国宗》《祝古兵国》《祝古兵器宗》《朱孤兵器宗》《朱古之战》《竹岭之战》《岭与祝孤》。

4. 故事内容提要：

格萨尔遵照神灵之旨，派四位大臣带去哈达、礼品前往青海，赏赐了青海王。让青海王管辖突厥都城，执掌朝政，治理国家，修缮突厥塔里寺，宏扬佛法，造福突厥众生。青海王达娃冬赛遵照岭国命令，前往突都，如令行事。他同岭国大臣一起，商量治国大策。格萨尔到突厥讲经说法，教育人们弃恶从善。青海王感激岭王的大恩，打开突厥宝库，献上了兵器等宝物。

5. 版本描述（字体、抄本、刻本风格、版心大小、材质）：

藏文草体，长条抄本，每页 5 行，外沿尺寸 9.5cm×28.5cm，字迹尺寸 7cm×23.1cm，复印件，复印于现代纸。

6. 保存处及编号：

（1）原件保存处：中央民族学院（现中央民族大学）图书馆

（2）复印件保存处：中国社会科学院民族文学所资料室

（3）1987 年编号：I291.47/1/31.3//000107

（4）2001 年编号：无

7. 版本说明（页码标记、残缺污浊页、翻译、出版）：

（1）总页码：277 页

（2）残缺，存 1 卷。

（3）未翻译

（4）异文本藏文出版：① 西藏，1988、1989；② 甘肃，1984、1986；③ 精选本，2013；④ 桑珠本，2011；⑤ 印度（达兰姆萨拉），1982、1983、1984、1985；⑥ 不丹，1981；⑦ 民族出版社，2015。

8. 著作者、搜集者与搜集地：

（1）著作者：未知

（2）搜集者：不知

（3）搜集地：不知

（4）搜集时间：1987

（5）复印时间：1987

9. 其他：

有印章，黄布与白色带子包裹。

#78 《上粟特马宗》

1. 藏文全题名：

ཀླུ་རྗེ་རྒྱལ་པོ་དང་དཔལ་བཅུག་ལ་རྣམ་ཐར་རྗེ་མ་མེད་པ་སྒྲིང་བཟུགས་པ་ཕྱི་དང་ཤར་སོག་ཤུ་བྱི་རྒྱལ་པོའི་ཏ་གཡང་པོ་དང་དཔལ་རྩལ་མཐའ་བཞིའི།

དམགས་དང་རྒྱལ་འདྲེ་འབྱུང་པོའི་ཁ་གཤོག་དགའ་བའི་ཡིད་ཀྱི་ཤིང་རྟ་ཞེས་བྱ་བ་བཞུགས་སོ།།

2. 拉丁转写：

sku rje rgyal po dang dpa' btul rnams kyi rnam thar dri ma med pa gling bstan pa phyi dar ltar sog lhu khri rgyal po'i rta g.yang bod du phab tshul mtha' bzhi'i dmags dang rgyal 'dre 'byung po'i kha gshog dga' ba'i yid kyi shing rta zhes bya ba bzhugs so.

3. 汉译名：

《上粟特马宗》，或《蒙古马城》《蒙古马国》《上蒙古马宗》《索波马宗》《索多马城》。

4. 故事内容提要：

雪山狮子国王的化身嘎玛扎巴去粟特的鲁赤经商时被杀，国王派人向岭国扎拉求救。扎拉王子认为嘎玛扎巴是自己的孩子，一定要替他报仇。此时，岭国女英雄阿达拉姆梦中得到天神预言：征服粟特马宗必须先由自己出兵。阿达拉姆率领的三万大军驻扎在阿格达娃大平原。此时粟特王也得到预示自己被杀的梦境，派人站岗放哨。结果此人被阿达拉姆降伏，获得了粟特王的信息。

格萨尔和扎拉王子率军出师。粟特国的将士们在与岭军作战中先后身亡。最后格萨尔降伏了粟特鲁赤王，任命比推·永朱其美为粟特国国王，并在粟特国制定十善佛法。粟特百姓过上了幸福的生活。格萨尔等岭国众英雄获得了粟特的诸多良马。

5. 版本描述（字体、抄本、刻本风格、版心大小、材质）：

藏文草体，长条抄本，每页 8 行，36.8cm×7.6cm，复印件，复印于现代纸。

6. 保存处及编号：

（1）原件保存处：中央民族学院（现中央民族大学）图书馆

（2）复印件保存处：中国社会科学院民族文学所资料室

（3）1987 年编号：000108

（4）2001 年编号：无

7. 版本说明（页码标记、残缺污浊页、翻译、出版）：

（1）总页码：142 叶

（2）存 1 卷（分两册，上册 70 叶，下册 72 叶）。

（3）未翻译

（4）异文本藏文出版：① 西藏，1992；② 扎巴本，1999；③ 精选本，2013；④ 印度（德拉敦），1978；⑤ 印度（达兰姆萨拉），1982；⑥ 不丹，1981。

8. 著作者、搜集者与搜集地：

（1）著作者：班觉抄写（ དཔལ་འབྱོར་གྱིས་བཤུས། 搜集？1960 年 6 月 19 日）

（2）搜集者：不知

（3）搜集地：西藏？德格？

（4）搜集时间：1987

（5）复印时间：1987

9. 其他：

有印章，黄布与白色带子包裹。

79　《分大食财》

1. 藏文全题名：

སྟག་གཟིག་ནོར་འགྱེད།

2. 拉丁转写：

stag gzig nor 'gyed

3. 汉译名：

《分大食财》，或《分大食牛》《达惹诺结》《达色施财》。

4. 故事内容提要：

根据白玛仁增整理、刊刻于 1661 年的木刻本重新刊印，搜集玉树等地流传的手抄本进行整理而成。

故事讲述格萨尔征服大食国后，打开大食财宝宗，将所获大食国财宝分封给岭国、霍尔国、魔国、姜国和门国，以及各有功之臣。并将大食国财宝之福禄分别埋藏于藏区各地，以利益藏族未来民众。

5. 版本描述（字体、抄本、刻本风格、版心大小、材质）：

藏文草体，长条抄本，每页 6 行，26cm×7.6cm，复印件，复印于现代纸。

6. 保存处及编号：

（1）原件保存处：丹玛江永慈诚

（2）复印件保存处：中国社会科学院民族文学所资料室

（3）1987 年编号：无

（4）2001 年编号：未编号

7. 版本说明（页码标记、残缺污浊页、翻译、出版）：

（1）总页码：61 页

（2）存 1 卷，丹玛江永慈诚整理抄写。

（3）异文本汉文翻译：① 李朝群译《达色施财》，西藏人民出版社，1985；② 王沂暖、王兴先译，甘肃人民出版社，1986；③ 丹玛江永慈诚、多杰坚赞、郭晓虹，民族音像出版社，2013。

（4）异文本藏文出版：① 西藏，1980、2010；② 四川（《取阿里金窟》合编），1981；③ 印度（德里），1967；④ 蒙古国（《格萨尔本生传》合编），1961；⑤ 丹玛江永慈诚、多杰坚赞、郭晓虹，民族音像出版社，2013。

8. 著作者、搜集者与搜集地：

（1）著作者：丹玛江永慈诚

（2）搜集者：才让道吉？

（3）搜集地：结古镇

（4）搜集时间：2001

（5）复印时间：2001

9. 其他：

（1）有印章，黄布与白色带子包裹。

（2）此部为才让道吉搜集送交所资料室。

80 《地狱救妻》

1. 藏文全题名：

འཛམ་གླིང་གེ་སར་རྒྱལ་པོའི་རྣམ་ཐར་ལས་དམྱལ་ལང་མིན་པ་རང་གསེལ་ཞེས་བྱ་བ་བཞུགས་སོ།།

2. 拉丁转写：

'dzam gling ge sar rgyal po'i rnam thar las dmyal lang min pa rang gsel zhes bya ba bzhugs so.

3. 汉译名：

《地狱救妻》，或《阿达拉姆》《阿德拉毛》《阿达鲁姆》。

4. 故事内容提要：

岭·格萨尔去汉地降伏魔妃时，其最英勇善战的妃子阿达拉姆请求一同前往，格萨尔给其讲述了此次行程的因缘后，并未带其去汉地。期间阿达拉姆病死，堕入地狱。格萨尔回国后，得知此事，前去地狱与阎罗王理论。阎罗王告知格萨尔，王妃阿达拉姆生前嗜杀成性，冤魂缠身而堕此地狱的道理。最后，格萨尔经阎王的指点，下至十八层地狱，终于在阿鼻地狱找到阿达拉姆，并将其搭救出来，同时还超度了十八亿亡灵随之同登极乐世界。

5. 版本描述（字体、抄本、刻本风格、版心大小、材质）：

藏文草体，长条抄本，每页 6 行，35cm×10cm，复印件，复印于现代纸。

6. 保存处及编号：

（1）原件保存处：青海《格》办

（2）复印件保存处：中国社会科学院民族文学所资料室

（3）1987 年编号：无

（4）2001 年编号：无

7. 版本说明（页码标记、残缺污浊页、翻译、出版）：

（1）总页码：137 页

（2）存 1 卷，原件搜集于 1958 年 9 月 5 日。

（3）异文本汉文翻译：角巴东主主编，高等教育出版社，2011。

（4）异文本藏文出版：① 青海，1983；② 丹增智华，2009；③ 洛桑奥赛，2011。

8. 著作者、搜集者与搜集地：

（1）著作者：未知

（2）搜集者：华甲、徐国琼

（3）搜集地：青海黄南州隆务寺

（4）搜集时间：2001（登录）

（5）复印时间：2001（登录）

9. 其他：

有印章，黄布与白色带子包裹。

81 《迦湿弥罗绿松石宗》

1. 藏文全题名：

མ་སང་སྐྱེས་བུའི་རྣམ་ཐར་ལས་ཁ་ཆེའི་གཡུ་རྫོང་……ངོ་མཚར་གཏམ་གྱི་……བཞུགས་སོ།།

2. 拉丁转写：

ma sang skyes bu'i rnam thar las kha che'i g.yu rdzong　ngo mtshar gtam gyi　bzhugs so

3. 汉译名：

《迦湿弥罗绿松石宗》，或《征服卡契松石城》《卡契玉宗》《卡切玉宗》《岭与卡契》《卡且玉宗》。

4. 故事内容提要：

岭国西部卡契国国王赤丹路贝是罗刹转世，力大无穷，狂妄不可一世。9 岁继承王位，征服了尼婆罗国；18 岁时降伏了威卡国；27 岁战胜了穆卡国，并强娶堆灿公主为妃。此后进一步东征西掠，周围的小邦国家均归他所属。赤丹还有一兄一弟。哥哥名鲁亚如仁，弟弟叫兴堆冬玛，兄弟二人是赤丹王为非作歹的得力帮凶。此外还有内大臣 74 人，外大臣 108 个，属民 42 万户。由于连年征战并未遇到对手，赤丹路贝便认为天下无敌了。

　　赤丹路贝年满 36 岁，王妃堆灿洛琚玛见赤丹如此得意，便怂恿他征服格萨尔，让赤丹尝尝苦头以报杀父灭国之仇。由王兄鲁亚如仁、大臣多桂梅巴和托尺布赞为首的三万大军，经过一个月的准备，开始向岭国进军。格萨尔得到天神预言，降伏卡契魔妖。双方第一次交战，格萨尔用幻术大败卡契军。到岭国与卡契交战到关键时刻，晁同投靠卡契军，把岭国的情况、作战的部署统统告诉了鲁亚如仁。

　　卡契大军靠晁同的隐身木，绕过岭营，来到岭仲系文布氏的夏季牧场阿吉达塘扎营。晁同的叛变行为被格萨尔识破，他将计就计，大败卡契军，打开了卡契的宝物门。格萨尔王召集卡契的降臣降将以及众百姓，将部分财产留给他们。卡契王子只有 5 岁，所以格萨尔要老臣贞巴让协管国事。

　　5. 版本描述（字体、抄本、刻本风格、版心大小、材质）：

　　藏文草体，长条本，每页 8 行，36.8cm×7.6cm，复印件，复印于现代纸。

　　6. 保存处及编号：

　　（1）原件保存处：不知

　　（2）复印件保存处：中国社会科学院民族文学所资料室

　　（3）1987 年编号：无

　　（4）2001 年编号：I291.47/GH/40

　　7. 版本说明（页码标记、残缺污浊页、翻译、出版）：

　　（1）总页码：516 页

　　（2）存 1 卷，无登录号。

　　（3）无"全国《格萨尔》资料中心"印章。

　　（4）异文本汉文翻译：① 王沂暖、上官剑壁译，甘肃，1984；② 角巴东主主编，高等教育出版社，2011。

　　（5）异文本藏文出版：① 西藏，1979；② 精选本，2003；③ 印度（德里？）1966；④ 印度（德里），1971；⑤ 不丹，1981。

　　8. 著作者、搜集者与搜集地：

　　（1）著作者：不知

　　（2）搜集者：不知

　　（3）搜集地：不知

　　（4）搜集时间：2001（登录）

　　（5）复印时间：2001（登录）

　　9. 其他：

　　有印章，黄布与白色带子包裹。

82 《穆古骡宗》

1. 藏文全题名：

གླིང་རྗེ་སྐྱེས་བུའི་རྣམ་ཐར་ལས་རྨུག་ཆུང་དྲེལ་གྱི་གཡང་རྫོང་འབེབ་སྐོར་ལེའུ་གསུམ་པ་དཔའ་བོ་སྙིང་གི་འཛུམ་རོལ་ཞེས་བྱ་བ་བཞུགས་སོ།

2. 拉丁转写：

Gling rje skyes bu'i rnam thar rmug chung drel g.yang rdzong 'beb skor le'u gsum pa dpa' bo snying gi 'dzum rol zhes by aba bzhugs so.

3. 汉译名：

《穆古骡宗》，或《木琼骡央宗》《穆古骡子宗》。

4. 故事内容提要：

格萨尔大王得到天母南曼噶姆预言，降伏穆古骡子城魔王，开启宝库并将宝贝骡子的"央"（福运）带回岭地的时机到来。于是，大王命各国急速调集十万人马，在王子扎拉的率领下，几十万大军走了七天，于吉年吉月的二十八日这一天，来到德拉查茂滩扎营。辛巴梅乳泽献计派使者去穆古，说岭国几十万大军要到东方嘉地去迎亲，路经此地，想借穆古的城堡休息七天。尼玛赞杰王愤怒异常，认为岭国是故意挑衅。尼玛赞杰王应允英雄章岭扎堆自荐，带十万穆古军出城查探虚实。扎拉知道尼玛赞杰王绝不会轻易答应让路，于是双方起了争斗。穆古兵将死伤无数，大将其梅白桑被活捉，穆古国国王尼玛赞杰将败将森格扎堆和岗察巴瓦发配到边远的日努曼杰荒滩，以示惩罚，并命鲁杰康松锁达、堆杰巧巴腊松、赞杰帕瓦岗纳三员猛将和各路首领，各率本部人马，前去抵挡岭军。大臣们也纷纷为森格扎堆等人求情。森格扎堆和岗察巴瓦二人觉得尼玛赞杰无情，带着手下的两万人马到岭营向扎拉王子投诚。

穆古王子晋美南卡决计替父王出征。图噶劲宗城被岭军占领。辛巴、曲珠和阿达拉姆等大将率军杀退了穆古大军 20 万。岭军开往查雅宗城，晋美被扎拉亲手活捉。穆古王尼玛赞杰誓死救出王子晋美，与扎拉王子大战，终不敌岭军大败而归。正当两军相持不下之际，雄狮大王格萨尔骑着江噶佩布飞到了森格劲宗王宫顶上，宝剑挥去，穆古王人头离体。穆古王尼玛赞杰一死，残余将士纷纷投降，开城迎接岭军。王妃偕赛卓玛和公主央珍曲措也向格萨尔投降。格萨尔带着晁同和穆古公主央珍曲措来到云隆德扎岩山，一起取穆古骡子宝藏。得到了骡子宝藏，格萨尔命辛巴去达茂宗城将穆古王子晋美接回王宫，并为王子举行登基典礼。公主央珍曲措将带回岭国，配予梅乳泽外甥隆拉觉德。

5. 版本描述（字体、抄本、刻本风格、版心大小、材质）：

藏文柏簇体，长条抄本，每页 8 行，38.3cm×6.6cm，复印件，复印于现代纸。

6. 保存处及编号：

（1）原件保存处：民族文化宫

（2）复印件保存处：中国社会科学院民族文学所资料室

（3）2001 年编号：I291.47/GH/41

7. 版本说明（页码标记、残缺污浊页、翻译、出版）：

（1）总页码：325 页

（2）存 1 卷，缺页。有少数民族文学所藏书印章。

（3）异文本汉文翻译：王沂暖译，甘肃，1988。

（4）异文本藏文出版：① 西藏，1982； ② 扎巴本，2008；③ 精选本，2010；④ 印度，（甘托克），1983；⑤ 不丹，1984。

8. 著作者、搜集者与搜集地：

（1）著作者：未知

（2）搜集者：不知

（3）搜集地：不知

（4）搜集时间：1987

（5）复印时间：1987

9. 其他：

（1）缩小复印为 A4（16 开）一册。

（2）1986 年编号及以后编号中不见。

83 《亭岭之战》

1. 藏文全题名：

མཐིང་གླིང་གཡུལ་འགྱེད།

2. 拉丁转写：

mthing gling g.yul 'gyed

3. 汉译名：

《亭岭之战》，或《香香药宗》《向象药城》。

4. 故事内容提要：

岭军降服雪山水晶国，返回岭国途中得到天神授记降服亭国时机成熟。岭军即刻重新调整，由神子扎拉泽嘉做先锋前往降服亭国。亭国国王达嘎朗杰素来作恶多端，手下勇士众多。其中佼佼者如鲁查崩然、鲁查杜董纳布、鲁查哈拉梅巴、鲁查达玛杜等。虽说对岭、格萨尔王及其属下众勇士的英勇骁战早有听闻，但还是不自量力要与岭国军队交战。战争中，鲁查达玛杜等被查香丹玛所杀、鲁查杜董纳布被嘎德所杀、鲁查哈拉梅巴被森达阿董所杀，见几位骁将均被岭国勇士所杀，亭国军队军心涣散、斗志全消，全军溃败纷纷投降。亭国国王达嘎朗杰见大势已去，最终向岭格萨尔王投降并承诺今后弃暗投明，不再作恶，真心归顺岭国，虔心向佛施善业。

5. 版本描述（字体、抄本、刻本风格、版心大小、材质）：

藏文草体，长条抄本，每页 8 行，26cm×7.5cm，手抄本原件。

6. 保存处及编号：

（1）原件保存处：中国社会科学院民族文学所资料室

（2）复印件保存处：中国社会科学院民族文学所资料室

（3）2001 年编号：I291.47/GH/17

7. 版本说明（页码标记、残缺污浊页、翻译、出版）：

（1）总页码：970 页

（2）存 1 卷

（3）共上下两册，上册抄写于 1986 年，下册抄写于 1989 年。

（4）异文本汉文翻译：王沂暖、何天慧译（《香香药物宗》），甘肃，1989。

（5）异文本藏文出版：① 西藏，1985；② 精选本，2010。

8. 著作者、搜集者与搜集地：

（1）著作者：扎西维色抄写

（2）搜集者：无

（3）搜集地：无

（4）搜集时间：2001（登录）

（5）复印时间：2001（登录）

9. 其他：

（1）有印章，黄布与白色带子包裹。无 1986 年以来编号。

（2）此部由扎西维色在北京民族出版社工作期间依据手抄本抄写完成。曾请教玉树囊谦艺人拉旺丹巴、达苏玛以及竹拉嘎玛巴智活佛校订和补全原抄本（杨恩洪）。

84 《霍岭大战》

1. 藏文全题名：

འཕགས་མཆོག་སྤྲུན་རས་གཟིགས་ཀྱི་རྣམ་འཕྲུལ་སྒྱིང་རྗེ་སེང་ཆེན་རྒྱལ་པོའི་རྣམ་ཐར་ལས་ཧོར་བདུད་གུར་དཀར་རྒྱལ་པོ་ཆམ་ལ་ཕབས་ཤིང་
དཀར་པོའི་ཆོས་ལ་བསྒྱུར་བའི་ལོ་རྒྱུས་སྙན་འཇེབ་ལ་བའི་བདུད་རྩི་ཞེས་བྱ་བ་བཞུགས་སོ༎

2. 拉丁转写：

'phags mchog spyan ras gzigs kyi rnam 'phrul, gling sku rje seng chen rgyal po'i rnam thar las, hor bdud gu dkar rgyal po cham la phabs cing dkar po'i chos la bsgyur ba'i lo rgyus snyan 'jeb rna ba'i bdud rdzi zhes bya ba bzhugs so.

3. 汉译名：

《霍岭大战》，或《征服霍尔》《反击霍尔》《霍尔岭之战》。

4. 故事内容提要：

岭·格萨尔在北方魔国迷恋梅萨和阿达拉姆二妃的时候，霍尔国白帐王暗中勾结岭·格萨尔叔父晁同，趁岭·格萨尔不在国内，兴兵大举进犯岭国，岭·格萨尔的哥哥贾查霞尕尔和弟弟绒查玛尔勒均战死沙场，王妃珠姆被掳，总管王戎查叉根败退到深山躲藏，晁同窃取了岭国王位。由于珠姆求仙鹤送信，岭·格萨尔得知消息后方才恍然大悟，于是领兵回国，惩罚了内奸晁同，只身前往霍尔国。

岭王用各种办法和幻术，降服了霍尔国的白帐王、黄帐王和黑帐王三兄弟，霍尔国归入岭国，并制定了以十善为主的法律和以十六条为主的道德规范条例。噶尔确达被任命为霍尔地道领。霍尔国因此佛光普照。霍尔辛巴梅乳泽被披上狗服，牵到了岭国。霍国辛辛苦苦四十九代积累起来的巨产，被岭人用五千只驴和无数头牦牛运到了岭国。格萨尔大王偕同珠姆返回岭国。

5. 版本描述（字体、抄本、刻本风格、版心大小、材质）：

藏文乌金体（正楷），长条印刷本，每页 8 行，36.8cm×7.6cm，复印件，复印于现代纸。

6. 保存处及编号：

（1）原件保存处：四川德格印经院

（2）复印件保存处：中国社会科学院民族文学所资料室

7. 版本说明（页码标记、残缺污浊页、翻译、出版）：

（1）总页码：858 页

（2）存 1 卷。估计 2008 年重新排版。搜集自四川德格印经院。

（3）后记中阿尼自称 15 岁梦中显现格萨尔大王，开始说唱史诗。

（4）异文本汉文翻译：① 青海民研会，1962；② 吴均、金迈译，1984；③ 王沂暖、华甲译（《贵德分章本》），1981；④ 王歌行、左可国、刘宏亮整理，1986。

（5）异文本藏文出版：① 青海，1962、1979、1980；② 西藏，1980；③ 青海（《黄霍尔》），1988、1994；④ 交加本，2006；⑤ 四川（《辛丹》附

录），1982；⑥ 四川，1999；⑦ 精选本，2000；⑧ 桑珠本，2006；⑨ 印度（列城），1972；⑩ 印度（锡金、岗托克），1978；⑪ 印度（德里），1979；⑫ 印度（比尔），1979；⑬ 印度（岗托克），1984；⑭ 不丹，1979；⑮ 不丹，1979；⑯ 不丹，1979；⑰ 蒙古国，1961；⑱ 川《格》12，2015。

8. 著作者、搜集者与搜集地：

（1）出版者：阿尼整理（国家级非物质文化传承人）

（2）搜集者：甲央齐珍

（3）搜集地：四川德格

（4）搜集时间：2012

9. 其他：

（1）阿尼，第一批列入国家级非遗《格萨尔》文化传承人，德格地区艺人，20 世纪 80 年代四川广播电台曾录播过他看书说唱的《格萨尔》史诗。

（2）甲史齐珍现为中国社会科学院民族文学研究所研究人员，德格人。

#85　《地狱救母》

1. 藏文全题名：

དམྱལ་གླིང་རྫོགས་པ་ཆེན་པོ་མཐོང་བ་རང་གྲོལ་ངན་སོང་ཆོས་ཀྱིས་བཏུལ།

2. 拉丁转写：

dmyal gling rzogs pa chen po mthong ba rang grol ngan song chos kyis btul

3. 汉译名：

《地狱救母》，或《地狱大圆满》《岭国地狱大圆满》《娘岭》《地狱元胜大全》。

4. 故事内容提要：

莲花生大师预言格萨尔，印度香河对岸有永生金刚座，要求格萨尔赴该地修行佛法一百天。格萨尔按大师的旨意单枪匹马去那里静修，可是自己的母亲就在这时度完了一生。岭国群臣迎请大喇嘛，为果萨的灵魂升天念经，举办了非常隆重的丧事。

就在果萨去世几天后的某夜，珠姆梦到果萨堕入了地狱。她派人将此事告诉了远在印度的格萨尔王。格萨尔闻讯后进入地狱去质问阎王：我母亲向来苦修佛法，上供下施，从不怠慢，为何也掉进地狱？

阎罗法王说：你母亲做的是善业，但因你所杀汉、姜、霍尔、魔等灵魂都进入了地狱。因此给你的母亲带来了灾难，你快去营救吧！听完法王的话，格萨尔就去见母亲。正如法王所言，汉、姜、霍尔、魔等国的人把母亲折磨得皮开肉绽，实在目不忍睹。格萨尔大呼一声打散了人群，救出了慈母。母子相见，悲喜交加。格萨尔将母亲带进能活几亿年的乐土，然后回到了岭国。成千上万的岭国臣民前来夹道迎接。格萨尔给大家详述了地狱的苦难，行善之好处，行凶之恶果。从此，岭国臣民更加虔信佛法，修行善业。

5. 版本描述（字体、抄本、刻本风格、版心大小、材质）：

藏文楷体，长条木刻本，每页 8 行，36.5cm×8.1cm，复印件，复印于现代纸。

6. 保存处及编号：

（1）原件保存处：四川省《格》办

（2）复印件保存处：中国社会科学院民族文学所资料库

（3）1986 年编号：不知

（4）2001 年编号：不见

7. 版本说明（页码标记、残缺污浊页、翻译、出版）：

（1）总页码：228 叶

（2）结尾残破。

（3）未翻译

（4）异文本藏文出版：① 四川，1986；② 精选本，2013；③ 印度（纽托加），1973；④ 印度（《迦湿弥罗绿松石宗》合编，德里），1971；⑤ 印度（噶岭堡），1979；⑥ 不丹，1984。

8. 著作者、搜集者与搜集地：

（1）搜集者：不知

（2）搜集地：甘孜

（3）搜集时间：1986？

（4）复印时间：1986？

9. 其他：

此次查阅时未见。

#86 《降伏东魔夏瓦如扎》

1. 藏文全题名：

ཤར་བདུད་ཤ་བ་རུ་དྲག་འདུལ་བ།

2. 拉丁转写：

shar bdud sha ba ru drag 'dul ba

3. 汉译名：

《降伏东魔夏瓦如扎》，或《东岭传》《东魔长角鹿》《降伏东妖鹿角如扎》《东魔鹿角如扎》。

4. 故事内容提要：

格萨尔降伏玛燮扎宗之后，闭关修行。天界的姑母托梦告诉他，在岭国、霍尔和北方魔国三国交界之处，有一个叫东魔长角鹿的女妖，12 个魔王的魂魄寄托在她身上，假若 3 年之内不能将她降伏，那么，北方鲁赞、霍尔白帐王、姜国萨当、孟域辛赫等 12 个大魔王就会有铁铸成的生命，无论谁也无法战胜他们。

格萨尔立即停止闭关修行，召集岭 6 部落的 1 万精兵，进攻女妖东魔长角鹿。女妖和魔臣哈罗梅巴率领妖魔鬼怪与岭军多次进行激烈交战，最终哈罗梅巴被射死，女妖企图逃亡被格萨尔发现，将她活捉，然后将她和哈罗梅巴埋在一座巨大的宝塔之下，让他们永世得不到解脱。女妖的部属也都被降伏，守护宝库的异教徒大修行者哈如纳布和滴巴然扎等 4 人被杀，所有财宝都拿到岭国。

此战耗时一年，妖魔的寄魂物全部被摧毁，将魔道盛行的地方变为佛法昌盛的地方，格萨尔王委托茱芭布伊查弥和夹查仁巴意珍做魔地的首领，并让岭国勇士通珠和索朗坚赞率领色巴部落的 200 名精兵驻守魔地，其余岭军班师回国。

5. 版本描述（字体、抄本、刻本风格、版心大小、材质）：

藏文草体，长条手抄本，每页 8 行，32cm×6cm，复印件，复印于现代纸。

6. 保存处及编号：

（1）原件保存处：四川省《格》办

（2）复印件保存处：中国社会科学院民族文学所资料库

（3）1986 年编号：不知

（4）2001 年编号：不见

7. 版本说明（页码标记、残缺污浊页、翻译、出版）：

（1）总页码：138 叶

（2）未翻译

（4）异文本藏文出版：① 桑珠本，2003。

8. 著作者、搜集者与搜集地：

（1）著作者：无

（2）搜集者：不知

（3）搜集地：甘孜

（4）搜集时间：1986？

（5）复印时间：1986？

9. 其他：

此次查阅时未见。

#87 《玛拉雅药宗》

1. 藏文全题名：

བྱང་མ་ལ་ཡ་ཡི་སྨན་རྫོང་།

2. 拉丁转写：

byang ma la ya yi sman rdzong.

3. 汉译名：

《玛拉雅药宗》，或《北玛拉雅药宗》《攻克玛拉雅药宗》。

4. 故事内容提要：

岭国征服了大食、粟特、阿扎和歇日等国后，格萨尔大王得到白梵天王的预言，要在铁牛年降服玛拉雅国，并开启水晶岩窟的药物宝藏，解救黎民百姓的病痛。

岭国召集霍尔、姜、门以及歇日等国的军队开赴位于徙多河岸的玛拉雅国。玛拉雅国的外道泰让喇嘛通过神通得知岭国派军前往玛拉雅国，就将事情原委通告了国王多布钦陀赤。国王与王弟、王子以及众大臣、勇士商议如何派兵布阵、抵御岭国士兵之事。

岭国派出了以王子扎拉为统帅，丹玛、辛擦、曲珠、董俊等为将领的大队人马。岭国联军攻克了玛拉雅国的一个个关口，渡过徙多河，最终攻下都城纳木嘉托宗，开启了水晶岩药物宝矿，拯救当地黎民百姓，并将其转化为佛法信仰之国，然后班师回国。

5. 版本描述（字体、抄本、刻本风格、版心大小、材质）：

藏文草体，长条抄本，每页 8 行，36.8cm×7.6cm，复印件，复印于现代纸。

6. 保存处及编号：

（1）原件保存处：四川省《格》办

（2）复印件保存处：中国社会科学院民族文学所资料库

（3）1986 年编号：不知

（4）2001 年编号：不见

7. 版本说明（页码标记、残缺污浊页、翻译、出版）：

（1）总页码：101 叶

（2）残缺，存 1 卷。

（3）未翻译

（4）异文本藏文出版：四川，2002。

8. 著作者、搜集者与搜集地：

（1）著作者：未知

（2）搜集者：土登尼玛活佛（གཞན་དཀར་རིན་པོ་ཆེ།）

（3）搜集地：色塔尔（གསེར་ཐར། 色达）

（4）搜集时间：1986

（5）复印时间：1986

9. 其他：

此次查阅时未见。

#88 《孟岭大战》

1. 藏文全题名：

མོན་གླིང་དགྲ་བགེགས་གཡུལ་འཇོམས་དུག་ལྔ་གཅོད་པའི་སྤུ་གྲི།

2. 拉丁转写：

mon gling dgra bgegs g.yul vjoms dug lnga gcod pa'i spu gri.

3. 汉译名：

《门岭之战》，或《平息敌人斩断五毒之宝刀》。

4. 故事内容提要：

岭国灭了姜国萨丹王以后，在岭国王宫狮龙宫殿修行时，天神降下预言：到了降伏门国的时机。格萨尔变为一只渡鸦给晁同降下预言：组织达戎十八大军进攻门国报先前被抢夺财产之仇，并娶得门国公主为妻。晁同率领大军，一路消灭了辛赤王的九只魔鼠等敌国君臣的许多守护神。接着又歼灭了以古拉土杰为首的门国 80 个猛士和 1900 个勇士。

辛赤王危在旦夕，他打算放弃国家攀援天梯升天逃遁。格萨尔焚烧了堆卡迥如朗宗，使他一命呜呼。门国公主梅朵拉泽投诚岭国，并用箭射开白米宗，岭国将士取得白米凯旋。格萨尔给门国臣民讲经说法，祛除了那里人们的邪念，使他们改变恶习，努力从善。格萨尔命冬迥拉赤嘎布为门国的国王。

5. 版本描述（字体、抄本、刻本风格、版心大小、材质）：

藏文草体，手抄稿纸本，每页 8 行，笔记本，复印件。

6. 保存处及编号：

（1）原件保存处：四川省《格》办

（2）复印件保存处：中国社会科学院民族文学所资料库

（3）1986 年编号：不知

（4）2001 年编号：不见

7. 版本说明（页码标记、残缺污浊页、翻译、出版）：

（1）总页码：90 叶

（2）两本，残缺。

（3）异文本汉文翻译：① 王沂暖、余希贤译，甘肃，1986；② 嘉措顿珠译（扎巴本），西藏，1986、2013。

（4）异文本藏文出版：① 西藏（扎巴本），1980；② 青海，1982；③ 甘肃，1983；④ 四川，1982；⑤ 精选本，2002；⑥ 扎巴本，2013；⑦ 印度（拉瓦杂尔），1964；⑧ 不丹（帕罗），1980；⑨ 不丹（廷布），1981。

8. 著作者、搜集者与搜集地：

（1）著作者：无

（2）搜集者：不知

（3）搜集地：甘孜

（4）搜集时间：1986

（5）复印时间：1986

9. 其他：

此次查阅时未见。

#89 《重游天堂》

1. 藏文全题名：

ཁྲ་མོ་གླིང་གི་སྐྱོ་བསངས་ཞིང་ཁམས་མཇལ་བའི་དགའ་སྟོན།

2. 拉丁转写：

khra mo gling gi skyo bsang zhing khams mjal ba'i dga' ston.

3. 汉译名：

《重游天堂》，或《英雄游天》。

4. 故事内容提要：

格萨尔完成世间业绩返回天界之前，运用神通带领岭国众英雄前往铜色吉祥山莲花生大师的刹土。众英雄谒见了莲花生大师，并得到了莲花生大师的教导和加持。最后，返回岭国。

5. 版本描述（字体、抄本、刻本风格、版心大小、材质）：

藏文草体，手抄稿纸本，每页 7 行，笔记本。

6. 保存处及编号：

（1）原件保存处：西南民族学院语言文学研究所

（2）复印件保存处：中国社会科学院民族文学所资料库

（3）1986 年编号：不知

（4）2001 年编号：不见

7. 版本说明（页码标记、残缺污浊页、翻译、出版）：

（1）总页码：61 页

（2）存 1 卷

（3）异文本汉文翻译：《格萨尔千幅唐卡》有绘画介绍，四川民族出版社，2010。

（4）《法宗、七赞、重游天堂》，四川，1990。

8. 著作者、搜集者与搜集地：

（1）著作者：无

（2）搜集者：阿旺措成等

（3）搜集地：阿坝

（4）搜集时间：1986？

（5）复印时间：1986？

9. 其他：

此次查阅时未见。

#90 《辛丹内讧》

1. 藏文题名：

ཤན་འདན་འཁྲུགས་པ།

2. 拉丁转写：

shan vdan vkhrugs pa

3. 汉译名：

《辛丹内讧》或《辛巴与丹玛》《辛丹之争》。

4. 故事内容提要：

格萨尔征服霍尔国以后，将霍尔国大将辛巴捉回岭国，并未处死，而是令其忏悔所造的恶业。但是以丹玛为首的一些大将强烈要求惩处霍岭战争中杀死了岭国统帅贾察、青年小将戎察等英雄的辛巴。辛巴表白了自己对岭国一如既往的忠心和无意间杀死了岭国英雄的悲心。根据天神旨意，格萨尔奉劝丹玛等人要以大局为重，放过辛巴。丹玛因格萨尔不愿处死辛巴，带领丹玛三大部落离去。天神要求格萨尔前去追回丹玛，因为他和辛巴是今后格萨尔降伏各个魔国时的左膀右臂。格萨尔追上丹玛，丹玛依然不愿返回岭国，最终格萨尔请来天国的贾察。过去的君臣生死两界相见，丹玛泪如雨下，合掌顶礼。最终在贾察的劝说下返回了岭国。

5. 版本描述（字体、抄本、刻本风格、版面大小、材质）：

柏簇体，手抄稿纸本，每页 7 行，笔记本，现代纸。

6. 保存处及编号：

（1）手抄原件保存处：四川《格萨尔》办公室

（2）1986 年编号：不知

（3）2001 年编号：不见

7. 版本说明（页码标记、残缺污浊页、翻译、出版）：

（1）总页码：48 页

（2）异文本汉文翻译：① 马岱川、扎西东珠译，民族出版社，2009；② 角巴东主主编，高等教育出版社，2011。

（3）异文本藏文出版：① 四川，1982；② 西藏，1985；③ 桑珠本，2003。

8. 著作者、搜集者与搜集地：

（1）著作者：无

（2）搜集者：不知

（3）搜集地：甘孜

（4）搜集时间：1986？

9. 其他（翻译、出版）

此次查阅时未见。

#91 《突厥兵器宗》(上册)

1. 藏文全题名：

གྲུ་གླིང་གཡུལ་འགྱེད་རྒྱས་པ།།

2. 拉丁转写：

gru gling g.yul vgyed rgyas pa.

3. 汉译名：

《突厥兵器宗》，或《祝古国宗》《祝古兵国》《祝古兵器宗》《朱孤兵器宗》《朱古之战》《竹岭之战》。

4. 故事内容提要：

突厥国王托桂穆德赞意欲武力抢夺藏王的释迦牟尼佛像。他派其所属齐堆的 4 个部落前去完成此项任务。齐堆射箭信恐吓藏王马上送交释迦牟尼佛像。藏王向岭国扎拉王子求救。岭王格萨尔通过侦察得知征服突厥，必先要征服突厥齐堆。于是下令王子扎拉率军讨伐。两军开始交火。最后，东突厥的大军节节败北，溃不成军。突军部将个个死于岭刀之下，突王齐堆也终于成了扎拉王子的刀下鬼，岭军大获全胜。

5. 版本描述（字体、抄本、刻本风格、版心大小、材质）：

藏文草体，稿纸抄本，每页 10 行，15cm×20cm，复印件，复印于现代纸。

6. 保存处及编号：

（1）原件保存处：萨德洛桑

（2）复印件保存处：中国社会科学院民族文学所资料库

（3）1986 年编号：无

（4）2001 年编号：不见

7. 版本说明（页码标记、残缺污浊页、翻译、出版）：

（1）总页码：70 页

（2）未翻译

（3）异文本藏文出版：① 西藏，1988、1989；② 甘肃，1984、1986；③ 精选本，2013；④ 桑珠本，2011；⑤ 印度（达兰姆萨拉），1982、1983、1984、1985；⑥ 不丹，1981；⑦ 民族出版社，2015。

8. 著作者、搜集者与搜集地：

（1）著作者：无

（2）搜集者：邓珠拉姆（甘孜州政协）

（3）搜集地：甘孜

（4）搜集、复印时间：1986？

9. 其他：

此次查阅时未见。

#92 《突厥兵器宗》(中、下册)

1. 藏文全题名：

གྲུ་གླིང་བར་དུམ་དང་ཕྱི་དུམ།།

2. 拉丁转写：

gru gling bar dum dang phyi dum

3. 汉译名：

《突厥兵器宗》，或《祝古国宗》《祝古兵国》《祝古兵器宗》《朱孤兵器宗》《朱古之战》《竹岭之战》。

4. 故事内容提要：

灭了东突还有南突。岭王认为降服南突刻不容缓。岭王重整旗鼓，率部南下，突厥大臣们慌手慌脚，派人向阿伦独眼鬼和青海求助。岭军大举进攻，南突的帮凶个个败退。阿伦独眼鬼和突厥的托桂王最终也死在英雄格萨尔的刀下。岭军大捷。

格萨尔遵照神灵之旨，派四位大臣带去哈达礼品前往青海，赏赐了青海王。让青海王管辖突厥都城，执掌朝政，治理国家，修缮突厥塔里寺；宏扬佛法，造福突厥众生。青海王达娃冬赛遵照岭国命令，前往突都，如令行事。他同岭国大臣一起，商量治国大策。格萨尔到突厥讲经说法，教育人们弃恶从善。青海王感激岭王的大恩，打开突厥宝库，献上了兵器等宝物。

5. 版本描述（字体、抄本、刻本风格、版心大小、材质）：

藏文草体，稿纸抄本，每页 10 行，15cm×20cm，复印件，复印于现代纸。

6. 保存处及编号：

（1）原件保存处：四川《格》办

（2）复印件保存处：中国社会科学院民族文学所资料库

（3）1986 年编号：无

（4）2001 年编号：不见

7. 版本说明（页码标记、残缺污浊页、翻译、出版）：

（1）总页码：235 页

（2）记录在八本作业本上，中册 104 页，下册 132 页。

（3）未翻译

（4）异文本藏文出版：① 西藏，1988、1989；② 甘肃，1984、1986；③ 精选本，2013；④ 桑珠本，2011；⑤ 印度（达兰姆萨拉），1982、1983、1984、1985；⑥ 不丹，1981；⑦ 民族出版社，2015。

8. 著作者、搜集者与搜集地：

（1）著作者：未知

（2）搜集者：不知

（3）搜集地：甘孜

（4）搜集、复印时间：1986

9. 其他：

（1）此次查阅时未见。

（2）格登达吉编《珠岭大战》（上、中、下，民族出版社 2015.7）。

#93 《突厥兵器宗》（中册）

1. 藏文全题名：

ཀྲུ་གྱིང་གཡུལ་འགྱེད་ཀྱི་རིས་པ་ལས་བར་དུ༄།

2. 拉丁转写：

gru gling g.yul vgyed kyi rim pa las bar dum

3. 汉译名：

《突厥兵器宗》，或《祝古国宗》《祝古兵国》《祝古兵器宗》《朱孤兵器宗》《朱古之战》《竹岭之战》。

4. 故事内容提要：

突厥国王托桂穆德赞意欲武力抢夺藏王的释迦牟尼佛像。他派其所属齐堆的四个部落前去完成此项任务。齐堆射箭信恐吓藏王马上送交释迦牟尼佛像。藏王向岭国扎拉王子求救。岭王格萨尔通过侦察得知征服突厥，必先要征服突厥齐堆。于是下令王子扎拉率军讨伐。两军开始交火。最后，东突厥的大军节节败北，溃不成军。突军部将个个死于岭刀之下，突王齐堆也成了扎拉王子的刀下鬼，岭军大获全胜。

灭了东突还有南突。岭王认为降服南突刻不容缓。岭王重整旗鼓，率部南下，突厥大臣们慌手慌脚，派人向阿伦独眼鬼和青海求助。岭军大举进攻，南突的帮凶个个败退。阿伦独眼鬼和突厥的托桂王最终也死在英雄格萨尔的刀下。岭军大捷。

格萨尔遵照神灵之旨，派四位大臣带去哈达礼品前往青海，赏赐了青海王。让青海王管辖突厥都城，执掌朝政，治理国家，修缮突厥塔里寺；宏扬佛法，造福突厥众生。青海王达娃冬赛遵照岭国命令，前往突都，如令行事。他同岭国大臣一起，商量治国大策。格萨尔到突厥讲经说法，教育人们弃恶从善。青海王感激岭王的大恩，打开突厥宝库，献上了兵器等宝物。

5. 版本描述（字体、抄本、刻本风格、版心大小、材质）：

藏文草体，稿纸抄本，每页 10 行，15cm×20cm，复印件，复印于现代纸。

6. 保存处及编号：

（1）原件保存处：四川《格》办

（2）复印件保存处：中国社会科学院民族文学所资料库

（3）1986 年编号：不知

（4）2001 年编号：不见

7. 版本说明（页码标记、残缺污浊页、翻译、出版）：

（1）总页码：121 页

（2）记录在 4 个小本上，末尾残缺。

（3）未翻译

（4）异文本藏文出版：① 西藏，1988、1989；② 甘肃，1984、1986；

③ 精选本，2013；④ 桑珠本，2011；⑤ 印度（达兰姆萨拉），1982、1983、1984、1985；⑥ 不丹，1981；⑦ 民族出版社，2015。

8. 著作者、搜集者与搜集地：

（1）著作者：未知

（2）搜集者：不知

（3）搜集地者：四川甘孜

（4）搜集、复印时间：1986

9. 其他：

此次查阅时未见。

#94 《白惹绵羊宗》

1. 藏文全题名：

ཐེ་རའི་ལུག་རྫོང་།

2. 拉丁转写：

Sbe ra'i lug rdzong

3. 汉译名：

《白惹绵羊宗》，或《百拉羊宗》《比热山羊宗》。

4. 故事内容提要：

格萨尔王征服亭域，但见亭域国国王仁慈宽厚，重用成为岭国英雄之一。格萨尔王在亭国弘扬佛法后，率领岭军返回岭国途中得到姑母南曼噶姆预言：拉达克柏扎五王子和白惹国王朗拉托郭君臣勾结，仇视佛法，降伏白惹托郭王，收取绵羊宗的时候到了。

拉桂和辛巴熟悉地势，被任命为先锋，为岭军带路。岭军势不可挡，打败白惹守军，将他们统统消灭。岭国保护神装扮成白惹的保护神，给托桂国国王降假预言，告诉他有外道的保护神保佑，可以通过天梯逃往噶饶旺秋仙界，能够得到解脱。

托郭国国王轻信中计，依言跟着保护神逃往天空。格萨尔单人独骑半空中正等着他，一箭将托桂国国王射死。岭军趁机分 4 路攻克白惹四方的四座大城堡，余下不投降的白惹大臣和将领均已被消灭，将白惹地方纳入岭国的管辖范围。

以白惹国国王朗拉托郭为首的魔将 60 多人，在这场战争中全部被消灭干净，岭军夺取白惹地方的绵羊"央"，不分高低贵贱每人发给 15 只绵羊，在白惹地方弘扬佛业。委托亭域国王托桂扎巴在两年内担任白惹国的代理国王。岭军胜利班师回国。

5. 版本描述（字体、抄本、刻本风格、版心大小、材质）：

藏文草体，长条抄本，每页 8 行，36.6cm×8.1cm，复印件，复印于现代纸。

6. 保存处及编号：

（1）原件保存处：邓珠拉姆

（2）复印件保存处：中国社会科学院民族文学所资料库

（3）1986 年编号：不知

（4）2001 年编号：不见

7. 版本说明（页码标记、残缺污浊页、翻译、出版）：

（1）总页码：194 叶

（2）缺封面

（3）未翻译

（4）异文本藏文出版：① 桑珠本，2011；② 不丹，1981。

8. 著作者、搜集者与搜集地：

（1）著作者：未知

（2）搜集者：邓珠拉姆（甘孜州政协）

（3）搜集地：甘孜

（4）搜集时间：1986？

（5）复印时间：1986？

9. 其他：

此次查阅时未见。

@95　《降伏贡布魔王阿琼穆扎》

1. 藏文全题名：

ཀོང་བདུད་ཨ་ཆུང་དམུ་ཏྲ།

2. 拉丁转写：

Kong bdud a chung dmu tra

3. 汉译名：

《降伏贡布魔王阿琼穆扎》，或《贡堆阿穷穆扎》。

4. 故事内容提要：

贡布地方的阿琼穆扎是魔王转世，他占领了雪域藏地东部的全部地方，自封为王，称霸一方，危害百姓，喜欢黑色恶道，仇视白色善业。就在这个时候，白岭国的格萨尔王派遣岭国奔巴部落的商人尼玛拉杰、东泽雅梅洞德、协饶威三人率领商队和马帮驮着大批珍贵的物品前往圣地拉萨，到释迦牟尼佛像前敬献黄金、涂抹金身；到上部阿里大寺敬献金顶，祈愿雪域藏地财源丰盛，商道畅通，朝圣之路平安，开启上方印度的佛门，下方汉地的茶道，众生安享幸福吉祥。

　　商队走到纳隆雪山附近的大草滩，与贡布魔王阿琼穆扎属下热堆纳布扎赞为首的五个猎人相遇，热堆纳布扎赞立即起了贪心，返回王城向阿琼国国王禀报。贡布出兵抢劫，岭国只有少数几个人逃回。恰在此时天界的姑母南曼噶姆给格萨尔降下预言：到了降伏此魔时机。于是岭国出兵，双方在扎曲河边展开了激战，巴拉刀劈魔国大将帕桂扎杰，岭军初战告捷。后双方经过谈判，签订了《停战协议》。不久，双方重新开战，格萨尔大王箭射魔王寄魂毒蛇，从其头部取出许多稀有珍宝，变化出无数的珍宝，成为世间共有的财富，享用不尽。女英雄阿达拉姆箭射寄魂魔牛。最后，阿琼王企图乘坐能飞铁箱升天，但被格萨尔一箭射落。阿琼王化作一道彩虹消失，没有留下遗骸，只剩下一座魔城，被称做"贡布魔城"。格萨尔王亲自主持举行了盛大隆重的招"央"祈福仪式，格萨尔向天呼唤，祈求众生平安，百姓安居乐业，天下太平昌盛。

　　5. 版本描述（字体、抄本、刻本风格、版心大小、材质）：

藏文草体，B5 稿纸本，每页 9 行。西藏《格萨尔》抢救办公室（稿纸），复印件。

　　6. 保存处及编号：

（1）原件保存处：西藏《格萨尔》抢救办公室

（2）复印件保存处：不知（或中国社会科学院民族文学所资料库）

（3）1987 年编号：不知

（4）2001 年编号：无

　　7. 版本说明（页码标记、残缺污浊页、翻译、出版）：

（1）总页码：906 页（藏文出版）

（2）未翻译

（3）藏文出版：①优秀艺人本，2001；②桑珠本（上下），2006；③精选本，2010。

　　8. 著作者、搜集者与搜集地：

（1）著作者：桑珠艺人说唱（བསམ་གྲུབ་1922—2011，昌都丁青艺人）

（2）笔录者：益西旺姆

（3）搜集地：拉萨

（4）笔录时间：1992

（5）复印时间：1992

9. 其他：

（1）原件与复印件保存情况不详，根据中国藏学出版社 2001 年版《贡堆阿穷穆扎》（中国社会科学院优秀艺人本项目）编制。

（2）此复印件为 1992 年"优秀艺人本出版项目"提供。

（3）桑珠艺人，20 世纪发现《格萨尔》史诗最伟大艺人之一。11 岁左右生病，由仲护寺烈丹活佛治愈，后梦中得授《格萨尔》史诗，18 岁离家朝圣冈底斯雪山，22 岁开始做游吟诗人，流浪说唱《格萨尔》史诗为生。民主改革后，与家人居住于墨竹工卡县，1981 年列入西藏《格》办《格萨尔》艺人名录，1984 年被聘为西藏《格》办说唱艺人，开始录音工作。2000 年西藏社会科学院与中国社会科学院少文所启动"格萨尔艺人桑珠本"的录音整理与出版工作，2011 年去世，至 2016 年完成整理出版计划，共计出版 45 部 48 册。2013 年，西藏社会科学院启动"桑珠本《格萨尔》史诗藏译汉项目"。桑珠说唱《格萨尔》史诗详细情况，请参看金果·次平《〈格萨尔艺人桑珠说唱本〉研究》（藏文，西藏古籍出版社，2013）以及本书附录之出版表。

@96 　《降伏崎岭铁城宗》

1. 藏文全题名：

ཕྱི་གླིང་ལྕགས་རྫོང་།

2. 拉丁转写：

Phyi gling lcags rdzong

3. 汉译名：

《降伏崎岭铁城宗》，或《棋岭铁城宗》。

4. 故事内容提要：

岭国与米努之间长达三年多的战争，几乎完全中断了米努与崎岭之间的贸易往来，崎岭君臣不知米努国究竟发生了什么，国王朗卡扎堆派内大臣玉桂多钦去考察。发现岭国与米努发生战争达三年之久，米努被岭国占领并向岭国表示臣服。玉桂多钦等人返回崎岭国，详细禀报他们观察到的情况。崎岭国欲要消灭岭军，帮助米努百姓恢复过上吉祥幸福的日子。

双方展开两次激战，崎岭军大败。万户长玉珠巴杰权衡局势，立即带领自己的人马投降了岭军。大将玉珠多钦抵挡不住，返回王城，向国王朗卡扎堆如实禀报战况。格萨尔带领丹玛、噶德、巴拉、阿达拉姆等大将察看地势，到晋格措拉山口时，正好与崎岭朗卡扎堆相遇，两位国王立即交战，比赛射箭、长矛和箭法，难分胜负。次日，两位国王又在上岗拉山口相遇，朗卡扎堆向格萨尔连砍三剑，如同砍到天空的彩虹，对格萨尔王无丝毫伤害。格萨尔一剑砍得崎岭国国王盔甲粉碎，差点从马上跌落，朗卡扎堆疼痛难忍，逃回王城。在晋格措拉山口，两军对阵，奇巴扎拉泽杰将玉珠多钦劈为两截，崎岭军大败，退回去坚守王城。经过激烈的战斗，最终岭军大获全胜。

战斗结束，格萨尔念经祈福，为所有在这次战争中死亡的双方将士颂经，超度他们的亡灵。格萨尔前往西方玉宗的红岩山下，用慈悲之心，收服守护宝物的四个地方神祇，使他们变为维护白色善业的保护神，继续守卫玉宗宝库。次日，格萨尔王率领岭国的英雄们，开启玉宗宝库，将一部分宝物分给崎岭百姓，一部分带回岭国。然后封闭宝库石门，念经祈祷，祝愿玉宗宝物的"央"永不衰败。最后大王率领岭国大军返回岭国，崎岭大臣拉桂东赞和玉桂赞布等人带领当地百姓，为格萨尔和岭军送行。

5. 版本描述（字体、抄本、刻本风格、版心大小、材质）：

藏文乌金体（正楷），B5 稿纸本，每页 9 行。西藏《格萨尔》抢救办公室（稿纸），复印件。

6. 保存处及编号：

（1）原件保存处：中国社会科学院民族文学所资料库

（2）复印件保存处：西藏《格萨尔》抢救办公室

（3）1987 年编号：不知

（4）2001 年编号：无

7. 版本说明（页码标记、残缺污浊页、翻译、出版）：

（1）总页码：801 页（藏文出版）

（2）未翻译

（3）藏文出版：① 优秀艺人本，2007；② 精选本，2010。

8. 著作者、搜集者与搜集地：

（1）著作者：次旺俊美艺人说唱（ཚེ་དབང་འགྱུར་མེད་1920 生，已故，那曲巴青艺人）

（2）笔录者：仁增

（3）搜集地：拉萨

（4）录音时间：1983—1985

（5）笔录时间：1986

9. 其他：

（1）原件与复印件保存情况不详，根据中国藏学出版社 2007 年版《崎岭嘉宗》（中国社会科学院优秀艺人本项目）编制。

（2）次旺俊美艺人，1920 出生于那曲地区巴青县本索区邦塔公社（དག་ཆུ

ས་ཁྱབ་འོང་སྐུ་ཆེན་རྟོང་དང་འཁྲུལ་སྤང་མཐའ་ཀུན་ཏུ），13 岁梦中得授《格萨尔》，由前来廓尔德寺（འཁོར་ཕྲིན་རི་ཁྲོད）朝圣的一位喇嘛开启了智门后，逐渐成为藏北优秀艺人。幼时，由于皮肤黝黑，人送外号"纳达"（ནག་ཐབ　意为"黑烟"），故以"纳达"闻名于藏北。1984 年 4 月列入西藏《格》办《格萨尔》艺人名录，同年 5 月参加了拉萨举办全国《格萨尔》艺人说唱会，其说唱《格萨尔》也列入录音工作中。1991 年被全国《格》办授予"优秀艺人"称号。据说能说唱开篇、18 大宗、10 小宗，共计 23 部。

（3）据杨恩洪 1995 年著作，已录音部名有：①《其岭铁宗》（ཁྱི་སྒྲིང་ལྕགས་རྫོང）；②《梅日大鹏宗》（མེ་རི་ཁྱུང་རྫོང）；③《梅日盔甲宗》（མེ་རི་ཁྲབ་རྫོང）；④《琼岭之战》（ཁྱུང་སྒྲིང་གཡུལ་འགྱེད）；⑤《猛兽岩宗》（གཅན་གཟན་བྲག་རྫོང）；⑥《古如狗宗》（གུ་རུ་ཁྱི་རྫོང）；⑦《中华茶宗》（རྒྱ་ནག་ཇ་རྫོང）；⑧《察瓦戎箭宗》（ཚ་བ་རོང་མདའ་རྫོང）；⑨《噶岭之战》（འགག་སྒྲིང་གཡུལ་འགྱེད）；⑩《太玉马宗》（མེ་ཐལ་རྟ་རྫོང）；⑪《土地神瑟拉王》（ས་བདག་སེ་ལུ་རྒྱལ་པོ）；⑫《岭国形成篇》（སྒྲིང་སྒྲིག）；⑬《亭岭之战》（上）（མཐིང་སྒྲིང་གཡུལ་འགྱེད་བྲོང་གླེ）。

@97　《孟葛柏香宗》

1. 藏文全题名：

འཛམ་གླིང་སེང་ཆེན་ནོར་བུ་དགྲ་འདུལ་གྱི་རྣམ་པར་ཐར་བ་མུ་ཏིག་ཕྲེང་མཛེས་ལས༌མོན་དཀར་སྤོས་རྫོང་ཕབ་ཚུལ་གསང་ཆེན་མཁའ་འགྲོའི་ཞལ་ལུང་ཞེས་བྱ་བ་བཞུགས་སོ།

2. 拉丁转写：

'dzam gling seng chen nor bu dgra 'dul gyi rnam par thar ba mu tig phreng mdzes las，mon dkar spos rdzong phab tshul gsang chen mkha' 'gro'i zhal lung zhes bya ba bzhugs so

3. 汉译名：

《孟噶柏香宗》，或《门嘎柏宗》《蒙嘎尔柏香宗》。

4. 故事内容提要：

格萨尔大王降伏梅岭玛瑙宗后，过了八个月的一天黎明时分，北方红马头明王给达戎、斯戎和白惹部落的首领晁同王降下预言，要他今年去降伏南方之白色上孟域国家，打开柏香宝库。晁同王派出使者玉潘泽嘉和达噶拉桑告知斯戎部落的长官斯赛扎巴托郭和白惹部落长官绸赛达桑，本月 18 日带领部落军队前来上部岱雅达塘集会场集会。两位长官虽然觉得这样重大的事宜应该先告知格萨尔大王再做决定，但晁同王认为此为马头明王旨意，而且格萨尔的事情就是晁同王的事情，晁同王的事情就是格萨尔的事情，没有告知的必要。于是一意孤行，带领三大部落军队次日开赴南方上孟域地方。

　　南方上孟域国位于孟域辛赤王国的旁边、天竺国的东方、雪域藏地的南方、圣山绰沃盖迥的西方，此国有十八大部落，是孟域耶玛王的后裔，现今国王称做司拉王。王城叫做多杰查宗，其四周有四座大城围绕，东方有嘉卡格泽城堡、南方有扎玛琼宗城堡、西边有玛布赞宗城堡、北边有托卡巴瓦城堡，此外尚有上中下谷中具有许多城堡。国王司拉多丹王手下具有称做"赞拉"的两位兄弟猛将、称做"天地空"的三骁将、称做"山岩湖"的猛将中的猛将、以及卦师、算者、两位王子、勇如雄鹰的 31 位勇士和 30 万大军等等，是一个富庶强大、信仰大自在天的国家。起初晁同施展神通咒术箭杀司拉王的寄魂牛，后司拉王派遣将领与晁同对阵，达戎部落败退，请求格萨尔大王增援。大王遵照天神预言，带领丹玛、噶德、巴拉等岭国将领开赴上孟域。经过激烈的战斗，最终格萨尔大王降伏了司拉王，打开了柏香福运宝库，超度亡灵、宣讲佛法。白色上孟域国百姓过上了幸福的生活。

　　5. 版本描述（字体、抄本、刻本风格、版心大小、材质）：

藏文草体，B5 稿纸本，每页 9 行。原件，现代纸。

　　6. 保存处及编号：

（1）原件保存处：果洛《格萨尔》抢救办公室

（2）复印件保存处：不知（或中国社会科学院民族文学所资料库）

（3）1987 年编号：不知

（4）2001 年编号：无

　　7. 版本说明（页码标记、残缺污浊页、翻译、出版）：

（1）总页码：280 页（藏文出版）

（2）未翻译

（3）藏文出版：优秀艺人本，2006。

　　8. 著作者、搜集者与搜集地：

（1）著作者：格日尖参撰写（ གུ་ད་རྒྱལ་མཆན། 1968 年出生，果洛德尔文艺人）

（2）搜集者：果洛《格》办

（3）撰写地：大武

（4）笔录时间：1992

（5）复印时间：1992

　　9. 其他：

（1）根据中国藏学出版社 2006 年版《门嘎柏宗》（中国社会科学院优秀艺人本项目）编制。此书中尚附录有其所著小宗《煨桑祭祀阿尼玛卿圣山》《姜玉拉小传》《乃琼小传》。

（2）格日尖参，为掘藏艺人（ གཏེར་སྟོན་སྒྲུང་པ། 音译简称为"德尔仲"）。幼年与母亲相依为命，聆听母亲以及部落艺人说唱《格萨尔》史诗。15 岁前往龙恩寺学习宁玛派密法，后回乡担任小学教师。不久母亲去世，开始朝圣旅行。18 岁在玛沁县定居成婚，得到其妻空行母达热吉的启示，撰写出《列赤马宗》。19 岁，经果洛州《格萨尔》抢救办发现并认定为《格萨尔》史诗艺人，从此开始撰写史诗生涯。同年，被色达年龙寺活佛朗朱·晋美彭措认定为德尔文部落大掘藏师、《格萨尔》艺人喜绕尖参的转世。

（3）格日尖参自称能够掘藏撰写 120 部《格萨尔》史诗，自 1986 年列出 120 部史诗的名录以来，认为自己所能掘藏的史诗只有这么多，而且也不会变换名称。目前近 30 部史诗出版（详细情况参考附录出版表），其中《董氏族根本预言》受到学界高度评价。

@98　《亭岭武器福运宗》

1. 藏文全题名：

མཐིང་གླིང་མཚོན་གཡང་།

2. 拉丁转写：

mthing gling mtshon g.yang

3. 汉译名：

《亭岭武器福运宗》，或《亭岭》。

4. 故事内容提要：

岭国征服了雪山水晶宗之后，委派巴拉、巴拉之子诺布占堆以及达尔域之主桑格沃玛镇守拉达克雪山宗。

由于拉达克与亭国之间有姻亲关系（换母亲属），亭国国王达尔本纠集军队，打算进攻拉达克。他在天上安置了大曜鸟，在地上布防了死亡之鸟，使得拉达克国民无法外出活动，拉达克处于危境。

此时，白梵天王、玛乃乃、莲花生大师给格萨尔降下预言，要他征服亭国，取回亭国的吉祥铁器武器福运，同时要征服亭国国王和拉达克外逃的九位敌方大将。

驻守拉达克的巴拉等人不敌亭国的进攻，请来了岭国军队，亭岭之间交战六年，最终岭国战胜了亭国，征服了亭国与反叛的拉达克国国王，亭国王妃和几名大将投降，另一些敌将战败后逃跑，格萨尔取回了武器福运，使黑暗的亭国受到了佛法的沐浴。

5. 版本描述（字体、抄本、刻本风格、版心大小、材质）：

藏文草体，B5 稿纸本，每页 9 行。现代纸。

6. 保存处及编号：

（1）原件保存处：中国社会科学院民族文学所资料库

（2）复印件保存处：西藏《格萨尔》抢救办公室

（3）1987 年编号：不知

（4）2001 年编号：无

7. 版本说明（页码标记、残缺污浊页、翻译、出版）：

（1）总页码：1969 页（合计）

（2）共 25 册。抄写于"西藏社会科学院语言文学研究所"稿纸。

（3）未翻译

（4）藏文未出版

8. 著作者、搜集者与搜集地：

（1）著作者：玉梅艺人说唱（ གཡུ་སྒྲོལ། 1959 年出生，那曲索县艺人）

（2）笔录者：雅卓（ ཡར་འབྲོག ）

（3）搜集地：拉萨

（4）录音时间：1986

（5）笔录时间：1986？

9. 其他：

（1）根据中国社会科学院民族文学所资料室所藏原件编制。此部已列入"中国社会科学院优秀艺人本项目"，正在整理中。

（2）玉梅其他信息参见《欣喀药宗》部中介绍。

小　结

（一）搜集情况

自 1979 年起，在中宣部的领导下，由国家五部委（中国社会科学院、文化部、国家民族宗教事务委员会、中国文联、国家广电总局）成立了全国统一的领导组织机构——"全国《格萨（斯）尔》工作领导小组"，并设立了办公室（简称全国《格》办）。统一协调、领导全国各地（主要是西藏、青海、四川、甘肃、云南、内蒙古、新疆等七省区）《格萨（斯）尔》史诗的抢救搜集、保护、传承等工作。

此机构最初称做"《格萨尔》翻译整理协调小组"，成立于 1979 年 10 月，由中宣部领导，中国社会科学院、文化部、国家民委、中国文艺研究会等机构的领导干部组成，办公室设于中国社会科学院少数民族文学研究所。1984 年 2 月更名为"全国《格萨尔》工作领导小组"，自此由"中国文联"取代了其下属单位"中国文艺研究会"，国家四部委组成了此机构。

1990 年 11 月更名为"全国《格萨（斯）尔》工作领导小组"。2002 年始，国家广电总局也加入进来，自此由五部委组成了"全国《格萨（斯）尔》工作领导小组"。其办公室现设于中国社会科学院民族文学所藏族文学研究室内。

　　全国《格》办主要通过三次活动收集了各地《格萨尔》办公室及其他机构收藏的《格萨尔》手抄本的复印件资料。（1）1986 年全国《格》办借全国《格萨尔》工作表彰大会之际，征调各地搜集《格萨尔》手抄本举办成果展，此时期复印收藏了部分资料；（2）1987 年借在成都召开全国《格萨尔》出版规划会议之际，征调各地搜集《格萨尔》资料并复印了部分资料；（3）1991 年借全国《格萨尔》艺人命名及成果展览会之际，征调各地搜集《格萨尔》资料并复印了其中的资料。除此，还派人去藏区或各图书馆调研、搜集、复印了部分资料并做了编目工作。此外，也请人缮写《格萨尔》手抄本，如扎西维色 1986、1989 手抄之《亭岭之战》；以及以各种项目名称收集了各地资料，如 1992 年立项的"优秀艺人本出版项目"等。在此，笔者根据现存（2013）41 部 64（册）异文本。参考其他文献后共做出了 52 部 98（册）异文本的解题目录。

　　（二）关于部数

　　从中国社会科学院少文所图书登录簿可见，到 1986 年底已经收集到了31 部 83（册）异文本复印件。2001 年重新编目时，已知收集到 52 部 98（册）异文本，但所见复印件仅有 41 部 64（册）。下面列出总共搜集的 52 部篇目：

　　1.《岭国形成篇》，2.《天界篇》（或《天岭卜筮篇》），3.《英雄诞生篇》，4.《丹玛青稞宗》，5.《降伏东魔夏瓦如扎》，6.《赛马称王篇》，7.《降伏弥药玉泽王篇》，8.《降伏贡布魔王阿琼穆扎》，9.《霍岭大战篇》，10.《辛丹内讧篇》，11.《姜岭大战篇》，12.《孟岭大战篇》，13.《大食财宗》，14.《分大食财宗》，15.《上粟特马宗》，16.《下粟特铠甲宗》，17.《阿扎玛瑙宗》，18.《歇日珊瑚宗》，19.《米努丝绸宗》，20.《降伏崎岭铁城宗》，21.《突厥兵器宗》，22.《雪山水晶宗》，23.《亭岭武器福运宗》，24.《亭岭之战》（或《香香药宗》），25.《羊同珍珠宗》，26.《迦湿弥罗绿松石宗》，27.《阿里金宗》，28.《梅岭金宗》，29.《卡容金宗》，30.《白惹绵羊宗》，31.《白惹山羊宗》，32.《白惹茶宗》，33.《贡布山羊宗》，34.《扎噶尔水晶宗》，35.《斯钦青白玛瑙宗》，36.《西宁银宗》，37.《穆古骡子宗》，38.《杂日药宗》，39.《玛拉雅药宗》，40.《欣喀药宗》，41.《北方红氆氇宗》（或《北方红缨宗》），42.《降伏琼察五兄弟》，43.《红岩大鹏宗》，44.《孟噶柏香宗》，45.《中华茶宗》，46.《底噶尔佛法宗》，47.《格萨尔佛法宗》，48.《格萨尔密传篇》，49.《岭国歌舞篇》，50.《重游天堂篇》，51.《地狱救妻篇》，52.《地狱救母篇》。

（三）部本、异文本的说明

全国《格》办复印收集、保存的资料，大多来自各省区《格萨尔》办公室搜集的资料。其中有些资料如《扎嘎尔绵羊宗》《贡布山羊宗》《斯钦玛瑙宗》《杂日药宗》《玛拉雅药宗》《降伏北方红氆氇宗》（又称《北方红缨宗》）、《降伏弥药玉泽王》（或《征服残暴七兄弟》）、《格萨尔佛法宗》《底嘎尔佛法宗》《格萨尔密传》《重游天堂》等部本是新时期以后发现的。这些部本的异文本也比较少见，是比较珍贵的收获。

（四）资料保存、管理状况

全国《格》办保存的资料除了一部扎西维色抄写的《亭岭之战》以外，均是复印件。来自四川、西藏、青海、中央民院、民族文化宫、国家图书馆等地。除此，也有部分收自提供者如丹玛江永慈诚，以及旺秋、杨恩洪、央金卓嘎等调查搜集者。此外，少量资料搜集自国外出版物。

1986年底，全国《格》办的杨恩洪、旺秋、央金卓嘎以及所聘请中央民院的日嘎同学等人做过编目工作。从此目录可见，他们的工作非常认真仔细而且科学规范。此后，不断增补了新收集资料的目录。多年来这些复印件资料均保存于中国社会科学院少数民族文学研究所藏族文学研究室内。2001年在吴碧云老师的指导下，由杨恩洪、李连荣、才让道吉重新做了编目工作。2005年手抄本与木刻本复印件资料送交民族文学研究所资料室保存。现由民族文学研究所资料室保存与管理《格萨尔》复印件资料。

第六章　中央民族大学图书馆藏本解题目录

凡例·说明

1. 此解题目录所参考原始目录为：

（1）中国社会科学院少文所编制"中国社会科学院少数民族文学所图书登录簿（《格萨尔》手抄本与木刻本）"（1986 年 11 月 21 日—12 月 17 日）。

（2）全国《格》办《1958—1986 年全国搜集〈格萨尔〉手抄本、木刻本总目录》（2001）。

2. "藏文题名"大多采用了简称。由于原手稿封面大多字迹漫漶不清，故未能录入藏文全题名。

3. "故事内容提要"主要采用：

（1）土登尼玛主编《格萨尔词典》中提要（四川，1989）。

（2）降边嘉措主编《中国少数民族古籍总目提要·藏族卷——〈格萨尔〉》（未刊稿，2014）。

（3）ཡེ་ཤེས་དབང་མོ་ནས་བརྗོད་བྱུང་གི་ལག་བྲིས་མ་དང་མ་འཕའི་ནང་དོན་མདོར་བསྡུས། /ཁྲུལ་ཡོངས་གི་མར་གཞུང་ལས་བཤུས/ ༼༥༢༽

（4）རྒྱུང་འབྲིང་ཚོ་ཕྱུག་གིས་བརྩམས་པའི་དཔལ་འབསས་གྲུང་གྱི་ཕྱོགས་བསྡུས་པའི་སྲིད་བྱུང་ང་དཔེ་ཚོགས་སྨྲ་སྦོར་ཞིང་འཛིན་པའི་ཉགས་ལ་གཞོར་ཆེན་ཚོ་སྦོའི་ལེགས་བཤད་སྐྱིད་པར་ད་སྐྱུ་ཟུང་རྣ་དུང་ངོ་བཏུད་ང་བཟུང་བ་ཕ་དུ་ནི་ཉི་༼༡༠༡༣༽

（5）སྐྱིད་པོ་ཚེ་རིང་གིས་བརྩམས་ཤིང་ང་མ་སྐྱུང་ལ་བརྗོད་ང་ང་གལ་གྱི་ངེད་བྱུང་ང་དགའ་ནོ་ཟུང་ང་དུ་གལ་པ་བཟུང་ལས་ཟུང་ནང་ང་འལ་ང་ང་འི་ནང་དོན་བསྡུས་པ། /ཁྲ་སྐྱུ་ མི་ རིགས/ ༼༡༠༡༠༽

（6）སྨྲན་རྒྱལ་རིན་ཆེན་རྡོ་རྗེས་བརྩམས་བགྱི་མར་གྱི་ས་ཆེང་ང་དཔག /ཁྲུ་ཤོང་ཤོང་བོ་རིག་པ། ༼༡༠༡༠༽

4. 页码是指一部手抄本正反页的总合（按长条书编页规律，正反为一叶。单面称为页）。若藏有两卷，也仅标记一部的页码数。

5. 著作者中包括了抄写者、整理者，无明确说明的，皆为著作者。

6. 搜集时间、复印时间一般指该资料在中国社会科学院民族文学所的收藏时间。

7. "异文本"，指就一个完整的《格萨尔》部本来说，总体故事结构上相同但小情节与词句方面存在差异的其他部本，称做是这个部本的异文本。

因此，"异文本汉文翻译"与"异文本藏文出版"指的是与之相关的同类部本的翻译与出版。

8. 由于条件所限，本人并未亲自查阅原始手稿。

01 《天岭卜筮》

1. 藏文全题名：

དགྲ་ལྷའི་རྒྱལ་པོ་གེ་སར་ནོར་བུ་དགའ་འདུལ་གྱི་རྟོགས་པ་བརྗོད་པ་ལྷ་གླིང་གབ་ཚེ་དགུ་སྐོར་ཞེས་བྱ་བ་བཞུགས་སོ།

2. 拉丁转写：

dgra lha'i rgyal po ge sar nor bu dga bdul gi rtogs pa brjod pa lha gling gab tse dgu skor zhes bya ba bzhugs so.

3. 汉译名：

《天岭卜筮》，或《天界篇》《天岭占卜九藏》《仙界遣使》。

4. 故事内容提要：

由菩提猕猴与岩罗刹女衍生的藏民祖先派分出噶、卓、札、董等各大姓氏，董氏先族然查格布生有三子，兄弟三人从东方玛沁雪山附近各娶一妻，遂发展形成了董氏长、仲、幼三大岭国部落。岭国四面四大魔国即霍、魔、门、姜以及各大宗等众邻国时常入侵欺凌岭国。

莲花生大师前往上方天界，请求白梵天王赐予岭国一位神子。最后，白梵天王的小儿子图巴噶允诺前往降伏众魔怪，但提出需要殊胜武器与工具的要求。莲花生依其意愿，分别从龙界等处取得各殊胜工具并安排好图巴噶投身处所。但在此时，神子图巴噶心念动摇不愿前往尘世而躲藏。图巴噶先后九次躲藏于不动护法佛近前以及文殊的钵盂、骑羊护法的大铁锤等九处，均被一一识破，最后答应前往人间。

5. 版本描述（字体、抄本、刻本风格、版心大小、材质）：

藏文乌金体（正楷），长条木刻，每页 7 行，36.8cm×7.6cm，手抄本原件，藏纸。

6. 保存处及编号：

（1）原件保存处：藏于中央民院

7. 版本说明（页码标记、残缺污浊页、翻译、出版）：

（1）总页码：127 页（64 叶）

（2）存 1 卷，佟锦华提供。

（3）封面有梵、乌尔都、藏三体文，书中有文殊、金刚菩萨等插像

（4）异文本汉文翻译：① 王沂暖、华甲译（《贵德分章》），甘肃，1981；② 刘立千译，西藏，1986；③ 文库本（一），1996。

（5）异文本藏文出版：① 四川，1980；② 甘肃，1982；③ 西藏，1981；④ 民族出版社，1984；⑤ 文库本（一），1996；⑥ 扎巴本，1998；⑦ 桑珠本，2001；⑧ 印度（岗托克），1983；⑨ 不丹，1979 年；⑩ 蒙古国，1961。

8. 著作者、搜集者与搜集地：

（1）著作者：不知

（2）搜集者：佟锦华

（3）搜集地：四川省德格县

（4）搜集时间：1986

（5）复印时间：1986

9. 其他：

（1）未查看原件。

（2）根据中国社会科学院民族文学研究所所藏目录编制。

02　《天岭卜筮》

1. 藏文全题名：

གླིང་གེ་སར་རྒྱལ་པོའི་རྣམ་ཐར་ལྷ་ལྷིས་（ལྷ་གླིང་）རྣ་བའི་བདུད་རྩི་ཞིས་བྱ་བ་བཞུགས་སོ།

2. 拉丁转写：

Gling ge sar rgyal po'i rnam thar lha lhis（lha gling）rna ba'i bdud rtsi zhis by aba bzhugs so.

3. 汉译名：

《天岭卜筮》或《天界篇》《天岭占卜九藏》《仙界遣使》。

4. 故事内容提要：

由菩提猕猴与岩罗刹女衍生的藏民祖先派分出噶、卓、札、董等各大姓氏，董氏先族然查格布生有三子，兄弟三人从东方玛沁雪山附近各娶一妻，遂发展形成了董氏长、仲、幼三大岭国部落。岭国四面四大魔国即霍、魔、门、姜以及各大宗等众邻国时常入侵欺凌岭国。

莲花生大师前往上方天界，请求白梵天王赐予岭国一位神子。最后，白梵天王的小儿子图巴噶允诺前往降服众魔怪，但提出需要殊胜武器与工具的要求。莲花生依其意愿，分别从龙界等处取得各殊胜工具并安排好图巴噶投身处所。但在此时，神子图巴噶心念动摇不愿前往尘世而躲藏。图巴噶先后九次躲藏于不动护法佛近前以及文殊的钵盂、骑羊护法的大铁锤等九处，均被一一识破，最后答应前往人间。

5. 版本描述（字体、抄本、刻本风格、版心大小、材质）：

藏文乌金体，长条本，每页 8 行，58.5cm×10.5cm（版框 51.3cm×7.5cm），

手抄本原件，藏纸。

6. 保存处及编号：

（1）原件保存处：中央民族学院（现中央民族大学）图书馆

（2）中央民族学院图书馆收藏编号：001424

7. 版本说明（页码标记、残缺污浊页、翻译、出版）：

（1）总页码：217 叶

（2）有红色字体，不全。

（3）异文本汉文翻译：① 王沂暖、华甲译（《贵德分章》），甘肃，1981；② 刘立千译，西藏，1986；③ 文库本（一），1996。

（4）异文本藏文出版：① 四川，1980；② 甘肃，1982；③ 西藏，1981；④ 民族出版社，1984；⑤ 文库本（一），1996；⑥ 扎巴本，1998；⑦ 桑珠本，2001；⑧ 印度（岗托克），1983；⑨ 不丹，1979；⑩ 蒙古国，1961。

8. 著作者、搜集者与搜集地：

（1）著作者：不知

（2）搜集者：不知

（3）搜集地：四川省德格县？

（4）搜集时间：1986

（5）复印时间：1986

9. 其他：

（1）未查看原件。

（2）根据中国社会科学院民族文学研究所所藏目录编制。

（3）其中标题抄写复印件字迹不清，据 ཐུ་སྨེས་ 字迹推定为 ཐུ་སྨེ་ད།

03 《英雄诞生》

1. 藏文题名：

གླིང་སེང་ཆེན་རྒྱལ་པོ་གེ་སར་ལྷ་ལས་བབས་པ་དང་།བདུད་བརྫུལ་བ་བཅས་ཀྱི་ལེའུ་རྣ་བའི་བཅུད་ལེན་དཔའ་བོ་རྣམས་ཀྱི་ངར་འདོན་འདི་ན་བཞུགས་སོ།

2. 拉丁转写：

gling seng chen rgyal po ge sar lha las babs pa dang bdud brdul ba bcas kyi le'u rna ba'i bcud len dpa' bo rnams kyi ngar 'don 'di na bzhugs so

3. 汉译名：

《英雄诞生》，或《天界篇》《诞生篇》《降魔篇》。

4. 故事内容提要：

天神协商决定派白梵天王之第三子神子东珠下凡拯救处于恶魔欺凌的

岭国。东珠化为神奇小鸟下凡寻找投生父母，最终找到僧伦夫妇作为人间父母后，从其天界父母处求得宝物、伴侣后下凡。

僧伦之妻果萨拉姆老年怀孕被驱逐之边地生下觉如，加萨与晁同联合迫害幼年觉如，均被觉如一一化解。觉如通过机智聪明取得应有的财产，并娶得美丽的珠姆为妻，同时一夜间显示神通成为岭国之格萨尔大王。岭国举行煨桑仪式，宣告新国王的诞生。

北方妖魔抢走格萨尔王一妃子梅萨，格萨尔单枪匹马前往北方拯救王妃。格萨尔大王征服北魔后，喝了梅萨迷魂药酒忘返岭国。

5. 版本描述（字体、抄本、刻本风格、版面大小、材质）：

藏文粗通体，长条抄本：55cm×9cm，每页 8 行？手抄原件，藏纸。

6. 保存处及编号：

（1）原件保存处：中央民族学院（现中央民族大学）图书馆

（2）中央民族学院图书馆收藏编号：001425

7. 版本说明（页码标记、残缺污浊页、翻译、出版）：

（1）总页码：47 叶

（2）异文本汉文翻译：王沂暖、何天慧，甘肃，1985。

（3）异文本藏文出版：① 西藏，1982；② 甘肃，1981；③ 四川，1980、1999；④ 四川《玛麦觉如王事业》，2001；⑤ 青海《开天辟地》，1987；⑥ 青海，1988；⑦ 扎巴本，1996；⑧ 文库本，1996；⑨ 桑珠本，2001；⑩ 精选本，2013；⑪ 竹杰沃嘎本，民族出版社，2010；⑫ 印度（德里），1967？⑬ 印度（达拉姆萨拉），1984；⑭ 不丹，1979；⑮ 蒙古国，1961。

8. 著作者、搜集者与搜集地：

（1）搜集者：不知

（2）搜集地：不知

（3）搜集时间：1986

9. 其他：

（1）未查看原件。此部在中央民族大学图书馆编目中称做《北方降魔篇》。

（2）根据中国社会科学院民族文学研究所所藏目录编制。

（3）此部与《贵德分章本》《民和本》属同一抄本体系。

04 《丹玛青稞宗》

1. 藏文全题名：

ཆོས་ཀྱི་རྒྱལ་པོ་སེང་ཆེན་ནོར་བུ་དགྲ་འདུལ་གྱིས་རྣམ་ཐར་ནོར་བུའི་དྲ་བ་ལས་འདན་གྱི་ནས་སྟོང་ཐབས་པའི་གཏམ་རྒྱུད་པེ་ཅུ་འི་རྐྱང་མར་ཅེས།

ཕྱ་བ་བཞུགས་སོ།།

2. 拉丁转写：

chos kyi rgyal po seng chen nor bu dgra 'dul gyi rnam thar nor bu'i drwa b las 'dan gyi nas rdzong phabs pa'i gtam rgyud bēd'urya rlung mar ces bya ba bzhugs so.

3. 汉译名：

《丹玛青稞宗》。

4. 故事内容提要：

岭国的总管荣蔡叉根知道了在岭国共有财产文书中所预言的要格萨尔征服丹玛青稞宗的时机已来临。他想，格萨尔诞生之前，世界的总体状况是：雨雪无季节，连年闹灾荒，这在雪域更为突出，尤其是岭国的土地，不按季下雨，举国旱情重重，再加上霜灾、雹灾和虫灾的袭击，连年饥荒连年灾。他想，格萨尔的诞生是岭国吉瑞幸福的祥兆。因此，必须把用法术征服丹玛赤尕王，攻取青稞宗，造福岭国的事告诉格萨尔，这样格萨尔就会大发慈悲，拯救挣扎在水深火热之中的岭民。

格萨尔接受了总管的建议，同晁同一道来到了丹玛，征服了丹玛赤尕王，与梅朵鲁古措公主建立了友好关系，接收了青稞宝库，让君臣们信奉佛法。他们征服了山神。从此雪域摆脱了饥荒，人们过上了幸福的生活。岭人把青稞宗的青稞宝藏运到了岭国。

5. 版本描述（字体、抄本、刻本风格、版心大小、材质）：

藏文草体（乌米百措体），长条抄本，每页 8 行，32cm×8cm，原件，藏纸。

6. 保存处及编号：

（1）原件保存处：中央民族学院（现中央民族大学）图书馆

（2）中央民族学院图书馆收藏编号：001426

7. 版本说明（页码标记、残缺污浊页、翻译、出版）：

（1）总页码：513 页（258 叶）

（2）缺 55、149、150 页。

（3）异文本汉文翻译：角巴东主主编，高等教育出版社，2011。

（4）异文本藏文出版：①青海，1989； ②精选本，2013；③川《格》丛书 10，2014。

8. 著作者、搜集者与搜集地：

（1）著作者：阿玉达杂（ཨ་ཡུ་དར་ཙས་མཛད）

（2）搜集者：未知

（3）搜集地：未知

（4）搜集时间：1986

9. 其他：

（1）未查看原件。根据中国社会科学院民族文学研究所所藏复印件编制。

（2）图片可参看徐丽华《藏文古籍概览》，民族出版社，2013 年 10 月，242 页。

05 《霍岭大战》

1. 藏文全题名：

ཧོར་གླིང་ཁྲིགས་པ་གཡུ་བྱུར་ལ་འཕྲུལ་གྱི་ལྟེ་མིག་གི་དབུས་ཕྱོགས་བཞུགས་སོ།།

2. 拉丁转写：

hor gling khrigs pa g.yu byur la 'phrul gyi lte mig gi dbus phyogs bzhugs so.

3. 汉译名：

《霍岭大战》，或《霍尔侵入》《平服霍尔》《征服霍尔》《反击霍尔》《霍尔岭之战》。

4. 故事内容提要：

岭·格萨尔在北方魔国迷恋梅萨和阿达拉姆二妃的时候，霍尔国白帐王暗中勾结岭·格萨尔叔父晁同，趁岭·格萨尔不在国内，兴兵大举进犯岭国，岭·格萨尔的哥哥贾查霞尕尔和弟弟绒查玛尔勒均战死沙场，王妃珠姆被掳，总管王戎查叉根败退到深山躲藏，晁同窃取了岭国王位。由于珠姆求仙鹤送信，岭·格萨尔得知消息后方才恍然大悟，于是领兵回国，惩罚了内奸晁同，只身前往霍尔国。

岭王用各种办法和幻术，降服了霍尔国的白帐王、黄帐王和黑帐王三兄弟，霍尔国归入岭国，并制定了以十善为主的法律和以十六条为主的道德规范条例。噶尔确达被任命为霍尔地道领。霍尔国因此佛光普照。霍尔辛巴梅乳泽被披上狗服，牵到了岭国。霍国辛辛苦苦四十九代积累起来的巨产，用五千只驴和无数头牦牛被岭人运到了岭国。格萨尔大王偕同珠姆返回岭国。

5. 版本描述（字体、抄本、刻本风格、版心大小、材质）：

藏文草体，长条抄本，每页 8 行，36cm×8cm，原件，藏纸。

6. 保存处及编号：

（1）原件保存处：中央民族学院（现中央民族大学）图书馆

（2）中央民族学院图书馆收藏编号：001425

7. 版本说明（页码标记、残缺污浊页、翻译、出版）：

（1）总页码：374 叶

（2）缺尾。

（3）异文本汉文翻译：① 青海民研会，1962；② 吴均、金迈译，1984；③ 王沂暖、华甲译（《贵德分章本》），1981；④ 王歌行、左可国、刘宏亮整理，1986。

（4）异文本藏文出版：① 青海，1962、1979、1980；② 西藏，1980；③ 青海（《黄霍尔》），1988、1994；④ 交加本，2006；⑤ 四川（《辛丹》附录），1982；⑥ 四川，1999；⑦ 精选本，2000；⑧ 桑珠本，2006；⑨ 印度（列城），1972；⑩ 印度（锡金、岗托克），1978；⑪ 印度（德里），1979；⑫ 印度（比尔），1979；⑬ 印度（岗托克），1984；⑭ 不丹，1979；⑮ 不丹，1979；⑯ 不丹，1979；⑰ 蒙古国，1961；⑱ 川《格》12，2015。

8. 著作者、搜集者与搜集地：

（1）著作者：未知

（2）搜集者：佟锦华

（3）搜集地：四川德格

（4）搜集时间：1986

9. 其他：

未查看原件。根据中国社会科学院民族文学研究所所藏复印件编制。

06　《孟岭大战》

1. 藏文全题名：

འཛམ་གླིང་གེ་སར་རྒྱལ་པོའི་རྟོགས་བརྗོད་ལས་ལྷོ་གླིང་གཡུལ་འགྱེད་དཔའ་བོའི་སྙིང་གི་དགའ་སྟོན་ཞེས་བྱ་བ་བཞུགས་སོ།།

2. 拉丁转写：

'dzam gling ge sar rgyal po'i rtogs brjod las lho gling g.yul 'gyed dpa' bo'i snying gi dga' ston zhes bya ba bzhugs so.

3. 汉译名：

《孟岭大战》，或《门岭大战》《门岭之战》《洛岭之战》《征服闷城》《岭国与门国》《岭与慕域》《闷岭之战》。

4. 故事内容提要：

岭国灭了姜国萨丹王以后，在岭国王宫狮龙宫殿修行时，天神降下预言：到了降伏门国的时机。格萨尔变为一只渡鸦给晁同降下预言：组织达戎十八大军进攻门国报先前被抢夺财产之仇，并娶得门国公主为妻。晁同率领大军，一路消灭了辛赤王的九只魔鼠等敌国君臣的许多守护神。接着又歼灭了以古拉土杰为首的门国 80 个猛士和 1900 个勇士。

辛赤王危在旦夕，他打算放弃国家攀援天梯升天逃遁。格萨尔焚烧了堆卡迥如朗宗，使他一命呜呼。门国公主梅朵拉泽投诚岭国，并用箭射开白米宗，岭国将士取得白米凯旋。格萨尔给门国臣民讲经说法，祛除了那里人们的邪念，使他们改变恶习，努力从善。格萨尔命冬迥拉赤嘎布为门国的国王。

5. 版本描述（字体、抄本、刻本风格、版心大小、材质）：

藏文粗通体，长条抄本，每页 8 行，36.8cm×7.6cm，原件，藏纸。

6. 保存处及编号：

（1）原件保存处：中央民族学院（现中央民族大学）图书馆

（2）中央民族学院图书馆收藏编号：001429

7. 版本说明（页码标记、残缺污浊页、翻译、出版）：

（1）总页码：753 页（377 叶）

（2）残缺

（3）异文本汉文翻译：① 王沂暖、余希贤译，甘肃，1986；② 嘉措顿珠译（扎巴本），西藏，1986、2013。

（4）异文本藏文出版：① 西藏（扎巴本），1980；② 青海，1982；③ 甘肃，1983；④ 四川，1982；⑤ 精选本，2002；⑥ 扎巴本，2013；⑦ 印度（拉瓦杂尔），1964；⑧ 不丹（帕罗），1980；⑨ 不丹（廷布），1981。

8. 著作者、搜集者与搜集地：

（1）著作者：觉翁布拉罗布（ཀྱུང་དཀོན་བུ་ལྦ་རོར་བུག）

（2）搜集者：不知

（3）搜集地：德格？

（4）搜集时间：1986

9. 其他：

（1）未查看原件。根据中国社会科学院民族文学研究所所藏复印件编制。

（2）图片可参看徐丽华《藏文古籍概览》，民族出版社，2013 年 10 月，240 页。

07 《大食财宗》

1. 藏文全题名：

སྟག་གཟིག་ནོར་བུའི་གཡང་རྫོང་འབེབས་པའི་ཕྱོགས་བཞུགས་སོ།།

2. 拉丁转写：

stag gzig nor bu'i g.yang rdzong　phab pa'i phyogs bzhugs so.

3. 汉译名：

《大食财宗》，或《大食财宝城》《达惹诺宗》《大食诺宗》《大食宝宗》
《大食之战》《达岭之战》《征服大食》。

4. 故事内容提要：

晁同盗走大食国宝马，大食国派兵进攻达戎部落。达戎部落不敌大食
国，请求格萨尔大王出兵援助。天神预言格萨尔，到了征服大食财宗的时
间。格萨尔与群臣商讨对敌策略，岭军出国，与敌交战。格萨尔向阿扎桑
堆米巧堆嘎派了三个撒达。三个撒达征服了大食国宝和红崖大鹏宗，夺取
了如意宝贝，最终打败大食君臣，攻取了大食财宗。

5. 版本描述（字体、抄本、刻本风格、版心大小、材质）：

藏文草体，长条抄本 ，每页 7 行，36.8cm×7.6cm，原件，藏纸。

6. 保存处及编号：

（1）原件保存处：中央民族学院（现中央民族大学）图书馆

（2）中央民族学院图书馆收藏编号：000629

7. 版本说明（页码标记、残缺污浊页、翻译、出版）：

（1）总页码：296 叶

（2）存 1 卷，缺 77 叶。

（3）异文本汉文翻译：① 角巴东主等编校，高等教育出版社，2011。

（4）异文本藏文出版：① 西藏，1979 年；② 甘肃，1979；③ 精选本，
2002；④ 印度（大吉岭），1966；⑤ 印度（新德里），1976；⑥ 印度（岗托
克），1983；⑦ 不丹，1981。

8. 著作者、搜集者与搜集地：

（1）著作者：未知

（2）搜集者：未知

（3）搜集地：未知

（4）搜集时间：1986

9. 其他：

（1）未查看原件。

（2）根据中国社会科学院民族文学研究所所藏复印件编制。

08 《上粟特马宗》

1. 藏文全题名：

ཀླུ་རྗེ་རྒྱལ་པོ་དང་དཔལ་འབྱུ་དཔྱལ་རྣམ་ཐར་དྲི་མ་མེད་པ་སྐྱེང་བཞུན་པ་ཕྱི་དང་ཕྱུར་སོག་ཤུ་བྲི་རྒྱལ་པོའི་ཏ་གཡང་སོག་དུ་ཕབ་རྒྱལ་མཐབན་པ་ཞེའི་

དམགས་དང་རྒྱལ་འདི་འཕྲུང་པོའི་ལ་གསོལ་དགའ་བའི་ཡིད་ཀྱི་ཞིང་ཏ་ཞེས་བྱ་བ་བཞུགས་སོ།།

2. 拉丁转写：

sku rje rgyal po dang dpa' btul rnams kyi rnam thar dri ma med pa gling bstan pa phyi dar ltar sog lhu khri rgyal po'i rta g.yang bod du phab tshul mtha' bzhi'i dmags dang rgyal 'dre 'byung po'i kha gshog dga' ba'i yid kyi shing rta zhes bya ba bzhugs so.

3. 汉译名：

《上粟特马宗》，或《蒙古马城》《蒙古马国》《上蒙古马宗》《索波马宗》《索多马城》。

4. 故事内容提要：

雪山狮子国王的化身嘎玛扎巴去粟特的鲁赤经商时被杀，国王派人向岭国扎拉求救。扎拉王子认为嘎玛扎巴是自己的孩子，一定要替他报仇。此时，岭国女英雄阿达拉姆梦中得到天神预言：征服粟特马宗必须先由自己出兵。阿达拉姆率领的三万大军驻扎在阿格达娃大平原。此时粟特王也得到预示自己被杀的梦境，派人站岗放哨。结果此人被阿达拉姆降伏，获得了粟特王的信息。

格萨尔和扎拉王子率军出师。粟特国的将士们在与岭军作战中先后身亡。最后格萨尔降伏了粟特鲁赤王，任命比推·永朱其美为粟特国国王，并在粟特国制定十善佛法。粟特百姓过上了幸福的生活。格萨尔等岭国众英雄获得了粟特的诸多良马。

5. 版本描述（字体、抄本、刻本风格、版心大小、材质）：

藏文草体与粗通，长条抄本，每页 8 行，36.8cm×7.6cm，原件，藏纸。

6. 保存处及编号：

（1）原件保存处：中央民族学院（现中央民族大学）图书馆

（2）中央民族学院图书馆收藏编号：001436

7. 版本说明（页码标记、残缺污浊页、翻译、出版）：

（1）总页码：142 叶（分两卷，上卷 70 叶，下卷 72 叶）

（2）未翻译

（3）异文本藏文出版：① 西藏，1992；② 扎巴本，1999；③ 精选本，2013；④ 印度（德拉敦），1978；⑤ 印度（达兰姆萨拉），1982；⑥ 不丹，1981。

8. 著作者、搜集者与搜集地：

（1）著作者：班觉抄写（དཔལ་འབྱོར་གྱིས་བྲིས། 搜集？1960 年 6 月 19 日）

（2）搜集者：不知

（3）搜集地：不知

（4）搜集时间：1986

9. 其他：

（1）未查看原件。

（2）根据中国社会科学院民族文学研究所所藏复印件编制。

09　《下粟特铠甲宗》

1. 藏文全题名：

སོག་སེར་པོའི་ཏ་རྫོང་སོག་སྨད།

2. 拉丁转写：

'sog ser po'i rta rdzong（sog smad）

3. 汉译名：

《下粟特铠甲宗》，或《索麦铠、玉宗》《下索波铠、玉宗》《下蒙古铠甲宗》《马国》。

4. 故事内容提要：

常年征战，格萨尔感到厌倦，于是整日与众位妃子享乐。天神降给他旨意，让他去降伏索波马宗，他却不执行。众神们商讨后，便决定向索波国施放恶咒，索波国受到巨大灾难，通过占卜以为是岭国所为，于是报复施咒导致岭国受难，于是两国开战。

精通幻术的晁同施法，放出神箭飞向索波国。索波国王诚心投降，但两个王子却坚决要与格萨尔一决雌雄，于是施展幻术与岭军交战，没想到幻术被识破，索波国的大王子拉吾被玉拉杀死，二王子仁钦灰溜溜地躲到了下索波铠甲城。

格萨尔王传信如果仁钦回到索波马宗，自己会宽恕他，仁钦在家臣的劝说下回到了索波马宗，在他的父王娘赤陪同下，向格萨尔王请罪，格萨尔依言宽恕了他。格萨尔降伏了索波马宗，准备班师回国。此时天神启示他应该去降伏下索波铠甲城，但格萨尔懒惰了，厌倦征战，想要回到天界过无忧无虑的生活，众位天神劝诫他，并且告诉他所有天神与他同在，会帮助他，他应继续解救生活在水深火热中的百姓们。格萨尔十分惭愧，于是依言去降伏下索波铠甲城，解救一方百姓，并且将得到的财宝分给众人，人们的生活更加富足了。

5. 版本描述（字体、抄本、刻本风格、版心大小、材质）：

藏文草体，长条抄本，每页 8 行，36cm×7.9cm（版框 29cm×5cm），原件，藏纸。

6. 保存处及编号：

（1）原件保存处：中央民族学院（现中央民族大学）图书馆

（2）中央民族学院图书馆收藏编号：001427

7. 版本说明（页码标记、残缺污浊页、翻译、出版）：

（1）总页码：527 页（265 叶）

（2）残缺

（3）开篇说格萨尔征服了 སོག་ག་ཟལ་ཏུ་ཟང་ 后把 སོག་ཟང་ 变成了佛法地。

（4）未翻译

（5）异文本藏文出版：①印度（达拉姆萨拉），1984；②不丹，1981。

8. 著作者、搜集者与搜集地：

（1）著作者：觉翁玛尼（རྒྱུ་དབོན་མ་ཎི）

（2）搜集者：不知

（3）搜集地：德格？

（4）搜集时间：1986

9. 其他：

（1）未查看原件。根据中国社会科学院民族文学研究所所藏复印件编制。

（2）图片可参看徐丽华《藏文古籍概览》，民族出版社，2013 年 10 月，237 页。

10　《歇日珊瑚宗》

1. 藏文全题名：

འཛམ་གླིང་གེ་སར་རྒྱལ་པོའི་རྣམ་ཐར་ལས་བྱེ་རུའི་བྱེར་རྫོང་དཔའ་པོ་བཞད་པའི་གླུ་དབྱངས་ངོ་མཚར་གཏམ་གྱི་ཕྲེང་བ།

2. 拉丁转写：

'dzam gling ge sar rgyal po'i rnam thar bye ru'i byer rdzong dpa' po bzhad pa'i glu dbyangs ngo mtshar gtam gyi phreng ba bzhugs so

3. 汉译名：

《歇日珊瑚宗》，或《杰日珊瑚宗》《奇乳珊瑚宗》《岭与歇日珊瑚之部》《碣日珊瑚宗》《吉茹珊瑚宗》《岗岭之战》《契日珊瑚宗》《达格戎珊瑚宗》《北方珊瑚宝宗》。

4. 故事内容提要：

岭军征服了阿扎玛瑙宗后不久，得知歇日国杀死了岭国茶商。于是格萨尔发兵征讨歇日。岭军兵分两路去攻打歇日。珊瑚宗有三位在箭术、枪术、剑术上武艺超群的勇士，他们都先后被岭国六大先遣勇士歼灭。岭军所向披靡，珊瑚官兵屡战屡败。岭国大军消灭了歇日国的绿铁宗、东南的白螺宗、西南的金光宗、西面的古长旦朱宗、东北的玉石宗。最终歇日国大泽王没能逃脱岭军的追杀，被玉拉托居尔和贡赞结果了性命。其余官兵及歇日王妃投诚。

格萨尔开启歇日国珊瑚宝库，分赐给属下百姓，余者全部运回岭国。格萨尔从珊瑚国的宝湖里捞出了无数珊瑚。岭国在歇日设立了 12 个万户长官，派阿达拉姆为歇日总管。随后岭军凯旋。

5. 版本描述（字体、抄本、刻本风格、版心大小、材质）：

藏文草体，长条抄本，每页 7 行，36.9cm×7.8cm，原件，藏纸。

6. 保存处及编号：

（1）原件保存处：中央民族学院（现中央民族大学）图书馆

（2）复印件保存处：中国社会科学院民族文学所资料室

7. 版本说明（页码标记、残缺污浊页、翻译、出版）：

（1）总页码：489 页

（2）残缺，存 1 卷。

（3）异文本汉文翻译：① 角巴东主主编，高等教育出版社，2011。

（4）异文本藏文出版：① 青海，1983；② 精选本，2003；③ 桑珠本，2004；④ 印度（岗托克），1977；⑤ 不丹本，1981。

8. 著作者、搜集者与搜集地：

（1）著作者：未知

（2）搜集者：不知

（3）搜集地：不知

（4）搜集时间：1986

（5）复印时间：1986

9. 其他：

（1）未查看原件。

（2）根据中国社会科学院民族文学研究所所藏目录编制。

11 《迦湿弥罗绿松石宗》

1. 藏文全题名：

ཁ་ཆེ་གཡུལ་རྫོང་།

2. 拉丁转写：

kha che g.yul rdzong

3. 汉译名：

《迦湿弥罗绿松石宗》，或《征服卡契松石城》《卡契玉宗》《卡切玉宗》《岭与卡契》《卡且玉宗》。

4. 故事内容提要：

岭国西部卡契国王赤丹路贝是罗刹转世，力大无穷，狂妄不可一世。9岁继承王位，征服了尼婆罗国；18岁时降伏了威卡国；27岁战胜了穆卡国，并强娶堆灿公主为妃。此后进一步东征西掠，周围的小邦国家均归他所属。赤丹还有一兄一弟。哥哥名鲁亚如仁，弟弟叫兴堆冬玛，兄弟二人是赤丹王为非作歹的得力帮凶。此外还有内大臣 74 人，外大臣 108 人，属民 42 万户。由于连年征战并未遇到对手，赤丹路贝便认为天下无敌了。

赤丹路贝年满 36 岁，王妃堆灿洛琚玛见赤丹如此得意，便怂恿他征服格萨尔，让赤丹尝尝苦头以报杀父灭国之仇。由王兄鲁亚如仁、大臣多桂梅巴和托尺布赞为首的三万大军，经过一个月的准备，开始向岭国进军。格萨尔得到天神预言，降伏卡契魔妖。双方第一次交战，格萨尔用幻术大败卡契军。到岭国与卡契交战到关键时刻，晁同投靠卡契军，把岭国的情况、作战的部署统统告诉了鲁亚如仁。

卡契大军靠晁同的隐身木，绕过岭营，来到岭仲系文布氏的夏季牧场阿吉达塘扎营。晁同的叛军行为被格萨尔识破，他将计就计，大败卡契军，打开了卡契的宝物门。格萨尔王召集卡契的降臣降将以及众百姓，将部分财产留给他们。卡契王子只有 5 岁，所以格萨尔要老臣贞巴让协管国事。

5. 版本描述（字体、抄本、刻本风格、版心大小、材质）：

藏文草体，长条抄本，每页 8 行，42.6cm×8.8cm（版框 35.5cm×5.6cm），原件，藏纸。

6. 保存处及编号：

（1）原件保存处：中央民族学院（现中央民族大学）图书馆

（2）中央民族学院图书馆收藏编号：001428

7. 版本说明（页码标记、残缺污浊页、翻译、出版）：

（1）总页码：284 页（142 叶）

（2）缺封面。

（4）异文本汉文翻译：①王沂暖、上官剑壁译，甘肃，1984；②角巴东主主编，高等教育出版社，2011。

（5）异文本藏文出版：①西藏，1979；②精选本，2003；③印度（德里？）1966；④印度（德里），1971；⑤不丹，1981。

8. 著作者、搜集者与搜集地：

（1）著作者：未知

（2）搜集者：不详

（3）搜集地：德格

（4）搜集时间：不详

9. 其他：

（1）未查看原件。根据中国社会科学院民族文学研究所所藏复印件编制。

（2）图片可参看徐丽华《藏文古籍概览》，民族出版社，2013 年 10 月，237 页。

12　《羊同珍珠宗》

1. 藏文全题名：

འཛམ་གླིང་གེ་སར་ཆེན་རྒྱལ་པོའི་ཏི་མཆར་ཏོག་བརྗོད་ལས་ཞིང་གླིང་གཡུལ་འཁྲུགས་སུ་ཏི་ག་ རྫོང་ཆེན་ཕབ་ཚུལ་བཞུགས་སོ།།

2. 拉丁转写：

'dzam gling ge sar rgyal po'i gtam brjod las zhing gling g.yul 'khrugs
mu tig rdzong chen phab tshul bzhugs so

3. 汉译名：

《羊同珍珠宗》，或《象雄珍珠宗》《祥岭珍珠之战》《征服象雄珍珠国》
《香雄珍珠宗》《向雄珍珠宗》。

4. 故事内容提要：

羊同苯教王伦珠扎巴的 16 个商人去汉地经商途中扎营在达戎晁同的草原上，晁同派儿子们抢劫并杀死了商人。羊同国君臣通过向苯教喇嘛求教得知了事情原委。羊同王派将兵抢回所夺之物并杀掉了达戎部落不少人马。晁同向格萨尔王请求派岭军替他报仇。

此时，天神了也预言格萨尔到了征服羊同珍珠宗的时机。格萨尔下令三军追击羊同人马，自己率军出师大食。羊同王被格萨尔消灭。格萨尔打开了直插云霄的白崖狮子天宗，取出了各种珍珠等金银财宝。格萨尔将财宝运回军营分给了将士。在羊同制定了十善之法，将苯教改为佛教，把外道的恶经抛入河中。格萨尔任命曲珠大臣为羊同十八部的首领。

5. 版本描述（字体、抄本、刻本风格、版心大小、材质）：

藏文草体，长条抄本，每页 8 行，36.8cm×7.6cm，原件，藏纸。

6. 保存处及编号：

（1）原件保存处：中央民族学院（现中央民族大学）图书馆

（2）中央民族学院图书馆收藏编号：001432

7. 版本说明（页码标记、残缺污浊页、翻译、出版）：

（1）总页码：273 叶

（2）异文本汉文翻译：① 马宏武译，甘肃，2006；② 角巴东主主编，高等教育出版社，2011。

（3）异文本藏文出版：① 西藏，1982；② 甘肃，1984；③ 青海，1984；

④ 扎巴本，2007；⑤ 桑珠本，2008；⑥ 印度（达拉姆萨拉），1984；⑦ 不丹，1981。

8. 著作者、搜集者与搜集地：

（1）著作者：未知

（2）搜集者：不知

（3）搜集地：不知

（4）搜集时间：1986

9. 其他：

（1）未查看原件。根据中国社会科学院民族文学研究所所藏复印件编制。

（2）图片可参看徐丽华《藏文古籍概览》，民族出版社，2013 年 10 月，238 页。

13　《雪山水晶宗》

1. 藏文全题名：

འཛམ་གླིང་གི་སར་རྒྱལ་པོའི་རྟོགས་བརྗོད་ལས་གངས་རི་ཤེལ་རྫོང་བཞུགས་སོ།།

2. 拉丁转写：

'dzam gling seng chen rgyal po'i rtogs brjod las gangs ri shel rdzong bzhugs so

3. 汉译名：

《雪山水晶宗》，或《征服拉达克水晶国》《贡日水晶宗》。

4. 故事内容提要：

岗底斯拉达克旭奴嘎伍王向已被岭国降伏的白惹等国征税，白惹等国向岭国求救。此时，莲花生大师给格萨尔预言：通往雪山水晶宗的大道将要打开，要出兵征服雪山水晶国。格萨尔召集九国大军，联伐水晶国。联军兵分三路攻打：第一路由格萨尔率领，第二路由扎拉王子率领，第三路由玉拉托居尔率领。两军交火，战斗十分激烈。岭军消灭了雪山国五大汉，八十勇士。格萨尔先后征服了雪山国的君臣守护神。扎拉王子征服了北方扎木宗；格萨尔征服了西方扎铁宗；东方日扎那宗由玉拉征服。

最后，岭国君臣来到雪山国都城，扔掉了城头上的魔幡旗，挂上了佛法胜利幡旗。格萨尔带领勇士们来到美丽白岩前，开启了水晶宝藏。在运水晶的途中，亭容赤旭王挡住岭军道路。亭岭之战因此发生，岭军征服了亭王。亭容的山神以珊瑚太后为主的许多宝矿，献给国王，并附绸缎七匹。

5. 版本描述（字体、抄本、刻本风格、版心大小、材质）：

藏文草体，长条抄本，每页 8 行，36.8cm×7.6cm，原件，藏纸。

6. 保存处及编号：

（1）原件保存处：藏于中央民院

7. 版本说明（页码标记、残缺污浊页、翻译、出版）：

（1）总页码：502页（274叶）

（2）佟锦华提供，缺封面一页。

（3）异文本汉文翻译：① 意西泽珠、许珍妮译，四川，1988；② 角巴东主主编，高等教育出版社，2011。

（4）异文本藏文出版：① 四川，1982；② 扎巴本，2011；③ 精选本，2013；④ 印度（多兰吉），1983；⑤ 不丹，1981。

8. 著作者、搜集者与搜集地：

（1）著作者：未知

（2）搜集者：佟锦华

（3）搜集地：德格？

（4）搜集时间：1986

9. 其他：

（1）未查看原件。

（2）根据中国社会科学院民族文学研究所所藏复印件编制。

14 《雪山水晶宗》

1. 藏文全题名：

གངས་རི་ཤེལ་རྫོང་ཁབ་ཕའི་རྣམ་ཐར་བཞུགས་སོ།།

2. 拉丁转写：

'dzam gling seng chen rgyal po'i rtogs brjod las gangs ri shel rdzong bzhugs so

3. 汉译名：

《雪山水晶宗》，或《征服拉达克水晶国》《贡日水晶宗》。

4. 故事内容提要：

岗底斯拉达克旭奴嘎伍王向已被岭国降伏的白惹等国征税，白惹等国向岭国求救。此时，莲花生大师给格萨尔预言：通往雪山水晶宗的大道将要打开，要出兵征服雪山水晶国。格萨尔召集九国大军，联伐水晶国。联军兵分三路攻打：第一路由格萨尔率领，第二路由扎拉王子率领，第三路由玉拉托居尔率领。两军交火，战斗十分激烈。岭军消灭了雪山国五大汉，八十勇士。格萨尔先后征服了雪山国的君臣守护神。扎拉王子征服了北方扎木宗；格萨尔征服了西方扎铁宗；东方日扎那宗由玉拉征服。

最后，岭国君臣来到雪山国都城，扔掉了城头上的魔幡旗，挂上了佛法胜利幡旗。格萨尔带领勇士们来到美丽白岩前，开启了水晶宝藏。在运水晶的途中，亭容赤旭王挡住岭军道路。亭岭之战因此发生，岭军征服了亭王。亭容的山神以珊瑚太后为主的许多宝矿，献给国王，并附绸缎 7 匹。

5. 版本描述（字体、抄本、刻本风格、版心大小、材质）：

藏文粗通体，长条抄本，每页 8 行，41cm×8.6cm（版框 34cm×5.4cm），原件，藏纸。

6. 保存处及编号：

（1）原件保存处：中央民族学院（现中央民族大学）图书馆

（2）中央民族学院图书馆收藏编号：001430

7. 版本说明（页码标记、残缺污浊页、翻译、出版）：

（1）总页码：324 页（162 叶）

（2）未完

（3）异文本汉文翻译：① 意西泽珠、许珍妮译，四川，1988；② 角巴东主主编，高等教育出版社，2011。

（4）异文本藏文出版：① 四川，1982；② 扎巴本，2011；③ 精选本，2013；④ 印度（多兰吉），1983；⑤ 不丹，1981。

8. 著作者、搜集者与搜集地：

（1）著作者：未知

（2）搜集者：不知

（3）搜集地：不知

（4）搜集时间：1986

9. 其他：

（1）未查看原件。根据中国社会科学院民族文学研究所所藏复印件编制。

（2）图片可参看徐丽华《藏文古籍概览》，民族出版社，2013 年 10 月，241 页。

15　《突厥兵器宗》

1. 藏文全题名：

འཛམ་གླིང་སེང་ཆེན་ནོར་བུ་དགྲ་འདུལ་གྱི་གཏམ་བརྗོད་ལས་གྲུ་གུའི་གོ་རྫོང་ཕབ་པའི་ལེའུ་བཞུགས་སོ

2. 拉丁转写：

'dzam gling seng chen nor bu dgr 'dul gyi gtam brjod las gru gu'i go rdzong phab pa'i le'u bzhugs so

3. 汉译名：

《突厥兵器宗》，或《祝古国宗》《祝古兵国》《祝古兵器宗》《朱孤兵器宗》《朱古之战》《竹岭之战》。

4. 故事内容提要：

突厥国王托桂穆德赞意欲武力抢夺藏王的释迦牟尼佛像。他派其所属齐堆的四个部落前去完成此项任务。齐堆射箭信恐吓藏王马上送交释迦牟尼佛像。藏王向岭国扎拉王子求救。岭王格萨尔通过侦察得知征服突厥，必先要征服突厥齐堆。于是下令王子扎拉率军讨伐。两军开始交火。最后，东突厥的大军节节败北，溃不成军。突军部将个个死于岭刀之下，突王齐堆也终于成了扎拉王子的刀下鬼，岭军大获全胜。

灭了东突还有南突。岭王认为降服南突刻不容缓。岭王重整旗鼓，率部南下，突厥大臣们慌手慌脚，向阿伦独眼鬼和青海派人求助。岭军大举进攻，南突的帮凶个个败退。阿伦独眼鬼和突厥的托桂王最终也死在英雄格萨尔的刀下。岭军大捷。

格萨尔遵照神灵之旨，派四位大臣带去哈达礼品前往青海，赏赐了青海王。让青海王管辖突厥都城，执掌朝政，治理国家，修缮突厥塔里寺；宏扬佛法，造福突厥众生。青海王达娃冬赛遵照岭国命令，前往突都，如令行事。他同岭国大臣一起，商量治国大策。格萨尔到突厥讲经说法，教育人们弃恶从善。青海王感激岭王的大恩，打开突厥宝库，献上了兵器等宝物。

5. 版本描述（字体、抄本、刻本风格、版心大小、材质）：

藏文粗通体，长条抄本，每页 5 行，外沿尺寸 29.1cm×9.5cm（版框 22.5cm×6.5cm），原件，藏纸。

6. 保存处及编号：

（1）原件保存处：中央民族学院（现中央民族大学）图书馆

（2）中央民族学院图书馆收藏编号：001431

7. 版本说明（页码标记、残缺污浊页、翻译、出版）：

（1）总页码：274 页（137 叶）

（2）缺结尾。

（3）未翻译

（4）异文本藏文出版：① 西藏，1988、1989；② 甘肃，1984、1986；③ 精选本，2013；④ 桑珠本，2011；⑤ 印度（达兰姆萨拉），1982、1983、1984、1985；⑥ 不丹，1981；⑦ 民族出版社，2015。

8. 著作者、搜集者与搜集地：

（1）著作者：未知

（2）搜集者：不知

（3）搜集地：不知

（4）搜集时间：1986

9. 其他：

（1）未查看原件。根据中国社会科学院民族文学研究所所藏复印件编制。

（2）图片可参看徐丽华《藏文古籍概览》，民族出版社，2013 年 10 月，239 页。

16 《突厥兵器宗》（上册）

1. 藏文全题名：

འཛམ་གླིང་སྐྱོང་བའི་གོ་སར་དམག་གི་རྒྱལ་པོའི་རྟོགས་བརྗོད་ལས་བྱང་བདུད་གྲུ་གུ་གཡུལ་རྒྱལ་སྟོབས་ཆེན་ཐོག་རྒོད་རྒྱལ་པོའི་ཡངའ་འབད་དབང་དུ་བསྟུས་ཤིང་གོ་མཚོན་གཡང་སུ་བླང་བའི་རྣམ་ཐར་ཡིད་འཕྲོག་སྙིང་གི་དགའ་སྟོན་ཞེས་བྱ་བ་བཞུགས་སོ།།

2. 拉丁转写：

'dzam gling skyong ba'i pho lha ge sar dmag gi rgyal po'i rtogs brjod las byang bdud gru gu g.yul rgyal stobs chen thog rgod rgyal po'i yang' 'bad dbang du bstus shing ko mtshon g.yang su blang ba'i rnam thar yid 'phrog snying gi dga' ston zhes bya ba bzhugs so.

3. 汉译名：

《突厥兵器宗》，或《祝古国宗》《祝古兵国》《祝古兵器宗》《朱孤兵器宗》《朱古之战》《竹岭之战》《岭与祝孤》。

4. 故事内容提要：

突厥国王托桂穆德赞意欲武力抢夺藏王的释迦牟尼佛像。他派其所属齐堆的四个部落前去完成此项任务。齐堆射箭信恐吓藏王马上送交释迦牟尼佛像。藏王向岭国扎拉王子求救。岭王格萨尔通过侦察得知征服突厥，必先要征服突厥齐堆。于是下令王子扎拉率军讨伐。两军开始交火。最后，东突厥的大军节节败北，溃不成军。突军部将个个死于岭刀之下，突王齐堆也终于成了扎拉王子的刀下鬼，岭军大获全胜。

5. 版本描述（字体、抄本、刻本风格、版心大小、材质）：

藏文草体，长条抄本，每页 5 行，外沿尺寸 95mm×285mm，字迹尺寸 70mm×231mm，原件，藏纸。

6. 保存处及编号：

（1）原件保存处：中央民族学院（现中央民族大学）图书馆

（2）中央民族学院图书馆收藏编号：001433

7. 版本说明（页码标记、残缺污浊页、翻译、出版）：

（1）总页码：351 叶（701 页）

（2）残缺，缺 323 页。

（3）未翻译

（4）异文本藏文出版：① 西藏，1988、1989；② 甘肃，1984、1986；③ 精选本，2013；④ 桑珠本，2011；⑤ 印度（达兰姆萨拉），1982、1983、1984、1985；⑥ 不丹，1981；⑦ 民族出版社，2015。

8. 著作者、搜集者与搜集地：

（1）著作者：未知

（2）搜集者：不知

（3）搜集地：不知

（4）搜集时间：1986

9. 其他：

（1）未查看原件。

（2）根据中国社会科学院民族文学研究所所藏复印件编制。

17 《突厥兵器宗》（中册）

1. 藏文全题名：

བོད་གླིང་སྟག་གཟིགས་ཁ་འཐབ་ཀྱི་ཀྲུ་གུ་ཐོག་རྒོད་རྒྱལ་པོའི་གོ་རྫོང་གཡང་དུ་ལེན་པའི་རྣམ་ཐར་ལས་བར་འཁྲུགས་དཔའ་བོའི་དགའ་སྟོན་ཞེས་བྱ་བ་བཞུགས་སོ།།

2. 拉丁转写：

'bod gling stag gzigs kha 'thab kyi kru gu thog rgod rgyal po'i go rdzong g.yang du len pa'i rnam thar las bar 'khrugs dpa' bo'i dga' ston zhes bya ba bzhugs so.

3. 汉译名：

《突厥兵器宗》，或《祝古国宗》《祝古兵国》《祝古兵器宗》《朱孤兵器宗》《朱古之战》《竹岭之战》《岭与祝孤》。

4. 故事内容提要：

灭了东突还有南突。岭王认为降服南突刻不容缓。岭王重整旗鼓，率部南下，突厥大臣们慌手慌脚，向阿伦独眼鬼和青海派人求助。岭军大举进攻，南突的帮凶个个败退。阿伦独眼鬼和突厥的托桂王最终也死在英雄格萨尔的刀下。岭军大捷。

5. 版本描述（字体、抄本、刻本风格、版心大小、材质）：

藏文草体，长条抄本，每页 5 行，外沿尺寸 95mm×285mm，字迹尺寸 70mm×231mm，原件，藏纸。

6. 保存处及编号：

（1）原件保存处：中央民族学院（现中央民族大学）图书馆

（2）中央民族学院图书馆收藏编号：001433

7. 版本说明（页码标记、残缺污浊页、翻译、出版）：

（1）总页码：856 页（420 叶）

（2）残缺

（3）未翻译

（4）异文本藏文出版：① 西藏，1988、1989；② 甘肃，1984、1986；③ 精选本，2013；④ 桑珠本，2011；⑤ 印度（达兰姆萨拉），1982、1983、1984、1985；⑥ 不丹，1981；⑦ 民族出版社，2015。

8. 著作者、搜集者与搜集地：

（1）著作者：未知

（2）搜集者：不知

（3）搜集地：不知

（4）搜集时间：1986

9. 其他：

（1）未查看原件。

（2）根据中国社会科学院民族文学研究所所藏复印件编制。

18 《突厥兵器宗》（下册）

1. 藏文全题名：

བྲུ་གུ་གོ་རྫོང་གཡུལ་འཁྲུགས་ཀྱི་སྨད་ཆ་བཞུགས་སོ།།

2. 拉丁转写：

'gru gu go rdzong g.yul 'khrugs kyi smad cha bzhugs so

3. 汉译名：

《突厥兵器宗》，或《祝古国宗》《祝古兵国》《祝古兵器宗》《朱孤兵器宗》《朱古之战》《竹岭之战》《岭与祝孤》。

4. 故事内容提要：

格萨尔遵照神灵之旨，派四位大臣带去哈达礼品前往青海，赏赐了青海王。让青海王管辖突厥都城，执掌朝政，治理国家，修缮突厥塔里寺；宏扬佛法，造福突厥众生。青海王达娃冬赛遵照岭国命令，前往突都，如令行事。他同岭国大臣一起，商量治国大策。格萨尔到突厥讲经说法，教育人们弃恶从善。青海王感激岭王的大恩，打开突厥宝库，献上了兵器等宝物。

5. 版本描述（字体、抄本、刻本风格、版心大小、材质）：

藏文草体，长条抄本，每页 5 行，外沿尺寸 95mm×285mm，字迹尺寸 70mm×231mm，原件，藏纸。

6. 保存处及编号：

（1）原件保存处：中央民族学院（现中央民族大学）图书馆

（2）中央民族学院图书馆收藏编号：001433

7. 版本说明（页码标记、残缺污浊页、翻译、出版）：

（1）总页码：277 页（139 叶）

（2）残缺

（3）未翻译

（4）异文本藏文出版：① 西藏，1988、1989；② 甘肃，1984、1986；③ 精选本，2013；④ 桑珠本，2011；⑤ 印度（达兰姆萨拉），1982、1983、1984、1985；⑥ 不丹，1981；⑦ 民族出版社，2015。

8. 著作者、搜集者与搜集地：

（1）著作者：未知

（2）搜集者：不知

（3）搜集地：不知

（4）搜集时间：1986

9. 其他：

（1）未查看原件。

（2）根据中国社会科学院民族文学研究所所藏复印件编制。

19 《地狱救母》

1. 藏文全题名：

འཛམ་གླིང་སྐྱེས་མཆོག་ནོར་བུ་དགྲ་འདུལ་གྱི་རྣམ་ཐར་ལས་དམྱལ་གླིང་རྫོགས་པ་ཆེན་པོ་བཞུགས་སོ

2. 拉丁转写：

'dzam gling skyes mchog nor bu dgra 'dul gyi rnam thar las dmyal gling rdzogs pa chen po bzhugs so

3. 汉译名：

《地狱救母》，或《地狱大圆满》《岭国地狱大圆满》《娘岭》《地狱元胜大全》。

4. 故事内容提要：

莲花生大师预言格萨尔，印度香河对岸边上有永生金刚杵，要求格萨尔赴该地修行佛法一百天。格萨尔按大师的旨意单枪匹马去那里静修，可是自己的母亲就在这时度完了一生。岭国群臣迎请大喇嘛，为果萨的灵魂升天念经，举办了非常隆重的丧事。

就在果萨去世几天后的某夜，珠姆梦到果萨堕入了地狱。她将此事派人带信告诉了远在印度的格萨尔王。格萨尔闻讯后进入地狱去质问阎王：我母亲向来苦修佛法，上供下施，从不怠慢，为何也掉进地狱？

阎罗法王说：你母亲做的是善业，但因你所杀汉、姜、霍尔、魔等灵魂都进入了地狱。因此给你的母亲带来了灾难，你快去营救吧！听完法王的话，格萨尔就去见母亲。正如法王所言，汉、姜、霍尔、魔等国的人把母亲折磨得皮开肉绽，实在目不忍睹。格萨尔大呼一声打散了人群，救出了慈母。母子相见，悲喜交加。格萨尔将母亲带进能活几亿年的乐土，然后回到了岭国。成千上万岭国臣民夹道迎接。格萨尔给大家详述了地狱的苦难，行善之好处，行凶之恶果。从此，岭国臣民更加虔信佛法，修行善业。

5. 版本描述（字体、抄本、刻本风格、版心大小、材质）：

藏文草体与粗让体？长条抄本，每页 8 行？40cm×10cm？原件，藏纸。

6. 保存处及编号：

（1）原件保存处：中央民院

7. 版本说明（页码标记、残缺污浊页、翻译、出版）：

（1）总页码：489 页

（2）残缺一页

（3）未翻译

（4）异文本藏文出版：① 四川，1986；② 精选本，2013；③ 印度（纽托加），1973；④ 印度（《迦湿弥罗绿松石宗》合编，德里），1971；⑤ 印度（噶岭堡），1979；⑥ 不丹，1984。

8. 著作者、搜集者与搜集地：

（1）著作者：果洛纳穷手抄本（འགུ་ལོགས་ན་རྐྱང་གི་ཕྱིས་མ།）

（2）搜集者：不知

（3）搜集地：不知

（4）搜集、复印时间：1986

9. 其他：

（1）未查看原件。

（2）根据中国社会科学院民族文学研究所所藏复印件编制。

小　结

1.中央民院收藏之《格萨尔》史诗手抄本与木刻本资料最早一部为《上粟特马宗》，由一位叫班觉者搜集于 1960 年 6 月 19 日。由此可知，自中央民院建校以来就开始了搜集包括《格萨尔》史诗在内的各种藏文手抄本资料。20 世纪 80 年代开始，中央民院马学良、佟锦华等主持的《藏族文学史》编写工作启动。由此，以佟锦华老师为主，中央民院再次在藏区各地展开了搜集包括《格萨尔》史诗在内的藏族文学资料。目前所见 15 部 19（册）异文本《格萨尔》资料，即为学者们辛勤劳作的成果。其中尤以佟锦华老师成绩最为卓著。

2. 中央民院搜集 15 部《格萨尔》手抄本罗列如下：

（1）《天界篇》，（2）《英雄诞生篇》，（3）《丹玛青稞宗》，（4）《北方降魔篇》，（5）《霍岭大战篇》，（6）《孟岭大战篇》，（7）《大食财宗》，（8）《上粟特马宗》，（9）《下粟特铠甲宗》，（10）《歇日珊瑚宗》，（11）《迦湿弥罗绿松石宗》，（12）《羊同珍珠宗》，（13）《雪山水晶宗》，（14）《突厥兵器宗》，（15）《地狱救母》。

3. 中央民院收藏之《格萨尔》史诗手抄本与木刻本资料，主要收藏于两个地方：中央民族大学藏学院与中央民族大学图书馆。从全国《格》办保存之复印件可知，中央民院收藏之《格萨尔》史诗资料得到了很好的编目与保存以及管理。由于条件所限，笔者尚未能查阅过这些资料。幸运的是，得到中央民大图书馆徐丽华副馆长的帮助，得以填补其中的部分编号与书叶大小。在此致以诚挚的谢意。

第七章　民族文化宫与国家图书馆藏本解题目录

凡例·说明

1. 此解题目录所参考原始目录为：

（1）中国社会科学院少文所编制"中国社会科学院少数民族文学所图书登录簿（《格萨尔》手抄本与木刻本）"（1986年11月21日—12月17日）。

（2）全国《格》办《1958—1986年全国搜集〈格萨尔〉手抄本、木刻本总目录》（2001）。

（3）全国《格萨尔》办公室藏《甘肃省〈格萨尔〉书面资料分部本、分章本统计》（1987）

2. "藏文题名"大多采用了简称。由于原手稿封面大多字迹漫漶不清，故未能录入藏文全题名。

3. "故事内容提要"主要采用：

（1）土登尼玛主编《格萨尔词典》中提要（四川，1989）。

（2）降边嘉措主编《中国少数民族古籍总目提要·藏族卷——〈格萨尔〉》（未刊稿，2014）。

（3）ཡེ་ཤེས་དཔལ་འབྱོར་བཀའ་འགྱུར་གླིང་གི་ལག་ཁྲིད་མ་དང་པར་མ་འཛིན་ཚིག་མངོན་རྒྱལ། ཆུ་ཁྱུངས་གི་པར་ཁང་ས་ཡིན་ནང་བཏང་། (༡༩༨༢)

（4）རྒྱུད་འབོར་ཆེ་ཕྱུན་གྱི་བཀའ་འགྱུར་ལག་ཤན་ནས་སྒྲུན་གྱི་དཔ་བོའི་གླིང་ནང་དུ་ཚོས་མ་སྐོར་གྱི་ཞིབ་འཇུག་ ཐེའུ་གསལ་ཡབ་བཟོ་ ཆན་སོ་མཐིའི་ལེགས་སྦྱེལ་དང་ ཕྱ་ཐུག་ནས་ནང་ས་བཞུགས། ཟོད་ཟོད་ལ་བཞུགས་པའི་རེ། (༡༩༧༡)

（5）སྒྲོ་བོ་ཚེ་རིང་གིས་བཀའ་འགྱུར་གི་མ་རང་དང་ད་ཡིན་ཝ་ལྱི་དབང་སྙོན་འཛིན་ག་གསང་མ་གླིང་ས་ཡིན་ནང་བཏང་། འདི་ནང་ངད་པ་མན། སྒྲ་ཡ་ཟེ་ག་ཟེ། (༡༩༧༣)

（6）སྐྱ་གྱུ་རིན་ཆེན་ནོ་རྩོ་བཀའ་འགྱུར་ག། པར་སྒྲུན་གི་ཡ་མེ་ཟེ་ཞེ་འཛུག། གྱུང་མའི་ཕོ་རེ། (༡༩༧༡)

4. 页码是指一部手抄本正反页的总合（按长条书编页规律，正反为一叶。单面称为页）。若藏有两卷，也仅标记一部的页码数。

5. 著作者中包括了抄写者、整理者，无明确说明的，皆为著作者。

6. 搜集时间、复印时间一般指该资料在中国社会科学院民族文学所的收藏时间。

7.“异文本”，指就一个完整的《格萨尔》部本来说，总体故事结构上相同但小情节与词句方面存在差异的其他部本，称做是这个部本的异文本。因此，“异文本汉文翻译”与“异文本藏文出版”指的是与之相关的同类部本的翻译与出版。

8. 由于条件所限，本人并未亲自查阅过本馆收藏原始手稿。

01　《天岭卜筮》

1. 藏文全题名：

ལྷ་གླིང་གབ་ཚེ་དགུ་སྐོར།

2. 拉丁转写：

lha gling gab tse dgu skor

3. 汉译名：

《天岭卜筮》，或《天岭占卜九藏》、《仙界遣使》。

4. 故事内容提要：

由菩提猕猴与岩罗刹女衍生的藏民祖先派分出噶、卓、札、董等各大姓氏，董氏先族然查格布生有三子，兄弟三人从东方玛沁雪山附近各娶一妻，遂发展形成了董氏长、仲、幼三大岭国部落。岭国四面四大魔国即霍、魔、门、姜以及各大宗等众邻国时常入侵欺凌岭国。

莲花生大师前往上方天界，请求白梵天王赐予岭国一位神子。最后，白梵天王的小儿子图巴噶允诺前往降服众魔怪，但提出需要殊胜武器与工具的要求。莲花生依其意愿，分别从龙界等处取得各殊胜工具并安排好图巴噶投身处所。但在此时，神子图巴噶心念动摇不愿前往尘世而躲藏。图巴噶先后九次躲藏于不动护法佛近前以及文殊的钵盂、骑羊护法的大铁锤等九处，均被一一识破，最后答应前往人间。

5. 版本描述（字体、抄本、刻本风格、版心大小、材质）：

藏文乌金体（正楷），长条木刻，每页 7 行，36.8cm×7.6cm，原件，藏纸。

6. 保存处及编号：

（1）原件保存处：民族文化宫图书馆

7. 版本说明（页码标记、残缺污浊页、翻译、出版）：

（1）总页码：127 页

（2）德格林葱木刻本

（3）封面有梵、乌尔都、藏三体文，书中有文殊、金刚菩萨等插像？

（4）异文本汉文翻译：① 王沂暖、华甲译（《贵德分章》），甘肃，1981；

② 刘立千译，西藏，1986；③ 文库本（一），1996。

（5）异文本藏文出版：① 四川，1980；② 甘肃，1982；③ 西藏，1981；④ 民族出版社，1984；⑤ 文库本（一），1996；⑥ 扎巴本，1998；⑦ 桑珠本，2001；⑧ 印度（岗托克），1983；⑨ 不丹，1979 年；⑩ 蒙古国，1961。

8. 著作者、搜集者与搜集地：

（1）著作者：不知

（2）搜集者：不知

（3）搜集地：民族文化宫

（4）搜集时间：1986？

9. 其他：

（1）未查看原件。

（2）"甘肃省《格萨尔》书面资料统计"表格编制。

02 《英雄诞生》

1. 藏文题名：

འཁྲུངས་སྐོར།

2. 拉丁转写：

'khrungs skor

3. 汉译名：

《英雄诞生》，或《诞生史》《冲岭梅朵然哇》《诞生、占领玛域》。

4. 故事内容提要：

莲花生大师为了拯救陷于灾难痛苦中的岭国百姓，请求天神派其子布杜噶布下凡担当岭国国王。布杜噶布听说要被派去岭国，躲藏到了龙界和念界，最后经大师劝善诱导，决定下凡拯救人类。

岭国穆布董氏热查干布生有三子，形成了岭穆布董氏长、仲、幼三系。有一次，果部落侵犯岭地，杀害了岭地总管王戎查叉根之子，岭国起兵复仇，进攻果部落，掳获龙女麦朵娜泽，并被僧伦王纳为次妃，僧伦和果萨生了觉如（格萨尔的小名）。格萨尔诞生三天以后征服了黑鸟三兄弟（家那三兄弟），高僧贡巴惹杂、九百恶犊、红魔驹等魔鬼。

晁同很害怕格萨尔夺走他的王位，便造谣说觉如是个鬼怪，果萨本是女妖；把格萨尔赶到黄河谷地玛麦隆多草原。格萨尔在那里降伏了损耗鬼和厉鬼等。有一年，岭地遭受雪灾，岭·格萨尔诞生后，不计前嫌，分给他们放牧的草场，毅然收留了迁徙到玛麦隆多草原的包括晁同在内的岭国军民。

格萨尔给晁同降下虚假预言，要他举办赛马大会，夺得岭国王位宝座。最终通过赛马，格萨尔登上了岭国宝座。

5. 版本描述（字体、抄本、刻本风格、版面大小、材质）：

藏文乌金体（正楷），古旧藏纸？每页 5 行，32cm×6cm？林葱木刻印刷本原件，藏纸。

6. 保存处及编号：

（1）原件保存处：民族文化宫图书馆

7. 版本说明（页码标记、残缺污浊页、翻译、出版）：

（1）总页码：161 叶

（2）德格林葱木刻本。

（3）异文本汉文翻译：王沂暖、何天慧，甘肃，1985。

（4）异文本藏文出版：① 西藏，1982；② 甘肃，1981；③ 四川，1980、1999；④ 四川《玛麦觉如王事业》，2001；⑤ 青海《开天辟地》，1987；⑥ 青海，1988；⑦ 扎巴本，1996；⑧ 文库本，1996；⑨ 桑珠本，2001；⑩ 精选本，2013；⑪ 竹杰沃嘎本，民族出版社，2010；⑫ 印度（德里），1967？⑬ 印度（达拉姆萨拉），1984；⑭ 不丹，1979；⑮ 蒙古国，1961。

8. 著作者、搜集者与搜集地：

（1）搜集者：不知

（2）搜集地：不知

（3）搜集时间：1986？

9. 其他：

（1）未查看原件。

（2）"甘肃省《格萨尔》书面资料统计"表格编制。

03 《赛马称王》

1. 藏文全题名：

ཏ་རྒྱུགས་རྒྱལ་འཇོག

2. 拉丁转写：

rta rgyugs rgyal 'jog

3. 汉译名：

《赛马称王》，或《赛马登位》《赛马七宝》《赛马称王之部》。

4. 故事内容提要：

格萨尔 8 岁时，遵照天神预言变成晁同的灵鸟，给晁同授记：召集岭国臣民，举办赛马盛会；你将荣取桂冠，获得岭国宝座，成为富豪嘉洛部落财宝和王宫森周达泽宫的主人，以及娶得美丽的珠姆为王妃。于是，晁同通知岭国各部举行赛马盛会。格萨尔通过种种神通除掉了前来通知他去参加比赛的珠姆身上的"煞气"，珠姆与果萨一起从山野找来江郭耶尔瓦神驹，珠姆给骏马备上了光耀自照宝鞍和宝垫。格萨尔加入骑手盛队，最终荣获桂冠，登上了岭国宝座，成为了岭国国王，纳珠姆为妃，被尊称为"南瞻部洲珠宝制敌大丈夫雄狮大王格萨尔"。岭国举国欢庆，歌舞不断。全国上下举行了盛大的庆祝会。

5. 版本描述（字体、抄本、刻本风格、版心大小、材质）：

藏文乌金体（正楷），长条木刻印刷本，每页 7 行，36.8cm×7.6cm，原件，藏纸。

6. 保存处及编号：

（1）原件保存处：民族文化宫图书馆

7. 版本说明（页码标记、残缺污浊页、翻译、出版）：

（1）总页码：206 页

（2）德格林葱木刻版。

（3）异文本汉文翻译：王沂暖，甘肃，1987。

（4）异文本藏文出版：① 西藏，1981； ② 甘肃，1981；③ 四川，1980；④ 青海，1981；⑤ 精选本，2000；⑥ 桑珠本，2002；⑦ 文库本，1996；⑧ 印度（帕兰普尔？），1969；⑨ 印度（达兰萨拉），1984；⑩ 不丹，1979。

8. 著作者、搜集者与搜集地：

（1）著作者：未知

（2）搜集者：不知

（3）搜集地：不知

（4）搜集时间：1986？

9. 其他：

（1）未查看原件。

（2）"甘肃省《格萨尔》书面资料统计"表格编制。

04 《世界公桑》

1. 藏文全题名：

འཛམ་གླིང་སྤྱི་བསང་།

2. 拉丁转写：

'dzam gling spyi bsang

3. 汉译名：

《世界公桑》，或《世界公祭》《煨桑》。

4. 故事内容提要：

讲述格萨尔王为开始其戎马生涯举行祭祀战神的煨桑故事。格萨尔赛马称王后，纳珠姆为妃，为降伏各地各种妖魔，岭国举行煨桑祭神仪式，祈祷保佑岭国，煨桑前后射杀了来犯的魔国红铜角野牛和反击了入侵抢马的多个霍尔王臣。煨桑祭神是其中的主要内容，但其中不乏对当时青藏高原历史文化现象的艺术描写，场面庄严壮阔，文笔绮丽。

5. 版本描述（字体、抄本、刻本风格、版心大小、材质）：

藏文草体，长条抄本，每页 7 行，36.8cm×7.6cm，原件，藏纸。

6. 保存处及编号：

（1）原件保存处：民族文化宫图书馆

7. 版本说明（页码标记、残缺污浊页、翻译、出版）：

（1）总页码：130 叶？

（2）异文本汉文翻译：王沂暖译，甘肃，1983。

（3）异文本藏文出版：①甘肃（贡去乎才旦校订），1980。

8. 著作者、搜集者与搜集地：

（1）搜集者：不知

（2）搜集地：不知

（3）搜集时间：1986？

9. 其他：

（1）未查看原件。

（2）"甘肃省《格萨尔》书面资料统计"表格编制。

05 《北方降魔》

1. 藏文全题名：

འཛམ་གླིང་རྒྱལ་པོའི་རྣམ་ཐར་ལས་བྱང་བདུད་ཀླུ་བཙན་བཏུལ་བའི་སྐོར།

2. 拉丁转写：

'dzam gling rgyal po'i rnam thar las byang bdud klu btsan btul ba'i skor.

3. 汉译名：

《北方降魔》或《北地降魔》《征服鲁赞魔》《降服妖魔》《降妖部》。

4. 故事内容提要：

格萨尔登上岭国王位之时，四方魔王横行无忌，边地妖魔来到中心地作乱，尤其是北方魔王鲁赞十分嚣张，毁坏上方印度的佛法，捣毁下方汉地的法场，把中部卫藏四围搅得天昏地暗。与美丽的岭国为敌，抢走王妃梅萨和阿努森成等大批百姓和财富，使整个世界尤其是雪域之邦陷入苦海之中。遵照姑母南曼噶姆的旨意，格萨尔15岁第一次出征北部亚尔康魔国。米琼、珠姆和晁同三人怀着不同的目的都来为格萨尔送行，但因没有缘分，他们三人都走错了路，没能到达格萨尔王身边。

　　格萨尔单人独骑来到北方，闯过道道关隘，来到匝曲河畔，与魔国的军队相遇，在神佛的护佑下，格萨尔打败了所有敌人，魔臣晋格等人向格萨尔投诚。格萨尔来到北方亚尔康魔国，途中遇到阿达拉姆和魔臣秦恩，他们对格萨尔王仰慕已久，在他们的帮助下，摧毁了魔王鲁赞的寄魂野牛和寄魂羊，格萨尔来到魔城九层宫殿，在梅萨帮助下，用9个月零10天的功夫，箭射鲁赞王的额头，将他杀死。

　　但是，在降伏鲁赞之后，梅萨却让格萨尔饮了迷魂酒，使他忘记过去的一切，成天与梅萨寻欢作乐，在九层宫殿里。一住就是9年多。这期间，晁同投靠霍尔白帐王，帮助霍尔入侵岭国，大英雄贾察壮烈牺牲，珠姆被白帐王抢掳到霍尔国，岭国百姓陷入深重的灾难之中。

　　5. 版本描述（字体、抄本、刻本风格、版心大小、材质）：

藏文粗让体、草体，长条抄本，每页6行，37cm×8.3cm，原件，藏纸。

　　6. 保存处及编号：

（1）原件保存处：民族文化宫图书馆

（2）民族文化宫图书馆编号：不知

　　7. 版本说明（页码标记、残缺污浊页、翻译、出版）：

（1）总页码：228页。（2）唱词开头用红色字体书写，缺第1页。

　　（3）异文本汉文翻译：① 王沂暖译，甘肃，1980；② 王沂暖、华甲译《贵德分章本》，甘肃，1981。

　　（4）异文本藏文出版：① 甘肃，1980；② 西藏，1991；③ 四川（华旦《觉日的故事》），2000；④ 精选本，2000；⑤ 扎巴本，1997；⑥ 桑珠本，2002；⑦ 川《格》（《降妖部》），2008；⑧ 川《格》（《竹杰沃嘎《格萨尔》故事集》），2010；⑨ 格日尖参本，2007；⑩ 印度（德里），1979；⑪ 印度（岗托克1），1983；⑫ 印度（岗托克2），1983；⑬ 印度（加尔各答《下拉达克本》），1905；⑭ 不丹，1979；⑮ 不丹（《下拉达克本》），1981；⑯ 蒙古国（《格萨尔本生传》合编），1961。

　　8. 著作者、搜集者与搜集地：

（1）著作者：不知

（2）搜集者：不知

（3）搜集地：不知

（4）登记时间：1986？

9. 其他：

（1）未查看原件。

（2）根据中国社会科学院民族文学研究所所藏目录编制。

06 《霍岭大战》

1. 藏文全题名：

འཛམ་གླིང་སེང་ཆེན་རྒྱལ་མཆོག་གེ་སར་ནོར་བུ་དགྲ་འདུལ་གྱི་རྣམ་ཐར་ལས་ཧོར་ཕར་འདུལ་བསམ་པའི་དོན་གྲུབ།

2. 拉丁转写：

'dzam gling seng chen rgyal mchog ge sar nor bu dgra 'dul gyi rnam thar las hor phar'dul bsam pa'i don grub.

3. 汉译名：

《霍岭大战》，或《霍尔侵入》《平服霍尔》《征服霍尔》《反击霍尔》《霍尔岭之战》。

4. 故事内容提要：

岭·格萨尔在北方魔国迷恋梅萨和阿达拉姆二妃的时候，霍尔国白帐王暗中勾结岭·格萨尔叔父晁同，趁岭·格萨尔不在国内，兴兵大举进犯岭国，岭·格萨尔的哥哥贾查霞尕尔和弟弟绒查玛尔勒均战死沙场，王妃珠姆被掳，总管王戎查叉根败退到深山躲藏，晁同窃取了岭国王位。由于珠姆求仙鹤送信，岭·格萨尔得知消息后方才恍然大悟，于是领兵回国，惩罚了内奸晁同，只身前往霍尔国。

岭王用各种办法和幻术，降服了霍尔国的白帐王、黄帐王和黑帐王三兄弟，霍尔国归入岭国，并制定了以十善为主的法律和以十六条为主的道德规范条例。噶尔确达被任命为霍尔地道领。霍尔国因此佛光普照。霍尔辛巴梅乳泽被披上狗服，牵到了岭国。霍国辛辛苦苦四十九代积累起来的巨产，用五千只驴和无数头牦牛被岭人运到了岭国。格萨尔大王偕同珠姆返回岭国。

5. 版本描述（字体、抄本、刻本风格、版心大小、材质）：

藏文粗让体，长条抄本，每页 6 行，73cm×8.3cm，原件，藏纸。

6. 保存处及编号：

（1）原件保存处：民族文化宫图书馆

（2）民族文化宫图书馆编号：2690、2691、2692、2693

7. 版本说明（页码标记、残缺污浊页、翻译、出版）：

（1）总页码：1150 页

（2）共 4 卷：第一卷 300 页、第二卷 290 页、第三卷 302 页、第四卷 258 页

（3）异文本汉文翻译：① 青海民研会，1962；② 吴均、金迈译，1984；③ 王沂暖、华甲译（《贵德分章本》），1981；④ 王歌行、左可国、刘宏亮整理，1986。

（4）异文本藏文出版：① 青海，1962、1979、1980；② 西藏，1980；③ 青海（《黄霍尔》），1988、1994；④ 交加本，2006；⑤ 四川（《辛丹》附录），1982；⑥ 四川，1999；⑦ 精选本，2000；⑧ 桑珠本，2006；⑨ 印度（列城），1972；⑩ 印度（锡金、岗托克），1978；⑪ 印度（德里），1979；⑫ 印度（比尔），1979；⑬ 印度（岗托克），1984；⑭ 不丹，1979；⑮ 不丹，1979；⑯ 不丹，1979；⑰ 蒙古国，1961；⑱ 川《格》12，2015。

8. 著作者、搜集者与搜集地：

（1）搜集者：不知

（2）搜集地：不知

（3）登记时间：1986？

9. 其他：

（1）未查看原件。

（2）根据中国社会科学院民族文学研究所所藏目录编制。

（3）据中国民族图书馆（原民族文化宫图书馆）藏文古籍部先巴先生告知，此件已还回西藏。估计此件与西藏人民出版社版《霍岭大战》有关。

07 《姜岭大战》

1. 藏文全题名：

འཛམ་གླིང་གེ་སར་རྒྱལ་པོས་དགྲ་ཕང་འདུལ་ལྗང་གླིང་གཡུལ་འགྱེད་ཀྱི་ལེའུ།

2. 拉丁转写：

'dzam gling ge sar rgyal pos dgra phang 'dul ljang gling g.yul 'gyed kyi le'u.

3. 汉译名：

《姜岭大战》，或《姜岭之战》《降岭之战》《保卫盐海》《征服姜国》《岭八十大将传》。

4. 故事内容提要：

莲花生大师派天神玛乃乃假扮姜国天神，给姜国国王萨丹王降下假预言，致使他遵照假预言派王子玉拉托居尔前往岭国方向去迎接贵宾，结果

被辛巴设计降伏被擒。萨丹王召集群臣出师岭国解救王子。双方经过多年战争，各有损伤，但未分出胜负。

岭国设计延误姜军进攻岭国计划。岭国派以丹玛为首的六大将帅突捣姜营，致使姜军人仰马翻，溃不成军。萨丹王丧失理智，悲愤之际欲饮尽江河，格萨尔变成一条小鱼钻进姜王肚中，救出被吞的男女 20 人。格萨尔站在萨丹心顶祈求三宝保佑。萨丹恼羞成怒，向自己的心口扎了一刀，结束了自己的生命。格萨尔收回盐矿岭国，任命玉拉为姜地 12 地的首领。架起了藏汉友谊之桥。岭军凯旋。

5. 版本描述（字体、抄本、刻本风格、版心大小、材质）：

藏文草体，长条抄本，每页 8 行，36.6cm×10cm，原件，藏纸。

6. 保存处及编号：

（1）原件保存处：民族文化宫图书馆

（2）民族文化宫图书馆编号：2700

7. 版本说明（页码标记、残缺污浊页、翻译、出版）：

（1）总页码：222 页

（2）缺页

（3）异文本汉文翻译：徐国琼、王晓松译，中国藏学，1991。

（4）异文本藏文出版：① 西藏，1981；② 罗哲嘉措本，甘肃，1989；③ 甘肃，1993；④ 精选本，2002；⑤ 桑珠本，2003；⑥ 交加本，甘肃，2006；⑦ 格日尖参本，甘肃，2007；⑧ 印度（德里），1965；⑨ 印度（岗托克），1977；⑩ 印度（岗托克），1983；⑪ 不丹，1981；⑫ 蒙古国，1959；⑬ 川《格》丛书 11，2014。

8. 著作者、搜集者与搜集地：

（1）著作者：不知

（2）搜集者：不知

（3）搜集地：不知

（4）登记时间：1986？

9. 其他：

（1）未查看原件。

（2）根据中国社会科学院民族文学研究所所藏目录编制。

（3）据中国民族图书馆（原民族文化宫图书馆）藏文古籍部先巴先生告知，此件已还回西藏。

08 《大食财宗》

1. 藏文全题名：

སྟག་གཟིག་ནོར་རྫོང་བཞུགས་སོ།།

2. 拉丁转写：

stag gzig nor rdzong bzhugs so.

3. 汉译名：

《大食财宗》，或《大食财宝城》《达惹诺宗》《大食诺宗》《大食宝宗》《大食之战》《达岭之战》《征服大食》。

4. 故事内容提要：

晁同盗走大食国宝马，大食国派兵进攻达戎部落。达戎部落不敌大食国，请求格萨尔大王出兵援助。天神预言格萨尔，到了征服大食财宗的时间。格萨尔与群臣商讨对敌策略，岭军出国，与敌交战。格萨尔向阿扎桑堆米巧堆嘎派了三个撒达。三个撒达征服了大食国宝和红崖大鹏宗，夺取了如意宝贝，最终打败大食君臣，攻取了大食财宗。

5. 版本描述（字体、抄本、刻本风格、版心大小、材质）：

藏文草体，长条抄本，每页 6 行，73cm×8.3cm，原件，藏纸。

6. 保存处及编号：

（1）原件保存处：民院文化馆图书馆

（2）民族文化宫图书馆编号：2699

7. 版本说明（页码标记、残缺污浊页、翻译、出版）：

（1）总页码：292 叶

（2）异文本汉文翻译：① 角巴东主等编校，高等教育出版社，2011。

（3）异文本藏文出版：① 西藏，1979；② 甘肃，1979；③ 精选本，2002；④ 印度（大吉岭），1966；⑤ 印度（新德里），1976；⑥ 印度（岗托克），1983；⑦ 不丹，1981。

8. 著作者、搜集者与搜集地：

（1）著作者：未知

（2）搜集者：未知

（3）搜集地：未知

（4）登记时间：1986？

9. 其他：

（1）未查看原件。

（2）根据中国社会科学院民族文学研究所所藏目录编制。

（3）据中国民族图书馆（原民族文化宫图书馆）藏文古籍部先巴先生告知，此件已还回西藏。

09 《分大食财》

1. 藏文题名：

འཛམ་གླིང་གེ་སར་རྒྱལ་པོའི་རྟོགས་བརྗོད་ལས་སྟག་གཟིག་རྫོང་ཕབ་པའི་ནོར་འགྱེད་བཏང་སྐོར་བཞུགས་སོ།

2. 拉丁转写：

'dzam gling ge sar rgya po'i rtogs brjod las stag gzig rdzong phab pa'i nor 'gyed btang skor bzhugs so

3. 汉译名：

《分大食财》，或《分大食牛》《达惹诺结》《达色施财》。

4. 故事内容提要：

根据白玛仁增整理、刊刻于 1661 年的木刻本抄写。故事讲述格萨尔征服大食国后，打开大食财宝宗，将所获大食国财宝分封给岭国、霍尔国、魔国、姜国和门国，以及各有功之臣。并将大食国财宝之福禄分别埋藏于藏区各地，以利益藏族未来民众。

5. 版本描述（字体、抄本、刻本风格、版面大小、材质）：

藏文乌金体，古旧藏纸，每页 6 行，33cm×8.3cm，木刻本

6. 保存处及编号：

（1）原件保存处：民族文化宫图书馆

（2）民族文化宫图书馆编号：不知

7. 版本说明（页码标记、残缺污浊页、翻译、出版）：

（1）总页码：35 叶

（2）缺页。

（3）异文本汉文翻译：① 李朝群译《达色施财》，西藏人民出版社，1985；② 王沂暖、王兴先译，甘肃人民出版社，1986；③ 丹玛江永慈诚、多杰坚赞、郭晓虹，民族音像出版社，2013。

（4）异文本藏文出版：① 西藏，1980、2010；② 四川（《取阿里金窟》合编），1981；③ 印度（德里），1967；④ 蒙古（《格萨尔本生传》合编），1961；⑤ 丹玛江永慈诚、多杰坚赞、郭晓虹，民族音像出版社，2013。

8. 著作者、搜集者与搜集地：

（1）整理者：佐智白玛仁增（རྫོགས་སྤྲུལ་པདྨ་རིག་འཛིན་གྱིས་བསྒྲིགས།）

（2）搜集者：不知

（3）搜集地：不知

（4）登记时间：1986？

9. 其他：

（1）未查看原件。

（2）根据中国社会科学院民族文学研究所所藏目录编制。

10 《穆古骡宗》

1. 藏文全题名：

ग्लིང་རྗེ་སྐྱེས་བུའི་རྣམ་ཐར་ལས་སྨུག་ཆུང་དྲེལ་གྱི་གཡང་རྫོང་འབེབ་སྐོར་ལེའུ་གསུམ་པ་དཔའ་བོ་སྙིང་གི་འཛུམ་རོལ་ཞེས་བྱ་བ་བཞུགས་སོ།

2. 拉丁转写：

Gling rje skyes bu'i rnam thar rmug chung drel g.yang rdzong 'beb skor le'u gsum pa dpa' bo snying gi 'dzum rol zhes by aba bzhugs so.

3. 汉译名：

《穆古骡宗》，或《木琼骡央宗》《穆古骡子宗》。

4. 故事内容提要：

格萨尔大王得到天界姑母南曼噶姆预言，降伏穆古骡子城魔王，开启宝库并将宝贝骡子的"央"（福运）带回岭地的时机到来。于是，大王命各国急速调集十万人马，于吉年吉月的二十八日这一天，在王子扎拉的率领下，几十万大军走了七天，来到德拉查茂滩扎营。辛巴梅乳泽献计派使者去穆古，说岭国几十万大军要到东方嘉地去迎亲，路经此地，想借穆古的城堡休息七天。尼玛赞杰王愤怒异常，认为岭国是故意挑衅。尼玛赞杰王应允英雄章岭扎堆自荐，带十万穆古军出城查探虚实。扎拉知道尼玛赞杰王绝不会轻易答应让路，于是双方起了争斗。穆古兵将死伤无数，大将其梅白桑被活捉，穆古国王尼玛赞杰将败将森格扎堆和岗察巴瓦发配到边远的日努曼杰荒滩，以示惩罚，并命鲁杰康松锁达、堆杰巧巴腊松、赞杰帕瓦岗纳三员猛将和各路首领，各率本部人马，前去抵挡岭军。大臣们纷纷为森格扎堆等人求情。森格扎堆和岗察巴瓦二人觉得尼玛赞杰无情，带着手下的两万人马到岭营向扎拉王子投诚。

穆古王子晋美南卡决计替父王出征。图噶劲宗城被岭军占领。辛巴、曲珠和阿达拉姆等大将率军杀退了穆古大军 20 万。岭军开往查雅宗城，晋美被扎拉亲手活捉。穆古王尼玛赞杰誓死救出王子晋美，与扎拉王子大战，终不敌岭军大败而归。正当两军相持不下之际，雄狮大王格萨尔骑着江噶佩布飞到了森格劲宗王宫顶上，宝剑挥去，穆古王人头离体。穆古王尼玛赞杰一死，残余将士纷纷投降，开城迎接岭军。王妃偕赛卓玛和公主央珍曲措也向格萨尔投降。格萨尔带着晁同和穆古公主央珍曲措来到云隆德扎岩山，一起取穆古骡子宝藏。得到了骡子宝藏，格萨尔命辛巴去达茂宗城将穆古王子晋美接回王宫，并为王子举行登基典礼。将公主央珍曲措带回岭国，配予梅乳泽外甥隆拉觉德。

5. 版本描述（字体、抄本、刻本风格、版心大小、材质）：

藏文柏簇体，长条抄本，每页 8 行，38.3cm×6.6cm，原件，藏纸。

6. 保存处及编号：

（1）原件保存处：民族文化宫图书馆

（2）民族文化宫图书馆编号：2694

7. 版本说明（页码标记、残缺污浊页、翻译、出版）：

（1）总页码：325 页

（2）缺页

（3）异文本汉文翻译：王沂暖译，甘肃，1988。

（4）异文本藏文出版：① 西藏，1982； ② 扎巴本，2008；③ 精选本，2010；④ 印度，（甘托克），1983；⑤ 不丹，1984。

8. 著作者、搜集者与搜集地：

（1）著作者：未知

（2）搜集者：不知

（3）搜集地：不知

（4）登记时间：1986？

9. 其他：

（1）未查看原件。

（2）根据中国社会科学院民族文学研究所所藏复印件编制。

（3）据中国民族图书馆（原民族文化宫图书馆）藏文古籍部先巴先生告知，此件已还回西藏。

11 《歇日珊瑚宗》

1. 藏文全题名：

འཛམ་གླིང་གེ་སར་སྐྱེས་མཆོག་ཡིད་བཞིན་ནོར་བུས་བྱང་བྱེ་རུའི་བྱུར་རྫོང་འཕབས་པའི་ངོ་མཚར་གཏམ་གྱི་མཛད་པ་དཔའ་བོ་དགའ་བའི་གླུ་དབྱངས།

2. 拉丁转写：

'dzam gling ge sar skyes mchog yid bzhin nor bus byang bye ru'i byur rdzong 'phabs pa'i ngo mtshar gtam gyi mdzad pa dpa' bo dga'ba'i glu dbyangs

3. 汉译名：

《歇日珊瑚宗》，或《杰日珊瑚宗》《奇乳珊瑚宗》《岭与歇日珊瑚之部》

《碣日珊瑚宗》《吉茹珊瑚宗》《岗岭之战》《契日珊瑚宗》《达格戎珊瑚宗》《北方珊瑚宝宗》。

4. 故事内容提要：

岭军征服了阿扎玛瑙宗后不久，得知歇日国杀死了岭国茶商。于是格萨尔发兵征讨歇日。岭军兵分两路去攻打歇日。珊瑚宗有三位在箭术、枪术、剑术上武艺超群的勇士，他们都先后被岭国六大先遣勇士歼灭。岭军所向披靡，珊瑚官兵屡战屡败。岭国大军消灭了歇日国的绿铁宗、东南的白螺宗、西南的金光宗、西面的古长旦朱宗、东北的玉石宗。最终歇日国大泽王没能逃脱岭军的追杀，被玉拉托居尔和贡赞结果了性命。其余官兵及歇日王妃投诚。

格萨尔开启歇日国珊瑚宝库，分赐给属下百姓，余者全部运回岭国。格萨尔从珊瑚国的宝湖里捞出了无数珊瑚。岭国在歇日设立了 12 个万户长官，派阿达拉姆为歇日总管。随后岭军凯旋而归。

5. 版本描述（字体、抄本、刻本风格、版心大小、材质）：

藏文草体，长条抄本，每页 8 行，60cm×10cm，原件，藏纸。

6. 保存处及编号：

（1）原件保存处：民族文化宫图书馆

（2）民族文化宫图书馆编号：不知

7. 版本说明（页码标记、残缺污浊页、翻译、出版）：

（1）总页码：221 页

（2）缺 1、2、32 页，唱词前六字真言用红色墨书写。

（3）异文本汉文翻译：① 角巴东主主编，高等教育出版社，2011。

（4）异文本藏文出版：① 青海，1983；② 精选本，2003；③ 桑珠本，2004；④ 印度（岗托克），1977；⑤ 不丹本，1981。

8. 著作者、搜集者与搜集地：

（1）著作者：不知

（2）搜集者：不知

（3）搜集地：不知

（4）登记时间：1986？

9. 其他：

（1）未查看原件。

（2）根据中国社会科学院民族文学研究所所藏目录编制。

12 《羊同珍珠宗》

1. 藏文全题名：

ཞང་ཞིང་མུ་ཏིག་རྫོང་།

2. 拉丁转写：

Zhang zhing mu tig rdzong

3. 汉译名：

《羊同珍珠宗》，或《象雄珍珠宗》《祥岭珍珠之战》《征服象雄珍珠国》《香雄珍珠宗》《向雄珍珠宗》。

4. 故事内容提要：

羊同苯教王伦珠扎巴的 16 个商人去汉地经商途中扎营在达戎晁同的草原上，晁同派儿子们抢劫并杀死了商人。羊同国君臣通过向苯教喇嘛求教得知了事情原委。羊同王派将兵抢回所夺之物并杀掉了达戎部落不少人马。晁同向格萨尔王请求派岭军替他报仇。

此时，天神了也预言格萨尔到了征服羊同珍珠宗的时机。格萨尔下令三军追击羊同人马，自己率军出师大食。羊同王被格萨尔消灭。格萨尔打开了直插云霄的白崖狮子天宗，取出了各种珍珠等金银财宝。格萨尔将财宝运回军营分给了将士。在羊同制定了十善之法，将苯教改为佛教，把外道的恶经抛入河中。格萨尔任命曲珠大臣为羊同十八方的首领。

5. 版本描述（字体、抄本、刻本风格、版心大小、材质）：

藏文草体？长条抄本？每页 7 行？36.5cm×7.2cm？原件，藏纸。

6. 保存处及编号：

（1）原件保存处：民族文化宫图书馆

7. 版本说明（页码标记、残缺污浊页、翻译、出版）：

（1）总页码：292 页

（2）异文本汉文翻译：① 马宏武译，甘肃，2006；② 角巴东主主编，高等教育出版社，2011。

（3）异文本藏文出版：① 西藏，1982；② 甘肃，1984；③ 青海，1984；④ 扎巴本，2007；⑤ 桑珠本，2008；⑥ 印度（达拉姆萨拉），1984；⑦ 不丹，1981。

8. 著作者、搜集者与搜集地：

（1）著作者：未知

（2）搜集者：不知

（3）搜集地：不知

（4）搜集时间：1986？

9. 其他：

（1）未查看原件。

（2）"甘肃省《格萨尔》书面资料统计"表格编制。

13　《上粟特马宗》

1. 藏文题名：

 སོག་སྟོད་རྟ་རྫོང་།

2. 拉丁转写：

sog stod rta rdzong

3. 汉译名：

《上粟特马宗》或《蒙古马城》《蒙古马国》《上蒙古马宗》《索波马宗》《索多马城》。

4. 故事内容提要：

雪山狮子国国王的化身嘎玛扎巴去粟特的鲁赤经商时被杀，国王派人向岭国扎拉求救。扎拉王子认为嘎玛扎巴是自己的孩子，一定要替他报仇。此时，岭国女英雄阿达拉姆梦中得到天神预言：征服粟特马宗必须先由自己出兵。阿达拉姆率领的三万大军驻扎在阿格达娃大平原。此时粟特王也得到预示自己被杀的梦境，派人站岗放哨。结果此人被阿达拉姆降伏，获得了粟特王的信息。

格萨尔和扎拉王子率军出师。粟特国的将士们在与岭军作战中先后身亡。最后格萨尔降伏了粟特鲁赤王，任命比推·永朱其美为粟特国国王，并在粟特国制定十善佛法。粟特百姓过上了幸福的生活。格萨尔等岭国众英雄获得了粟特的诸多良马。

5. 版本描述（字体、抄本、刻本风格、版面大小、材质）：

柏簇体与草体？　长条抄本？35cm×10cm？每页 7 行？原件，藏纸。

6. 保存处及编号：

（1）原件保存处：民族文化宫图书馆

7. 版本说明（页码标记、残缺污浊页、翻译、出版）：

（1）总页码：203 叶

（2）未翻译

（3）异文本藏文出版：① 西藏，1992；② 扎巴本，1999；③ 精选本，2013；④ 印度（德拉敦），1978；⑤ 印度（达兰姆萨拉），1982；⑥ 不丹，1981。

8. 著作者、搜集者与搜集地：

（1）搜集者：不知

（2）搜集地：不知

（3）搜集时间：1986？

9. 其他（翻译、出版）：

（1）未查看原件。

（2）"甘肃省《格萨尔》书面资料统计"表格编制。

14 《格萨尔大王密传》

1. 藏文全题名：

འཛམ་གླིང་རྒྱལ་པོའི་རྣམ་ཐར་གསུམ་གླིང་བཞུགས་སོ།།

2. 拉丁转写：

'dzam gling rgyal po'i rnam thar gsum gling bzhugs so

3. 汉译名：

《格萨尔大王密传》，或《格萨尔密传》《格萨尔大王内外密三种传记》《格萨尔事迹瞻洲胜利记》。

4. 故事内容提要：

格萨尔降伏了四方四魔和十八大宗以及诸多小宗后，集中岭国、魔国、霍尔国、门国、姜国、大食、粟特、白惹、突厥、米努、阿扎、斯钦、地嘎、阿赛、汉地等众多国家的部将和百姓七千多人，宣讲了自己一生征战的历史和佛法事宜，令人们增进了信心，感到了喜悦。

5. 版本描述（字体、抄本、刻本风格、版心大小、材质）：

藏文草体，长条抄本，每页 8 行，33cm×8.3cm，原件，藏纸。

6. 保存处及编号：

（1）原件保存处：民族文化宫图书馆

（2）民族文化宫图书馆编号：不知

7. 版本说明（页码标记、残缺污浊页、翻译、出版）：

（1）总页码：175 页

（2）未翻译

（3）异文本藏文出版：《格萨尔密传》，西藏人民出版社，1989。

8. 著作者、搜集者与搜集地：

（1）著作者：不知

（2）搜集者：不知

（3）搜集地：不知

（4）登记时间：1986？

9. 其他：

（1）未查看原件。

（2）根据中国社会科学院民族文学研究所所藏目录编制。

15　《征服魔王嘉日坚赞》

1. 藏文全题名：

 སྐྱེས་མཆོག་བླ་མ་གེ་སར་གྱིས་བདུད་པོ་ལྕགས་རི་རྒྱལ་མཚན་བཏུལ་བའི་འགར་ལེའུ།

2. 拉丁转写：

Skyes mchog bla ma ge sar gyis bdud pol cags ri rgyal mtshan btul ba'i 'gar le'u.

3. 汉译名：

《征服魔王嘉日坚赞》，或《降伏夹日江村之部》。

4. 故事内容提要：

讲述格萨尔大王征服北方、霍尔、姜国、门国四大魔王和一切大大小小的妖魔国家后，天神降下预言，到了最后收服边境各种妖魔时刻。

格萨尔大王带领晁同、丹玛等大臣，前往边地四方，运用神通力量，修习大橛成就法以及变化成凶暴的金刚手菩萨或者慈祥的释迦牟尼大佛，降服了藏王时代破坏佛法的各种妖魔，特别是魔主嘉日坚赞魔王，格萨尔前往降伏他的途中得到南萨的帮助，最后南萨用心火烧毁魔王。格萨尔彻底摧毁妖魔魔城，使其信奉佛法。

5. 版本描述（字体、抄本、刻本风格、版心大小、材质）：

藏文粗让体，长条抄本，每页 6 行，73cm×8cm，原件，藏纸。

6. 保存处及编号：

（1）原件保存处：民族文化宫图书馆

（2）民族文化宫图书馆编号：不知

7. 版本说明（页码标记、残缺污浊页、翻译、出版）：

（1）总页码：85 叶

（2）未翻译。

（3）异文本藏文出版：艺人本《塔堆》，2012。

8. 著作者、搜集者与搜集地：

（1）著作者：未知

（2）搜集者：未知

（3）搜集地：未知

（4）登记时间：1986

9. 其他：

（1）未查看原件。

（2）根据中国社会科学院民族文学研究所所藏目录与王沂暖"第三次统计"论文编制。

16 《地狱救母》

1. 藏文全题名：

རྒྱལ་མཆོག་ཡིད་བཞིན་ནོར་བུ་གླིང་རྗེ་གེ་སར་གྱི་རྣམ་ཐར་དམྱལ་གླིང་རྫོགས་པ་ཆེན་པོ

2. 拉丁转写：

Rgyal mchog yid bzhin nor bug ling rje ge sar gyi rnam thar dmyal gling rdzogs pa chen po

3. 汉译名：

《地狱救母》，或《地狱大圆满》《岭国地狱大圆满》《娘岭》《地狱元胜大全》。

4. 故事内容提要：

莲花生大师预言格萨尔，印度香河对岸边上有永生金刚杵，要求格萨尔赴该地修行佛法一百天。格萨尔按大师的旨意单枪匹马去那里静修，可是自己的母亲就在这时度完了一生。岭国群臣迎请大喇嘛，为果萨的灵魂升天念经，举办了非常隆重的丧事。

就在果萨去世几天后的某夜，珠姆梦到果萨堕入了地狱。她将此事派人带信告诉了远在印度的格萨尔王。格萨尔闻讯后进入地狱去质问阎王：我母亲向来苦修佛法，上供下施，从不怠慢，为何也掉进地狱？

阎罗法王说：你母亲做的是善业，但因你所杀汉、姜、霍尔、魔等灵魂都进入了地狱。因此给你的母亲带来了灾难，你快去营救吧！听完法王的话，格萨尔就去见母亲。正如法王所言，汉、姜、霍尔、魔等国的人把母亲折磨得皮开肉绽，实在目不忍睹。格萨尔大呼一声打散了人群，救出了慈母。母子相见，悲喜交加。格萨尔将母亲带进能活几亿年的乐土，然后回到了岭国。成千上万岭国臣民前来夹道迎接。格萨尔给大家详述了地狱的苦难，行善之好处，行凶之恶果。从此，岭国臣民更加虔信佛法，修行善业。

5. 版本描述（字体、抄本、刻本风格、版心大小、材质）：

藏文草体与粗让体，长条抄本，每页 8 行，40cm×10cm，原件，藏纸。

6. 保存处及编号：

（1）原件保存处：民族文化宫图书馆

（2）民族文化宫图书馆编号：不知

7. 版本说明（页码标记、残缺污浊页、翻译、出版）：

（1）总页码：186 页

（2）人名、唱词开头用红色墨书写

（3）未翻译

（4）异文本藏文出版：① 四川，1986；② 精选本，2013；③ 印度（纽托加），1973；④ 印度（《迦湿弥罗绿松石宗》合编，德里），1971；⑤ 印度（噶岭堡），1979；⑥ 不丹，1984。

8. 著作者、搜集者与搜集地：

（1）著作者：不知

（2）搜集者：不知

（3）搜集地：不知

（4）登记时间：1986？

9. 其他：

（1）未查看原件。

（2）根据中国社会科学院民族文学研究所所藏目录编制。

17 《地狱救母》

1. 藏文全题名：

འཛམ་གླིང་རྒྱལ་པོའི་རྣམ་ཐར་དམྱལ་གླིང་རྫོགས་པ་ཆེན་པོ།

2. 拉丁转写：

'dzam gling rgal rnam thar dmyal gling rdzogs pa chen po.

3. 汉译名：

《地狱救母》或《地狱大圆满》《岭国地狱大圆满》《娘岭》《地狱元胜大全》。

4. 故事内容提要：

莲花生大师预言格萨尔，印度香河对岸边上有永生金刚杵，要求格萨尔赴该地修行佛法一百天。格萨尔按大师的旨意单枪匹马去那里静修，可是自己的母亲就在这时度完了一生。岭国群臣迎请大喇嘛，为果萨的灵魂升天念经，举办了非常隆重的丧事。

就在果萨去世几天后的某夜，珠姆梦到果萨堕入了地狱。她将此事派人带信告诉了远在印度的格萨尔王。格萨尔闻讯后进入地狱去质问阎王：

我母亲向来苦修佛法，上供下施，从不怠慢，为何也掉进地狱？

　　阎罗法王说：你母亲做的是善业，但因你所杀汉、姜、霍尔、魔等灵魂都进入了地狱。因此给你的母亲带来了灾难，你快去营救吧！听完法王的话，格萨尔就去见母亲。正如法王所言，汉、姜、霍尔、魔等国的人把母亲折磨得皮开肉绽，实在目不忍睹。格萨尔大呼一声打散了人群，救出了慈母。母子相见，悲喜交加。格萨尔将母亲带进能活几亿年的乐土，然后回到了岭国。成千上万岭国臣民前来夹道迎接。格萨尔给大家详述了地狱的苦难，行善之好处，行凶之恶果。从此，岭国臣民更加虔信佛法，修行善业。

5. 版本描述（字体、抄本、刻本风格、版心大小、材质）：

藏文草体与粗让体，长条抄本，每页 8 行，40cm×10cm，原件，藏纸。

6. 保存处及编号：

（1）原件保存处：民族文化宫图书馆

（2）民族文化宫图书馆编号：不知

7. 版本说明（页码标记、残缺污浊页、翻译、出版）：

（1）总页码：194 叶（388 页）

（2）缺 144 页，人名、唱词开头用红色墨书写

（3）未翻译

（4）异文本藏文出版：① 四川，1986；② 精选本，2013；③ 印度（纽托加），1973；④ 印度（《迦湿弥罗绿松石宗》合编，德里），1971；⑤ 印度（噶岭堡），1979；⑥ 不丹，1984。

8. 著作者、搜集者与搜集地：

（1）著作者：秦图坚之子（ཕྱུག་ཐུབ་ཅན་གྱི་བྲིས་པ་དག 或秦图坚著？）

（2）搜集者：不知

（3）搜集地：不知

（4）登记时间：1986？

9. 其他：

（1）未查看原件。

（2）根据中国社会科学院民族文学研究所所藏目录编制。

01 《大食财宗》

1. 藏文题名：

རིགས་གསུམ་རྣམ་འཕྲུལ་སེང་ཆེན་ནོར་བུ་དག་འདུལ་གྱི་ནས་ཕྱོགས་བདུད་དཔུང་འདུལ་བའི་སྟག་གཟིག་ནོར་རྫོང་པ་བས་པའི་དཔལ་པོའི་ད་རོ་དཀར་ཕྱོགས་དགྲོས་པའི་རིམ་མངར།

2. 拉丁转写：

Rigs gsum rnam 'phrul seng chen nor bu dgra 'dul gyis nag phyogs bdud dpung 'dul ba'i stag gzigs nor rdzong phabs pa'i dba' bo'i nga ro dkar phyogs dgyes pa'i zim mngar

3. 汉译名：

《大食财宗》，或《大食财宝城》《达惹诺宗》《大食诺宗》《大食宝宗》《大食之战》《达岭之战》《征服大食》。

4. 故事内容提要：

大食财宝王富如龙王，有着像毗沙门一样大的权势。拥有一匹具备所有优点的宝马，被誉为"具鹏翅宝马"。晁同装扮成的董图弥郭杰等三人去大食国用计盗走了具鹏翅宝马。

大食国立即派兵追讨，抢夺了晁同帐篷中的所有财宝以及牲畜。晁同率军讨伐，双方硝烟三年，胜负无期。后来，天神预言格萨尔，要征服大食财宗。晁同也派人去岭王处请求出兵大食。格萨尔大王召集群臣，商讨对敌策略，定战略战术。格萨尔领兵击败了大食军队的进攻，并乘胜追击，降伏了大食国，取回大食国的宝藏凯旋。

5. 版本描述（字体、抄本、刻本风格、版面大小、材质）：

藏文乌金体（正楷），旧藏纸，每页 6 行，38cm×6cm，木刻本。

6. 保存处及编号：

（1）原件保存处：国家图书馆

（2）国家图书馆编号：3075

7. 版本说明（页码标记、残缺污浊页、翻译、出版）：

（1）总页码：300 叶

（2）八蚌寺木刻本。缩微胶卷拍摄（microfilm）。

（3）异文本汉文翻译：角巴东主等编校，高等教育出版社，2011。

（4）异文本藏文出版：① 西藏，1979；② 甘肃，1979；③ 精选本，2002；④ 印度（大吉岭），1966；⑤ 印度（新德里），1976；⑥ 印度（岗托克），1983；⑦ 不丹，1981。

8. 著作者、搜集者与搜集地：

（1）著作者：不知

（2）搜集者：不知

（3）搜集地：不知

（4）登记时间：1986？

9. 其他：

（1）未查看原件。

（2）根据中国社会科学院民族文学研究所所藏复印件编制。

02 《分大食财》

1. 藏文题名：

འཛམ་གླིང་གེ་སར་རྒྱལ་པོའི་རྟོགས་བརྗོད་ལས་སྟག་གཟིག་རྫོང་ཕབ་པའི་ནོར་འགྱེད་བཏང་སྐོར།

2. 拉丁转写：

'dzam gling ge sar rgya po'i rtogs brjod las stag gzig rdzong phab pa'i
nor 'gyed btang skor

3. 汉译名：

《分大食财》，或《分大食牛》《达惹诺结》《达色施财》。

4. 故事内容提要：

根据白玛仁增整理、刊刻于 1661 年的木刻本抄写。故事讲述格萨尔征服大食国后，打开大食财宝宗，将所获大食国财宝分封给岭国、霍尔国、魔国、姜国和门国，以及各有功之臣。并将大食国财宝之福禄分别埋藏于藏区各地，以利益藏族未来民众。

5. 版本描述（字体、抄本、刻本风格、版面大小、材质）：

藏文乌金体，古旧藏纸，每页 6 行，26cm×5cm，木刻印刷本。

6. 保存处及编号：

（1）原件保存处：国家图书馆

（2）国家图书馆编号：3025

7. 版本说明（页码标记、残缺污浊页、翻译、出版）：

（1）总页码：38 叶

（2）缩微胶卷拍摄（microfilm）。

（3）异文本汉文翻译：① 李朝群译《达色施财》，西藏人民出版社，1985；② 王沂暖、王兴先译，甘肃人民出版社，1986；③ 丹玛江永慈诚、多杰坚赞、郭晓虹，民族音像出版社，2013。

（4）异文本藏文出版：① 西藏，1980、2010；② 四川（《取阿里金窟》合编），1981；③ 印度（德里），1967；④ 蒙古国（《格萨尔本生传》合编），1961；⑤ 丹玛江永慈诚、多杰坚赞、郭晓虹，民族音像出版社，2013。

8. 著作者、搜集者与搜集地：

（1）搜集者：不知

（2）搜集地：不知

（3）登记时间：1986？

9. 其他：

（1）未查看原件。

（2）根据中国社会科学院民族文学研究所所藏复印件编制。

小　结

1. 从先巴（2006）、索南多杰（2013）等学者的文章得知，民族文化宫自建成以来从各种渠道搜集到 8000 多函藏文典籍资料。其中大部分资料搜集于 20 世纪 60 年代西藏各地，包括布达拉宫所藏各种文献。据说这部分资料中的大部分 1980 年后又陆续送回了西藏。笔者所知现藏于西藏博物馆的一部《姜岭大战》手抄本，其封面照片上，可清晰见到民族文化宫藏书印章以及编号，这可以佐证以上所说事实。据中国民族图书馆（原民族文化宫图书馆）副馆长先巴先生告知，民族文化宫还回西藏的资料保存于西藏图书馆、博物馆、档案馆以及寺院等单位与机构。除了西藏图书馆的资料以外，其他地方资料的整理工作比较滞后，难以追踪资料后来的去向。

从以上情况可见，民族文化宫所收藏《格萨尔》手抄与木刻本是经过多种渠道搜集来的。但从现藏抄本情况来看，这些《格萨尔》资料是比较珍贵的。其中包括了比较罕见的林葱木刻本以及比较古老的手抄本，比如上文提到手抄本《姜岭大战》已考证抄写于明代。若这些手抄本最初收藏于布达拉宫，则他们可能与爱好《格萨尔》史诗的五世达赖喇嘛以及热振活佛等有关。

2. 民族文化宫（现中国民族图书馆）搜集 16 部 17（册）异文本《格萨尔》手抄与木刻本罗列如下。

（1）《天界篇》；（2）《英雄诞生篇》；（3）《赛马称王篇》；（4）《世界公桑篇》；（5）《北方降魔篇》；（6）《霍岭大战篇》；（7）《姜岭大战篇》；（8）《大食财宗》；（9）《分大食财宗》；（10）《穆古骡宗》；（11）《歇日珊瑚宗》；（12）《羊同珍珠宗》；（13）《上粟特马宗》；（14）《格萨尔大王密传》；（15）《降伏魔主嘉日坚赞篇》；（16）《地狱救母篇》。

3. 1986 年左右全国《格》办曾查阅、借用过民族文化宫收藏之《格萨尔》史诗手抄本与木刻本资料。但目前在中国社会科学院民族文学资料室保存复其印件仅有一部《穆古骡宗》，此部抄写字体工整优美，是手抄本中的精品。可以想见，民族文化宫所藏《格萨尔》资料得到了很好的保存与管理。由于条件所限，笔者尚未能查阅这些资料。

4. 此外，在此补录了 2 部 2（册）《格萨尔》，即北京图书馆（现国家图书馆）所藏木刻印刷本《大食财宗》与《分大食财》。两部皆为缩微胶卷。由于条件所限，笔者尚未能查阅这些资料。

第八章 四川民族宗教委员会藏学研究所藏本解题目录

凡例·说明

1. 此解题目录所参考原始目录为：

（1）中国社会科学院少文所编制"中国社会科学院少数民族文学所图书登录簿（《格萨尔》手抄本与木刻本）"（1986 年 11 月 21 日—12 月 17 日）。

（2）全国《格》办藏"四川省《格萨尔》手抄和木刻本目录"（1986？）

（3）全国《格》办《1958—1986 年全国搜集〈格萨尔〉手抄本、木刻本总目录》（2001）。

2. "藏文题名"大多采用了简称。由于原手稿封面大多字迹漫漶不清，故未能录入藏文全题名。

3. "故事内容提要"主要采用：

（1）土登尼玛主编《格萨尔词典》中提要（四川，1989）。

（2）降边嘉措主编《中国少数民族古籍总目提要·藏族卷——〈格萨尔〉》（未刊稿，2014）。

（3）ཡེ་ཤེས་དཔལ་རྫོངས་ལས་སྒྲིག་ཀྱི་ལས་ཕྲིས་མ་དང་མ་འཕགས་ནེ་དོངས་མཚེ་ལ་སྒྱུ་ཆུས་ཡོངས་ཀྱི་བར་གྲངས་ལས་དང་བༀ།

（4）རྒྱུན་འབོར་ཤེ་ཕྱུག་ཐུན་ཝམས་ལ་སྒྲིག་ལས་ལས་སྒྱུ་ཀྱི་ལས་ཀྱི་ཚོ་ཁོར་ཀྱི་ཞིག་འཁྲུང་ ཕེ་ཕུ་གཞས་ལ་ཕོ་ཚེ་མོ་མའི། དངེ་སྒྲིག་ཕ་ཝམ་ལས་སྒྱུ་ལས་དང་ནེ་དང་བ་དིས་༢༠༡༢།

（5）སྐྱེ་སོ་ཆེ་ངེ་ལས་ཝམས་ སྒྲིག་ལ་ཆ་དཔང་ ཝར་ལ་ཆ་ཝི་དིན་ཀྱི་ དང་ལ་ སྒྱུ་ལ་གཞས་ལ་ཞི་ཝར་ལ་སྒྱུ་ དང་ཝཚོ་ ས་འཝའི་ནེ་ ངན་ ཝར་ཝ་ཀྱི་ ཞེ་ སྒྱུ་ མི་ ར་ཝ་ཝ་༢༠༡༢།

（6）སྒྱུན་ཀྱུལ་རེ་ནེ་ ཆེན་ རྫ་ རྫེ་ ཝཅཟ་ཝམས་ལ་ སྒྱུ་ གི་ ས་ཝི་ ཞི་ལ་ འཝུ་ ཀྱི་ སྒྱུ་ ཝི་ ཝ་ རི་ ༢༠༡༢།

4. 总页码是指一部手抄本正反页的总合（按长条书编页规律，正反为一叶。单面称为页）。

5. 著作者中包括了抄写者、整理者，无明确说明的，皆为著作者。

6. 搜集时间除从其他资料所见外，一般指该资料在中国社会科学院民族文学所的收藏时间。

7. "异文本"，指就一个完整的《格萨尔》部本来说，总体故事结构上相同但小情节与词句方面存在差异的其他部本，称做是这个部本的异文本。因此，"异文本汉文翻译"与"异文本藏文出版"指的是与之相关的同类部本的翻译与出版。

8. 由于条件所限，本人并未亲自查阅原始手稿。

01　《英雄诞生》

1. 藏文全题名：

སེང་ཆེན་ནོར་བུ་དགྲ་འདུལ་སྐུ་ཚེའི་སྟོད་ཀྱི་རྣམ་ཐར་ཉི་མའི་དཀྱིལ་འཁོར་སྐལ་ལྡན་ཡིད་ཀྱི་མུན་སེལ་བཞུགས་སོ།།

2. 拉丁转写：

seng chen nor bu dgra 'dul sku tshe'i stod kyi rnam thar nyi ma'i dkyil 'khor skal ldan yid kyi mun sel bzhugs so

3. 汉译名：

《英雄诞生》，或《格萨尔前身传》《格萨尔上半生传》。

4. 故事内容提要：

讲述了格萨尔从天界下凡，诞生，降伏黑鸟三兄弟、外道贡巴惹杂、晁同，被驱逐至玛麦玉隆松多，最后赛马称王的故事。

5. 版本描述（字体、抄本、刻本风格、版心大小、材质）：

藏文乌金体（正楷），长条抄本，每页 7 行，36.5cm×8.1cm，原件，藏纸。

6. 保存处及编号：

（1）原件保存处：四川省《格》办

7. 版本说明（页码标记、残缺污浊页、翻译、出版）：

（1）总页码：785 页

（2）乌金体抄本。

（3）抄于 20 世纪 80 年代（？），次页中间为莲花生像，三页左右为如意宝画。

（4）异文本汉文翻译：王沂暖、何天慧，甘肃，1985。

（5）异文本藏文出版：① 西藏，1982；② 甘肃，1981；③ 四川，1980、1999；④ 四川《玛麦觉如王事业》，2001；⑤ 青海《开天辟地》，1987；⑥ 青海，1988；⑦ 扎巴本，1996；⑧ 文库本，1996；⑨ 桑珠本，2001；⑩ 精选本，2013；⑪ 竹杰沃嘎本，民族音像出版社，2010；⑫ 印度（德里），1967？⑬ 印度（达拉姆萨拉），1984；⑭ 不丹，1979；⑮ 蒙古国，1961。

8. 著作者、搜集者与搜集地：

（1）著作者：日桑（རིག་འཛིན་གིས་མཛད）

（2）搜集者：西热沃瑟（ཤེས་རབ་འོད་ཟེར）

（3）搜集地：玉廓（གཡུ་ཁོག）

（4）搜集时间：1986

9. 其他：

（1）未查看原件。

（2）根据中国社会科学院民族文学研究所藏复印件编制。

（3）四川《格》办丛书5，《少年格萨尔王》（民族出版社，2008）为其
出版本。

02 《赛马称王》

1. 藏文全题名：

འཛམ་གླིང་སེང་ཆེན་རྒྱལ་པོའི་རྣམ་ཐར་ཡང་ཞུན་འོ་མའི་རྒྱ་མཚོ་ལས་སྙིང་པོ་མར་གྱི་ཡང་ཞུན་འདྲ་བ་ལས་རྟ་རྒྱུག་ལེའུ་མདོར་བསྡུས་
མཐོང་བ་སྐལ་བཟང་དོན་ལྡན་ཞེས་བྱ་བ་བཞུགས་སོ།།

2. 拉丁转写：

'dzam gling seng chen rgyal po'i rnam thar yang zhun 'o ma'i rgya mtsho las
snying po mar gyi yang zhun 'dra ba las rta rgyug le'u mdor bsdus mthong ba
skal bzang don ldan zhes bya ba bzhugs so.

3. 汉译名：

《赛马称王》，或《赛马登位》《赛马七宝》《赛马称王之部》。

4. 故事内容提要：

格萨尔12岁时，遵照天神预言偷走了晁同的灵鸟，将灵鸟灵魂引入净
土，埋其尸体入尘埃。三年后，格萨尔在神鸟身上迁识入舍，给晁同授记：
召集岭国臣民，举办赛马盛会；你将荣取桂冠，获得岭国宝座，成为富豪
嘉洛部落财宝和王宫森周达泽宫的主人，并娶得美丽的珠姆为王妃。

晁同听到神鸟的"预言"，通知岭国各部举行赛马盛会。格萨尔跟母亲
果萨一起从山野找来江希卡尕骏马，珠姆给骏马备上了光耀自照宝鞍和宝
垫。格萨尔加入骑手盛队，最终荣获桂冠，登上了岭国宝座，成为了岭国
国王，纳珠姆为妃，以及梅日部落麦萨水西为次妃，被尊称为"南瞻部洲珠
宝制敌大丈夫雄狮大王格萨尔"。岭国举国欢庆，歌舞不断。全国上下举行
了盛大的庆祝会。

5. 版本描述（字体、抄本、刻本风格、版心大小、材质）：

藏文草体，长条抄本，每页7行，36.5cm×8.1cm，原件，藏纸。

6. 保存处及编号：

（1）原件保存处：四川省《格》办

7. 版本说明（页码标记、残缺污浊页、翻译、出版）：

（1）总页码：401 页

（2）残缺。

（3）异文本汉文翻译：王沂暖，甘肃，1987。

（4）异文本藏文出版：① 西藏，1981；② 甘肃，1981；③ 四川，1980；④ 青海，1981；⑤ 精选本，2000；⑥ 桑珠本，2002；⑦ 文库本，1996；⑧ 印度（帕兰普尔？），1969；⑨ 印度（达兰萨拉），1984；⑩ 不丹，1979。

8. 著作者、搜集者与搜集地：

（1）著作者：未知

（2）搜集者：土登尼玛活佛（ གཏན་དགར་རིན་པོ་ཆེ ）

（3）搜集地：阿坝

（4）搜集时间：1986

9. 其他：

（1）未查看原件。

（2）根据中国社会科学院民族文学研究所所藏复印件编制。

03 《赛马称王》

1. 藏文全题名：

ལྷ་ཕྲུག་ནོར་བུ་དགྲ་འདུལ་གྱི་སྐྱེ་རབ་རྣམ་པར་ཐར་རྒྱས་པར་བཀོད་པ་ཞེས་བྱ་བ་བཞུགས་སོ།།

2. 拉丁转写：

lha phrug nor bu dgra 'dul kyi skye rab rnam par thar rgyas par bkod pa zhes bya ba bzhugs so.

3. 汉译名：

《赛马称王》，或《赛马登位》《赛马七宝》《赛马称王之部》。

4. 故事内容提要：

讲述格萨尔从天界下凡，岭国从果部落获得格萨尔的生母，格萨尔在岭国诞生，降伏魔鬼三鸟和外道，然后格萨尔母子被驱逐至玛麦玉隆松多，参加赛马登上王位的故事。

5. 版本描述（字体、抄本、刻本风格、版心大小、材质）：

藏文草体，长条抄本，每页 8 行，36.5cm×8.1cm，原件，藏纸。

6. 保存处及编号：

（1）原件保存处：四川省《格》办

7. 版本说明（页码标记、残缺污浊页、翻译、出版）：

（1）总页码：302 页

（2）异文本汉文翻译：王沂暖，甘肃，1987。

（3）异文本藏文出版：① 西藏，1981；② 甘肃，1981；③ 四川，1980；
④ 青海，1981；⑤ 精选本，2000；⑥ 桑珠本，2002；⑦ 文库本，1996；
⑧ 印度（帕兰普尔？），1969；⑨ 印度（达兰萨拉），1984；⑩ 不丹，1979。

8. 著作者、搜集者与搜集地：

（1）著作者：未知

（2）搜集者：土登尼玛活佛（ གཞན་དགར་ཉིན་པོ་ཆེ ）

（3）搜集地：色塔尔（ གསེར་ཐར་ 色达 ）

（4）搜集时间：1986

9. 其他：

（1）未查看原件。

（2）根据中国社会科学院民族文学研究所所藏复印件编制。

04 《赛马称王》

1. 藏文全题名：

ལྷ་ཕྲུག་ནོར་བུ་དགྲ་འདུལ་གྱི་སྐྱེ་རབ་རྣམ་པར་ཐར་རྒྱས་པར་བཀོད་པ་ཞེས་བྱ་བ་བཞུགས་སོ།།

2. 拉丁转写：

lha phrug nor bu dgra 'dul kyi skye rab rnam par thar rgyas par bkod pa
zhes bya ba bzhugs so.

3. 汉译名：

《赛马称王》，或《赛马登位》《赛马七宝》《赛马称王之部》《再赛马妙歌》。

4. 故事内容提要：

讲述格萨尔从天界下凡，岭国从果部落获得格萨尔的生母，格萨尔在
岭国诞生，降伏魔鬼三鸟和外道，然后格萨尔母子被驱逐至玛麦玉隆松多，
参加赛马登上王位的故事。

5. 版本描述（字体、抄本、刻本风格、版心大小、材质）：

藏文草体，长条抄本，每页 8 行，36.5cm×8.1cm，原件，藏纸。

6. 保存处及编号：

（1）原件保存处：四川省《格》办

7. 版本说明（页码标记、残缺污浊页、翻译、出版）：

（1）总页码：112 页

（2）异文本汉文翻译：王沂暖，甘肃，1987。

（3）异文本藏文出版：① 西藏，1981；② 甘肃，1981；③ 四川，1980；
④ 青海，1981；⑤ 精选本，2000；⑥ 桑珠本，2002；⑦ 文库本，1996；

⑧ 印度（帕兰普尔？），1969；⑨ 印度（达兰萨拉），1984；⑩ 不丹，1979。

8. 著作者、搜集者与搜集地：

（1）著作者：未知

（2）搜集者：不知

（3）搜集地：色塔尔（གསེར་ཐར། 色达）

（4）搜集时间：1986

9. 其他：

（1）未查看原件。

（2）根据中国社会科学院民族文学研究所所藏复印件编制。

05 《丹玛青稞宗》

1. 藏文全题名：

མ་སེང་སྐྱེས་བུ་ཆེན་པོའི་འདན་མའི་ནས་རྫོང་འབེབས་པའི་རྟོགས་བརྗོད་བཞུགས་སོ།།

2. 拉丁转写：

ma seng skyes bu chen po'i 'dan ma'i nas rdzong 'bebs pa'i rtogs brjod bzhugs so

3. 汉译名：

《丹玛青稞宗》。

4. 故事内容提要：

丹玛是隶属岭国的一个部落，其部落首领名叫萨霍尔，他十分惧怕部落中的英雄少年丹玛，便在去拉萨诵经忏罪之时，将丹玛及其母亲驱逐出境。后萨霍尔死于拉萨，丹玛要求返回自己的部落，但被太子萨仁诺布所拒，丹玛请岭·格萨尔派兵进攻青稞城。

太子萨仁诺布率军抵抗，被岭国大将射死，不仅为丹玛报了仇，还打开青稞宝库，将财宝分给下属百姓。

5. 版本描述（字体、抄本、刻本风格、版心大小、材质）：

藏文草体，长条抄本，每页 8 行，36.5cm×8.1cm，原件，藏纸。

6. 保存处及编号：

（1）原件保存处：四川省《格》办

7. 版本说明（页码标记、残缺污浊页、翻译、出版）：

（1）总页码：94 页（46 叶）

（2）异文本汉文翻译：角巴东主主编，高等教育出版社，2011。

（3）异文本藏文出版：① 青海，1989；② 精选本，2013；③ 川《格》丛书 10，2014。

8. 著作者、搜集者与搜集地：

（1）著作者：仁钦扎巴

（2）搜集者：阿勇活佛（ཕོན་གྱི་སྤྲུལ་སྐུ་ལ་གསུང་།）

（3）搜集地：瑟尔浒（སེར་ཤུལ། 色须）

（4）搜集时间：1981

9. 其他：

（1）未查看原件。

（2）根据中国社会科学院民族文学研究所所藏复印件编制。

（3）川《格》办丛书 10《丹玛青稞宗》（民族音像出版社，2014）即为此抄本。

06 《降伏东魔夏瓦如扎》

1. 藏文全题名：

ཤར་བདུད་ཤ་བ་ར་དྲག་འདུལ་བ།

2. 拉丁转写：

shar bdud sha ba ru drag 'dul ba

3. 汉译名：

《降伏东魔夏瓦如扎》，或《东岭传》《东魔长角鹿》《降伏东妖鹿角如扎》《东魔鹿角如扎》。

4. 故事内容提要：

格萨尔降伏玛燮扎宗之后，闭关修行。天界的姑母托梦告诉他，在岭国、霍尔和北方魔国三国交界之处，有一个叫东魔长角鹿的女妖，12 个魔王的魂魄寄托在她身上，假若 3 年之内不能将她降伏，那么，北方鲁赞、霍尔白帐王、姜国萨当、孟域辛赫等 12 个大魔王就会有铁铸成的生命，无论谁也无法战胜他们。

格萨尔立即停止闭关修行，召集岭六部落的 1 万精兵，进攻女妖东魔长角鹿。女妖和魔臣哈罗梅巴率领妖魔鬼怪与岭军多次进行激烈交战，最终哈罗梅巴被射死，女妖企图逃亡被格萨尔发现，将她活捉，然后将她和哈罗梅巴埋在一座巨大的宝塔之下，让他们永世得不到解脱。女妖的部属也都被降伏，守护宝库的异教徒大修行者哈如纳布和滴巴然扎等 4 人被杀，所有财宝都拿到岭国。

此战耗时一年，妖魔的寄魂物全部被摧毁，将魔道盛行的地方变为佛法昌盛的地方，格萨尔王委托茱芭布伊查弥和夹查仁巴意珍做魔地的首领，并让岭国勇士通珠和索朗坚赞率领色巴部落的 200 名精兵驻守魔地，其余岭军班师回国。

5. 版本描述（字体、抄本、刻本风格、版心大小、材质）：

藏文草体，长条手抄本，每页 8 行，32cm×6cm，原件，藏纸。

6. 保存处及编号：

（1）原件保存处：四川省《格》办

7. 版本说明（页码标记、残缺污浊页、翻译、出版）：

（1）总页码：138 叶

（2）未翻译

（4）异文本藏文出版：① 桑珠本，2003。

8. 著作者、搜集者与搜集地：

（1）著作者：无

（2）搜集者：不知

（3）搜集地：甘孜

（4）搜集时间：1981

9. 其他：

（1）未查看原件。

（2）根据中国社会科学院民族文学研究所所藏复印件编制。

07 《霍岭大战》（下册）

1. 藏文全题名：

འཛམ་གླིང་གེ་སར་རྒྱལ་པོའི་རྣམ་ཐར་ལས་ཧོར་འདུལ་གྱི་རྟོགས་པ་བརྗོད་པ་གཡུལ་རྒྱལ་ལྷའི་རྔ་སྒྲ་ཤེས་བྱ་བ་བཞུགས་སོ

2. 拉丁转写：

dzam gling ge sar rgyal po'i rnam thar las hor 'dul gyi rtogs pa brjod pa g.yul rgyal lha'i rnga sgra shes bya ba bzhugs so

3. 汉译名：

《霍岭大战》，或《平服霍尔》《征服霍尔》《反击霍尔》《霍尔岭之战》《凯旋天神之鼓音——世界格萨尔大王传记中平服霍尔的故事》。

4. 故事内容提要：

故事讲述格萨尔大王从北方魔国返回岭国，惩处卖国贼晁同叔叔，安抚并召集失散于四野的勇士，然后单枪匹马前往霍尔国征讨顽敌。途中经历各种险阻，来到霍尔国投靠铁匠王噶尔瓦父女，一边侦察敌情，一边锻打攀登霍尔白帐王宫殿雅孜红城的锁链。最后，时机成熟，派神马江郭叶儿哇传递岭军攻城信息，一举歼灭霍尔国白、黑和黄三王，给白帐王备上马鞍，以示惩处。后委任霍尔大将辛巴为岭国属国霍尔国之大王。

5. 版本描述（字体、抄本、刻本风格、版心大小、材质）：

草体，长条抄本，每页 8 行，36.8cm×7.6cm，原件，藏纸

6. 保存处及编号：

（1）原件保存处：四川民委民族研究所四川《格萨尔》工作领导小组

7. 版本说明（页码标记、残缺污浊页、翻译、出版）：

（1）总页码：185 页

（2）第 33 页、163 页有污迹。

（3）异文本汉文翻译：① 青海民研会，1962；② 吴均、金迈译，1984；③ 王沂暖、华甲译（《贵德分章本》），1981；④ 王歌行、左可国、刘宏亮整理，1986。

（4）异文本藏文出版：① 青海，1962、1979、1980；② 西藏，1980；③ 青海（《黄霍尔》），1988、1994；④ 交加本，2006；⑤ 四川（《辛丹》附录），1982；⑥ 四川，1999；⑦ 精选本，2000；⑧ 桑珠本，2006；⑨ 印度（列城），1972；⑩ 印度（锡金、岗托克），1978；⑪ 印度（德里），1979；⑫ 印度（比尔），1979；⑬ 印度（岗托克），1984；⑭ 不丹，1979；⑮ 不丹，1979；⑯ 不丹，1979；⑰ 蒙古国，1961；⑱ 川《格》12，2015。

8. 搜集者与搜集地：

（1）搜集者：土登尼玛活佛（གཏན་དགར་རིན་པོ་ཆེ།）

（2）搜集地：四川省阿坝州

（3）搜集时间：1986 前

9. 其他：

（1）未查看原件。

（2）根据中国社会科学院民族文学研究所所藏复印件编制。

（3）此部即为四川民族出版社 1999 年版《降伏白帐魔王》。

08　《辛丹内讧》

1. 藏文题名：

ཤན་འདན་འཁྲུགས་པ།

2. 拉丁转写：

shan 'dan 'khrugs pa

3. 汉译名：

《辛丹内讧》，或《辛巴与丹玛》《辛丹之争》。

4. 故事内容提要：

格萨尔征服霍尔国以后，将霍尔国大将辛巴捉回岭国，并未处死，而是令其忏悔所造的恶业。但是以丹玛为首的一些大将强烈要求惩处霍岭战争中杀死了岭国统帅贾察、青年小将戎察等英雄的辛巴。辛巴表白了自己对岭国一如既往的忠心和无意间杀死了岭国英雄的悲心。根据天神旨意，格萨尔奉劝丹玛等人要以大局为重，放过辛巴。丹玛因格萨尔不愿处死辛巴，带领丹玛三大部落离去。天神要求格萨尔前去追回丹玛，因为他和辛巴是今后格萨尔降伏各个魔国时的左膀右臂。格萨尔追上丹玛，丹玛依然不愿返回岭国，最终格萨尔请来天国的贾察。过去的君臣生死两界相见，丹玛泪如雨下，合掌顶礼。最终在贾察的劝说下返回了岭国。

5. 版本描述（字体、抄本、刻本风格、版面大小、材质）：

柏簇体，手抄稿纸本，每页 7 行，笔记本，原件，现代纸。

6. 保存处及编号：

（1）手抄原件保存处：四川《格萨尔》办公室

7. 版本说明（页码标记、残缺污浊页、翻译、出版）：

（1）总页码：48 页

（2）异文本汉文翻译：① 马岱川、扎西东珠译，民族音像出版社，2009；② 角巴东主主编，高等教育出版社，2011。

（3）异文本藏文出版：① 四川，1982；② 西藏，1985；③ 桑珠本，2003。

8. 著作者、搜集者与搜集地：

（1）著作者：无

（2）搜集者：不知

（3）搜集地：甘孜

（4）搜集时间：1986？

9. 其他（翻译、出版）

（1）未查看原件。

（2）根据中国社会科学院民族文学研究所所藏复印件编制。

09 《姜岭大战》

1. 藏文全题名：

འཛམ་གླིང་སེང་ཆེན་རྒྱལ་པོའི་རྟོགས་བརྗོད་ལས་འཇང་གླིང་གཡུལ་འཇོག་ཅེ་ཆ་དཔལ་པོའི་དར་སྲུང་དང་མགོ་བཙལ་བཀོད་པའི་གླིང་བཤད་བཞུགས་སོ།།

2. 拉丁转写：

'dzam gling seng chen rgyal po'i rtogs brjod las 'jang gling g.yul 'gyed sha za dpa' bo'i ngar sgra dang mdo bsdus bkod pa'i gleng bshad bzhugs so.

3. 汉译名：

《姜岭大战》，或《姜岭之战》《降岭之战》《保卫盐海》《征服姜国》《岭八十大将传》。

4. 故事内容提要：

莲花生大师派天神玛乃乃假扮姜国天神，给姜国国王萨丹王降下假预言，致使他遵照假预言派王子玉拉托居儿前往岭国方向去迎接贵宾，结果被辛巴设计降伏被擒。萨丹王召集群臣出师岭国解救王子。双方经过多年战争，各有损伤，但未分出胜负。

岭国设计延误姜军进攻岭国计划。岭国派以丹玛为首的六大将帅突捣姜营，致使姜军人仰马翻，溃不成军。萨丹王丧失理智，悲愤之际欲饮尽江河，格萨尔变成一条小鱼钻进姜王肚中，救出被吞的男女20人。格萨尔站在萨丹心顶祈求三宝保佑。萨丹恼羞成怒，向自己的心口扎了一刀，结束了自己的生命。格萨尔收回盐矿岭国，任命玉拉为姜地12地的首领。架起了藏汉友谊之桥。岭军凯旋。

5. 版本描述（字体、抄本、刻本风格、版心大小、材质）：

藏文草体，长条抄本，每页8行，36.8cm×7.6cm，原件，藏纸。

6. 保存处及编号：

（1）原件保存处：四川《格萨尔》办公室

7. 版本说明（页码标记、残缺污浊页、翻译、出版）：

（1）总页码：181页（90叶）

（2）著者为仲肯

（3）异文本汉文翻译：徐国琼、王晓松译，中国藏学，1991。

（4）异文本藏文出版：① 西藏，1981；② 罗哲嘉措本，甘肃，1989；③ 甘肃，1993；④ 精选本，2002；⑤ 桑珠本，2003；⑥ 交加本，甘肃，2006；⑦ 格日尖参本，甘肃，2007；⑧ 印度（德里），1965；⑨ 印度（岗托克），1977；⑩ 印度（岗托克），1983；⑪ 不丹，1981；⑫ 蒙古国，1959；⑬ 川《格》丛书11，2014。

8. 著作者、搜集者与搜集地：

（1）著作者：贡嘎曲培（ཀུན་དགའ་ཆོས་འཕེལ་གྱིས་མཛད།）

（2）搜集者：阿勇活佛（ཨོན་གྱི་སྤྲུལ་སྐུ་ལགས།）

（3）搜集地：瑟尔浒（ཤེར་ཤུལ། 色须）

（4）搜集时间：1981

9. 其他：

（1）未查看原件。

（2）根据中国社会科学院民族文学研究所所藏复印件编制。

（3）川《格》办丛书11《姜岭大战》（民族音像出版社，2014）即为此抄本。

10 《孟岭大战》

1. 藏文全题名：

མོན་གླིང་གཡུལ་འགྱེད་དཔའ་བོའི་སྙིང་གི་དགའ་སྟོན་མཐོང་བ་དོན་ལྡན།

2. 拉丁转写：

mon gling g.yul 'gyed dpa' bo'i snying gi dga' ston mthong ba don ldan.

3. 汉译名：

《孟岭大战》，或《门岭大战》《门岭之战》《洛岭之战》《征服闷城》《岭国与门国》《岭与慕域》《闷岭之战》。

4. 故事内容提要：

岭国灭了姜国萨丹王以后，在岭国王宫狮龙宫殿修行时，天神降下预言：到了降伏门国的时机。格萨尔变为一只渡鸦给晁同降下预言：组织达戎十八大军进攻门国报先前被抢夺财产之仇，并娶得门国公主为妻。晁同率领大军，一路消灭了辛赤王的九只魔鼠等敌国君臣的许多守护神。接着又歼灭了以古拉土杰为首的门国80个猛士和1900个勇士。

辛赤王危在旦夕，他打算放弃国家攀援天梯升天逃遁。格萨尔焚烧了堆卡迥如朗宗，使他一命呜呼。门国公主梅朵拉泽投诚岭国，并用箭射开白米宗，岭国将士取得白米凯旋。格萨尔给门国臣民讲经说法，祛除那里人们的邪念，使他们改变恶习，努力从善。格萨尔命冬迥拉赤嘎布为门国的国王。

5. 版本描述（字体、抄本、刻本风格、版心大小、材质）：

藏文草体，长条抄本，每页8行，36.8cm×7.6cm，原件，藏纸。

6. 保存处及编号：

（1）原件保存处：四川省《格》办

7. 版本说明（页码标记、残缺污浊页、翻译、出版）：

（1）总页码：304页（152叶）

（2）残缺

（3）异文本汉文翻译：① 王沂暖、余希贤译，甘肃，1986；② 嘉措顿珠译（扎巴本），西藏，1986、2013。

（4）异文本藏文出版：① 西藏（扎巴本），1980；② 青海，1982；③ 甘肃，1983；④ 四川，1982；⑤ 精选本，2002；⑥ 扎巴本，2013；⑦ 印度

（拉瓦杂尔），1964；⑧ 不丹（帕罗），1980；⑨ 不丹（廷布），1981。

8. 著作者、搜集者与搜集地：

（1）著作者：未知

（2）搜集者：土登尼玛活佛（གཞན་དགར་རིན་པོ་ཆེ།）

（3）搜集地：色塔尔（གསེར་ཐར། 色达）

（4）搜集时间：1986

9. 其他：

（1）未查看原件。

（2）根据中国社会科学院民族文学研究所所藏复印件编制。

11 《孟岭大战》

1. 藏文全题名：

མོན་གླིང་དགྲ་བགེགས་གཡུལ་འཇོམས་དུག་ལྔ་གཅོད་པའི་སྤུ་གྲི།

2. 拉丁转写：

mon gling dgra bgegs g.yul 'joms dug lnga gcod pa'i spu gri.

3. 汉译名：

《孟岭大战》，或《门岭大战》《门岭之战》《洛岭之战》《征服闷城》《岭国与门国》《岭与慕域》《闷岭之战》《平息敌人斩断五毒之宝刀》。

4. 故事内容提要：

岭国灭了姜国萨丹王以后，在岭国王宫狮龙宫殿修行时，天神降下预言：到了降伏门国的时机。格萨尔变为一只渡鸦给晁同降下预言：组织达戎十八大军进攻门国报先前被抢夺财产之仇，并能娶得门国公主为妻。晁同率领大军，一路消灭了辛赤王的九只魔鼠等敌国君臣的许多守护神。接着又歼灭了以古拉土杰为首的门国 80 个猛士和 1900 个勇士。

辛赤王危在旦夕，他打算放弃国家攀援天梯升天逃遁。格萨尔焚烧了堆卡迥如朗宗，使他一命呜呼。门国公主梅朵拉泽投诚岭国，并用箭射开白米宗，岭国将士取得白米凯旋。格萨尔给门国臣民讲经说法，祛除了那里人们的邪念，使他们改变恶习，努力从善。格萨尔命冬迥拉赤嘎布为门国的国王。

5. 版本描述（字体、抄本、刻本风格、版心大小、材质）：

藏文草体，手抄稿纸本，每页 8 行，笔记本，原件。

6. 保存处及编号：

（1）原件保存处：四川省《格》办

7. 版本说明（页码标记、残缺污浊页、翻译、出版）：

（1）总页码：90 叶

（2）两本，残缺。

（3）异文本汉文翻译：①王沂暖、余希贤译，甘肃，1986；②嘉措顿珠译（扎巴本），西藏，1986、2013。

（4）异文本藏文出版：①西藏（扎巴本），1980；②青海，1982；③甘肃，1983；④四川，1982；⑤精选本，2002；⑥扎巴本，2013；⑦印度（拉瓦杂尔），1964；⑧不丹（帕罗），1980；⑨不丹（廷布），1981。

8. 著作者、搜集者与搜集地：

（1）著作者：无

（2）搜集者：不知

（3）搜集地：甘孜

（4）搜集时间：1981

9. 其他：

（1）未查看原件。

（2）根据中国社会科学院民族文学研究所所藏复印件编制。

12 《大食财宗》

1. 藏文全题名：

གྲོ་བའི་དབུལ་ཕོངས་སེལ་ཞིང་བདེ་སྐྱིད་ཀྱི་དཔལ་ལ་སྤྱོད་ཕྱིར་ནོར་བུ་དབང་གི་གཏེར་མཛོད་ཟད་མེད་སྤྲིན་གྱི་ཕུང་པོ་བཞུགས་སོ།།

2. 拉丁转写：

'gro ba'i dbul phong sel zhing bde skyid kyi dpal la spyod phyir nor bu dbang gi gter mdzod zad med sprin gyi phung po bzhugs so

3. 汉译名：

《大食财宗》，或《大食财宝城》《达惹诺宗》《大食诺宗》《大食宝宗》《大食之战》《达岭之战》《征服大食》。

4. 故事内容提要：

东大食财宗王在玉伟齐瓦宫里过着神仙般的生活。这座有十三层高的王宫是用各种金银珠宝盖成的。大食财宗王富如龙王，有着像毗沙门一样大的权势。拥有一匹宝马被誉为"具鹏翅宝马"；它身上具备了骏马所有优点。晁同装扮成的董图米桂杰，黎白布益卡秀、米桂合巴拉三个人去大食用计偷走了大食具鹏翅宝马。

大食国得知盗走宝马的是晁同后，立即派追兵，把晁同账篷里的财宝和牲畜全抢了过来。于是晁同率军讨伐大食。双方交战三年，胜负无期。后来，天神预言格萨尔，征服大食财宗。晁同也因战事吃紧，派人请求格萨尔出师大食。格萨尔召文武群臣，商讨对敌策略，定战略战术。岭军出国，与敌交战。此刻，久堆聂王把自己的久地银宗献给了格萨尔。格萨尔向阿扎桑堆米巧堆嘎派了三个撒达。三个撒达征服了大食国宝和红崖大鹏宗，夺取了如意宝贝，最终打败大食君臣，攻取了大食财宗。

5. 版本描述（字体、抄本、刻本风格、版心大小、材质）：

藏文草体，长条抄本，每页 7 行，36.5cm×8.1cm，原件，藏纸。

6. 保存处及编号：

（1）原件保存处：四川省《格》办

7. 版本说明（页码标记、残缺污浊页、翻译、出版）：

（1）总页码：846 页（423 叶）

（2）著者为仲德

（3）异文本汉文翻译：角巴东主等编校，高等教育出版社，2011。

（4）异文本藏文出版：① 西藏，1979；② 甘肃，1979；③ 精选本，2002；④ 印度（大吉岭），1966；⑤ 印度（新德里），1976；⑥ 印度（岗托克），1983；⑦ 不丹，1981。

8. 著作者、搜集者与搜集地：

（1）著作者：尼玛让夏（ཉི་མ་རབ་ཤེས་ལ་རང་ཤར་གྱི་ཐིག）

（2）搜集者：土登尼玛活佛（ཐུབ་བསྟན་ཉི་མ་ལྕེ）

（3）搜集地： 色塔尔（གསེར་ཐར། 色达）

（4）搜集时间：1986

9. 其他：

（1）未查看原件。

（2）根据中国社会科学院民族文学研究所所藏复印件编制。

13 《红岩大鹏宗》

1. 藏文全题名：

ཏ་ཟིག་ནོར་རྫོང་ལས་བྲག་དམར་ཁྱུང་རྫོང་ཕབ་ཚུལ་གྱི་ལོ་རྒྱུས་ཁོལ་ཕྱུང་བ་ཞེས་བྱ་བ་བཞུགས་སོ།།

2. 拉丁转写：

t'a zig nor rdzong las brag dmar khyung rdzong phab tshul gyi lo rgyus khol phyung ba zhes bya ba bzhugs so.

3. 汉译名：

《红岩大鹏宗》，或《征服大食财宗之红岩大鹏鸟宗》。

4. 故事内容提要：

格萨尔王天界的妹妹替丽悦嘎给格萨尔大王降下预言，到了降服赞拉多吉扎泽的时机。此时，赞拉多吉扎泽在玛扎琼宗变成大鹏鸟。格萨尔按天神的预言带领 14 位将士，直捣红岩大鹏宗。为了彻底消除邪气，每人咏歌一首。然后对着妖魔射箭，结果妖鹏被射死于箭下，其灵魂升入天空。勇士们从赞拉多吉扎泽的脑袋里掏出了如意宝贝，又从他的心中挖取了雍仲等物品。接着勇士们带着那些东西凯旋。到岭国以后，格萨尔把这些财宝分给了大家。

5. 版本描述（字体、抄本、刻本风格、版心大小、材质）：

藏文草体，长条抄本，每页 8 行，36.8cm×7.6cm，原件，藏纸。

6. 保存处及编号：

（1）原件保存处：四川省《格》办

7. 版本说明（页码标记、残缺污浊页、翻译、出版）：

（1）总页码：41 页

（2）部名中提到此部出自"大食财宗"，著者为仲德，残缺。

（3）异文本汉文翻译：角巴东主等编校，高等教育出版社，2011。

（4）异文本藏文出版：① 西藏，1979 年；② 甘肃，1979；③ 精选本，2002；④ 印度（大吉岭），1966；⑤ 印度（新德里），1976；⑥ 印度（岗托克），1983；⑦ 不丹，1981。

8. 著作者、搜集者与搜集地：

（1）著作者：尼玛让夏（སྐྱུང་ག་ཧྲེར་ཉི་མ་རང་ཤར་གྱིས་བྲིས༎）

（2）搜集者：土登尼玛活佛（གཞན་དཀར་རིན་པོ་ཆེ）

（3）搜集地：色塔尔（གསེར་ཐར། 色达）

（4）搜集时间：1986

9. 其他：

（1）未查看原件。此部为《大食财宗》之情节单元之一。

（2）根据中国社会科学院民族文学研究所所藏复印件编制。

14 《上粟特马宗》

1. 藏文全题名：

སྐུ་རྗེ་རྒྱལ་པོ་དང་དཔའ་བཏུལ་རྣམས་ཀྱི་རྣམ་ཐར་དྲི་མ་མེད་པ་གླིང་བསྟན་པ་ཕྱི་དར་ལྟར་སོག་ལྷུ་ཁྲི་རྒྱལ་པོའི་རྟ་གཡང་བོད་དུ་ཕབ་ཚུལ་མཐའ་བཞིའི་དམགས་དང་རྒྱལ་འདྲེ་འབྱུང་པོའི་ཁ་གཤོག་དགའ་བའི་ཡིད་ཀྱི་ཤིང་རྟ་ཞེས་བྱ་བ་བཞུགས་སོ༎

2. 拉丁转写：

sku rje rgyal po dang dpa' btul rnams kyi rnam thar dri ma med pa gling bstan pa phyi dar ltar sog lhu khri rgyal po'i rta g.yang bod du phab tshul mtha' bzhi'i dmags dang rgyal 'dre 'byung po'i kha gshog dga' ba'i yid kyi shing rta zhes bya ba bzhugs so.

3. 汉译名：

《上粟特马宗》，或《蒙古马城》《蒙古马国》《上蒙古马宗》《索波马宗》《索多马城》。

4. 故事内容提要：

雪山狮子国国王的化身嘎玛扎巴去粟特的鲁赤经商时被杀，国王派人向岭国扎拉求救。扎拉王子认为嘎玛扎巴是自己的孩子，一定要替他报仇。此时，岭国女英雄阿达拉姆梦中得到天神预言：征服粟特马宗必须先由自己出兵。阿达拉姆率领的三万大军驻扎在阿格达娃大平原。此时粟特王也得到预示自己被杀的梦境，派人站岗放哨。结果此人被阿达拉姆降伏，获得了粟特王的信息。

格萨尔和扎拉王子率军出师。粟特国的将士们在与岭军作战中先后身亡。最后格萨尔降伏了粟特鲁赤王，任命比推·永朱其美为粟特国国王，并在粟特国制定十善佛法。粟特百姓过上了幸福的生活。格萨尔等岭国众英雄获得了粟特的诸多良马。

5. 版本描述（字体、抄本、刻本风格、版心大小、材质）：

藏文草体，长条抄本，每页 7 行，36.5cm×8.1cm，原件，藏纸。

6. 保存处及编号：

（1）原件保存处：四川省《格》办

7. 版本说明（页码标记、残缺污浊页、翻译、出版）：

（1）总页码：202 页

（2）著者为仲德，残缺。

（3）未翻译

（4）异文本藏文出版：① 西藏，1992；② 扎巴本，1999；③ 精选本，2013；④ 印度（德拉敦），1978；⑤ 印度（达兰姆萨拉），1982；⑥ 不丹，1981。

8. 著作者、搜集者与搜集地：

（1）著作者：尼玛让夏 （ཉི་གཅེར་ཞི་མ་རང་ཤར་གྱི་ཤིག）

（2）搜集者：土登尼玛活佛 （གཏན་དགར་རིན་པོ་ཆེ）

（3）搜集地：色塔尔 （གསེར་ཐར 色达）

（4）搜集时间：1986

9. 其他：

（1）未查看原件。

（2）根据中国社会科学院民族文学研究所所藏复印件编制。

15 《上粟特马宗》

1. 藏文全题名：

སྐུ་རྗེ་རྒྱལ་པོ་དང་དཔའ་བཏུལ་རྣམས་ཐར་དྲི་མ་མེད་པ་གླིང་བསྟན་པ་ཕྱི་དར་ལྟར་སོག་ལྷུ་ཁྲི་རྒྱལ་པོའི་རྟ་གཡང་བོད་དུ་ཕབ་ཚུལ་མཐའ་བཞིའི་དམགས་དང་རྒྱལ་འདྲེ་འབྱུང་པོའི་ཁ་གཤོག་དགའ་བའི་ཡིད་ཀྱི་ཤིང་རྟ་ཞེས་བྱ་བ་བཞུགས་སོ།

2. 拉丁转写：

sku rje rgyal po dang dpa' btul rnams kyi rnam thar dri ma med pa gling bstan pa phyi dar ltar sog lhu khri rgyal po'i rta g.yang bod du phab tshul mtha' bzhi'i dmags dang rgyal 'dre 'byung po'i kha gshog dga' ba'i yid kyi shing rta zhes bya ba bzhugs so.

3. 汉译名：

《上粟特马宗》，或《蒙古马城》《蒙古马国》《上蒙古马宗》《索波马宗》《索多马城》。

4. 故事内容提要：

雪山狮子国国王的化身嘎玛扎巴去粟特的鲁赤经商时被杀，国王派人向岭国扎拉求救。扎拉王子认为嘎玛扎巴是自己的孩子，一定要替他报仇。此时，岭国女英雄阿达拉姆梦中得到天神预言：征服粟特马宗必须先由自己出兵。阿达拉姆率领的三万大军驻扎在阿格达娃大平原。此时粟特王也得到预示自己被杀的梦境，派人站岗放哨。结果此人被阿达拉姆降伏，获得了粟特王的信息。

格萨尔和扎拉王子率军出师。粟特国的将士们在与岭军作战中先后身亡。最后格萨尔降伏了粟特鲁赤王，任命比推·永朱其美为粟特国国王，并在粟特国制定十善佛法。粟特百姓过上了幸福的生活。格萨尔等岭国众英雄获得了粟特的诸多良马。

5. 版本描述（字体、抄本、刻本风格、版心大小、材质）：

藏文草体，长条抄本，每页 7 行，36.5cm×8.1cm，原件，藏纸。

6. 保存处及编号：

（1）原件保存处：四川省《格》办

7. 版本说明（页码标记、残缺污浊页、翻译、出版）：

（1）总页码：213 页

（2）著者为仲德，残缺。

（3）未翻译

（4）异文本藏文出版：① 西藏，1992；② 扎巴本，1999；③ 精选本，2013；④ 印度（德拉敦），1978；⑤ 印度（达兰姆萨拉），1982；⑥ 不丹，

1981。

8. 著作者、搜集者与搜集地：

（1）著作者：不知

（2）搜集者：不知

（3）搜集地：色塔尔（ གཤེར་ཐར། 色达）

（4）搜集时间：1986

9. 其他：

（1）未查看原件。

（2）根据中国社会科学院民族文学研究所所藏复印件编制。

16 《歇日珊瑚宗》

1. 藏文全题名：

བྱང་ཕྱོགས་སྟོབས་ཀྱི་རྒྱལ་པོ་སྟག་རོང་བཙན་པོའི་སྙིང་ནོར་བྱེ་རུའི་གཡང་རྫོང་འབབས་པའི་ལོ་རྒྱུས་ཁམས་གསུམ་འགུགས་པའི་ལྕགས་ཀྱུ།

2. 拉丁转写：

byang phyogs stobs kyi rgyal po stag rong btsan po'i snying nor bye ru'i g.yang rdzong phabs pa'i lo rgyus khams gsum 'gugs pa'i lcags kyu

3. 汉译名：

《歇日珊瑚宗》，或《杰日珊瑚宗》《奇乳珊瑚宗》《岭与歇日珊瑚之部》《碣日珊瑚宗》《吉茹珊瑚宗》《岗岭之战》《契日珊瑚宗》《达格戎珊瑚宗》《北方珊瑚宝宗》。

4. 故事内容提要：

岭军征服了阿扎玛瑙宗后不久，得知歇日国杀死了岭国茶商。于是格萨尔发兵征讨歇日。岭军兵分两路去攻打歇日。珊瑚宗有三位在箭术、枪术、剑术上武艺超群的勇士，他们都先后被岭国六大先遣勇士歼灭。岭军所向披靡，珊瑚官兵屡战屡败。岭国大军消灭了歇日国的绿铁宗、东南的白螺宗、西南的金光宗、西面的古长旦朱宗、东北的玉石宗。最终歇日国大泽王没能逃脱岭军的追杀，被玉拉托居尔和贡赞结果了性命，其余官兵及歇日王妃投诚。

格萨尔开启歇日国珊瑚宝库，分赐给属下百姓，余者全部运回岭国。格萨尔从珊瑚国的宝湖里捞出了无数珊瑚。岭国在歇日设立了 12 个万户长官，派阿达拉姆为歇日总管。随后岭军凯旋。

5. 版本描述（字体、抄本、刻本风格、版心大小、材质）：

藏文草体，长条抄本，每页 8 行，36.5cm×7.2cm，原件，藏纸。

6. 保存处及编号：

（1）原件保存处：四川省《格》办

7. 版本说明（页码标记、残缺污浊页、翻译、出版）：

（1）总页码：245 叶

（2）有扉页

（3）异文本汉文翻译：角巴东主主编，高等教育出版社，2011。

（4）异文本藏文出版：① 青海，1983；② 精选本，2003；③ 桑珠本，2004；④ 印度（岗托克），1977；⑤ 不丹本，1981。

8. 著作者、搜集者与搜集地：

（1）著作者：珠贝尼玛杰参（ཐུབ་པའི་ཉི་མ་རྒྱལ་མཚན་ཕྱུག་མཛད།）

（2）搜集者：多尔罗（རྡོར་ལོ།）

（3）搜集地：酿格荣（ཉག་རོང་། 新龙县）

（4）搜集时间：1986

9. 其他：

（1）未查看原件。

（2）根据中国社会科学院民族文学研究所所藏复印件编制。

17 《歇日珊瑚宗》

1. 藏文全题名：

འཛམ་གླིང་གེ་སར་རྒྱལ་པོའི་རྣམ་ཐར་ལས་ཧེ་རུའི་བྱེར་རྫོང་དཔའ་པོ་བཞད་པའི་གླུ་དབྱངས་ངོ་མཚར་གཏམ་གྱི་ཕྲེང་བ།

2. 拉丁转写：

'dzam gling ge sar rgyal po'i rnam thar bye ru'i byer rdzong dpa' po bzhad pa'i glu dbyangs ngo mtshar gtam gyi phreng ba

3. 汉译名：

《歇日珊瑚宗》，或《杰日珊瑚宗》《奇乳珊瑚宗》《岭与歇日珊瑚之部》《碣日珊瑚宗》《吉茹珊瑚宗》《岗岭之战》《契日珊瑚宗》《达格戎珊瑚宗》《北方珊瑚宝宗》。

4. 故事内容提要：

岭军征服了阿扎玛瑙宗后不久，得知歇日国杀死了岭国茶商。于是格萨尔发兵征讨歇日。岭军兵分两路去攻打歇日。珊瑚宗有三位在箭术、枪术、剑术上武艺超群的勇士，他们都先后被岭国六大先遣勇士歼灭。岭军所向披靡，珊瑚官兵屡战屡败。岭国大军消灭了歇日国的绿铁宗、东南的白螺宗、西南的金光宗、西面的古长旦朱宗、东北的玉石宗。最终歇日国大泽王没能逃脱岭军的追杀，被玉拉托居尔和贡赞结果了性命，其余官兵及歇日王妃投诚。

格萨尔开启歇日国珊瑚宝库，分赐给属下百姓，余者全部运回岭国。

格萨尔从珊瑚国的宝湖里捞出了无数珊瑚。岭国在歇日设立了 12 个万户长官，派阿达拉姆为歇日总管。随后岭军凯旋。

5. 版本描述（字体、抄本、刻本风格、版心大小、材质）：

藏文草体，长条抄本，每页 8 行，36.8cm×7.6cm，原件，藏纸。

6. 保存处及编号：

（1）原件保存处：四川省《格》办

7. 版本说明（页码标记、残缺污浊页、翻译、出版）：

（1）总页码：538 页

（2）异文本汉文翻译：角巴东主主编，高等教育出版社，2011。

（3）异文本藏文出版：① 青海，1983；② 精选本，2003；③ 桑珠本，2004；④ 印度（岗托克），1977；⑤ 不丹本，1981。

8. 著作者、搜集者与搜集地：

（1）著作者：未知

（2）搜集者：铁穷别钦（ཕྱི་དགེ་དེས་ཆུང་དཔལ་ཆེན།）

（3）搜集地：四川德格

（4）搜集时间：1986

9. 其他：

（1）未查看原件。

（2）根据中国社会科学院民族文学研究所所藏复印件编制。

18 《突厥兵器宗》

1. 藏文全题名：

སྐུ་རྗེ་སེང་ཆེན་རྒྱལ་བློན་གྲུབ་ཆེན་སྟོང་དང་དགུ་བརྒྱའི་རྣམ་ཐར་དྲི་མ་མེད་པ་གླིང་བསྟན་པ་ཕྱི་དར་ལྟར་ལས་བསྐལ་ངན་བཞི་པོ་སེལ་ཕྱིར་དགོས་འདོད་དཔལ་གྱི་གཡང་བཅུད་གྲུ་གའི་དཀོར་མཛོད་བརྒྱད་ཅུ་བོད་དུ་ཕབ་ཚུལ་དགའ་བའི་ཡིད་ཀྱི་ཤིང་རྟ།

2. 拉丁转写：

sku rje seng chen rgyal blon grub chen stong dang dgu brgy'i rnam thar dri ma med pa gling bstan pa phyi dar ltar las bskal ngan bzhi po sel phyir dgos 'dod dpal gyi g.yang bcud gru ga'i dkor mzod brgyad cu bod du phab tshul dga' ba'i yid kyi shing rta.

3. 汉译名：

《突厥兵器宗》，或《祝古国宗》《祝古兵国》《祝古兵器宗》《朱孤兵器宗》《朱古之战》《竹岭之战》。

4. 故事内容提要：

突厥国国王托桂穆德赞意欲武力抢夺藏王的释迦牟尼佛像。他派其所属齐堆的四个部落前去完成此项任务。齐堆射箭信恐吓藏王马上送交释迦牟尼佛像。藏王向岭国扎拉王子求救。岭王格萨尔通过侦察得知征服突厥，必先要征服突厥齐堆。于是下令王子扎拉率军讨伐。东突厥大军节节败北，溃不成军。突军部将个个死于岭刀之下，突王齐堆也终于成了扎拉王子的刀下鬼，岭军大获全胜。灭了东突还有南突。岭王率部南下，突厥大臣派人向阿伦独眼鬼和青海求助。岭军大举进攻，南突败退。阿伦独眼鬼和突厥托桂王最终也被格萨尔王征服。

格萨尔遵照天神预言，派四位大臣前往青海，让青海王管辖突厥都城，治理国家，宏扬佛法，造福突厥众生。格萨尔到突厥讲经说法，教育人们弃恶从善。青海王感激岭王的大恩，打开突厥宝库，献上了兵器等宝物。

5. 版本描述（字体、抄本、刻本风格、版心大小、材质）：

藏文草体，长条抄本，每页 8 行，36.8cm×7.6cm，原件，藏纸。

6. 保存处及编号：

（1）原件保存处：四川省《格》办

7. 版本说明（页码标记、残缺污浊页、翻译、出版）：

（1）总页码：293 页

（2）著者为仲德，残缺。

（3）未翻译

（4）异文本藏文出版：① 西藏，1988、1989；② 甘肃，1984、1986；③ 精选本，2013；④ 桑珠本，2011；⑤ 印度（达兰姆萨拉），1982、1983、1984、1985；⑥ 不丹，1981；⑦ 民族音像出版社，2015。

8. 著作者、搜集者与搜集地：

（1）著作者：尼玛让夏（ སྐྱབ་གཉེར་ཉི་མ་རང་ཤར་གྱིས་ཤེས།）

（2）搜集者：土登尼玛活佛（ གཏན་དགའ་རེན་པོ་ཆེ།）

（3）搜集地：色塔尔（ གསེར་ཐར། 色达）

（4）搜集时间：1986

9. 其他：

（1）未查看原件。

（2）根据中国社会科学院民族文学研究所所藏复印件编制。

19 《突厥兵器宗》（上册）

1. 藏文全题名：

གྲུ་བྱིང་གཡུལ་འཁྲིད་རྒྱས་པ།།

2. 拉丁转写：

gru gling g.yul 'gyed rgyas pa.

3. 汉译名：

《突厥兵器宗》，或《祝古国宗》《祝古兵国》《祝古兵器宗》《朱孤兵器宗》《朱古之战》《竹岭之战》。

4. 故事内容提要：

突厥国王托桂穆德赞意欲武力抢夺藏王的释迦牟尼佛像。他派其所属齐堆的四个部落前去完成此项任务。齐堆射箭信恐吓藏王马上送交释迦牟尼佛像。藏王向岭国扎拉王子求救。岭王格萨尔通过侦察得知征服突厥，必先要征服突厥齐堆。于是下令王子扎拉率军讨伐。两军开始交火。最后，东突厥的大军节节败北，溃不成军。突军部将个个死于岭刀之下，突王齐堆也终于成了扎拉王子的刀下鬼，岭军大获全胜。

5. 版本描述（字体、抄本、刻本风格、版心大小、材质）：

藏文草体，稿纸抄本，每页 10 行，15cm×20cm，原件，藏纸。

6. 保存处及编号：

（1）原件保存处：萨德洛桑

7. 版本说明（页码标记、残缺污浊页、翻译、出版）：

（1）总页码：70 页

（2）未翻译

（3）异文本藏文出版：① 西藏，1988、1989；② 甘肃，1984、1986；③ 精选本，2013；④ 桑珠本，2011；⑤ 印度（达兰姆萨拉），1982、1983、1984、1985；⑥ 不丹，1981；⑦ 民族音像出版社，2015。

8. 著作者、搜集者与搜集地：

（1）著作者：无

（2）搜集者：邓珠拉姆（甘孜州政协）

（3）搜集地：甘孜

（4）搜集时间：1986？

9. 其他：

（1）未查看原件。

（2）根据中国社会科学院民族文学研究所所藏复印件编制。

20 《突厥兵器宗》（中、下册）

1. 藏文全题名：

གྲུ་གླིང་བར་དུམ་དང་ཐི་དུམ།།

2. 拉丁转写：

gru gling bar dum dang phyi dum

3. 汉译名：

《突厥兵器宗》，或《祝古国宗》《祝古兵国》《祝古兵器宗》《朱孤兵器宗》《朱古之战》《竹岭之战》。

4. 故事内容提要：

灭了东突还有南突。岭王认为降服南突刻不容缓。岭王重整旗鼓，率部南下，突厥大臣们慌手慌脚，向阿伦独眼鬼和青海派人求助。岭军大举进攻，南突的帮凶个个败退。阿伦独眼鬼和突厥的托桂王最终也死在英雄格萨尔的刀下。岭军大捷。

格萨尔遵照神灵之旨，派四位大臣带去哈达、礼品前往青海，赏赐了青海王。让青海王管辖突厥都城，执掌朝政，治理国家，修缮突厥塔里寺；宏扬佛法，造福突厥众生。青海王达娃冬赛遵照岭国命令，前往突都，如令行事。他同岭国大臣一起，商量治国大策。格萨尔到突厥讲经说法，教育人们弃恶从善。青海王感激岭王的大恩，打开突厥宝库，献上了兵器等宝物。

5. 版本描述（字体、抄本、刻本风格、版心大小、材质）：

藏文草体，稿纸抄本，每页 10 行，15cm×20cm，原件。

6. 保存处及编号：

（1）原件保存处：四川《格》办

7. 版本说明（页码标记、残缺污浊页、翻译、出版）：

（1）总页码：235 页

（2）记录在八本作业本上，中册 104 页，下册 132 页

（3）未翻译

（4）异文本藏文出版：① 西藏，1988、1989；② 甘肃，1984、1986；③ 精选本，2013；④ 桑珠本，2011；⑤ 印度（达兰姆萨拉），1982、1983、1984、1985；⑥ 不丹，1981；⑦ 民族音像出版社，2015。

8. 著作者、搜集者与搜集地：

（1）著作者：未知

（2）搜集者：不知

（3）搜集地：甘孜

（4）搜集时间：1986

9. 其他：

（1）未查看原件。格登达吉编《珠岭大战》（上、中、下，民族出版社，2015.7）。

（2）根据中国社会科学院民族文学研究所所藏复印件编制。

21　《突厥兵器宗》（中册）

1. 藏文全题名：

གྲུ་གླིང་གཡུལ་འགྱེད་ཀྱི་རིམ་པ་ལས་བར་དུམ།།

2. 拉丁转写：

gru gling g.yul 'gyed kyi rim pa las bar dum

3. 汉译名：

《突厥兵器宗》，或《祝古国宗》《祝古兵国》《祝古兵器宗》《朱孤兵器宗》《朱古之战》《竹岭之战》。

4. 故事内容提要：

突厥国王托桂穆德赞意欲武力抢夺藏王的释迦牟尼佛像。他派其所属齐堆的四个部落前去完成此项任务。齐堆射箭信恐吓藏王马上送交释迦牟尼佛像。藏王向岭国扎拉王子求救。岭王格萨尔通过侦察得知征服突厥，必先要征服突厥齐堆。于是下令王子扎拉率军讨伐。两军开始交火。最后，东突厥的大军节节败北，溃不成军。突军部将个个死于岭刀之下，突王齐堆也成了扎拉王子的刀下鬼，岭军大获全胜。

灭了东突还有南突。岭王认为降服南突刻不容缓。岭王重整旗鼓，率部南下，突厥大臣们慌手慌脚，派人向阿伦独眼鬼和青海求助。岭军大举进攻，南突的帮凶个个败退。阿伦独眼鬼和突厥的托桂王最终也死在英雄格萨尔的刀下。岭军大捷。

格萨尔遵照神灵之旨，派四位大臣带去哈达礼品前往青海，赏赐了青海王。让青海王管辖突厥都城，执掌朝政，治理国家，修缮突厥塔里寺；宏扬佛法，造福突厥众生。青海王达娃冬赛遵照岭国命令，前往突都，如令行事。他同岭国大臣一起，商量治国大策。格萨尔到突厥讲经说法，教育人们弃恶从善。青海王感激岭王的大恩，打开突厥宝库，献上了兵器等宝物。

5. 版本描述（字体、抄本、刻本风格、版心大小、材质）：

藏文草体，稿纸抄本，每页 10 行，15cm×20cm，原件。

6. 保存处及编号：

（1）原件保存处：四川《格》办

7. 版本说明（页码标记、残缺污浊页、翻译、出版）：

（1）总页码：121 页

（2）记录在 4 个小本上，末尾残缺。

（3）未翻译

（4）异文本藏文出版：① 西藏，1988、1989；② 甘肃，1984、1986；③ 精选本，2013；④ 桑珠本，2011；⑤ 印度（达兰姆萨拉），1982、1983、1984、1985；⑥ 不丹，1981；⑦ 民族出版社，2015。

8. 著作者、搜集者与搜集地：

（1）著作者：未知

（2）搜集者：不知

（3）搜集地：四川甘孜

（4）搜集时间：1986

9. 其他：

（1）未查看原件。

（2）根据中国社会科学院民族文学研究所所藏复印件编制。

22　《白惹绵羊宗》

1. 藏文全题名：

ཤེ་རའི་ལུག་རྫོང་།

2. 拉丁转写：

Sbe ra'i lug rdzong

3. 汉译名：

《白惹绵羊宗》，或《百拉羊宗》《比热山羊宗》。

4. 故事内容提要：

格萨尔王征服亭域，但见亭域国王仁慈宽厚，重用成为岭国英雄之一。格萨尔王在亭国弘扬佛法后，率领岭军返回岭国途中得到姑母朗曼噶母预言：拉达克柏扎五王子和白惹国王朗拉托郭君臣勾结，仇视佛法。降伏白惹托郭王、收取绵羊宗的时候到了。

拉桂和辛巴熟悉地势，被任命为先锋，为岭军带路。岭军势不可挡，打败白惹守军。将他们统统消灭。岭国保护神装扮成白惹的保护神，给托桂国王降假预言，告诉他有外道的保护神保佑，可以通过天梯逃往噶饶旺秋仙界，能够得到解脱。

托郭国王轻信中计，依言跟着保护神逃往天空。格萨尔单人独骑半空中正等着他，一箭将托桂国国王射死。岭军趁机分四路攻克白惹四方的四座大城堡，余下不投降的白惹大臣和将领均已消灭，将白惹地方纳入岭国的管辖范围。

最终以白惹国王朗拉托郭为首的魔将 60 多人，在这场战争中全部被消灭干净，岭军夺取白惹地方的绵羊"央"，不分高低贵贱每人发给 15 只绵羊，在白惹地方弘扬佛业。委托亭域国王托桂扎巴在两年内担任白惹国的代理国王。岭军胜利班师回国。

5. 版本描述（字体、抄本、刻本风格、版心大小、材质）：

藏文草体，长条抄本，每页 8 行，36.6cm×8.1cm，原件，藏纸。

6. 保存处及编号：

（1）原件保存处：邓珠拉姆

7. 版本说明（页码标记、残缺污浊页、翻译、出版）：

（1）总页码：194 叶

（2）缺封面

（3）未翻译

（4）异文本藏文出版：① 桑珠本，2011；② 不丹，1981。

8. 著作者、搜集者与搜集地：

（1）著作者：未知

（2）搜集者：邓珠拉姆（甘孜州政协）

（3）搜集地：甘孜

（4）搜集时间：1986？

9. 其他：

（1）未查看原件。

（2）根据中国社会科学院民族文学研究所所藏复印件编制。

23 《米努丝绸宗》

1. 藏文全题名：

འཛམ་གླིང་སེང་ཆེན་རྒྱལ་པོའི་མི་ནུབ་རྨ་བྱ་རྒྱལ་པོ་འདུལ་བའི་དར་རྫོང་འབེབས་པའི་གཏམ་བརྗོད་ཞེས་བྱ་བ་བཞུགས་སོ།།

2. 拉丁转写：

'dzam gling seng chen rgyal po'i mi nub rma bya rgyal po 'dul ba'i dar rdzong 'bebs pa'i gtam brjod zhes bya ba bzhugs so.

3. 汉译名：

《米努丝绸宗》，或《米努绸缎宗》《米努绸缎城》《美努绸缎宗》《措米努丝绸宗》《征服孔雀国王》。

4. 故事内容提要：

米努孔雀国王嫉恨岭国森达勇士盗去了其国良马 37 匹，决定准备出兵突袭岭国。此时，格萨尔遵照天神预言也已出师米努。于是一场激战便开始了。其结果岭军大胜。格萨尔从米努大红岩山取出了白螺大慈悲佛像、玉石白度母、释迦牟尼金像；又从达堆扎西山取出了无数绸缎，让米努黎民百姓信奉白法佛教，任命拉布达娃为米努国国王，红辛巴为米努国军队总首领，多谋的旦增扎巴为谋臣。然后岭军带着大量绸缎凯旋。回国后格萨尔王不分地位高低将所有绸缎等量赏赐于岭国臣民。

5. 版本描述（字体、抄本、刻本风格、版心大小、材质）：

藏文草体，长条抄本，每页 7 行，36.5cm×7.2cm，原件，藏纸。

6. 保存处及编号：

（1）原件保存处：甘孜州群艺馆

7. 版本说明（页码标记、残缺污浊页、翻译、出版）：

（1）总页码：445 页

（2）残缺，有后记。

（3）未翻译

（4）异文本藏文出版：① 西藏，1988；② 四川，1987；③ 精选本，2005；⑥ 不丹（《百热》合编），1981。

8. 著作者、搜集者与搜集地：

（1）著作者：噶玛辛潘（ཀར་མ་གཞན་ཕན་གྱིས།）

（2）搜集者：杨恩洪

（3）搜集地：甘孜州群艺馆

（4）搜集时间：1986

9. 其他：

（1）未查看原件。

（2）根据中国社会科学院民族文学研究所所藏复印件编制。

24　《玛拉雅药宗》

1. 藏文全题名：

བྱང་མ་ལ་ཡ་ཡི་སྨན་རྫོང་།

2. 拉丁转写：

byang ma la ya yi sman rdzong.

3. 汉译名：

《玛拉雅药宗》，或《北玛拉雅药宗》《攻克玛拉雅药宗》。

4. 故事内容提要：

岭国征服了大食、粟特、阿扎和歇日等国后，格萨尔大王得到白梵天王的预言，要在铁牛年降服玛拉雅国，并开启水晶岩窟的药物宝藏，解救黎民百姓的病痛。

岭国征集霍尔、姜、门以及歇日等国的军队开赴位于徙多河岸的玛拉雅国。玛拉雅国的外道泰让喇嘛通过神通得知岭国派军前往玛拉雅国，就将事情原委通告了国王多布钦陀赤赞布。国王与王弟、王子以及众大臣、勇士商议如何派兵布阵、抵御岭国士兵之事。

岭国派出了以王子扎拉为统帅，丹玛、辛擦、曲珠、董俊等为将领的大队人马。岭国联军攻克了玛拉雅国的一个个关口，渡过徙多河，最终攻下都城纳木嘉托宗，开启了水晶岩药物宝矿，拯救当地黎民百姓，转化为佛法信仰之国，然后班师回国。

5. 版本描述（字体、抄本、刻本风格、版心大小、材质）：

藏文草体，长条抄本，每页 8 行，36.8cm×7.6cm，原件，藏纸。

6. 保存处及编号：

（1）原件保存处：四川省《格》办

7. 版本说明（页码标记、残缺污浊页、翻译、出版）：

（1）总页码：101 叶

（2）残缺

（3）未翻译

（4）异文本藏文出版：四川，2002。

8. 著作者、搜集者与搜集地：

（1）著作者：未知

（2）搜集者：土登尼玛活佛（གཏན་དགར་ཉིན་པོ་ཆེ）

（3）搜集地：色塔尔（གསེར་ཐར་ 色达）

（4）搜集时间：1986

9. 其他：

（1）未查看原件。

（2）根据中国社会科学院民族文学研究所所藏复印件编制。

25 《阿扎玛瑙宗》

1. 藏文全题名：

འཛམ་གླིང་གེ་སར་རྒྱལ་པོའི་རྣམ་ཐར་ལས་བྱང་གླིང་གཡུལ་འགྱེད་ཟློས་བཞི་སྟོད་ཆ་དང་ཨ་དྲག་གཟི་འགྱེད་རིམ་པ་བཅས་བཞུགས་སོ།

2. 拉丁转写：

'dzam gling ge sar rgyal po'i rnam thar las byang gling g.yul 'gyed zlos bzhi stod cha dang a drag gzi 'gyed rim pa bcas bzhugs so.

3. 汉译名：

《阿扎玛瑙宗》，或《阿扎九眼珠宗》《征服阿扎玛瑙城》《阿与岭之战》《阿扎色宗》《阿乍玛瑙国》。

4. 故事内容提要：

土龙年六月初十日，岭国的商队路过歇日国，达泽王毫不犹豫地命令手下的兵将去抢岭国的财物。格萨尔出兵征讨。岭国大军晓行夜宿，不多日，来到阿扎玛瑙国边境。格萨尔命使臣带着礼物入城向国王问候，请阿扎王让出一条路，岭国将通过此地向歇日进军。

阿扎君臣问卜之时，侍臣禀报，岭国大军前来借路。虽然岭国人马不是来攻打阿扎国的，但歇日紧连阿扎，歇日城破，阿扎岂能长久？看来这条路是借不得的。尼扎王一面拒绝给岭国让路，一面迅速召集国内兵马，准备拒敌。

格萨尔大王听说阿扎王不肯借路，愤怒异常，不知该如何是好。就在这时，天母南曼噶姆出现了，对格萨尔说：欲取歇日珊瑚城，必须先破阿扎玛瑙城。于是格萨尔下令进攻阿扎，一路战果连连，来到罗刹大城堡。王子扎拉下令岭国的三员大将森达、玉拉和达拉赤噶诛杀蛋生九人九马，大破罗刹城堡，兵临阿扎王宫。经过几番论战，岭军入城，尼扎跪拜雄狮王，献上金银珠宝等九色礼品。格萨尔君臣开启了中部阿扎与阿扎王城内宝库，然后将所得财物分给众人。格萨尔命令阿扎王尼扎，带着王妃、公主等眷属和侍臣到藏地去住三年，即日启程。雄狮王派大臣尼玛坚赞做了阿扎王，管理国政。

5. 版本描述（字体、抄本、刻本风格、版心大小、材质）：

藏文草体，长条抄本，每页 8 行，36.6cm×8.1cm，原件，藏纸。

6. 保存处及编号：

（1）原件保存处：四川省《格》办

7. 版本说明（页码标记、残缺污浊页、翻译、出版）：

（1）总页码：375 页

（2）部名中还提到"北岭之战上册"，残缺，有扉页。

（3）异文本汉文翻译：徐国琼、和建华译《阿岭之战》，云南，2007。

（4）异文本藏文出版：①青海，1985；②西藏，1999；精选本，2003；③桑珠本，2005；④印度（德里），1975；⑤不丹，1981。

8. 著作者、搜集者与搜集地：

（1）著作者：未知

（2）搜集者：铁穷别钦（ཕྱི་དགེ་རེས་རྒྱུན་དཔལ་ཅེག）

（3）搜集地：四川德格

（4）搜集时间：1986 前

9. 其他：

（1）未查看原件。

（2）根据中国社会科学院民族文学研究所所藏复印件编制。

26　《羊同珍珠宗》

1. 藏文全题名：

འཛམ་གླིང་གེ་སར་རྒྱལ་པོའི་རྟོགས་བརྗོད་ལས་ཞིང་གླིང་གཡུལ་འཁྲུགས་མུ་ཏིག་རྫོང་ཆེན་ཕབ་ཚུལ་བཞུགས་སོ།།

2. 拉丁转写：

'dzam gling ge sar rgyal po'i gtam brjod las zhing gling g.yul 'khrugs mu tig rdzong chen phab tshul bzhugs so

3. 汉译名：

《羊同珍珠宗》，或《象雄珍珠宗》《祥岭珍珠之战》《征服象雄珍珠国》《香雄珍珠宗》《向雄珍珠宗》。

4. 故事内容提要：

羊同苯教王伦珠扎巴的16个商人去汉地经商途中扎营在达戎晁同的草原上，晁同派儿子们抢劫并杀死了商人。羊同国君臣通过向苯教喇嘛求教得知了事情原委。羊同王派将兵抢回所夺之物并杀掉了达戎部落不少人马。晁同向格萨尔王请求派岭军替他报仇。

此时，天神了也预言格萨尔到了征服羊同珍珠宗的时机。格萨尔下令三军追击羊同人马，自己率军出师大食。羊同王被格萨尔消灭。格萨尔打开了直插云霄的白崖狮子天宗，取出了各种珍珠等金银财宝。格萨尔将财宝运回军营分给了将士。在羊同制定了十善之法，将苯教改为佛教，把外道的恶经抛入河中。格萨尔任命曲珠大臣为羊同十八方的首领。

5. 版本描述（字体、抄本、刻本风格、版心大小、材质）：

藏文草体，长条抄本，每页7行，36.5cm×7.2cm，原件，藏纸。

6. 保存处及编号：

（1）原件保存处：四川省《格》办

7. 版本说明（页码标记、残缺污浊页、翻译、出版）：

（1）总页码：292页

（2）异文本汉文翻译：① 马宏武译，甘肃，2006；② 角巴东主主编，高等教育出版社，2011。

（3）异文本藏文出版：① 西藏，1982；② 甘肃，1984；③ 青海，1984；④ 扎巴本，2007；⑤ 桑珠本，2008；⑥ 印度（达拉姆萨拉），1984；⑦ 不丹，1981。

8. 著作者、搜集者与搜集地：

（1）著作者：未知

（2）搜集者：多尔罗（ཆོར་ལོ）

（3）搜集地：酿格荣（ཉག་རོང 新龙县）

（4）搜集时间：1986

9. 其他：

（1）未查看原件。

（2）第 2 页有格萨尔骑征象，封底有雪狮像。

（3）根据中国社会科学院民族文学研究所所藏复印件编制。

27 《雪山水晶宗》

1. 藏文全题名：

འཛམ་གླིང་སེང་ཆེན་རྒྱལ་པོའི་རྟོགས་བརྗོད་ལས་གངས་རི་ཤེལ་རྫོང་བཞུགས་སོ།།

2. 拉丁转写：

'dzam gling seng chen rgyal po'i rtogs brjod las gangs ri shel rdzong bzhugs so

3. 汉译名：

《雪山水晶宗》，或《征服拉达克水晶国》《贡日水晶宗》。

4. 故事内容提要：

岗底斯拉达克旭奴嘎伍王向已被岭国降伏的白惹等国征税，白惹等国向岭国求救。此时，莲花生大师给格萨尔预言：通往雪山水晶宗的大道将要打开，要出兵征服雪山水晶国。格萨尔召集九国大军，联伐水晶国。联军兵分三路攻打：第一路由格萨尔率领，第二路由扎拉王子率领，第三路由玉拉托居尔率领。两军交火，战斗十分激烈。岭军消灭了雪山国五大汉，八十勇士。格萨尔先后征服了雪山国的君臣守护神。扎拉王子征服了北方扎木宗；格萨尔征服了西方扎铁宗；东方日扎那宗由玉拉征服。

最后，岭君臣来到雪山国都城，扔掉了城头上的魔幡旗，挂上了佛法胜利幡旗。格萨尔带领勇士们来到美丽白岩前，开启了水晶宝藏。在运水晶的途中，亭容赤旭王挡住岭军道路。亭岭之战因此发生，岭军征服了亭王。亭容的山神以珊瑚宝为主的许多宝矿，献给国王，并附绸缎七匹。

5. 版本描述（字体、抄本、刻本风格、版心大小、材质）：

藏文草体，长条抄本，每页 7 行，36.5cm×8.1cm，原件，藏纸。

6. 保存处及编号：

（1）原件保存处：四川省《格》办

7. 版本说明（页码标记、残缺污浊页、翻译、出版）：

（1）总页码：306 页（153 叶）

（2）残缺

（3）异文本汉文翻译：① 意西泽珠、许珍妮译，四川，1988；② 角巴东主主编，高等教育出版社，2011。

（4）异文本藏文出版：① 四川，1982；② 扎巴本，2011；③ 精选本，2013；④ 印度（多兰吉），1983；⑤ 不丹，1981。

8. 著作者、搜集者与搜集地：

（1）著作者：未知

（2）搜集者：西热沃瑟（ཤེས་རབ་འོད་ཟེར།）

（3）搜集地：瑟尔浒（སེར་ཤུལ། 色须）

（4）搜集时间：1981

9. 其他：

（1）未查看原件。

（2）根据中国社会科学院民族文学研究所所藏复印件编制。

28 《阿里金宗》

1. 藏文全题名：

འཛམ་གླིང་སེང་ཆེན་རྒྱལ་པོའི་རྟོགས་བརྗོད་གསེར་གླིང་མངའ་རིས་གསེར་རྫོང་དངོས་གྲུབ་ནོར་བུའི་ཆར་འབེབས་ཞེས་བྱ་བ་བཞུགས་སོ།

2. 拉丁转写：

'dzam gling seng chen rgyal po'i rtogs brjod gser gling mnga' ris gser rdzong dngos grub nor bu'i char 'bebs zhes bya ba bzhugs so..

3. 汉译名：

《阿里金宗》，或《取阿里金窟》。

4. 故事内容提要：

阿里七魔臣夺朝政、弃佛法、立魔教，弄得民不聊生，国不安宁。赞拉多杰大臣之子玉杰托桂，年仅十三却心地善良，笃信佛法，武艺超群。他对七魔臣的非法统治和他们所采取的禁佛之行极为愤慨。他历经千辛万苦，终于来到了岭国。请求岭王格萨尔出兵惩处七魔臣。格萨尔深表同情，将其收为岭国国民，留在扎拉王子身边，辅佐王子治理国家。

岭王遵照天神旨意，以玉杰托桂为向导，以辛巴大将为先锋，雄兵挺进阿里。岭军一路所向披靡。魔神桑日冬泽被格萨尔消灭，七魔的保护神身死于岭将唐泽玉珠宝刀之下，最后，七魔臣一个不剩地被赶进了阎王殿。岭军大胜。阿里王达娃顿珠感激涕零，打开金城宝藏。格萨尔将黄金分给了阿里和岭国百姓，使两国百姓都过上和平、富裕的生活。

5. 版本描述（字体、抄本、刻本风格、版心大小、材质）：

藏文草体，长条抄本，每页 8 行，36.8cm×7.6cm，原件，藏纸。

6. 保存处及编号：

（1）原件保存处：四川省《格》办

7. 版本说明（页码标记、残缺污浊页、翻译、出版）：

（1）总页码：116 页

（2）有扉页。

（3）异文本汉文翻译：罗润仓译，四川，1986。

（4）异文本藏文出版：① 四川，1981；② 精选本，2005。

8. 著作者、搜集者与搜集地：

（1）著作者：未知

（2）搜集者：土登尼玛活佛（གཟན་དཀར་རིན་པོ་ཆེ）

（3）搜集地：色塔尔（གསེར་ཐར། 色达）

（4）搜集时间：1986 前

9. 其他：

（1）未查看原件。

（2）根据中国社会科学院民族文学研究所所藏复印件编制。

29 《贡布山羊宗》

1. 藏文全题名：

འདོལ་ཉམས་ཀྱི་བརྡ་སྒྲོམ་ལས་ཀོང་ཐེའུ་རང་གི་ར་རྫོང་བབ་པ་འཛམ་གླིང་ཆོས་ཀྱི་རྒྱལ་པོའི་རྟོགས་བརྗོད་དཔལ་གྱི་བེའུ།

2. 拉丁转写：

'dol nyams kyi brda sgrom las kong the'u rang gi ra rdzong bab pa 'dzam gling chos kyi rgyal po'i rtogs brjod dpal gyi be'u

3. 汉译名：

《贡布山羊宗》，或《取山羊宗》《攻取贡布山羊宗之战》。

4. 故事内容提要：

天神给晁同降下预言，要岭国征服贡布的饿鬼王、打开贡布的山羊库。晁同设宴将此预言转告岭国将士，岭将无人信其所说。于是，扎拉派人请示雄狮大王。雄狮大王告诉使者晁同叔叔的讲述有理，并说当年饿鬼王的奸细彭纳伍和卡切的三土匪抢劫岭国商人的 13 匹骏马和 13 头驮犏牛的耻辱尚未清算，时机已到，告诉岭国武士准备出征。

接到雄狮大王之命令，岭国将帅踏上征途。途中攻下贡布饿鬼王的种种关隘，最终格萨尔大王降伏了饿鬼王，打开了贡布山羊宗，天界的白山羊群，妖界的蓝山羊群，水饿鬼的红山羊群，木饿鬼的黄山羊群，岩饿鬼的黑山羊群，土饿鬼的紫山羊群等山羊宝物，将饿鬼王的女儿贡萨梅朵拉增封为饿鬼国的女王，使百姓享受安乐太平。

5. 版本描述（字体、抄本、刻本风格、版心大小、材质）：

藏文草体，长条抄本，每页 8 行，36.5cm×8.1cm，原件，藏纸。

6. 保存处及编号：

（1）原件保存处：四川省《格》办

7. 版本说明（页码标记、残缺污浊页、翻译、出版）：

（1）总页码：207 页

（2）著者为 chos dbyings nam mkha'i dbyings phyug glong gsal rdo rje gzi brjid rtsal gis mdzad

（3）未翻译

（4）异文本藏文出版：四川，1999。

8. 著作者、搜集者与搜集地：

（1）著作者：多杰斯吉策（ཪྡོ་རྗེ་གཟི་བརྗིད་རྩལ་གྱིས་མཛད）

（2）搜集者：土登尼玛活佛（གཐུབ་དགར་ཉི་ལྤ་ཆེ）

（3）搜集地：色塔尔（གཤེར་ཐར 色达）

（4）搜集时间：1986

9. 其他：

（1）未查看原件。

（2）根据中国社会科学院民族文学研究所所藏复印件编制。

（3）据四川《格》办丛书 6《降妖部》，著作者多杰斯吉策（ཪྡོ་རྗེ་གཟི་བརྗིད་རྒྱས་མཛད1940—1998 另名更桑尼玛 ཀུན་བཟང་ཉི་མ）尚著有《外道铠甲宗》《尼婆罗绵羊宗》《嘉姆母牦牛宗》《中华茶宗》等。现色达格萨尔藏戏创世人塔洛活佛之父。

30 《扎葛尔水晶宗》

1. 藏文全题名：

བྲག་དཀར་ཤེལ་རྫོང་ལུག་རྫོང་ཕབ་པ།

2. 拉丁转写：

brag dkar shel rdzong lug rdzong phab pa

3. 汉译名：

《扎葛尔水晶宗》，或《扎葛尔水晶宗和绵羊宗》。

4. 故事内容提要：

扎葛尔王桑盖加的弟弟外道阿瓦热郭，三年修炼成大自在天王法，打

算为格萨尔所降伏的魔鬼太让三兄弟、霍尔琼拉和白帐王等报仇。格萨尔
得到天神预言，准备降伏扎葛尔国国王与其弟弟。晁同变化为国王的妹妹
给阿瓦热郭敬上毒食，此妖魔最终被白饭天王降伏。最后，格萨尔降伏了
扎葛尔王桑盖加，打开了水晶和绵羊宝库。

5. 版本描述（字体、抄本、刻本风格、版心大小、材质）：

藏文草体，长条抄本，每页 8 行，36.8cm×7.6cm，原件，藏纸。

6. 保存处及编号：

（1）原件保存处：四川省《格》办

7. 版本说明（页码标记、残缺污浊页、翻译、出版）：

（1）总页码：388 页（194 叶）

（2）部名中还提到"水晶宗"，残缺。

（3）未翻译

（4）异文本藏文未出版

8. 著作者、搜集者与搜集地：

（1）著作者：未知

（2）搜集者：阿勇活佛（ པོན་གྱི་སྤྲུལ་སྐུ་ཨ་གཡུང་ ）

（3）搜集地：甘孜

（4）搜集时间：1986

9. 其他：

（1）未查看原件。

（2）根据中国社会科学院民族文学研究所所藏复印件编制。

31 《格萨尔佛法宗》

1. 藏文全题名：

འཛམ་གླིང་སྐྱེས་བུའི་ཆོས་སྒྲུང་སིལ་མ་ལས་གསེར་ཆོས་འོག་མིན་བསྒྲོད་པའི་ཐེམ་སྐས་གསང་བའི་རྒྱ་ཅན་བཞུགས་སོ།།

2. 拉丁转写：

'dzam gling skyes bu'i chos sgrung sil ma las gser chos 'og min bsgrod ba'i
them skas gsang ba'i rgya can bzhugs so.

3. 汉译名：

《格萨尔佛法宗》，或《金法密网》。

4. 故事内容提要：

主要讲述格萨尔为众生宣讲佛法的故事。其中也谈到了总管王叙述岭
国的先祖的情况，以及岭国及众多附属国英雄和百姓听法获得信心等事。

5. 版本描述（字体、抄本、刻本风格、版心大小、材质）：

藏文草体与正楷结合，长条抄本，每页 5 行，18cm×5.4cm，原件，藏纸。

6. 保存处及编号：

（1）原件保存处：四川省《格》办

7. 版本说明（页码标记、残缺污浊页、翻译、出版）：

（1）总页码：114 页

（2）残缺

（3）未翻译

（4）异文本藏文出版：①《法宗、七赞、重游天堂》，四川，1990。

8. 著作者、搜集者与搜集地：

（1）著作者：朵钦泽益西多吉（1800—1866，果洛阿什姜部落之人）

（2）搜集者：土登尼玛活佛（གཞན་དགར་ཉིན་པོ་ཆེ།）

（3）搜集地：摩诃寺（ མ་ཧཱ་དགོན།）

（4）搜集时间：1986

9. 其他：

（1）未查看原件。

（2）根据中国社会科学院民族文学研究所所藏复印件编制。

32 《格萨尔佛法宗》

1. 藏文全题名：

འཛམ་གླིང་སྐྱེས་བུའི་ཆོས་སྒྲུང་སིལ་མ་ལས་གསུགགསེར་ཆོས་འོག་མིན་བགྲོད་པའི་ཐེམ་སྐས་གསང་བའི་རྒྱ་ཅན།སྒྲིང་ཏོ་བུའི་ཆོས་སྐྲུང་སིལ་མ་ལས་གསུང་པོ་ཡིད་ཆེས་བསྐྱེད་པའི་ཕྱིར་ཕོ་རྒྱས་མཛད་ཆོས་འཕྲོད་པར་ཧྲུཿ

2. 拉丁转写：

'dzam gling skyes bu'i chos sgrung sil ma las gser chos 'og min bgrod ba'i them skas gsang ba'i rgya can.

3. 汉译名：

《格萨尔佛法宗》，或《金法密网》。

4. 故事内容提要：

主要讲述格萨尔为众生宣讲佛法的故事。其中也谈到了总管王叙述岭国的先祖的情况，以及岭国及众多附属国英雄和百姓听法获得信心等事。

5. 版本描述（字体、抄本、刻本风格、版心大小、材质）：

藏文草体与正楷结合，长条抄本，每页 5 行，18cm×5.4cm，手抄印刷件。

6. 保存处及编号：

（1）原件保存处：四川省《格》办

7. 版本说明（页码标记、残缺污浊页、翻译、出版）：

（1）总页码：214 页

（2）抄本印刷，叙述部分乌麦体，唱词部分乌金体。

（3）无 1986 年编号

（4）未翻译

（5）异文本藏文出版：《法宗、七赞、重游天堂》，四川，1990。

8. 著作者、搜集者与搜集地：

（1）著作者：朵钦泽益西多吉

（2）搜集者：土登尼玛活佛（གཟན་དཀར་རིན་པོ་ཆེ）

（3）搜集地：不知

（4）搜集时间：1990

9. 其他：

（1）未查看原件。

（2）根据中国社会科学院民族文学研究所所藏复印件编制。

33 《重游天堂》

1. 藏文全题名：

ཁྲ་མོ་གླིང་གི་སྐྱོ་བསངས་ཞིང་ཁམས་མཇལ་བའི་དགའ་སྟོན།

2. 拉丁转写：

khra mo gling gi skyo bsang zhing khams mjal ba'i dga' ston.

3. 汉译名：

《重游天堂》，或《英雄游天》。

4. 故事内容提要：

格萨尔完成世间业绩返回天界之前，运用神通带领岭国众英雄前往铜色吉祥山莲花生大师的刹土。众英雄谒见了莲花生大师，并得到了莲花生大师的教导和加持。最后，返回岭国。

5. 版本描述（字体、抄本、刻本风格、版心大小、材质）：

藏文草体，手抄稿纸本，每页 7 行，笔记本，原件。

6. 保存处及编号：

（1）原件保存处：西南民族学院语言文学研究所

7. 版本说明（页码标记、残缺污浊页、翻译、出版）：

（1）总页码：61 页

（2）汉文翻译：《格萨尔千幅唐卡》绘画介绍，四川民族出版社，2010。

（3）异文本藏文出版：①《法宗、七赞、重游天堂》，四川，1990。

8. 著作者、搜集者与搜集地：

（1）著作者：无

（2）搜集者：阿旺措成等

（3）搜集地：阿坝

（4）搜集时间：1986？

9. 其他：

（1）未查看原件。

（2）根据中国社会科学院民族文学研究所所藏复印件编制。

34 《地狱救母》

1. 藏文全题名：

གེ་སར་སྐྱེས་བུའི་རྣམ་ཐར་ལས་མ་འགོག་མོ་དམྱལ་བར་ལྟུང་བ་འདྲེན་པའི་ལོ་རྒྱུས་བར་དོའི་འཁྲུལ་སྣང་རང་གྲོལ།

2. 拉丁转写：

ge sar skyes bu'i rnam thar las ma 'gog mo dmyal bar ltung ba 'dren pa'i lo rgyus bar do'i 'khrul snang rang grol

3. 汉译名：

《地狱救母》，或《地狱大圆满》《岭国地狱大圆满》《娘岭》《地狱元胜大全》。

4. 故事内容提要：

莲花生大师预言格萨尔，印度香河对岸有永生金刚座，要求格萨尔赴该地修行佛法一百天。格萨尔按大师的旨意单枪匹马去那里静修，可是自己的母亲就在这时度完了一生。岭国群臣迎请大喇嘛，为果萨的灵魂升天念经，举办了非常隆重的丧事。就在果萨去世几天后的某夜，珠姆梦到果萨堕入了地狱。她将此事派人带信告诉了远在印度的格萨尔王。格萨尔闻讯后进入地狱去质问阎王：我母亲向来苦修佛法，上供下施，从不怠慢，为何也掉进地狱？

阎罗法王说：你母亲做的是善业，但因你所杀汉、姜、霍尔、魔等灵魂都入了进地狱。因此给你的母亲带来了灾难，你快去营救吧！听完法王的话，格萨尔就去见母亲。正如法王所言，汉、姜、霍尔、魔等国的人把母亲折磨得皮开肉绽，实在目不忍睹。格萨尔大呼一声打散了人群，救出了慈母。母子相见，悲喜交加。格萨尔将母亲带进能活几亿年的乐土，然后回到了岭国。成千上万岭国臣民前来夹道迎接。格萨尔给大家详述了地狱的苦难，行善之好处，行凶之恶果。从此，岭国臣民更加虔信佛法，修行善业。

5. 版本描述（字体、抄本、刻本风格、版心大小、材质）：

藏文草体，长条抄本，每页 8 行，36.5cm×8.1cm，原件，藏纸。

6. 保存处及编号：

（1）原件保存处：四川省《格》办

7. 版本说明（页码标记、残缺污浊页、翻译、出版）：

（1）总页码：163 页（82 叶）

（2）掘藏者为 bdud 'dul byang chub。

（3）未翻译

（4）异文本藏文出版：① 四川，1986；② 精选本，2013；③ 印度（纽托加），1973；④ 印度（《迦湿弥罗绿松石宗》合编，德里），1971；⑤ 印度（噶岭堡），1979；⑥ 不丹，1984。

8. 著作者、搜集者与搜集地：

（1）著作者：堆朵强穷（བདུད་འདུལ་བྱང་ཆུབ་ཀྱིས་མཛད།）

（2）搜集者：阿勇活佛（ཨ་ཡུང་སྤྲུལ་སྐུ་ས་གསུང་།）

（3）搜集地：酿格荣（ཉག་རོང་ 新龙县）

（4）搜集时间：1986

9. 其他：

（1）未查看原件。

（2）根据中国社会科学院民族文学研究所所藏复印件编制。

35 《地狱救母》

1. 藏文全题名：

དམྱལ་གླིང་རྫོགས་པ་ཆེན་པོ་མཐོང་བ་རང་གྲོལ་ངན་སོང་ཆོས་ཀྱིས་བཏུལ།

2. 拉丁转写：

dmyal gling rzogs pa chen po mthong ba rang grol ngan song chos kyis btul

3. 汉译名：

《地狱救母》，或《地狱大圆满》《岭国地狱大圆满》《娘岭》《地狱元胜大全》。

4. 故事内容提要：

莲花生大师预言格萨尔，印度香河对岸有永生金刚座，要求格萨尔赴该地修行佛法一百天。格萨尔按大师的旨意单枪匹马去那里静修，可是自己的母亲就在这时度完了一生。岭国群臣迎请大喇嘛，为果萨的灵魂升天念经，举办了非常隆重的丧事。

就在果萨去世几天后的某夜，珠姆梦到果萨堕入了地狱。她将此事派人带信告诉了远在印度的格萨尔王。格萨尔闻讯后进入地狱去质问阎王：我母亲向来苦修佛法，上供下施，从不怠慢，为何也掉进地狱？

阎罗法王说：你母亲做的是善业，但因你所杀汉、姜、霍尔、魔等灵魂都入了进地狱。因此给你的母亲带来了灾难，你快去营救吧！听完法王的话，格萨尔就去见母亲。正如法王所言，汉、姜、霍尔、魔等国的人把母亲东接西拆折磨得皮开肉绽，实在目不忍睹。格萨尔大呼一声打散了人群，救出了慈母。母子相见，悲喜交加。格萨尔将母亲带进能活几亿年的乐土，然后回到了岭国。成千上万岭国臣民前来夹道迎接。格萨尔给大家详述了地狱的苦难，行善之好处，行凶之恶果。从此，岭国臣民更加虔信佛法，修行善业。

5. 版本描述（字体、抄本、刻本风格、版心大小、材质）：

藏文楷体，长条木刻本，每页 8 行，36.5cm×8.1cm，原件，藏纸。

6. 保存处及编号：

（1）原件保存处：四川省《格》办

7. 版本说明（页码标记、残缺污浊页、翻译、出版）：

（1）总页码：228 叶

（2）结尾残破

（3）未翻译

（4）异文本藏文出版：① 四川，1986；② 精选本，2013；③ 印度（纽托加），1973；④ 印度（《迦湿弥罗绿松石宗》合编，德里），1971；⑤ 印度（噶岭堡），1979；⑥ 不丹，1984。

8. 著作者、搜集者与搜集地：

（1）搜集者：不知

（2）搜集地：甘孜

（3）搜集时间：1986？

9. 其他：

（1）未查看原件。

（2）根据中国社会科学院民族文学研究所所藏复印件编制。

@36 《墨日器宗》

1. 藏文全题名：

ནེ་ཉལ་འཕུལ་རྫོང་ །

2. 拉丁转写：

Beedala 'phrul rdzong

3. 汉译名：

《墨日器宗》，或《苯杂尔神变宗》。

4. 故事内容提要：

格萨尔大王带领岭国众英雄降伏十八大宗后，得到姑母南曼噶姆预言，告诉他领兵去降伏墨日器宗的时候到了。于是，格萨尔大王带领扎拉、丹玛、辛巴、巴拉、噶德、阿达鲁姆、晁同猛将大臣以及岭军前往边地的墨日国，经过多次艰难的战争，最终降伏墨日国国王，使墨日地方变成了佛法之地，老百姓过上了幸福的日子。

5. 版本描述（字体、抄本、刻本风格、版心大小、材质）：

藏文草体，B5 稿纸本，每页 9 行。稿纸原件。

6. 保存处及编号：

（1）原件保存处：色达县格萨尔博物馆

7. 版本说明（页码标记、残缺污浊页、翻译、出版）：

（1）总页码：480 页？

（2）已笔录。磁带 12 盒（12 小时）。每小时 40 页推算，估计 480 页。

（3）未翻译

（4）异文本藏文未出版。

8. 著作者、搜集者与搜集地：

（1）著作者：仁孜多吉说唱（རང་རིག་རྡོ་རྗེ།）

（2）录音者：韩晓红

（3）笔录者：益邛

（4）搜集地：色达

（5）搜集时间：1990？

9. 其他：

（1）未查阅原件，根据益邛（2004、2010）、韩晓红（2002）等文章编制。

（2）色达县艺人仁孜多吉（1927—1999）说唱本。最初列入社会科学院"优秀艺人本出版项目（1992）"，未出版。艺人仁孜多吉能够说唱 38 部（益邛，2004）。

（3）笔者 2012 年曾在色达格萨尔博物馆看到此部笔录本。封面有"格萨尔史诗—墨日器宗，说唱：仁孜多吉，录音：韩晓红，笔录：益邛（第一稿）"字样。根据四川《格》办出版本《玉绒色宗》（2005）编制。

37 《玉绒犀牛皮铠甲宗》

1. 藏文全题名：

གཡུ་རོང་བསེ་རྫོང་།།

2. 拉丁转写：

g.yu rong bse rdzong

3. 汉译名：

《玉绒犀牛皮铠甲宗》，或《玉绒色宗》。

4. 故事内容提要：

岭国长系色坝八部的东北方，有一个势力强大的玉绒部落。其首领玉绒孜宁为妖魔化现，无恶不作，称霸一方。他手下拥有九兄弟大臣，134 名小臣，还富有九大色宗。霍岭大战后，经贾察下凡调解辛丹两位大将化干戈为玉帛，辛巴巧计擒得姜国王子玉拉，双方尚未开战之际。话说岭长系部落两位朝圣者，去往汉地峨眉山、乐山大佛、五台山等地朝佛返回岭国，途经康定茶马道、泸定桥雅拉圣山，到道孚境内时，遇上了孜宁王的守路人，被无辜捆绑，抢走驮畜黄牛等财产。此外，孜宁王还派大将东·白日尼玛坚赞等人到岭长系部落首领居住处，盗走 500 匹骏马。长系部落首领色尔坝·尼崩达雅立即组织骑队追赶盗马者。于是，两部落之间发生了旷日持久的争战。

5. 版本描述（字体、抄本、刻本风格、版心大小、材质）：

藏文柏簇体，长条手抄本，每页 8—13 行，36.5cm×8.1cm？原件，藏纸。

6. 保存处及编号：

（1）原件保存处：四川省甘孜州炉霍县民宗局

（2）新抄件保存处：色达格萨尔博物馆

7. 版本说明（页码标记、残缺污浊页、翻译、出版）：

（1）总页码：35 叶？（186 页，已出版书籍）

（2）有伏藏文标点符号，字迹很小，多处腐蚀，约有百年历史。

（3）未翻译

（4）异文本藏文出版：① 四川《格》办丛书 1，2005。

8. 著作者、搜集者与搜集地：

（1）著作者：不知

（2）搜集者：炉霍民宗局

（3）搜集地：炉霍

（4）搜集时间：2001

9. 其他:

（1）未查阅原件，根据四川《格》办丛书1《玉绒色宗》（2005）编制。

（2）参考益邛《野牦牛山部落与香巴拉武轮王》（四川民族出版社，2004）。

38 《阿彦黄金宗》

1. 藏文全题名:

བྱང་ཨ་ཡན་སྙན་ར་རྒྱལ་པོ་བཏུལ་བའི་རྟོགས་བརྗོད།

2. 拉丁转写:

Byang a yan snyan rwa rgyal po btul ba'i rtogs brjod

3. 汉译名:

《阿彦黄金宗》，或《征服阿彦国》。

4. 故事内容提要:

岭国降伏十八大宗，尤其是拉达克雪山国以后，格萨尔大王得到天母南曼噶姆预言，到了降伏阿彦念热国王、打开黄金宝库的时候。于是大王召集各路兵马，以岭国长、仲、幼三系部落为主，分派霍尔、门、姜、突厥、粟特、大食、羊同等将领前往阿彦国。另一方面，阿彦国王听到岭国进兵，也计划为阿里国王报仇，安排阿彦十八城堡四方将领前往迎敌。岭国以丹玛、丹玛之子、辛巴、辛巴之子、阿达鲁姆、扎拉、玉拉、董炯等将领为主，与阿彦国的玉泽、周扎玉雅、东赞囊俄等猛将进行了多次战斗，晁同与阿彦国苯教香香上师展开了幻咒斗争。最后，阿彦国将领战败，国王念热王欲逃亡郭尔喀，被格萨尔大王降伏。打开了阿彦黄金宝库。

5. 版本描述（字体、抄本、刻本风格、版心大小、材质）:

藏文柏篯体，长条手抄本，每页13行，36.5cm×8.1cm? 原件，藏纸。

6. 保存处及编号:

（1）原件保存处：色达格萨尔博物馆

7. 版本说明（页码标记、残缺污浊页、翻译、出版）:

（1）总页码：167页（已出版书籍）

（2）掘藏文本，手抄本传抄过程中错误、脱漏较多。得到了色达《格》办完玛嘉关心。

（3）未翻译

（4）异文本藏文出版：四川《格》办丛书2，2005。

8. 著作者、搜集者与搜集地:

（1）著作者：多杰旺扎杂（རྡོ་རྗེ་དབང་དྲག་རྩལ།）

（2）整理者：达戎巴德（ཀྲ་རོང་དཔལ་བཟུས།）

（3）搜集地：色达

（4）搜集时间：2003

9. 其他：

（1）未查阅原件，根据四川《格》办丛书 2《征服阿彦国》（2005）编制。

（2）著者为德格玉龙腹地俄支寺（གཡག་ཞེ་དགོན།）僧人，于玉龙湖边红岩鹫窝中掘藏。掘藏时间为 1875 年 6 月 10 日（རབ་ཚེས་ཤིང་ཕག་ལོའི་ཟླ་དྲུག་པའི་ཚེས་བཅུ།）。

（3）手抄本由色达《格萨尔》办公室提供。

39 《降伏贡布如扎王》

1. 藏文全题名：

འཛམ་གླིང་སེང་ཆེན་རྒྱལ་པོའི་རྫུ་འཕྲུལ་རྩལ་འགྱེད་ཀྱིས་ཕབ་པའི་རུ་ཏྲའི་འཕྲུལ་རྫོང་ཡིད་བཞིན་རིན་ཆེན་བཞུགས་སོ།

2. 拉丁转写：

'dzam gling seng chen rgyal po'i rdzu 'phrul rtsal 'gyed kyis phab pa'i ru tra'i 'phrul rdzong yid bzhin rin chen bzhugs so

3. 汉译名：

《降伏贡布如扎王》，或《降伏如扎王》。

4. 故事内容提要：

莲花生大师来到西藏降魔弘法，降伏了如扎塔巴纳布妖魔，但是其下属大臣阿琼格日与木琼如扎两位魔王逃逸。这两位魔王控制着贡布、达布与雅砻江流域，于是莲花生大师给格萨尔王大王降下预言，要他带领丹玛、阿达鲁姆、晁同、玉拉、噶德与辛巴等前去降伏这两位魔王。格萨尔大王与几位猛将来到贡布毒湖扎松措，降伏了穆魔的洞泽幻化城堡。此后，格萨尔大王与丹玛两人追赶两位魔王，在突厥的朗钦姜扎岩洞内终于降伏了他们，送其灵魂去往了清静佛土。将阿琼魔王之子占堆巴沃立为贡布之王，将此地变为了佛法之地。

5. 版本描述（字体、抄本、刻本风格、版心大小、材质）：

藏文草体，长条手抄本，每页 13 行，36.5cm×8.1cm？原件，藏纸。

6. 保存处及编号：

（1）原件保存处：色达格萨尔博物馆

7. 版本说明（页码标记、残缺污浊页、翻译、出版）：

（1）总页码：170 叶（215 页，已出版书籍）

（2）著者自分为 37 章，根据前世记忆符号而著，有空行符号。

（3）未翻译

（4）异文本藏文出版：① 四川《格》办丛书3，2006。

8. 著作者、搜集者与搜集地：

（1）著作者：奥赛嘉措（ འོད་ཟེར་རྒྱ་མཚོ）

（2）搜集者：益邛（ཞི་ཆུང）

（3）搜集地：色达

（4）搜集时间：2002

9. 其他：

（1）未查阅原件，根据四川《格》办丛书 4《降伏如扎王》（2006）编制。

（2）著者奥赛嘉措（ འོད་ཟེར་རྒྱ་མཚོ）生年不详，自称 12 岁得见格萨尔大王。

（3）手抄本由色达《格萨尔》办公室提供。

40 《卫岭之战》

1. 藏文全题名：

སྐྱེ་བོ་སྙིང་གི་དགའ་ཚལ་པད་མ་དགའ་བའི་འཛུམ་ཟེར་དབུ་མ་འཆི་བདག་ཆམ་ལ་ཕབ་ཅིང་ཆོས་ཀྱི་རྫོང་ཆེན་འདེབས་པའི་ལོ་རྒྱུས་ཐོས་གྲོལ་ཆེན་མོ་ཞེས་བྱ་བ་བཞུགས་སོ

2. 拉丁转写：

skye bo snying gi dga' tshal pad ma dga' ba'i 'dzum zer dbu ma 'chi bdag cham la phab cing chos kyi rdzong chen 'debs pa'i lo rgyus thos grol chen mozhes byas ba bzhugs so

3. 汉译名：

《卫岭之战》，或《格萨尔曲宗》《降伏魔王卫杰》。

4. 故事内容提要：

格萨尔登上岭国国王宝座，在狮龙宫殿闭关修行时，天才初露曙光之时，格萨尔在天界的姑母南曼噶姆从天而降，告诉格萨尔："我今天是受众神所托，要你去降伏卫地魔王卫杰。这个魔王卫杰今年 38 岁，他的魔法举世无双，他手下有内臣五兄弟，个个武艺高强，能征善战。这五兄弟是魔鬼转世，危害众生，无恶不作。魔王卫杰还有凶猛四勇士，智勇双全的三王子，有号称大鹏、恶虎、雄狮的三战将，有大力士五兄弟，还有 30 员辛巴大臣。今年适逢他的厄运，若不能趁势将他们降伏，度过这厄运就无人能降伏他们，他们的魔力大增，会给众生带来更大的危害。到那个时候，你格萨尔本事再大，与卫杰王打一百年的仗，也消灭不了他，有被他降伏的危险。姑母还告诉你，你登上王位后第一次出征，一定要取得胜利，万不可粗心大意，上至大英雄贾察协噶，下至牧马的百姓，要率领大家出征方能取胜。"姑母还对格萨尔说："你进行战争是为了弘扬白色善业的正义之战，上界天神，人间格法（藏族民间信仰的一种厉神），下界龙王都会帮助你。"说完，姑母还给了格萨尔一个宝匣，告诉他遇到什么危难就打开宝匣。

格萨尔得到天神的庇佑，一路厮杀，岭军节节胜利，最终消灭了魔王卫杰以及魔臣妖民，在卫地大施佛法，卫地从此一片祥和欢乐的景象，遍地盛开白色善业的莲花。

5. 版本描述（字体、抄本、刻本风格、版心大小、材质）：

藏文柏簇体，长条手抄本，每页 6 行，36.5cm×8.1cm，原件，藏纸。

6. 保存处及编号：

（1）原件保存处：康定民族师范麦波教授与旺嘉

7. 版本说明（页码标记、残缺污浊页、翻译、出版）：

（1）总页码：435 叶

（2）已笔录。磁带 12 盒（12 小时）。

（3）未翻译

（4）异文本藏文出版：① 四川《格》办丛书 4，2007；② 不丹，1981。

8. 著作者、搜集者与搜集地：

（1）著作者：噶玛让勋耿恰布（ཀརྨ་རང་གྲུབ་ཀུན་ཁྱབ།）

（2）搜集者：麦波、旺嘉

（3）搜集地：甘孜县绒巴岔

（4）搜集时间：2002

9. 其他：

（1）未查阅原件，根据四川《格》办丛书 4《格萨尔曲宗》（2007）编制。

（2）著者噶玛让勋耿恰布（ཀརྨ་རང་གྲུབ་ཀུན་ཁྱབ་བམ་མཁན་པོ་ཀརྨ། 1905—1989），根据 TBRC-W30163 资料填补。

（2）甘孜县绒巴岔手抄本，康定民族师范麦波教授与旺嘉提供。

41 《北方降魔》

1. 藏文全题名：

བདུད་འདུལ་གནམ་ལྕགས་ཐོག་རྫོང་།

2. 拉丁转写：

Bdud 'dul gnam lcags thog rdzong

3. 汉译名：

《北方降魔》，或《北地降魔》《征服鲁赞魔》《降服妖魔》《降妖部》。

4. 故事内容提要：

遵照姑母南曼噶姆的旨意，格萨尔 15 岁第一次出征北部亚尔康魔国。格萨尔单人独骑来到北方，闯过道道关隘，来到匝曲河畔，与魔国的军队相遇，在神佛的护佑下，格萨尔打败了所有敌人，魔臣晋格等人向格萨尔投诚。格萨尔来到北方亚尔康魔国，途中遇到阿达拉姆和魔臣秦恩，他们对格萨尔王仰慕已久，在他们的帮助下，摧毁了魔王鲁赞的寄魂野牛和寄魂羊，格萨尔来到魔城九层宫殿，在梅萨帮助下，用 9 个月零 10 天的功夫，箭射鲁赞王的额头，将他杀死。降伏鲁赞之后，梅萨却让格萨尔饮了迷魂酒，使他忘记过去的一切，成天与梅萨寻欢作乐，在九层宫殿里，一住就是 9 年多。这期间，晁同投靠霍尔白帐王，霍尔入侵岭国，大英雄贾察壮烈牺牲，珠姆被白帐王抢掳到霍尔国，岭国百姓陷入深重的灾难之中。

5. 版本描述（字体、抄本、刻本风格、版心大小、材质）：

藏文草体，长条抄本，每页 8 行，36.5cm×8.1cm，原件，藏纸。

6. 保存处及编号：

（1）原件保存处：色达格萨尔博物馆

7. 版本说明（页码标记、残缺污浊页、翻译、出版）：

（1）总页码：154 页（已出版书籍）

（2）伏藏文标点符号，空行文符号。

（3）异文本汉文翻译：① 王沂暖译，甘肃，1980；② 王沂暖、华甲译《贵德分章本》，甘肃，1981。

（4）异文本藏文出版：① 甘肃，1980；② 西藏，1991；③ 四川（华旦《觉日的故事》），2000；④ 精选本，2000；⑤ 扎巴本，1997；⑥ 桑珠本，2002；⑦ 川《格》（《降妖部》），2008；⑧ 川《格》（《竹杰沃嘎《格萨尔》故事集》），2010；⑨ 格日尖参本，2007；⑩ 印度（德里），1979；⑪ 印度（岗托克 1），1983；⑫ 印度（岗托克 2），1983；⑬ 印度（加尔各答《下拉达克本》），1905；⑭ 不丹，1979；⑮ 不丹（《下拉达克本》），1981；⑯ 蒙古国（《格萨尔本生传》合编），1961。

8. 著作者、搜集者与搜集地：

（1）著作者：多杰斯吉策（ཪྗེ་གཉིས་བཞིན་ཅཤ་ཕྱུས་མཛད）

（2）搜集者：益邛

（3）搜集地：色达

（4）搜集时间：2002

9. 其他：

（1）未查阅原件，根据四川《格》办丛书 6《降妖部》（2008）编制。

（2）据四川《格》办丛书 6《降妖部》，著作者多杰斯吉策（ཪྗེ་གཉིས་བཞིན་ཅཤ

གྲུབ་མཛད།1940—1998）尚著有《外道铠甲宗》《尼婆罗绵羊宗》《嘉姆母牦牛宗》《中华茶宗》等。

（3）手抄本由色达《格萨尔》办公室提供。

42 《英雄诞生》

1. 藏文全题名：

གླིང་གེ་སར་རྒྱལ་པོའི་རྣམ་ཐར་སྲིད་གླིང་དཔག་བསམ་ལྗོན་ཤིང་ལེའུ་གསུམ་པ་ལས་འདིར་ལེའུ་དང་པོ་གླིང་དཀར་རྒྱལ་འབངས་ཆགས་ཚུལ་དང་སྐྱེས་བུ་དོན་འགྲུབ་སྐུ་འཁྲུངས་ཤིང་གླིང་གི་བདུད་ཕྲན་མཐའ་དག་བཏུལ་ཞིང་དངོས་གྲུབ་གཡང་ཞལ་ཕྱེ་བའི་ལེའུ་ངོ་མཚར་ཐོས་པ་རང་གྲོལ་ཞེས་བྱ་བ་བཞུགས་སོ།

2. 拉丁转写：

Gling ge sar rgyal po'i rnam thar srid gling dpag bsam ljon shing le'u gsum pa las，'dir le'u dang p ogling dkar rgyal 'bangs chags tshul dang，skyes bu don 'grub sku 'khrungs shing gling gi bdud phran mtha' dag btul zhing dngos grub g.yang zhal phye ba' i le'u ngo mtshar thos pa rang grol zhes bya ba bzhugs so

3. 汉译名：

《英雄诞生》，或《岭国民形成记》。

4. 故事内容提要：

极喜自在魔发下恶愿，世间四方四魔兴起。众佛发慈悲大愿，自阿弥陀佛心间产生一子东珠噶布，令其降世降魔弘法。时轮金刚转生为格萨尔生父僧伦，金刚亥母转生为格萨尔生母果萨拉姆。僧伦和果萨生了觉如（格萨尔的小名）。格萨尔诞生三天以后征服了黑鸟三兄弟（家那三兄弟），高僧贡巴惹杂、九百恶犊、红魔驹等魔鬼。

晁同很害怕格萨尔夺走他的王位，便造谣说觉如是个鬼怪，果萨本是女妖；把格萨尔赶到黄河谷地玛麦隆多草原。格萨尔在那里降服了损耗鬼和厉鬼等。格萨尔在此收取商人过路费，令其建造了城堡。征服前来偷猎者，并取得了此地的黄金宝藏福运。征服了鲁赤达夏王，取得了斯玛地方的骏马福运。

5. 版本描述（字体、抄本、刻本风格、版心大小、材质）：

藏文草体，长条抄本，每页 8 行，36.5cm×8.1cm，原件，藏纸。

6. 保存处及编号：

（1）原件保存处：噶玛德勒老师处

7. 版本说明（页码标记、残缺污浊页、翻译、出版）：

（1）总页码：298 页（已出版书籍）

（2）旧手抄本。

（4）异文本汉文翻译：王沂暖、何天慧，甘肃，1985。

（5）异文本藏文出版：① 西藏，1982；② 甘肃，1981；③ 四川，1980、1999；④ 四川《玛麦觉如王事业》，2001；⑤ 青海《开天辟地》，1987；⑥ 青海，1988；⑦ 扎巴本，1996；⑧ 文库本，1996；⑨ 桑珠本，2001；⑩ 精选本，2013；⑪ 竹杰沃嘎本，民族音像出版社，2010；⑫ 印度（德里），1967？⑬ 印度（达拉姆萨拉），1984；⑭ 不丹，1979；⑮ 蒙古国，1961。

8. 著作者、搜集者与搜集地：

（1）著作者：不知

（2）搜集者：噶玛德勒（ཀརྨ་བདེ་ལེགས།）

（3）搜集地：类乌齐（རི་ཝོ་ཆེ།）

（4）搜集时间：2008

9. 其他：

（1）未查阅原件，根据四川《格》办丛书 7《岭国民形成记》（2009）编制。

（2）手抄本由昌都类乌齐教师噶玛德勒提供。

43　《英雄诞生》《北方降魔》《降魔》 《姜玉拉传》《世界金宗》

1. 藏文全题名：

སྐུ་རྗེ་སེང་ཆེན་རྒྱལ་པོའི་རྣམ་ཐར་འཁྲུངས་གླིང་ནོར་བུའི་འཕྲེང་བ་སྨོན་ལོག་གཞོན་པའི་ཐོ་ལུམ་སྐལ་ལྡན་དགའ་བའི་དཔལ་སྟེར་ཞེས་བྱ་བ་བཞུགས་སོ།བྱང་བདུད་ཀླུ་བཙན་རྒྱལ་པོ་འདུལ་བའི་རྟོགས་བརྗོད་ལོངས་སྐུ་ཨ་ནུ་ཡོ་གའི་དགོངས་པ་ཀློང་རྡོལ་ཆོས་སྐུ་འཛམ་གླིང་གེ་སར་རྒྱལ་པོའི་རྣམ་ཐར་ཆེ་བ་བདུད་འདུལ་གནམ་ལྕགས་ཐོག་རྫོང་མཐའ་དམག་ཚར་གཅོད་ཅེས་བྱ་བ་བཞུགས་སོ།བདུད་འདུལ་དཔའ་བོའི་གད་རྒངས་ནོར་བུའི་ཆུན་པོ་ཞེས་བྱ་བ་བཞུགས་སོ།འཇང་གཡུ་ལྷའི་རྣམ་ཐར་དཔའ་བོ་དགྱེས་པའི་གད་རྒྱངས་དགྲ་སྡེ་འཇོམས་པའི་ཐའོ་ལུམ་མུན་པ་སེལ་བའི་སྒྲོན་མེ་ཞེས་བྱ་བ་བཞུགས་སོ། སྐུ་རྗེ་སེང་ཆེན་རྒྱལ་པོའི་རྣམ་ཐར་འཛམ་གླིང་གསེར་རྫོང་བསམ་འཕེལ་དབང་གེ་རྒྱལ་པོ་ཞེས་བྱ་བ་བཞུགས་སོ།

2. 拉丁转写：

Sku rje seng chen rgyal po'i rnam thar 'khrungs gling nor bu'i 'phreng bas mon log gzhon pa'i tho lum skal ldan dga' ba'i dpal ster zhes bya ba bzhugs so;byang bdud klu btsan rgyal po 'dul ba'i rtogs brjod longs sku a nu yo ga'i dgongs pa klong rdol chos sku 'dzam gling ge sar rgyal po'i rnam thar che ba bdud 'dul gnam lcags thog rdzong mtha' dmag tshar gcod zhes bya ba bzhugs so;bdud 'dul dpa' bo'i gad rgangs nor bu'i chun po zhes bya ba bzhugs so;'jang g.yu lha'i rnam thar dpa' bo dgyes pa'i gad rgyangs dgra sde 'joms pa'i thao lum mun pa sel ba'i sgron me zhes bya ba bzhugs so; Sku rje seng chen rgyal po'i rnam thar 'dzam gling gser rdzong bsam 'phel dbang ge rgyal po zhes bya ba bzhugs so.

3. 汉译名：

《英雄诞生》《北方降魔》《降魔》《姜玉拉传》《世界金宗》或《竹杰沃嘎〈格萨尔〉故事集》。

4. 故事内容提要：

此部为竹杰沃嘎艺人撰写五部《格萨尔》。其中《北方降魔》讲述与其他此部故事有差异。双方战争的引起者是晁同王，他带领岭人偷盗北方鲁赞王的盐池，被北方军队追杀。被逮捕后出卖岭国，并以岭国梅萨王妃作为其骗取鲁赞王的孔雀衣服的抵押，鲁赞王掳走梅萨，两国发生战争，最后格萨尔大王征服北方鲁赞王，并获取了盐池福运。《世界金宗》讲述觉如 5 岁左右遵照天母预言，在玛沁雪山前煨桑，此后以威猛之喝声令金国君臣灵魂迁移到佛界，获取了金国黄金福运。《姜玉拉传》讲述 8 个妖魔统治阿琼格日国，令百姓痛苦不堪，格萨尔大王派玉拉、扎拉、丹赛等岭国小将以及晁同等前去征服，用威猛之法降伏了妖魔，在此地掘藏许多佛法、佛像等。

5. 版本描述（字体、抄本、刻本风格、版心大小、材质）：

藏文柏簇体，长条抄本，每页 5 行，36.5cm×8.1cm，原件，藏纸。

6. 保存处及编号：

（1）原件保存处：色达格萨尔博物馆

7. 版本说明（页码标记、残缺污浊页、翻译、出版）：

（1）总页码：596 页（已出版书籍）

（2）未翻译。

（5）藏文出版：四川《格》办丛书 8，《竹杰沃嘎〈格萨尔〉故事集》（民族出版社，2010）。

8. 著作者、搜集者与搜集地：

（1）著作者：竹杰沃嘎（རྒྱལ་རྗེ་མེར་དགར།）

（2）搜集者：益邛

（3）搜集地：色达

（4）搜集时间：2008

9. 其他：

（1）未查阅原件，根据四川《格》办丛书 8《竹杰沃嘎〈格萨尔〉故事集》（2010）编制。

（3）手抄本由色达《格萨尔》办公室提供。

44 《木里金宗》（上册）

1. 藏文全题名：

འཇམ་གླིང་གི་སར་རྒྱལ་པོའི་རྟོགས་བརྗོད་ལས་མི་ལིའི་དཔལ་ཆེན་ནོར་གྱི་ལོ་རྒྱུས་སྟོད་འཕྲུག་ལེའུ་ཁ་མོ་ང་མཚར།

གཏམ་གྱི་ཕྲེང་བ།

2. 拉丁转写：

'dzam gling ge sar rgyal po'i rtogs brjod las rmi li'i dgra tshur rgol gyi lo rgyus stod 'khrug le'u khra mo ngo mtshar gtam gyi phreng ba

3. 汉译名：

《木里金宗》，或《木里掘金招福记》。

4. 故事内容提要：

木里国的商官哈香纳波、姜特雅秀达摩、巴加郭波等带领大小商人前往西宁经商，返回木里国途经玛多的佐甘山（花石峡）中道，步入玛塘叉莫草原时遇到大雪迷路，进入了岭国之玛多上部九峰地区。在此驻扎时，遭到达绒晁同部落的抢劫、杀掠。从此两国结下仇恨。木里国准备报复，岭国则得到天母预言，将要抓住时机征服木里国。

木里国位于充满黄金的阿戎地区，王城名叫岸钦江宗，国王扎巴塔耶又名赤杜扎巴，王子名叫东达雅麦；国王弟弟赤郭达嘉王有四位勇武的王子；此外，还有扎宗·恰纳赞波、阿戎·色巴雅麦、鲁杜扎巴、恰赤赞波等众多英雄豪杰以及拥有近千万兵力。

岭国方面为了准备此次战役，集结了岭国以及岭国所属的北方魔国、霍尔国、姜国、门国、大食国、粟特国、阿扎国、歇日等九国将领与兵力。

5. 版本描述（字体、抄本、刻本风格、版心大小、材质）：

藏文柏簇体，长条抄本，每页 6 行？36.5cm×8.1cm？原件，藏纸。

6. 保存处及编号：

（1）原件保存处：色达格萨尔博物馆

7. 版本说明（页码标记、残缺污浊页、翻译、出版）：

（1）总页码：513 页（已出版书籍）

（2）抄写字体优美。

（3）未翻译

（4）藏文出版：① 四川《格》办丛书 9，2011。② 印度（达兰姆萨拉），1985。

8. 著作者、搜集者与搜集地：

（1）著作者：钟巴·拉格（འཇང་པ་བློ་དག 又名杜堆南嘉 བདུད་འདུལ་རྣམ་རྒྱལ）

（2）搜集者：四川《格》办

（3）搜集地：不知

（4）搜集时间：2009

9. 其他：

（1）未查阅原件，根据四川《格》办丛书 9《木里掘金招福记》（2011）

编制。

（2）著者钟巴·拉格（ འབྲོང་པ་ལྷ་དགེ ་ 又名杜堆南嘉 བདུད་འདུལ་རྣམ་རྒྱལ ）为囊谦艺人。

45 《木里金宗》（下册）

1. 藏文全题名：

藏文柏簇体，长条抄本，每页 6 行，36.5cm×8.1cm，原件，藏纸。

2. 拉丁转写：

'dzam gling ge sar rgyal po'i rtogs brjod las rmi li'i gser g-yang blangs ba'i
smad kyi le'u khra mo ngo mtshar gtam gyi phreng ba

3. 汉译名：

《木里金宗》，或《木里掘金招福记》。

4. 故事内容提要：

岭军兵分八路进攻木里国。东方由霍尔国辛巴带领的百万军队，南方由姜国玉拉带领的百万军队，西方由门国董琼带领的百万军队，北方有森绸·托拉赞布领军百万，东南方由托松带领的百万军队，西南方由多布钦带领的百万军队，西北方由多布嘉带领的百万军队，东北方由鲁赤带领的百万军队，如此庞大的军队从四面八方进攻木里国。但是木里国将领与士兵英勇顽强，战争异常残酷，双方损兵折将，经过了多个回合的战斗。

最终，辛巴斩杀木里大将森郭·奔图扎巴，丹玛杀死木里国王赤杜扎巴，噶德杀死扎宗·琼那赞波……岭国联军攻下木里国，获取了木里国的黄金宝藏，拯救木里百姓脱离了苦海，王位由心想佛法的王子东达雅麦继承。

5. 版本描述（字体、抄本、刻本风格、版心大小、材质）：

藏文柏簇体，长条抄本，每页 6 行？36.5cm×8.1cm？原件，藏纸。

6. 保存处及编号：

（1）原件保存处：西藏《格萨尔》抢救办公室

（3）1987 年编号：I291.47/1:41//000093

（4）2001 年编号：无

7. 版本说明（页码标记、残缺污浊页、翻译、出版）：

（1）总页码：808 页

（2）字体优美。

（3）未翻译

（4）藏文出版：①四川《格》办丛书 9，2011；②印度（达兰姆萨拉），1985。

8. 著作者、搜集者与搜集地：

（1）著作者：钟巴·拉格（ འཁོར་པ་ལྷ་དགེ 又名杜堆南嘉 བདུད་འདུལ་རྣམ་རྒྱལ ）

（2）搜集者：四川《格》办

（3）搜集地：不知

（4）搜集时间：2009

9. 其他：

（1）未查阅原件，根据四川《格》办丛书 9《木里掘金招福记》（2011）编制。

（2）著者钟巴·拉格（ འཁོར་པ་ལྷ་དགེ 又名杜堆南嘉 བདུད་འདུལ་རྣམ་རྒྱལ ）为囊谦艺人。

#46 《迦湿弥罗绿松石宗》

1. 藏文题名：

མ་སངས་སྐྱེས་བུའི་རྣམ་ཐར་ལས་ཁ་ཆེའི་གཡུ་རྫོང་ངོ་མཚར་གཏམ་གྱི་ཕྲེང་བ་བཞུགས་སོ

2. 拉丁转写：

ma sang skyes bu'i rnam thar las kha che'i g.yu rdzong ngo mtshar gtam gyi phreng ba bzhugs so

3. 汉译名：

《迦湿弥罗绿松石宗》，或《征服卡契松石城》《卡契玉宗》《卡切玉宗》《岭与卡契》《卡且玉宗》。

4. 故事内容提要：

岭国西部卡契国国王赤丹路贝是罗刹转世，力大无穷，狂妄不可一世。9 岁继承王位，征服了尼婆罗国；18 岁时降伏了威卡国；27 岁战胜了穆卡国，并强娶堆灿公主为妃。此后进一步东征西掠，周围的小邦国家均归他所属。赤丹还有一兄一弟。哥哥名鲁亚如仁，弟弟叫兴堆冬玛，兄弟二人是赤丹王为非作歹的得力帮凶。此外还有内大臣 74 人，外大臣 108 个，属民 42 万户。由于连年征战并未遇到对手，赤丹路贝便认为天下无敌了。

赤丹路贝年满 36 岁，王妃堆灿洛琚玛见赤丹如此得意，便怂恿他征服格萨尔，让赤丹尝尝苦头以报杀父灭国之仇。由王兄鲁亚如仁、大臣多桂梅巴和托尺布赞为首的三万大军，经过一个月的准备，开始向岭国进军。格萨尔得到天神预言，降伏卡契魔妖。双方第一次交战，格萨尔用幻术大败卡契军。到岭国与卡契交战到关键时刻，晁同投靠卡契军，把岭国的情况、作战的部署统统告诉了鲁亚如仁。

卡契大军靠晁同的隐身木，绕过岭营，来到岭仲系文布氏的夏季牧场阿吉达塘扎营。晁同的叛军行为被格萨尔识破，他将计就计，大败卡契军，打开了卡契的宝物门。格萨尔王召集卡契的降臣降将以及众百姓，将部分财产留给他们。卡契王子只有 5 岁，所以格萨尔要老臣贞巴让协管国事。

5. 版本描述（字体、抄本、刻本风格、版面大小、材质）：

藏文乌金体（正楷），长条木刻本，40cm×9cm？每页 6 行？原件，藏纸

6. 保存处及编号：

（1）手抄原件保存处：不知

7. 版本说明（页码标记、残缺污浊页、翻译、出版）：

（1）总页码：263 叶（藏文出版 236 页）

（2）德格巴邦寺木刻本

（3）异文本汉文翻译：① 王沂暖、上官剑璧译，甘肃，1984；② 角巴东主主编，高等教育出版社，2011。

（4）异文本藏文出版：① 西藏，1979；② 精选本，2003；③ 印度（德里？）1966；④ 印度（德里），1971；⑤ 不丹，1981。

8. 著作者、搜集者与搜集地：

（1）著作者：班玛（པད྄མ）

（2）搜集者：阿勇活佛（ཨོན་གྱི་སྤྲུལ་སྐུ་གཞུང་ 或阿雍）

（3）搜集地：四川

（4）搜集时间：1980—1981

9. 其他：

（1）此件不知藏于何处，根据王沂暖、上官剑璧译《卡切玉宗之部》"前言"中信息与西藏人民出版社 1979 年版《征服卡契绿松石国》补编。

@47 《丹赛玉威本美》

1. 藏文题名：

འདན་སྲས་གཡུ་འོད་དཔོན་སྨད་ཀྱི་གཏམ་རྒྱུད།

2. 拉丁转写：

'dan sras g.yu 'od dpon smad kyi gtam rgyud

3. 汉译名：

《丹赛玉威本美》，或《丹玛之子玉威奔麦的故事》。

4. 故事内容提要：

格萨尔大王麾下大将丹玛以善射名满世界，他的箭法威力无穷。一箭射出，能够射倒一大片敌军和战马，也能一箭粉碎巨大岩石。其子丹赛玉威本美继承父亲箭术，从小刻苦练习，也达到了父亲拥有的箭术能力，在岭国与敌国中名震遐迩。

5. 版本描述（字体、抄本、刻本风格、版面大小、材质）：

藏文草体？B5 稿纸本，每页 15 行？稿纸原件。

6. 保存处及编号：

（1）手抄原件保存处：不知（或四川喇荣五明佛学院）

7. 版本说明（页码标记、残缺污浊页、翻译、出版）：

（1）总页码：129 页（藏文出版）

（2）异文本汉文未翻译。

（3）藏文出版：四川，2001。

8. 著作者、搜集者与搜集地：

（1）著作者：丹增加措、慈诚罗珠等著（བསྟན་འཛིན་རྒྱ་མཚོ་དང་ཚུལ་ཁྲིམས་ནོར་བུ་སོགས་ཡིས་བྲིས་པ།）

（2）搜集者：益邛？

（3）搜集地：色达

（4）搜集时间：1990？

9. 其他：

原件不知村何处，根据四川民族出版社 2001 年版《丹玛之子玉威奔麦的故事》编制。

48　《降伏阿琼格日国》

1. 藏文题名：

གླིང་སེང་ཆེན་ནོར་བུ་དགྲ་འདུལ་དང་འཇང་གཡུ་ལྷའི་རྟོགས་བརྗོད་དཔའ་བོའི་གད་རྒྱངས་ལས། ཨ་ཁྱུང་ཀེ་རུའི་རྒྱལ་ཁབ་ཆོས་ལ་བཀོད་ཚུལ་གྱི་རྣམ་ཐར་བསྡུས་པ་ངོ་མཚར་ལྷ་ཡི་རོལ་མོ་ཞེས་བྱ་བ་བཞུགས་སོ།

2. 拉丁转写：

Gling seng chen nor bu dgra 'dul dang 'jang g.yu lh'i rtogs brjod dpa' i bo'i gad rgyangs las，a khyung ke ru'i rgyal khab chos la bkod tshul gyi rnam thar bsdus pa ngo mtshar lha yi rol mo zhes by aba bzhugs so

3. 汉译名：

《降伏阿琼格日国》，或《格萨尔王与姜玉拉降伏阿琼格日国》《降伏阿穷格日国》。

4. 故事内容提要：

格萨尔大王降伏四方四魔和许多大小宗以后，正在岭国休养生息。此时，岭国南方的阿琼格日国的八位男女魔臣掌握政权，将昔日信仰的佛教全部摧毁，改信外道魔教。上界天神给格萨尔大王与乃琼降下预言，到了降伏阿琼格日国魔臣的时机。于是岭王带领扎拉王子、晁同、丹赛玉威本美、姜国王子玉拉托居尔奔赴阿琼格日国，将八位魔臣降伏并将他们的灵魂引导向清净佛土。然后玉拉打开了第二杂日神山的香迥桑格南宗宝库，从中取出了各种佛像、佛器，与大王一同振兴了阿琼格日国的佛教后返回了岭国。

5. 版本描述（字体、抄本、刻本风格、版面大小、材质）：

藏文柏簇体，长条抄本，每页 6 行？36.5cm×8.1cm？原件，藏纸。

6. 保存处及编号：

（1）手抄原件保存处：不知（或色达年龙寺）

7. 版本说明（页码标记、残缺污浊页、翻译、出版）：

（1）总页码：105 页（藏文出版）

（2）异文本汉文未翻译。

（3）藏文出版：四川，1999。

8. 著作者、搜集者与搜集地：

（1）著作者：朗朱·晋美彭措（དཔལ་མོ་རྒྱན་ནས་མགར་སྐྱེང་བཎམ་ནས་སྐྲལ་འཛིགས་མེད་ཕུན་ཚོགས།）

（2）搜集者：色达政协

（3）搜集地：色达

（4）搜集时间：1998？

9. 其他：

（1）根据四川民族出版社 1999 年版《降伏阿穷格日国》编制。

（2）年龙寺班玛沃赛塔耶所著此书"缘起"，得知文中插图由柔噶与觉冬梅绘制。

（3）朗朱·晋美彭措为年龙寺活佛，1987 年前后前往果洛转阿尼玛卿雪山。期间认定格日尖参艺人为果洛德尔文部落大掘藏师喜绕尖参（即著名艺人昂仁之父）的转世，并赐予印信，开启了智门。

49 《霍岭大战》(下册)

1. 藏文全题名：

གླིང་རྗེ་གེ་སར་ནོར་བུ་དགྲ་འདུལ་གྱིས་ཧོར་ཕར་འདུལ་བསམ་པའི་དོན་འགྲུབ་ཀྱི་རྟོགས་བརྗོད་གཏམ་གྱི་ཕྲེང་བ་རྣ་བར་སྙན་པའི་དགའ་སྟོན།

2. 拉丁转写：

gling rje ge sar nor bud gr 'dul gyis hor phar 'dul bsam pa'i don 'grub kyi rtogs brjod gtam gyi phreng ba rna bar snyan pa'i dga' ston

3. 汉译名：

《霍岭大战》，或《平服霍尔》《征服霍尔》《反击霍尔》《霍尔岭之战》。

4. 故事内容提要：

故事讲述格萨尔大王从北方魔国返回岭国，惩处卖国贼晁同叔叔，安抚并召集失散于四野的勇士，然后单枪匹马前往霍尔国征讨顽敌。途中经历各种险阻，来到霍尔国投靠铁匠王噶尔瓦父女，一边侦察敌情，一边锻打攀登霍尔白帐王宫殿雅孜红城的锁链。最后，时机成熟，派神马江郭叶儿哇传递岭军攻城信息，一举歼灭霍尔国白、黑和黄三王，给白帐王备上马鞍，以示惩处。后委任霍尔大将辛巴为岭国属国霍尔国之大王。

5. 版本描述（字体、抄本、刻本风格、版心大小、材质）：

藏文柏簇体，长条抄本，每页 17 行，A4 幅面，原件，藏纸

6. 保存处及编号：

（1）原件保存处：不知（或巴李·格桑次称处）

7. 版本说明（页码标记、残缺污浊页、翻译、出版）：

（1）总页码：214 叶

（2）不全

（3）异文本汉文翻译：① 青海民研会，1962；② 吴均、金迈译，1984；③ 王沂暖、华甲译（《贵德分章本》），1981；④ 王歌行、左可国、刘宏亮整理，1986 年

（4）异文本藏文出版：① 青海，1962、1979、1980；② 西藏，1980；③ 青海（《黄霍尔》），1988、1994；④ 交加本，2006；⑤ 四川（《辛丹》附录），1982；⑥ 四川，1999；⑦ 精选本，2000；⑧ 桑珠本，2006；⑨ 印度（列城），1972；⑩ 印度（锡金、岗托克），1978；⑪ 印度（德里），1979；⑫ 印度（比尔），1979；⑬ 印度（岗托克），1984；⑭ 不丹，1979；⑮ 不丹，1979；⑯ 不丹，1979；⑰ 蒙古国，1961；⑱ 川《格》12，2015。

8. 搜集者与搜集地：

（1）著作者：泰确旺杰著（ཐེག་མཆོག་དབང་རྒྱལ།）

（2）搜集者：四川《格》办

（2）搜集地：四川省康定市新都桥镇新二村

（3）搜集时间：2014？

9. 其他：

（1）根据四川《格》办丛书 12《霍岭大战》（民族出版社，2015）编制。

（2）康定市新都桥镇新二村巴李·格桑次称老人借与（མི་ཉག་ཁྱུང་གི་ཐབས་རབ་ རང་དབང་སྒྲིང་ཆེན་གི་སྐལ་བཟང་ཚུལ་ཁྲིམས་ཀྱིས་གཡར་བས།）。据整理出版者认为，此抄本已有百年历史。

小　结

1. 早在 20 世纪二三十年代，四川地区已经开始了《格萨尔》史诗的搜集工作。① 任乃强从四川新龙县搜集到了《北方降魔》中的一段。王光壁搜集到岭葱土司家藏的木刻本：②《天界会商》，③《英雄降生》和④《赛马登位》三部。同时，还搜集到了国外流传的两部《格萨尔》史诗，⑤ 一部是弗兰克在拉达克搜集到的《格萨尔王本事》（7 章本）；⑥ 另外一部是达卫—尼尔搜集的《岭超人格萨尔的一生》。并已了解到史诗最多有 25 部。

2. 新时期初（1981）四川甘孜州已开始搜集《格萨尔》手抄本资料。1984 年 5 月，四川省民委、文联、文化厅、民研会、民族研究所等机构组织成立了四川省《格萨尔》工作领导小组，办公室设于省民族研究所内（现四川民委民族研究所），不设专职工作人员，皆为兼职工作。不久分别在甘孜州和阿坝州成立相应《格萨尔》工作领导小组与办公室，展开了四川省《格萨尔》资料的搜集工作。期间在领导小组组长扎西泽仁领导下，诸多学者亲历亲为，跑在搜集最前线。其中扎西泽仁、土登尼玛、阿拥、西饶维色、邓珠拉姆等凭借各自在当地社会中的影响，搜集到了许多宝贵的《格萨尔》手抄本资料。

3. 2002 年《格萨尔》史诗千周年纪念活动开展以来，四川《格萨尔》办公室又开展了新一轮的搜集出版工作，以"四川《格萨尔》办丛书"为名出版了新搜集的多部手抄本史诗。其中尤以色达《格萨尔》办公室的搜集工作最为出色。

4. 四川《格萨尔》办公室搜集《格萨尔》手抄本与木刻本 38 部 49（册）异文本罗列如下。

1.《岭国形成篇》, 2.《天界篇》, 3.《英雄诞生篇》, 4.《丹玛青稞宗》, 5.《降伏东魔夏瓦如扎》, 6.《赛马称王篇》, 7.《北方降魔篇》, 8.《霍岭大战篇》, 9.《辛丹内讧篇》, 10.《姜岭大战篇》, 11.《孟岭大战篇》, 12.《大食财宗》, 13.《上粟特马宗》, 14.《歇日珊瑚宗》, 15.《突厥兵器宗》, 16.《雪山水晶宗》, 17.《白惹绵羊宗》, 18.《羊同珍珠宗》, 19.《米努丝绸宗》, 20.《阿里金宗》, 21.《贡布山羊宗》, 22.《扎葛尔水晶宗》, 23.《玛拉雅药宗》, 24.《姜玉拉传》, 25.《降伏弥药玉泽王篇》, 26.《世界金宗》, 27.《墨日器宗》, 28.《玉绒犀牛皮铠甲宗》, 29.《阿彦黄金宗》, 30.《降伏贡布如扎王》, 31.《卫岭之战》, 32.《木里金宗》, 33.《迦湿弥罗绿松石宗》, 34.《降伏阿琼格日国》, 35.《丹赛玉威本美》, 36.《格萨尔佛法宗》, 37.《重游天堂篇》, 38.《地狱救母篇》。

此外，色达《格萨尔》办公室特别是益邛先生非常重视搜集《格萨尔》史诗文本，他曾经撰文介绍过《鬼岭大战》等新搜集到的多个手抄本，笔者均未曾拜读，在此略去未录，希望今后能够列出详细题录。另据王沂暖先生报道，西南民院的紫藤嘉在阿坝搜集到了《城赞》《帽赞》《帐篷赞》等短小的诗行手抄本（王沂暖，第三次统计），由于条件所限，也未列入此解题目录。

另外，在四川藏区民间尚有不少手抄本保存着，未藏于任何机构。近年来四川《格》办出版的系列《格》丛书基本上是借自民间，图书出版后手抄本原件均归还了原收藏者（可参考附录中的相应出版表）。现已认定为国家级非遗传承人的《格萨尔》艺人阿尼，2015 年 9 月也曾向笔者借阅了其收自民间的《大食财宗》（木刻本）、《分大食财宗》（新木刻本）、《霍岭大战》（电子长条新印刷本）、《迦湿弥罗绿松石宗》（ཁ་ཆེ་གཡུ་རྫོང་ 手抄本）、《迦湿弥罗绿松石宗》（ཁ་ཆེ་གཡུ་རྫོང་ 木刻本）、《地狱救母》（དམྱལ་སྒྲོལ་རྫོགས་པ་སོགས་ 阿尼父亲、阿尼等人抄写本，家传本）、《米努丝绸宗》（མི་ནུབ་དར་རྫོང་འཁྲུག་སྐྱེད་བར། 上、中、下，手抄本）、《赛马称王》（རྟ་རྒྱུགས། 手抄本）、《天界篇》（ལྷ་གླིང་གཡང་ཆ་དༀ་སྐོར། 抄本）、《分大食财宗》（སྟུག་གཞོང་ནོར་འཇུང་། 抄本），有些抄本与刻本估计在百年以上，都是非常珍贵的资料。还有像甘孜民族干部学校的多加老师也收藏着一部近百年的《突厥兵器宗》（上、中、下），等等，期待着今后能够将它们编辑成题录。

5. 四川《格萨尔》办公室搜集资料大多藏于四川民委民族研究所资料室内，少部分藏于甘孜州政协，2002 年以后搜集资料原件均保存于原保存者手中。其中搜集的资料得到了很好的保存与管理。由于条件所限，笔者尚未能查阅这些资料。也有一种说法，早期搜集的资料均送至四川民族出版社做出版用，并未收藏于四川《格萨尔》办公室。但从早期四川《格萨尔》办公室编辑出版各种《格萨尔》资料小辑、工作通讯以及论文集等来看，四川《格萨尔》办公室是非常重视《格萨尔》史诗的资料搜集、保存与管理工作的，我相信他们在《格萨尔》资料保护方面的工作应该是非常出色的。

第九章 西北民族大学图书馆藏本解题目录

凡例·说明

1. 此解题目录所参考原始目录为：

（1）全国《格萨尔》办公室藏《甘肃省〈格萨尔〉书面资料分部本、分章本统计》（1987）

（2）全国《格》办《1958—1986 全国搜集〈格萨尔〉手抄本、木刻本总目录》（2001）。

（3）扎西东珠、王兴先《〈格萨尔〉史稿》第 80—81 页提供西北民族大学搜集资料。

2. "藏文题名"大多采用了简称。由于原手稿封面大多字迹漫漶不清，故未能录入藏文全题名。

3. "故事内容提要"主要采用：

（1）土登尼玛主编《格萨尔词典》中提要（四川，1989）。

（2）降边嘉措主编《中国少数民族古籍总目提要·藏族卷——〈格萨尔〉》（未刊稿，2014）。

（3）ཡེ་ཤེས་དང་ཚོགས་བཞུགས་ཀྱི་གྲོལ་ལ་ཁྱིལ་མ་དཔར་མ་འབེབ་ཞེན་ཚོན་མཆོད་བཀྲ། ཆུའུ་ཕོབ་གི་མ་རྒྱ་ཞུང་ལག༡༩༨༩།

（4）ཀྱིང་འགོས་ཀྱི་ཚེག་རྣམས་བཞུགས་མཁན་ཀྱིང་བའི་སྐྱེ་སྐྱེད་དང་རོ་ཚོག་ས་བིག་འཛུག་ ཞེད་གཞུང་པ་བོར་ཚན་མའི་ལེགས་ཀྱི་དཔར་སྐྲུན་ཆུལ་དང་རོ་གནད་བཞུན་ དོ་རྗེ་དཔ༡༩༧༤།

（5）ཞི་དང་རིང་གི་བཞུགས་བཞིན་གི་བར་བ་དཔུད་པ་དེ་བར་ཀྱི་དང་ན་སྐྱོན་འེ་དང་དཔལ་ བའི་དང་དོན་དུ་པ། ཁྲ་ཤུལ་སི་རིག༡༩༧༦།

（6）ཀྲུན་ཕུལ་རིན་ཆེན་རྫོ་རྗེ་ནས་འཚམས་ཀྱི་བར་ན་མེང་ཞེན་འཛུག་ ཁྱུང་གོའི་བོད་རིག༡༩༧༦།

4. "异文本"，指就一个完整的《格萨尔》部本来说，总体故事结构上相同但小情节与词句方面存在差异的其他部本，称做是这个部本的异文本。因此，"异文本汉文翻译"与"异文本藏文出版"指的是与之相关的同类部本的翻译与出版。

5. 总页码是指一部手抄本正反页的总合（按长条书编页规律，正反为一叶。单面称为页）。

6. 著作者中包括了抄写者、整理者，无明确说明的，皆为著作者。

7. "@" 符号代表用现代稿纸抄写的抄本。

8. 由于条件所限，本人并未亲自查阅过本馆收藏原始手稿。

01 《天岭卜筮》

1. 藏文全题名：

ལྷ་གླིང་གབ་ཚེ་དགུ་སྐོར།

2. 拉丁转写：

lha gling gab tse dgu skor

3. 汉译名：

《天岭卜筮》，或《天岭占卜九藏》、《仙界遣使》。

4. 故事内容提要：

由菩提猕猴与岩罗刹女衍生的藏民祖先派分出噶、卓、札、董等各大姓氏，董氏先族然查格布生有三子，兄弟三人从东方玛沁雪山附近各娶一妻，遂发展形成了董氏长、仲、幼三大岭国部落。岭国四面四大魔国即霍、魔、门、姜以及各大宗等众邻国时常入侵欺凌岭国。

莲花生大师前往上方天界，请求白梵天王赐予岭国一位神子。最后，白梵天王的小儿子图巴噶允诺前往降服众魔怪，但提出需要殊胜武器与工具的要求。莲花生依其意愿，分别从龙界等处取得各殊胜工具并安排好图巴噶投身处所。但在此时，神子图巴噶心念动摇不愿前往尘世而躲藏。图巴噶先后九次躲藏于不动护法佛近前以及文殊的钵盂、骑羊护法的大铁锤等九处，均被一一识破，最后答应前往人间。

5. 版本描述（字体、抄本、刻本风格、版心大小、材质）：

藏文乌金体（正楷），长条木刻，每页 7 行，36.8cm×7.6cm，复印件。

6. 保存处及编号：

（1）原件保存处：民族文化宫图书馆

（2）复印件保存处：西北民族大学图书馆

（3）西北民族大学图书馆编号：不知

7. 版本说明（页码标记、残缺污浊页、翻译、出版）：

（1）总页码：127 页？80 千字。

（2）德格林葱木刻本（原统计者认为手抄本，此处根据贡去乎才旦校订本修改）。

（3）封面有梵、乌尔都、藏三体文，书中有文殊、金刚菩萨等插像？

（4）异文本汉文翻译：① 王沂暖、华甲译（《贵德分章》），甘肃，1981；

② 刘立千译，西藏，1986；③ 文库本（一），1996。

（5）异文本藏文出版：① 四川，1980；② 甘肃，1982；③ 西藏，1981；④ 民族音像出版社，1984；⑤ 文库本（一），1996；⑥ 扎巴本，1998；⑦ 桑珠本，2001；⑧ 印度（岗托克），1983；⑨ 不丹，1979；⑩ 蒙古国，1961。

8. 著作者、搜集者与搜集地：

（1）著作者：不知

（2）搜集者：甘肃人民出版社

（3）搜集地：民族文化宫

（4）登记时间：1986

9. 其他：

（1）未查看原件。

（2）"版本描述、总页码"根据同类抄本、刻本推定填补。

（3）"总字数"根据"甘肃省《格萨尔》书面资料统计"表格补填。

02　《英雄诞生》

1. 藏文题名：

འཁྲུངས་པའི་ལོ་རྒྱུས།

2. 拉丁转写：

'khrungs pa' i lo rgyus

3. 汉译名：

《英雄诞生》，或《诞生史》《格萨尔综合本》。

4. 故事内容提要：

莲花生大师为了拯救陷于灾难痛苦中的岭国百姓，请求天神派其子布杜噶布下凡担当岭国国王。布杜噶布听说要被派去岭国，躲藏到了龙界和念界，最后大师劝善诱导，决定下凡拯救人类。

岭国穆布董氏热查干布生有三子，形成了岭穆布董氏长、仲、幼三系。有一次，果部落侵犯岭地，杀害了岭地总管王绒查叉根之子，岭国起兵复仇，进攻果部落，掳获龙女麦朵娜泽，并被僧伦王纳为次妃，僧伦和果萨生了觉如（格萨尔的小名）。格萨尔诞生三天以后征服了黑鸟三兄弟（家那三兄弟），高僧贡巴惹杂、九百恶犊、红魔驹等魔鬼。

晁同很害怕格萨尔夺走他的王位，便造谣说觉如是个鬼怪，果萨本是女妖；把格萨尔赶到黄河谷地玛麦隆多草原。格萨尔在那里降服了损耗鬼和厉鬼等。有一年，岭地遭受雪灾，岭·格萨尔诞生后，不计前嫌，分给他们放牧的草场，收留了迁徙到玛麦隆多草原的包括晁同在内的岭国军民。

格萨尔给晁同降下虚假预言，要他举办赛马大会，夺得岭国王位宝座。最终通过赛马，格萨尔登上了岭国宝座。

5. 版本描述（字体、抄本、刻本风格、版面大小、材质）：

藏文柏簇体，长条抄本，40cm×9cm？每页 C 行？原件。

6. 保存处及编号：

（1）原件保存处：不知（或甘南文联）

（2）复印件保存处：西北民族大学图书馆

7. 版本说明（页码标记、残缺污浊页、翻译、出版）：

（1）总页码：462 页（藏文铅印）

（2）手抄本，甘南文联与中国社会科学院少文所编印。

（3）异文本汉文翻译：王沂暖、何天慧，甘肃，1985。

（4）异文本藏文出版：① 西藏，1982；② 甘肃，1981；③ 四川，1980、1999；④ 四川《玛麦觉如王事业》，2001；⑤ 青海《开天辟地》，1987；⑥ 青海，1988；⑦ 扎巴本，1996；⑧ 文库本，1996；⑨ 桑珠本，2001；⑩ 精选本，2013；⑪ 竹杰沃嘎本，民族音像出版社，2010；⑫ 印度（德里），1967？⑬ 印度（达拉姆萨拉），1984；⑭ 不丹，1979；⑮ 蒙古国，1961。

8.　著作者、搜集者与搜集地：

（1）搜集者：甘南文联

（2）搜集地：甘南

（3）搜集时间：1983

（4）登记时间：1986

9.　其他：

（1）未查看原件，根据"甘肃省《格萨尔》书面资料统计"与甘南文联、中国社会科学院少文所铅印《诞生史》编制。

（2）笔者认为此部与川博所藏 11 幅格萨尔唐卡（笔者称其为"康定绘本"故事系统）中的《英雄诞生》故事属于一个体系。余希贤认为此部与四川、甘肃出版本内容同，但语言风格以及故事来源上有别（余希贤，1987）。

（3）此部铅印《姜国王子玉拉托增》经过了余希贤的整理。

03　《英雄诞生》

1. 藏文题名：

འཁྲུངས་སྐོར།

2. 拉丁转写：

'khrungs skor

3. 汉译名：

《英雄诞生》，或《诞生史》《冲岭梅朵然哇》《诞生、占领玛域》。

4. 故事内容提要：

莲花生大师为了拯救陷于灾难痛苦中的岭国百姓，请求天神派其子布杜噶布下凡担当岭国国王。布杜噶布听说要被派去岭国，躲藏到了龙界和念界，最后经大师劝善诱导，决定下凡拯救人类。

岭国穆布董氏热查干布生有三子，形成了岭穆布董氏长、仲、幼三系。有一次，果部落侵犯岭地，杀害了岭地总管王绒查叉根之子，岭国起兵复仇，进攻果部落，掳获龙女麦朵娜泽，并被僧伦王纳为次妃，僧伦和果萨生了觉如（格萨尔的小名）。格萨尔诞生三天以后征服了黑鸟三兄弟（家那三兄弟），高僧贡巴惹杂、九百恶犊、红魔驹等魔鬼。

晁同很害怕格萨尔夺走他的王位，便造谣说觉如是个鬼怪，果萨本是女妖；把格萨尔赶到黄河谷地玛麦隆多草原。格萨尔在那里降服了损耗鬼和厉鬼等。有一年，岭地遭受雪灾，岭·格萨尔诞生后，不计前嫌，分给他们放牧的草场，毅然收留了迁徙到玛麦隆多草原的包括晁同在内的岭国军民。

格萨尔给晁同降下虚假预言，要他举办赛马大会，夺得岭国王位宝座。最终通过赛马，格萨尔登上了岭国宝座。

5. 版本描述（字体、抄本、刻本风格、版面大小、材质）：

藏文乌金体（正楷），古旧藏纸，每页 5 行，32cm×6cm，林葱木刻本，复印件。

6. 保存处及编号：

（1）原件保存处：民族文化宫图书馆

（2）复印件保存处：西北民族大学图书馆

7. 版本说明（页码标记、残缺污浊页、翻译、出版）：

（1）总页码：161 叶？90 千字

（2）德格林葱木刻本（原统计者认为是手抄本，此处根据贡去乎才旦校订本修改）。

（3）异文本汉文翻译：① 王沂暖、何天慧，甘肃，1985。

（4）异文本藏文出版：① 西藏，1982；② 甘肃，1981；③ 四川，1980、1999；④ 四川《玛麦觉如王事业》，2001；⑤ 青海《开天辟地》，1987；⑥ 青海，1988；⑦ 扎巴本，1996；⑧ 文库本，1996；⑨ 桑珠本，2001；⑩ 精选本，2013；⑪ 竹杰沃嘎本，民族音像出版社，2010；⑫ 印度（德里），1967？⑬ 印度（达拉姆萨拉），1984；⑭ 不丹，1979；⑮ 蒙古国，1961。

8. 著作者、搜集者与搜集地：

（1）搜集者：甘肃人民出版社

（2）搜集地：民族文化宫

（3）登记时间：1986

9. 其他：

（1）未查看原件。

（2）"版本描述、总页码"根据同类抄本、刻本推定填补。

（3）"总字数"根据"甘肃省《格萨尔》书面资料统计"表格补填。

@04　《英雄诞生》

1. 藏文题名：

འཁྲུངས་སྐོར།

2. 拉丁转写：

'khrungs skor

3. 汉译名：

《英雄诞生》或《诞生史》《格萨尔综合本》《化隆分章本》。

4. 故事内容提要：

天神协商决定派白梵天王之第三子神子东珠下凡拯救处于恶魔欺凌的岭国。东珠化为神奇小鸟下凡人间寻找投生父母，最终找到僧伦夫妇作为人间父母后，从其天界父母处求得宝物、伴侣后下凡。

僧伦之妻果萨拉姆老年怀孕被驱逐之边地生下觉如，加萨与晁同联合迫害幼年觉如，均被觉如一一化解。觉如通过机智聪明取得应有财产，并娶得美丽珠姆为妻，同时一夜间显示神通成为岭国之格萨尔大王。岭国举行煨桑仪式，宣告新国王的诞生。

北方妖魔抢走格萨尔王一妃子梅萨，格萨尔单枪匹马前往北方拯救王妃。格萨尔大王征服北魔后，喝了梅萨迷魂药酒忘返岭国。期间，黄霍尔白帐王出兵侵犯岭国，抢走王妃珠姆。珠姆派三仙鹤向格萨尔大王通报岭国消息，格萨尔大王返回岭国，惩处叛臣，前往霍尔国拯救王妃珠姆。经过种种困难，得到霍尔噶尔瓦部落的果萨曲珍帮助，与岭国军队里应外合，征服了白帐王，救回了珠姆。

5. 版本描述（字体、抄本、刻本风格、版面大小、材质）：

藏文乌金体（正楷），铅印本，12.3cm×17.7cm（小32开），现代纸。

6. 保存处及编号：

（1）手抄原件保存处：不知（或余希贤处）

7. 版本说明（页码标记、残缺污浊页、翻译、出版）：

（1）总页码：212页

（2）余希贤整理，西北民院 1960（1957？）年铅印本。

（3）异文本汉文翻译：① 王沂暖、何天慧，甘肃，1985。

（4）异文本藏文出版：① 西藏，1982；② 甘肃，1981；③ 四川，1980、1999；④ 四川《玛麦觉如王事业》，2001；⑤ 青海《开天辟地》，1987；⑥ 青海，1988；⑦ 扎巴本，1996；⑧ 文库本，1996；⑨ 桑珠本，2001；⑩ 精选本，2013；⑪ 竹杰沃嘎本，民族音像出版社，2010；⑫ 印度（德里），1967？⑬ 印度（达拉姆萨拉），1984；⑭ 不丹，1979；⑮ 蒙古国，1961。

8. 著作者、搜集者与搜集地：

（1）著作者：不知

（2）搜集者：桑热嘉措

（2）搜集地：青海化隆

（3）搜集时间：1954？

9. 其他：

（1）根据才让卓玛（2012 藏文）"《英雄诞生》的版本及其内容简介"与青海《格》研所编号为 I291.47.53：1 的《英雄诞生》部编制。

（2）根据余希贤（1987）"《格萨尔》版本初析"文章，此册手抄本由桑热嘉措赠与。此部与《贵德分章本》《民和本》属同一抄本，可简称为"化隆本"。

05 《赛马称王》

1. 藏文全题名：

ཏ་རྒྱུགས་རྒྱལ་འཇོག

2. 拉丁转写：

rta rgyugs rgyal 'jog

3. 汉译名：

《赛马称王》，或《赛马登位》《赛马七宝》《赛马称王之部》。

4. 故事内容提要：

格萨尔 8 岁时，遵照天神预言变成晁同的灵鸟，给晁同授记：召集岭国臣民，举办赛马盛会；你将荣取桂冠，获得岭国宝座，成为富豪嘉洛部落财宝和王宫森周达泽宫的主人，以及娶得美丽的珠姆为王妃。于是，晁同通知岭国各部举行赛马盛会。格萨尔通过种种神通除掉了前来通知他去参加比赛的珠姆身上的"煞气"，珠姆与果萨一起从山野找来江郭耶尔瓦神驹，珠姆给骏马备上了光耀自亮宝鞍和宝垫。格萨尔加入骑手盛队，最终荣获桂冠，登上了岭国宝座，成为了岭国国王，纳珠姆为妃，被尊称为"南瞻部洲珠宝制敌大丈夫雄狮大王格萨尔"。岭国举国欢庆，歌舞不断。全国上下举行了盛大的庆祝会。

5. 版本描述（字体、抄本、刻本风格、版心大小、材质）：

藏文乌金体（正楷），长条木刻本，每页 7 行，36.8cm×7.6cm，原件，藏纸。

6. 保存处及编号：

（1）原件保存处：民族文化宫

（2）复印件保存处：西北民族大学图书馆

（3）西北民族大学图书馆编号：不知

7. 版本说明（页码标记、残缺污浊页、翻译、出版）：

（1）总页码：206 页？　126 千字。

（2）德格木刻版，贡去乎才旦整理。

（3）异文本汉文翻译：① 王沂暖，甘肃，1987。

（4）异文本藏文出版：① 西藏，1981；② 甘肃，1981；③ 四川，1980；④ 青海，1981；⑤ 精选本，2000；⑥ 桑珠本，2002；⑦ 文库本，1996；⑧ 印度（帕兰普尔？），1969；⑨ 印度（达兰萨拉），1984；⑩ 不丹，1979。

8. 著作者、搜集者与搜集地：

（1）著作者：未知

（2）搜集者：甘肃人民出版社

（3）搜集地：民族文化宫

（4）登记时间：1986

9. 其他：

（1）未查看原件。

（2）"版本描述、总页码"根据同类抄本、刻本推定填补。

（3）"总字数"根据"甘肃省《格萨尔》书面资料统计"表格补填。

06 《赛马称王》

1. 藏文全题名：

ཏ་རྒྱུགས།

2. 拉丁转写：

rta rgyugs)

3. 汉译名：

《赛马称王》，或《赛马登位》《赛马七宝》《赛马称王之部》。

4. 故事内容提要：

格萨尔 8 岁时，遵照天神预言变成晁同的灵鸟，给晁同授记：召集岭国臣民，举办赛马盛会；你将荣取桂冠，获得岭国宝座，成为富豪嘉洛部落财宝和王宫森周达泽宫的主人，以及娶得美丽的珠姆为王妃。于是，晁同通知岭国各部举行赛马盛会。格萨尔通过种种神通除掉了前来通知他去参加比赛的珠姆身上的"煞气"，珠姆与果萨一起从山野找来江郭耶尔瓦神驹，珠姆给骏马备上了光耀自照宝鞍和宝垫。格萨尔加入骑手盛队，最终荣获桂冠，登上了岭国宝座，成为了岭国国王，纳珠姆为妃，被尊称为"南瞻部洲珠宝制敌大丈夫雄狮大王格萨尔"。岭国举国欢庆，歌舞不断。全国上下举行了盛大的庆祝会。

5. 版本描述（字体、抄本、刻本风格、版心大小、材质）：

藏文草体，长条抄本，每页 8 行，36.8cm×7.6cm，原件，

6. 保存处及编号：

（1）原件保存处：甘肃民族学校（余希贤）？

（2）复印件保存处：西北民族大学图书馆？

（3）西北民族大学图书馆编号：不知

7. 版本说明（页码标记、残缺污浊页、翻译、出版）：

（1）总页码：206 页？100 千字

（2）手抄本（二种）。

（3）异文本汉文翻译：王沂暖，甘肃，1987。

（4）异文本藏文出版：① 西藏，1981；② 甘肃，1981；③ 四川，1980；④ 青海，1981；⑤ 精选本，2000；⑥ 桑珠本，2002；⑦ 文库本，1996；⑧ 印度（帕兰普尔？），1969；⑨ 印度（达兰萨拉），1984；⑩ 不丹，1979。

8. 著作者、搜集者与搜集地：

（1）著作者：未知

（2）搜集者：余希贤

（3）搜集地：甘南夏河完尕滩

（4）登记时间：1986

9. 其他：

（1）未查看原件。

（2）"版本描述、总页码"根据同类抄本、刻本推定填补。

（3）"总字数"根据"甘肃省《格萨尔》书面资料统计"表格补填。

07　《世界公桑》

1. 藏文全题名：

འཛམ་གླིང་སྒྱི་བཟང༌།

2. 拉丁转写：

'dzam gling spyi bsang

3. 汉译名：

《世界公桑》，或《世界公祭》《煨桑》。

4. 故事内容提要：

讲述格萨尔王为开始其戎马生涯举行祭祀战神的煨桑故事。格萨尔赛马称王后，纳珠姆为妃，为降伏各地各种妖魔，岭国举行煨桑祭神仪式，祈祷保佑岭国，煨桑前后射杀了来犯的魔国红铜角野牛，反击了入侵抢马的多位霍尔王臣。煨桑祭神是其中的主要内容，但其中不乏对当时青藏高原历史文化现象的艺术描写，场面庄严壮阔，文笔绮丽。

5. 版本描述（字体、抄本、刻本风格、版心大小、材质）：

藏文草体，长条抄本，每页 7 行，36.8cm×7.6cm，复印件。

6. 保存处及编号：

（1）原件保存处：民族文化馆

（2）复印件保存处：西北民族大学图书馆

（3）西北民族大学图书馆编号：不知

7. 版本说明（页码标记、残缺污浊页、翻译、出版）：

（1）总页码：196 页?，90 千字。

（2）手抄本，贡去乎才旦整理。

（3）汉文翻译：① 王沂暖译，甘肃，1983。

（4）藏文出版：① 甘肃（贡去乎才旦校订），1980。

8. 著作者、搜集者与搜集地：

（1）搜集者：甘肃人民出版社

（2）搜集地：民族文化宫

（3）登记时间：1986

9. 其他：

（1）未查看原件。也有说此部由贡去乎才旦搜集于果洛（（扎西东珠、王兴先，81 页））。

（2）"版本描述、总页码"根据同类抄本、刻本推定填补。

（3）"总字数"根据"甘肃省《格萨尔》书面资料统计"表格补填。

08　《北方降魔》

1. 藏文全题名：

བྱང་འདུལ།

2. 拉丁转写：

bdud 'dul

3. 汉译名：

《北方降魔》，或《北地降魔》《征服鲁赞魔》《降服妖魔》《降妖部》。

4. 故事内容提要：

格萨尔登上岭国王位时，四方魔王横行无忌，边地妖魔来到中心地作乱。尤其是北方魔王鲁赞十分嚣张，毁坏上方印度佛法地，捣毁下方中华律法场，将中部卫藏四茹搅得天昏地暗。一次，乘格萨尔大王闭关修行之际，抢走了格萨尔大王十三王妃之一的梅萨及大批百姓和财富，使岭国陷入苦海之中。遵照天界姑母贡曼嘉姆的旨意，格萨尔 15 岁第一次出征北方亚尔康魔国。

格萨尔单人独骑来到北方，闯过道道关隘。在匝曲河畔与魔国的军队相遇，在神佛护佑下，格萨尔打败了魔敌，魔臣晋格等人向格萨尔投诚。之后，前往魔国都城途中降伏魔女阿达鲁姆和魔臣向宛，在他们帮助下，摧毁了魔王鲁赞的寄魂野牛和寄魂羊。格萨尔来到魔城九层宫殿，在梅萨帮助下，用时 9 个月零 10 天，终于箭射鲁赞魔王的额头，将他杀死。

降伏鲁赞魔之后，格萨尔王饮用了梅萨的迷魂酒，忘记了过去的一切。成天与梅萨在九层魔宫中寻欢作乐，一住 9 年多。这期间，霍尔白帐王侵犯了岭国。

5. 版本描述（字体、抄本、刻本风格、版心大小、材质）：

藏文乌金体（正楷），现代铅印本（青海文联编印 1960 年本？）。

6. 保存处及编号：

（1）铅印本保存处：西北民族大学图书馆

7. 版本说明（页码标记、残缺污浊页、翻译、出版）：

（1）总页码：201 页？100 千字。

（2）贡去乎才旦整理。

（3）异文本汉文翻译：① 王沂暖译，甘肃，1980；② 王沂暖、华甲译《贵德分章本》，甘肃，1981。

（4）异文本藏文出版：① 甘肃，1980；② 西藏，1991；③ 四川（华旦《觉日的故事》），2000；④ 精选本，2000；⑤ 扎巴本，1997；⑥ 桑珠本，2002；⑦ 川《格》（《降妖部》），2008；⑧ 川《格》（《竹杰沃嘎《格萨尔》故事集》），2010；⑨ 格日尖参本，2007；⑩ 印度（德里），1979；⑪ 印度（岗托克 1），1983；⑫ 印度（岗托克 2），1983；⑬ 印度（加尔各答《下拉达克本》），1905；⑭ 不丹，1979；⑮ 不丹（《下拉达克本》），1981；⑯ 蒙古国（《格萨尔本生传》合编），1961。

8. 著作者、搜集者与搜集地：

（1）著作者：不知

（2）搜集者：甘肃人民出版社

（3）搜集地：西北民族学院

（4）登记时间：1986

9. 其他：

（1）未查看原件。

（2）"版本描述、总页码"根据同类抄本、刻本推定填补。

（3）总字数根据"甘肃省《格萨尔》书面资料统计"表格补充。

09　《辛丹内讧》

1. 藏文题名：

ཤན་འདན་ནང་འཁྲུགས།

2. 拉丁转写：

shan 'dan nang 'khrugs

3. 汉译名：

《辛丹内讧》，或《辛巴与丹玛》《辛丹之争》。

4. 故事内容提要：

格萨尔征服霍尔国以后，将霍尔国大将辛巴捉回岭国，并未处死，而是令其忏悔所造的恶业。但是以丹玛为首的一些大将强烈要求惩处霍岭战争中杀死了岭国统帅贾察、青年小将戎察等英雄的辛巴。辛巴表白了自己对岭国一如既往的忠心和无意间杀死了岭国英雄的悲心。根据天神旨意，格萨尔奉劝丹玛等人要以大局为重，放过辛巴。丹玛因格萨尔不愿处死辛巴，带领丹玛三大部落离去。天神要求格萨尔前去追回丹玛，因为他和辛巴是今后格萨尔降伏各个魔国时的左膀右臂。格萨尔追上丹玛，丹玛依然不愿返回岭国，最终格萨尔请来天国的贾察。过去的君臣生死两界相见，丹玛泪如雨下，合掌顶礼。最终在贾察的劝说下返回了岭国。

5. 版本描述（字体、抄本、刻本风格、版面大小、材质）：

藏文柏簌体，每页 6 行？　26×6cm？长条手抄本，复印件。

6. 保存处及编号：

（1）原件保存处：不知（或甘南文联）

（2）复印件保存处：西北民族大学图书馆

7. 版本说明（页码标记、残缺污浊页、翻译、出版）：

（1）总页码：109 叶？

（2）手抄本，甘南文联与中国社会科学院少文所编印。

（3）异文本汉文翻译：① 马岱川、扎西东珠译，民族音像出版社，2009；② 角巴东主主编，高等教育出版社，2011。

（4）异文本藏文出版：① 四川，1982；② 西藏，1985；③ 桑珠本，2003。

8. 著作者、搜集者与搜集地：

（1）搜集者：甘南文联

（2）搜集地：甘南

（3）搜集时间：1984

9. 其他：

（1）未查看原件，根据"甘肃省《格萨尔》书面资料统计"编制。

（2）"版本描述、总页码"根据同类抄本、刻本推定填补。

（3）"总字数"根据"甘肃省《格萨尔》书面资料统计"表格补填。

10　《姜岭大战》（上册）

1. 藏文题名：

འཇང་ཕྲུག་གཡུ་ལྷ་ཐོག་འཛེན།

2. 拉丁转写：

'jang phrug g.yu lha thog 'dzeng

3. 汉译名：

《姜岭大战》，或《姜岭之战》《降岭之战》《保卫盐海》《征服姜国》《岭八十大将传》《姜国王子》。

4. 故事内容提要：

格萨尔大王降伏了北方魔国与霍尔国以后，得到天界姑母贡曼嘉姆预言，到了降伏南方姜国萨丹王的时候。于是，格萨尔大王召集群臣召开部落大会，通过占卜与算卦显示，此次降伏姜国必须先降伏姜国 5 岁的王子玉拉托增，而只有霍尔国的辛巴梅乳孜才能降伏玉拉。因此，格萨尔派使者将辛巴请到岭国来商谈降伏玉拉之事。不过由于辛巴在霍岭战争中杀死了岭国大将贾察，因此辛巴一到岭国，就与丹玛、扎拉等大臣发生了激烈的争吵。即便格萨尔大王出面说和也无济于事，丹玛因此而带领自己部落离开岭国。在这种无奈情况下，格萨尔大王只好请求升入天界的贾察下凡，说服丹玛。贾察与丹玛这两位昔日君臣相见，悲喜交集。在贾察的说服下，丹玛最终回归岭国。格萨尔大王派出辛巴前往岭国盐池边，诓骗前来巡察盐池的玉拉，将他俘虏带回了岭国。岭国英雄为辛巴举办了盛大庆功会。

5. 版本描述（字体、抄本、刻本风格、版面大小、材质）：

藏文柏簇体，长条抄本，40×9cm？每页 6 行？原件。

6. 保存处及编号：

（1）原件保存处：不知（甘南文联）

（2）复印件保存处：西北民族大学图书馆

2. 版本说明（页码标记、残缺污浊页、翻译、出版）：

（1）总页码：161 页（藏文铅印）

（2）手抄本，甘南文联与中国社会科学院少文所编印。

（3）异文本汉文翻译：① 王沂暖、何天慧，甘肃，1985。

（4）异文本藏文出版：① 西藏，1982；② 甘肃，1981；③ 四川，1980、1999；④ 四川《玛麦觉如王事业》，2001；⑤ 青海《开天辟地》，1987；⑥ 青海，1988；⑦ 扎巴本，1996；⑧ 文库本，1996；⑨ 桑珠本，2001；⑩ 精选本，2013；⑪ 竹杰沃嘎本，民族音像出版社，2010；⑫ 印度（德里），1967？⑬ 印度（达拉姆萨拉），1984；⑭ 不丹，1979；⑮ 蒙古国，1961。

8. 著作者、搜集者与搜集地：

（1）搜集者：甘南文联

（2）搜集地：甘南

（3）搜集时间：1983

（4）登记时间：1986

9. 其他：

（1）未查看原件，根据"甘肃省《格萨尔》书面资料统计"与甘南文联、中国社会科学院少文所铅印《姜国王子玉拉托增》编制。

（2）余希贤认为甘南流传的《姜岭大战》分为上、下两册，上册是《降伏姜国王子》，下册是《降伏姜国老王》（余希贤，1987）。

（3）此部铅印《姜国王子玉拉托增》经过了余希贤的整理。

11　《姜岭大战》

1. 藏文全题名：

གླིང་དཔའི་བཏུལ་བརྒྱད་ཅུའི་རྣམ་ཐར།

2. 拉丁转写：

gling dpa'i brtul brgyad cu'i rnam thar

3. 汉译名：

《姜岭大战》，或《姜岭之战》《降岭之战》《保卫盐海》《征服姜国》《岭八十大将传》。

4. 故事内容提要：

莲花生大师派天神玛乃乃假扮姜国天神，给姜国国王萨丹王降下假预言，致使他遵照假预言派王子玉拉托居尔前往岭国方向去迎接贵宾，结果被辛巴设计降伏被擒。萨丹王召集群臣出师岭国解救王子。双方经过多年战争，各有损伤，但未分出胜负。

岭国设计延误姜军进攻岭国计划。岭国派出以丹玛为首的六大将帅突捣姜营，致使姜军人仰马翻，溃不成军。萨丹王丧失理智，悲愤之际欲饮尽江河，格萨尔变成一条小鱼钻进姜王肚中，救出被吞的男女20人。格萨尔站在萨丹心顶祈求三宝保佑。萨丹恼羞成怒，向自己的心口扎了一刀，结束了自己的生命。格萨尔收回盐矿岭国，任命玉拉为姜地12地的首领。架起了藏汉友谊之桥。岭军凯旋。

5. 版本描述（字体、抄本、刻本风格、版心大小、材质）：

藏文草体，长条抄本：27cm×5cm，每页6行，手抄原件，藏纸。

6. 保存处及编号：

（1）原件保存处：西北民族大学图书馆

（2）青海《格》研（1986）编号：无

7. 版本说明（页码标记、残缺污浊页、翻译、出版）：

（1）总页码：250叶

（2）红、黑两种墨色书写。

（3）异文本汉文翻译：① 徐国琼、王晓松译，中国藏学，1991。

（4）异文本藏文出版：① 西藏，1981；② 罗哲嘉措本，甘肃，1989；③ 甘肃，1993；④ 精选本，2002；⑤ 桑珠本，2003；⑥ 交加本，甘肃，2006；⑦ 格日尖参本，甘肃，2007；⑧ 印度（德里），1965；⑨ 印度（岗托克），1977；⑩ 印度（岗托克），1983；⑪ 不丹，1981；⑫ 蒙古国，1959；⑬ 川《格》丛书11，2014。

8. 著作者、搜集者与搜集地：

（1）原件保存者：那木庆嘉（那木先加）

（2）搜集者：华甲、徐国琼

（3）搜集地：同仁县曲库乎乡曲歌庄色龙哇村

（4）搜集时间：1958年9月27日

9. 其他：

（1）据才让卓玛（2011）"西北民族大学图书馆《格萨尔》古籍"，甘肃民族出版社1993年版《岭八十大将传》，扎西东珠、王兴先《〈格萨尔〉学史稿》内容补编。

（2）"版本描述、总页码"根据才让卓玛（2011）"西北民族大学图书馆《格萨尔》古籍"填补。

（3）图版介绍详见赵国忠、卓玛吉、才让卓玛、李毛吉著《藏文古籍图录》，甘肃人民美术出版社，2010 年 8 月，41—43 页。

12　《孟岭大战》

1. 藏文全题名：

 མོན་གླིང་གཡུལ་འགྱེད་དཔའ་བོའི་སྙིང་གི་དགའ་སྟོན་མཐོང་བ་དོན་ལྡན།

2. 拉丁转写：

mon gling g.yul 'gyed dpa' bo'i snying gi dga' ston mthong ba don ldan.

3. 汉译名：

《孟岭大战》，或《门岭大战》《门岭之战》《洛岭之战》《征服闷城》《岭国与门国》《岭与慕域》《闷岭之战》。

4. 故事内容提要：

岭国灭了姜国萨丹王以后，在岭国王宫狮龙宫殿修行时，天神降下预言：到了降伏门国的时机。格萨尔变为一只渡鸦给晁同降下预言：组织达戎十八大军进攻门国报先前被抢夺财产之仇，并娶得门国公主为妻。晁同率领大军，一路消灭了辛赤王的九只魔鼠等敌国君臣的许多守护神。接着又歼灭了以古拉土杰为首的门国 80 个猛士和 1900 个勇上。

辛赤王危在旦夕，他打算放弃国家攀援天梯升天逃遁。格萨尔焚烧了堆卡迥如朗宗，使他一命呜呼。门国公主梅朵拉泽投诚岭国，并用箭射开白米宗，岭国将士取得白米凯旋。格萨尔给门国臣民讲经说法，祛除了那里人们的邪念，使他们改变恶习，努力从善。格萨尔命冬迥拉赤嘎布为门国的国王。

5. 版本描述（字体、抄本、刻本风格、版心大小、材质）：

藏文草体，长条抄本，每页 6 行，30.5cm×5cm，原件，藏纸。

6. 保存处及编号：

（1）原件保存处：西北民族大学图书馆

7. 版本说明（页码标记、残缺污浊页、翻译、出版）：

（1）总页码：260 叶（460 千字）

（2）拉布楞寺手抄本，余希贤整理。

（3）异文本汉文翻译：① 王沂暖、余希贤译，甘肃，1986；② 嘉措顿珠译（扎巴本），西藏，1986、2013。

（4）异文本藏文出版：① 西藏（扎巴本），1980；② 青海，1982；③ 甘肃，1983；④ 四川，1982；⑤ 精选本，2002；⑥ 扎巴本，2013；⑦ 印度（拉瓦杂尔），1964；⑧ 不丹（帕罗），1980；⑨ 不丹（廷布），1981。

8. 著作者、搜集者与搜集地：

（1）著作者：未知

（2）搜集者：甘肃人民出版社

（3）搜集地：甘南民族学校（余希贤）？

（4）登记时间：1986

9. 其他：

（1）根据才让卓玛（2011）"西北民族大学图书馆《格萨尔》古籍"与中国社会科学院民族文学研究所所藏复印件编制。

（2）"版本描述、总页码"根据才让卓玛（2011）"西北民族大学图书馆《格萨尔》古籍"与填补。才让卓玛认为此件接近青海1982年版。

（3）"总字数""登记时间"根据"甘肃省《格萨尔》书面资料统计"表格补填。

（4）图版介绍详见赵国忠、卓玛吉、才让卓玛、李毛吉著《藏文古籍图录》，甘肃人民美术出版社，2010年8月，102—103页。

13 《大食财宗》

1. 藏文全题名：

སྟག་གཟིག་ནོར་རྫོང་།

2. 拉丁转写：

stag gzig nor rdzong

3. 汉译名：

《大食财宗》，或《大食财宝城》《达惹诺宗》《大食诺宗》《大食宝宗》《大食之战》《达岭之战》《征服大食》。

4. 故事内容提要：

晁同盗走大食国宝马，大食国派兵进攻达戎部落。达戎部落不敌大食国，请求格萨尔大王出兵援助。天神预言格萨尔，到了征服大食财宗的时间。格萨尔与群臣商讨对敌策略，岭军出国，与敌交战。格萨尔向阿扎桑堆米巧堆嘎派了三个撒达。三个撒达征服了大食国宝和红崖大鹏宗，夺取了如意宝贝，最终打败大食君臣，攻取了大食财宗。

5. 版本描述（字体、抄本、刻本风格、版心大小、材质）：

藏文乌金体（正楷），旧藏纸，每页6行，38cm×6cm，木刻印刷本。

6. 保存处及编号：

（1）原件保存处：西北民族大学图书馆

7. 版本说明（页码标记、残缺污浊页、翻译、出版）：

（1）总页码与总字数：298叶？133千字。

（2）八蚌寺木刻本，贡去乎才旦整理。

（3）异文本汉文翻译：角巴东主等编校，高等教育出版社，2011。

（4）异文本藏文出版：① 西藏，1979；② 甘肃，1979；③ 精选本，2002；④ 印度（大吉岭），1966；⑤ 印度（新德里），1976；⑥ 印度（岗托克），1983；⑦ 不丹，1981。

8. 著作者、搜集者与搜集地：

（1）著作者：未知

（2）搜集者：甘肃人民出版社

（3）搜集地：西北民族学院

（4）登记时间：1986

9. 其他：

（1）未查看原件。

（2）"版本描述、总页码"根据同类抄本、刻本推定填补。

（3）"总字数"根据"甘肃省《格萨尔》书面资料统计"表格补填。

（4）估计为余希贤、赵文远1957年搜集于甘孜州政协主席处（扎西东珠、王兴先，81页）。

14　《上粟特马宗》

1. 藏文题名：

སོག་སྟོད་རྟ་རྫོང་།།

2. 拉丁转写：

sog stod rta rdzong

3. 汉译名：

《上粟特马宗》，或《蒙古马城》《蒙古马国》《上蒙古马宗》《索波马宗》《索多马城》。

4. 故事内容提要：

雪山狮子国国王的化身嘎玛扎巴去粟特的鲁赤经商时被杀，国王派人向岭国扎拉求救。扎拉王子认为嘎玛扎巴是自己的孩子，一定要替他报仇。此时，岭国女英雄阿达拉姆梦中得到天神预言：征服粟特马宗必须先由自己出兵。阿达拉姆率领的三万大军驻扎在阿格达娃大平原。此时粟特王也得到预示自己被杀的梦境，派人站岗放哨。结果此人被阿达拉姆降伏，获得了粟特王的信息。

格萨尔和扎拉王子率军出师。粟特国的将士们在与岭军作战中先后身亡。最后格萨尔降伏了粟特鲁赤王，任命比推·永朱其美为粟特国国王，并在粟特国制定十善佛法。粟特百姓过上了幸福的生活。格萨尔等岭国众英雄获得了粟特的诸多良马。

5. 版本描述（字体、抄本、刻本风格、版面大小、材质）：

藏文柏簇体与草体，长条抄本，35cm×10cm，每页 7 行，复印件。

6. 保存处及编号：

（1）原件保存处：民族文化宫

（2）复印件保存处：西北民族大学图书馆

2. 版本说明（页码标记、残缺污浊页、翻译、出版）：

（1）总页码：203 叶？260 千字

（2）手抄本，龙智博整理。

（3）未翻译

（4）异文本藏文出版：① 西藏，1992；② 扎巴本，1999；③ 精选本，2013；④ 印度（德拉敦），1978；⑤ 印度（达兰姆萨拉），1982；⑥ 不丹，1981。

8. 著作者、搜集者与搜集地：

（1）搜集者：甘肃人民出版社

（2）搜集地：民族文化宫

（3）搜集时间：1986

9. 其他（翻译、出版）：

（1）未查看原件。

（2）"版本描述、总页码"根据同类抄本、刻本推定填补。

（3）"总字数"根据"甘肃省《格萨尔》书面资料统计"表格补填。

15 《下粟特铠甲宗》

1. 藏文全题名：

 སོག་སྨད་ཁྲབ་གཡུ་རྫོང་།

2. 拉丁转写：

sog smad khrab g.yu rdzong

3. 汉译名：

《下粟特铠甲宗》，或《索麦铠、玉宗》《下索波铠、玉宗》《下蒙古铠甲宗》。

4. 故事内容提要：

格萨尔降伏了索波马宗，准备回国。此时天神启示去降伏下索波铠甲城，但格萨尔懒惰了，厌倦征战，想要回到天界无忧无虑地生活，众位天神劝诫他，并且告诉他所有天神与他同在，会帮助他，他还应继续解救生活在水深火热中的百姓们。格萨尔十分惭愧，于是依言去降伏索波铠甲城，解救一方百姓，并且将得到的财宝分给众人，人们的生活更加富足了。

5. 版本描述（字体、抄本、刻本风格、版心大小、材质）：

藏文草体与狂草体，长条抄本，36cm×6cm，每页 7 行，手抄原件，藏纸。

6. 保存处及编号：

（1）原件保存处：西北民族大学图书馆

7. 版本说明（页码标记、残缺污浊页、翻译、出版）：

（1）总页码：198 叶

（2）使用了"隐形体"（ བསྐུངས་ཡིག 缩写字）。

（3）未翻译

（4）异文本藏文出版：① 西藏，1992；② 扎巴本，1999；③ 精选本，2013；④ 印度（德拉敦），1978；⑤ 印度（达兰姆萨拉），1982；⑥ 不丹，1981。《下粟特铠玉宗》① 印度（达拉姆萨拉），1984；② 不丹，1981。

8. 著作者、搜集者与搜集地：

（1）搜集者：余希贤、赵文远？

（2）搜集地：西藏昌都

（3）搜集时间：1957

9. 其他：

（1）据才让卓玛（2011）"西北民族大学图书馆《格萨尔》古籍"与扎西东珠、王兴先《〈格萨尔〉学史稿》内容补编。

（2）据说 1970 年西北民院撤销时散佚（扎西东珠、王兴先，80 页），可见后来重新找到了。

（3）"版本描述、总页码"根据才让卓玛（2011）"西北民族大学图书馆《格萨尔》古籍"文中内容填补。

（4）图版介绍详见赵国忠、卓玛吉、才让卓玛、李毛吉著《藏文古籍图录》，甘肃人民美术出版社，2010 年 8 月，100—101 页。

16 《羊同珍珠宗》

1. 藏文全题名：

ཞང་ཞིང་མུ་ཏིག་རྫོང་།

2. 拉丁转写：

Zhang zhing mu tig rdzong

3. 汉译名：

《羊同珍珠宗》，或《象雄珍珠宗》《祥岭珍珠之战》《征服象雄珍珠国》

《香雄珍珠宗》《向雄珍珠宗》。

4. 故事内容提要：

羊同苯教王伦珠扎巴的 16 个商人去汉地经商途中扎营在达戎晁同的草原上，晁同派儿子们抢劫并杀死了商人。羊同国君臣通过向苯教喇嘛求教得知了事情原委。羊同王派将兵抢回所夺之物并杀掉了达戎部落不少人马。晁同向格萨尔王请求派岭军替他报仇。

此时，天神了也预言格萨尔到了征服羊同珍珠宗的时机。格萨尔下令三军追击羊同人马，自己率军出师大食。羊同王被格萨尔消灭。格萨尔打开了直插云霄的白崖狮子天宗，取出了各种金银财宝。格萨尔将财宝运回军营分给了将士。在羊同制定了十善之法，将苯教改为佛教，把外道的恶经抛入河中。格萨尔任命曲珠大臣为羊同十八方的首领。

5. 版本描述（字体、抄本、刻本风格、版心大小、材质）：

藏文草体，长条抄本，每页 7 行，36.5cm×7.2cm，复印件。

6. 保存处及编号：

（1）原件保存处：民族文化宫

（2）复印件保存处：西北民族大学图书馆

（3）西北民族大学图书馆编号：不知

7. 版本说明（页码标记、残缺污浊页、翻译、出版）：

（1）总页码：292 页？164 千字

（2）手抄本，贡去乎才旦整理。

（3）异文本汉文翻译：① 马宏武译，甘肃，2006；② 角巴东主主编，高等教育出版社，2011。

（4）异文本藏文出版：① 西藏，1982；② 甘肃，1984；③ 青海，1984；④ 扎巴本，2007；⑤ 桑珠本，2008；⑥ 印度（达拉姆萨拉），1984；⑦ 不丹，1981。

8. 著作者、搜集者与搜集地：

（1）著作者：未知

（2）搜集者：甘肃人民出版社

（3）搜集地：民族文化宫

（4）登记时间：1986

9. 其他：

（1）未查看原件。

（2）"版本描述、总页码"根据同类抄本、刻本推定填补。

（3）"总字数"根据"甘肃省《格萨尔》书面资料统计"表格补填。

17 《迦湿弥罗绿松石宗》

1. 藏文题名：

མ་སང་སྐྱེས་བུའི་རྣམ་ཐར་ལས་ཁ་ཆེའི་གཡུ་རྫོང་ངོ་མཚར་གཏམ་གྱི་ཕྲེང་བ་བཞུགས་སོ

2. 拉丁转写：

ma sang skyes bu'i rnam thar las kha che'i g.yu rdzong ngo mtshar gtam gyi phreng ba bzhugs so

3. 汉译名：

《迦湿弥罗绿松石宗》，或《征服卡契松石城》《卡契玉宗》《卡切玉宗》《岭与卡契》《卡且玉宗》。

4. 故事内容提要：

岭国西部卡契国国王赤丹路贝是罗刹转世，力大无穷，狂妄不可一世。9 岁继承王位，征服了尼婆罗国；18 岁时降伏了威卡国；27 岁战胜了穆卡国，并强娶堆灿公主为妃。此后进一步东征西掠，周围的小邦国家均归他所属。赤丹还有一兄一弟。哥哥名鲁亚如仁，弟弟叫兴堆冬玛，兄弟二人是赤丹王为非作歹的得力帮凶。此外还有内大臣 74 人，外大臣 108 个，属民 42 万户。由于连年征战并未遇到对手，赤丹路贝便认为天下无敌了。

赤丹路贝年满 36 岁，王妃堆灿洛琚玛见赤丹如此得意，便怂恿他征服格萨尔，让赤丹尝尝苦头以报杀父灭国之仇。由王兄鲁亚如仁、大臣多桂梅巴和托尺布赞为首的三万大军，经过一个月的准备，开始向岭国进军。格萨尔得到天神预言，降伏卡契魔妖。双方第一次交战，格萨尔用幻术大败卡契军。到岭国与卡契交战到关键时刻，晁同投靠卡契军，把岭国的情况、作战的部署统统告诉了鲁亚如仁。

卡契大军靠晁同的隐身木，绕过岭营，来到岭仲系文布氏的夏季牧场阿吉达塘扎营。晁同的叛军行为被格萨尔识破，他将计就计，大败卡契军，打开了卡契的宝物门。格萨尔王召集卡契的降臣降将以及众百姓，将部分财产留给他们。卡契王子只有 5 岁，所以格萨尔要老臣贞巴让协理国事。

5. 版本描述（字体、抄本、刻本风格、版面大小、材质）：

藏文乌金体（正楷），长条木刻本，28.8cm×5cm，每页 6 行，原件，藏纸

6. 保存处及编号：

（1）手抄原件保存处：西北民族大学图书馆

7. 版本说明（页码标记、残缺污浊页、翻译、出版）：

（1）总页码：262 叶

（2）德格巴邦寺木刻本

（3）异文本汉文翻译：① 王沂暖、上官剑壁译，甘肃，1984；② 角巴东主主编，高等教育出版社，2011。

（4）异文本藏文出版：① 西藏，1979；② 精选本，2003；③ 印度（德里？）1966；④ 印度（德里），1971；⑤ 不丹，1981。

8. 著作者、搜集者与搜集地：

（1）著作者：班玛（ པདྨ ）

（2）搜集者：甘肃《格》办

（3）搜集地：四川

（4）搜集时间：1980？

9. 其他：

（1）根据才让卓玛（2011）"西北民族大学图书馆《格萨尔》古籍"与王沂暖、上官剑璧译《卡切玉宗之部》"前言"中信息补编。

（2）"版本描述、总页码"根据才让卓玛（2011）"西北民族大学图书馆《格萨尔》古籍"与填补。

（3）图版介绍详见赵国忠、卓玛吉、才让卓玛、李毛吉著《藏文古籍图录》，甘肃人民美术出版社，2010 年 8 月，94—95 页。

18 《香香药宗》

1. 藏文全题名：

ཞང་ཞང་སྨན་རྫོང་།

2. 拉丁转写：

Shang shang sman rdzong

3. 汉译名：

《亭岭之战》，或《香香药宗》《向象药城》。

4. 故事内容提要：

岭军降伏雪山水晶国，返回岭国途中得到天神授记：降伏亭国时机成熟。岭军即刻重新调整，由神子扎拉泽嘉做先锋前往降伏亭国。亭国国王达嘎朗杰素来作恶多端，手下勇士众多。其中佼佼者如鲁查崩然、鲁查杜董纳布、鲁查哈拉梅巴、鲁查达玛杜等。虽说对岭格萨尔王及其属下众勇士的英勇骁战早有听闻，但还是不自量力要与岭国军队交战。战争中，鲁查达玛杜被查香丹玛所杀，鲁查杜董纳布被嘎德所杀，鲁查哈拉梅巴被森达阿董所杀，见几位骁将均被岭国勇士所杀，亭国军队军心涣散、斗志全消，全军溃败纷纷投降。亭国王达嘎朗杰见大势已去，最终向岭格萨尔王投降并承诺今后弃暗投明，不再作恶，真心归顺岭国，虔心向佛施善业。

5. 版本描述（字体、抄本、刻本风格、版心大小、材质）：

藏文草体，长条抄本，每页 8 行，36.8cm ×7.6cm，复印件。

6. 保存处及编号：

（1）原件保存处：仲却活佛处

（2）复印件保存处：西北民族大学图书馆

（3）西北民族大学图书馆编号：不知

7. 版本说明（页码标记、残缺污浊页、翻译、出版）：

（1）总页码：970 页？320 千字

（2）手抄本，仲却整理。

（3）共上、下两册，上册抄写于 1986 年，下册抄袭于 1989 年

（4）异文本汉文翻译：王沂暖、何天慧译（《香香药物宗》），甘肃，1989。

（5）异文本藏文出版：① 西藏，1985；② 精选本，2010。

8. 著作者、搜集者与搜集地：

（1）著作者：不知

（2）搜集者：甘肃人民出版社

（3）搜集地：青海果洛

（4）登记时间：1986

9. 其他：

（1）未查看原件。

（2）"版本描述、总页码"根据同类抄本、刻本推定填补。

（3）"总字数"根据"甘肃省《格萨尔》书面资料统计"表格补填。

19　《突厥兵器宗》（上册）

1. 藏文全题名：

གྲུ་གུ་གོ་རྫོང་སྟོད་ཆ།

2. 拉丁转写：

gru gu go rdzong，stod cha

3. 汉译名：

《突厥兵器宗》，或《祝古国宗》《祝古兵国》《祝古兵器宗》《朱孤兵器宗》《朱古之战》《竹岭之战》。

4. 故事内容提要：

突厥国王托桂穆德赞意欲武力抢夺藏王的释迦牟尼佛像。他派其所属

齐堆的四个部落前去完成此项任务。齐堆射箭信恐吓藏王马上送交释迦牟尼佛像。藏王向岭国扎拉王子求救。岭王格萨尔通过侦察得知征服突厥，必先要征服突厥齐堆。于是下令王子扎拉率军讨伐。两军开始交火。最后，东突厥的大军节节败北，溃不成军。突军部将个个死于岭刀之下，突王齐堆也终于成了扎拉王子的刀下鬼，岭军大获全胜。

5. 版本描述（字体、抄本、刻本风格、版心大小、材质）：

藏文草体，长条抄本，每页 5 行，36.5cm×7.2cm，原件

6. 保存处及编号：

（1）原件保存处：西北民族大学图书馆

（2）西北民族大学图书馆编号：不知

7. 版本说明（页码标记、残缺污浊页、翻译、出版）：

（1）总页码：413 页？260 千字

（2）手抄本，马进武整理。

（3）未翻译

（4）异文本藏文出版：① 西藏，1988、1989；② 甘肃，1984、1986；③ 精选本，2013；④ 桑珠本，2011；⑤ 印度（达兰姆萨拉），1982、1983、1984、1985；⑥ 不丹，1981；⑦ 民族音像出版社，2015。

8. 著作者、搜集者与搜集地：

（1）著作者：未知

（2）搜集者：甘肃人民出版社

（3）搜集地：西北民族学院

（4）登记时间：1986

9. 其他：

（1）未查看原件。

（2）"版本描述、总页码"根据同类抄本、刻本推定填补。

（3）"总字数"根据"甘肃省《格萨尔》书面资料统计"表格补填。

（4）估计为余希贤、赵文远 1957 年搜集于昌都解放委员会处长处（扎西东珠、王兴先，81 页）。

20 《突厥兵器宗》（中册）

1. 藏文全题名：

གྲུ་གུ་གོ་རྫོང་བར་ཆ།

2. 拉丁转写：

gru gu go rdzong, bar cha

3. 汉译名：

《突厥兵器宗》，或《祝古国宗》《祝古兵国》《祝古兵器宗》《朱孤兵器宗》《朱古之战》《竹岭之战》。

4. 故事内容提要：

灭了东突还有南突。岭王认为降服南突刻不容缓。岭王重整旗鼓，率部南下，突厥大臣们慌手慌脚，向阿伦独眼鬼和青海派人求助。岭军大举进攻，南突的帮凶个个败退。阿伦独眼鬼和突厥的托桂王最终也死在英雄格萨尔的刀下。岭军大捷。

5. 版本描述（字体、抄本、刻本风格、版心大小、材质）：

藏文草体，长条抄本，每页 5 行，36.5cm×7.2cm，原件

6. 保存处及编号：

（1）原件保存处：西北民族大学图书馆

（2）西北民族大学图书馆编号：不知

7. 版本说明（页码标记、残缺污浊页、翻译、出版）：

（1）总页码：723 页？235 千字

（2）手抄本，马进武整理。

（3）未翻译

（4）异文本藏文出版：① 西藏，1988、1989；② 甘肃，1984、1986；③ 精选本，2013；④ 桑珠本，2011；⑤ 印度（达兰姆萨拉），1982、1983、1984、1985；⑥ 不丹，1981；⑦ 民族出版社，2015。

8. 著作者、搜集者与搜集地：

（1）著作者：未知

（2）搜集者：甘肃人民出版社

（3）搜集地：西北民族学院

（4）登记时间：1986？

9. 其他：

（1）未查看原件。

（2）"版本描述、总页码"根据同类抄本、刻本推定填补。

（3）"总字数"根据"甘肃省《格萨尔》书面资料统计"表格补填。

（4）估计为余希贤、赵文远 1957 年搜集于昌都解放委员会处长处（扎西东珠、王兴先，81 页）。

21　《突厥兵器宗》（下册）

1. 藏文全题名：

གྲུ་གུ་གོ་རོང་། ཤན་ད ཁ །

2. 拉丁转写：

gru gu go rdzong，smad cha

3. 汉译名：

《突厥兵器宗》，或《祝古国宗》《祝古兵国》《祝古兵器宗》《朱孤兵器宗》《朱古之战》《竹岭之战》。

4. 故事内容提要：

格萨尔遵照神灵之旨，派四位大臣带去哈达、礼品前往青海，赏赐了青海王。让青海王管辖突厥都城，执掌朝政，治理国家，修缮突厥塔里寺；宏扬佛法，造福突厥众生。青海王达娃冬赛遵照岭国命令，前往突都，如令行事。他同岭国大臣一起，商量治国大策。格萨尔到突厥讲经说法，教育人们弃恶从善。青海王感激岭王的大恩，打开突厥宝库，献上了兵器等宝物。

5. 版本描述（字体、抄本、刻本风格、版心大小、材质）：

藏文草体，长条抄本，每页 5 行，36.5cm×7.2cm，原件

6. 保存处及编号：

（1）原件保存处：西北民族大学图书馆

（2）西北民族大学图书馆编号：不知

7. 版本说明（页码标记、残缺污浊页、翻译、出版）：

（1）总页码：353 页？200 千字

（2）手抄本，马进武整理。

（3）未翻译

（4）异文本藏文出版：① 西藏，1988、1989；② 甘肃，1984、1986；③ 精选本，2013；④ 桑珠本，2011；⑤ 印度（达兰姆萨拉），1982、1983、1984、1985；⑥ 不丹，1981；⑦ 民族出版社，2015。

8. 著作者、搜集者与搜集地：

（1）著作者：未知

（2）搜集者：甘肃人民出版社

（3）搜集地：西北民族学院

（4）登记时间：1986

9. 其他：

（1）未查看原件。

（2）"版本描述、总页码"根据同类抄本、刻本推定填补。

（3）"总字数"根据"甘肃省《格萨尔》书面资料统计"表格补填。

（4）估计为余希贤、赵文远 1957 年搜集于昌都解放委员会处长处（扎西东珠、王兴先，81 页）。

*22 《苏毗犏牛宗》

1. 藏文全题名：

སྒྲིང་རྗེ་གེ་སར་རྒྱལ་པོའི་རྟོགས་བརྗོད་ལས་སུམ་གླིང་གཡུལ་འགྱེད་དཔའ་བོ་སྙིང་གི་དགའ་སྟོན་མཛོ་གཡང་ཕབས་ཚུལ་བཞུགས་སོ།

2. 拉丁转写：

gling rje ge sar rgyal po'i rtogs brjod las sum gling g.yul 'gyed dpa' bo snying gi dga'ston mdzo g.yang phabs tshul bzhugs so.

3. 汉译名：

《苏毗犏牛宗》，或《松巴犏牛宗》《松岭之战》。

4. 故事内容提要：

松巴国国王松巴贡赞赤杰与王妃朗萨梅朵措生有两位公主，大公主东达威噶已经出嫁。二公主梅朵措姆，年方一十三岁，如花似玉，已有许多国王前来求亲。达绒长官晁同派人求亲不允，骗来女孩。松巴王聚兵讨伐晁同王，松巴军队用计智擒晁同，让他老老实实交出公主。晁同不认，将其关押。

松巴军抢劫岭国色巴部落商队。格萨尔王下令立即征服松巴。格萨尔率领岭国大军，很快到达松巴边境。松巴国王贡赞赤杰下令调集松巴所有的军队，坚决抵抗。岭军与松巴军几经交战，双方都死伤了不少将士，仍然没有分出胜负。

岭国四路人马就向松巴王城四门同时发起进攻。松巴王城被岭军攻破，贡赞赤杰王身穿飞鸟翼衣，向空中逃去，逃离王城。格萨尔变化为白须白发的老者，用计将躲在山洞里的松巴王抓获。格萨尔携松巴王共同返回岭军营地，岭国众英雄立即煨桑相迎。雄狮大王带领王子扎拉，尼奔达雅、玉拉托琚、老将丹玛等君臣来到已被扎拉攻破的松巴达察上面的宝马王宫，煨桑祭神，然后打开宝库，获得了犏牛"央"，将它带回岭国，从此雪域藏地有了犏牛，成为藏民生活中不可分离的一个部分。

5. 版本描述（字体、抄本、刻本风格、版心大小、材质）：

藏文柏簇体？长条抄本，每页 6 行？25cm×8cm？原件，藏纸。

6. 保存处及编号：

（1）原件保存处：未知

7. 版本说明（页码标记、残缺污浊页、翻译、出版）：

（1）总页码：166 叶？

（2）异文本汉文翻译：张积诚译，西藏，1988。

（3）异文本藏文版：① 西藏，1981；② 扎巴本，民族音像出版社，1982、2013；③ 精选本，2010。

8. 著作者、搜集者与搜集地：

（1）搜集者：西北民院翻译科

（2）搜集地：西康地区

（3）搜集时间：1961 年 3 月

9. 其他：

（1）据扎西东珠、王兴先《〈格萨尔〉学史稿》内容与青海 20 世纪五六十年代汉译《松岭大战》（资料之一——原西康地区抄本）补编。

（2）据说 1970 年西北民院撤销时散佚（扎西东珠、王兴先，80 页）。

（3）"版本描述、总页码"根据同类抄本、刻本推定填补。

（4）"总字数"根据"甘肃省《格萨尔》书面资料统计"表格补填。

*23 《中华律法宗》

1. 藏文全题名：

རྒྱ་གླིང་གཡུལ་འགྱེད།

2. 拉丁转写：

rga gling g.yul 'gyed

3. 汉译名：

《中华律法宗》，或《调伏汉王》《岭与中华》。

4. 故事内容提要：

格萨尔君臣前往汉地缴纳进贡马匹。其间奚落汉地臧萨皇帝，汉地（中华）皇帝将格萨尔投入猛兽、毒虫牢狱，格萨尔通过神通变化，使身体完好无损。中华皇帝群臣将格萨尔吊在中华刑法之柱上，格萨尔派乌鸦带回岭国斧钺砍倒中华刑法之柱。中华皇帝只好将格萨尔招为驸马，后来又将王位禅让给了格萨尔大王。格萨尔继承王位后，想办法将中华皇帝与群臣消灭。最后，给汉地民众传法令其变为了佛法之地，讲授了佛法，使汉地众生畅享安乐的生活。

5. 版本描述（字体、抄本、刻本风格、版心大小、材质）：

藏文草体，长条抄本，每页 8 行，31.5cm×7.2cm，手抄原件，藏纸。

6. 保存处及编号：

（1）原件保存处：不知

7. 版本说明（页码标记、残缺污浊页、翻译、出版）：

（1）总页码：130 叶？

（2）异文本汉文翻译：① 阿图、徐国琼、解世毅译，中国民间文艺，1984。

（3）异文本藏文出版：① 中国民间文艺，1981；② 西藏，1984；③ 扎巴本，民族音像出版社，1999；④ 桑珠本，2005；⑤ 印度（岗托克），1977；⑥ 不丹，1981；⑦ 不丹（《下拉达克本》），1981；⑧ 民族音像出版社，2014。

8. 著作者、搜集者与搜集地：

（1）搜集者：余希贤、陈国英等？

（2）搜集地：甘南？

（3）搜集时间：1955？

9. 其他：

（1）据扎西东珠、王兴先《〈格萨尔〉学史稿》内容补编。

（2）据说1970年西北民院撤销时散佚（扎西东珠、王兴先，80页）。

（3）"版本描述、总页码"根据同类抄本、刻本推定填补。

（4）"总字数"根据"甘肃省《格萨尔》书面资料统计"表格补填。

*24 《地狱救妻》

1. 藏文题名：

དམྱལ་གླིང་མུན་པ་རང་གསལ།

2. 拉丁转写：

Dmyal gling mun pa rang gsal

3. 汉译名：

《地狱救妻》，或《阿达拉毛》《阿德拉毛》《阿达鲁姆》。

4. 故事内容提要：

岭·格萨尔去汉地降伏魔妃时，其最英勇善战的妃子阿达拉姆请求一同前往，格萨尔给其讲述了此次行程的因缘后，并未带其去汉地。其间阿达拉姆病死，堕入地狱。格萨尔回国后，得知此事，前去地狱与阎罗王理论。阎罗王告知格萨尔王妃阿达拉姆生前嗜杀成性，冤魂缠身而堕此地狱的道理。最后，格萨尔经阎王的指点，下至十八层地狱，终于在阿鼻地狱找到阿达拉姆，并将其搭救出来，同时还超度了十八亿亡灵随之同登极乐世界。

5. 版本描述（字体、抄本、刻本风格、版面大小、材质）：

藏文乌金体（正楷），每页7行，40cm×9cm，手抄原件，藏纸。

6. 保存处及编号：

原件保存处：未知

7. 版本说明（页码标记、残缺污浊页、翻译、出版）：

（1）总页码：112 页？

（2）异文本汉文翻译：角巴东主主编，高等教育出版社，2011。

（3）异文本藏文出版：① 青海，1983；② 丹增智华，2009；③ 洛桑奥赛，2011。

8. 著作者、搜集者与搜集地：

（1）搜集者：余希贤、陈国英等？

（2）搜集地：青海同仁？

（3）搜集时间：1955？

9. 其他：

（1）据扎西东珠、王兴先《〈格萨尔〉学史稿》内容补编。

（2）据说 1970 年西北民院撤销时散佚（扎西东珠、王兴先，80 页）。

（3）"版本描述、总页码"根据同类抄本、刻本推定填补。

（4）"总字数"根据"甘肃省《格萨尔》书面资料统计"表格补填。

25 《地狱救母》

1. 藏文题名：

དམྱལ་གླིང་རྫོགས་པ་ཆེན་མོ

2. 拉丁转写：

dmyal gling rdzaogs pa chen po

3. 汉译名：

《地狱救母》，或《地狱大圆满》《岭国地狱大圆满》《娘岭》《地狱元胜大全》。

4. 故事内容提要：

莲花生大师预言格萨尔，印度香河对岸边上有永生金刚杵，要求格萨尔赴该地修行佛法一百天。格萨尔按大师的旨意单枪匹马去那里静修，可是自己的母亲就在这时度完了一生。岭国群臣迎请大喇嘛，为果萨的灵魂升天念经，举办了非常隆重的丧事。

就在果萨去世几天后的某夜，珠姆梦到果萨堕入了地狱。她将此事派人带信告诉了远在印度的格萨尔王。格萨尔闻讯后进入地狱去质问阎王：我母亲向来苦修佛法，上供下施，从不怠慢，为何也掉进地狱？

阎罗法王说：你母亲做的是善业，但因你所杀汉、姜、霍尔、魔等灵魂都入了进地狱。因此给你的母亲带来了灾难，你快去营救吧！听完法王的话，格萨尔就去见母亲。正如法王所言，汉、姜、霍尔、魔等国的人把母亲东拉西扯折磨得皮开肉绽，实在目不忍睹。格萨尔大呼一声打散了人群，救出了慈母。母子相见，悲喜交加。格萨尔将母亲带进能活几亿年的乐土，然后回到了岭国。成千上万岭国臣民前来夹道迎接。格萨尔给大家详述了地狱的苦难，行善之好处，行凶之恶果。从此，岭国臣民更加虔信佛法，修行善业。

5. 版本描述（字体、抄本、刻本风格、版面大小、材质）：

藏文乌金（正楷）体，每页 6 行，36cm×6cm，木刻印刷本，藏纸。

6. 保存处及编号：

（1）原件保存处：西北民族大学图书馆

7. 版本说明（页码标记、残缺污浊页、翻译、出版）：

（1）总页码：229 叶

（2）江达瓦拉寺刻本。

（3）未翻译。

（4）异文本藏文出版：① 四川，1986；② 精选本，2013；③ 印度（纽托加），1973；④ 印度（《迦湿弥罗绿松石宗》合编，德里），1971；⑤ 印度（噶岭堡），1979；⑥ 不丹，1984。

8. 著作者、搜集者与搜集地：

（1）著作者：丹·喇嘛曲吉旺秋整理、仁增扎哉多杰于果洛掘藏

（2）搜集者：余希贤、赵文远？

（3）搜集地：昌都地区

（4）搜集时间：1957

9. 其他：

（1）据才让卓玛（2011）"西北民族大学图书馆《格萨尔》古籍"与扎西东珠、王兴先《〈格萨尔〉学史稿》内容补编。

（2）此件据说 1970 年西北民院撤销时散佚（扎西东珠、王兴先，80 页），可见后来重新找到了。

（3）"版本描述、总页码"根据才让卓玛（2011）"西北民族大学图书馆《格萨尔》古籍"文中内容填补。

（4）图版介绍详见赵国忠、卓玛吉、才让卓玛、李毛吉著《藏文古籍图录》，甘肃人民美术出版社，（2010 8.）96—97 页。

26 《地狱救母》

1. 藏文题名：

དམྱལ་གླིང་ཚོགས་པ་ཆེན་མོ།

2. 拉丁转写：

dmyal gling rdzaogs pa chen po

3. 汉译名：

《地狱救母》，或《地狱大圆满》《岭国地狱大圆满》《娘岭》《地狱元胜大全》。

4. 故事内容提要：

莲花生大师预言格萨尔，印度香河对岸边上有永生金刚杵，要求格萨尔赴该地修行佛法一百天。格萨尔按大师的旨意单枪匹马去那里静修，可是自己的母亲就在这时度完了一生。岭国群臣迎请大喇嘛，为果萨的灵魂升天念经，举办了非常隆重的丧事。

就在果萨去世几天后的某夜，珠姆梦到果萨堕入了地狱。她将此事派人带信告诉了远在印度的格萨尔王。格萨尔闻讯后进入地狱去质问阎王：我母亲向来苦修佛法，上供下施，从不怠慢，为何也掉进地狱？

阎罗法王说：你母亲做的是善业，但因你所杀汉、姜、霍尔、魔等灵魂都入了进地狱。因此给你的母亲带来了灾难，你快去营救吧！听完法王的话，格萨尔就去见母亲。正如法王所言，汉、姜、霍尔、魔等国的人把母亲折磨得皮开肉绽，实在目不忍睹。格萨尔大呼一声打散了人群，救出了慈母。母子相见，悲喜交加。格萨尔将母亲带进能活几亿年的乐土，然后回到了岭国。成千上万岭国臣民前来夹道迎接。格萨尔给大家详述了地狱的苦难，行善之好处，行凶之恶果。从此，岭国臣民更加虔信佛法，修行善业。

5. 版本描述（字体、抄本、刻本风格、版面大小、材质）：

藏文多种草体体，每页 6 行，25.8cm×5.7cm，手抄原件，藏纸。

6. 保存处及编号：

（1）原件保存处：西北民族大学图书馆

7. 版本说明（页码标记、残缺污浊页、翻译、出版）：

（1）总页码：215 叶

（2）未翻译。

（3）异文本藏文出版：① 四川，1986；② 精选本，2013；③ 印度（纽托加），1973；④ 印度（《迦湿弥罗绿松石宗》合编，德里），1971；⑤ 印度（噶岭堡），1979；⑥ 不丹，1984。

8. 著作者、搜集者与搜集地：

（1）著作者：丹·喇嘛曲吉旺秋整理、仁增扎哉多杰于果洛掘藏

（2）搜集者：余希贤、赵文远？

（3）搜集地：昌都地区

（4）搜集时间：1957

9. 其他：

（1）据才让卓玛（2011）"西北民族大学图书馆《格萨尔》古籍"与扎西东珠、王兴先《〈格萨尔〉学史稿》内容补编。

（2）"版本描述、总页码"根据才让卓玛（2011）"西北民族大学图书馆《格萨尔》古籍"文中内容填补。

（3）图版介绍详见赵国忠、卓玛吉、才让卓玛、李毛吉著《藏文古籍图录》，甘肃人民美术出版社，2010.8，98—99 页。

*27 《安定三界》

1. 藏文题名：

ཁམས་གསུམ་བདེ་བཀོད།

2. 拉丁转写：

Khams gsum bde bkod

3. 汉译名：

《安定三界》，或《安置三界》。

4. 故事内容提要：

格萨尔降伏了四方妖魔，安定天下，拯救了百姓并将其王位传给扎拉泽加，安排了岭国后事，功德圆满，与珠姆、神马、弓箭等回返天界。

5. 版本描述（字体、抄本、刻本风格、版面大小、材质）：

藏文草体？长条抄本：40cm×9cm？每页 7 行？手抄原件，藏纸。

6. 保存处及编号：

（1）手抄原件保存处：不知（或西北民族大学图书馆）

7. 版本说明（页码标记、残缺污浊页、翻译、出版）：

（1）总页码：30 叶

（2）异文本汉文翻译：王沂暖等《分大食牛、安定三界》，甘肃人民出版社，1986。

（3）异文本藏文出版：① 金迈、角巴东主《岭国歌舞》，青海，1993。

8. 著作者、搜集者与搜集地：

（1）著作者：不知

（2）搜集者：余希贤、陈国英等

（3）搜集地：青海

（4）搜集时间：1955

9. 其他：

（1）未查看原件，根据扎西东珠、王兴先《〈格萨尔〉学史稿》内容与"甘肃省《格萨尔》书面资料统计"补编。

（2）据说 1970 年西北民院撤销时散佚（扎西东珠、王兴先，80 页）。后于 1980 年重新搜集。

（3）此部与《临终教诫》内容有重复，但结构上有区别，因此单独列出。

@28　《姜岭大战》

1. 藏文全题名：

འཇང་འདུལ།

2. 拉丁转写：

'jang 'dul

3. 汉译名：

《姜岭大战》，或《姜岭之战》《降岭之战》《保卫盐海》《征服姜国》《岭八十大将传》。

4. 故事内容提要：

莲花生大师派天神玛乃乃假扮姜国天神，给姜国国王萨丹王降下假预言，致使他遵照假预言派王子玉拉托居尔前往岭国方向去迎接贵宾，结果被辛巴设计降伏被擒。萨丹王召集群臣出师岭国解救王子。双方经过多年战争，各有损伤，但未分出胜负。

岭国设计延误姜军进攻岭国计划。岭国派以丹玛为首的六大将帅突捣姜营，致使姜军人仰马翻，溃不成军。萨丹王丧失理智，悲愤之际欲饮尽江河，格萨尔变成一条小鱼钻进姜王肚中，救出被吞的男女 20 人。格萨尔站在萨丹心顶祈求三宝保佑。萨丹恼羞成怒，向自己的心口扎了一刀，结束了自己的生命。格萨尔收回盐矿岭国，任命玉拉为姜地 12 地的首领。架起了藏汉友谊之桥。岭军凯旋。

5. 版本描述（字体、抄本、刻本风格、版心大小、材质）：

藏文乌金体，B5 稿纸本，每页 15 行？手抄原件，现代纸。

6. 保存处及编号：

（1）原件保存处：未知（或甘南文联）

7. 版本说明（页码标记、残缺污浊页、翻译、出版）：

（1）总页码：442 页（藏文出版）

（2）异文本汉文翻译：徐国琼、王晓松译，中国藏学，1991。

（3）异文本藏文出版：① 西藏，1981；② 罗哲嘉措本，甘肃，1989；③ 甘肃，1993；④ 精选本，2002；⑤ 桑珠本，2003；⑥ 交加本，甘肃，2006；⑦ 格日尖参本，甘肃，2007；⑧ 印度（德里），1965；⑨ 印度（岗托克），1977；⑩ 印度（岗托克），1983；⑪ 不丹，1981；⑫ 蒙古国，1959；⑬ 川《格》丛书11，2014。

8. 著作者、搜集者与搜集地：

（1）著作者：罗哲嘉措等说唱

（2）搜集者：余希贤、旦正才让

（3）搜集地：甘南

（4）搜集时间：1983

9. 其他：

艺人说唱笔录本，据甘肃民族出版社（1989）《征服姜国》编制。

@29 《临终教诫》

1. 藏文全题名：

སྐྱེས་མཆོག་ནོར་བུ་དགྲ་འདུལ་གྱི་རྣམ་ཐར་སྤོས་ཆུའི་རྒྱ་མཚོ་ལས་མཛད་པ་ཐ་མའི་ཞལ་གདམས་བཞུགས་སོ།

2. 拉丁转写：

Skyes mchog nor bu dgra 'dul gyi rnam thar spos chu'i rgya mtsho las mdzad pa tha ma'i zhal gdams bzhugs so

3. 汉译名：

《临终教诫》。

4. 故事内容提要：

格萨尔大王以天界兜帅宫王子孟琼沃噶身份下凡执掌岭国王政，降伏了西方大食、北方老魔王、北方霍尔王、南方孟、姜王以及内敌晁同王后，安定天下，拯救了百姓并将其王位传给扎拉泽加，安排奔巴多丹为岭国军事统帅，丹玛护佑岭国王政等岭国事后，功德圆满，受到天神、空行的迎接，与珠姆、神马、弓箭等回返天界。

5. 版本描述（字体、抄本、刻本风格、版心大小、材质）：

藏文乌金体，B5 稿纸本，每页 15 行？手抄原件，现代纸。

6. 保存处及编号：

（1）原件保存处：未知（慈成木处）

7. 版本说明（页码标记、残缺污浊页、翻译、出版）：

（1）总页码：107 页（藏文出版）

（2）汉文未翻译。

（3）异文本藏文出版：巴如加洛本，甘肃，1993。

8. 著作者、搜集者与搜集地：

（1）著作者：巴如加洛说唱（པ་ར་རྒྱལ་ལོ། 1984 年去世，甘南夏河艺人）

（2）笔录、搜集者：慈成木

（3）搜集地：甘南夏河

（4）搜集时间：1966—1976

9. 其他：

（1）艺人说唱笔录本，据甘肃民族出版社（1993）《临终教诫》编制。

（2）据本书"简介"，巴如加洛艺人，甘南夏河艺人县下卡加乡海卡尔村人，文革期间说唱后记录成文。

（3）此部与《安定三界》内容有重复，但结构上有区别，因此单独列出。

@30 《霍射兵器宗》

1. 藏文全题名：

ཧོ་ཧྲེ་གོ་རྫོང་།

2. 拉丁转写：

Ho hre go rdzong

3. 汉译名：

《霍射兵器宗》。

4. 故事内容提要：

天界神子推巴噶瓦作为莲花生大师的心子，下凡诞生人间、占领玛域、赛马称王后，以其神通威力保护着岭国。在岭国的东北方有一位称做霍射的国王，他是粟特地方红谷中的王系，是花天魔泰让的后裔，是黄霍尔骨系，骄傲狂慢，不可一世。尤其其外臣玛惹卡塞、内臣堆郭玉嘉、中臣赞堆沃纳三位大臣更加残暴狂傲。

这一天，白梵天王给居住在王宫索卡南嘉陀斗中的霍射王降下假预言，扰乱他的心智，令他侵犯岭国。于是霍射王召集军队，派出三位将领侵犯岭国。岭国方面格萨尔大王依据天神预言做好准备，迎接战斗。最后，岭国大将丹玛、聂擦阿丹等将领反攻霍射王，格萨尔大王降伏了霍射王，其他岭国英雄降伏了包括霍射三魔将在内的所有魔兵，打开了霍射王宫宝库，将其分赠给百姓，获取了霍射国王的九种战神武器。

5. 版本描述（字体、抄本、刻本风格、版心大小、材质）：

藏文乌金体？B5 稿纸本，每页 15 行？手抄原件，现代纸。

6. 保存处及编号：

（1）原件保存处：未知（曹加处）

7. 版本说明（页码标记、残缺污浊页、翻译、出版）：

（1）总页码：93 页（藏文出版）

（2）汉文未翻译

（3）藏文出版：甘肃，1997。

8. 著作者、搜集者与搜集地：

（1）著作者：赛卡尔·更嘎才让（བསེ་མཁར་ཀུན་དགའ་ཚེ་རིང་གིས་ཡི་གེ་བཏབ།）

（2）搜集者：曹加（ཚོར་ལུ་ཚོགས་རྒྱལ།）

（3）搜集地：甘南？

（4）搜集时间：1989

9. 其他：

（1）艺人撰写本，据甘肃民族出版社（1997）《霍射兵器宗》编制。

（2）该书末尾记有：霍尔勒·曹加搜集、赛卡尔·更嘎才让文字记录。

@31　《岭国形成》《北方降魔》 《霍岭大战》《姜岭大战》

1. 藏文全题名：

འཛམ་གླིང་གེ་སར་རྒྱལ་པོའི་སྒྲུང་བདམས་བསྒྲིགས།

2. 拉丁转写：

'dzam gling ge sar rgyal po'i sgrung bdams bsgrigs

3. 汉译名：

《岭国形成》《北方降魔》《霍岭大战》《姜岭大战》，或《格萨尔王传选集》。

4. 故事内容提要：

岭国曲潘纳布有三位女儿，一天她做了一个奇怪的梦。次日他让三个女儿外出找来自己能找到的东西。大女儿找来了一根金笤帚，二女儿找来了一块桎柳，三女儿找来了一条狼尾。于是，依据这些征兆，三个女儿的后裔形成了岭国上、中、下三大部落。大女儿的后裔形成了上岭色巴八氏族与达戎十八族，二女儿的后裔形成了中岭文布六氏族，小女儿的后裔形成了下岭穆江四氏族以及外甥阿甲六族。上岭的居住地位于杂曲河流域，中岭居住于治曲河流域，下岭居住于玛曲河流域。之后，格萨尔 13 岁前往北方叶尔羌降伏了鲁赞魔王，之后降伏了霍尔白帐王和姜萨丹王。

5. 版本描述（字体、抄本、刻本风格、版心大小、材质）：

藏文乌金体（正楷）？B5 稿纸本，每页 15 行？手抄原件，现代纸。

6. 保存处及编号：

（1）原件保存处：未知（吉老处）

7. 版本说明（页码标记、残缺污浊页、翻译、出版）：

（1）总页码：251 页（藏文出版）

（2）汉文未翻译。

（3）藏文出版：甘肃，1997。

8. 著作者、搜集者与搜集地：

（1）著作者：交加艺人说唱（གཅོད་རྒྱལ།）

（2）笔录、搜集者：吉老（གཅེས་ལོ།）

（3）搜集地：玛曲

（4）搜集时间：2006

9. 其他：

（1）艺人说唱本，据甘肃民族出版社（2006）《格萨尔王传选集》编制。

（2）该书前言：交加已经 87 岁，文字笔录者吉老是艺人的孙子。艺人的《格萨尔》有特色如《霍岭》中，格萨尔杀了多钦，珠姆喜欢霍尔王并生了其子等。

（3）该艺人在 1983 年甘南文联的搜集过程中发现并记录了其说唱，故作为 2000 年前抄本做了题录。

小　结

1. 早在 20 世纪 50 年代，西北民族学院翻译科与藏文教研组就从甘南、青海、四川民间搜集到了 20 多部《格萨尔》手抄本与木刻本。1954 年，翻译科干部余希贤从青海文教厅桑热嘉措处获得包括"诞生""娶珠姆""北方降魔"和"霍岭"在内的一部抄本（此抄本或许就是现藏青海《格萨尔》研究所编号为：I291.47.53：1 的《英雄诞生》部，笔者简称为"化隆本"），并将其中《英雄诞生》《北方降魔》铅印成册。由此可见，1960 年 5 月青海民族民间文学调查团所备调研材料即青海文联铅印《北方降魔》的原本或许来自于此铅印本（但此铅印本据贡去乎才旦认为印于 1963 年）。此后，1955 年翻译科派余希贤、陈国英、丹巴拉周、更登嘉措、高存生等人赴青海循化、同仁、甘肃甘南搜集《格萨尔》等藏文资料。1957 年又派余希贤、赵远文二人赴四川、西藏、青海专门搜集《格萨尔》资料。遗憾的是，文革中大部分《格萨尔》资料散佚。

2. 20 世纪 80 年代以来，西北民院开始新一轮的《格萨尔》史诗资料的搜集工作。1980 年重新搜集了文革期间散佚的 6 部《格萨尔》文本：（1）手抄本 4 部：《天岭》《安定三界》《索波马宗》（下）（估计为《下粟特铠甲宗》）《祝古兵器宗》。（2）木刻本 1 部《大食财宗》。（3）油印本 1 部《地狱救妻》。1982 年，西北民院研究所《格萨尔》小组的车得驷、尕藏桑吉 2 人前往甘南夏河、玛曲、碌曲和合作等地区调查，发现了《格萨尔》艺人、遗迹，搜集了相关传说与文物。此后，尕藏桑吉作为甘肃人民出版社藏文编辑室工作人员，前往青海查到 60 多部《格萨尔》目录，后又走访中国社会科学院、中央民院、民族文化宫、北京图书馆、西北民院图书馆等单位，搜集到了《岭国形成》《诞生》《北方降魔》《大食财宗》等部。

3. 1982 年，甘南藏族自治州文联搜集到了《辛丹内讧》《姜国王子》《诞生史》三部。1983 年 8 月 12 日—9 月 10 日，中国社会科学院少数民族文学所与甘南州文联合作调查。参加人数 18 人，分为 6 组。走访了迭部、碌曲、夏河、玛曲 4 县 18 个公社。10 多次座谈会。给 43 名艺人进行了录音。最少能唱半部，最多能唱 7—8 部。共计 75 盘。能说唱的部名有：《降生》《降魔》《霍岭大战》《加岭之战》《姜国王子》《地狱救妻》等。此次还搜集到了过去未曾见到的部本：《加察猎鹿》《加察去盐湖取盐》《格萨尔帽子的由来》《岭国六十人马名称的由来》《关于格萨尔的传说》《在降魔归岭路上》等。

4. 1985 年 6 月，甘肃省《格萨尔》工作领导小组成立，办公室设于西北民族学院民族研究所。自此，在此机构的领导下，甘肃省的《格萨尔》史诗资料的搜集工作，在西北民院、甘南文联等单位已取得的成绩基础上，展开了更大规模的调研、搜集活动，取得了更加瞩目的成绩。从 1989 年《青海省图书馆》（第 2 期第 13 页）"在改革、开放中增强活力，深化读者服务工作，为开拓青海、振兴经济服务——青海省图书馆典型材料"一文中总结过去所做的服务工作时提到："……为西北民院提供全部关于《格萨尔》专题资料等等，……"可以想见，这一时期搜集了非常丰富的《格萨尔》资料。

5. 甘肃《格萨尔》办搜集《格萨尔》手抄本与木刻本 24 部 31（册）异文本罗列如下：1.《岭国形成篇》，2.《天界篇》（或《天岭卜筮》），3.《英雄诞生篇》，4.《赛马称王篇》，5.《世界公桑》，6.《霍射兵器宗》，7.《北方降魔篇》，8.《霍岭大战篇》，9.《辛丹内讧篇》，10.《姜岭大战篇》，11.《孟岭大战篇》，12.《大食财宗》，13.《上粟特马宗》，14.《下粟特铠甲宗》，15.《羊同珍珠宗》，16.《香香药宗》（或《亭岭之战》），17.《突厥兵器宗》，18.《苏毗犏牛宗》，19.《迦湿弥罗绿松石宗》，20.《中华律法宗》，21.《地狱救妻篇》，22.《地狱救母篇》，23.《临终教诫篇》，24.《安定三界篇》。

此外，根据王沂暖先生的报道，他还看到过《果岭》（青海同仁抄本）、《葛岭》（四川康定抄本）、《西宁马宗》《征服江国》《征服贝达之部》，等手抄本（王沂暖，第三次统计），但目前已不知藏于何处。所幸的是，其中《果岭》有桑珠本、《葛岭》有格日尖参本，《征服江国》即为果洛《格》办收藏之《征服北王》（唐维喇嘛噶热 ཐང་བའི་བླ་མ་དགས་རབ། 撰写），《征服贝达之部》即为果洛《格》办收藏之《白哈日茶宗》（喇嘛洛保 ฐ་འབང་ঘবས་ঘবঝ 撰写），唯有《西宁马宗》不见于其他目录或艺人说唱本，扎巴本《诞生》中有《西宁弹药宗》《西宁马宗》两说，实际上两种说法均没有错误，根据记录者或艺人的偏好取了两个名字，在此部中还包括了"头盔"等宝物，也可以称做《西宁头盔宗》，因此《西宁马宗》也即为《西宁弹药宗》（《西宁弹药宗》可见于川博所藏格萨尔 11 幅唐卡中，因此此部属于《格萨尔》中比较早期的"故事"）。以上抄本由于条件所限，均未作出解题目录。此外，甘南文联搜集的《加察猎鹿》《加察去盐湖取盐》《格萨尔帽子的由来》《岭国六十人马名称的由来》《关于格萨尔的传说》《在降魔归岭路上》等，也未能作出解题目录。

6. 甘肃《格萨尔》办公室搜集资料现保存于西北民族大学图书馆内。最初保存于西北民院民族研究所，后成立《格萨尔》研究院后资料保存于此。据西北民族大学《格萨尔》研究院宁梅院长告知，约 2010 年后这些资料均收藏于西北民族大学图书馆，保存于条件更好的地方。甘肃《格萨尔》办公室非常重视《格萨尔》史诗的资料搜集、保存与管理工作，他们在《格萨尔》资料保护方面的工作非常出色。由于条件所限，笔者尚未能查阅这些资料。

附录一：青海文联翻译编印《格萨尔》史诗资料题录（1959—1964）

[据青海省图书馆地方文献特藏部、青海文联青海《格萨尔》史诗研究所资料室、中国社会科学院民族所资料室、中国社会科学院民族文学所资料室藏书，根据编印先后顺序编排]

一、汉文翻译编印

01.《天岭卜筮之部》（资料之一——四川德格印本），青海文联民间文学研究组搜集、翻译、编印，**1959.11.北京**

① 目次：a 观音慈悲传圣旨 诸佛加护诞神童，b 戎总管做梦得预言 岭噶布开会议大事，c 推巴尕发愿降尘世 莲花生设法选龙女。

② 林葱木刻印刷本。

③ 翻译说明：西康北部及玉树方言重，估计整理者为这一地区人；民间语言浓厚。

④ 124 页。

⑤ 青海《格》研（1986）为杨质夫翻译。

⑥ 青海《格》研（1986）编号：I291.47.116:1

02.《赛马称王之部》（资料之一——四川德格印本）青海文联民间文学研究组搜集、翻译、编印，**1959.11.北京**

① 分为七章（轮王七宝）

② 翻译说明：a 作者系僧人整理， b 米旁弟子。

③ 257 页

④ 青海《格》研（1986）认为吴均翻译。

⑤ 青海《格》研（1986）编号：I291.47.123:1

03.《赛马称王之部》（资料之二——四川康定手抄本），青海文联民间文学研究组搜集、翻译、编印，**1959.11.北京**

① 四川民族出版社代借于扎西才仁

② 附记：四种赛马中，印本与康定本全面丰富，其他两种简单。

③ 257 页

④ 青海《格》研（1986）认为吴均翻译。

⑤ 青海《格》研（1986）编号：I291.47.123:2

04.《赛马称王之部》（资料之三——贵德德热村手抄本），青海文联民间文学研究组搜集、翻译、编印，1959.11，北京

① 翻译说明：a 方言多， b 宗教术语少。

② 49 页

③ 青海《格》研（1986）认为纳朝玺翻译。

④ 青海《格》研（1986）编号：I291.47.123:3

05.《赛马称王之部》（资料之四——青海同仁手抄本），青海文联民间文学研究组搜集、翻译、编印，1959.11，北京

① 隆务镇抄本

② 86 页（下残）

③ 青海《格》研（1986）认为纳朝玺翻译。

④ 青海《格》研（1986）编号：I291.47.123:4

06.《北地降魔之部》（资料之一——西康作庆寺抄本），青海文联民间文学研究组搜集、翻译、编印，1960.1，西宁

① 目录：a 天姑示预言决计降魔，b 晁同恶意排众议 贾察悬心请同行，c 单骑出塞沿途遇魔障，d 变化神医诱杀鲁赞魂魄羊，e 梅萨相助进魔城，f 杀死鲁赞 降伏魔地，g 梅萨献饮迷魂酒 仙鹤飞送告急书，h 黄河川叔侄巧相会 还乡途君臣叙离情，i 雄狮王设计惩晁同 岭官民集会迎英雄。

② 无翻译说明（附记）。

③ 木鸡年四月上旬作庆寺僧人白马写。

④ 314 页。

⑤ 青海《格》研（1986）认为译者是祁万秀、吴均。

⑥ 青海《格》研（1986）编号：I291.47.119:1

07.《地狱救妻之部》（资料之一——青海同仁隆务镇抄本），青海文联民研组，1960.1，西宁

① 提要：a 格萨尔打算前往汉地，b 阿德拉毛重病，c 格萨尔之父母劝阻格萨尔去汉地，d 阿德拉毛病逝，e 阿德拉毛经历地狱之苦，f 格萨尔前往地狱拯救阿德拉毛及地狱众生。

② 说明：a 安多方言，b 另一种本前有格父母阻止格去汉地说，c 木刻版藏拉卜楞寺。

③ 比丘群排嘉措和丹增出资刻版，萨加派达先多杰郭写于郭密佛宫。

④ 96 页

⑤ 青海《格》研（1986）认为译者是吴均。

⑥ 青海《格》研（1986）编号：I291.47.117:1

08.《地狱救母之部》（资料之一——西康德格印本）青海民间文学研究会搜集、翻译、编印，1960.3，西宁

① 目录：18 章

② 岭国后裔持明师智杂多吉从北方果洛黄河水池中挖掘出来。

③ 译后记：a 出版资助者，德格丹曲丹巴，校者为那旺勒喜。

④ 327 页

⑤ 吴均认为此部由吴均翻译（少文所《案卷·专34》）。

09.《分大食牛之部》（资料之一——西康包鲁寺刻本），青海民间文学研究会搜集、翻译、编印，1960.5，西宁

① 说明：a 拜麻柔增整理之重刻本，b 包鲁寺印本，c 招央"羊保"（招福运）。

② 索南才仁之属下卜洛巴勒桑刻版。

③ 56 页

④ 青海《格》研（1986）认为译者是吴均。

⑤ 青海《格》研（1986）编号：I291.47.115:1

10.《向雄珍珠之部》（资料之一——原西康德格抄本），青海民间文学研究会搜集、翻译、编印，1960.7，西宁

① 目录：a 达让现财生祸，b 拒和解而战，c 向雄增兵，d 晁同被擒，e 向雄守关，f 破城。

② 说明：a 中央民院借与、又据玉树本补，b 昂旺穷派讲解疑难，c 姜佐鸿译于 1960 年 7 月 9 日。

③ 244 页

11.《岭与卡契之部》（资料之一——原西康德格抄本），青海民间文学研究会搜集、翻译、编印，1960.8，西宁

① 提要：a 卡契征服泥婆罗，b 卡契傲慢进攻岭国，c 岭国反击，d 征服卡契，e 打开松耳石宝库，宣扬佛法。

② 译说明：a 有德格抄本、玉树印本和抄本，b 欧旺群丕、才旦夏茸、吉合老等帮助，c 译者马世林。

③ 308 页。

④ 青海《格》研（1986）编号：I291.47.120:1

12.《岭与幕域之部》（资料之一——原西康德格抄本），青海民间文学研究会搜集、翻译、编印，1960.8，西宁

① 目次提要：a 预言，b 进军，c 侦探，d 挑战，e 战斗，f 反扑，g 攻

坚，h 灭魔之凯旋

②译后记：a 原书名：岭慕大战别腊钦，b 作者是拉东噶布·觉朋布拉诺布，c 去朝卡娃栋甲雪山，时 25 岁，梦见天母授黄纸，d 在觉妥邦噶岭，一位勇士让作者写出此书，e 火鸡年 2 月初 6 日。

③青海《格》研（1986）认为钟秀生译。

④473 页

⑤青海《格》研（1986）编号：I291.47.105:1

13.《岭与中华之部》，（资料之二——青海贵德抄本），青海民间文学研究会搜集、翻译、编印，1960.8，西宁

①说明：a 与同部比是伪作，b 作者为南部贺尔仓柔赛咒师，可能为甘南贺尔仓红教本布子，甘南方言重，c 内容不好。

②最后页残。

③117 页。

④青海《格》研（1986）认为译者是祁万秀。

⑤青海《格》研（1986）编号：I291.47.125.2:2

14.《英雄诞生之部》（资料之一——原西康德格印本），青海民间文学研究会搜译印 1960.8，西宁

①前记：原文来自四川民族出版社

②林葱德格木刻印本：a 觉如诞生，b 降伏魔牛犊魔马驹，c 被逐玛麦玉隆松多，d 岭地雪灾，e 分封玛域。

③147 页

④吴均认为此部由杨质夫、吴均翻译（少文所《案卷·专 34》）。

15.《三十英雄赞》（资料之一——青海果洛抄本）青海民间文学研究会搜集、翻译、编印，1960.9，西宁

①提要：a 介绍 30 位英雄，b 岭国六大部落，c 煨桑，震慑霍尔君臣。

②说明：1960 年 6 月搜集于果洛。

③实为《世界公桑》上部。

④52 页

⑤青海《格》研（1986）编号：I291.47.110:1

⑥此部译者不知。

16.《霍尔侵入之部》（资料之一——青、甘地区流传抄本），青海民间文学研究会搜集、翻译、编印，1960.9，西宁

①前言

②目次提要（20 节）：a 霍尔乌鸦寻得珠姆王妃，b 霍尔侵入，c 丹玛、贾察扬威，d 晁同叛国，e 岭国诸将领挑战霍尔大军，f 乃琼替代珠姆，

g 珠姆被抢，h 仙鹤送信，i 贾察送命。

③ 译后记：本书蒙文本 1921 年发现于私人收藏

④ 1004 页

⑤ 青海《格》研（1986）编号：I291.47.101:2

⑥ 吴均认为此部由吴均翻译（少文所《案卷·专 34》）。

17.《平服霍尔之部》（资料之二——青海化隆抄本），青海民间文学研究会搜集、翻译、编印，1960.9，西宁

① 原名：瞻部州格萨尔大王如意大宝的传记中降服霍尔之部（又名雷箭宝剑）十三章本中关于扎大营的略本

② 老咒师达坚巴幻想出来的

③ 内容为唐聂的十八稀奇

④ 翻译说明：a 安多方言多，b 达贤巴是西康地区人。

⑤ 232 页

⑥ 青海《格》研（1986）编号：I291.47.102:3

⑦ 吴均认为此部由吴均翻译（少文所《案卷·专 34》）。

18.《安置三界之部》（资料之一——青海化隆抄本），青海民间文学研究会搜集、翻译、编印，1960.9，西宁

① 提要：a 格萨尔降魔伟业结束，b 诺布群派等祈求说法，c 格萨尔安置岭国事宜，d 格萨尔王与王妃等返回天界。

说明：a 1960 年 2 月搜集于德恒隆甲加村，保存者——俄索寺活佛合尔纳（收有 7 部抄本）；b 著者有三：（1）俄吾曲派，（2）多仁司群，（3）多仁雅干；c 征服汉人说。

② 关于著者，据哲蚌寺群则曲派嘉措的说法。

③ 47 页

④ 青海《格》研（1986）认为译者是吴均。

⑤ 青海《格》研（1986）编号：I291.47.109:1

19.《美岭战争之部》（资料之一——（一）西藏昌都抄本），青海民间文学研究会搜集、翻译、编印，1960.10，西宁

① 目录：a 南如王逐弟，b 岭出兵，c 英雄显身手。

② 内容提要：a 北方美洲南如王赤赞欲惩处信仰佛教幼弟达尕尼玛，b 达尕尼玛逃脱后投奔岭国，c 格萨尔王得到天母预言出兵征讨美洲，d 岭国英雄大显身手，征服美洲获取玛瑙宝。

③ 翻译说明：a 1960 年 7 月搜于昌都小学教师罗加。

④ 166 页

⑤ 青海《格》研（1986）编号：未藏此书

⑥吴均认为此部由祁万秀、吴均翻译（少文所《案卷·专34》）。

20.《姜岭战争之部》（上部）（资料之一——西藏昌都本）青海民间文学研究会搜集、翻译、编印，1960.10，西宁

①内容提要：a自霍尔凯旋，b商议征姜，c辛丹内讧。

②祁万秀译

③166页

④青海《格》研（1986）编号：I291.47.104:1

⑤吴均认为此部由王沂暖翻译（少文所《案卷·专34》）。

21.《嘉尔岭战争之部》（资料之一——西藏昌都抄本），青海民间文学研究会搜集、翻译、编印，1960.10？，西宁

①a海外信仰外道嘉尔国盛产黄金，b格萨尔王得授天母预言前往征服，c打开了骡城为首的宝库。

②黄衣教师菩提萨埵达玛玛德（ བོ་དི་སཏྭ་དྷ་རྨ་མད），受阿德穆维战神加持而写。

③379页

④第八世康珠活佛顿居尼玛1931年著（石泰安《不丹本〈格萨尔〉·前言》）

⑤此部不见于吴均目录（少文所《案卷·专34》）。

22.《索麦铠、玉城之部》（资料之一——青海玉树抄本），青海民间文学研究会搜集、翻译、编印，1960.10，西宁

①说明：a《索波军马城之部》分上、下或上、中、下三部，上为《索多军马城》，下为《索麦铠、玉城》；b收集两种，大体一样。

②昌都具善弥勒院（昌都寺）活佛丹白坚赞（似帕巴拉）命令

③著者觉宛嘛呢，于庚辰年开始执笔，辛巳年7月14日完成。

④413页

⑤青海《格》研（1986）认为译者是纳朝玺。

⑥青海《格》研（1986）编号：I291.47.127:1

23.《英雄诞生之部》（资料之二——青海玉树地区抄本）青海民间文学研究会搜集、翻译、编印，1960.12，西宁

①故事提要：a诸佛商议派格萨尔降生降敌，b岭祖先迁入黄河川，c葛岭之战，d格幼年晁同迫害降魔，e格奚落珠姆，f晁格争权，g格派梅萨赴北地、汉商造宫殿，h打击鲁赞之间谍，i降伏司马王。

②（赛马前段完）

③270页

④吴均认为此部由杨质夫、吴均翻译（少文所《案卷·专34》）。

24.《丹玛青稞之部》（资料之一——德格巴邦寺抄本），青海民间文学研究会搜集、翻译、编印，**1960.12，西宁**

① 翻译说明：a 收藏于德格巴邦寺，b 谚语、比喻多，c 苟国明、马世林译，d 欧旺群丕、才旦夏茸帮助，e 宗教色彩重。

② 内容：a 格萨尔王死，b 丹玛生，c 丹岭之战，d 打开青稞库。

③ 阿玉道泽没有掺杂自己的主见写出

④ 340 页

⑤ 青海《格》研（1986）认为译者是苟国明、马世林。

⑥ 青海《格》研（1986）编号：I291.47.122:1

25.《平服霍尔》（资料之三——青海同仁抄本），青海民间文学研究会搜集、翻译、编印，**1961.2，西宁**

① 原名：南瞻部洲格大王传奇稀奇庄严华鬘中平服霍尔心愿圆满之部从根斩断敌人生命的霹雳宝剑宝轮

② 前言

③ 目录：a 送信到泽赛哇山，b 弟兄生死遇，c 化装试晁同，d 作噶尔瓦之子，e 霍尔王识天机，f 活剥白帐皮。

④ 原整理者后记：来自德格夏仲本。译后记。

⑤ 311 页

⑥ 青海《格》研（1986）编号：I291.47.102:4

⑦ 吴均目录中此部未填写译者（少文所《案卷·专 34》）。

26.《米努绸缎城之部》（上、下部）（资料之一），青海民间文学研究会搜集、翻译、编印，**1961.3，西宁**

① 目录：a 米努商议为白热复仇，b 格萨尔王征讨米努，c 决战（以上为上部），d 乔装建功，e 取绸缎，f 班师回国。

② 原文分上、下部，未分章节；无译后记，1960.12.29 下午译完。

③ 青海《格》研（1986）认为钟秀生译。

④ 366 页

⑤ 青海《格》研（1986）编号：I291.47.103:1

27.《平服霍尔》（资料之一——青海玉树地区抄本），青海民间文学研究会搜集、翻译、编印，**1961.3，西宁**

① 目录：a 格途中降魔，b 戏霍尔众，c 茶叶堆山，d 舞狮，e 辛巴受惩，f 凯旋。

② 译后记：a 共搜集 7 种：玉树西康 2 种实为一，青海东部 5 种可归为三类。

③ 799 页

④ 青海《格》研（1986）编号：I291.47.102:2

⑤ 吴均认为此部由吴均翻译（少文所《案卷·专34》）。

28.《岭与中华之部》（资料之一——昌都地区流传本），青海民间文学研究会搜集、翻译、编印，1961.3，西宁

① 原名：岭主格萨尔大士夫敦珠卜传奇——降伏、焚化中华皇后僵尸之部

② 目录：a 中华宠后苛政，b 梅萨骗玉译，c 共命鸟被擒，d 降阿赛，e 恶犬探格萨尔，f 焚尸，g 扎拉杀汉将，h 修平汉藏道。

③ a 原稿缺数页，b 译后记：据原文应为西康宁玛派据艺人演唱而写成

④ 647 页

⑤ 青海《格》研（1986）认为译者是吴均。

⑥ 青海《格》研（1986）编号：I291.47.125.2:1

29.《松岭大战》（资料之一——原西康地区抄本），青海民间文学研究会搜集、翻译、编印，1961.5，西宁

① 提要：a 晁同抢亲，b 松巴擒拿晁同，c 松巴抢劫岭商队，e 岭王得预言派兵进攻松巴，f 岭军攻破松巴城堡，g 打开犏牛宝库，h 松巴国信仰佛教。

② 说明：a 西北民院翻译科搜集，b 1961 年 3 月借与，c 18 国之后部，d 译者：青海人民出版社姜佐鸿。

③ 161 页

30.《取白惹羊城之部》（资料之一——昌都地区流传抄本），青海民间文学研究会搜集、翻译、编印，1961.6，西宁

① 译说明：a1960 年 7 月搜于昌都， b 去征服日努达扬（绸缎央）路上发生的战争，c 吉合老、欧旺群丕帮助，d 马世林译于 1961 年 6 月 24 日。

② 众佛的集合体/是格军王他一人/出生在西康的浪赤哇玛地方

③ 262 页

④ 青海《格》研（1986）编号：I291.47.107:1

31.《英雄诞生之部》（资料之三——西藏昌都地区抄本）青海民间文学研究会搜集、翻译、编印，1961.8，西宁

① 故事提要（与资料之二内容同）：a 诸佛商议派格萨尔降生降敌，b 岭祖先迁入黄河川， c 葛岭之战， d 格幼年晁同迫害降魔，e 格奠落珠姆， f 晁格争权， g 格派梅萨赴北地、汉商造宫殿， h 打击鲁赞之间谍，i 降伏司马王。

② （赛马前段完）

③ 270 页

④ 吴均认为此部由吴均翻译（少文所《案卷·专34》）。

32.《英雄诞生之部》（资料之四——果洛地区流传抄本）青海民间文学研究会搜集、翻译、编印，1961.8

① 目录：a 礼赞词，b 格萨尔降生，c 压伏咒师，d 治理玛麦，e 预备赛马，f 捕捉宝马，g 登上王位。

② 原后记：a 昂欠千户 གཙོས་རྗེ་འགུག་རྒྱལ། 下令整理

③ 译后记：a 周巴噶举寺，b 丹增华桑与洛赛东周噶委喜年二人整理，c 艺人是噶喇伍地区的耿噶却派。

④ 318 页

⑤ 吴均认为此部由吴均翻译（少文所《案卷·专34》）。

33.《索多马城之部》（资料之一——青海昂欠手抄本），青海民间文学研究会搜集、翻译、编印，1962.3，西宁

① 说明：a 昂欠县扎吉公社扎俱大队搜集，b 全文 224 页，c 译文参考了结古本及昌都的上下部。

① 目录：a 礼赞，b 凶兆神示，c 放飞箭降妖术，d 岭索交战，e 宝马归岭。

② 译后记：a 原书名：赡部格萨尔王传奇，略取上蒙古宝马消灭外道、置君臣于佛法编；b 昌都本上部 1—188 页，下部 188—369 页，书名：治理赡部战神格萨尔俄吾詹笃传奇海中，略取蒙古骏马福祉妙语饰鬘、消魂言韵；c 二者大情节变化不大，造句遣词出入大；d 昂欠、结吉本出自一人，昌都本另出一人；e 格萨尔个人历史：13 岁开水晶库，15 岁上北地，25 岁征服霍尔，35 岁征服姜国，40 岁征服门地，45 岁征服大食（北方），又过 3 年征服蒙古马城，后征服歇日（北方）。

③ 493 页

④ 青海《格》研（1986）认为姜佐鸿译，吴均认为自己翻译（参见《吴均文集》，856—859）。

⑤ 青海《格》研（1986）编号：I291.47.106:1

34.《辛巴与丹玛之部》（资料之一——青海海南地区抄本），青海民间文学研究会搜集、翻译、编印，1962.3，西宁

① 提要：a 霍岭战争后辛巴被带回岭国受处罚，b 丹玛、扎拉等认为应该处死辛巴，c 辛巴忏悔杀死岭英雄，d 格萨尔受天神启示赦免辛巴，e 丹玛部落离去，f 贾察下凡劝导丹玛，g 辛丹和好，h 姜岭战争爆发，i 辛巴智擒玉拉。

说明：原属于《姜岭》

② 首、二页缺，三、四页残，自五页译起，最后页残，可能还有多页。

③ 青海《格》研（1986）认为是祁万秀译。

④ 178 页

⑤ 青海《格》研（1986）编号：I291.47.121:1

35.《岭与雪山水晶城之部》（资料之一——德格地区抄本），青海民间文学研究会 1962.4，西宁

① 提要：a 岭征服突厥，分封两部落给达戎部与丹玛部，b 拉达克雪山国欲夺回两部落，c 两国开战，d 格萨尔征服拉达克雪山国王袁奴噶俄王。

② 译说明：a 原书所有者中央民院，b 故事发生于岭与祝古之战后的第二年。

③ 作者：拉柔（ཤུ་དབང་རིག་འཛིན།）

④ 324 页

⑤ 青海《格》研（1986）认为译者是吴均。

⑥ 青海《格》研（1986）编号：I291.47.113:1

36.《姜岭战争之部》（下部）（资料之一——西藏昌都本）青海民间文学研究会搜集、翻译、编印，1962.4，西宁

① 提要：第三章 a 预言战姜，b 灭黑，c 萨当宁丧，d 再战，e 取具钥。

② 译附：钟秀生译

③ 594 页

37.《英雄诞生之部》（资料之五——四川甘孜抄本）青海民间文学研究会搜集、翻译、编印，1962.5，西宁

① 据四川甘孜扎呷寺抄本译出

② 目录：一章：格生，二章：流放，三章：占领黄河川，四章：珠姆择婿，五章：赛马、考验珠姆，六章：赛马登位，七章：霍尔入侵。

③ 共 762 页

④ 译后记

⑤ 青海《格》研（1986）认为译者是吴均。

⑥ 青海《格》研（1986）编号：I291.47.124.1:1

38.《征服大食之部》（资料之一——四川甘孜地区流传抄本），青海民间文学研究会搜集、翻译、编印，1962.5，西宁

① 内容提要：a 晁同盗走大食宝马，b 达戎部与大食交战，c 格萨尔派兵进攻大食，d 攻克大食财宝宗。

② 四川甘孜地区抄本

③ 青海《格》研（1986）认为译者是吴均。

④ 675 页

⑤青海《格》研（1986）编号：I291.47.108:1

39.《岭与祝古之部》（上卷第一分册）（资料之一——昌都区流传本与东孔与四川巴邦寺抄本），青海民间文学研究会搜集、翻译、编印，1962.5，西宁

①目录提要：a 祝古抢掠藏地，b 岭向祝古发兵，c 两军交战。

②译后记：a 有东孔抄本与巴邦寺两种抄本，青海玉树抄本残缺。

③554 页

40.《岭与祝古之部》（上卷第二分册）（资料之一——昌都区流传本与东孔与四川巴邦寺抄本），青海民间文学研究会搜集、翻译、编印，1962.6，西宁

①目录：a 祝古向邻国求援，b 岭军进边，c 下祝古反攻。

②译后记：a 有东孔抄本与巴邦寺抄，对上卷分法不同；b 对中华皇帝称为宗喀王。

③432 页

④吴均认为此部由吴均翻译（参见少文所《案卷·专 34》）。

41.《岭与歇日珊瑚城之部》（资料之一——德格巴邦寺抄本），青海民间文学研究会搜集、翻译、编印，1962.8，西宁

①目录：a 寻旧恨歇岭启兵端，b 降牛魔，c 取珊瑚。

②译说明：书法潦草、错误多。

③原书名：歇日珊瑚城英雄开颜妙音语鬘

④496 页

⑤青海《格》研（1986）编号：I291.47.112:1

⑥吴均认为此部由纳朝玺、吴均翻译（少文所《案卷·专 34》）。

42.《征服阿札玛瑙城之部》（资料之一——青海果洛本），青海民间文学研究会搜集、翻译、编印，1962.9，西宁

①提要：a 岭国商人去往上部经商，b 阿扎国抢劫岭商人，c 格萨尔王派兵征服阿扎，d 打开了玛瑙宝藏，阿扎国民信仰佛教。

②结尾"女神首领扎喜才仁玛（长寿五仙女之一）指示攻取玛瑙城预言章完"。

③645 页

④青海《格》研（1986）认为译者是钟秀生。

⑤青海《格》研（1986）编号：I291.47.118:1

⑥据此稿藏文原件青海《格》研（1986）编号：I291.47.6：1）题记得知，此部封面应该为"玉树地区流传本"，而非"青海果洛本"。

43.《岭与祝古之部》（中卷第一分册）（资料之一——昌都区流传本与东孔与四川巴邦寺抄本），青海民间文学研究会搜集、翻译、编印，1963.1，西宁

① 目录：a 岭军进攻包蒂城、宁宗嘉让城、扎赛乌巴城，b 祝古诈降，c 消灭祝古之上、中、下三军。

② 译后记：有东孔抄本与巴邦寺抄，对中卷分法不同。

③ 435 页

④ 青海《格》研（1986）认为吴均翻译。

⑤ 青海《格》研（1986）编号：I291.47.114:1

44.《岭与祝古之部》（中卷第二分册）（资料之一——昌都区流传本与东孔与四川巴邦寺抄本），青海民间文学研究会搜集、翻译、编印，1963.2，西宁

① 目录：a 岭中路军与第一军选将军，b 岭军消灭祝古王命魂依止黑熊，c 岭文布与达让内讧，d 文布与达让两部进攻噶玉阿达尔部。

② 译后记：a 有东孔抄本与巴邦寺抄，对中卷分法不同。

③ 473 页

④ 青海《格》研（1986）认为吴均翻译。

⑤ 青海《格》研（1986）编号：I291.47.114:2

45.《岭与祝古之部》（下卷）（资料之一——昌都区流传本与东孔与四川巴邦寺抄本），青海民间文学研究会搜集、翻译、编印，1963.6，西宁

① 目录：a 岭军发起总攻，b 格萨尔大王降伏祝古托郭王，c 打开兵器宗。

② 译后记：a 有东孔抄本与巴邦寺抄，对下卷分法不同。

③ 432 页

④ 吴均认为此部由吴均翻译（少文所《案卷·专 34》）。

46.《姜岭战争之部》（资料之二——四川德格地区流传本）青海民间文学研究会搜集、翻译、编印，1964.5，西宁

① 内容：第一章 3 节：a 自霍尔凯旋，b 商议征姜，c 辛丹内讧；第二章 4 节：a 萨坦王派王子玉拉巡抚盐海，b 辛巴诱骗擒捉玉拉，c 岭军进攻姜军杀其三将，d 晁同负气返岭杀降将。

② 译者：吴均认为是自己翻译（《吴均文集》，第 837—839 页）。

③ 344 页

47.《姜岭战争之部》（资料之二续——甘孜地区流传本）青海民间文学研究会搜集、翻译、编印，1964.5，西宁

① 提要：a 岭军进攻姜军杀其三将，d 姜军反击，c 岭军攻占姜城，d 格萨尔降伏姜萨丹王。

② 与资料之二四川德格抄本属于同一故事系统。

③ 青海《格》所（1986）认为祁万秀译。

④ 130 页

⑤ 吴均认为此部由吴均翻译（中国社会科学院少数民族文学所《案卷·专 34》）。

48.《姜岭战争之部》（资料之二——昌都地区流传本）青海民间文学研究会搜集、翻译、编印，1964.5，西宁

① 提要：a 岭军进攻姜军杀其三将，d 姜军反击，c 岭军攻占姜城，d 格萨尔降伏姜萨丹王。

② 与资料之二四川德格抄本属于同一故事系统。

③ 251 页

④ 吴均认为此部由王沂暖翻译（少文所《案卷·专 34》）。

49.《门岭之战之部》（资料之二——西藏昌都地区抄本），青海民间文学研究会搜集、翻译、编印，1964.8，西宁

① 目次提要：a 预言，b 进军，c 侦探，d 挑战，e 战斗，f 反扑，g 攻坚，h 灭魔之凯旋。

② 译后记：a 藏书者为昌都生格村喜瓦拉，b 编写者是觉妥邦尕林寺院的觉文拉伍璐布，c 此部参照了四川甘孜、阿坝以及青海玉树地区共计 3 个抄本翻译，d 所搜集 4 种抄本内容相同，字句有差异。

③ 539 页

④ 此部不见于吴均目录（中国社会科学院少数民族文学所《案卷·专 34》）。

二、汉文翻译整理编印

01.《格萨尔王传》（草本一）、华甲、王沂暖翻译整理，青海文联编印，1959 年 4 月西宁

① 第一章百花岭上诞英雄：a 在天国里，b 下界投生，c 纳妃称王。

② 第 1—44 页

③ 青海《格》研（1986）编号：I291.47.128.4:1

02.《格萨尔王传》（草本二）、华甲、王沂暖翻译整理，青海文联编印，1959 年 4 月西宁

① 第二章远征北地降妖魔：a 别妃远征，b 降魔除害。

② 第 45—96 页

③ 青海《格》研（1986）编号：I291.47.128.4:2

03.《格萨尔王传》（草本三），华甲、王沂暖翻译整理，青海文联编印，1959 年 4 月，西宁

① 第三章胡儿乘虚侵岭国：a 胡儿犯边，b 勇士杀敌，c 超同叛国，d 珠毛被困。

② 第 97—198 页

③ 青海《格》研（1986）编号：I291.47.128.4:3

04.《格萨尔王传》（草本四），华甲、王沂暖翻译整理，青海文联编印，1959.4，西宁

① 第四章消灭胡儿救珠毛：a 回国除奸，b 过关入胡，c 打铁探敌，d 灭胡回国。

② 199—299 页。

③ 此部故事最后讲到格萨尔饶恕了辛巴梅乳孜（这种结尾处理估计为整理者所为，而在民和本中其被杀死了，化隆本也如是）。

④ 青海《格》研（1986）编号：I291.47.128.4:4

⑤ 以上四本为《贵德分章本》（王沂暖、华甲译，甘肃，1981）草稿。此书藏文原名为《 གླིང་གེ་སར་རྒྱལ་པོ་དོན་གྲུབ་སེང་ཆེན་རྒྱལ་པོ་དགྲ་འདུལ་གྱི་རྣམ་ཐར་བཞུགས་སོ།》（《岭格萨尔大丈夫敦珠雄狮降敌王传》，藏文书名根据吴均汉译文再译出，吴均，747页），由华甲艺人于 1957 年前后借自贵德县下排村郎克加家。"文革"中散佚。

05.《保卫盐海之部》，青海省文联民间文学研究组搜集，王沂暖、华甲、徐国琼、歌行、可国翻译整理，青海文联编印，1959.7，西宁

① 标题：རྒྱལ་པོ་གེ་སར་རྒྱི་རྣམ་ཐར། 格萨尔王传·保卫盐海之部

② 目次（9 章）：a 生祸端萨丹抢盐海 虑后患琦珍劝娇儿，b 保盐海格萨尔点将 造假信梅乳孜骗敌，c 老降臣计擒小先锋 花岭王威服骄娇子，d 姜军妄动望风披靡 岭帅亲征旗开得胜，e 斩魔爪勇士建奇功 逞狼心毒人遭诛灭，f 黑魔神死里逃生 姜法王刀下送死，g 踏魔窟英雄诛群妖 赴宴会叛徒惹公愤，h 花岭王智杀仇敌 黑萨丹自食恶果，i 灭老贼赤兔马出力 荡余寇雄狮王班师。

③ 附记：青海两部翻译整理：（1）贵德县龙羊乡（热丹保存本）、（2）同仁曲库乡曲歌庄（那木庆嘉保存本）。

④ 315 页

⑤ 青海《格》研（1986）编号：I291.47.111:1

06.《霍尔侵入之部》，青海省文联民间文学研究组搜集，王沂暖、华甲、徐国琼、歌行、可国翻译整理，青海省文联印，1959.7，西宁

① 内容提要：a 黄帐王兴兵，b 帕雷退敌，c 晁同叛敌、贾察死，d 梅萨药酒。

② 附记：a1958 年搜于贵德下排村抄本，b 琅克加言来自祖父旦增加，

c 宗教少，d 1959.6.20。

③ 128 页

④《贵德分章本》之原稿

⑤青海《格》研（1986）编号：I291.47.101:1

07.《平服霍尔之部》，青海省文联民间文学研究组搜集，王沂暖、华甲、徐国琼、歌行、可国翻译整理，青海省文联印，1959.7，西宁

① 内容提要：a 格萨尔回国惩奸，b 过九关降伏八妖，c 与铁匠女果萨结合得帮助，d 降伏黄霍尔。

② 附记：a1958 年搜于贵德下排村抄本， b 琅克加言来自祖父旦增加，c 宗教少，d1959.6.20。

③ 116 页

④《贵德分章本》之原稿

⑤青海《格》研（1986）编号：I291.47.102:1

08.《赛马称王之部》青海省文联民间文学研究组搜集，王沂暖、华甲、徐国琼、歌行、可国翻译整理，青海省文联印，1959.8，西宁

① 目次：a 觉如智降假预言，b 逗心愿珠姆接觉如， c 葛姆捕捉千里驹， d 觉如重返岭尕朵，e 岭尕朵大闹赛马会， f 觉如压倒众敌手， g 得彩注觉如称王。

② 附记：a 原文是刻本，流传于西康德格地区；b 整理者为阿恰热牟尼霞撒；c 分七章。

③ 207 页

④青海《格》研（1986）编号：I291.47.123:5

09.《英雄诞生之部》青海省文联民间文学研究组搜集，王沂暖、华甲、徐国琼、歌行、可国翻译整理，青海文联编印，1959.9，西宁

① 目次：a 极盛彩绫立规范，b 百花岭上诞英雄，c 顽童治理黄河川，d 占领黄河白绫结。

② 135 页

③ 附记：a1958 年搜于贵德两种翻译整理， b 原文下排村琅克加、温泉村琴久，c 四川民族出版社何承纪、刘平搜于德格一种参考。

10.《天岭卜筮之部》，青海省文联民间文学研究组搜集，王沂暖、华甲、徐国琼、歌行、可国翻译整理，青海文联印，1959.10

① 目次：a 天神商诞神童，b 得预言岭尕开会，c 神子发愿降人间。

② 附记：据德格印本与贵德抄本翻译整理

③ 116 页

三、搜集编印

01.《格萨尔传奇》（法文译本，参考资料），青海民间文学研究会搜集、编印，**1960.5**，西宁

① 共十三章

② 与《岭超人格萨尔王传》（西南民族学院民族研究所编印，1984？）相同。

③ 187 页

④ 青海《格》研（1986）认为译者陈宗祥、祁万秀。

⑤ 青海《格》研（1986）编号：I291.47.126:1

02.《天岭卜筮之部》（资料之二——原西康德格印本）青海民间文学研究会搜集、翻译、编印，**1960.5**，西宁

① 目次：a 观音慈悲传圣旨　诸佛加护诞神童，b 戎总管做梦得预言　岭噶布开会议大事，c 推巴尕发愿降尘世　莲花生设法选龙女。

② 林葱德格木刻印本，内容与资料之一同。

③ 谢国安、刘立千合译。

④ 122 页

03.《岭格萨尔超人的一生》，青海民间文学研究会搜集、编印，**1960.9**，西宁

① 作者：亚力山大·达维德·尼丽，喇嘛永格登整编。

② 菁华（多书名下有此人签字）书内，钢笔字写"孙岱汉译"（青海图书馆藏本）

③ 据英译本译出。

④ 311 页

04.《格萨尔传的历史根源》，青海民间文学研究会搜集、编印，**1960.10**，西宁

① 前记：a 蒙古学者达木丁苏伦论文，b 北京俄语学院同学译，c 青海工学院与新生印刷厂校对。

② 苏联科学院出版社，1957。

③ 253 页，附图（残）。

05.《南赡部洲大雄狮王传奇》（蒙文译本），青海民间文学研究会搜集、编印，**1961.5**，西宁

① 根据蒙古人民共和国 1959 年版蒙文译出。

② 仁钦序，29 章。a 三十几年前赠与国图 b 色雅活佛之私藏

③译后记：a 第一章为诞生与（草本一）相同；b 二至二十四章霍岭，内容与《霍尔侵入之部》（资料之一）几乎相同；c 二十五至二十八章与征服霍尔内容（草本四）同，仅将黄帐改为白帐；d 二十九章大致与八安置三界之部（资料之一）相似； e 策·达木丁苏伦说缺"十四"。

④633 页

06.《格萨尔王传奇——格斯尔的故事》（下册），青海民间文学研究会搜集、编印，1962.9，西宁

①目录：a 第八章格降魔凯旋，b 降伏十五头魔王，c 格变驴子，d 降伏魔王拉格斯格，e 醉他乡 21 年，f 消灭纳钦汗。

②说明：此为 1955 年 9 月内蒙版之下册。

③322 页

四、藏文编印

01.《北地降魔》（藏文），青海省文联印，1960.1？西宁？32 开本。

①标题： རྒྱལ་པོ་གེ་སར་གྱི་རྣམ་ཐར། 格萨尔王传 བདུད་འདུལ། 北地降魔之部（供内部阅读）

②现代铅印本，为 1960 年 5 月"青海民族民间文学调查团"提供之参考资料。

③201 页。

④与贡却才旦（贡去乎才旦）根据 1963 年西北民院铅印本整理内容相同，甘肃民族出版社，1980。

⑤王沂暖根据铅印本翻译，甘肃人民出版社，1980。

五、出版发行

01.《格萨尔传——霍岭大战上》（藏文），青海民间文学研究会，西宁：青海民族版，1962.6

①说明："北方学者"（桑热嘉措、才旦夏茸、欧旺群丕、吉合老等）整理。"北方学者"（即笔者所谓"下安多"，以农区方言为主）概念来自果洛、色达、玛曲等牧区方言区视角（即笔者所谓"上安多"）。

②插图：沈羿

③541 页

02.《格萨尔 4》（汉文），青海民间文学研究会翻译整理，上海：上海文艺出版社，1962.5.

① 序言：黄静涛

② 插图：朱乃正

③ 后记：a《格》之第六部，b 现整为上中下三部，c 共获四种抄本：（1）甘南黑则寺抄本（德格夏仲整理本）（2）贵德下排村抄本（3）华隆德恒隆甲加村抄本（4）同仁县抄本，后三种简，d 1962.3.23。

④ 出场人物表

⑤ 共 722 页

⑥《霍岭大战》上部。

六、小结与说明

从总体上来看，1959 年 4 月至 1964 年 8 月，青海文联从藏文译出 30 部 49（册）异文本（其中 1 册非由青海文联翻译）；翻译整理 6 部 10（册）异文本；搜集编印自其他文种并翻译为汉文《格萨尔》6 册资料；编印藏文《格萨尔》1 部；出版 1 部 2（册）种语言。详细情况罗列如下：

（一）汉文翻译编印

汉文翻译编印，是指从藏文手抄本与木刻印刷本中翻译过来，对佛教术语、习俗用语适当进行注释，未进行任何整理的本子。共计 30 部 48 册。

01.《天岭卜筮之部》（资料之一——四川德格印本），【1《天界篇》】

02.《英雄诞生之部》（资料之一——原西康德格印本），【2《诞生篇》】

03.《英雄诞生之部》（资料之二——青海玉树地区抄本），【2《诞生篇》】

04.《英雄诞生之部》（资料之三——西藏昌都地区抄本），【2《诞生篇》】

05.《英雄诞生之部》（资料之四——果洛地区流传抄本），【2《诞生篇》】

06.《英雄诞生之部》（资料之五——四川甘孜抄本），【2《诞生篇》】

07.《丹玛青稞之部》（资料之一——德格巴邦寺抄本），【3《丹玛青稞宗》】

08.《赛马称王之部》（资料之一——四川德格印本），【4《称王篇》】

09.《赛马称王之部》（资料之二——四川康定抄本），【4《称王篇》】

10.《赛马称王之部》（资料之三——贵德贵热村抄本），【4《称王篇》】

11.《赛马称王之部》（资料之四——青海同仁抄本），【4《称王篇》】

12.《三十英雄赞》（资料之一——青海果洛抄本），【5《世界公桑篇》】

13.《北地降魔之部》（资料之一——西康作庆寺抄本）【6《北方降魔篇》】

14.《霍尔侵入之部》（资料之一——青、甘地区流传抄本）【7《霍岭大

战篇》】

15.《平服霍尔之部》（资料之一——青海玉树地区抄本）【7《霍岭大战篇》】

16.《平服霍尔之部》（资料之二——青海化隆抄本）【7《霍岭大战篇》】

17.《平服霍尔之部》（资料之三——青海同仁抄本）【7《霍岭大战篇》】

18.《辛巴与丹玛之部》（资料之一——青海海南地区抄本）【8《辛丹内讧篇》】

19.《姜岭战争之部》（上部）（资料之一——西藏昌都本）【9《姜岭大战篇》】

20.《姜岭战争之部》（下部）（资料之一——西藏昌都本）【9《姜岭大战篇》】

21.《姜岭战争之部》（资料之二——四川德格地区流传本）【9《姜岭大战篇》】

22.《姜岭战争之部》（资料之二续——甘孜地区流传本）【9《姜岭大战篇》】

23.《姜岭战争之部》（资料之二——昌都地区流传本）【9《姜岭大战篇》】

24.《岭与幕域之部》（资料之一——原西康德格抄本）【10《孟岭大战篇》】

25.《门岭之战之部》（资料之二——西藏昌都地区抄本）【10《孟岭大战篇》】

26.《征服大食之部》（资料之一——四川甘孜地区流传抄本）【11《大食财宗》】

27.《分大食牛之部》（资料之一——西康包鲁寺刻本）【12《分大食财宗》】

28.《索多马城之部》（资料之一——青海昂欠手抄本）【13《上粟特马宗》】

29.《索麦铠、玉城之部》（资料之一——青海玉树抄本）【14《下粟特铠玉宗》】

30.《征服阿札玛瑙城之部》（资料之一——青海果洛本）【15《阿扎玛瑙宗》】

31.《岭与歇日珊瑚之部》（资料之一——德格巴邦寺抄本）【16《歇日珊瑚宗》】

32.《岭与祝古之部》（上卷第一分册）（资料之一——昌都流传本与东孔及巴邦寺抄本）【17《突厥兵器宗》】

33.《岭与祝古之部》（上卷第二分册）（资料之一——昌都流传本与东

孔及巴邦寺抄本）【17《突厥兵器宗》】

34.《岭与祝古之部》（中卷第一分册）（资料之一——昌都流传本与东孔及巴邦寺抄本）【17《突厥兵器宗》】

35.《岭与祝古之部》（中卷第二分册）（资料之一——昌都流传本与东孔及巴邦寺抄本）【17《突厥兵器宗》】

36.《岭与祝古之部》（下卷）（资料之一——昌都流传本与东孔及巴邦寺抄本）【17《突厥兵器宗》】

37.《岭与雪山水晶城之部》（资料之一——德格地区抄本）【18《雪山水晶宗》】

38.《向雄珍珠之部》（资料之一——原西康德格抄本）【19《羊同珍珠宗》】

39.《岭与卡契之部》（资料之一——原西康德格抄本）【20《迦湿弥罗松耳石宗》】

40.《取白惹羊城之部》（资料之一——昌都地区流传抄本）【21《白惹绵羊宗》】

41.《米努绸缎城之部》（上、下部）（资料之一）【22《米努丝绸宗》】

42.《松岭大战之部》（资料之一——原西康地区抄本）【23《苏毗犏牛宗》】

43.《美岭战争之部》（资料之一——（一）西藏昌都抄本）【24《梅岭玛瑙宗》】

44.《嘉尔岭战争之部》（资料之一——西藏昌都抄本）【25《嘉尔岭骡子宗》】

45.《岭与中华之部》,（资料之二——青海贵德抄本）【26《中华律法宗》】

46.《岭与中华之部》（资料之一——昌都地区流传本）【27《中华茶宗》】

47.《地狱救妻之部》（资料之一——青海同仁隆务镇抄本）【28《地狱救妻篇》】

48.《地狱救母之部》（资料之一——西康德格印本）【29《地狱救母篇》】

49.《安置三界之部》（资料之一——青海化隆抄本）【30《安定三界篇》】

（二）汉文翻译整理编印

汉文翻译整理编印，是指将已翻译为汉文的《格萨尔》史诗，根据当时对《格萨尔》性质的理解，审美要求与政治要求，进行故事情节与结构、文字方面的修改后，编辑印行的一种本子。共计 6 部 10 册。

1.《格萨尔王传》（草本一）（《贵德分章本》之部分内容）【1《天界篇》】

2.《格萨尔王传》（草本二）（《贵德分章本》之部分内容）【2《诞生篇》】【3《称王篇》】

3.《格萨尔王传》（草本三）（《贵德分章本》之部分内容）【4《北方降魔》】

4.《格萨尔王传》（草本四）（《贵德分章本》之部分内容）【5《霍岭大战》】

5.《保卫盐海》【6《姜岭大战》】

6.《霍尔侵入之部》【5《霍岭大战》】

7.《平服霍尔之部》【5《霍岭大战》】

8.《赛马称王之部》【3《称王篇》】

9.《英雄诞生之部》【2《诞生篇》】

10.《天岭卜筮之部》【1《天界篇》】

（三）搜集编印

搜集编印是指从其他地区搜集相关《格萨尔》汉文资料，编印成册发行于相关机构，积累研究资料。

共计6种。

1.《格萨尔传奇》（陈宗祥、祁万秀译自法文，原文为大卫·尼尔与庸登喇嘛著《岭格萨尔超人的一生》）。

2.《天岭卜筮之部》（译自德格林葱木刻印刷本，谢国安、刘立千译）。

3.《岭格萨尔超人的一生》（孙岱汉译自英文，原文为大卫·尼尔与庸登喇嘛著《岭格萨尔超人的一生》）。

4.《格萨尔传的历史根源》（策·达木丁苏伦的俄语论文，北京俄语学院同学译）。

5.《南瞻部洲大雄狮王传奇》（据1959年蒙古国蒙文翻译）。

6.《格萨尔王传奇——格斯尔的故事》（下册）（据1955年内蒙古人民出版社版蒙文翻译）。

（四）藏文编印

1部1册：《北地降魔》（藏文）。此部印刷时间与地点不明，估计由新生印刷厂印刷于1960年1月。从1960年5月参加"青海民族民间文学调查团"的调查报告中得知，此部作为调查者的必备资料使用于调查工作中。

（五）出版发行

1部2册：

1.《霍岭大战》（上）（藏文），青海民族出版社，1962。

2.《格萨尔4——霍岭大战上》（汉译、整理本），上海文艺出版社，1962。

（六）其他

除此，青海民间文学研究会《格萨尔》工作组还重视收集《格萨尔》

史诗相关的民间文物资料。因此，"文化大革命"以后，青海省《格萨尔》研究所也对此给予了积极的重视，目前已搜集、保存有 30 多件《格萨尔》文物，包括画卷、绣像、雕塑、宝剑、铠甲、弓箭等，同时他们还拍摄保存有青海境内的各种《格萨尔》传说遗迹的照片一百多张。

附录二：1978—1986 年果洛州搜集《格萨尔》手抄本目录

序号	藏文部名	latin	汉译名	文式、幅面大小	页数行数	搜集者搜集地	字数	搜集时间	现资料保存处	说明（材质、字体、出版情况）
01	སོག་ལི་ཁྲིའི་རྟ་རྫོང་།	Sog li khri'i rta rdzong	列赤马宗	手抄长条 33cm×6cm?	225 叶? 6 行?	州《格》办	149356	1986	州政协资料室	尼玛让夏（གཏེར་སྟོན་ཉི་མ་རང་གྲོལ） 色达掘藏艺人）撰写，藏文草体，四川出版
02	ཐེའུ་རང་ར་རྫོང་།	The'u rang ra rdzong	太让山羊宗	四方形手抄本，A4 形制	130 叶? 6 行?	州《格》办	86526	1986	州政协资料室	德顿更桑尼玛（གཏེར་སྟོན་ཀུན་བཟང་ཉི་མ） 色达塔洛活佛父亲）撰写，藏文乌金体（正楷），与四川长条合二为一在四川出版，整理者洛哲嘉措
03	སོག་ཁེ་ཚེའི་འབྲུག་རྒྱལ།	Sog khe tshe'i 'brug rgyal	征服克才周杰	50 年代的笔记本上	95 叶? 8 行?	州《格》办	63802	1986	州政协资料室	藏文草体，未出版，阿哲阿吾撰写。此人系马背藏戏创始人
04	སྲིན་འདུལ།	Srin 'dul	征服罗刹婆	手抄长条 33cm×6cm?	60 叶? 6 行?	州《格》办	39000	1986	州政协资料室	藏文草体，未出版，无作者，洛哲嘉措整理，部分发表在《白唇鹿》上
05	དཔའ་བོའི་སྐྱོད་བསང་།	Dpa'i bo'i skyod bsang	英雄游天	手抄长条 33cm×6cm?	43 叶? 6 行?	州《格》办	28860	1986	州政协资料室	藏文草体，已经出版，即《重游天堂》（四川民族出版社出版）
06	མི་ནུབ་དར་རྫོང་།	Mi nub dar rdzong	迈努达日宗	手抄长条 33cm×6cm?	220 叶? 6 行?	州《格》办	142800	1986	州政协资料室	藏文草体，四川民族出版
07	བྷེ་ཧ་རའི་ཇ་རྫོང་།	Bhe ha ra'i ja rdzong	白哈日茶宗	2 个 20 世纪 50 年代笔记本	160 叶? 8 行?	州《格》办	108360	1986	州政协资料室	藏文草体，喇嘛洛保（བླ་མ་བློ་བཟང་སྐྱབས）撰写，此人系甘德夏日乎寺主（ཤར་གདོང་དགོན་པ），现已圆寂，金迈整理，青海出版

续表

序号	藏文部名	latin	汉译名	文式、幅面大小	页数、行数	搜集者	搜集地	字数	搜集时间	现资料保存处	说明（材质、字体、出版情况）
08	ཨ་ལྕགས་འབུམ་རྫོང་།	Ri shi tsho brgyad	征服日西八王	手抄笔记本 26.5cm×18.9cm	312页，15行	州	《格》办	117000	1987	州政协资料室	藏文草体，昂仁 ལྡོག་ཚུགས་ནཱ་རིའི་ 说唱，洪格尔多杰与却吉记录于1987年2月30日。已出版《北岭大战》，拉萨2012
09	ཁ་ཐའི་མཆོང་རྫོང་།	Kha tha'i mchong rdzong	乌鸦青白玛瑙宗	手抄长条 33cm×6cm?	85叶? 6行?	州	《格》办		1986	州政协资料室	藏文草体，昂久多杰 ལྡོ་ལུང་དཀར་པོ་ཞེས་བྱ་བ 撰写，其文集正在编辑中
10	གཡུ་བསེའི་མན་ཏ་ར་རྫོང་།	g.yu bse'i mantara rdzong	伊赛满智宗（玉色曼札宗）	手抄长条 33cm×6cm?	75叶? 6行?	州	《格》办	64开日记本，据杨恩洪1987年文章	1984	州政协资料室	塔贝噶热 ལྷ་སྲས་དོན་གྲུབ་ཞེས་བྱ་བ 撰写，藏文草体，与阿哲阿吾同时代人。由甘德县索瑞诺桑提供，省文联金迈（久迈）搜集
11	ཟ་རིའི་སྨན་རྫོང་།	Za ri'i sman rdzong	礼日药风宗	手抄长条 33cm×6cm?	320叶? 6行?	州	《格》办		1986	州政协资料室	昂久多杰 ལྡོ་ལུང་དཀར་པོ་ཞེས་བྱ་བ 撰写
12	བདུད་འདུལ་གནམ་ལྕགས་ཀྱི་འབེབས་པ།	Bdud 'dul gnam lcags kyi 'bebs pa	降服魔王（新降魔传）	手抄长条 33cm×6cm?	230叶? 6行?	州	《格》办		1984	州政协资料室	民间提供抄本，藏文草体，与出版本内容稍有不同。甘德县才旦加提供，省文联金迈（久迈）搜集
13	ཁ་གསུམ་བདེ་བཀོད།	Kha gsum bde bkod	安定三世	手抄长条 33cm×6cm?	55叶? 6行?	州	《格》办		1986	州政协资料室	藏文草体，出版于《岭国歌舞》，西宁1993
14	ལྷོ་མི་གྲུབ་རྨ་བྱ་རྫོང་།	Lho mi grub rma bya rdzong	征服南王	手抄长条 33cm×6cm?	95叶? 6行?	州	《格》办		1986	州政协资料室	藏文草体，未出版
15	སྟོད་ཧོར་ཚར་གཅོད།	Stod hor tshar gcod	征服黑霍尔	手抄长条 33cm×6cm?	125叶? 6行?	州	《格》办		1986	州政协资料室	青海省文联借走，民间传承本
16	བདུད་འདུལ་རྒྱས་པ།	Bdud 'dul rgyas pa	降服魔王大传	6个笔记本	320叶? 8行?	州	《格》办		1986	州政协资料室	2014年色达寺内部长条印刷出版，班玛县活佛丹巴尼玛撰写，与年龙达热拉姆有关
17	བྱང་བདུད་དགྲ་ལ་མ་རྒྱལ།	Byang bdud dgra la mam rgyal	征服北王（征服北方妖魔国）	自制手抄长条 33cm×6cm?	220叶? 6行?	州翻译室			1983.9	州翻译室	藏文草体，其女58岁的伊格提供，洛哲嘉 ལྡན་མ་མགྲིན་སྒྲ་ཚེ་རིང་ 撰写，唐维喇嘛噶热措整理，四川1994

续表

序号	藏文部名	latin	汉译名	文式、幅面大小	页数行数	搜集者搜集地	字数	搜集时间	现资料保存处	说明（材质、字体、出版情况）
18	ཨ་བསེའི་ཁྲབ་རྫོང་	A bse'i khrab rdzong	阿赛甲宗	自制手抄长条 33cm×6cm?	70叶? 6行?	州翻译室		以前发现	州翻译室	藏文桕簇体，出版于《岭国歌舞》，西宁1993
19	ཨ་བསེའི་སྲིན་རྫོང་	A bse'i srin rdzong	阿赛生宗（征服赛国）	自制手抄长条 33cm×6cm?	75叶? 6行?	州翻译室		1983.9	州翻译室	藏文草体，唐维喇嘛噶热撰写，其女58岁的伊格提供，部分发表在《白唇鹿》上，洛哲嘉措保管
20	ཨ་སྟག་ལྷ་མོ	A stag lha mo	地狱救妻	木刻本、手抄本多种	110叶? 6行?	州翻译室		以前发现	州翻译室	1987年审稿会上带去了，洛哲嘉措保管
21	ཧོར་འདུལ་མཚོན་ཆ་འཁྲོ་ལོ	Hor 'dul mtshon cha 'khro lo	新霍岭大战（下册）（征服北方格那国）	手抄长条 33cm×6cm?	320叶? 6行?	有人送来，州翻译室		1983.9	州翻译室	藏文草体，抄写字体漂亮，州乳品厂的才朵（59岁）交来，洛哲嘉措保管
22	དམྱལ་གླིང་རྡོགས་པ་ཆེན་པོ	Dmyal gling rdogs pa chen po	地狱救母	长条本 33cm×6cm?	200叶? 6行?	州翻译室		1986	州翻译室	藏文草体，民间收藏者提供
23	དམྱལ་གླིང་རྡོགས་པ་ཆེན་པོ	Dmyal gling rdogs pa chen po	地狱救母	油印本	300叶? 6行?	州翻译室		1986	州翻译室	藏文乌金体（正楷），民间收藏者提供（增补）
24	བྲོ་གར་དཀར་མོའི་རྒྱང་སྙན	Bro gar dkar mo'i rgyang snyan	岭国歌舞	手抄长条 33cm×6cm	45叶? 6行?	州《格》办	约29000字	1987	州翻译室	藏文桕簇体，出版于《岭国歌舞》，西宁，1993（笔者藏有复印件）

说明：

1. 本表格根据保存于全国《格》办"果洛州《格萨尔》办公室发现的民间《格萨尔》手抄本情况表1986年11月25日（此表由果洛《格》地救办制作，诺尔德老师填写）制作。

2. 本表格中"文式、幅面大小"、"页数行数"、"说明（材质、字体、出版情况）"等栏目内容，以及根据20世纪80年代的新闻报道填写。

3. 由于条件所限，除《岭国歌舞》《征服日西八王》等个别本外，笔者未曾查阅过资料原件。

4.《地狱救母》原表中只有一部，此次由诺尔德老师补充一部。

附录三：1958—1986年全国搜集《格萨尔》手抄本、木刻本总目录

序号	同部名	藏文部名拉丁转写	汉译名	文式	幅面	作者	搜集者	搜集地	页数	登记时间	保存处	说·明
001	阿里	'dzam gling seng chen rgyal po'i rtogs brjod gser gling mnga' ris gser rdzong dngos grub nor bu'i char 'bebs zhes bya ba bzhugs so	取阿里金眉	手抄本	长条本		土登尼玛	色塔尔	58	1986	全国《格》办	存2卷
002	阿岭	'a gling	阿岭	手抄本	长条本				291	1986	西藏社会科学院	原稿
003	阿扎	a drag gzi rdzong	阿与岭之战	手抄本	长条本				251	1985	云南《格》办	藏文封面无、全书残缺、没做卡片
004	阿扎	'dzam gling ge sar rgyal po'i mam thar las byang gling g.yul 'gyed zlos bzhi stod cha dang a drag gzi 'gyed rim pa bcas bzhugs so	阿扎九眼珠宗	手抄本	长条本		铁努别钦	德格	375	1986	全国《格》办	部名中还提到"相岭之战上部"、残缺、存2卷
005	阿扎	a drag gzi rdzong	阿扎玛瑙宗	手抄本	长条本				140	1986	西藏社会科学院	
006	阿扎	a drag gzi rdzong	阿扎玛瑙宗	手抄本	长条本				397	1986	西藏社会科学院	
007	阿扎	a drag gzi rdzong	阿扎斯宗	手抄本	长条本				496	1985	云南《格》办	

续表

序号	同部名	藏文部名拉丁转写	汉译名	文式	幅面	作者	搜集者	搜集地	页数	登记时间	保存处	说明
008	阿扎	a grag gzi rdzong pa'i rnam thar dpa' bo g.yul 'gyed ston go shes lha ba'i bu'i zhes bya ba rin chen gter mzod bzhugs so	阿扎斯宗（玛瑙宗）	手抄本	长条本				412	1985	云南《格》办	
009	4 昂岭	ngam gling	昂岭	手抄本	长条本				341	1986	西藏社会科学院	原稿
010	5 白慈	sbe ra'i lug rdzong	百拉羊宗	手抄本	长条本		邓珠拉姆	甘孜	194	1986?	邓珠拉姆	缺封面
011	白慈	bhe ra ra rdzong	百热山羊宗	手抄本	长条本					1986	西藏社会科学院	缺页严重
012	白慈	bhe ra ra rdzong	百热山羊宗	手抄本	长条本				792	1986	西藏社会科学院	
013	6 大食	byang phyogs stobs kyi rgyal po stag rong btsan po'i snying nor bye ru'i g.yang rdzong phabs pa'i lo rgyus khams gsum 'gugs pa'i lcags kyu	达格荣珊瑚宗	手抄本	长条本	珠贝尼玛杰参	多尔罗	酿格荣	245	1986	全国《格》办	存 2 卷
014	大食	stag gzig nor rdzong	达色财宗	手抄本	长条本		次仁拉达	那曲	258	1986	西藏社会科学院	有彩色画图，末页残
015	大食	stag gzig nor rdzong	达色财宗	手抄本	长条本				127	1986	西藏社会科学院	
016	大食	stag gzig nor rdzong	达色财宗	手抄本	长条本				304	1986	西藏社会科学院	
017	大食	stag gzig nor rdzong	达色财宗	手抄本	长条本				109	1986	西藏社会科学院	
018	大食	stag gzig nor rdzong	达色财宗	手抄本	长条本				127	1986	西藏社会科学院	

续表

序号	同部名	藏文部名拉丁转写	汉译名	文式	幅面	作者	搜集者	搜集地	页数	登记时间	保存处	说　明
019	大食	stag gzig nor rdzong	达色财宗	手抄本	长条本				900	1986	西藏社会科学院	
020	大食	stag gzig nor rdzong	达色财宗	木刻本			洛丹	昌都	298	1986	西藏社会科学院	首页残半
021	大食	stag gzig nor rdzong	达色财宗	木刻本					38	1986	西藏社会科学院	
022	大食	'dzam gling seng chen rgyal bo'i rtogs brjod las stag gzi nor rdzong bab pa'i lo rgus ma nub pa'i sgra byas srid gsum rin chen bang mzod bkra shis snyan grags kun khab zhugs so	达色财宗	手抄本	长条本				331	1985	云南《格》办	
023	大食	'dzam gling seng chen rgyal bo'i rtogs brjod las stag gzi nor rdzong	达色财宗	手抄本	长条本				132	1985	云南《格》办	
024	大食	stag gzig nor rdzong	达色施财	木刻本	长条本			出版社		1986	西藏社会科学院	
025	大食	stag gzig g.yul 'gyed	达色之战	手抄本	长条本				180	1986	西藏社会科学院	
026	大食	sku rje seng chen rgyal po'i mam thar las t'a zig nor bu'i g.yang rdzong bod du phab nas 'gro ba'i dbul phong sel zhing bde skyid kyi dpal la spyod phyir nor bu dbang gi gter mzod zad med sprin gyi phung po bzhugs so	大食财宝宗	手抄本	长条本	尼玛让夏	土登尼玛	色塔尔	423	1986	全国《格》办	著者为伸德，存2卷
027	大食	sku rje seng chen rgyal po'i mam thar las t'a zig nor bu'i g.yang rdzong bod du phab nas 'gro ba'i dbul phong sel zhing bde skyid kyi dpal la spyod phyir nor bu dbang gi gter mzod zad med sprin gyi phung po bzhugs so	大食财宝宗	手抄本	长条本	尼玛让夏	土登尼玛	色塔尔	286		全国《格》办	

续表

序号	同部名	藏文部名拉丁转写	汉译名	文式	幅面	作者	搜集者	搜集地	页数	登记时间	保存处	说明
028	大食	'dzam gling seng chen rgyal bo'i rtogs brjod las stag gzi nor rdzong	大食财宗	木刻本	长条本				300	1986	北京图书馆	巴莽土登曲阔林寺版、胶卷，存1卷
029	大食	stag gzig nor rdzong	大食施财	手抄本	长条本				61	2001	全国《格》办	存1卷
030	7分大食财	stag gzig nor rdzong	分大食财宝	木刻本	长条本				28	1986	北京图书馆	德格版、胶卷、存1卷
031	大食	'dzam gling ge sar rgyal po'i rtogs brjod las stag gzig rdzong phab ba'i nor gyed btang bskor bzhugs so	分大食牛宗之部	木刻本	长条本	白玛仁增		青海	80	1986	全国《格》办	残缺、存1卷
032	8红岩	t'a zig nor rdzong las brag dmar kyung rdzong phab tshul gyi lo rgyus khol phyung ba zhes bya ba bzhugs so	红岩大鹏鸟宗	手抄本	长条本	尼玛让夏	土登尼玛	色塔尔	41	1986	全国《格》办	部名中提到此部出自"大食财宗"，著者为仲德、残缺，存2卷
033	大食	stag gzig nor rdzong	征服大食	木刻本	长条本		甘肃人民出版社		133	1986?	西北民院	德格版
034	9丹玛	m seng sgyes bu chen po'i 'dan ma'i nas rdzong 'bebs pa'i rtogs brjod	丹玛青稞宗	手抄本	长条本			甘孜	46	1986?	四川《格》办	结尾残缺
035	丹玛	ma seng skyes bu chen po'i 'dan ma'i nas rdzong 'bebs pa'i rtogs brjod bzhugs so	丹玛青稞宗	手抄本	长条本	仁钦扎巴	阿勇	瑟尔浒	94	1986	全国《格》办	存2卷
036	丹玛	'dan ma nas rdzong	丹玛青稞宗	手抄本	长条本			昌都		1986	西藏社会科学院	缺1、27、93页
037	10诞生	'khrungs skor	诞生	手抄本	长条本		甘肃人民出版社		90	1986?		民族文化宫

续表

序号	同部名	藏文部名拉丁转写	汉译名	文式	幅面	作者	搜集者	搜集地	页数	登记时间	保存处	说　明
038	诞生	'khrungs gling	诞生	手抄本	长条本				601	1986	西藏社会科学院	
039	诞生	'khrungs gling rta rgyug	诞生赛马	手抄本	长条本				350	1986	西藏社会科学院	
040	诞生	gling ge sar rgyal po'i rnam thar las lha ling klu ling gnyen ling 'gogs ling skyes ling rta rgyugs bcas tshang ba bzhugs so	诞生篇	手抄本	长条本	丹增贝桑			397	1986	全国《格》办	从"天界"到"赛马"综合本，存1卷
041	诞生	'khrungs pa'i lo rgyus	诞生史	手抄本			民文所、甘南文联			1986?	西北民院	
042	诞生	mu tig phreng ba sgra 'zin bcud kyi thig le stod cha	格萨尔诞生（上）	手抄本	长条本		出版社	拉萨	311	1986	西藏社会科学院	
043	11 地嘎	ti dkar	底嘎（上）	手抄本	撰写本			昌都	335	1986	西藏社会科学院	
044	地嘎	ti dkar	底嘎（中）	手抄本	撰写本			昌都	668	1986	西藏社会科学院	
045	地嘎	mu tig ti kar btul ba'i g.yul 'gyed kyi smad le'u dang bo grub nor bu'i(dru bo?) sking thig dri bral gsal ba'i me long bzhugs so	地嘎尔珍珠宗	手抄本	长条本	阿旺杰参		西藏	757	1986	全国《格》办	残缺，存2卷
046	地嘎	'dzam gling yongs skyi rgyal po sku brje sing chen gyis mtha' gru'i phang bsgyur mu stegs ti kar rgyal po btul nas rin chen 'dod dgu'i g.yang nor phabs tshul skal ngan mun 'dzoms bde skyid rdzogs ldan nyi 'od rab gsal zla 'od ngo mtshar kun dga'i mig zhes bya ba bzhugs so	地嘎尔之部	手抄本	长条本			青海	164	1986	全国《格》办	残缺，存1卷，2001年登记时遇到困难没有区别清楚，以为还可能是"蒙古马宗"

续表

序号	同部名	藏文部名拉丁转写	汉译名	文式	幅面	作者	搜集者	搜集地	页数	登记时间	保存处	说明
047	12 地狱	m 'gog mo dmyal bar lhung ba 'dren par byon ba'i lo rgyus bar do'i 'khrul snang rang grol	地狱救母	手抄本	长条本			甘孜	82	1986?	四川《格》办	
048	地狱	ge sar skyes bu'i rnam thar las ma 'gog mo dmyal bar lhang ba 'dren pa'i lo rgyus bar do'i 'khrul snang rang grol	地狱救母	手抄本	长条本	堆荣强努	阿勇	酿格荣	163	1986	全国《格》办	存 2 卷
049	地狱	'dzam gling skyes mchog nor bu dga bdul gyi rnam thar las dmyal gling rdzogs pa chen bo bzhugs so	地狱救母	手抄本	长条本		佟锦华		489	1986	中央民院	果洛纳孬，残缺一张，存 1 卷
050	地狱	dmyal gling	地狱与岭	手抄本	长条本				159	1986	西藏社会科学院	
051	地狱	dmyal gling rzogs pa chen po mthong ba rang grol ngan song chos kyis btul	地狱元胜大全	木刻本	长条本			甘孜	228	1986?	四川《格》办	结尾残破
052	13 东妖	sha bdud sha ba ru tra 'dul ba	降伏东妖鹿觉如扎	手抄本	长条本			甘孜	138	1986?	四川《格》办	
053	14 弥药	gling rje ge sar rgyal po'i rnam thar srid le'u smad cha skor mun pa dar zhing rgyal tshul shar bdud gdug pa spun bdun dang g.yu rtse rgyal po btul nas che nor rin chen g.yang kun phab tshul rnam par rgyal ba'i sgyu ma mtshon no(tu mtsh'?) shes bya ba bzhugs so	大雅珍珠宗（斯鲁下部）	手抄本	长条本			西藏	481	1986	全国《格》办	残缺，存 2 卷
054	弥药	stug pa spun bdun	郜巴七弟兄	手抄本	长条本				241	1986	西藏社会科学院	
055	15 嘎岭	ka gling g.yul 'gyed	嘎岭之战	撰写本	长条本			嘉黎		1986	西藏社会科学院	
056	16 公桑	'dzam gling spyi bzang	世界公桑	手抄本	长条本		甘肃人民出版社		90	1986?	民族文化宫	

续表

序号	同部名	藏文部名拉丁转写	汉译名	文式	幅面	作者	搜集者	搜集地	页数	登记时间	保存处	说　明
057	17 贡堆铠甲	'dol nyams kyi brda sgrom las kong the'u rang gi ra rdzong bab pa 'dzam gling chos kyi rgyal po'i rtogs brjod dpal gyi be'u	取山羊之战	手抄本	长条本	多杰斯吉策	土登尼玛	色塔尔	207	1986	全国《格》办	存 2 卷
058	18 汉地铠甲	rgya nag khrab rdzong	汉地盔甲宗	手抄本	长条本				182	1986	西藏社会科学院	
059	19 汉岭	'dzam gling ge sar rgyal po'i rtogs brjod las rgya nag ja rdzong 'bebs pa bzhugs so	汉地茶宗	手抄本	长条本	降央村成	央金卓嘎	玉树	307/1 140	1986	全国《格》办	存 1 卷
060	汉岭	ge sar sgyes bu'i rnam thar rgya yis le'u las byung ba'i ngo mtshar gtam gyi phreng ba bzhugs so	汉岭传奇	手抄本	长条本				315	1985	云南《格》办	
061	汉岭	ge sar sgyes bu'i rnam thar rgy yis le'u las byung ba'i ngo mtshar gtam gyi phreng ba bzhugs so	汉岭传奇	手抄本	长条本				372	1985	云南《格》办	
062	汉岭	rgya gling	汉马号	手抄本	长条本		唐本次多	絷雅		1986	西藏社会科学院	
063	汉岭	'dzam gling ge sar rgyal po'i rtogs brjod las rgya nag ja rdzong 'bebs pa bzhugs so	甲岭传奇之部（汉地茶宗）	手抄本	长条本	降央村成		青海	302	1986	全国《格》办	存 1 卷
064	20 霍岭	hor phar bdul stod	反击霍尔（上）	手抄本	长条本		洛丹	阿里	224	1986	西藏社会科学院	
065	霍岭	hor phar bdul stod	反击霍尔（上）	手抄本	长条本				250	1986	西藏社会科学院	
066	霍岭	hor phar bdul stod	反击霍尔（上）	手抄本	长条本				450	1986	西藏社会科学院	

续表

序号	同部名	藏文部名拉丁转写	汉译名	文式	幅面	作者	搜集者	搜集地	页数	登记时间	保存处	说明
067	霍岭	hor phar bdul smad	反击霍尔（下）	手抄本	长条本		洛丹	阿里	224	1986	西藏社会科学院	
068	霍岭	hor gling g.yul 'gyed stod	霍尔岭之战（上）	手抄本	长条本		出版社	拉萨		1986	西藏社会科学院	西藏档案局提供
069	霍岭	hor gling g.yul 'gyed smad	霍尔岭之战（下）	手抄本	长条本		出版社	拉萨		1986	西藏社会科学院	西藏档案局提供
070	霍岭	hor gling	霍岭（下部）	手抄本	长条本				236	1985	云南《格》办	不完整
071	霍岭	'dzam gling ge sar rgyal po'i rnam thar las hor 'dul gyi rtogs pa brjod pa g.yul rgyal lha'i mga sgra shes bya ba bzhugs ba	霍岭大战	手抄本	长条本		土登尼玛	阿坝	93	1986	全国《格》办	存 2 卷
072	霍岭	hor gling khrugs pa g.yu byur(?) 'phrul gyi lde mig gi dbus phogs bzhugs so	霍岭大战	手抄本	长条本		佟锦华		683	1986	中央民院	德格，存 1 卷
073	霍岭	gling rje ge sar rgyal po'i rnam thar las hor gling g.yul 'gyed kyi	霍岭大战	手抄本	长条本				151	1986	全国《格》办	残缺，存 1 卷
074	霍岭	hor gling g.yul 'gyed	霍岭大战	手抄本	长条本		土登尼玛		1140	2001	全国《格》办	存 1 卷
075	霍岭	hor gling g.yul 'gyed	霍岭大战	手抄本	长条本		土登尼玛		185	2001	全国《格》办	存 1 卷
076	霍岭	'dzam gling rgyal po'i rnam thar hor 'dul bsdus pa gnam lcags ral gri bzhugs so	征服白帐王（下）	手抄本	长条本	达格夏木		化隆	400	1986	全国《格》办	存 1 卷

续表

序号	同部名	藏文部名拉丁转写	汉译名	文式	幅面	作者	搜集者	搜集地	页数	登记时间	保存处	说明
077	21 嘉尔岭	'jar gling g.yul 'gyed	甲岭之战	手抄本	长条本	强秋僧巴曲吉罗哲	唐本次多	昌都	258	1986	西藏社会科学院	
078	22 姜岭	'jang gling	姜岭	手抄本	长条本				264	1985	云南《格》办	无封面
079	姜岭	'jang gling g.yul 'gyed sha za dpa' bo'i ngar sgra mdong bsdus bkod pa'i gleng bshad	姜岭大战食肉英雄怒吼	手抄本	长条本	贡嘎曲培		甘孜	90	1986?	四川《格》办	为艺人所写
080	姜岭	'jang gling g.yul 'gyed	姜岭战争	手抄本	长条本				49	1985	云南《格》办	不全
081	姜岭	'dzam gling seng chen rgyal po'i rtogs brjod las 'jang gling g.yul 'gyed sha za dpa' bo'i ngar sgra dang mdo bsdus bkod pa'i gleng bshad bzhugs so	姜岭之战	手抄本	长条本	贡嘎曲培	阿勇	德尔浒	181	1986	全国《格》办	著者为仲肯，存 2 卷
082	姜岭	'dzam gling seng chen rgyal bo'i rtogs brjod las 'jang gling g.yul 'gyed	姜岭之战	手抄本	长条本				135	1985	云南《格》办	残缺
083	姜岭	'jang gling g.yul 'gyed	绛岭之战	手抄本	长条本		齐美多吉		1055	1986	西藏社会科学院	
084	姜岭	'jang gling g.yul 'gyed	绛岭之战	手抄本	长条本				238	1986	西藏社会科学院	
085	23 羌姜	byang mong g.yul 'gyed	羌姜之战	手抄本	长条本				120	1986	西藏社会科学院	
086	24 救姜	a stag lha mo	阿达拉毛	手抄本	长条本					2001	全国《格》办	存 1 卷

续表

序号	同部名	藏文部名拉丁转写	汉译名	文式	幅面	作者	搜集者	搜集地	页数	登记时间	保存处	说明
087	25 迦湿弥罗	kha che g.yul rdzong	卡契玉宗	木刻本	长条本		唐本次多	昌都		1986	西藏社会科学院	
088	迦湿弥罗	msang(ge sar) sgyes bu'i rnam thar las kha che'i g.yu rdzong phab pa'i rtogs brjod ngo tshar gtam gyi phreng ba bzhugs so	卡契之战	木刻本	长条本				240	1985	云南《格》办	
089	迦湿弥罗	kha che g.yul rdzong	卡且玉宗	手抄本	长条本				235	2001	全国《格》办	存 1 卷
090	26 卡答	kha ro gser rdzong	卡答金宗	手抄本	长条本				658	1986	西藏社会科学院	
091	27 形成	aom a',h'um bha dza gu ru pad ma sidhi h'um,ngo mtshar brda yi legs bzhad,khra mo gling gi skye rab,chos sgrong nyi ma'i shing rta,rig 'dzin mkhro'i dwa ha,bro gar dkar mo'i rgyang snyan bzhugs so	岭国形成（下）	手抄本	长条本				482	2001	全国《格》办	存 2 卷
092	28 歌舞	aom a',h'um bha dza gu ru pad ma sidhi h'um,ngo mtshar brda yi legs bzhad,khra mo gling gi skye rab,chos sgrong nyi ma'i shing rta,rig 'dzin mkhro'i dwa ha,bro gar dkar mo'i rgyang snyan bzhugs so	岭国歌舞	手抄本	长条本	白玛茹贝巴杂地		青海	89	1986	全国《格》办	存 1 卷
093	29 玛拉亚	byang ma la ya yi sman rdzong	北玛拉亚药宗	手抄本	长条本			甘孜	101	1986?	四川《格》办	
094	30 梅岭黄金	'dzam gling ge sar rgyal po'i rnam thar las me gling gser rdzong 'beb tshul bzhugs so	梅岭黄金宗之部	手抄本	长条本			青海	164	1986	全国《格》办	残缺，存 1 卷
095	31 梅岭玛瑙	me gling g.yul 'khrug	梅岭之战	手抄本	长条本		唐本次多	昌都		1986	西藏社会科学院	
096	32 孟岭	mon gling dkar chag	门岭目录	手抄本	长条本				86	1986	西藏社会科学院	

续表

序号	同部名	藏文部名拉丁转写	汉译名	文式	幅面	作者	搜集者	搜集地	页数	登记时间	保存处	说明
097	孟岭	mon gling g.yul 'gyed dpa' bo'i snying gi dga' ston mthong ba don ldan	门岭之战	手抄本	长条本		土登尼玛	色塔尔	152	1986	全国《格》办	残缺，存 2 卷
098	孟岭	mon gling g.yul 'gyed dpa' bo'i snying gi dga' ston mthong ba don ldan	门岭之战	手抄本	长条本		土登尼玛	色塔尔	472	1986	全国《格》办	残缺，存 2 卷
099	孟岭	mon gling g.yul 'gyed dpa' bo'i snying gi dga' ston mthong ba don ldan	门岭之战	手抄本	长条本		土登尼玛	色塔尔	982	1986	全国《格》办	残缺，存 2 卷
100	孟岭	mon gling g.yul 'gyed	门岭之战	手抄本	长条本				323	1986	西藏社会科学院	
101	孟岭	mon gling g.yul 'gyed	阿岭之战	手抄本	长条本		甘肃人民出版社	甘南民族学校	460	1986?	西北民院	
102	孟岭	Mon gling dgra bgegs g.yul 'joms dug lnga gcod pa'i spu gri	平息敌人斩断五毒（门岭之战）	手抄本	稿纸本			甘孜	90	1986?	四川	两本
103	33 米努	mi nub dal rdzong	米努绸缎宗	手抄本	长条本				470	1986	西藏社会科学院	
104	米努	'dzam gling seng chen rgyal po'i mi nub rma bya rgyal po 'dul ba'i dar rdzong 'bebs pa'i gtam brjod zhes bya ba bzhugs so	米努绸缎宗	手抄本	长条本	嘎玛辛潘		甘孜州群艺馆	445	1986	全国《格》办	残缺，存 1 卷
105	米努	'dzam gling ge sar rgyal po'i rnam thar las mi nub dar rdzong 'bebs pa bzhugs so	米努绸缎宗（上）	手抄本	长条本	降央村成		青海	122	1986	全国《格》办	存 2 卷

续表

序号	同部名	藏文部名拉丁转写	汉译名	文式	幅面	作者	搜集者	搜集地	页数	登记时间	保存处	说明
106	米努	'dzam gling ge sar rgyal po'i rnam thar las mi nub dar rdzong 'bebs pa bzhugs so	米努绸缎宗（下）	手抄本	长条本	降央村成		青海	109	1986	全国《格》办	存2卷
107	34 北方镴镳	byang 'khru dmar rdzong		手抄本	长条本				252	1986	西藏社会科学院	
108	北方镴镳	'dzam gling ge sar rgyal po'i dus gsum rtogs brjod gsal ba'i me long bzhugs so	格萨尔秘史北红缨	手抄本	长条本				252	2001	全国《格》办	存1卷
109	35 密传	seng chen nor bu dgra 'dul sku tshe'i stod kyi rnam thar nyi ma'i dkyil 'khor skal ldan yid kyi mun sel bzhugs so	格萨尔生平传	手抄本	长条本				502	2001	全国《格》办	存1卷
110	密传	seng chen nor bu dgra 'dul sku tshe'i stod kyi rnam thar nyi ma'i dkyil 'khor skal ldan yid kyi mun sel bzhugs so	格萨尔生平传	手抄本	长条本				257	2001	全国《格》办	存2卷，缺页
111	密传	'dzam gling ge sar rgyal po'i dus gsum rtogs brjod gsal ba'i me long bzhugs so	三时传	手抄本	长条本	仓央嘉措	杨恩洪	昌都类乌齐	28	1986	全国《格》办	油印，存2卷
112	密传	skyes mchog ge sar rgyal po'i phyi nag gsang gsum gyi rnam thar yang snying gser gyi zhun ma yon tan nor bu'i mdzod bzhugs so	事无内外	手抄本	长条本	朵嘎尔		青海	152	1986	全国《格》办	存1卷
113	36 佛法宗	'dzam gling skyes bu'i chos sgrung sil ma las gser chos 'og min bgrod ba'i them skas gsang ba'i rgya can	法传	手抄本	长条本		四川《格》办		107	1986	全国《格》办	存4卷
114	诞生	seng chen nor bu dgra 'dul sku tshe'i stod kyi rnam thar nyi ma'i dkyil 'khor skal ldan yid kyi mun sel bzhugs so	格萨尔前身传	手抄本	长条本	日桑	西热沃塞	玉廓	785	1986	全国《格》办	存2卷
115	佛法宗	'dzam gling skyes bu'i chos sgrung sil ma las gser chos 'og min bsgrod ba'i them skas gsang ba'i rgya can bzhugs so	金法密网	手抄本	长条本	朵钦泽益西多吉	土登尼玛	摩诃寺	114	1986	全国《格》办	残缺，存2卷

续表

序号	同部名	藏文部名拉丁转写	汉译名	文式	幅面	作者	搜集者	搜集地	页数	登记时间	保存处	说明
116	37 北魔	bdud gling	魔岭	手抄本	长条本				265	1986	西藏社会科学院	
117	北魔	bdud gling	魔岭	手抄本	长条本				292	1986	西藏社会科学院	缺页多
118	北魔	bdud gling	魔岭	手抄本	长条本				100	1986	西藏社会科学院	
119	北魔	bdud li'u	魔章	手抄本	长条本				242	1986	西藏社会科学院	
120	北魔	bdud li'u	魔章	手抄本	长条本				1222	1986	西藏社会科学院	
121	38 穆古	smug gu drel rdzong	木岭之战	手抄本	长条本	唐定次旺多吉	唐本次多			1986	西藏社会科学院	
122	穆古	smug gu drel rdzong	木琼骡央宗	手抄本	长条本				641	2001	全国《格》办	存 1 卷
123	39 南岭	li gling	南岭	手抄本	长条本			昌都	182	1986	西藏社会科学院	
124	40 琼蔡	ge sar rgyal po'i mam thar las phyung tsha spun lnga dbang du bsdas pa'i g.yul 'khrung bzhugs so	征服琼蔡五兄弟	手抄本	长条本			昌都江达	272	1986	全国《格》办	残缺，存 1 卷
125	41 蔡瓦戎	tsha ba mda' rdzong	蔡瓦箭宗	手抄本	长条本		唐本次多	昌都		1986	西藏社会科学院	昌都政协委员白马多吉、罗桑群丹提供
126	蔡瓦戎	tsha ba mda' rdzong	蔡瓦箭宗	手抄本	长条本				70	1986	西藏社会科学院	
127	蔡瓦戎	sku 'dzam gling seng chen rgyal bo'i rtogs brjod gyi phreng pa las tsha ba rong gi smyug rdzong 'beb pa'i le'i bzhugs so	取蔡瓦龙竹宗	手抄本	长条本				78	1985	云南《格》办	

续表

序号	同部名	藏文部名拉丁转写	汉译名	文式	幅面	作者	搜集者	搜集地	页数	登记时间	保存处	说明
128	42 赛马	rta rgyugs	赛马（两种）	手抄本	长条本		余希贤	甘南完尕滩	100	1986?	西北民院	
129	赛马	'dzam gling seng chen rgyal po'i rnam thar yang zhun 'o ma'i rgya mtsho las snying po mar gyi yang zhun 'dra ba las rta rgyug le'u mdor bsdus mthong ba skal bzang don ldan zhes bya ba bzhugs so	赛马称王	手抄本	长条本		土登尼玛	阿坝	401	1986	全国《格》办	残缺，存 2 卷
130	赛马	rta rgyug rgyal 'jog	赛马称王	木刻本	长条本		甘肃人民出版社		126	1986?	民族文化宫	德格版
131	赛马	'dzam gling ge sar rgyal po'i rnam thar las rta rgyugs nor bu cha bdun(yin nam)	赛马称王（？）	手抄本	长条本			甘南夏河	206	1986	全国《格》办	字迹不清，存 1 卷
132	赛马	lha phrug nor bu dgra 'dul kyi skye rab rnam par thar rgyas par bkod pa zhes bya ba bzhugs so	赛马登位	手抄本	长条本		土登尼玛	色塔尔	301	1986	全国《格》办	存 2 卷
133	赛马	rta rgyugs rgyal 'jog	赛马登位	手抄本	长条本		唐本次多		137	1986	西藏社会科学院	
134	赛马	rta rgyugs bu bdun	赛马七宝	手抄本	长条本				794	1986	西藏社会科学院	
135	赛马	lha phrug nor bu dgra 'dul kyi skye rab rnam par thar rgyas par bkod pa zhes bya ba bzhugs so	再赛马妙歌	手抄本	长条本			色塔尔	112	1986	全国《格》办	存 2 卷
136	43 斯钦	zi chim yul nas rin chen mchong dang cang zhes ta g.yang 'bebs tshul	司钦青白玛瑙、马宗	手抄本	长条本			西藏	513	1986	全国《格》办	残缺，存 2 卷
137	44 西宁银	zi gling 'a rdzong	斯岭阿宗	手抄本	长条本				112	1986	西藏社会科学院	原篇

续表

序号	同部名	藏文部名拉丁转写	汉译名	文式	幅面	作者	搜集者	搜集地	页数	登记时间	保存处	说明
138	45 斯玛	zi ma rta rdzong	斯玛马宗	手抄本	长条本				136	1986	西藏社会科学院	
139	46 松岭	sum gling g.yul 'gyed	松巴编牛宗	手抄本	长条本		出版社	昌都		1986	西藏社会科学院	
140	松岭	sum gling g.yul 'gyed	松岭之战	手抄本	长条本		西藏大学			1986	西藏社会科学院	
141	松岭	gling rje ge sar rgyal po'i rtogs brjod las sum gling g.yul 'gyed dpa' bo snying gi dga' ston mzo g.yang phabs tshul bzhugs so	松岭之战	手抄本	长条本				166	1985	云南《格》办	
142	47 上栗特	sku rje rgyal po dang dpa' btul rnams kyi rnam thar dri ma med pa gling bstan pa phyi dar ltar sog lhu khri rgyal po'i rta g.yang bod du phab tshul mtha' bzhi'i dmags dang rgyal 'dre 'byung po'i kha gshog dga' ba'i yid kyi shing rta zhes bya ba bzhugs so	蒙古马宗	手抄本	长条本	尼玛让夏	土登尼玛	色塔尔	101	1986	全国《格》办	著者为仲德，存2卷
143	上栗特	sku rje rgyal po dang dpa' btul rnams kyi rnam thar dri ma med pa gling bstan pa phyi dar ltar sog lhu khri rgyal po'i rta g.yang bod du phab tshul mtha' bzhi'i dmags dang rgyal 'dre 'byung po'i kha gshog dga' ba'i yid kyi shing rta zhes bya ba bzhugs so	蒙古马宗	手抄本	长条本			色塔尔	213	1986	全国《格》办	著者为仲德，存2卷
144	上栗特	sog po rta rdzong	蒙古马宗	手抄本	长条本				236	1986	西藏社会科学院	
145	上栗特	sog stod rta rdzong	上蒙古马国	手抄本	长条本		甘肃人民出版社		260	1986?	民族文化宫	
146	上栗特	'dzam gling ge sar rgyal po'i rtogs brjod las sog stod cang shes rta rdzong phab te mu stegs kyi bstan pa bsnabs shing rgyal blon chos la bkod pa'i le'u dang po bzhugs so	上蒙古马宗	手抄本	长条本				409/449	1986	全国《格》办	存1卷，2001年登记做"果朵玛宗"，以为看错了

续表

序号	同部名	藏文部名拉丁转写	汉译名	文式	幅面	作者	搜集者	搜集地	页数	登记时间	保存处	说明
147	上栗特	sog po rta rdzong	索波马宗	手抄本	长条本				1513	1986	西藏社会科学院	
148	上栗特	sog gling	索岭之战	手抄本	长条本				161	1986	西藏社会科学院	
149	48天岭	'dzam gling sgyes bu'i don 'grub rtogs brjod lha gling gab rtse dgu skor bzhugs so	仙界遣使	手抄本	长条本				79	1985	云南《格》办	
150	天岭	dgra lha'i rgyal po ge sar nor bu dga bdul gi rtogs pa brjod pa lha gling gab tse dgu skor zhes bya ba bzhugs so	天岭卜盆	木刻本	长条本		佟锦华		127	1986	中央民院	德格版，存1卷
151	天岭	lha gling gab rtse dgu skor	天岭九卜	手抄本	长条本		甘肃人民出版社		80	1986?	民族文化宫	
152	49天堂	khra mo gling gi skyo bsang zhing khams mjal ba'i dga' ston	重游天堂	手抄本	稿纸本			阿坝	61	1986?	西南民院民族语言文学研究所	
153	50亭岭头盖宗	thing khri mog rdzong	亭迟头盖宗	手抄本	长条本				786	1986	西藏社会科学院	
154	51亭岭	thing gling g.yul 'gyed	亭岭之战（上、下）	手抄本	长条本	扎西继色			970	2001	全国《格》办	存1卷
155	52夏岭	zhab gling	夏岭	手抄本	长条本				120	1986	西藏社会科学院	
156	羌岭	byang gling g.yul 'gyed	羌岭之战	手抄本	长条本				238	1986	西藏社会科学院	
157	亭岭	shang shang sman rdzong	香乡药物城	手抄本	长条本		甘肃人民出版社	青海果洛	320	1986?	西北民院	

续表

序号	同部名	藏文部名名拉丁转写	汉译名	文式	幅面	作者	搜集地	页数	登记时间	保存处	说明
158	53羊同	'dzam gling ge sar rgyal po'i gtam brjod las zhing gling g.yul 'khrugs mu tig rdzong chen phab tshul bzhugs so	祥岭珍珠之战	手抄本	长条本	多尔罗	醆格荣	146	1986	全国《格》办	存2卷
159	羊同	'dzam gling ge sar rgyal po'i gtam brjod las zhing gling g.yul 'khrugs mu tig rdzong chen phab tshul bzhugs so	祥岭珍珠之战	手抄本	长条本			211	1986	全国《格》办	存2卷
160	羊同	zhang zhung mu tig rdzong	象雄珍珠国	手抄本	长条本		甘肃人民出版社	164	1986?	民族文化宫	
161	羊同	zhang gling g.yul 'gyed	象雄珍珠宗	手抄本	长条本		昌都		1986	西藏社会科学院	
162	羊同	sku 'dzam gling seng chen rgyal bo'i rtogs brjod las gtam gyi ngo mtshar zhang zhing bon gyi rgyal po de'i mu tig rin chen gyi rdzong 'beb pa'i le'i bzhugs so	征服象雄珍珠宗	手抄本	长条本			179	1985	云南《格》办	
163	54歇日	'dzam gling ge sar rgyal po'i mam thar bye ru'i byer rdzong dpa' po bzhad pa'i glu dbyangs ngo mtshar gtam gyi phreng ba	北方珊瑚宝宗	手抄本	长条本			245	1986	全国《格》办	存2卷
164	歇日	bye ri byu ru rdzong	奇乳珊瑚宗	手抄本	长条本			153	1986	西藏社会科学院	缺1、2页
165	歇日	bye ri byu ru rdzong	契日央宗	手抄本	长条本	尼玛坚赞费活佛	道老	110	2001	全国《格》办	存1卷
166	歇日	'dzam gling ge sar rgyal po'i mam thar bye ru'i byer rdzong dpa' po bzhad pa'i glu dbyangs ngo mtshar gtam gyi phreng ba bzhugs so	歇日珊瑚国	手抄本	长条本	央金卓嘎		473/492	1986	全国《格》办	残缺，存1卷
167	歇日	'dzam gling ge sar rgyal po'i mam thar bye ru'i byer rdzong dpa' po bzhad pa'i glu dbyangs ngo mtshar gtam gyi phreng ba	歇日珊瑚宗	手抄本	长条本	铁务别钦	德格	270	1986	全国《格》办	存2卷

续表

序号	同部名	藏文部名拉丁转写	汉译名	文式	幅面	作者	搜集者	搜集地	页数	登记时间	保存处	说明
168	55 辛丹	shan 'dan stag mo kha sprad	辛巴与旦玛	手抄本	长条本				65	1985	云南《格》办	封面不清楚
169	辛丹	shan 'dan stag mo kha sprad	辛丹对战	手抄本	长条本		普布多吉	波密		1986	西藏社会科学院	
170	辛丹	shan 'dan nang 'khrugs	辛丹内讧	手抄本	长条本		民文所，甘南文联			1986?	西北民院	
171	辛丹	shan 'dan nang 'khrul	辛丹内讧	手抄本	长条本				70	1986	西藏社会科学院	
172	辛丹	shan 'dan 'khrugs pa	辛丹之争	手抄本	笔记本			甘孜	48	1986?	四川《格》办	
173	辛丹	shan 'dan stag mo ngar 'thab dang rgya tsha zhal dkar lha bab bzhugs so	辛旦怒争和贾察显现身	手抄本	长条本					1985	云南《格》办	
174	56 雪山	gang gling	岗岭之战	手抄本	长条本				282	1986	西藏社会科学院	原稿
175	雪山	'dzam gling seng chen rgyal po'i rtogs brjod las gangs ri shel rdzong bzhugs so	雪山水晶国	手抄本	长条本		西热沃赛	瑟尔洼	153	1986	全国《格》办	残缺，存 2 卷
176	雪山	'dzam gling seng chen rgyal po'i rtogs brjod las gangs ri shel rdzong bzhugs so	雪山水晶国	手抄本	长条本			瑟尔洼	274	1986	全国《格》办	
777	雪山	gling ge sar rgyal po'i sgrung las gangs ri shel rdzong shes bya ba bzhugs so	雪山水晶国	手抄本	长条本		修锦华		502	1986	中央民院	缺封一页，存 1 卷
178	雪山	gang ri shel rdzong phab pa'i mam thar	雪山水晶宗	手抄本	长条本				229	1985	云南《格》办	

续表

序号	同部名	藏文部名拉丁转写	汉译名	文式	幅面	作者	搜集者	搜集地	页数	登记时间	保存处	说　明
179	57 杂日药宗	lho rdza ri sman rdzong	南杂日药宗	手抄本	长条本				412	2001	全国《格》办	存 1 卷
180	58 扎噶尔羊宗	brag dkar shel rdzong lug rdzong phab pa	扎噶尔羊宗	手抄本	长条本	阿勇		甘孜	388	1986	全国《格》办	部名中还提到"水晶宗"残缺，存 2 卷
181	59 突厥	gru gu go rdzong(stod cha)	突厥器国（上册）	手抄本	长条本		甘肃人民出版社		260	1986?	西北民族学院	
182	突厥	gru gu go rdzong(smad cha)	突厥器国（下册）	手抄本	长条本		甘肃人民出版社		200	1986?	西北民族学院	
183	突厥	gru gu go rdzong(bar cha)	突厥器国（中册）	手抄本	长条本		甘肃人民出版社		235	1986?	西北民族学院	
184	突厥	gru gu go rdzong	朱孤兵器宗	手抄本	长条本					1986	西藏社会科学院	缺页严重
185	突厥	'dzam gling ge sar nor bu dgra 'dul rtogs brjod las dru gu thog rgod rgyal po cham la phabs shing go mtshon gyi gter kha blang tshul dngos grub 'gugs pa'i lcags kyu zhes bya ba bzhugs so zhes pa'i stod cha pod dang po	朱孤兵器宗（上 1）	手抄本	长条本				418	1986	全国《格》办	残缺，存 1 卷
186	突厥	'dzam gling ge sar nor bu dgra 'dul rtogs brjod las dru gu thog rgod rgyal po cham la phabs shing go mtshon gyi gter kha blang tshul dngos grub 'gugs pa'i lcags kyu zhes bya ba bzhugs so zhes pa'i stod cha pod gnyis pa	朱孤兵器宗（上 2）	手抄本	长条本				413	1986	全国《格》办	残缺，存 1 卷
187	突厥	'dzam gling ge sar nor bu dgra 'dul rtogs brjod las dru gu thog rgod rgyal po cham la phabs shing go mtshon gyi gter kha blang tshul dngos grub 'gugs pa'i lcags kyu zhes bya ba bzhugs so zhes pa'i smad cha	朱孤兵器宗（下）	手抄本	长条本				353	1986	全国《格》办	存 1 卷

续表

序号	同部名	藏文部名拉丁转写	汉译名	文式	幅面	作者	搜集者	搜集地	页数	登记时间	保存处	说　明
188	突厥	gru gu rdzong	朱孤兵器宗（中）	手抄本	长条本				416	1986		西藏社会科学院
189	突厥	gling rje ge sar nor bu dgra 'dul rtogs brjod las dru gu thog rgod rgyal po cham la phabs shing go mtshon gyi gter kha blang tshul dngos grub 'gugs pa'i lcags kyu zhes bya ba bzhugs so zhes pa'i bar cha	朱孤兵器宗（中）	手抄本	长条本				723	1986	全国《格》办	存 1 卷
190	突厥	sku rje seng chen rgyal blon grub chen stong dang dgu brgy'i mam thar dri ma med pa gling bstan pa phyi dar ltar las bskal ngan bzhi po sel phyir dgos 'dod dpal gyi g.yang bcud gru ga'i dkor mzod brgyad cu bod du phab tshul dga' ba'i yid kyi shing rta	珠孤兵器宗	手抄本	长条本	尼玛让夏	土登尼玛	色塔尔	293	1986	全国《格》办	著者为仲德，残缺，存 2 卷
191	突厥	sku rje seng chen rgyal blon grub chen stong dang dgu brgy'i mam thar dri ma med pa gling bstan pa phyi dar ltar las bskal ngan bzhi po sel phyir dgos 'dod dpal gyi g.yang bcud gru ga'i dkor mzod brgyad cu bod du phab tshul dga' ba'i yid kyi shing rta	珠孤兵器宗	手抄本	作业本					1986	全国《格》办	记录在 4 个小本
192	突厥	gru gling g.yul 'gyed rgyas pa	竹岭（上）	手抄本	稿纸本		邓珠拉姆	甘孜	70	1986?	萨德洛桑	
193	突厥	gru gling bar dum dang phyi dum	竹岭（中、下）	手抄本	笔记本			甘孜	235	1986?	四川《格》办	记录在八本作业本上，中 104 页和下 132 页
194	突厥	gru gling g.yul 'gyed kyi rim pa las bar dum	竹岭之战（第二部）	手抄本	作业本			甘孜	121	1986?	四川《格》办	记录在 4 个小学作业本上，末尾残缺

（注：杨恩洪（1987、1995）在其著作中指出，截止到七五计划期间（1986-1990），全国已搜集到 289 册异文本，76 部（或近 80 部）《格萨尔》史诗。2001 年，笔者也曾从各种目录中粗略地列出过近 300 册异文本。在此仅列出了全国《格》办 1986 年的统计的 59 部 194 册异文本目录。详细搜集情况请对照本书中各地解题目录）

附录四:《格萨尔》出版目录（1905—2015）

序　目

一、中国境内各家出版社出版藏文本
（早期收集手抄本为主）

（一）西藏人民出版社（1979—2009）

（850 毫米×1168 毫米 1/32 开本，平装本）

序号	同部名	藏文书名	汉译名	搜集	整理、责编	出版年月	原件出处
01	迦湿弥罗	Gling rjes kha che'i gyu rdzong phab pa brdzod	征服卡契绿松石国	西藏《格》办	唐本·次多	1979.8	据德格木刻本
02	大食	Stag gling gyul 'gyed	达岭之战	出版社	齐美多吉	1979.9	据西藏档案局手抄本（八帮寺木刻本）
03	大食	Stag gzig nor 'gyed	达色施财	西藏《格》办	齐美多吉	1980.6/2010.4	据木刻本
04	霍岭	Hor gling gyul 'gyed(stod cha dang smad cha)	霍岭之战（上）	西藏《格》办	齐美多吉、次多	1980.5	据西藏档案局手抄本
05	霍岭	Hor gling gyul 'gyed(stod cha dang smad cha)	霍岭之战（下）	西藏《格》办	齐美多吉、次多	1980.12	据西藏档案局手抄本
06	门岭	Mon gling gyul 'gyed	门岭之战	西藏师院	拉巴次仁	1980.12	艺人扎巴说唱
07	姜岭	'jang gling gyul 'gyed	降岭之战	西藏《格》办	齐美多吉	1981.5	据手抄本
08	赛马	Rda rgyug nor bu cha bdun	赛马称王	西藏《格》办	唐本·次多	1981.7	据手抄本
09	苏毗	Sum gling gyul 'gyed	松岭之战	西藏《格》办	齐美多吉、唐本·次多	1981.8	据昌都手抄本
10	羊同	Zhang gling gyul 'gyed	征服象雄珍珠宗	西藏《格》办	拉巴次仁	1982.3	据昌都手抄本
11	诞生	'khrungs gling	格萨尔诞生	西藏《格》办	次仁平措整理	1982.4	据手抄本（火虎年完成）
12	穆古	Smug gu drel rdzong	木岭之战	西藏《格》办	唐本·次多	1982.8	据唐当才旺多杰铁羊年著手抄本
13	梅岭	Me gling gyul 'gyed	梅岭之战	西藏《格》办	唐本·次多	1982.9	据昌都手抄本
14	察瓦戎	Tsha ba mda' rdzong	察瓦箭宗	西藏《格》办	唐本·次多	1982.11	据昌都手抄本
15	嘉尔岭	'jar gling gyul 'gyed	甲岭之战	西藏《格》办	益西旺姆	1983.8	据强秋僧巴曲吉洛珠著的手抄本

续表

序号	同部名	藏文书名	汉译名	搜集	整理、责编	出版年月	原件出处
16	汉岭	Rgya gling	汉与岭	西藏《格》办	唐本·次多	1984.2	据察雅手抄本
17	辛丹	shan 'dan stag seng kha sprod	辛丹对战	西藏《格》办	普布多杰	1985.9	据波密手抄本
18	亭岭	Mthing gling g.yul 'gyed	亭岭之战	西藏《格》办	次仁顿珠整理	1985.8	据手抄本
19	恰容	Ja rong 'bru rdzong	恰容粮宗	西藏《格》办	唐本·次多	1987.9	囊索·罗旦著
20	底嘎	Ti dkar	地嘎（上）	西藏《格》办	顿珠整理	1987.7	卡察扎巴阿旺罗桑（卡察扎巴·阿旺嘉措）著
21	底嘎	Ti dkar	地嘎（中）	西藏《格》办	顿珠整理	1986.11	卡察扎巴阿旺罗桑（卡察扎巴·阿旺嘉措）著
22	底嘎	Ti dkar	地嘎（下）	西藏《格》办	顿珠整理	1987.12	卡察扎巴阿旺罗桑（卡察扎巴·阿旺嘉措）著
23	米努	Mi nub dar rdzong	米努绸缎宗	西藏《格》办	益西旺姆	1988.8	据手抄本
24	突厥	Gru go rdzong(stod cha dang bar cha)	朱古兵器宗（上）	西藏《格》办	唐本·次多责编	1988.11	据昌都手抄本
25	突厥	Gru go rdzong(stod cha dang bar cha)	朱古兵器宗（中）	西藏《格》办	唐本·次多责编	1989.11	据昌都手抄本
26	突厥	Gru go rdzong(stod cha dang bar cha)	朱古兵器宗（下）	西藏《格》办	唐本·次多责编	1989.11	据昌都手抄本
27	密传	Skyes mchog ge sar rgyal po'i phyi nang gsang gsum gyi rnam thar	格萨尔王密传	西藏《格》办	顿珠责编	1989.3	据手抄本
28	魔岭	Bdud le'u	征服魔国	西藏《格》办	益西旺姆整理	1991.9	据手抄本
29	昂岭	Ngam gling g.yul 'gyed	昂岭之战	西藏《格》办	益西旺姆	1992.9	据手抄本
30	上粟特	Sog po rta rdzong	索波马宗	波密加措搜集	唐本·次多整理	1992.6	据手抄本
31	弥药	Gdug pa spun bdun	残暴七兄妹、征服玉泽王	西藏《格》办	益西旺姆	1993.3	据昌都手抄本

序号	同部名	藏文书名	汉译名	搜集	整理、责编	出版年月	原件出处
32	白惹山羊	Bhe ra ra rdzong	比热山羊宗	西藏《格》办	索南格列整理	1993.4/2003.9	据手抄本
33	朗日	Glang ru gser rdzong	朗茹金子宗	西藏《格》办	洛单整理	1998.4/2001	据班旦撰写本
34	阿扎	A grags gzi rdzong	阿扎玛瑙宗	西藏《格》办	刚组责编	1999.10/2010.4	据手抄本,原件为1992年索朗格列搜集抄本
35	白惹	dhe gling g.yul 'gyed	德岭之战	那曲地区群艺馆编	西藏	2009.2	次仁占堆说唱

(二)青海民族出版社(1962—2005)

(850毫米×1168毫米 1/32开本,平装本)

序号	同部名	藏文书名	汉译名	搜集	整理	出版年月	备注
01	霍岭	Hor gling gyul 'gyed(stod cha)	霍岭大战(上)	青海民研会	青海民研会	1962.3	据甘南黑则寺手抄本等
02	霍岭	Hor gling gyul 'gyed(stod cha smad cha)	霍岭大战(上)	青海民研会	青海民研会	1979.5	据甘南黑则寺手抄本等
03	霍岭	Hor gling gyul 'gyed(stod cha smad cha)	霍岭大战(下)	青海民研会	青海民研会	1979.10	据甘南黑则寺手抄本等
04	霍岭	Hor gling gyul 'gyed(stod cha smad cha)	霍岭大战(精装,上)	青海民研会	青海民研会	1980.5	据甘南黑则寺手抄本等
05	霍岭	Hor gling gyul 'gyed(stod cha smad cha)	霍岭大战(精装,下)	青海民研会	青海民研会	1980.10	据甘南黑则寺手抄本等
06	赛马	Rta rgyug dpyid kyi nyi ma	赛马称王	青海民研会	出版社	1981.4	据手抄本
07	门岭	Mon gling gyul 'gyed	门岭之战	青海民研会	出版社	1982.9	据手抄本
08	玛燮札	Rma shel brag	玛燮札石窟	青海民研会	珠木却	1982.7	据手抄本
09	歇日	Bye ri byar rdzong	歇日珊瑚国	青海民研会	出版社,多吉才郎	1983.12	据手抄本
10	梅岭	Me gling gser rdzong	梅领金国	青海民研会	冷本尖措	1983.9	据手抄本
11	救妻	Dmyal gling mun pa rang gsal	地狱救妻	青海民研会	万德才郎	1983.8	据手抄本

续表

序号	同部名	藏文书名	汉译名	搜集	整理	出版年月	备注
12	象雄	Zhang zhung mu tig rdzong	向雄珍珠国	青海民研会	姜佐鸿	1984.12	据手抄本
13	日努	Ri nub	日努	青海民研会	尕藏	1985.8	据手抄本
14	朗日	Glang ru	浪日	青海民研会	多吉才郎	1985.4	据手抄本
15	阿扎	A grags gzi rdzong	阿扎玛瑙国	青海民研会	万德才让、毛继祖	1985.5	据手抄本
16	形成、诞生、赛马	Srid pa chags lugs	开天辟地	青海民研会	李加才旦	1987.6	据手抄本
17	霍岭	Hor ser 'gyod pa'i mig chu	霍国悔泪	多杰才旦	多杰才旦	1988.1/1994.8	据手抄本，多杰才旦为黄南州河南县人
18	诞生、赛马	Bsdus sgrung rab snyan dri za'i pi wang	格萨尔降生及少年时代综合本	青海民研会	角巴东主、多杰才郎	1988.8	据手抄本
19	白惹茶	Bhe gling gyul 'gyed	白岭之战	青海民研会	金迈整理	1989.1/1994.7	据喇嘛容仓哇掘藏本
20	丹玛	'dan ma nas rdzong phab pa	丹玛青稞宗	青海民研会	角巴东主、多杰才让	1989.6	据手抄本
21	匝日	Tsa ri sman rdzong	匝日药宗	青海民研会	昂亲多杰	1990	昂亲多杰撰写
22	琼察	Khyung tsh spun lnga 'dul ba'i drag po'i g.yul 'khrug bzhugs so	琼察五兄弟	青海《格》研所	角巴东主	1990.7/1994.9	据全国《格》办和布特嘎的抄本
23	董岭	Ldong gi ma yig lung bstan	敦氏预言授记	青海《格》研所	曲江才让	1991.9	格日尖参撰写
24	梅日	Me ri thog rdzong	梅日霹雳宗	布特嘎、秋君扎西	布特嘎、秋君扎西	1991.4/1997.8	据布特嘎家藏手抄本
25	陀岭	Thog gling g.yul 'gyed	陀岭之战	青海《格》研所	布特嘎、秋君扎西笔录整理	1991	才让旺堆说唱
26	岭歌舞	Gling gi bro ra yid 'phrog pad dkar phreng mzes	岭国歌舞	果洛《格》抢救办	金迈、角巴东珠整理	1993.11	其中还包括手抄本《华贡娃·扎赞塔雅》《阿赛铠甲宗》（果洛）《安定三界》（化隆）
27	玛沁宝藏	Bkra shis smon lam lnga	吉祥五祝福	青海《格》研所	尕藏笔录、多杰才让、角巴东主整理	1997.6	才让旺堆说唱

续表

序号	同部名	藏文书名	汉译名	搜集	整理	出版年月	备注
28	李域	li khri mtshal rdzong	勒赤朱砂宗	青海《格》研所	布特嘎、秋君扎西笔录整理	1999	达娃扎巴说唱
29	噶德	Sga bde shes rab khro rdzong	噶德智慧宗	青海《格》研所	娘吾才让记录整理	2005	才让旺堆说唱
30	阿达	A stag shwa rdzong	阿达夏宗	青海《格》研所	布特尕、秋君扎西记录、索加本整理	2005	才让旺堆说唱
30	南铁	gnam the'u gter rdzong	南铁宝藏宗	青海《格》研所	尕藏记录、旺姆措整理	2005	才让旺堆说唱

（三）甘肃民族出版社版（1979—2014）

（850 毫米×1168 毫米 1/32 开本，平装本）

序号	同部名	藏文书名	汉译名	搜集	整理	出版年月	原件出处
01	大食	Stag gzig nor rdzong	征服大食	西北民院	贡却才旦	1979.10	据西北民院1963 铅印本（八帮寺刻本）
02	魔岭	Bdud 'dul	降伏妖魔	西北民院	贡却才旦	1980.5	据西北民院1963 年铅印本（据手抄本）
03	公桑	'dzam gling spyi bsang	世界公桑	西北民院	贡却才旦	1980.9	据手抄本
04	诞生	'khrungs skor	诞生	西北民院	贡却才旦	1981.3	据德格木刻本（林葱）
05	赛马	Rda rgyug rgyl 'jog	赛马称王	西北民院	贡却才旦	1981.3	据德格木刻本（林葱）
06	天岭	Lha gling gab tse dgu skor	天岭九卜	西北民院	贡却才旦	1982.3	据手抄本
07	门岭	Mon gling gyul 'gyed	闷岭之战	余希贤	余希贤	1983.1	据拉卜楞寺抄本
08	象雄	Zhang zhung mu tig rdzong	象雄珍珠国	西北民院	更登	1984.7	据手抄本
09	突厥	Gru go rdzong(stod smad)	突厥兵器国（1）	西北民院	马进武	1984.7	据民族宫存手抄本
10	突厥	Gru go rdzong(stod smad)	突厥兵器国（2）	西北民院	马进武	1984.7	据民族宫存手抄本
11	亭岭	Shang shang sman rdzong	香乡药物城	仲却	仲却	1984.7	据果洛手抄本

续表

序号	同部名	藏文书名	汉译名	搜集	整理	出版年月	原件出处
12	突厥	Gru go rdzong (stod smad)	突厥兵器国（3）	西北民院	马进武	1986.4	据民族宫存手抄本
13	突厥	Gru go rdzong (stod smad)	突厥兵器国（4）	西北民院	马进武	1986.10	据民族宫存手抄本
14	姜岭	'jang 'dul	征服姜国	甘南文联	余希贤、旦正才让	1989.12	罗哲嘉措等说唱
15	三界	Tha ma'i zhal gdams	临终教诫	慈成木	慈成木	1993.11	据夏河县巴如加洛（1984 年去逝）说唱
16	姜岭	Gling dpa' brtul brgyad ju'i rnam mthar	岭八十大将传	索黛、德吉编	贡却才旦校订	1993.7	据草体手抄本
17	霍射	Ho hre go rdzong	霍射兵器宗	曹加	旦知草责编	1997.12	赛卡尔·更嘎才让记录，突厥、霍尔
18	扎噶尔绿松石	Brag dkar g.yu rdong	周尕玉宗	多杰才旦	红旗	1998.5	多杰才旦为黄南州河南县人
19	岭地魔霍岭姜岭	'dzam gling ge sar rgyal po'i sgrung bdams bsgrigs	格萨尔王传选集	吉老	吉老笔录整理	2006.7	玛曲 87 岁（2006）艺人交加说唱本
20	玉赛	byang g.u bse'i mandala rdzong	北玉斯曼扎宗	格日尖参	周甲克责编	2014.4	德尔文艺人伍洛（1916—1989）撰写本，周杰提供，附洛桑奥赛所著艺人小传
21	占领玛域	Rma sa bzung dar dkar mdud pa	玛萨松吉祥结	格日尖参	周甲克责编	2014.4	德尔文艺人德华（1926—2004）撰写本，布推巴提供，附洛桑奥赛所著艺人小传

（四）四川民族出版社版（1980—2012）

（850 毫米×1168 毫米 1/32 开本，平装本）

序号	同部名	藏文书名	汉译名	搜集	整理、责编	出版年月	备注
01	天岭	Lha gling gab tse dgu skor	仙界遣使	土登尼玛	土登尼玛	1980.9	据德格林葱木刻本
02	诞生	'khrungs gling me tog rab ba	英雄降生（占领玛域）	土登尼玛	土登尼玛、更登	1980.9/1999	据德格林葱木刻本（吉美图旦加央扎巴著）

序号	同部名	藏文书名	汉译名	搜集	整理、责编	出版年月	备注
03	赛马	Rda rgyug nor bu cha bdun	赛马登位	土登尼玛	土登尼玛	1980.9	据德格林葱木刻本及手抄本整理
04	阿里、大食	Mnga' ris gser rdzong dang stag gzig nor 'gyed.stag gzig nor 'gyed.	取阿里金窟(附:达色施财)	土登尼玛	更登	1981.8	据甘孜州色达县手抄本整理,所附据江达县波鲁寺木刻本整理
05	辛丹	shan 'dan stag seng kha sprod	辛巴和典马(附:霍岭中丹玛抢马)	土登尼玛	更登	1982.12	据甘孜州色达县两种不同的手抄本
06	门岭	Mon gling gyul 'gyed	孟岭大战	多罗搜集	更登	1982.3	据甘孜州新龙县手抄本
07	雪山	Gngas ri shel rdzong	征服雪山水晶国	西热沃瑟	更登	1982.8	据甘孜州石渠县手抄本及其他手抄本
08	地狱	Dmyal gling rdzogs pa chen po	地狱救母	更登	更登	1986.4	据江达县瓦拉寺当曲登巴木刻本与中央民院佟锦华提供手抄本
09	米努	Mi nub dar rdzong	征服米努绸缎国	西热沃瑟	更登	1987.3	据手抄本
10	法宗	Mi nub dar rdzong	法宗、七赞、重游天堂	土登尼玛	更登	1990.10	据手抄本
11	李赤	Sog li khri'i rta rdzong	列赤马宗	果洛《格》	诺尔德等	1990.10	据尼玛让夏撰写本
12	古热	Byang bdud ku ra 'dul ba'i rtogs brjod	征服北方古热魔王	唐韦喇嘛噶热、洛珠加措	洛珠加措	1994.2	据果洛唐韦喇嘛噶热著本与马尔康南部抄本
13	丹赛	'dan sras g.yu 'od 'bum me'i rtogs brjod	丹子玉威本美	丹增加措、慈诚罗珠等著	扎西、班玛	1998	丹增加措、慈诚罗珠等著
14	霍岭	Hor 'dul g.yul rgyal lha'i rnga sgra	降伏白帐魔王	土登尼玛	达色编、更登责编	1999.1	据阿坝州手抄本,《霍岭大战》下册
15	杂日	'jang g.yu lhas a khyung ke ru'i rgyal khab chos la bkod tshul	降伏阿穷格日国	朗朱·晋美彭措	朗朱·晋美彭措	1999.7	朗朱·晋美彭措(色达年龙寺)撰写本,姜国王子玉拉降伏阿穷格日王

续表

序号	同部名	藏文书名	汉译名	搜集	整理、责编	出版年月	备注
16	贡布	Kong the'u rang gi ra rdzong phab pa	山羊宗	仁真·根桑尼玛	更登	1999	仁真·根桑尼玛撰写
17	南岭	Gnam gling lug rdzong	天岭绵羊宗	华旦	仁青才让	1999.1	华旦（江达县字嘎乡格色村）撰写本
18	黑霍尔杂日	Gur nag rgyal po btul ba. Tsa ri'i lha rdzong	杂日神宗	华旦	仁青才让	2000.7	华旦（江达县字嘎乡格色村）撰写本，附《征服霍尔黑帐王》
19	诞生、门岭、突厥、魔岭、察瓦戎、汉岭、乾达婆、泥婆罗、达国、阿扎	Rma smad jo ru rgyal po'i mdzad rnam kha shas	觉如的故事	巴登（华旦）	白玛次成、扎西	2000.3	华旦（江达县字嘎乡格色村）撰写本（包括：①《觉如王利益门国百姓》②《征服北方突厥国》③《征服魔国寄魂牛》④《征服察瓦戎之妖魔盗贼》⑤《征服汉地商人》⑥《征服乾达婆国之起尸鬼》⑦《利益泥婆罗国之百姓》⑧《利益达国之百姓》⑨《征服阿扎国王子南拉赤嘎》）
20	玛拉雅	Maa la ya'i sman rdzong phab pa'i rtogs brjod	攻克玛拉雅药宗	土登尼玛	更登	2002.12	据色达手抄本
21	形成、诞生、扎拉、玛尼嘎拉、丹赛、查察、阿华、智赛、森赛、诺布坚赞、羌戎、侗日、卡瓦嘎布、夜叉	Gang gter rin po che'i rdzong, stod cha dang smad cha	雪山伏藏库（上下）	艺人旦增智华著	更桑毛兰姆、益西东珠、叁派诺布、叁巴龙周	2008.12	旦增智华撰写本（包括：①《岭国形成》②《英雄诞生》③《岭国八位小王子征服八宗》④《征服北方戎国朱砂宗》⑤《征服东方侗日国金刚铠甲宗》⑥《征服云卡瓦噶布之盔胄宗》⑦《征服夜叉国获得如意福运源》）
22	骏马	Gyi ling bcu gsum 'byung khungs skor	十三骏马之源	西藏那曲群众艺术馆	旦增同友笔录	2012.12	那曲艺人罗杰说唱本

(五)北京民族出版社、其他(1981—1984)

(850 毫米×1168 毫米 1/32 开本,平装本)

序号	同部名	藏文书名	汉译名	搜集、整理	出版社	出版年月	备 注
01	汉岭	Rgy gling ngo mtshar gtam gyi phreng ba	汉岭传奇	阿图、徐国琼等整理	中国民间文艺	1982.10	根据迪庆手抄本
02	苏毗	Sum gling gyul 'gyed	松岭之战	西藏师院	北京民族	1982.7	据手抄本与扎巴演唱本
03	天岭	Lha gling gab tse dgu skor	仙界占卜九藏	西藏师院	北京民族	1984	扎巴演唱本
04	汉岭	Rgy gling gtam gyi ngo mtshar phreng ba	嘉岭传奇之鬘	李继先、杰当·西饶江措 徐丽华	北京民族	2014.3	中甸文化局与迪庆州文化局搜集抄本以及阿图收藏抄本修订
05	突厥	gling rje ge sar rgyal po'i rtogs pa brjod pa las gru gut hog rgod rgyal po btul ba'i dmag 'khrug gi lo rgyus gru gling g.yul 'gyed rgyas par bkod pa ngo mtshar yid kyi dga' ston zhes by aba bzhugs so	岭·格萨尔传之珠岭之战(上册)	格登达吉编	北京民族	2015.7	炉霍、甘孜等地整理本。初文革时,ཉེ་གོར་བ་ན་རྒྱིན་ཆེ་དང་ཆོས། 在破四旧时火口中抢得。1979—1981 九位 རྒྱ་རྗེ་རིགས། (回族)在牧区打工时借出此部破旧抄本,由 ཆུང་ཚང་སྨྱུག 之医生 ར་ཡག་ཡོ་འོ་ཨོ་སོན་ ཐུགས་ཕོས་འོད་རེར་དབས་ཕུལ་སྐུར་ བ། 等抄录在 8 个作业本上,后欲出版未果。2001 年他们找到我 དགོ་འཛིན་དར་རྒྱ། 录入电脑,得到甘孜州文化局的领导 བསོད་ནམས་དང་འཕྲིན། 的支持,得以出版
06	突厥	gling rje ge sar rgyal po'i rtogs pa brjod pa las gru gut hog rgod rgyal po btul ba'i dmag 'khrug gi lo rgyus gru gling g.yul 'gyed rgyas par bkod pa ngo mtshar yid kyi dga' ston zhes by aba bzhugs so	岭·格萨尔传之珠岭之战(中册)	格登达吉编	北京民族	2015.7	炉霍、甘孜等地整理本。初文革时,ཉེ་གོར་བ་ན་རྒྱིན་ཆེ་ དང་ཆོས། 在破四旧时火口中抢得。1979—1981 九位 རྒྱ་རྗེ་རིགས། (回族)在牧区打工时借出此部破旧抄本,由 ཆུང་ཚང་སྨྱུག 之医生 ར་ཡག་ཡོ་ འོ་ཨོ་སོན་ ཐུགས་ཕོས་འོད་རེར་དབས་ ཕུལ་སྐུར། 等抄录在 8 个作业本上,后欲出版未果。2001年他们找到我 དགོ་འཛིན་དར་ རྒྱ། 录入电脑,得到甘孜州文化局的领导 བསོད་ནམས་དང་ འཕྲིན། 的支持,得以出版

序号	同部名	藏文书名	汉译名	搜集、整理	出版社	出版年月	备　注
07	突厥	gling rje ge sar rgyal po'i rtogs pa brjod pa las gru gut hog rgod rgyal po btul ba'i dmag 'khrug gi lo rgyus gru gling g.yul 'gyed rgyas par bkod pa ngo mtshar yid kyi dga' ston zhes by aba bzhugs so	岭·格萨尔传之珠岭之战（下册）	格登达吉编	北京民族	2015.7	炉霍、甘孜等地整理本。初文革时，ཅེ་ཆོར་བ་དང་འགྱིན་ཚོ་དབང་ཚང་ 在破四旧时火口中抢得。1979—1981 九位 རྒྱ་རེ་རིགས། （回族）在牧区打工时借出此部破旧抄本，由 ཆང་སྐྱོང་དང་ 之医生 ར་ཡབ་ཕོ་ གོ་མགོན་རྒྱལ་པོ་འོང་ཇེ་དགངས། ཕུལ་སྐྱ་པ། 等抄录在 8 个作业本上，后欲出版未果。2001 年他们找到我 དགེ་འདུན་ རྒྱལ 录入电脑，得到甘孜州文化局的领导 བཀོད་ནས་ དཔལ་འཕྲོར 的支持，得以出版

二、中国境内各机构出版藏文（项目为主）

（一）精选本目录（社会科学院重大项目 2000—2013：40 部）

（1996 年立项：降边嘉措主持，由北京民族出版社出版，850 毫米×1168 毫米，1/32 开本，精装本，计划出版 40 卷，已于 2013 年完成）

序号	藏文书名	汉译名	编选者	责编	出版年	页数
01	Gling rje'i 'khrus rabs	英雄降生	降边嘉措、旦增平措	阿旺平措	2000	746
02	Rta rgyugs khri gsol	赛马称王	降边嘉措、旦增平措	阿旺平措	2000	808
03	bdud gling g.yul 'gyed	魔岭大战	旦增平措	阿旺平措	2000	740
04	Hor gling g.yul 'gyed stod cha dang smad cha	霍岭大战（上下）	角巴东主、恰嘎旦正	阿旺平措	2000	732+732
05	a chung dmu tra stod cha dang smad cha	阿琼穆扎（上、下）	降边嘉措	旦增平措、索南黄加	2010	696+780
06	'jang gling g.yul 'gyed	姜岭大战	祁继先	旦增平措	2002	780
07	Mon gling g.yul 'gyed	门岭之战	降边嘉措	旦增平措	2002	531
08	Stag gzig nor rdzong	大食财宝宗	明久	旦增平措	2002	750
09	Gnam gling lug rdzong	南岭绵羊宗	祁继先	边宗	2005	627

序号	藏文书名	汉译名	编选者	责编	出版年	页数
10	sog po rta rdzong–stod cha	索波马宗（上下）	旦增平措、朱悦梅	边宗	2013	543+488
11	a grags gzi rdzong	阿扎玛瑙宗	角巴东主、多杰卡	旦增平措	2003	689
12	Bye ri'i byur rdzong	吉茹珊瑚宗	角巴东主、索朗卓玛	旦增平措	2003	513
13	Kha che g.yu rdzong	卡其松耳石宗	角巴东主、宁吾才让	巴桑旺庆	2003	511
14	Tsa ri sman rdzong	杂日药宗	角巴东主、宁吾才让	旦增平措	2003	573
15	Thog gling g.yul 'gyed	托岭之战	角巴东主、宁吾才让	旦增平措、边宗	2003	684
16	phyi gling lchags rdzong	棋岭铁城宗	旦增平措	边宗	2010	784
17	mnga ' ris gser rdzong	阿里金宗	明久	旦增平措	2005	570
18	smug gu drel rdzong	穆古骡子宗	丹曲	丹增平措	2010	604
19	go ra tsha rdzong stod cha dang smad cha	廓热察宗（上下）	角巴东主、宁吾才让、朵郭·阿旺格列	边宗	2010	549+607
20	'gog gling stod cha dang smad cha	果岭（上下）	次平	边宗	2012	423+483
21	bhe gling gyul 'gyed	白岭之战	索加本、巷欠才让	才让加	2010	362
22	bhe ra ra rdzong	百热绵羊宗	索太加	旦增平措	2006	378
23	mi nub dar rdzong	米努绸缎宗	才让道杰	旦增平措	2006	458
24	gangs ri shel rdzong	雪山水晶宗	诺布旺丹	索南草	2013	365
25	shang shang sman rdzong	香香药物宗	拉毛东知	丹增平措	2010	530
26	'jar gling gyul 'gyed	甲岭之战	巴桑旺庆	旦增平措	2005	588
27	sum gling gyul 'gyed	松巴犏牛宗	平措	丹增平措	2010	210
28	ja rong 'bru rdzong	嘉绒粮食宗	甲央齐珍	丹增平措	2010	487
29	gru gu go rdzong stod cha dang bar cha dang smad cha	突厥兵器宗（上中下）	丹曲	旦增平措	2013	604+632+669
30	a stag sha rdzong	阿达鹿宗	索南卓玛、旺姆措	才让加	2010	362
31	'dan ma nas rdzong	丹玛青稞宗	坚赞才让	达多	2013	120
32	gnam the 'u gter rdzong stod cha dang smad cha	南铁宝藏宗(上下)	多杰才让	旦增平措	2013	424+537

序号	藏文书名	汉译名	编选者	责编	出版年	页数
33	gangs rin po che 'i gter rdzong	雪山宝藏宗	娘吾才让、珠母	边宗	2013	509
34	me gling gyul 'gyed	梅岭大战	南拉扎西	索南黄加	2013	337
35	ti dkar chos rdzong stod cha dang smad cha	底嘎尔佛法宗（上下）	四朗曲登、扎西次培、德吉卓嘎	卓玛青措、才让先、次勒降泽	2013	816+824
36	mthing mu ne lha rdzong	廷牟尼神宗	嘎玛拉姆	旦正加	2013	544
37	'u zi ja rdzong	乌斯茶宗	边宗	旦增平措	2013	592
38	mi min dngul rdzong	穆蒙银宗	格日坚赞、李连荣	达多	2013	607
39	bha ka la 'phrul gyi rgyal po stod cha	巴嘎拉神奇王（上下）	洛桑顿登	旦增平措	2012	540+395
40	dmul gling rdzogs pa chen po thos pa rang grol ngan song chos kyi bskul glu zhes bya ba bzhugs so	地狱大圆满	科慈次成	旦增平措	2013	473

（二）艺人桑珠本目录（西藏社会科学院重大项目，2001—2014：43 部）

　　（2000 年立项：艺人桑珠说唱本，最初由中国社会科学院民族文学研究所和西藏社会科学院联合主编，2007 年后由西藏社会科学院主编。由西藏古籍出版社出版，850 毫米×1168 毫米，1/32 开本，平装本，计划出版 45 部，尚有 1—2 部未完成，项目尚在进行中）

序号	ཚན་ཁག	Latin	汉译名	笔录	整理	责编	出版年月	页数
1	ལྷ་གླིང	Lha gling	天界篇	西藏《格》办	仁增	江永慈诚	2001.1	411
2	ཆགས་གླིང	Chags gling	岭国形成史	西藏《格》办	索朗格列	次仁班觉	2001.1	392
3	འགོག་གླིང	'gog gling	果岭	西藏《格》办	金果·次平	次仁班觉、诺布坚措	2002.1	530
4	འདན་མ་ནས་རྫོང	'dan ma nas dzong	丹玛青稞宗	西藏《格》办	仁增	次仁班觉、巴桑次仁	2009.2	255
5	ཚ་བ་རོང་མདའ་རྫོང	Tsha ba rong mda' rdzong	查瓦绒箭宗	西藏《格》办	罗丹	江永慈诚	2002.6	501
6	འཁྲུངས་གླིང	'khrungs gling	诞生篇	西藏《格》办	索朗格列	次仁班觉	2001.1	483
7	རྟ་རྒྱུག་རྒྱལ་འཇོག	Rta rgyug rgyal 'jog	赛马登位	西藏《格》办	米玛次仁	次仁班觉、金果·次平	2002.5	313
8	མི་ཉག་གསེར་རྫོང	Mi nyag gser rdzong	木雅黄金宗	西藏《格》办	米玛次仁	次仁班觉、扎拉达瓦桑波	2002.1	474
9	ཁྱུང་གླིང	Khyung gling	炯岭	西藏《格》办	益西旺姆	江永慈诚	2003.11	395

序号	བོད་ཡིག	Latin	汉译名	笔录	整理	责编	出版年月	页数
10	གཉན་ཆུ་མོ་རོང་འབྲུ་རྫོང་	Gnyan chu mo rong 'bru rdzong	年曲木绒粮食宗	西藏《格》办	仁增	次仁班觉	2001.1	401
11	བྱང་བདུད་ཀླུ་བཙན་	Byang bdud klu btsan	北魔鲁赞	西藏《格》办	仁增	索朗曲杰	2002.1	626
12	ཧོར་གླིང་གཡུལ་འགྱེད་སྟོད་ཆ་	Hor gling g.yul 'gyed, stod cha	霍岭之战（上）	西藏《格》办	仁增	索朗曲杰	2006.12	509
13	ཧོར་གླིང་གཡུལ་འགྱེད་སྨད་ཆ་	Hor gling g.yul 'gyed, smad cha	霍岭之战（下）	西藏《格》办	仁增	米玛次仁	2006.12	409
14	གླང་རི་གཏེར་རྫོང་	Glang ri gter rdzong	朗日宝藏	西藏《格》办	贡却杰	次仁班觉	2009.2	242
15	ཤར་བདུད་ཤ་བ་རུ་རིང་	Shar bdud sha ba ru ring	东魔长角鹿	西藏《格》办	罗丹	索朗格列	2003.12	211
16	འཇང་གླིང་གཡུལ་འགྱེད་	'jang gling g.yul 'gyed	姜岭之战	西藏《格》办	益西旺姆	米玛次仁	2003.10	665
18	ཨ་སྐྱིད་ཟས་རྫོང་	A skyid zas rdzong	阿吉食品宗	西藏《格》办	罗丹	索朗格列	2004.10	229
19	ཀོང་བདུད་ཨ་ཆུང་དམུ་ཏྲ་	Kong bdud a chung dmu tra, stod cha	工魔阿炯木扎（上）	西藏《格》办	益西旺姆	江永慈诚	2006.12	433
20	ཀོང་བདུད་ཨ་ཆུང་དམུ་ཏྲ་	Kong bdud a chung dmu tra, smad cha	工魔阿炯木扎（下）	西藏《格》办	益西旺姆	米玛次仁	2016.7	499
22	བྱང་ཀླུ་ཁྲི་རྟ་རྫོང་	Byang klu khri rta rdzong, stod cha	北方鲁赤马宗（上）	西藏《格》办	仁增	金果·次平	2001.1	519
22	བྱང་ཀླུ་ཁྲི་རྟ་རྫོང་	Byang klu khri rta rdzong, smad cha	北方鲁赤马宗（下）	西藏《格》办	仁增	金果·次平	2001.1	532
23	ཞང་གླིང་གཡུལ་འགྱེད་	Zhang gling g.yul 'gyed	象岭之战	西藏《格》办	仁增	金果·次平	2008.3	415
24	ཟི་མ་རྟ་གཡང་རྫོང་	Zi ma rta g.yang rdzong	斯玛马宗	西藏《格》办	索朗格列	金果·次平	2014.12	410
25	ཨ་གྲགས་གཟི་རྫོང་	A grags gzi rdzong	阿扎斯宗	西藏《格》办	索朗措姆、拉巴	贡嘎	2005.12	403
26	བྱེ་རི་བྱུར་རྫོང་	Bye ri byur rdzong, stod cha	其日珊瑚宗（上）	西藏《格》办	索朗格列	次仁班觉、金果·次平	2004.12	375
26	བྱེ་རི་བྱུར་རྫོང་	Bye ri byur rdzong, smad cha	其日珊瑚宗（下）	西藏《格》办	仁增、索朗格列	金果·次平、贡嘎	2004.12	205
28	ཆུ་མོ་ལི་ཁྲིའི་ནོར་རྫོང་	Chu mo li khri'i nor rdzong	曲木里赤财宝宗	西藏《格》办	罗丹	次仁班觉	2004.10	572

续表

序号	བོད་ཡིག	Latin	汉译名	笔录	整理	责编	出版年月	页数
29		Bhe ra ra rdzong	百热山羊宗	西藏《格》办	索朗格列	贡嘎	2003.10	314
30		Shan 'dan nang 'khrug, Shel brag 'o mtsho'i gter g.yang	辛丹内讧 西扎吾措宝藏	西藏《格》办	索朗格列	次仁班觉	2003.10	85
32		Rgyal gling	加岭	西藏《格》办	罗旦	次仁班觉	2005.12	314
33		Byang stag mo yul gyi dngul rdzong	北方白银宗	西藏《格》办	罗丹	索朗格列	2011.10	289
34		Dbye gling gser rdzong	伊岭金子宗	西藏《格》办	索朗格列	贡嘎	2005.12	299
35		Gru gu go rdzong, stod cha	祝古兵器宗（上）	西藏《格》办	仁增	金果·次平	2011.3	364
36		Gru gu go rdzong, smad cha	祝古兵器宗（下）	西藏《格》办	仁增	金果·次平	2011.3	332
37		Srin po sha rdzong	西藏《格》办 森布肉宗	索朗格列	次仁班觉	2006.12	503	
38		Lho than sre rgyal po'i ba g.yang, stod cha	南太斯王黄牛宗（上）	西藏《格》办	金果·次平	贡嘎	2007.12	338
39		Lho than sre rgyal po'i ba g.yang, smad cha	南太斯王黄牛宗（下）	西藏《格》办	金果·次平	贡嘎	2008.9	401
40		Li ma sman rdong, stod cha	里玛药宗（上）	西藏《格》办	亚卓	仁增	2007.12	452
41		Li ma sman rdong, smad cha	里玛药宗（下）	西藏《格》办	亚卓	仁增	2008.9	612
42		Bhe ra lug rdzong, stod cha	白热绵羊宗（上）	西藏《格》办	仁增	扎拉·达哇桑布	2011.10	457
42		Bhe ra lug rdzong, smad cha	白热绵羊宗（下）	西藏《格》办	仁增	扎拉·达哇桑布	2011.10	374
43		Khams gsum bde bkod	安定三界	西藏《格》办	索朗格列	米玛次仁	2007.12	465
44		Rmu yi nor gter	木岭之战	西藏《格》办	索朗格列	金果·次平	2012.10	366
17		mongling g.yul 'gyed	门岭之战	仁增	索朗格列	2015.12	602	

（三）扎巴本目录（1996—2013：14 部）

（1996 年立项：西藏大学《格萨尔》研究室编辑，由北京民族出版社出版，850mm×1168mm，1/32 开本，平装本，计划出版 18 卷，此项目尚在进行中）

序号	藏文书名	汉译名	笔录	整理	责编	出版年	页数
01	'khrungs gling	格萨尔降生史	藏大《格》所	藏大《格》所	旦增平措	1996	626
02	Hor phyi pa ra rdzong	霍齐巴山羊宗	藏大《格》所	藏大《格》所	次仁玉珍	1996	146
03	Byang klu btsan rgual po 'dul ba	征服北方魔王	藏大《格》所	藏大《格》所	次仁玉珍	1997	372
04	Lha gling gab tse dgu skor	仙界占卜九藏	藏大《格》所	藏大《格》所	次仁玉珍	1998	82
05	Bha ka la 'phrul gyi rgyal po	霸嘎拉神奇王	藏大《格》所	洛桑顿登	阿平、丹平	1998	538
06	Rgya gling	甲岭之战	扎西旺堆	扎西旺堆	达多	1999	303
07	Sog po rta rdzong	索岭之战	藏大《格》所	平措	阿旺平措	1999	333
08	'u zi ja rdzong	乌斯茶宗	强巴旺却	洛桑顿登	巴旺、旦平	2007	359
09	Zhang zhung mu tig rdzong	象雄珍珠宗	扎西旺堆	扎西旺堆	巴旺、旦平	2007	430
10	Gtam dpe phyogs bsgrigs	谚语集	藏大《格》所	藏大《格》所	巴桑旺庆	2008	430
11	Smug gu drel rdzong	墨古骡子宗	扎西旺堆	平措	巴桑旺庆	2008	429
12	Gang ri shel rdzong	雪山水晶宗	扎西旺堆	平措	旦增平措	2011	343
13	Mon gling g.yul 'gyed	门岭之战	藏大中国藏学所《格》室	藏大中国藏学所《格》室	巴桑旺庆	2013	533
14	Sum gling g.yul 'gyed	松岭之战	藏大中国藏学所《格》室	藏大中国藏学所《格》室	巴桑旺庆	2013	237

（四）中国社会科学院民族文学研究所优秀艺人本出版目录（2001—2012：4 部）

（1992 年立项，由降边嘉措、杨恩洪主持，才让道吉、旦增平措、李连荣参与，2001 年开始出版，中国藏学出版社，850 毫米×1168 毫米，1/32 开本，平装本。计划出版 12 部，此项目尚在进行中）

序号	藏文书名	汉译名	艺人	笔录	整理	责编	出版年	页数
1	Kong bdud a chung dmu tra	贡堆阿穷穆扎	桑珠	西藏社会科学院《格》所	益西旺姆	尼玛卓玛	2001	970
2	Mon dkar spos rdzong	门嘎柏宗（附：吉祥煨桑、玉拉小传、乃琼小传）	格日尖参	格日尖参	格日尖参	尼玛卓玛	2006	448
3	Phyi gling lcags rdzong	其岭铁宗	次旺俊美	西藏社会科学院《格》所	仁增	尼玛卓玛	2007	808

续表

序号	藏文书名	汉译名	艺人	笔录	整理	责编	出版年	页数
4	Seng chen yid bzhin nor bu'i rnam thar Mtha' sdud 'dzam gling skye 'gro'i phan yon dgos 'dod nor bu'i bang mdzod ngo mtshar mu tig phreng pa zhes bya ba bzhugs so.	塔堆	卡察扎巴·阿旺嘉措	西藏社会科学院《格》所	索朗格列	尼玛卓玛	2012	343

（五）青海《格》办主编著名艺人说唱本目录（2009—2014：20 册）

（2009 年开始，丛书名：ཨ཈ཙ཈ཕ...（藏文）出版社：青海民族出版社，甘肃民族出版社，850 毫米×1168 毫米，1/32 开本，平装本。此项目尚在进行中）

序号	同部名	藏文书名	汉译名	艺人	整理者	出版年月	出版社
01	郭拉	གོ་ར་འཁྲུང་།	果惹擦宗	仲巴·拉格	角巴东主、多高阿旺格来、娘吾才让	2009.12	青海
02	扎拉	ལྷ་སྲས་དགྲ་ལྷ་རྩེ་རྒྱལ།	少帅扎拉泽加	格日尖参	巷欠才让	2009.12	青海
03	森达	ཤེང་སྐྱག་དུང་དཀར། རྒྱལ་ཁྲོང་།	森达海螺宗	才让旺堆	娘吾才让、周毛	2009.12	青海
04	扎拉	དགྲ་སྐྱེའི་ཁྲབ་ཁྲོང་།	扎拉铠甲宗	才让旺堆	索加本	2009.12	青海
05	阿达	ཨ་སྐྱག་མོའི་གཏེར་རྣས།	阿达拉姆密传	旦增智华	周毛、旺姆措	2009.12	青海
06	嘉茂	རྒྱགས་མོ་རྡོ་ཁྲོང་།	吉合目牦牛鬃	格日尖参	索南卓玛、娘吾才让	2010.12	青海
07	大食	སྟག་གཟིག་ནོར་མོ་ལུ་རིང་།	大食沃茂隆仁	（玉树抄本）	洛桑仁青、嘎玛拉姆	2011.6	青海
08	梅宝	མེས་རཱ་ར་ཁྲོང་།	麦布山羊鬃	达娃扎巴	索南才让	2011.6	青海
09	萨莱	ས་ལེ་གསེར་ཁྲོང་།	萨栗金宗	旦增智巴	巷欠才让、黄金花	2011.6	青海
10	阿达	ཨ་སྐྱག་མོ།	阿达拉姆	德尔文洛桑沃赛	旺姆措、索加本	2011.6	青海
11	洛戎	ལྷོ་རོང་འཁྲས་ཁྲོང་།	南方米宗	门韦宝	索加本、娘吾才让	2012.12	甘肃
12	孜丹	རྫི་དན་འཕྲུལ་ཁྲོང་།	孜丹魔幻宗	门韦宝	巷欠才让、黄金花	2012.12	甘肃
13	乌炎	རྒྱ་ཡན་དངུལ་ཁྲོང་།	欧燕银宗	明久南卡雍仲	完玛加、索南卓玛	2012.12	甘肃
14	洛戎	ལྷོ་སྒྲིང་གཡུལ་འཁྲི།	南岭之战	格日尖参	黄智、黄毛草	2012.12	甘肃

续表

序号	同部名	藏文书名	汉译名	艺人	整理者	出版年月	出版社
15	霍拉	སྐྱིད་དང་དོ་རའི་གཡུལ་འཁྲུག་ཆེན་མོ།	降伏霍拉王	旦增智华	角巴东主	2012.12	甘肃
16	年保玉则	གཉན་པོ་གཡུ་རྩེའི་གནམ་ལྕགས་ཕུབ་གཟོང་།	年保玉则霹雳（天铁盾牌）宗	丹增智华	巷欠才让	2014.12	青海
17	阿奴华桑、辛巴智捉玉拉	སྐྱེར་རབ་ནས་གཉིས།	一代双雄	年智	娘吾才让	2014.12	青海
18	达姆	སྨུག་མོ་གསེར་གཟོང་།	达姆赛宗（大漠金子宗）	才让旺堆	黄智	2014.12	青海
19	果扎	མི་ཟིན་ཀོ་ཟླག་འདུལ་བའི་ཏ་སྒྲུ།	征服果扎魔王（上下）	年智	旺姆措、周毛	2014.12	青海
20	喜马拉登	ལ་བདུན་གོར་ཕུའི་གཉིར་གཟོང་།	喜马拉登宝藏宗	丹增智华	索加本	2014.12	青海

（六）西藏社会科学院独家说唱本目录（2009—2015：9 册）

（金果·次平主持，2009 年启动，西藏古籍出版社，850 毫米×1168 毫米，1/32 开本，平装本。此项目尚在进行中）

序号	བོད་ཡིག	Latin	汉译名	说唱艺人	出版年月
1	གོར་གླིང་གཡུལ་འཁྲུག	Gor gling g.yul 'gyed	阔岭之战	次仁占堆	2009.8
2	སྤྲ་ནག་གསེར་རྫོང་	spra nag gser rdzong	扎那金子宗	达娃	2010.12
3	སྨྱུག་ཁ་ཤིང་རྫོང་	Smyug kha shing rdzong	牛卡木材宗	玉梅	2011.10
4	ཕྱི་གླིང་དུག་རྫོང་བདེ་བཀོད་ཆ།	Phyi gling dug rdzong bde bkod, stod cha, smad cha	平定其岭毒宗（上下）	扎西多吉	2011.10、2012.10
5	བྱང་གླིང་གཡུལ་འཁྲུག། ཐོག་གླིང་གཡུལ་འཁྲུག	Byang gling g.yul 'gyed, thog gling g.yul 'gyed	北岭之战陀岭之战	昂仁	2012.6
6	བཐན་གླིང་གཡུལ་འཁྲུག	Bthan gling g.yul 'gyed	赞岭之战	阿旺班丹	2012.11
7	གངས་མཐིང་གཉེན་སྟོན་འབྲེལ་ཆེན་མོ།	Gangs mthing gnyen ston rten 'brel chen mo	岗厅婚宴	阿丹搜集	2013.11
8	བྱེ་དར་ནང་འཁྲུག	Bye dar nang 'khrug	其塔内讧	曲扎	2015.2
9	ཛག་གླིང་གཡུལ་འཁྲུག	Jag gling g.yul 'gyed	甲岭之战	亚卓	2015.2

（七）四川《格萨尔》工作领导小组办公室主编本（2005—2015：13 册）

（2005 年启动，丛书名：ཤི་ཁྲོན་ཞིང་ཆེན་གེ་སར་གཞུང་ལས་ཁང་གི་སྒྲུང་དཔེ་ཚོགས། 四川《格萨尔》办主持，色达县《格萨尔》办公室、炉霍县民族宗教局等参与之《四川省格萨尔办公室格萨尔丛书》，由四川民族出版社、民族出版社出版，850 毫米×1168 毫米，1/32、787 毫米×1092 毫米，1/16 开本，平装本。此项目尚在进行中）

序号	བོད་ཡིག	Latin	汉译名	整理者	出版年月	备　注
1	གཡུ་རོང་བསེ་རྫོང་།	g.yu rong bse rdzong	玉绒色宗	多吉	2005	据炉霍与色达手抄本（四川民族）
2	ཨ་ཡན་འདུལ་བའི་རྟོགས་བརྗོད།	A yan 'dul ba'i rtogs brjod	征服阿彦国	多吉	2005	之二，德格玉龙手抄本（四川民族）
3	རུ་ཏྲིའི་འཕྲུལ་རྫོང་།	Ru tr'i 'phrul rdzong	降伏如扎魔王	木兰	2006	之三，益邛提供手抄本（四川民族）
4	གླིང་གེ་སར་སྐྱེས་བུའི་རྣམ་ཐར་ལས་དབུས་འཆི་བདག་ཆམ་ལ་ཕབ་པའི་ལོ་རྒྱས།	Gling ge sar skyes bu'i nam thar las dbus 'chi bdag cham la phab pa'i lo rgyas	格萨尔曲宗	多吉	2007	之四，甘孜县绒巴岔手抄本（康定民族师范麦波教授与旺嘉提供）（民族社），即《卫岭佛法宗》有不丹本出版
5	ཇོ་རུའི་རྣམ་ཐར།	Jo ru'i rnam thar	少年格萨尔王	多吉	2008	之五，齐秀日桑撰写（民族社）
6	བདུད་འདུལ་གནམ་ལྕགས་ཐོག་རྫོང་།	Bdud 'dul gnam lcags thog rdzong	格萨尔王传之降妖部	桑结	2008	之六，仁增内丹多杰斯界杂撰写（民族社）
7	གླིང་རྒྱལ་འབངས་ཆགས་ཚུལ།	gling rgyal 'bangs chags tshul	岭国民形成记	多吉	2009.9	之七，类乌齐抄本（民族社））
8	ཤི་ཁྲོན་ཞིང་ཆེན་གི་གྲུབ་རྗེ་ཝེར་དཀར་གསུང་སྒྲུང་འདུས།	Grub rje wer dkar sgrung 'dus	竹杰沃嘎《格萨尔》故事集	木兰	2010.4	之八，竹杰沃嘎撰写本。包括《英雄诞生宝串》《征服北方鲁攒魔王》《降魔英雄笑声》《玉拉传记明灯》《世界金宝如意之宝》（民族社）
9	རྨི་གླིང་གཡུལ་འཐབ་སྟོད་ཆ།	Rmi gling g.yul 'thab, stod cha	岭格萨尔王传:木里掘金招福记（上册）	多吉	2011.7	之九，钟巴·拉格撰写本（民族社）
10	རྨི་གླིང་གཡུལ་འཐབ་སྨད་ཆ།	Rmi gling g.yul 'thab, smad cha	岭格萨尔王传:木里掘金招福记（下册）	多吉	2011.7	之九，钟巴·拉格撰写本（民族社）
11	མ་སེང་སྐྱེས་བུ་ཆེན་པོས་འདན་མའི་ནས་རྫོང་ཕབ་པའི་རྟོགས་བརྗོད་བཞུགས་སོ།	ma seng skyes bu chen pos 'dan ma'i nas rdzong phab pa'i rtogs brjod bzhugs so	丹玛青稞宗	多吉	2014.2	之十，搜集于石渠县口传手抄本（（民族社）
12	འཇང་གླིང་གཡུལ་འགྱེད་ཤ་ཟ་དཔའ་བོའི་ངར་སྒྲ་མདོར་བསྡུས་སུ་བཀོད་པའི་གླེང་བཤད་བཞུགས་སོ།	'jang gling g.yul 'gyed sha za dpa' bo'i ngar sgra mdor bsdus su bkod pa'i gleng bshad bzhugs so	姜岭大战	多吉	2014.5	之十一，搜集于石渠县艺人说唱根嘎曲批（已故）之手抄本（民族社）

序号	བོད་ཡིག	Latin	汉译名	整理者	出版年月	备　注
13	གླིང་རྗེ་གེ་སར་ནོར་བུད་འཕྲུལ་གྱིས་ཧོར་ ཕར་འདུལ་བསམ་པའི་ དོན་འགྲུབ་ཀྱི་རྟོགས་ བརྗོད་གཏམ་གྱི་ ཕྲེང་བ་རྣ་བར་ སྙན་པའི་དགའ་སྟོན	gling rje ge sar nor bud gr 'dul gyis hor phar 'dul bsam pa'i don 'grub kyi rtogs brjod gtam gyi phreng ba rna bar snyan pa'i dga' ston	霍岭大战	多吉	2015.8	之十二，康定市新都桥镇新二村巴李·格桑次称老人提供，原件影印出版（民族社）。

（八）艺人格日尖参本（2006—2011：24 部）

（2006 年开始，果洛艺人格日尖参藏撰写本，由民间人士资助，甘肃民族出版社出版，850 毫米×1168 毫米，1/32 开本，平装本。此项目尚在进行中）

序号	同部名	藏文书名	汉译名	搜集、整理	出版年月
01	尼婆罗	Gu ru rgyal mtsan gyi gter deb phreng las bal po lug rdzong	尼婆罗羊宗	格日尖参著	2006.11
02	姜岭	Gu ru rgyal mtsan gyi gter deb phreng las 'jang gling gy.ul 'gyed'	姜岭大战	格日尖参著	2007.7
03	魔岭	Gu ru rgyal mtsan gyi gter deb phreng las Bdud 'dul	魔岭大战	格日尖参著	2007.7
04	琵琶	Gu ru rgyal mtsan gyi gter deb phreng las Mgrin pa pi wang rdzong	琵琶歌喉宗	格日尖参著	2007.11
05	穆门	Gu ru rgyal mtsan gyi gter deb phreng las mi min dngul rdzong	米孟银子宗	格日尖参著	2007.12
06	雪山	Gu ru rgyal mtsan gyi gter deb phreng las gang ri shel rdzong	雪山水晶宗	格日尖参著	2007.12
07	阿赛	Gu ru rgyal mtsan gyi gter deb phreng las a bse'i khrab rdzong	阿赛甲宗	格日尖参著	2008.8
08	沃喀	Gu ru rgyal mtsan gyi gter deb phreng las 'ol kh'i 'phrul zhags rdzong	沃喀神链宗	格日尖参著	2008.8
09	罗刹	Gu ru rgyal mtsan gyi gter deb phreng las Srin po'i gri rdzong	罗刹婆刀宗	格日尖参著	2008.8
10	李域	Gu ru rgyal mtsan gyi gter deb phreng las li khri rta rdzong	列尺马宗	格日尖参著	2009.2
11	印度	Gu ru rgyal mtsan gyi gter deb phreng las Rgya gar chos rdzong	天竺法宗	格日尖参著	2009.2
12	公桑	Gu ru rgyal mtsan gyi gter deb phreng las 'dzam gling spyi bsang	世界公桑	格日尖参著	2010.1
13	国法	Gu ru rgyal mtsan gyi gter deb phreng las chos khrims gdams pa gser gyi 'khri shing	安邦定法	格日尖参著	2010.9
14	赛马	Gu ru rgyal mtsan gyi gter deb phreng las rta rgyugs nor bu cha bdun	赛马称王	格日尖参著	2010.9

续表

序号	同部名	藏文书名	汉译名	搜集、整理	出版年月
15	天岭	Gu ru rgyal mtsan gyi gter deb phreng las lha gling gab tse dgu skor	天岭九部	格日尖参著	2010.9
16	形成	Gu ru rgyal mtsan gyi gter deb phreng las ldong gi ma yig lung bstan	懂氏王统记	格日尖参著	2010.9
17	诞生	Gu ru rgyal mtsan gyi gter deb phreng las 'khrungs gling me tog ra ba	英雄诞生	格日尖参著	2010.9
18	甘丹	Gu ru rgyal mtsan gyi gter deb phreng las dga' ldan khyung rdzong	甘丹大鹏宗	格日尖参著	2010.12
19	亭岭	Gu ru rgyal mtsan gyi gter deb phreng las shang shang sman rdzong	向象药宗	格日尖参著	2010.12
20	李域	Gu ru rgyal mtsan gyi gter deb phreng las li yul mtshal rdzong	鲁国朱砂宗	格日尖参著	2010.12
21	木雅	Gu ru rgyal mtsan gyi gter deb phreng las mi nyag smyug rdzong	木雅竹子宗	格日尖参著	2010.12
22	噶岭	Gu ru rgyal mtsan gyi gter deb phreng las 'gag gling g.yul 'gyed	噶岭之战	格日尖参著	2011.11
23	多钦	Gu ru rgyal mtsan gyi gter deb phreng las stobs chen rmog rdzong	多钦头盔宗	格日尖参著	2011.11
24	戎岭	Gu ru rgyal mtsan gyi gter deb phreng las rong gling g.yul 'gyed	蓉岭之战	格日尖参著	2011.12

（九）甘肃《格萨尔》办重大项目：《格萨尔文库》（1996—2001）

（1996年立项，甘肃《格》办、西北民族大学《格》研究院主编，由甘肃民族出版社出版，787毫米×1092毫米，1/16开本，精装本。计划出版五卷，此项目尚在进行中）

序号	藏文书名	汉译名	记录、翻译者	出版社	出版年	备　注
1	格萨尔文库第一卷	藏族格萨尔（第一册《英雄成长》）	马进武、何天慧主编	甘肃民族出版社	1996	天界、诞生、丹玛、赛马、取宝、公祭六章
2	格萨尔文库第一卷	藏族格萨尔（第二册《降伏四魔》）	马进武、何天慧主编	甘肃民族出版社	2000	北方降魔、霍岭大战、姜岭大战、门岭大战
3	格萨尔文库第二卷	蒙古族格萨尔（第一册《鄂尔多斯本》）	齐木道吉、白歌乐	内蒙古人民出版社	2000	天界、诞生、称王、降魔、汉岭、霍岭、地狱等
4	格萨尔文库第二卷	蒙古族格萨尔（第二册《卫拉特本》）	玛·乌尼乌兰、珠格格德尔玛	内蒙古人民出版社	2001	天界、诞生、称王、降魔、汉岭、霍岭、地狱等
5	格萨尔文库第三卷	土族格萨尔（上册）	王兴先、王国明	甘肃民族出版社	1996	恰干让位、取果萨、求神子、诞生、娶珠姆、比武称王六章
6	格萨尔文库第三卷	土族格萨尔（中册）	王兴先、王国明	甘肃民族出版社	2000	世间形成、天界等

（十）嘎嘉洛文化丛书委员会主编《治多艺人说唱本》（2014：8 册）

（文扎主编，丛书名： སྐུ་བླའི་རིག་གནས་དཔེ་ཚོགས།，兰州：甘肃民族出版社，880 毫米×1230 毫米，1/32 开本，平装本，2014 年 7 月出版）

序号	藏文书名	latin	汉译名	艺人	笔录者	校订者	备注
1	མི་ཆུང་གླུ་རྫོང་།	mi chung glu rdzong	米琼拉伊宗	དཔལ་ཚེ་རིང་། བསོད་ནམས་ཚེ 哈秀·才让索南尼玛	ཁ་བ་བསོད་ནམས་ཉི་མ། 卡瓦·索南尼玛	སོག་རུས་དཔང་དུག 粟瑞·文扎	425 页
2	སྐྱ་ལོའི་ས་བཤད་ནོར་བུ་དགུ་འཛོམས།	skya lo'i sa bshad nor bu dgu 'dzoms	嘉洛地理总说	བྱ་ཁྱུང་དར་རྒྱས། 查居·达杰	སྐྱ་བླ་ལྔ་མཚོ 金巴嘉措	ཀ་བོ་སྟོང་དང་ལྔག 夏吾吉·达乐·才让多杰	132 页
3	སྐྱ་ལོའི་སྟོན་འཇོག	skya lo'i ston 'jog	嘉洛婚礼	དཔལ་ཚེ་རིང་། བསོད་ནམས་ཚེ 哈秀·才让索南	སོག་རུས་དཔང་དུག 粟瑞·文扎	སོག་རུས་དཔང་དུག 粟瑞·文扎	313 页，2001年笔录，玉树婚俗恢复
4	སྐྱ་ལོའི་གསེར་རྫོང་།	skya lo'i gser rdzong	嘉洛金宗	ནོར་འཛིན་ཚུལ། ཁྲིམས་རྒྱ་མཚོ། 霍扎·慈诚嘉措	ཁ་བ་བསོད་ནམས་ཉི་མ། 卡瓦·索南尼玛？	སོག་རུས་དཔང་དུག 粟瑞·文扎？	252 页，笔录与整理者无
5	སྐྱ་ལོའི་ཆགས་རབས། ༼སྐྱ་ལོ་སྣང་གསལ་རྣམ་ཐར༽ ༼གཉིས་སྐྱ་ལོའི་བསང་མཆོད༽	skya lo'i chags rabs(1 skya lo snang gsal rnam thar)(2 skya lo'i bsang mchod)	嘎嘉洛形成史传（附录1：嘉洛囊赛志美传）（附录2：嘉洛煨桑祭）	སྲུང་མ་ལྷ་བུ་དོན་འགྲུབ 秀玛·拉吾东珠	རིན་ཆེན་དར་ལྔག ནི་ཚེ་རིང་རྡོ་རྗེ། 仁青、达乐·才让多杰 སྲུང་མ་ལྷ་བུ་དོན་འགྲུབ 秀玛·拉吾东珠 དཔང་དུག་དང་། བ་བསོད་ནམས་ཉི། མ་རིན་ཆེན་ཚལ་གང་། དར་ཚེ་རྡོ་རྗེ། 粟瑞·文扎、卡瓦·索南尼玛、仁青、达乐·才让多杰 བསོད་ནམས་ཉི་མ། དང་ལྔན་འབྲུག་རྡོ་རྗེ། 卡瓦·索南尼玛、龙珠多杰	91 页，92—231 页，232—314 页。其中附录有此艺人另两部史诗（名录见前列）
6	སྐྱ་ལོའི་ནོར་རྫོང་། ༼སྒ་སྐྱ་ལོ་བསྟན་པ་རྒྱལ་མཚན་གྱི་རྣམ་ཐར་བསྡུས་པ།༽	skya lo'i nor rdzong(1 sga skya lo bstan pa rgal mtshan gyi rnam thar bsdus pa)	嘎嘉洛敦巴坚赞传(附录1：嘉洛财宝宗)	སོག་བོ་བྱ་བ། 粟布·查瓦，དཔལ་ཚེ་རིང་། བསོད་ནམས་ཚེ 哈秀·才让索南	ཁ་བ་བསོད་ནམས་ཉི་མ། 卡瓦·索南尼玛	སོག་རུས་དཔང་དུག 粟瑞·文扎	《嘉洛财宝宗》1—108 页，109—186 页。粟布·查瓦2010年认定为艺人，能唱130多部

续表

序号	藏文书名	latin	汉译名	艺人	笔录者	校订者	备注
7	རྒྱ་ནག་གླུ་རྫོང་།	rgya nag glu rdzong	汉地拉伊宗	ཤུལ་མ་ལ་དབུ་དོན་འགྲུབ། 秀玛·拉吾东珠	ཤུལ་མ་ལ་ལྷུ་བ་དོན་འགྲུབ། 秀玛·拉吾东珠	ལྷུན་གྲུབ་ཚེ་རིང་རྡོ་རྗེ། དང་ཤ་བོ་སྐྱིད། 达乐·才让多杰、夏吾吉	172 页
8	འབྲུག་མོའི་རྣམ་ཐར།	'brug mo'i rnam thar	珠姆传	འཆི་མེད་རབ་བརྟན། 青梅热丁	འཆི་མེད་རབ་བརྟན། 青梅热丁	ཤ་བོ་སྐྱིད་དང་ལྷུན་གྲུབ་ཚེ་རིང་རྡོ་རྗེ། 夏吾吉、达乐·才让多杰	204 页

三、印度境内出版藏文本
（手抄及艺人本 1962—1985：共 45 部）

（其中《下拉达克本格萨尔》由贡却扎西说唱，益西仁增记录，A.H.Francke 注释及提要，The Royal Asiatic Society of Bengal（孟加拉皇家亚洲学会）出版于 1905 年。其余均为 1959 年以来藏人搜集抄本与艺人撰写本，资料信息来源于日本国东洋文库藏 PL480 缩微胶片）

序号	དཀར་ཆག	汉译名	出版地	出版年
1	སྟེང་རྗེ་གོ་བར་རྒྱལ་པོའི་དམྱལ་སྐྲུལ་དྲུགས་དཕུལ་བའི་ལེའུ།	地狱救母	纽托加	1973
2	སྟེ་སྟེང་འཛེར་རྒྱལ་ཁམས་བདུད་པའི་ཡུལ་འབྱོར་དཔལ་ངེ་སྟེང་དུ་དྲངས་ཤིང་རོ་མ་གཏུང་གི་ཉེན། འཆེལ་བའི་དེ་དང་ཆོས་རྒྱལ་གྲོངས་ནས་འཁེལ་ཆོས་གདེན།	嘉尔岭骡子宗	德里	1965
3	སྟེ་སྟེང་འཛེར་རྒྱལ་ཁམས་ཡུལ་གཏན་དང་དེ་ལ་དེ་གི་བདེ་དང་དེ་སྤྱིན་དུ་དྲངས་ཤིང་ངེ་བའི་དེ་དང་ཆོས་རྒྱལ་གྲོངས་ནས་འཁེལ་ཆོས་པའི་འཁོར་ཐང།	嘉尔岭骡子宗	噶岭堡	1962
4	སྟེ་ཏེ་ཡི་མ་ལ་བར་ཆོད་དྲུག་གི་རྣམ་ལ་དེ་གི་གཏང་ནོར་དེ་དེ་ལ་དྲངས་ཤིང་ཟེང་གི་དག་སྒོང།	大食财宗	大吉岭	1966
5	དེར་སྐྱེ་གཏུང་དེ་ལ་དྲང་བ་དང་ཤེར་གྲོང་དང་ཤོར་རྣམ་ཐང་ཤིང་ལེའུ།	霍岭大战（上）	列城	1972
6	འཇང་རྫོང།	姜岭大战	德里	1965
7	ཨ་གུལ་མའི་བེ་རུ་བར་བའི་རྫོང་ལེའུ།	阿扎玛瑙宗	德里	1973
8	ཁ་ཆེའི་དཀར་བོའི་རྫོང།	迦湿弥罗绿松石宗，地狱救母	德里	1971
9	མ་མང་སྐྱེའི་རྣམ་ཐར་བར་བའི་གསུང་ལེ་བའི་དྲང།	迦湿弥罗绿松石宗	德里？	1966？
10	འཛམ་སྐྱེ་གི་བར་རྒྱལ་རྣམ་ཐར་སྟེང་དུ་དཕུལ་བའི་རྒྱ་རྣམ་རྒྱལ་རྣམ་ནོར་བའི་ལེའུ།	孟岭大战	拉瓦杂尔	1964
11	འཛམ་སྐྱེ་གི་བར་སྐྱེ་རྡོ་རྗེ་དེ་ལ་འབྱུང་སྐྱེ་གི་བོ་གི་ནི་དད་དང་དང་དེ་གི་འདུང་ཐང།	英雄诞生，占领玛域	德里	1967？
12	སྟེང་དཀར་རྗེ་རྒྱལ་ཆོས་དེ་ལ་གསལ་སྟེང་འཆོལ་ངེ་བར་དང་དེ་ལ་དྲངས་ཤིང་གི་བོའི་མོ། ཆཆ་ཅ་དོན་གི་བྱ་གི་སོའི་མོ།	赛马称王	帕兰普尔？	1969
13	འཛམ་སྐྱེ་གི་བར་རྒྱལ་པོ་སྟེ་ཤོགས་ཀུ་ཡུལ་ཁམས་ཆཆ་དང་དེ་ལ་དྲངས་ཤིང་དེ་ཆོས། འཛེང་བའི་ཆོས་ནང་ལ་འཁེལ་བ་གྲངས།	乌炎银宗（上下）	帕兰普尔	1973

续表

序号	བོད་ཡིག	汉译名	出版地	出版年
14	ཁྲག་སྟེང་སྤྲུང་།	大食财宗（上下）	新德里	1976
15	འཇང་སྤྲིང་སྐྱེད་བུའི་རོལ་གར་ཇ་གཉིས་སྤྲིང་ལེན་ཇ་དུ་ཅན་ཐིག་ལེ་ངེ་ར་སྔོ་རིས་ཁ་ང་སྔོ་རིས་དང་དཀར་པོན་ངོན་སྤོག་གཟོ་འཇང་སྤྲིང་ལེན་འཇ་གཏན་ཅར་མཇོན་འ་ཆེ་དང་སྔ་	姜岭大战（上下）	岗托克	1977
16	འཇང་སྤྲིང་རྒྱ་ཤེང་ཆེན་རྒྱ་ཕའི་རྣམ་ཐར་ལེན་རྒྱ་ཀྱི་ལེན།	中华茶宗	岗托克	1977
17	འཇང་སྤྲིང་གི་བར་ཏུ་རྒྱ་ཕའི་རོལ་གར་ཀ་གཟོང་ཆེན་ལས་གང་སྔ་དང་འ་ཐུབ་ལ་གི་ཅ་ཐ་ར་ཇ་ར་རི་ར་རྒྱ་ཆ་ཆ་ལ་འགལ་ར་དུ་དུ་སྤྲིང་ཅ་དང་འ་སྤྲ་ཇ་དམ་ལེན་རྒྱ་ར་རཀ་པོ་ཅན་པོ་ར་གང་ར་བའི་འགུལ་སྤྲོ་ཅ་ཤ།	歇日珊瑚宗	岗托克	1977
18	འཇང་སྤྲིང་གི་བར་རྒྱལ་པོའི་རོལ་གར་ལས་སྤྲིང་ལེན་འཆུ་ཅ་མ་གཡག་གི་སྤྲིང་།	霍岭大战（上下）	锡金，岗托克	1978
19	ཁྱེ་མ་ཆེན་གི་བར་རྒྱལ་པོའི་རྣམ་སྤྲིང་ལ་གང་ཆ་དང་ཆ་དཀའ་འདེན་རིན་ཆ་འཆོ་ར་ཐ་བཀའ་གཟུ་ར་དང་ར་དུ་ར་ཆའི་རྒྱ་	上粟特马宗	德拉敦	1978
20	སྲིང་མེད་ཆེན་རྒྱལ་པོའི་སྤྲིང་ཐྲུང་དུང་དུང་ར་འ་འ་བ་ཐི་ག་སྤྲིང་དང་ར་སྲ་བ་ཀགས།	北方降魔，霍岭大战	德里	1979
21	ཐོང་རྗེ་གུ་ར་དཀག་འ་བུད་ལ་བི་སྤྲིང་ཆམས་འཇེགས་སྤྲ་ཅ་འ་སྤྲ་ཇ་རྒྱ།	霍岭大战（上下）	比尔	1979
22	དྲུག་གི་གཟུ་བ་རྒྱེད་བོ་སྤྲིང་དཀག་ཅོང་ཅ་གི་ལེན་ལ་ཅན།	突厥兵器宗（中）	达兰姆萨拉	1983
23	འཇེམ་སྤྲིང་གི་བར་པོའི་ཆེན་འཇེན་ཆོང་རྒྱ་ར་འ་ཐི་སྤྲིང་ཅ་སྤྲ་བར།	玛域水晶岩宗	比尔	1985
24	འཇེམ་སྤྲིང་རྒྱ་མཆོག་སྤྲིང་གི་ཆོན་ཅ་འཇང་ར་འ་རྒྱ་སྤྲིང་ཆེ་ཆ་ལ་ང་ཅ་རྱ།	英雄诞生，占领玛域，赛马称王	达兰姆萨拉	1984
25	གངས་རི་ཤེལ་སྟོང་།	雪山水晶宗	多兰吉	1983
26	ཐོང་རྗེ་གཡུལ་འཐུང་འཇེམ་སྤྲིང་ར་རྒྱའི་སྟོང་།	霍岭之战（上下）	岗托克	1984
27	སྲུག་ག་བོ་ཅོང་།	穆古骡宗	岗托克	1983
28	སྲུ་རྗེ་ཡིང་འཆེན་ནོན་འ་ཅ་ར་འཆུལ་སྤྲིང་ཆ་ཆོ་ར་སྲང་ཆ་ར་སྲུག།	赛马称王	达兰姆萨拉	1983
29	ཁྲག་སྟེང་དཀག་འ་བོང་།	大食财宗	岗托克	1983
30	བདུད་འདུལ།	北方降魔	岗托克	1983
31	ན་སྤྲིང་ག་ར་དཀ་ཅོང་།	天岭卜筮	岗托克	1983
32	མེ་སྤྲིང་གཡུལ་འཆགས།	梅岭玛瑙宗	多兰吉	1983
33	འཇེམ་སྤྲིང་གི་བར་པོ་ཆ་ཆ་ས་སྲ་དཀག་རྒྱ་ར་འ་ཆོན་འཇེན་ར་སྤྲིང་དང་ར་རྒྱ་ཆོ་ར་སྲ་ཅ་ཆེན་འ་ཁོ་ར་དཀ་ཆ་ར་མཁན་འཇ་ཅ་སྤྲ་ར་དཀ་རྒྱ་ཐ་འ་ར་དང་འ་ཅ་ཆ་སྤྲ་འ་དུད།	突厥兵器宗（上下）	达兰姆萨拉	1984
34	འཇེམ་སྤྲིང་གི་བར་རྒྱལ་པོའི་ར་གང་སྤྲིང་ཆ་རྒྱ་ར་སྲོ་ར་ཆོ་ར་ཐ་འ་རྒྱ་ར་ཐ་ར་ར་མཇིར་ར་རྒྱ་བ་ཆ་ར་སྤྲང་ཅ་རྒྱ་ཁྱུར་ཅ་ར་གགར་ར་འ་ར་བ་འ་འ་ཆེ་ར་འཆོ་ར་ཆ་འ་ཆ་སྤྲ་ར་ཆ་ཆ་ར་རྒྱ།	郭拉盐宗（上中下）	达兰姆萨拉	1985
35	འཇེམ་སྤྲིང་གི་བར་རྒྱལ་པོའི་གགས་དཀག་ར་སྤྲིང་ར་འ་རྒྱ་འི་སྤྲིང་ཆ་ར་འ་ཐ་ཐོ་ར་སྤྲ་ར་ཆ་ར་འ་ར་ར་འ་ར་ཐ་ར་ར་ར་ར་འཆ་ར་ར་ཆ་ར་འཐ་ར་ཐ་གང་གི་སྤྲིང་ར་འ་ཆ་ཆ་ར་རྒྱ་ར་ས་ར་ཆ་ར་ར་སྤྲ་སྤྲ་ར་ར་ར་ཆ་ར་ར་ཆ་ཆ་ར་ར་རྒྱ་ར་ར་ར་ཆ་མ་ཐ་སྤྲ་རྒྱ་སྤྲ་ང་།	木里金宗（上下）	达兰姆萨拉	1985
36	འཇེམ་སྤྲིང་གི་བར་རྒྱལ་པོའི་གགས་འཇེན་ར་སྤྲིང་ར་ང་ཆ་ར་འ་ཐ་འ་ར་ར་ཐ་འ་ར་རྒྱ་ར་ནས་ཆ་ཆ་ཆ་ཆ་སྤྲ་གི་གགཆ་ར་ས་ང་སྤྲ་ར་འ་ར་ར་ར་དཀ་ར་སྤྲ་ལ་ཆ་ར་ཆ་སྤྲ་རྒྱ།	下粟特铠甲宗	达兰姆萨拉	1984
37	དྲུག་གི་ཆོ་སྲང་སྤྲ་ང་།	突厥兵器宗（补漏）	达兰姆萨拉	1985

续表

序号	བོད་ཡིག	汉译名	出版地	出版年
38	འཛམ་གླིང་སེང་ཆེན་རྒྱལ་པོའི་རྟོགས་བརྗོད་ལས་ཞང་ཞུང་གི་མུ་ཏིག་ཆེན་པོ་རྫོང་ཞེས་བྱ་བ་བཞུགས་སོ	羊同珍珠宗	达兰姆萨拉	1984
39	བདུད་འདུལ	北方降魔	岗托克	1983
40	འཛམ་གླིང་སེང་ཆེན་རྒྱལ་པོའི་རྟོགས་བརྗོད་ལས་དུ་རུ་གི་གོ་མཚོན་རྒྱལ་པོ་ལ་ཕབ་པའི་མཛད་ཆེན་གྱི་གཏེར་ཆུང་ལས་དཔལ་གྲགས་འབུལ་བའི་ལེགས་སོ	突厥兵器宗	达兰姆萨拉	1982
41	ཧོར་གླིང་གཡུལ་འཁྲུག་འཛམ་གླིང་སེང་ཆེན་པོའི་སྐོར	霍岭之战（上下）	岗托克	1983
42	འཇང་གླིང་གཡུལ་འཁྲུག	姜岭大战	岗托克	1983
43	འཛམ་གླིང་གི་སེང་ཆེན་རྒྱལ་པོའི་རྟོགས་བརྗོད་ལས་སོག་གི་རྒྱལ་རྫོང་སྟེང་ལ་བཀུག་པའི་འཕྲིན་ཞིང་ཉེ་རྟོགས་པང་ལ་ཕུད་དུ་དབུལ་བའི་ལེགས་སོ	上粟特马宗	达兰姆萨拉	1982
44	འཛམ་གླིང་གི་སེང་ཆེན་རྒྱལ་པོའི་རྟོགས་བརྗོད་ལས་གཏེར་ནོར་ཅན་ཚ་ཡིས་བྱིན་བརྒྱ་རོ་ལགས	分大食财	德里	1967
45	སྟག་གི་དཔའ་བོ་ཚེ་རྒྱུག་གི་རབས་སྐྱེས་རྒྱལ་གྲགས་ཀུན་ལ་གྲགས་གཡང་འཛིན་མའི་བྱོན	下拉达克本〈格萨尔〉	加尔各答	1905

四、不丹国出版藏文本
（木刻、抄本为主，1979—1984：33 部）

（更桑多布杰负责出版，康珠仁波切编排史诗次序，不丹国家图书馆馆长班玛拉教授撰写藏文前言，法兰西学院石泰安教授撰写英文前言，原件为德格木刻印刷本，葛尔玛格勒、陈列南加等人提供之抄本以及西藏等地铅字印刷本。1979—1984 年间，不丹首都廷布与印度德里印刷出版，Druk Shering Press 出版，850 毫米×1110 毫米，布面精装，共出版 31 部；此外，不丹国帕罗市也出版有一部，其他两部出版地不详）

序号	བོད་ཡིག	汉译名	出版年月
1	འཛམ་གླིང་སེང་ཆེན་པོའི་གཏེར་བརྗོད་ནུ་སྲིང་གདན་དྲུ་སྨོ་བལྟབ་གླིང་ལི་ཏོག་ར་བལ་བཟང་དར་ཊ་དྭ་རྟ་མཚོ་སྐྱིད	天岭卜筮，英雄诞生，占领玛域，玛域寻马，赛马称王	1979
2	འཛམ་གླིང་སེང་ཆེན་པོའི་གཏེར་བརྗོད་དྲུག་དྲུང་གར་ནམ་མཁའི་ཆོས་ལེན་དང་བྱང་བདུད་འདུལ་བའི་ལེགས་སོ	智噶德取天竺佛法北方降魔	1979
3	འཛམ་གླིང་སེང་ཆེན་རྒྱལ་པོའི་གཏེར་བརྗོད་ཧོར་སྐོར་གྱི་སྟོད་ཆ་བཞུགས་	霍岭大战（上册）	1979
4	འཛམ་གླིང་སེང་ཆེན་རྒྱལ་པོའི་གཏེར་བརྗོད་ཧོར་སྐོར་གྱི་སྨད་ཆ་བཞུགས་	霍岭大战（下册）	1979
5	འཛམ་གླིང་སེང་ཆེན་རྒྱལ་པོའི་གཏེར་བརྗོད་ཧོར་སྐོར་གྱི་བར་ཆ་སྟོད་སྨད་བཞུགས་	霍岭大战（中册之上、下）	1979
6	ནང་ཆེན་ནོར་འཛིན་གྱི་རྒྱལ་ཧོར་གྱི་རྒྱལ་འབུལ་ཞེས་པ་ལ་སོགས་འགྲུབ་པའི་ལེགས་སོ	降服霍尔（上册）	1979
7	འཛམ་གླིང་གི་སེང་ཆེན་རྒྱལ་པོའི་གཏེར་བརྗོད་ཧོར་སྐོར་གྱི་ལེགས་བཤད་དངུལ་ཆུ་ཟིལ་ཞེས་པ་ལ་བཞུགས་སོ	降服霍尔（下册）	1979

续表

序号	བོད་ཡིག	汉译名	出版年月
8	གླིང་གེ་སར་རྒྱལ་པོའི་རྣམ་ཐར་ལས་འཇང་ལིང་གཡུལ་འགྱེད་དུ་གོང་མ་སྟེ་བཞིའི་སྟོད་ཆ་ཞེས་བྱ་བ་བཞུགས་སོ།	姜岭大战（上册）	1981
9	འཇང་གླིང་གེ་སར་རྒྱལ་པོའི་རྣམ་ཐར་ལས་པ་མཐའ་ཡས་པ་འཇང་ལང་ཤམ་རྒྱལ་པོ་ཆམ་ལ་ཕབ་པའི་སྨད་ཆ་བཞུགས་སོ།	姜岭大战（下册）	1981
10	འཇང་གླིང་གེ་སར་རྒྱལ་པོའི་རྣམ་པར་ཐོར་ཟིང་དཀ་གིང་པའི་མོ་ཀྲུལ་པ་རྒྱལ་པར་ནོར་བུའི་གིང་པ་བཞུགས་སོ།	孟岭大战	1981
11	གླིང་ཆེ་ཡི་ཤེ་གེ་སར་ནོར་འདུས་ཀྱི་རྣམ་ཐར་བར་ལས་གཟིག་གི་པའི་གེ་སར་ཕབ་པའི་ཆ་བཞུགས་སོ།	大食财宗（上册）	1981
12	གླིང་ཆེ་ཡི་ཤེ་གེ་སར་ནོར་འདུས་ཀྱི་རྣམ་ཐར་གཟིག་གི་པའི་གེ་སར་ཕབ་པའི་ཆ་བཞུགས་སོ།	大食财宗（下册）	1981
13	འཇང་གླིང་གེ་སར་རྒྱལ་པོའི་རྣམ་ཐར་ལས་སོ་རིག་ཏེ་ཕབ་པའི་ཕྱིད་འཆར་གཏུབ་ཀྱི་ཕྱིད་འཕེལ་དུ་བཞུགས་སོ།	上粟特马宗	1981
14	འཇང་གླིང་གེ་སར་རྒྱལ་པོའི་རྣམ་འདོན་པ་སོ་ཏེ་ཕབ་པའི་གི་ཕྱིད་བ་རྒྱལ་པ་དུ་ཕྱེལ་ཕབ་པའི་ཆ་བཞུགས་སོ།	下粟特铠甲宗	1981
15	ཀ་ཤ་སྨིར་ཕབ་པའི་རྣམ་ཐར་ལས་ཆེ་གསུང་སོར་བའི་སོ་ཀྲུལ་གཡུ་མཆོ་གཏང་ཀྱི་གིང་བཞུགས་སོ།	迦湿弥罗绿松石宗	1981
16	འཇང་གླིང་གེ་སར་རྒྱལ་པོའི་སོ་སོ་ཟི་དག་གི་རྣམ་ཐར་ལས་གཏང་དུ་གུ་རྒྱལ་སོར་ཆེ་ཆོ་ནོར་སོ་རྒྱལ་པའི་སོ་སོ་མཆོ་ཏེ་ཕབ་པའི་ཆ་བར་གཏང་དུ་གི་ཕྱིད་བཞུགས་སོ།	突厥兵器宗	1981
17	འཇང་གླིང་གེ་སར་རོ་རྒྱལ་ཀྱི་གིང་སི་རྒྱལ་ཀྱི་རྣམ་ཐར་ལས་གཏང་ཏེ་ཕྱིད་ལས་སོ་སོ་འཕེལ་འཆོང་གང་བཞུགས་སོ།	嘉尔岭骡子宗（第二章）	1981
18	སེད་ཆེ་ནོར་འདུ་དག་གི་ཆོས་གེ་སོ་གཏང་འཛིན་དང་ཉི་དར་དར་ཟོ་འཛིན་པའི་སོ་བར་བགོ་ཏེ་ཕབ་བ་བཞུགས་སོ།	白惹绵羊宗 日努丝绸宗	1981
19	འཇང་གླིང་གེ་སར་རྒྱལ་པོའི་སོ་སྲི་སོ་ཀྱི་རྣམ་ཐར་ཆམ་ཕབ་ཟིང་ཏེ་ཕབ་པའི་སོར་རྒྱལ་རོ་གང་ཏེ་ཆོང་བ་བཞུགས་པའི་སོར་ཕབ་པ་ལ་འཛིན་པ་ཆང་རྒྱལ་དུ་བཞུགས་སོ།	乌炎银宗（上册）	1981
20	འཇང་གླིང་གེ་སར་རྒྱལ་པོའི་སོ་སྲི་སོ་ཀྱི་རྣམ་ཐར་ཆམ་ཕབ་ཟིང་ཏེ་ཕབ་པའི་སོར་རྒྱལ་རོ་གང་ཏེ་ཆོང་བ་བཞུགས་པའི་སོར་ཕབ་པ་ལ་འཛིན་པ་ཆང་རྒྱལ་དུ་བཞུགས་སོ།	乌炎银宗（下册）	1981
21	འཇང་གླིང་གེ་སར་རྒྱལ་པོའི་སོ་གི་གཏང་ཏེ་ཆམ་ཕབ་ཟིང་ཏེ་ཕབ་འཆོང་ཀྱི་གཏང་དང་ཉི་ཏེ་ཆ་ཕབ་འཆོང་ཟིང་ཆེ་ཆེ་ཆེ་ཆེ་ཏེ་ཕབ་ཞེས་བ་བཞུགས་སོ།	歇日珊瑚宗（岗岭之战）	1981
22	འཇང་ཆོ་གླིང་སེང་རྒྱལ་པོའི་རྣམ་ལས་གུ་གབ་ཀྱི་གབ་ཏེ་ཕབ་པའི་སོར་ཏ་གབ་སོ་སོ་ལས་ཀྱི་ཆ་ཞེས་ཏེ་བཞུགས་སོ།	阿扎玛瑙宗（上册）	1981
23	འཇང་ཆོ་གླིང་སེང་རྒྱལ་པོའི་རྣམ་ལས་གུ་གབ་ཀྱི་གབ་ཏེ་ཕབ་པའི་སོར་ཏ་གབ་སོ་སོ་ལས་ཀྱི་ཆ་ཞེས་ཏེ་བཞུགས་སོ།	阿扎玛瑙宗（下册）	1981
24	འཇང་གླིང་གེ་སར་རྒྱལ་པོའི་སོར་ལ་ཞང་ཏུང་གི་གི་སོར་ཕབ་ཆ་ཕབ་འདུ་ཆ་ཞེས་བ་བཞུགས་སོ།	羊同珍珠宗	1981
25	འཇང་གླིང་ཆེ་སེང་རྒྱལ་པོའི་རྣམ་ལས་རྒྱ་ནག་ཇ་ཏེ་ཕབ་པའི་ཆ་བཞུགས་སོ།	中华茶宗	1981
26	གླིང་གེ་སར་སྐྱེ་བུའི་རྣམ་ཐར་སྤྱི་གི་དཀར་ཕབ་པང་ང་དག་སོ་ཏེ་ཆེས་ཆེ་ཆེ་ཏེ་ཆམ་ཕབ་ཆ་ཀྱི་ཏེ་འབྲེལ་བའི་གི་སོ་ཕབ་ཆེ་ཆེ་ཆེ་ཏེ་བཞུགས་སོ།	卫岭佛法宗	1981
27	གླིང་གེ་སར་རྒྱལ་པོའི་སྐྱང་གངས་རི་ཤེལ་གཏང་།	雪山水晶宗	1981
28	གླིང་གེ་སར་རྒྱལ་པོའི་ཆ་བར་སོ་མེ་ཏེ་ཏ་གཏང་གི་གི་གི་གི་ཆ་ཕབ་པའི་དང་ཕབ་པའི་ལས་ཀུན་འབྲལ་སྐྱང་པའི་ཆ་གཏ་བ་བཞུགས་སོ།	梅岭玛瑙宗	1984
29	གླིང་གི་དཔའ་བོ་སོ་སྐྱིས་ཏེ་ཉིད་སོ་ཆ་ཆ་ཆ་ཆ་ཆ་ཆ་དང་གིང་ལ་འཛིན་སོ་ཆ་	《下拉达克分章本》）（十八英雄、天界、诞生、赛马、魔岭、霍岭）	1981

续表

序号	ནང་ཡིག	汉译名	出版年月
30	［藏文］	穆古骡宗	1984
31	［藏文］	地狱救母	1981
32	［藏文］	地狱救母	1979
33	［藏文］	《孟岭大战》（帕罗出版）	1980

五、蒙古国出版藏文《格萨尔》目录

（蒙古共和国科学教育委员会语言文学研究所，策·达木丁苏伦主编，藏文乌金体（正楷）为主手抄印刷出版本，每页 23 行，29.5 厘米×21 厘米，乌兰巴托出版）

序号	ནང་ཡིག	原题英文名	汉译名	出版年月
1	［藏文］	Tibetan 'ersion of Gesar saga, Chapter I-III	《格萨尔本生传》（其中包括《天界篇》《诞生》《择婚称王》《北方降魔》《霍岭大战》）《分大食财宗》	1961
2	［藏文］	Tibetan 'ersion of Gesar saga, Chapter i', Struggle Against the King Hor	《霍岭大战》（下）	1961
3	［藏文］	Tibetan 'ersion of Gesar saga, Chapter ', Struggle Against the King Satham	《姜岭大战》	1959

六、藏文译汉文本

（一）汉译本（1980—2006）

序号	同部名	部名	译者	出版者	出版时间	备注
1	霍岭	格萨尔（霍岭大战上部）	青海省民间文学研究会	上海文艺	1962	据 1956—1960 青海搜集翻译多种《霍岭》翻译整理
2	魔岭	降伏妖魔	王沂暖	甘肃人民	1980	据西北民院铅印本（手抄本）

续表

序号	同部名	部名	译者	出版者	出版时间	备　注
3	天界、诞生、称王、魔岭、霍岭	贵德分章本	王沂暖、华甲	甘肃人民	1981	据贵德搜集手抄本译
4	煨桑	世界公桑	王沂暖	甘肃人民	1983	据1980年甘肃版译
5	迦湿弥罗	卡切玉宗	王沂暖、上官剑壁	甘肃人民	1984	据西藏1979年版译
6	霍岭	霍岭大战（上下）	吴均、金迈	青海人民	1984	据青海1979年版译
7	汉岭	加岭大战	阿图、徐国琼、解世毅	中国民间文艺（云南）	1984	据云南和昌都手抄本整理
8	诞生	花岭诞生	王沂暖、何天慧	甘肃人民	1985	据甘肃版译
9	霍岭	霍岭大战（上中下）	王歌行、左可国、刘宏亮	中国民间文艺	1986	此书为整理本、改编本，通俗读物。
10	分财	达色施财	李朝群	西藏人民	1985	据西藏1980年版译
11	诞生、降魔、霍岭	格萨尔王本事	王沂暖、上官剑壁	中国民间文艺	1985	据《贵德分章本》缩写
12	门岭	门岭大战	王沂暖、余希贤	甘肃人民	1986	据甘肃版译
13	分财、三界	分大食牛、安定三界	王沂暖、王兴先、何天慧	甘肃人民	1986	本书另辑有《安定三界》异文
14	阿里	打开阿里金库	罗润苍	四川民族	1986	据1981年四川版手抄本译
15	象雄	向岭大战	宋晓稆、萧蒂岩	西藏人民	1986	据西藏1982年版译
16	门岭	门岭之战	嘉措顿珠	西藏人民	1986 2013	据西藏1980年版扎巴本译
17	天界	天界篇	刘立千	西藏人民	1986	据林葱木刻本译
18	赛马	赛马七宝	王沂暖	甘肃人民	1987	据甘肃版译
19	察瓦戎	察瓦箭宗	李朝群、顿珠	西藏人民	1987	据西藏1982年版译
20	赛马	格萨尔王与嫔妃	黄文焕编译	西藏人民	1988	据《赛马》等编译
21	穆古	木古骡宗	王沂暖	甘肃人民	1988	据甘肃版译
22	雪山	取雪山水晶国	意西泽珠、许珍妮	四川民族	1988	据1982年四川版译
23	苏毗	松岭之战	张积诚	西藏人民	1988	据1982年民族社版译
24	亭岭	香香药物宗	王沂暖、何天慧	甘肃人民	1989	据甘肃版1984年本译
25	姜岭	姜岭大战	徐国琼、王晓松	中国藏学	1991	据青海、云南等地搜集译
26	辛丹	辛丹相争之部丹玛抢马之部	王沂暖，贺文宣译	甘肃民族	1993	据四川1982年本译

续表

序号	同部名	部名	译者	出版者	出版时间	备　注
27	象雄	象雄珍珠国	马宏武	甘肃民族	2006	见《马宏武译文集》
28	阿扎	阿岭大战之部	徐国琼、和建华	云南民族	2007	据迪庆搜集2种手抄本与青海1962汉译本整理
29	煨桑	岭众煨桑祈国福	扎西东珠、马岱川	民族出版社	2009	据甘肃1980版译，汉藏文
30	辛丹	辛巴与丹玛	马岱川、扎西东珠	民族出版社	2009	据甘南州文联1982年搜集手抄编印本译，汉藏对照

（二）《格萨尔王传》汉译本系列丛书

（角巴东主主编，高等教育出版社，2011年6月。原稿系青海文联于1959—1964年根据所搜集藏文手抄、木刻印刷本翻译之汉文资料。）

序号	同部名	部名	译者	整理者	总页数	备注
1	丹玛	丹玛青稞宗	苟国明、马世林	角巴东主、索南卓玛、恰嘎·多杰才让	239	丛书之一
2	辛丹	辛丹内讧	祁万秀？	黄智、高宁	110	丛书之二
3	大食	大食财宝宗	吴均？	角巴东主、索南卓玛	414	丛书之三
4	迦湿弥罗	卡切玉宗	马世林	索南卓玛	235	丛书之四
5	象雄	象雄穆德宗	姜佐鸿	马宏武	148	丛书之五
6	歇日	歇日珊瑚宗	纳朝玺、吴均？	角巴东主、黄智、马宏武	300	丛书之六
7	雪山	雪山水晶宗	吴均？	角巴东主、马宏武、多杰才让	218	丛书之七
8	阿达	阿达拉姆	吴均？	索南卓玛、恰嘎·多杰才让	88	丛书之八

七、内部编印本（藏文及藏文译汉文，1960—2006）

（一）藏文本（1960—2006）

序号	文种	藏文书名	汉译名	搜集、整理、翻译	出版年	编印
1	藏文	Bdud 'dul	《北方降魔》	青海文联	1960？	青海文联
2	藏文	'dzam gling spyi bsang	《世界公桑》	西北民院	1963	西北民院

续表

序号	文种	藏文书名	汉译名	搜集、整理、翻译	出版年	编印
3	藏文	'jang phrug gyu lha thog 'dzin	《姜国王子》	罗智尖措说唱，余希贤搜集	1984	民文所和甘南文联
4	藏文	'jang rgan	《姜国老国王》	罗智尖措说唱，丹正才让等搜集	1984	民文所和甘南文联
5	藏文	rgya 'dul	《降汉》	丹正才让等搜集	1984	甘南文联
6	藏文	Lku 'khrungs pa'i lo rgyus	《诞生史》	才老说唱，余希贤搜集	1984	民文所和甘南文联
7	藏文	Shan pa dang 'dan ma nang 'khrugs pa	《辛丹内讧》	民文所和甘南文联	1984	甘南文联
8	藏文	kham gsum bde bkod	《安定三界》	口述本，道吉加搜集	1984	甘南文联
9	藏文	Chos sgruong	法宗	土登尼玛整理	1985	四川《格》办
10	藏文	Go ra tshwa rdzong	廓拉察宗	昂旺格勒搜集整理	2006	钟巴·拉格说唱（青海民族印刷）

（二）汉文（1984—2002）

序号	文种	文本种类	汉译名	搜集、整理、翻译	出版年	编印
1	汉文	林葱木刻本	赛马登位	李学琴译	1985？	西南民院语言文学研究所与四川《格》办印刷
2	汉文	口述本	格萨尔王的传说	泽旺搜集翻译	1988	四川《格》版编印
3	汉文	手抄本	梅岭霹雳战	秋君扎西、索昂拉毛、嘉雍群培	1993	玉树群艺馆编印
4	汉文	手抄本	辛巴与典玛	志玛拉西	2002	四川《格》办印刷
5	汉文	口述本	阿尼·格萨与宠·格萨	熊布衣、曹姆等讲述，王振亚、曹保等整理翻译	2002	普米族、白马藏族地区流传的《格》，并附有相关论文，四川《格》办印刷
6	汉文	口述、手抄本	岭超人格萨尔王传	达维尼尔著、陈宗祥译	1984	西藏民族学院民族研究所编印

参考文献及简称

1. 土登尼玛主编：《藏汉双解格萨尔词典》，成都：四川民族出版社，1989 年 10 月。

2. 降边嘉措主编：《中国少数民族古籍总目提要·藏族卷——〈格萨尔〉》（2014）。

3. 王沂暖：《关于藏族〈格萨尔王传〉的部数与诗行——第三次不完全的统计》，赵秉理编《格萨尔学集成2》，兰州：甘肃民族出版社，1990 年 12 月，1267—1286 页。

4. 杨恩洪：《民间诗神——格萨尔艺人研究》，北京：中国藏学出版社，1995 年 6 月。

5. 杨恩洪：《史诗〈格萨尔王传〉抄本、刻本溯源》，《民间文学论坛》1987 年第 6 期。

6. པད་ལུང་རིག་འཛིན་གྱིས་བརྩམས། ༼སྐུ་དཀུ་ག་གག་ར་གྲི་ས་ཕི་ཟ་དགེའི་ངེ་སོང་བོ་ཡག་ལ་ནི་ནེ་སྐུབ་ལ་༽ ༼༢༠༠༥འི་ཟྲ་ཟལ། （白玛龙·仁增《〈格萨尔〉散论》，拉萨：西藏古籍出版社，2005 年 3 月）

7. བཙོན་འབྲུལ་ཕ་རྒྱལ་དང་རིག་འཛིན་གཉིས་བརྩམས་སྐུ་ང་པེ་རྣམ་གནས་སོ་རེ་གང་བྲ་སོང་ཟལ་འདག ༼༡༩༩༨འི་ཟེ་ང་གཉིས། （尊珠朗吉、仁增《试析〈格萨尔〉的部名》，《西藏研究》1998 年 2 期）

8. རིག་འཛིན་གྱི་བརྩམས་མང་མང་ག་ཕ་ཕོ་སྐུ་ག་ནས་པོ་ལེ་བཙ་རེ་ར་གྲི་སྐུ་ར་སོ་ར་ས་ཕོ་པེ་གྲུ་ལ་འབ་ར་ཕོ་གྲུ་འབ་ས་སོང་སོ་ཟལ། འདུག ༼༡༩༩༩འི་ཟེ་ང་དང་། （仁增《民主改革 40 年来西藏〈格萨尔〉史诗抢救工作取得的成就》，《西藏研究》1999 年 1 期）

9. རྒྱ་འབྲོ་ཚ་ཕུན་གྱི་བརྩམས། མ་ཁབ་ནས་སྐུ་གྱི་ཕ་ནི་ར་ང་ཚོམ་ནོ་ར་གྱི་ང་ག་གྲི་སོང་ར་གྲི་སོང་བོ་ཡག་ལ་ནི་ནེ་སྐུབ་ལ་༼༢༠༡༣འི་ཟྲ། ཟདགར་ལ་༽ （金果·次平《〈格萨尔艺人桑珠说唱本〉研究》，拉萨：西藏古籍出版社，2013 年 11 月）

10. སྐྱེ་བོ་ཚ་གས་ཁག་བརྩམས། གོ་ཕ་སྐུ་ང་ར་དེ་ཕ་གལ་ཡིད་གྱི་དགོ་སྐོང་ས་ཕ་གི་རེ་ང་ར་ད་སྐུ་ར་ས་༼༢༠༡༠འི་ཟྲ་ཕར། （娘吾才让《〈格萨尔〉初论》，兰州：甘肃民族出版社，2010 年 7 月）

11. སྨ་ཕ་རིན་ཆེན་ཟ་རྟ་བརྩམས། ཕ་སྐུ་ང་ཕ་ཕི་ཟ་ལེ་འདག ང་ར་གཡི་རེ་གྲི་སི་ར་༼༢༠༡༠འི་ཟྲ་༽པར། （曼秀·仁青道吉《格萨尔地名研究》，北京：中国藏学出版社，2010 年 6 月）

12. 才让卓玛：《西北民族大学图书馆〈格萨尔〉古籍》，王国明、曼秀·仁青道吉主编：《〈格萨尔〉学刊》，兰州：甘肃民族出版社，2011 年 6 月，188—190 页。

13. 才让卓玛：《〈英雄诞生〉的版本及其内容简介"（藏文），曼秀·仁青道吉、王艳主编：《〈格萨尔〉学刊·2012 年卷》，北京：中国藏学出版社，2013 年 9 月，107—127 页。

14. 余希贤：《〈格萨尔〉》版本初析"，《民族文学研究》，1987 年第 4 期，第 15—17、44 页。

15. 赵秉理编：《格萨尔学集成1》，兰州：甘肃民族出版社，1990 年 12 月。

16. 赵秉理编：《格萨尔学集成2》，兰州：甘肃民族出版社，1990 年 12 月。

17. 赵秉理编：《格萨尔学集成 3》，兰州：甘肃民族出版社，1990 年 12 月。

18. 赵秉理编：《格萨尔学集成 4》，兰州：甘肃民族出版社，1994 年 6 月。

19. 赵秉理编：《格萨尔学集成 5》，兰州：甘肃民族出版社，1998 年 11 月。

20. 扎西东珠、王兴先著：《〈格萨尔〉史稿》，甘肃民族出版社，2002 年 12 月。

21. 姜佐鸿著：《青海地区对英雄史诗〈格萨尔王传〉搜集概括》.《民族文学研究》，1984 年第 1 期。

22. 徐国琼著：《〈格萨尔〉考察纪实》，昆明：云南民族出版社，1993 年 8 月。

23. 徐国琼著：《〈格萨尔〉史诗求索》，昆明：云南民族出版社，2007 年 8 月。

24. 徐国琼著：《〈格萨尔史诗〉谈薮》，昆明：云南民族出版社，2010 年 12 月。

25. 吴均著：《吴均藏学文集（下）》，北京：中国藏学出版社，2007 年 12 月［简称《吴均文集》］。

26. 李朝群著：《一个老西藏的故事》，北京：中国民族摄影艺术出版社，2011 年 12 月。

27. 黄智著：《青海省〈格萨尔〉研究工作的回顾与展望》，《青海民族研究》1996 年 3 期。

28. 李朝群、顿珠著：《西藏搜集、保护、管理〈格萨尔〉资料》，中芬民间文学联合考察及学术交流秘书处编：《中芬民间文学搜集保管学术研讨会文集》，北京：中国民间文艺出版社，1987。

29. 任乃强著：《"藏三国"的初步介绍》，见《边政公论》第四卷 4、5、6 合期（1944）。

30. 降边嘉措等编：《〈格萨尔王传〉研究文集》，四川民族出版社，1986。

31. 洪钟、梅俊怀著：《在第三次〈格萨尔〉工作会议上的发言》，《〈格萨尔〉工作通讯》第 5 期，1982 年 7 月。

32. 邓珠拉姆著：《甘孜州〈格萨尔〉史诗的调查、搜集、翻译工作概述》，仁镇旺杰主编《格萨尔研究论文集》，北京：中国三峡出版社，2002 年 8 月，45—46 页。

33. 索南多杰著：《中国民族图书馆藏文古籍文献的开发和研究》，《西藏民族学院学报》(哲学社会科学版)2013 年第 2 期。

34. 先巴著：《中国民族图书馆藏文古籍文献资源综述》，全国民族地区图书馆学术研讨会，2006。

35. 益邛著：《野牦牛山部落与香巴拉武轮王》，成都：四川民族出版社，2004 年 11 月。

36. ཞེ་ཆུང་། །བཤད་ཕྱོགས་ཀྱི་སྐྲུང་པ་གཤགས་ཅན་ང་ར་རིག་འཇིན་ནོ། །བཤད་པའི་གཤང་ལ་འབྱུང་ད་འདི་ཡི་ཚེ།2010འདི་ཟླ་ 05ཚེས་ 14ཉིན། 康巴新闻网（http://ti. kbcmw. com/Html/Gesaer/YiRen/187. html）。

37. 韩晓红著：《试析仁孜多吉说唱格萨尔史诗创作的记忆特征》，《康定民族师范高等专科学校学报》2002 年第 1 期，第 23—24 页。

38. 登真著：《在第三次〈格萨尔〉工作会议上的发言》，《〈格萨尔〉工作通讯》第 5 期，1982 年 7 月。

39. 曲子贞著：《在第三次〈格萨尔〉工作会议上的发言》，《〈格萨尔〉工作通讯》第 5

期，1982 年 7 月。

40. 尕藏才旦著：《甘肃人民出版社藏文编辑室出版〈格萨尔王传〉成绩斐然》，《民间文学工作通讯》1981 年 3—4 期。

41. 青海文联青海民间文艺研究会（？）编，中国民间文艺研究会青海分会现存《格萨尔》藏文资料目录。西宁：青海民间文艺研究会编辑（？）. 1983 年？共计 5 页（B5 纸打印稿）.［（由于《中国社会科学院少数民族文学所案卷专 34·格萨尔（1980—1990）》所藏此件扉页左上角手书"左可国同志开会用"字样，估计为左可国参加 1983 年全国史诗研讨会所用资料，故暂称为（青海民研会 1983 藏文目录，或左可国 1983 藏文目录）].

42. 青海文联青海民间文艺研究会（？）编，中国民间文艺研究会青海分会现存《格萨尔》汉文资料目录，西宁：青海民间文艺研究会编辑（？），1983 年？共计 4 页（B5 纸打印稿）。简称为［青海民研会 1983 汉文目录，或左可国 1983 汉文目录］。

43. 青海文联《格萨尔》办公室（？）编，《格萨尔》资料登录册（藏文类），西宁：青海文联《格萨尔》办公室编辑（？），1984 年 3 月 18 日？共计 12 页［此件估计为青海民研会姜佐鸿等人于 1984 年编制。故暂称为（青海《格》办 1984 藏文目录，或姜佐鸿 1984 藏文目录）].

44. 青海文联《格萨尔》办公室（？）编，《格萨尔》资料登录册（汉文类），西宁：青海文联《格萨尔》办公室（？），1984 年 3 月 18 日？共计 8 页。简称为（青海《格》办 1984 汉文目录，或姜佐鸿 1984 汉文目录）。

45. 高宁著，青海省《格萨尔》史诗研究所《格萨尔》史诗资料目录索引说明，西宁：青海省《格萨尔》研究所编辑，1986 年 12 月，共计 15 页(B5 稿纸，未刊稿)。

46. 青海文联青海省《格萨尔》史诗研究所资料室编，《格萨尔》藏文资料登录册，西宁：青海省《格萨尔》研究所编辑，1986 年 12 月？共计 16 页。简称为（青海《格》研 1986 藏文目录，或高宁 1986 藏文目录）从此目录开始有了编号。

47. 青海文联青海省《格萨尔》史诗研究所资料室编，《格萨尔》汉文资料登录册，西宁：青海省《格萨尔》研究所编辑，1986 年 12 月？共计 13 页。简称为（青海《格》研 1986 汉文目录，或高宁 1986 汉文目录）。

48. 青海文联青海省《格萨尔》史诗研究所资料室编，《格萨尔》图书登录册，原始长条藏文书，西宁：青海省《格萨尔》研究所编辑，1993 年 10 月 14 日？，共计 11 页。简称为（青海《格》研 1993 藏文长条增补目录，或为高宁 1993 藏文长条增补目录）。

49. 青海文联青海省《格萨尔》史诗研究所资料室编，《格萨尔》图书登录册，原始稿纸藏书，西宁：青海省《格萨尔》研究所编辑，1993 年 10 月 14 日？，共计 5 页。简称为（青海《格》研 1993 藏文稿纸目录，或为高宁 1993 藏文稿纸目录）。

50. 青海文联青海省《格萨尔》史诗研究所资料室编，《格萨尔》图书登录册，汉文原始资料，西宁：青海省《格萨尔》研究所编辑。1993 年 10 月 14 日？，共计 11 页。简称为（青海《格》研 1993 汉文目录，或为高宁 1993 汉文目录）。

51. 杨恩洪"青海省玉树藏族自治州《格萨尔》流传及抢救工作概要"，全国《格》办编《〈格萨尔〉工作通讯 1987·17》，另见（赵秉理编《格萨尔学集成 1》，甘肃民族出版社，1990 年 12 月，397—400 页。

52. 西藏社会科学院《格萨尔》研究中心编：《〈格萨尔〉旧抄本登记表》，1998。

53. 西藏自治区《格萨尔王传》抢救办公室编，西藏格萨尔书面资料·出版图书·录音资料·派生成果·1986—1990 年录音整理计划·七五期间藏汉文出版·七五期间翻译计划统计表，1986 年 3 月 24—25 日。

54. 西藏社会科学院《格》办编制，《格萨尔王传》手抄本、木刻本登记表，1986 年 10 月 10 日。

55. 西藏自治区《格萨尔王传》抢救办公室编印，《西藏〈格萨尔〉工作通讯》（第 1 期），1986。

56. 西藏自治区《格萨尔王传》抢救办公室著，《我区抢救〈格萨尔王传〉工作情况汇报》，《〈格萨尔〉工作通讯》第 5 期，1982 年 7 月。

57. 旺秋：《昌都地区〈格萨尔〉调查报告》，《〈格萨尔〉工作通讯》（总第 12 期），1984 年第 3 期，中国社会科学院少数民族文学研究所《格萨尔》办公室编（简称旺秋，昌都报告，1984）。

58. 云南省社会科学院迪庆州《格萨尔》研究室编：《云南〈格萨尔〉资料目录》，1985.12.18。

59. 中国社会科学院少文所王克勤、何淙编：《中国社会科学院少数民族文学所案卷目录索引（1979—1991）》（1992）［简称少文所《案卷》］

60. 中国社会科学院少文所编：《中国社会科学院少数民族文学所图书登录簿》（《格萨尔》手抄本与木刻本），1986 年 11 月 21 日—12 月 17 日。

61. 中国社会科学院民文所"中国少数民族文学研究资料库"课题组编：《中国少数民族文学研究资料库登记表分类册之古代文献（一）：〈格萨尔〉》2006 年 3 月。

62. 四川省《格萨尔》办公室编：《四川省〈格萨尔〉手抄和木刻本目录》，1986？

63. 甘肃省《格萨尔》办公室编，甘肃省《格萨尔》书面资料分部本、分章本统计，1987。

64. ཡེ་ཤེས་དབང་ཆོས་བཟུས་བསྐྱངས་སྤྱི་ལག་ཐིགས་མ་དང་ས་འབྲོང་ནང་དོན་མངོ་བ་བཟུགས་རྒྱུ་ཡོད་གི་སར་གསལ་ལས་ཁང་།༡༤༨༩།

65. 全国《格》办编制：《1958—1986 年全国搜集〈格萨尔〉手抄本、木刻本总目录》（2001 年）。

66. 恰葛·觉如著：《〈格萨尔〉艺人、国家非物质文化遗产传承人才让旺堆逝世》，藏人文化网（http://news.tibetcul.com/wh/201405/33271.html），2014 年 5 月 30 日。

后 记

几年前，拜读了王尧先生主编《法藏敦煌藏文文献解题目录》（民族出版社，1999）和山口瑞鳳先生主编《スタイン蒐集チベット文獻解題目録》（東洋文庫，1977—1988），萌生了尝试编制《格萨尔》手抄本、木刻本解题目录的念头。但是机缘不巧，一直不能成行。

2012年底，本人有幸进入本院创新工程项目组。编辑一册"《格萨尔》手抄本与木刻本解题目录"，这个在心头萦绕不去的念头重新跳了出来。于是，自1998年起在点滴积累的资料的基础上开始慢慢爬梳，现在终于拿出了一个非常粗浅的草本。

由于个人能力所限和其他原因，这个草本有许多不成熟的地方。比如"故事内容提要"一条，尽管依据过去学者的成果和自己的阅读，尽量做到准确概括，但仍然有待今后继续完整。另外，最初设想的一些条目也未能如愿实现，比如抄写每个抄本首页和尾页几行原文、加上每个抄本的几张照片等等，希望今后能够有条件时完成。

在此，我要感谢在查阅各地保存《格萨尔》抄本资料期间，给予我许多帮助的老师和朋友们：原青海《格萨尔》研究所索南卓玛所长、青海《格萨尔》研究所黄智所长、娘吾才让主任、黄金花女士、旺姆措女士，西藏社会科学院《格萨尔》研究中心的金果·次仁平措研究员、白玛龙·仁增研究员、索朗格列研究员、洛旦研究员、白玛扎西副研究员以及图书馆次旺仁钦老师、西藏文联德庆卓嘎老师，云南社会科学院民族所徐国琼研究员、和建华研究员、云南迪庆藏学院王晓松研究员、郝敏女士，四川《格萨尔》办公室主任袁晓文研究员与才旦本博士，西北民族大学《格萨尔》研究院宁梅院长、曼秀·仁青道吉研究员，中国民族图书馆副馆长先巴研究员、中央民族大学图书馆副馆长徐丽华研究员和塔娜博士以及全国《格》办主任诺布旺丹研究员等在调研期间给予了诸多支持和帮助，向他们致以诚挚的谢意；本所吴英老师、甲央齐珍博士、意娜博士为我查阅研究所和藏文室《格萨尔》资料，提供了诸多方便，在此也表示深深的谢意。

另外，我还要感谢那些在《格萨尔》史诗抄本的搜集、校阅、资料登记和保管等方面做出贡献的众多的先贤与学者们，比如徐国琼、华甲、包发荣、梁国楠、马俊德、余世忠、杨质夫、程秀山、黄静涛、左可国、姜佐鸿、金迈、高宁、周毛、唐本·次多、洛桑顿旦、年新、次仁顿珠、强巴班宗、洛旦、仁增、索朗格列、益希旺姆、桑阿、措姆、李朝群、李彬、土登尼玛、西饶维色、阿拥、扎西泽仁、邓珠拉姆、更登、紫藤嘉、益邛、马成富、余希贤、尕藏才旦、尕藏桑吉、王沂暖、王兴先、李兆吉、王晓松、和建华、佟锦华、杨恩洪、热嘎、旺秋、才让道吉等，总之，那些曾经在各地《格萨尔》工作机构中工作过或者为他们提供信息、资料以及各种协助的人员的名单是无以计数的，我所能列举出的仅仅是从各种资料中见到的十分之一二。正是他们默默无闻日复一日的辛勤劳作，换来了今天这样可观的成绩。我在这里所做的工作，只不过是将他们的成绩梳理了一下而已。

　　最后，我还要特别感谢降边嘉措老师、杨恩洪老师、吴均老师、徐国琼老师、王兴先老师、丹玛·江永慈诚老师、角巴东主老师、诺尔德老师，他们不仅给予我这个晚辈后学诸多提携、指导，还无私地让我享用他们拥有的《格萨尔》资料。祈愿吉祥!!!

李连荣（དཔལ་རིས་བཅོན་འགྱུས་རྒྱ་མཚོ།）
2015 年 12 月 31 日